# Le Routard

## Nos meilleurs RESTOS en France

*Directeur de collection et auteur*
Philippe GLOAGUEN

*Rédacteurs en chef adjoints*
Amanda KERAVEL
et Benoît LUCCHINI

*Directrice de la coordination*
Florence CHARMETANT

*Directrice administrative*
Bénédicte GLOAGUEN

*Directeur du développement*
Gavin's CLEMENTE-RUIZ

*Conseiller à la rédaction*
Pierre JOSSE

*Direction éditoriale*
Hélène FIRQUET

*Rédaction*
Isabelle AL SUBAIHI
Emmanuelle BAUQUIS
Mathilde de BOISGROLLIER
Thierry BROUARD
Marie BURIN des ROZIERS
Véronique de CHARDON
Fiona DEBRABANDER
Anne-Caroline DUMAS
Éléonore FRIESS
Géraldine LEMAUF-BEAUVOIS
Olivier PAGE
Alain PALLIER
Anne POINSOT
André PONCELET
Alizée TROTIN

*Responsable voyages*
Carole BORDES

**2018**

Sur présentation de
nombreuses offres et rédu



hachette

## *Remarque importante aux hôteliers et restaurateurs*

Les enquêteurs du *Routard* travaillent dans le plus strict anonymat. Aucune réduction, aucun avantage quelconque, aucune rétribution n'est jamais demandé en contrepartie. Face aux aigrefins, la loi autorise les hôteliers et restaurateurs à porter plainte.

## *Avis aux lecteurs*

Le *Routard*, ce n'est pas comme le bon vin, il vieillit mal. On ne veut pas pousser à la consommation, mais évitez de partir avec une édition ancienne. Les modifications et nouveautés sont souvent importantes.
Les réductions accordées à nos lecteurs ne sont jamais demandées par nos rédacteurs afin de préserver leur anonymat. Les hôteliers et restaurateurs sont sollicités par une société de mailing, totalement indépendante de la rédaction, qui reste donc libre de ses choix. De même pour les autocollants et plaques émaillées.

**Recommandation à ceux qui souhaitent profiter des réductions et avantages proposés dans le *Routard* par les hôteliers et les restaurateurs.**

À l'hôtel, pensez à les demander au moment de la réservation ou, si vous n'avez pas réservé, **à l'arrivée.** Ils ne sont valables que pour les réservations en direct et non cumulables avec d'autres offres promotionnelles (notamment sur Internet). Au restaurant, parlez-en **au moment** de la commande et surtout **avant** que l'addition ne soit établie. Poser votre *Routard* sur la table ne suffit pas : le personnel de salle n'est pas toujours au courant et une fois le ticket de caisse imprimé, il est difficile de modifier le total. En cas de doute, montrez la notice relative à l'établissement dans le *Routard* de l'année, bien sûr, et ne manquez pas de nous faire part de toute difficulté rencontrée.

## *Avec Routard.com, choisissez, organisez, réservez et partagez vos voyages !*

✓ Rejoignez la plus grande communauté francophone de voyageurs : plusieurs millions d'internautes !

✓ Échangez avec les routarnautes : forums, photos, avis sur les hôtels...

✓ Retrouvez aussi toutes les informations actualisées pour choisir et préparer vos voyages : plus de 300 guides destinations, une centaine de dossiers pratiques et un magazine en ligne pour découvrir tous les secrets de votre destination.

✓ Enfin, comparez les offres pour organiser et réserver votre voyage au meilleur prix.



Le *Routard* est imprimé sur un papier issu de forêts gérées.



I.S.B.N. 978-2-01-703365-3

Une dernière
touche de plaisir...
Visuels : Logis - Istock

# TABLE DES MATIÈRES



**Pictos utilisés dans ce guide**

€ Menu à moins de 25 €
€€ Menu de 25 à 35 €
€€€ Menu à plus de 35 €
Hôtel-restaurant
Restaurant
Restaurant avec notre toque
Terrasse
Parking
Piscine
Accessible aux personnes handicapées

# MODE D'EMPLOI

## CARTES DE LA FRANCE

C'est la clé du guide !
• **1 carte générale :** au début du guide, dans le rabat, vous pourrez consulter une carte de France indiquant le nouveau découpage régional.
• **1 carte des distances kilométriques :** cette carte indique le kilométrage entre les principales villes.
• **93 cartes départementales :** au sein de chaque région, les départements sont classés par ordre alphabétique. Au début de chaque département figure une carte départementale sur laquelle sont signalées par une puce noire • les communes où nous avons déniché de bonnes adresses.
• **33 plans de villes détaillés :** dans les chapitres concernés.

## GUIDE ALPHABÉTIQUE DES RESTOS

À l'intérieur de chaque région, les départements sont classés par ordre alphabétique, puis dans chaque département, les villes sont traitées selon un ordre alphabétique. Leur nom figure dans un encadré rouge. Il est suivi du code postal. Ex. : Quiberon 56170.

## DANS LES ENVIRONS

Certaines localités sont traitées dans les environs d'une ville plus importante, dans un rayon de 30 km. Nous indiquons alors leur distance et leur orientation (N, S, E, O) par rapport à cette ville. Leur nom figure également sur la carte départementale.

## CLASSEMENT DES RESTOS

Les établissements sont classés par ordre croissant de prix, symbolisés par 1, 2 ou 3 euros (**€**, **€€**, **€€€**) :
**€** menu à moins de 25 €.
**€€** menu de 25 à 35 €.
**€€€** menu à plus de 35 €.
Certains établissements retenus sont des restaurants d'hôtels. Nous indiquons alors la nature de cet établissement, mais pas les prix de l'hébergement. Enfin, les étoiles des hôtels ne sont pas celles attribuées par le Père Routard, mais bien celles de l'actuelle classification officielle.

## NOS BONSHOMMES « TOQUÉS »

Ce guide est une sélection de nos meilleures adresses en France. Mais il nous a semblé important d'opérer une sélection dans la sélection en mettant en avant, dans des encadrés, les restos qui nous ont particulièrement séduits par la créativité de leur cuisine ou leur vocation plus gastronomique. De la cuisine de chef, en somme, à prix encore démocratiques.

## NOUVEAUTÉS

Chaque année, le guide s'enrichit de nouvelles adresses dénichées par nos enquêteurs au cours de leurs pérégrinations. Celles-ci portent la mention *NOUVEAUTÉ* en fin de commentaire.

## SYMBOLES UTILISÉS

Hôtel-restaurant, Restaurant, Restaurant « toqué », Accessible aux personnes handicapées, Établissement avec terrasse, Établissement avec parking.

## PRIX, OFFRES ET RÉDUCTIONS

Les tarifs que nous indiquons peuvent être légèrement modifiés (délai d'impression oblige). Merci de nous signaler cependant les différences notables entre les prix annoncés et ceux pratiqués qui pourraient être révélatrices de pratiques détestables. Les offres ou réductions mentionnées sont consenties par les restaurateurs (par accord écrit) à nos seuls lecteurs et sur présentation du guide de l'année.

Bon appétit et bonne route !

# PETITS TRUCS ET ASTUCES POUR ÉVITER LES ARNAQUES !

Un routard informé en vaut deux ! Pour éviter les arnaques en tous genres, il est bon de les connaître. Voici un petit *vade-mecum* destiné à parer aux coûts et aux coups de bambous. À commencer par **les prix** : dans les restos, les prix sont libres, mais l'affichage est **obligatoire** à l'extérieur de l'établissement, de manière visible. Ils doivent être identiques à ceux affichés à l'intérieur. Vous ne pouvez donc contester des prix exorbitants que s'ils ne sont pas clairement affichés.

**1 - Menus :** très souvent, les premiers menus (les moins chers) ne sont servis qu'en semaine ou que le midi, et avant certaines heures (12h30 et 20h30 généralement). C'est parfaitement légal, à condition que ce soit clairement indiqué sur le panneau extérieur : à vous d'être vigilant et d'arriver dans les bons créneaux horaires ! Il peut arriver que ce soit écrit en tout petit. Par ailleurs, bien vérifier que le « menu d'appel », le moins cher donc, est toujours présent dans la carte qu'on vous donne une fois installé. Il arrive qu'il disparaisse comme par enchantement. N'hésitez pas à le réclamer si vous êtes entré pour ce menu précis.

**2 - Le « fait maison » :** depuis que la législation a été mise en place, pour parer au sous-vide et au tout congelé, et parallèlement valoriser le travail de restaurateurs scrupuleux et véritablement impliqués, le « fait maison » (logo d'une casserole surmontée d'un toit de maison avec cheminée) apparaît comme un faire-valoir évident et rassurant. Même s'il ne garantit pas le 100 % maison, ni la qualité du chef ! Cela dit, c'est un bon début. Et voici quelques trucs complémentaires très simples pour flairer l'arnaque (ou pas) : tout d'abord la brièveté de la carte est un bon gage de fraîcheur ; la transparence de la carte, lorsque sont cités les producteurs, pêcheurs et autres fournisseurs est aussi un bon point. On peut aussi demander ce qu'il en est au serveur. Sa franchise (ou son embarras) vous en dira long. Autre indice : si la carte n'est composée que de plats passe-partout (filets de rouget poêlés, blancs de poulet en sauce bidule, souris d'agneau…) faisant fi des saisons, c'est mauvais signe.

**3 - Le plat servi doit correspondre au libellé de la carte :** pas question de vous faire servir de la limande pour de la sole ! De même, il peut arriver, notamment en fin de service qu'un produit manque et soit remplacé par un autre. Vous devez impérativement en être informé.

**4 - Commande insuffisante :** il arrive que certains restos refusent de servir une commande jugée insuffisante. Sachez, toutefois, qu'il est illégal de pousser le client à la consommation. Mais l'on peut également comprendre que commander un seul plat pour 3 personnes peut agacer un tantinet le restaurateur. Tout est une question de juste équilibre.

**5 - Eau :** une banale carafe d'eau du robinet est gratuite – à condition qu'elle accompagne un repas – sauf si son prix est affiché. On ne peut pas vous la refuser, sauf si elle est jugée impropre à la consommation par décret. La bouteille d'eau minérale doit, quant à elle, comme le vin, être ouverte devant vous. L'arnaque dans certains restos « pousse-conso » consiste à proposer d'emblée une eau minérale et de la facturer 7 €, voire plus… À la question du serveur : « …et pour l'eau, Badoit ou Vittel ? » vous êtes en droit de répondre « une carafe ! ».

**6 - Vins :** les cartes des vins ne sont pas toujours très claires. Exemple : vous commandez un bourgogne à 16 € la bouteille. On vous la facture 32 €. En vérifiant sur la carte, vous découvrez que 16 € correspondent au prix d'une demi-bouteille. Mais c'était écrit en petits caractères illisibles. Attention au prix parfois exorbitant des vins au verre. Abus bien courant, l'année de référence n'est plus disponible : on vous sert un millésime plus récent mais au même tarif ! Vous devez obligatoirement en être informé avant le débouchage de la bouteille.

**7 - Couvert enfant :** le restaurateur peut tout à fait compter un couvert par enfant, même s'il ne consomme pas, à condition que ce soit spécifié sur la carte. Parfois il est libellé « Enfant ne mangeant pas », tant d'euros ! Cela dit, ce n'est quand même pas courant et ça donne une petite idée de la générosité du restaurateur !

N'oublions pas que l'hôtellerie et la restauration sont des métiers de service, qui ne souffrent ni l'approximation, ni les (mauvais) écarts. Nous supprimons de nos guides tous les établissements qui abusent. Mais la réciproque est aussi valable : tout est question de respect mutuel.

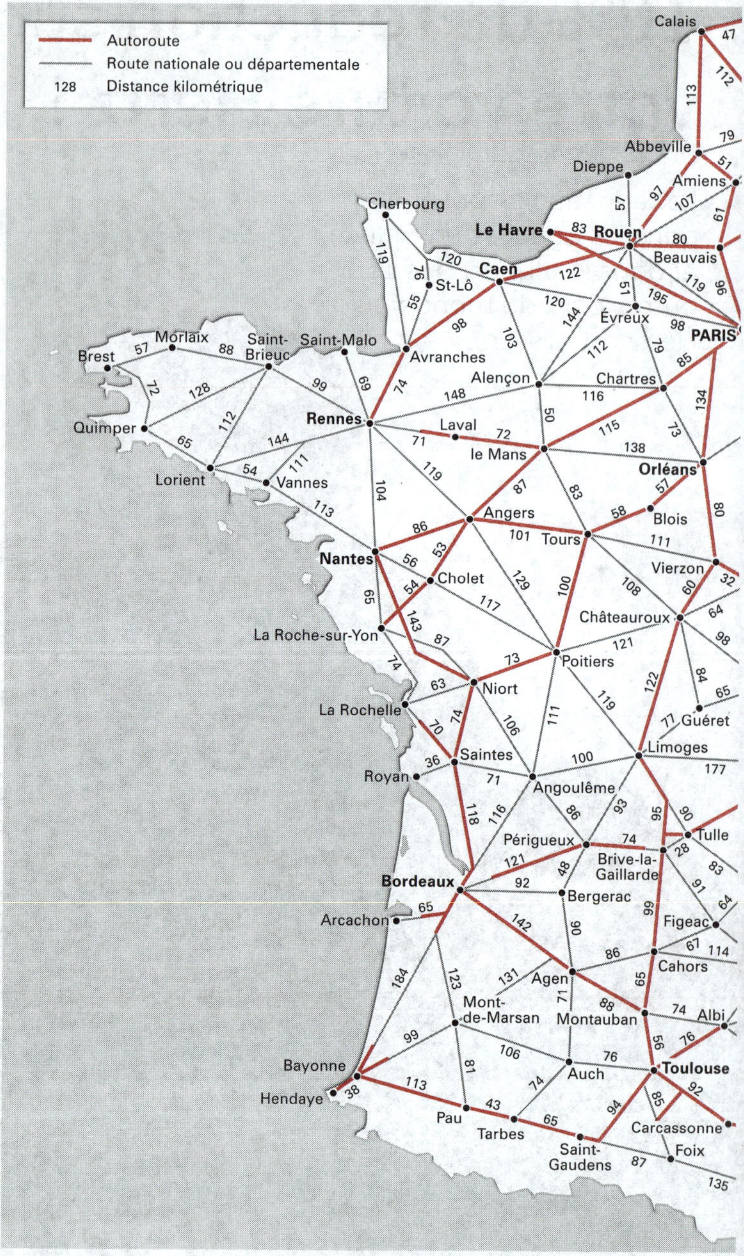
Autoroute
Route nationale ou départementale
128 Distance kilométrique
Calais
Abbeville
Dieppe
Amiens
Cherbourg
Le Havre
Rouen
Beauvais
Caen
St-Lô
Évreux
PARIS
Brest
Morlaix
Saint-Brieuc
Saint-Malo
Avranches
Alençon
Chartres
Quimper
Rennes
Laval
le Mans
Orléans
Lorient
Vannes
Angers
Tours
Blois
Nantes
Cholet
Vierzon
Châteauroux
La Roche-sur-Yon
Poitiers
Niort
La Rochelle
Guéret
Saintes
Limoges
Royan
Angoulême
Périgueux
Tulle
Brive-la-Gaillarde
Bordeaux
Bergerac
Arcachon
Figeac
Cahors
Agen
Mont-de-Marsan
Montauban
Albi
Bayonne
Auch
Toulouse
Hendaye
Pau
Tarbes
Carcassonne
Saint-Gaudens
Foix

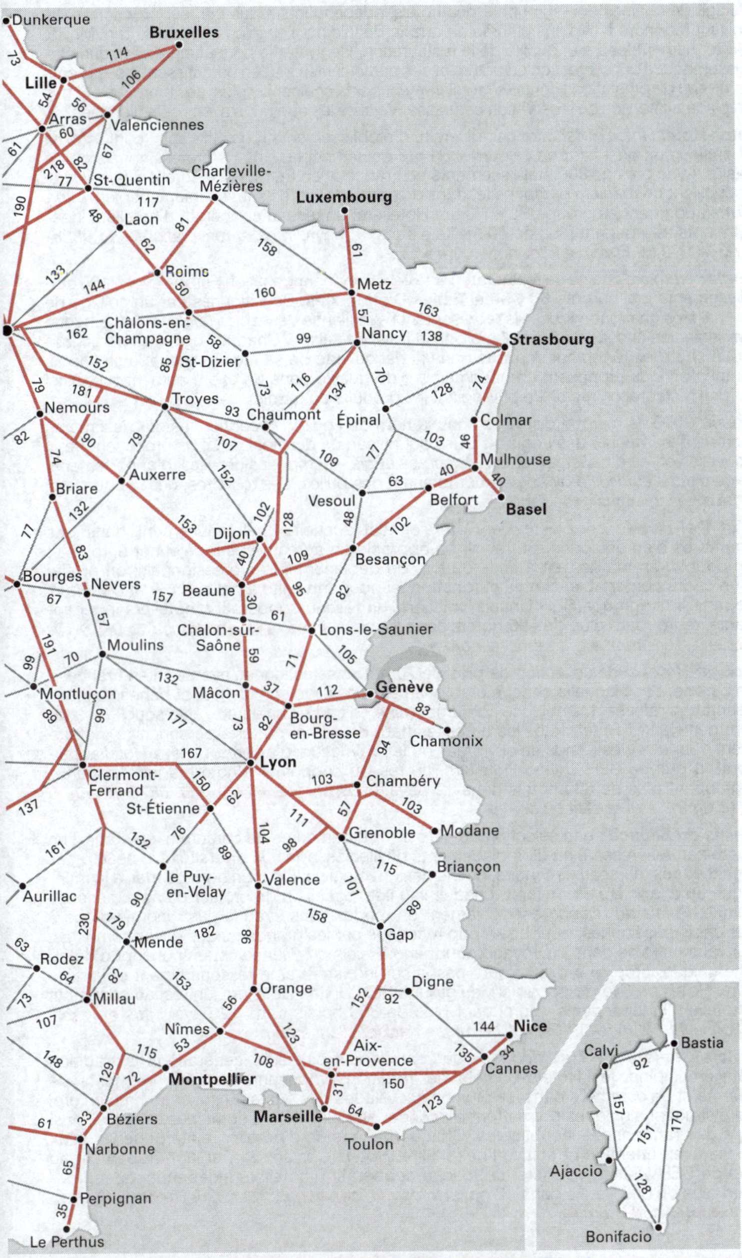


## DISTANCES ENTRE LES VILLES

# NOS MARQUES D'HÔTELS PRÉFÉRÉES

Il s'agit de chaînes qui regroupent des hôtels indépendants tenus par leur propriétaire. Ils doivent répondre à certains critères de qualité définis par l'enseigne tels que : convivialité, environnement, cadre et qualité de la restauration. Ce système permet ainsi à chaque établissement de conserver son caractère et ses particularités tout en garantissant à ses clients un niveau de prestations contrôlé régulièrement par la chaîne. De plus, ces marques ont mis en place un service de réservation centralisé. Voici celles que nous avons sélectionnées :

***Inter-Hotel :*** *Inter-Hotel* offre une diversité d'établissements tous différents, confortables et chaleureux où il fait bon séjourner au gré de ses déplacements professionnels ou de loisirs. Avec près de 300 établissements en France et en Europe, les hôteliers *Inter-Hotel* accueillent de manière personnelle, dans un cadre où l'on se sent simplement bien. *Inter-Hotel* appartient au groupe SEH United Hoteliers, un réseau coopératif d'hôteliers indépendants, regroupant plus de 600 hôtels dans 12 pays. *Infos et réservations : ☎ 0826-10-39-09 (0,15 €/mn). • inter-hotel.com •*

***Logis :*** première chaîne de restaurateurs-hôteliers indépendants en Europe avec 2100 établissements, qui compte **60 Chefs Tables Distinguées.** Sélectionnés par un collège de journalistes gastronomiques, ils représentent l'excellence des tables *Logis* et s'attachent à privilégier les circuits courts et les produits frais, de saison. Chaque *Logis* a sa personnalité et l'hôtelier, fortement impliqué dans la découverte de sa région, accueille ses hôtes lui-même. Tous proposent un hébergement de qualité dans un cadre authentique, ainsi qu'une restauration régionale privilégiant les produits du terroir.

Depuis 2009, la marque distingue sous le nom de *Logis d'Exception* les établissements incarnant les valeurs des Logis au plus haut niveau de qualité. Les *Logis* proposent deux nouvelles offres d'hébergements : *Maison by Logis* – composés de villas, d'appartements et de gîtes – et *Insolite by Logis* – comprenant des bulles, des roulottes, des yourtes, etc. *Infos et réservations : • logishotels.com •*

***P'tit Dej-Hotel :*** chez *P'tit Dej-Hotel,* on est accueilli chaleureusement dans des chambres bien équipées. Au réveil, on apprécie un agréable petit déjeuner à volonté. En couple, en famille, entre amis ou lors de déplacements professionnels, on profite d'un cadre confortable, simple et fonctionnel pour une halte à petit prix. *P'tit Dej-Hotel* appartient au groupe SEH United Hoteliers, un réseau coopératif d'hôteliers indépendants, regroupant plus de 600 hôtels dans 12 pays. *Infos et réservations : ☎ 0826-10-39-09 (0,15 €/mn). • ptitdej-hotel.com •*

***Qualys-Hotel :*** une collection de près de 70 hôtels sélectionnés avec soin en France et en Europe, dans laquelle chaque établissement conserve son identité et bénéficie d'une décoration raffinée. L'ambiance contemporaine, le cadre chaleureux et le souci du détail font des *Qualys-Hotel* de belles adresses haut de gamme à forte personnalité, notamment pour des week-ends en city break ou les voyageurs d'affaires. *Qualys-Hotel* appartient au groupe SEH United Hoteliers, un réseau coopératif d'hôteliers indépendants, regroupant plus de 600 hôtels dans 12 pays. *Infos et réservations : ☎ 0826-10-39-09 (0,15 €/mn). • qualys-hotel.com •*

***Relais du Silence :*** une sélection de plus de 180 demeures de caractère, au cœur d'un cadre naturel préservé ou d'emplacements privilégiés, alliant la diversité et la beauté des architectures (châteaux, manoirs, hôtels design, moulins, etc.). En bord de mer, à la montagne ou à la lisière d'une forêt, chaque lieu est l'occasion de profiter d'une expérience unique. *Relais du Silence* est également un rendez-vous avec la gastronomie grâce à des chefs passionnés, pour beaucoup reconnus par les grands guides gastronomiques, qui vous entraîne dans un voyage gourmand. *Relais du Silence* est un concept d'hôtellerie unique, propice à des séjours basés sur le bien-être, le ressourcement et l'art de vivre. *Relais du Silence* appartient au groupe SEH United Hoteliers, un réseau coopératif d'hôteliers indépendants, regroupant plus de 600 hôtels dans 12 pays. *Infos et réservations : ☎ 0826-10-39-09 (0,15 €/mn). • relaisdusilence.com •*

***Hôtels-Chalets de Tradition :*** perpétuant depuis plusieurs générations la tradition hôtelière alpine, les Hôtels-Chalets de Tradition proposent des établissements de charme et de caractère dans les plus beaux villages des Alpes. En hiver comme en été, leurs situations uniques permettent d'accéder aux plus beaux domaines skiables, ainsi qu'à des randonnées inoubliables. Chaque génération d'hôtelier réinterprète les lieux de vie avec attention et cultive l'hospitalité. *Hôtels-Chalets de Tradition* appartient au groupe SEH United Hoteliers, un réseau coopératif d'hôteliers indépendants, regroupant plus de 600 hôtels dans 12 pays. *Infos et réservations : ☎ 0826-10-39-09 (0,15 €/mn). • inter-hotel.com •*

**Nous tenons à remercier tout particulièrement Loup-Maëlle Besançon, Thierry Bessou, Gérard Bouchu, François Chauvin, Grégory Dalex, Fabrice Doumergue, Cédric Fischer, Carole Fouque, Michelle Georget, David Giason, Claude Hervé-Bazin, Emmanuel Juste, Dimitri Lefèvre, Fabrice de Lestang, Romain Meynier, Éric Milet, Pierre Mitrano, Jean-Sébastien Petitdemange et Thomas Rivallain pour leur collaboration régulière.**

Jean-Jacques Bordier-Chêne
Michèle Boucher
Diane Capron
Laura Charlier
Agnès Debiage
Jérôme Denoix
Tovi et Ahmet Diler
Marjorie Dubois
Clélie Dudon
Sophie Duval
Jeanne Favas
Alain Fisch
Alexandra Fouchard
Guillaume Garnier
Nicolas George
Bérénice Glanger
Adrien et Clément Gloaguen
Léa Guinolas
Manon Guyot
Bernard Hilaire et Pepy Fenchy Keepang
Sébastien Jauffret
Céline Kamand
Jacques Lemoine
Aurore de Lombarès
Caroline Ollion
Martine Partrat
Odile Paugam et Didier Jehanno
Prakit Saiporn
Jean-Luc et Antigone Schilling
Jean Tiffon
Caroline Vallano

**Direction :** Nathalie Bloch-Pujo
**Contrôle de gestion :** Jérôme Boulingre et Adeline Cazabat Barrere
**Secrétariat :** Catherine Maîtrepierre
**Direction éditoriale :** Hélène Firquet
**Édition :** Matthieu Devaux, Olga Krokhina, Gia-Quy Tran, Julie Dupré, Emmanuelle Michon, Alba Bastida Díaz, Amélie Gattepaille, Ludmilla Guillet, Pauline Janssens, Margaux Lefebvre, Amélie Ramond, Elvire Tandjaoui et Clémence Toublanc
**Ont également collaboré :** Martine Lavergne, Kathy Koch, Laura Belli-Riz et Dorica Lucaci
**Cartographie :** Frédéric Clémençon et Aurélie Huot
**Fabrication :** Nathalie Lautout et Audrey Detournay
**Relations presse France :** COM'PROD, Fred Papet. ☎ 01-70-69-04-69. • *info@comprod.fr* •
**Direction marketing :** Adrien de Bizemont, Clémence de Boisfleury et Charlotte Brou
**Contacts partenariats :** André Magniez (EMD). • *andremagniez@gmail.com* •
**Édition des partenariats :** Élise Ernest
**Informatique éditoriale :** Lionel Barth
**Couverture :** Clément Gloaguen et Seenk
**Maquette intérieure :** le-bureau-des-affaires-graphiques.com, Thibault Reumaux et npeg.fr
**Relations presse :** Martine Levens (Belgique) et Maureen Browne (Suisse)
**Régie publicitaire :** Florence Brunel-Jars

# DES ROUTARDS EXPLORENT LA FRANCE

De coup de fourchette en coup d'accélérateur, nos agents fureteurs ont parcouru la France, par monts et par vaux, à la recherche de la bonne petite adresse, si difficile à trouver.

Sous la coordination de Amanda KERAVEL et Mathilde de BOISGROLLIER :

Loup-Maëlle Besançon
Thierry Bessou
Gérard Bouchu
François Chauvin
Grégory Dalex
Fabrice Doumergue
Cédric Fischer
Carole Fouque
Claude Hervé-Bazin
Dimitri Lefèvre
Jacques Lemoine
Fabrice de Lestang
Romain Meynier
Éric Millet
Thomas Rivallain
Jean Tiffon

**Pour cette édition, nous remercions tout particulièrement de leur collaboration :**

- Sophie Brugerolles, du CRT Riviera-Côte d'Azur.
- Manon Chaussende, de Bouches-du-Rhône Tourisme.
- Armelle Le Goff, de Calvados Tourisme.
- Laurent Queffurus et Marie Jegoude, de Côtes-d'Armor Tourisme.
- Micheline Morissoneau, du CDT de la Dordogne-Périgord.
- Anne-Catherine Chareyre, de l'ADT de la Drôme.
- Raphaëlle Lequai, de Destination Gers.
- Sabrina Luchese, d'Hérault Tourisme.
- Yolaine Provost-Gauthier, du CDT Haute-Bretagne-Ille-et-Vilaine.
- Lygie Rothon, de l'ADT Loir-et-Cher.
- Pierre-Elise Dumuis, du CDT du Loiret.
- Nathalie Rajon, de Loire Tourisme.
- Mathilde Taurinya et Stéphanie Rialland, de Loire-Atlantique Tourisme.
- Anne Fernandez, du CDT de Lot-et-Garonne.
- Véronique Facq, de Meurthe-et-Moselle Tourisme.
- Arnaud Secardin, de Moselle Tourisme.
- Carine Delanne-Buch, du CRT Lorraine.
- Anne-Sophie Ligi, de Oise Tourisme.
- Carole Rauber, de Tourisme 61.
- Christiane Bonnat, du CDT Béarn-Pays basque.
- Régis Lavina et Sandrine Guénerie, de Destination Saône-et-Loire.
- Maxime Guillon, de Sarthe Développement.
- Christelle Lacombe et Muriel Della Mea, de Savoie Mont-Blanc Tourisme.
- Estelle Clabaux, du CDT de Seine-Maritime.
- Aurélie Wallet, de Somme Tourisme.
- Christian Rivière, de Tarn Tourisme.
- Lauriane Donzelli, de l'ADT de Tarn & Garonne.
- Svetlana Panicova-Lhôte, du conseil général des Vosges.
- Fabienne Couton-Lainé, de Vendée Tourisme.

Ainsi que tous les offices de tourisme pour leur aide précieuse.

« Le plat du jour, c'est bien,
à condition de savoir à quel jour
remonte la préparation. »

**Pierre Dac (1893-1975)**

Le guide ***Nos meilleurs restos en France*** tient une place à part dans notre collection. Il est issu d'une rigoureuse sélection des meilleures adresses découvertes par nos enquêteurs aux quatre coins de la France, et évolue notablement chaque année.
Si la vocation de nos guides régionaux est de révéler nos bonnes petites adresses pas trop chères, ces critères cependant ne suffisent pas pour cette édition nationale. Il s'agit d'un véritable « best of ». La crème de la crème en quelque sorte ! Pour y figurer, elles doivent vraiment posséder le ou les « plus » qui font la différence. Nécessairement, d'abord, une grande qualité d'accueil. Puis, ce qui fait l'apanage des adresses d'exception, une cuisine sincère et généreuse, traditionnelle ou plus rock'n roll ; sans oublier la convivialité de l'atmosphère et du service. Mon tout donnant un rapport qualité-prix infaillible !
En bref, des établissements qui se distinguent toujours par l'excellence et la régularité de leurs prestations. Chefs, gérants et leurs équipes font des efforts pour rendre leurs clients heureux. Qu'ils trouvent leur récompense en figurant dans ce guide de nos coups de cœur. Qu'on nous pardonne ceux qui ont été oubliés (et qui auraient mérité leur place). Vous pouvez toujours nous les signaler, nous nous ferons un plaisir de les tester et de les ajouter s'ils le méritent.
À propos de mérite, figurer dans le *Routard* n'est pas la garantie d'un diplôme à vie. Pas question de perdre le sourire, d'augmenter abusivement les prix ou de réduire les portions sous prétexte de succès. Grâce à nos rapports privilégiés avec nos lecteurs, les nouvelles vont vite ! Un hôtelier ou un restaurateur qui a pris la grosse tête ne pourra pas tromper son monde plus d'un an. Tant pis pour lui et tant mieux pour les autres qui ont su garder le cap sur la qualité.

***Tourisme et Handicap***

Cette marque nationale, créée par le secrétariat d'État à la Consommation et au Tourisme en partenariat avec les professionnels du tourisme et les associations représentant les personnes handicapées, permet d'identifier les lieux de vacances (hôtels, campings, sites naturels, etc.), de loisirs (parcs d'attractions, etc.) ou de culture (musées, monuments, etc.) accessibles aux personnes handicapées. Il apporte aux touristes en situation de handicap une information fiable sur l'accessibilité des lieux. Cette accessibilité, visualisée par un pictogramme correspondant aux quatre types de handicaps (moteur, visuel, auditif et mental), garantit un accueil et une utilisation des services proposés avec un maximum d'autonomie dans un environnement sécurisant.
Pour connaître la liste des sites et établissements labellisés en France : • *rendezvousenfrance.com* • (rubrique « Tourisme et Handicap »).

TOURISME & HANDICAP

Par ailleurs, dans notre guide, nous indiquons par le logo les établissements qui possèdent un accès ou des chambres pouvant accueillir des personnes handicapées. Certaines adresses sont parfaitement équipées selon les critères les plus modernes. D'autres, plus simples, plus anciennes aussi, ne répondent pas encore aux normes les plus récentes, mais favorisent l'accueil des personnes handicapées en facilitant l'accès à leur établissement, tant sur le plan matériel que sur le plan humain. Évidemment, les handicaps étant très divers, des lieux accessibles à certaines personnes ne le seront pas pour d'autres. Appelez donc auparavant pour savoir si l'équipement de l'hôtel ou du resto est compatible avec votre niveau de handicap.

# AUVERGNE-RHÔNE-ALPES

**Pictos utilisés dans ce guide**

- € Menu à moins de 25 €
- €€ Menu de 25 à 35 €
- €€€ Menu à plus de 35 €
- Hôtel-restaurant
- Restaurant
- Restaurant avec notre toque
- Terrasse
- Parking
- Piscine
- Accessible aux handicapés

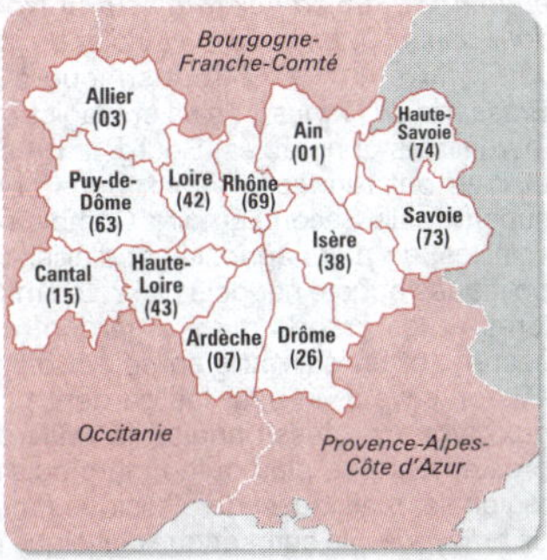


# Ain (01)

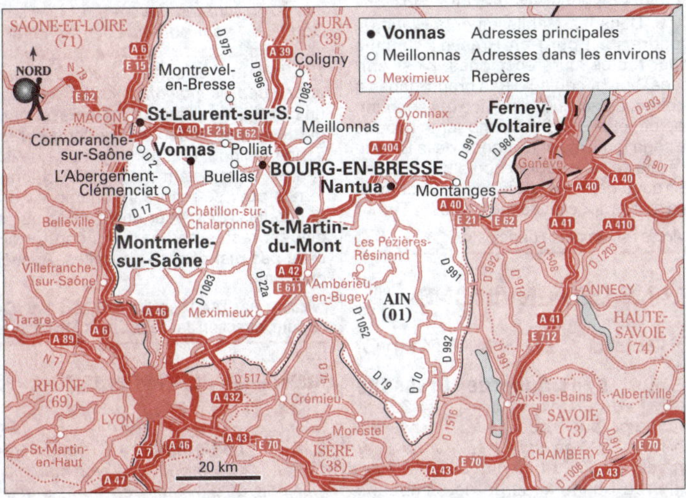


Sur présentation de ce guide,
nombreuses offres et réductions en 2018.

## BOURG-EN-BRESSE 01000

€€ | **La Brasserie du Français's** – *7, av. Alsace-Lorraine ☎ 04-74-22-55-14. Tlj sauf sam soir et dim. Congés : quelques j. en mai, 3 premières sem d'août et Noël-Jour de l'an. Menus 30-65 € ; plat du jour 13 € ; carte env 60 €.* Tout se joue à *La Brasserie du Français* : élus et magistrats, journalistes et notables, Bourg, la Bresse et l'Ain ont rendez-vous ici, dans cette superbe salle Second Empire. Combien de volailles, de prêts agricoles et d'alliances politiques ont été négociés ici ? Les moulures et les grands miroirs gardent ces secrets, et les serveurs en noir et blanc, s'ils en savent un peu, les gardent pour eux : vrais professionnels, ils délivrent prestement une plus qu'honnête cuisine régionale, mais aussi de classiques mets de brasserie. Un authentique classique de la ville. Terrasse aux beaux jours.

***Accès :*** un peu après l'office de tourisme, sur la droite.

€€ | **Place Bernard** – *19, pl. Bernard ☎ 04-74-45-29-11. ♿ Service tlj 12h-14h30, 19h-22h30. Menus 19-23 € le midi en sem, puis 28-57 € ; carte env 50 €.* Dans les établissements *Blanc*, je voudrais... Bourg-en-Bresse ! Comme pour toutes leurs enseignes, c'est efficace, bon et copieux. Pas grand-chose à ajouter, à part que le service est souriant, rapide, et la décoration moderne évoque la saga familiale et le monde de la Bresse – et de ses si célèbres poulets –, que l'on retrouve dans les assiettes, tout comme les autres spécialités régionales.

***Accès :*** sur la place principale.

## DANS LES ENVIRONS

### BUELLAS 01310 (7 km O)

€ | **Auberge Bressane** – *10, route Buesle ☎ 04-74-24-20-20. • auberge-buellas.com • ♿ Tlj sauf dim soir et mer. Résa conseillée. Formule déj en sem 14,50 € et menus 23-40 €. Parking.* La bonne auberge de campagne d'autrefois est devenue une table au goût du jour, côté déco comme côté cuisine. Le chef se souvient qu'il a travaillé dans le Sud (et chez Ducasse...) avec un menu Comme en Provence. Mais c'est plus souvent, comme son enseigne l'indique, dans le terroir bressan que s'inscrit cette cuisine joliment travaillée. Si vous êtes vraiment en fonds, ce chef a ouvert, sur place, un resto vraiment gastro, *l'Intimiste*. Et si ce petit coin de l'Ain vous plaît vraiment, de superbes chambres vous tendent leurs lits.

***Accès :*** prendre la D936, puis sur la droite, la D45.

### POLLIAT 01310 (10 km NO)

€€ | **Restaurant Téjérina** – *51, pl. de la Mairie ☎ 04-74-30-40-19. • restaurant-tejerina-logis.fr • Tlj sauf soir lun et dim, mar (plus mer soir sept-mai). Congés : fêtes de fin d'année. Menus 21,50 € le midi en sem, puis 30-68 €.* Le nom de cette vieille affaire familiale sonne un peu exotique. Mais, côté cuisine, les inconditionnels des plats de ce riche terroir (entre volaille de Bresse et grenouilles) trouveront leur compte entre les murs de cette petite salle sobrement contemporaine. Quelques chambres pour l'étape. *NOUVEAUTÉ.*

### MEILLONNAS 01370 (13 km NE)

€€ | **Auberge Au Vieux Meillonnas** – *rue du Mollard ☎ 04-74-51-34-46. ♿ Tlj sauf mar soir, mer et dim soir. Congés : 1 sem pdt vac scol de Pâques et 3 sem à partir du 15 août. Menus 13-19 € le midi en sem, puis 26-40 €. Café offert sur présentation de ce guide.* Dans un de ces jolis villages dont le Revermont garde un peu le secret, une ferme bressanne typique, tout en longueur, que les vaches traversaient il n'y a pas si longtemps pour se rendre au champ. Cadre d'autrefois donc pour une cuisine qui, si elle est restée ancrée dans son terroir, offre pas mal d'idées nouvelles. Accueil charmant.

***Accès :*** par l'A40, sortie nº 6, à 6 km. De Bourg, direction Jasseron, puis Meillonnas.

### MONTREVEL-EN-BRESSE 01340 (17 km NO)

€ | **Le Comptoir** – *9, Grande-Rue ☎ 04-74-25-45-53. ♿ Tlj sauf mer, plus mar soir et dim soir sept-juin. Menus 17-24 € ; carte env 30 €.* Dans un très joli cadre de bistrot d'antan (avec plein de collections : vieilles plaques émaillées, siphons...). Accueil et service irréprochables pour une cuisine forcément de bistrot (sinon de bouchon, avec ses vins en pot) et de terroir. Produits de qualité, savoir-faire en cuisine : c'est tout simple, mais bougrement bon.

***Accès :*** prendre la D975.

## COLIGNY 01270 (25 km NE)

**€€ |●| ⛱ Au Petit Relais** – *Grande-Rue ☎ 04-74-30-10-07. Tlj sauf mer soir, jeu soir, dim soir. Congés : 1 sem fin mars-début avr, 1 sem fin sept-début oct et 1 sem début déc. Menus 22 € le midi en sem, puis 29,90-58 €. Un accompagnement offert avec le dessert sur présentation de ce guide.* Cette toute petite maison (du XVᵉ s, mais il faut le savoir) ne paie pas de mine. Mais il faut (vraiment !) prendre la peine de pousser la porte pour découvrir une agréable petite salle contemporaine prolongée d'une tranquille terrasse et d'un jardin. Mais aussi et surtout, une très belle cuisine d'aujourd'hui, joliment présentée (dès le 1ᵉʳ menu) et un service plein d'attentions.

***Accès :*** par la D1083 ; dans la rue principale.

## FERNEY-VOLTAIRE 01210

**€€€ ⛱ 🅿 Le Pirate** – *av. de Genève ☎ 04-50-40-63-52. Tlj sauf dim-lun. Congés : 1 sem en janv, 1 sem début mai et 3 sem en août. Formules 31 € le midi en sem et 37 € ; menus 43-69 €. Parking. Apéritif maison offert sur présentation de ce guide.* La frontière suisse est plus proche que la Méditerranée ou l'Atlantique, mais voilà une adresse qui a décidé de proposer une cuisine presque exclusivement marine, aussi raffinée qu'inventive. Grande salle très « gastro » et un poil chargée, véranda où se plaisent d'opulentes plantes vertes, et terrasse l'été. Bon service, et vins pour tous les budgets.

***Accès :*** à 100 m de la frontière, près de la douane de Ferney.

## MONTMERLE-SUR-SAÔNE 01090

**€€€ |●| 🏠 ⛱ Émile Job** – *12, rue du Pont ☎ 04-74-69-33-92. Tlj sauf lun et mar midi (plus dim hors saison). Congés : 2 sem en mars et 3 sem autour de la Toussaint. Formule et menu déj en sem 20,50-31,50 € ; autres menus 38-60 €.* L'ensemble – de la salle aux plats (de région souvent : grenouilles, fritures d'ablettes de Saône pour le 1ᵉʳ menu) – baigne dans un classicisme bon teint. Mais on y mange franchement bien. Et l'accueil est adorable. Jolie terrasse, à deux pas des quais de Saône. *NOUVEAUTÉ.*

***Accès :*** au centre, vers le pont sur la Saône.

## NANTUA 01750

**€ |●| ⛱ Belle Rive** – *23, route de la Cluse ☎ 04-74-95-16-60. Tlj sauf soir lun et dim, mar (plus mer soir sept-mai). Formule et menu déj en sem 13,50-16 € ; menus 20-40 €.* Une adresse évidemment (vu l'enseigne), posée pile sur une rive du lac avec une véranda (et, aux beaux jours, une agréable terrasse) tournée vers les flots. La cuisine – bien tournée et généreuse – regarde aussi de ce côté-là : inévitables quenelles de brochet sauce Nantua, friture de perchettes ou filets de perche. Service d'une belle efficacité. *NOUVEAUTÉ.*

***Accès :*** à env 2 km au nord-ouest par la D1084.

## DANS LES ENVIRONS

## MONTANGES 01200 (20 km E)

**€€ |●| ⛱ Auberge du Pont des Pierres** – *754, rue du Lieutenant-Paul-de-Vanssay ☎ 04-50-56-36-35. Tlj sauf dim-lun. Formules 20-26 € et menus 32-37 €.* Dans ce gros chalet à l'orée d'un village hors circuits touristiques s'est installé un chef qui a (bien) appris chez quelques très grands, dans les Alpes, notamment. D'où une table dans l'esprit d'aujourd'hui : jolis produits, locaux pour beaucoup, travaillés avec de l'idée. Service décontracté juste ce qu'il faut. Et des formules pour satisfaire tous les appétits (et tous les portefeuilles). *NOUVEAUTÉ.*

## SAINT-LAURENT-SUR-SAÔNE 01750

**€€ |●| ⛱ Le Saint-Laurent** – *1, quai Bouchacourt ☎ 03-85-39-29-19. ♿ Tlj. Résa recommandée. Menus 22 € le midi en sem, 25 € le soir en sem, puis 32-57 €.* Sur les bords de Saône, cette autre adresse de la « collection » *Georges Blanc* ressemble à ses homologues de

Bourg, Vonnas et Lyon. Sur les murs, de vieilles photos en noir et blanc et d'anciennes publicités. Dans l'assiette, ravioles d'escargots de Bourgogne à la forestière, friture de la Saône... Belle carte des vins. La clientèle est familiale, la déco simple avec de vieux objets élégamment disposés, et la terrasse au calme face à Mâcon. On notera un petit coin « Histoire » qui mentionne la rencontre Gorbatchev-Mitterrand, en 1993, en ces lieux.

***Accès :*** sur le quai, près du vieux pont.

€€ 🍽 ☂ **L'Autre Rive** – *143, quai Bouchacourt ☎ 03-85-39-01-02. ♿ Tlj sauf dim soir-lun et mar midi. Congés : dernière sem d'août et à Noël. Formule déj 21 € ; menus 29-42 €.* Ancrés sur le quai de la Saône face au pont historique, Christelle et Vincent Rivon mettent en avant une véritable cuisine de saveurs dans un cadre très agréable et chaleureux. Côté cuisine, Vincent aime travailler le terroir bourguignon et rhône-alpin sans cacher son faible pour les produits de la mer. Quant aux desserts, ils démontrent que le chef maîtrise le salé et le sucré avec talent. Autres atouts pour cette belle adresse, un charmant accueil et un excellent rapport qualité-prix.

***Accès :*** sur le bord de la Saône, à 150 m du pont de Mâcon.

## DANS LES ENVIRONS

### CORMORANCHE-SUR-SAÔNE 01290 (9 km S)

€ 🍽 ☂ P **Chez la Mère Martinet** – *55, rue du Jet-d'Eau, D51 ☎ 03-85-36-20-40. Tlj sauf dim soir, lun soir, mar soir et mer. Congés : 15 août-1er sept. Formule déj en sem 16 € ; menus 21-47 €. Parking. Apéritif maison offert sur présentation de ce guide.* Une gentille petite auberge de village où le fils de la « mère Martinet » officie en cuisine, et sa femme au service. La carte reste dans le même esprit que lorsque la mère Martinet était au piano, puisqu'ils travaillaient en collaboration depuis plus de 15 ans. La carte est changée régulièrement, mais le poulet fermier et les grenouilles fraîches y figurent toute l'année, avec d'autres plats plus créatifs. Aux beaux jours, petite terrasse dans le jardin. Accueil chaleureux.

***Accès :*** par la D51 ; dans le bourg.

## SAINT-MARTIN-DU-MONT 01160

€€ 🍽 ☂ **La Cour de Récré** – *quartier de la Mairie ☎ 04-74-35-58-53. ♿ Tlj sauf dim soir-lun et sam midi en saison. Congés : 2e quinzaine de déc, 1re sem de janv et 2e sem de sept. Menus 14,50 € le midi en sem, puis 30 €.* Cette ancienne cour de récréation accueille aujourd'hui une superbe terrasse qui domine toute la plaine de l'Ain (s'attendre à des couchers de soleil à tomber en pâmoison !). La salle, façon bistrot urbain, a trouvé place dans l'ancienne école de ce petit village. Accueil très cool mais service très pro, cuisine fraîche et maligne, inventive sans en faire des tonnes.

***Accès :*** par la D1075.

## VONNAS 01540

€€€ 🍽 ☂ **L'Ancienne Auberge** – *pl. du Marché ☎ 04-74-50-90-50. ♿ Congés : janv. Menus 25 € le midi en sem, puis 39-64 €.* Annexe (et à deux pas) du célèbre *Georges Blanc.* La façade est une reconstitution exacte de celle de l'auberge familiale ouverte en 1872. Les vastes salles égrènent les souvenirs : nappes à carreaux, vieilles photos (tiens le p'tit Georges sur les genoux de grand-mère !), collection de vieilles bouteilles de limonade (première activité de la famille Blanc)... Pour tout dire, ça fait un peu musée ou parc d'attractions. Le service est d'ailleurs d'une rapidité et d'un professionnalisme très « à l'américaine ». Pour la cuisine, il n'y a, en revanche, pas à lésiner : simple, efficace, goûteuse ; des classiques de toujours (poulet de Bresse à la crème, grenouilles sautées) à quelques suggestions plus « modernistes ». La cuisine est ouverte sur la salle. Très belle terrasse à l'orée du jardin (très beau aussi, le jardin !).

## DANS LES ENVIRONS

### L'ABERGEMENT-CLÉMENCIAT 01400 (12 km SO)

€€ ☂ **Le Saint-Lazare** – *au village ☎ 04-74-24-00-23. ♿ Tlj sauf mar-mer et dim soir. Congés : vac scol de fév, 2 sem en été et 1 sem à Noël. Formule 19 € en sem ; menus 29-85 €.* Issu d'une famille où l'on tient auberge depuis un siècle,

Christian Bidard a créé l'une des meilleures tables de la région, l'une des plus agréables aussi, avec cette grande salle claire aux tons doux et un service aimable et attentionné. Ancien du *Crillon* à Paris, il concocte des plats suivant les saisons, inventifs et légers, avec une prédilection pour le poisson de mer ou d'eau douce. Vins toujours parfaits. Table « bis » à prix doux dans l'ancienne épicerie de sa grand-mère.

***Accès :*** par la D80 jusqu'à Sulignat, puis la D64.



# Allier (03)

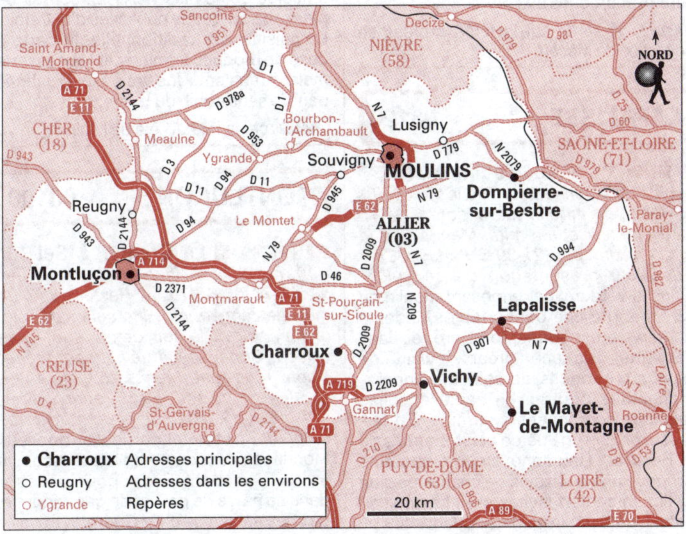


## CHARROUX 03140

**€€ P La Ferme Saint-Sébastien** – *chemin de Bourion ☎ 04-70-56-88-83. Tlj sauf lun, plus mar et dim soir hors saison. Congés : 20 déc-fin janv et 1re sem de juil. Résa conseillée. Formule déj 17 € (sauf w-e et j. fériés) ; menus 27-55 €. Parking.* Une adresse gourmande classée parmi les meilleures et les plus réjouissantes de ce coin de France. Dans cet ancien bâtiment de ferme joliment rénové, avec des salles offrant une vue superbe sur la campagne, des terrasses pour prendre l'air du temps, et la cuisine fraîche et créative de Valérie Saignie. Beaux produits, des légumes aux fromages en passant par les viandes du pays, utilisation intelligente du foie gras et riche carte des vins (plus de 200 références).

***Accès :*** par la D987, puis à gauche la D115 ; prendre à droite la D223 et continuer sur la D35.

## DOMPIERRE-SUR-BESBRE 03290

**€ P Auberge de l'Olive*****
– *129, av. de la Gare ☎ 04-70-34-51-87. • auberge-olive.fr • Resto, tlj sauf ven*

Auvergne-Rhône-Alpes - Allier

*et dim (hors juil-août). Congés : 2-12 janv et 27 sept-12 oct. Résa conseillée. Formule déj en sem 12,80 € ; menu 21 € sauf dim et j. fériés ; carte 30 €. Parking. Café offert sur présentation de ce guide.* Une maison de bord de route qui tourne aussi rond que le fruit de son enseigne. Difficile de la manquer, sa couleur ne passant pas inaperçue ! Elle abrite des chambres de grand confort, spacieuses et calmes, ainsi qu'une des bonnes tables de la région. Cuisine privilégiant les produits du pays, beaucoup de choix sur la carte, présentation élégante et service parfait. Déco « paysanne » avec de beaux objets ruraux accrochés aux murs.

***Accès :*** 1re sortie sur la route express en direction de Mâcon.

## LAPALISSE 03120

**€ ⌂ |●| ⛱ P Le Moulin Marin***** – *route de Varennes-sur-Tèche ☎ 04-70-99-08-53. • moulin-marin.com • ♿ Tlj sauf dim soir et lun midi. Menus 15 € le midi en sem, puis 21-39 €. Parking. Café offert sur présentation de ce guide.* Dans la verdure, cet imposant moulin du XIXe s abrite une bonne table. Madame au service est souriante et pro, et dans l'assiette, c'est une agréable cuisine de pays aux produits de saison... Impressionnantes poutres en sapin et jolies faïences accrochées aux murs. En terrasse, on déjeune bercé par le clapotis de la Besbre... Une annexe contemporaine propose une quinzaine de chambres d'un optimum confort (suites avec balnéo), au calme, côté jardin ou rivière. Jacuzzi.

***Accès :*** près du château, prendre la direction Varennes-sur-Tèche ; c'est à 2 km, au bord de l'eau.

**€€ ⌂ |●| ⛱ P Hôtel-restaurant Galland**** – *20, pl. de la République ☎ 04-70-99-07-21. • hotelgalland.fr • Resto fermé lun et dim soir. Congés : 3 sem en janv. Formule brasserie 13,50 € et menu 30 €. Parking.* Ouverte depuis 1884, le genre d'adresse à laquelle on peut coller l'étiquette « institution locale ». Dans la salle qui se donne des airs un peu bourgeois avec sa belle vaisselle et ses teintes blanc cassé, la cuisine joue un registre plutôt traditionnel (mais avec des idées d'aujourd'hui et de jolies présentations) ; côté brasserie, c'est plus abordable. Six chambres d'un honorable confort.

***Accès :*** route direction Le Breuil.

## LE MAYET-DE-MONTAGNE 03250

**€ |●| ⛱ La Vieille Auberge** – *6, rue de l'Église ☎ 04-70-59-34-01. Fermé mer en juil-août, plus lun soir et mar soir hors saison. Congés : 3 sem début janv et 2de quinzaine de sept. Résa souhaitée. Formule déj 13,50 € ; menu campagnard 13 € (sauf le midi dim et j. fériés) ; autres menus 25-32 €. CB refusées.* Face à l'église, cette agréable auberge ancienne a décidé de ne plus vieillir. Décor fait de pierre, de bois et de publicités d'autrefois. La cuisine est traditionnelle, la carte à base de produits fermiers, et les desserts maison régalent. Une vraie table rustique dans le sens noble du terme.

***Accès :*** par la D62. À côté de l'église.

## MONTLUÇON 03100

**€€ |●| ⛱ P Le Grenier à Sel****** – *10, rue Sainte-Anne et pl. des Toiles ☎ 04-70-05-53-79. ♿ Resto fermé lun midi tte l'année, plus lun soir, sam midi et dim soir et le soir des j. fériés hors saison. Congés : vac fév, 1 sem mai et 1 sem Toussaint. Menus 25 € (sauf w-e et j. fériés), puis 39-59 €. Parking. Apéritif maison offert sur présentation de ce guide.* Cet hôtel particulier du vieux Montluçon cache une belle adresse. On traverse un petit jardin pour pénétrer dans ce havre de paix et de gastronomie. Le chef, ancien de chez *Guérard,* travaille une cuisine dans l'esprit d'aujourd'hui. Il utilise de bons produits locaux, notamment viande et volaille, qu'il associe de manière étonnante. Pain maison à la farine de Combraille et de superbes desserts. À l'étage, quelques jolies chambres, spacieuses et douces à vivre.

***Accès :*** dans la vieille ville, juste derrière la mairie.

**€€ |●| ⛱ Le Saint-Trop** – *15, rue Grande ☎ 04-70-05-77-95. ♿ Tlj sauf lun, sam midi et dim soir. Congés : 1 sem vac fév et vac de printemps, 15 j. août et 1 sem Toussaint. Formules 14,50 € le midi en sem et 18,40 € ; menus 24,50-36 €.* Drôle d'enseigne, certes, pour Montluçon. Mais la petite salle discrètement design est agréable, le service d'un professionnalisme poli, la carte des vins pertinente, et le chef se contente de travailler simplement mais avec talent de jolis produits. Avec des prix qui savent se tenir, une des meilleures adresses de la ville.

**Accès :** dans le centre piéton.

**€€ |●| Le Safran d'Or** – *12, pl. des Toiles ☎ 04-70-05-09-18. Tlj sauf dim soir-lun et mar soir. Congés : 15 j. début sept. Formule en sem 19 € ; menus 28-49,80 €.* Derrière sa façade jaune en faux marbre peint, *Le Safran d'Or* a des allures de resto plutôt chic. Cuisine en rapport, de marché, assez enlevée et à base de jolis produits. Salle plutôt contemporaine ou cave voûtée du XIIIe s. Une patronne qui fait tout pour être agréable, et un service précis et rapide.

**Accès :** dans la zone piétonne.

## DANS LES ENVIRONS

### REUGNY 03190 (15 km N)

**€ |●| La Table de Reugny** – *25, route de Paris ☎ 04-70-06-70-06. Tlj sauf dim soir et lun-mar. Congés : 3 sem début janv et 3 sem après le 15 août. Résa conseillée. Menus 23 € sauf dim, puis 32-54 €.* Cette adresse est réputée, et depuis longtemps, dans toute la région. Certes, un peu chic et avec un cadre agréablement rénové, cette « table » offre toutefois des prix plus que raisonnables, vu la qualité de la cuisine. Accueil et service aussi chaleureux que professionnels. Piscine et terrasse. Une adresse à ne pas manquer si vous passez par là !

**Accès :** par la D2144 et l'A71 sortie 9 « Forêt de Tronçais ».

## MOULINS 03000

**€ |●| Restaurant des Cours** – *36, cours Jean-Jaurès ☎ 04-70-44-25-66. Tlj sauf mar soir, mer et dim soir. Congés : 2 premières sem de mars et 2 sem fin oct. Menus 24-58 € ; carte 45-50 €.* Ne pas se laisser impressionner par la maison bourgeoise et sa véranda noyée sous la vigne vierge, par les nappes amidonnées et les calices en argent. L'accueil est naturellement sympathique, et la cuisine bien de son temps, qui privilégie les plus beaux produits locaux avec une prédilection pour les associations terre-mer (ou rivière), comme le poulet bourbonnais. Pain maison. Nombreuses références de vins de la région. Et une belle terrasse au calme sur la vaste cour plantée de tilleuls.

**Accès :** dans le centre-ville.

**€€ |●| P Le Clos de Bourgogne****** – *83, rue de Bourgogne ☎ 04-70-44-03-00. • clos-de-bourgogne.com • Tlj sauf dim-lun. Congés : 12 août-6 sept. Formules déj en sem 20-28 € ; menus 32-80 €. Parking. Café offert sur présentation de ce guide.* Dans une maison bourgeoise du XVIIIe s, cette adresse de goût (dans tous les sens du terme), aux salons élégants, donne sur un jardin et sa terrasse. Vaisselle chic, service diligent, pour une cuisine simplement inventive (plats de brasserie pour les 1ers menus, le midi). Belle carte de Saint-Pourçain qui s'allie parfaitement avec une impeccable sélection de fromages d'Auvergne.

**Accès :** route d'Autun-Chevagnes.

## DANS LES ENVIRONS

### LUSIGNY 03230 (13 km E)

**€ |●| Au Comptoir de Damien** – *2, rue de Fradant ☎ 04-70-43-45-64. Fermé lun, ainsi que le soir dim-mer. Congés : 2 sem en août et Noël-Jour de l'an. Menus 14 € le midi en sem, puis 22-29 €.* Comme son mentor d'autrefois à l'*Auberge de l'Abbaye* d'Ambronay, ce chef a l'habitude de travailler seul, aux fourneaux comme en salle. Mais ni sa cuisine (d'une vraie générosité, dans tous les sens du terme), ni le service n'en souffrent. Une bonne petite table dans une salle toute simple mais chaleureuse.

**Accès :** à 12,5 km à l'est de Moulins ; dans le bourg.

### SOUVIGNY 03210 (13 km SO)

**€€ |●| Auberge des Tilleuls** – *9, pl. Saint-Éloi ☎ 04-70-43-60-70. Tlj sauf dim soir-lun, ainsi que les mar soir et mer soir hors saison. Formule 14 € le midi en sem ; menus 26-52 €. Café offert sur présentation de ce guide.* On est accueilli par une pléthore de géraniums dans cette auberge campagnarde au décor frais et pimpant. Ici, on ne se contente pas de se rafraîchir avec un carré frais au saumon fumé ou d'admirer le ballotin de volaille au chorizo d'Auvergne : on mange, on sauce, on se régale. Belle carte des vins de Saint-Pourçain. Salles climatisées.

**Accès :** par la D945. Dans le haut de la ville.

## VICHY 03200

**€ 🏠 🍽 Hôtel Chambord – Restaurant L'Escargot qui Tette**** – *82-84, rue de Paris ☎ 04-70-30-16-30. • hotel-chambord-vichy.com • Tlj sauf dim soir-lun. Congés : 1 sem juil et vac scol de Noël-fin janv. Formules déj 18-19 € ; menus 24 € (sauf dim), puis 37-45 €. Café offert sur présentation de ce guide.* Cette adresse, avant tout connue pour son restaurant, est aussi un hôtel aux chambres spacieuses, même si un peu désuètes, et au service aimable. Préférez celles des 3e et 4e étages avec vue sur les toits de la ville et donnant sur l'arrière. Ne vous laissez pas impressionner, côté resto, par les nappes bien mises et les serveurs attentionnés. L'escargot a pointé ses cornes au début des années 1930 et, depuis, il a fait son chemin. En dehors des escargots au beurre d'ail, on vous servira des viandes charolaises flambées avec habileté et un soufflé au Grand Marnier. Cure indispensable ensuite.

***Accès :*** proche de la gare.

**€€€ 🍽 ☂ La Table d'Antoine** – *8, rue Burnol ☎ 04-70-98-99-71. ♿ Tlj sauf dim soir-lun hors j. fériés, plus jeu soir hors saison ; service jusqu'à 20h45 (21h en été). Congés : vac scol de fév. Formule 26,90 € le midi en sem ; menus 38,90-69,90 €. Livret de recettes du chef offert sur présentation de ce guide.* Une agréable table du quartier piéton, depuis plus de 20 ans. Inspirée par ses voyages et uniquement concoctée à base de produits frais, la cuisine d'Antoine Souillat est inventive « sans être délirante », précise-t-il. Modeste avec ça ! Salle aux couleurs d'aujourd'hui, entièrement redécorée dans un style contemporain, terrasse fleurie donnant sur une rue piétonne. Excellent accueil. Cave apparente où les vins bio sont à l'honneur.

***Accès :*** dans le quartier piéton.

# Ardèche (07)

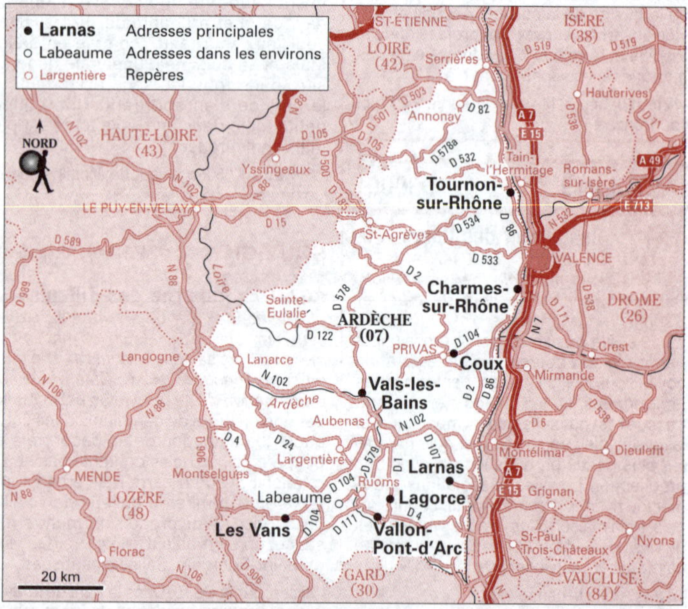

## CHARMES-SUR-RHÔNE 07800

*€€€* **Le Carré d'Alethius** – *4, rue Paul-Bertois ☎ 04-75-78-30-52. Tlj sauf dim soir, lun, mar midi et mer midi. Congés : 15-30 août. Formules déj 24-30 € ; menus 50-98 €. Parking payant.* Le resto gastronomique du secteur. Au centre d'un petit village, ce resto chic et design porte le nom d'un sénateur romain, dont le sarcophage est conservé à Charmes. En salle ou dans le patio intérieur, on déguste une cuisine inventive et raffinée, signée Olivier Samin, un des grands talents de la région.

## COUX 07000

*€€* **Le Poivre d'Âne** – *pl. d'Onclaire ☎ 04-75-64-17-81. Tlj sauf dim soir-lun et jeu soir. Congés : 3 sem en janv, 3 sem en juin et 1 sem à la Toussaint. Résa très conseillée le w-e. Menu du jour 18,50 € le midi en sem ; carte 32 €. Café offert sur présentation de ce guide.* Installée dans un ancien moulin, cette belle adresse fait l'unanimité dans le secteur. Salles spacieuses et confortables, murs de pierre sèche, tables bien séparées et une terrasse très agréable en contrebas, dans la verdure. Cadre idéal pour goûter à une fine cuisine suivant suavement le marché et les inspirations du chef. Quelques fleurons de la carte : le magret ou le carré d'agneau rôti au miel de pays ou le millefeuille de rouget provençal. Accueil pro et service efficace.

## LAGORCE 07150

*€* **Les Tilleuls** – *pl. du 14-Juillet ☎ 04-75-37-72-12. Tlj sauf dim soir et lun (slt lun en juil-août). Congés : fin oct-15 mars. Menus 21-42 €.* Au cœur d'un charmant village dominant la campagne. Un bon resto de cuisine ardéchoise basée sur la tradition mais revue et affinée par le talent et l'imagination du chef. Le menu du marché change tous les jours. C'est frais, savoureux, soigné, varié. Vins de producteurs locaux, tous très bien choisis. Très belle vue depuis la terrasse. Excellent accueil. Une valeur sûre.

## LARNAS 07220

*€* **La Cigale et la Fourchette** – *15, lot. Saint-Agnès. ☎ 04-69-26-54-25. Tlj, sauf mer. Formules 19-26 € midi et soir. Parking.* On ne regrette pas de s'être écarté des sentiers battus pour s'attabler sur la jolie terrasse, sous les cannisses, juste bercé par le chant des cigales. Ce véritable Bistrot de pays a bien mérité son label, concoctant une cuisine vive et inspirée, attachée à son terroir pour mieux s'en libérer. La carte est courte (gage de sérieux) et évolue au gré des saisons, toujours en quête du meilleur produit.

***Accès :*** au cœur du village.

## LES VANS 07140

*€€* **La Feuille de Chou** – *24, rue du Temple ☎ 04-75-88-51-12. Tlj sauf lun en été, et mar-mer en hiver. Congés : fêtes de fin d'année. Formule déj 16 € ; carte 26 €.* Petite salle voûtée vite remplie pour une belle cuisine pleine de fraîcheur et de talent. Des petits plats simples, goûteux, parfumés et généreusement servis. Savourez les cuisses de poulet à la tapenade, les rognons de veau flambés à l'armagnac, le lapin à l'ardéchoise. Tout cela à base d'excellents produits. Évidemment, il y a parfois un peu d'attente compte tenu de la qualité des plats, d'autant que c'est souvent complet. Accueil discret et affable. Un vrai coup de cœur !

## DANS LES ENVIRONS

### LABEAUME 07120 (25 km NE)

*€* **Le Bec-Figue** – *sur la pl. de l'Église ☎ 04-75-35-13-32. Congés : janv-fév. Formule déj en sem 17-19 € ; le soir, formule et menu 24-28 €. Apéritif maison offert sur présentation de ce guide.* Dans une belle maison traditionnelle, tout en pierre, sur l'adorable place du village. On y sert aux épicuriens de passage une cuisine de grand-mère sans complication, fraîche et gourmande à souhait. Assiette de charcuterie-fromages, ou « légumes et végétables » (pour les végétariens). Les plats changent en permanence, c'est pourquoi on leur donne des noms amusants et incompréhensibles (J'ardèche, tu ardèches ; estouffade comme à la maison...). Les noms res-

tent, les plats évoluent ! Pas bête. Et c'est tout bon. Intérieur style bistrot et jolie terrasse en été.

***Accès :*** par la D104A, puis la D104 à La Ribeyre. À Rosières, suivre Le Devès, puis Champrenard et, enfin, emprunter la D245.

## TOURNON-SUR-RHÔNE 07300

€ |●| ⛱ **Le Chaudron** – *7, rue Saint-Antoine ☎ 04-75-08-17-90. Tlj sauf dim, mar soir et jeu soir. Congés : 2 sem en août et 2 sem pour Noël-Jour de l'an. Plat du jour 15 € ; menus 24-41 € ; carte env 45 €. Apéritif maison offert sur présentation de ce guide.* C'est dans les vieux chaudrons que les druides élaborent leurs recettes magiques ! Ça fait plus de 30 ans que ce *Chaudron* est synonyme d'une savoureuse cuisine régionale, qui ne fanfaronne pas. On reste dans la tradition française : une cuisine classique, copieuse et bien faite, qui suit le marché et les saisons. La carte change régulièrement, mais le ris de veau aux morilles est toujours un plat vedette du chef. Accueil avenant. Déco à l'ancienne charmante et patinée, plus une terrasse qui donne sur une petite place calme et très agréable, au cœur du vieux Tournon.

## VALLON-PONT-D'ARC 07150

€ |●| ⛱ 🅿 **Le Resto du Village** – *route des Gorges, Chames ☎ 04-75-37-51-57. Tlj en saison, sauf lun et mar soir. Salades-repas 14,50 € ; plats 14-17,50 €. Parking.* Déco située entre le *saloon* façon *far west* et la guinguette. En passant sur la route des Gorges, on est irrémédiablement attiré vers ce sympathique bric-à-brac, décalé juste comme il faut. Le sympathique patron donne la couleur du lieu et énonce les plats du jour avec un sérieux qui force le respect. On sent qu'il aime ce qu'il fait. Les assiettes sont à la hauteur, copieuses, soignées, goûteuses. Rien que des produits choisis, locaux et souvent bio, toujours de qualité. On aime !

***Accès :*** de Vallon-Pont-d'Arc, prendre la route des Gorges, sur environ 5 km ; c'est à gauche.

## VALS-LES-BAINS 07600

€€€ |●| ⛱ 🅿 **Le Vivarais** – *av. Claude-Expilly ☎ 04-75-94-65-85. ♿ Resto ouv mar-dim (sauf sam midi et dim soir hors saison). Formules déj 19-28 € ; menus 37-89 €. Parking.* Mention spéciale pour la table de l'*Hôtel Helvie*. Dans la grande salle à manger cossue et Art déco, le chef Stéphane Polly affiche un savoir-faire de haute volée, récompensé à juste titre par une célèbre marque de pneus. Servie par un personnel tout en douceur, voici une cuisine enlevée et goûteuse, pleine de raffinement, osant les alliances des saveurs et des textures, sans jamais tomber dans le travers de l'apprenti-sorcier. De l'audace certes, mais savamment dosée. C'est exquis de bout en bout, pour les yeux comme pour les papilles. Le top, chef !

# Cantal (15)

## ALBEPIERRE 15300

€ |●| **Le Cantou** – *Le Bourg ☎ 04-71-20-03-11. Tlj le midi. Résa demandée. Menus 18-26 €.* Une adresse hors du temps ! Ce petit resto à l'ancienne est plus connu par les habitués sous le nom de « resto Bouche » (sous-entendu « chez M. et Mme Bouche »). On pénètre par le bar où l'apéro bat son plein, et on prend place dans une salle à manger rustique et vieillotte à souhait, aimablement guidé par la patronne. La renommée de la maison repose sur la qualité de son bœuf. Un grand moment pour les amateurs de viandes bien rassies et persillées, accompagnées comme il se doit d'une bonne truffade. Une adresse rare, généreuse.

## AURILLAC 15000

€ |●| ⛱ 🅿 **La Table des Matières** – *5, rue de l'Hôtel-de-Ville ☎ 04-71-48-25-50. Tlj sauf dim-lun et le soir mer-jeu. Formules*

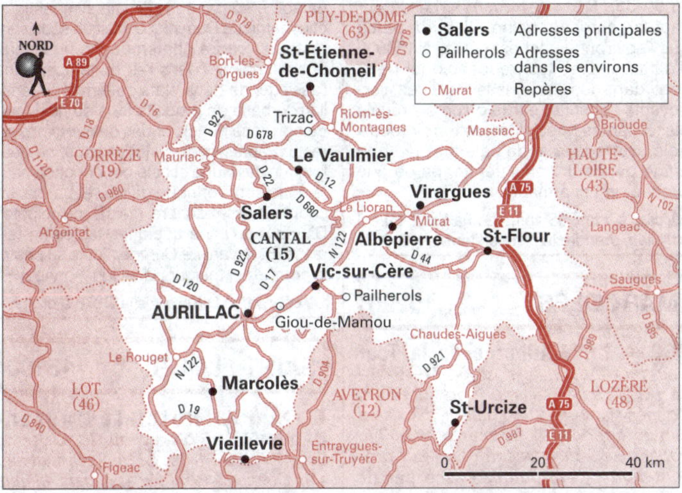


*déj 13,50-17,50 € ; menus 23-46 € ; menu unique sam 19 €. Parking.* Sophie Goffinet invente à l'envi une cuisine de saison fraîche, légère et colorée, laissant, chose rare par ici, une large place aux poissons. Pour arroser le tout, la carte des vins répertorie des nectars pour leur « respect du vivant ». Côté cadre, l'étroit rez-de-chaussée s'habille contemporain et perche ses convives sur de hautes chaises ; l'étage craque du parquet et couvre ses murs de clichés des photographes du cru. Enfin, par beau temps, une petite terrasse s'étire sur la rue. Quelques produits d'épicerie fine pour prolonger le plaisir. Une bonne adresse.

***Accès :*** dans le centre.

€€ |●| ⛱ **L'Arsène sur Cour** – *18, rue Arsène-Vermenouze ☎ 04-71-48-48-97. ♿ Tlj sauf dim-lun et j. fériés. Formules 14-17 € le midi en sem ; menu 29 €. Café offert sur présentation de ce guide.* Déco réussie, tendance « loft », où métal, pierre apparente et tableaux modernes font bon ménage. Une belle véranda, et même une courette viennent compléter l'ensemble. Cuisine de brasserie aux accents auvergnats, mais aussi des salades et quelques spécialités de raclettes, de tartiflettes, de pierrades ou de fondues savoyarde et bourguignonne. Service inégal.

***Accès :*** dans la vieille ville.

€€ |●| **Les 4 Saisons** – *10, rue J.-B.-Champeil ☎ 04-71-64-85-38. Tlj sauf dim soir-mar midi. Formules 17,50-22,50 € le midi en sem ; menus 30-75 €.* La belle adresse de la ville, au cadre sobre et chic, en adéquation avec une cuisine de saison élégante et raffinée, élaborée avec des produits de grande qualité.

***Accès :*** à 200 m de la mairie.

## DANS LES ENVIRONS

### GIOU-DE-MAMOU
15130 (2 km E)

€€ |●| ⛱ **La Rocade** – *lieu-dit Roques ☎ 04-71-64-84-87. ♿ Tlj sauf lun, mar et dim soir. Formules déj en sem 15,50-20,50 € ; menus 34-47 €.* Pas donné le soir, mais le midi, le rapport qualité-prix est indéniable. D'ailleurs, les salles rustiques modernisées affichent souvent complet. Les habitués s'y régalent d'une cuisine de saison simple, bonne et joliment mise en scène. Impeccable, d'autant que le service est efficace et souriant.

***Accès :*** au bord de la N122 peu après la sortie d'Aurillac.

## LE VAULMIER 15380

€ |●| ⛱ **Le Buron de Chaussedier** – *col d'Aulac ☎ 04-71-69-53-05. 15 juin-15 sept, tlj sauf lun et le soir mar, jeu et dim. Résa indispensable. Menus*

*18,50-33,50 €. CB refusées.* Le détour vaut largement la peine. D'abord, parce que l'environnement est génial, à 1300 m d'altitude, avec les troupeaux qui paissent dans les immenses espaces verdoyants ; ensuite, parce qu'on s'y régale d'excellentes spécialités de terroir (bourriols, truffade, viande salers et jambon affiné pendant 2 ans) ; enfin, parce que l'accueil est charmant.

***Accès :*** sur la D63 après Le Falgoux, au col d'Aulac, prendre la piste en terre.

## MARCOLÈS 15220

€€€ **Auberge de la Tour** *– au centre du village ☎ 04-71-46-99-15. Tlj sauf mar-mer hors juil-août. Congés : janv-mars. Formule le midi (sauf dim et j. fériés) 22 € ; menus 40-83 €. Parking. Apéritif maison offert sur présentation de ce guide.* Passé par de prestigieuses maisons, le chef a posé ses valises dans une belle demeure du XVIIe s pour exercer son talent. La salle est chaleureuse et contemporaine et, dans l'assiette, la cuisine est aussi précise qu'inventive et élégante. Tout y est : le goût, les idées et la présentation. Service aimable et pro. On reviendra !

## SAINT-ÉTIENNE-DE-CHOMEIL 15400

€ **Les Glycines** *– Le Bourg ☎ 04-71-78-32-62. Tlj sauf dim soir et lun soir en été. Le soir, résa nécessaire. Congés : 15-30 déc. Menus 13 € (le midi), puis 22-27 €. Parking. Café offert sur présentation de ce guide.* C'est avant tout un troquet de village, bien typique et très sympa. Mais les gourmands n'hésitent pas à faire le détour pour profiter de sa bonne cuisine de terroir. Spécialités auvergnates, viande de Salers, aligot, foie gras poêlé... Goûteux et copieux.

***Accès :*** rejoindre la D3 à Vebret, puis la D205.

## DANS LES ENVIRONS

### TRIZAC 15400 (18 km S)

€ **Le Garage** *– Le Bourg ☎ 04-71-78-60-79. Tlj en saison ; hors saison, ouv ts les midis (plus le soir ven-dim). Congés : janv. Formule 13 € le midi en sem ; menus 18-30 €. Parking. Café offert sur présentation de ce guide.* Du garage créé par son père, la sympathique et dynamique Dominique a fait un séduisant resto, au cadre contemporain, lumineux et aux couleurs dans l'air du temps. Dans l'assiette, de bons plats du terroir ou familiaux à base de produits frais du coin (peu de poissons donc) ; et des desserts pas en reste. L'après-midi (en juillet-août), on peut toujours faire une escale pour grignoter sur le pouce ou s'offrir un gâteau et un thé. Le cadre est assez sonore, mais là, on chipote ! D'autant qu'il y a quelques tables en terrasse. Et devant *Le Garage,* fidèle au poste, la pompe est toujours là, et fonctionne !

***Accès :*** par la D205, puis la D678 à droite.

## SAINT-FLOUR 15100

€ **Hôtel-restaurant L'Ander***** *– 6 bis, av. du Cdt-Delorme ☎ 04-71-60-21-63. Resto tlj sauf dim soir. Congés : de mi-fév à fin mars. Menus 20 € sauf dim et j. fériés, puis 34-49 €. Parking. Café offert sur présentation de ce guide.* Dans un cadre moderne et lumineux où brûle un feu de cheminée en hiver, on découvre avec beaucoup de plaisir une carte qui marie le terroir avec quelques touches d'inventivité et de modernité. Le résultat est généreux, savoureux et élégant.

***Accès :*** au centre-ville.

€€ **Chez Geneviève** *– 25, rue des Lacs ☎ 04-71-60-17-97. Tlj sauf dim-lun et mer soir hors juil-août (fermé dim slt en sept). Congés : 2 sem en janv, 2 sem en juin et 2 sem début oct. Formule plat tlj sauf été, dont le prix varie selon le marché ; menu 26,50 € ; carte 25-30 €. Café offert sur présentation de ce guide.* Dans cette ancienne boutique transformée en resto simple et décoré avec goût, Patrice propose un menu où la cuisine auvergnate tient la vedette, mais aussi des assiettes copieuses, du genre grosses tartines et salades, voire un hamburger. La viande rouge ici est salers ou aubrac, goûteuse et tendre à souhait. *Manou* (tripoux d'agneau), salade de pieds de veau et lentilles de Saint-Flour, tarte aux framboises, etc.

***Accès :*** à 300 m de la cathédrale.

## SAINT-URCIZE 15110

€ **Hôtel-restaurant Remise** *– Le Bourg ☎ 04-71-23-20-02. • aubrac-chezremise.com • Congés : 15 nov-*

*1er fév. Formule 17 € le midi sauf dim ; menus 19-22 € le w-e. Parking.* Non, ce n'est pas une ancienne remise, mais le nom d'une famille dynamique et accueillante. Belle auberge de campagne, superbement rénovée, où se côtoient, dans la grande salle chaleureuse, pêcheurs et chasseurs, cyclistes et randonneurs, jeunes et anciens dans une ambiance très conviviale. Cuisine familiale de terroir : aligot, soupe aux orties, truite de rivière, etc.

***Accès :*** en haut du village.

## SALERS 15140

€ 🏠 🍽 ⛱ **Hôtel-restaurant des Remparts***** – *av. de Barrouze ☎ 04-71-40-70-33. • salers-hotel-remparts.com • ♿ Congés : 2 nov-6 janv. Formules 13-24 € ; menus 20-32 €. Café offert sur présentation de ce guide.* Bien situé, un peu en marge de l'animation touristique, avec une superbe vue sur les monts du Cantal depuis la vaste salle à manger et une charmante terrasse panoramique. Bonne et copieuse cuisine auvergnate qui connaît ses classiques. Excellent accueil.

€€ 🏠 🍽 ⛱ P **Le Bailliage***** – *rue Notre-Dame ☎ 04-71-40-71-95. • salers-hotel-bailliage.com • ♿ Tlj sauf lun midi. Congés : 15 nov-15 fév. Menus 25,50-50 €. Parking.* Grosse maison cossue un peu en retrait de l'agitation. *Le Bailliage* est l'une des meilleures tables de Salers, avec de bonnes spécialités auvergnates travaillées avec soin et rigueur à partir de produits locaux de qualité. Un conseil : l'été, réservez une table dans le jardin, sous la tonnelle. Table distinguée Logis.

***Accès :*** à l'entrée du village.

## VIC-SUR-CÈRE 15800

€€ 🍽 ⛱ P **Hostellerie Saint-Clément***** – *col de Curebourse ☎ 04-71-47-51-71. ♿ Tlj sauf lun (plus dim soir hors saison). Congés : de mi-nov à mi-avr. Menus 30-96 €. Parking. Apéritif maison offert sur présentation de ce guide.* En pleine montagne, une belle adresse cossue où l'on se régale d'une fine cuisine qui comblera les gastronomes de tous bords, les défenseurs du classique pur jus comme les amateurs de nouvelle cuisine. Peut-être parce que père et fils sont tous deux aux fourneaux, conjuguant leur inspiration. Parfait pour une halte en pleine montagne et au calme.

## DANS LES ENVIRONS

### PAILHEROLS 15800 (14 km SE)

€€ 🍽 ⛱ P **L'Auberge des Montagnes**** – *Le Bourg ☎ 04-71-47-57-01. ♿ Tlj sauf lun et mar midi. Résa conseillée. Menus 29-34 €. Parking.* L'auberge de charme par excellence, tenue par la 5e génération. Un coup de cœur. On accède au village par une jolie petite route en lacet, pour découvrir cette ancienne ferme bien rénovée, accueillante, avec terrasse. La déco donne dans le rustique chic version montagnarde. Le rapport qualité-prix des menus est exceptionnel. On se régale d'une cuisine gourmande soignée, présentée avec la manière. Quelques spécialités : le *pounti* aux pruneaux, la côte de veau de pays, la croustine aux pralines, etc.

***Accès :*** par la D54.

## VIEILLEVIE 15120

€€ ⛱ P **Hôtel de La Terrasse***** – *Le Bourg ☎ 04-71-49-94-00. • hotel-terrasse.com • ♿ Fermé dim soir (sauf juil-août) et lun. Congés : de mi-nov à Pâques. Menus 27,50 € (sauf w-e)-46 €. Parking.* L'hôtel, tenu par la même famille depuis plusieurs décennies, est l'une des valeurs sûres du département, surtout côté cuisine. En privilégiant une carte courte et une cuisine fraîche de saison, le chef dépoussière le terroir avec un brin de fantaisie et beaucoup de savoir-faire. Résultat, c'est fin, léger et délicat. Un sans-faute, à déguster dans une agréable salle contemporaine ou en terrasse. Accueil très aimable. Une très bonne adresse.

***Accès :*** sur la route principale, en face du château.

## VIRARGUES 15300

€€ ⛱ P **Le Jarrousset** – *Les Barraires ☎ 04-71-20-10-69. ♿ Tlj sauf lun, plus le soir mar mer et dim hors juil-août. Congés : janv. Formule 15 € le midi en sem ; menus*

*29-60 €. Parking. Café offert sur présentation de ce guide.* Après avoir tourné chez les plus grands, ce chef s'est vite imposé comme proposant l'une des meilleures tables du département. Le spectacle est dans l'assiette. La grande spécialité : le farçou d'escargots au beurre d'herbes et une déclinaison de cornets de Murat. Produits locaux et de saison rigoureusement sélectionnés, travaillés avec soin et agrémentés au besoin de saveurs venues d'ailleurs pour une cuisine de terroir remise au goût du jour. La carte change à chaque saison. Prix des 1ers menus très attractifs.

***Accès :*** sur la N122, à 3 km de Murat, sur la route de Massiac.

# Drôme (26)

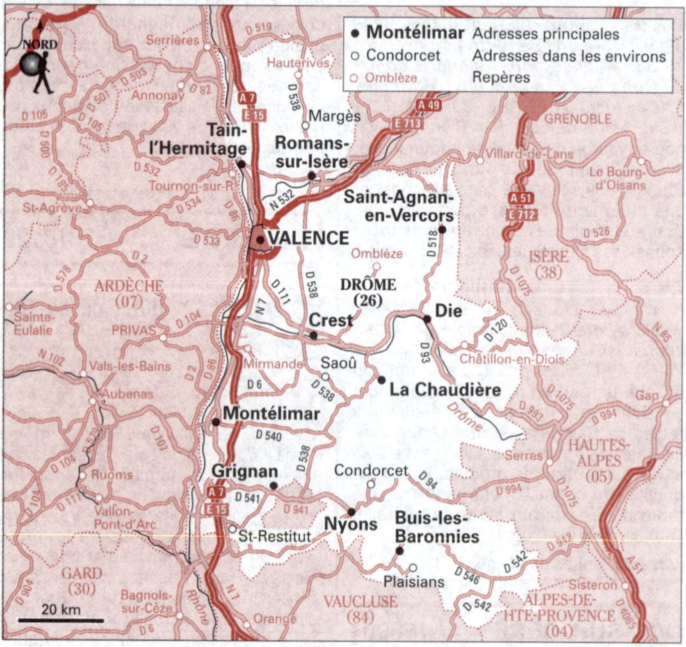


## BUIS-LES-BARONNIES 26170

**€€ |●| ⛱ La Fourchette** – *pl. des Arcades ☎ 04-75-28-03-31. ♿ Tlj sauf dim soir (hors saison) et lun. Congés : 5 janv-15 fév. Menus 19 € le midi en sem, puis 31-45 €.* La table classique de la ville n'a pas pris une ride malgré plus de 40 ans de bons et loyaux services. Elle est reconnue pour sa belle cuisine régionale, toujours accompagnée d'un accueil souriant. D'abord la mise en bouche, cette terrasse idéalement située sous les arcades pour profiter du charme de la cité. Puis une salle plaisante, joliment rénovée au goût du jour dans des tons taupe, lin et crème. Enfin, un vrai programme dans l'assiette : écrevisses à l'estragon, ravioles de Royans gratinées, croustade aux morilles, viande tendre à souhait. Bons petits vins régionaux.

## DANS LES ENVIRONS

### PLAISIANS 26170 (11 km SE)

**€€ Auberge de la Clue** – *D526 ☎ 04-75-28-01-17. Fermé dim soir et lun avr-oct ; sinon, ouv slt sam et dim midi. Congés : 14 fév-3 mars et 15 oct-2 nov. Formule déj 20 € ; menus 30-36 €. CB refusées. Parking.* Une auberge accueillante face au Ventoux et au bout d'un petit chemin, toujours prisée des gastronomes du secteur, attirés par les prix doux et les plats aussi copieux que bons et raffinés, concoctés par deux frères de la maison, jusqu'aux desserts, qui ne sont pas en reste. En salle, on vous fait patienter avec une somptueuse terrine en guise d'amuse-bouche. Belle terrasse ombragée par un bel acacia.

***Accès :*** prendre la D5, puis la D72, puis tourner à gauche sur la D526.

## CREST 26400

**€ Len'K** – *27, rue de la République ☎ 04-75-25-77-02. Fermé sam midi, dim et lun. Formule déj 15 €, puis 24-28 €.* D'un côté, vous avez le Kléber, le restaurant étoilé du chef Sébastien Bonnet et de son épouse, et de l'autre le bistrot *Len'K,* son annexe. Les propositions y sont, certes, beaucoup plus simples, mais les prix plus démocratiques et l'ambiance autrement plus détendue ! Et puis la simplicité apparente cache un vrai savoir-faire : les produits de saison et du terroir y sont cuisinés avec une justesse réjouissante. Ici, une simple joue de porc braisée au vin de Brézème ou les sorbets maison sont capables de faire frétiller les papilles de plaisir. *NOUVEAUTÉ.*

## DANS LES ENVIRONS

### SAOÛ 26400 (15 km S)

**€€ L'Oiseau sur sa Branche** – *La Grand-Place ☎ 04-75-76-02-03. Tlj sauf lun-mar soir hors hte saison. Résa recommandée. Formule déj 22 € ; menus 29,90-44 € ; carte env 40 €.* Plus de 25 ans déjà que ce restaurant de village a été métamorphosé par un restaurateur-poète qui, après avoir roulé sa bosse, est venu ici apporter un peu de la magie du monde. Les assiettes arrivent sur la table composées comme un tableau, riches en couleurs, en saveurs et en relief. Grande terrasse sous les platanes. Les habitués s'y retrouvent nombreux, notamment chaque nuit de pleine lune pour des concerts de jazz. Coin épicerie où l'on retrouve nombre de produits locaux servis en salle.

## DIE 26150

**€ Le Café des Lys** – *111, rue Camille-Buffardel ☎ 04-75-21-01-65. Tlj en été ; hors saison, ouv tlj le midi, mais slt ven-dim le soir. Plats 13-17 €.* Une ardoise et sa poignée de propositions : la bien nommée « assiette des Lys », les ravioles gratinées, le burger maison en soirée, le plat du jour, etc. La première est une assiette composée de plein de bonnes choses variées, et les autres plats sont normalement tous accompagnés d'une belle salade. C'est relativement simple, mais copieux (à tel point que le dessert ne s'impose pas !), plein de fraîcheur et de saveurs ! L'endroit, convivial, est aussi sympathique pour venir boire un verre, d'autant que l'été, sa terrasse déborde largement dans la rue. *NOUVEAUTÉ.*

***Accès :*** en plein centre-ville, dans la rue principale.

## GRIGNAN 26230

**€€€ Le Poème** – *rue Saint-Louis ☎ 04-75-91-10-90. Tlj sauf mar soir et mer. Formule déj 29 € en sem ; menus 42-57 €.* Cette charmante adresse a depuis longtemps les faveurs des gourmands. Forcément, la petite salle dissimulée en contrebas de quelques marches est intime, mignonne comme tout avec ses jolies appliques et sa collection de saucières, le tout au service d'une cuisine de terroir élaborée et créative. Romantique à souhait !

***Accès :*** à 50 m de la mairie.

## DANS LES ENVIRONS

### SAINT-RESTITUT 26130 (17 km SO)

**€€ Le Rustic** – *9, Grand-Rue ☎ 04-75-96-71-60. Plusieurs formules à 20 € le midi en sem ; menus 30-36 €.* Si la Grand-Rue est en fait bien petite (et tant mieux), *Le Rustic* se révèle quant à lui bien raffiné. Carte courte, producteurs locaux et, manifestement, l'amour du travail bien fait. Qu'on y est bien, tranquillement attablé dehors, dans une rue tout juste assez large pour laisser passer une voiture. Les becs sucrés ne feront pas l'impasse sur les desserts, qui ne sont pas en reste. Belle carte de vins régionaux. Une escale qui mérite d'être connue, et un joli village à découvrir aussi. *NOUVEAUTÉ.*

**Accès :** au cœur du village.

## LA CHAUDIÈRE 26340

**€€ |●| ⛱ Le Garde Manger** – *2, passage de l'École ☎ 04-75-22-18-91. ♿ Tlj en saison ; tlj sauf jeu hors saison. Congés : janv-fév. Menus 26,50-35 €.* Quelle surprise de trouver un tel repaire de gourmets dans cet adorable village perché, seul, dans les montagnes. Le chef, passionné, vous y régale d'une cuisine créative et pleine de saveurs faisant la part belle aux produits du terroir. À déguster en terrasse aux beaux jours, avec vue imprenable sur les Trois Becs et le Couspeau, ou près de la cheminée quand la fraîcheur pointe son nez. On peut aussi s'y arrêter simplement pour boire un verre au bar ou encore faire le plein de produits locaux à l'espace boutique.

**Accès :** entre Saillants et Bordeaux, au col de La Chaudière.

## MONTÉLIMAR 26200

**€€€ |●| ⛱ Aux Gourmands** – *8, pl. du Marché ☎ 04-75-01-16-21. Tlj sauf dim-lun. Congés : dernière sem d'août et 1re de sept. Formules déj 29-39 € ; menus 39-49 €. Pas de carte, mieux vaut réserver.* Une enseigne entièrement dédiée aux plaisirs bachiques : cave (600 références !), bar à vins et resto dans le joli patio couvert. Nicolas connaît tous les domaines de la vallée, déniche les meilleurs crus et partage ses trouvailles avec ses hôtes. Et comme un gourmand ne l'est jamais à moitié, il élabore, avec Marie-Pierre, une savoureuse carte de saison évoluant tous les jours au gré du marché et de la criée (sauf l'indéboulonnable œuf parfait-cocotte au foie gras, un régal !). Également des soirées dégustation, cours d'œnologie et soirées jazz.

**Accès :** en plein centre, près de la collégiale Sainte-Croix.

## NYONS 26110

**€€ |●| ⛱ D'un Goût à l'Autre** – *21, rue des Déportés ☎ 04-75-26-62-27. Tlj sauf lun. Congés : janv, après les vac scol. Menu déj 25,90 € ; sinon à la carte, compter 35 €.* Si l'on peut servir 20 couverts dans ce restaurant, c'est bien le maximum tant la salle est petite. En contrepartie, vous avez le sentiment d'assister à un repas personnalisé. Cuisine de saison sagement créative, comme le taboulé de petit épeautre et caviar d'aubergine ou le tartare de fraise et mousse au thé matcha. Tout cela à des prix bien sages.

**€€ |●| ⛱ Le Verre à Soie** – *12, pl. des Arcades ☎ 04-75-26-15-18. Fermé marmer ainsi que jeu soir. Peu de couverts, réserver. Menu déj 25 € verre de vin inclus ; le soir, à la carte, plats 18-24 €.* Outre le joli jeu de mots, un nom qui évoque le raffinement, pour une cuisine qui l'est tout autant... ça tombe bien ! La très courte carte du jour (2 propositions de plats seulement) est mâtinée d'influences du pays du Soleil levant, insufflées par la cheffe d'origine taïwanaise. Une chef qui vient à la rencontre des convives une fois tout le monde servi. Côté carte des vins, la sélection est pointue, mais heureusement Jérôme, sommelier et au service, vous conseille avec passion. Bon choix de vins au verre. Agréable terrasse sous les arcades. *NOUVEAUTÉ.*

## DANS LES ENVIRONS

### CONDORCET 26110 (8 km NE)

**€€ |●| ⛱ 🅿 La Charrette Bleue** – *route de Gap, lieu-dit La Bonté ☎ 04-75-27-72-33. Tlj sauf : mar-mer et dim soir oct-mars ; mar soir et mer avr-juin et sept ; mer slt en juil-août. Congés : 1er janv-10 fév. Menus 19,50-25,50 € le midi en sem, puis 29,50-46,50 €. Parking.* Arrêt obligatoire dans cet ancien relais de poste pour faire le plein de senteurs des collines et de la garrigue. Car on y mitonne une vraie cuisine de tradition, sincère, évoluant au gré des saisons et de l'inspiration. Présentations particulièrement soignées. Salle à manger joliment arrangée mais, aux beaux jours, on prend ses repas en terrasse sous l'olivier. Cuisine tellement délectable que le bruit de la route est vite oublié. Accueil souriant et affable, service efficace en prime.

**Accès :** par la D94.

## ROMANS-SUR-ISÈRE 26100

**€ |●| ⛱ Le Bar à Vin** – *13, pl. Jules-Nadi ☎ 04-75-70-47-32. ♿ Congés : 1er mai, 25 déc et 1er janv. Formules et menus 9-25 €.* Ici, on consacre beaucoup de temps à vanter les mérites de la dive bouteille. Mais pas seulement ! Car ces jolis flacons bien choisis accompagnent une bonne cuisine de terroir, préparée avec soin et servie avec un réel effort de présentation. Le chef change régulièrement la carte. L'été, la terrasse est un plus appréciable ; l'hiver, tout le monde se rassemble dans la bonne humeur dans la salle bistrot. Une bonne adresse à l'écart des modes et de la circulation.

***Accès :*** en plein centre, face à l'hôtel de ville.

€€ |●| ☂ **Restaurant Mandrin** – *70, rue Saint-Nicolas ☎ 04-75-02-93-55. ♿ Tlj sauf dim soir-lun. Congés : 3 sem en août. Résa conseillée. Formule déj 17 € ; menus 25-46 €.* Cette belle demeure plusieurs fois centenaire abrite l'une des bonnes références de la vieille ville. Pierre, poutres apparentes et murs à colombages participent à l'esprit rustique et chic de la maison, qui se reflète dans la déco comme dans l'assiette. La cuisine traditionnelle et régionale, servie avec des petits pains maison, reste sans reproches. Le petit plus, c'est de pouvoir, aux beaux jours, déjeuner ou dîner dans la « cachette » de Mandrin. Une cour d'hôtel particulier qui pourrait en raconter, des choses...

***Accès :*** dans le centre, près de la place Zamenhof.

€€€ |●| **Nature Gourmande** – *37, pl. Jacquemart ☎ 04-75-05-30-46. Ouv le soir mar-sam, plus sam midi. Menus 30-60 €.* En plein centre historique, un resto pour amoureux (de la cuisine) tenu par un couple qui a tout compris : Pierre, en cuisine, assure côté saveurs et inventivité, tout en gardant une base terroir authentique. Bons produits, cuissons justes, mariages rassurants. Quant à Gwenaëlle, elle sait accueillir, servir avec le sourire, mais aussi préparer les desserts. Pas de bruits en salle, en dehors des soupirs d'aise des convives découvrant (ou finissant) leur assiette.

## DANS LES ENVIRONS

### MARGÈS 26260 (13 km N)

€ 🏠 |●| ☂ **Auberge du Port du Chalon** – *50, route des Dauphins ☎ 04-75-45-62-13. • portduchalon.com • ♿ Resto fermé dim soir et lun-mar. Formule déj en sem 14 € ; menus 22-39 €.* Cette maison de famille centenaire fut d'abord celle d'un menuisier, avant d'être peu à peu transformée, au fil des générations, en un hôtel-restaurant élégant et cosy. Celui-ci abrite, aujourd'hui, une dizaine de chambres spacieuses et de bon confort, dont certaines avec balcon donnant sur la cour arborée. Côté resto, on ne peut qu'être séduit par l'espace octroyé à chaque table (il est rare d'être aussi peu parasité par les conversations voisines !), ce qui permet d'apprécier pleinement la cuisine. Et elle le mérite vraiment : la carte est plutôt traditionnelle, mais ne vous y fiez pas. Les produits sont dûment sélectionnés et fort bien travaillés. *NOUVEAUTÉ.*

***Accès :*** au carrefour de la D538 et la D155, à 2 km au sud de Magès.

## SAINT-AGNAN-EN-VERCORS 26420

€€ 🏠 |●| **Auberge Le Collet** – *Le Collet ☎ 04-75-48-13-18. • aubergelecollet.com • Resto fermé le midi en sem et mer soir (sauf juil-août). Congés : de mi-nov à mi-déc et de mi-mars à mi-avr. Menu 27 €. Café offert sur présentation de ce guide.* Au cœur des montagnes, quelle belle option que cette grosse bâtisse en pierre pour une pause gourmande après une longue balade ou une randonnée sur le plateau. Chambres relativement simples, mais bien tenues et agréables. Côté resto, on s'y délecte d'une cuisine qui puise largement dans le terroir, mais qui se plaît à donner aux produits ou spécialités locales la petite touche permettant de les redécouvrir ou d'en apprécier toutes les saveurs. Le même soin est apporté à la présentation. Une adresse plutôt discrète, mais de qualité. *NOUVEAUTÉ.*

***Accès :*** au bord de la D518, entre Saint-Aignan et La Chapelle-en-Vercors.

## TAIN-L'HERMITAGE 26600

€ |●| **Le Café** – *45, av. Jean-Jaurès ☎ 04-75-08-36-62. ♿ Tlj 9h-19h30. Menu 13 €. CB refusées.* Restaurant ouvert et engagé, c'est écrit sur la carte. Une des adresses les plus étonnantes du pays. Sur l'ancienne N7, au centre de Tain, voyage dans le temps assuré : vieux bar, déco formica années 1970, vieux 45 tours et pubs pour les copains genre « vends tracteur bon état ». Pas de choix dans le menu du jour, mais vu le prix et la qualité de la cuisine du chef, personne ne se plaint. Même les jours ensoleillés, ici, on ne regrette pas d'avoir réservé dans une salle sans terrasse.

## VALENCE 26000

€ **Un Tablier pour Deux** – *164, av. Victor-Hugo ☎ 04-75-44-14-68. Ouv le midi mar-sam, ainsi que le soir ven-sam et quelques dim par mois pour le brunch. Résa conseillée. Menus 17-22 €.* Il faut marcher un peu, mais l'escale mérite ce petit effort. Dans une sympathique ambiance de bistrot vintage, madame, en cuisine, vous concocte au jour le jour de savoureux petits plats locavores et de saison, tandis que monsieur, en salle, vous les sert avec une charmante bonhommie. Aux beaux jours, les nombreux habitués désertent l'intérieur pour la délicieuse terrasse, bien cachée à l'arrière. *NOUVEAUTÉ.*

€ **La Petite Fabrique** – *6, rue de l'Hôtel-de-Ville ☎ 09-83-68-31-82. Ouv le midi mar-sam (sauf mer hors saison), plus le soir jeu-sam. Résa indispensable. Formules 20-27 €.* Une formule qui ne peut que plaire : de vrais bons petits plats goûteux et originaux, un chef seul en cuisine et une serveuse qui se démène. Du savoureux, à ce point, ça devient rare. Le vendredi, c'est l'aïoli, comme dans le Midi. Sinon, menus et plats à l'ardoise, qui s'efface tous les jours, et quand il le temps le permet, une terrasse sympa.

€ **Restaurant L'Épicerie** – *18, pl. Saint-Jean ☎ 04-75-42-74-46. Tlj sauf sam-dim et j. fériés. Congés : 1er-22 août. Formule déj 18 € ; menus 24-75 €. Café offert sur présentation de ce guide.* Difficile d'imaginer l'ancienne épicerie dans ces belles salles veinées de poutres, compartimentées par des arcades en pierre et rehaussées d'éléments décoratifs contemporains. Alors, on se concentre sur la cuisine de Pierre Seve, un vibrant hommage au terroir ciselé aux petits points. On applaudit le rapport qualité-prix du 1er menu. L'accueil n'est pas en reste. La convivialité du chef, qui aime échanger en fin de repas avec ses clients, et les conseils de madame participent beaucoup au plaisir de s'asseoir à cette table. Aux beaux jours, en terrasse sur la petite place, face à la vieille halle, on trouve décidément Valence bien sympathique.

***Accès :*** à côté de l'église Saint-Jean.

€€ **André** – *285, av. Victor-Hugo ☎ 04-75-44-15-32. Menu 32 € ; carte env 48-55 €.* Un Relais & Châteaux à un prix abordable ? Vous ne rêvez pas. Vous êtes bien dans la célèbre maison de la famille Pic, qui rassemble sous le même toit le *Restaurant Pic* (le gastro étoilé) et l'annexe, *André par Anne-Sophie Pic*. Dans une salle parsemée de photos et de souvenirs d'époque, *André* retrace l'histoire culinaire de 4 générations de cuisiniers. À la carte, une cuisine classique délicieusement épurée et remaniée, pleine de créativité.

***Accès :*** depuis l'A7, sortie Valence-Sud, direction centre-ville.

# Haute-Loire (43)

## BAS-EN-BASSET 43210

€€ **Auberge des Pich's** – *hameau de Lacombe ☎ 04-71-61-84-87. • aubergedespichs.free.fr • Tlj sauf lun-mer sept-mai ; tlj sauf lun juin-août. Congés : 24 déc-1er janv. Menus sauf dim 26-30 €. CB refusées. Parking. Apéritif maison offert sur présentation de ce guide.* Sur les coteaux du Mont de Forez, une adresse coup de cœur pour son authenticité et sa convivialité. Au menu, du solide fait en famille, avec amour : jambon au foin, pâté de chou auvergnat, tourte au groin de porc. C'est délicieux, avec des produits locaux et servi dans les anciennes écuries de la ferme – qui ont gardé leurs râteliers –, enrichies d'amusants portraits des gens du coin, peints par le père. À l'étage, chambres confortables avec d'authentiques lits-placards dotés de bons gros

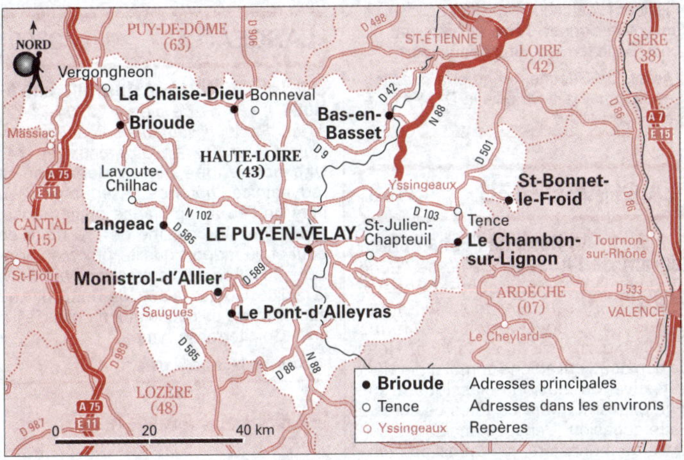


matelas et des couettes en plumes d'oie. Très belles et très cosy.

***Accès :*** par la D42.

## BRIOUDE 43100

€ 🏠 🍽 ⛱ P **Hôtel de la Poste et Champanne**** – *1, bd du Docteur-Devins ☎ 04-71-50-14-62. • hotel-de-la-poste-brioude.com • Tlj sauf dim soir et lun midi. Congés : fév. Formule déj (en sem) 16 € ; menus 20-48 €. Parking.* Bel hôtel de province appartenant à la même famille depuis des générations, mais qui a été sans cesse remis au goût du jour. Au rez-de-chaussée, le bar est toujours là. Les chambres, situées dans une annexe très années 1970, donnant sur une petite rue à l'arrière, sont vraiment paisibles. C'est surtout une des bonnes tables de la ville, réputée pour sa franche cuisine qui vous surprendra agréablement : elle joue la carte traditionnelle tout en s'évadant vers des horizons lointains. Accueil souriant.

***Accès :*** N102 qui traverse Brioude ; près de la *Maison du saumon.*

€ 🍽 ⛱ **La Cave Gourmande** – *27, rue du 4-Septembre ☎ 04-71-74-82-76. ♿ Tlj midi slt sauf mer et dim (ouv aussi le soir juil-août). Magasin ouv tlj 10h-19h sauf mer et dim. Congés : 1 sem en fév, Toussaint et fin juin. Plat du jour 12,50 € ; menus 16,50-20 €. Café offert sur présentation de ce guide.* Une adresse gourmande avec un fond de jazz qui vous accompagne durant la visite des rayons, côté magasin, et vous entraîne ensuite vers le coin resto ou en terrasse, selon l'humeur du temps. Une vingtaine de références de vins au verre, pour accompagner une cuisine de produits frais et locaux ou un plat du jour qui invite lui-même au voyage. Forcément sympa. Terrasse dans la cour intérieure et, désormais, une véranda aussi.

***Accès :*** dans le centre historique, près de l'*Hôtel de la Dentelle.*

## DANS LES ENVIRONS

### VERGONGHEON
43360 (13 km N)

€€ ⛱ **La Petite École** – *hameau du Rilhac ☎ 04-71-76-97-43. ♿ Tlj sauf sam midi, dim soir, lun et mar midi. Congés : 2 sem en janv, 2 sem en juin et 3 sem fin sept. Résa conseillée. Menus 32-40 €.* Un resto gastronomique maintes fois récompensé, qui a pour originalité d'être installé dans l'ancienne école du village, restée dans son jus (vieilles affiches de géographie, tenues d'écolier au porte-manteau et cloche de fin de récré...). En cuisine, Lionel Échaubard, véritable autodidacte (il n'est d'aucune école, lui !), surprend par une cuisine inventive qui varie en fonction des saisons et de ses humeurs. Une adresse très courue, qui n'offre de place qu'aux meilleurs : ceux qui n'auront pas réservé auront le bonnet d'âne et resteront au coin. Belle terrasse aux beaux jours.

***Accès :*** de Brioude, prendre la direction d'Auzon par la D14, puis la D174 à gauche pour Rilhac.

## LA CHAISE-DIEU 43160

€ 🏠 🍽 ⛱ 🅿 **Hôtel de l'Écho et Restaurant de l'Abbaye**** – *pl. de l'Écho ☎ 04-71-00-00-45. • echo-et-abbaye.com • ♿ Tlj sauf mer (hors juil-août). Congés : 11 nov-Rameaux. Menus 19-48 € ; carte env 35 €. Parking.* Hôtel de bon goût, qui affiche complet pendant le festival de musique classique et qui a vu passer nombre de têtes célèbres à cette occasion. Dans les anciennes cuisines du monastère, sur un air de musique classique, une belle salle à manger Louis-XIII. Meubles anciens bien mis en valeur. Dix chambres de qualité, dont certaines, refaites, offrent une superbe vue sur l'abbaye (comme la nº 7 ou la nº 15, à réserver absolument !). Le restaurant propose quelques spécialités savoureuses ainsi qu'une belle carte des vins, accueil parfait, vaisselle élégante, grande terrasse. Également 2 chambres d'hôtes luxueuses dans un petit bâtiment voisin, dont une avec jacuzzi.

***Accès :*** en centre-ville, derrière l'abbaye.

## DANS LES ENVIRONS

### BONNEVAL 43160 (5 km E)

€ 🍽 ⛱ 🅿 **Auberge de la Dorette** – *Le Bourg ☎ 04-71-00-01-38. Tlj sauf dim soir-lun en juil-août ; fermé lun et le soir (sauf w-e) le reste de l'année. Congés : 1 sem en janv. Résa le soir. Formule 20 € en sem ; menus 24-45 €. Parking.* Une bonne auberge, comme on aimerait en rencontrer souvent sur sa route. La cuisinière vient d'Afrique du Sud et réalise aussi bien une tourte aux cèpes et foie gras, qui a l'odeur des bois, qu'un rougail de poisson, qui a tous les parfums de son pays. Cuisine du monde, qui plaît à beaucoup de monde, d'où la résa obligatoire. Ici, on ne lésine pas sur la qualité des produits. Belle terrasse avec vue aux beaux jours, et feu dans la cheminée le reste du temps. 4 chambres pas très loin, si vous ne voulez plus repartir.

***Accès :*** à 5 km à l'est de La Chaise-Dieu par la D20.

## LANGEAC 43300

€ 🏠 🍽 ⛱ **Hôtel-restaurant Entre-Nous**** – *28, av. de la Gare ☎ 04-71-77-08-88. Resto, tlj sauf dim soir et lun. Formule du jour 13 € le midi ; menus 19-33 €.* Une bonne idée d'avoir débaptisé et redynamisé l'*hôtel de l'Avenue* pour en faire un lieu à l'ambiance chaleureuse, proposant une cuisine de pro riche en goût et au rapport qualité-prix bien honnête, à l'heure où d'autres tombent dans la facilité. Goûtez la côte de veau cuite au sautoir, avec sa sauce aux morilles, s'il y en a. Coin terrasse sympa.

***Accès :*** en face de la gare.

## DANS LES ENVIRONS

### LAVOUTE-CHILHAC 43380 (13 km NO)

€ 🏠 🍽 ⛱ **Hôtel-restaurant du Pêcheur** – *pl. des Anciens-Moulins ☎ 04-71-77-42-42. • hotel-du-pecheur.com • Ouv tlj sauf lun hors midi de mi-avr à mi-oct ; ouv slt le w-e le reste de l'année. Congés : en janv et fév. Formules déj en sem 15-22 € ; menus 20-25 € ; carte 20-30 €.* Un petit hôtel entièrement réaménagé, avec des chambres simples, confortables et tranquilles, donnant sur la rivière. Et une cuisine à base de poisson (sandre, omble, saumon) qui n'empêchera pas les amateurs de plats de terroir de se régaler, car on trouve de tout à la carte, même du caviar (de lentilles !). Et un menu moules-frites le vendredi soir. Terrasse sur la place du village, en été, qui prend le soir des allures de guinguette, avec pizza au feu de bois.

***Accès :*** en suivant la D585.

## LE CHAMBON-SUR-LIGNON 43400

€ 🏠 🍽 ⛱ 🅿 **Hôtel-restaurant Clair Matin***** – *Les Barandons ☎ 04-71-59-73-03. • hotelclairmatin.com • ♿ Tlj sauf dim soir et lun hors saison. Congés : 15 nov-1er mars. Menus 18 € le midi sauf dim et j. fériés, puis 22-60 €. Parking. Apéritif maison offert sur présentation de ce guide.* Entre forêts de sapins et prés verdoyants, dans un parc de 3 ha, cet hôtel entièrement rénové aux allures de chalet compte une trentaine de chambres confortables et calmes, dont certaines donnent sur la ligne bleue des Cévennes (nos préférées !). Autour de l'imposant poêle en pierre volcanique, de la piscine, du tennis ou de la salle de remise en forme (sauna, jacuzzi), atmosphère familiale et discrète. Table gastronomique au rapport qualité-prix intéressant. Remarquable petit déjeuner. Une très bonne adresse !

***Accès :*** à 10 mn du centre, dans la forêt.

## DANS LES ENVIRONS

### TENCE 43190 (9 km N)

**€ I●I ⚲ L'Épicéa** – *9, pl. du Chatigue ☎ 04-71-59-23-41. ♿ Tlj sauf mer (tlj en juil-août). Accueil tardif sur résa. Congés : janv. Formule déj 13 € sauf dim (plus le soir en hiver) ; carte 22 €. Apéritif maison offert sur présentation de ce guide.* Une cuisine simple et saine, d'une élégance qui paraît ici toute naturelle, bref du fait maison comme on aimerait en trouver partout. De bons produits d'ici et même d'ailleurs, des saveurs inédites, on en redemande. Le chef travaille autant le fond que la forme, et son fond à lui est vraiment bon. De l'humour et de l'amour du métier garantis. Accueil d'une grande gentillesse. Bières artisanales à la carte. Terrasse.

***Accès :*** à 100 m de l'office de tourisme.

## LE PONT-D'ALLEYRAS 43580

**€€€ ⚲ Hôtel-restaurant du Haut-Allier****** – *lieu-dit du Haut-Allier ☎ 04-71-57-57-63. • hotel-lehautallier.com • ♿ Tlj sauf lun-mar (slt lun et mar midi août). Congés : de mi-nov à mi-mars. Menus à partir de 48 € ; carte env 75 €.* Une adresse pour les gastronomes de tous âges qui veulent se faire plaisir, dans un cadre moderne, sur fond d'environnement préservé. Cette institution appartient à la même famille depuis 3 générations. Chambres confortables, spacieuses, dans des tons actuels. Vue imprenable sur la vallée et calme garanti. Accueil délicieux, sans chichis, pour une maison de qualité. Philippe Brun, en cuisine, se fait plaisir en créant des plats qui ont le goût du terroir sans en avoir la pesanteur, et qui mettront vos yeux et vos papilles en émoi. Salle gaie, lumineuse sur fond de bois et basalte, en parfait accord avec cette cuisine libérée, parfumée, réalisée par un faux sage, à qui l'avancée en âge donne toutes les audaces. Cave remarquable, tout comme le service d'ailleurs, pro et décontracté.

***Accès :*** par la D589. Sur la D33.

## LE PUY-EN-VELAY 43000

**€ I●I ⚲ Le Chamarlenc** – *19, rue Raphaël ☎ 04-71-02-17-72. ♿ Tlj sauf dim-lun. Congés : 1 sem fin juin-1re sem juil. Formules 18-22 €.* Un petit resto très sympathique, installé dans une vieille maison du XVIIe s, mais qui ne paie pas de mine, abrité derrière ses petits carreaux. Poussez la porte. Bois clair, lumières douces et tables suffisamment espacées. Cuisine du marché copieuse autant que délicieuse. Régalez-vous, sinon, avec le pâté en croûte maison, une merveille qui a valu au chef le titre de champion du monde en 2009 ! Chaque jour, 3 « mitonnées » au choix, 3 entrées et 5 desserts seulement, plutôt rassurant. Bon choix de vins de pays. Terrasse en été.

***Accès :*** dans la vieille ville, non loin de la cathédrale.

**€€ I●I ⚲ Bambou et Basilic** – *18, rue Grangevieille ☎ 04-71-09-25-59. ♿ Tlj sauf lun-mar. Menus 23 € le midi en sem, puis 29-64 €.* Cette petite maison, plus excentrée qu'excentrique à priori, est devenue la référence des voyageurs du monde en quête d'une nourriture ne manquant pas, à sa façon, de spiritualité. De la cuisine actuelle au meilleur sens du terme, fusion entre modernité et tradition, réalisée par un chef, Michaël Ruat, qui a fait ses classes dans de grandes maisons de la région. Cuisine raffinée et inspirée par le pays et le rythme des saisons, certes, mais aussi par les voyages en Asie, réels et rêvés. Petit bout de terrasse sympathique pour voir passer le monde, et le temps. Bel accueil d'Amandine.

***Accès :*** à l'écart du centre, au pied d'une rue montant vers la cathédrale.

**€€€ I●I ⚲ Restaurant Comme à la Maison** – *7, rue Séguret ☎ 04-71-02-94-73. ♿ Tlj sauf mer midi soir et dim. Congés : 1re quinzaine de janv et 1 sem en* *sept après les fêtes du Roi de l'Oiseau. Formule déj en sem 15 €, puis menu 50 €.* Ce lieu, assez magique aux beaux jours avec sa terrasse, propose une cuisine gastronomique et moderne, de saison, fraîche et inspirée. Il fut maintes fois récompensé, son ascension est fulgurante, et la ville a gagné une bien bonne table.

**Accès :** près de la cathédrale Notre-Dame-du-Puy.

## DANS LES ENVIRONS

### SAINT-JULIEN-CHAPTEUIL
43260 (20 km E)

€ **Hôtel-restaurant Le Barriol***** – *pl. du Marché ☎ 04-71-08-70-17. • lebarriol.com • Tlj sauf dim soir, lun et mar midi. Congés : vac de fév, de la Toussaint et 2 sem après Noël. Menus 19 € sauf dim, puis 29-43 €. Apéritif maison offert ou 10 % de remise sur le prix de la chambre (en oct-avr) sur présentation de ce guide.* Une maison familiale, au cœur des volcans d'Auvergne, bien tenue et pratique (situation centrale, possibilité de parking), à 800 m d'altitude. 11 chambres entièrement rénovées ; calme assuré pour celles qui donnent sur l'arrière. Cuisine de terroir soignée et copieuse, et des desserts réalisés par une pâtissière confirmée, rien que ça ! Accueil agréable et très prévenant. Terrasse extérieure fleurie sur la place du marché. Maître restaurateur.

**Accès :** par la N88, puis la D26.

€€ **Restaurant Jean-Pierre Vidal** – *pl. du Marché ☎ 04-71-08-70-50. Tlj sauf le soir dim-mar, plus lun midi (ouv mar soir 14 juil-15 août). Bistrot ouv le midi mar-sam Congés : de mi-janv à fin fév, 1 sem fin juin et 1 sem fin août. Formules Bistrot de Justin 19-24 € ; menus côté resto 31-80 €. Parking.* Jean-Pierre Vidal, ancien de chez *Troisgros*, est l'un des chefs qui comptent et sur qui les autres peuvent compter en Haute-Loire. Il se définit comme « un cuisinier à la campagne » au talent modeste, qui réinvente les plats du cru. Spécialité : bœuf fin gras du Mézenc et purée aux cèpes. Service attentif et courtois, dans une salle agréable et feutrée. *Bistrot de Justin* tout à côté, pour goûter à prix doux des plats traditionnels.

## MONISTROL-D'ALLIER 43580

€ **Le Pain de Sucre** – *Le Vivier, dans la rue principale ☎ et fax : 04-71-57-24-50. • hotel-restaurant-monistrol.com • Congés : janv. Menus 17-29 €.* Tenue par Peter, personnage haut en couleur à l'humour irrésistible, une adresse coup de cœur qui marche fort. Côté chambres, les classiques (mais très correctes) côtoient d'autres plus récentes, refaites dans un style très original et moderne. Côté cuisine, Peter régale ses hôtes d'une cuisine surprenante, à tendance gastronomique, d'inspiration méditerranéenne. Pour les petits budgets, il propose des « triangles » chauds délicieux, des pâtes fraîches et des pizzas faites à base de farine bio locale. Un lieu mêlant le traditionnel et le moderne avec beaucoup de ferronnerie et de sculptures. On adore !

**Accès :** par la D589.

## SAINT-BONNET-LE-FROID 43290

€€ **Hôtel Clos des Cîmes-Découverte Hôtels & Spa – Bistrot La Coulemelle***** – *1, rue du Vivarais ☎ 04-71-59-93-72. • regismarcon.fr • Fermé mar plus lun soir mars-mai et nov-déc ; bistrot fermé mar, plus lun et mer selon période. Congés : de janv à Saint-Valentin. Formule déj en sem 28 € ; menus 32-50 € ; pas de carte. Parking.* Le restaurant gastronomique de Régis et Jacques Marcon est installé sur les hauteurs, tandis que l'hôtel et le bistrot restent plus que jamais au cœur du village. Régis Marcon trouve son inspiration dans son petit coin de paradis. Pour ce perfectionniste curieux et inventif, avant le travail des fourneaux, il y a la qualité des produits utilisés. Leur origine est essentielle. Sur le terrain, il court la campagne, suit de près ses éleveurs particuliers, ses maraîchers, ses fournisseurs. Une garantie de fraîcheur. Il connaît en profondeur les traditions du Velay et du Vivarais. Son bistrot, il l'a confié à un homme de la vieille école, côté salle, et à un jeune chef formé à son école, d'où le plaisir partagé par des convives qui s'offrent un avant-goût de sa cuisine à prix doux.

**€€ 🏠 🍴 ☂ P Hôtel Le Fort du Pré***** – ☎ *04-71-59-91-83. ● le-fort-du-pre.fr ● ♿ Tlj sauf lun midi en juil-août, plus dim soir et lun midi sept-juin. Congés : de mi-déc à mi-mars. Formule 21 € en sem ; menus 30-71 €. Parking. Café offert sur présentation de ce guide.* Des chambres claires, spacieuses et rénovées dans l'esprit de l'époque et du village. Une grande piscine chauffée, un espace bien-être pour prolonger le plaisir, une terrasse avec vue pour prendre le soleil et attendre le moment de goûter une cuisine du terroir qui s'est depuis longtemps mise au goût du jour. Un lieu idéal pour un week-end « bien-être », « découverte », etc., chacune des formules ayant ses avantages, à prix très corrects. Et il y a, bien sûr, les stages champignons, à l'automne.

***Accès :*** à la sortie du village.

# Haute-Savoie (74)

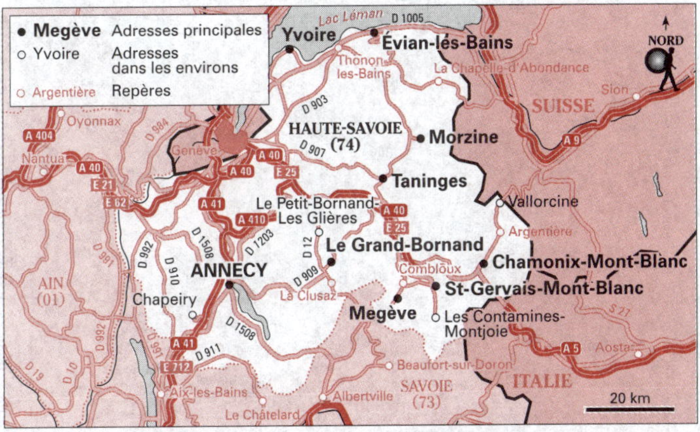


## ANNECY 74000

**€ 🍴 P Le Denti** – *25 bis, av. de Loverchy (hors plan par A3-1) ☎ 04-50-64-21-17. ♿ Tlj sauf mar, mer et dim soir. Formule déj 23 € ; menus 23 € (sauf sam soir, dim et j. fériés), puis 32-47 €. Parking.* Le denti est un poisson, un grand prédateur qu'on rencontre de la Bretagne au Sénégal en passant par les côtes méditerranéennes. Une enseigne qui n'a donc pas été choisie au hasard par le chef qui affectionne le poisson en particulier (et les beaux produits en général). À moins de 5 mn de la vieille ville, la salle contemporaine est peut-être un peu trop impersonnelle. Mais, au travers d'une carte et de menus qui ne cessent de changer, la cuisine est tout simplement étonnante. Cave intelligente, et service d'une franche amabilité.

***Accès :*** à l'orée de la vieille ville.

**€ 🍴 ☂ Taverne du Fréti** – *12, rue Sainte-Claire (A3-3) ☎ 04-50-51-29-52. Tlj 19h-23h, plus sam-dim midi. Congés : 1 sem début juin. Carte env 20 €.* Dans cette rue de la vieille ville qui a, soyons clairs, vendu son âme au tourisme, le *Fréti* reste une adresse stable proposant de bonnes spécialités à base de fromage. Qualité (c'est d'abord une fromagerie !) et prix raisonnables sont la clé de son succès. Au programme, une multitude de fondues, raclettes, tartiflettes, pommes au bleu ou au chèvre, ainsi que la Brisgotte, invention du *Fréti.* Salle (climatisée) à l'étage si le temps ne per-

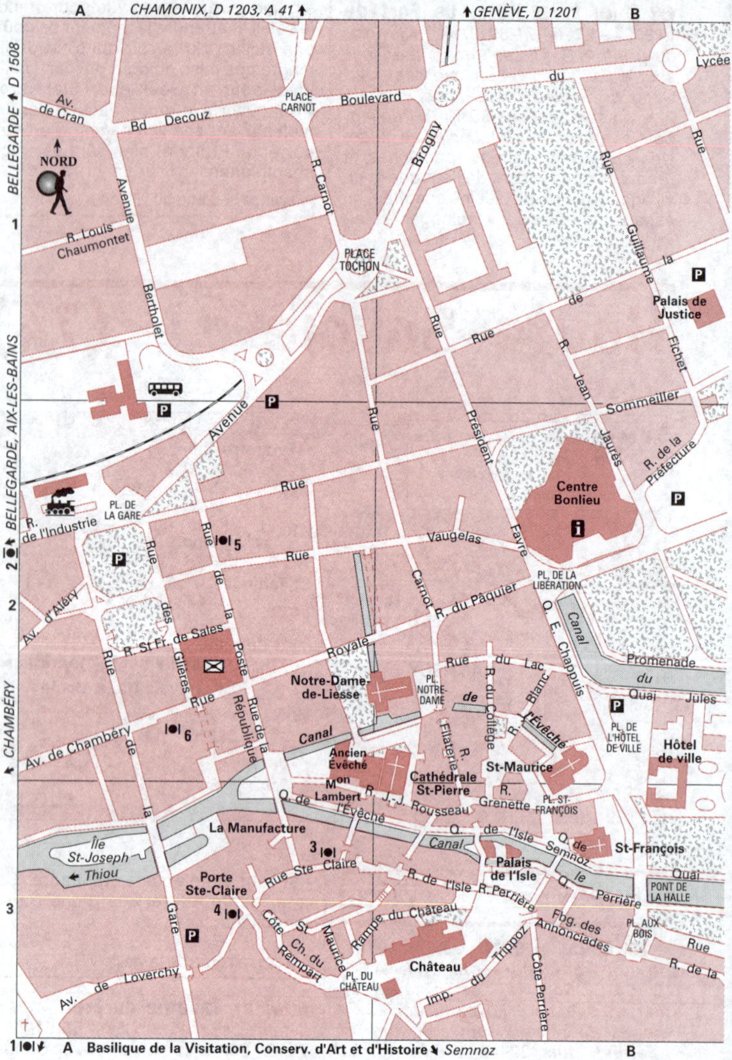


met pas de profiter de la terrasse sous les arcades.

**€€ |●| ⛱ Le Bistro du Rhône** – *13, av. du Rhône (hors plan par A2-2) ☎ 04-50-45-53-34. ♿ Tlj sauf dim-lun et mar soir. Congés : 3 sem en août et 1 sem à Noël. Formule déj 16,70 € ; menus 18,90 € le midi, puis 27,90-41 €. Un kir offert sur présentation de ce guide.* À l'écart de la vieille ville, un lieu qui a une âme. Avec ses tableaux contemporains aux murs, ses tables en bois blond et une clim bienvenue en été,

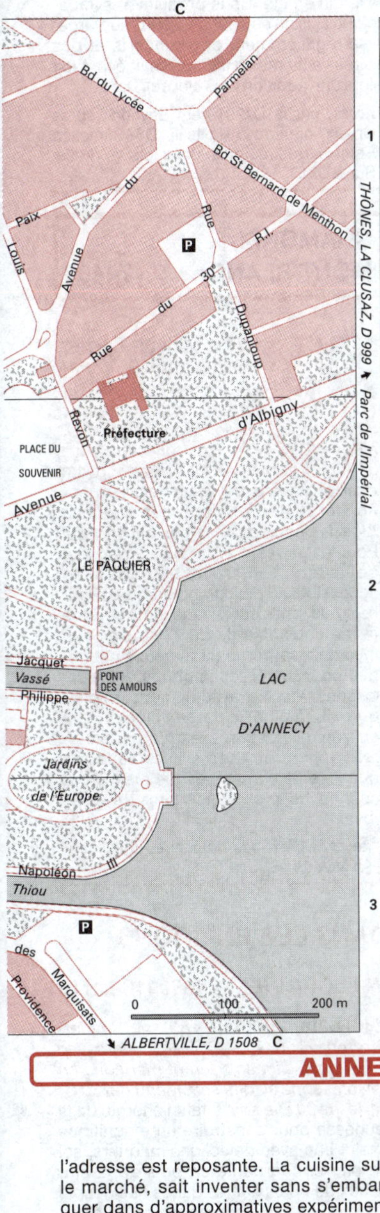


1 Le Denti (hors plan par A3)
2 Le Bistro du Rhône (hors plan par A2)
3 Taverne du Fréti (A3)
4 Les Chineurs de la Cuisine (A3)
5 Contresens (A2)
6 L'Esquisse (A2)

# ANNECY

l'adresse est reposante. La cuisine suit le marché, sait inventer sans s'embarquer dans d'approximatives expérimentations. Et à des prix aussi gentils que l'accueil et le service.

***Accès :*** dans le quartier de la gare.

**€€ I●I ⛱ Les Chineurs de la Cuisine** – *26, rue Sainte-Claire (A3-4) ☎ 04-50-10-02-18. Menus 18 € le midi en sem, puis 28-38 €. Digestif maison offert sur présentation de ce guide.* Aux pieds de la porte Sainte-Claire, ce resto chaleureux ne cache pas son béguin pour la brocante (qui se tient juste devant le dernier samedi du mois). Sa cuisine de terroir à l'esprit voyageur, pleine de saveurs et de bonne humeur, est le résultat réussi d'un 4-mains. Les deux compères (l'un en salle, l'autre en cuisine) renouvellent constamment la carte, histoire de ne jamais s'ennuyer. La cuisine, elle, reste constante en qualité et en quantité. En été, la salle s'ouvre sur la rue piétonne où des tables sont installées. Belle carte des vins et judicieuse sélection de vins au verre, en accompagnement des plats.

€€ 🍽 ☂ **Contresens** – *10, rue de la Poste (A2-5) ☎ 04-50-51-22-10. Tlj sauf dim-lun. Menu 32 €.* En une poignée d'années, ce « café culinaire », annexe bistrotière du célèbre *Clos des Sens,* a fait un tabac avec son idée de menu-carte ludique en forme d'abécédaire. Un A pour les entrées, un B pour les plats, et ainsi de suite. Le plat emblématique ? Le Hambur « goût » au beaufort, servi seulement au déjeuner. Cuisine résolument contemporaine et urbaine dans un cadre design, qui sait se faire plus intime le soir venu. Service aussi pro que décontracté.

€€ **L'Esquisse** – *21, rue Royale (A2-6) ☎ 04-50-44-80-59. Tlj sauf mer et dim. Congés : 15 j. en avr, fin août et 1 sem à Noël. Résa indispensable. Formules déj en sem 25-34 € ; menus 35-65 €.* Au cœur de la vieille ville hyper touristique, on s'émeut de trouver dans cette petite adresse une grande table tenue par un couple très compétent. La cuisine, axée sur les produits locaux de saison, est d'une fine précision. Loin d'être hasardeuses, les recettes (ré)créatives se révèlent inspirées, légères et goûteuses, rehaussées d'une pointe d'inventivité. Surprise totale pour le menu inspiration qui ne laisse pas de choix. On se régale, dans un cadre sobre et pas guindé. Service irréprochable. Bref, une adresse de choix.

## DANS LES ENVIRONS

### CHAPEIRY 74540 (13 km SO)

€€ 🍽 ☂ 🅿 **Auberge La Grange à Jules** – *lieu-dit Pelevoz ☎ 04-50-68-15-07. ♿ Fermé lun-mer, plus les soirs jeu et dim. Menu du marché à partir de 20 € le midi en sem ; carte env 35 €. Parking.* Façade plus hangar agricole que vieille grange... À l'intérieur : décor de vieille ferme chaleureusement rustique, qui fait oublier la proximité de l'autoroute (qu'on n'entend pas). Cheminée pour les jours un peu frais, terrasse fleurie et barbecue dans le jardin en été. Bons produits et sympathique cuisine au goût d'aujourd'hui. Organise régulièrement des concerts et des soirées à thème en fin de semaine (prévoir alors une addition plus élevée).

***Accès :*** par la D1201 vers Seynod ; après Chaux, prendre à droite la D38 direction Saint-Sylvestre, puis deux fois à droite. Sur la D31.

## CHAMONIX-MONT-BLANC 74400

€€ ☂ 🅿 **La Maison Carrier** – *44, route du Bouchet ☎ 04-50-53-00-03. ♿ Tlj sauf lun hors juil-août. Congés : 3 sem en juin et de mi-nov à mi-déc. Menus 22-27 € le midi en sem, puis 32-42 € ; carte env 70 €. Parking.* La famille Carrier a réalisé un travail exceptionnel dans le somptueux *Hameau Albert Ier* pour le plaisir des plus riches. Pour les autres, *La Maison Carrier,* leur petite adresse, rend la perfection accessible au plus grand nombre. Pour cela, ils ont recréé une authentique ferme chamoniarde de 1794 avec ses meubles, sa borne (la fameuse cheminée pour fumer les jambons, les saucissons, etc.), et avec un souci maniaque du moindre détail. Quant à la cuisine, elle est un exemple parfait de réflexion sur le terroir, avec l'immanquable et le gargantuesque menu Tout cochon, qui prend des allures de repas royal.

***Accès :*** à deux pas du centre, quasiment en face de l'ENSA.

## DANS LES ENVIRONS

### VALLORCINE 74660 (16 km N)

€ 🍽 **Café Comptoir** – *89, rue Charlet-Straton ☎ 04-50-18-72-43. Hors vac scol, fermé dim soir, lun et mar soir ; en saison, fermé slt dim soir. Menu déj 20 € ; carte 16-30 € le soir.* Il faut l'énergie de la jeunesse pour construire un magnifique chalet bâti avec de solides madriers, sol en pierre, charpente en bois apparent, peaux de bêtes sur les bancs ! Le couple de Lyonnais, aux rênes de cette charmante adresse, régale sa clientèle d'habitués et de touristes avec une cuisine inspirée, innovante sans être compliquée. Même à midi, le saucisson en apéro est inclus dans la formule, et les plats sont réussis, comme les ravioles à la truffe et la sublime tarte au citron en dessert. En hiver, snacking en terrasse (hot dog savoyard, diots). Service charmant.

**Accès :** prendre la D1506 ; entre la gare et les pistes, à côté de la télécabine.

## ÉVIAN-LES-BAINS 74500

**€€ |●| ⛱ L'Instant Gourmand** – *10, rue de l'Église ☎ 04-50-04-74-98. Tlj sauf dim-lun. Le midi en sem, menus-carte 19-37 € ; le soir, menus-carte 29-39 €.* Même pas 10 tables entre la terrasse et la minuscule salle façon bistrot d'aujourd'hui. Ce petit comité réussit au chef lorrain qui excelle aux fourneaux. Une carte courte mais équilibrée, comme souvent quand les produits sont frais et de qualité, et une cuisine limpide, assez épatante. Dès la formule du midi, on goûte des plats délicieux, admirablement maîtrisés, où les produits locaux sont bien mis en avant. Les mises en bouche éveillent déjà les papilles et, jusqu'au dessert, le chef distille un brin de génie dans ses assiettes, aussi belles que gourmandes.

## LE GRAND-BORNAND 74450

**€€ |●| ⛱ P La Ferme du Pépé** – *44, route de la Patinoire ☎ 04-50-02-76-63. ♿ Ouv ts les soirs et le midi sam-dim. Congés : de mi-avr à mi-mai et oct-nov. Carte env 27 €. Parking. Digestif maison offert sur présentation de ce guide.* Un véritable chalet du XVIIIe s, où l'on sert les repas au rez-de-chaussée, dans l'ancienne chambre, ou à l'étage dans la grange. Décor d'une vraie authenticité, donc, pour une cuisine dans le même esprit : plats savoyards ou de tradition. Excellente ambiance : l'accueil y est aussi pour quelque chose !

**Accès :** à côté du camping et de la patinoire.

## DANS LES ENVIRONS

### LE PETIT-BORNAND-LES-GLIÈRES 74130 (12 km N)

**€ |●| ⛱ P Les Frêtes – Chez Constance** – *plateau des Glières ☎ 04-50-22-45-61. ♿ Tlj le midi, plus le sam soir. Congés : vac scol de Pâques et de la Toussaint. Menus 14,50-21 €. Parking. Café offert sur présentation de ce guide.* Une institution locale, campée au beau milieu d'un des sites naturels et sauvages les plus prodigieux qu'on connaisse. Mais le plateau des Glières n'est pas seulement connu pour son panorama à couper le souffle, c'est aussi un haut lieu de la Résistance. Un mémorial sur place vous contera cet épisode sanglant et tragique. Quant à Constance, elle vous remplira le ventre en deux temps trois mouvements. Il faut dire qu'elle donne dans le registre « cuisine de terroir roborative » : crudités, charcuterie, plat du jour accompagné de ses fameux beignets de pommes de terre (considérés par beaucoup comme les meilleurs de la région), tomme et reblochon du plateau, et tarte aux fruits pour finir... Mais le pire, c'est que c'est tellement bon qu'on n'en laisse pas une miette ! Pour digérer, rien de mieux qu'une belle balade au milieu des vaches.

**Accès :** suivre la direction de Saint-Jean-de-Sixt, puis d'Entremont ; une route indique le plateau sur la gauche ; en été, accès par Thorens-Glières.

## MEGÈVE 74120

**€ |●| ⛱ Spaggiari** – *41, arcades du Mont-Blanc ☎ 04-50-98-89-88. Ouv tlj, tte la journée. Carte env 20 €.* Le célèbre malfrat a donné son nom à ce resto à dominante italienne, dont la déco multiplie les références au « casse du siècle ». Pas d'esbroufe, les plats sont simples, la qualité incontestable, et le concept thématique très humoristique. Généreuses salades, antipasti en direct de la botte, excellentes pizzas, plats du jour à s'en lécher les babines, et tiramisu pour conclure. Côté prix, difficile de trouver plus serré sur la station ! On revient quand tester les spritz à l'apéro ? Terrasse au bord du torrent, chauffée en hiver. *NOUVEAUTÉ.*

**€€ ⛱ Flocons Village** – *75, rue Saint-François ☎ 04-50-78-35-01. ♿ Tlj sauf lun hors saison ; tlj en saison. Plat du jour 20 € ; menu 32 € ; carte 41 €. Apéritif maison offert sur présentation de ce guide.* Non loin de *Flocons de Sel,* la deuxième adresse d'Emmanuel Renaut a un franc succès. Le cadre mêle discrètement bois traditionnel et touches plus contemporaines. Quant à la carte, elle reste accessible. En arrivant, on peut toujours jeter un œil aux cuisines où s'affaire une escouade rodée. La formule est finalement simple, comme les plats joliment travaillés, mais qui gagneraient sûrement à oser davantage de fantaisie. La carte révise ses classiques en mettant à l'honneur des produits de saison d'une fraîcheur irréprochable. L'essentiel est là, dans l'assiette, fort bien présenté.

## MORZINE 74110

€€€ |●| ☂ **La Chamade** – *90, route de La Plagne ☎ 04-50-79-13-91. ♿ Tlj sauf mar-mer hors saison. Congés : mai et de mi-nov à mi-déc. Plat du jour 18,50 € ; menu 52 € ; carte env 38 €. Apéritif maison ou digestif maison offert sur présentation de ce guide.* Une institution locale très prisée des locaux et des touristes, où se côtoient à la carte pizzas, galettes et plats de terroir adroits. Côté prix, chacun y trouvera son compte. Cuisine créative, toujours en recherche de nouvelles associations. Et la table d'hôtes ouverte sur la cuisine est un gage de convivialité tout comme le bar à fromages. Pour partager les coups de cœur viticoles de *La Chamade,* rendez-vous au bar à vins, juste en face.

## SAINT-GERVAIS-MONT-BLANC 74170

€€ **La Bistrotsérac** – *49, av. du Mont-Paccard ☎ 04-50-98-43-35. Tlj sauf dim soir et lun (hors vac scol). Formule déj 19 € ; menu-carte 27 €.* Raphaël Le Mancq, jeune chef dynamique, a ouvert son bistrot en face de son gastro *Le Sérac.* Un petit bistrot moderne et branchouille, au décor contemporain, très fréquenté par les locaux. Un signe ! Cuisine canaille de grand-mère, délicieuses viandes saisies au feu de bois, légumes de saison cuits au four et de fabuleux desserts à choisir dans la vitrine de l'épicerie contiguë (ah, ce merveilleux...). Fait salon de thé l'après-midi. Service pro et enjoué.

***Accès :*** au cœur du village.

€€€ |●| ☂ **Le Rond de carotte** – *50, rue de la Vignette ☎ 04-50-47-76-39. Ouv mar-sam ; fermé dim-lun. Formule midi sem 24 € ; carte 50 €.* Tout juste une poignée de tables et une terrasse aux beaux jours, pour prolonger cette salle pas plus grande qu'un mouchoir de poche. Finalement, on se sent presque privilégié de goûter à la succulente cuisine d'un chef talentueux, qui travaille les produits frais de saison. Pas d'égarement possible à la lecture de la carte, le choix est restreint mais les plats joliment travaillés font mouche et changent souvent. Service impeccable en prime. Un petit resto qui a tout d'un grand ! *NOUVEAUTÉ.*

# DANS LES ENVIRONS

### LES CONTAMINES-MONTJOIE
74170 (9 km S)

€€ ☂ **L'Ô à la Bouche** – *route de Notre-Dame-de-la-Gorge ☎ 04-50-47-81-67. ♿ Fermé lun hors saison. Congés : 25 mai-15 juin et 11 nov-18 déc. Formule déj sem 19 € ; menus 29-49 € ; carte env 33 €.* En revenant au pays, il fallait oser rompre avec l'architecture traditionnelle, pourtant si chère aux Contaminards, pour se lancer dans cette adresse contemporaine. La salle est sobrement moderne, avec son carrelage en schiste et des tableaux d'artistes exposés aux murs. La cuisine met en avant de beaux produits, travaillés avec originalité et, surtout, beaucoup de plaisir ! Si les plats ont du goût, c'est que Fabrice et Mélanie Boidard y mettent du cœur ! Des associations bienheureuses, parfois exotiques. Un service attentionné, et l'indiscutable satisfaction de mettre l'eau à la bouche des clients. À l'étage en dessous, le restaurant de viandes et de spécialités savoyardes.

***Accès :*** par la D902.

## TANINGES 74440

€ |●| ☂ **Chez Jean de la Pipe** – *parking les Moliettes, Le Praz-du-Lys ☎ 04-50-34-22-08. ♿ Fermé le soir lun-mar. Fermé : de mi-avr à fin juin, et de mi-sept à mi-déc. Menu 22,80 € le midi ; carte 18 €. Café ou digestif maison offert sur présentation de ce guide.* À 3 km avant le col de la Ramaz, un gros chalet traditionnel superbement fleuri en été, avec une large terrasse qui s'étire face au mont Blanc. L'ancienne ferme a conservé son caractère, et c'est ce qu'on aime ! Cheminée et mezzanine, clarines au plafond, le tout cerné par le bois. Cuisine généreuse et bien préparée : planche gourmande, cochon de lait grillé à la broche le vendredi midi (en hiver), savoureuses salades, et même des plats qui s'éloignent hardiment du terroir, comme la moussaka ou la provocante fondue fribourgeoise ! Une institution qui régale son monde toute l'année !

## YVOIRE 74140

**€€ I●I** ☂ **La Vieille Porte** – ☎ *04-50-72-80-14. Tlj sauf lun, jeu soir et dim soir hors saison. Congés : déc-janv. Menus 28,50-42 € ; carte env 40 €. Café offert sur présentation de ce guide.* Les mosaïques au sol, la monumentale cheminée et les vestiges de l'ancienne tour visibles dans la salle de restaurant sont les vestiges de 7 siècles d'histoire ! Mais finalement, ce n'est rien si l'on considère que c'est la même famille qui occupe les murs depuis 1587. On tient là un record, assurément. Aujourd'hui, c'est une table élégante où la cuisine est satisfaisante, même si on vient d'abord pour le cadre. Il y a même un jardinet où les enfants peuvent se dégourdir les jambes entre deux plats. La terrasse, au pied des remparts, offre une vue imprenable sur le lac.

***Accès :*** à l'entrée du village.

# Isère (38)

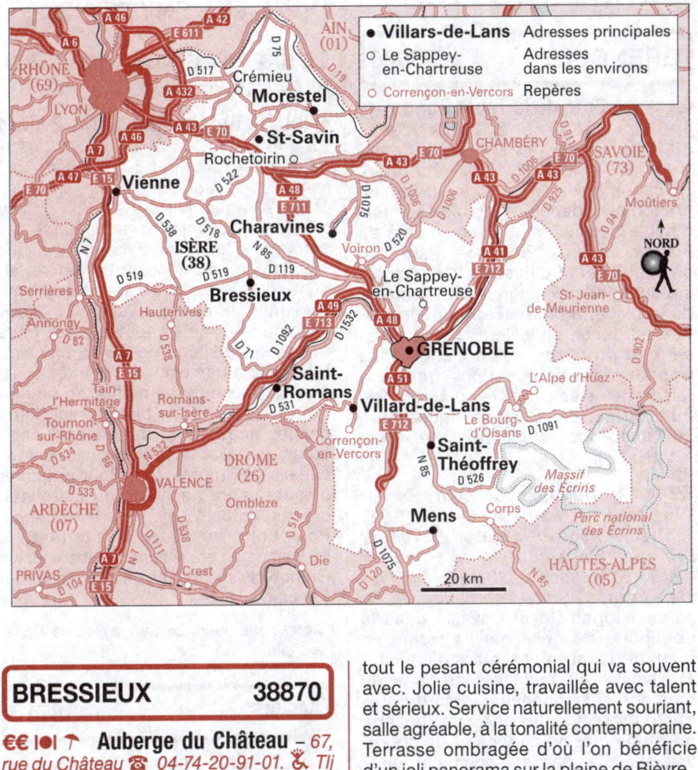


## BRESSIEUX 38870

**€€ I●I** ☂ **Auberge du Château** – *67, rue du Château* ☎ *04-74-20-91-01.* ♿ *Tlj sauf mar-mer, plus dim soir hors juil-août. Congés : vac scol de fév et de la Toussaint. Menus 32-68 €.* Un resto qui mériterait le qualificatif de gastronomique, mais sans tout le pesant cérémonial qui va souvent avec. Jolie cuisine, travaillée avec talent et sérieux. Service naturellement souriant, salle agréable, à la tonalité contemporaine. Terrasse ombragée d'où l'on bénéficie d'un joli panorama sur la plaine de Bièvre.

***Accès :*** au pied du château.

## CHARAVINES 38850

**€ 🍽 ☂ Hôtel Les Bains** – *345, rue Principale ☎ 04-76-06-60-20. Menus 15 € en sem, puis 18,50 € (sauf dim midi)-44 €.* Malgré son appellation, il s'agit bien d'un resto, plus précisément d'un bistrot au décor centenaire et à l'agréable terrasse ombragée de grands arbres et illuminée de loupiotes multicolores la nuit venue. Au programme, friture, terrine de poisson d'eau douce, poêlon de grenouilles aux morilles, ambiance guinguette en prime. Pittoresque décalé et décontraction, même si en saison l'endroit est très populaire et tout sauf intime ! Intéressante carte des vins avec plus de 1 500 références.

***Accès :*** au sud du lac de Paladru.

## GRENOBLE 38000

**€ 🍽 ☂ Café de la Table Ronde** – *7, pl. Saint-André (C2-2) ☎ 04-76-44-51-41. ♿ Plat du jour 9 € (déj en sem) ; menus 21-47 €. Apéritif maison offert sur présentation de ce guide.* Institution grenobloise depuis 1739, c'est aujourd'hui le deuxième plus ancien café de France, après *Le Procope* à Paris. Ici, on peut dîner tard (jusqu'à 23h quand il y a du monde). Pour jouir du spectacle de la place, en terrasse, ou pour profiter du décor, en salle. Plats de brasserie et du terroir qu'on mange sans trop se poser de questions : ravioles, tartiflette, steak tartare, plateaux de fruits de mer, etc. Carte commune entre *La Table Ronde* et *L'Autre Table,* juste à côté.

**€€ 🍽 ☂ Badine** – *168, cours Berriat (hors plan par A3-3) ☎ 04-76-21-95-33. Tram A : Berriat-Magasin. ♿ Tlj sauf sam-dim. Résa conseillée. Formules déj 25-31 € ; menus 32-70 €. Digestif maison offert sur présentation de ce guide.* Florian Poyet travaille dans la continuité de celui qui l'a formé en mettant, lui aussi, un point d'honneur à travailler les meilleurs produits du moment, sélectionnés auprès de producteurs régionaux. Rien de ronflant, mais une cuisine d'idées et de créativité, avec des associations de produits et de saveurs qui sonnent juste. Les jours d'été, mieux vaut réserver pour avoir une table en terrasse, ombragée par une belle glycine.

**€€ 🍽 ☂ Le Goût des Autres** – *6, rue Dominique-Villars (D3-1) ☎ 04-76-25-40-33. Tram A : Verdun-Préfecture. ♿ Tlj sauf lun, mer midi, sam midi dim et j. fériés. Congés : 22 juil-20 août. Formule déj 21 € ; le soir, carte slt 35 €.* Ce bar à vins « gastronomique » réunit les saveurs, la convivialité, l'accueil et la rencontre, d'où le nom du restaurant ! Le propriétaire œuvre à donner du plaisir à ses hôtes tant dans l'assiette que dans le verre. Une carte courte, mais uniquement des produits frais du marché, et une très bonne sélection de vins d'auteur, de terroir et de petits producteurs devraient satisfaire les épicuriens (230 références !). Grande salle genre atelier, avec cuisine semi-ouverte au fond, où métal et bois font bon ménage, et petite terrasse sur la rue l'été.

## DANS LES ENVIRONS

### LE SAPPEY-EN-CHARTREUSE
38700 (12 km N)

**€ 🍽 ☂ Relais Fort Saint-Eynard** – *Mont-Saint-Eynard ☎ 04-76-85-25-24. ♿ Mai et sept-oct, ouv jeu-dim midi ; juin-août, tlj sauf dim soir-lun. Congés : 1er nov-1er mai. Menus 22-28 €. Café offert sur présentation de ce guide.* Au sommet, le fort Saint-Eynard, à quelque 1 340 m. Impressionnant belvédère faisant corps avec la falaise, en surplomb de Grenoble et de la vallée du Grésivaudan. Deux salles voûtées avec murs bruts en moellons de pierre calcaire, tout juste agrémentés de petites toiles, étrange mélange de naïf et de fantastique. Tables façon bistrot avec leurs nappes vichy : salades, terrines et charcuteries régionales, gratin dauphinois, glace à la Chartreuse... Pour grignoter à toute heure : assiette du marcheur, crêpes, gâteaux, etc., à prix modérés. Pour boire un coup, une terrasse à l'ancienne en été. Penser à réserver : les Grenoblois s'y précipitent pour échapper à la canicule.

***Accès :*** peu avant Le Sappey, sur la D512, à droite.

## MENS 38710

**€ 🍽 ☂ Café des Arts** – *bd Édouard-Arnaud ☎ 04-76-34-68-16. Tlj en juil-août ; le reste de l'année, fermé mar et le soir sauf ven-sam. Congés : 1 sem en juin et pour les fêtes de fin d'année.*

*Menus 13,50 € le midi sauf dim et j. fériés, 19 € le soir ; carte 15-20 €. Café offert sur présentation de ce guide.* C'est le café le plus célèbre du Trièves. Classé à l'inventaire des Monuments historiques. Jean Giono en parle sous le nom de « Café des Amis » dans *Le Triomphe de la vie.* En 1896, un peintre picard, Gustave Riquet, orna le plafond de belles fresques allégoriques. Sur les murs, il décrivit des scènes de la vie agricole et des paysages. Petite carte proposant des plats selon l'inspiration, réalisés à partir du panier du marché au fil des saisons.

***Accès :*** au centre du village.

## MORESTEL 38510

€€ |●| ⛱ **Auberge du Fouron** – *254, chemin de Malissole ☎ 04-74-80-28-69. Tlj sauf dim soir-lun tte l'année, plus sam midi sept-juin, et mar juil-août. Congés : 10 j. pdt vac scol hors période estivale. Formules déj 17-25 € ; menus 35-50 €. Apéritif maison offert sur présentation de ce guide.* Salle aux tons chaleureux et terrasse couverte au bord d'un jardin pour une cuisine d'époque qui dépoussière les classiques. Stéphane Gerente Lapierre est passé maître dans une cuisine originale, agrémentée de notes florales. Il trouve une partie de son inspiration dans les jardins et les champs où il cueille chénopodes, lierre terrestre, capucines, bourrache, sauge, pourpier et autres fleurs et plantes sauvages qui apporteront aux mets touches de couleurs, saveurs acidulées, poivrées, etc. Une cuisine aromatique, pleine d'audace, de surprises, et réjouissante.

***Accès :*** à la sortie de Morestel, sur la route de Bourg-en-Bresse (D1075).

## DANS LES ENVIRONS

### CRÉMIEU 38460 (22 km O)

€€ |●| ⛱ **Le Castor Gourmand** – *14, rue Porcherie ☎ 04-74-90-02-49. ♿ Tlj sauf dim soir, lun et mar. Congés : 1 sem en janv, 1 sem en mars et 1 sem fin sept. Formules déj 15,50-22 € en sem ; menus 27-37 €. Café offert sur présentation de ce guide.* On y déguste l'une des meilleures cuisines de la ville, élaborée avec les produits frais du marché. Le duo de foie gras au pain d'épice fait partie des classiques. Les menus changent tous les 2 mois, au fil des saisons.

## SAINT-ROMANS 38160

€€ |●| **Au Roman du Vercors** – *Grande-Rue ☎ 04-76-64-75-95. ♿ Ouv lun midi, mar midi, jeu-ven, sam soir et dim midi. Congés : de mi-août à début sept. Menus déj en sem 18-24 €, puis 35-51 €.* Dans un petit bourg tranquille, l'endroit simple, frais et propre ne paie vraiment pas de mine. La surprise n'en est que plus grande et belle quand arrivent les magnifiques assiettes ! Des passionnés sont à la barre de ce petit restaurant étonnant, et ils ne travaillent qu'avec des producteurs eux aussi passionnés. Résultat : une cuisine... passionnante. Si les ingrédients sont produits localement, nombre d'entre eux sont méconnus ou inattendus dans ce coin de France. Quant à ceux que l'on connaît, le chef s'emploie à les cuisiner de plein de façons que l'on n'aurait jamais imaginées. Sans parler de ces nombreuses plantes qui viennent rehausser ou sublimer les saveurs. Autant vous dire que la carte change régulièrement.

***Accès :*** en face de la mairie.

## SAINT-SAVIN 38300

€€ |●| ⛱ P **Restaurant Le Demptézieu** – *105, rue Hugues-de-Demptézieu ☎ 04-74-28-90-49. Tlj sauf dim soir et lun-mar. Congés : 1re quinzaine de janv et 1re quinzaine de juil. Menus 16,50 € le midi en sem, puis 26-60 €. Parking. Café offert sur présentation de ce guide.* Il ne faut pas avoir peur de se perdre sur de toutes petites routes pour arriver au pied du château de famille de Bayard. D'un ancien café de village, les proprios ont fait une étape gastronomique d'autant plus agréable qu'elle bénéficie de tout ce qu'on aime trouver : un accueil simple, un service sans prétention et plutôt drôle, une salle et des plats aux couleurs et aux goûts d'aujourd'hui.

***Accès :*** à 2 km de Saint-Savin, dans le hameau de Demptézieu.

## DANS LES ENVIRONS

### ROCHETOIRIN 38110 (11 km SE)

€ ⛱ P **Le Rochetoirin** – *10, route du Village ☎ 04-74-97-60-38. ♿ Tlj sauf dim soir, lun, mer soir et sam midi (slt groupes sur résa). Congés : dernière*

1 Le Goût des Autres (D3)
2 Café de la Table Ronde (C2)
3 Badine (hors plan par A3)

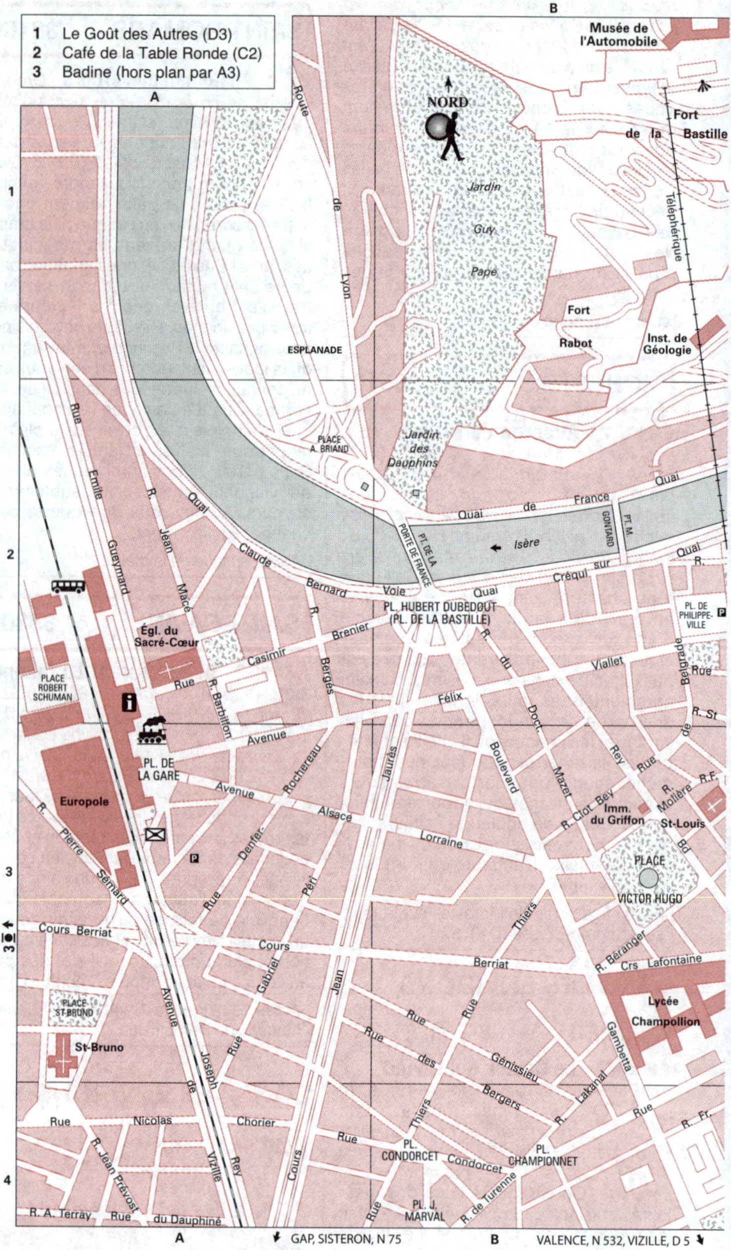

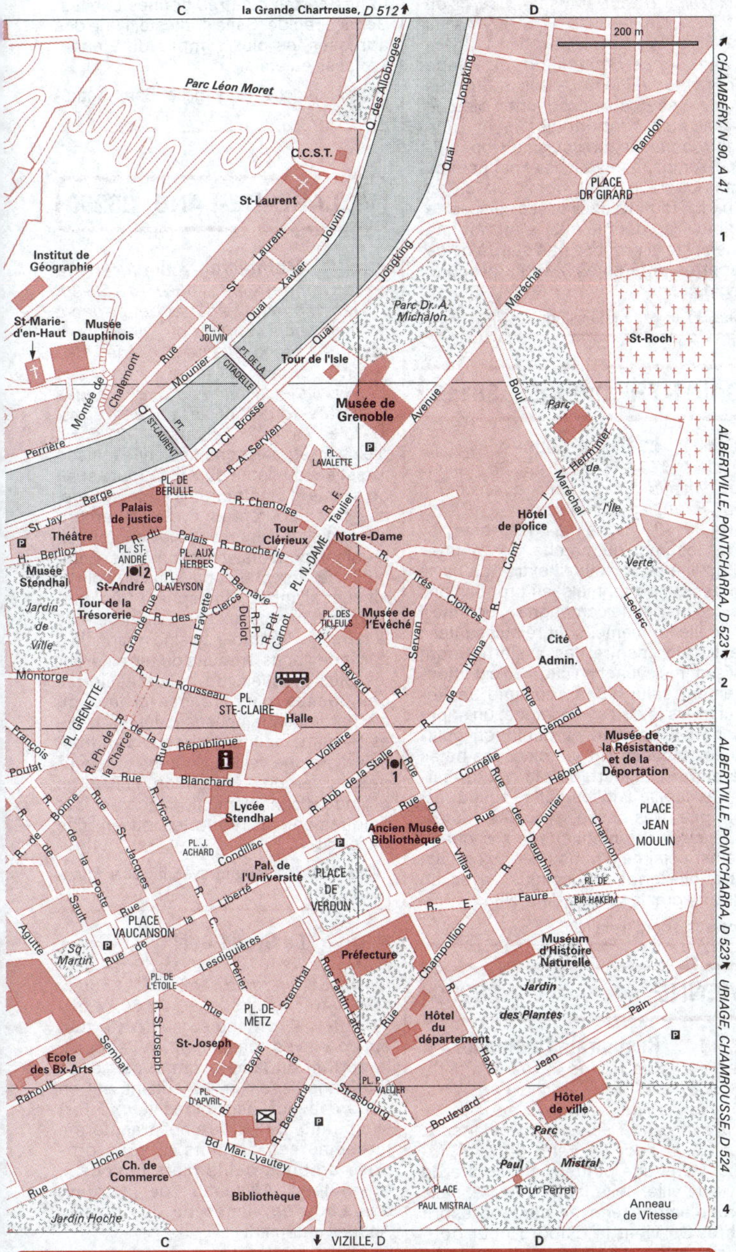
C
la Grande Chartreuse, D 512
D
200 m
CHAMBÉRY, N 90, A 41
1
ALBERTVILLE, PONTCHARRA, D 523
2
ALBERTVILLE, PONTCHARRA, D 523
URIAGE, CHAMROUSSE, D 524
4
VIZILLE, D
Parc Léon Moret
Q. des Allobroges
Quai Jongking
Randon
PLACE DR GIRARD
C.C.S.T.
St-Laurent
Rue St Laurent
Quai Xavier Jouvin
Jongking
Institut de Géographie
Parc Dr. A. Michalon
Maréchal
St-Roch
St-Marie-d'en-Haut
Musée Dauphinois
PL. X JOUVIN
PT DE LA CITADELLE
Tour de l'Isle
Rue Mounier
Montée de Chalemont
Q. St-Laurent
PT.
Musée de Grenoble
Avenue
Boul.
Parc
Perrière
Q. Cl. Brosse
R. A. Servien
PL. LAVALETTE
Hermitage de l'Île
Maréchal
PL. DE BÉRULLE
Berge
Palais de justice
R. Chenoise
R. F. Taulier
Hôtel de police
St Jay
Théâtre
Tour Clérieux
Notre-Dame
Palais
R. du
R. Brocherie
PL. N. DAME
H. Berlioz
PL. ST-ANDRÉ
PL. AUX HERBES
R. Très Cloîtres
Comt.
Verte
Leclerc
Musée Stendhal
2
St-André
PL. CLAVEYSON
R. Barnave
Jardin de Ville
Tour de la Trésorerie
Grande Rue
R. des Clercs
La Fayette
Duclot
R. Pdt Carnot
R. P.
PL. DES TILLEULS
Musée de l'Évêché
Servan
R. de l'Alma
Cité Admin.
Montorge
R. J. J. Rousseau
Bayard
PL. STE-CLAIRE
Halle
Rue
François
PL. GRENETTE
R. Ph. de la Charce
R. de la République
R. Voltaire
Gémond
Musée de la Résistance et de la Déportation
Poulat
Rue Blanchard
R. Abb. de la Stalle
1
R. Cornélie
J. Hébert
Rue Vicat
Lycée Stendhal
Rue D. Villars
Rue des Dauphins
Fourier
Chanrion
PLACE JEAN MOULIN
R. Bonne
R. de
Rue St Jacques
PL. J. ACHARD
Condillac
Ancien Musée Bibliothèque
R. de la Poste
Pal. de l'Université
PLACE DE VERDUN
R. E. Faure
PL. DE BIR-HAKEIM
Sault
Rue de la Liberté
R. C. Périer
PLACE VAUCANSON
Aguette
Sq. Martin
Rue de Lesdiguières
Préfecture
Champollion
Muséum d'Histoire Naturelle
PL. DE L'ÉTOILE
Rue Fantin-Latour
Jardin des Plantes
Rue Stendhal
R. St Joseph
PL. DE METZ
Rue Haxo
Hôtel du département
Pain
St-Joseph
Rue Beyle
École des Bx-Arts
Sembat
Rahoult
Jean
Boulevard
PL. D'APVRIL
R. Berccaria
PL. P. VALLIER
Strasbourg
Hôtel de ville
Parc Paul Mistral
Bd Mar. Lyautey
Hoche
Ch. de Commerce
Rue
Bibliothèque
Tour Perret
PLACE PAUL MISTRAL
Anneau de Vitesse
Jardin Hoche

GRENOBLE

*quinzaine d'août et 3 sem à partir du 21 déc. Formules déj 17-35 € ; menus 22-58 €. Parking.* Perché à 400 m d'altitude, *Le Rochetoirin,* du village éponyme, rallie tous les suffrages grâce à sa double casquette : bleu de travail au bistrot traditionnel et, côté gastronomique, une cuisine plus raffinée. Atmosphère fraîche et bonhomme dans ce cadre riant, comme la carte. Chaque formule décline ses cuisses de grenouilles dont le chef s'est fait une spécialité (il propose une quinzaine de recettes différentes !). Bons produits régionaux.

***Accès :*** au centre du village.

## SAINT-THÉOFFREY 38119

**€€ 🍴 ☂ La Basse-Cour** – *hameau de Petichet ☎ 04-76-30-76-59. En été, ouv mar-dim midi ; hors saison, ouv mer-dim midi. Formules déj en sem 14-17 € ; à la carte 30-40 €.* Dans ma basse-cour, il y a des légumes du marché, des viandes de qualité et un accueil extra ! La carte est assez courte, mais les propositions de « ce bistrot de campagne », comme il s'appelle lui-même, sont réjouissantes : c'est frais, inspiré, les assiettes sont ravissantes. Quant au cadre, c'est effectivement celui d'une ancienne basse-cour, mais le coq en enseigne, un super cochon à bascule et quelques gallinacées factices ont remplacé les bêtes d'antan. Et aujourd'hui, la petite maison accueille 2 jolies salles rustiques, dont une, très basse, avec ses voûtes, se révèle fort romantique le soir quand elle est éclairée à la bougie. Aux beaux jours, jolie terrasse bucolique... avec, en fond sonore, la rumeur de la N85.

***Accès :*** au bord de la N85.

## VIENNE 38200

**€€ 🍴 ☂ Restaurant L'Estancot** – *4, rue de la Table-Ronde ☎ 04-74-85-12-09. ♿ Tlj sauf dim-mar midi et j. fériés. Congés : 1re quinzaine de sept et de Noël à mi-janv. Résa conseillée. Menus 20,50 € le midi en sem, puis 26,50-35 €.* Dans une petite rue discrète de la vieille ville. Jolie façade fleurie, salle agréablement rénovée dans un esprit sobre. On vient là d'abord pour goûter aux *criques* à base de pommes de terre, persillade, œuf, et aux paillassons (pommes de terre nature), mais aussi à toutes sortes d'autres bonnes choses. Service rapide. Sans conteste, l'une des adresses les plus sympas de Vienne. Terrasse en été.

***Accès :*** proche de l'église Saint-André-le-Bas.

## VILLARD-DE-LANS 38250

**€ 🍴 ☂ Malaterre** – *route forestière de la Grande-Allée 📱 06-07-87-52-80. Tlj 12h-18h en juil-août et de mi-déc à fin mars, plus ven soir en juil-août ; le reste de l'année, slt w-e et j. fériés 11h-15h30. Congés : de mi-avr à fin avr et nov. Formule du jour max 15 € ; grandes assiettes (qui font office de repas) 17-18 € ; menu 21 € ; carte 20-22 €.* En pleine forêt, dans une ancienne maison forestière du début du XXe s. Tout est en bois, pas d'électricité, pas de source, pas d'eau courante... Lydia et Bernard ont choisi de faire revivre le lieu, tout en régalant fondeurs et randonneurs. Entre outils des forestiers, paysans du coin et affiches d'antan, atmosphère très chaleureuse. Aux beaux jours, on profite de la terrasse. Véritable cuisine régionale à partir des bons produits du terroir. Pour les plus pressés, de belles assiettes composées genre casse-croûte du bûcheron (les fameuses *plâtées*). Lydia et Bernard animent chaque vendredi soir d'été une veillée « contes et légendes du Vercors ». Attention, l'hiver, en période d'enneigement, l'accès se fait uniquement en raquettes ou en skis de fond !

***Accès :*** au croisement avec la route forestière Galmiche.

**€ 🍴 ☂ Le Grand Cerf** – *41, rue des Pionniers ☎ 04-76-94-91-89. Tlj sauf lun-mar et mer midi. Menu déj 17,50 €, puis autres menus 22,80-34,50 € ; pizzas 10-14 €.* Un chaleureux resto tout en bois avec mezzanine. À l'accueil, le portrait du fameux grand cerf et sa tête dans l'escalier. La cuisine est en accord avec l'esprit des lieux : fort sympathique ! Ici, le chef transforme lui-même ses produits et vous propose de bons petits plats régionaux et goûteux. Au menu : de la truite, beaucoup de viande ou des pizzas. Accueil charmant.

***Accès :*** légèrement en retrait de la grande place centrale.

# Loire (42)

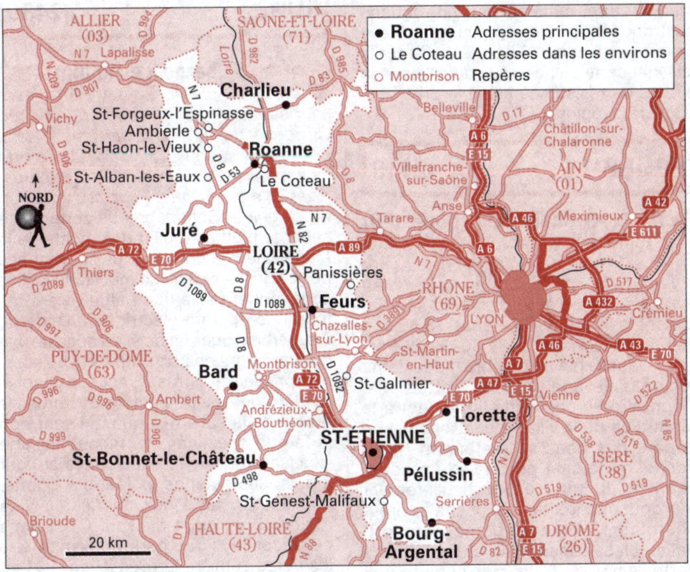


## BARD 42600

**€€ 🍽 ☂ Auberge de la Grand'Font** – *Le Bourg ☎ 04-77-76-21-40. ♿ Tlj sauf lun-mar. Congés : 2 sem en fév et fin août-début sept. Menus 17-23 € le midi en sem, puis 27-73 €.* C'est dans une bâtisse de caractère, face à l'église du XIIe s de ce petit village perché proche de la bucolique route des Balcons, que Stéphane Sanial – qui a travaillé chez des grands chefs – a jeté son dévolu et implanté tout son talent. Madame nous reçoit avec beaucoup d'élégance tandis que son chef de mari nous régale et nous éblouit avec des recettes qui fleurent bon la tradition, le terroir et les herbes. Une halte gourmande dans les monts du Forez.

***Accès :*** par la D113 ou la D496.

## BOURG-ARGENTAL 42220

**€ 🍽 ☂ Le Bistrot du Châtelet** – *10, pl. de la Liberté ☎ 04-77-39-62-25. Ouv mer midi-dim midi. Formule déj (sauf w-e) 11-13 € ; menus 24-27 €.* En plein massif du Pilat, la bonne auberge de village, à la sauce d'aujourd'hui. Le midi, gentille cuisine du jour et goûteux burger fait maison jusqu'au ketchup, puis plats traditionnels de saison, les deux pieds dans le terroir (volaille fermière, cochon « cul noir », fromages du coin, etc.). Également, le soir, des planches à partager, pour mieux accompagner la sélection de vins régionaux (saint-joseph, côte-rôtie, crozes-hermitage). Terrasse sur la rue ou salles modernisées, fraîches et cossues. *NOUVEAUTÉ.*

***Accès :*** au centre-ville, en face de l'office de tourisme.

## CHARLIEU 42190

**€€ 🍽 ☂ 🅿 L'Atelier Rongefer** – *22, rue Jean-Jaurès ☎ 04-77-60-01-57. ♿ Tlj sauf dim soir, mar et mer. Congés : 2 sem fin fév-début mars et fin août-début sept. Formule déj 19 € le midi lun-*

*sam, puis menus 34-69 €. Parking.* Passé chez quelques grands de la région (Troisgros à Roanne, Blanc à Vonnas), le chaleureux chef, Fabien Gauthier, a donné à ses menus le nom des beaux arbres plantés dans la cour de cette ancienne manufacture, mais surtout une touche gastronomique haute en couleurs. Menu Érable tout homard et menu Sequoia laissant carte blanche au chef, avec 2 ou 3 plats de résistance selon le prix. Produits de la région.

## FEURS 42110

**€€ |●| ⛱ P Chalet de la Boule d'Or** – *42, route de Lyon ☎ 04-77-26-20-68. ♿ Tlj sauf lun, mer soir et dim soir (mar et jeu soir sur résa). Congés : 1 sem en janv, 1 sem vac scol d'hiver, 1 sem en juil et 2 sem en août. Menus 18,50 € le midi sauf dim, puis 29,50-39 €. Parking.* Dans la plaine du Forez, deuxième région d'élevage pour les trotteurs, si l'hippodrome contribue largement à la réputation de la ville, la gastronomie ne dépare pas dans ce restaurant traditionnel où le chef privilégie le produit. Le menu du Forez est particulièrement à-propos (charcuterie artisanale, bœuf charolais, fromage blanc fermier). Salles classieuses, chic et lumineuses ou terrasse sous les marronniers aux beaux jours.

***Accès :*** par l'A72, sortie Feurs ; de la ville, direction Lyon.

## DANS LES ENVIRONS

### PANISSIÈRES 42360 (15 km NE)

**€ |●| ⌂ Le Tisseur des Saveurs** – *15, rue Jean-Benoît-Guerpillon ☎ 04-77-26-60-08. Fermé mar et le midi sam. Formule déj 14,50 € le midi en sem ; menus 20,50-35 €.* Une drôle de bonne surprise, qu'on ne s'attendait pas à dénicher dans ce coin du Forez, proclamé capitale de la cravate. D'abord le décor : une belle maison bourgeoise rénovée dans des tons branchés et acidulés, avec, de la grande terrasse ou par la baie vitrée, une vue élargie sur la plaine bosselée de collines. Ensuite, la cuisine : généreuse, bâtie sur un terroir solide, intemporel (viandes, charcuterie et fromages locaux, grenouilles), et un tour de main qui aime la modernité. Belle sélection de vins du cru pour accompagner. Pour prolonger le plaisir, superbes chambres dans les étages, confort au top et déco rétro chic. Service énergique. *NOUVEAUTÉ.*

***Accès :*** par la D89 puis la D60.

## JURÉ 42430

**€ |●| ⛱ Auberge Le Moulin** – *D86 ☎ 04-77-62-55-24. ♿ Ouv sam-dim et j. fériés mars-nov ; tlj sauf lun juil-août. Congés : de mi-nov à mi-mars. Résa conseillée. Menus 15,50-24 € ; assiette « casse-croûte » 14 €. CB refusées. Apéritif maison offert sur présentation de ce guide.* Dommage que cette petite auberge blottie au pied des monts de la Madeleine n'ouvre pas plus souvent ses portes. Installé dans un moulin du XVIIe s sous lequel coule une petite rivière qui fournit le courant électrique à l'aide de 2 superbes roues en bois, on déguste une cuisine campagnarde simple et copieuse, à apprécier en terrasse, sous les sapins au bord de l'eau, ou autour des grosses tables de la salle rustique qui sent bon le feu de cheminée. Au menu, assiette « casse-croûte », terrines cuites au four à bois, charcuteries, potée, blanquette, coq au vin, tarte aux myrtilles... Vins régionaux et cidre maison. C'est dans ce décor idyllique hors du temps que les frères Lumière, arrivés ici en 1904 en voiture à vapeur, sont venus chercher la fécule de pomme de terre nécessaire à la fabrication des premières plaques autochromes ! Accueil charmant de mademoiselle Demure et de son frère.

## LORETTE 42420

**€ ⛱ La Table d'Elsa** – *54, rue Eugène-Brosse ☎ 04-77-73-72-56. ♿ Tlj sauf dim. Menus 24-56 €. Apéritif maison offert sur présentation de ce guide.* Marc di Bartolomeo est une personnalité bien connue des Stéphanois, du temps où il dirigeait *Le Médicis* à Saint-Étienne. Depuis, il a pris l'air et a racheté cette belle maison de maître. À forte personnalité, cuisine personnalisée. Entouré de deux chefs qui alternent service en salle et pratique en cuisine, il se targue de ne proposer que des produits de saison, bio et tracés, au service d'une cuisine traditionnelle. Est-il besoin de le signaler ? Tout est fait maison, même le pain, la charcuterie et les glaces. Superbes vins du Rhône et du Languedoc, et quelques petites trouvailles servies au verre.

**Accès :** entre Saint-Étienne et Lyon par la N88, puis l'A47, sortie La Grand-Croix. Suivre Lorette, puis le parc Louis-Aragon.

## PÉLUSSIN 42410

€ |●| ☂ **Auberge de la Rossagny** – *La Rossagny, route de Champallier ☎ 04 74 87-67-31. Tlj sauf mar, plus mer sept-juin. Congés : 15 déc-15 mars. Résa conseillée en fin de sem. Menu « casse-croûte » 13,50 € midi et soir sauf dim midi, puis 23 € ; menu 26 € le dim midi. Café offert sur présentation de ce guide.* Au bout du chemin, une ancienne ferme en pierre apparente, isolée sur le flanc d'une colline du parc naturel régional du Pilat, avec une vue magnifique sur la vallée du Rhône depuis la terrasse lovée sous une treille. Nataly, la chef propriétaire, prépare une cuisine de terroir et de saison, élaborée à partir des produits locaux (truite, lapin, canard...). Assiettes généreuses à savourer dans l'ancienne étable transformée en petite salle de restaurant ou dans l'ancienne grange, à l'étage. Tout est d'une simplicité reposante et de bon goût. Balades pédestres au départ de l'auberge.

**Accès :** à la sortie de Pélussin en direction de Saint-Étienne, prendre la route sur la gauche. À 3 km du centre.

## ROANNE 42300

€€ ☂ **L'Aventure** – *24, rue Pierre-Dépierre ☎ 04-77-68-01-15. Tlj sauf sam midi et dim-lun. Congés : 1 sem en mai, 15 j. en août et 1 sem à Noël. Formule déj 21,50 € en sem ; menus 32-69 €.* Dans une petite rue parallèle à la Loire, derrière la façade d'un bistrot, l'aventure vous attend. Passionné de cirque et de peinture (toiles partout, du sol au plafond), Jean-Luc Trambouze, autodidacte volubile, joue du piano derrière le comptoir où s'accoudent les habitués. En arrière-plan, sous la protection d'un chef indien, la salle intimiste échappe au spectacle. Ici, la cuisine s'amuse, prend des couleurs et de la hauteur au gré de l'inspiration du chef, qui ne manque pas d'imagination. Des compositions pleines de saveurs traduisent la bonne humeur qui règne en la demeure. Voilà un beau moment d'évasion culinaire, dépaysant et rafraîchissant. Petit patio agréable aux beaux jours.

**Accès :** à l'entrée de Roanne en venant du Coteau.

€€ **Le Central** – *58, cours de la République ☎ 04-77-67-72-72. ♿ Tlj sauf dim-lun. Congés : 3 premières sem d'août. Formule et menu déj 23-30 € en sem ; 26 € (sauf sam)-32 € le soir.* Avec *Le Central*, Michel et Marie-Pierre Troisgros ont vraiment créé un lieu. Dans les salons de cet ancien hôtel, aujourd'hui splendide salle de brasserie rétro, on se sent immédiatement chez un grand cuisinier. Un peu partout, élégamment disposés sur des rayonnages, de beaux produits d'épicerie fine, des bouquins. Aux murs, des photos noir et blanc de producteurs du cru, et du Roanne d'hier, ambiance sépia. Arrivant des cuisines, partiellement ouvertes sur le restaurant, des plats au chic évident de simplicité, toujours étonnants de plaisir. On n'est pas ici dans le restaurant gastronomique *Troisgros* connu aux quatre coins du monde, mais bien dans le bistrot *Troisgros*. On y déguste, donc, une cuisine bien meilleur marché, plus simple aussi. Des classiques de toujours, mais véritablement griffés de la patte du chef, avec, midi et soir (sauf sam), un « petit menu » pas cher et bien troussé, avec verre de vin et café compris. Excellent service dans le même esprit.

**Accès :** en face de la gare SNCF.

€€ |●| ☂ **Entre Deux Ô** – *72 bis, quai Cdt-Lherminier ☎ 04-77-23-91-03. Ouv mar-sam. Résa conseillée. Formules déj en sem 15-17,50 € ; le soir, menus 32-36 €.* Plantée les pieds dans l'eau, parmi les péniches amarrées dans le port de Roanne, une drôle de petite cabane toute vitrée, sobre et contemporaine, doublée d'une terrassette sur le pont. Atypique, le lieu n'est pas grand et séduit un nombre croissant d'habitués, heureux de profiter d'une cuisine fraîche, légère et plutôt créative, joyeuse en somme, tournée vers le poisson évidemment. Servie le midi en semaine, la formule du marché, à la fois simple et soignée, est un vrai bon plan. Service pro et sympa pour ne rien gâcher. *NOUVEAUTÉ.*

**Accès :** sur le port.

## DANS LES ENVIRONS

### LE COTEAU 42120 (2 km SE)

€€ |●| **L'Auberge Costelloise** – *2, av. de la Libération ☎ 04-77-68-12-71. Tlj sauf dim soir, lun et mar. Congés : 1 sem début janv et 3 sem en août. Formule 18 € sauf dim ; menus 30-57 €. Apéritif maison offert sur présentation de ce guide.* Juste au bout du pont édifié par Napoléon pour franchir la Loire. Aujourd'hui, c'est dans une ambiance feutrée et chaleureuse que vous goûtez le travail de Christophe Souchon, une cuisine terre et mer de belle qualité, entre tradition française et saveurs du monde. Salle fort colorée agrémentée de tableaux et d'objets d'art contemporain. Jolis vins et bon accueil.

**Accès :** sur les bords de Loire, près du pont allant de Roanne au Coteau.

### SAINT-ALBAN-LES-EAUX 42370 (12 km SO)

€€€ |●| ☂ **Le Petit Prince** – *28, rue des Marronniers ☎ 04-77-65-87-13. ♿ Ouv mer-dim midi. Congés : janv et 1 sem autour du 11 nov. Formule déj 22 € en sem ; menus 36-90 €.* C'eut été trop facile : l'enseigne n'a rien à voir avec le célébrissime roman de Saint-Ex' ! Et pour cause, cette ancienne ferme date du XVIe s, la famille de l'actuel propriétaire y accueille des clients depuis le XVIIIe s, et ce *Petit Prince* a vu le jour dans les années 1930. Il reste, évidemment, en ces lieux quelque chose de cette longue histoire : l'adorable terrasse dans le jardin, sous de vieux tilleuls, et une glycine plus que centenaire... La cuisine du chef, passé chez Troigros, est, en revanche, bien au goût d'aujourd'hui : beaux produits de terroir travaillés avec beaucoup d'idée. Une carte exigeante pour un village d'eaux. Accueil aimable. Pour qui souhaite alléger la note, le gastro a aussi ouvert son bistrot, 100 m plus bas, *Le Bistrot des Princes (33, Grand Rue. ☎ 04-77-62-81-09. Tlj sauf mar soir et mer. Résa conseillée. Formule midi 15 € ; menus 19-25 €)*. Courte carte de classiques simples et frais, et petit menu du marché le midi aux couleurs de saison, à croquer à l'ombre des tilleuls ou dans les salles à la déco un peu folle, entre vieilles pierres, parquet en bouchons de pif et bouteilles recyclées en luminaires. Belle sélection de vins et jolis desserts maison.

**Accès :** par la D51, la D9, puis la D31. Fléché dans le village.

### SAINT-HAON-LE-VIEUX 42370 (12 km O)

€€ |●| ☂ **Le Bon Accueil** – *1301, route de Renaison, Croix-Lucas ☎ 04-77-64-40-72. ♿ Tlj sauf lun, jeu soir et dim soir. Congés : 19 janv-2 fév, 1re sem de juil et 1re sem de sept. Formules 16-29 € ; menus 25-55 €.* N'ayez pas peur de la proximité de la route, elle s'oublie dès la porte franchie. À l'intérieur, atmosphère épurée égayée par des repros des œuvres de Klimt, l'une des passions de Madame. Les mets, inspirés par la Méditerranée, et les produits locaux (charolais, ou encore saint-nectaire de chez Mons, juste en face !) font le bonheur d'une clientèle gourmande. Créatif sans s'égarer, le chef nous régale sans chercher à nous épater. Prix raisonnables et jolis vins (l'autre passion de Madame !). Et bon accueil, en effet !

**Accès :** de Roanne, direction Renaison, puis Saint-Haon-le-Châtel.

### SAINT-FORGEUX-L'ESPINASSE 42640 (15 km NO)

€€ |●| ☂ 🅿 **L'Assiette Roannaise** – *pl. de Verdun ☎ 04-77-65-65-99. ♿ Tlj sauf mar soir et mer. Congés : 1 sem vac scol fév, 2 sem fin août-début sept et Toussaint. Résa conseillée. Menus 18,50-25 € le midi, puis 29,90-60 €. Parking.* Christophe Guillon a fait ses classes chez Taillevent et Robuchon, entre autres, avant de s'établir dans ce petit village où il a ouvert une belle salle d'un chic très contemporain et une terrasse plus décontractée. On a eu un coup de cœur pour son menu du mois à 37 € où les produits font la part belle au terroir : superbes entrées fleuries, foie gras, charolais aux girolles en saison, délicieux fromages et beaux desserts multicolores. Bref, une cuisine traditionnelle retravaillée dans l'esprit d'aujourd'hui, très réussie. Moyennant environ 10 € de plus, les vins accompagnent tous les menus. Accueil et service particulièrement attentionnés. Également des cours de cuisine.

**Accès :** par la N7 direction Vichy.

### AMBIERLE 42820 (18 km NO)

€€€ |●| **Le Prieuré** – *rue de la Mairie ☎ 04-77-65-63-24. ♿ Tlj sauf mar-mer et dim soir. Formule déj sauf dim 24 € ; menus 45-90 € ; carte env 65 €.* Derrière l'imposant prieuré qui se dresse au centre du village, difficile de reconnaître l'ancien café d'Ambierle. La table de Géraldine et Thierry Fernandes, deux enfants du village, affiche désormais un look contemporain épuré façon « zen attitude ». Un décor en osmose avec la cuisine actuelle de Thierry, formé chez Vergé et chez Michel Troisgros. Le chef joue de techniques et d'audace sans s'égarer, pour nous surprendre dans un esprit dégustation. Un vrai régal, et les produits locaux sont à l'honneur ! Le midi (sauf dimanche), formule très abordable servie dans l'espace œnothèque.

***Accès :*** au centre du village.

## SAINT-BONNET-LE-CHÂTEAU 42380

**€€ |●| La Calèche** – *2, pl. du Commandant-Marey ☎ 04-77-50-15-58. ♿ Tlj à midi sauf lun-mar, et jeu-sam soir. Formules déj 17,50-21 € en sem ; menus 32,90-66 €.* Dans une belle maison de maître du XVII^e^ s au majestueux escalier de granit, bien à l'image du caractère médiéval de cette jolie bourgade perchée. La cuisine, dans l'air du temps, se montre créative et met le produit en valeur. Associations sucrées-salées bien équilibrées, menus thématiques (tout homard, ou alors foie gras, ris de veau et truffe...), il y en a pour tous les goûts. Les 2 salons chaleureux, décorés par la patronne sommelière, gardent leur intimité. Écrit à la main, le livre des vins vous invite à découvrir des petits producteurs. Accueil souriant et bon service.

***Accès :*** près de l'office de tourisme.

## SAINT-ÉTIENNE 42000

**€ |●| Cuisine et Vous** – *5, rue de Lodi ☎ 09-52-38-45-05. Tlj, sauf w-e, le midi slt. Congés : 1 sem en fév et août. Menu déj 13,50 €.* Dans cet amusant décor des années 1950 où règnent le formica et le multicolore, Béatrice et Élodie nous régalent autant de leurs sourires que d'une cuisine simple et authentique, d'une belle honnêteté, aussi bien dans les produits que dans le prix (unique !). Arrivez tôt, sinon vous n'aurez guère le choix, tant le lieu a son petit succès. On a l'impression de manger à la maison, voire dans la cuisine... Quel réconfort !

***Accès :*** en centre-ville.

**€ |●| Corne d'Aurochs !** – *18, rue Michel-Servet ☎ 04-77-32-27-27. Tlj sauf sam-dim (sauf résa spéciale). Menus 12,50-14,50 € le midi, puis 18-33 €.* Derrière une devanture de bois à l'ancienne, ce jovial « bouchon stéphanois » affiche une déco de bistrot... à l'ancienne : vieilles photos de la ville, collection de fouets de cuisine, napperons en dentelle du Puy. À l'ardoise, des plats bien traités à base de jolis produits : lyonnaiseries, classiques de bistrot et recettes de toujours. Intéressante carte des vins. Service à la fois pro, attentif et décontracté.

***Accès :*** à 150 m de la mairie.

**€€ |●| L'Aromatic** – *7, rue François-Gillet ☎ 04-77-33-20-68. Tlj sauf dim, lun, mar soir et mer soir. Formules déj 21-28 € le midi en sem, puis 33-48 € le soir ; carte env 40 €.* Après avoir officié pour de grandes tables parisiennes, Pierre Daret est rentré chez lui faire le bonheur des Stéphanois avec sa cuisine terre et mer joyeuse et créative, qui aime le soleil et les saisons. L'ardoise du jour donne faim, terriblement. Un gage de fraîcheur et d'inventivité réjouissant pour les habitués. Bons vins régionaux.

**€€ |●| ☂ Caffé de Sienne** – *8, rue Georges-Dupré ☎ 04-77-38-50-70. Tlj sauf sam-dim. Formule midi 18 € ; le soir, menus 26-29,50 €.* Calée dans une ruelle piétonne du vieux centre, une petite institution locale, référence du bien manger à prix serrés à Sainté. Basilic, pâtes fraîches, parmesan et huile d'olive, l'ardoise sacrifie, comme le nom de l'établissement l'indique, aux incontournables transalpins, mais honore surtout les produits de saison – le menu change chaque semaine –, au service d'une cuisine plaisir toute en légèreté, qui aime la couleur et le goût, la fraîcheur et l'inventivité, sans jamais céder à l'esbroufe. Un sans-faute de l'entrée au dessert, à découvrir en terrasse sur la rue ou dans la salle à la fois sobre et glam'. Et si ça vous a plu, la même maison a ouvert une 2^de^ adresse, *Le Café Basque,* 100 m plus bas. *NOUVEAUTÉ.*

***Accès :*** au centre-ville.

## DANS LES ENVIRONS

### SAINT-GENEST-MALIFAUX 42660 (16 km S)

**€ |●| Restaurant Montmartin** – *18, rue du Velay ☎ 04-77-51-21-25. ♿ Tlj sauf lun et ven ; ouv le midi slt. Congés : janv-*

Auvergne-Rhône-Alpes - Loire

*fév. Menus 15 € en sem, puis 24-32 €. CB refusées. Café offert sur présentation de ce guide.* Dans un village – pas le plus beau – au cœur du Pilat, ce restaurant né avant la Seconde Guerre mondiale ne connaît pas la nouvelle cuisine. Créé par la grand-mère Montmartin, c'est le royaume de la nourriture riche et abondante : des morilles, des grenouilles et des quenelles. Une adresse que l'on fréquente de génération en génération, de déjeuner dominical en déjeuner dominical. La maison est aujourd'hui tenue par les petits-enfants, qui ont gardé le cap, la chaleur du lieu et le parquet qui craque. Spécialités sur commande.

**Accès :** par la N82, puis la D501 à Planfoy. À 100 m de l'église, face au collège.

### SAINT-GALMIER
42330 (25 km N)

**€€ |●| Amphitryon** – *9, bd du Dr-Cousin ☎ 04-77-56-33-39. Tlj sauf dim-lun et le soir mar-mer. Congés : août. Formule déj 17 € ; menu 33 €.* Xavier Thély, l'ancien chef de l'*Agapée,* à Saint-Étienne, est venu à la source (celle de Badoit, en l'occurrence) afin de proposer aux joueurs du casino, juste en face, sa cuisine de marché malicieuse et pétillante dans un décor baroque des plus réjouissants : papier peint à bandes, colonnes léopard et chaises Louis-XVIII... Un gastro à prix bistrot ! Excellent accueil de la douce Latifa.

**Accès :** par l'A72 ou la D1082, puis la D12.

# Puy-de-Dôme (63)

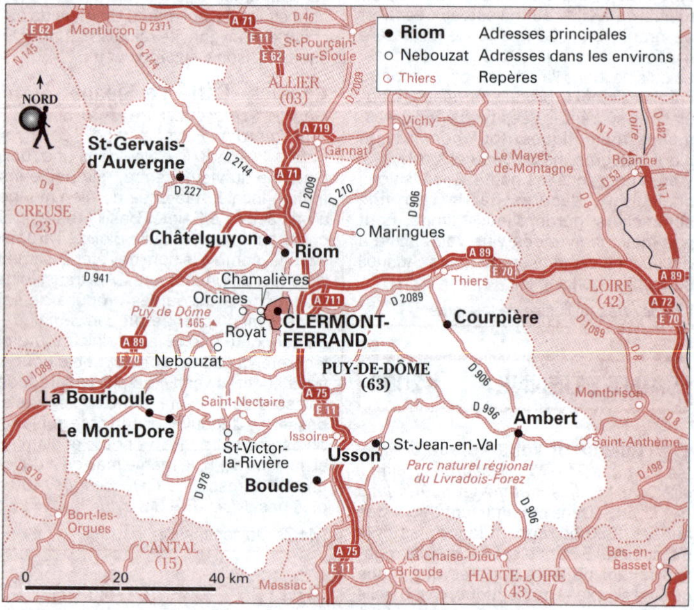


## AMBERT 63600

**€ 🏠 |●| Hôtel-restaurant Les Copains**** – *42, bd Henri-IV ☎ 04-73-82-01-02. • hotelrestaurantlescopains.com • Tlj sauf sam et dim soir ; service 12h-13h30, 19h30-20h30. Congés : 1 sem vac scol de fév, 1 sem vac scol de printemps (zone A) et 10 sept-10 oct.*

*Menus 15 € le midi en sem, puis 24-62 €.* Cet hôtel-resto doit son nom au film *Les Copains,* d'Yves Robert, qui fut tourné ici. Une affaire de famille, puisque Thierry Chelle représente la 4e génération aux fourneaux. Avec son frère Sylvain, le sommelier, et les clients en salle, l'ensemble forme une véritable bande de copains amoureux de cette cuisine de terroir revisité, de saison. Service rapide et décontracté dans une salle agréable. Également quelques chambres, rénovées pour certaines.

***Accès :*** face à la mairie.

## BOUDES 63340

**€ ☂ P Le Boudes La Vigne**** – *pl. de la Mairie ☎ 04-73-96-55-66. • leboudeslavigne.franceserv.com • ♿ Tlj sauf dim soir, lun et mar. Congés : 2 sem en janv, 1re et dernière sem des vac scol d'été. Menus 24-60 €. Parking.* Au cœur de ce petit village vigneron du sud du Puy-de-Dôme, dans une maison de village agréablement rénovée. Accueil sympa, et cuisine de charme. On tient là l'un des rares restos proposant une vraie cuisine créative, avec une recherche constante de nouveaux goûts, de nouvelles associations, en fonction des saisons. On est au cœur d'un des meilleurs vignobles auvergnats et, comme il se doit, la carte des vins le célèbre. On peut d'ailleurs consommer le boudes au verre. Terrasse aux beaux jours. Hôtel récent (quelques petites chambres fonctionnelles) et très calme.

***Accès :*** par l'A75.

## CHÂTELGUYON 63140

**€ |●| La Papillote** – *11, route de Volvic-Saint-Hippolyte ☎ 04-73-67-00-64. Ouv mer midi, jeu-sam, dim midi et j. fériés ; service jusqu'à 21h. Formule déj en sem 13 € ; menus 23-37 €.* Dans un décor où le bois flirte avec la pierre grise du pays, sur fond de couleurs actuelles, voici une cuisine de qualité qui flirte gentiment avec le gastronomique. Des plats classiques, certes, mais exécutés de façon pro, avec une touche personnelle, et des produits en accord avec les saisons. Viandes tendres à souhait en particulier. La valeur sûre du pays.

***Accès :*** à 2 km du centre, dans un quartier résidentiel. Suivre la direction Volvic.

**€ |●| ☂ Bistrot La Potée** – *34, av. Baraduc ☎ 04-73-86-06-60. ♿ Ouv jeu-dim le soir slt, plus dim midi. Congés : fév. Carte 22 €. Digestif maison offert sur présentation de ce guide.* Le succès de ce resto ne se dément pas au fil des années. Les propriétaires font vivre l'esprit bistrot en travaillant essentiellement des produits frais issus à 90 % de la production locale. Notamment pour la suggestion du jour, un poisson, proposé avec un risotto ou des légumes de saison, ou des classiques revisités. On retrouve, sinon, autour de la potée (en hiver !), la saucisse de Condat, le jarret de porc, la guyonnade (charcuterie de pays et saint-nectaire au four)... Plateau de fromages du pays, si vous avez encore une petite faim. Une sympathique adresse tenue avec dynamisme et sourire.

***Accès :*** à 500 m à gauche de l'office de tourisme.

## CLERMONT-FERRAND 63000

**€€ |●| ☂ L'AOC** – *4, rue des Petits-Gras (B2-20) ☎ 04-73-19-12-12. Ⓣ Jaude. Tlj sauf mer, dim et j. fériés. Congés : 3-10 janv. Plat du jour le midi en sem à 10 € ; carte 26 €. Apéritif maison offert sur présentation de ce guide.* C'est le glou-glou de la fontaine qui nous a retenus en terrasse, dans ce coin tranquille, autant que la carte bistrotière et les vins annoncés au verre (pas plus, car il fallait ensuite remonter la butte pour visiter la cathédrale). On consulte l'ardoise, on craque pour le tartare de bœuf coupé au couteau ou le ris de veau aux morilles, accompagné d'un vin qui a gardé un peu du soleil du Languedoc ou du Rhône. Service détendu, mais pro.

**€€ |●| Les Arcandiers** – *10, pl. du Terrail (C2-17) ☎ 04-73-92-21-50. Ⓣ Jaude. ♿ Tlj sauf dim-mar ; resto le midi slt (bar à vins le soir). Plat du jour 11,50 € ; carte env 25 €. Café offert sur présentation de ce guide.* Deux amoureux de la récup

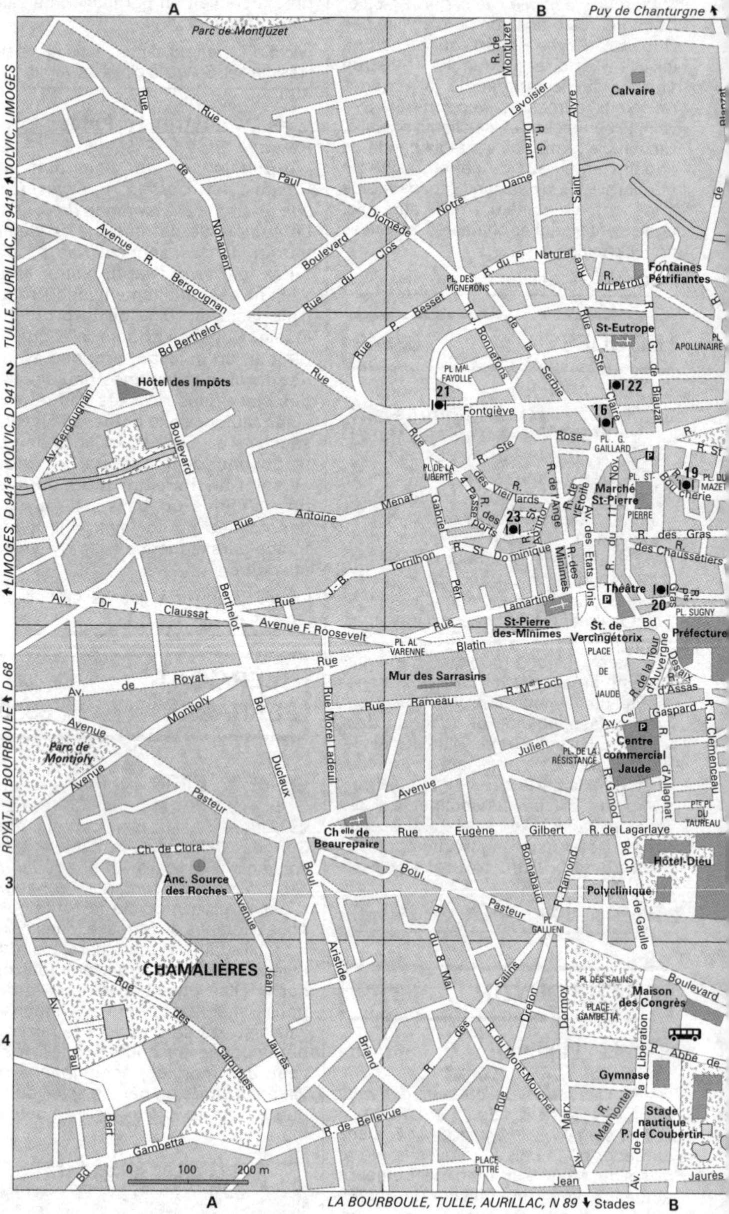
A
B
Puy de Chanturgne
Parc de Montjuzet
TULLE, AURILLAC, D 941a VOLVIC, LIMOGES
LIMOGES, D 941a, VOLVIC, D 941
ROYAT, LA BOURBOULE D 68
LA BOURBOULE, TULLE, AURILLAC, N 89
Stades
1
2
3
4
Calvaire
Fontaines Pétrifiantes
St-Eutrope
PL. APOLLINAIRE
PL. DES VIGNERONS
PL. Mal FAYOLLE
Fontgiève
Hôtel des Impôts
PL. DE LA LIBERTÉ
PL. G. GAILLARD
Marché St-Pierre
PL. ST-PIERRE
PL. DU MAZET
Théâtre
PL. SUGNY
Préfecture
St-Pierre des-Minimes
St. de Vercingétorix
PLACE DE JAUDE
PL. AL VARENNE
Mur des Sarrasins
Centre commercial Jaude
PL. DE LA RÉSISTANCE
Parc de Montjoly
Ch. de Clora
Anc. Source des Roches
Chelle de Beaurepaire
Hôtel-Dieu
Polyclinique
PTE PL. DU TAUREAU
PL. GALLIENI
CHAMALIÈRES
PL. DES SALINS
PLACE GAMBETTA
Maison des Congrès
Gymnase
Stade nautique P. de Coubertin
PLACE LITTRÉ
21
22
16
19
23
20
Boulevard Lavoisier
Rue Notre Dame
Rue de Paul Diomède
Rue Nohanent
Avenue R. Bergougnan
Rue du Clos
Bd Berthelot
Boulevard Berthelot
Av. Bergougnan
Rue P. Besset
R. J. Bonnefons
R. de la Serbie
R. G. Durant
R. de Montjuzet
Rue Saint Alyre
R. du Pr Naturel
R. du Pérou
Rue Ste. Claire
R. G. de Blauzat
Rue Gabriel Péri
R. Ste Rose
R. des Vieillards
R. des 4 Passeports
R. de l'Ange
R. de l'Étoile
Av. des Etats Unis
R. du 11 Nov.
R. des Gras
R. des Chaussetiers
R. St Dominique
R. des Minimes
Rue Antoine Menat
Rue J.-B. Torrilhon
Av. Dr J. Claussat
Avenue F. Roosevelt
Rue Blatin
Rue Lamartine
Av. de Royat
Avenue Montjoly
Rue Morel Ladeuil
Rue Rameau
R. Mal Foch
Bd Desaix
R. de la Tour d'Auvergne
R. d'Assas
Av. Cel Gaspard
R. G. Clemenceau
R. d'Allagnat
R. Gonod
Avenue Julien
Avenue Pasteur
Bd Duclaux
Rue Eugène Gilbert
R. de Lagarlaye
Bd Ch. de Gaulle
Boul. Pasteur
Boul. Aristide Briand
Avenue Jean Jaurès
R. du 8 Mai
R. Bonnabaud
R. Ramond
R. des Salins
Rue Dreion
Dormoy
R. du Mont-Mouchet
Av. Marx Dormoy
R. Marmontel
Av. de la Libération
R. Abbé de
Boulevard
Rue des Galoubies
Av. Paul Bert
Bd Gambetta
R. de Bellevue
Jean Jaurès
0 100 200 m

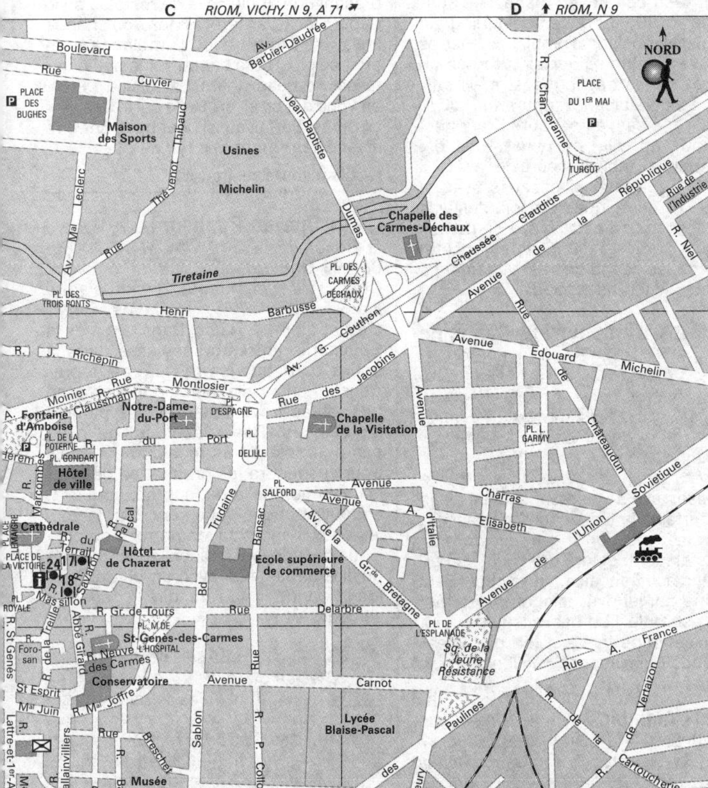


| | |
|---|---|
| **16** | L'Alambic (B2) |
| **17** | Les Arcandiers (C2) |
| **18** | Le Si Si Si (C2) |
| **19** | Que du Bonheur ! (B2) |
| **20** | L'AOC (B2) |
| **21** | L'Amphytrion Capucine (B2) |
| **22** | Le Saint-Eutrope (B2) |
| **23** | Goûts et Couleurs (B2) |
| **24** | Avenue (C2) |

# CLERMONT-FERRAND

ont investi cet ancien magasin d'antiquités et lui ont donné couleurs, grain de folie et musique d'ambiance. Pierres de lave et plantes vertes, croûtes au mur et tables déglinguées, mais surtout, au déjeuner, nourriture top, cuissons précises et saveurs franches. Presque difficile, certains soirs, d'y dégotter une table à l'heure de l'apéro. Il faut dire que l'accueil est aussi sympathique qu'énergique, le choix des vins épatant, et qu'il est difficile de ne pas craquer sur les petits plats à grignoter de l'ardoise quand on s'est vu offrir une tranche de terrine maison...

**€€ L'Amphytrion Capucine** – *50, rue Fontgiève (B2-21) ☎ 04-73-31-38-39. Ⓣ Gaillard. Tlj sauf dim-lun (ouv à Pâques), plus fête des Mères. Congés : 1 sem fin juil et 1 sem début août. Formules déj en sem 21-25 € ; menus 33-85 €. Café offert sur présentation de ce guide.* Une adresse qui a de la retenue et qui exige une certaine tenue, donc. Sitôt passé la discrète façade, on se retrouve dans un cadre élégant, coloré et fleuri, avec un plafond à la française. Ici, le chef fait la cuisine qui lui plaît, sincère, inspirée, sans esbroufe. Fort beaux légumes – eh oui, c'est important – et fort bons desserts, ce qui n'est pas négligeable non plus.

**€€ I●I L'Alambic** – *6, rue Sainte-Claire (B2-16) ☎ 04-73-36-17-45 et 06-30-37-02-52. Ⓣ Gaillard. Tlj sauf dim, plus lun midi et mer midi hors saison. Congés : vac scol de fév, 1 sem en avr et 3 sem à partir de mi-juil. Menus 28-38 €.* Malgré son décor un peu désuet, on aime bien ce petit restaurant auvergnat traditionnel, logé dans une ancienne distillerie, avec son patron, diplômé « maître-dégustateur d'aligot », qui va chercher lui-même ses produits et vous servira sa spécialité avec tout le décorum ! Goûter aussi au *pounti,* à la *pansette,* ou encore à la truffade. Au moins une vingtaine de vins d'Auvergne pour se marier harmonieusement avec les mets.

**€€ I●I ⛱ Le Si Si Si** – *16, rue Massillon (C2-18) ☎ 04-73-14-04-28. Ⓣ Jaude. Tlj sauf sam midi, dim, lun et j. fériés. Résa conseillée. Menu 15 € le midi ; carte 30-35 €.* C'est dans les vieux pots que l'on fait les meilleures soupes (surtout en Auvergne) ! La preuve, ce décor de vieux bistraque, avec ses murs gardés dans leur jus, une bonne patine dessus, des piliers, des tuyaux et quelques toiles contemporaines pour le zeste de branchitude. Belle salle de resto au style dépouillé à l'arrière. Sinon, on mange aussi bien (mais avec l'ambiance et le bruit en plus) côté bar ou sur la petite terrasse aux beaux jours. La cuisine ? Bien, on vous dit, si, si, si ! Belle carte des vins en prime. Parfait aussi pour boire un verre et faire des rencontres sympas.

***Accès :*** dans le centre-ville.

**€€ I●I Que du Bonheur !** – *8, rue de la Boucherie (B2-19) ☎ 04-73-90-63-88. Ⓣ Gaillard. ♿ Tlj sauf dim-lun. Congés : 4 sem en août. À midi, plat du jour 9 €, formule 11 € ; brochettes géantes 32-40 € ; carte 25-30 €.* Dans la rue de la Boucherie, un resto spécialisé dans la bonne barbaque (ça rassure de le préciser !). Petite salle sans prétention avec des tables traversées par des piquets métalliques. Rassurez-vous, ce n'est pas pour les clients récalcitrants, mais pour suspendre les brochettes géantes (salers, montbéliarde, aubrac, coquelet, andouillette) que vous serviront, le soir, les deux sympathiques patrons au physique de rugbymen. Sinon, super rapport qualité-prix le midi avec un plat du jour (de la viande, il va sans dire !), généreusement servi.

**€€ ⛱ Goûts et Couleurs** – *6, pl. du Changil (B2-23) ☎ 04-73-19-37-82. Ⓣ Jaude ou Gaillard. ♿ Tlj sauf dim, lun midi, sam midi et j. fériés. Congés : 1 sem début janv, 1 sem en mai et 3 sem en août. Formule déj 22 € ; menus 34-58 €.* Le restaurant est à l'image de son chef, Vincent Dhumes, un modeste ne pouvant empêcher quelques éclats d'apparaître ici et là, souvenirs de ses passages dans de grandes et belles maisons... Dans cette petite salle divisée par une arche avec un plafond et des fauteuils mauves, des abat-jour colorés telle une ribambelle de taches de couleurs, on se régale dès le 1er menu. Les plats savoureux sont à l'image du lieu, colorés sans faire galerie d'art, et parcourus par de vraies saveurs, travaillés avec justesse et créativité. Bref, si les couleurs sont là, les goûts n'ont pas été oubliés. Terrasse sur une place peu passante.

**€€ I●I ⛱ Avenue** – *10, rue Massillon (C2-24) ☎ 04-73-90-44-64. Ⓣ Hôtel-de-Ville. Tlj sauf dim-lun. Congés : 2 sem en mai et sept. Résa quasi obligatoire. Formules déj en sem 14-16 € ; carte 35-40 € le soir et sam midi. Apéritif maison offert sur présentation de ce guide.*

La cuisine au gré du marché (jolis produits, donc, et inventivité bien maîtrisée) comme le service enjoué méritent franchement un arrêt dans cette avenue.

**€€€ lol Le Saint-Eutrope** – *4, rue Saint-Eutrope (B2-22) ☎ 04-73-34-30-41. Ⓣ Gaillard. Fermé sam-lun. Congés : 1 sem à Pâques, août et 1 sem à la Toussaint. Formules déj 18-21 € ; menu carte blanche 37 € le soir.* Même si le chef et son épouse (au service, charmante) sont d'origine anglaise, l'endroit est presque une caricature de bistrot à la française avec comptoir en formica, carrelage et boiseries. Les assiettes racontent la même histoire : de bons produits (locaux ou bio, souvent) pour des plats de toujours, traités avec une subtile touche personnelle. Belle sélection de vins naturels (et de bières artisanales).

# DANS LES ENVIRONS

## CHAMALIÈRES 63400 (2 km O)

**€€€ P Hôtel-restaurant Le Radio***** – *43, av. Pierre-et-Marie-Curie ☎ 04-73-30-87-83. • hotel-radio.fr • ♿ Fermé sam midi, dim et lun midi (sauf Pâques et fête des Mères). Service jusqu'à 21h30. Congés : 2 sem en janv et vac Toussaint. Menus 30-50 € le midi en sem, puis 62-95 €. Parking.* Pendant de longues années, Michel Mioche dirigea avec bonheur ce vaisseau blanc construit dans les années 1930. Sa fille a pris la suite après avoir commencé... une carrière de journaliste dans la capitale. En conservant l'expérience de son père, mais en s'entourant d'une équipe jeune, elle fait perdurer avec talent la réputation de l'établissement. Les produits sont de première qualité, les préparations savantes, originales, voire un peu folles, mais le résultat est toujours passionnant. Carte qui change tous les mois. Pour dormir, des chambres contemporaines mais pleines de cachet, avec une belle vue sur Clermont et les monts du Forez.

***Accès :*** à la limite de Royat, sortie ouest de Clermont-Ferrand.

## ROYAT 63130 (4 km O)

**€€ ⛱ La Belle Meunière****** – *25, av. de la Vallée ☎ 04-73-35-80-17. • la-belle-meuniere.com • ♿ Resto fermé sam midi, dim soir et lun ; service jusqu'à 21h30. Formule déj en sem 22 € ; menus 34-79 €. Apéritif maison offert sur présentation de ce guide.* Dans une superbe salle Napoléon-III, agrémentée d'éléments Art nouveau, d'un vitrail contemporain, de quelques japonaiseries et d'une terrasse aux beaux jours, Laurent Jury revisite le terroir avec passion et laisse éclater sa créativité dans ses menus. Table distinguée Logis.

## ORCINES 63870 (13 km O)

**€€ lol P Auberge de la Baraque** – *2, route de Bordeaux ☎ 04-73-62-26-24. ♿ Tlj sauf lun-mer. Congés : 1 sem en avr, 1 sem fin oct-nov et 3 sem en juil. Menus 32-61 €. Parking.* Après avoir affiné sa technique auprès de mentors qu'on ne présente plus (comme Bernard Loiseau ou Gordon Ramsay), Géraldine Laubrières est rentrée au pays pour reprendre l'auberge familiale, mais à sa manière. Dans la salle élégante, on apprécie le petit salon cosy positionné face à la belle cheminée, tandis que sa cuisine dans l'air du temps ne manque pas de personnalité. Qu'il s'agisse de la mise en bouche légère, des viandes et des poissons cuits avec justesse, ou des desserts soignés, chaque plat illustre le savoir-faire et le naturel de Géraldine. D'ailleurs, elle n'hésite pas à venir dans la salle s'enquérir du bien-être de ses convives. Sympa !

***Accès :*** au centre du bourg, à l'intersection pour Vulcania et le puy de Dôme.

## NEBOUZAT 63210 (19 km SO)

**€ lol ⛱ Auberge de la Fourniale** – *Récoleine ☎ 04-73-87-16-63. ♿ Tlj sauf lun en juil-août ; ouv w-e slt hors saison. Congés : 1 sem début sept. Résa conseillée. Menus 13,50-17,50 € sauf w-e et j. fériés, puis 20 €. CB refusées.* La famille Gauthier a délaissé sa charcuterie pour rénover cette ancienne bergerie. Thierry adore chiner, d'où une déco étonnante composée de cloches, de paniers... En cuisine, il travaille des produits frais pour des plats traditionnels réussis : pied de cochon désossé farci, *pounti*... Formule casse-croûte avec une assiette de jambon d'Auvergne et de saucisson. Ne manquez pas l'impressionnant plateau de fromages et, en dessert, goûtez la tarte Tatin à la crème fouettée, un régal. Accueil chaleureux.

***Accès :*** dans le parc régional des Volcans ; au col de la Ventouse, prendre la N89 vers Nebouzat-Tulle ; passer Randanne, puis prendre à droite vers Récoleine ; c'est à 4 km.

## COURPIÈRE 63120

€€ **La Cave à Juliette** – *38, av. de la Gare ☎ 04-73-53-08-64. Ouv tlj le midi slt, plus ven soir. Formule déj 14 € ; carte env 25 €. Parking. Kir offert sur présentation de ce guide.* Face à une quincaillerie restée dans son jus, un drôle de bon bistrot, où l'on vient se régaler avec une vraie cuisine, d'intuition et de saison, qui ne triche ni avec les produits ni avec la fraîcheur. Décor qui vous file la pêche tout autant, entre les casiers à vins, les rhums arrangés et les peintures.

## LA BOURBOULE 63150

€€ **L'Amuse Bouche** – *15, rue des Frères-Rozier ☎ 04-73-21-68-85. Tlj sauf mar-mer (midi slt en juil-août et vac de fév). Congés : vac de Toussaint, nov-déc et 1 sem juin. Menus 29-47 €. Café offert sur présentation de ce guide.* Un OVNI à la Bourboule ! Le cadre est élégant, sans chichis, le service efficace sans excès, et l'assiette inventive et goûteuse sans prétentions exagérées. Une cuisine réalisée par un chef passé dans de belles maisons. On se régale d'un beau poisson du jour cuit à la perfection, avec un vrai risotto à l'encre de seiche, on se détend au son de la musique classique, et on se dit qu'on a vraiment bien fait de pousser la porte.

## LE MONT-DORE 63240

€ **Auberge de la Golmotte** – *Le Barbier, route de Clermont-Ferrand ☎ 04-73-65-05-77. Tlj sauf lun, plus dim soir et mar hors vac scol. Congés : 2 sem en avr et 20 sept-6 oct. Résa conseillée. Menus 18,50-39 €. Apéritif maison offert sur présentation de ce guide.* Une ancienne ferme du XVIII^e s remarquablement restaurée. On est en bord de route, mais peu de passage par ici. La salle de resto se trouve dans l'ancienne étable, dont les « crèches » pour les bêtes ont été judicieusement conservées. Et comme le très sympathique proprio est aussi le cuistot, on y mange une généreuse cuisine de terroir (copieuse truffade !), préparée avec de bons produits et beaucoup de soin, en prenant tout son temps... Le meilleur rapport qualité-prix-plaisir du pays.

**Accès :** à 2,5 km du Mont-Dore par la D996, direction col de Guéry.

€ **La Grignote** – *35 pl. Charles-de-Gaulle ☎ 04-73-65-09-89. Tlj sauf dim soir, plus lun hors juil-août. Congés : déc. Formule 14 € le midi en sem ; menus 19-26 €. CB refusées. Apéritif maison offert sur présentation de ce guide.* Une adresse presque improbable, dans une toute petite maison basse, entre la baraque à frites et le *dinner*. Un type au look de catcheur de fête foraine chantonne derrière son bar. Il nous propose un verre de vin de pays pour patienter, avec des tranches de saucisse au chou artisanal. Délicieux. Le temps d'essayer de détailler l'invraisemblable bric-à-brac qui emplit tout l'espace, et nous voilà installés sur un vrai ring par celle que l'homme appelle « la môme ». Au programme, des pizzas comme des plats du coin (truffade) ou de toujours (tripes, pied de porc farci...). Et tout est franchement bon !

**Accès :** en face de la poste.

## DANS LES ENVIRONS

### SAINT-VICTOR-LA-RIVIÈRE
63790 (23 km E)

€ **L'Auberge du Bougnat**** – *route de Murol, à Besse ☎ 04-73-88-67-84. • aubergedubougnat.com • Resto ouv tlj sauf lun midi en été ; slt ven-dim hors saison (tlj sauf lun pdt les vac scol). Congés : 1 mois après le 11 nov. Résa conseillée. Menu du jour le midi en sem 14 € ; autres menus 21-34 €. Parking.* En surplomb de la route, une maison de 2004 avec 4 chambres confortables, dont 2 avec terrasse. Au resto, sérieuse cuisine de terroir avec de généreuses portions servies dans une salle chaleureuse. Terrasse aux beaux jours. Accueil affable. Étonnez-vous qu'il y ait du monde ! Une valeur sûre. Pensez à réserver.

**Accès :** par la D996 en direction de Murol.

## RIOM 63200

€€ **Le Flamboyant** – *21 bis, rue de l'Horloge ☎ 04-73-63-07-97. Tlj sauf dim soir, lun et mer soir, plus* *certains w-e (si mariages). Formules du jour 20-25 € en sem ; menus 30-52 € et menu à 100 €.* L'adresse vaut le déplacement, et la fraîcheur des préparations vaut bien le temps d'attente. Les plats d'Hervé Klein sont légers, bien pensés, et leur présentation est très originale. Les menus tiennent tous leurs promesses dans le registre de la cuisine de terroir progressive. Pas de plats fétiches, mais une carte qui évolue régulièrement au fil des saisons. Également une petite terrasse. Service précis et aimable.

***Accès :*** en centre-ville, à côté de la tour de l'Horloge.

## DANS LES ENVIRONS

### MARINGUES 63310 (20 km E)

€€ 🍽 ☂ **Le Carrousel** *– 14, rue du Pont-de-Marge ☎ 04-73-68-70-24. Tlj sauf dim soir, lun soir et mar-mer. Congés : 3 sem fin juil-début août. Résa conseillée. Menus 28 € le midi en sem, puis 35-78 €. Café offert sur présentation de ce guide.* Dans un cadre intérieur chaleureux ou sur l'élégante terrasse, on déguste une authentique cuisine pleine de créativité. Le chef, qui fit ses armes chez Bocuse (excusez du peu !), manie royalement les sauces et a une passion pour le poisson, les bons produits, les alliances de saveurs harmonieuses tendance provençale.

***Accès :*** dans le bourg.

## SAINT-GERVAIS-D'AUVERGNE 63390

€€ 🏠 🍽 ☂ P **Hôtel-restaurant Castel Hôtel 1904 – Le Comptoir à Moustaches***** *– rue du Castel ☎ 04-73-85-70-42. • castel-hotel-1904.com • ♿ Congés : de mi-nov à fin mars. Au Comptoir, formules 15-19 € (sauf dim midi et j. fériés) et menu 25 € ; menus au gastro 39-59 €. Parking. Café offert sur présentation de ce guide.* « De mère en fils depuis 1904 », telle est la devise de cette ancienne et belle demeure. À la réception trônent tous les portraits des ancêtres, dont certaines moustaches ont suggéré le nom du fameux *Comptoir à Moustache,* le bistrot de l'hôtel où l'on célèbre les produits du terroir. Mais que ce soit au comptoir ou au resto gastronomique, plus original, Jean-Luc Mouty, une « toque d'Auvergne » qui a fait ses classes chez Robuchon, donne sa pleine mesure. Pas étonnant, donc, qu'on retrouve des saveurs un peu oubliées dans des préparations fines et délicieuses... Quant à l'hôtel, il est spacieux, calme et tout aussi attachant. Les chambres, bien équipées, ont toutes un côté rustique de charme.

## USSON 63490

€ 🏠 🍽 ☂ **Auberge de Margot** *– ☎ 04-73-71-97-92. • auberge-margot.com • ♿ Tlj sauf lun, plus dim soir et mer soir hors saison. Congés : vac scol de fév et dernière sem d'août. Formules et menus 13 € le midi en sem, puis 21-29 €. Café offert sur présentation de ce guide.* Charmante auberge de village offrant une poignée de chambres très coquettes et confortables, dont 2 avec une belle vue sur la vallée et 2 familiales. Cuisine traditionnelle fort goûteuse, préparée avec soin par un Maître restaurateur, à découvrir si possible en terrasse, car la vue est superbe : il faut dire que le village est joliment perché ! Bien aussi pour boire un verre. Excellent accueil.

## DANS LES ENVIRONS

### SAINT-JEAN-EN-VAL 63490 (3 km SE)

€€€ 🍽 ☂ P **La Bergerie de Sarpoil** *– Sarpoil ☎ 04-73-71-02-54. Fermé dim soir, mar et mer, plus lun soir hors juil-août. Congés : janv, 7-16 mai et 2-11 juil. Menus 27 € (déj en sem), puis 42-90 € ; carte env 65 €. Parking.* C'est l'une des tables les plus connues de la région, médiatiquement parlant, et pourtant une des plus sincères aussi dans son genre. Le jeune chef, Cyrille Zen, finaliste de *Top Chef* en 2012, est un vrai amoureux des produits. Il élabore une cuisine inspirée, à la fois moderne et proche du terroir, et présentée avec autant d'amour que d'humour. Service souriant et pas guindé malgré le standing du lieu, ce qu'on apprécie. Terrasse aux beaux jours. Consultez le site *• labergeriedeserpoil.com •* si vous voulez suivre les cours et le parcours du chef.

***Accès :*** sur la D999.

# Rhône (69)

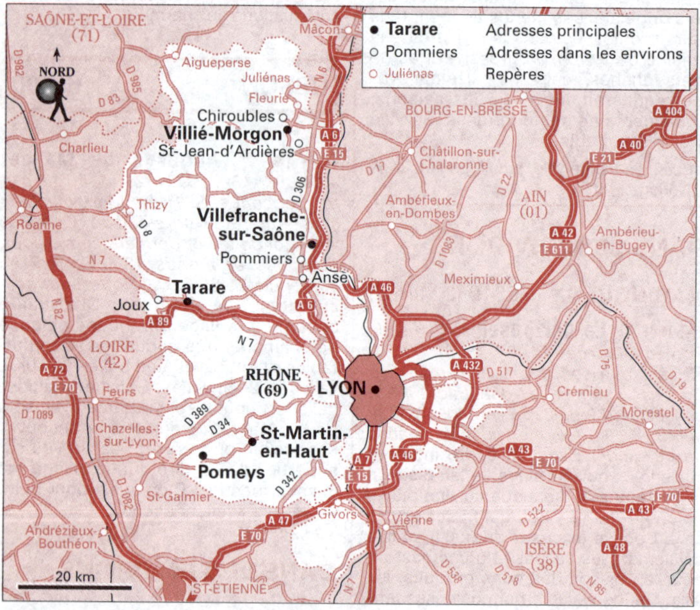


## LYON 69000

### 1er arrondissement

**€€ 🍽 Restaurant Chez Georges – Au P'tit Bouchon** – *8, rue du Garet (D1-2) ☎ 04-78-28-30-46. Ⓜ Hôtel-de-Ville. Tlj sauf sam-dim. Congés : 1 sem début mai, 3 sem en août et Noël-Jour de l'an. Résa jusqu'à 21h max. Menus 20-28 € le midi ; carte 25-30 €.* Il ressemble comme un frère aux vieux bistrots parisiens, mais ici, c'est la version lyonnaise. Casseroles en cuivre, banquettes en moleskine, glaces murales et zinc d'époque. Cuisine familiale, généreuse : véritables quenelles de brochet, gratin d'andouillette, gâteau de foie, etc. Des grands classiques, rien que des grands classiques.

**€€ 🍽 Le Bouchon des Filles** – *20, rue du Sergent-Blandan (B1-4) ☎ 04-78-30-40-44. Ⓜ Hôtel-de-Ville. Ouv le soir, ainsi qu'à midi ven-dim. Congés : 24 déc-3 janv. Menu unique 27 €.* De la féminité dans le monde des bouchons, on n'attendait que ça ! Isabelle et Laura ont réussi le pari. En cuisine, cela donne des plats traditionnels mais revisités et allégés, comme le croustillant de boudin aux pommes ou les tripes panées. Les entrées sont fraîches et bien relevées, et il vous faudra aussi garder une petite place pour le dessert. En salle, le service est souriant, et l'on prend le temps de vous laisser choisir et de profiter de votre soirée.

**€€ 🍽 La Bonâme de Bruno** – *5, Grande-Rue-des-Feuillants (D1-5) ☎ 04-78-30-83-93. Ⓜ Croix-Paquet. Tlj sauf sam midi et dim-lun. Congés : août. Menus 15-18 € le midi, puis 28 € le soir. Digestif maison offert sur présentation de ce guide.* Ne vous laissez pas influencer par la façade : comme souvent à Lyon, c'est à l'intérieur que tout se passe.

Accueil chaleureux et souriant, ambiance chic et décontractée, on s'y sent tout de suite bien ! Bruno officie seul aux fourneaux et adore faire plaisir en offrant une cuisine du moment, généreuse, savoureuse. Ce passionné aime surprendre en jouant sur les épices et les associations de saveurs. Les produits sont d'une extrême fraîcheur, les cuissons parfaites.

€€ **L'Ourson qui Boit** – *23, rue Royale (D1-6) ☎ 04-78-27-23-37. Ⓜ Croix-Paquet. Tlj sauf dim, mer et j. fériés. Résa impérative. Menus 18 € le midi, 32 € le soir.* Un petit bistrot constitué de 2 salles en enfilade, resté dans son jus Art déco. Un jeune couple japonais qui se démène pour satisfaire une clientèle un tantinet bobo, nombreuse même au déjeuner. Et une cuisine dite « de marché », simple, légère, vraiment dans le vent. Autrement dit créative, mais ni indigeste ni affamante ! Le chef cuisine à merveille le poisson et s'éclate avec ses desserts. Ajoutez à cela un incroyable rapport qualité-prix, et vous comprendrez qu'on vous livre là l'un de nos coups de cœur !

***Accès :*** quasiment à la sortie du métro.

€€ **Balthaz'Art** – *7, rue des Pierres-Plantées (hors plan par C1-25) ☎ 04-72-07-08-88. Ⓜ Croix-Rousse. Ouv mar-sam (mar-mer le soir slt). Congés : 6-14 mai, 12-27 août et 23 déc-8 janv. Formule déj 17 € ; menus 29-34 € ; carte env 40 €.* Une adresse qui ne désemplit pas grâce à sa jeune chef bouillonnante d'idées. Tableaux aux murs, déco rétro chic, à découvrir surtout à l'étage, dans une salle basse de plafond, à l'atmosphère hors du temps. Cuisine d'aujourd'hui, en revanche, mettant en avant le produit, autant que la présentation de l'assiette. Un classique (et un vrai régal !) : le tartare de bœuf. Sinon, la carte changeant tous les deux mois, vous devriez n'avoir que des surprises sympas.

€€ **L'Archange** – *6, rue Hippolyte-Flandrin (C1-3) ☎ 04-78-28-32-26. Ⓜ Hôtel-de-Ville. Tlj sauf lun, le soir slt 19h-21h30. Congés : janv, mai et sept. Résa indispensable. Menu unique 31,50 €.* Dans un cadre intimiste, plutôt élégant et romantique, une table qui fait grand bruit chez les gourmets. Le menu unique, avec seulement 3 choix qui varient au fil des saisons, réserve de belles surprises. Une cuisine créative, raffinée, au dressage élaboré et au rapport qualité-prix exceptionnel ! Avis aux tourtereaux qui voudront se poser à l'une des 12 tables pour recevoir les 3 flèches de Cupidon (entrée-plat-dessert) : réservez ! *NOUVEAUTÉ.*

€€€ **L'Étage** – *4, pl. des Terreaux (C1-8) ☎ 04-78-28-19-59. Ⓜ Hôtel-de-Ville. Tlj sauf dim-lun. Menu du jour 24 € le midi ; le soir, menus 47-52 €.* Pour sortir des lyonnaiseries, pénétrez au fond de cet étroit couloir et gravissez l'escalier à vis jusqu'à... *L'Étage.* Poussez la lourde porte et installez-vous dans le décor raffiné de ce salon boisé tendu de rouge. Si vous avez la chance d'avoir une table près de la fenêtre, vous entendrez glouglouter la fontaine aux beaux jours. Le décor est à l'image de la cuisine, qui est gracieuse, fine et précise. Service très agréable.

€€€ **L'Atelier des Augustins** – *11, rue des Augustins (C1-7) ☎ 04-72-00-88-01. Ⓜ Hôtel-de-Ville. Tlj sauf sam midi et dim-lun. Congés : 1re quinzaine d'août et Noël-Jour de l'an. Menus déj 19,50-24 € ; menu surprise 41 € (le soir slt) ; carte env 40-50 €.* Une table de haut vol qui concocte une « cuisine inspirée » et surprenante. Nicolas Guilloton, formé par des chefs étoilés, puis passé par le Mali durant 5 ans, a ouvert cet atelier de saveurs, devenu très vite l'une des adresses majeures de Lyon. Le menu à l'aveugle est un festival de subtilités, avec un accord mets-vins d'une grande justesse assuré par un sommelier émérite et très sympathique. Le cadre est superbe avec sa déco un brin ethnique en mezzanine. Atmosphère conviviale et nullement guindée. *NOUVEAUTÉ.*

## 2e arrondissement

€ **Le Nord** – *18, rue Neuve (C-D2-11) ☎ 04-72-10-69-69. Ⓜ Cordeliers. Tlj jusqu'à 22h (23h ven-sam). Menus du jour 23,10-26,60 € ; dim, menu 32,50 € ; carte env 45 €.* Voici la première brasserie reprise par Bocuse à Lyon, que l'on redécouvre avec plaisir, tellement elle nous rassure, au fond, sur l'évolution du monde. Tous les âges, toutes les couches sociales, ou presque, se rencontrent sur ces banquettes. Pour goûter un vrai saucisson chaud pistaché en brioche, une savoureuse quenelle de brochet, ou pour s'offrir une sole meunière découpée dans la grande

2 Restaurant Chez Georges – Au P'tit Bouchon (D1)
3 L'Archange (C1)
4 Le Bouchon des Filles (B1)
5 La Bonâme de Bruno (D1)
6 L'Ourson qui Boit (D1)
7 L'Atelier des Augustins (C1)
8 L'Étage (C1)
9 Mr Edgar (hors plan par D1)
10 Brasserie Georges (hors plan par B4)
11 Le Nord (C-D2)
12 Les Apothicaires (hors plan par D1)
13 Thomas (hors plan par C4)
14 L'Âme Sœur (hors plan par D3)
15 Daniel et Denise (hors plan par D2)
16 Le Substrat (hors plan par C1)
17 Le Comptoir du Vin (hors plan par C1)
19 Restaurant Jérémy Galvan (B2-3)
20 Le Théodore (hors plan par D1)
21 M Restaurant (hors plan par D1)
22 Brasserie des Brotteaux (hors plan par D2)
23 L'Art et la Manière (hors plan par D4)
25 Balthaz'Art (hors plan par C1)

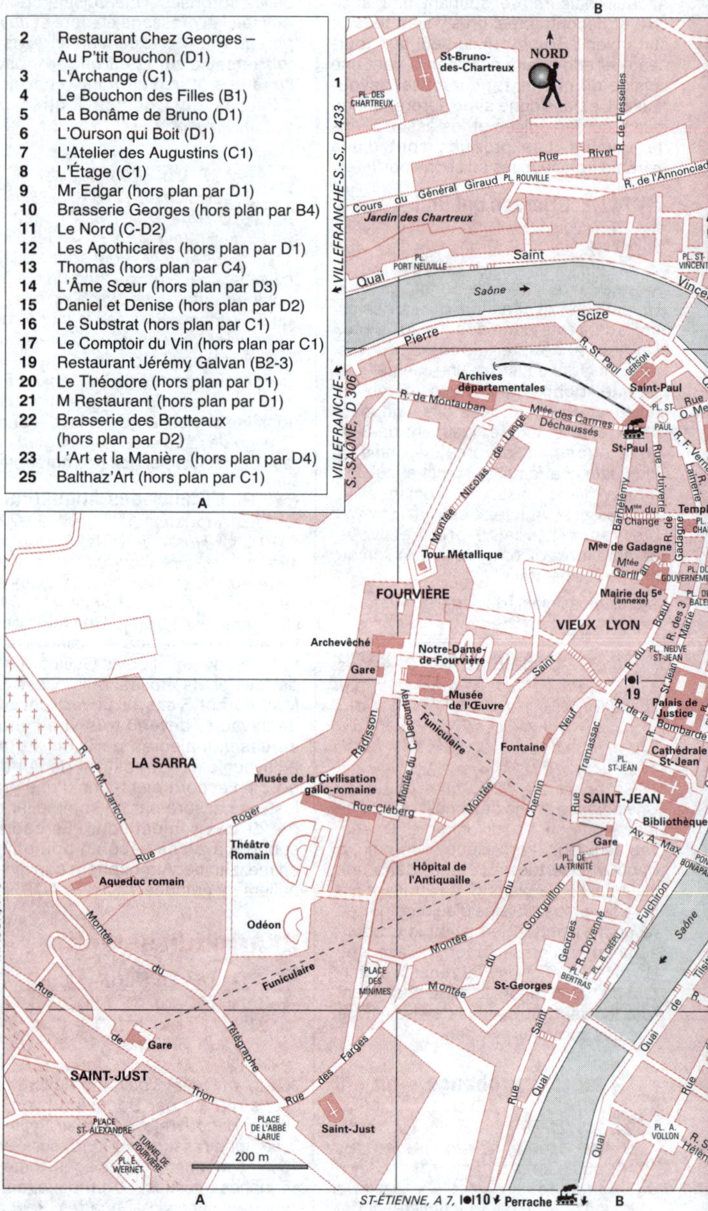

LES TRABOULES
LES TERREAUX
LES CORDELIERS
Hôtel de ville
Opéra
Musée des Beaux-Arts
Lycée Ampère
Palais du Commerce
St-Bonaventure
Préfecture
Hôtel-Dieu, Musée des Hospices civils
Théâtre des Célestins
PLACE BELLECOUR
Rhône
PONT MORAND
PONT LA FAYETTE
PONT WILSON
PONT DE LA GUILLOTIÈRE
BOURG-EN-BRESSE
AMBÉRIEU, A 42, A 46
La Part-Dieu, Musée d'Art mod. (Villeurbanne)
GRENOBLE, CHAMBÉRY, D 306, A 43
ST-ÉTIENNE
VIENNE, VALENCE
VIENNE, VALENCE, A 7,

# LYON

tradition, on ne fait pas mieux. Et puis il y a le spectacle des serveurs, sur un fond de décor « or du temps » que les tentatives de rénovation successives laissent de marbre.

€€ |●| ⛱ **Brasserie Georges** – *30, cours de Verdun (hors plan par B4-10) ☎ 04-72-56-54-54. Ⓜ Perrache. ♿ Tlj, service 11h30-23h (minuit ven-sam). Menus 22,50-27,50 € ; carte env 30-35 €.* Une immense salle de 710 m² sans un seul pilier, au plafond orné de fresques de Guillermin. La *Brasserie Georges* est un monument, et une institution qui a accueilli Jules Verne, Zola, les frères Lumière, Rodin... 40 tonnes de choucroute y sont consommées chaque année. Mais également un grand choix de plats savoureux, dans la grande tradition des brasseries, servis avec professionnalisme dans un cadre Art déco où l'on digère l'Histoire avec l'appétit des grands yeux. Et vous pourrez aussi profiter de l'espace microbrasserie, où l'on brasse la bière maison.

€€€ ⛱ **Thomas** – *36, rue Laurencin (hors plan par C4-13) ☎ 04-72-56-04-76. Ⓜ Ampère. ♿ Tlj sauf sam-dim. Congés : 1 sem à Noël. Résa impérative. Menus déj 22 € ; le soir, 47 € ; sinon 21-27 € au bouchon d'en face.* Thomas cultive le look d'Artagnan, mais c'est en fait les trois mousquetaires à lui tout seul. Il se met en quatre pour défendre son bout de rue. Après avoir réussi à faire un nom d'un prénom, il a développé un concept bistrot, un café, un bouchon, mais c'est toujours dans son restaurant que l'on revient pour savourer l'air du temps. Amour des produits, cuissons justes, originalité et fantaisie, ce qui n'enlève pas une grande rigueur pour le reste. Terrasses aux beaux jours.

## 3e arrondissement

€ ⛱ **L'Âme Sœur** – *209, rue Duguesclin (hors plan par D3-14) ☎ 04-78-42-47-78. Ⓜ Place-Guichard ; bus n° C3. Ouv le midi lun-ven, plus le soir mar-ven. Fermé w-e et j. fériés. Congés : de mi-juin à fin août. Menu 23 € ; menus à thèmes 39-62 €.* À deux pas du palais de justice. La table est discrète au premier abord, mais l'atmosphère gagne très vite en convivialité tant la savoureuse cuisine du marché et la qualité des vins sont appréciées. Cuisine de goût et de saison signée Olivier Paget, qui joue sur les saveurs du moment, pour vous faire passer précisément un joli moment à table.

€€ |●| ⛱ **Daniel et Denise** – *156, rue de Créqui (hors plan par D2-15) ☎ 04-78-60-66-53. Ⓜ Place-Guichard ; bus n° C3. Fermé w-e et j. fériés. Formule déj en sem 21 € ; menu 31 € ; carte env 40 €.* Une ancienne charcuterie de renom qui faisait comptoir-restaurant est devenue un des rendez-vous incontournables de la vie lyonnaise. En entrant, le vieux bar est toujours là pour accueillir les fidèles ; il y a quelques jolis cuivres aux murs, et subsistent aussi les barres qui servaient à pendre les saucissons, palettes fumées et autres merveilles. L'atmosphère est chaleureuse, et la cuisine généreuse et bien maîtrisée de Joseph Viola a l'avantage de jouer sur deux registres : les classiques lyonnais et des plats de saison. Pâté en croûte d'anthologie, on ne vous dit que ça ! Du vrai travail d'artisan à l'ancienne. Équipe bien rodée en salle aussi. Deux autres adresses : l'une dans le Vieux Lyon *(36, rue Tramassac)*, l'autre à la Croix-Rousse *(8, rue Cuire)*.

## 4e arrondissement

€ |●| **Le Comptoir du Vin** – *2, rue de Belfort (hors plan par C1-17) ☎ 04-78-39-89-95. Ⓜ Croix-Rousse. Tlj sauf sam soir et dim. Congés : 1 sem en août. Plat du jour 12 € le midi ; le soir, plats 12-17 €. CB refusées.* C'est sûrement dans ce petit bar-resto que bat le cœur de la Croix-Rousse. Cuisine sans chichis, familiale, simple et copieuse. Bonnes viandes, poêlées ou en sauce, que l'on déguste avec un vin maison ne faisant mal ni à la tête ni au portefeuille. Atmosphère de bistrot populaire d'antan, pour tout dire. Comme on dit à Lyon, mieux vaut attraper chaud en mangeant que froid en travaillant !

€€ |●| **Le Substrat** – *7, rue Pailleron (hors plan par C1-16) ☎ 04-78-29-14-93. Ⓜ Croix-Rousse ou Hénon. Tlj sauf w-e (ouv sam soir en été). Congés : vac scol de fév (zone A) et 2 sem fin août-début sept. Formules 19-26 € le midi en sem ; menus 33-44 € le soir.* Un substrat ? Si l'on ouvre le dico : « en botanique, base sur laquelle poussent les végétaux ». Comme les champignons que cultive le chef en mezzanine, au-dessus d'une agréable salle qui pourrait ressembler à un ancien atelier. De la cuisine ouverte sortent des plats d'une apparente simplicité, mais qui fourmillent d'idées. Des idées que l'on pourrait juger parfois osées si le chef ne retombait pas toujours sur ses pieds. Il était autrefois sommelier : on s'en serait presque douté au vu de l'épatante carte des vins. Et mention spéciale pour le service.

**€€ |●| Mr Edgar** – *4 bis, rue de Belfort (hors plan par D1-9) ☎ 04-78-61-73-13. Ⓜ Croix-Rousse. Tlj sauf dim-lun. Formules déj en sem 15-17 € ; menus 27-30 €.* C'est le nouveau resto de quartier qui monte à la Croix-Rousse, faut dire qu'on rêve tous d'avoir un *Mr Edgar* près de chez soi ! Cadre rétro et chaleureux avec photos de famille, livres partout, mobilier d'antan et agréable véranda verdoyante. Dans l'assiette, une cuisine tradi revisitée, franche, généreuse et savoureuse, servie avec gaîté. On en redemande ! Le choix varie selon la saison et le marché, mais on trouvera toujours un bon poulpe (le plat signature). Et ne demandez pas à parler à Edgar, c'est un personnage fictif, l'un des plus drôles des *Aristochats* ! *NOUVEAUTÉ.*

## 5e arrondissement

**€€€ Restaurant Jérémy Galvan** – *29, rue du Bœuf (B2-3-19) ☎ 04-72-40-91-47. Ⓜ Vieux-Lyon. Tlj sauf sam midi, dim et lun. Congés : sem de Noël. Menus 33 € le midi en sem, puis 49-65 € ; carte env 60 €.* Jérémy Galvan, passé chez de grands chefs lyonnais, a fait le pari de reprendre ce resto pour revenir à ses premières amours, la cuisine gastro pour le plaisir du plus grand nombre. Et ça marche ! Le midi, on peut apprécier à prix doux « l'Interlude » mais, le soir, « Lâchez Prise ! » permet de savourer pleinement le travail de ce fou de cuisine qui se joue des structures, des parfums, pour créer un monde de saveurs bien à lui et le faire partager. Résultat, une cuisine savoureuse, créative et esthétique.

## 6e arrondissement

**€ |●| Le Théodore** – *34, cours Franklin-D.-Roosevelt (hors plan par D1-20) ☎ 04-78-24-08-52. Ⓜ Foch. ♿ Tlj sauf dim et j. fériés. Congés : sem du 15 août. Formules et menus 21,50-25,50 € ; plus menu 35 € le soir slt. Apéritif maison offert sur présentation de ce guide.* Bel établissement, avec une déco très théâtrale (tentures rouges, lustres), une agréable terrasse en été, un service impeccable, pas guindé. Les produits sont frais, de qualité, les plats raffinés, de la juxtaposition des couleurs jusqu'à l'association des saveurs. Le chef a commencé ici en tant qu'apprenti il y a 20 ans, puis est passé par les cuisines de plusieurs tables avant de revenir à la maison.

**€€ M Restaurant** – *47, av. Foch (hors plan par D1-21) ☎ 04-78-89-55-19. Ⓜ Foch. Fermé le w-e. Congés : 1 sem en fév et 3 premières sem d'août. Formule déj 19 € ; menus 27-37 €.* Julien Gautier, Maître restaurateur, formé à bonne école, propose une cuisine à la fois rigoureuse et créative, inspirée de ses voyages à l'étranger tout autant que du marché. Service aussi pro que décontracté. Un excellent rapport qualité-prix-plaisir. La même équipe a repris une adresse qui cartonne, tout à côté : *Le Bouchon Sully (20, rue Sully).*

**€€ |●| Brasserie des Brotteaux** – *1, pl. Jules-Ferry (hors plan par D2-22) ☎ 04-72-74-03-98. Ⓜ Brotteaux. Tlj sauf dim et j. fériés. Formules 23 € le midi en sem, 28 € le soir et le w-e.* Face à l'ancienne gare des Brotteaux, une brasserie (inchangée depuis 1913, mais rénovée et climatisée) campée dans un décor de glaces et de céramiques, drapée de rideaux de soie rouge. Vous y êtes. La cuisine est tout sauf théâtrale. Regardez passer les assiettes. Non seulement copieuses, mais aussi originalement présentées. Tous les produits sont faits maison. L'accueil est chaleureux : le patron Emmanuel Faucon a le franc-parler des Lyonnais qui se donnent sans compter.

**€€€ |●| Les Apothicaires** – *33, rue de Sèze (hors plan par D1-12) ☎ 04-26-02-25-09. Ⓜ Foch. Tlj sauf sam-dim. Congés : 3 sem de fin juil à mi-août. Formules 22-26 € le midi ; menu-carte le soir 42-52 €.* Du travail d'apothicaire ? Du beau boulot à deux, tout simplement. Après avoir quitté Bocuse et s'être offert un tour du monde culinaire, Tabata et Ludovic Mey sont revenus à Lyon pour créer leur nid dans ce 6e arrondissement devenu un vrai repère pour les gourmands de la nouvelle génération. Une cuisine à 4 mains qui leur ressemble (elle est brésilienne, lui savoyard) dans un cadre où l'on se sent bien. Du bleu canard au mur, une bibliothèque remplie de bocaux et de babioles marrantes, et dans l'assiette une cuisine d'instinct qui fait la part belle à la créativité.

## 7e arrondissement

**€€ 🍽 L'Art et la Manière** – *102, Grande-Rue-Guillotière (hors plan par D4-23) ☎ 04-37-27-05-83. Ⓜ Guillotière. Tlj sauf sam-dim et j. fériés. Congés : 3 sem en août. Formule déj 23 € ; le soir, menu 32-36 €.* Membre des « Gueules de Lyon », Frédéric Marx est aux manettes de ce restaurant où l'on se sent bien. La déco, mêlant la pierre apparente et le contemporain, rend l'endroit très intimiste. Le plaisir continue dans l'assiette, avec une cuisine originale et savoureuse. Du grand art, sans trop de manières ! À côté, son adresse plus récente, *Les Bonnes Manières,* revient sur les classiques de la cuisine lyonnaise.

## POMEYS 69590

**€ 🍽 Bar-restaurant de la Mairie** – *Le Bourg ☎ 04-78-44-32-32. ♿ Ouv tlj ; sur résa ven-sam. Congés : 1 sem en fév et 3 sem en août. Menu ouvrier 13 € le midi en sem ; autres menus 21-26 €. Apéritif maison offert sur présentation de ce guide.* Derrière la façade en pierre de cette jolie petite maison fleurie se cache un bar-restaurant tout simple, quartier général du village à l'heure de l'apéro, où il fait bon déguster une cuisine traditionnelle et copieuse : grenouilles ou autre plat traditionnel. Véranda au fond de la salle, donnant sur la vallée.

## SAINT-MARTIN-EN-HAUT 69850

**€ 🍽 ⛱ Les 4 Saisons** – *7, pl. de l'Église ☎ 04-78-48-69-12. ♿ Ouv le midi jeu-mar, plus le soir sam. Congés : 2 sem vac scol printemps et 2 sem fin août. Menus 12,80 € le midi en sem, puis 22-33,50 €. Apéritif maison offert sur présentation de ce guide.* Une grosse maison de pierre au pied de l'église. Une terrasse devant, un bistrot de village derrière, jouxtant une salle à l'ancienne avec de vastes fresques murales restaurées par le peintre lyonnais Cornu, autour des belles toiles illustrant les quatre saisons côté bar (pour payer sa note, bien sûr !). Le resto de campagne tradi, quoi. Sauf que dans les cuisines de celui-là se cache un chef d'origine américaine. Il ambitionne de faire « simple, bon, pas cher ». On confirme !

## TARARE 69170

**€€ 🍽 ⛱ 🅿 Restaurant Jean Brouilly** – *3 ter, rue de Paris ☎ 04-74-63-24-56. ♿ Tlj sauf dim soir et lun-mar. Congés : 2 premières sem de mars et 10 premiers j. d'août. Menus 30 € en sem, puis 44-78 € ; carte env 70 €. Parking. Café offert sur présentation de ce guide.* Si le restaurant conserve le nom de celui qui nous a régalés pendant plus de 20 ans, c'est désormais le chef Éric Lambolez qui a la charge de perpétuer la réputation de cette maison. Mission accomplie : la cuisine servie est toujours aussi belle et bonne, et le cadre reste magnifique : on aime tout particulièrement la véranda, très contemporaine, qui s'allie harmonieusement à l'ancienne bâtisse et offre une vue vraiment agréable sur le parc, dans une ambiance plus détendue que dans la très cossue salle du restaurant. Profitez-en donc dès les premiers beaux jours ! Très bon accueil.

***Accès :*** par la N7, à la sortie de la ville direction Roanne.

## DANS LES ENVIRONS

### JOUX 69170 (6 km O)

**€€ 🍽 ⛱ Le Tilia** – *pl. du Plaisir ☎ 04-74-05-19-46. ♿ Tlj sauf dim soir-lun. Congés : 2 sem début janv et les 15 derniers j. d'août. Formule et menu déj en sem 15-20 € ; autres menus 28-80 €.* *Le Tilia,* c'est le tilleul en latin, celui de Sully, bien sûr, et même l'un des plus vieux de France, enraciné dans le parc du château voisin. Mais on le gardera pour l'infusion finale... En attendant, il faut déjà grimper jusqu'à Joux, ce charmant village montagnard à deux pas de l'A89, pour découvrir cette belle auberge gastronomique. Le chef, André Chouvin, est passé par les cuisines de Bocuse et de Marc Haeberlin, mais aussi par l'Australie, d'où il est revenu avec Tracey, sa compagne, dont les toiles égaient le restaurant. À Joux, il joue avec les produits et les saisons en composant ses propres œuvres avec simplicité et talent. À part le pain et les fromages, tout est fait sur place. Et de la mise en bouche aux mignardises, le service est vraiment charmant.

***Accès :*** par la N7, puis la D79.

## VILLEFRANCHE-SUR-SAÔNE 69400

**€ |●| L'Épicerie Restaurant** – *55, rue de Thizy ☎ 04-74-62-04-04. ♿ Tlj sauf mar soir, sam midi et dim. Le midi en sem, formule 15 € ; le soir, c'est à l'ardoise (plats 16-22 €).* Les siècles semblent avoir glissé sur le décor de cette ancienne épicerie fine : superbes carreaux anciens au sol, phonographe ou poste de radio TSF dans les coins. Trois salles et une seule ambiance bistrot très conviviale pour déguster des spécialités lyonnaises : saucisson chaud, gâteau de foies de volaille, tablier de sapeur, tripes... ou fruits de mer de décembre à janvier. Simple et efficace.

## DANS LES ENVIRONS

### POMMIERS 69480 (5 km SO)

**€€€ |●| ⛱ P Les Terrasses de Pommiers** – *706, montée de Buisante ☎ 04-74-65-05-27. ♿ Tlj sauf dim soir et mar-mer. Congés : vac scol de fév et de la Toussaint. Menus 21 € le midi en sem, puis 36-56 €. Parking.* Sur cette ronde et verdoyante colline qui domine tous les environs, du val de Saône au Beaujolais, se dresse une Vierge de fonte, la « madone de Buisante », qui attire, aujourd'hui encore, les pèlerins. Une colline inspirée ? En tout cas, la cuisine du chef, installé à deux pas, l'est ! Une cuisine qui met parfois le cap au Sud, région où ce chef s'est frotté à quelques grands. Également une salle contemporaine entièrement refaite et climatisée, inévitablement dotée d'une vue imprenable.

***Accès :*** par la D306, puis à droite la « Montée de Bel-Air », suivre le fléchage.

### ANSE 69480 (13 km S)

**€€ ⛱ P Au Colombier** – *pont de Saint-Bernard ☎ 04-74-67-04-68. ♿ Tlj sauf dim soir-lun. Congés : janv. Formules et menus déj en sem 21,50-26,50 €, puis 32-69 €. Parking.* Selon la saison, vous vous réfugierez en salle devant la cheminée ou en terrasse face à la Saône. Le parcours du chef n'est pas étranger aux changements apportés au fil des ans à ce restaurant. Formé par de grands chefs, il est parti à New York découvrir de nouveaux horizons auprès de Daniel Boulud, avant de s'assagir et de rentrer à Lyon. Avec son pâté en croûte « d'autres foies » (foie gras, volailles et cochon), ou encore l'andouillette de homard au chou chinois en crépinette, Frédéric Côte propose une carte à la fois authentique, inventive et gourmande. Il a même aménagé une table d'hôtes pour déjeuner ou dîner en cuisine !

***Accès :*** prendre l'autoroute direction Villefranche et sortir à Anse, suivre Trevoux-Saint-Bernard, et le premier chemin à gauche, une fois passé le pont.

### SAINT-JEAN-D'ARDIÈRES 69220 (18 km N)

**€ |●| ⛱ Les Rendez-Vous de Bobosse** – *957, av. de l'Europe ☎ 04-37-55-02-74. ♿ Tlj 9h-17h. Congés : 2 sem en fév. Formules déj 14,90-17 €. Café offert sur présentation de ce guide.* Tout le monde connaît Bobosse dans la région, le roi de l'andouillette tirée à la ficelle ! Mais aussi du sabodet, un saucisson à cuire à base de tête de cochon. Deux délices que l'on retrouve dans la plupart des assiettes proposées. À déguster dans la jolie salle bistrot. Au fait, où sommes-nous ? Ah oui, à un carrefour routier ! Mais le jeu en vaut la chandelle. Et la boutique permet de rapporter des souvenirs culinaires...

***Accès :*** par la D306 (ex-N6).

## VILLIÉ-MORGON 69910

**€ |●| Auberge du Col de Truges** – *col de Truges ☎ 04-74-69-92-51. Tlj au déj slt sauf mer. Congés : 1 sem en janv et 2 sem début sept. Formules 17 € le midi en sem, puis 22-35 €.* La petite auberge de campagne (et même de vignoble !) comme on l'aime. Sur le col, à deux roues de Morgon, une sympathique salle de bistrot à l'ancienne avec une belle vue sur les vignes à l'origine des crus locaux. Dans l'assiette, de bonnes spécialités beaujolaises concoctées avec amour depuis de longues années. Coq au vin, terrines et foie gras maison... Que du bon. Côté vins, faut-il vous faire un dessin ?

***Accès :*** par l'A6, sortie Belleville, puis la D18.

## DANS LES ENVIRONS

### CHIROUBLES 69115 (4 km NO)

**€€ |●| ⛱ La Terrasse du Beaujolais** – *route d'Avenas ☎ 04-74-69-90-79. ♿ Tlj mars-nov (sauf lun et mer soir* *sept-nov) ; le reste de l'année, ven-dim. Menus 26-69 € ; menu estival en juil-août à 30 €.* Une adresse « comme son nom l'indique », avec une grande terrasse touristique qui domine les monts du Beaujolais, la plaine de l'Ain, et même le mont Blanc quand il fait vraiment beau. De quoi presque oublier ce qu'il y a dans l'assiette, soit une cuisine de terroir pas trop mal troussée, quoiqu'un peu chère. Salon de thé l'après-midi pour profiter encore du panorama, salle rustique pour les jours plus frais, et bugnes l'hiver.

***Accès :*** à Chiroubles, suivre la direction Avenas par la D18.

# Savoie (73)

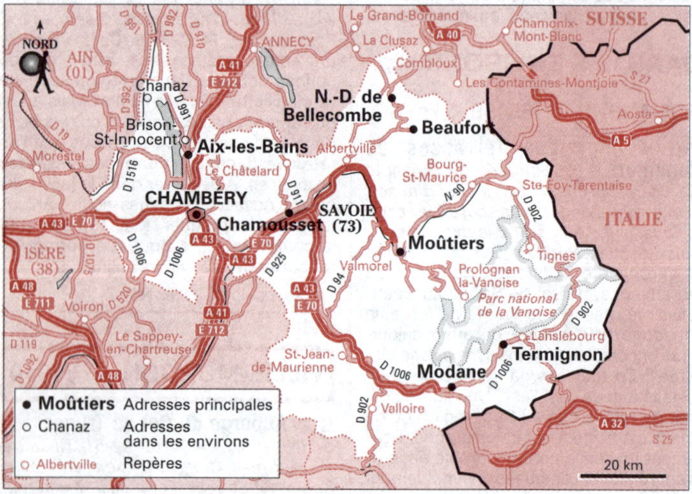


## AIX-LES-BAINS 73100

**€€ |●| ⛱ Café des Bains** – *9, rue des Bains ☎ 04-79-34-89-36. Tlj sauf dim-lun et j. fériés. Menu le midi 18,90 € ; carte env 30 €.* Pour les amateurs de lieux historiques, passage obligé dans ce café qui reste un de nos chouchous avec ses plats du jour originaux qui tiennent au corps, sa bande-son jazzy et son ambiance chaleureuse. La patronne a le sens de l'accueil et le patron celui de la cuisson, ce qui est essentiel dans un resto où les viandes grillées servies avec des frites maison sont choisies par la moitié des clients. Terrasse agréable, au frais et au calme, côté rue. *NOUVEAUTÉ.*

***Accès :*** dans le vieil Aix, à 5 mn à pied de l'office de tourisme.

## DANS LES ENVIRONS

### BRISON-SAINT-INNOCENT 73100 (5 km N)

**€€€ |●| ⛱ 🅿 Les Oliviers** – *212, route de Paris, Brison-les-Oliviers ☎ 04-79-54-21-81. ♿ Tlj sauf dim soir-lun, plus mar hors saison. Congés : 10 j. en fév, 10 j. fin juin et 10 j. en oct. Formules 20-27 € en sem ; menus 40-60 €. Parking. Café* *offert sur présentation de ce guide.* Dans un hameau au bord du lac du Bourget, mais collé à la route et pas bien loin de la voie ferrée. Peu importe, car le plaisir est d'abord dans l'assiette. Le patron y travaille le poisson du lac et une cuisine de marché et de saison pleine d'entrain et de bonnes idées, et d'un très bon rapport qualité-prix. Terrasse agréable.

***Accès :*** par la D991.

## CHANAZ 73310 (23 km NO)

**€ I●I ⛱ Le Doux Nid** – *501, route du Canal ☎ 04-79-63-22-14. 📱 06-32-86-97-61. Ouv tlj juil-août, le midi et le w-e hors saison (fermé oct-mars). Formules 17-28 € ; menu végétarien 25 €.* Christophe et Sabrina ont eu un coup de cœur pour Chanaz un jour qu'ils broyaient non pas du noir mais des noix au moulin. Ils ont racheté illico cet ancien relais de poste du XVIIe s. La maison aujourd'hui abrite un resto savoureux, qui travaille avec les producteurs et les transformateurs locaux. C'est sain, bon, et le service est vraiment sympa. La terrasse le long du canal est ensoleillée, c'est tout ce qu'on demande à une terrasse. *NOUVEAUTÉ.*

***Accès :*** à l'entrée du village.

**€€ I●I ⛱ Auberge de Savières** – *rue de l'Auberge ☎ 04-79-54-56-16. ♿ Tlj sauf mar en été ; aussi ouv le soir ven-dim (et jeu en saison). Congés : janv-mars. Formules 17-21 € le midi ; menus 28-36 € ; carte env 40 €.* Cet ancien relais de poste le long de l'axe Lyon-Turin a dû régaler plusieurs générations de mariniers avant de passer aux mains d'un couple travailleur qui cherche à bien faire et y réussit, dans l'accueil comme dans l'assiette. Salle rustique et terrasse tout au bord du canal. Petite friture, grenouilles, poissons du lac... selon les saisons et surtout selon arrivage. Mais aussi très bon pâté en croûte et plats traditionnels bien cuisinés. *NOUVEAUTÉ.*

***Accès :*** sur les quais.

## BEAUFORT 73270

**€ I●I ⛱ La Table du Berger** – *Grande-Rue ☎ 04-56-43-96-14. Tlj en saison, sauf lun. Formules 14-16 € (déj en sem) ; menu 21 €.* Benoît fait partie de ces jeunes chefs revenus au pays pour ouvrir une table qui plaît à tous, petits et grands. Cuisine savoyarde revisitée, accueil et service très pros. Terrasse côté rue agréable, mais salle – une ancienne cave à fromage voûtée – où il fait bon cocooner dès que la fraîcheur s'annonce, sur fond musical jazzy. *NOUVEAUTÉ.*

***Accès :*** à deux pas de l'office de tourisme.

## CHAMBÉRY 73000

**€€ I●I ⛱ Le Bistrot** – *6, rue du Théâtre ☎ 04-79-75-10-78. ♿ Tlj sauf dim-lun. Le midi, formules 14,50-18 € ; le soir, 32-44 €.* Sylvain Bailly est un jeune chef passé chez Ducasse et dans de grandes maisons, qui a choisi, comme nombre de ses collègues, de revenir au pays et à la simplicité, tout en gardant un faible pour les beaux produits et les saveurs méditerranéennes. Belle formule le midi, même si on aimerait un peu plus de folie dans l'assiette, plus de surprises peut-être. Belle carte des vins. Déco qui ne manque pas de charme, comme la terrasse. Service pro. *NOUVEAUTÉ.*

**€€ ⛱ L'Atelier** – *59, rue de la République ☎ 04-79-70-62-39. ♿ Tlj sauf dim-lun. Congés : 2e quinzaine d'août. Le midi, formule 18 € et menu 21 € ; le soir, menus 33-42 €.* Malgré un parcours auprès de chefs renommés (Ducasse, Senderens, Bocuse) et de nombreuses ouvertures de palaces, dont le *Kilimandjaro* à Courchevel, Gilles Hérard est plus heureux aujourd'hui, dans cet ancien atelier ayant appartenu au père Opinel, que dans ses anciennes brigades. Il retrouve du plaisir à travailler vite et bien. Plus simplement, sans artifices. Plus proche de sa clientèle en partageant plus de plaisir, de sincérité. La sagesse de la quarantaine !

***Accès :*** depuis la place Monge, remonter la rue de la République en direction du Carré-Curial.

## CHAMOUSSET 73390

**€€ I●I ⛱ La Table d'Auré** – *40, impasse de la Gare ☎ 04-79-36-42-06. Resto, tlj sauf dim soir-lun. Menu du jour 14 € le midi en sem, autres menus 28-39 €.* Sur la route des stations, entre Combe de Savoie et vallée de Maurienne, une halte bienvenue dans cette vénérable maison qu'on pourrait croire un poil endormie, face à la gare. Le jeune couple qui l'a reprise lui a redonné des couleurs jusque dans les chambres, et de la vie jusqu'en terrasse ou dans la salle. Mais on vient surtout là pour découvrir la cuisine fraîcheur d'un chef perfectionniste, qui soigne son monde dès le petit menu, ce qui tient aujourd'hui du miracle culinaire. *NOUVEAUTÉ.*

**Accès :** face à la gare.

## MODANE 73500

€ 🍽 ☂ **L'Échappée** – *13, rue de la République ☎ 04-79-05-42-99. Fermé sam-dim. Ouv le midi en sem, plus les jeu-ven soirs. Congés : 3 sem en avr et 3 sem en sept. Menus 16,50 € le midi en sem, puis 20,90-33 €. Apéritif maison offert sur présentation de ce guide.* Le bouche-à-oreille a vite consacré ce petit restaurant parmi les plus authentiques et les plus sympathiques de la vallée. Produits d'ici simplement mais joliment travaillés, assiettes bien présentées et prix plutôt serrés. Accueil impeccable. Terrasse côté rue (mais préférez la salle, joliment refaite). Une bonne étape sur votre route pour l'Italie ou pour les stations de ski.

**Accès :** en plein centre.

## MOÛTIERS 73600

€€ 🍽 ☂ **Le Coq Rouge** – *115, pl. Aristide-Briand ☎ 04-79-24-11-33. Tlj sauf dim et le soir lun et mer. Formule déj 16 € ; menus 34-46 € ; carte env 45 €.* LA bonne table de Moûtiers. À deux pas du musée et de la cathédrale (il suffit de traverser le petit pont de pierre). La carte est équilibrée, proposant une cuisine classique et entièrement maison dans la grande tradition française. Certains plats ont néanmoins le bon goût de la Savoie : viande charolaise, sauce mondeuse et gratin au beaufort, féra à l'oseille... Salle plutôt agréable (avec sa collection de coqs !), mais aux beaux jours, on lui préférera sans hésiter la terrasse protégée. Accueil souriant et service pro.

**Accès :** près de la cathédrale.

## NOTRE-DAME-DE-BELLECOMBE 73590

€€ 🍽 ☂ **La Ferme de Victorine** – *Le Planay ☎ 04-79-31-63-46. ♿ Tlj sauf mer-jeu. Congés : 3 sem en juin et 11 nov-15 déc. Formule déj 26 € en sem ; menus 32-60 €.* Superbe chalet traditionnel où hommes et bêtes cohabitaient par le passé. On adore cette ancienne épicerie-bar-ferme familiale devenue, depuis plus de 20 ans, un repaire de gourmands. Dans la salle, une baie vitrée donne sur l'étable. Déco chaleureuse, très couleur locale. Grande cheminée pour l'hiver, terrasse ensoleillée face à la montagne pour l'été. Et une cuisine savoyarde joliment travaillée : nems au reblochon, veau au foin, agneau au serpolet, polenta au beaufort, etc., sans oublier les classiques fondues et raclettes.

**Accès :** à 3 km de Notre-Dame-de-Bellecombe, vers Le Planay.

## TERMIGNON 73500

€ 🍽 ☂ **Le Sabot de Vénus** – *9, rue de la Parrachée ☎ 04-79-20-51-76. De mi-juin à mi-sept, tlj midi et soir (sauf lun midi) ; de mi-déc à avr, le soir slt. Congés : de mai à mi-juin et de mi-sept à mi-déc. Menus 17-25 € ; carte 30-35 €. Digestif maison offert sur présentation de ce guide.* Très couleur locale : la salle, rustique, a été aménagée dans l'ancienne étable, et on rejoint une petite terrasse par une passerelle en bois qui court au-dessus d'un ruisseau. Murs blanchis à la chaux, poutres et plancher de bois, et une petite touche perso dans la déco pour qu'on s'y sente bien. Cuisine maison simple et bonne, carte de spécialités savoyardes ou de pâtes italiennes. Une adresse à l'accueil sympathique.

**Avis aux hôteliers et aux restaurateurs**

Chaque année pour y figurer, il faut le mériter !

**Les prix**

En France, les prix des restaurateurs sont libres. Certains peuvent augmenter entre le passage de nos infatigables fureteurs et la parution du guide, environ 6 mois plus tard. Nous comptons sur votre compréhension en cas de différence entre les prix relevés à l'heure où nous bouclons ce guide et ceux que vous constaterez sur place.

La rédaction du Routard

# BOURGOGNE-FRANCHE-COMTÉ

**Pictos utilisés dans ce guide**

- € Menu à moins de 25 €
- €€ Menu de 25 à 35 €
- €€€ Menu à plus de 35 €
- Hôtel-restaurant
- Restaurant
- Restaurant avec notre toque
- Terrasse
- Parking
- Piscine
- Accessible aux handicapés

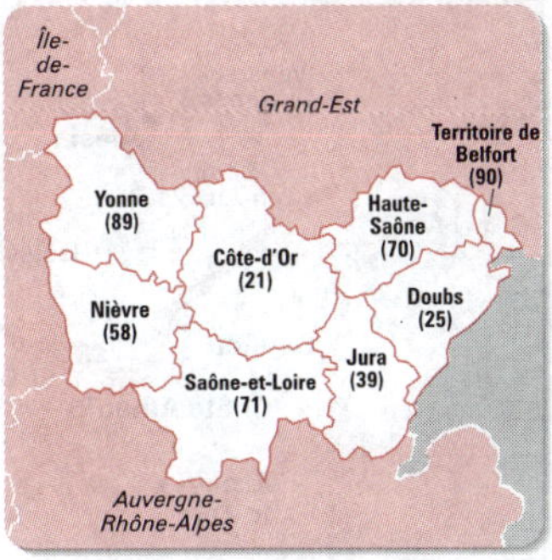


## Côte-d'Or (21)

### ALÉSIA 21150

**€€€ Le Restaurant du Cheval Blanc** – *9, rue du Miroir ☎ 03-80-96-01-55. Tlj sauf dim soir, lun et mar. Le midi en sem, formule 20 € ; menus 35-52 €. Parking.* Bonne cuisine régionale, servie dans une salle aux pierres apparentes où, l'hiver, un feu crépite dans l'immense cheminée. Le chef utilise les produits du potager et du marché. Équipe jeune en salle comme en cuisine, où l'on s'active pour qu'un répertoire classique ne rime pas avec soporifique.

***Accès :*** par la D954 direction Venarey, puis la D6 ; c'est au centre du bourg.

### DANS LES ENVIRONS

**VENAREY-LES-LAUMES**
21150 (1 km N)

**€ Le Bistrot de Louise** – *7, rue Eugène-Edon ☎ 03-80-89-69-94. Tlj sauf dim-mar. Formule 14,90 € le midi en sem ; menus 22-26,50 € le soir et le w-e.* Une affaire qui tourne à plein régime, menée par une équipe pétillante de femmes, dans une salle moderne aux teintes acidulées. Dans l'assiette, on joue la carte régionale avec escargots, cassis et viandes locales en ticket gagnant. Et c'est le moment de goûter l'un des rares vins de la région du canal de Bourgogne, le flavigny-alésia. De quoi délier les langues !

***Accès :*** tout près de la gare SNCF.

Sur présentation de ce guide,
nombreuses offres et réductions en 2018.

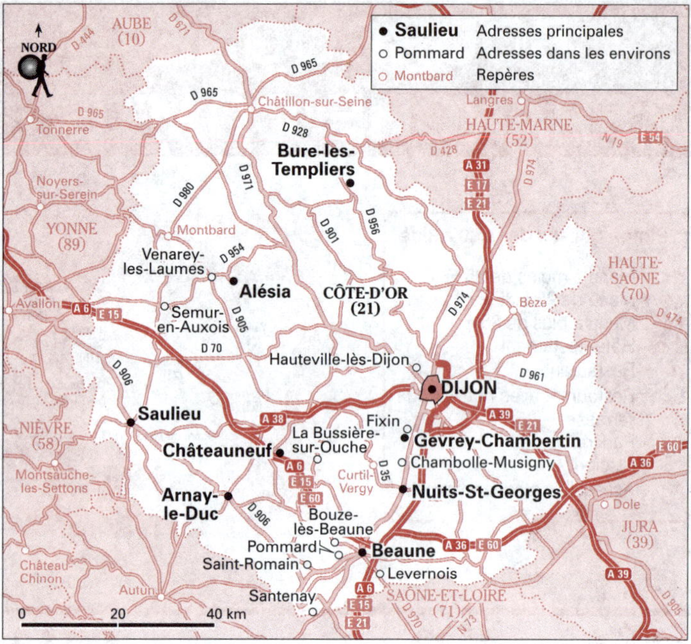


## SEMUR-EN-AUXOIS

21140 (16 km SE)

€€ |●| **La Table de l'Hostellerie** – *route de Saulieu ☎ 03-80-97-28-28. Tlj sauf sam midi et dim soir. Formules 16-24 € en sem ; menu 27 €.* Passons l'architecture extérieure, discutable, pour découvrir à l'intérieur une salle moderne et toute vitrée, tournée vers les toits de Semur. Les habitués aiment profiter autant de la vue que du talent du chef, tourné, lui, vers la région. Les plats soignés font honneur à ce cadre aéré, dans une ambiance feutrée mais pas guindée. Grands noms de vins de Bourgogne servis au verre. Également des chambres confortables, autour d'une piscine.

***Accès :*** par la D9, puis la D954.

## ARNAY-LE-DUC 21230

€€ 🏠 |●| P **Chez Camille***** – *1, pl. Édouard-Herriot ☎ 03-80-90-01-38. • chez-camille.fr • Menus 25 € (lun-sam le midi)-49 €. Nombreux forfaits avantageux, notamment pour les enfants de - de 12 ans. Parking. Café et mignardises offerts sur présentation de ce guide.* Au pied de la vieille ville, cette auberge presque mythique de la Nationale 6 est à la mode d'autrefois. Sous une grande verrière avec plantes et fauteuils en osier, un décor de place de village a été recréé ! Intéressant rapport qualité-prix dès le 1er menu. Également des chambres confortables, dans un esprit Vieille France.

***Accès :*** au centre du bourg, sur la D981.

## BEAUNE 21200

€€ |●| **Restaurant Piqu'bœuf** – *2, rue du Faubourg-Madeleine ☎ 03-80-24-07-52. ♿ Tlj sauf mar-mer. Congés : 3 sem en janv et 2 sem en juin-juil. Formule déj 16 € en sem et menus 25-37 €. Digestif maison offert sur présentation de ce guide.* Installé dans une belle maison du XVIIIe s, un resto spécialement dédié aux carnivores. Sa réputation, il l'a construite autour des savoureuses grillades de bœuf charolais cuit à la braise ou au gaz de roche volcanique (en été), toujours devant les clients. Marie-Line et

Thierry Broin ont pris le taureau par les cornes : ils ont transformé, avec leur fils Damien, leur grill bien connu des Beaunois en un resto aux couleurs du temps, agréable au goût comme à l'œil.

**€€ I●I L'Ardoise** – *14, rue du Faubourg-Madeleine ☎ 03-80-21-41-34. ♿ Tlj sauf dim-lun. Compter 25-35 €. Rhum arrangé maison offert sur présentation de ce guide.* Décidément, on ne s'ennuie pas faubourg Madeleine ! Parmi la brochette de bonnes petites tables, ce bistrot chico-sympa propose une ardoise extra : viandes, burgers... le tout maîtrisé à merveille par un chef qui ne perd rien des conversations depuis la grande cuisine ouverte. C'est qu'ici, vins (et quels vins !) au verre aidant, les décibels montent vite.

**€€ I●I Les Pôpiettes** – *10, rue d'Alsace ☎ 03-80-21-91-81. Tlj sauf mar-mer. Formules déj 16-19 € ; menu autour de 29 € ; brunch dim 22-26 €. Café offert sur présentation de ce guide.* De l'humour, de la bonne humeur et de l'houmous : les volubiles Aurora et Giada, deux sœurs ritales, ont mis la cuisine bourguignonne à la sauce méditerranéenne. Elles pratiquent l'intégration culinaire à leur façon jusqu'à l'incontournable tiramisu rhubarbe, figue et pain d'épice. Visiblement, ça en botte plus d'un, vu l'affluence !

**€€ I●I ⛱ Restaurant F & B** – *6-8, rue d'Alsace ☎ 03-80-21-04-19. Tlj sauf dim. Menus 18-21 € le midi, puis 28-38 € ; carte env 50 €. Café offert sur présentation de ce guide.* Un vrai bar à vins où l'on mange bien, sur la petite place Carnot, qui vaut bien la grande. Petite terrasse sympa et une déco intérieure branchée. La carte alterne quelques classiques revisités et des en-cas très qualitatifs. Un lieu de vie dans le goût du moment, avec des prix raisonnables. Cuisine simple avec de beaux produits et des bouteilles qui dépassent volontiers le terroir bourguignon.

**€€ I●I Le Carmin** – *4 bis, pl. Carnot ☎ 03-80-24-22-42. Ouv mar-sam. Formules déj en sem 25-35 € ; menus 55-125 €.* Le chef étoilé a fait ses gammes régionales auprès des grands du piano et du vin avant de se poser ici, au plus près du marché et de ses producteurs fétiches. L'intérieur est sobre et classe, mais pas classieux, dans les tons zen, à l'image de la cuisine, juste élégante. Les plats révèlent un subtil mélange de curiosité, de fausse simplicité et de rigueur.

**€€€ I●I Caves Madeleine** – *8, rue du Faubourg-Madeleine ☎ 03-80-22-93-30. Tlj sauf mer et dim. Congés : 2 sem en fév-mars, 2 sem en août-sept et autour des fêtes de fin d'année. Formule déj en sem 23 € ; plats à l'ardoise 18-24 € ; menu dégustation 53 €.* Descendez 2 marches et vous voici dans une salle façon caveau « tchin-tchin mais pas bling-bling », comme ils disent, avec ses murs tapissés de grands noms du coin, ses tablées en bois et l'opinel sur la table. Bons plats du jour, selon l'envie du chef qui aime bien servir lui-même, la salle le démange. Un endroit dynamique où tout est bon, même le pain !

**€€€ I●I Le Comptoir des Tontons** – *22, rue du Faubourg-Madeleine ☎ 03-80-24-19-64. Le soir slt, tlj sauf dim-lun. Congés : courant août. Carte env 45 €.* Pépita et Richard, son « bonhomme » comme elle l'appelle devant les habitués, ont réussi à fidéliser une clientèle qui apprécie la rigueur des cuissons, le goût des préparations et le caractère bien trempé de Dame Pépita. C'est elle qui officie en cuisine et privilégie les produits bio. Réservez votre table pour passer une soirée dans un décor ensoleillé ou tournez-vous vers la formule bar à vins.

***Accès :*** près de la place de la Madeleine (parking gratuit).

**€€€ ⛱ Loiseau des Vignes** – *31, rue Maufoux ☎ 03-80-24-12-06. ♿ Tlj sauf dim-lun. Le midi, menus-carte à partir de 25 € ; le soir, menus 59-119 €.* Une création maligne et savoureuse qui restitue l'âme de « la *Côte d'Or* » à Saulieu : le bonheur de l'assiette, certes, mais surtout un esprit bourguignon réinventé avec naturel et talent. Ici, tout y est : l'accueil, le cadre, la carte réalisée par un jeune chef formé à bonne école, originaire de Marseille, qui apporte à la cuisine maison une touche méditerranéenne. Et toujours quelque 70 bouteilles proposées à la dégustation au verre pour réviser vos leçons d'histoire du vin... Au déjeuner, menu du jour attrayant et carte à prix plus conséquents midi et soir. Service dynamique.

## DANS LES ENVIRONS

### POMMARD 21630 (4 km SO)

**€€€ Auprès du Clocher** – *1, rue de Nackenheim ☎ 03-80-22-21-79. Tlj sauf mar-mer. Menus 26 € le midi, puis 35 € (sauf dim midi)-74 €.* Jean-Christophe Moutet (qui a servi le bon roi Lameloise pendant 11 ans) aime manifestement travailler dans les villages vignerons bourguignons. On le retrouve enfin chez lui, à l'étage d'une vieille maison vigneronne de Pommard, à 10 m du clocher du village. Vue panoramique, décor à la fois classique et moderne, tout comme la cuisine. Et superbe carte des vins, avec quelques introuvables.

**Accès :** par la D973, direction Nolay. Parking sur la place de l'Église.

## LEVERNOIS 21200 (6 km SE)

€€€ **Le Bistrot du Bord de l'Eau** – *13, rue du Golf ☎ 03-80-24-89-58. En saison, tlj sauf mar soir et mer soir ; le reste de l'année, ouv mer soir, ven soir et sam soir, et ts les midis. Congés : de fév à mi-mars. Menus-carte 30-34 € le midi en sem ; le soir et w-e, carte slt 40-45 €. Parking. Visite guidée et dégustation dans un château offertes sur présentation de ce guide.* Dans la campagne beaunoise, un hôtel-restaurant somptueux qui ne se prend pas (trop) au sérieux et propose, midi et soir, une formule bistrot épatante. Philippe Augé revisite les grands classiques franco-bourguignons au travers d'un menu-carte astucieux. Le potager pourvoit en légumes de saison, et les produits du marché sont au rendez-vous, base essentielle d'une cuisine sincère. À savourer en terrasse au bord de la Bouzaize, charmante rivière qui serpente dans un parc de 5 ha, ou alors dans les anciennes cuisines du XVIIIe s.

## BOUZE-LÈS-BEAUNE 21200 (7 km NO)

€€ **La Bouzerotte** – *25, route de Beaune ☎ 03-80-26-01-37. Tlj sauf lun-mar. Congés : vac fév et 1 sem fin août. Menus 25-38 € et menu truffes. Parking. Café offert sur présentation de ce guide.* Une vraie auberge de campagne, à 10 mn du centre de Beaune, avec une atmosphère ! De vieilles tables en bois, des meubles rustiques, une cheminée avec un feu de saison dans la grande salle claire. Et surtout, de bons vins de propriétaire que la maîtresse des lieux, ancienne sommelière, saura vous choisir. La surprise est à l'arrivée des assiettes : fraîcheur et qualité des produits, belle présentation, vous serez conquis... ne serait-ce que par le bœuf aux morilles !

**Accès :** au bord de la D970, direction Bligny-sur-Ouche.

## SAINT-ROMAIN 21190 (13 km O)

€€ **Le bistrot de Guillaume – Hôtel Les Roches** – *bas du village, pl. de la Mairie ☎ 03-80-21-21-63. Tlj sauf mar-mer. Congés : fêtes de fin d'année. Résa indispensable en basse saison. Menus 18 € (midi en sem)-29 €.* Une auberge de campagne longtemps fief des marcheurs, qui est devenue une des bonnes petites tables du pays, le nom de Crotet aidant. Guillaume est le petit dernier d'une famille de restaurateurs célèbres par ici. Il a hérité de son paternel le goût pour une cuisine de pays qui ne triche pas, et de sa mère un caractère certain. Des plats à déguster en terrasse, aux beaux jours, face à la rue principale du village ou près de la cheminée, dans une salle de bistrot joliment aménagée. Belles chambres, si l'on veut prolonger le séjour.

**Accès :** par la D974 direction Pommard, puis la D17.

## SANTENAY 21590 (18 km SO)

€€ **Le Terroir** – *19, pl. du Jet-d'Eau ☎ 03-80-20-63-47. Tlj sauf jeu, dim soir, plus mer soir nov-avr. Congés : 10 déc-15 janv. Menus 22 € (déj)-42 € ; carte 50-60 €. Café offert sur présentation de ce guide.* Une des belles tables qui réinventent le terroir régional. Plaisir assuré dès le 1er menu. Mais les amateurs ne manqueront pas la fricassée du braconnier aux escargots, puisqu'on est en Bourgogne. En été, profitez d'une belle salade sur la terrasse en bord de place... Service agréable.

**Accès :** par la D974 direction Meursault et Puligny-Montrachet.

# BURE-LES-TEMPLIERS 21290

€€ **Le Sabot de Vénus** – *13, Grande Rue ☎ 03-80-81-00-28. Fermé dim, j. fériés et le soir lun-jeu. Congés : 1 sem vac scol fév et 3 sem en août-sept. Formule déj sauf dim et j. fériés 15 € ; menus 25-38 € ; carte 25 €. Café offert sur présentation de ce guide.* Comme un pied de nez au récurrent discours sur la désertification des campagnes, petit bar-tabac-resto-traiteur tenu par une jeune et accueillante équipe. Si

Bourgogne-Franche-Comté - Côte-d'Or

vous êtes dans le coin, on vous incite à encourager l'initiative : salle toute pimpante et bonne cuisine à prix serrés. Il s'agit pour beaucoup de la meilleure table du Châtillonnais.

## CHÂTEAUNEUF 21320

**€ |●| ⛱ Auberge du Marronnier** – *pl. du Marché ☎ 03-80-49-21-91. Fermé les soirs lun-jeu en basse saison. Congés : de début janv à mi-fév et de mi-nov à mi-déc. Menus 14,50-30 €. Café offert sur présentation de ce guide.* Salle d'auberge de campagne et, quand le temps le permet, charmante terrasse sur la place du village. Inévitablement un peu touristique, mais le service a le sourire et la cuisine, d'une stricte orthodoxie bourguignonne, un certain allant. Honorables plats du jour, viandes charolaises ou jambon persillé, à arroser à l'heure de l'apéro d'un verre de petit blanc de l'Auxois. Que de bons souvenirs ! Il faut dire que l'accueil, extra, y fait beaucoup.

***Accès :*** sur la place du village.

## DANS LES ENVIRONS

### LA BUSSIÈRE-SUR-OUCHE
21360 (8,5 km E)

**€€ |●| 🏠 ⛱ Le Bistrot des Moines et le 1131** – *abbaye de la Bussière, D33 ☎ 03-80-49-02-29. ♿ Bistrot ouv le midi lun-sam et le soir lun-mar. Resto 1131 ouv mer-dim. Congés : 2 janv-8 fév. Bistrot, formules déj 29-38 €. Au 1131, menus 98-125 €. Café offert sur présentation de ce guide.* Au *Bistrot des Moines*, cuisine de marché, de loin notre formule préférée, raffinée et un brin canaille. Au *1131*, on change de registre avec des menus franchement pas donnés. Tout cela servi dans le cadre exceptionnel d'une ancienne abbaye cistercienne entre élégantes colonnades, galeries ouvragées et douce lumière des vitraux. Atmosphère un peu surréelle et feutrée, digne d'un château écossais transplanté en Bourgogne.

***Accès :*** par la D338.

## DIJON 21000

**€ |●| ⛱ Brasserie des Beaux-Arts** – *1, pl. des Ducs (dans la cour du musée des Beaux-Arts) (B2-1) ☎ 03-80-66-45-36. ♿ Tlj sauf mar 8h30-19h (service 12h15-15h). Formules et plats 16-19,50 €.* Un vrai beau et bon resto aménagé dans l'ancien cellier des ducs, avec ses 2 terrasses, l'une côté cour, l'autre côté jardin, qu'on choisit selon l'heure et l'envie. À l'intérieur, aménagement contemporain chaleureux, où chacun se love dans le coin qui lui convient, selon qu'il aime faire une dînette assis sur un canapé ou s'offrir un mange-debout pour dominer la salle.

**€ |●| ⛱ Café de l'Industrie** – *15, rue des Godrans (B1-2) ☎ 03-80-30-20-81. ♿ Tlj sauf dim-lun et j. fériés. Congés : 3 sem en été, 1 sem pdt fêtes de fin d'année et 1 sem au printemps. Menu 14 € le midi ; carte env 25 €. Digestif maison offert sur présentation de ce guide.* Moins bistrot, plus troquet dans l'âme, l'*Industrie* ne fait pas dans l'industriel. Le bar se transforme à midi pour accueillir une clientèle professionnelle soucieuse de manger assez vite, correctement, et surtout à bon compte. Petite salle à côté. Là aussi, comme souvent autour des Halles, il vaut mieux réserver. La table est bonne, les patrons sympas, c'est bien là le principal. Terrasse sur la rue piétonne.

**€ |●| L'Arôme** – *2 et 6, rue Jean-Jacques-Rousseau (C1-3) ☎ 03-80-31-12-46. Tlj sauf mar plus mer midi. Formules déj 16-20 € (sauf dim) ; menus 23-34 €.* Dans le nouveau quartier gourmand dijonnais, un petit resto qui cartonne. Une cuisine de poche, mais le chef y réalise des prodiges, jouant à sa façon des textures, des mélanges sucrés-salés pour réinventer des plats qu'il aime. Il propose notamment un menu terroir parfait pour les touristes de passage. En salle, sa femme vous conseillera parfaitement pour les vins. *NOUVEAUTÉ.*

***Accès :*** derrière la place de la République.

**€€ |●| ⛱ L'Essentiel** – *12, rue Audra (A1-4) ☎ 03-80-30-14-52. Tlj sauf dim-lun. Formules déj 18-23 € ; menus-carte 32-39 €.* Dijon a perdu le goût des sauces pour aller aujourd'hui à l'essentiel, côté assiette. À la salle parfois un poil bruyante, préférez l'adorable cour avec sa terrasse sous le murier-platane, qui protège des grosses chaleurs et donne l'impression d'être dans le Var. Surtout quand arrive le rosé et un plat qui sent bon le Midi (même le soir !). Le chef s'est formé chez les grands et propose une formule épatante au déjeuner, avec des

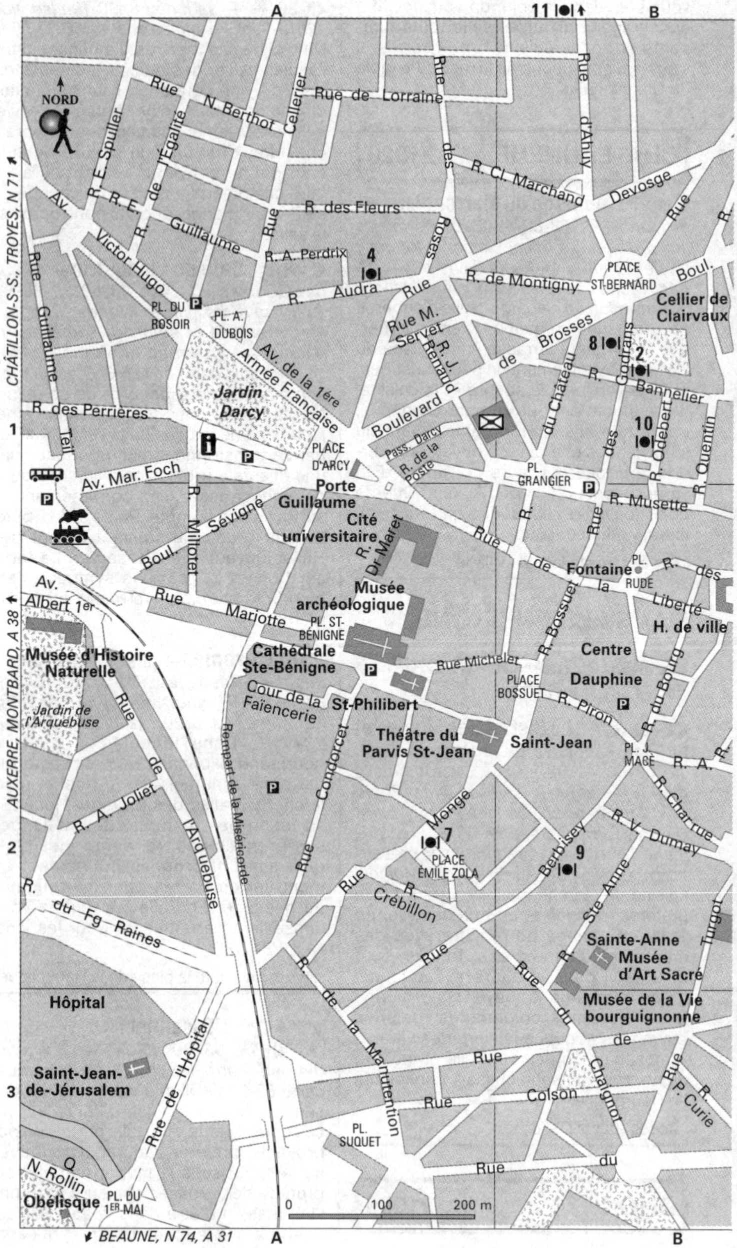
A
11
B
NORD
CHÂTILLON-S-S., TROYES, N 71
AUXERRE, MONTBARD, A 38
BEAUNE, N 74, A 31
Rue N. Berthot
Rue Cellerier
Rue de Lorraine
Rue des Roses
Rue d'Ahuy
R. Cl. Marchand
Devosge
R. E. Spuller
R. de l'Égalité
R. E. Guillaume
R. des Fleurs
Rue
R. A. Perdrix
4
Av. Victor Hugo
Rue Guillaume
PL. DU ROSOIR
PL. A. DUBOIS
R. Audra
Rue
R. de Montigny
PLACE ST-BERNARD
Boul.
Cellier de Clairvaux
Rue M. Servet
R. J. Renaud
Boulevard de Brosses
8
2
R. du Château
Godrans
R. Bannelier
Av. de la 1ére Armée Française
Jardin Darcy
R. des Perrières
Teil
PLACE D'ARCY
Pass. Darcy
R. de la Poste
10
R. Odebert
R. Quentin
Rue des
Av. Mar. Foch
R. Millotet
Porte Guillaume
PL. GRANGIER
R. Musette
Boul. Sévigné
Cité universitaire
R. Dr Maret
Rue de la Fontaine
PL. RUDE
R. des Liberté
Av. Albert 1er
Rue Mariotte
Musée archéologique
PL. ST-BÉNIGNE
R. Bossuet
H. de ville
Musée d'Histoire Naturelle
Jardin de l'Arquebuse
Cathédrale Ste-Bénigne
Rue Michelet
Centre Dauphine
PLACE BOSSUET
R. Piron
R. du Bourg
Cour de la Faïencerie
St-Philibert
Théâtre du Parvis St-Jean
Saint-Jean
PL. J. MACÉ
R. A.
Rue de l'Arquebuse
Rempart de la Miséricorde
Rue Condorcet
R. Charrue
R. A. Joliet
Monge
7
PLACE ÉMILE ZOLA
Berbisey
9
R. V. Dumay
R. du Fg Raines
Rue Crébillon
R. Ste Anne
Turgot
Rue
Sainte-Anne Musée d'Art Sacré
Musée de la Vie bourguignonne
Hôpital
R. de la Manutention
Rue du Chaignot
Rue de
Saint-Jean-de-Jérusalem
Rue de l'Hôpital
Rue Colson
Rue
Rue P. Curie
R.
PL. SUQUET
Rue du
Q. N. Rollin
Obélisque
PL. DU 1ER MAI
0
100
200 m
1
2
3

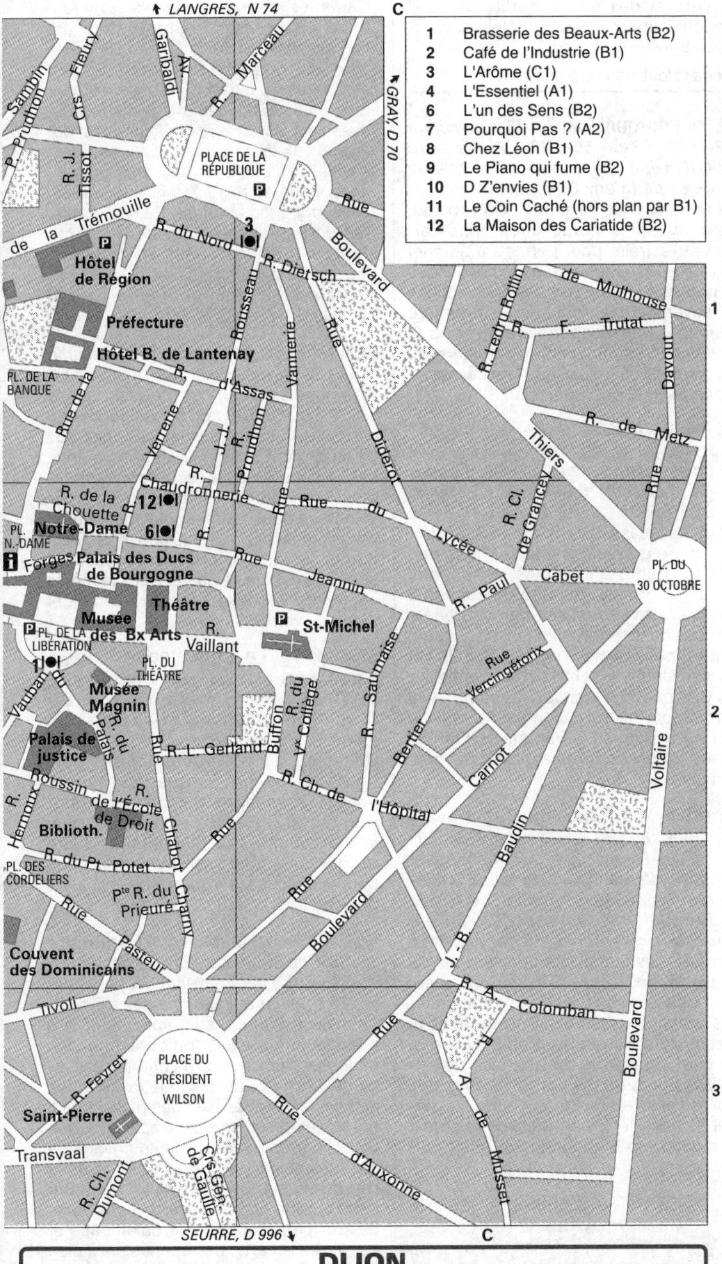
LANGRES, N 74
C
1 Brasserie des Beaux-Arts (B2)
2 Café de l'Industrie (B1)
3 L'Arôme (C1)
4 L'Essentiel (A1)
6 L'un des Sens (B2)
7 Pourquoi Pas ? (A2)
8 Chez Léon (B1)
9 Le Piano qui fume (B2)
10 D Z'envies (B1)
11 Le Coin Caché (hors plan par B1)
12 La Maison des Cariatide (B2)
GRAY, D 70
PLACE DE LA RÉPUBLIQUE
Av. Garibaldi
R. Marceau
Crs Fleury
R. Sambin
R. Prudhon
R. J. Tissot
R. de la Trémouille
R. du Nord
R. Dietsch
Boulevard Thiers
Hôtel de Région
Préfecture
Hôtel B. de Lantenay
PL. DE LA BANQUE
R. Rousseau
R. Vannerie
Rue Diderot
R. d'Assas
R. Ledru Rollin
R. de Mulhouse
R. F. Trutat
Davout
R. de Metz
Rue de la Verrerie
R. J.J. Prudhon
R. Chaudronnerie
R. de la Chouette
Notre-Dame
PL. N.-DAME
Forges
Palais des Ducs de Bourgogne
Rue du Lycée
R. Cl. de Grancey
Rue Jeannin
R. Paul Cabet
PL. DU 30 OCTOBRE
Théâtre
Musée des Bx Arts
PL. DE LA LIBÉRATION
R. Vaillant
St-Michel
PL. DU THÉÂTRE
Vauban
Musée Magnin
R. du Palais
Palais de justice
R. L. Gerland
Buffon
R. du Vx Collège
R. Saumaise
R. Berbier
Rue Vercingétorix
Carnot
Voltaire
R. Ch. de l'Hôpital
R. Hernoux
Roussin
R. de l'École de Droit
Biblioth.
Rue Chabot Charny
R. du Pt Potet
PL. DES CORDELIERS
Pte R. du Prieuré
Rue Pasteur
Boulevard
Baudin
J.-B.
Couvent des Dominicains
Tivoli
R. A. Colomban
R. A. de Musset
Boulevard
PLACE DU PRÉSIDENT WILSON
R. Fevret
Saint-Pierre
Transvaal
Rue d'Auxonne
Crs Gén. de Gaulle
R. Ch. Dumont
SEURRE, D 996
1
2
3

DIJON

saveurs et des goûts inédits. Accueil pro, chaleureux, même en plein service. *NOUVEAUTÉ.*

**Accès :** tout près du parc Darcy.

**€€ |●| Pourquoi Pas ?** – *13, rue Monge (A2-7) ☎ 03-80-50-11-77. Ts les soirs sauf dim-lun, plus sam midi. Menus 29-48 € ; carte env 35 €. Café offert sur présentation de ce guide.* Au tableau, juste quelques plats, choix volontairement restreint pour permettre au chef de tout envoyer lui-même. Les mélanges de couleurs attirent l'œil, les associations de saveurs rassurent dès la première bouchée. Une bonbonnière cosy où la réservation est obligatoire, car l'adresse est devenue un « classique », si ce mot ne faisait peur. Et pourquoi pas ?

**€€ |●| ⛱ Chez Léon** – *20, rue des Godrans (B1-8) ☎ 03-80-50-01-07. Tlj sauf dim-lun et certains j. fériés. Formules déj mar-sam 15,90-19,90 € ; menus 26-31 € le soir ; carte env 30-40 €.* Ce resto ne cesse d'évoluer, tout en faisant mine de rester dans son jus : rien que du beau, à l'ardoise, et du bio, aussi, désormais. Du pied de cochon à l'andouillette en passant par l'entrecôte d'Angus ou le tartare maison, chez Léon, tout est bon, même le cholestérol. Éric et sa fille, Camille, sont là pour conseiller les vins qui vont bien, et ça, ça nous va bien. Décor bistrot qu'on adore, mais la vue sur le parc de la Banque de France, quand on est en terrasse, c'est pas mal non plus.

**€€ |●| ⛱ Le Piano qui fume** – *36, rue Berbisey (B2-9) ☎ 03-80-30-35-45. Tlj sauf lun soir, mar soir, mer et dim. Congés : dernière sem de juil et 2 premières sem d'août. Formule env 17 € le midi en sem ; menus-carte 31-35 €. Café offert sur présentation de ce guide.* Le nom est plus fantaisiste que l'accueil ou la cuisine, très « pro ». S'il fume, ce piano, c'est que le chef l'utilise pour concocter des plats de saison qui ne trichent ni avec le goût ni avec les produits utilisés. Ce chef est revenu dans la ville de ses débuts après un joli parcours chez des étoilés célèbres. Sa carte, courte, lui permet de travailler les produits de saison et de régaler, à prix encore doux, une clientèle fidèle.

**€€ ⛱ D Z'envies** – *12, rue Odebert (B1-10) ☎ 03-80-50-09-26. Tlj sauf dim et j. fériés. Congés : 3 sem début janv. Formules déj 14-21 € ; menus 31-36 €.* Parmi les belles adresses autour du marché. Un bistrot dans le goût de l'époque, ouvert par un ex-étoilé libéré de toute contrainte désormais : cet acrobate des cuissons rapides réalise une cuisine d'alliances à sa façon, associant les saveurs du Maghreb et du Japon aux techniques culinaires françaises, qu'il détourne non sans humour. Jouant sur les mots autant que sur les saveurs ou les textures, David Zuddas fait partager ses envies du moment. Tout cela gentiment tarifé, servi rapidement, non sans attentions. À savourer en terrasse, les soirs où le ciel dijonnais se fait clément.

**€€€ |●| L'un des Sens** – *3, rue Jeannin (B2-6) ☎ 03-80-65-75-58. Tlj sauf dim-lun. Formules déj en sem 19-23 € ; menus 35-54 € le soir.* Ce petit cocon gourmand cartonne à chaque service, au point que ça en devient indécent, pour les autres. Les raisons du succès : déco d'aujourd'hui sur fond de vieilles pierres, choix volontairement restreint, plats au goût et visuellement parfaits... 20 couverts. C'est dire si la résa est fortement conseillée, surtout en fin de semaine. Dans le même esprit, des vins soigneusement choisis et servis au verre.

**€€€ |●| ⛱ Le Coin Caché** – *2, pl. Barbe (hors plan par B1-11) ☎ 03-80-55-35-55. Tlj sauf sam-dim. Formules déj 14,90-17,90 € ; carte env 35-45 €.* Ce coin de rue caché des regards est un repaire. Un repère, aussi. Gens de théâtre, politiques, habitués du quartier, tous y passent et repassent, heureux de pouvoir trouver une place en terrasse, sous la treille, mais pas mécontents d'être encore acceptés en salle. Venez un midi, pour la curiosité, et revenez un soir, juste pour le plaisir.

**€€€ |●| ⛱ La Maison des Cariatide** – *28, rue Chaudronnerie (B2-12) ☎ 03-80-45-59-25. Tlj sauf dim-lun. Résa. Menu déj 25 € ; dîner à la carte le soir 35-55 €.* La maison a rendu son étoile, le chef a changé, mais c'est toujours une des tables les plus courues du quartier sauvegardé. Carte courte, pour ne travailler que le frais, le marché, avec des plats le midi qui ressemblent, en plus simple, à ce que vous pourrez découvrir le soir. Dans ce lieu mêlant vieilles pierres et déco dans l'air du temps, on aime toujours autant cette cuisine grande ouverte sur la salle, ce service aussi souriant qu'efficace et ces vins à la carte, pas donnés mais bien choisis. Terrasse cachée très agréable en été.

## DANS LES ENVIRONS

### HAUTEVILLE-LÈS-DIJON
21121 (7 km NO)

€ ☂ P **La Musarde***** – *7, rue des Riottes ☎ 03-80-56-22-82. • lamusarde.fr • ♿ Resto fermé dim soir-lun en saison, lun-mar hors saison. Congés : 3 sem pour Noël-début janv. Résa impérative, surtout le w-e. Menus 24-41,50 €. Parking. Apéritif maison offert sur présentation de ce guide.* Ancienne ferme du XIXe s transformée en un bel établissement à l'aise avec son temps. On n'est pas vraiment à la campagne mais on y est bien, surtout aux beaux jours, quand la terrasse vous tend les bras. Un lieu à l'atmosphère à la fois familiale, raffinée et décontractée. La salle de restaurant, lumineuse, ouvre sur le jardin. Cuisine terre-mer toujours originale qui ne triche pas. On peut suivre, derrière la vitre, le travail de l'équipe qui œuvre en silence dans « l'aquarium ». Chambres confortables, au calme.

***Accès :*** par la D971, la route de Troyes.

## GEVREY-CHAMBERTIN 21220

€€ ☂ **Chez Guy & Family** – *3, pl. de l'Hôtel-de-Ville ☎ 03-80-58-51-51. ♿ Tlj sauf dim-lun. Formule déj en sem 24,50 € ; menus 32-50 €. Café offert sur présentation de ce guide.* Chez Guy, on travaille en famille, on aime la vie, les bons produits, la cuisine de saison, les cuissons justes et les goûts francs. On aime que les plats, comme les vins, soient servis à bonne température. Parquet et pierre de Chassagne pour rassurer les gens du cru, tableaux colorés et déco épurée (maison !) pour attirer les autres. Certes, à midi, quand le soleil tape, mieux vaut pousser la porte, vous n'en apprécierez que mieux ce lieu cosy. Le soir, profitez à fond de la terrasse et des plats d'une carte revisitant le terroir sans tomber dans une légèreté coupable. Un service très attentionné pour vous accompagner dans la découverte des vins de Gevrey (quelques introuvables) et d'appellations voisines.

## DANS LES ENVIRONS

### FIXIN 21220 (2,5 km N)

€€ |●| ☂ **Au Clos Napoléon** – *4-6, rue de la Perrière ☎ 03-80-52-45-63. ♿ Formules déj en sem 14,90-17 € ; menus 28-48 €. Apéritif maison offert sur présentation de ce guide.* Tout en haut du village, entre le *Clos Napoléon* et le village, dont le clocher pointe à l'horizon, se cache une des vraies bonnes tables de la Côte de Nuits, tout à la fois rassurante, accueillante et réjouissante. Pas de sophistication dans cette bâtisse où même la pierre et les poutres ont pris un coup de jeune, depuis quelques années, tout comme la cuisine de terroir. Terrasse délicieusement ombragée, au pied des vignes. Les vins proviennent de la cave tout à côté, qu'on peut visiter, et les prix restent doux.

***Accès :*** par la D122 vers Dijon.

### CHAMBOLLE-MUSIGNY
21220 (5 km S)

€€ **Le Millésime** – *1, rue Traversière ☎ 03-80-62-80-37. Tlj sauf dim-lun. Congés : 1er-15 janv et 1er-15 août. Menus 19,90 € le midi en sem, puis 32-65 €. Café offert sur présentation de ce guide.* Une halte idéale pour celles et ceux qui sillonnent la route des Vins. Matthieu Mazoyer a fait de cet ancien bistrot de village une des meilleures tables de la Côte, respectant les saveurs, les produits et les prix, ce qui frôle l'exploit. Sa cuisine épurée, sans prise de tête, vous offre des échappées terre-mer par-delà l'horizon des rangs de vignes. Et le sommelier vous convaincra certainement de passer par le caveau viticole à côté pour faire un choix de bonnes bouteilles à rapporter.

***Accès :*** par la D974, puis la D122.

## NUITS-SAINT-GEORGES 21700

€€ 🏠 |●| ☂ P **Hôtel La Gentilhommière – Restaurant Le Chef Coq***** – *13, vallée de la Serrée ☎ 03-80-61-12-06. • lagentilhommiere.fr • ♿ Tlj sauf mar soir et sam midi. Congés : de mi-déc à fin janv (hôtel et resto). Formule 24,90 € le midi en sem ; menus 32-59 € ; carte env 75 €.*

*Parking. Apéritif maison offert sur présentation de ce guide.* Une cuisine maligne, bien dans l'air du temps, sur fond de terroir revisité. Le midi en semaine, formule remarquable à prix tout doux. Superbe terrasse aux beaux jours et tennis. On se sent bien dans cette belle et immense maison, en pleine nature, où l'on prend le temps de vivre, sauf en cuisine où il n'y a pas de temps mort. René Pianetti a tout transformé, de la piscine aux chambres ou aux suites thématiques, toutes de plain-pied, alignées comme dans un motel.

***Accès :*** à 10 mn du centre-ville (fléché).

## SAULIEU 21210

€ 🍽 ☂ 🅿 **La Vieille Auberge** – *15, rue Grillot ☎ 03-80-64-13-74. Tlj sauf mar soir et mer hors juil-août. Congés : 2 sem en janv. Menus 14-50 €. Parking. Café offert sur présentation de ce guide.* On peut passer 10 fois sans la voir, rencognée dans un tournant. Une vieille auberge, comme son nom l'indique, sauvée d'un endormissement prévisible. Salle croquignolette, jolie terrasse cachée et bonne cuisine de tradition et généreuse, basée sur les produits frais du marché. Beau plateau de fromages de la région.

€€ 🏠 🍽 ☂ 🅿 **La Borne Impériale**** – *14-16, rue d'Argentine ☎ 03-80-64-19-76. • borne-imperiale.com • ♿ Tlj sauf mar, plus lun soir hors saison. Menus 20 € le midi en sem, puis 28-38 €. Parking.* Élégante salle de resto traditionnelle, avec terrasse aux beaux jours, pour goûter une honnête cuisine régionale, entre aiguillette de charolais, quenelles de brochet et poulet de Bresse. Une auberge qui propose également des chambres.

***Accès :*** le long de la N6.

# Doubs (25)

## BAUME-LES-DAMES 25110

€€ 🏠 🍽 ☂ 🅿 **Hostellerie-restaurant du Château d'As***** – *24, rue du Château-Gaillard ☎ 03-81-84-00-66. • chateaudas.com • Tlj sauf dim soir, lun et mar midi. Congés : de mi-oct à mi-nov. Menus 22-27 € le midi sauf dim et j. fériés, puis 32 € (sauf j. fériés) et 49-78 €. Parking.* Cet établissement intimiste perché sur les hauteurs de la ville présente un vrai cachet, entre maison à la Hitchcock et villa balnéaire de la côte normande. Une poignée de chambres très cosy (certaines avec un balcon, d'autres avec des fenêtres en arrondi) et calmes, impeccables pour se ressourcer. Deux frères, chefs bourrés de talent, s'y sont installés. Deux as dans leur partie, qui font accourir toute la région. La grande salle en rotonde lumineuse et élégante offre un cadre idéal pour goûter une cuisine adroite qui revisite le terroir avec panache. Belle carte des vins (plus de 350 appellations).

***Accès :*** par la D683 ou la D50.

## BESANÇON 25000

€ 🍽 ☂ **Da Gianni** – *11, rue Richebourg (A1-1) ☎ 03-81-81-42-96. ♿ Tlj sauf dim-lun. Résa très conseillée le w-e. Carte 25 € ; plats 17-29 € ; pizzas 10-22 € ; gouleyant valpo 20 €.* Pour les accros à la cuisine italienne, l'adresse à Besançon ! Située dans une rue improbable, et pourtant c'est toujours quasiment plein. Plusieurs bonnes raisons : c'est une vraie cuisine italienne réalisée avec cœur et professionnalisme... En outre, servie avec une générosité sans pareil (ah, l'assiette de jambon de Parme presque pour 2 !), plats faits à la demande, cuisson parfaite... Grand choix de pâtes, mais essayez donc les *nidi di rondine* (une des grandes spécialités de la maison avec les délicieuses lasagnes et les pizzas craquantes)... et pour accompagner, un bon chianti sélectionné par la maison.

***Accès :*** à quelques rues du Jardin botanique.

Bourgogne-Franche-Comté - Doubs

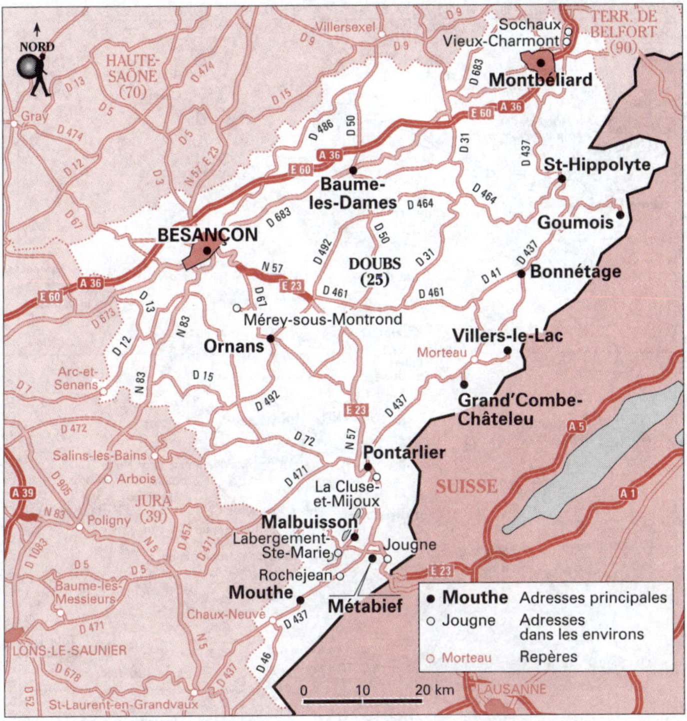


**€ 🍽 Les 4 Saisons** – *22, rue Megevand (A2-5) ☎ 03-81-82-30-46. ♿ Tlj sauf sam-dim et certains soirs (sur résa). Congés : 1 sem à Pâques, 2 sem en août et 15 j. autour de Noël. Formules déj 16 € ; menus 19-28 €.* Resto d'une discrétion absolue dans une rue pas trop passante. Et pourtant les clients sont là, nombreux... Pour deux raisons : l'accueil adorable de la patronne aux petits soins pour tous et la fraîcheur de la cuisine, alliée à une séduisante petite touche perso du chef ! Légumes livrés à la cuisson exacte, sauces légères, fines associations de saveurs (ah, les délicieuses courgettes farcies). C'est vraiment du soigné de chez soigné !

***Accès :*** proche de la place Granvelle.

**€€ ☂ Le Manège** – *2, faubourg Rivotte (B2-3) ☎ 03-81-48-01-48. ♿ Fermé dim soir et lun. Congés : 2-23 janv et 26 août-11 sept. Formule déj 15,50 € ; menus 18 € le midi en sem, puis 32-48 €.* Ce bâtiment fait référence à la tradition militaire, et donc équestre, de la ville, d'où son nom. On est attiré par la façade néoclassique dessinée par un élève de Claude-Nicolas Ledoux (le concepteur de la Saline d'Arc-et-Senans). En revanche, l'intérieur est un brin austère, peut-être pour laisser l'assiette s'exprimer. La cuisine se fait habile et pleine de couleurs, dans tous les sens du terme, chaînon manquant entre produits de la mer et d'autres plus régionaux, comme la féra du lac Léman, le tout parfois arrosé de vin jaune.

Accès : au pied de la citadelle.

**€€ 🍽 Le Poker d'As** – *14, rue du Clos-Saint-Amour (B1-6) ☎ 03-81-81-42-49. Tlj sauf dim-lun. Congés : 10 juil-10 août et fêtes de fin d'année. Formule déj 18,90 € en sem ; menus 24,50-45 € ; carte 60 €.* Ce resto à l'angle du joli square Saint-

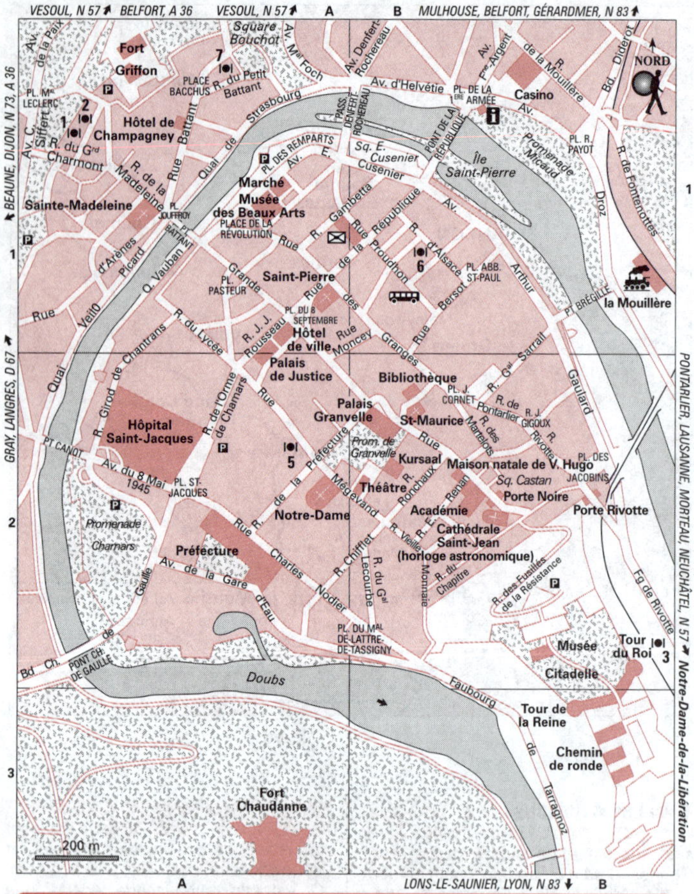


BESANÇON

| | |
|---|---|
| 1 Da Gianni (A1) | 5 Les 4 Saisons (A2) |
| 2 L'Avant-Goût (A1) | 6 Le Poker d'As (B1) |
| 3 Le Manège (B2) | 7 Le Saint-Pierre (A1) |

Amour, pas routard pour deux sous, est une valeur sûre. Cadre cossu façon chalet, décoré de cloches à vache... L'ensemble est soigné, de bonne facture, plaisant pour les papilles, avec une cuisine made in Franche-Comté ! Réputé pour son poulet fermier au vin jaune et morilles.

**Accès :** à deux pas du collège Lumière.

**€€ L'Avant-Goût** – *4, rue Richebourg, quartier Battant (A1-2) ☎ 03-81-81-48-86. Tlj sauf sam midi, dim-lun et j. fériés. Formule déj en sem 15,50 € ; menu 34 € ; carte env 35 €.* Une petite partie bar et une autre salle plutôt agréable. Le chef, qui a fait ses gammes en Suisse chez les plus grands, régale les adeptes de beaux produits et d'une cuisine que l'on pourrait qualifier de rustico-raffinée. Petit bout de terrasse pour les jours de soleil.

**Accès :** près du fort de Siffon.

**€€€ |●| ⛱ Le Saint-Pierre** – *104, rue Battant (A1-7) ☎ 03-81-81-20-99. Tlj sauf sam midi, dim et j. fériés. Congés : autour du Jour de l'an, 1 sem à Pâques et 3 sem en août. Menus 42 € (vin et café compris), puis 52-75 €. Apéritif maison offert sur présentation de ce guide.* Cadre soigné où la déco mêle harmonieusement la pierre apparente et le style contemporain. Élégante cuisine, finement travaillée. Ambiance raffinée et décontractée à la fois, pour cette adresse considérée comme la référence en ville. Spécialité de nems de langoustines. Gentille terrasse pour les beaux jours.

**Accès :** à quelques minutes du parc des Glacis.

## DANS LES ENVIRONS

### MÉREY-SOUS-MONTROND
25660 (13 km SE)

**€€ 🏠 |●| ⛱ P Les Granges du Liège** – *lieu-dit Les Granges-du-Liège ☎ 03-81-81-67-90. ● auberge-lesgrangesduliege.fr ● ♿ Tlj sauf mar. Congés : 2^e^ et 3^e^ sem de janv et 2^e^ et 3^e^ sem d'oct. Formule déj 14 € avec buffet de hors-d'œuvre ; menus 25-36 €. Parking. Apéritif maison offert sur présentation de ce guide.* Un hameau perdu dans une nature de rêve, vaste vallée verdoyante, lumineuse et sereine. Venant du sud, on y parvient en descendant à travers une belle forêt. Chambres de charme dans un calme total à 100 m du resto. Quelques gîtes à louer aussi. Dans une ancienne ferme, très grande salle à manger au style rustique de bon ton : pierre apparente, poutres vénérables, immense cheminée gardée par un vigilant renard, tables bien séparées... Mais aux beaux jours, beaucoup préfèrent bien sûr la terrasse. Cuisine régionale traditionnelle bien troussée. Excellent et généreux menu franc-comtois, quelques plats avec une touche perso (comme le lapin à la rhubarbe ou le morbier mariné à la jurassienne) et beaux desserts... Bon choix de vins à prix fort abordables.

**Accès :** par la D143 direction Mérey-sous-Montrond, puis prendre la D111 sur la gauche (chemin du Liège).

## BONNÉTAGE 25210

**€€ ⛱ P Hôtel-restaurant l'Étang du Moulin****** – *5, chemin de l'Étang-du-Moulin ☎ 03-81-68-92-78. ● barnachon.com ● ♿ Tlj sauf lun-mar midi pour le bistrot. Tlj sauf dim soir-mer midi pour le gastro. Congés : 15 j. en janv et 8 j. à Noël. Formule déj 19 € et menu 24 € au bistrot ; menus 49-139 € au gastro. Parking. Café offert sur présentation de ce guide.* Un grand hôtel à la fois chic et nature, dans un environnement privilégié, au bord d'un étang, tenu par les Barnachon, une famille aguerrie à l'hôtellerie-restauration. Chambres actuelles tout confort, espace bien-être (sauna, hammam, etc.) et, surtout, une table de talent. Très belle salle panoramique, à la déco contemporaine, discrète et reposante, comme pour mieux préparer les papilles. Cuisine de terroir revisitée, avec des clins d'œil méditerranéens et des produits régionaux utilisés avec subtilité : absinthe, vin jaune, gentiane... Poissons d'eau douce et de mer particulièrement réussis, dont la fameuse féra du Leman. Beau Menu de la saison au gastro, et Menu du terroir au bistrot (avec sanglier et ragoût). Service très soigné.

**Accès :** entre Maîche et Morteau, en marge de la D437. Indiqué depuis le village de Bonnétage.

## GOUMOIS 25470

**€€€ 🏠 |●| ⛱ P Hôtel-restaurant Taillard***** – *3, route de la Corniche ☎ 03-81-44-20-75. ● hotel-taillard.fr ● ♿ Resto tlj sauf lun midi et mer midi. Congés : début nov-15 mars. Formule déj en sem 25 € ; menus 39,50-85 €. Parking. Apéritif maison offert sur présentation de ce guide.* Un charme authentique et une atmosphère sereine font de ce Logis de France l'une des plus agréables étapes du pays horloger... et ça fait plus de 100 ans que ça dure ! Il y a tout ce qu'on aime : des chambres soignées et cosy avec vue sur la verdoyante Suisse voisine, toutes différentes, une terrasse au soleil pour déjeuner et une table courue proposant une belle cuisine de saison. Enfin, une piscine à l'extérieur et une salle de remise en forme avec sauna. Les familles trouveront des chambres adaptées, en duplex, à côté de la piscine. Table distinguée Logis.

**Accès :** en haut du village de Goumois (indiqué).

## GRAND'COMBE-CHÂTELEU 25570

€€ **Hôtel-restaurant du Pont**** – *Pont de la Roche ☎ 03-81-68-80-74. • hotel-restaurant-du-pont.com • Fermé dim soir et lun. Congés : de mi-janv à fin janv et de mi-juin au 10 juil. Formule déj 17 € ; menus 28-45 €. Parking.* À côté d'un pont qui franchit le Doubs (vous vous en seriez douté), mais aussi de la voie ferrée (les trains s'y font toutefois rares...). Une poignée de chambres tout confort, mais c'est la cuisine, servie dans une salle très conventionnelle, qui nous a le plus emballé : fraîche et maligne, offrant quelque chose comme le meilleur rapport qualité-prix du val de Morteau.

**Accès :** sur la D437, au carrefour pour Grand'Combe.

€€€ **Le Bon Accueil***** – *1, chemin de la Grande-Source ☎ 03-81-69-30-58. • le-bon-accueil.fr • Tlj sauf dim soir, lun et mar midi. Congés : 2 sem en juin, 1re sem de juil, à la Toussaint et de mi-déc à mi-janv. Formule 26 € le midi en sem ; menus 46-85 €. Parking.* Tradition et terroir joliment revisités et modernisés par Marc Faivre, un chef-patron talentueux, à l'aise derrière les fourneaux comme ses truites (très recommandables !) dans leur vivier. Épaulé par sa femme, Catherine, il sert une cuisine enlevée, tout simplement réjouissante, comme la tarte fine à la Morteau et la rouelle de poulet vin jaune et morilles, des classiques de la carte. Une des tables les plus inventives du Haut-Doubs à prix encore raisonnables. Déco contemporaine, qui colle bien à l'assiette. Pour parfaire le séjour, chambres agréables et rénovées, d'un rapport qualité-prix raisonnable dans cette gamme. Clairement, notre adresse préférée autour du lac.

**Accès :** par la D437, dans le centre du village.

### DANS LES ENVIRONS

#### LABERGEMENT-SAINTE-MARIE 25160 (3 km SO)

€€ **Le Coude, Hôtel-Restaurant***** – *Le Coude ☎ 03-81-69-31-57. • aubergeducoude.com • Menus 19 € le midi en sem, puis 32-65 €. Parking.* Ancien relais de diligence du XVIe s. Une très bonne table bien connue dans la région, où l'on peut lever le coude sans trop se faire remarquer – car l'atmosphère reste conviviale – mais suffisamment classe pour qu'on ne mange pas au coude à coude. Terrasse recherchée. Selon la saison, bonne cuisine régionale à base de filets de perche, grenouilles, gibier. Chambres classiques et bien équipées.

**Accès :** sur la route principale, à 1 km.

## MALBUISSON 25160

€ **Hôtel-restaurant Le Lac***** – *Grande-Rue ☎ 03-81-69-34-80. • hotel-le-lac.fr • Congés : 12 nov-6 déc. Menus 19 € (sauf dim et j. fériés), puis 30-52 €. Parking.* L'institution locale, avec 2 annexes pour les bourses moins bien garnies. Élégante et imposante bâtisse années 1930, qu'on jurerait sortie d'un roman de Fitzgerald. Chambres de bon confort et 2 restaurants. L'un, gastronomique, table plutôt chicos dans une salle très château de Versailles... L'autre, le *restaurant du Fromage,* dont l'enseigne dit tout. Jolie piscine dans le grand jardin en pente douce avec vue sur le lac. C'est, au bar ou en terrasse, l'un des rares endroits hors Paris où l'on peut déguster des glaces de chez *Berthillon.*

**Accès :** par la D437.

## MÉTABIEF 25370

€ **L'Étoile des Neiges**** – *4, rue du Village ☎ 03-81-49-11-21. • hoteletoiledesneiges.fr • Tlj sauf dim soir-lun. Formule 13 € le midi* *en sem ; menus 20-32 €. Parking. Café offert sur présentation de ce guide.* Un bâtiment de structure moderne très fleuri, un peu à l'écart de la station (600 m), au-dessus d'une petite rivière. Plus d'une vingtaine de chambres fonctionnelles, dont certaines en duplex. La plupart sont dotées d'un balcon, tourné sur le mont d'Or et la campagne. Au restaurant, bonnes spécialités comtoises à base de produits frais : saucisse de Morteau grillée ou filets de poisson. Piscine, sauna, salle de fitness et terrasse.

***Accès :*** par la D9, puis la D385.

## DANS LES ENVIRONS

### JOUGNE 25370 (3 km E)

**€ 🏨 🍽 ☂ P La Couronne***** – *6, rue de l'Église ☎ 03-81-49-10-50. • hotel-couronne-jougne.com • ♿ Tlj sauf dim et lun soir hors vac scol. Congés : nov. Menus 23 € le midi en sem, puis 32-38 €. Parking.* Sur la place du village, tout est là : l'église, la mairie, la fontaine et ce charmant hôtel de campagne. Chambres vraiment plaisantes et décorées avec goût ; certaines offrent une gentille vue sur la jolie vallée voisine de la Jougnenaz. Au resto (cadre chaleureux), cuisine classique de bonne facture à visées franc-comtoises : suprême de volaille, pleurotes et petits lardons ou filet de caille aux petits gris de sapin. Accueil de qualité dans cette maison tenue par la famille Pinto.

***Accès :*** par la D9 et la N57, puis direction de la frontière suisse (D423).

**€€€ 🍽 P Côté Cuisine** – *40, route des Alpes ☎ 03-81-46-38-13. Tlj sauf lun, mar et dim soir. Congés : 2 sem fin juin et 1 sem fin sept. Formules bistrot 10-15 € ; menus-carte 37-45 €. Parking.* À l'étage d'une ancienne maison de vacances de la Gendarmerie nationale, à l'architecture très *seventies*. Drôle d'endroit pour installer un resto. Mais la vaste salle contemporaine a de l'allure, et le chef, qu'on a connu étoilé sur les rives du lac Saint-Point, du métier. Jolie cuisine, au plus près du produit et gentiment facturée, à quelques encablures de la frontière suisse. Possibilité de réserver également dans une reconstitution de wagon-restaurant de l'Orient Express...

***Accès :*** sur la gauche, à l'entrée de Jougne quand on arrive de Métabief.

### ROCHEJEAN 25370 (9,5 km SO)

**€ 🍽 ☂ La Boissaude** – *La Boissaude ☎ 03-81-49-90-72. ♿ Tlj sauf lun soir, mar et mer hors vac scol ; tlj en saison. Congés : fin juin et de mi-nov à début déc. Menu 20,90 € ; plats à la carte 10,90-23 €.* À 1 230 m d'altitude, complètement isolé au milieu des alpages, on côtoie les sommets dans cette belle ferme comtoise typique avec son large toit, sa levée de grange et ses salles rustiques à l'atmosphère chaleureuse... Plats de montagne évidemment (fondue, caquelon...), mais aussi des viandes cuites dans la cheminée, des salades géantes, ou des planches-repas.

***Accès :*** sur les pentes du Mont d'Or, par la D450.

## MONTBÉLIARD 25200

**€ 🍽 ☂ Bains-Douches** – *4, rue Charles-Contejean ☎ 03-81-98-45-71. ♿ Tlj sauf sam midi, dim soir et lun. Menus 24,50 € (en sem)-29,50 €.* Anciens bains publics qui fonctionnèrent jusqu'en 1984 (aujourd'hui classés au Patrimoine). Transformés en resto tout en gardant l'essentiel de son caractère : architecture typique des années 1950, mosaïques d'origine, réalisant ainsi une harmonieuse union entre authenticité et modernité. Terrasse confortable avec fauteuils en osier, à l'intérieur, cuisine ouverte et un original décor de douches à l'italienne. Dans l'assiette, une cuisine fraîche et moderne. Cependant, le must l'été (mai-septembre), c'est la magnifique terrasse derrière (même maison), avec pelouse et parasols pour de bonnes grillades, de grosses salades ou pour boire un verre tout simplement. Parfois des concerts.

***Accès :*** en centre-ville.

## DANS LES ENVIRONS

### SOCHAUX 25600 (3 km E)

**€€ 🍽 ☂ Qualys – Hôtel Arianis et Restaurant Carré Gourmand** – *11, av. du Général-Leclerc ☎ 03-81-32-17-17. ♿ Tlj sauf ven soir, sam et dim soir. Congés : 3 sem en août et 2 sem aux fêtes de fin d'année. Formule express 14,50 € le midi en sem ; menus 26,50-45 €.* Grande salle confortable à l'élégant style contemporain, tables bien séparées. Cuisine assez raffinée, utilisant d'excellents produits... Très bon rapport qualité-prix du menu à 32 €. Plats élaborés avec une touche très personnelle, comme cette joue de porc façon fromage de tête aux raviolis d'escargot ou ces filets de truite au coulis d'écrevisse. Service pro.

**Accès :** à côté du musée Peugeot.

## VIEUX-CHARMONT
25600 (6 km NE)

€ 🍽 ☂ **L'Arlequin** – *71, route de Belfort ☎ 03-81-95-41-65. ♿ Tlj sauf mar-mer et sam midi (ouv mar en déc et juil). Congés : 1 sem à la Toussaint, 1 sem aux vac scol de printemps et 1 sem début sept. Formules déj 16-19 € ; carte 25 €. Apéritif maison offert sur présentation de ce guide.* Une adresse exceptionnelle qui mérite un petit effort pour s'y rendre. Très agréable maison avec terrasse protégée, cadre chaleureux et coloré, comme l'accueil de Nataly, la patronne, enfant de la balle, ancienne élève du cirque Annie Fratellini, aussi douée sur la piste qu'en cuisine... Vous dégusterez ici les meilleures pizzas de la région, une craquante friture de carpe, des pâtes fraîches comme tout, d'onctueux risottos, viandes tendres, sauces maison... Bon, on arrête et on y retourne, d'autant plus que Nataly organise le vendredi à 19h de belles soirées à thème avec des artistes de talent. Et lorsqu'elle-même s'empare de l'accordéon... Très très conseillé de réserver !

**Accès :** très facile à trouver, juste après le musée Peugeot. C'est tout droit !

## MOUTHE 25240

€ 🍽 ☂ P **Chez Liadet** – *route des Charbonnières ☎ 03-81-39-99-58. Tlj midi et soir aux vac scol ; sinon ouv le midi plus le soir en fin de sem. Congés : nov et avr. Menus 15 € le midi, puis 18-23 €. Parking. Café offert sur présentation de ce guide.* Au départ des pistes, le chouchou des gens du coin. Salle sans chichis, en bois de pin, pour une très belle cuisine régionale. Grosses tables en bois blanc destinées à recevoir l'excellente salade de truite, la savoureuse *rösti* charcuterie, les fondues, la *clocherade,* et toutes ces bonnes choses... Produits ultrafrais, mon tout servi copieusement. Glaces maison aux noms qui chantent local : à l'absinthe, gentiane, miel, pêche de vigne et... bourgeons de sapin... Terrasse. Accueil familial gentil comme tout ! Original : les formules *(sur résa slt),* rando raquette encadrée plus repas (les soirs de pleine lune) et, tous les soirs en hiver, balade en traîneau suivie d'une « boîte chaude »... Beaux chalets à louer également.

**Accès :** indiqué à partir du centre du village (site du Liadet).

## ORNANS 25290

€ 🏠 🍽 ☂ **La Table de Gustave**** – *11, rue Jacques-Gervais ☎ 03-81-62-16-79. • latabledegustave.fr • ♿ Formule déj 15 € ; menu 23,50 €.* Une adresse dans l'air du temps : avec une déco très design, des chambres (tout confort) à la salle à manger, où est servie une cuisine de terroir revue et corrigée, à prix gentils. Grande terrasse. Accueil et service à la fois pros et chaleureux.

**Accès :** dans le centre.

€€ 🍽 ☂ **Le Courbet** – *34, rue Pierre-Vernier ☎ 03-81-62-10-15. ♿ Tlj sauf lun, mar soir et dim soir. Congés : de mi-fév à mi-mars et de Noël à mi-janv. Menus 29-42 €.* Difficile d'imaginer Courbet venant lever le coude dans ces lieux élégants. La vue sur la Loue depuis les 2 terrasses est bien belle (mieux vaut réserver). Salle au rez-de-chaussée un peu froide et une autre, à l'étage, plus bourgeoise. La cuisine, de saison et très soignée, fera le bonheur des gastronomes avec le poisson qui a le beau rôle. Entre autres, la truite régionale au vin jaune et le pavé de sandre. Également de beaux desserts.

**Accès :** dans le centre, près de la mairie.

## PONTARLIER 25300

€€ 🍽 ☂ **Les Papillons** – *route de Larmont ☎ 03-81-38-37-69. ♿ Tlj sauf mar. Formules déj 13-16 € ; menus 30-47 €.* Cette adresse pimpante au cadre contemporain a pour seul défaut d'être trop petite ! L'accueil sympa et la cuisine faisant l'unanimité, mieux vaut réserver pour se régaler de plats de saison sans esbroufe mais très soignés, élaborés avec de bons produits (d'ici... et parfois d'ailleurs) travaillés avec précision et joliment présentés. Spécialité de pigeon en deux cuissons. L'une des meilleures tables du secteur.

***Accès :*** au bout de la rue principale, après le pont.

## DANS LES ENVIRONS

### LA CLUSE-ET-MIJOUX
25300 (2 km S)

€€ |●| **Pause Déjeuner** – *6, Les Rosiers ☎ 03-81-46-72-06. ♿ Le midi slt mar-jeu et dim, midi et soir ven et sam ; fermé lun. Congés : 8 j. en fév, 15 j. en mai et 15 j. en août. Formule déj 16 € ; menus 29-44 €. Café offert sur présentation de ce guide.* En fait, tout proche, situé juste à la sortie de Pontarlier, vers la Suisse (parking facile). D'abord, il faut oublier sa situation en bord de nationale et ce nom d'apparence assez banale... Ça cache l'un des meilleurs restaurants du Doubs. Cadre contemporain agréable, atmosphère déliée, tables bien séparées et accueil plein d'attention d'Anne-Marie pour ses hôtes. Au piano, Gérard Duboz possède un sens inné des associations de saveurs, des équilibres de parfums et d'herbes (qu'il va cueillir tous les matins, de même que champignons et petits fruits). Que des produits de qualité et, surtout, un remarquable menu à 29 €, digne des plus grands. On est tombé le jour de l'onctueuse matelote de lotte au vin rouge et on a apprécié le mariage subtil de la fleur de ciboulette et du marbré de pintade... Une de nos plus belles découvertes.

***Accès :*** vers la Suisse, à environ 1,5 km de Pontarlier.

## SAINT-HIPPOLYTE 25190

€€ 🏠 |●| ☂ P **Le Bellevue**** – *28, Grande-Rue ☎ 03-81-96-51-53. • lebellevue-hotel.fr • Tlj sauf dim soir hors juil-août. Menus 14,50 € le midi en sem, puis 28,50-41 €. Parking.* Plus encore que pour avoir une chambre avec vue (de facture classique, à l'ancienne pour certaines), c'est pour le plaisir de la table que les habitués réservent la leur dans la belle salle de cette vénérable institution. Très jolie cuisine de tradition, belle terrasse d'été, service plaisant et excellent accueil. Spécialités : morilles farcies au vin jaune et pied de porc au ris de veau... Motards bienvenus : les patrons sont de grands fans de Harley (on le constate dès les fauteuils de l'accueil !).

***Accès :*** sur la D437.

## VILLERS-LE-LAC 25130

€€€ ☂ P **Le France***** – *8, pl. Cupillard ☎ 03-81-68-00-06. • hotel-restaurant-lefrance.com • Tlj sauf dim soir et lun, plus mar midi hors saison. Congés : 23 déc-fin janv et 10 j. début nov. Menus 22 € le midi, puis 39-81 €. Parking payant. Absinthe offerte sur présentation de ce guide.* Une des plus belles adresses de ce coin de France, dynamisée par un chef qui réussit à glisser dans sa cuisine, avec humour et amour, un peu de ses souvenirs de voyage. Fin et inventif, tout en contrastes de goûts et de textures, mais qui sait rester simple : Hugues Droz a son propre jardin d'herbes et une riche collection d'épices rapportées du monde entier, mais il va aussi chercher ses ingrédients en forêt ou dans les haies ! On les retrouve dans les assiettes, toujours subtilement dosées. Il y a du Olivier Rollinger et du Michel Bras chez ce chef, même goût des voyages, de la rencontre et des saveurs exotiques. Nos papilles frémissent encore à l'évocation de sa déclinaison de homard aux asperges vertes... Menu tout morilles de fête ! Superbe carte des vins bien adaptée aux plats. Terrasse et salle de restaurant agréables, comme le service. À noter qu'en saison, on peut également se régaler de menus simplifiés et de grandes assiettes-repas servis en terrasse par le *Petit France*. Sympa, très bon et plutôt économique ! Chambres à la déco contemporaine et à l'atmosphère feutrée. Notre grand coup de cœur dans le Doubs.

***Accès :*** au cœur du village.

# Haute-Saône (70)

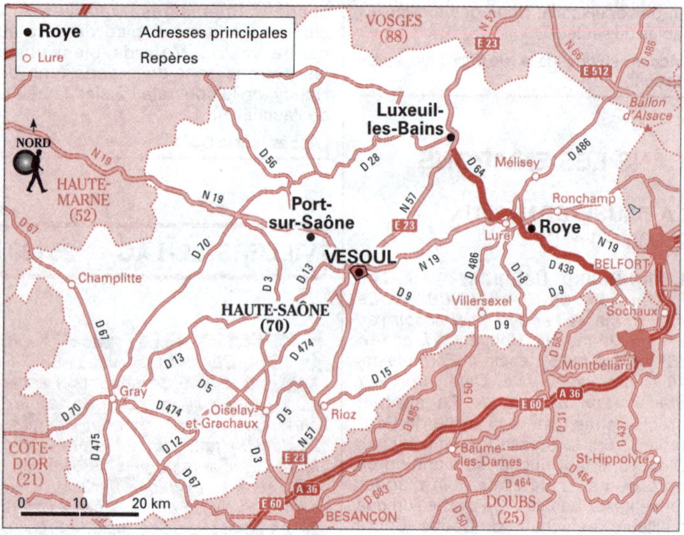


## LUXEUIL-LES-BAINS 70300

**€ 🏨 🍽 ☂ Hôtel-restaurant Le Rallye Gourmand** – *49, rue Édouard-Herriot ☎ 03-84-40-04-92. • rallye70.fr • Tlj sauf jeu soir, ven soir, sam midi et dim soir. Congés : 2 sem courant août et fêtes de fin d'année. Menus 12 € le midi en sem, puis 15-32 €. Café offert sur présentation de ce guide.* Il y a l'enseigne, les noms de bolides coûteux donnés aux menus... Mais derrière ses fourneaux, le chef ne confond pas vitesse et précipitation : cuisine simple mais goûteuse. Accueil tout sourire, salle plaisante, un peu à la provençale, et service efficace. À l'étage, une poignée de chambres simplissimes mais très bon marché, dont 2 plus calmes, sur cour.

***Accès :*** au croisement des rues Pasteur et de la Madeleine.

## PORT-SUR-SAÔNE 70170

**€€ 🍽 ☂ Le Chalet de la Plage** – *île de la Maladière ☎ 03-84-92-06-09. Fermé le soir dim-mar ; plus le soir mer-jeu hors saison. Menus 22-36,50 € ; carte 30-40 €.* Un environnement de bateaux pour ce bâtiment moderne, sans chichis, à la salle lumineuse et volumineuse. Sinon, une terrasse aux beaux jours. Des nappes en papier, mais une cuisine traditionnelle soignée, avec un vrai plus pour les plats de poisson. Du fait maison avec doigté, de l'entrée au dessert. Une adresse appréciée des familles pour son avantageux rapport qualité-prix.

***Accès :*** au port de plaisance.

## ROYE 70200

**€€ 🍽 ☂ Le Saisonnier** – *56, rue de La Verrerie ☎ 03-84-30-46-00. ♿ Tlj sauf lun, mer soir et dim soir. Résa conseillée. Formule déj en sem 20 € ; menus 32-78 €.* C'était une ferme, et cela se voit encore : épais murs de pierre qui gardent la fraîcheur même au cœur de l'été, plafonds bas. Déco plaisante. Et surtout, une cuisine gastronomique, entièrement faite maison, de l'apéritif aux mignardises.

## VESOUL 70000

**€ 🍽 ☂ Les Cinq Sens** – *9, pl. de l'Église ☎ 03-84-75-61-91. Ouv le midi mar-sam et le soir ven-sam. Formule déj 15,30 € ; menus 18,90-28 € ; carte env 40 €. Café offert sur présentation de ce guide.* L'adresse gastronomique et branchée de Vesoul, discrètement située sur la place du musée. Intérieur chic de cave à vins et à bières. Cuisine raffinée, présentée avec soin pour une carte volontairement courte, avec un nouveau plat chaque jour. Les amateurs de vin ont tout intérêt à suivre les conseils du patron, fin connaisseur, voire à suivre les stages œnologiques thématiques !

***Accès :*** dans la vieille ville.

# Jura (39)

## ARBOIS 39600

**€€ 🍽 ☂ Le Bistronome** – *62, pl. Faramand ☎ 03-84-53-08-51. Tlj sauf dim soir, lun soir et mar hors juil-août. Formule déj en sem 17,90 € ; menus 25,90-32,90 €.* Sur 2 niveaux, une adresse semi-gastronomique dans une ambiance conviviale et décontractée. Son nom dit déjà tout sur la carte attrayante, on ajoute le cadre bien agréable et la super terrasse au-dessus de la Cuisance pour les beaux jours.

***Accès :*** dans le centre.

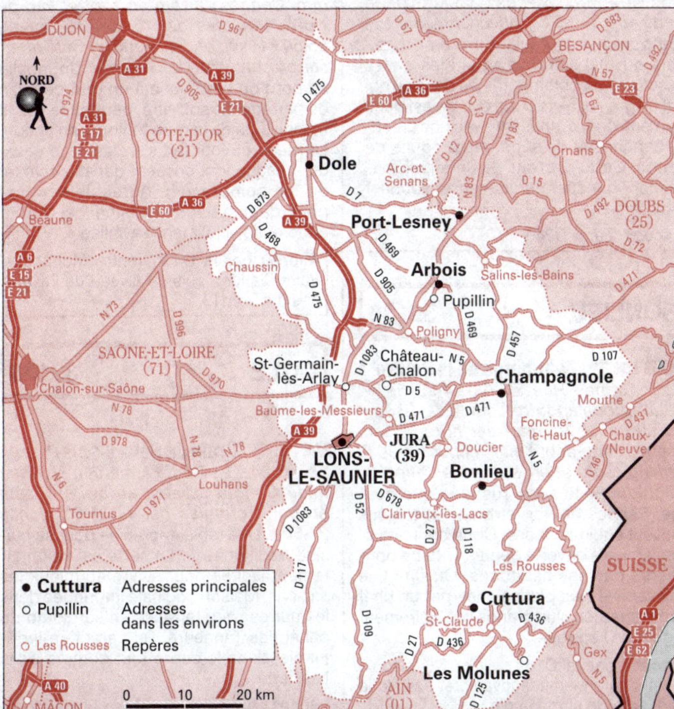

**€€€ 🏨 🍴 P Les Caudalies***** – *20, av. Pasteur ☎ 03-84-73-06-54. • lescaudalies.fr • ♿ Resto fermé lun-mar (ouv mar soir en juil-août). Congés : fin fév-10 mars et de mi-oct à début nov. Formules 20-27 € le midi en sem ; menus 45-62 €. Parking.* La chef propose une cuisine très inspirée, au cœur d'Arbois et dans une salle élégante et lumineuse. Imposante maison bourgeoise du XVIIe s flanquée d'un parc. On y apprécie ce mélange entre une décontraction toute familiale et le niveau qu'on est en droit d'attendre d'une adresse gastro (sommelier impeccable). Quelques chambres avec, pour les plus chères, pas mal de charme et d'espace. Table distinguée Logis.

***Accès :*** par la D469.

## DANS LES ENVIRONS

### PUPILLIN 39600 (3 km S)

**€€ ☂ P Le Grapiot** – *rue Bagier ☎ 03-84-37-49-44. ♿ Tlj sauf mar, plus mer hors saison. Congés : 10 j. en juil et 1 mois à partir de Noël. Menus 23 € le midi en sem, puis 32-65 €. Parking.* Aménagées dans un charmant village vigneron, capitale du ploussard, d'agréables salles résolument contemporaines dans ce qui fut un grenier à grain. La cuisine est dans le même ton, s'amusant avec une créativité maîtrisée de superbes produits de terroir. Carte des vins du Jura judicieusement conçue. Service aussi souriant que discret.

***Accès :*** par la D240.

## BONLIEU 39130

**€€ 🏨 🍴 ☂ P Auberge de la Poutre**** – *25, Grande-Rue ☎ 03-84-25-57-77. • aubergedelapoutre.com • ♿ Tlj sauf lun en juil-août ; mar-mer hors saison. Congés : nov-début mai. Menus 32-90 €. Parking. Café offert sur présentation de ce guide.* Salle aussi rustique que cossue. Service en noir et blanc et tablées souvent endimanchées. Cette bonne maison familiale ouverte depuis 1740 ne bouleverse pas ses habitudes. Cuisine fine et inventive : les plats signés par un chef formé chez les plus grands ont clairement le goût de l'époque.

***Accès :*** par la D16, puis la N5 jusqu'à Saint-Laurent-en-Grandvaux, et ensuite la N78 après le pic de l'Aigle.

## CHAMPAGNOLE 39300

**€€ 🍴 Le Repère** – *25, av. de la République ☎ 03-84-52-62-17. Tlj sauf dim soir-lun. Formules midi en sem autour de 15 € ; menus 32-39 €.* Un endroit guilleret avec son ambiance enthousiaste et rafraîchissante qui réveille cette artère centrale de Champagnole. On ne se perd pas dans une carte à rallonge, les plats sont de saison, colorés, aux saveurs d'ici et d'ailleurs, et ne se limitent pas au terroir. Le vrai sens de l'accueil devrait finir de vous convaincre.

***Accès :*** dans la rue principale.

## CUTTURA 39170

**€€ 🍴 ☂ P L'Auberge du Vieux Moulin – Restaurant du Lac** – *8, route de Saint-Lupicin ☎ 03-84-42-84-28. ♿ En saison, ouv le midi mer-dim, plus le soir jeu-sam ; hors saison, ouv le midi mer-dim. Congés : 2 sem en sept et vac de Noël. Formules déj 16,50-20 € ; menu 25,50 € le soir et dim. Parking. Café offert sur présentation de ce guide.* Un moulin au bord de l'eau, face à un tout petit lac de barrage. Le sol, vitré, permet de voir le mécanisme de la roue toujours en action. Le menu du jour fait s'arrêter tous ceux, ou presque, qui bossent dans le coin (et on les comprend !). Agréable véranda pour déguster une cuisine de terroir, généreuse et joliment travaillée.

***Accès :*** par la D470 (entre Moirans et Saint-Claude), puis au niveau de Lavans, prendre la D118.

## DOLE 39100

**€€ 🍴 ☂ Grain de Sel** – *67, rue Pasteur ☎ 03-84-71-97-36. Fermé dim soir-mar midi. Congés : 2 sem en avr et 3 sem en oct. Formules déj 17-21 € ; menus 27-50 €.* Une table appréciée pour sa cuisine traditionnelle. La carte est volontairement limitée pour suivre au mieux les saisons. Maison originale imbriquée dans les autres avec terrasse en surplomb du canal des Tanneurs. Du caractère indéniable, dans le cadre tout comme dans l'assiette.

***Accès :*** au bord du canal des Tanneurs.

**€€€ La Chaumière***** – *346, av. du Maréchal-Juin ☎ 03-84-70-72-40. • lachaumiere-dole.fr • ♿ Resto ouv tlj sauf sam midi, dim et lun midi. Congés : autour des fêtes de fin d'année. Formule déj en sem 26 € ; menus 42 € (sauf ven soir et w-e), puis 70-100 €. Parking.* Joël Césari, un des grands chefs du pays, tient avec son épouse cette ancienne ferme qui a troqué son toit de chaume pour un style plus adapté au climat local, et son côté rustique pour une déco contemporaine. Les menus emmènent volontiers vers d'autres horizons, mais en gardant toujours un pied bien ancré dans le Jura. Une cuisine réfléchie toujours en évolution, au goût franc, au style local, servie l'été en terrasse, face au parc. Piscine.

**Accès :** sur la route de Genève, à la sortie de la ville.

## LES MOLUNES 39310

**€ Le Collège** – *lieu-dit La Vie-Neuve-Mairie ☎ 03-84-41-61-09. Fermé lun soir et mar soir ; plus mar midi, mer soir, jeu soir et dim soir hors saison. Congés : fin juin-début juil et 1 mois à partir de fin nov. Menus 14 € le midi en sem, puis 19,50-32 €. Café offert sur présentation de ce guide.* La véritable adresse de campagne, presque perdue au milieu de nulle part. Mais rien que de très normal dans ces encore sauvages Hautes Combes du Jura. Une ancienne boulangerie-épicerie qui fait aujourd'hui resto (et un peu tabac) connu de tout le Haut-Jura pour sa cuisine de région et de tradition, sans esbroufe mais pleine de saveurs. Bistrot sans façons à l'entrée, pour le menu du jour, et salle au gentillet décor campagnard au fond, avec vue sur la nature environnante si l'on se place vers les fenêtres.

**Accès :** prendre la N5, puis la D29, continuer sur la D25 et rejoindre la D436. Sur la D292.

## LONS-LE-SAUNIER 39000

**€ Le Comptoir du Mirabilis** – *9, galerie Lecourbe ☎ 03-84-25-96-37. ♿ Tlj sauf dim et j. fériés. Congés : août. Formule buffet 13,50 € le midi en sem ; carte 30 €. Café offert sur présentation de ce guide.* Jolies salles dans l'air du temps et jolie petite cuisine à l'ardoise, donc au gré du marché, créative sans en faire des tonnes, avec les risottos comme spécialités maison et des desserts particulièrement réussis. Service charmant et terrasse bien agréable.

**Accès :** en plein centre, par la rue Lecourbe (n° 9).

**€ La Comédie** – *65, pl. de la Comédie ♿ Tlj sauf dim-lun. Congés : 2 sem en avr et 3 sem en août. Menus 22-32 €.* L'une des plus talentueuses scènes gastronomiques de la ville proposant des plats joliment mis en scène. À la carte de *la Comédie,* des classiques revisités avec une prédilection pour les poissons (selon arrivages) et les volailles. Le tout dans un décor contemporain et dépouillé avec un *Molière* assuré pour la cour verdoyante aux beaux jours. Vu les tarifs mesurés, on prend volontiers l'abonnement !

**Accès :** en plein centre.

## DANS LES ENVIRONS

### SAINT-GERMAIN-LÈS-ARLAY
39210 (12 km N)

**€€ Hostellerie-restaurant Saint-Germain***** – *Grande-Rue ☎ 03-84-44-60-91. • hostelleriesaintgermain.com • ♿ Tlj sauf lun-mar midi, plus dim soir hors saison. Menus 30-75 €. Parking.* Derrière ses murs de pierre, cet ancien relais de poste du XVIIe s a adopté un style résolument contemporain et lumineux. Côté cuisine, le chef propose une carte qui mérite, sans discuter, son étiquette de « gastronomique », avec plein de goûteuses surprises entre produits du terroir et classiques nationaux. Cave vitrée en guise de déco et terrasse verdoyante. Table distinguée Logis.

**Accès :** par la D120.

### CHÂTEAU-CHALON
39210 (18 km N)

**€€ Le P'tit Castel** – *rue de la Roche. Menus 15,90 € (midi en sem)-29,90 €. Parking.* Intérieur rustique, mais on y vient surtout aux beaux jours pour bénéficier de la vue imprenable depuis la terrasse panoramique (pensez à réserver avant la balade dans le village !). Ici on travaille en famille pour régaler les convives de spécialités franc-comtoises concoctées avec savoir-faire.

**Accès :** au nord par la D70.

## PORT-LESNEY 39600

€€ **Bistrot Le Pontarlier** – *pl. du 8-Mai-1945, rives de la Loue ☎ 03-84-37-83-27. Tlj sauf mer-jeu oct-mars. Congés : 18 fév-5 mars et 25 oct-6 nov. Menu 29 € ; carte 32 €. Café offert sur présentation de ce guide.* Dans un gentil bourg des bords de Loue, un bistrot qui a, toujours ou presque, été là avec sa craquante terrasse ombragée. C'est l'annexe du proche (et haut de gamme) *Château de Germigney.* Entre miroirs, nappes à carreaux et cannes à pêche accrochées aux murs, les salles frôlent le décor de cinéma, mais restent franchement séduisantes. Jolie cuisine qui ne fait évidemment pas l'impasse sur les classiques régionaux : volaille au vin jaune et morilles, ou bien friture d'ablettes du Doubs.

***Accès :*** dans le village, près du pont et de l'église.

# Nièvre (58)

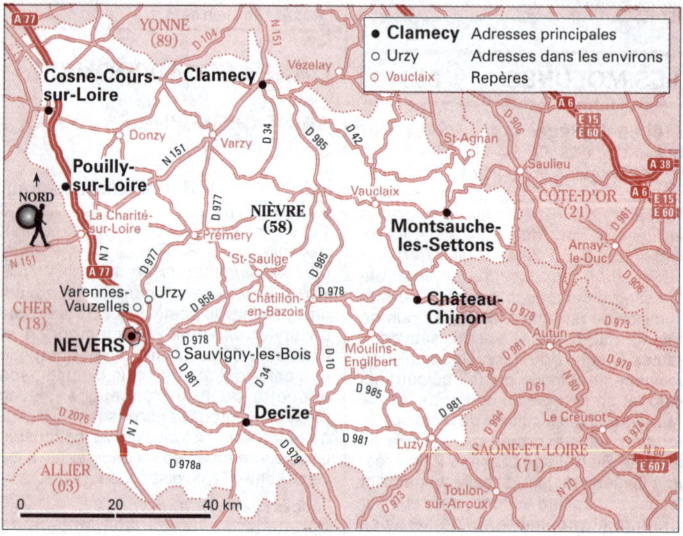


## CHÂTEAU-CHINON 58120

€ **Au Vieux-Morvan**** – *8, pl. Gudin ☎ 03-86-85-05-01. • auvieuxmorvan.com • Tlj sauf dim soir-mar midi. Congés : déc-fin janv. Menus 13 € le midi en sem, puis 23-46,50 €. Parking. Café offert sur présentation de ce guide.* De ce restaurant panoramique, le spectacle est magnifique, avec le Morvan jusqu'à l'horizon. Bon gîte, table honorable, bon accueil. Voici une adresse qui tient bien la route. François Mitterrand ne s'y était d'ailleurs pas trompé en descendant ici – toujours dans la même chambre – lorsqu'il visitait sa circonscription.

## CLAMECY 58500

€€ **Hostellerie-restaurant de la Poste***** – *9, pl. Émile-Zola ☎ 03-86-27-01-55. • hostelleriedelaposte.com • Formule déj 25 € ; menus 29-44 €. Café offert sur présentation de* *ce guide.* C'est la belle adresse de la ville, dans une séduisante bâtisse de caractère donnant sur une placette tranquille, au pied du vieux centre. Terrasse agréable, salon cosy et salle à manger élégante, idéale pour goûter à la cuisine au goût d'aujourd'hui : du terroir revisité bien maîtrisé. Accueil pro.

**€€ I●I ⛱ L'Angélus** – *11, pl. Saint-Jean ☎ 03-86-27-33-98. Tlj sauf dim-lun, plus mer soir hors saison. Menus 23,50 € en sem, puis 30-38 €. Digestif maison offert sur présentation de ce guide.* Dans une bien vieille maison à pans de bois, stratégiquement située. En terrasse, l'été, on profite pleinement des gargouilles de la collégiale, à moins de se réfugier dans la salle colorée et chaleureuse. Jolie cuisine genre terroir revisité. Présentation raffinée, plats finement accompagnés, service efficace.

***Accès :*** face à la collégiale.

## COSNE-COURS-SUR-LOIRE 58200

**€ ⛱ Le Chat** – *pl. du Chat, Villechaud ☎ 03-86-28-49-03. ♿ Tlj sauf dim soir-mar. Menus 16-28 € le midi en sem, puis 23,50-47 €.* Le chef a repris un café de campagne-épicerie pour en faire un lieu à son image, gentiment décalé et accueillant, où l'on peut venir boire un verre de blanc le matin, au bar, pendant qu'il prépare les plats du jour, inspirés par le marché. Rien de compliqué à l'ardoise, que du vivant, de l'instantané, du parfumé, du rebelle parfois. Carte des vins à l'image de la maison, précise et de bon goût.

## DECIZE 58300

**€ I●I 🏠 ⛱ P Hôtel-Restaurant du Port** – *bassin de la Jonction ☎ 03-73-15-00-00. ♿ Congés : 25 déc et 1er janv. Menus 12-15 € le midi en sem, puis 21-37 €. Parking.* Planté sur le quai du port fluvial moderne de Decize, cet établissement récent propose une cuisine du jour qui plaît bien aux habitués du midi, derrière ses larges baies vitrées ouvertes sur les bateaux. Un enthousiasmant rapport qualité-prix-tranquillité.

***Accès :*** près de l'hôpital, route de Moulins.

## MONTSAUCHE-LES-SETTONS 58230

**€ 🏠 I●I ⛱ P Les Grillons du Morvan**** – *Les Settons ☎ 03-86-84-51-43. • les-grillonsdumorvan.com • ♿ Resto tlj sauf mer midi et jeu midi. Congés : de mi-nov à mi-mars. Menu 23 € ; carte 30-35 €. Parking.* Brocante ? Galerie ? Bar à concerts ? Maison d'hôtes ? Il y a un peu de tout ça dans la plus atypique des adresses du Morvan. L'accueil est décontracté et chaleureux, la cuisine s'amuse avec le terroir. Rien de vraiment gastro, mais de belles spécialités servies avec largesse dans une jolie salle ou dans la véranda panoramique. Les bassins de la Cure sont là, juste en contrebas, au bord du parc où il fait bon se reposer sur les transats. On allait oublier, le chef est également chocolatier et propose une boutique de produits morvandiaux.

***Accès :*** sur la rive droite du lac.

## NEVERS 58000

**€ I●I Le Comptoir Saint-Sébastien** – *9, pl. Saint-Sébastien ☎ 03-86-36-26-44. Tlj sauf dim soir-lun. Formules 12,90 € (midi en sem) et 15 € (midi en sem et soir mar-jeu) ; menus 23,50-29,50 €.* Un établissement où le tout-Nevers défile aussi bien pour son cadre de brasserie parisienne que pour sa cuisine fraîche et de saison, dans une ambiance chic et moderne de bon aloi. Rien de tel que des lustres élégants, un escalier d'époque et des miroirs pour mieux apprécier des plats traditionnels revisités. Vins pas toujours donnés, mais on a affaire à des connaisseurs.

**€€€ I●I Jean-Michel Couron** – *21, rue Saint-Étienne ☎ 03-86-61-19-28. Tlj sauf dim soir-mar. Résa conseillée. Menus 23,50 € le midi en sem, puis 36-58 €.* Depuis le temps qu'on dit Couron quand on parle cuisine à Nevers, on aurait du mal à imaginer ce resto autrement que statufié ! Et pourtant, c'est toujours LA belle adresse pour se faire plaisir, à tous âges, à tous prix. Produits du terroir et saveurs d'ailleurs, l'alliance est connue, mais ici, le résultat est toujours étonnant de justesse, de précision. Jean-Michel Couron propose, dans les 3 petites salles élégantes et chaleureuses (dont une ancienne chapelle), une cuisine harmonieuse et fine. Et qui plus est, à prix encore abordables dans cette gamme.

**Accès :** prendre la direction « Centre-ville et parking Saint-Pierre ».

## DANS LES ENVIRONS

### URZY 58130 (6 km N)

**€€ |●| ⛱ La Fontaine Cavalier** – *domaine Jeunot ☎ 03-86-57-41-71. ♿ Fermé lun soir, mar soir et mer. Menus 15-19 € le midi en sem, puis 29-39 € ; carte env 40 €.* Une adresse qui mérite le détour à plus d'un titre. Le cadre, d'abord : une ancienne ferme restaurée avec soin, dont la belle salle mêle harmonieusement l'ancien et le moderne, tandis que la vaste terrasse en surplomb du parc fait dans le bucolique. La cuisine, ensuite : fraîche et actuelle, elle suit les saisons en proposant des spécialités traditionnelles joliment revisitées. Très agréable, comme l'accueil.

**Accès :** de la A77, sortie 33 en venant du sud, puis 2 fois à droite et suivre les panneaux.

### VARENNES-VAUZELLES 58640 (6 km N)

**€ |●| ⛱ Restaurant Le Bengy** – *25, route de Paris ☎ 03-86-38-02-84. ♿ Tlj sauf dim-lun. Formules déj en sem 16,50-19,50 € ; menus 24-34 €.* Cette belle maison, avec 2 jolies salles contemporaines et un jardin abrite l'une des meilleures tables du secteur. Cuisine de saison dans l'air du temps pour amateurs de poisson, de belles viandes, de bons produits traités joliment. Ça ne triche pas.

**Accès :** à la sortie de l'agglomération nivernaise.

### SAUVIGNY-LES-BOIS 58160 (10 km E)

**€€ |●| ⛱ P Auberge du Moulin de l'Étang** – *64, route de l'Étang ☎ 03-86-37-10-17. Tlj sauf dim soir, lun et mer soir. Congés : vac scol de fév (zone A) et 3 premières sem d'août. Formule déj en sem 26 € ; menus 29-51 €. Parking. Café offert sur présentation de ce guide.* Une des meilleures tables du Nivernais, où les amateurs de très bons poissons, notamment, sont aux anges. Service aimable et diligent, grande salle à manger à l'atmosphère douce et sympathique, et 2 salons plus intimes... à moins d'opter pour la belle terrasse en surplomb de l'étang.

**Accès :** par la N81, puis continuer sur la D18. Situé à l'écart du village vers la Machine.

## POUILLY-SUR-LOIRE 58150

**€€ 🏠 |●| ⛱ P Le Coq Hardi – Relais Fleuri***** – *42, av. de la Tuilerie ☎ 03-86-39-12-99. • lecoqhardi.fr • ♿ Tlj sauf lun-mar. Résa conseillée. Formule déj 19,50 € en sem ; menus 27 € sauf sam soir et dim, puis 40-67 €. Parking.* Établissement très classique, doté de chambres agréables, surtout celles avec terrasse donnant sur la Loire et le grand jardin. Fait aussi resto, et quel resto ! Le chef n'aime travailler que les beaux produits, à commencer par les poissons de la pêche locale. Éviter de venir là en short, ce n'est pas du tout le genre de la maison. Depuis le jardin, belle balade sur le chemin de halage longeant la Loire.

**Accès :** au sud-est, à 1 km du centre-ville, direction la Charité/Mesves.

# Saône-et-Loire (71)

## AUTUN 71400

**€ 🏠 |●| Hôtel-restaurant de la Tête Noire** – *3, rue de l'Arquebuse ☎ 03-85-86-59-99. • hoteltetenoire.fr • ♿ Congés : de mi-déc à fin janv. Menus 17 € (en sem), puis 20-49 €.* Savoureuse et copieuse cuisine bourguignonne proposée au travers de plusieurs menus. Carte des vins très variée, à prix sages. Accueil chaleureux, excellent service et grande salle climatisée. Un très bon rapport qualité-prix-emplacement. Cham-

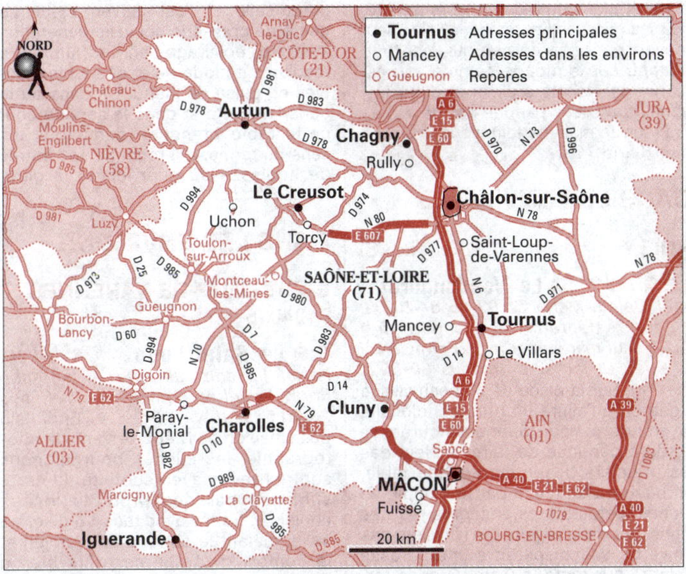


bres confortables et arrangées comme il faut. Nos préférées sont en hauteur, sous les toits, avec vue sur la campagne au loin.

***Accès :*** juste à côté de la place du Champ-de-Mars.

**€ |●| ⛱ Restaurant Chateaubriant** – *14, rue Jeannin ☎ 03-85-52-21-58. Tlj sauf dim et lun. Congés : 15 j. en fév et 3 sem en juil. Menus 18 € en sem, puis 24-34 €. Café offert sur présentation de ce guide.* Très centrale, voici une solide adresse qui assure une cuisine d'une régularité réjouissante. Salle classique qui fait le bonheur des habitués comme des visiteurs en quête d'authenticité. Spécialités de viande, particulièrement tendre (filet de bœuf sauce à l'époisses), les cuisses de grenouille...

***Accès :*** derrière le théâtre municipal.

**€ |●| Comptoir Cuisine** – *13, pl. du Terreau ☎ 03-85-54-30-60. Tlj sauf dim-lun ; Menus 21-28 €.* Le chef est revenu au pays poser ses valises après avoir baroudé dans le monde et fait ses classes auprès de grands noms parisiens. Sa carte fait office de CV, gastronomique et mêlant habilement les cultures culinaires est et ouest. Le tout servi dans une ambiance bistrot et une déco ethno-moderne sympa et jeune. *NOUVEAUTÉ.*

***Accès :*** au pied de la cathédrale.

**€€ |●| Le Monde de Don Cabillaud** – *4, rue des Bancs ☎ 07-60-94-21-10. ♿ Tlj sauf dim-lun. Menus env 28-35 €. Café offert sur présentation de ce guide.* Au pays du bœuf bourguignon, voici un restaurant de poisson et un bar à huîtres... Normal, on est rue des Bancs, et c'est la passion maritime qui anime le chef originaire de Saint-Malo (Bretagne), émigré à Autun. C'est mignon et charmant, bien situé, avec une cuisine ouverte sur la petite salle sobrement décorée.

## CHAGNY 71150

**€€ Restaurant Pierre & Jean (La Cuisine d'en Face)** – *2, rue de la Poste ☎ 03-85-87-08-67. Ouv mer-dim. Congés : de mi-déc à mi-janv. Formule déj en sem 19,50 € ; menu-carte 32-39 €. Café offert sur présentation de ce guide.* Un ancien chai du XVIIIe s ouvert sur jardin et transformé en annexe bistrotière de « chez Lameloise », comme on dit toujours ici. On y rend hommage aux

3 générations de restaurateurs qui ont fait les grandes heures de la ville. Lieu ouvert pour une cuisine qui l'est tout autant, sur le monde comme sur les convives. Recettes d'hier et d'aujourd'hui, travaillées par une équipe jeune, au tour de main certain, sous la direction d'Éric Pras.

## DANS LES ENVIRONS

### RULLY 71150 (4 km S)

€€ 🏠 |●| ⛱ 🅿 **Le Vendangerot**** – *pl. Sainte-Marie ☎ 03-85-87-20-09. ● hotel-restaurant-levendangerot.fr ● ♿ Tlj sauf mar et mer midi. Formule déj 17 € lun et jeu-sam ; menus 30-50 €. Parking.* Sur la place de ce beau village vigneron à l'allure un brin méridionale, la grande maison fleurie entourée de verdure continue de faire le plein dès les premiers beaux jours. Côté table, un beau travail mené par un couple de jeunes restaurateurs encadrés par des vignerons de la région, qui n'avaient pas envie de voir disparaître une adresse célèbre sur toute la Côte. Grande terrasse. Chambres pimpantes et spacieuses côté hôtel.

***Accès :*** par la D981 direction Givry.

## CHÂLON-SUR-SAÔNE 71100

€ |●| ⛱ **Restaurant Chez Jules** – *9-11, rue de Strasbourg ☎ 03-85-48-08-34. ♿ Tlj sauf jeu et dim. Congés : 1 sem en août et aux fêtes de fin d'année. Menus 19,50 € sauf dim soir, puis 28,50-33 €. Café offert sur présentation de ce guide.* Au début de l'île Saint-Laurent, dans une rue bordée de nombreux restos, celui-ci s'est agrandi en gardant son âme. Murs beige et moka, poutres, collection de poules et coquelicots. Atmosphère chaleureuse et cuisine inventive qui s'amuse à redonner goût et couleurs aux bons vieux classiques du terroir bourguignon. Et tout est entièrement fait maison de l'entrée au dessert.

***Accès :*** dans l'île Saint-Laurent.

€ |●| **L'ABC** – *5, rue Charles-Baudelaire. Tlj. Menus 16-31 €.* C'est la « petite table » de l'étoilé Cédric Burtin, installé au *Moulin de Martorey*, au sud de Chalon. Mais il a vu les choses en grand : 140 couverts en terrasse ou en salle, et c'est souvent plein ! Le genre de brasserie nouvelle génération avec des éclairages en Led, un cadre résolument moderne et des tables tactiles en guise de menu. Un sans-faute dans l'assiette et dans le service pour cette table branchée dans tous les sens du terme, qui redonne ses lettres de noblesse au quartier de la gare. *NOUVEAUTÉ.*

## DANS LES ENVIRONS

### SAINT-LOUP-DE-VARENNES 71240 (8 km S)

€ 🏠 **Le Saint-Loup** – *13, D906. Fermé les soirs dim-mer et lun midi. Formule déj en sem 18,90 € ; menus 20,90 € (sauf w-e)-36,90 €.* En voisin de la maison où Niépce inventa la photographie, les clichés bourguignons sont ici revus avec subtilité, la carte sublimée par des produits locaux choisis et traités avec tact. La discrète salle, mêlant le charme de l'ancien et le confort moderne se prête bien à cette cuisine personnelle et enlevée, mais sans brusquerie. Service dans la même lignée, avisé et tout en douceur. *NOUVEAUTÉ.*

***Accès :*** à 8 km au sud.

## CHAROLLES 71120

€€€ 🏠 |●| ⛱ 🅿 **Hôtel-restaurant de la Poste****** – *2, av. de la Libération ☎ 03-85-24-11-32. ● hotel-laposte-doucet.com ● ♿ Tlj sauf dim soir, lun et jeu. Menus 45 € sauf ven soir et w-e, puis 75-95 €. Parking.* Frédéric Doucet a métamorphosé la vieille demeure familiale, l'ouvrant sur le design contemporain, et créant 2 annexes de charme, dans 2 villas avec piscine, où un superbe petit déjeuner est servi (mémorable même !). L'adresse est surtout réputée pour sa table. Le chef, fier de ses origines charolaises, met un point d'honneur à sublimer son terroir, accompagnant ses plats de vins judicieusement conseillés. Salle à manger cossue, un poil déjantée côté déco, service impeccable et particulièrement attentionné, sans être jamais guindé. Aux beaux jours, agréable jardin intérieur pour manger sous les érables et la vigne vierge. Une très belle maison qui a ouvert également en face le *Bistrot du Quai* *(menus 18-49 €)* entre 2 rivières. Un lieu où l'on mange simple et bon.

## DANS LES ENVIRONS

### PARAY-LE-MONIAL
71600 (17 km O)

€€ **L'Apostrophe** – *27, av. de la Gare ☎ 03-85-25-45-07. • restaurantlapostrophe.fr • Tlj sauf dim-lun. Menus 28-67 €.* Hôtel imposant fort bien rénové. Derrière la façade austère, un accueil chaleureux vous attend. Seul en cuisine, le jeune chef, formé chez Troisgros propose des plats qui ne cherchent pas à épater, mais qui, dans l'assiette, donnent des goûts simples et équilibrés. Catherine, son épouse, a l'œil et le sourire pour les servir sans fausse note et sans attendre ! Petits prix et grand professionnalisme.

***Accès :*** près du canal (suivre la direction Centre-ville).

## CLUNY 71250

€€ **Hostellerie-restaurant d'Héloïse** – *7, route de Mâcon, Le Pont-de-l'Étang ☎ 03-85-59-05-65. • hostelleriedheloise.com • Tlj sauf dim soir, mer et jeu midi. Congés : fin juin-début juil et fin déc-fin janv. Formules déj à partir de 21 € ; menus 27,50-52 €.* Une maison comme on les aime, sincère, accueillante, où l'on vient plus pour la cuisine du chef que pour les chambres, si on aime le calme. Un cadre rajeuni et une cuisine faite pour ceux qui aiment prendre leur temps. Pas une cuisine de notable, mais une cuisine juste, goûteuse, avec de beaux produits bien travaillés. Réservez pour dîner sous la véranda, sur la Grosne.

€€ **Le Potin Gourmand** – *4, pl. du Champ-de-Foire ☎ 03-85-59-02-06. • potingourmand.com • Ouv le midi mer-dim et le soir mar-dim. Menus 33-45 €. Au bistrot, formules 16-20 € ; menu 36 € le soir. Parking.* C'est un lieu original, une ancienne fabrique de poterie transformée en petit établissement de charme arrangé avec beaucoup d'imagination et de fantaisie. Au resto, cuisine goûteuse, servie dans une salle à manger de caractère. À moins d'opter pour le côté bistrot, à *l'Arquebuse.* Cour intérieure, gros murs anciens couverts de vigne vierge, très belles chambres à la déco personnalisée. Accueil jovial.

## IGUERANDE 71340

€€€ **La Colline du Colombier** – *Colombier ☎ 03-85-84-07-24. Tlj sauf mar-mer (fermé slt mer en juil-août). Congés : fin nov-mars. Menus 45-75 € ; carte env 60 €. Parking.* Une étonnante maison d'architecte et de restaurateur tout à la fois, ouverte par Michel et Marie-Pierre Troisgros. Un menu simple et alléchant, comme ce délicieux rumsteck de race charolaise ou ces somptueuses cuisses de grenouilles, LA spécialité maison. Les recettes oscillent entre cuisine paysanne et cuisine bourgeoise. Ce qu'on paie, ici, ce sont les beaux produits, la qualité, le cadre... et un savoir-faire certain. Un lieu enchanteur, bercé par le chant des oiseaux et des grenouilles !

***Accès :*** au centre d'Iguerande ; suivre les panneaux à partir du feu.

## LE CREUSOT 71200

€€ **Le Cochon Ventru** – *2, rue du Maréchal-Foch ☎ 03-85-78-17-66. Le midi lun-sam, le soir jeu-sam. Formules 16-19 € le midi en sem ; menus 28-37 €.* « Une cuisine de cuisiniers », comme le revendique volontiers la maison. On ne sait pas si c'est du lard ou du cochon, mais la cuisine en question se révèle altruiste et n'exclut pas bœuf, agneau et même poisson. C'est frais, généreux, joliment présenté. Au *Cochon,* de l'entrée au dessert, tout est bon ! Quant à l'ambiance bistrot industriel, elle colle parfaitement à la ville. Venir tôt, au risque de devoir faire la queue. *NOUVEAUTÉ.*

## DANS LES ENVIRONS

### TORCY 71210 (4 km S)

€ **Le Vieux Saule** – *route du Creusot, le Bas-des-Crots ☎ 03-85-55-09-53. Tlj sauf dim soir et lun. Menus 21-25 € en sem, puis 37-56 €. Parking.* Une des meilleures tables de la région, installée dans une ancienne auberge de campagne, aux portes du Creusot. Excellent accueil et cadre agréable. Cuisine particulièrement élaborée et goûteuse. Carte selon l'inspiration et desserts dans le ton. Choix judicieux de vins de propriétaires.

**Accès :** par la D28.

## UCHON 71190 (18 km O)

€ 🏨 🍽 ⛱ P **Auberge La Croix Messire Jean** – *D275 ☎ 03-85-54-42-06. • hotel-messire-jean.com • Tlj sauf mar-mer. Congés : fêtes de fin d'année. Menus 13,50-19,90 €. Parking. Café offert sur présentation de ce guide.* Cadre rustique de bon goût et l'occasion de manger une bonne cuisine de terroir à prix fort modérés. Grande terrasse ombragée pour apprécier. En juillet-août, beaucoup de monde, il vaut mieux le savoir : l'adresse a beaucoup de succès. Gentille auberge offrant des chambres simples et correctes. Pour les randonneurs et les « montagnards », lieu de départ idéal de belles balades sur l'un des points culminants du département (684 m).

**Accès :** direction Montcenis, puis la D228. À 1 km du village d'Uchon, à proximité du panorama.

# MÂCON 71000

€€ 🍽 ⛱ P **Le Poisson d'Or** – *allée du Parc ☎ 03-85-38-00-88. ♿ Tlj sauf mar, mer et dim soir. Menus 27 € le midi en sem, puis 32-85 €. Parking. Café offert sur présentation de ce guide.* Les reflets des eaux de la Saône, les rivages ombragés sont à vous depuis les grandes baies vitrées et la terrasse de cet agréable restaurant familial, au calme, à l'extérieur du centre-ville. Une référence à Mâcon depuis plus de 25 ans. Déco contemporaine et chaleureuse, boisée, aux tonalités positives. Un accueil et un service particulièrement attentionnés s'ajoutent au plaisir d'une savoureuse cuisine gastronomique terre-mer et basse température, qui ne s'endort pas sur le terroir. Le service est assuré par la mère et la belle-fille, la cuisine par le père et le fils.

**Accès :** à 1 km du centre, direction Paris, à droite de la piscine municipale, en bord de Saône.

€€€ 🍽 ⛱ **Ma Table en Ville** – *50, rue de Strasbourg ☎ 03-85-30-99-91. Menus 19-25 € le midi, puis 39-58 € le soir.* Le chef, après avoir fait ses classes chez de grands noms bourguignons et lyonnais, a entrepris son tour du monde avant de revenir dans sa région natale. Sa cuisine est le résultat de ces périples et d'une envie de travailler seul, afin d'offrir une cuisine actuelle, naturelle et riche en saveurs, tout en respectant les produits. Déco urbaine décalée juste comme il faut, et bel accueil en salle de sa femme. Terrasse côté rue, accueillante elle aussi. Carte des vins avec uniquement des vignerons qu'ils aiment. On aime aussi.

## DANS LES ENVIRONS

### FUISSÉ 71960 (9 km SO)

€ 🍽 **L'Ô des Vignes** – *☎ 03-85-38-33-40. Tlj sauf mar-mer. Menus env 17 € à la brasserie ; 26 € (midi lun-sam)-69 € au resto gastronomique.* La belle table du pays, tenue par Sébastien Chambru, un jeune chef revenu au pays pour commencer une nouvelle vie. Parfait pour un déjeuner de soleil, en terrasse, sous les platanes. Un mélange des goûts et des matières très subtil. Beaucoup de charme. *NOUVEAUTÉ.*

**Accès :** suivre la direction Charnay-lès-Mâcon, puis prendre la D54. Au centre du bourg.

# TOURNUS 71700

€€€ 🏨 🍽 ⛱ P **Hôtel-restaurant Aux Terrasses** – *18, av. du 23-Janvier ☎ 03-85-51-01-74. • aux-terrasses.com • ♿ Tlj sauf dim-lun. Menus 26 € le midi en sem, puis 40-95 €. Parking payant.* Une auberge en bord de route qui abrite l'une des meilleures tables de la ville. Deux grandes salles séparées par le salon. Accueil attentif et élégant, mais atmosphère qui garde tout son naturel sans être guindée. Jean-Michel Carette est passé par les meilleures maisons de France, dont Troigros à Roanne. À sa carte, un mélange original de cuisine traditionnelle bourguignonne très soignée et une cuisine plus personnelle. Service dans le jardin aux beaux jours.

**Accès :** avant la sortie sud de la ville, pas loin du centre à pied.

## DANS LES ENVIRONS

### LE VILLARS 71700 (5 km S)

€€ 🍽 ⛱ **L'Auberge des Gourmets** – *9, pl. de l'Église ☎ 03-85-32-58-80. ♿ Tlj sauf dim soir, mar et mer. Congés : 3 sem en janv, 1 sem en juin et 1 sem à la*

*Toussaint. Résa obligatoire. Menus 22 € en sem, puis 28-65 €. Café offert sur présentation de ce guide.* Daniel Rogié, tient avec savoir-faire cette maison de charme, à l'ombre de l'église romane, dans un joli village qui surplombe la Saône. Une vitre épaisse au sol de la salle à manger permet d'apercevoir une partie de l'immense cave souterraine remplie de bonnes bouteilles. Résa obligatoire si vous voulez avoir une chance de goûter une cuisine de saison qui a su renouveler la tradition, le tout servi dans une ambiance très conviviale. Terrasse ombragée pour les beaux jours.

***Accès :*** à 3 km au sud de Tournus, par la N6, puis la D210.

## MANCEY 71240 (6 km O)

**€€ |●| ☂ L'Auberge du Col des Chèvres** – *Dulphey ☎ 03-85-51-06-38. Tlj sauf mer soir, sam midi et dim soir. Menu 14,50 € en sem ; carte env 30 €.* Coup de cœur pour cette auberge. Avec sa femme en salle, Laurent Para, seul en cuisine, joue une carte locale à laquelle il apporte sa touche de professionnalisme. Du goût, de l'idée, des couleurs, des petits prix, pas de chichis – tout ce qu'on aime. Plats du jour aux allures quasi exotiques. Grande terrasse côté rue et salle à l'ancienne pour les jours gris.

***Accès :*** à 6 km à l'ouest de Tournus, sur la route de Cormatin.

# Territoire-de-Belfort (90)

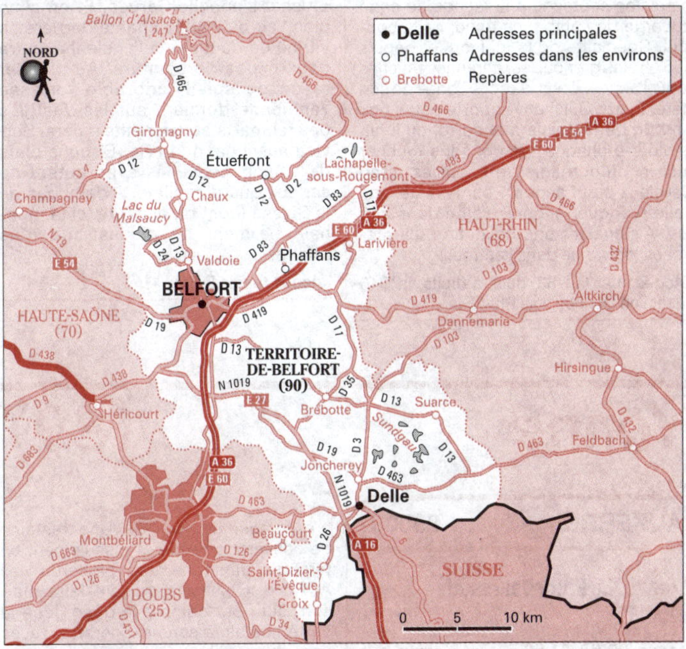

## BELFORT 90000

**€€ 🏠 🍽 Hôtel-restaurant des Capucins**** – *20, faubourg de Montbéliard ☎ 03-84-28-04-60. • capucins-hotel.fr • Resto tlj sauf w-e et j. fériés. Congés : resto fermé 3 sem en août et 2 sem à Noël. Menus env 18 € le midi en sem, puis 31-41 €.* Mention spéciale pour ce resto, une bonne table qui attire tous les gourmets et secoue adroitement le terroir, sans le mettre sens dessus dessous pour autant. La carte de saison propose une sélection succincte en plus d'une ardoise bien balancée. Le chef sait être créatif sur un pied de cochon, par exemple.

**Accès :** entre la gare et le centre-ville.

## DANS LES ENVIRONS

### PHAFFANS 90150 (7 km NE)

**€€ 🍽 ⛱ 🅿 Auberge de Phaffans** – *10, rue de la Mairie ☎ 03-84-29-80-97. Tlj sauf sam midi, dim soir et lun. Formule le midi en sem 14,50 € ; menus 28,50-68,50 €. Parking. Apéritif maison offert sur présentation de ce guide.* Le batracien accroché à la façade de cette auberge de campagne annonce la couleur. Spécialité de la maison (et depuis 1957 !) : les grenouilles, garanties fraîches toute l'année. Dans la droite lignée de son père, Pierre Guichard apporte peu à peu un brin de fantaisie à la carte, qu'il fait évoluer à chaque saison, sans toucher aux incontournables grenouilles ni au délicieux bœuf angus. Pour le reste, une salle rustique, encore restée dans son jus. À signaler : une collection d'armagnacs (en vitrine dans l'entrée) !

**Accès :** par la N83, puis, à droite, la D46 direction Denney puis Phaffans.

### ÉTUEFFONT 90170 (14 km N)

**€ 🍽 ⛱ 🅿 Auberge Aux Trois Bonheurs** – *34, Grande-Rue ☎ 03-84-54-71-31. ♿ Tlj sauf lun, mar et mer soir hors saison. Congés : 2 sem en sept. Formules déj 11,90-26 € ; carte 25 €. Parking.* Une adresse toujours aussi populaire dans la région pour sa cuisine de campagne, aussi goûteuse que généreuse. Cadre évidemment rustique. Entre murs de brique et de pierre sèche, familles aux mines réjouies et bandes de retraités en goguette savourent une tête de veau sauce gribiche, une friture... Accueil souriant et service efficace.

**Accès :** par la D12.

## DELLE 90100

**€€ 🍽 ⛱ 🅿 Hostellerie-restaurant des Remparts** – *1, pl. de la République ☎ 03-84-56-32-61. ♿ Ts les midis sauf lun, plus les soirs ven-sam. Menus 13,50-15,50 € le midi en sem, puis 30-49 €. Parking. Apéritif maison offert sur présentation de ce guide.* Le chef s'appelle Caruso. Et on aime bien l'air qu'il nous chante derrière sa vitrine de boutique à l'ancienne, entre deux expos de peinture. Au premier rayon de soleil, adorable terrasse vénitienne donnant sur les vestiges des remparts et une petite rivière. Service aussi gai que zélé. Et bons plats de saison, travaillés avec autant de sérieux que d'habileté. À deux pas de la Suisse (dont on accepte ici la monnaie), le menu du jour est une vraie affaire.

**Accès :** par la D463.

# Yonne (89)

## AUXERRE 89000

**€ 🍽 ⛱ La P'tite Beursaude** – *55, rue Joubert ☎ 03-86-51-10-21. Tlj sauf mar et le midi de mer-jeu. Résa conseillée. Menus 20,90-31,50 €. Café offert sur présentation de ce guide.* Une trentaine de couverts en salle et 6 seulement en terrasse, dans une rue typique du vieil Auxerre. Cuisine régionale faite maison, qui, tout comme la déco, joue la carte nostalgie sans exagération, avec une pointe d'humour décalé... Tables

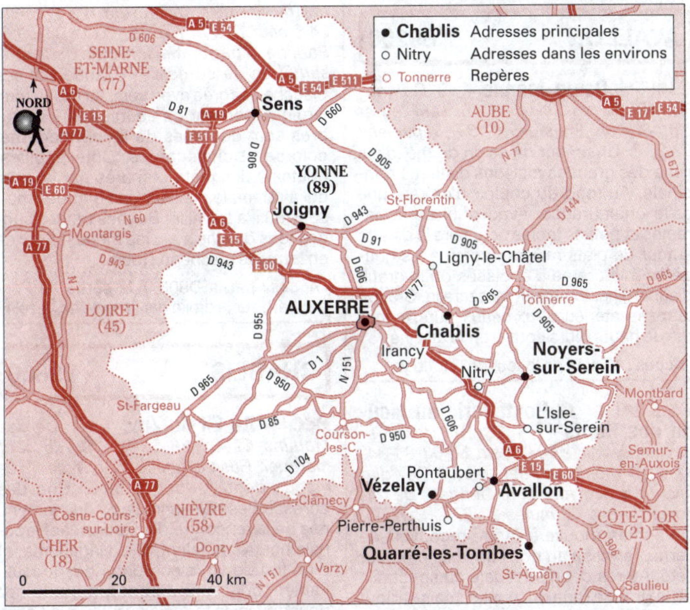




en bois, carrelages. Service en tablier bourguignon, tout en gentillesse et en finesse.

***Accès :*** au pont Paul-Bert, remonter la rue du Pont.

**€€ Poivre et Sel** – *32, pl. des Cordeliers ☎ 03-86-33-81-86. Tlj sauf dim-lun. Formules déj 12,70-16,70 € ; carte 30-40 €.* Rue de la Franche-Cuisine, indique la carte. Impossible de se tromper. Décor de bistrot (vieilles pubs, banquettes, chaises anciennes) et carte qui fait saliver : des œufs cocotte au filet mignon servi avec des girolles en passant par des tartares mis à toutes les sauces. Envie de salade, de cochonnailles ? Pas de souci. Envie d'un vin bio ou simplement d'un bon vin ? Entre 130 et 180 références de vins à la carte.

***Accès :*** sur le parking des Cordeliers.

**€€ P Le Bourgogne** – *15, rue de Preuilly ☎ 03-86-51-57-50. Tlj sauf dim-lun. Congés : 2 sem en août et vac scol de Noël. Menus 26-33 € ; carte env 65 €. Parking.* Relooké contemporain, tout de gris vêtu, ce petit resto cultive pourtant un véritable art de vivre, à deux pas du centre. En salle comme en terrasse, suivez les suggestions du jour, vous serez épaté : bons produits, cuissons justes. L'assiette, savoureuse, contemporaine, prouve bien que le chef a retenu l'essentiel des grandes tables où il est passé. Épicerie gourmande à deux pas.

***Accès :*** près du stade, en dehors du centre.

## DANS LES ENVIRONS

### IRANCY 89290 (12 km SE)

**€€ Le Soufflot** – *33, rue Soufflot ☎ 03-86-42-39-00. Tlj le midi sauf lun, plus le soir ven-sam. Résa plus que conseillée. Congés : 3 premières sem de janv. Menu unique 32 €.* Changement de chef mais pas de style pour cette belle adresse fréquentée aussi bien par les locaux que par les amoureux de la divine grappe en goguette. Le chef fait les œufs en meurette comme personne dans le secteur. Beaucoup de monde pour se retrouver sous la vigne qui traverse la salle aménagée dans l'ancienne cour.

## AVALLON 89200

€ 🍽 ⛱ **Dame Jeanne** – *59, Grande-Rue ☎ 03-86-34-58-71. Tlj sauf jeu et dim, 8h-19h. Plats env 8-15 € ; repas env 20-25 €.* Un amour de salon de thé, dans l'une des grandes maisons de la rue principale. Au fond du couloir d'entrée, une salle chaleureuse, avec poutres apparentes et petites tables pour faire la dînette autour de plats maison, comme les gougères à la crème d'époisses ou le gratin d'aubergine, tomate et mozzarella. Grande terrasse intérieure aux beaux jours, entourée de hauts murs couverts de glycine.

**Accès :** au pied de la tour de l'Horloge.

€€ 🏠 🍽 ⛱ P **Hostellerie du Moulin des Ruats***** – *23, rue des Îles-Labaume, Vallée du Cousin ☎ 03-86-34-97-00. • moulindesruats.com • Ouv dim midi et le soir mar-dim. Congés : de mi-nov à mi-fév. Formules 32-37 €. Parking.* Un ancien moulin à farine recouvert de lierre. Terrasse au bord de la rivière pour l'été. Au resto, on se régale du spectacle de la grande roue du moulin, mais surtout d'une belle cuisine classique, à l'image de la maison. Chambres élégantes, au grand calme avec, pour certaines, la vue sur la rivière et la verdure.

**Accès :** à 4 km à l'ouest d'Avallon par la D427.

€€ 🍽 ⛱ P **Le Vaudésir** – *84, rue de Lyon ☎ 03-86-34-14-60. ♿ Tlj sauf dim soir, lun et mer soir. Congés : autour des fêtes de fin d'année et début sept. Menus 17 € le midi en sem, puis 25-35 €. Parking. Café offert sur présentation de ce guide.* Un décor de bistrot, une cuisine de bistrot, mais du vrai, du bon, du sérieux, du fait avec amour, toujours. Cécile a joué dans la cour des grands avant de venir offrir à Avallon une table bistrotière comme tant de grandes villes rêvent d'en avoir. Ici, la tradition est revue à travers le filtre de la passion et de l'innovation, sans chercher la perfection mais, comme dirait Cécile, « juste la satisfaction ». Et les vins de Chablis, qu'elle connaît bien, figurent en bonne place sur la carte.

## DANS LES ENVIRONS

### PONTAUBERT 89200 (4 km SO)

€€ 🏠 🍽 ⛱ P **Les Fleurs**** – *69, route de Vézelay ☎ 03-86-34-13-81. • hotel-lesfleurs.com • ♿ Tlj sauf le midi lun-jeu. Congés : autour des fêtes de fin d'année et janv. Formule déj en sem 17 € ; menus 24 € sauf dim et j. fériés, puis 33-39 €. Parking. Apéritif maison offert sur présentation de ce guide.* Grande bâtisse blanche décorée avec soin, au milieu d'un jardin débordant de fleurs. Les 7 chambres sont décorées de façon moderne, colorée et chaleureuse. Côté papilles, goûtez à des plats préparés par un chef qui a retenu le meilleur des grandes maisons où il a travaillé. Bonnes petites suggestions de vins avec les menus. Service en terrasse aux beaux jours.

**Accès :** par la D906. À la sortie de Pontaubert, sur la droite par la route de Vézelay.

## CHABLIS 89800

€€€ 🍽 **Au Fil du Zinc** – *18, rue des Moulins ☎ 03-86-33-96-39. Tlj sauf mar-mer. Résa souhaitée. Formule 32 € ; menus dégustation 45-60 €.* Une des adresses les plus « zin-zinc » du moment, née de la rencontre d'un jeune chef japonais bourré de talent, Ryo Nagahama, et d'un fou de vin bien connu des locaux. Fabien, originaire d'Irancy, a eu du nez pour trouver la formule qui manquait dans cette ville chic. Laissez-le vous guider. Au comptoir, en salle ou en terrasse, on se fait plaisir, autour de plats qui ont la précision asiatique et le goût du terroir. Service qui ne reste jamais les deux pieds dans le même tonneau.

## DANS LES ENVIRONS

### LIGNY-LE-CHÂTEL 89144 (11 km NO)

€ 🏠 🍽 ⛱ P **Relais Saint-Vincent***** – *14, Grande-Rue ☎ 03-86-47-53-38. • relais-saint-vincent.fr • ♿ Tlj sauf dim soir oct-mars. Congés : 15 déc-7 janv et 21 juil-6 août. Menus 16,50-38 €. Parking. Kir offert sur présentation de ce guide.* Dans une rue de ce village d'un autre âge, une ancienne maison à colombages du XVIIe s, résidence du bailli de Ligny, aménagée avec un certain sens du confort. Au resto, dans un décor émouvant par sa rusticité, une bonne et traditionnelle cuisine de terroir qui rassure, elle aussi, par son authenticité. Terrasse fleurie au calme, dans la cour.

**Accès :** par la D91, au cœur du village.

€€ 🍽 ⛱ P **Auberge du Bief** – *2, av. de Chablis ☎ 03-86-47-43-42. Ouv le midi slt ; fermé lun. Congés : 2e quinzaine* *d'août et 2 premières sem de janv. Résa recommandée. Menus 20-45 €. Parking.* Une adresse que les gens du pays aiment fréquenter, surtout le dimanche midi. Il faut arriver de bonne heure ou réserver, car il n'y a pas trop de place dans la grande salle à l'élégante mise de table. À moins que l'on ne vous trouve encore une petite table en terrasse. La cuisine maison (confit de canard en galette à l'emmental, gâteau d'artichauts, bavarois au chablis sur coulis de fruits), bien présentée, est raffinée. Accueil simple, charmant et souriant.

***Accès :*** par la D91. À côté de l'église.

## JOIGNY 89300

€ 🏠 |●| ☂ P **Le Paris-Nice** – *8, rond-point de la Résistance ☎ 03-86-62-06-72. Tlj sauf dim soir et lun. Congés : 2 sem début janv, 2 sem fin fév et 2 sem fin août-début sept. Menus 19 € en sem, puis 22-42 €. Parking. Apéritif maison offert sur présentation de ce guide.* Une adresse ensoleillée située sur ce qui était autrefois le chemin obligé pour la Côte d'Azur. Les chambres gardent le nom d'étapes (optez pour « Lyon », « Nice » ou « Beaune »), mais c'est la table qui attire un public de tous âges. On vient ici se régaler d'une bonne cuisine régionale traitée avec une touche de fantaisie et une pointe d'épices. Une jolie carte des desserts pour les vrais gourmands ! Quant aux couleurs de la salle, elles redonnent la pêche en toute saison. Terrasse sous les arbres.

€€ ☂ P **Le Rive Gauche***** – *chemin du Port-au-Bois ☎ 03-86-91-46-66. • hotel-le-rive-gauche.fr • ♿ Tlj sauf dim soir oct-fin juin. Formules déj 26-30 € en sem ; menus 32 € (sauf j. fériés)-51 €. Parking. Café offert sur présentation de ce guide.* Jérôme Joubert a travaillé 10 ans chez des étoilés avant de venir diriger les cuisines de cette maison construite au bord de l'Yonne par la famille Lorain, face à leur célèbre 3-étoiles, au milieu d'un parc de 2 ha. Cuisinier classique, mais toujours curieux de nouvelles techniques de cuisson, il travaille de beaux produits de saison et réalise une carte enjouée, actuelle, à l'image de ce cadre chaleureux ouvrant sur le jardin et la rivière. Terrasse agréable. Chambres pratiques, confortables, fraîchement refaites et climatisées, pour qui veut profiter du vin maison (on voit les vignes sur la colline, juste en face).

***Accès :*** au centre-ville, face à l'hôtel de ville.

## NOYERS-SUR-SEREIN 89310

€€ ☂ **Les Millésimes – Maison Paillot** – *14, pl. de l'Hôtel-de-Ville ☎ 03-86-82-82-16. Ouv les midis mer-dim ; le soir sam et j. fériés ; ouv spécifique j. fériés et vac scol. Congés : fêtes de fin d'année et fin janv-début fév. Menus 25-27 €, et carte.* Il n'y avait là, côté place, il y a quelques années, qu'une boucherie-charcuterie hors pair, dont la vocation était de devenir épicerie fine, traiteur, cave à vins, au meilleur des cas. Mais les enfants Paillot sont revenus de Londres, ou d'ailleurs, pour redonner une seconde jeunesse à leur père, et à leur maison-mère. Cuisine qui a du caractère, tout comme eux, présentée sous forme de buffet. Un repas en terrasse, dans cette impasse du Poids-du-Roi reconquise par la famille Paillot, par un beau jour d'été, reste un souvenir mémorable.

## DANS LES ENVIRONS

### NITRY 89310 (10 km O)

€€ 🏠 |●| ☂ P **Auberge La Beursaudière** – *chemin de Ronde ☎ 03-86-33-69-69. • beursaudiere.com • ♿ Ouv tlj 12h-14h, 19h30-22h. Congés : 3 dernières sem de janv pour l'hôtel. Résa conseillée aux beaux jours. Formule déj env 19 € ; menus 27,90-51,90 €. Parking.* Cette superbe bâtisse morvandelle, avec son pigeonnier de style médiéval, est autant une halte pour vacanciers que pour les habitués du pays, qui se rassurent en retrouvant serveuses en costume régional et menus dits des « roulants »... Une grande terrasse, très bien aménagée, permet de déjeuner ou de petit-déjeuner dehors. À l'affiche, une cuisine de région pour gros appétits : pressé de jambonneau et terrine d'andouillette, tournedos et os à moelle, ou encore les Beursaudes, spécialité de la maison qui revisite la cuisine de terroir. Attention à l'affluence aux beaux jours.

***Accès :*** route de Sacy.

## L'ISLE-SUR-SEREIN
89440 (15 km S)

**€€ Auberge du Pot d'Étain** – *24, rue Bouchardat ☎ 03-86-33-88-10. • potdetain.com • Tlj sauf dim soir-mar midi (mais ouv dim en juil-août). Congés : janv et 15 derniers j. d'oct. Résa indispensable en saison. Menus 29-60 €. Parking payant. Café offert sur présentation de ce guide.* Cette minuscule et charmante auberge rurale cache l'une des vraies bonnes tables de la région. Belle cuisine entre terroir et innovation, où l'andouillette et l'escargot s'en donnent à cœur joie avec le poisson ou le pigeon, sans alourdir l'estomac ni l'addition. Cave spectaculaire (avec plus de 2 300 références ! Certaines exceptionnelles et quelques belles découvertes !). Chambres plaisantes, confortables, complètement rénovées. On a un faible pour celles, au calme, au fond de la petite cour fleurie.

**Accès :** par la D86 direction Chemin des Terreaux, puis la D11.

## QUARRÉ-LES-TOMBES 89630

**€€ Auberge de l'Âtre***** – *Les Lavaults ☎ 03-86-32-20-79. • auberge-de-latre.com • Tlj sauf lun-mar. Congés : 3 sem en fév-mars. Menus 30-36 € en sem, puis 59-65 €. Parking.* Francis Salamolard adore jouer, depuis 30 ans, dans les plats qu'il crée, avec les plantes et les champignons du Morvan. Et sa clientèle l'a suivi, fidèle, au fil des saisons. Une des dernières vraies auberges du pays, avec quelques chambres spacieuses et rénovées, portant toutes un nom de champignon.

**Accès :** D906, puis D10 ; prendre la direction Lac des Settons.

**€€ Hôtel-restaurant Le Morvan** – *6, rue des Écoles ☎ 03-86-32-29-29. • le-morvan.fr • Tlj sauf lun-mer midi. Menus 25-54 €. Parking.* L'établissement n'a rien d'une vieille ferme morvandelle, mais on s'y sent tout de suite bien. C'est que, ici, on sait accueillir, on a le sourire facile, et la bonne humeur est au rendez-vous. Les chambres sont propres et personnalisées, la cuisine bourguignonne, respectueuse du marché, est délicieuse et joliment présentée. Service en terrasse aux beaux jours et petit salon pour les jours plus gris. Une adresse très agréable.

**Accès :** à la sortie de la ville par la route de Saint-Brisson.

## SENS 89100

**€€€ Hôtel de Paris et de la Poste***** – *97, rue de la République ☎ 03-86-65-17-43. • hotel-paris-poste.com • Fermé dim-lun. Formule déj 23 € en terrasse ; menus à partir de 45 €. Parking payant. Café offert sur présentation de ce guide.* Maison canoniale au XVIIIe s, ancien relais de poste, une alternative chic et confortable au cœur de la ville. Chambres cosy, voire luxueuses (superbes au rez-de-chaussée, sur la petite cour). Mais les moins spacieuses sont déjà très bien. La table de la 3e génération de Godard, avec Philippe, à découvrir au *Senon* ou en « version brasserie » au *Postillon*, selon votre budget, vos goûts et vos envies gustatives. À déguster sous la belle verrière du resto ou en terrasse.

**Accès :** centre-ville.

**€€ Le Crieur de Vins** – *1, rue Alsace-Lorraine ☎ 03-86-65-92-80. Tlj sauf dim-mar midi. Congés : 2 sem en juin, 2 sem en août et Noël-Jour de l'an. Résa indispensable. Menu 28 € en sem ; carte 35 €.* Au vrai plaisir de(s) Sens. Un bistrot bourguignon sympa et généreux, une annexe de *La Madeleine*, un 2-étoiles qui fait le bonheur des gourmets. Beau nappage et serviettes, couverts Laguiole, pot de rillettes maison, beurre d'Isigny sur la table, qui peuvent disparaître très vite, le temps de déguster un vin de l'Yonne. Produits de qualité, belles assiettes qui sortent de la même cuisine que pour la salle située à l'étage. Service attentionné, décontracté et de bon conseil. Impeccable sélection (normal, vu l'enseigne) de vins de l'Yonne. Tout à côté, le *Cav's*, du même propriétaire. Non, pas un caviste, mais un minuscule comptoir à... viande.

**Accès :** en face du monument aux Morts.

## VÉZELAY 89450

**€€ Restaurant Le Bougainville** – *26, rue Saint-Étienne ☎ 03-86-33-27-57. Tlj sauf mar-mer, plus lun hors* *saison. Congés : de mi-nov à fin fév. Menus 28-33,50 € ; carte env 40 €.* Une agréable surprise dans une ville où les petits prix sont pratiquement aussi rares que les ours en liberté. Dans une belle et ancienne maison très fleurie, située dans la rue principale, un restaurant qui reste très abordable. Dans le cadre agréable d'une salle à manger dotée d'une magnifique cheminée ancienne, ou sur la petite terrasse, bonne cuisine qui revisite les recettes locales.

€€ **SY La Terrasse** – *2, pl. de la Basilique ☎ 03-86-33-25-50. Tlj sauf lun midi hors juin-sept. Congés : janv-fév. Formules 19-21,50 € le midi ; carte 35 €.* Un vrai hôtel de charme, avec un resto-bar sympa au rez-de-chaussée faisant dans le simple, le bon, le frais, le local, à déguster en terrasse, face à la basilique. Six chambres d'un confort total, d'un design contemporain. Concerts jazz de temps en temps, pour animer le village. Équipe qui s'active, avec le sourire, en plus.

# DANS LES ENVIRONS

## PIERRE-PERTHUIS
## 89450 (6 km SE)

€ **Hôtel-restaurant Les Deux Ponts** – *1, route de Vézelay ☎ 03-86-32-31-31. • lesdeuxponts.com • Tlj sauf mer, plus mar oct-mai. Congés : de mi-nov à mi-mars. Résa souhaitée. Menus 23,50-40 €. Parking.* On se sent bien dans cette ancienne auberge rénovée, près des deux ponts de la Cure. Dans les chambres coquettes et fonctionnelles, certes, mais aussi l'été en terrasse, sous le marronnier, à déguster la cuisine du marché. Ambiance intimiste le soir dans la grande salle claire, devant la cheminée. Agréable balade digestive, ensuite, le long de la rivière, et du haut du village, jolie vue sur Vézelay au loin.

***Accès :*** indiqué à partir de Saint-Père-sous-Vézelay, par la D958.



**Avis aux hôteliers et aux restaurateurs**

Chaque année pour y figurer, il faut le mériter !

**Les prix**

En France, les prix des restaurateurs sont libres. Certains peuvent augmenter entre le passage de nos infatigables fureteurs et la parution du guide, environ 6 mois plus tard. Nous comptons sur votre compréhension en cas de différence entre les prix relevés à l'heure où nous bouclons ce guide et ceux que vous constaterez sur place.

La rédaction du Routard

# BRETAGNE

**Pictos utilisés dans ce guide**

€ Menu à moins de 25 €
€€ Menu de 25 à 35 €
€€€ Menu à plus de 35 €
Hôtel-restaurant
Restaurant
Restaurant avec notre toque
Terrasse
Parking
Piscine
Accessible aux handicapés

# Côtes-d'Armor (22)

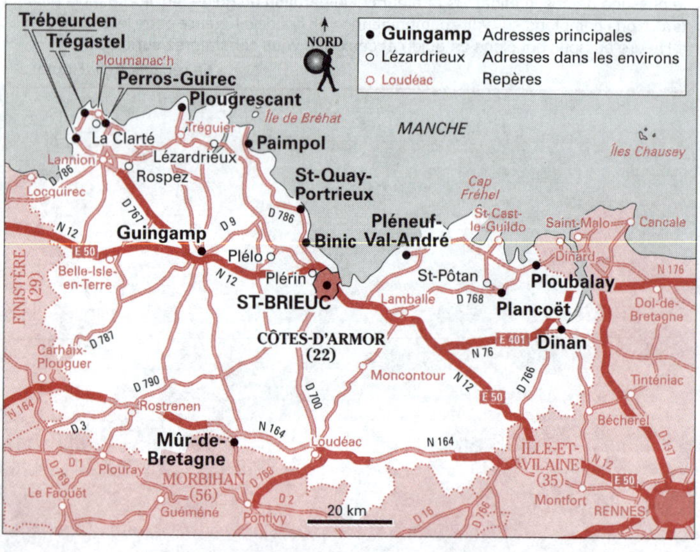


Sur présentation de ce guide,
nombreuses offres et réductions en 2018.

## BINIC 22520

**€€ 🍽 Le Face à la Mer** – *8, bd Clémenceau ☎ 02-56-44-28-42. Resto tlj sauf dim soir-mar mai-oct ; hors saison, ouv ts les midis (sauf lun), plus le soir ven-sam. Bistrot ouv slt mai-début nov ven-mar. Menus 18-42 € le midi, 29-56 € le soir.* Braquée sur la mer, la salle tout en baies vitrées profite d'une situation plus que privilégiée ! Mais la vue magnifique n'est qu'un des atouts de cette belle maison, portée par la cuisine de marché ciselée avec précision et élégance par Christophe Landier. Dès les 1ers menus, on se régale de plats aussi beaux que bons, frais, aromatiques, mettant en valeur les richesses du terroir. Et plus on monte en gamme, plus les produits sont nobles. Délicieux, comme l'accueil simple et sincère du chef, qui vient saluer ses convives dès qu'il le peut.

## DINAN 22100

**€ 🍽 ⛱ Crêperie Ahna** – *7, rue de la Poissonnerie ☎ 02-96-39-09-13. ♿ Tlj sauf dim, plus lun hors saison. Congés : 2 sem en période de vac d'hiver, 1 sem en juin et 2 sem à la Toussaint. Repas 10-20 €. Un kir breton offert sur présentation de ce guide.* Sans doute l'une des meilleures crêperies de la ville. Goûter, par exemple, la « galette de Langueux » avec émincé de pommes de terre et saucisses mijotées au muscadet, ou encore le « Délice d'Ahna » (crêpe au chocolat chaud, glace vanille, griottes et chantilly). Également des viandes sur pierrade et des assiettes gourmandes. Les hôtes sont vraiment charmants, le cadre simple et sympa. Souvent bondé (et, par conséquent, un peu bruyant).

***Accès :*** au centre de la vieille ville.

**€ 🍽 La Courtine** – *6, rue de la Croix ☎ 02-96-39-74-41. Tlj sauf dim-lun. Le midi, formule 14 € et menu 16 € (vin et café compris) ; le soir 20 et 28 €.* C'est tout petit, c'est très mignon (poutres, pierres apparentes et mobilier moderne), et c'est très bon. Autant dire que cette adresse conviviale a déjà son lot d'habitués et qu'il vaut mieux réserver si l'on veut profiter de la cuisine de saison légère et gourmande, préparée avec des ingrédients frais et joliment apprêtée. Accueil charmant et décontracté.

***Accès :*** au bout de la Grand-Rue, pas loin de la mairie.

**€€ 🍽 ⛱ Les Trois Lunes** – *pl. des Cordeliers ☎ 02-96-85-10-32. ♿ Tlj sauf dim soir-mar. Menus 18,50 € le midi (sauf dim), puis 29-54 €.* L'une des tables les plus réjouissantes de Dinan. Jolie salle chaleureuse ou belle terrasse pour une cuisine de terroir contemporaine, inventive et tout en saveurs : produits de saison et d'exception (ormeaux, ris de veau, caviar...), cuissons courtes, sauces légères et recettes riches en légumes. Une excellente adresse tenue par une équipe attentive et souriante.

***Accès :*** en centre-ville.

**€€ La Fleur de Sel** – *7, rue Sainte-Claire ☎ 02-96-85-15-14. Tlj sauf lun-mar. Le midi en sem, formule 16 € et menu 20 € ; autres menus 30-42 €.* Au cœur de la vieille ville, une table gourmande qui revisite joliment le terroir. Les saveurs exotiques, sucrées-salées ou terre et mer, venant réveiller les produits bretons (*tzukune* de crabe, croustillant de poulet à l'andouille de Guéméné), voire même les secouer (*gravlax* de bœuf aux fraises du marché), ont de quoi séduire sinon surprendre. Le rapport qualité-prix s'avère impeccable, surtout que le décor est agréable, l'accueil attentif et la carte des vins pertinente. Gare à la dégustation de beurres Bordier ! Consommés sans modération, ils pourraient vous empêcher d'arriver jusqu'au dessert : de délicieuses profiteroles au caramel au beurre... salé, bien sûr. *NOUVEAUTÉ.*

## GUINGAMP 22200

**€ ⛱ La Boissière** – *5, rue Saint-Nicolas ☎ 02-96-21-06-35. Tlj sauf dim-lun. Congés : 2 sem pdt les vac de fév et 15 j. début août. Formule 15 € et menus 18 € le midi en sem, puis 24-42 € ; remarquable menu 34 €. Café offert sur présentation de ce guide.* Un cadre atypique, moderne et chaleureux à la fois, avec une grande baie vitrée donnant sur une terrasse fermée. Atmosphère détendue, et un service alerte et souriant. Cuisine d'une fraîcheur absolue, collant rigoureusement au marché. Pas de révolution en soi, car on reste sur des bases traditionnelles, mais une fort belle inspiration, un respect des produits confondant d'harmonieuses associations de saveurs. Bref, un professionnalisme hors pair.

***Accès :*** centre-ville.

## MUR-DE-BRETAGNE 22530

**€€€ Auberge Grand-Maison** *– 1, rue Léon-le-Cerf ☎ 02-96-28-51-10. • auberge-grand-maison.com • Tlj sauf dim soir et mar. Congés : 1 sem en janv, 2 sem en fév, 1 sem début juil et 2 sem en oct. Menus 30 € le midi sauf dim et fêtes, puis 58-90 € ; carte env 70 €.* Une grosse dose de professionnalisme et beaucoup de talent, voilà ce qui définit le mieux Christophe Le Fur. Résultat : une superbe cuisine pleine d'élan et d'idées personnelles, s'appuyant subtilement sur le socle de la tradition. Cadre contemporain élégant et chaleureux, composant un environnement idéal pour savourer au mieux des plats élaborés avec passion, dans le respect des produits et révélant des parfums délicats. Merveilleux desserts. Intéressante carte des vins. Et pour ceux qui souhaiteraient connaître certains des secrets du maître, possibilité de participer aux cours de cuisine dispensés juste à côté, dans une belle salle design. Côté hôtel, rien à redire non plus avec des chambres douillettes et de bon confort, parfois décorées dans un style fleuri un tantinet british. Accueil charmant de l'équipe.

***Accès :*** en centre-ville, tout près de la mairie.

## PAIMPOL 22500

**€€ P Hôtel-restaurant de la Marne** *– 30, rue de la Marne ☎ 02-96-16-33-41. • hotel delamarne-paimpol.fr • Fermé dim soir et lun midi, plus sam midi hors saison. Congés : 26 juin-3 juil et 2-16 oct. Formule le midi en sem 21 € ; menus 29-69 €. Parking.* Le jeune Mathieu Le Tinier et sa compagne ont fait de cette table l'une des plus réjouissantes du moment ! Une valeur sûre sur la côte, voire dans la région. Un remarquable rapport qualité-prix surtout, avec un festival d'amuse-bouches dès le 1er menu du soir ! Le chef concocte une cuisine créative, ludique et très esthétique, aux saveurs (d)étonnantes. Avec, par exemple, son araignée de mer, tartare de bœuf, coulis de petits pois et d'oursin, on découvre avec étonnement à quel point des saveurs antinomiques, des associations audacieuses, voire périlleuses, peuvent s'avérer incroyablement harmonieuses...

***Accès :*** à 10 mn à pied du port de plaisance, par l'avenue qui longe la voie ferrée.

## DANS LES ENVIRONS

### LÉZARDRIEUX 22740 (6 km O)

**€ 🍽 ⛱ Auberge du Trieux** *– 1, impasse du Four-Neuf ☎ 02-96-20-10-70. Tlj sauf mer, plus mar soir et jeu hors saison. Congés : 2 sem mi-nov, 20 déc-2 janv et 2 sem mi-mars. Menus 22-60 €. Café offert sur présentation de ce guide.* Cette petite salle est le rendez-vous des gourmands du coin. Le chef, fidèle à son titre de Maître restaurateur, ne s'intéresse qu'aux produits de saison et au terroir breton qu'il revisite à sa manière : Saint-Jacques de la baie, coco de Paimpol, algues alimentaires, « chouette » andouille, etc. Le tout soigneusement travaillé et présenté. Bons et beaux desserts pour terminer.

***Accès :*** à l'angle de la rue principale.

## PERROS-GUIREC 22700

**€ 🍽 Digor Kalon** *– 89, rue du Maréchal-Joffre ☎ 02-96-49-03-63. L'été, ts les soirs ; hors saison, le soir mar-sam. Assiettes de tapas 3-10 € ; menus 19-26 €.* Voilà un resto d'atmosphère qui fait oublier pas mal d'enseignes un peu surfaites de Perros. Derrière la belle vitrine d'une ancienne brocante s'est installé ce chaleureux repaire breton. L'esprit de la chine n'a pas quitté les lieux, puisque les proprios les ont investis de vieux meubles du pays. Cuisine simple et savoureuse, avec quelques plats typiquement bretons et une carte de tapas du monde entier. Une adresse vraiment conviviale et sympa. *NOUVEAUTÉ.*

***Accès :*** dans la rue qui descend au centre-ville, vers le port.

**€€€ 🍽 L'Embarcadère** *– 18, bd Thalassa ☎ 02-96-91-25-80. Tlj sauf lun-mar ; en hiver fermé aussi mer ; en juil-août, fermé slt lun. Le midi en sem, formules 18-24 € ; menu-carte 38 € (avec quelques suppléments).* Aux manettes de ce nouveau bistrot gourmand, Aurélien Broudic, l'ancien chef de Depardieu, et

Louis Le Roy, restaurateur maintes fois étoilé. La carte, volontairement courte et évolutive, joue donc sans ambiguïté le registre bistronomique et privilégie pêche de petits bateaux et produits du terroir de saison : tataki de thon aux algues, encornet farci au veau et aux anchois, ormeaux poêlés, risotto de homard, paris-brest, crème brûlée au blé noir... *NOUVEAUTÉ.*

***Accès :*** plage de Trestraou.

## DANS LES ENVIRONS

### LA CLARTÉ 22700 (4 km O)

€€ **La Clarté** – *24, rue Gabriel-Vicaire ☎ 02-96-49-05-96. Ouv lun-sam slt au déj. Fermé le soir et dim. Service 10h-20h en saison, 12h-17h hors saison. Congés : de mi-déc à fin janv, 1 w-e en juin et 1 sem en oct. Formule en sem 26 € ; menus 33-72 €. Digestif maison offert sur présentation de ce guide.* C'est l'une des tables incontournables du coin. Cadre d'une élégante sobriété, comme pour mettre encore plus en valeur cette cuisine d'un remarquable raffinement. Le chef suit fidèlement le marché, traque le bon produit et le frais, rien que le frais, et combine finement les saveurs. Résultat : de merveilleuses associations et des desserts d'anthologie. Quelques vedettes de la carte : le homard rôti au four au beurre salé, les saint-jacques ou les ormeaux selon la saison... En outre, belle carte des vins, une atmosphère chaleureuse et intime, un seul service pour retrouver le temps de vivre pleinement ces agapes, et à l'accueil, l'adorable patronne avec son naturel réjouissant et son humour discret.

***Accès :*** à 3 km du centre de Perros, en direction de Trébeurden.

### ROSPEZ 22300 (13 km SE)

€€€ **La Ville Blanche** – *lieu-dit La Ville-Blanche ☎ 02-96-37-04-28. Fermé lun, mer et dim soir ; en août, fermé lun et dim soir. Congés : 4 sem en déc-janv, 2 sem début juil et 1 sem début oct. Résa indispensable. Menus 37 € sauf w-e, puis 49-85 €. Parking.* On ne s'arrête pas par hasard dans cette grande maison familiale, au cadre épuré et élégant, juste en retrait de la départementale. Bien au contraire, on fait un large détour pour profiter de la cuisine savoureuse de Jean-Yves Jaguin, car c'est tout simplement la table de référence du secteur. Une cuisine créative n'utilisant que des produits naturels avec, en tête d'affiche, les saint-jacques, le homard breton ou les ormeaux poêlés selon la saison. Pleine de fraîcheur, elle emprunte au jardin aromatique à côté (que l'on peut visiter, avant de boire un verre en terrasse). Ajoutez à cela une carte des vins intelligemment montée, et vous êtes assuré de passer un bon moment.

***Accès :*** par la D788, direction Lannion, puis la D767.

## PLANCOËT 22130

€€€ **Hôtel L'Écrin – Restaurant Maxime Crouzil et Pierre-Alexandre Thomas*****  – *20, rue des Quais ☎ 02-96-84-10-24. Tlj sauf dim soir-lun, plus mar hors juil-août. Menu terroir 38 €, puis 68 €.* On vient de loin pour s'asseoir à cette table de grande renommée. Pour vous faire une idée du talent du chef sans pour autant casser votre tirelire, choisissez le menu terroir : frais, inventif et soigné. Quant aux menus plus « gastronomiques », c'est le grand jeu : cuisine bretonne de très haute volée, moderne et envoûtante, servie par une équipe tout sourire. Et comme la maison ne manque pas d'imagination, elle propose régulièrement des soirées à thème (vin compris) et des cours de cuisine. Côté hôtel, quelques chambres agréables d'un luxe discret, un brin british.

## DANS LES ENVIRONS

### SAINT-PÔTAN 22550 (7 km NO)

€€€ **Auberge du Manoir** – *31, rue du 19-Mars-1962 ☎ 02-96-83-72-58. Tlj sauf dim soir-lun. Le midi en sem, formule 13,80 € et menu 15,80 €, puis 39,50-55 €.* On vient à Saint-Pôtan pour ses célèbres fraises... et pour cette bonne table. La rustique auberge a été un peu relookée et fait le bonheur des habitués qui profitent du petit menu du midi d'un excellent rapport qualité-prix, avant de revenir pour la bonne formule du marché ou les menus gourmands. Parmi les spécialités, de beaux poissons travaillés avec rigueur et style, les incontournables Saint-Jacques d'Erquy, des abats pour les carnivores... et les fraises ! Du moins en saison. Agréable terrasse cachée à l'arrière du bâtiment. Service efficace et prévenant.

**Accès :** D786 direction Pluduno.

## PLÉNEUF-VAL-ANDRÉ 22370

**€€ |●| Restaurant Le Biniou** – *121, rue Clemenceau ☎ 02-96-72-24-35. Tlj sauf mar soir-mer hors juil-août. Congés : 15 j. pdt les vac de fév. Formule 17 € le midi en sem ; menus 27,50-38,50 € ; carte env 45-50 €. Café offert sur présentation de ce guide.* Cette adresse est la bonne table, fine et élégante, de Pléneuf. Cuisine entre terre et mer, revisitant avec talent le terroir breton à partir de produits soigneusement sélectionnés. Le bon rapport qualité-prix est indéniable. Une valeur sûre.

**Accès :** dans le centre du Val-André, à deux pas de l'office de tourisme.

## PLOUBALAY 22650

**€€ |●| ☂ Restaurant de la Gare** – *4, rue des Ormelets ☎ 02-96-27-25-16. ♿ Tlj sauf lun soir, mar soir et mer ; juil-août, fermé lun-mar. Congés : 2-11 juil et 13-21 nov. Résa ultra-recommandée, surtout le soir en saison. Formule déj en sem 15 € ; menus 20-68 €.* Ne cherchez pas la gare, il y a longtemps que les trains ne passent plus ici. En revanche, les voyageurs sont nombreux à investir les salles cosy pour déguster une cuisine de haute volée, fraîche et harmonieuse, élaborée avec de très bons produits en fonction du marché et de la pêche du jour. C'est l'une des grandes tables du coin.

**Accès :** près du rond-point de la D768.

## PLOUGRESCANT 22820

**€ |●| ☂ Le Gourmel** – *baie de Gourmel ☎ 02-96-92-55-26. ♿ Fermé dim soir-lun. Congés : de déc à mi-mars. Galettes env 7 €, plats 10-15 €.* Cadre magnifique, qui mérite assurément le détour. Petite cabane coquette et belle terrasse en bois, face à la mer et à la baie sauvage. Magique à marée basse quand la mer se retire loin, très loin... Cuisine simple et correcte, pour toutes les faims et toutes les bourses : rillettes de maquereau, galettes et crêpes en tous genres, moules-frites, joues de porc confites... Lorsque l'accueil est au beau fixe, c'est un vrai petit coin de paradis.

**Accès :** à l'église (ne pas confondre avec la chapelle Saint-Gonéry), prendre la direction Le Roudour-Le Gourmel, puis suivre le fléchage (c'est tout au bout !).

## SAINT-BRIEUC 22000

**€€€ Aux Pesked** – *59, rue du Légué ☎ 02-96-33-34-65. Tlj sauf sam midi, dim soir et lun. Congés : 1re quinzaine de janv et 2 sem fin juil-début août. Formules déj 25-29 € ; menus 50-85 € (72-120 € avec les vins). Apéritif maison offert sur présentation de ce guide.* L'une des tables incontournables de Saint-Brieuc, domaine du talentueux Matthieu Aumont. Le cadre, une originale et très séduisante version du design coloré des *sixties*, et la vue superbe (en terrasse, sur la vallée du Légué) servent à merveille des créations culinaires sur le thème de la mer. Cuissons toujours justes, présentations aériennes et graphiques pour une carte qui suit les saisons, la pêche et l'humeur du chef. Si vous jouez le jeu, vous aurez même droit aux menus surprises et aux intéressantes découvertes mets et vins.

**Accès :** à l'écart du centre-ville, à environ 1 km au nord, vers Plérin.

## DANS LES ENVIRONS

### PLÉRIN 22190 (1 km NO)

**€€€ La Vieille Tour** – *75, rue de la Tour ☎ 02-96-33-10-30. ♿ Tlj sauf sam midi, dim-lun. Congés : vac scol de fév et 3 sem après le 15 août. Le midi en sem, formules et menus 24-32 € ; autres menus 45-77 €.* Une embardée jusqu'à *La Vieille Tour,* à l'embouchure du port du Légué, n'est pas fortuite. Il faut se catapulter dans ce petit bout du monde où, à marée basse, la terre semble avoir englouti la mer. La déco a pris un coup de fouet, en suivant une ligne contemporaine avec sa cheminée au gaz, ses chaises en cuir rouge, ses poissons mobiles en verre soufflé ou son vivier de homards. Mais on fait surtout le pèlerinage pour Nicolas Adam, qui orchestre avec panache une cuisine originale, oscillant entre tradition marine et envolées créatives. Des associations audacieuses de saveurs étonnent et séduisent une clientèle d'habitués et de touristes qui, eux aussi, ne demandent qu'à devenir des fidèles de la maison.

**Accès :** de la cathédrale de Saint-Brieuc, prendre la rue des Trois-Frères-Le-Goff et suivre la direction du port du Légué. Juste avant la balise verte.

## PLÉLO 22170 (22 km NO)

€ |●| ⛱ P **Ferme-auberge et Crêperie Au Char à Bancs** – *Moulin de la Ville Geffroy ☎ 02-96-74-13-63. ♿ Ouv tlj en juil-août ; slt le w-e le reste de l'année. Congés : de mi-nov à mi-fév. Repas 20-40 €. Parking. Kir breton ou jus de pommes offert sur présentation de ce guide.* Dans un ancien moulin posé sur le Leff, à la frontière des Pays gallo et breton, une des premières fermes-auberges de Bretagne, l'une des plus charmantes surtout. La salle à manger est à elle seule un résumé de l'art de vivre du terroir : vieille pierre, poutres, tables en bois et chaudron (digne d'Astérix) accroché dans l'immense cheminée où mijote en permanence la fabuleuse potée qui a fait la réputation des lieux, préparée avec les légumes du jardin. Autre spécialité maison : de divines galettes préparées à l'ancienne dans les règles de l'art. Et pour accompagner le tout, un délicieux cidre maison ! C'est aujourd'hui une véritable institution, où l'on vient en famille pour profiter ensuite du parc, du potager de la rivière et des activités proposées (escalade du fort, embarcations à pédales, poneys... et même un bistrot pour boire un verre et avaler une crêpe !). Un pur coup de cœur.

**Accès :** N12 direction Viaduc du Goüet sur 17 km, puis sortie direction D712 (La Braguette/Plélo) ; à 1,5 km de Plélo (accès fléché).

## SAINT-QUAY-PORTRIEUX 22410

€€ |●| ⛱ **Le Bistrot de la Marine** – *38, quai de la République ☎ 02-96-70-87-38. ♿ Tlj l'été ; tlj sauf lun soir-mar hors saison. Congés : janv-fév. Formules et menu 14,50-19,50 € le midi en sem ; carte env 32 €.* C'est le bistrot des copains, avec ses habitués qui passent prendre l'apéro, les voisins qui déjeunent d'un bon plateau de fruits de mer, de moules, d'un copieux *fish and chips* ou d'un poisson grillé, sans chichis, ou ceux qui passent par hasard et qui sont accueillis comme si on les connaissait déjà. Bien animé donc, en saison surtout, et chaleureux, à l'image du cadre patiné (épave de navire et fresques marines), de sa belle terrasse face au port et de concerts organisés à l'occasion.

**Accès :** sur le port.

## TRÉGASTEL 22730

€€ |●| **Auberge de la Vieille Église** – *pl. de l'Église, Le Vieux-Bourg ☎ 02-96-23-88-31. Tlj sauf lun, plus dim soir et mar soir hors saison. Congés : 3 sem sept-oct. Résa indispensable le soir et le w-e. Menus 16 € le midi en sem, puis 26-65 €.* Cette belle maison traditionnelle abrite une adresse bien connue dans le secteur. Belle gamme de menus avec de bons plats du terroir et de beaux fruits de mer. Service attentionné et chaleureux, décor plaisant. Agréable véranda face à l'église et jardin dans la cour intérieure.

# Finistère (29)

## AUDIERNE 29770

€€ **L'Iroise** – *8, quai Camille-Pelletan ☎ 02-98-70-15-80. ♿ Fermé dim soir et lun-mar ; de mi-juil à fin août, fermé slt sam midi et lun. Congés : 3 sem en janv et 1 sem après la Toussaint. Menus déj mer-sam sauf j. fériés 16-19,80 €, puis 33-51 €, et carte.* Éric Lavallée, est un talentueux chef d'origine champenoise. Ses expériences lui ont appris, outre la rigueur et le goût de la nouveauté, la manipulation des épices alliées aux différents produits du terroir. Il en résulte une cuisine fine et sincère. Ne

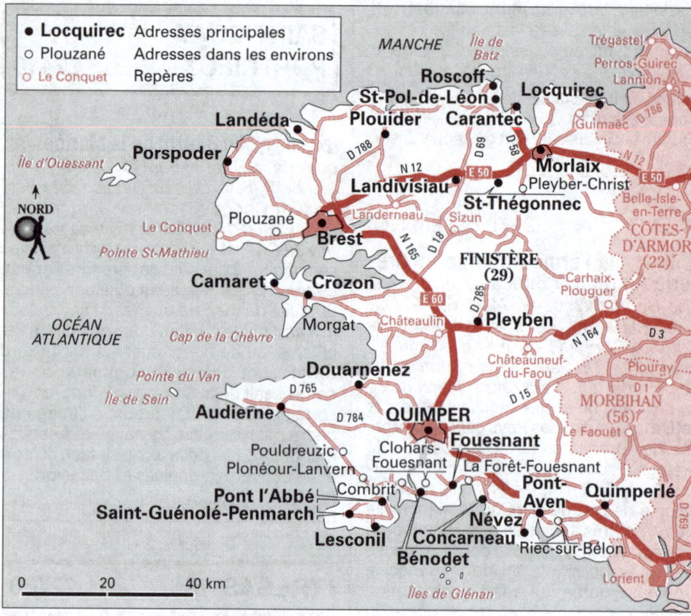




surtout pas zapper l'exceptionnel plateau de fromages comptant quelque 50 références. Belle carte des vins. Accueil d'une rare gentillesse.

## BÉNODET 29950

€€ **Hôtel-restaurant Kastel***** – *corniche de la Plage ☎ 02-98-57-05-01. • hotel-kastel.com • Congés : 2 premières sem de déc. Formules déj 18-22 € ; menus 25-32 € ; carte env 40 €. Parking.* Très agréable salle à manger lumineuse pour déguster dans un cadre contemporain une bonne cuisine du terroir. Un établissement moderne fort bien situé, avec piscine d'eau de mer chauffée à 32 °C. Chambres de bon confort.

***Accès :*** sur le front de mer, à côté du centre de thalasso.

€ **Le Transat** – *quai l'Herminier ☎ 02-98-66-29-29. Ouv tlj. Congés : de janv à mi-fév et 15 j. en nov. Formules déj 16-18 € ; menus 22,90-39 €.* La salle s'organise autour d'un grand comptoir en U. Cadre contemporain au design coloré. Vaste terrasse en gradins donnant sur le port et larges fauteuils pour déguster l'apéro. Service attentionné et bonne cuisine. Plats du jour à l'humeur marine.

# DANS LES ENVIRONS

## CLOHARS-FOUESNANT 29950 (5 km NE)

€€€ **Restaurant La Forge d'Antan** – *31, route de Nors-Vraz ☎ 02-98-54-84-00. Ouv le soir mar-sam et le midi ven-dim mai-oct ; ouv le soir jeu-sam et le midi ven-dim nov-avr. Résa demandée. Menu unique 50 €. Parking.* Une adresse un peu perdue à la campagne, à la clientèle et à l'ambiance classe. Mais l'accueil reste sincère, les 3 salles plaisantes, la déco joliment rustique, et la cuisine fait la part belle aux produits de la mer.

***Accès :*** par la D34, puis fléchage.

## COMBRIT 29120 (6 km NO)

€€ **Le Bistrot du Bac***** – *19, rue du Bac ☎ 02-98-56-34-79 et 02-98-51-33-33. • hoteldubac.fr • Ouv tlj. Formule déj 20 € sauf dim ; menu 29 € ; carte env 40 €.* Une adresse aimée de tous les coureurs d'océan. Tout est de blanc et de bleu : bleu marine au bistrot, où l'on sert une cuisine de la mer ; bleu clair dans les chambres spacieuses, pour se rapprocher du ciel. De la salle à manger, vue superbe sur l'Odet et le pont de Cornouaille. Terrasse très agréable aux beaux jours et chambres de bon confort.

***Accès :*** dans le charmant petit port de Sainte-Marine, en face de Bénodet.

## BREST 29200

**€ Le Ruffé** – *1 bis, rue Yves-Collet ☎ 02-98-46-07-70. Tlj sauf dim-lun. Formule déj en sem 19 € ; menus 23,90 € (avt 20h, sauf sam soir)-29,90 €. Apéritif maison offert sur présentation de ce guide.* Une des brasseries les plus fréquentées de Brest. Cuisine locale et bons produits du terroir généreusement servis. Tout est fait maison et certains plats sont même vendus « à emporter ». Bonne carte des vins à prix doux.

***Accès :*** en plein centre, près du *Vauban*.

**€€ Globulle rouge** – *27, rue Émile-Zola ☎ 02-98-33-38-03. Tlj sauf sam midi en saison, et dim-lun. Réserver, surtout pour une table dehors. Formule déj 20 € en sem ; le soir, carte 35 €. Café offert sur présentation de ce guide.* Dans l'assiette, ravioles de gambas shiitaké, joues de cochon confites au cidre, nage de mangue et sa sucette de chèvre au caramel beurre salé... qu'on déguste dans un cadre bistrot chaleureux ou dehors, puisque des baies vitrées donnent sur un petit jardin, ensoleillé tout l'après-midi. Produits strictement de saison, bio autant que possible, et rigoureusement sélectionnés. Donc que du bien bon. Côté vins, quelque 150 références de vins naturels qu'on peut aussi découvrir à l'apéro, accoudé sur le vrai vieux zinc de l'entrée, avec une assiette fromage-charcuterie ; bons conseils du sommelier. Quelques concerts parfois.

***Accès :*** en centre-ville, à côté de la place Wilson.

**€€ P L'Épuisette** – *185, quai Éric-Tabarly ☎ 02-29-63-05-64. Tlj les 2e et 3e trimestres ; sauf dim soir et lun soir les 1er et 4e trimestres. Formules déj 14,90-18,50 € ; menus 25,90-29,90 € ; carte 30-35 €. Parking.* Parquet de bois blond, alcôves façon cabane de plage, et tout plein d'éléments de décor marins rappellent que la cuisine est résolument tournée vers la mer. Et plus spécialement la crevette : nature, en nem ou en tempura, en salade, *a la plancha* ou sautée, en risotto ou paella, la voilà dans tous ses états. Une courte sélection de poissons complète la carte, ainsi que des viandes pour les irréductibles carnivores. On salue ici la fraîcheur des plats, les préparations fines et généreuses et la gentillesse de l'accueil qui valent à ce resto une réputation méritée.

***Accès :*** au port de Commerce.

**€€ Les Frères de la Côte** – *40, quai de la Douane ☎ 02-98-46-70-14. Congés : mi-août, nov et mars. Carte env 35 €. Digestif maison offert sur présentation de ce guide.* Après 25 ans passés à explorer les cuisines d'ailleurs, dont une longue escale aux Caraïbes, les frères Philip se sont posés à Brest. « Ici, c'est la terre et la mer qui commandent ! » Voici la devise du chef qui ne manque pas de talent pour offrir une cuisine métissée de poissons et d'épices. De très belles assiettes, tout en finesse et en légèreté, à déguster dans une agréable salle – style intérieur de bateau – ou sur la terrasse aux beaux jours. Service pro et souriant. Une des plus séduisantes adresses de Brest !

***Accès :*** port de Commerce.

**€€€ L'Imaginaire** – *23, rue Fautras ☎ 02-98-43-30-13. Fermé lun, mer soir et dim soir. Résa recommandée. Mar-ven, formule déj plat-dessert, vin et café 22 € (27 € avec entrée) ; menus 36-65 €.* Un discours digne d'un grand. Et chez les grands justement, le chef y est passé, notamment chez son illustre voisin de Carantec. Dommage qu'aucun choix ne soit proposé au sein des menus, qui, en revanche, changent quotidiennement (le midi), au gré du marché. Cuisine inventive – mais pas à outrance – joliment présentée... Quant aux desserts, le chef a pour eux une faiblesse particulière. Et nous aussi !

***Accès :*** en centre-ville.

**€€€ P Le M** – *22, rue Commandant-Drogou ☎ 02-98-47-90-00. Tlj sauf dim-lun et j. fériés. Congés : 1er-20 janv, 1er-10 mai et 9 août-2 sept. Formules déj 36-45 € : menus le soir 55-95 €. Parking.* Un sourire du chef, Philippe Le Bigot, à travers la grande fenêtre de la cuisine, et vous voici accueilli dans le beau salon-fumoir par Bruno Diabaoui. Dans cette maison de granit qui servit jadis de préfecture maritime, la belle salle de restaurant ouvre, par de grandes baies vitrées, sur le parc, dont les arbres étincellent à la tombée de la nuit. Des assiettes épurées, des plats créatifs... Bref, une adresse qui proMet, avec un grand « M ».

**Accès :** descendre dans la cuvette de Kerinou depuis la place Albert-Ier, tourner à gauche et passer la grille au double « M » en fer forgé.



## DANS LES ENVIRONS

### PLOUZANÉ 29280 (13 km O)

**€€€ |●| ⚲ Les Mille et Une Lunes** – *plage du Minou ☎ 02-98-48-41-81. Ouv lun-jeu le midi, ven midi et soir, et sam soir. Congés : 22 déc-3 janv. Plat du jour et « Assiette osée » (terrines et charcuterie maison) autour de 14,50 € ; menus 19,50 € le midi en sem, 52 € le soir ; carte env 40 €. Café offert sur présentation de ce guide.* On ne badine pas avec le protocole quand on est chercheur à l'Ifremer ! On teste les produits jusqu'à dénicher la perle rare, pour régaler les convives avec les meilleurs fromages du coin et des produits bio pleins de saveurs. D'ailleurs, notre chercheur atypique cultive lui-même herbes fines et fleurs et propose de surprenantes dégustations horizontales ! Le vin bien gouleyant ou le café riche en arômes ne sont pas de trop pour venir à bout des généreuses portions ! Petite terrasse avec la mer en toile de fond. Concerts de temps en temps.

**Accès :** plus ou moins à mi-chemin entre Plougonvelin et Brest ; bien indiqué depuis la D789.

## CAMARET 29570

**€ |●| Ti Son** – *Keranguyader ☎ 02-98-81-54-23. Tlj sauf sam et dim midi. Congés : nov. Formule déj 12,50 € ; carte 15-20 €.* Sympathique auberge de bord de route. L'aspect anonyme de la façade ne laisse pas deviner l'intérieur vivant et coloré, l'accueil chaleureux, et surtout, l'incroyable menu de la maison ! Pour 12,50 €, buffet de près de 30 hors d'œuvre, plat du jour, dessert, 1/4 de rouge et café ! Cuisine familiale goûteuse, produits frais, portions ultra-généreuses. Frites maison craquantes et moules en saison. Ça se sait : le midi beaucoup de monde, locaux, travailleurs itinérants et vous, tout étonné de cette fusion harmonieuse entre convivialité, qualité du repas, gentillesse de l'accueil... Terrasse protégée derrière sur jardin. Et en hiver, le feu crépite dans l'âtre...

**Accès :** à 2 km de Camaret, vers Crozon.

**€€ |●| Les Frères de la Côte** – *11, quai Gustave-Toudouze ☎ 02-98-27-95-42. Tlj sauf dim-lun hors saison ; tlj sauf lun et ven midi en hte saison. Congés : déc-fév. Formule 18 € ; menu 30 €. Apéritif maison offert sur présentation de ce guide.* Dans leur cuisine, ces frères savent associer la richesse des côtes bretonnes aux parfums des épices découvertes dans les Caraïbes. Spécialité de *ceviche* de thon et de risotto de poisson au parmesan. Un véritable voyage gastronomique dans cet établissement dédié au poisson et aux épices.

## CARANTEC 29660

**€ |●| L'Abri du Pêcheur** – *1, rue Edmond-Pouthier ☎ 02-98-67-96-32. Fermé mar soir-mer. Plats env 9-17,50 € ; menus 20-31,50 €.* C'est la référence pour les produits frais de la mer. On ne peut se contenter d'un simple moules-frites à la bretonne, avec lardons, curry et crème, ou viser le haut du panier, en piochant parmi les poissons du retour de pêche et les plateaux de fruits de mer. Les prix sont encore raisonnables pour la qualité. Avis aux pourfendeurs d'iode : il y a aussi des viandes au menu ! *NOUVEAUTÉ.*

**Accès :** dans une petite rue derrière le port.

## CONCARNEAU 29900

**€ |●| Le Petit Chaperon Rouge** – *7, pl. Duguesclin ☎ 02-98-60-53-32. Tlj sauf dim soir-lun. Congés : 12 j. en mars et en juin, 3 sem de fin sept à mi-oct. Compter env 13 €. Apéritif maison offert sur présentation de ce guide.* Décor plutôt champêtre, accueil particulièrement aimable et pâte à crêpes de qualité. Réalisée avec de la farine spécialement commandée au minotier, elle contient des grains de sarrasin qui donnent aux crêpes une texture et une saveur particulières... Petite terrasse sur rue tranquille. *NOUVEAUTÉ.*

**Accès :** au bout dela petite rue qui part juste en face de l'office de tourisme.

€ **L'Amiral** – *1, av. Pierre-Guéguin ☎ 02-98-60-55-23. ♿ Brasserie : ouv tlj, tte l'année, au déj slt. Resto, ouv tlj sauf dim soir-lun. Congés : 2 sem en fév et 3 sem en nov. Formules du jour 13 € (brasserie)-18 € (resto) ; menus 21 € (en sem), puis 31-47 €.* Brasserie très prisée pour sa formule du jour d'un bon rapport qualité-prix, et à l'arrière, un restaurant traditionnel, à vocation gastronomique. Belle carte de poissons et fruits de mer.

***Accès :*** en dehors de la ville close.

€€ **Flaveur** – *4, rue Duquesne ☎ 02-98-60-43-47. ♿ Tlj sauf sam midi, dim soir et lun. Formules déj 17-19,90 € ; menus 28-53 €.* Dans une jolie maison de ville typée Art déco, Cédric Rivière réalise une cuisine gastronomique fine et inventive avec des matières premières tracées – viandes et volailles issues exclusivement de l'agriculture française, poissons de la pêche du jour... – qui suit, de fait, les tendances du marché. Le menu complet du midi est déjà une aubaine. Que dire de plus sinon que le soir, c'est la fête ! Un poil plus copieux, ça serait le nirvana !

***Accès :*** en dehors de la ville close, dans le centre-ville, au bout du quai de Pénéroff (parking).

## CROZON 29160

€€ **Hôtel de la Presqu'île – Restaurant Le Mutin Gourmand***** – *pl. de l'Église ☎ 02-98-27-29-29. ♿ En saison, resto fermé lun midi et mar midi. Hors saison, resto fermé dim soir, lun et mar midi. Congés : 2 sem en mars et 2 sem en oct. Formule le midi 18 € ; au resto, menus 29-72 €.* Depuis longtemps, une affaire de famille. Il y a eu le grand-père François, cuisinier, marin et 7 tours du monde au compteur, puis Joël né au-dessus de la pâtisserie... et enfin, Erwan, le fils. Une belle histoire ! Plusieurs salles en enfilade, décorées dans le même style que l'hôtel. Cette ancienne poste est devenue, en quelques années, la référence gastronomique des habitants du coin. On vient surtout y déguster des produits de la mer (et ici, une seule devise : « Aucun poisson d'élevage n'est admis au Mutin »). Très beaux desserts. Qui plus est, tout est fait maison, du pain jusqu'au foie gras, un délice ! Pas mal de vins en biodynamie. Et pour les pressés ou les moins argentés, les formules du midi permettent de goûter aux talents du chef sans se ruiner. De belles chambres pour séjourner.

***Accès :*** sur la place de l'Église.

## DANS LES ENVIRONS

### MORGAT 29160 (4 km S)

€ **Saveurs et Marée** – *52, bd de la Plage ☎ 02-98-26-23-18. Tlj avr-fin sept ; le reste de l'année, tlj sauf lun. Congés : de mi-janv à mi-fév. Formule déj 16 € en sem ; menus 22,50 € (sauf dim)-31 € ; carte. Kir breton offert sur présentation de ce guide.* Malgré l'emplacement très touristique, propose une cuisine sérieuse. Déco revisitée et grande véranda, avec vue sur la mer. Les produits sont tous locaux (petits pêcheurs côtiers, agriculteurs locaux). Jetez d'abord un coup d'œil à l'ardoise. Poisson, assiettes et plateaux de fruits de mer à la fraîcheur assurée !

***Accès :*** face au port.

## DOUARNENEZ 29100

€ **Le Keriolet**** – *29, rue Croas-Talud ☎ 02-98-92-16-89. • hotel-keriolet.com • Resto fermé lun midi. Congés : vac scol de fév. Menus 14 € le midi en sem, puis 22-32,50 €. Café offert sur présentation de ce guide.* Un peu excentré mais proche du sentier des Plomarc'h. Agréable table de resto, tables bien espacées, goûteuse cuisine du terroir avec juste ce qu'il faut de créativité : langoustines flambées au pastis, effilochée de raie aux choux... Accueil chaleureux. Quelques chambres pour prolonger le plaisir. Une de nos plus anciennes adresses et toujours fidèle en qualité.

***Accès :*** dans le prolongement de la rue Jean-Jaurès.

€ **Crêperie Au Goûter Breton** – *36, rue Jean-Jaurès 📱 06-62-68-17-80. ♿ Tlj sauf dim et le midi des j. fériés, plus sam soir hors vac scol. Congés : 15-30 juin. Formules 11-19,80 €. Carte 15 €. Apéritif maison ou café offert sur présentation de ce guide.* Une façade orange, une enseigne enfantine, une carte annotée d'espiègleries, un décor breton pour un patron très rock. En fond sonore, la musique bretonne se marie donc au rock ou au jazz. Et on ne s'étonnera pas de dégoter dans la carte des « hamburgers armoricains » (steak et crêpe !). Bonne sélection de cidres bio.

***Accès :*** à 200 m du centre-ville en direction de Ploaré.

**€ | 🍽 | ☂ La Régate** – *39, rue des Sables-Blancs, Le Treboul ☎ 02-98-74-00-87. ♿ Fermé sam midi en saison, plus dim soir hors saison. Congés : 1er-15 janv et 15-31 oct. Formules déj 12-14 € ; menus 22-28 €. Café offert sur présentation de ce guide.* C'est le resto de l'*hôtel des Sables Blancs.* Le bouche-à-oreille nous a mené sur cette agréable terrasse à deux pas de la mer. Guillaume, le chef, sait introduire un exotisme de bon ton dans ses plats pour renouveler les saveurs (ainsi le croustillant de suprême de volaille à la thaïe). Remarquable rapport qualité-prix du 1er menu du soir. Service attentionné et souriant au diapason de cette belle cuisine...

***Accès :*** à 1,5 km ouest du centre-ville.

**€€ 🏠 🍽 ☂ P Hostellerie Le Clos de Vallombreuse***** – *7, rue Estienne-d'Orves ☎ 02-98-92-63-64. • closvallombreuse.com • ♿ Hôtel ouv tlj ; resto tlj sauf dim soir, lun et mar midi nov-avr. Formule déj en sem 16 € ; menus 25-70 €. Parking.* Un élégant havre de paix et une des bonnes tables de la ville. Dans une maison du début du XXe s, surplombant l'océan et construite au milieu d'un petit parc. Belle déco intérieure. Au programme du resto, délicieux produits de la mer, comme ce homard grillé glacé au corail. Superbe terrasse avec piscine chauffée en saison face au grand large. Désir de rester ? Belles chambres, espace détente avec hammam, massages, fitness...

***Accès :*** dans le centre, à deux pas de l'église du Sacré-Cœur.

**€€€ 🏠 🍽 ☂ P Hôtel-restaurant Ty Mad***** – *plage Saint-Jean ☎ 02-98-74-00-53. • hoteltymad.com • Tlj sauf mar. Congés : 15 nov-8 mars, mais ouv fêtes de fin d'année. Formules déj 18-24 € ; menu 39 €. Parking.* Ancien presbytère de la chapelle Saint-Jean. Pour la petite histoire, Max Jacob aimait séjourner dans cet hôtel avec ses amis artistes dans les années 1930 (« *Ty Mad(e) cocagne* », plaisantait-il !). Aujourd'hui, c'est une adresse de charme à la déco sobre et contemporaine, dans un emplacement exceptionnel, sur le sentier côtier. Armelle Raillard cultive le bien-vivre, l'accueil et le confort (piscine, sauna, hammam, massages). Côté resto, nombreux produits bio et belle carte des vins. Une adresse qui a vraiment tout pour plaire !

***Accès :*** à 3,5 km du centre-ville, à Tréboul. Suivre la direction Tréboul, puis Plages.

## FOUESNANT 29170

**€ 🏠 🍽 ☂ P Hôtel de la Pointe de Mousterlin***** – *108, route de la Pointe-de-Mousterlin ☎ 02-98-56-04-12. ♿ Resto fermé dim soir-lun midi. Congés : 3 sem en fév-mars et 4 sem sur nov-déc. Menus 23 € le midi, 32-60 € le soir. Parking.* Avec leur esprit contemporain et leur déco réussie, les chambres restaurées (les anciennes sont plus classiques) dégagent une atmosphère très zen. Et puis, Gwenola et Jason Bayes-Morvan ont pensé à tout : piscine chauffée à 28° *(avr-oct),* sauna, jacuzzi, salle de musculation, terrains de tennis, bibliothèque, programmes quotidiens d'activités et de découvertes de la région. L'accueil est irréprochable. Au resto *L'Intemporel,* cuisine de la mer originale et créative, servie dans un décor cossu et confortable (tables bien séparées). Au bas de l'hôtel, l'océan, ses plages et ses dunes offrent une nature sauvage encore préservée. Table distinguée Logis.

***Accès :*** à 7 km du bourg.

**€€ 🏠 🍽 ☂ Hôtel de la Pointe***** – *153, av. de la Pointe-du-Cap-Coz ☎ 02-98-56-01-63. • hotel-capcoz.com • ♿ Resto tlj sauf dim soir, lun et mar midi hors saison ; lun midi, mar midi et mer en juil-août. Congés : janv-début fév et 1 sem début déc. Menus 32-74 € ; à la carte, env 65 €.* Situation superbe et dans la même famille depuis 3 générations. L'établissement comporte 2 salles de restaurant dont l'une, réservée aux hôtes de passage, donne sur l'anse de Port-la-Forêt. La table est, à juste titre, réputée dans toute la région. Et de belles chambres pour jouir plus longtemps des lieux !

***Accès :*** à 3 km du bourg.

## DANS LES ENVIRONS

### LA FORÊT-FOUESNANT
29940 (4 km NE)

**€€ 🍽 ☂ P Auberge du Saint-Laurent** – *6, route de Beg-Menez ☎ 02-98-56-98-07. Tlj sauf lun, plus mar* *hors saison. Résa conseillée. Formule déj 14,50 € ; menus 26,50-44 €. Parking.* Véronique et Philippe vous accueillent dans le cadre rustique et raffiné de cette belle auberge. Côté cuisine, Philippe prépare aussi bien des recettes traditionnelles qu'une cuisine imaginative, en fonction de la saison. Intéressant menu-découverte, avec sa tartine de maquereau mariné, purée de jeunes pousses d'artichauts et son cabillaud, mousseline de carottes au cumin...

**Accès :** sur la route touristique de La Forêt-Fouesnant à Concarneau.

## LANDÉDA 29870

**€€ | L'Écailler des Abers** – *Ar Palud, port de l'Aber-Wrac'h ☎ 02-98-37-42-87. Tlj sauf dim soir et mer hors saison ; service continu en juil-août. Congés : fin janv-début fév. Résa indispensable. Formules 13 € le midi en sem et 15 € le soir lun-jeu ; menu 28 €. Un kir offert sur présentation de ce guide.* Un intérieur de pierre et de bois agrémenté d'une déco marine chaleureuse. Une cuisine inspirée par le large et dépendante des arrivages, d'une fraîcheur régulière, d'une générosité sans faille. La poêlée des pêcheurs au jus de safran, spécialité de la maison, est particulièrement recommandable. Également des assiettes de fruits de mer. Service et accueil charmants. Une table sûre !

## LANDIVISIAU 29400

**€ | Hôtel-restaurant Le Terminus** – *94, av. Foch ☎ 02-98-68-02-00. Hôtel fermé le w-e. Resto ouv tlj sauf ven soir, sam et dim soir et soir des j. fériés. Menus 12,50 €, puis 14,20-19,20 € en sem ; 20,50-24,50 € le dim. Parking.* Un authentique « routier », et l'un des meilleurs du Finistère. Du nord au sud, on vous vantera son très copieux Menu ouvrier comprenant 2 entrées (dont fruits de mer), plat, légumes à volonté, salade, fromage, dessert, café et... le *kil* de rouge sur la table ! Imbattable. Excellente viande. D'ailleurs, le nombre de camions sur le parking témoigne du succès de la formule. Sinon, autres menus plus traditionnels et plateaux de fruits de mer. Chambres en dépannage seulement, si l'alcootest vous invite à ne pas reprendre le volant...

**Accès :** sur la route de Morlaix, à la sortie de la commune.

**€ | Le Mari de Cécile** – *26, rue de la Tour-d'Auvergne ☎ 02-98-68-19-78. Résa indispensable. Menus 9,80-11,50 €.* Le mari de Cécile est en salle et aux fourneaux. Un vieux rêve. Et comme sa femme, Cécile donc, à l'origine du festival de Poésie, il aime la poésie... et les enfants. D'où ce lieu atypique de resto-librairie qui combine l'esprit de famille (espace librairie et jardin clos pour les bambins sur lequel s'ouvre la jolie petite salle), et le bien manger. Car dans cette maison labellisée Crêperie Gourmande, la matière première est issue de producteurs locaux et les préparations sont maison. Spécialités goûteuses et originales tant dans le registre salé que sucré. Également des omelettes cuites sur bilig. L'accueil est adorable et le concept plaît beaucoup. *NOUVEAUTÉ.*

**Accès :** dans le centre, pas loin de la halle.

## LESCONIL 29740

**€ | Cantine de Mer Tara** – *Le Port, Quai-Ouest ☎ 02-98-82-27-43. 1er juil-21 sept, tlj sauf mar midi et jeu midi. Hors vac scol, tlj sauf mar midi, mer et jeu. Vac scol Pâques et Toussaint, tlj sauf mer soir et jeu. Congés : de mi-nov à fin mars. Formules déj sauf dim 14,50-18,90 € ; menus 23,90-29,50 €. Café offert sur présentation de ce guide.* Cantine colorée, ancien entrepôt mécanique, sur le port de pêche. Quelques tables à l'intérieur, avec vue dégagée sur la mer, et en terrasse. Amis viandards, passez votre chemin (même si la joue de porc y est fondante) : ici, la langoustine frétille dans l'assiette d'avril à mi-juillet, et le poisson toute l'année. À propos, goûter à l'étonnant poisson au « kombu » breton (algue brune, charnue et croquante tout à la fois !). Quelques spécialités devenues des classiques : tartare de thon à la mangue et lotte au lard et au cidre.

**€€ | Grand Hôtel des Dunes**** – *17, rue Laënnec ☎ 02-98-87-83-03. • grandhoteldesdunes.com • Ouv avr-oct, tlj sauf lun midi. Formules 11,50-19,10 € en sem ; menus 29,50-36,50 €. Parking. Digestif maison offert sur présentation de ce guide.* Ce grand établissement jouit d'une belle situation géographique : l'une des façades s'ouvre sur une immense dune qui va rencontrer la mer 80 m plus loin. Cuisine d'un bon rapport qualité-prix. Goûtez donc au homard grillé des dunes ou à la cassolette de Saint-Jacques parmi les spécialités de la maison.

**€€ Bistrot du Port** – *au port 02-98-87-81-07. Tte l'année, tlj juil-août sauf mer ; basse saison, fermé dim soir, lun, mar soir. Congés : 19 fév-15 mars. Formule 19 € sauf dim ; menu 31 €. Café offert sur présentation de ce guide.* Cadre contemporain plaisant et confortable. Poisson et fruits de mer d'une belle fraîcheur à la carte, ça va de soi. Sur l'ardoise, les poissons du jour suivant arrivage. Terrasse face au port. Belles chambres tout à côté.

## LOCQUIREC 29241

**€€ Restaurant du Port** – *5, pl. du Port 02-98-15-32-98. Tlj en été ; hors saison, tlj sauf mer-jeu. Formules déj 16,50-25 € sauf dim ; menus 28-32 €.* Ex-chef réputé de *La Pomme d'Api* Saint-Pol-de-Léon, Yannick a pris un nouveau départ, avec sa femme Saff, sur le croquignolet port de Locquirec. Toujours guidé par la passion du produit et du travail bien fait – jusqu'aux desserts –, il fait montre d'une précision redoutable et d'une incontestable inventivité. Dans la salle aux tons de bois, pierres apparentes et baie vitrée côté port (prolongée par une terrasse), Saff officie, pro et sympathique. Le couple loue 6 chambres dans les étages, toutes avec vue sur la mer (5 avec balcon), très bien refaites, mais chères.

## MORLAIX 29600

**€ Atipik Bilig** – *1, rue Ange-de-Guernisac 02-98-63-38-63. Ouv mar-sam, plus lun de mi-juil à fin août et j. fériés. Réserver. Repas env 15 €.* Cette crêperie de qualité occupe une véritable maison à *pondalez*. Optez pour une table devant la cuisine ouverte, et regardez la belle cage d'escalier au-dessus de vos têtes. Dans les assiettes, les galettes – et même les crêpes – sont originales, croustillantes et bien dorées. Dé-li-cieux ! Également des salades et des tartines. En prime : une salle à l'étage et belle terrasse prise d'assaut aux beaux jours, et un service aimable. Vraiment, *Atipik Bilig* a tout pour plaire !

**Accès :** près de la place des Viarmes, en centre-ville.

**€ Le Bains-Douches** – *45, allée du Poan-Ben 02-98-63-83-83. Tlj sauf sam midi, dim, lun soir et les j. fériés. Menus 14,80-17,80 € le midi, puis 24,50-28,50 €. Apéritif maison offert sur présentation de ce guide.* Un des restos les plus originaux de la ville. On a conservé le cadre des bains-douches du début du XXe s, avec la passerelle qui enjambe la rivière, les carrelages et la verrière d'origine. Atmosphère celtico-parisienne, sympa pour une cuisine de bistrot un poil tendance. On peut se régaler avec des viandes parfaites, parfois exotiques, comme du kangourou. Bons desserts.

**Accès :** en face du palais de justice.

**€€ Restaurant L'Évidence** – *4, rue Basse 02-98-15-58-25. Tlj dim-lun. Résa obligatoire. Formules déj 16-22 € en sem ; menus 27-70 € (avec ou sans vins).* En plein centre, ce restaurant, au décor dépouillé, est tenu par un jeune couple charmant. Elle accueille avec professionnalisme et décontraction. Lui œuvre avec talent aux fourneaux, mitonnant une cuisine de haute volée, créative, où l'assiette s'enlumine de fleurs comestibles. La carte évolue au gré du marché. La mer est grande pourvoyeuse, mais le pigeonneau rôti au chou ou les rognons de veau au wasabi tiennent de belles promesses. Pour le menu dégustation, c'est le chef qui décide ! Carte de vins à prix contenus.

## NÉVEZ 29920

**€ Crêperie le Triskell** – *18, rue de Port-Manech 02-98-06-68-10. Tlj avr-sept sauf mer et dim midi. Basse saison, ouv slt w-e (hors vac scol). Carte 12-15 €.* Un cadre chaleureux, un franc sourire, des matières premières de premier choix et des préparations fraîches font du *Triskell* une crêperie qui vaut le détour. Belles spécialités salées au blé noir, et côté froment, ne pas manquer la rafraîchissante « rhuba-frais » qui porte bien son nom. Bonnes glaces également.

**Accès :** près de l'école.

**€€€ Bistrot de l'Écailler** – *port de Kerdruc 02-98-06-78-60. Ouv avr-sept tlj sauf mar-mer hors saison et mar-mer midi en été. Carte 35-55 €.* Cadre élégant, décor marin très réussi et agréable terrasse pour déguster des fruits de mer d'une grande fraîcheur. Au tableau noir, ceux du jour. Terrasse chauffée avec superbe vue sur l'Aven et Rosbras.

**Accès :** 3 km à l'est de Névez.

**€€€ ⛱ P Hôtel-restaurant Ar Men Du***** – *47, rue des Îles ☎ 02-98-06-84-22. • men-du.com • ♿ Tlj sauf mar midi et mer midi. Congés : de janv à mi-mars et de nov à mi-déc. Menus 49-130 € ; carte 80 €. Parking. Un kir offert à l'apéro sur présentation de ce guide.* Luxe, calme et volupté à la mode de Bretagne dans ce *Relais du silence*. Planchers en teck et meubles de bateau. Accueil très agréable du propriétaire. On savoure une cuisine fine et inspirée, principalement tournée vers la mer et des arrivages minutieusement sélectionnés. Une maison de qualité, comme on dit !

***Accès :*** direction Trégunc, puis Névez (D77) ; suivre ensuite Raguenez.

## PLEYBEN 29190

**€€ 🏠 |●| ⛱ Auberge du Poisson Blanc** – *Rue des Ardoisiers, Pont-Coblant ☎ 02-98-73-34-76. Resto ts les midis, plus les soirs ven-sam ; auberge fermée dim soir et lun soir en saison. Congés : vac avr et nov. Formule déj 12,50 € ; menu 26 € ; carte env 25-30 €. Apéritif maison offert sur présentation de ce guide.* Au bord du canal de Nantes à Brest, cette auberge offre 5 chambres de confort correct et abrite également une bonne table. Plusieurs salles, dont une au bord de l'eau, pour déguster une cuisine copieuse et fine, avec des plats du terroir traditionnels et poissons, évidemment ! Accueil pro et affable. Bar où l'on rencontre les locaux.

***Accès :*** à Pont-Coblant, à 4,5 km sur l'ancienne route de Quimper en direction de Briec, par la D785.

## PLOUIDER 29260

**€€€ ⛱ P La Butte****** – *10, rue de la Mer ☎ 02-98-25-40-54. • labutte.fr • ♿ Tlj sauf lun (sauf clients de l'hôtel). Résa obligatoire. Formule 32 € le midi en sem (café compris) ; menus 59-118 € le soir. Parking.* Le patron (qui est aussi le chef en cuisine) et sa femme tiennent ce qui fut une petite affaire familiale il y a 3 générations, et qui vient aujourd'hui de connaître une bien belle métamorphose. Nicolas Conraux concocte avec brio *kig ha farz* et pigeonneau, lieu jaune de ligne, crème de potimarron à l'anis étoilé, ragoût de homard... Une cuisine gastronomique inventive respectueuse du terroir – le chef est d'ailleurs un Toqué de la pomme de terre – et de la saisonnalité. Une belle escale, d'autant que l'accueil est charmant et le service très pro. Et une sélection pointue de produits de terroirs vendus à l'épicerie *Le Comptoir de la Butte*. Table distinguée Logis.

***Accès :*** du centre, prendre la rue à gauche de l'église.

## PONT-AVEN 29930

**€ |●| ⛱ Les 3 Buis** – *6, rue des Abbés-Tanguy ☎ 02-98-09-43-17. ♿ Ouv tlj sauf lun en saison ; hors saison, fermé le soir dim et mar, plus mer. Congés : janv, 10 j. fin juin et 15 j. fin oct. Menus 20-24 € ; carte env 40-45 €. Café offert sur présentation de ce guide.* Dans une authentique maison de ville du XVII^e s, *Les 3 Buis* (du nom des 3 sœurs associées) propose une cuisine de saison, fraîche et inventive, qui privilégie le terroir dans l'origine des produits, mais donne aussi bien dans le terrien (jarret de porc *a la plancha*) que dans le maritime (Saint-Jacques, merlu...). Cadre vintage épuré mais chaleureux, aux tables suffisamment espacées pour préserver l'intimité des conversations, et belle salle baignée de lumière grâce aux baies vitrées. Aux beaux jours, tables en terrasse.

***Accès :*** dans le centre.

**€€ 🏠 |●| ⛱ Hôtel Les Ajoncs d'Or**** – *1, pl. Julia ☎ 02-98-06-02-06. • ajoncsdor-pontaven.com • Tlj sauf dim soir, plus lun hors saison. Congés : 2 sem en fév et 1 sem en oct. Formule déj 22 € ; menus 28 € (sauf dim)-50 € ; carte env 40 €.* Gauguin y séjourna lors de son dernier passage à Pont-Aven, en 1894. Au resto, bonne cuisine sous influence marine, avec farandole de coquillages farcis et gratin de noix de Saint-Jacques. Accueil chaleureux.

***Accès :*** dans le centre-ville.

**€€ ⛱ Sur le Pont** – *11, pl. Paul-Gauguin ☎ 02-98-06-16-16. ♿ Tlj sauf mer ; tlj en juil-août. Congés : 3 sem en nov. Résa conseillée, surtout en soirée. Formule 25 € le midi en sem ; menu 32 € ; carte env 40 €.* Les chaises Starck et les Andy Warhol aux murs contrastent avec la façade blanche. En cuisine, le chef, Frédéric Sébilleau, secondé par Fabrice, joue sur une carte courte. La précision des cuissons et la justesse des goûts offrent un bel équilibre.

***Accès :*** dans le centre-ville.

## DANS LES ENVIRONS

### RIEC-SUR-BÉLON

29340 (7 km S)

€ |●| ⛱ **Le Bistrot de Rosbras** – *47, rue des Voiliers, Rosbras ☎ 02-98-06-92-00. Ouv en saison slt, tlj sauf lun-mar midi. Menu 24 € ; carte env 40 €.* Très conseillé de réserver. D'abord, c'est une terrasse idyllique ; ensuite vous découvrirez une très belle cuisine pleine d'inspiration, des associations de saveurs qui enchantent sans cesse les papilles (ah, les rillettes de lapin). Au piano, une chef qui travaille les produits avec passion en respectant leur goût. Fruits de mer d'une fraîcheur absolue, joliment déclinés dans des plats savoureux, comme les ravioles de langoustines ou le risotto de moules, crevettes et chorizo... Service délié et souriant ; ici, les enfants se sentent bien. Rapport qualité-prix remarquable, une de nos plus belles découvertes !

***Accès :*** du centre de Riec (église), suivre pancartes Rosbras.

## PONT-L'ABBÉ 29120

€ |●| ⛱ **L'Esprit de Famille** – *15, rue Lamartine ☎ 02-98-70-96-04. ♿ Ouv jeu-sam, plus le midi des mar-mer. Formules 13,90-17,90 € ; carte 15-30 €.* S'intitule « cave à vins et cave à manger », c'est pas mal vu ! Ainsi, on traverse la riche cave à vins pour la vaste salle du milieu éclairée par une verrière. Les couleurs ne manquent pas dans l'assiette. Cuisine vraiment élaborée, voire inspirée et d'une belle fraîcheur, à base de très bons produits (notamment délicieuse charcuterie espagnole). Service souriant et bons conseils pour le choix des vins, mais on s'en doutait bien un peu !

## DANS LES ENVIRONS

### PLONÉOUR-LANVERN

29720 (6,5 km NO)

€€ |●| 🏠 ⛱ P **Manoir de Kerhuel** – *route de Quimper ☎ 02-98-82-60-57. ♿ Tlj, le soir slt, sauf dim hors saison. Congés : fév. Menus 27-45 €. Parking. Apéritif maison offert sur présentation de ce guide.* Dans un manoir authentique et bien cossu, au milieu d'un parc immense. Le must du lieu, c'est sa cuisine (resto ouvert aux gens extérieurs). D'un raffinement total, des associations de saveurs séduisantes, légumes bien choisis, cuissons parfaites et plein de petites attentions durant le repas : mignardises, pain et beurre maison... Le 1er menu, quant à lui, présente un rapport qualité-prix exceptionnel. De belles chambres pour d'autres beaux repas...

***Accès :*** par la D2 (route d'Audierne).

### POULDREUZIC

29710 (15 km NO)

€€ 🏠 |●| ⛱ P **Hôtel-restaurant Breiz-Armor***** – *Penhors-Plage ☎ 02-98-51-52-53. • breiz-armor.fr • ♿ Tlj sauf lun (ouv tlj juil-août). Congés : 1er janv (soir)-7 mars et 15 oct-7 nov. Menus 18,20 € le midi en sem, puis 26,50-52,90 €. Parking. Kir ou kir breton offert sur présentation de ce guide.* Hôtel très bien situé en bord de mer. Du béton, mais dans le style breton. On pardonne d'autant plus que l'atmosphère et les plats du chef sont là pour vous faire passer un bon moment (le chef s'appelle d'ailleurs Ségalen, une invitation au voyage... dans la gastronomie). Au resto, spécialités de poisson et de fruits de mer tout droit sortis du vivier en eau de pleine mer. Salle panoramique. Jacuzzi, sauna, billard, prêt de vélos, etc.

***Accès :*** par la D2 (route d'Audierne).

## PORSPODER 29840

€€ P **Hôtel Le Château de Sable****** – *38, av. de l'Europe ☎ 02-29-00-31-32. • lechateaudesablehotel.fr • ♿ Formule « bistronomique » 26 € le midi lun-sam et le soir dim-mar ; menus gastro le soir et dim midi 45-89 €. Parking.* Déjà bien occupé à restaurer son château de Kergroadez à Brélès, Franck Jaclin a transformé une ancienne colonie de vacances en un hôtel superbe, magnifiquement situé face aux dunes et à la mer. Larges baies vitrées partout, matériaux nobles, élégante déco contemporaine... Une merveille labellisée Éco-hôtel ! Sur les 27 chambres, 19 offrent une vue époustouflante sur la pointe de l'Europe, avec terrasse. Les autres donnent sur un jardin habité par des moutons d'Ouessant. Joli spa (massages). Le château de sable est aussi une table gastronomique réputée. Le jeune chef breton s'inspire de son terroir, de la richesse des produits tant maraîchers que de la mer, pour élaborer une cuisine simple et habilement revisitée, pleine de fraîcheur. Une très belle adresse, dans un site de toute beauté !

**Accès :** dans le centre.

## QUIMPER 29000

€ |●| ⛱ **Le Vieux Quimper** – *20, rue Verdelet ☎ 02-98-95-31-34. Fermé dim-lun et midi des j. fériés (slt dim en saison). Congés : 2 sem en janv et 3 sem en nov. Env 12-15 € le repas.* Sans doute l'une des plus vieilles crêperies de Quimper. Petite salle rustique avec ses meubles bretons et murs en pierre apparente. On se régale ici de bonnes crêpes traditionnelles, fines et croustillantes, accompagnées de cidre ou de gros lait. Bonne crêpe du patron aux sardines de la Belle-Îloise et autres sélections à l'ardoise.

**Accès :** dans le centre-ville, derrière le musée des Beaux-Arts.

€ |●| ⛱ **Le Petit Gaveau** – *14, rue des Boucheries ☎ 02-98-64-29-86. ♿ Ouv tlj sauf dim et lun soir, plus mar soir hors saison. Env 15-18 € à la carte.* Dans une ancienne cour du vieux Quimper transformée en brasserie branchée (les serveurs se la jouent quand même un peu !). Les instruments de musique sont accrochés au mur, sauf le piano qui trône au milieu de la salle sous une verrière. On peut manger façon snack, à midi, une salade qu'on compose soi-même, ou le soir, au son du piano, quelques plats plus élaborés du style filet de bœuf ou « religieuse de burger ». Musique le week-end.

**Accès :** en centre-ville.

€€ |●| ⛱ **Le Steinway** – *20, rue des Gentilshommes ☎ 02-98-95-53-70. Tlj midi et soir, sauf dim-lun. Résa conseillée le w-e. Formules déj 14,80-18,80 € ; le soir, menu unique 30 €.* Un peu à l'écart des flux touristiques, un resto plébiscité par les locaux pour la qualité régulière de sa cuisine. Cadre contemporain sans caractère particulier, mais offrant calme et confort : boxes, banquettes de moleskine et terrasse protégée sous l'œil vigilant d'un espadon. Grand choix à la carte, subtil sens des sauces, poisson cuit juste ce qu'il faut.

**Accès :** à proximité de la cathédrale, dans une rue parallèle à la rue principale (rue Kéréon).

€€ |●| ⛱ **Le Comptoir du Théâtre** – *pôle culturel Max-Jacob, 4, bd Dupleix ☎ 02-98-98-00-81. ♿ Tlj sauf dim et lun soir, plus le soir mar-mer. Formule déj 18-21 € ; menus 31-41 €. Carte 31 € min.* D'abord, c'est un lieu superbe, lumineux, avec une cuisine ouverte, un long couloir et deux belles terrasses. Ensuite, la liste est longue de ses fournisseurs, paysans de la terre et de la mer à qui il rend hommage, livrant de superbes produits dont Xavier va remarquablement mettre en valeur toutes les qualités (dont l'adorable petite vache pie noire bretonne). Respect des saveurs, associations de parfums harmonieuses, télescopages osés mais réussis, recherche de légumes oubliés vont faire naître des plats et des tapas savoureux... Quant aux vins, nombreux sont naturels, biodynamiques, et proviennent de petits propriétaires.

**Accès :** à côté de l'ancien théâtre.

## QUIMPERLÉ 29300

€ |●| ⛱ **Chez Chouchou** – *10, rue Savary ☎ 02-98-06-87-63. ♿ Tlj sauf dim, service 12h-14h sauf sam (plus le soir en juil-août). Congés : 10 j. en mars et 10 j. en oct. Plats 10-15 €.* Cadre particulièrement éclectique, coloré et chaleureux (boxes confortables, lustres de cristal, objets vintage et de nombreux clins d'œil !). Bonne cuisine classique servie avec une générosité incroyable (tartare, saucisse de Toulouse, steak de thon, etc), beaux desserts s'il reste de la place (*panacotta* aux fruits rouges). Service détendu, atmosphère gentiment bruyante et conviviale. Toujours plein, il doit bien y avoir une raison !

**Accès :** dans le centre.

€ |●| **La Coulée Douce** – *2, rue de la Tour-d'Auvergne ☎ 02-98-35-11-27. ♿ Tlj sauf dim soir, lun et jeu soir hors saison. Congés : 10 j. fin fév, 10 j. en mai et 15 j. début sept. Formule déj 14,50 € ; menus 23,50-33 €.* Cadre agréable, mais aux beaux jours ne pas manquer de réserver sur la passerelle protégée (le clapotis de l'eau couvre presque le bruit des voitures). Cuisine traditionnelle bien troussée à partir de produits locaux. Belle et fraîche assiette de fruits de mer, spécialité d'agneau en croûte d'ail et fines herbes. Bon accueil et service souriant.

**Accès :** dans le centre.

€€€ **La Cigale Égarée** – *rue d'Athenry, à Villeneuve-Braouic ☎ 02-98-39-15-53. Tlj sauf dim-lun ; plus mer soir oct-mai. Congés : 1 sem en fév, 2 sem en oct et 1 sem à Noël. Plat du jour 18 € ; formules 24-28 € le midi (sauf j. fériés) ; menus 45-102 €. Parking.* Contrairement aux apparences, *La Cigale* n'a pas cessé de chanter en s'installant dans cette grande maison rose entourée d'arbres fruitiers. Son interprétation de la cuisine nous emmène sur des chemins de traverse, où règne un parfum d'aventure entre terre de Bretagne et parfums de Provence. Une belle cuisine de marché, inventive sans être frimeuse. Une vraie symphonie culinaire. Desserts tout aussi appétissants. Service décontracté et charmant.

**Accès :** à l'entrée de la ville en venant de Lorient.

## ROSCOFF 29680

€ **Crêperie de la Poste** – *12, rue Gambetta ☎ 02-98-69-72-81. Tlj sauf mar, plus mer hors saison. Congés : 20 nov-20 déc. Résa indispensable. Carte, compter 15-20 €. Kir breton offert sur présentation de ce guide.* Dans une maison d'angle, la salle chaleureuse, au plafond bas et aux poutres apparentes, est dotée d'une belle cheminée de pierre. À la carte, on a un faible pour la « Guéménoise » (oignons rosés, fromage et andouille) et, en dessert, on s'est régalés d'une crêpe pomme caramel maison et amandes. Les moules-frites y sont aussi disponibles toute l'année. Bon cidre brut bio pour arroser le tout.

€ **Le Brise-Lame** – *quai d'Auxerre ☎ 02-98-19-31-49. Tlj sauf mar (et mer en basse saison). Menus 14,50-22 € (2-3 plats).* Ouvert par deux anciens des Alizés, ce petit resto sans prétention visuelle (la façade est même mochouille), posé face au port, mitonne une cuisine moderne, inventive, élégante, sublimant les produits locaux et de saison sur des notes volontiers ludiques – dans un esprit constant de « fait maison ». Ici, tout se choisit à l'ardoise. On y a dégusté, par exemple, des rillettes d'aiglefin servies dans une boîte de sardine ! En prime : le pain du jour maison et un petit choix de vins au verre dès 2 €. On n'y va pas, on y court. *NOUVEAUTÉ.*

**Accès :** sur le port, après l'office de tourisme, vers l'aire de jeux.

€ **Chez Janie** – *5, rue Gambetta ☎ 02-98-61-24-25. • chezjanie.fr • Tlj sauf lun hors saison. Formule déj 17,50 €.* C'est ici que les « Johnnies » attendaient jadis le bateau pour l'Angleterre. Les chefs, issus d'une famille de poissonniers et de producteurs d'algues, mettent en avant les produits de la mer – et les bons légumes du Léon. Parmi les spécialités : le ragoût de homard. Il y a aussi quelques viandes, façon millefeuille de blé noir et andouille. On déguste le tout en terrasse, face aux bateaux. Le bonheur.

**Accès :** sur le port.

€€ **Les Alizés** – *37, rue de l'Amiral-Courbet ☎ 02-98-69-75-90. Ouv tlj sauf dim soir-lun hors saison. Résa indispensable. Formules 17-18,50 € le midi en sem ; menus 25-36 € le soir et carte env 30 €.* Face au vieux port que l'on admire à travers une immense baie vitrée, on s'attable dans une belle salle lumineuse à l'esprit contemporain ou en terrasse, à l'extérieur. L'atmosphère est un poil chic, mais pas guindée. Dans les assiettes, une cuisine aussi à l'aise avec le poisson qu'avec la viande, et la fraîcheur des produits est garantie. Une adresse qui fait l'unanimité à Roscoff !

**Accès :** par le quai d'Auxerre.

€€€ **Le Rackham** – *27, pl. Lacaze-Duthiers ☎ 02-98-61-14-23. Ouv tlj sauf dim soir, lun et mar midi. Congés : janv. Résa indispensable. Formules déj 25-30 € ; menus 48-88 € ; carte env 55 €.* Dans la famille Peran, les parents tiennent l'hôtel et le fils, Arthur, joue du piano ! En obtenant une étoile après quelques mois d'ouverture, ce cuistot, pas trentenaire, formé par Guy Savoy entre autres, prouve qu'il en a sous la pédale. Entouré d'une jeune équipe, rencontrée dans les cuisines de palaces parisiens, il réalise une cuisine fine, imaginative, ludique. Gastronomique. Mais pas prétentieuse pour autant : on a en bouche le goût du bon produit, en provenance du marché et du grand large. Entre la vue éblouissante sur la mer, le ballet stylé des serveurs, celui des entremets et plats aux présentations graphiques, on ne s'ennuie pas ! Un vrai trésor, ce *Rackham*.

## SAINT-GUÉNOLÉ-PENMARCH 29760

€€ 🏠 |●| ☂ P **Hôtel-restaurant Ste-renn** – *432, rue de la Joie ☎ 02-98-58-60-36. ♿ Tlj sauf lun, plus dim soir hors juil-août. Congés : 10 déc-23 janv. Formule déj 20 € ; menus 28-69 €. Parking.* Petit hôtel-resto à l'architecture contemporaine, mais au caractère familial. Accueil charmant. Très belle cuisine de la mer. Plats ultrasoignés et poisson cuit à la perfection. Quelques sous encore, prenez le beau menu gastro !

***Accès :*** au sud de la ville, sur la D80, vers la pointe de Pennarch. À deux pas de la plage.

## SAINT-POL-DE-LÉON 29250

€ |●| ☂ **Dans la Grand'Rue** – *8 bis, rue du Général-Leclerc ☎ 02-98-19-16-24. ♿ Tlj 15 juin-15 sept ; fermé dim et mar soir le reste de l'année. Congés : 3 sem en mars. Formules déj en sem 9,50-14,30 € ; menus 20-32 € ; carte env 24 €. Digestif maison offert sur présentation de ce guide.* Ils ne sont pas Hollandais, et pourtant tout est orange, ici : la façade, les murs, et jusqu'aux tables ! Pas de mimolette au menu, mais une cuisine de saison mettant en valeur les produits du marché avec, bien sûr, l'artichaut farci en vedette. Il y a aussi de grosses salades et, pour les bourses économes, galettes et crêpes. Les aficionados apprécieront la carte des whiskys (une centaine de références).

€€€ **La Pomme d'Api** – *49, rue Verderel ☎ 02-98-69-04-36. Tlj sauf dim soir-lun. Formule déj 25 € (verre de vin compris) ; menus 49-105 €.* Dans cette belle demeure bretonne du XVIe s se cache l'une des plus belles tables étoilée de la région (l'une des plus chic aussi). Dès les mises en bouche, nos sens se mettent en alerte. Jérémie Le Calvez démontre une vraie créativité et une belle maîtrise technique, de l'entrée au dessert. Pour ne pas risquer l'infarctus du portefeuille, misez donc sur le menu du midi, d'un excellent rapport qualité-prix.

***Accès :*** direction Roscoff ; dans le centre-ville, proche de la cathédrale.

## SAINT-THÉGONNEC 29410

€ |●| ☂ **Crêperie Steredenn** – *6, rue de la Gare ☎ 02-98-79-43-34. ♿ Fermé lun-mar hors saison. Congés : déc-janv. Carte env 15 €.* La qualité de cette crêperie, ouverte depuis plus de 30 ans, reste immuable. Les nouveaux propriétaires ont dignement repris le flambeau. Dans 3 pièces accueillantes, dont une est réchauffée par le feu dans la vieille cheminée en pierre, ils proposent une carte pléthorique de délicieuses galettes et des suggestions du jour suivant les saisons. Les froments, généreuses et goûteuses, se défendent pas mal non plus. Nos préférées : la « Saint-Thégonnec » (tomates et oignons cuisinés maison, jambon et une pointe de curry) et « L'Interdite » (caramel et chocolat maison). Pour accompagner, un bon cidre du cru ou une infusion bio.

€ 🏠 |●| ☂ P **Auberge Saint-Thégonnec***** – *6, pl. de la Mairie ☎ 02-98-79-61-18. ● aubergesaintthegonnec.com ● ♿ Resto fermé sam midi, dim soir et lun midi en saison ; sam midi, dim et lun hors saison. Congés : de mi-déc à mi-janv. Formule 20 € le midi en sem ; menus 23-48 €. Parking.* L'un des plus beaux établissements du circuit des enclos. Reprise par un jeune couple, la maison opère une rénovation en douceur, notamment côté hébergement. Chambres de bon confort, spacieuses, lumineuses et calmes. En particulier celles ouvrant sur le jardin à l'arrière. Côté restauration, une table réputée pour sa cuisine fine, à vocation gastronomique. Tables nappées et joliment dressées. Accueil discret, gentil comme tout. Seul reproche, le petit déjeuner trop basique et pas à l'image de la belle cuisine servie au restaurant.

## DANS LES ENVIRONS

### PLEYBER-CHRIST
29410 (7 km SE)

€ |●| **La Crêperie des Fougères** – *3, pl. Gambetta ☎ 02-98-78-52-96. Résa préférable. Env 15 €.* Michèle Caroff aime son métier, et cela se sent aussi bien dans l'attention qu'elle donne à ses clients que dans l'art de préparer les crêpes. Son secret ? Une bonne farine, issue du moulin de Keranot, à Saint-Thégonnec, et une pâte battue à la main pour plus de légèreté ! Elle prépare aussi son appareil tous les soirs afin de laisser le temps à la pâte de bien reposer, et ajoute un soupçon de miel dans son blé noir. Résultat : les crêpes sont savoureuses, bien garnies, et surtout servies « kraz », c'est-à-dire bien cuites et beurrées, comme on les aime. Michèle pense prendre prochainement sa retraite, mais, qu'on se rassure, elle promet de rester quelque temps en cuisine pour former ses successeurs ! Cadre bretonnant chaleureux. On adore. *NOUVEAUTÉ.*

***Accès :*** par la D712 vers Plounéour-Ménez.



# Ille-et-Vilaine (35)

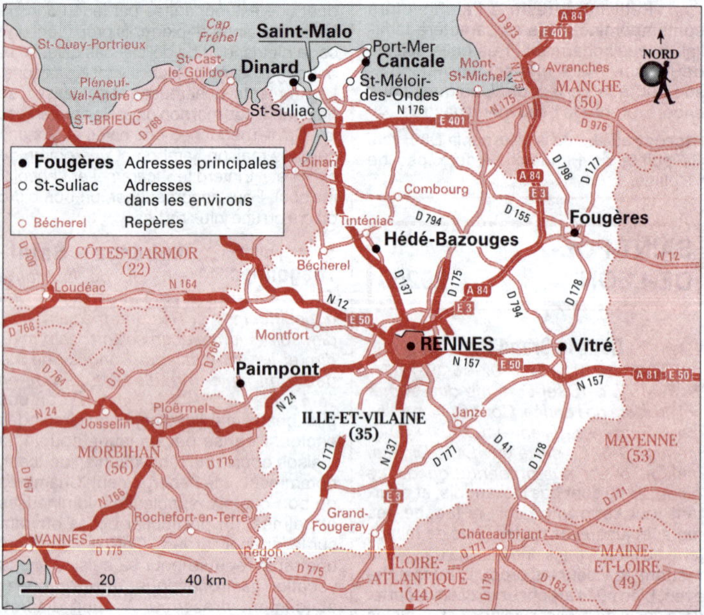


## CANCALE 35260

**€ 🍽 Crêperie l'Hirondelle** – *116, rue du Port ☎ 02-99-89-91-31. Tlj sauf mer-jeu hors saison. Congés : 3 sem début janv et 15 nov-22 déc. Formule express 9,90 € ; carte 15 €. Café offert sur présentation de ce guide.* Une adresse à l'écart de la ribambelle de restos du bord de mer, qui remporte régulièrement des prix. La galette à la sardine grillée et à la tomate déglacée au vinaigre celtique semble déjà incontournable. Pâte délicieuse, produits frais et prix doux.

***Accès :*** dans la petite rue qui descend au port de la Houle.

**€€ 🍽 ☂ Restaurant Côté Mer** – *4, rue E.-Lamort ☎ 02-99-89-66-08. Tlj sauf mer, plus dim soir et mar soir en hiver (sauf vac scol). Formule 25 € le midi en sem ; menus 30-55 € ; plateau de fruits de mer sur commande 24h à l'avance.* À l'écart du centre, dans une élégante demeure surplombant l'océan, vous devriez passer un joli moment à la table de Guillaume Tirel. Ce restaurant, qu'il tient avec son épouse et une équipe de choc, semble cultiver une atmosphère de vacances hors du temps. Un lieu idéal pour déjeuner sous la véranda aux beaux jours, ou pour passer une charmante soirée et déguster des produits de la mer très frais, travaillés avec savoir-faire.

**Accès :** sur la route de la Corniche.

€€ **L'Arrière-Cour** – *18, quai Gambetta ☎ 02-23-15-35-28. Tlj sauf mar (lun-mer hors saison). Formule déj 15 € ; carte 25-30 €.* Grégory, en salle, et Fabienne, en cuisine, ont redonné vie et couleurs au vieil hôtel de la Houle, et c'est bon de se retrouver là, attendant au bar de trouver une place en terrasse, côté cour. Cuisine d'ici aux saveurs d'ailleurs, et vice versa, sur fond de déco vintage et de vraie convivialité. *NOUVEAUTÉ.*

€€€ **Breizh Café** – *7, quai Saint-Thomas ☎ 02-99-89-56-46. • breizhcafe.com • Tlj sauf mar-mer (la Table). Carte 20 € à la crêperie. Menus 38-48 € (déj à la Table), 75 € (dîner).* Au rez-de-chaussée, une crêperie qui mérite tous les éloges. À l'étage, une table japonaise chic et inspirée, car le propriétaire du *Breizh Café,* Bertrand Larcher, partage sa vie entre la Bretagne et le Japon, où il possède une dizaine de crêperies.

**Accès :** au pied du phare.

## DANS LES ENVIRONS

### PORT-MER 35260 (5 km N)

€ **Restaurant Le Cap Chausey** – *5, rue des Frères-Feyen. Tlj sauf dim soir et lun, mar soir et mer soir en intersaison (tlj en juil-août). Congés : des vac scol de Toussaint aux vac scol de fév. Formule 19 € en sem ; menus 22-29 €.* À l'écart, au bout de la plage, un resto qui sent bon les vacances, même pour les Bretons, c'est tout dire. Réservez pour avoir une table en terrasse, sinon salle sympa avec au plafond une reprographie d'une œuvre de Philippe Kalves, artiste local portant un regard atypique sur le monde des marins. Pour ceux qui préfèrent savoir ce qu'il y a dans leur assiette, pas d'inquiétude : ici, malgré le monde, on fait dans la friture extra, la belle dorade ou la margate sauce gribiche – en saison – un vrai bonheur. Bar de plage, aussi, avec crêpes et glaces, selon l'envie. *NOUVEAUTÉ.*

### SAINT-MÉLOIR-DES-ONDES 35350 (7 km SO)

€€€ **Le Coquillage, Bistrot Marin** – *Château Richeux, Le Point du Jour, route du Mont-Saint-Michel ☎ 02-99-89-64-76. • maisons-de-bricourt.com • Menus 35 € le midi en sem, puis 68-139 €. Parking. Café offert sur présentation de ce guide.* Ce ravissant manoir balnéaire des années 1920 abrite la table de charme d'Olivier Roellinger, cuisinier breton au long cours. Ambiance maison de campagne à tous les étages, tissus à carreaux et plaids en tweed, fauteuils en cuir et, surtout, une vue époustouflante sur la mer. La carte propose le meilleur de la terre et de la mer réconciliées, et une formule déjeuner épatante. Terrasse et jardins pour de mémorables repas sur l'herbe, aux beaux jours.

**Accès :** par la D76, en direction de Radegonde. Sur la D155.

## DINARD 35800

€€ **L'Aventure** – *4, rue Yves-Vernay ☎ 02-99-46-43-32. Tlj sauf mer soir hors saison. Formules 13,50-18 € le midi sauf dim ; menus 25-29 €.* À 200 m de la plage de l'Écluse, un bar-restaurant-brasserie avec petite terrasse pour se restaurer ou boire un verre, et très jolie salle intérieure. On y sert une cuisine soignée avec des produits frais qui suivent le marché et les marées : filet de saint-pierre au crumble de chorizo, brochette de Saint-Jacques et bar entier rôti... Service aimable et diligent.

**Accès :** en ville, juste après le rond-point du Maréchal-Joffre.

€€ **Le Café Rouge** – *3, bd Féart ☎ 02-99-46-70-52. Fermé lun. Congés : env 10 j. en fév et quelques j. fin juin. Formules déj 16,50-19,50 € ; menus 27-48,50 €.* À 150 m de la plage de l'Écluse, une adresse rouge... et noir, de grande qualité. Fruits de mer extrafrais, service familial enjoué et souriant et, dans la longue carte, quelques plats phares : homard risotto, lieu jaune purée aux truffes, pintade fermière foie gras pain d'épice. Terrasse extérieure d'où l'on peut apprécier les rayons de soleil au couchant (le seul resto de Dinard à avoir ce privilège, vu son orientation).

**Accès :** au-dessus de la plage de l'Écluse, à côté de l'hôtel de la plage.

€€ **Le Balafon** – *31, rue de la Vallée ☎ 02-99-46-14-81. Ouv tlj sauf lun en saison ; dim soir, lun et jeu soir hors saison. Congés : 3 sem nov-déc. Formule déj 18 € ; menus 29-39 € et carte.* Jolie salle de bistrot, petite terrasse à l'avant sur rue, et surtout une tonnelle à l'arrière, divine aux beaux jours... L'ardoise fait la part belle aux poissons – mais pas que – et légumes de saison, pour une cuisine de marché goûteuse, savamment revisitée. Madame, au salé, et Monsieur, au sucré et au service, ont acquis une belle expérience dans le gastro. Un professionnalisme qui se retrouve dans l'assiette. Mention spéciale au baba au rhum à l'ananas rôti, un must !

***Accès :*** près de la place du Marché.

**€€ Restaurant Didier Méril** – *1, pl. du Général-de-Gaulle ☎ 02-99-46-95-74. Formule déj 27 € ; menus 31-90 €.* Un cadre assez unique, avec vue sur la mer, la plage, les jardins. C'est aussi l'une des meilleures tables de Dinard, tenue par un chef qui a le goût des belles et bonnes choses. Ambiance contemporaine dans une salle avec vue à 200 degrés sur la mer. Mais vous n'aurez d'yeux que pour votre assiette, tant la présentation est originale et soignée, et la cuisine inventive et délicieuse, y compris au 1er menu. La carte, essentiellement à base de produits de la mer, change régulièrement, mais quelques spécialités s'imposent, dont le saint-pierre au caramel d'épices.

***Accès :*** face à l'église du Prieuré.

## FOUGÈRES 35300

**€ TiVabro** – *13, pl. du Marchix ☎ 02-99-17-20-90. Tlj sauf lun, mer soir et dim soir. Carte env 15 €. Café offert sur présentation de ce guide.* Dans une belle maison à colombages, typique de ce quartier médiéval. Des galettes au bon goût de blé noir (IGP), mais surtout de bon beurre de ferme, de fromage au lait cru, de charcuterie locale. Et pas moins de 12 cidres au choix. Une Crêperie gourmande qui porte bien son nom et fait honneur au label. Cadre agréable et service souriant.

***Accès :*** au pied du château.

**€€ Galon Ar Breizh** – *10, pl. Gambetta ☎ 02-99-99-14-17. Tlj sauf sam midi, plus ven soir hors saison (ouv slt sur résa le midi avr-fin oct). Formule déj 17 € en sem ; menus 25-48 €.* C'est l'institution fougeraise, le restaurant de l'*Hôtel des Voyageurs*. Son nom *Galon Ar Breizh* signifie « cœur de Bretagne ». Et comme la cuisine bretonne tient au cœur du chef, Maître restaurateur amoureux de son terroir, ça tombe bien. La salle à colonnades a été judicieusement conservée, dans la sobriété et l'élégance des boiseries. Service impeccable, loin d'être pesant. La même équipe a ouvert le restaurant *Casse-Graines* au parc botanique de Haute-Bretagne, à 10 minutes de là.

***Accès :*** en centre-ville.

## HÉDÉ-BAZOUGES 35630

**€ Crêperie les Fées Gourmandes** – *9, pl. de la Mairie ☎ 02-99-45-42-77. Tlj sauf mar-mer, plus mar midi hors saison. Congés : 15 j. en mars et 3 sem en oct. Résa conseillée. Formule déj en sem 12 € et menu galette 10,50 € le midi ; carte env 15 €. Bolée de cidre ou jus de pomme local offert(e) sur présentation de ce guide.* L'info circule comme une traînée de poudre : deux fées (une mère et sa fille) régalent les gourmands de délicieuses galettes réalisées exclusivement avec des produits locaux : sarrasin breton, et liste de fournisseurs affichée sur la carte pour tous les autres ingrédients. Dans la formule du jour, du poisson que s'il est frais ! Crêpes excellentes, et ça se sait ! Résa indispensable, car la petite salle ne comprend qu'une poignée de tables (30 couverts). Plus facile de trouver une place au débotté l'été, lorsque la petite terrasse s'étend sur la place.

***Accès :*** au cœur du village.

**€€ Le Vieux Moulin** – *vallée des Moulins ☎ 02-99-45-45-70. • levieuxmoulin-hede.com • Fermé dim soir, lun et mar midi en saison (et ts les midis en sept-avr). Menus 26-33 €.* Au pied des jolis remparts de Hédé. Dans une longère en pierre, typiquement bretonne, belle salle de style traditionnel refaite dans des teintes gris et rouge bien actuelles. Bonne cuisine terre-mer dans la tradition et menu spécial le soir de la Saint-Patrick (le 17 mars), en hommage aux origines irlandaises du patron, Fergal. Accueil fort sympathique.

***Accès :*** par la D795. Sur la D637, à l'extérieur du village (suivre fléchage).

## PAIMPONT 35380

**€ Le Relais de Brocéliande***** – *5, rue des Forges ☎ 02-99-07-84-94. • relais-de-broceliande.fr • Au resto, formule le midi 14,50 € ; menus 18-34 €. Parking. Apéritif maison offert* *sur présentation de ce guide.* Une belle auberge de campagne, très prisée par la clientèle qui en apprécie le standing autant que l'emplacement. Une belle adresse où l'accueil du patron – doté, par ailleurs, d'une bonne dose d'humour – s'avère particulièrement chaleureux et attentionné. Bonne restauration locale servie dans une grande et belle salle lumineuse ou en terrasse.

**Accès :** dans le centre du village, immanquable !

## RENNES 35000

€ |●| ☂ **Crêperie Saint-Georges** – *11, rue du Chapitre (A2-14) ☎ 02-99-38-87-04. Tlj sauf dim-lun et j. fériés. Congés : 24 déc-1er janv. Formules déj 8,70-12 € ; repas env 20 €. Kir maison offert sur présentation de ce guide.* Dans une belle demeure à pans de bois, une crêperie digne d'un magazine de mode, un accueil et une qualité qui tiennent le haut du pavé ! Large éventail de galettes qui portent le nom de célèbres Georges, d'Armani à Washington. À peine plus cher qu'une crêperie traditionnelle, avec des recettes originales en plus, et surtout un excellent résultat côté assiette. Bonne idée d'associer chaque galette à un vin servi au verre. Également 2 salles à l'étage et une cour intérieure joliment aménagée, et couverte en hiver. Une autre adresse : *17, rue Jules-Simon.*

€ |●| **Le Bocal** – *6, rue d'Argentré (A2-12) ☎ 02-99-78-34-10. Tlj sauf sam-dim et j. fériés. Congés : 2 sem en fév et 4 sem en août. Formule déj 13,50 € ; plats 14-17 €.* Un petit restaurant pour se retrouver entre amoureux de la vie, à deux ou plus, mais pas trop, car la place est comptée. Cuisine saine, goûteuse, à partager. Cuissons justes, assaisonnements maîtrisés. Service souriant. Que du bonheur.

€€ |●| **Le Globe** – *32, bd de la Liberté (A2-9) ☎ 02-99-79-44-44. Tlj sauf dim et le soir lun-mar. Fermé les j. fériés. Congés : 2 premières sem d'août. Formules déj 13,50-16,50 € ; carte 25-30 €.* Le bistrot a du cachet, et on s'y sent bien. On a eu le nez creux en choisissant la pluma de cochon ibérique, mais la joue de veau ou le filet de merlu valent autant le détour ! Le chef est à cheval sur la qualité et la provenance de ses provisions. À midi, mieux vaut réserver : la jolie sélection de plats fait déplacer une bonne partie du quartier ! Quant au service, il est alerte et sympathique !

€€ |●| ☂ **Essentiel** – *11, rue Armand-Rébillon (hors plan par A1-13) ☎ 02-99-14-25-14. ♿ Tlj sauf sam midi et dim. Congés : 1re sem de janv, 1er-8 mai et 1er-21 août. Menu déj en sem 23 € ; le soir, menus 32-44 €.* Difficile de ne pas être intrigué par ce cube noir en verre et métal, posé sur les bords du canal Saint-Martin. Il abrite une salle de restaurant design où l'on goûte une cuisine de haute volée, créative sans être prétentieuse. La chef travaille de préférence les produits locaux et les épices, dans un juste équilibre. Une belle surprise sans note discordante, voilà ce qu'on peut espérer dès le 1er menu du déjeuner. Prenez une table près des baies vitrées au 1er étage ou en terrasse, au bord de l'eau, en été. Accueil charmant.

**Accès :** sur les bords du canal Saint-Martin.

€ |●| ☂ **Les Grands Gamins** – *40, mail François-Mitterrand (hors plan par A2-10) ☎ 02-23-25-89-11. Tlj 10h-22h (1h ven-sam ; 17h dim). Formules déj 9,90-12,90 € ; brunch sam-dim en 2 services 11h30 et 13h30 ; carte 16-20 €.* L'adresse pour trentenaires qui donne un coup de jeune et un petit air de fête au mail Mitterrand. Déco pierre-bois-métal, vieux meubles et objets chinés à l'intérieur. On choisit à l'ardoise, on règle et on va se poser, au fond de la salle ou sous les arbres du cours, selon l'heure et la saison. Des jeux pour les petits et les grands gamins, des journaux, des bouquins - chacun passe son temps comme il l'entend. Burgers, petits plats dans l'air du temps, salades le midi, planches végé ou mixtes, le soir. *NOUVEAUTÉ.*

€ |●| **Le 2 rue des Dames** – *2, rue des Dames (A2-11) ☎ 02-99-03-61-06. Tlj sauf dim-lun. Résa recommandée. Formules déj 13-17 € ; menu le soir 25 €. Café offert sur présentation de ce guide.* C'est en tandem bien rodé que deux frangins, l'un en salle, l'autre aux fourneaux, se sont lancés dans l'aventure d'une restauration bretonne décomplexée, sur fond de déco vintage, poutres et pierres apparentes, et leurs clients sont vite devenus des fidèles ! La recette gagnante : des produits frais (poisson pêché la veille par les marins du Guilvinec), des plats pas sophistiqués et adroitement réalisés. Petit bout de terrasse, on vous prête un canotier les jours de grand soleil.

€ |●| ⛱ **Le Gourmet en Ville** – *12, rue du Maréchal-Joffre (angle rue Vasselot) (B2-17) ☎ 09-83-48-88-77. Tlj sauf dim-lun. Formules déj 12-18 € ; carte 25 €.* Une des bonnes pioches du moment, si vous arrivez un jour où il n'y a pas trop de monde sur le petit bout de terrasse ou dans les deux salles. Les cuistots travaillent à vue, derrière le comptoir (un *food-truck* amélioré, en somme), l'ambiance est décontractée, les gourmets ici ne se la pètent pas, il se régalent d'un tartare de thon tandis que leur voisin avale un burger maison pas triste. *NOUVEAUTÉ.*

€€ |●| ⛱ **Les Carmes** – *2, rue des Carmes (B2-15) ☎ 02-99-79-28-95. Tlj sauf dim-lun. Le midi (sauf sam), formule et menu 17-20 € ; autres menus 32-49 €.* Une table métamorphosée qui fait désormais dans le bistrot chaleureux, le décalé chic tout en restant d'une totale sincérité. Travail sérieux dans l'assiette, à base de produits locaux et selon arrivage, pour un résultat des plus emballants. Gustativement, visuellement, c'est très fort. L'ardoise est courte, le travail précis, les mariages terre-mer, une réussite. Bon choix de vins au verre avec une ouverture sur les vins nature. *NOUVEAUTÉ.*

## SAINT-MALO 35400

€ |●| ⛱ **Les Charmettes** – *64, bd Hébert Tlj avr-nov. Plat du jour le midi en sem 10 € ; plats 10,50-20 €.* Il n'y a pas que les clients de l'hôtel qui peuvent profiter de cette terrasse ventée (superbes girouettes !) et vantée face à l'île de Cézembre. Une équipe de pros, dans la cuisine de poche, réussit à envoyer des plats iodés et colorés à une belle cadence. Un lieu où l'on se sent à l'aise, au milieu des habitués, car personne n'est oublié. *So charming. NOUVEAUTÉ.*

€€ |●| ⛱ **Le Bulot** – *13, quai Sébastopol, Saint-Servan ☎ 02-99-81-07-11. Tlj sauf dim soir hors saison ; tlj en juil-août. Formules 14-17 € le midi en sem ; menu 25 € ; carte 30-35 €.* Vue imprenable, petite terrasse plein sud, ambiance aussi gourmande que décontractée. À l'ardoise, cuisine maison avec que des plats du moment qui donnent faim : brandade de morue... et des plats de grand-mère en hiver, si vous repassez par là. Bistronomiquement vôtre !

***Accès :*** au pied de la tour Solidor à Saint-Servan.

€€ |●| ⛱ **Bouche en Folie** – *14, rue du Boyer 📱 06-72-49-08-89. Tlj sauf mar-mer. Congés : janv et de nov à mi-déc. Formules déj 17,90-21,90 € en sem ; menus 26-30 €.* Un joli petit resto, avec une agréable terrasse où il fait bon se poser. Le chef Mathieu Bouchand met ici un point d'honneur à choisir les meilleurs produits de saison. Résultat, la cuisine est fraîche, légère, savoureuse, et revisite agréablement le terroir breton. Prix doux et bel accueil.

***Accès :*** intra-muros, tout près du commissariat.

€€ |●| ⛱ **La Cale** – *5, quai Solidor, Saint-Servan ☎ 02-99-81-99-34. ♿ Tlj sauf lun soir-mar. Congés : 8 janv-10 fév et 15 nov-15 déc. Formules 15-20 € le midi en sem ; menus 26-30 € ; carte env 40 €.* De la terrasse aux beaux jours, belle vue sur la tour Solidor. Petite salle simple et chaleureuse décorée sur le thème de la mer. La carte n'est pas très longue mais elle est rassurante et vraie. Tout est frais et bon. Cuisine de la mer en priorité. Cuisson juste, présentation soignée, prix à la hauteur de la prestation et bel accueil.

***Accès :*** tout près de la tour Solidor à Saint-Servan.

€€ |●| **Chez Gilles** – *2, rue de la Pie-qui-Boit ☎ 02-99-40-97-25. Tlj sauf mer, plus jeu hors saison. Congés : déc-janv. Formule déj en sem 19 € ; menus 25 € le midi en sem, puis 31-36 €.* Des produits frais à peine sortis de l'océan, travaillés avec amour et passion, et servis dans le cadre douillet et gentiment bourgeois d'une salle qui sait conserver une certaine intimité. Poisson cuit juste comme il faut, sauces fines et parfumées. On profite des qualités de cette cuisine « récréative » dès les 1ers menus. Une des adresses qui tiennent le cap depuis près de 25 ans !

***Accès :*** par la porte de Dinan, 5e rue à gauche.

€€ |●| **Le Bistrot du Rocher** – *19, rue de Toulouse ☎ 02-99-40-82-05. Tlj sauf mar soir-mer. Formule déj 20 € ; carte 36 €.* Sympathique intérieur de bistrot, tout en bois, où l'on vous sert une déli-

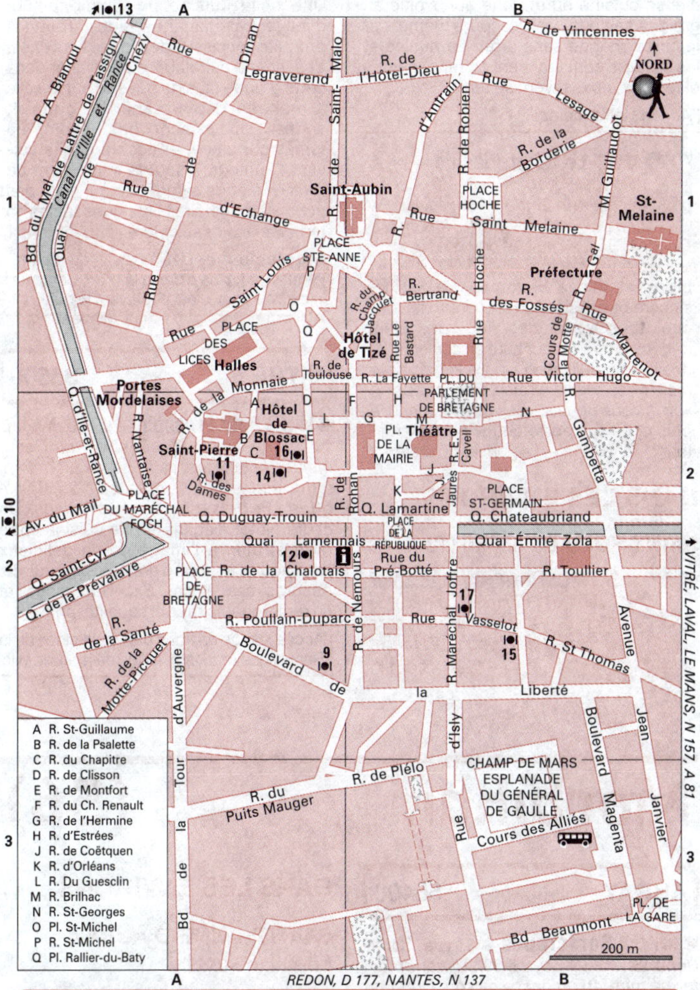


# RENNES

- **9** Le Globe (A2)
- **10** Les Grands Gamins (hors plan par A2)
- **11** Le 2 rue des Dames (A2)
- **12** Le Bocal (A2)
- **13** Essentiel (hors plan par A1)
- **14** Crêperie Saint-Georges (A2)
- **15** Les Carmes (B2)
- **17** Le Gourmet en Ville (B2)

cieuse cuisine du marché qui évolue au gré des saisons... et des jours même, car la carte change sans arrêt. La qualité et les saveurs sont vraiment au rendez-vous et les prix, eux, savent se tenir.

***Accès :*** intra-muros.

**€€€ Le Saint-Placide** – *6, pl. Poncel ☎ 02-99-81-70-73. Tlj sauf lun-mar (de mi-juil à fin août, fermé slt le midi lun-mar). Congés : 15 j. en janv et nov. Menus 29 € le midi en sem, puis 48-105 €.* Luc Morbihan est un chef breton dont la cuisine, sincère et passionnée, continue de susciter tous les éloges. Ici, vous allez découvrir un intérieur haut en couleurs, et une patronne, Isabelle, qui a le chic pour mettre ses clients à l'aise. Bon, à vous de voir si vous pouvez vous offrir le menu le plus cher, qui porte ce joli nom évocateur : « Choisir, c'est se priver du reste ».



## DANS LES ENVIRONS

### SAINT-SULIAC 35430 (13 km S)

**€€ La Ferme du Boucanier** – *2, rue de l'Hôpital ☎ 02-23-15-06-35. ♿ Tlj sauf mar-mer hors saison. Congés : vac scol Noël et janv. Formule déj 17 € ; menus 26-33 €.* Une belle cuisine de terroir teintée d'influences hispano-belges. Tous les produits sont issus des fermes voisines. L'ensemble est élaboré sur place, dans cette grande cuisine ouverte sur la salle à manger. Lapin, canard, coquelet, agneau, poulet sont rôtis, mijotés ou fumés sur place, et accommodés suivant l'humeur. Il souffle ici un vent de créativité et de sympathie qui n'est pas pour nous déplaire ! Quelques tables en terrasse aux beaux jours.

***Accès :*** par la D137 (route du Grand-Aquarium), puis à droite la D117. Continuer jusqu'au bout, c'est peu avant le quai.

## VITRÉ 35500

**€ Le Petit Pressoir** – *20, rue de Paris ☎ 02-99-74-79-79. ♿ Ouv midi sauf mer, et le soir jeu-sam. Le midi en sem, formules 14-17,50 € ; menus 22-35 €. Café offert sur présentation de ce guide.* Un cadre plutôt élégant et une cuisine entre terre et mer, à l'image de ce délicieux cabillaud à l'andouille graine de moutarde. Accords mets et vins. Excellent accueil et un remarquable rapport qualité-prix.

***Accès :*** la rue de Paris part de la place de la République (parking), à l'est de la vieille ville.

# Morbihan (56)

## AURAY 56400

**€ Baracrêpes** – *3, rue Saint-René ☎ 02-97-50-82-09. Tlj sauf mar ; fermé mer-jeu en basse saison. Congés : 2 nov-4 fév. Formules 12,80-14 € le midi ; 15 € le soir. Apéritif maison offert sur présentation de ce guide.* Difficile de faire plus pittoresque : la crêperie occupe une vieille maison de Saint-Goustan, à un jet de pierre des vieux gréements, que l'on observe du coin de l'œil depuis la petite terrasse. Au menu : de bonnes galettes et crêpes, mais aussi andouillette, saucisse bretonne et autres petits plats pour varier. Franchement, pour un lieu aussi touristique, c'est pas mal du tout. *NOUVEAUTÉ.*

***Accès :*** au port de Saint-Goustan.

## DANS LES ENVIRONS

### SAINTE-ANNE-D'AURAY 56400 (8 km N)

**€€ L'Auberge***** – *56, route de Vannes ☎ 02-97-57-61-55. • auberge-sainte-anne.com • ♿ Resto, tlj sauf lun, mar midi et mer midi. Congés : 7-23 janv, 11-27 fév et 2 sem en nov. Menus 29-56 €. Parking.* La table est l'une des plus réputées de la région. Jean-Luc Larvoir et son gendre, Julien Doupeux, travaillent de bons produits de la terre et de la mer, pour des réalisations toujours élégantes et personnalisées. Qualité sûre et constante. Carte des vins exceptionnelle. Service irréprochable digne des grandes maisons. Chambres et suites décorées dans le

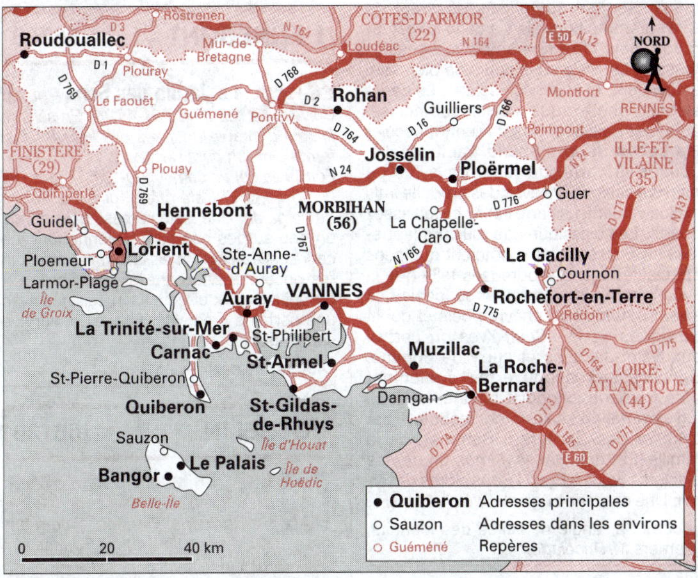


style Art déco, avec salle de bains en marbre, douche hydromassante, clim et, pour certaines, une terrasse... Table distinguée Logis.

**Accès :** par la D19.

## BANGOR 56360

**€€€ La Désirade***** – *Le Petit-Cosquet ☎ 02-97-31-70-70. • hotel-la-desirade.com • Resto fermé le midi. Congés : nov-mars. Résa recommandée longtemps à l'avance. Menus 34-80 € ; carte 60 €. Parking. Apéritif maison offert sur présentation de ce guide.* Salle reposante, joliment installée dans une ancienne longère. Cuisine raffinée et d'une belle inventivité, essentiellement à partir de produits locaux (agneau de Belle-Île pour n'en citer qu'un !). Carte et menus évoluent donc logiquement au gré de la pêche ou du marché. Belle carte des vins. Service attentionné (et pas du tout guindé pour ce genre d'endroit). Juste en face, au cœur d'un grand jardin fleuri, plusieurs autres longères accueillent des chambres franchement charmantes. Piscine et espace bien-être.

**Accès :** après l'aérodrome, sur la route de Port-Coton.

## BELLE-ÎLE-EN-MER 56360

***Liste des villes de Belle-Île*** Voir : Bangor – Le Palais.

## CARNAC 56340

**€ Crêperie Chez Marie** – *3, pl. de l'Église ☎ 02-97-52-07-93. Ouv tlj sauf lun-mar (slt en juil-août). Congés : 2 sem en janv et 3 sem après le 11 nov. Résa indispensable. Env 15 € à la carte.* Depuis 1959, la même famille maintient la tradition de la bonne crêpe à Carnac. Petite salle typique et chaleureuse, aux murs de pierre, et quelques tables en terrasse (couverte). Beau choix de crêpes, généreusement garnies.

**Accès :** dans Carnac-Bourg, en face de l'église, pardi !

**€ Creat'Yves Crêp'** – *1, av. de Kermario ☎ 02-97-29-01-01. Tlj midi et soir 15 juil-15 août, ainsi que vac scol de la Toussaint, Noël et Pâques ; avr-nov : fermé lun-mar midi. En très basse saison, ouv slt le soir jeu-sam, plus dim tte la journée. Congés : 2 sem en nov. Pas de résa en été. Galettes spéciales 9,90-12,90 € ; env 20-25 € à la carte.* Quand deux sœurs, manifestement complices, décident de s'inventer une nouvelle vie dans la restauration, cela crée une ambiance chaleureuse et familiale où le souci de bien faire est évident, et le service soigné. Le cadre élégant, une typique maison carnacoise, au décor frais et pimpant, vient bousculer les codes de la crêperie traditionnelle, comme la carte, du reste travaillée de manière saisonnière avec des produits frais exclusivement. La carte est de ce fait assez courte. Les classiques de toujours (appelées ici « essentielles ») côtoient quelques spécialités bien savoureuses telle que la « *Kig* » garnie de charcuteries locales, la « *Vent d'Autan* » au chèvre poêlé et confit de figues ou la « *Saint-Yves du Letty* » aux Saint-Jacques et curry de pomme. Savoureuses découvertes également côté froment : chocolat praliné, keramel (un caramel au sarrasin confectionné par *L'Atelier des Saveurs* à Bénodet, de la famille !) et des glaces *Jampi*, un de nos glaciers favoris à Brest ! Bons cidres de terroir. Une crêperie originale. *NOUVEAUTÉ.*

**Accès :** à l'angle de l'allée des Menhirs, derrière *M. Bricolage*.

**€€ |●| ⛱ Côté Cuisine** – *36, av. de la Poste ☎ 02-97-57-50-35. Resto fermé lun, plus le mar de mi-sept à mi-juin. Congés : 7 janv-6 fév. Formules déj env 18,50-22,50 € le midi ; menus 31-40 €. Apéritif maison offert sur présentation de ce guide.* Réalisée à quatre mains par un couple, cette cuisine enlevée et inventive, composée de produits du marché et de la marée, respire la bonne humeur ! Tout est frais, et les Bretons se sont donné le mot : la grande salle au décor contemporain est souvent pleine.

**Accès :** dans l'hôtel *Lann-Roz* derrière les Salines en remontant vers Carnac-Bourg.

**€€€ |●| La Calypso** – *158, rue du Pô ☎ 02-97-52-06-14. ♿ Tlj sauf dim soir et lun hors vac scol. Congés : de mi-nov à début fév. Résa impérative. Carte slt : 50-55 €, et plus avec homard.* Marc, Breton « au caractère bien trempé », nous régale avec ses poissons et ses homards entiers, grillés en direct dans la grande cheminée, ou ses tartares et carpaccios, le tout avec de copieux et originaux accompagnements. Le restaurant, au cadre rustique et charmant, est très prisé par les gens du coin. Notre préférence va aux tables dans la petite salle, près de la fenêtre. Accueil à la hauteur de la qualité et du lieu, naturel et souriant.

**Accès :** vers les parcs à huîtres ; fléché depuis le bourg.

## HENNEBONT 56700

**€€ |●| ⛱ Le Jardin des Sens** – *pl. du Calvaire ☎ 02-97-36-21-44. ♿ En saison, tlj sauf dim soir-lun (mais ouv les j. fériés) ; fermé dim-lun hors saison. Résa conseillée. Formules déj en sem 16,50-19,50 € ; menus 25,90-55,90 €. Café offert sur présentation de ce guide.* Une belle adresse gourmande un peu sur les hauteurs d'Hennebont. Le cadre est agréable, mais la terrasse au jardin l'est encore plus. La carte fait la part belle aux produits locaux et de saison cuisinés avec une certaine créativité. Accueil et service souriants.

**Accès :** au centre-ville.

## JOSSELIN 56120

**€ ⛱ La Table d'O** – *9, rue Glatinier ☎ 02-97-70-61-39. ♿ Tlj sauf dim-lun. Congés : 2 sem en fév, 2 sem fin août et Toussaint. Menus 19 € le midi en sem, puis 24-34 €.* La belle adresse bistronomique de la ville, aux couleurs du temps sur les murs comme dans l'assiette. Olivier Buffard fait partie de ces chefs inspirés par les symbioses terre-mer. La fraîcheur et le marché guident cette inspiration créatrice et novatrice, au gré des saisons. Le spectacle n'est pas dans le cadre, sinon celui de la vue depuis la terrasse suspendue audessus du château et de la vallée. Il est gustatif et olfactif. Un plaisir épicurien que l'on peut découvrir dès le 1er menu le midi. L'accueil dynamique, souriant et attentionné de Mme Buffard contribue à faire de cette étape un moment privilégié.

## LA GACILLY 56200

**€ |●| ⛱ Crêperie La Mauvaise Graine** – *16, rue Lafayette ☎ 02-99-08-57-83. ♿ Tlj sauf lun hors saison. Congés : 2 sem fin janv. Formule déj 10,90 € en sem ; carte 12-15 €.* Halte réputée pour se faire plaisir le temps d'une galette à *La Mauvaise Graine,* en référence au sarrasin, graine rapportée des croisades par erreur. On s'installe dans la coquette salle ou en terrasse, sous le tilleul, pour déguster de bonnes galettes, bien servies et croustillantes à souhait. Plusieurs garnitures avec les produits des fermes voisines. Accueil gentil comme il faut.

**Accès :** à proximité de l'office de tourisme.

## DANS LES ENVIRONS

### COURNON 56200 (2 km SE)

**€€ Éco-Hôtel La Grée des Landes – Restaurant Les Jardins Sauvages***** – *Les Tablettes ☎ 02-99-08-50-50. ♿ Congés : 1re sem de janv. Menu déj en sem 31 € ; autres menus 31-93 €.* Belle cuisine (100 % bio) de Gilles Le Gallès, formé entre autres chez Loiseau, en accord avec l'enseigne. Et tout autant à l'unisson de la démarche écoresponsable de l'hôtel *La Gréé des Landes* du groupe Yves Rocher, où se niche ce restaurant. Produits de petits producteurs locaux, fruits du verger, légumes du (superbe) potager posé au pied du resto, fleurs et plantes sauvages : tout un programme, joliment exécuté. Et si l'ambiance très zen de la salle vous a emballé, une trentaine de chambres, dans le même esprit, vous attendent côté hôtel.

***Accès :*** par la D773, en direction de Redon.

## LA ROCHE-BERNARD 56130

**€€ L'Auberge Bretonne** – *2, pl. Duguesclin ☎ 02-99-90-60-28. Fermé dim-lun (dim soir-mar midi en été). Congés : 19 janv-6 fév. Formules déj 19-23 € ; menus 28-50 €. Café offert sur présentation de ce guide.* Cette belle auberge bretonne à la déco classique et cossue affiche un rapport qualité-prix remarquable tant du côté des chambres, spacieuses et hyper confortables, que côté cuisine. Des produits frais et locaux, subtilement relevés d'une touche d'épices et d'exotisme. Le midi, c'est une franche aubaine avec des formules gourmandes tout ce qu'il y a de plus accessible.

***Accès :*** en centre-ville.

## LA TRINITÉ-SUR-MER 56470

**€ Le Surcouf Bistro** – *21, rue des Résistants ☎ 02-90-61-39-03. L'été, ouv tlj ; hors saison, tlj sauf dim soir-lun (hors ponts et j. fériés). Le ven ferme à 23h30, à l'arrivée du dernier train Paris-Auray. Congés : début janv-début fév. Menus déj (lun-sam) 13,50 €, puis 20-28 € ; à la carte, 26-30 €.* Une petite adresse sympa comme tout, avec un bon menu du midi qui suit le cours du marché. Un bout de terrasse et une salle reposante dans les tons gris-blanc pour mieux se concentrer sur la cuisine, haute en couleur, variant au gré de la criée. Également des viandes du Morbihan et des produits toujours frais pour une cuisine 100 % maison, franchement avenante. Le tout à des tarifs de bistrot. Une adresse récente qui a déjà ses habitués. Les amateurs de voitures anciennes en ont, en tout cas, fait leur QG !

***Accès :*** juste avant le pont de Kerisper quand on vient du centre, sur la gauche.

**€€ Le Quai** – *cours des Quais ☎ 02-97-55-80-26. Tlj sauf le soir lun-mer hors vac scol. Fermé 1er janv et 25 déc. Carte 30 €.* D'accueillantes petites tables à carreaux alignées en salle ou en terrasse couverte plantent le décor. C'est dans cette adresse spécialisée dans les coquillages et les poissons, amarrée face à la forêt de mâts du port de pêche, que les Trinitains se retrouvent pour déguster la pêche du jour. Du frais donc et du choix, entre les bulots, les huîtres ou le gratin de lotte (l'un des incontournables de la carte), voire la grande assiette, bien pratique pour les indécis. Une valeur sûre, d'autant que, quand vient l'addition, personne ne reste à quai.

***Accès :*** sur le port.

## DANS LES ENVIRONS

### SAINT-PHILIBERT 56470 (4 km E)

**€ Aquaculture Chez Jaouen** – *pont de Kerisper ☎ 02-97-30-00-24. ♿ Ouv avr-oct et Noël (téléphoner). Fermé dim soir-lun hors juil-août. Menus 20-42 € ou à la carte (douzaine d'huîtres env 12 €, moules-frites 11 €) ; buffet de fruits de mer à volonté le midi 29,50 €.* En bordure de la rivière de Crac'h, un ancien chantier naval avec un énorme hangar réchauffé par une sympathique cheminée centrale, transformé en resto de dégustation ostréicole et de coquillages divers (déco marine sympa avec le bar incurvé et les voiles !). Attablé aux longues tables de bois, le séant calé sur des chaises d'école, on prend le temps de laisser son regard divaguer sur la rivière en attendant la large portion de moules, de palourdes crues ou farcies, ou une douzaine d'huîtres, le tout hyper frais, évidemment. On s'en met jusqu'au fond du gosier, on fait baigner le tout avec un verre de blanc fleuri et légèrement acide, et on touche au bonheur. Grande terrasse et jeux pour enfants.

**Accès :** juste de l'autre côté du pont de Kerisper, sur la gauche en allant vers Locmariaquer.



## LE PALAIS 56360

**€ |●| ⛱ Crêperie La Touline** – *quai de l'Acadie ☎ 02-97-31-44-71. ♿ Tlj en continu en saison ; fermé dim soir et jeu hors saison. Congés : de mi-nov/début déc à janv/mi-fév. Formule déj 14 € ; galettes 2,60-11,40 € ; planchas 10,50-15 €.* Dans une vénérable demeure du port joliment rénovée, cette crêperie avance une belle et grande terrasse, témoin privilégié de la vie du port, complétée par une salle lumineuse à demi tournée vers la citadelle. Les crêpes, fines et croustillantes, sont réalisées avec de bons produits locaux soigneusement sélectionnés : spécialités de galettes, saucisses, brouillades sur galette et copieuses « complètes » aux associations originales. La maison propose aussi des *planchas* à accompagner d'un verre de vin et des glaces artisanales de qualité.

**€ |●| ⛱ La Parenthèse** – *7, pl. Bigarré ☎ 02-97-29-30-24. Tlj sauf dim, plus lun hors saison. Congés : déc. Plat du jour 14 € ; carte env 25 €. Café offert sur présentation de ce guide.* Tenu par un jeune couple vigilant sur la qualité des produits (locaux), ce restaurant de poche affiche ses trouvailles du jour à l'ardoise. Elles reflètent bien l'évolution des saisons, à des prix plutôt modérés pour Belle-Île. L'accueil est sympa et la belle terrasse devant n'est pas en reste (avec des musiciens les mercredis d'été).

**Accès :** en centre-ville, après la mairie.

## DANS LES ENVIRONS

### SAUZON 56360 (7 km NO)

**€ |●| ⛱ Le Petit Baigneur** – *rampe des Glycines ☎ 02-97-31-67-74. Tlj sauf lun hors saison. Congés : après la Toussaint. Plats 15-26 €. Apéritif maison ou café ou digestif maison offert sur présentation de ce guide.* La carte de ce petit resto est essentiellement ouverte sur la mer : coquillages, poisson du jour, brandade de haddock et autre moules accompagnées de pommes de terre grenaille (ça change des frites !)... Gardez une petite place pour les desserts maison. C'est bon, quoiqu'un peu cher, comme (trop) souvent sur l'île. Côté cadre : une salle un peu serrée mais plaisante, et une terrasse. Propriétaire très accueillante.

**Accès :** par la D30.

**€€ |●| ⛱ Le Roz-Avel** – *rue du Lieutenant-Riou ☎ 02-97-31-61-48. Tlj sauf mer. Congés : de janv à mi-mars et de mi-nov à mi-déc. Formule déj 25 € sauf dim ; menus 33-58 €.* Ici, on privilégie les produits locaux et du terroir, dans une valse sans cesse rejouée des saisons et des arrivages. Attendez-vous à déguster huîtres, porc, agneau de l'île rôti ou confit, fromage de chèvre frais *Pilou* – et tout plein de surprises, comme cette tasse de (glace) café dans sa coque au chocolat avec mousse de chicorée et écume de lait au dessert ! Sacrée maîtrise. Cadre (terrasse) et service à la hauteur de cette adresse élégante, d'un excellent rapport qualité-prix.

**Accès :** par la D30.

## LORIENT 56100

**€ |●| ⛱ Tavarn Ar Roue Morvan** – *pl. Polig-Monjarret ☎ 02-97-21-61-57. ♿ Ouv 11h-1h tlj sauf dim hors Festival interceltique. Carte 20-25 €.* Vous vouliez du celtique ? En voilà, par Teutatès ! C'est la taverne celtique par excellence, décorée dans les règles du genre, et qui sert 2 plats du jour (viande ou poisson) le midi comme le soir. Des recettes goûteuses et marquées d'une hermine : pot-au-feu au lard salé et au blé noir, excellentissime ragoût d'agneau à l'irlandaise... avec une bonne sélection de *gwinoù* (chopines de vins) rouges, blancs ou rosés, ou encore un pétulant cidre artisanal. Ajoutons la musique qui va avec, une ambiance jeune et beaucoup d'animations (concerts certains soirs). Ne changez rien !

**Accès :** proche du port de plaisance, de la porte Gabriel, du quai des Indes et du Péristyl.

**€€ |●| Le Yachtman** – *14, rue Poissonnière ☎ 02-97-21-31-91. ♿ Tlj sauf dim. Résa conseillée le soir. Formules 17,50-21,50 € en sem, puis 32-43 €.* Décor contemporain, élégant et épuré, avec quelques éclats de vitraux colorés dédiés à Lorient. Très beau menu du jour. Bonne carte des vins d'un passionné qui possède sa propre cave (la boutique est attenante au restaurant), sélectionne ses fournisseurs avec soin et propose de vieux millésimes. Belle envolée culinaire traditionnelle terre-mer respectueuse des produits, comme la terrine de foie de lotte (une rareté, une spécialité). On aime beaucoup l'ensemble !

**Accès :** en centre-ville, derrière le quai des Indes.

**€€ Restaurant Le Jardin Gourmand** – *46, rue Jules-Simon ☎ 02-97-64-17-24. Tlj sauf dim soir-mar en été, à la Toussaint et à Noël ; sinon, tlj sauf dim soir-jeu. Congés : vac scol de fév et 1 sem en août-sept. Résa très conseillée. Formules et menus 28-46 € (jusqu'à 62 € pour entrée, 2 plats, fromage et dessert). Une recette de Nathalie offerte (suivant le repas) sur présentation de ce guide.* Sous la pergola ou en salle, dans un cadre aéré et élégant, on déguste chaque fois de nouvelles recettes savoureuses à base de produits locaux de saison, avec une touche de créativité et toujours bien réalisées. On pourrait appeler ça une « cuisine de marché recherchée ». Service courtois de monsieur, tandis que madame est en cuisine. Tarifs maîtrisés. Sans doute notre table préférée à Lorient, comme celle de nombreux Lorientais ! Très belle carte des cafés et des thés. Cadeau à nos lecteurs : la chef dévoile volontiers les secrets d'une de ses recettes (elles ont d'ailleurs fait l'objet d'un recueil élu Meilleur livre de cuisine régionale du monde !).

**Accès :** dans le quartier de la gare SNCF.

## DANS LES ENVIRONS

### LARMOR-PLAGE

56260 (5 km SO)

**€€ Hôtel-restaurant Les Mouettes***** – *anse de Kerguelen ☎ 02-97-65-50-30. • lesmouettes.com • Formules 20-38 € (hors j. fériés) et carte 28-37 € ; menu homard 79 €. Parking.* Une adresse ouverte depuis les années 1930 dans un paysage encore sauvage, face à l'île de Groix. Le resto a une salle qui s'envole vers la mer (meilleures tables dans la rotonde) et une terrasse les pieds dans l'eau. Belle cuisine de marché, qui transcende son terroir et régale le palais d'originales saveurs. Plateaux de fruits de mer. Une vingtaine de chambres fonctionnelles et modernes (sans – ou presque sans – vue sur mer, puisqu'elles ne sont pas de face mais de côté). Service attentif, dynamique et souriant.

**Accès :** par le centre-ville de Larmor-Plage ; fléché.

### PLOEMEUR 56270 (5,5 km o)

**€ Crêperie Le Grazu** – *3, rue de Grazu ☎ 02-97-82-83-47. Tlj sauf mar, plus lun hors saison. Congés : 1 sem début juin, oct. Formule 15,50 € et menu 18,90 € le midi en sem ; carte env 23 €. Café offert sur présentation de ce guide.* On s'est régalé dans cette crêperie à quelques mètres de la mer. Raphaël s'approvisionne chez des petits producteurs du coin, et c'est plutôt réussi. Blé noir, froment et garnitures sont d'excellente qualité, à découvrir au coin du feu en hiver, ou en terrasse l'été. Également des salades géantes. Une salle à l'étage aussi. Et comme l'accueil est sympathique, il n'y a que de bonnes raisons de s'y arrêter. Côté bar, bières bretonnes et rhum arrangé au son de musiques bretonne, écossaise et irlandaise ou rock and roll...

**Accès :** par la D162 ; pas loin du quai et de la jetée du port Lomener.

**€€ Le Vivier***** – *port de Lomener ☎ 02-97-82-99-60. • levivier-lomener.com • Resto tlj sauf dim soir hors juil-août. Congés : vac scol de Noël. Résa conseillée. Menus 32-60 €. Parking.* Littéralement les pieds dans l'eau, toutes les chambres de cet hôtel cosy, rénové dans un style contemporain élégant, profitent d'une superbe vue sur la mer et l'île de Groix. C'est aussi une des très bonnes tables de la région. La cuisine est gourmande, sans sophistication superflue, pour respecter les produits – principalement des fruits de mer et du poisson. Bon rapport qualité-prix. On a aussi apprécié l'accueil souriant et le service attentionné sans être pesant ni coincé. Ainsi que le cadre moderne et clair de la salle de resto qui plonge vers les flots.

**Accès :** à Lomener, à 4 km du centre de Ploemeur sur la route côtière.

### GUIDEL 56520 (15 km NE)

**€€ La Table d'Eux** – *RD 125, La Falaise ☎ 02-97-32-42-07. Tlj sauf mer, plus mar hors saison. Congés : janv. Formule déj en sem 19 € ; menus 27,90-39,90 €.* Est-ce parce que le chef a pas mal voyagé ou parce que l'agréable terrasse regarde vers la mer (au-delà de la route...) ? Toujours est-il que cette belle cuisine n'hésite pas à s'ouvrir à d'autres horizons (même si elle reste bien ancrée dans son terroir). Des produits d'une renversante fraîcheur (ici, on cultive ses légumes), du métier et des idées : vous pouvez y aller (comme vous y invite le 1er menu) les yeux fermés ! Même si ce serait dommage pour la déco d'une épure toute japonisante. Accueil comme chez des amis et prix très gentils.

**Accès :** sur la D152.



## MUZILLAC 56190

€€ **La Marée** – *9, pl. Saint-Julien ☎ 02-97-41-51-49. Tlj sauf lun, plus jeu soir et dim soir hors saison. Congés : 2 sem fin janv, 1 sem début oct. Résa conseillée. Formules et menus 15-19 € le midi en sem ; autres menus 27-32 € ; carte env 40 €.* Cette jolie bâtisse en pierre est composée d'un côté d'un bar avec terrasse, où l'on sert des burgers et des plats du jour extraits de la carte d'à côté - le resto voisin. Côté resto donc, une cuisine simple, du moment, à base de produits frais et en majorité de la mer. Les menus sont fréquemment renouvelés, et la formule du jour, un poil inventive, est d'un imbattable rapport qualité-prix. Service aimable comme tout de Sonia, la compagne de Sébastien, le chef. Ils ont tout compris, ces deux-là ! Mieux vaut réserver.

**Accès :** au cœur de la ville, en face de l'office de tourisme.

## DANS LES ENVIRONS

### DAMGAN 56750 (10 km SO)

€€ **Latitude 47°** – *38, bd de l'Océan ☎ 02-97-41-10-07. Tlj sauf lun-mar hors vac scol. Congés : de mi-nov à mi-fév. Formule 24,50 € (sauf dim et j. fériés) ; menus 29,50-39 €. Parking.* Les accros à la « vue mer » choisiront la pergola, mais la salle est vraiment plaisante avec sa déco de boulot d'aujourd'hui. Le service (en marinière *new-school*) est chaleureux. Et la cuisine du chef, passé chez quelques grands, habile et maligne. Une heureuse surprise dans cette très familiale station balnéaire.

**Accès :** par la D153 ; sur le front de mer.

## PLOËRMEL 56800

€€ **Le Cobh***** – *10, rue des Forges ☎ 02-97-74-00-49. • hotel-lecobh.com • Tlj sauf lun midi, sam midi et dim. Congés : 20 déc-8 janv. Formules et menu déj 14,90-18,90 € ; autres menus 30-69 €. Parking. Café offert sur présentation de ce guide.* Cette vénérable maison de granit renferme des chambres agréables et confortables au décor inspiré des mythes et légendes de Brocéliande. En cuisine, le chef élabore une cuisine créative à base de produits frais et locaux. Un bel hommage rendu au terroir breton !

## DANS LES ENVIRONS

### LA CHAPELLE-CARO 56460 (11 km S)

€ **Le Petit Keriquel***** – *1, pl. de l'Église ☎ 02-97-74-82-44. • keriquel.com • Resto tlj sauf dim soir et mer. Congés : vac scol de fév. Menus 15,90 € en sem, puis 20,90-34 € ; carte env 35 €.* L'heureuse et étonnante transformation d'un hôtel de village en une pétulante maison de famille, avec des chambres toniques, tout confort. Le petit jardin est idéal pour prendre le petit déj dès que pointent les premiers rayons de soleil. Bon accueil relax, et la table nous a comblés avec une cuisine classique fraîche et généreuse, élaborée avec des produits au maximum bio. *Le Petit Keriquel*, on l'aime tel quel !

**Accès :** prendre la N166, puis la D764.

### GUILLIERS 56490 (15 km N)

€ **Relais du Porhoët**** – *11, pl. de l'Église ☎ 02-97-74-40-17. • aurelaisduporhoet.com • Tlj sauf dim soir et lun hors saison ; fermé slt lun midi juil-sept. Congés : 2 sem en janv. Menus 15 € en sem, puis 23-50 €. Parking.* On profite de 12 belles chambres cossues dans ce joli hôtel situé sur la place de l'Église d'un gentil village breton. Super calme. Bonne cuisine, qui se fait raffinée, élégante (dès les 1ers menus), autour des produits de la mer et du terroir. Une pointe d'innovation à déguster dans la grande salle à manger, près de l'âtre l'hiver. Belles références de vins à bons prix. Une excellente étape, où il est prudent de réserver !

***Accès :*** par la D766, puis la D13 ; en centre-ville.

## GUER 56380 (22 km E)

**€€ |●| La Crêperie et l'Auberge Thiegezh** – *7, pl. de la Gare ☎ 02-97-22-00-26. ♿ Bistrot (crêperie) fermé dim et lun ; resto fermé lun et mar. Congés : 1 sem début janv et 2 sem en sept. Résa conseillée. Repas bistrot, compter 15 €. Resto gastro, formule 26 € (midi en sem) et menus 54-88 €.* Du temps où n'existait que la crêperie familiale, cela s'appelait *L'Art et la Manière.* Depuis que le fiston a repris l'affaire, on a d'un côté les crêpes, toujours tournées avec art et manière par les parents ; de l'autre, une belle « auberge » au décor contemporain totalement revu. Formé dans les cuisines du *Bristol,* il a fait souffler un vent de modernité sur la gastronomie locale. Dès le 1er menu, la surprise est de mise, les plats épatent tant par la qualité gustative (produits de marché ultrafrais et scrupuleusement sélectionnés) que par les présentations conçues comme des œuvres picturales. Tables joliment dressées et pain servi tout chaud. Ce jeune chef a plus d'un tour sous son tablier et pourrait bien être l'enchanteur ! Service très pro, souriant et courtois.

***Accès :*** par la N24 direction Rennes ou la D772 direction Maure-de-Bretagne. Dans le village, près de l'office de tourisme.

## QUIBERON 56170

**€ |●| La Criée** – *11, quai de l'Océan ☎ 02-97-30-53-09. Tlj sauf lun et dim soir. Congés : janv et 1re quinzaine de déc. Résa indispensable. Menus 20 € ; carte 20-35 €.* L'un des meilleurs spécialistes de fruits de mer et de poisson de la presqu'île. C'est le resto de la poissonnerie-fumerie *Lucas.* Au premier regard porté sur l'étal de fruits de mer, on est conquis. Tout est hyper frais. Rapport qualité-prix performant, décor maritime rafraîchissant. Un seul regret : le service au pas de course l'été, vu l'affluence.

***Accès :*** sur le port Maria (face au port de pêche).

**€€ |●| ⛱ Villa Margot** – *7, rue de Port-Maria ☎ 02-97-50-33-89. ♿ Tlj sauf mer et mar hors vac scol. Congés : fin sept-mars. Formule déj en sem 18,50 € ; menus 34,50-45,50 € ; carte env 60 €.* Ancienne demeure cossue de front de mer, remarquable par son fortin et sa forme cubique. Terrasse avec vue imprenable au-dessus de la Grande Plage ou intérieur moderne et zen. Cuisine de la mer originale et sans surcharge. Les produits sont servis presque bruts, mais mis en scène avec talent. Enfin, service discret et agréable. On peut aussi se contenter d'y prendre un thé et une gourmandise l'après-midi.

***Accès :*** en front de mer.

## DANS LES ENVIRONS

### SAINT-PIERRE-QUIBERON 56510 (5 km N)

**€€€ ⛱ Le Petit Hôtel du Grand Large** – *11, quai Saint-Ivy, Portivy ☎ 02-97-30-91-61. • lepetithoteldugrandlarge.fr • ♿ En juil-août, fermé mar et mer midi ; le reste de l'année, fermé mar-mer et dim soir. Menus 40 € le midi en sem, puis 60-90 €.* Faire escale à Portivy, dans ce petit port peu fréquenté, ouvert sur la Côte Sauvage et l'île de Groix. Jeter l'ancre (et les deux même, car les ancres sont l'emblème de ce petit hôtel) pour s'endormir face à la mer dans l'une des 6 chambres, mignonnes à craquer, à la déco soignée mêlant objets chinés et aménagements dans l'air du temps ! Quand la mer s'embrase au couchant, la salle à manger brille plus encore d'un service charmant et chaleureux, emmené par Catherine, la patronne œnophile. Carte des vins montée avec soin. Autodidacte, Hervé cuisine la mer, les poissons méconnus ou snobés, avec bonheur (cuissons parfaites) et inventivité. Petite carte mais grande fraîcheur, petits plats et grande cuisine, petit hôtel mais grand accueil. C'est notre coup de cœur !

***Accès :*** sur le port.

## ROCHEFORT-EN-TERRE 56220

**€ 🏠 |●| ⛱ Hôtel-restaurant Le Pélican**** – *pl. des Halles ☎ 02-97-43-38-48. • hotel-pelican-rochefort.com • Tlj sauf dim soir, lun et mer soir. Congés : 15 fév-1er mars. Menus 19-42 €.* Petit hôtel craquant, idéalement placé au cœur de la cité de caractère. Adresse authentique qui excelle par son rapport qualité-prix. Chambres coquettes, pimpantes et fraîches, dont certaines s'ouvrent sur la belle place des Halles. Dans la salle à manger aux belles poutres, près de la grande cheminée, le « merroir » de Bretagne se mêle au terroir et se fait gourmand. Très bon accueil.

***Accès :*** dans le centre de la vieille ville.

## ROHAN 56580

**€€ |●| ⛱ L'Eau d'Oust** – *6, rue du Lac ☎ 02-97-38-91-86. Tlj sauf mer et dim soir. Congés : 1re sem de janv et vac scol de fév. Résa indispensable dim. Menus 15,40-17,90 € en sem, puis 28,80-39,20 € ; carte env 40 €.* La bonne adresse que voilà ! Dès le 1er « petit » menu, le chef fait sensation. À prix tout doux (à moins de craquer pour le homard !), il revisite le terroir breton avec respect et originalité. Le cadre, celui d'une coquette auberge de campagne, est agréable mais au final importe peu. Une étape de gourmets sur le canal de Nantes à Brest !

## ROUDOUALLEC 56110

**€€ |●| Le Bienvenue** – *84, rue Nicolas-le-Grand ☎ 02-97-34-50-01. ♿ Tlj sauf lun et mer soir. Résa recommandée. Le midi en sem, formule 17,50 € et menu 21,50 € ; autres menus 29,80-54 €. Café offert sur présentation de ce guide.* Un Restaurant du Terroir qui mérite assurément le détour ! On évitera de se focaliser sur la déco (assez terrible dans le registre « faux chic » !) pour se concentrer sur les belles spécialités de ce chef « locavore », passionné par « sa » Bretagne et tous les beaux produits qu'elle peut offrir. La liste des fournisseurs met déjà en appétit, et la cuisine tient toutes ses promesses, dès la formule et le menu à petits prix du déjeuner. Accueil chaleureux et service dans la grande tradition.

***Accès :*** sur la route principale (D1).

## SAINT-ARMEL 56450

**€ |●| ⛱ 🅿 Crêperie Bara-Breizh** – *35, route de Penvins ☎ 02-97-26-46-52. ♿ Tlj sauf mer, plus dim soir hors saison. Congés : déc. Menu 24,50 € ; carte env 20 €. Parking. Apéritif maison offert sur présentation de ce guide.* Malgré la route pas bien loin (on ne la voit pas depuis la salle colorée et pimpante), c'est sans conteste l'une des meilleures crêperies de tout le secteur ! Pour l'accueil très gentil (c'est essentiel !), pour l'aire de jeux des enfants et le matériel pour les bébés (ça compte aussi !), mais également, et surtout, pour la qualité de ses galettes et de ses crêpes parfaitement tournées, souvent originales, et préparées avec des ingrédients frais choisis chez les meilleurs producteurs. Un vrai régal.

***Accès :*** à l'entrée du village, sur la droite.

## SAINT-GILDAS-DE-RHUYS 56730

**€€ |●| ⛱ Le Vert d'O** – *94, rue du Guernevé ☎ 02-97-45-25-25. Tlj sauf lun (lun-jeu midi hors saison). Congés : janv et 1re quinzaine de nov. Formule déj en sem 19,50 € ; menus 28-48 €.* Tenue par des jeunes dynamiques, cette adresse a beaucoup d'atouts en poche : une salle lumineuse à la déco très actuelle, une terrasse dominant la mer à distance, un accueil charmant, et une cuisine soignée (certes, un peu chère) élaborée par une gourmande qui ne s'économise pas ! Ses plats sont simples à déchiffrer mais modernes, pleins de couleurs et d'idées, voire ludiques ! Gardez une place pour les desserts, particulièrement inventifs.

***Accès :*** dans une petite rue perpendiculaire à la plage des Goh Velins.

## VANNES 56000

**€ |●| ⛱ Crêperie Balade en Crêpanie** – *21, rue de la Fontaine ☎ 02-97-54-19-64. Tlj sauf lun, plus mar de sept à mi-juil. Congés : 10 j. fin janv, 1 sem fin juin-début juil et 2 sem en sept-oct. Formules 9,80-11,60 € (mar-sam midi), puis 16,90 € ; env 15 € à la carte. Kir breton ou jus de pomme artisanal offert sur présentation de ce guide.* L'accueil au féminin tout sourire et attentif, la rapidité du service, l'agréable terrasse cachée dans la cour sont autant d'atouts qui voient affluer les Vannetais. Mais le mieux, c'est bien encore les galettes et les crêpes, tout simplement délicieuses, élaborées autant que possible avec des produits locaux de qualité (farine, œufs, mais aussi du jus de pomme bio, des cidres et bières bretons...). Au final, on est ravis !

**€€ |●| La Tête en l'Air** – *43, rue de la Fontaine ☎ 02-97-67-31-13. Tlj sauf* *mar-mer et sam midi ; juil-août, tlj sauf mar-jeu. Formules déj 17-22 € (choix sur ardoise) ; menus 32-62 €.* Emmenée par une jeune équipe aussi accueillante que passionnée, l'adresse revisite ses classiques sur des notes plus ou moins intenses d'inventivité, sans surcharger le convive et dans le respect de (beaux) produits, frais et de saison. On s'installe au choix dans l'une des 3 salles en enfilade façon « bistrot des temps modernes » (comme ils disent !) qui débouchent sur la cuisine ouverte, sous une verrière. Carte des vins... et des rhums riche en découvertes.

**€€ |●| La Source** – *36, rue Thiers Ouv tlj sauf mer et dim. Résa préférable. Formule et menu déj 18-22 € ; le soir, menu 33 € et carte env 40 €.* Ce bistrot sur 2 étages (on aime bien le haut) ne désemplit pas. À la source (facile !), un duo de pros et une équipe aux taquets, notamment aux heures de pointe, pour un service et une cuisine de marché enlevée et bien dans son époque. Produits frais, cuissons justes, et une jolie pointe d'inventivité. Le rapport qualité-prix est bon.

**€€€ ↑ Le Roscanvec** – *17, rue des Halles ☎ 02-97-47-15-96. Tlj sauf dim soir, lun et mar (dim soir-lun en juil-août). Congés : de mi-janv à début fév. Formule et menu 25-30 € au déj ; menus 55-90 €.* Surprenante, inventive, raffinée, savante, insolite : les qualificatifs ne manquent pas pour définir la cuisine de Thierry Seychelle, passé chez les grands de Bretagne. Ajoutons-en un : téméraire. Car il en faut de la témérité pour afficher, dans ce resto de poche d'une petite rue pavée du centre historique de Vannes, une carte composite digne des grands laboratoires gastronomiques. De la cuisine quasi expérimentale, mais qui sait tout de même garder les pieds sur terre. La carte des desserts décline autant de mariages aussi subtils que savoureux. Et les prix, certes élevés, sont néanmoins abordables, et la déco design ne manque pas de classe. Service parfait.

**€€€ La Gourmandière** – *lieu-dit Poignant ☎ 02-97-47-16-13. ♿ Bistrot ouv le midi sauf mer, sam et dim. Gastro ouv lun, jeudim soir et sam-dim midi. Côté bistrot, formules et menus 22-40 € ; côté gastro, menus 55-90 €.* Tous les midis, dans le cadre fraîchement rénové du *Bistr'Aurélia,* Olivier Samson, secondé au service par sa douce épouse, propose une cuisine « retour du marché » simple, mais joliment travaillée et généreuse : œuf poché en habit vert, épaule de veau tandoori et légumes du moment, cabillaud rôti aux fenouil et oignons confits et bouillon basilic... Pas de doute, le chef est créatif et a du talent. Le soir, à la *Table d'Olivier,* c'est plus chic, plus cher, mais vraiment exceptionnel. Accueil et service irréprochables.

***Accès :*** depuis la gare, passer devant l'hôpital puis prendre direction Saint-Avé. Prendre la petite route à droite juste après être passé sous la N165.



**Avis aux hôteliers et aux restaurateurs**

Chaque année pour y figurer, il faut le mériter !

**Les prix**

En France, les prix des restaurateurs sont libres. Certains peuvent augmenter entre le passage de nos infatigables fureteurs et la parution du guide, environ 6 mois plus tard. Nous comptons sur votre compréhension en cas de différence entre les prix relevés à l'heure où nous bouclons ce guide et ceux que vous constaterez sur place.

La rédaction du Routard

# CENTRE-VAL DE LOIRE

**Pictos utilisés dans ce guide**

- € Menu à moins de 25 €
- €€ Menu de 25 à 35 €
- €€€ Menu à plus de 35 €
- Hôtel-restaurant
- Restaurant
- Restaurant avec notre toque
- Terrasse
- Parking
- Piscine
- Accessible aux handicapés

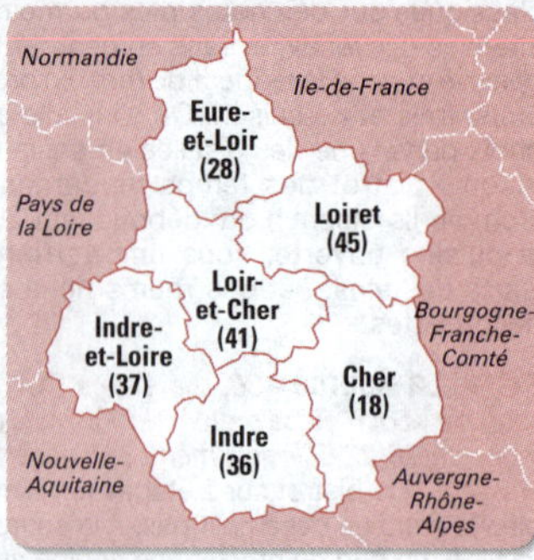


# Cher (18)

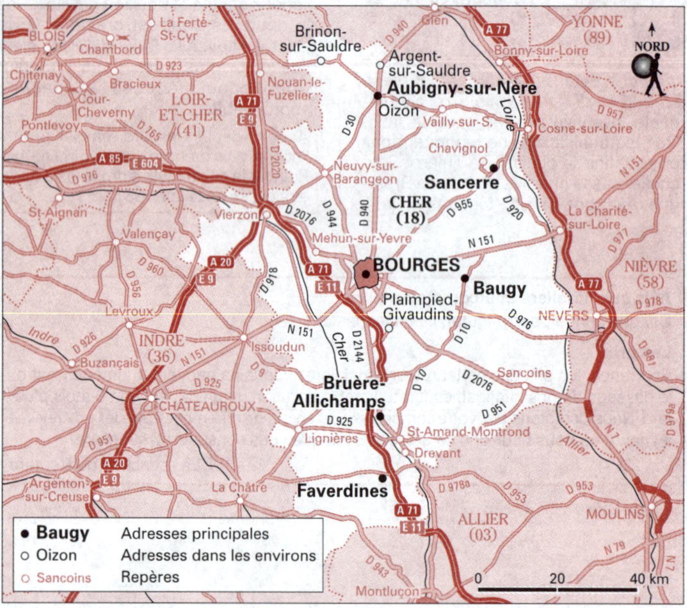


Sur présentation de ce guide,
nombreuses offres et réductions en 2018.

## AUBIGNY-SUR-NÈRE 18700

€€ 🍽 ⛱ **Le Bien Aller** – *3, rue des Dames ☎ 02-48-58-03-92. Tlj sauf mar-mer hors saison ; tlj en juil-août. Congés : 15 j. en janv. Résa conseillée. Formules et menus 21-27 € le midi en sem, puis 22-34 € le soir et le w-e. Apéritif maison offert sur présentation de ce guide.* Un lieu tout en éclairages indirects, élégant et tendance, avec ses 2 salles : un genre bistrot ambiance jazz, avec une bibliothèque consacrée au jazz et à la cuisine ; l'autre, plus intimiste, avec de grands miroirs et un mobilier de type colonial. La cuisine, habile et inventive, mêle avec bonheur épices, saveurs sucrées et salées, sans négliger les recettes du terroir. Bar à vins et belle carte de crus du pays. Excellent accueil et service diligent.

***Accès :*** face à l'office de tourisme.

## DANS LES ENVIRONS

### OIZON 18700 (6 km E)

€€ 🍽 ⛱ 🅿 **Les Rives de l'Oizenotte** – *Nohant ☎ 02-48-58-06-20. ♿ Fermé dim soir, lun et mar. Congés : 20 déc-20 janv. Résa conseillée. Formule unique 32,50 €. Parking payant.* Un excellent point de chute que cette auberge néocampagnarde isolée en bordure de rivière et d'étang. La salle contemporaine, aux teintes chaleureuses et grandes baies vitrées, ferait presque oublier la grande terrasse, face à cet environnement bucolique. Ici, les beaux produits du terroir sont à l'honneur (fromages, lentilles du Berry, poisson de rivière, etc.), mais le chef s'autorise quelques judicieuses envolées créatives. Et des desserts de toujours sur lesquels on ne peut faire l'impasse. Accueil adorable.

### ARGENT-SUR-SAULDRE 18410 (8 km N)

€ 🏠 🍽 ⛱ 🅿 **Le Relais du Cor d'Argent**** – *39, rue Nationale ☎ 02-48-73-63-49. • lecordargent.com • ♿ Resto ouv tlj sauf mar-mer. Congés : de mi-fév à mi-mars, la 1re sem de juil et 1 sem en oct. Menus 22 € (sauf dim et j. fériés), puis 32-45 € ; menus végétariens 27-35 €. Parking.* Dans un intérieur rustico-chic, la Sologne dévoile ses charmes, ses parfums, ses saveurs ! Laurent Lafon est un chef précis, qui ne triche ni avec les quantités ni avec la qualité. Service très pro. Quelques chambres simples, bien rénovées, avec les meubles cirés de grand-mère. Belle devanture de géraniums en saison. Terrasse.

***Accès :*** en retrait de la D940.

### BRINON-SUR-SAULDRE 18410 (17 km NO)

€ 🏠 🍽 ⛱ **L'Auberge du 7** – *7, Grande-Rue ☎ 02-48-58-56-65. • aubergedu7.fr • Tlj sauf dim soir, lun et mer soir hors juil-août, plus mar soir et jeu soir en hiver. Congés : vac fév et 1 sem à Noël. Repas 13,50 € le midi en sem ; 17-26 € le soir. Apéritif maison offert sur présentation de ce guide.* Une sympathique auberge tenue par un couple qui accueille avec une rare gentillesse. Ce vieux bistrot de village préserve un esprit simple, intemporel et convivial (avec une grande table d'hôtes, côté bar) mais avec de la couleur ! Un coup de jeune et de frais tout à fait réussi, y compris dans les 5 chambres et en cuisine. Terrasse ou cheminée selon la saison.

***Accès :*** prendre la sortie nord d'Aubigny-sur-Nère et filer sur la D923.

## BAUGY 18800

€€ 🍽 ⛱ **Le Sully** – *10-12, rue de Sully ☎ 02-48-26-18-13. ♿ Ouv le midi mar-dim et j. fériés ; le soir ven-sam. Le midi en sem, formule 12 € et menu 16 € ; à la carte, compter 35 €. Café offert sur présentation de ce guide.* Vous ne risquez pas de le rater avec sa devanture qui tranche sur le gris environnant ! Voilà vraiment une bonne escale dans un secteur gastronomiquement pauvre de la campagne berrichonne. Deux salles, deux ambiances en quelque sorte, et une déco moderne et gaie. Le chef préfère cuisiner le poisson, même s'il n'est pas question de supprimer de la carte sa terrine de foie gras ou ses ris de veau... Service souriant et efficace de Laurence. Terrasse en été.

***Accès :*** en plein centre, à deux pas de la mairie.

## BOURGES 18000

€ 🍽 ⛱ 🅿 **Restaurant La Courcillière** – *rue de Babylone (mais accès par l'av. Marx-Dormoy ; hors plan par C1-4) ☎ 02-48-24-41-91. ♿ Tlj sauf mar soir,*

1 Le Bourbonnoux (C2)
3 Les Petits Plats du Bourbon (B1)
4 Restaurant La Courcillière (C1)
5 La Suite (C2)
6 Le Cercle (C3)
7 Restaurant Le Jardin Gourmand (C3)

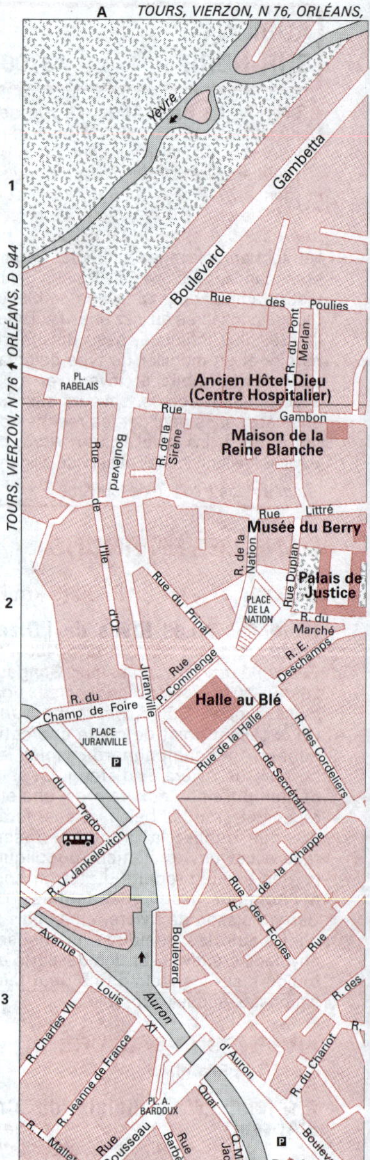

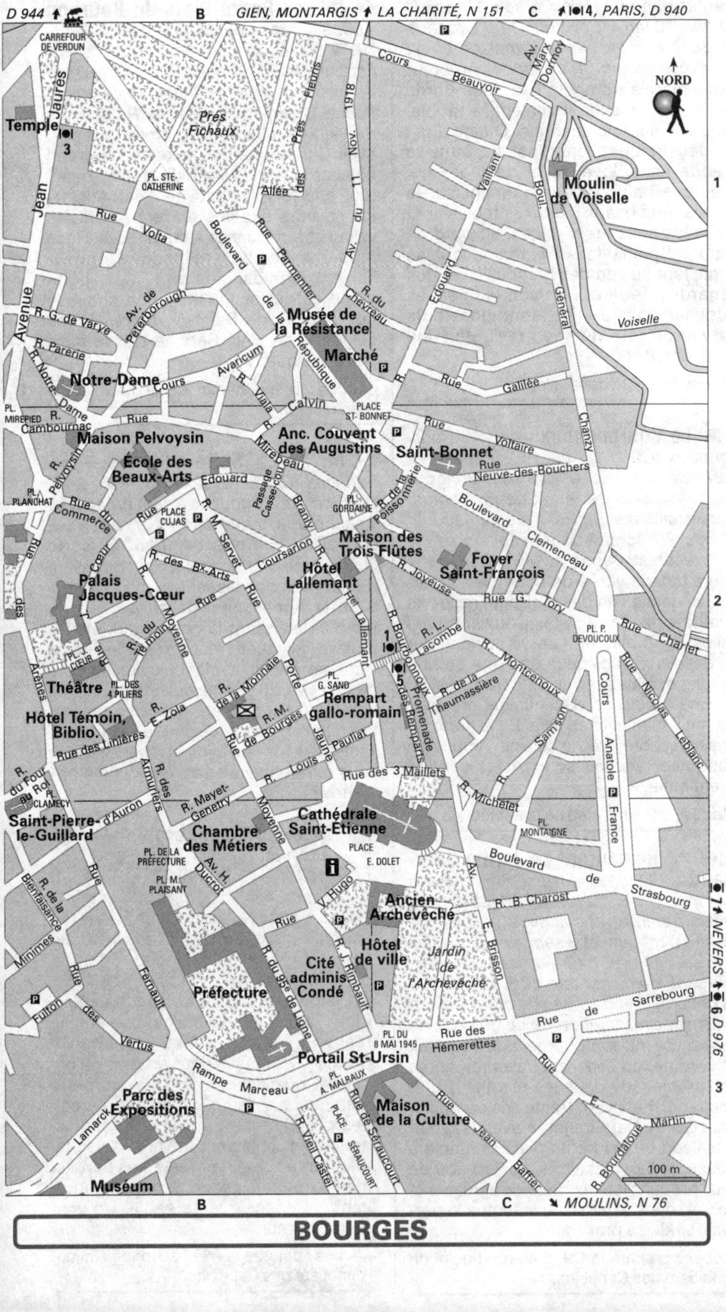
D 944
CARREFOUR DE VERDUN
B
GIEN, MONTARGIS
LA CHARITÉ, N 151
C
4, PARIS, D 940
NORD
1
2
3
Temple
3
Prés Fichaux
PL. STE-CATHERINE
Allée des Prés Fleuris
Av. du 11 Nov. 1918
Cours Beauvoir
Av. Marx Dormoy
Vaillant
Boul.
Moulin de Voiselle
Voiselle
Avenue Jean Jaurès
Rue Volta
Boulevard de la République
Rue Parmentier
R. du Chevreau
Edouard
Général
Av. de Peterborough
R. G. de Varye
R. Parerie
R. Notre-Dame
Musée de la Résistance
Marché
Notre-Dame
Cours Avaricum
R. Viala
Calvin
PLACE ST-BONNET
Rue Galilée
Chanzy
PL. MIREPIED
R. Cambournac
Rue Mirebeau
Maison Pelvoysin
Anc. Couvent des Augustins
Saint-Bonnet
Rue Voltaire
Rue Neuve-des-Bouchers
R. Pelvoysin
École des Beaux-Arts
Edouard
Passage Casse-cou
Branly
PL. GORDAINE
R. de la Poissonnerie
Boulevard Clemenceau
PL. PLANCHAT
Rue du Commerce
Rue
PLACE CUJAS
R. M. Servet
Coursarlon
Maison des Trois Flûtes
Foyer Saint-François
Rue des Arènes
R. des Bx-Arts
Hôtel Lallemant
R. Joyeuse
Rue G. Tory
Palais Jacques-Cœur
Rue J. Cœur
Rue Moyenne
Hel Lallemant
R. Bourbonnoux
R. L. Lacombe
PL. P. DEVOUCOUX
Rue Charlet
R. du Tamoin
1
5
Rue Porte Jaune
PL. J. CŒUR
Théâtre
PL. DES 4 PILIERS
R. de la Monnaie
PL. G. SAND
Rempart gallo-romain
Promenade des Remparts
R. de la Thaumassière
R. Montcenoux
Cours Anatole France
Rue Nicolas Leblanc
Hôtel Témoin, Biblio.
R. E. Zola
R. M. de Bourges
Rue des Linières
R. Louis Pauliat
Samson
R. du Four au Roi
PL. CLAMECY
R. des Armuriers
Rue des 3 Maillets
R. Michelet
R. Mayet-Genetry
Saint-Pierre-le-Guillard
Rue d'Auron
Cathédrale Saint-Étienne
PL. MONTAIGNE
Chambre des Métiers
PLACE E. DOLET
Boulevard de Strasbourg
PL. DE LA PRÉFECTURE
Av. H. Ducrot
V. Hugo
Ancien Archevêché
R. B. Charost
PL. M. PLAISANT
R. de la Bienfaisance
Rue des Minimes
Rue
E. Brisson
Av.
7
NEVERS
6
D 976
Hôtel de ville
Jardin de l'Archevêché
R. J. Rimbault
R. du 95e de Ligne
Cité adminis Condé
Préfecture
Rue Fulton
Rue des Vertus
Fernault
Rue de Sarrebourg
PL. DU 8 MAI 1945
Rue des Hémerettes
Portail St-Ursin
Rampe Marceau
PL. A. MALRAUX
Rue de Séraucourt
Parc des Expositions
Maison de la Culture
Rue E. Martin
PLACE SÉRAUCOURT
Lamarck
R. Vieil Castel
Rue Jean Baffier
R. Bourdaloue
100 m
Muséum
B
C
MOULINS, N 76

# BOURGES

*mer, et dim et j. fériés le soir. Congés : 20 déc-10 janv. Formule 14 € ; menus 20-36 €. Parking. Apéritif maison offert sur présentation de ce guide.* Au cœur des « marais potagers », sur les bords de l'Yèvre, un endroit centenaire réputé, avec vue sur la cathédrale. Quand il fait un peu frisquet, on s'installe dans la grande salle, joyeuse et chaleureuse, avec ses baies vitrées donnant sur le marais. Aux beaux jours, les tables sont dressées sous les glycines, au bord de l'eau... Spécialités régionales qui se dégustent au son des grenouilles et des canards : terrines maison, fameuses « couilles d'âne » (ce sont des œufs au vin) ou tête de veau ravigote. Une institution !

***Accès :*** au nord de la ville.

**€ I●I Le Bourbonnoux** – *44, rue Bourbonnoux (C2-1) ☎ 02-48-24-14-76. Tlj sauf ven, sam midi et dim soir. Congés : 1 sem vac scol de fév et de printemps, 2e quinzaine d'août. Résa recommandée. Menus 20-36 €. Apéritif maison offert sur présentation de ce guide.* Derrière la petite façade vitrée de cette vieille maison se cache l'un des meilleurs rapports qualité-prix de la ville. Deux longues salles agréables où l'on vient déguster de délicieux classiques de notre cuisine nationale, mais avec un petit truc en plus. Cuisine délicieuse et gentiment créative, qui fait l'unanimité en ville. Belle carte de vins en accord avec la cuisine. Ambiance tranquille, accueil souriant et service attentionné.

***Accès :*** à 2 mn à pied de la cathédrale.

**€ I●I ⛱ Restaurant Le Jardin Gourmand** – *15 bis, av. Ernest-Renan (hors plan par C3-7) ☎ 02-48-21-35-91. Tlj sauf dim soir, lun et mar midi. Congés : de mi-déc à mi-janv et 3 sem en juil. Menus 18 € sauf dim et j. fériés, puis 27-48 € ; juin-sept, menu homard 60 €. Un ballotin de chocolats et de pâtes de fruits maison offert sur présentation de ce guide.* Une imposante maison bourgeoise, en retrait de la route, où l'on vient savourer, après une promenade dans les marais, la cuisine d'un chef ayant trente ans de métier mais qui s'éclate toujours avec le gibier en saison ou les petits plats printaniers à base de légumes verts du Berry ou de bons produits locaux. Service agréable et discret, dans le jardin, si le temps le permet. Parking à proximité.

***Accès :*** prendre la D975 au rond-point du cimetière des Capucins.

**€€ I●I Les Petits Plats du Bourbon** – *60, av. Jean-Jaurès (B1-3) ☎ 02-48-70-79-90. ♿ Tlj sauf dim-lun et j. fériés. Formule déj 21 € ; menu 30 € ; carte 34 €. Café offert sur présentation de ce guide.* Pascal Chaupitre, après *Les Petits Plats* de Vierzon, et son resto étoilé, a repris, avec Christophe Lot, le resto du grand hôtel de la ville. Cuisine d'auteurs, jouant tout à la fois l'inventivité, l'esthétisme, les saveurs subtiles en respectant les valeurs berrichonnes authentiques. Déco moderne et chic, respectant curieusement l'atmosphère des lieux, puisqu'on est ici dans l'ancienne chapelle de l'abbaye de Saint-Ambroix. Bonne sélection de vins. Service classe mais pas classique.

***Accès :*** à mi-chemin de la gare et du centre.

**€€ I●I ⛱ La Suite** – *50, rue Bourbonnoux (C2-5) ☎ 02-48-65-96-26. Tlj sauf dim-lun. Congés : 3 sem en août et 1 sem pdt les fêtes de fin d'année. Résa conseillée. Formule déj 19,50 € ; carte 35 €.* La rue Bourbonnoux n'est pas avare de belles et bonnes tables, mais celle-ci a eu la bonne idée de suivre l'air du temps, délaissant la course aux étoiles pour revenir sur terre. Une simple tête de veau devient ici un plat chic aux saveurs préservées. La cuisine ouverte permet de créer une atmosphère difficile à deviner lorsque l'on passe devant le restaurant. Testez le « rôt » du midi, et revenez le soir vous offrir une vraie fête des sens à prix maîtrisés.

**€€€ ⛱ Le Cercle** – *44, bd Lahitolle (hors plan par C3-6) ☎ 02-48-70-33-27. ♿ Tlj sauf dim, lun et j. fériés. Congés : 1 sem à chaque vac scol et 2 sem fin août. Formule déj 26 € (sauf sam) ; menu 42 € ven soir (50 € avec 2 verres de vin) ; sinon menus 55-95 €.* Christophe Lot et Pascal Chaupitre (deux chefs, quatre mains, une étoile) réalisent ici chaque midi un véritable prodige. Proposer pour un prix qu'on oserait qualifier de dérisoire un petit menu qui n'a rien à envier aux autres. Les produits sont sans doute moins nobles, mais ils sont travaillés avec la même précision, la même passion, le même enthousiasme. Service impeccable et décor très agréable. Un vrai coup de cœur !

***Accès :*** prendre la D976 au rond-point du cimetière des Capucins.

## DANS LES ENVIRONS

### PLAIMPIED-GIVAUDINS
18340 (15 km S)

€ ⛱ 🅿 **Aux Marais** – *12, rue des Marais ☎ 02-48-25-54-45. ♿ Tlj sauf lun et mer, et soir des dim et j. fériés. Congés : 2 sem en fév et 2 sem en août. Formule déj 28 € ; menus 24-38 €. Parking. Café offert sur présentation de ce guide.* Jeune, talentueux et sympathique, le couple Pasquier joue sa partition à 4 mains. Elle au salé, lui au sucré, ils délivrent une cuisine pleine d'entrain et de vivacité, guidée par la fraîcheur et la créativité. Les poissons profitent d'une cuisson parfaite, agrémentés de sauces subtiles, qui font voyager les papilles, concoctées à base de mélanges d'épices signées Roellinger. Voici une maison chaleureuse (généreuse cheminée l'hiver, agréable terrasse l'été) d'où se dégagent de bonnes ondes culinaires et un rapport qualité-prix du tonnerre, en semaine comme le week-end.

***Accès :*** à 15 km au sud de Bourges, direction Dun-sur-Auron. Dans le village.

## BRUÈRE-ALLICHAMPS 18200

€€ 🍽 **Restaurant Les Tilleuls**** – *route de Noirlac ☎ 02-48-61-02-75. Tlj sauf dim soir et lun soir. Formules déj 17-23 € ; menus 20-60 €.* Bâtisse située sur une jolie route sinueuse le long du Cher. Belle cuisine de terroir inventive et pleine de saveurs, concoctée à base de produits frais. En été, on peut profiter de l'agréable terrasse ombragée.

***Accès :*** en direction de Bourges par la N144.

€€ 🍽 ⛱ **Auberge de l'Abbaye de Noirlac** – *lieu-dit Noirlac ☎ 02-48-96-22-58. ♿ Tlj sauf mar soir et mer. Congés : 30 nov-25 fév. Menus 25-42 € ; carte 50 €.* Une très bonne table, assez classique, qui vaut surtout pour sa magnifique terrasse ombragée faisant face à l'abbaye. Une vraie carte postale ! Beau menu régional avec tarte fine de lumas, lapereau à la moutarde violette et un plateau de fromages du cru d'anthologie ! Dommage que les prix s'envolent à la carte, « obligeant » ainsi le client à faire un repas (plus que) complet...

***Accès :*** à 2 km par la N144 en direction de Bourges et à 5 km du péage de l'A71. Sur la D35, face à l'entrée de l'abbaye.

## FAVERDINES 18360

€ 🍽 ⛱ **Restaurant-bar Chez Jackie** – *Le Pré-de-Gariot ☎ 02-48-96-07-02. ♿ Tlj le midi slt ; sur résa le soir. Congés : 2 sem à partir du 15 août. Formule et menu du jour en sem 13 € ; autres menus 20-35 €.* Le petit village attire pas mal d'initiés à l'heure des repas, qui vont se mettre les pieds sous la table de *Chez Jackie*. Les deux sœurs tiennent la maison avec brio. Dynamisme, sourire et qualité sont toujours au rendez-vous dans cette maison moderne, toute neuve. Marie-Laure virevolte entre les tables, faisant ses recommandations, apportant un plat bien présenté, ou prenant des nouvelles des habitués, tandis que Béatrice s'affaire en cuisine. Une institution, lieu de célébration des fêtes familiales et des déjeuners dominicaux !

***Accès :*** par la D951 direction Orval, puis la D1.

## SANCERRE 18300

€€ 🍽 **Auberge La Pomme d'Or** – *1, rue de la Panneterie (pl. de la Mairie) ☎ 02-48-54-13-30. ♿ Tlj sauf mar-mer. Résa conseillée. Menus 21 € le midi en sem, puis 32-46 €.* Une petite maison bon chic bon genre à la déco coquette, avec des tables agréablement espacées et joliment dressées. Cuisine de tradition allégée, que parfume avec bonheur un brin de rusticité. Bon rapport qualité-prix du 1er menu. Le patron, sommelier fou de vin, propose une belle carte de nos meilleurs terroirs.

***Accès :*** dans la vieille ville, en direction de la mairie.

€€ 🍽 **Restaurant La Tour** – *31, Nouvelle-Place ☎ 02-48-54-00-81. Tlj sauf dim soir et lun. Menus 25 € le midi en sem, puis 30-75 €.* Cet établissement, au décor cossu et à l'atmosphère feutrée, est l'une des grandes et bonnes adresses en ville. Superbe salle aux baies vitrées à l'étage. Le chef, Baptiste Fournier, compose ses plats en s'inspirant de ses voyages. Belle carte de vins qui fait, évidemment, la part belle aux crus de la région. Prix raisonnables, compte tenu de l'originalité des plats, de la qualité des produits et du service prévenant. Une belle adresse gastronomique.

***Accès :*** sur la place principale.

# Eure-et-Loir (28)

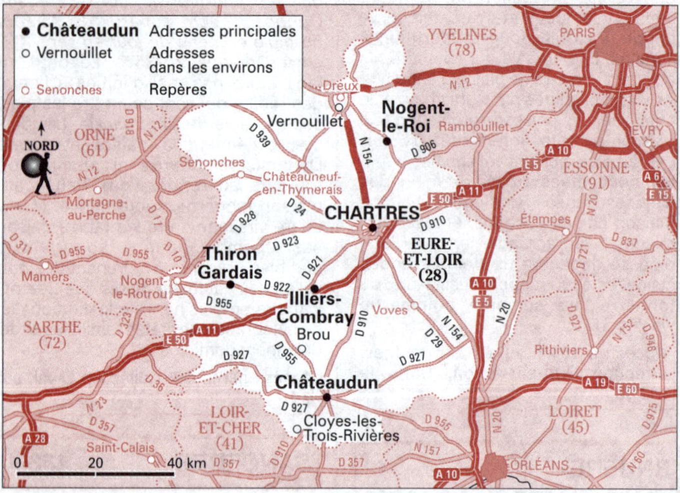




## CHARTRES 28000

**€€ ⌂ |●| ⛱ Le Bœuf Couronné – Restaurant L'Amphitryon***** – *15, pl. Châtelet (A2-4) ☎ 02-37-18-06-06. ● leboeufcouronne.com ● Tlj sauf dim soir en nov-avr. Congés : 2 sem à Noël. Menus 18-23 € le midi, puis 29 €. Café offert sur présentation de ce guide.* Du IXᵉ s jusqu'à aujourd'hui, la petite auberge de campagne a traversé les siècles et s'est transformée en un bien bel hôtel central. Les chambres, confortables et au style moderne, arborent des tons chaleureux de beige et de rouge ; elles sont nickel. Côté resto, le chef concocte de bons plats traditionnels avec les produits du terroir. Difficile de résister au pâté de Chartres et son cœur de foie gras, ou à la tête de veau. Accueil très aimable et professionnel. Il faut dire que, dans la famille, la passion de l'hôtellerie se transmet de génération en génération depuis un siècle, et ça se voit !

***Accès :*** à 3 mn à pied de la gare.

**€€ |●| ⛱ Le Petit Bistrot** – *12, pl. du Billard (B2-2) ☎ 02-37-36-44-52. Tlj sauf dim-lun. Carte env 30 €.* Des bouchons de liège aux murs, des bouteilles de vin en luminaires, un zinc bien brillant et une petite salle attenante plus épurée mais tout aussi chaleureuse plantent le décor de cette cantine « bistronomique ». La carte courte, à base de produits frais, change tous les mois. Au programme : des plats de brasserie revisités et soignés. On craque littéralement pour les desserts ! À l'heure de l'apéro, les habitués s'y retrouvent pour boire un verre sur la jolie terrasse pavée. Bref, c'est l'adresse incontournable de la place du marché, le petit bistrot du coin, en fait !

***Accès :*** au fond de la place Billard.

€€ 🍽 ☂ **Esprit Gourmand** – *6, rue du Cheval-Blanc (A2-1) ☎ 02-37-36-97-84. Tlj sauf dim soir, lun et mar. Congés : 3 sem fin mars-début avr et 3 sem en oct. Menu 25 € sauf dim et j. fériés ; carte 35 €. Apéritif maison offert sur présentation de ce guide.* Dans un cadre aux notes méditerranéennes, on sert ici une cuisine traditionnelle de terroir. La carte est, certes, courte mais garantie à base de produits frais. La preuve, le menu change toutes les semaines. Goûtez la souris d'agneau sur son jus d'épices, spécialité du chef, un régal ! Accueil adorable des propriétaires et des serveurs prévenants.

€€ 🍽 **Le Saint-Hilaire** – *11, rue du Pont-Saint-Hilaire (C3-6) ☎ 02-37-30-97-57. ♿ Tlj sauf dim-lun. Formule déj en sem 19,50 € ; menus 30-48,50 €.* Impossible de passer à Chartres sans faire un tour dans ce petit resto plein de charme, aux murs recouverts de glycine, où l'accueil, le service, la cuisine et le décor forment un tout harmonieux. La carte change au rythme des saisons, sans trop s'éloigner de la tradition.

***Accès :*** dans la ville basse, entre la place Saint-Pierre et le pont Saint-Hilaire.

€€ 🍽 ☂ **Les Feuillantines** – *4, rue du Bourg (B2-5) ☎ 02-37-30-22-21. Tlj sauf dim-lun. Congés : 1re sem de janv, 1 sem mi-mai et 3 sem en août. Formules 24,80-28,80 € sauf sam soir ; menu 35 €. Café offert sur présentation de ce guide.* Dans une petite salle tout en longueur, à la déco ensoleillée, ou sur la terrasse du fond, au calme, le chef propose des plats traditionnels savoureux et bien présentés. Goûtez donc sa spécialité : le foie gras mi-cuit, une merveille ! Service prévenant.

***Accès :*** vieille ville, à mi-chemin entre la cathédrale et l'Eure.

€€€ 🏠 🍽 ☂ 🅿 **Le Grand Monarque****** – *22, pl. des Épars (A3-3) ☎ 02-37-18-15-15. • bw-grand-monarque.com • ♿ Tlj sauf dim-lun pour le resto Le Georges. Congés : le 25 déc. Formules 28-33 € à la brasserie ; menus 59-95 € au gastro. Parking payant. Apéritif maison offert sur présentation de ce guide.* Véritable institution chartraine, cet ancien relais de poste possède 2 restaurants. Le gastronomique *Le Georges*, très chic, à essayer si votre bourse le permet : rideaux, lustres et tableaux dans les tons taupe et or annoncent la couleur. Tout comme le service professionnel et attentionné, et les plats délicieux, bien travaillés. Becs sucrés, goûtez la spécialité de la maison : le soufflé au Grand Marnier, une merveille ! À la brasserie *La Cour*, on est toujours dans un lieu chic, mais qui reste décontracté sous la lumineuse verrière. Cuisine aux accents de terroir, à base de produits frais. Mais portions un peu justes, dommage. Pour ceux qui voudront prolonger le plaisir, c'est aussi un authentique hôtel de charme, doté d'un spa.

***Accès :*** à 5 mn de la gare, aux portes de la vieille ville.

## CHÂTEAUDUN 28200

€ 🍽 **Le Jardin de Verre** – *1, route de Brou (D955) ☎ 02-37-96-10-97. Tlj sauf dim soir, mar soir et mer. Formules déj en sem 12-14 € ; menus 17-29 €.* Une table bien pratique pour les cyclistes et les marcheurs le long du Loir, ce bistrot de quartier assez banal en apparence, situé à un carrefour passant, cache bien son jeu. La cuisine soignée surfe sur le crédo de la fraîcheur et du savoir-faire. Une adresse plus que recommandable, sans trop dépenser. *NOUVEAUTÉ.*

***Accès :*** à Saint-Jean, le quartier en contrebas du château, de l'autre côté du Loir.

€€ 🍽 ☂ **Aux Trois Pastoureaux** – *31, rue André-Gillet ☎ 02-37-45-74-40. ♿ Tlj sauf dim-lun et mar midi. Formule déj 24 € en sem ; menus 32-52 €. Café offert sur présentation de ce guide.* Dans la plus ancienne auberge dunoise, une salle au décor moderne et chaleureux. La carte et les menus sont élaborés avec les produits du terroir pour une cuisine plutôt recherchée et succulente. Petite terrasse dans l'arrière-cour. Accueil sympa.

***Accès :*** entre la place du 18-Octobre et l'espace Malraux.

## DANS LES ENVIRONS

### CLOYES-LES-TROIS-RIVIÈRES
28220 (12 km S)

€ 🏠 🍽 🅿 **Hôtel-restaurant Saint-Jacques** – *35, rue Nationale ☎ 02-37-98-40-08. • lesaintjacques.fr • Bistrot ouv le midi mar-ven ; resto ouv le soir mar-sam et le midi w-e. Bistrot, formule 17 € ; resto gastronomique, menus 15,50-42,50 €. Parking.* Reconversion réussie pour cet ancien relais de poste du XVIIe s. Le mobilier moderne se marie à merveille avec les poutres apparentes et l'immense cheminée d'époque. Der-

1 Esprit Gourmand (A2)
2 Le Petit Bistrot (B2)
3 Le Grand Monarque (A3)
4 Le Bœuf Couronné – Restaurant L'Amphitryon (A2)
5 Les Feuillantines (B2)
6 Le Saint-Hilaire (C3)

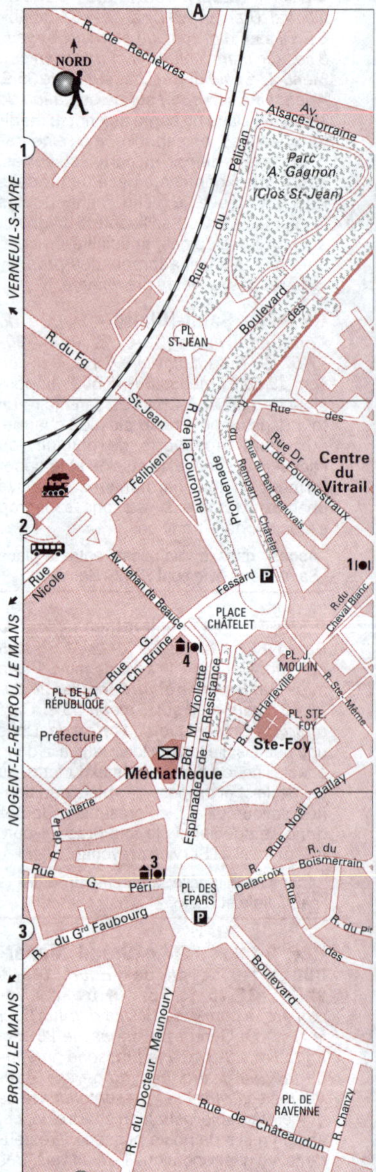

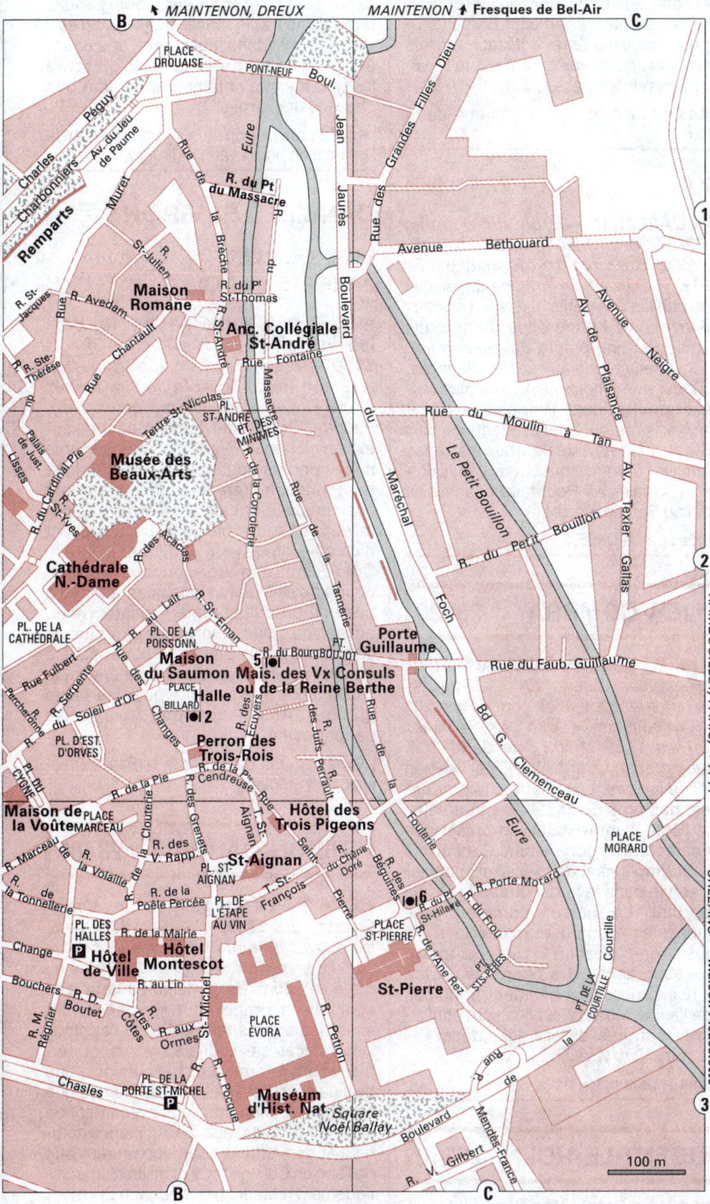
MAINTENON, DREUX
MAINTENON
Fresques de Bel-Air
B
C
PLACE DROUAISE
PONT-NEUF
Boul.
Jean
Jaurès
Boulevard
Eure
Rue des Grandes Filles Dieu
Charles Péguy
Charbonniers
Av. du Jeu de Paume
Remparts
Muret
Rue de la Brèche
R. du Pt du Massacre
R. du Pt St-Thomas
R. St-Julien
Maison Romane
R. St-Jacques
R. Avedam
Rue Chantault
R. Ste-Thérèse
Anc. Collégiale St-André
Rue Fontaine
R. St-André
Avenue Bethouard
Avenue Neigre
Av. de Plaisance
Rue du Moulin à Tan
Terre St-Nicolas
PL. ST-ANDRÉ
PT. DES MINIMES
Massacre
Palais de Just.
Lisses
Musée des Beaux-Arts
R. du Cardinal Pie
R. St-Yves
R. de la Corroierie
Rue de la Tannerie
Rue du Maréchal Foch
Le Petit Bouillon
R. du Petit Bouillon
Av. Texier Gallas
R. des Acacias
Cathédrale N.-Dame
PL. DE LA CATHÉDRALE
R. au Lait
R. St-Eman
PL. DE LA POISSONN.
Rue Fulbert
Maison du Saumon
R. du Bourg
PT. BOUJOT
Porte Guillaume
Rue du Faub. Guillaume
5
Mais. des Vx Consuls ou de la Reine Berthe
PLACE BILLARD
Halle
2
Rue des Changes
R. Serpente
R. Percheronne
R. du Soleil d'Or
PL. D'EST. D'ORVES
PL. DU CYGNE
R. des Écuyers
R. des Juifs
R. Perrault
Rue de la Foulerie
Bd G. Clemenceau
Eure
RAMBOUILLET, PARIS, A 11
Perron des Trois-Rois
R. de la Pie
R. de la Cendreuse
R. des Grenets
R. de la Clouterie
Rue T. St-Aignan
Hôtel des Trois Pigeons
Maison de la Voûte
PLACE MARCEAU
R. Marceau
R. de la Volaille
R. des V. Rapp
PL. ST-AIGNAN
St-Aignan
Saint Pierre
R. du Chêne Doré
R. des Béguines
PLACE MORARD
R. Porte Morard
6
R. du Pt St-Hilaire
R. du Frou
R. de la Tonnellerie
R. de la Poêle Percée
PL. DE L'ETAPE AU VIN
T. St-François
PL. DES HALLES
R. de la Mairie
PLACE ST-PIERRE
R. de l'Âne Rez
PT. STS-PÈRES
Courtille
PT. DE LA COURTILLE
ORLÉANS
Maison Picassiette
Change
Hôtel de Ville
Hôtel Montescot
St-Pierre
Bouchers
R. D. Boutet
R. au Lin
R. des Côtes
R. M. Régnier
R. aux Ormes
St-Michel
PLACE ÉVORA
R. Pétion
Rue de la
Chasles
PL. DE LA PORTE ST-MICHEL
R. J. Pocque
Muséum d'Hist. Nat.
Square Noël Ballay
Boulevard
Mendès-France
R. V. Gilbert
100 m
1
2
3

# CHARTRES

rière l'hotel, le jardin au bord du Loir offre un cadre de détente idéal, même Zola en profita pour rédiger *La Terre*. Côté table, un très bon rapport quaité-prix. Tout est fait maison, y compris les glaces. *NOUVEAUTÉ.*

**Accès :** 12 km au sud, en marge de la D910.

### BROU 28160 (22 km NO)

**€ L'Ascalier** – *9, pl. du Dauphin ☎ 02-37-96-05-52. Tlj sauf dim soir, lun soir et mar. Formule sem midi et soir 14,50 € ; menus 21-34 €.* Place au terroir ! Ici, on cuisine des petits plats bien de chez nous avec une bonne dose de produits de saison et une pointe de raffinement. L'hiver, le feu crépite au rez-de-chaussée, mais pour une ambiance encore plus feutrée, empruntez donc l'imposant escalier du XVIe s. À l'étage, 2 salles, dont une plus petite et discrète, idéale pour les repas en famille ou entre amis. Et au fait, pourquoi « L'Ascalier » ? Pour faire honneur au patois du Perche, pardi !

**Accès :** par la D955.

## ILLIER-COMBRAY 28120

**€ Hôtel les Aubépines** – *17, av. Georges-Clemenceau ☎ 02-37-24-49-49. • hotel-lesaubepines.com • Resto, tlj sauf ven soir, sam et dim soir. Formules déj en sem 11,50-14,50 € ; menus 23-27 €. Parking gratuit, local à vélo.* C'est l'ancien *Hôtel de la Gare*. Les charmants propriétaires, des pros de l'hôtellerie et artistes dans l'âme, l'ont restauré en préservant son caractère et son histoire. La cuisine est tout simplement délicieuse et imaginative, servie dans le jardin quand le temps le permet. La maison commercialise d'amusantes « Fameuses madeleines », à déguster en pensant à Proust, qui trouva l'inspiration dans cette bourgade. Quant aux 12 chambres du bâtiment principal, ou de l'ancienne écurie, elles sont confortables et toutes différentes, décorées avec soin. *NOUVEAUTÉ.*

**Accès :** par la place de la Gare.

## NOGENT-LE-ROI 28210

**€ Le Relais des Remparts** – *2, rue du Marché-aux-Légumes ☎ 02-37-51-40-47. Tlj sauf dim soir, lun et mar soir. Menus 16,50-19,50 € (sauf sam soir, dim et j. fériés), puis 30-39 € ; carte env 37-40 €.* Une grande salle bourgeoise, une cuisine traditionnelle soignée, un service sélect et sans faute ; bref, une équation plutôt réussie pour ce resto qui ravira les gourmands, notamment par son bon choix de desserts...

**Accès :** rue principale sur la droite avant la bifurcation pour Dreux.

## DANS LES ENVIRONS

### VERNOUILLET 28500 (18 km NO)

**€€€ Auberge de la Vallée Verte***** – *6, rue Lucien-Dupuis ☎ 02-37-46-04-04. • aubergevalleeverte.fr • Resto tlj sauf dim-lun. Menus 35-58 € (vins compris pour ce dernier). Parking.* Petit hôtel familial accueillant tenu par Nathalie Paillé, la sœur, et table prisée par les gourmets du coin, dirigée par Patrice, le frère. Les chambres sont chaleureuses et calmes. Certaines, installées de l'autre côté de la rue, disposent d'un coin kitchenette et d'un petit jardin. Côté resto, une vraie brigade de pros concocte des plats classiques raffinés à base de produits fermiers locaux (veau, agneau ou gibier, selon la saison). Que de la qualité, servie dans une haute salle à manger rustique, surplombée d'une mezzanine sous la charpente pour les petits groupes. Ambiance plutôt bourgeoise décontractée.

**Accès :** par la D26, puis la N154 en direction de Vernouillet.

## THIRON-GARDAIS 28480

**€€ La Forge** – *1, rue Albert-Chasseriaud ☎ 02-37-49-42-30. Ouv ts les midis sauf lun, plus sam soir. Menus 13,50 € le midi en sem, puis 30 € le w-e ; carte env 35 €.* Belle maison à la façade sculptée et ornée d'un tympan, ayant sans doute jadis fait partie de l'abbaye. Deux petites salles chaleureuses, ou terrasse dans le jardin. Le chef concocte une cuisine savoureuse et raffinée, tandis que Madame s'occupe de vous avec attention et un vrai sens de l'accueil. Ambiance naturelle et détendue. Parfait après une visite de l'ancien Collège royal et militaire, magnifiquement restauré par Stéphane Bern !

**Accès :** par la D922, direction Illiers-Combray ; dans le centre, sur la gauche, après le carrefour, en direction de La Gaudaine.

# Indre (36)

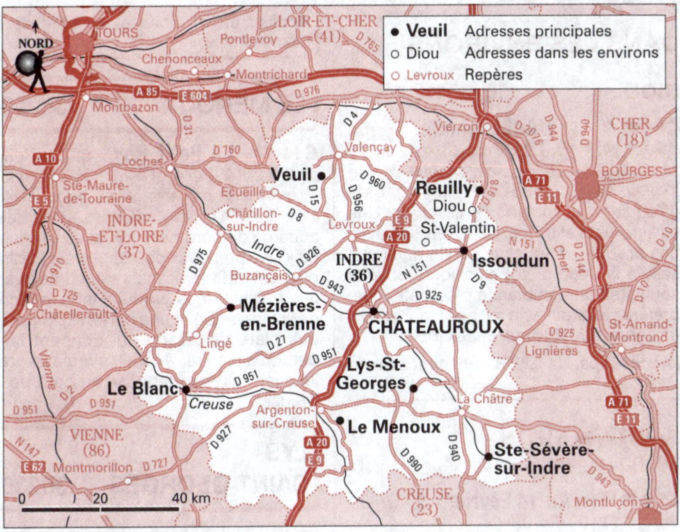


## CHÂTEAUROUX 36000

**€€ Jeux 2 Goûts** – *40, rue Grande ☎ 02-54-27-66-28. Tlj sauf dim-lun et j. fériés. Congés : vac scol de fév et fin juil-début août. Formule déj 17 € ; menus 26-50 € ; carte env 35 €.* Même si le nom du resto est alambiqué, sa cuisine ne l'est pas. Atmosphère moderne aux couleurs franches, quelques bouts de murs apparents, voici un sympathique écrin pour une halte culinaire recherchée sans être chichiteuse. À base de produits frais et de saison, le chef parvient à réaliser des préparations ne manquant pas de tenue. Une bonne adresse.

***Accès :*** près du musée.

**€€ Le Bistrot Gourmand** – *10, rue du Marché ☎ 02-54-07-86-98. Tlj sauf dim-lun et j. fériés. Congés : 2 sem vac fév et 3 sem août. Formules midi en sem 9,50-17,50 € ; menus 29-33 €. Café offert sur présentation de ce guide.* Une petite salle au décor contemporain. La cuisine est fine, à base de produits frais, l'accueil souriant... tout pour passer un agréable moment. Cuisine ouverte sur la salle.

***Accès :*** à 20 m de la rue Grande, dans le centre.

## ISSOUDUN 36100

**€€ Auberge de la Cognette****** – *6, bd Stalingrad ☎ 02-54-03-59-59. • la-cognette.com • Tlj sauf dim soir, lun et mar midi (sauf juin-sept). Congés : janv. Formules 26-31 € le midi ; menus 35-65 €. Parking. Apéritif maison offert sur présentation de ce guide.* L'origine de cette auberge remonte au XIXe s. Balzac, dans *La Rabouilleuse,* nous la décrit avec beaucoup de précision. Elle était tenue par les époux Cognet : la femme, veuve de Houssaye, était une très bonne cuisinière. Aussi les clients venaient-ils chez la mère Cognet ou Cognette, d'où le nom de l'auberge. Aujourd'hui, la famille Nonnet-Daumy œuvre au piano pour offrir une cuisine de terroir revisité par les talents du chef.

***Accès :*** par la N151, rejoindre le centre-ville. À proximité de la grande place du Marché.

## DANS LES ENVIRONS

### DIOU 36260 (12 km N)

€€ |●| ⛱ P **L'Aubergeade** – *route d'Issoudun ☎ 02-54-49-22-28. ♿ Tlj sauf mer soir et dim soir. Menus 25 € le midi en sem, puis 35-45 €. Parking. Café offert sur présentation de ce guide.* Une cuisine juste et savoureuse, réalisée avec des produits de qualité, servie dans une salle à la déco plutôt classique. Si vous souhaitez une ambiance plus détendue, préférez le jardin et la terrasse, qui offrent un cadre agréable aux beaux jours.

***Accès :*** par la D918, en direction de Vierzon.

### SAINT-VALENTIN 36100 (12 km O)

€€€ |●| ⛱ **Au 14 Février** – *2, rue du Portail ☎ 02-54-03-04-96. Fermé lun-mar et le soir des j. fériés. Menus 48-87 €.* Dans ce village, ce n'est pas le kitschissime *Jardin des Amoureux* qui a retenu notre attention, mais un restaurant en tous points surprenant et délicieux. La rencontre de deux mondes et de deux cultures : une décoration intérieure japonaise et zen à laquelle s'intègrent des lithographies de Peynet, et une cuisine française revisitée par un chef japonais. Tout ici est subtil : les saveurs dans l'assiette, la présentation des plats, l'alliance mets et vins, le service discret et souriant. Étonnamment, le chef sait prendre le meilleur des deux mondes. Une belle adresse, et pas uniquement pour les amoureux. Terrasse aux beaux jours.

***Accès :*** par la D8, puis la D12. Au centre du village, entre l'église et la mairie.

## LE BLANC 36300

€€ |●| **Le Cygne** – *8, av. Gambetta ☎ 02-54-28-71-63. Tlj sauf dim soir et lun-mar. Congés : 15 premiers j. de janv et 15 derniers j. de juin. Menus 25,90-45 €.* Belle adresse qui s'est imposée même en dehors de la ville. La salle est répartie sur 2 niveaux. Le patron n'hésite pas à sortir de sa cuisine pour passer de table en table voir si tout se passe bien. Ses spécialités : tête de veau au foie gras poêlé, quenelles de brochet maison sauce crustacés... Bon rapport qualité-accueil-prix. Pensez à réserver, car il y a peu de couverts.

***Accès :*** en ville basse, au nord de la Grande-Place.

## LE MENOUX 36200

€ |●| ⛱ **Le Petit Roy** – *6, Le Bourgoin ☎ 02-54-47-17-70. Tlj. Congés : 1re quinzaine de janv. Menu du jour 14 € avec 1/4 de vin ; carte 27 € env.* Une belle auberge de bord de route, avec un menu du jour à prix doux pour une vraie cuisine du moment, simple mais exigeante quant à la fraîcheur des produits (et à la façon de les travailler) et une carte, le soir, avec des plats de saison qui donnent faim rien qu'à les lire. Accueil simple et vrai, lui aussi. Grande terrasse au bord de la Creuse.

## LYS-SAINT-GEORGES 36230

€€ |●| ⛱ **La Forge** – *7, rue du Château ☎ 02-54-30-81-68. ♿ Tlj sauf dim soir-mar (slt lun en juil-août) ; le soir, service jusqu'à 21h. Congés : 3 sem en janv, 1 sem fin juin et 2 sem fin sept. Résa conseillée. Menus 22 € le midi en sem, puis 33-52 €. Apéritif maison offert sur présentation de ce guide.* Vigne vierge sur la façade, poutres élégantes, cheminée en hiver, terrasse sous la tonnelle en été. Voici une bonne auberge villageoise, unique commerce de Lys-Saint-Georges. La patronne, pleine d'esprit, reçoit avec cordialité. Son chef de mari concocte une cuisine classique et goûteuse à base de produits majoritairement locaux et fermiers, avec des saveurs bien tranchées. La carte change au gré des saisons.

***Accès :*** en face du château.

## MÉZIÈRES-EN-BRENNE 36290

€€ 🏠 |●| ⛱ **Au Bœuf Couronné**** – *9, pl. Charles-de-Gaulle ☎ 02-54-38-04-39. • restaurant-boeufcouronne.com • Tlj sauf dim soir et lun, ainsi que mar midi oct-avr. Congés : dernière sem de juin. Menus 13 € le midi en sem, puis 26-38 €.* Cet ancien relais de poste, pourvu d'un porche d'entrée datant du milieu du XVIe s, situé en plein pays des étangs secrets de la Brenne, est réputé bien au-delà de la région. Ses salles sont accueillantes, mélange de chaleur campagnarde et d'élégance rustique. Cuisine fine et inventive, préparée et servie avec soin dans une salle rénovée.

**Accès :** à 20 km au sud de Châtillon-sur-Indre par la D43, et à env 40 km à l'ouest de Châteauroux par la D925.

## REUILLY 36260

**€€ |●| 🏠 Les 3 Cépages** – *17, rue de la Gare ☎ 02-54-03-23-13. ♿. Tlj sauf dim soir, lun et mar. Congés : 3 sem en janv et 1 sem en sept. Menus 30-68 €.* Quelle bonne idée ont eu Takashi et Hikari Sato de quitter le Japon pour un jour venir rendre visite à un ami qui leur avait vanté la douceur de vivre par ici ! Ils s'appliquent pour offrir à leur clientèle, côté resto, une cuisine toute en saveurs et précision étonnante du début à la fin du repas. Produits d'ici, technique de là-bas, un vrai bonheur. Belle sélection de vins régionaux, forcément.

## SAINTE-SÈVÈRE-SUR-INDRE 36160

**€€ |●| Le Relais du Facteur** – *25, av. d'Auvergne ☎ 02-83-21-62-73. Tlj sauf mar et mer soir en juil-août, plus dim soir et lun soir le reste de l'année. Congés : janv-fév et courant oct. Formule déj 14 € ; carte env 30 €. Café offert sur présentation de ce guide.* Cet ancien relais de poste connaît une nouvelle vie, et son petit menu bien équilibré et riche en goût rassemble chaque midi locaux, VRP et touristes de passage. Quelques éléments de déco rappellent le tournage de *Jour de fête* et en font un vrai lieu de pèlerinage, pour les fans de Tati. Ambiance chaleureuse et conviviale d'un café de village. Cuisine plus élaborée le soir, digne d'une grande maison.

## VEUIL 36600

**€ |●| ⛱ Auberge Saint-Fiacre** – *5, rue de la Fontaine ☎ 02-54-40-32-78. Tlj sauf dim soir et lun, plus mar hors juil-août. Congés : janv et 3 sem en sept. Sur résa de préférence. Menus 23 € en sem, puis 32-50 €.* Cette auberge du XVIIe s, nichée au creux d'un village fleuri charmant, au bord d'un ruisseau, suit le rythme des saisons. En hiver, on profite de la grande cheminée de la salle rustique avec poutres et mobilier ancien ; en été, on déjeune sous les frondaisons de marronniers centenaires accompagné par glouglou de la cascatelle. Le chef joue sa partition avec habileté, selon le marché et la saison.

**Accès :** à 6 km de Valençay par la D15.

# Indre-et-Loire (37)

## AZAY-LE-RIDEAU 37190

**€€ |●| ⛱ Côté Cour** – *19, rue Balzac ☎ 02-47-45-30-36. ♿. Tlj sauf mar soir et mer (fermé le soir et mer hors saison). Congés : 15 nov-15 fév. Formules déj 18-23 € ; menus 24-32 €.* Ici, c'est nature et naturel en tout ! D'abord la petite salle de resto, dont l'adorable propriétaire a judicieusement tiré parti en valorisant la pierre par l'utilisation de bois, de fer forgé, de fleurs et de divers petits ornements campagnards. Ensuite la cuisine, et surtout les produits, dont le chef veille à ce qu'ils soient frais et de préférence locaux. Si son inspiration est basée sur des mets tourangeaux, il n'oublie pas la Méditerranée et la Corse de son enfance, en leur faisant un clin d'œil de temps à autre. Carte volontairement restreinte, mais au choix savamment orchestré.

**Accès :** en plein centre.

**€€ |●| ⛱ Restaurant L'Aigle d'Or** – *10, av. Adélaïde-Riché ☎ 02-47-45-24-58. Tlj sauf dim soir et mer (fermé aussi mar hors juil-août, plus lundi soir déc-mai). Congés : de janv à mi-fév, 1 sem en sept et 2 sem en nov. Formules 23-25 € le midi sauf dim et j. fériés ; menus 32-60 €. Une flûte de pétillant offerte au dessert sur présentation de ce guide.* Cadre élégant

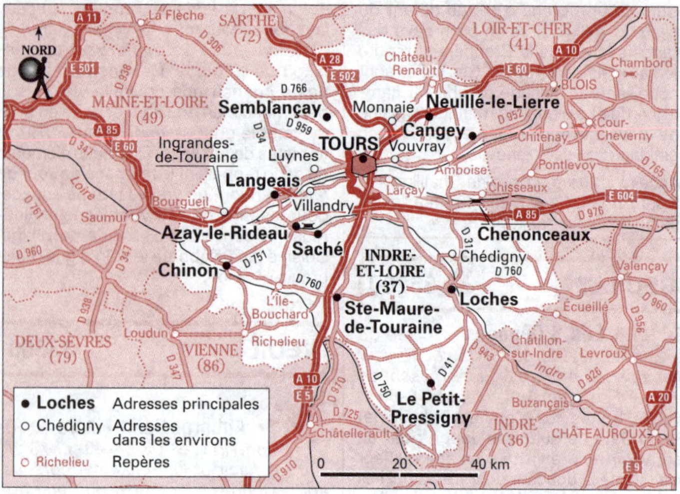


très classique et service sympathique et vigilant pour la table chic de référence de la ville. La carte évolue en fonction des saisons au service d'une cuisine de tradition revisitée avec talent. Parmi les plats phares, on se régale d'un foie gras de canard à la poire tapée de Rivarennes ou d'une blanquette de sandre au vin d'Azay. Carte des vins riche, instructive et à des prix raisonnables.

***Accès :*** direction Langeais.

## DANS LES ENVIRONS

### VILLANDRY 37510 (10 km N)

€ 🍽 ⛱ 🅿 **L'Étape Gourmande** – *La Giraudière ☎ 02-47-50-08-60. ♿ Ouv tlj. Congés : 12 nov-19 mars. Résa conseillée. Formule 19,60 € le midi en sem (sauf j. fériés), puis menus 21,30-42,20 € ; menu-enfants 11,10 €. Parking. Café offert sur présentation de ce guide.* Belle ferme du XVIIe s, en pleine campagne. On peut déguster, dans une superbe salle avec cheminée ou en terrasse ombragée, une cuisine en partie à base de fromage de chèvre et de cochon de lait (l'une des spécialités maison) et d'autres produits fermiers accompagnés de vins du cru. Bon accueil et service agréable. Vente de fromages de chèvre. Visite de la miniferme pour les enfants. Une adresse originale.

***Accès :*** à 1,5 km de Villandry, sur la route de Druye.

## CANGEY 37530

€€ 🏠 🍽 ⛱ 🅿 **Le Fleuray Hôtel-restaurant***** – *Fleuray, route D74 ☎ 02-47-56-09-25. • lefleurayhotel.com • ♿ Congés : 2 sem fin nov et pour les fêtes de fin d'année. Menus 29-35 € ; carte env 54 €. Parking.* Ça fait bien longtemps que la famille Newington tient de main de maître ce bel établissement, une grande demeure du XIXe s environnée de fleurs, version anglaise de la tradition tourangelle. En cuisine, on a sans regret laissé de côté la *british attitude* pour aller chercher le meilleur de la créativité française, soulignée par des épices glanées aux quatre coins du globe. Des plats généreux, aux saveurs tout en finesse, servis avec un sens consommé de la présentation. Une réussite qui ne fait pas regretter de s'enfoncer un peu dans cette belle campagne. Jolie salle lumineuse, donnant sur la verdure. Excellent accueil.

***Accès :*** prendre la D952 direction Blois, puis la D74, direction Cangey, puis Fleuray.

## CHENONCEAUX 37150

€€ 🍽 ⛱ **L'Orangerie du Château** – *château de Chenonceau ☎ 02-47-23-44-90. ♿ Tlj de mi-mars à mi-nov (fermé pour travaux jusqu'à fin juin 2018).*

*Menus 32-39,50 €.* Chenonceau fait les choses à fond ! Il a confié les rênes du restaurant à Christophe Canati, un habitué des étoiles, qui propose des menus au rapport qualité-prix épatant. La cuisine, de saison, est digne des grands : les idées, le goût, la réalisation, tout y est ! Et pour un prix raisonnable, compte tenu du cadre (salle classique ou véranda ouverte sur le jardin) et de la qualité du service. Quant aux desserts, ils sont l'œuvre d'un chef pâtissier bourré de talent et hyper créatif. Magique !

***Accès :*** dans l'enceinte du château.

## CHINON 37500

€€ |●| ☂ **Au Chapeau Rouge** – *49, pl. du Général-de-Gaulle ☎ 02-47-98-08-08. ♿ Tlj sauf dim soir, lun et mar midi. Congés : 3 sem en fév-mars et 2 sem en oct-nov. Menus 25 € le midi (sauf dim et j. fériés), puis 29-43 €. Une coupe de vin pétillant offerte au dessert sur présentation de ce guide (table de 4 pers max).* Des fleurs en façade, des tables joliment dressées sur la place, en été, près de la fontaine. Et une salle douce à vivre en toute saison. Spécialités régionales astucieusement retravaillées. Le Maître restaurateur Christophe Duguin joue à fond la carte du terroir et des bons produits locaux selon la saison. C'est bon et raffiné. Quant à la sélection de vins, elle est précise et de qualité. Service très sympathique. Et, surtout, très bel accueil.

## LANGEAIS 37130

€€ ☂ **Au Coin des Halles** – *9, rue Gambetta ☎ 02-47-96-37-25. Tlj sauf mer-jeu. Congés : de mi-janv à mi-fév. Formule déj en sem 17 € (sauf sam soir, dim midi et j. fériés) ; menus 39-65 €.* Pascal Bouvier, qui était étoilé du temps où il officiait au *Choiseul,* à Amboise, fait des prouesses pour un prix qui dépasse l'entendement. Il propose une cuisine fraîche, franche et actuelle, au service du produit. Jouant des herbes, des épices, des saveurs et des textures, le chef aime travailler des produits que d'autres ont oubliés ou, en tout cas, délaissés : escargots, magret d'oie, poires tapées. Un des meilleurs rapports qualité-prix du département ! Service dans une salle au décor sobre ou en terrasse aux beaux jours.

***Accès :*** au pied du château.

## DANS LES ENVIRONS

### INGRANDES-DE-TOURAINE 37140 (13 km O)

€€ |●| ☂ 🅿 **Vincent, Cuisinier de Campagne** – *19, rue de la Galottière ☎ 02-47-96-17-21. Congés : 1 sem en janv. Formule déj 18 € en sem ; menu 26 €. Parking.* C'est dans une belle maison de maître en pleine campagne que ce sympathique couple de Belges a choisi d'opérer un retour aux sources. Car ici, on vit en harmonie avec la nature : les volailles gambadent dans les vignes avant de finir dans l'assiette, et la cueillette du matin détermine le menu du jour. Rien que de belles matières premières, issues du potager ou du marché local, et travaillées avec la générosité d'un chef talentueux. C'est précis, c'est gourmand, avec une présentation soignée mais sans fioriture, à l'image de la maison. Quant à la carte des vins, elle est éblouissante ! Tout pour plaire, sauf la taille : l'élégante salle n'accueille qu'une quinzaine de chanceux !

***Accès :*** par la D952.

## LE PETIT-PRESSIGNY 37350

€€€ **Restaurant Dallais – La Promenade** – *11, rue du Savoureux ☎ 02-47-94-93-52. ♿ Tlj sauf dim soir et lun-mar midi (plus mar soir hors saison) ; service 12h-13h30, 19h30-21h30. Congés : janv et 2e quinzaine de sept. Menus 46-95 €.* Jacky Dallais, un des chefs dont la réputation dépasse les frontières de la Touraine depuis un quart de siècle, a fait de l'ancienne maréchalerie un resto incontournable : lignes épurées dans l'une des 2 salles, seulement agrémentée de touches aux couleurs vives (lustres de Murano, toiles d'artistes locaux...), déco plus classique pour l'autre. Aujourd'hui, son fils, Fabrice, s'en donne à cœur joie pour confectionner les mets qui feront frémir vos papilles de bonheur. Ici, on ne privilégie que les produits locaux et frais, le talent et l'inventivité font le reste. Le résultat : un souvenir inoubliable de saveurs délicates et de raffinement. Somptueuse carte des vins. Du grand art culinaire. Un coup de cœur...

***Accès :*** par la D41 vers Loches, puis la D50.

## LOCHES 37600

**€€ |●| ⛱ La Galerie B** – *26-28, Grande-Rue ☎ 02-36-05-45-32. ♿ Tlj sauf mar-mer, plus lun soir oct-mai. Congés : de mi-oct à mi-nov, 1 sem en fév et juil. Formule déj en sem 17 € ; menu 33 € ; carte env 45 €. Apéritif maison offert sur présentation de ce guide.* C'est la belle et bonne table de la ville. Cadre rustico-tendance élégant et décontracté, à l'image de l'accueil tout sourire et d'une cuisine de saison savoureuse. Si le menu du déjeuner est une vraie bonne affaire, frais et soigné, c'est le soir que le chef exprime son talent, en livrant une cuisine de terroir réactualisée parfaitement maîtrisée. Un régal.

***Accès :*** en plein centre.

## DANS LES ENVIRONS

### CHÉDIGNY 37310 (11 km N)

**€€ |●| ⛱ Le Clos aux Roses** – *2, rue du Lavoir ☎ 02-47-92-20-29. ♿ Tlj sauf dim soir-mar. Formule 15 € le midi en sem ; menus 30-40 €.* Cette petite maison au cœur du village est la bonne étape par excellence : on y dort comme un loir (dans une poignée d'agréables et confortables chambres d'hôtes à l'étage), et surtout, on y mange merveilleusement bien dans une salle rustique joliment modernisée (poutres peintes, murs gris perle...). La chef a du talent, et met son expérience acquise auprès des meilleurs au service d'une cuisine de saison gourmande à souhait, et parfaitement réalisée avec des ingrédients locaux. Impeccable, d'autant que la sélection des vins tient la route.

***Accès :*** par la D10, entre Genillé et Saint-Quentin-sur-Indrois.

## NEUILLÉ-LE-LIERRE 37380

**€€ 🏠 |●| ⛱ P Auberge-hôtel de la Brenne**** – *19, rue de la République ☎ 02-47-52-95-05. ● auberge-brenne.com ● ♿ Tlj sauf mar-mer, plus dim soir de mi-sept à mi-juin. Formule 18 € le midi en sem ; menus 32-68 €. Parking. Café offert sur présentation de ce guide.* Cette auberge de village joue à fond la carte du terroir, mais dans une version chic. Ici, on fait même les rillettes au feu de bois et les confitures (en vente à l'accueil et servies au petit déj). Cuisine parfaite, gourmande à souhait, présentée avec soin et servie dans une salle à la déco chaleureuse.

***Accès :*** dans la bucolique vallée de la Brenne, à 20 mn au nord d'Amboise par la D5, direction Reugny.

## SACHÉ 37190

**€€ |●| ⛱ Auberge du XIIe siècle** – *1, rue du Château ☎ 02-47-26-88-77. ♿ Tlj sauf dim soir-mar midi. Congés : 28 mai-6 juin, 3-12 sept et 2-16 janv. Menus 28-45 €.* Non seulement un lieu de pèlerinage pour les « balzacomaniaques », mais aussi l'une des meilleures adresses de la région, et de surcroît dans un décor splendide. Vieilles poutres et cheminée, la salle (classée « Lieu de patrimoine ») n'a sûrement que peu changé depuis le temps où Honoré venait descendre là une fillette de vin frais. L'excellent chef propose une cuisine créative à partir de mets traditionnels. Les menus s'adaptent au marché et à la saison. Une belle table.

***Accès :*** par la D17.

## SAINTE-MAURE-DE-TOURAINE 37800

**€ |●| ⛱ La Ciboulette** – *78, route de Chinon ☎ 02-47-65-84-64. ♿ Avr-sept, tlj midi et soir ; le reste de l'année, ts les midis ainsi que le soir ven-sam. Formules et menus 24,50-70 €.* Maison contemporaine nichée dans un cadre verdoyant et fleuri. Vaste salle lumineuse donnant sur la campagne, ou terrasse sous une pergola les beaux jours. Service prompt et aimable. Bonne cuisine « 100 % maison », où se mêlent idées de recettes d'ici et d'ailleurs. La valeur sûre du secteur.

***Accès :*** à 2 km du centre de Sainte-Maure ; juste en face de l'échangeur de l'A10, sortie 25.

Centre-Val de Loire - Indre-et-Loire

## SEMBLANÇAY 37360

**€€ |●| ⌂ ⛱ P Hostellerie de la Mère Hamard** – *pl. de l'Église ☎ 02-47-56-62-04. ♿ Tlj sauf dim soir, lun midi et mar midi 15 oct-15 avr. Congés : 1er-15 janv et vac scol Toussaint. Formule déj en sem 24 € ; menus 35-74 €. Parking. Apéritif maison offert sur présentation de ce guide.* L'arrivée d'Olivier et Alice Loize a réveillé cette belle auberge de l'arrière-pays. Tandis que madame chouchoute ses hôtes (la fille de Jean Bardet, star de la gastronomie tourangelle, a le sens de l'accueil !), monsieur, un ancien autodidacte bourré de talent, concocte une cuisine colorée et savoureuse empreinte de modernité. C'est beau, frais, de saison : un régal ! Qu'on s'attable dans la salle chaleureuse ou en terrasse, on est sûrs de passer un bon moment. Super !

***Accès :*** dans le centre.

## TOURS 37000

**€€ |●| Le Bistrot de la Tranchée** – *103, av. de la Tranchée (hors plan par B1-42) ☎ 02-47-41-09-08. ♿ Tlj sauf dim et le soir des j. fériés. Congés : 2 sem en été. Menus 17,50 € (déj en sem), puis 25,40-31,50 € ; carte 35 €.* La Tranchée est le nom de cette route creusée en 1755 dans l'axe du nouveau pont, à l'époque où la route de Paris vers l'Espagne se déplaça d'Amboise à Tours. Mais c'est aussi le nom de l'annexe de la très vénérable *Maison Barrier,* juste à côté. Le chef réalise une excellente cuisine fine, fraîche et raffinée. Un terroir revu et corrigé. Le midi, c'est plein et on comprend pourquoi : une cuisine de chef centrée sur le produit, à prix ultra-doux... accompagnée d'un excellent pain maison.

***Accès :*** dans le prolongement de la rue Nationale et du pont Wilson.

**€€ Casse Cailloux** – *26, rue Jehan-Fouquet (B2-3) ☎ 02-47-61-60-64. Tlj sauf sam, dim, mer midi et j. fériés. Congés : 1 sem à Noël, 1 sem vac Pâques et 3 sem en août. Formules env 24 € le midi ; menus 26-32 €.* En théorie, c'est hors des sentiers battus. Mais dans les faits, tous les gourmands connaissent le chemin de ce bistrot de poche, et la réservation s'impose ! Comme le cadre fait dans le simpliste, ici, tout se joue dans l'accueil tout sourire et surtout dans les assiettes. Car le chef a du métier (et un parcours prestigieux) et régale les habitués de beaux plats de saison aussi précis que savoureux.

***Accès :*** à 2 mn du jardin des Préberdes d'Oé.

**€€ L'Arôme** – *26, rue Colbert (C1-2) ☎ 02-47-05-99-81. Fermé dim-lun. Formules déj 14,50-16,50 € ; compter 30 € à la carte. Café offert sur présentation de ce guide.* Une adresse à la fois gourmande et accueillante. Mickaël Téluk, formé chez Barrier, compose une cuisine légère et savoureuse qui a ses inconditionnels. Que ce soit au menu ou sur ardoise, les plats y sont constamment renouvelés et bien dans l'air du temps. Le petit menu du midi est un très bon plan.

**€€ ⛱ L'Atelier Gourmand** – *37, rue Étienne-Marcel (A1-4) ☎ 02-47-38-59-87. ♿ Tlj sauf sam midi, dim et lun midi (plus lun soir hors saison). Congés : 24 déc-16 fév. Formule 19 € le midi en sem, menu unique 26 € ; carte 30-35 €. Une coupe de vouvray pétillant offerte pour le dessert sur présentation de ce guide.* Au cœur du vieux Tours, les habitués aiment se retrouver dans l'atelier culinaire de Fabrice Bironneau, un ancien de chez Bardet. Un atelier tout en longueur à la déco design dans les tons fuchsia. La cuisine est dans le même esprit : rassurante et colorée tout en restant dans la tradition française, façon cuisine de grand-mère, selon le marché et les saisons. Car ici, tous les produits sont frais ! C'est simple, savoureux et léger, tout comme l'addition. Belle ardoise de vins au verre.

***Accès :*** à deux pas de la fameuse place Plumereau.

**€€ |●| ⛱ Le Bistrot N'Home** – *11, rue de la Serpe (A1-2-5) ☎ 09-81-00-62-21. Ouv le midi mar-sam, plus le soir jeu-sam. Fermé dim-lun. Congés : 1 sem en fév, 1 sem au printemps ; 15 j. en août et 1 sem à Noël. Formule 14,95 € le midi en sem ; menus 28-31 €.* Sympathique jeu de mots pour définir cette délicieuse cuisine de marché servie dans un cadre bistrotier soigné par un couple soucieux de bien faire. Guillaume Dallay, après 25 ans de service dans les cuisines de gastro, prépare une cuisine généreuse et de saison, loin des chichis gastronomiques et bien dans l'air du temps

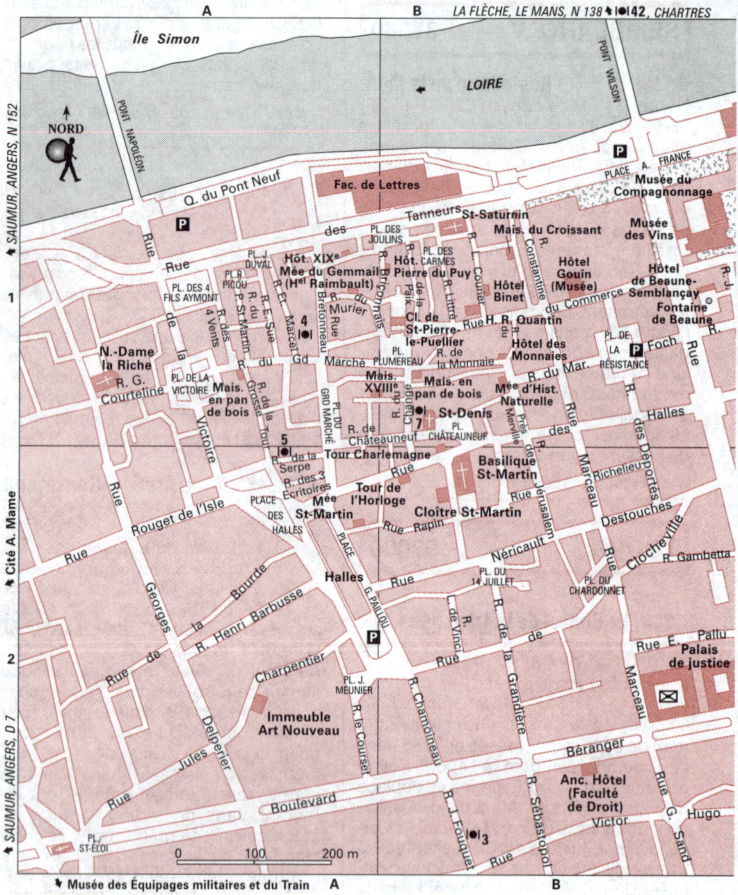


| | |
|---|---|
| **2** L'Arôme (C1)<br>**3** Casse Cailloux (B2) | **4** L'Atelier Gourmand (A1) |

(vichyssoise d'asperges blanches, cabillaud poché aux aromates, rougail de canard et patates douces...). L'ardoise change régulièrement. Ne pas négliger les desserts, qui tiennent leurs promesses. Pour finir, excellent accueil de Laetitia Dallay.

***Accès :*** dans le vieux Tours, derrière les halles.

**€€ Le Barju** – *15, rue du Change (B1-7) ☎ 02-47-64-91-12. Tlj sauf dim soir. Menu 22 € le midi en sem ; carte env 35 €.* Très belle cuisine à dominante marine pour cette adresse conduite par Julien Perrodin, un ex-complice de Roellinger à Cancale. À deux pas de l'incontournable place Plumereau, on se délecte

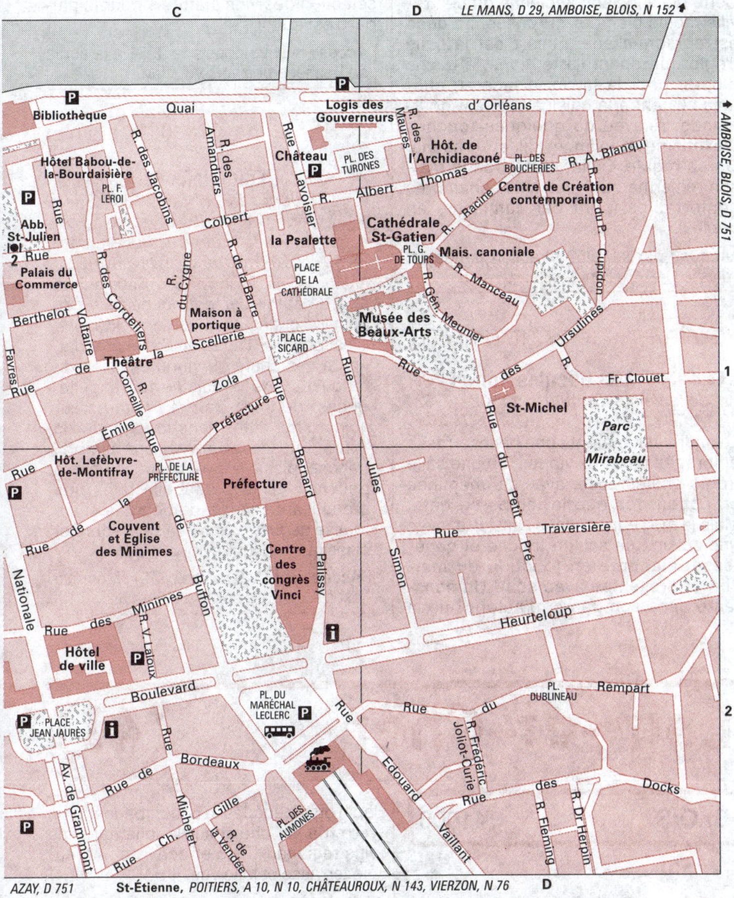


TOURS

| | |
|---|---|
| **5** Le Bistrot N'Home (A1-2)<br>**7** Le Barju (B1) | **42** Le Bistrot de la Tranchée<br>(hors plan par B1) |

de son tartare de bar de ligne ou de son saint-pierre au beurre de rhubarbe. Cher ? Même pas ! Enfin, pas trop... surtout si l'on s'installe au comptoir où le gastro cède la place au « bistronomique » (huîtres, plats du jour...).

***Accès :*** à deux pas de la place Plumereau.

## DANS LES ENVIRONS

### LUYNES 37230 (10 km O)

**€€ 🍽 ☂ Le XII de Luynes** – *12, rue de la République ☎ 02-47-26-07-41. Tlj sauf dim soir-mar midi. Formules et menus déj (sauf dim) 15,50-24 € ; menus 27,50 € (sauf w-e), puis 31,50-43,50 €.*

Cette belle maison ancienne du centre-ville recèle bien des surprises. La déco est personnalisée, mais c'est la salle troglo qui retient l'attention... à moins d'opter pour la terrasse face au château ! Quant à la cuisine, elle est gourmande, relevée de quelques touches d'exotisme et joliment mise en scène. On se régale. Enfin, cette bonne maison renferme quelques jolies chambres confortables (dont des familiales en duplex).

***Accès :*** par la D952 direction Langeais, puis la D49. En centre-ville.

### VOUVRAY 37210 (11 km E)

**€€€ 🍽 ⛱ Les Gueules Noires** – *66, rue de la Vallée-Coquette ☎ 02-47-52-62-18. Tlj sauf lun et mar. Carte 40-45 €.* Le cadre est épatant : une belle terrasse ombragée face aux vignes, ou une salle troglo chaleureuse, avec sa cheminée en action dès que le temps se gâte. Mais le meilleur est dans l'assiette, avec une cuisine de saison fraîche et généreuse, élaborée en fonction du marché et présentée avec soin. Un sans-faute dans son genre, d'autant que la sélection des vins (naturels pour la plupart) est au top.

***Accès :*** indiqué depuis la D952 à la sortie de Rochecorbon vers Vouvray.

### MONNAIE 37380 (17 km NE)

**€€ L'Épicurien** – *53, rue Nationale ☎ 02-47-56-10-34. ♿ Tlj sauf dim soir, lun et jeu soir. Formules et menus déj en sem 18,50-27,50 € (sauf w-e et j. fériés) ; menus 27-45 € ; carte 43 €.* Situé sur un axe, un établissement qui ne paie pas de mine quand on le voit de l'extérieur. C'est pourtant l'antre de Didier Frebout, un de ces chefs qui augurent bien du renouveau de la cuisine tourangelle. Ancien de chez Bardet (restaurateur aujourd'hui entré dans la légende de Tours), il réalise une cuisine simple, franche, pleine d'inventions, comme la beuchelle à la tourangelle dans une croustillante corne d'abondance. Le tout se déguste dans une salle sobre et classique. Accueil sympathique.

***Accès :*** par l'A10 (sortie n° 19) ; Monnaie est à 9 km de la sortie d'autoroute.

# Loir-et-Cher (41)

## BLOIS 41000

**€ 🍽 ⛱ Le Denis Papin** – *25, rue Saint-Honoré ☎ 02-54-46-27-12. Repas le midi en sem slt. Plat du jour 10,90 € ; carte 23 €. Café offert sur présentation de ce guide.* Un bar-resto qui ne paie pas de mine, et pourtant les habitués ne s'y trompent pas et y viennent nombreux au déjeuner. Au piano, Christophe, un vrai cuisinier ; résultat, chaque jour moins d'une poignée de plats simples et goûteux, servis par la sympathique Cathy, sa femme. À toute heure, on peut grignoter chips à la truffe, rillettes de lapin ou tapenades, à accompagner d'un verre de vin choisi sur la jolie carte de vins régionaux. Pro et convivial. Agréable terrasse et jolie vue.

**€€ 🍽 Les Banquettes Rouges** – *16, rue des Trois-Marchands ☎ 02-54-78-74-92. Tlj sauf dim-lun ; service jusqu'à 21h30 le soir. Congés : 15 j. en déc-janv, 10 j. en juin et 15 j. en août. Formule déj 18,50 € ; menu 28,50 €.* Un des chouchous des locaux comme des visiteurs de passage, qui y apprécient une cuisine goûteuse, jouant sur les produits de saison et les recettes dans l'air du temps. Ambiance assez sonore dans la salle très étroite, tout en longueur, à la déco soignée mais un peu froide. Heureu-

Sur présentation de ce guide,
nombreuses offres et réductions en 2018.

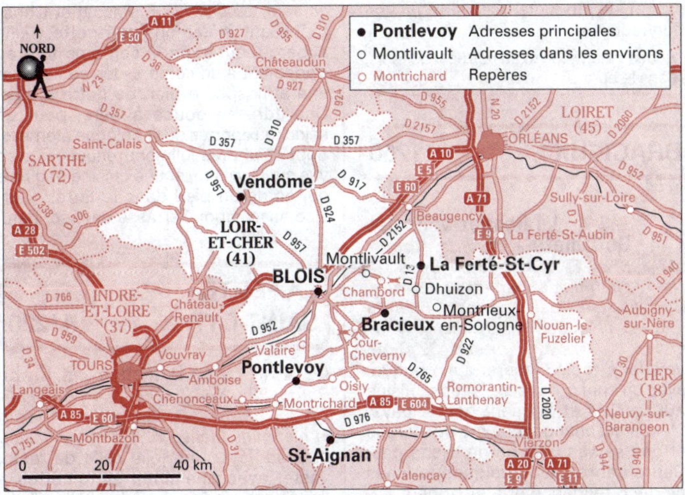




sement, le service est là pour réchauffer l'atmosphère !

***Accès :*** à 2 mn à pied du château.

**€€€ |●| Assa** – *189, quai Ulysse-Besnard ☎ 02-54-78-09-01. ♿ Ouv mer-dim midi et j. fériés. Formule déj 29 € ; menus 47-80 €.* Assa, le « matin » en japonais, le moment qui dicte la courte carte du jour, en fonction du marché. Anthony et Fumiko Maubert composent à 4 mains et avec finesse des assiettes créatives où le produit est joliment mis en valeur, et qui sortent d'une cuisine ouverte sur la salle. Servi dans un cadre épuré, en surplomb de la Loire qui s'écoule paisiblement derrière les baies vitrées.

***Accès :*** compter 10 mn de marche le long du quai du Foix.

**€€€ Au Rendez-vous des Pêcheurs** – *27, rue Foix ☎ 02-54-74-67-48. Tlj sauf dim-lun (hors j. fériés). Congés : 3 sem en août. Résa conseillée. Formule 25 € en sem ; menus 37-59 € ; menu découverte 70 €.* Un service élégant et professionnel, un cadre de bistrot simple et avenant (les tables sont néanmoins nappées de blanc amidonné) et une fréquentation éclectique : jeunes ou vieux, locaux ou étrangers, c'est ici que se retrouvent les gourmets curieux de déguster la cuisine inventive et personnelle du chef Christophe Cosme, qui ose avec brio des associations étonnantes. Superbes vins de Loire.

***Accès :*** à 7 mn à pied de la gare, près du quai du Foix.

## DANS LES ENVIRONS

### MONTLIVAULT

41350 (13 km NE)

**€ Le Bistrot d'À Côté***** – *25, rue de Chambord ☎ 02-54-20-62-30. • lamaisondacote.fr • ♿ Bistrot ouv tlj sauf dim soir-lun, plus mar midi hors saison ; resto tlj sauf mer, plus mar sept-avr. Congés : janv. Formules bistrot 22-28 €. Menus au gastro 42 € le midi en sem, puis « carte blanche » 68-88 €.* Rare de trouver un bistrot de grand chef à la hauteur du resto. Sur la place du village, Christophe Hay, chef talentueux et créatif, s'est offert une salle de resto design et glamour (avec des prix à la hauteur !) à deux pas de l'hôtel-restaurant des débuts. Du coup, il a transformé l'ancienne salle en un lieu convivial où son second, Nicolas Aubry, propose une cuisine de bistrot surprenante et mariant avec harmonie saveurs, textures et couleurs. De bons produits de saison, de producteurs locaux, un vrai bonheur.

**Accès :** à env 13 km au nord-est de Blois, dans le bourg.

## BRACIEUX 41250

**€€ Le Rendez-vous des Gourmets** – *20, rue Roger-Brun ☎ 02-54-46-03-87. Tlj sauf mer, sam midi et dim soir. Congés : de Noël à mi-janv, 1 sem à Pâques, fin août et à la Toussaint. Formules déj 17-21 € ; menus 32-65 €.* Voici une table sincère, authentique, avec un chef qui assure, et une cuisine qui rassure et qui sent bon le pays. Menus qui changent au gré du marché et des saisons, ici on ne triche pas. Cadre sobre avec quelques touches de déco tendance et atmosphère tellement conviviale qu'on y retourne illico. Terrasse cachée très agréable.

**Accès :** en plein centre.

## DANS LES ENVIRONS

### MONTRIEUX-EN-SOLOGNE

41210 (11 km E)

**€ La Margot'ine** – *53, rue Lancelot-du-Lac Tlj sauf dim-lun le midi, plus le soir jeu-sam. Formule déj 13,50 € avec vin ou café ; carte 20-27 €.* Cadre typique solognot avec poutres, tomettes et, bien sûr, une grande cheminée où les habitués vont se réchauffer hors saison. Un lieu de vie souriant, apaisant, tenu par un jeune couple qui aurait pu continuer de bosser au *Meurice* de Paris ou dans d'autres grandes maisons. Antonin, l'enfant du pays, a préféré revenir au village vivre avec sa femme Charlotte et leur fille Margot, une vie plus en accord avec leurs rêves. La cuisine de Charlotte est sans prétention, gourmande, de saison, servie dans la bonne humeur par Antonin. À l'ardoise, des plats qui réchauffent, hors saison. Petite terrasse. *NOUVEAUTÉ.*

**Accès :** au centre du village.

### DHUIZON 41220 (12 km E)

**€ Auberge du Grand Dauphin** – *17, pl. Saint-Pierre Resto fermé dim soir, lun et mar midi. Menus 14 € le midi en sem, puis 18-33 €.* Pascal et Christophe ont métamorphosé cette vieille auberge, qui a gardé son âme tout en s'adaptant à un confort, des couleurs et une atmosphère bien de notre temps. Une adresse douce à vivre, pour un séjour aux portes de la Sologne éternelle. Sept chambres joliment rénovées, avec vue sur le village, et une cuisine originale qui garde un pied dans le terroir. Service assez cool. Terrasse cachée, parc. *NOUVEAUTÉ.*

## LA FERTÉ-SAINT-CYR 41220

**€€ La Diligence** – *13, rue du Bourg ☎ 02-54-87-90-14. • hotel-ladiligence.com • Tlj sauf dim soir, lun et mer midi. Menus 20 € le midi en sem, puis 28-46 €.* Une jolie salle de resto, vaste, avec cheminée et tomettes à l'ancienne. Cuisine inspirée et raffinée à base de produits frais et de saison, comme ce devrait être partout le cas. Quelques tables côté jardin. Excellent accueil.

**Accès :** à 15 km à l'ouest de Chambord.

## PONTLEVOY 41400

**€€ Auberge de l'École**** – *12, route de Montrichard ☎ 02-54-32-50-30. • hotelrestaurantdelecole.com • Resto tlj sauf dim soir et lun, plus mer midi hors saison. Congés : 2 sem en fév, 1 sem en août et 1 sem à Noël. Formule 22 € le midi en sem ; menus 27-59 €. Parking.* Un ancien relais de poste, qui a su conserver les valeurs d'accueil et de bonne table que l'on prêtait autrefois à ce genre d'établissement, du moins dans les livres d'école. Très bon confort dans les chambres, une cheminée pour vous réchauffer l'esprit aux jours gris et une terrasse pour les repas d'été. Cuisine dans la tradition, revisitée par un vrai chef !

**Accès :** sur la D764.

## SAINT-AIGNAN 41110

**€ Le Crêpiot** – *36, rue Constant-Ragot ☎ 02-54-75-21-39. Tlj sauf lun-mar (pdt les vac scol, tlj sauf lun midi, mar et mer midi). Congés : 2 sem en fév (vac scol zone B) et 2 sem en nov. Formules 11,90-14,90 € le midi* *en sem ; menus 19,90-25,90 €. Digestif offert sur présentation de ce guide.* Dans une rue pentue du centre-ville, un tout petit resto offrant une cuisine sans prétention mais honnête et adaptée aux petits porte-monnaie. On ne vient pas pour l'intimité, mais pour fraterniser avec le voisinage, on vous prévient !

***Accès :*** à deux pas de l'office de tourisme.

€€ 🍽 ☂ **Le Mange-Grenouille** – *10, rue Paul-Boncour ☎ 02-54-71-74-91. ♿ Tlj sauf lun, sam midi et dim soir, plus mer soir en hiver. Congés : 1 sem en mars et fin juin, plus 3 sem en oct. Formules déj en sem (jusqu'à 14h) 15-18 € ; menus 34-39 €.* Dans un ancien relais de poste au cadre chaleureux, un brin classique avec ses vieilles pierres, poutres et boiseries, Vincent Foyer surprend par sa cuisine inventive et raffinée. De l'amuse-bouche aux mignardises, on croasse de bonheur pour ce festival de saveurs harmonieuses, d'un rapport qualité-prix exceptionnel, dès la formule à prix d'ami du midi en semaine. En saison, pensez à réserver pour profiter des tables très prisées dans la courette fleurie. Service attentif et sans fausses notes.

***Accès :*** à l'entrée de la ville, dans la partie basse.

## VENDÔME 41100

€ 🍽 ☂ **7e Sens** – *2, pl. du Marché-Couvert ☎ 02-54-77-35-32. Ouv tlj mai-sept ; fermé le soir lun, mer et dim le reste de l'année. Formules déj 11,50-13 € (sauf dim) ; à l'ardoise, compter 20-25 €.* Un resto bien dans l'air du temps. À l'ardoise, petit choix de seulement 3 entrées, 3 plats et 3 desserts pour assurer la fraîcheur. Le chef, réunionnais, propose de bons plats revisités et des suggestions créoles. Petite salle vite pleine et agréable terrasse face aux vieilles halles.

***Accès :*** dans le centre-ville, en face des halles.

€€€ **Pertica** – *15, pl. de la République ☎ 02-54-23-72-02. Tlj sauf dim-lun et mer midi. Menus « carte blanche » en 3-9 étapes 36-110 €.* Ne cherchez pas un quelconque jeu de mots, *Pertica* signifie « Perche », du nom de la région dont Vendôme est une des portes d'entrée. Pour rappeler un terroir auquel le chef, Guillaume Foucault, est particulièrement attaché et qui l'inspire. Une cuisine renouvelée chaque jour au travers de menus exclusivement carte blanche. Alors, que ça plaise ou pas, force est de constater que talent et créativité sont bien au rendez-vous. Atmosphère un peu froide, cela dit.

***Accès :*** en centre-ville, près des halles.

# Loiret (45)

## BEAUGENCY 45190

€€ ☂ **Le P'tit Bateau** – *54, rue du Pont ☎ 02-38-44-56-38. Tlj sauf lun-mar. Congés : janv. Menus 35-42 €.* L'équipage formé par Damien et Anne, passés entre autres par la brigade de Thierry Marx, s'est installé là pour skipper sa propre cuisine, ô combien novatrice ! Cadre dépouillé, presque minimaliste, pour mieux se concentrer sur des plats inspirés, à base de produits nobles et de mélanges audacieux, à la cuisson précise et au dressage que l'on n'ose déconstruire. Quant aux desserts, ils sont tout aussi imaginatifs. L'addition excite un peu la puce de la carte bancaire, mais cette adresse le vaut bien.

***Accès :*** dans le vieux centre-ville.

## BONNY-SUR-LOIRE 45420

€ 🍽 🏠 P **Hôtel des Voyageurs** – *10, Grande-Rue ☎ 02-38-27-01-45. Tlj sauf dim soir-mar midi. Menus 20-30 €*

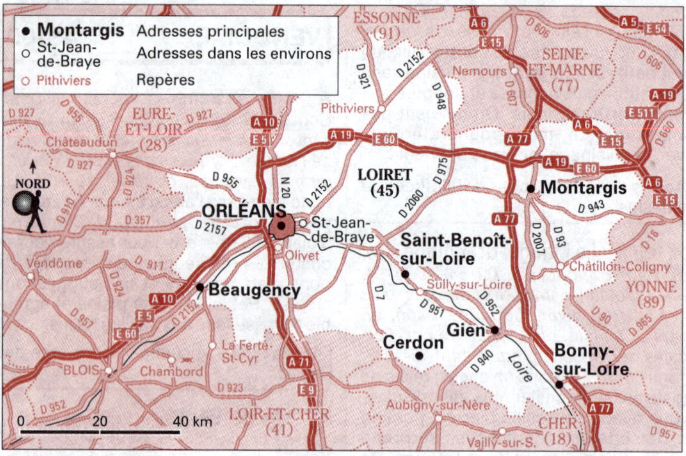




*(sauf sam soir et dim), puis 32-43 €. Parking.* Vu les prix affichés, difficile d'imaginer que l'on entre dans l'un des meilleurs restos gastronomiques du secteur. Philippe Lechauve, enfant du pays, s'est installé à Bonny avec son épouse, après avoir été chef saucier chez *Troisgros*. Résultat, on se régale sans casser la tirelire ! Le secret ? Des produits simples, sublimés avec talent par le chef ; une leçon que feraient bien de retenir nombreux confrères ! *NOUVEAUTÉ.*

**Accès :** en plein centre du village.

## CERDON-DU-LOIRET 45620

**€ |●| ☂ Aux 2 Bécasses** – *6, route d'Argent ☎ 02-38-05-07-45. Plats du jour 17-19 €.* Il y a des poutres, des briquettes, des bouquins à dispo et quelques éléments contemporains... le tout bercé par un fond sonore jazzy très relax : on est bien dans ce charmant bistrot de l'arrière-pays ! Et s'il fait beau, c'est en terrasse que l'on déguste les plats classiques et gourmands du moment, toujours préparés avec des ingrédients de saison (la carte, archi courte, change toutes les semaines !). Accueil aux petits oignons. *NOUVEAUTÉ.*

**Accès :** dans le centre.

## GIEN 45500

**€€ |●| ☂ L'Olivier** – *22, quai Lenoir ☎ 02-38-38-13-45. Tlj sauf mer-jeu (plus dim soir sept-juin). Menu déj en sem 18 €, puis 29 €.* Ce qui séduit à *l'Olivier*, ce sont les couleurs : dans la déco, charmante, mais surtout dans la cuisine, fraîche et ensoleillée. À la carte, très courte, de savoureux plats de saison travaillés avec soin, présentés avec la manière, et qui bien souvent fleurent bon le Sud. Un excellent rapport qualité-prix. Accueil attentionné. *NOUVEAUTÉ.*

**€€ |●| Le P'tit Bouchon** – *66, rue Bernard-Palissy ☎ 02-38-67-84-40. Tlj sauf dim-lun. Menus déj 16,90 €, puis 25,50 €.* Le *P'tit Bouchon* fait tout comme les grands : l'accueil est efficace et souriant, et, dans les assiettes, la cuisine de saison se fait gourmande et généreuse, aussi belle que savoureuse. Du beau travail ! Reste que le *P'tit Bouchon* n'est pas bien grand, et que ses salles de poche sobres et modernes font vite le plein. Réservez ! *NOUVEAUTÉ.*

**€€€ |●| Côté Jardin** – *14, route de Bourges ☎ 02-38-38-24-67. Tlj sauf mar-mer et dim soir. Résa indispensable. Menus 39-47 €.* De passage à Gien, il serait dommage de manquer la formidable table d'Arnaud Billard qui réjouit tant les gourmets. Une cuisine de haute volée faite avec passion, et des mélanges subtils et délicats à base de produits nobles en direct du producteur. Profusion d'amuse-bouches, plats inventifs et des desserts en apothéose font de ce resto l'un des meilleurs du département. Attention, seulement quelques tables dans une salle au cadre sobre et minimaliste (on n'a pas trouvé le jardin), donc peu de chances de s'y attabler sans réservation ! *NOUVEAUTÉ.*

***Accès :*** de l'autre côté du Vieux-Pont.

## MONTARGIS 45200

**€ |●| ⛱ Restaurant Les Petits Oignons** – *81 bis, av. du Général-de-Gaulle ☎ 02-38-93-97-49. Tlj sauf dim soir et lun. Congés : vac scol de fév et 3 premières sem d'août. Menus 14,50 € (côté brasserie), 22-49 € (côté resto).* Une adresse originale, 2 en 1 ! D'un côté, le bistrot avec son menu à l'ardoise et sa cuisine classique de bonne facture (hareng pommes à l'huile, jambon braisé au porto...), qui fait aussi le bonheur des amateurs d'abats ; de l'autre, le gastro au décor un brin désuet, avec des plats plus élaborés, comme les médaillons de lotte au safran et le magret de canard. De plus, en saison, on peut s'installer sur la terrasse dans le jardin. Accueil cordial et service impeccable.

***Accès :*** dans le quartier de la gare SNCF.

## ORLÉANS 45000

**€ |●| Jane A** – *15, rue Croix-de-Malte (B2-2) ☎ 02-38-42-75-89. ♿ Ouv mer-ven au déj, ainsi que ven-sam le soir. Compter 15-20 € pour un repas complet.* Une belle escale d'angle au look rétro soigné, articulée autour d'un comptoir où se rencontrent lumière, couleurs et sourire. Bref, un cadre séduisant pour s'offrir, dans la bonne humeur, une dégustation de galettes et de crêpes bien réalisées.

**€€ |●| ⛱ La Dariole** – *25, rue Étienne-Dolet (C2-3) ☎ 02-38-77-26-67. Ouv le midi lun-ven, plus le soir mar et ven. Congés : 3 sem en août et 1 sem à Noël. Menus 22 € (déj)-26,50 € ; carte env 35 €.* Cette petite adresse cachée dans les rues anciennes d'Orléans émoustille les papilles de sa cuisine originale et raffinée. Elle ravit les yeux par son cadre charmant avec poutres et pierres apparentes. Les délicieuses spécialités changent au gré des saisons. Viande ou poisson, la cuisson est comme il se doit. Et aux beaux jours, on apprécie la calme terrasse à l'arrière, donnant sur une jolie petite place piétonne. Accueil souriant et adorable. En un mot, bravo !

***Accès :*** au pied de la cathédrale.

**€€ |●| Ver Di Vin** – *2, rue des Trois-Maries (C2-4) ☎ 02-38-54-47-42. Ouv le soir mar-sam (ouv le midi à partir de 8 pers). Congés : 2 sem début août. Plats 16-22 €. Café ou verre de vin (12 cl) pour une formule complète (entrée, plat, dessert) par pers offert sur présentation de ce guide.* Un concept ! Car ici, on vient d'abord pour le vin. Dans un impressionnant caveau aux allures de cathédrale souterraine, Sabine Brochard, sommelière émérite, fait découvrir avec passion des crus de qualité, méconnus pour la plupart. Pour accompagner le nectar, assiette de fromage, jambon ibérique, ravioles de langoustines et, surtout, des plats de saison délicats réalisés avec soin. Des soirées dégustation, apéro-concerts et expos sont régulièrement organisées dans ce lieu culturel qui exalte tous les sens. Un vrai coup de cœur.

***Accès :*** à l'arrêt de tram Royale-Châtelet.

**€€ |●| ⛱ La Parenthèse** – *26, pl. du Châtelet (C2-1) ☎ 02-38-62-07-50. Tlj sauf dim-lun. Congés : 3 sem en août. Résa indispensable. Menus 18,50 € le midi en sem, puis 27-31 €.* Tout pour plaire : la terrasse de poche est attirante, les petites salles sont élégantes, et surtout la cuisine est une vraie surprise à ce niveau de tarifs. Le chef nous séduit avec un répertoire actuel très soigné, transcendé par des sauces bien réalisées. Au déjeuner, l'addition se serre encore la ceinture, et la parenthèse devient enchantée. *NOUVEAUTÉ.*

**€€ |●| De Sel et d'Ardoise** – *44, rue du Faubourg-Bannier (B1-5) ☎ 02-34-50-23-40. Tlj sauf mer soir et dim-lun. Formule et menu déj en sem 17-20 € ; carte env 35-40 €.* C'est la pépite du faubourg, qui mérite largement les 10 mn de promenade depuis le centre. Car le jeune chef régale ses invités de plats de marché modernes, vifs et colorés. Sa spécialité, les légumes, dont la maîtrise acquise chez Passard (à Paris) sublime les viandes et les poissons aux cuissons justes. C'est bon, c'est beau, et c'est encore mieux avec un verre de vin de Loire (bio) proposé par madame. Seul bémol : la salle, façon bistrot de poche, est riquiqui. Réservez ! *NOUVEAUTÉ.*

***Accès :*** à 10 mn à pied au nord du centre.

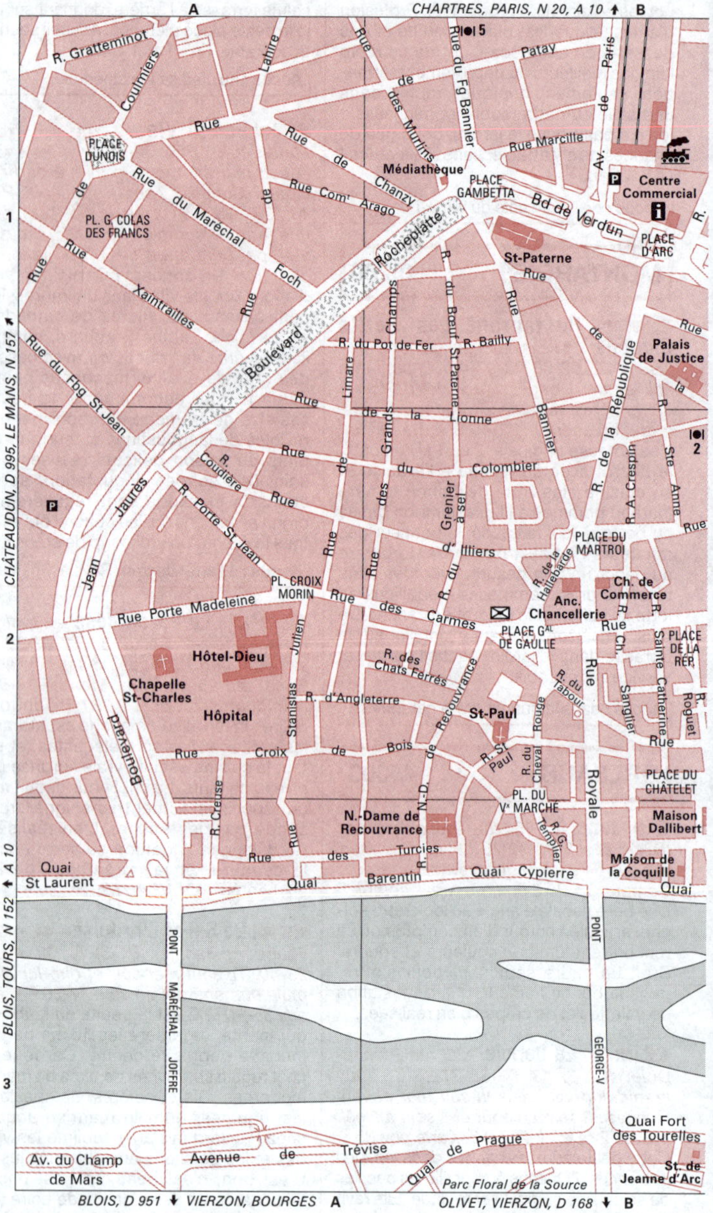
CHARTRES, PARIS, N 20, A 10
A
B
CHÂTEAUDUN, D 995, LE MANS, N 157
BLOIS, TOURS, N 152, A 10
BLOIS, D 951
VIERZON, BOURGES
OLIVET, VIERZON, D 168
1
2
3
R. Gratteminot
Coulmiers
Lahire
Rue de des Murlins
Rue du Fg Bannier
Patay
Av. de Paris
PLACE DUNOIS
Rue
Rue de Chanzy
Rue Marcille
Médiathèque
PLACE GAMBETTA
Centre Commercial
Rue du Maréchal Foch
Rue Comt Arago
Bd de Verdun
PLACE D'ARC
PL. G. COLAS DES FRANCS
Rocheplatte
St-Paterne
Rue Xaintrailles
Boulevard
Champs
R. du Boeuf St-Paterne
Rue de la République
Rue du Fbg St Jean
R. du Pot de Fer
R. Bailly
Palais de Justice
Limare
Rue de la Lionne
Bannier
Grands
Rue du Colombier
R. Coudière
R. A. Crespin
Ste Anne
Jaurès
R. Porte St Jean
Grenier à sel
PLACE DU MARTROI
Jean
Rue d'Illiers
R. de la Hallebarde
Ch. de Commerce
PL. CROIX MORIN
Anc. Chancellerie
Rue Porte Madeleine
Rue des Carmes
PLACE Gal DE GAULLE
PLACE DE LA RÉP.
Hôtel-Dieu
Julien
R. des Chats Ferrés
R. du Tabour
Chapelle St-Charles
R. d'Angleterre
Recouvrance
St-Paul
Rue Royale
Sangliier
Sainte Catherine
R. Roguet
Hôpital
Stanislas
Boulevard
Rue Croix de Bois
R. St Paul
R. du Cheval Rouge
PLACE DU CHÂTELET
PL. DU Vx MARCHÉ
R. Creuse
N.-Dame de Recouvrance
R. N.-D.
Maison Dallibert
R. G. Templier
Rue des Turcies
Maison de la Coquille
Quai St Laurent
Quai Barentin
Quai Cypierre
Quai
PONT MARÉCHAL JOFFRE
PONT GEORGE-V
Quai Fort des Tourelles
Av. du Champ de Mars
Avenue de Trévise
Quai de Prague
Parc Floral de la Source
St. de Jeanne d'Arc

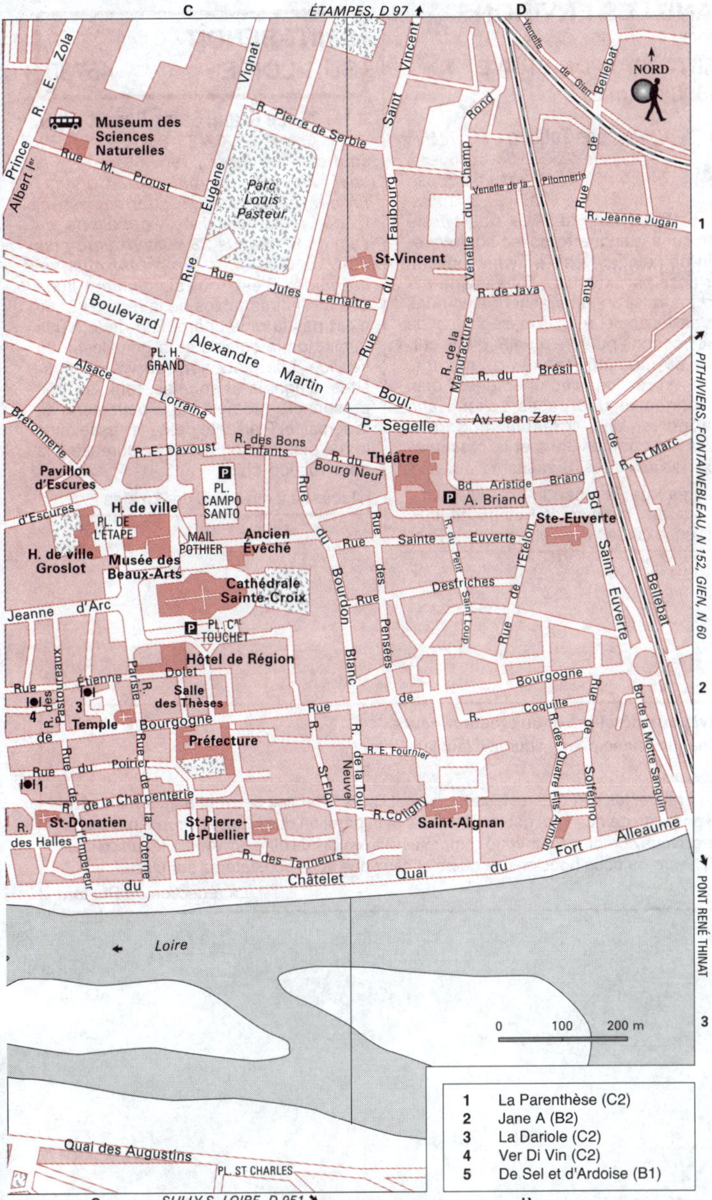
ÉTAMPES, D 97
NORD
Museum des Sciences Naturelles
Parc Louis Pasteur
St-Vincent
Boulevard Alexandre Martin
Boul.
PL. H. GRAND
P. Segelle
Av. Jean Zay
Théâtre
Bd Aristide Briand
A. Briand
Pavillon d'Escures
H. de ville
PL. DE L'ÉTAPE
PL. CAMPO SANTO
MAIL POTHIER
Ancien Évêché
H. de ville Groslot
Musée des Beaux-Arts
Cathédrale Sainte-Croix
Ste-Euverte
PL. C^AL TOUCHET
Hôtel de Région
Salle des Thèses
Temple
Préfecture
St-Donatien
St-Pierre-le-Puellier
Saint-Aignan
Quai du Châtelet
Quai du Fort Alleaume
Loire
Quai des Augustins
PL. ST CHARLES
PITHIVIERS, FONTAINEBLEAU, N 152, GIEN, N 60
PONT RENÉ THINAT
SULLY-S.-LOIRE, D 951
0 100 200 m
1 La Parenthèse (C2)
2 Jane A (B2)
3 La Dariole (C2)
4 Ver Di Vin (C2)
5 De Sel et d'Ardoise (B1)

ORLÉANS

## DANS LES ENVIRONS

### SAINT-JEAN-DE-BRAYE

45800 (6 km E)

€€ **Les Toqués** – *71, chemin du Halage ☎ 02-38-86-50-20. Fermé dim-lun. Congés : août. Formule déj 24 € ; menu 35 €.* Situation de rêve pour cette ancienne guinguette posée sur le chemin de halage. Dès les beaux jours, la terrasse est un must ! Mais même par temps frais, on est vraiment bien dans les salles chaleureuses et élégantes, de vrais cocons pour se régaler d'une cuisine du moment inspirée du marché. Tout est réalisé avec une rigueur bien ordonnée et des bases solides afin d'apporter une agréable modernité dans les compositions et la présentation des assiettes. Séduisant !

***Accès :*** par le quai du Fort-Alleaume, la rue du Faubourg-de-Bourgogne, puis l'avenue du Cap-Jean et la rue de la Paix.

## SAINT-BENOÎT-SUR-LOIRE 45730

€ |●| **Le Grand Saint-Benoît** – *7, pl. Saint-André ☎ 02-38-35-11-92. Tlj sauf dim-lun (hors j. fériés) oct-avr ; tlj sauf dim soir-lun mai-sept. Congés : fin déc-début janv et 2 dernières sem d'août. Résa conseillée. Formule déj en sem 18 € ; menus 23 € (sauf dim), puis 32-56 €. Café offert sur présentation de ce guide.* C'est tout simplement l'une des meilleures tables de la région ! Et ce n'est pas la plus chère, loin de là, vu la qualité de la cuisine et la gentillesse du service. Les plats sont de vraies réussites, élégants et soignés, toujours très personnels. Même dans le petit menu de la semaine. Plaisante petite terrasse dans la rue piétonne ou salle chaleureuse à la déco rustico-chic.

***Accès :*** à 2 mn à pied de la mairie.



**Avis aux hôteliers et aux restaurateurs**

Chaque année pour y figurer, il faut le mériter !

**Les prix**

En France, les prix des restaurateurs sont libres. Certains peuvent augmenter entre le passage de nos infatigables fureteurs et la parution du guide, environ 6 mois plus tard. Nous comptons sur votre compréhension en cas de différence entre les prix relevés à l'heure où nous bouclons ce guide et ceux que vous constaterez sur place.

La rédaction du Routard

# CORSE

**Pictos utilisés dans ce guide**

- € Menu à moins de 25 €
- €€ Menu de 25 à 35 €
- €€€ Menu à plus de 35 €
- Hôtel-restaurant
- Restaurant
- Restaurant avec notre toque
- Terrasse
- Parking
- Piscine
- Accessible aux handicapés

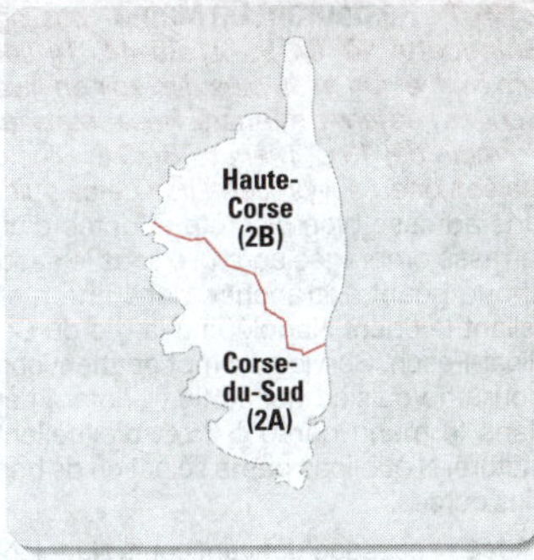




# Corse-du-Sud (2A)

## AJACCIO 20000

**€ Restaurant Da Mama** – *passage Guinguette ☎ 04-95-21-39-44. Tlj sauf dim midi et lun midi, plus dim soir en hiver. Congés : de janv à mi-mars. Résa souhaitée. Formule déj 13 € ; menus 18-29 €. Digestif maison offert sur présentation de ce guide.* Une adresse bien discrète et dotée d'une terrasse ombragée agréable sous le caoutchouc géant, retranchée dans une ruelle reliant le cours Napoléon à la rue du Cardinal-Fesch. Service prompt et attentionné pour une cuisine qui se tient, notamment dans le menu corse à 25 €, d'excellente facture. N'oublions pas la sélection de bons vins corses.

***Accès :*** passage donnant cours Napoléon, face à la poste.

**€€€ Le 20123** – *2, rue du Roi-de-Rome ☎ 04-95-21-50-05. Ouv le soir slt, tlj sauf lun hors saison. Menu 36,50 €. CB refusées. Café ou digestif maison offert sur présentation de ce guide.* Ce restaurant fondé en 1987, auparavant situé à Pila Canale, dans l'arrière-pays d'Ajaccio, a déménagé, emportant avec lui le décor : à l'intérieur, reconstitution plutôt réussie de village corse, avec fontaine, maisonnettes et lanternons. Petite terrasse également. Au menu, charcuteries corses, tarte au *brocciu,* puis viande au choix, grillée ou en ragoût, tripettes à la corse, fromage et dessert simple mais typique (flan chaud à la farine de châtaigne).

***Accès :*** dans une rue piétonne de la vieille ville.

**€€€ A Nepita** – *4, rue San-Lazaro ☎ 04-95-26-75-68. Ouv le midi lun-ven, plus le soir jeu-sam. Congés : août et autour de Noël. Formule déj 29 € ; menu 42 € le soir.* Du sur mesure ! En salle, c'est Julien, par ailleurs pâtissier maison, qui accueille ses hôtes avec ce mélange de décontraction et de compétence qui met tout le monde à l'aise. Et en cuisine, c'est Simon, Britannique de naissance, qui se (nous !) fait plaisir, en élaborant chaque jour un menu en fonction du marché et de l'inspiration (juste 2 entrées, 2 plats et 2 desserts au choix, et c'est bien suffisant). Son savoir-faire, la qualité des produits et une présentation soignée sont la garantie d'un repas toujours raffiné et savoureux. Et comme le cadre est à l'unisson (un bistrot chic contemporain) et la salle plutôt petite, on comprend mieux pourquoi il faut penser à réserver – et pas au dernier moment ! Chiens non autorisés.

***Accès :*** dans une rue parallèle au cours Napoléon, près de la gare.

## BONIFACIO 20169

**€€€ Ciccio** – *6, rue Saint-Jean-Baptiste ☎ 04-95-73-18-46. 📱 06-16-98-81-68. Congés : nov ainsi que janv-fév. Formule déj 16,90 € ; carte 50 €. Apéritif maison offert sur présentation de ce guide.* Ce traiteur a eu la bonne idée d'installer quelques tables dans la ruelle. Les plats préparés vous sont présentés avec soin, parmi lesquels les grands classiques : lasagnes de la Mamma, raviolis au *brocciu,* mais aussi raviolis au corail d'oursin et millefeuille d'araignée de mer. Tout est bien travaillé. Excellent accueil.

***Accès :*** dans la ville haute.

**€€€ Les 4 Vents** – *29, quai Banda-del-Ferro ☎ 04-95-73-07-50. Tlj sauf lun-mar hors saison, plus sam midi en saison. Congés : 7 nov-10 fév. Poissons, pâtes 16-24 € ; carte 45-50 €. Digestif maison offert sur présentation de ce guide.* Au bout du port, dans un coin au calme, face aux yachts de luxe, une salle blanche comme une voile, aux élégantes notes marines et service de qualité. Cuisine ouverte, ambiance chic et feutrée. À table, une cuisine de la mer évidemment – avec, notamment, une intéressante petite bouillabaisse maison, version personnalisée et goûteuse de ce plat traditionnel – qui tient toutes ses promesses.

***Accès :*** sur le port.

## PORTO 20150

**€€ P L'Oasis** – *☎ 04-95-24-71-16. 📱 06-71-09-16-35. ♿ Ouv Pâques-15 oct, tlj en saison. Plats 16-30 € ; carte 26 €. Parking.* On l'aperçoit de loin, cette oasis, et elle n'a rien d'un mirage. Avec sa déco soignée et son mobilier en bois flottés, c'est sans doute la plus belle terrasse de Porto... et certainement l'endroit idéal pour savourer des couchers de soleil d'anthologie. La cuisine est à son image, sans complication, parfumée et pleine de soleil, à base de produits frais. Les amateurs de poissons seront à la fête, car ici on privilégie la pêche du jour. Vivier à langouste pour choisir sa proie. Sinon, le chaleureux patron saura vous guider vers une omelette aux oursins du golfe de Porto, un plateau de fruits de mer, un tajine, et bien sûr le vin le plus approprié (c'est un véritable connaisseur !). Une adresse pour se faire plaisir.

***Accès :*** au bout de la plage de Porto, rive gauche.

## DANS LES ENVIRONS

### ÉVISA 20126 (22 km E)

**€€ |●| ⛱ A Tràmula, le Caffé di a Posta** – ☎ *04-95-26-24-39.* ♿ *Ouv tlj, tte l'année ; fermé le soir oct-avr sauf sur résa. Formule déj 19 € ; menu 26 € ; carte env 25 €. Digestif maison offert sur présentation de ce guide.* Resto et épicerie fine, *A Tràmula* propose dans tous les cas le meilleur de la Corse ! Au menu, d'excellentes charcuteries (fabrication familiale), des noix de veau au cédrat confit, ou encore des crêpes à la farine de châtaigne, à savourer dans le cadre pittoresque d'une salle de bistrot de village, à moins de préférer la vue géniale depuis la terrasse cachée derrière la maison. Une halte de choix. Bon accueil de Mathieu et de son équipe.

***Accès :*** au cœur du village, sur la route principale.

## PROPRIANO 20110

**€€€ |●| ⛱ Terra Cotta** – *31, av. Napoléon-III* ☎ *04-95-74-23-80. Tlj sauf dim oct-avr ; dim midi en août. Congés : fin oct-début avr. Formule 24 € le midi en sem ; menu 55 € ; carte env 60 €.* Un échantillon de salle décorée avec goût ou, de l'autre côté de la rue, une jolie terrasse, fermée par des voilages, intime et élégante, donnant sur le port. Vous venez de mettre les pieds sous LA table fine de Propriano. Cuisine de caractère, créative, aux saveurs subtiles et inventives, préparée avec les produits frais du cru : viande, poisson, fruits de mer et légumes sont allègrement agrémentés de saveurs du monde (herbes, épices...). Cela donne des assiettes magnifiques de couleurs et de formes, qui flattent l'œil autant que les papilles. En saison, service un peu débordé, évidemment.

***Accès :*** sur le port.

## SAINTE-LUCIE-DE-PORTO-VECCHIO 20144

**€€ |●| ⛱ La Source** – *Caramontino. Tlj en juil-août ; fermé lun en juin et sept. Congés : oct-mai. Réserver, du moins le soir. Entrées 12-15 € ; plats 18-28 €. CB refusées.* Une adresse un peu cachée, où l'on est heureux d'arriver au terme d'une petite route sinueuse. Pas plus de 10 tables, les pieds dans le sable, sous les chênes-liège et devant la plage, avec la tour de Pinarellu sur son île à l'arrière-plan... La courte carte (5-6 entrées, autant de plats) est une invitation au voyage, alimentée par les pérégrinations hivernales du jeune chef qui ramène, à la belle saison, de belles idées. Cuisine très fine, dénotant un savoir-faire incontestable et de l'imagination. Quelques propositions relativement classiques, mais aussi plus exotiques, comme ce curry keralais d'encornets ou ce *poke* hawaïen de mahi-mahi (daurade coryphène en v.f.)... Et sans doute bien d'autres choses, car d'ici la prochaine saison, la carte a toutes les chances d'avoir évolué ! *NOUVEAUTÉ.*

***Accès :*** de la T10, au carrefour (feux), prendre la D168A puis suivre la direction Caramontino.

## DANS LES ENVIRONS

### LECCI 20137 (11 km S)

**€ |●| ⛱ 🅿 Le Passe-Temps** – *route de Cala-Rossa* ☎ *04-95-71-63-76. Ouv tlj mai-fin sept slt le soir. Pizzas 10-14 € ; grillades 18-28 € ; carte env 30 €. Parking. Café ou digestif maison offert sur présentation de ce guide.* L'une des plus vieilles adresses porto-vecchiaises (depuis 1967 !), connue et fréquentée essentiellement des gens du coin. Valeur très sûre de la grillade au feu de bois et de la pizza. Cuisine simple et généreuse. Viande de premier choix (côte de bœuf, gigot d'agneau, brochettes de bœuf...) et légumes farcis, ou une poêlée de gambas à la provençale pour les non-viandards. Les tables ne sont pas serrées.

***Accès :*** de Sainte-Lucie, route de Porto-Vecchio, puis à gauche vers Cala Rossa. Fléché.

## SAINTE-LUCIE-DE-TALLANO 20112

**€ |●| ⛱ P Le Santa Lucia** – *D268 ☎ 04-95-78-81-28. Tlj sauf dim hors saison. Congés : janv-fév. Menus 20-26 €. Parking.* Belle terrasse ombragée face à la fontaine. Des assiettes joliment présentées, des mets goûteux, un vrai travail de vrai cuisinier. Le civet de sanglier, les tripettes de veau ou encore le lapin fermier au vin de myrte sont fameux. Accueil naturel et souriant du patron.

***Accès :*** sur la place du Monument-aux-Morts.

## DANS LES ENVIRONS

### LEVIE 20170 (7,4 km NE)

**€€€ ⌂ |●| ⛱ P Ferme-auberge A Pignata** – *route du Pianu ☎ 04-95-78-41-90. • apignata.com • ♿ Resto ouv sur résa slt. Congés : janv-mars. Menu unique 53 € (sans le vin). CB refusées. Parking. Digestif maison offert sur présentation de ce guide.* Une ferme-auberge terriblement discrète et, pourtant, fameuse. On déboutonne les deux premiers boutons de la ceinture pour passer à table, et c'est parti ! Sur la terrasse ombragée sont servies d'authentiques spécialités corses, parmi les meilleures de toute la région : cannellonis au *brocciu,* daube farcie, *figatellu* en saison, agneau au four, etc. Et la charcuterie maison... ! Une bien belle halte, dont on sort repu et heureux ! Également des chambres et des cabanes pour ceux qui souhaitent prolonger le plaisir.

***Accès :*** suivre la route de Levie par la D268, puis env 3 km avant le village, tourner à gauche vers le site de Cucuruzzu ; 1,5 km plus loin, dans un chemin en épingle sur la gauche ; après une petite montée, prendre le portail en face.

## SARTÈNE 20100

**€€ |●| ⛱ Le Jardin de l'Échauguette** – *pl. Vardiola ☎ 04-95-77-12-86. Ouv de mi-avr à fin sept. Menus 22-29,60 € ; env 35 € à la carte. Café offert sur présentation de ce guide.* C'est tout d'abord la terrasse qu'on apprécie ici, au calme et bien ombragée, rare dans cette ville de pierre. Dans l'assiette, le plaisir continue, avec des spécialités corses comme de délicieuses terrines à la myrte et aux oignons confits, la daube de veau à la polenta ou les cannellonis au *brocciu,* sans oublier la soupe corse de Mina. Du classique, mais du bon, fidèle au poste au fil du temps. Service aimable et attentif.

# Haute-Corse (2B)

## ALÉRIA 20270

**€€ |●| ⛱ P Ferme-Auberge L'Écurie** – *Domaine de Padulone, route de la Mer ♿ Fermé dim soir et lun. Congés : de mi-déc à mi-mars. Plats 11-25 € le midi ; menu 35 € le soir et le w-e. Parking.* Sur une petite éminence dominant la mer, entre plage à 100 m et bâtiments agricoles, cette adresse est la bienvenue sur la côte orientale, car elle offre autre chose que les établissements de plage, tout en n'étant qu'à deux pas de la Grande Bleue. Produits d'excellente qualité (beaucoup proviennent du domaine même ; sinon, les producteurs, locaux pour la plupart, sont annoncés sur l'ardoise). Tripettes de veau, bœuf bio, cochon de lait, moules farcies au fromage frais, spaghettis aux huîtres... Belle terrasse ou, si le temps ne le permet pas, grande salle, tout à l'honneur du cheval, rappelant l'ancienne fonction des bâtiments. *NOUVEAUTÉ.*

***Accès :*** de Cateraggio, prendre la route de la Mer jusqu'à la plage, à 3 km.

## BASTIA 20200

**€ |●| ⛱ L'Agua** – *rue de la Marine, sur le Vieux-Port ☎ 04-95-38-43-71. Tlj en juil-août ; fermé lun le reste de l'année. Formule midi 17,50 € ; menu 25 € ; carte env 40 €.* Une table de qualité, idéalement située sur le Vieux Port, qui ne compte pas tant de bonnes adresses. En voici une, régulière et sérieuse, qui travaille sur le poisson frais et le place en bonne

position sur sa carte. Succulente soupe de poisson et copieuses pâtes aux fruits de mer. Service pro et souriant.

## CALVI 20260

**€ |●| ⚲ A Piazzetta** – *pl. Marchal ☎ 04-95-37-87-74. ♿ Fermé dim ou lun en avant et en arrière-saison, ouvert le soir slt juil-août. Congés : nov-mars. Menu 20 € ; carte 38 €. CB refusées.* C'est l'adresse préférée des gens du coin. Pour son cadre chaleureux, son accueil vraiment sympa et décontracté et ses plats traditionnels généreusement servis dans de grandes poêles (les *broconcinis,* des roulés d'escalopes au fromage corse, avec de bonnes pommes de terre sautées). Viandes de qualité, cuites à la perfection et, côté pâtes, portions énôôôrmes !!! Du coup, c'est souvent bondé.

***Accès :*** dans le centre, à deux pas du boulevard Wilson.

**€ |●| ⚲ Le Comme chez Soi** – *quai Landry ♿ Tlj midi et soir en saison. Congés : nov-mars. Menu (midi et soir) 23 € ; assiette apéro ou « du berger » 11-12 € (et 20-21 € pour 2) : carte env 35 €. CB refusées.* La pub annonce « Cuisine faite maison, produits frais, beaux de préférence et selon le marché »... et poursuit « Ici on désosse, découpe, écaille, épluche, on cuisine, on mijote... ». Un coup de pub ? Et bien non, un vrai bon coup de fourchette, et sans coup de fusil ! On est sur le port et la cuisine est enlevée, fraîche et goûteuse. Tout cela fait du *Comme chez Soi* un rendez-vous de qualité, à prix fort raisonnables.

***Accès :*** sur le port.

## DANS LES ENVIRONS

### SANT'ANTONINO
20220 (21 km NE)

**€€€ |●| ⚲ I Scalini** – *haut du village ☎ 04-95-47-12-92. Ouv tlj sauf les soirs* *lun-mer ; juil-août, ouv tlj. Congés : de mi-oct à avr. Le midi, assiettes gourmandes et salades env 17 € ; carte env 50 €. Digestif maison offert sur présentation de ce guide.* Resto de charme situé dans une sorte de perchoir improbable où l'on choisit entre les salles voûtées du bas et les différentes terrasses aux accents marocains, qui s'étagent comme des Legos blancs posés au sommet du village. Vue à 360° ! Confort douillet (plein de coussins), tables en mosaïques et des réalisations tout en fraîcheur, qui vont puiser leur source bien au-delà de la Méditerranée.

***Accès :*** tout en haut du village.

## CENTURI 20238

**€ |●| ⛱ Restaurant A Macciotta (Chez Sker)** – *Centuri-Port ☎ 04-95-35-64-12. Service 12h-14h30, 19h-22h. Congés : 30 oct-30 mars. Formule déj en sem 18 € ; menus 21-26 € ; menu Langouste 69 €. Apéritif maison ou digestif offert (pour le menu Langouste) sur présentation de ce guide.* Terrasse agréable, mais pas directement sur le port. Le patron, Henri, pêche, et on retrouve ses prises dans l'assiette. Madame Anna cuisine, et sa charmante fille est en salle. Et ça donne des poissons, des soupes de poisson et d'autres produits de la mer de toute première fraîcheur, servis avec générosité. Et ça fait des années que ça dure ! *Fritto* (pour 2 personnes) : plateau de moules, gambas et rougets (ou autres poissons) frits, accompagnés d'une salade de fruits de mer. À noter que le 1er menu est déjà une vraie affaire.

***Accès :*** à 20 m du port, dans la petite rue qui y descend sur la gauche.

## CORTE 20250

**€ |●| ⛱ U Museu** – *rampe Ribanelle ☎ 04-95-61-08-36. Tlj sauf lun avr-juin et sept. Congés : 15 oct-fin mars. Menu 19 € ; carte env 26 €. Myrte offerte sur présentation de ce guide.* Agréable terrasse, avec jardin, abritée par un chapiteau rond, genre tonnelles. Bonne, voire très bonne cuisine copieuse, dans un resto qui ne manque pas de charme. Velouté à la châtaigne et panzetta, excellent civet de sanglier à la myrte et délice aux châtaignes... délicieux.

***Accès :*** sur la place d'Armes, à proximité du musée.

## L'ÎLE-ROUSSE 20220

**€ |●| ⛱ Pizzeria A Rusta** – *L'Orniccio, route de Monticello ☎ 04-95-60-14-34. Ouv slt le soir : tlj mai-sept, slt le w-e le reste de l'année. Congés : janv. Pizzas 9-14 €. Café ou limoncello offert sur présentation de ce guide.* En salle ou en cuisine, ce sont trois générations d'une même famille qui s'activent pour contenter les habitués. Les pizzas au feu de bois sont croustillantes et généreuses, les grillades parfaites et les desserts maison ne déçoivent pas. On en oublierait presque la vue magnifique depuis la terrasse !

***Accès :*** à 2,5 km du centre par la D63 en direction de Monticello.

## PATRIMONIO 20253

**€€ |●| Libertalia** – *route de l'Église ☎ 04-23-16-41-25. Tlj midi et soir en juil-août ; slt le soir en juin et sept ; fermé oct-mai. Plats 17-22 €.* Une adresse pas comme les autres. Des légumes du jardin, des produits choisis auprès de producteurs locaux et sérieux, et une cuisine enlevée, généreuse : superbe pageot du chalut, beignets de courgette craquants, poulet corse mariné et parfumé... Grosses tables de bois sous les arbres, un grand grill à l'argentine pour les cuissons et une bonne bière Ribella (brassée à Patrimonio, le houblon pousse sur place !) pour se désaltérer. Du beau, du bon, du frais. On adore. Et des événements festifs sont programmés pour prolonger le plaisir.

***Accès :*** prendre la ruelle à gauche de la Poste ; c'est à 100 m.

# GRAND-EST



**Pictos utilisés dans ce guide**

- € Menu à moins de 25 €
- €€ Menu de 25 à 35 €
- €€€ Menu à plus de 35 €
- Hôtel-restaurant
- Restaurant
- Restaurant avec notre toque
- Terrasse
- Parking
- Piscine
- Accessible aux handicapés

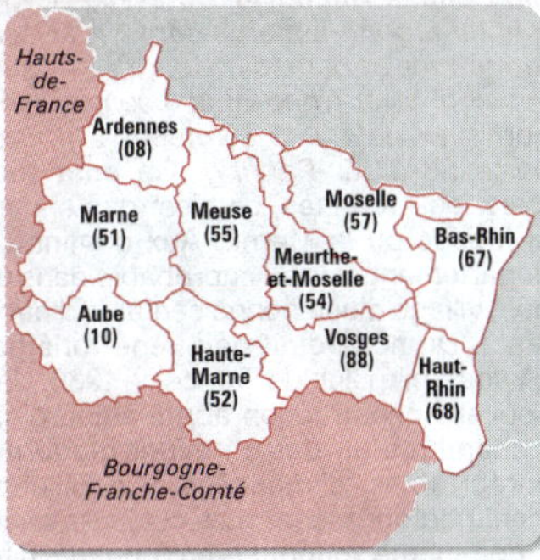


# Ardennes (08)

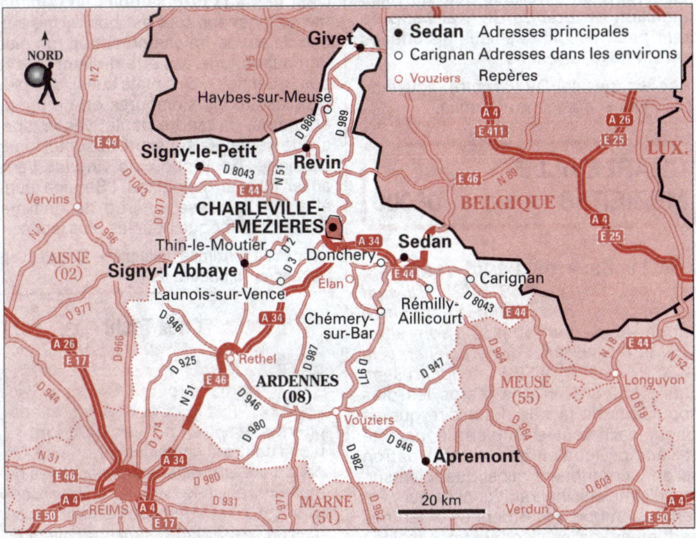


Sur présentation de ce guide,
nombreuses offres et réductions en 2018.

## APREMONT 08250

€ 🏠 |●| ☂ 🅿 **L'Argonn Auberge**** – *4, rue Sous-la-Roche ☎ 03-24-30-53-88. • hotel-argonn-auberge.com • ♿ Resto fermé mer et dim soir. Congés : 1re sem vac scol hiver (zone B) et 1 sem mi-nov. Formules déj 12-15 € ; menus 20-30 € ; carte 23-31 €. Parking.* Ce sont toujours les Ardennes, ce n'est pas encore la Meuse ou la Marne. Aux confins du département, un lieu improbable dans un petit village d'une bonne centaine d'habitants. Un hôtel était déjà répertorié par l'Automobile Club de France en 1936. Une nouvelle construction abrite aujourd'hui 7 chambres au design hyper moderne, confortables, climatisées et douillettement personnalisées. Les couleurs vives, à dominante rouge, se prolongent dans les couloirs. Le confort est renforcé par l'accueil familial, les petites attentions des proprios... et le spa (jacuzzi, sauna). Une restauration de terroir – savoureuse cuisine de marché simple et goûteuse – ajoute aux plaisirs du séjour dans cette petite salle rustique, décalée dans le temps. Fricassée forestière et cassolette d'escargots en persillade, tête de veau, médaillon de bœuf... Un vrai coup de cœur pas très loin des lieux historiques de 1914-1918, au calme.

***Accès :*** par la D948 entre Vouziers, Clermont-sur-Argonne et Verdun.

## CHARLEVILLE-MÉZIÈRES 08000

€ |●| **La Cave du Dépôt-vente** – *8, rue Noël ☎ 03-24-59-21-28. Tlj sauf sam midi et dim. Congés : 1 sem à Pâques, 2 sem en août et 1 sem entre Noël et Nouvel An. Formule déj en sem 17,90 € ; menus 12,50 € le midi en sem, puis 22,50 €.* L'un des restos les plus populaires de la ville. Faut dire que sa longue salle voûtée en pierre apparente et l'accueil chaleureux de son patron Julien y contribuent, ainsi que, bien sûr, l'excellente cuisine traditionnelle qui y est servie. Jambon des Ardennes et terrines parfumées, belles viandes, frites maison et copieuses salades vous fidéliseraient le client le plus rétif !

€ |●| ☂ **Restaurant Lard des Mets** – *71, rue Bourbon ☎ 03-24-32-38-07. Tlj sauf dim soir et lun, plus mar soir en basse saison. Formules déj express 10,50-24 € ; menus 16,90 €, puis 26,90-36,90 €. CB refusées.* Lard ? Ce pourrait être l'Art... des mets, l'Art de la gastronomie de David Bouchart, l'Art d'aimer la cuisine à la fois classique, inventive, originale même, sur la fraîcheur (notamment les poissons) et les produits régionaux. Si les artistes qui sortent du théâtre tout proche et le public en ont fait leur référence du soir, la formule « express » du déjeuner (en semaine) est révélatrice de l'art culinaire de ce Maître restaurateur. Un coup de cœur à tester dans le centre piétonnier. Un cadre contemporain sobre et épuré, où le service se veut efficace, attentionné sans être guindé. Prudent, voire impératif de réserver le soir.

***Accès :*** près de la place Ducale, dans la zone piétonne.

€ |●| ☂ **Au Cochon qui Louche** – *31, rue Victoire-Cousin ☎ 03-24-35-49-05. ♿ Tlj sauf dim-lun. Congés : 3 sem en juil-août. Menu 21 € (beau choix entrée-plat-dessert) ; carte 9-16 €.* On aime ce resto prodiguant un chaleureux accueil, dans un cadre intime, un décor original et servant une excellente cuisine du monde. Un resto où l'on ne se prend pas la tête, c'est le pied ! Et puis dans un cochon, même loucheur, tout est bon... Une louche de soupe fraîche en entrée, un pied de cochon, une assiette de jambon sec des Ardennes... Des plats aussi, des plus simples aux plus élaborés et, de temps en temps, un tendre poulet yassa (spécialité sénégalaise) vient caqueter dans l'assiette. Beau choix de vins (au verre aussi) pour arroser le tout ! Service jeune et petite terrasse sur rue de charme. Petite bibliothèque pour les plus jeunes.

***Accès :*** à proximité de la place Ducale, vers le musée Rimbaud.

€€ ☂ **Chez Toshi** – *33, rue du Moulin ☎ 03-24-56-17-50. ♿ Tlj sauf mer et dim. Congés : 3 sem en août. Résa conseillée. Menus 23-29 €.* Cadre plaisant, atmosphère élégante. En hiver, on adore se blottir contre la cheminée qui crépite. On peut alors apprécier les belles idées du moment, puisées dans le terroir ardennais et les recettes subtilement revisitées de Toshikatsu Takahashi. Quelques fleurons d'une carte évoluant toujours au gré des saisons et du marché : la soupe de poisson délicatement parfumée ou encore le duo de foie gras de canard à l'eau de vie. Terrasse sur cour XVIIe s vraiment agréable. Bienvenue chez « Melin l'enchanteur des papilles » !

Attention, la salle à l'étage n'accueille que 40 couverts. 4 chambres d'hôtes de caractère, à thème, dans la bâtisse du XVIIe s, pour prolonger le plaisir.

**€€ |●| La Table d'Arthur R** – *9, rue Bérégovoy ☎ 03-24-57-05-64. ♿ Tlj sauf dim, lun soir, mer soir et j. fériés. Congés : vac scol de Pâques et 3 sem en août. Formule déj 14,50 € en sem ; menu-carte 29 €. Café offert sur présentation de ce guide.* L'association de deux chefs, Sylvain Hallet et Pascal Oudea, contribue à faire de cette double table un lieu de convivialité culinaire et bachique. Tout aussi conviviale est la cuisine ouverte sur la salle du rez-de-chaussée à la déco design et « néonisée ». Autour d'un verre de vin sélectionné et conseillé par ce resto-caviste, une cuisine généreuse, dans l'air du temps. D'un vers d'Arthur – Rimbaud, évidemment – aux verres de vin et de champagne avec l'embarras du choix, il ne manque que le poète pour écrire sur un coin d'ardoise... Vous pouvez toujours laisser vos commentaires poétiques (ou non) sur les tableaux.

**Accès :** au cœur du centre piéton, à proximité directe de la place Ducale.

**€€ |●| Restaurant Le Diapason** – *25, quai Arthur-Rimbaud ☎ 03-24-59-94-11. Tlj sauf lun, sam midi et dim. Congés : août. Menus et formule 19-21 € le midi en sem, puis 25-65 €.* De la grande cuisine, inspirée par les grands chefs que le jeune Fabien Neveux a suivis. Passard, Guérard et Veyrat ont suscité une symphonie de saveurs au gré des saisons et des cueillettes. Émulsions délicates et parfumées, et fraîcheur des produits transcendée par de parfaites associations gustatives. Ne serait-ce que pour l'œuf – la banalité revisitée – comme vous ne l'avez jamais dégusté. Un des musts de la carte : la volaille au foin des marais. Une des plus belles adresses de la ville et de la région. La note ne dénote pas, même si elle est élevée ! Le cadre est chic et intimiste, le service attentionné sans être guindé, prévenant et avisé.

**Accès :** proche du musée Rimbaud, sur une berge de la Meuse.

## GIVET 08600

**€ |●| ⛱ Casa Mia** – *17, quai des Remparts ☎ 03-24-40-20-16. ♿ Tlj sauf mer. Congés : dernière sem juin-1re sem juil et 2 sem Noël-Nouvel An. Menus 20-28 € (menu de la mer) ; délicieuses pizzas fines et craquantes 8,50-16 €.* Deux salles animées, séparées par une large arcade, et terrasse sur cour, recherchée en été. Cuisine italienne de bon aloi (lasagnes goûteuses à souhait), pâtes à la cuisson parfaite, copieuses salades, grillades et 1er menu (café compris) d'un bon rapport qualité-prix. Goûtez, par exemple, le duo filets de rougets au safran ou l'escalope du Val d'Aoste. En prime, accueil affable, service jeune et efficace. Attention, le week-end, plein à craquer.

**€€ |●| ⛱ Auberge de la Tour** – *6, quai des Fours ☎ 03-24-40-41-71. ♿ Fermé lun 15 oct-15 mars. Congés : de mi-déc à mi-janv. Résa indispensable le w-e. Formule déj 19,50 € ; menus 15,50 € le midi en sem, puis 35-42 € ; carte 42 €. Apéritif maison offert sur présentation de ce guide.* Bercée par la Meuse, face à la tour Victoire qui lui a donné son nom, cette table s'est fait une place dans la gastronomie régionale. Le chef, Julien Ricail, poursuit la tradition culinaire familiale initiée à Beauraing (Belgique). Sa cuisine aux notes originales exalte la fraîcheur du marché à travers les menus saisonniers et les bonnes recettes du terroir (copieuse et succulente assiette de charcuterie). Il travaille aussi les poissons et le homard du vivier ! Quelques rois de la carte : les rognons de veau aux baies de genévrier et surtout le waterzooï de homard (certes, cher, mais quel délice !). Restera-t-il de la place pour les desserts maison ? Belle terrasse. Si c'est complet, possibilité de se rabattre sur *Giv & Mouettes*, la brasserie attenante (même maison). Petits plats corrects et moins chers, bien sûr, mais dans un cadre moderne.

**Accès :** à gauche avant le pont en venant de Charleville.

## REVIN 08500

**€ 🏠 |●| ⛱ 🅿 Auberge Ferme du Malgré-Tout** – *chemin des Balivaux ☎ 03-24-40-11-20. • aubergeferme-malgretout.com • ♿ Tlj sauf dim soir (hors veille j. férié). Congés : août et Noël-Jour de l'an. Résa indispensable. Menus 24-34 €. Parking. Café offert sur présentation de ce guide.* Là, au milieu d'une superbe forêt, une ferme traditionnelle où vous retrouverez le silence de la nature et des nuits trop calmes... parfois troublées par le brame du cerf ou par quelques branches cassées par des chevreuils. L'auberge idéale, avec ses grosses tables de bois, sa cheminée dans la salle en pierre, son décor intime et chaleureux.

Quant à la cuisine, le fils-chef a fait ses armes aux *Crayères* à Reims, c'est tout dire ! Délicieuse salade folle et cochonnaille, foie gras maison, andouille à la viande, gibier toute l'année... Le 1er menu se révèle largement suffisant.

***Accès :*** de Revin, suivre la direction des Hautes-Buttées sur 6 km, puis c'est fléché. Du centre-ville, rue George-Sand jusqu'au mémorial du maquis des Manises.

## DANS LES ENVIRONS

### HAYBES-SUR-MEUSE

08170 (14 km NO)

**€ 🏠 |●| ⛱ P Hôtel-restaurant Ermitage du Moulin Labotte***** – *52, rue Edmond-Dromart ☎ 03-24-41-13-44. • moulin-labotte.fr • Tlj sauf dim soir et lun non férié. Congés : Noël. Menus 17-47 €. Parking. Apéritif maison offert sur présentation de ce guide.* Le calme de la nature, en bordure de forêt dans un ancien moulin du XVIIIe s. Une dizaine de chambres coquettes et confortables (certaines plus spacieuses, avec salon dans la tour) avec mobilier d'époque. La cuisine met en évidence des produits nobles à travers de grands classiques (notamment les sauces crémées). Deux salles à manger, l'une de style moderne pour le déjeuner et les pressés, l'autre au décor rustique chaleureux (ancien mécanisme du moulin) pour les agapes tranquilles.

***Accès :*** par la D8051 direction Hargnies. Le long de la D7, sur l'autre rive de la Meuse.

## SEDAN 08200

**€ |●| ⛱ Restaurant La Déesse** – *35, av. du Général-Margueritte ☎ 03-24-29-11-52. Tlj sauf dim ; service 11h30-15h slt. Congés : 1 sem en fév et 3 sem en août. Résa conseillée. Formules 12,50-14,50 € ; carte 22 €. Café offert sur présentation de ce guide.* Le petit bar-resto d'habitués où l'on vous place où il y en a (et quand il y en a : c'est toujours plein !). Ambiance conviviale et chaleureuse, définitivement à la bonne franquette. Pas de micro-ondes, mais des produits frais, des plats (jusqu'aux desserts) maison. Gibier en saison. Service sans chichis mais efficace, et une patronne qui fait toujours le tour des tables pour voir si tout va bien. Le week-end, c'est plus repas de famille avec son spécial menu du jour. Autour d'un tartare, de gambas à la provençale ou de foie gras... Le coup de cœur sympa par excellence.

***Accès :*** prendre la direction de Saint-Menges-Floing ; à 200 m env après le Dijonval (musée des Anciennes Industries), sur le trottoir de droite (fléché depuis le centre-ville).

**€ |●| Restaurant La Ronde des Sens** – *34, rue du Ménil ☎ 03-24-33-57-27. ♿ Tlj sauf dim soir, mar soir et mer. Congés : 2 sem début janv et 2 sem fin août. Formule déj 15,90 € en sem ; menus 24-36 €. Café offert sur présentation de ce guide.* Une ronde qui commence dans un décor néomoderne épuré au cœur de la vieille ville. Première partie de la salle sous la verrière ou cadre plus intimiste vers le fond. Cuisine gastro et *fusion food,* la tradition accompagnée de petites pointes d'exotisme, et des produits régionaux revisités par le chef : samoussa de parmentier de veau aux girolles, samoussa de boudin blanc et noir... Une très belle carte des vins, originale même. Service impeccable, attentionné et souriant.

***Accès :*** centre-ville, face à l'office de tourisme.

**€€ 🏠 |●| ⛱ P Hôtel Le Château Fort***** – *porte des Princes ☎ 03-24-26-11-00. • hotel-lechateaufort.fr • ♿ Bistrot ouv mar-dim midi, et resto le soir slt, lun-sam. Menu 15,95 € au bistrot, et 26-42 € au resto. Parking.* Labellisée « Ville d'art et d'histoire », Sedan possède un château fort du XVe s, Monument historique restauré, transformé en partie en complexe hôtelier. Pour vivre la vie de château fort 4 étoiles, 3 types de chambres équipées de tout le confort moderne, décorées avec goût et luxueuse sobriété. La carte suggère une gastronomie fine marquée par une pointe d'exotisme et de modernité pour se mettre au diapason de l'accueil hôtelier. Également *Le Bistro'* *(ouv le midi mar-dim ; formule 15,95 €).*

***Accès :*** au château.

## DANS LES ENVIRONS

### DONCHERY 08350 (5 km O)

**€ |●| ⛱ P Restaurant À la ferme de Monthimont** – *hameau de Monthimont ☎ 03-24-22-32-85. Ouv ts les midis mar-dim, plus ven soir et sam soir. Résa vivement recommandée le w-e. Formules en sem (hors j. fériés) 10,90-14,60 € ; menus 23,60-32,60 €. Parking.* En pleine campagne, cadre rustique de ferme des XVIIe-XVIII[e] s. Des 2 salles, nous préférons la plus petite, à gauche, plus intime, plongée dans la nature. La qualité et l'originalité certaine de la cuisine de Thierry Stasiak attirent les gourmets en nombre le week-end. Recettes régionales revues et augmentées par un passionné de l'art culinaire et des produits du terroir. Salaison, dinde rouge des Ardennes et quelques incursions maritimes se traduisent en assiettes gourmandes et copieuses.

***Accès :*** A203 depuis Sedan ; sortie 5 Donchery, direction Bosseval, par D24 (fléché).

## RÉMILLY-AILLICOURT
08450 (6 km SE)

€ 🏠 🍽 ☂ 🅿 **Hôtel-restaurant La Sapinière***** – *1, rue de Sedan ☎ 03-24-26-75-22. • la-sapiniere08.com • ♿ Resto tlj sauf dim soir et lun. Congés : 1 sem fin déc, 3 sem en janv et 2e quinzaine d'août. Menus du jour 17 €, puis 27-37 €. Parking.* Reconnaissable à sa façade fleurie, un classique hôtel-resto de campagne (ancien relais de diligence). Chambres coquettes et confortables, au calme (côté jardin), fraîches et pimpantes dans l'ensemble, toutes de bon confort. Resto de référence qui, avec plusieurs grandes salles, fait le bonheur des gourmets régionaux. Cuisine de tradition et un brin originale : symphonie de la mer, gibier en saison et grandes salades pour l'été. Agréable terrasse fraîche et colorée.

***Accès :*** par la D6, direction Raucourt-Mouzon.

## CHÉMERY-SUR-BAR
08450 (15 km S)

€€ ☂ **Au Coin d'Enfer** – *35, rue Nationale ☎ 03-24-27-44-85. ♿ Tlj sauf mar soir et mer. Congés : 15 j. en août. Formule déj 15 € avec vin et eau ; menus 25,50-65 €. Café offert sur présentation de ce guide.* Quelle surprise de découvrir cette discrète adresse, dans un ancien couvent joliment restauré, au sein d'un village perdu dans la campagne ! Et surtout, cette remarquable cuisine de femme raffinée, concoctée de main de maître. La chef n'a pas son pareil pour choisir ses produits, sélectionner les viandes les plus tendres et exhaler leur saveur. Comme ce carré d'agneau en croûte d'herbes, cuit à la perfection et accompagné de petits légumes finement préparés, ou ce feuilleté d'escargots aux pointes d'asperges et pépites de foie gras. En prime, un accueil hors pair. Si l'enfer c'est ça, que doit être le paradis ! Un coup de cœur sur la route des forêts, lacs et abbayes.

***Accès :*** au centre du bourg.

## CARIGNAN 08110 (20 km E)

€€ 🍽 ☂ **Restaurant La Gourmandière**** – *19, av. de Blagny ☎ 03-24-22-20-99. Tlj sauf dim soir et lun non fériés. Menus 32-78 € et carte.* Installé dans une grosse et élégante maison bourgeoise de 1890 (qui servit d'hôpital pendant la guerre). Salle à manger cossue pour une carte gourmande réputée au-delà de la région. La chef, Nathalie Gérard, ne manque ni de talent ni d'audace pour concocter une cuisine innovante et intuitive, basée sur la tradition et les produits frais du potager. En outre, née le jour de la Saint-Michel (patron des pâtissiers), elle se devait également de proposer de beaux desserts, notamment des pâtisseries réalisées par Maxence, son fils. Carte et menus, orientés vers la fraîcheur du marché, revisitent tous les terroirs et exaltent les saveurs. Plaisante terrasse dans le jardin pour profiter de la carte des cafés.

***Accès :*** par la D8043. À 300 m du centre, direction Montmédy-Longwy.

# SIGNY-L'ABBAYE 08460

€ 🏠 🍽 ☂ 🅿 **Auberge de l'Abbaye**** – *pl. Aristide-Briand ☎ 03-24-52-81-27. • auberge-de-labbaye.com • ♿ Resto fermé mer midi. Congés : 4 sem en fév, dernière sem d'août et sem de Noël. Formule déj 13 € ; menus 19-27 € ; carte 30-35 €. Parking. Apéritif maison offert sur présentation de ce guide.* Au cœur d'un bourg pittoresque posé à l'orée d'une vaste forêt. Aimable auberge de campagne tenue par la même famille depuis (au moins !) la Révolution. Chambres coquettes, récemment créées pour certaines. Le feu crépite dans la cheminée, et les salles à manger, évidemment rustiques, offrent un cadre idéal pour goûter à cette cuisine de ménage et de terroir. La tendre et excellente viande de bœuf provient de l'élevage de « blondes » de l'auberge (une famille de fermiers !), l'agneau de la ferme biologique, les légumes du jardin. Eh oui, ce genre d'endroit existe encore... Pour la digestion, une promenade aux alentours de l'étang de la Héronnière s'impose !

***Accès :*** par la D985.

## DANS LES ENVIRONS

### THIN-LE-MOUTIER

08460 (8 km NE)

€ 🏠 🍽 ☂ **Ferme-auberge de Gironval** – *hameau de Gironval ☎ 03-24-54-74-40. Restauration pour les non-résidents sam soir et dim midi. Congés : 2e quinzaine d'août. Résa recommandée. Table d'hôtes le soir sur résa slt ; menu 19 €.* Belle ferme en pleine campagne, élevant vaches, moutons, lapins et poules naines ardennaises. Un vrai coin de paradis, en marge de la forêt de Froidmont. Accueil délicieux d'Agnès et Bruno. Cinq chambres confortables et coquettes (certaines orientées vers le jardin). Belle cuisine de terroir à partir des produits de la ferme (cidre, vinaigre de cidre, jus de pomme extra, poiré, pain, terrines, viandes, fromages...). Déguster aussi les galettes au sucre pour le goûter ! Salle à manger installée dans l'ancien moulin à farine. Petit déjeuner super dans la véranda, sous le vieux noyer. Produits maison à emporter, bien sûr. Un seul mot : authentique !

**Accès :** sur la D2 en direction de Charleville-Mézières.

### LAUNOIS-SUR-VENCE

08430 (11 km SO)

€ 🏠 🍽 ☂ P **Hôtel-restaurant Le Val de Vence**** – *rue Cécilia-Gazanière ☎ 03-24-35-02-93. ♿ Tlj sauf dim soir. Congés : 1 sem fin déc. Menus 13 € avec un ¼ de vin le midi en sem, puis 23-35 €. Parking.* Grande maison en pierre jaune de Dom. Adresse fort plaisante, avec un p'tit charme même. Chambres rénovées, simples, coquettes et paisibles (sur cour, plus encore). Sérieuse cuisine traditionnelle, avec une dizaine de copieuses salades, des plats de viande, des grenouilles en persillade... À signaler : le beau petit menu du déjeuner incluant le buffet de hors-d'œuvre et un ¼ de vin ! Grande salle de resto (nos tables préférées vers le bas) prolongée par une belle terrasse sur la campagne. Accueil jeune et sympa.

**Accès :** par l'A34, sortie 13, puis la D35 ou la D3.

## SIGNY-LE-PETIT 08380

€ ☂ P **Hôtel-restaurant La Hulotte au Lion d'Or***** – *pl. de l'Église ☎ 03-24-53-51-76. • lahulotte-auliondor.fr • ♿ Resto fermé le midi les lun, mar et sam ; plus dim soir, et certains j. fériés (se renseigner). Congés : 1re quinzaine d'août et 3 sem en déc-janv. Formules déj 15-17 € en sem ; menus 22-42 €. Parking. Café offert sur présentation de ce guide.* De véritables plaisirs gourmands en perspective, et beaucoup d'élégance côté chambres (notamment du côté des plus récentes de l'annexe). Beaux tissus, déco raffinée en harmonie, lumière douce, jolie vaisselle et salle confortable aux accents rustiques viennent soutenir une superbe cuisine. Accueil délicieux de Blandine Bertrand qui assure un vrai travail de pro pour tirer le maximum des produits frais et qui maîtrise parfaitement le mariage des saveurs. Une touche très personnelle, des impulsions, des coups de cœur et le don d'allier subtilement fleurs (duo de foie gras et confit de fleurs), plantes ou champignons. Et que dire des desserts pour les gourmets aux papilles en éveil émoustillées par les plats ! Le genre d'adresse que l'on glisse de bouche-à-oreille sur le mode de la confidence ! Une référence gastronomique.

**Accès :** D877 vers Mon Idée ; D1043 et D34 à Tarzy.

# Aube (10)

## ARCIS-SUR-AUBE 10700

€ 🏠 🍽 ☂ **Le Saint-Hubert** – *2, rue de la Marine ☎ 03-25-37-86-93. • hotel-restaurant-st-hubert.fr • Ouv tlj sauf ven soir, sam, plus dim soir hors saison. Congés : 15 j. l'été et 1 sem pdt les fêtes de fin d'année. Formules déj 17-19,50 € ; menus 19-37,50 €.* On se souviendra longtemps de l'accueil d'un patron qui sait mettre le convive d'un jour instantanément à l'aise ; même en plein coup de bourre, il prend le temps de discuter de la vie comme elle va avec les clients. La salle est agréable, la cuisine

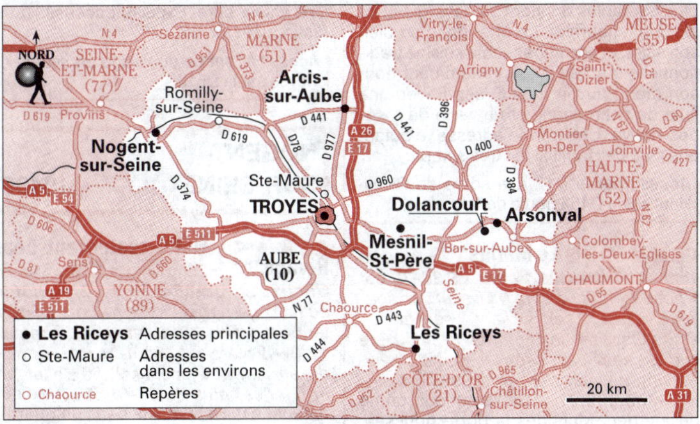


traditionnelle, joliment tournée (et d'un époustouflant rapport qualité-prix), et la terrasse, surplombant la rivière, bien sympathique. Tout simplement une bonne adresse. Alors, pour ceux qui souhaiteraient prolonger le séjour, il y a 5 chambres de charme avec vue sur la rivière.

## ARSONVAL 10200

€€ P **Hostellerie La Chaumière***** – *81, route Nationale ☎ 03-25-27-91-02. • hostellerielachaumiere.com • Fermé dim soir-lun, et mar midi. Congés : 1er-27 janv et 18-31 déc. Formule déj 16 € ; menus 25-60 €. Parking. Café offert sur présentation de ce guide.* Une vieille auberge tenue par un couple franco-britannique très sympathique, comme l'évoque la cabine téléphonique rouge *so British*. Si l'extérieur ne manque pas de cachet (pierre apparente), l'intérieur a été rénové dans un style contemporain et fonctionnel : salle à manger dans une véranda lumineuse donnant sur le beau jardin fleuri, chambres (principalement dans l'annexe) colorées et confortables. À table, cuisine régionale copieuse et de qualité (poulet au chaource, saint-jacques au ratafia...). Aux beaux jours, possibilité de déjeuner ou de dîner sur la très agréable terrasse ombragée. Une excellente étape.

***Accès :*** sur la D619. À la sortie du village, à gauche.

## DOLANCOURT 10200

€€ P **Le Moulin du Landion***** – *5, rue Saint-Léger ☎ 03-25-27-92-17. • moulindulandion.com • Congés : 3 sem en janv. Menus 33-46,50 €. Parking. Café offert sur présentation de ce guide.* L'établissement, en retrait de la rue, ne manque pas de charme avec ses parties anciennes prolongées par une aile moderne bien intégrée : jardin arboré avec piscine, décor élégant, chambres tout confort de belle facture, classiques et dotées de balcons. Très douillet, à l'image de l'espace bien-être. Le restaurant surplombe la rivière, tandis que les grandes baies vitrées s'ouvrent sur la roue à aubes, toujours en état de marche. On peut aussi préférer une table au bord de l'eau. Idéal pour goûter à la cuisine traditionnelle et de bonne tenue. L'adresse chic du coin.

***Accès :*** par la D619, direction Troyes ; bifurquer sur la gauche 2 km après Arsonval, puis fléché dans le village.

## LES RICEYS 10340

€ P **Hôtel-restaurant Le Magny***** – *38, rue du Général-Leclerc ☎ 03-25-29-38-39. • hotel-lemagny.com • Fermé mar et mer. Congés : janv-fév. Menus 16-48 €. Parking.* Cette belle maison pleine de caractère abrite des chambres modernes classiques, tout confort, bien tenues et tranquilles. Les plus agréables donnent sur le jardin et sa piscine (chauffée). Le chef maîtrise bien son sujet, et son impeccable cuisine traditionnelle mérite l'étape, notamment pour son menu terroir à 32 €, servi avec une flûte de champagne et un verre de rosé-des-riceys. Une bonne adresse, d'autant que l'accueil familial est très sympa.

***Accès :*** par la D17. À la sortie de Ricey-Haut sur la D453 (route de Tonnerre).

€€ **Le Marius***** – *2, pl. de l'Église, Ricey-Bas ☎ 03-25-29-31-65. • hotel-le-marius.com • Tlj sauf dim soir-lun. Congés : 2 sem en janv, 3 sem en nov et 2e quinzaine de déc. Menus 14,40 € le midi en sem (sauf j. fériés), puis 28-52 €. Parking payant. Café offert sur présentation de ce guide.* De l'extérieur, on ne devine rien. Mais dès la porte poussée, on pénètre dans un labyrinthe formé par 4 maisons imbriquées, où la restauration soignée mêle habilement l'ancien et le moderne. Les chambres sont dans le même esprit avec, ici ou là, une cheminée, des poutres... Cadre exceptionnel pour le resto : une superbe cave voûtée, digne d'un château ! Menu du jour très intéressant, avec buffet d'entrées à volonté, plat, fromage ou dessert et boisson. Belle carte des vins, avec une impressionnante sélection de rosé-des-riceys. Bien également, pour boire un verre, que l'on se réfugie au bar plein de cachet ou sur la petite terrasse face à l'église.

## MESNIL-SAINT-PÈRE 10140

€€€ **Auberge du Lac – Le Vieux Pressoir***** – *5, rue du 28-Août ☎ 03-25-41-27-16. • auberge-du-lac.fr • Tlj sauf lun midi, plus dim soir nov-mars. Congés : 2-23 janv. Formule déj 19,80 € ; menus 48-95 €. Parking. Café offert sur présentation de ce guide.* La belle adresse chic du secteur, stratégiquement située à deux pas du lac de la forêt d'Orient. Jolie maison à pans de bois prolongée par des extensions contemporaines, idéale pour un week-end en amoureux. Chambres modernes, classiques et colorées, bien équipées, climatisées, très calmes la nuit. Celles de l'annexe sont encore un cran au-dessus (avec spa). Au restaurant, salle élégante et cuisine raffinée entre classiques du terroir et propositions modernistes qui font le bonheur des gourmets de la région. Une valeur sûre. Excellent accueil. Table distinguée Logis.

***Accès :*** à l'entrée du village en venant de Troyes par la D619.

## NOGENT-SUR-SEINE 10400

€€ **Hôtel-restaurant Beau Rivage***** – *20, rue de Villiers-aux-Choux ☎ 03-25-39-84-22. • hotel-beaurivage-nogentsurseine.com • Resto fermé dim soir, lun et mar midi. Congés : 17 fév-12 mars et 17 août-2 sept. Formule déj en sem 22 € ; menus 27,50 € sauf dim et j. fériés, puis 39,50-51,50 €.* Maison récente à taille humaine dans un quartier des berges de Seine. Environnement paisible et quasi bucolique. Un grand jardin fleuri et ombragé (où s'installe, l'été, une bien agréable terrasse) descend doucement vers la rivière. Demandez une des chambres, parfaitement tenues, modernes et pimpantes, qui donnent de ce côté-là. Excellente cuisine au gré des saisons, raffinée et largement parfumée aux herbes, péché mignon du patron. Accueil charmant. Encore et toujours notre coup de cœur à Nogent. Table distinguée Logis.

***Accès :*** du centre, prendre la direction de la piscine et du camping. À 1 km environ de la place de l'Église.

## DANS LES ENVIRONS

### ROMILLY-SUR-SEINE
10100 (18 km E)

€ **Le Mesclun** – *74, av. Jean-Jaurès ☎ 03-25-25-84-74. Ouv ts les midis, plus mar, jeu et sam soirs. Congés : 1 sem mi-juil et 1 sem mi-août. Menus déj en sem 14-18 € ; le soir, 18-26 €. Café offert sur présentation de ce guide.* Il ne paie pas de mine, ce petit resto installé dans un pavillon entre deux siècles. Mais l'accueil fait chaud au cœur. Et au rez-de-chaussée, dans cette petite salle toute simple (il y en a une autre à l'étage quand les résas se bousculent), comme à la maison, le menu du jour est tout bonnement épatant : jolis produits, cuissons justes... Le tout grimpe d'un cran (et de quelques euros) le soir. Une heureuse découverte.

***Accès :*** par la D619 ; à Romilly, suivre la direction « Centre hospitalier ».

Grand-Est - Aube

## TROYES 10000

**€ 🍽 ⛱ Claire & Hugo** – *lun-mar pl. des Halles et jeu-ven quai de Seine. 📱 06-52-94-70-77. Tlj sauf sam-dim. Carte 22 €.* Ne ratez pas le passage de ce bus pas comme les autres ! D'abord, parce que ce *double-decker* rouge pétard a de l'allure, avec sa cuisine au rez-de-chaussée et sa salle climatisée à l'étage, ensuite, parce qu'on y sert de plats sans comparaison avec la *street food* habituelle. Claire et Hugo font dans le burger, mais haut de gamme et souvent original : pain brioché et sauces maison, viande de qualité cuite à votre goût, et toutes sortes d'ingrédients frais en fonction de l'inspiration (oignons confits, parmesan, ricotta...). Délicieux et *juicy* à souhait ! Également des sandwiches pour les aficionados. Pour accompagner le tout, une salade ou des pommes de terre au four, et la bière artisanale qui va bien avec. Quant aux desserts, faites confiance aux deux tourtereaux, pâtissiers de formation, pour vous régaler avec la délicieuse proposition du jour. Super !

**€ 🍽 ⛱ La Mignardise** – *1, ruelle des Chats ☎ 03-25-73-15-30. ♿ Tlj sauf dim soir-lun. Menus du marché 23-29 € ; menu-carte 42 €.* L'une des tables classiques de la ville. Il faut reconnaître qu'elle ne manque pas d'arguments : le cadre est magnifique – une belle maison ancienne dotée d'une terrasse dans une cour adorable – , la déco élégante et la cuisine bien exécutée, dans un registre traditionnel.

**Accès :** dans la vieille ville.

**€€ 🍽 ⛱ Aux Crieurs de Vin** – *4-6, pl. Jean-Jaurès ☎ 03-25-40-01-01. Tlj sauf dim-lun. Congés : 1er-10 janv, 1 sem en avr et 3 premières sem d'août. Formule 11,80 € le midi ; plats 13-16,5 € ; carte 25-35 €.* C'est l'adresse qui met tout le monde d'accord. Les amateurs font l'éloge de la grande qualité de la cave (belle sélection très pointue, privilégiant les vins naturels), et les gourmands ont leurs habitudes pour les planches de charcuterie et les plats du jour solides et savoureux, à base de bons produits régionaux. Mettez les deux ensemble et vous aurez un repas sans faille ! D'autant que l'accueil est sympa et le cadre charmant, dans un style de bistrot vintage, avec d'innombrables rayonnages de bouteilles dans la partie cave et une terrasse bien agréable pour capter les rayons de soleil. Un incontournable !

**Accès :** à proximité de la rue Émile-Zola (rue principale).

**€€€ 🍽 ⛱ Au Jardin Gourmand** – *31, rue Paillot-de-Montabert ☎ 03-25-73-36-13. Tlj sauf dim et lun midi. Congés : 2 sem en mars et 3 sem en sept. Formule déj 24 € ; menu 36 € en sem ; carte env 40 €.* Une des adresses bien connues du vieux Troyes, appréciée pour la qualité et la régularité de sa cuisine. Décor classique et élégant, et une cour intérieure joliment fleurie qui donne sur un mur à pans de bois du XVIe s. Un passage obligé pour les gourmands, notamment amateurs d'andouillettes (artisanales et cuisinées ici de 10 façons différentes). Beau choix de vins au verre. Excellent accueil.

**Accès :** à proximité de l'hôtel de ville.

**€€€ 🍽 ⛱ Restaurant Le Valentino** – *35, rue Paillot-de-Montabert ☎ 03-25-73-14-14. Tlj sauf dim-lun. Congés : 2 sem début janv et 2 sem après le 15 août. Résa conseillée. Menus 28 € le midi en sem, puis 38-58 €.* Un cadre fort agréable (terrasse aux beaux jours) pour une cuisine qui ne l'est pas moins. Bien à l'abri de l'agitation qui caractérise le quartier, cette maison à colombages du XVIe s, donnant sur une charmante petite cour fleurie, abrite la meilleure table de la ville. Le menu de la mer est une référence (servi au minimum pour 2 convives), parfaitement équilibré et composé de spécialités créatives tout en saveurs. Une cuisine légère, maîtrisée, pour le plus grand plaisir des gourmets qui ne s'y trompent pas : ils reviennent souvent découvrir une carte qui change au fil des saisons...

**Accès :** dans le centre ancien.

## DANS LES ENVIRONS

### SAINTE-MAURE

10150 (8 km N)

**€€€ 🏠 🍽 ⛱ 🅿 L'Auberge de Sainte-Maure** – *99, route de Méry ☎ 03-25-76-90-41. • auberge-saintemaure.fr • ♿ Tlj sauf dim soir-lun. Congés : 21 déc-10 janv. Menus 29,50 € en sem (midi slt en été), puis 49,50-59,50 €. Formule Privilège à 260 € (1 nuit en roulotte avec 2 petits déj et 2 repas gastronomiques). Parking.* C'est l'auberge des amoureux ! Au bord de la rivière, dans un jardin touffu et bien caché, les 3 roulottes de luxe sont autant de nids douillets tout confort (TV écran plat, minibar, douche, w-c), au charme irrésistible. Avec les oiseaux en guise de réveille-matin et une terrasse les pieds dans l'eau pour le petit déj, le bon rapport qualité-prix-sérénité est garanti ! Quant à la table, elle séduit autant pour le cadre (une salle élégante prolongée par une autre terrasse sur pilotis) que pour la qualité de sa cuisine, fraîche et inspirée. Accueil très sympathique.

***Accès :*** par la D960 jusqu'à Pont-Sainte-Marie, puis la D78.

# Bas-Rhin (67)

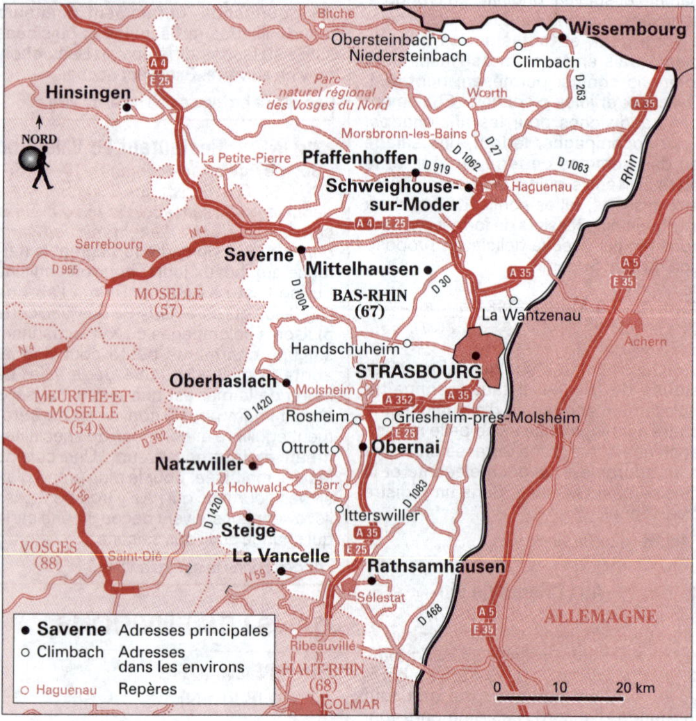


## HINSINGEN 67260

**€ La Grange du Paysan** – *23, rue Principale ☎ 03-88-00-91-83. Tlj sauf lun. Congés : 2 sem en hiver et 1 sem en été. Formule déj 19,50 € en sem ; sinon, menus 12-45 €. Parking.* Une des institutions de l'Alsace Bossue : grande baie vitrée, plafond sculpté, décor évidemment rustique à souhait. Excellent accueil. Service particulièrement efficace, ça virevolte de partout, notamment lors des soirées dansantes ou à thème. Cuisine paysanne généreusement servie, élaborée en partie avec les produits provenant de l'élevage familial. Les mines réjouies attestent de la qualité constante des mets : joue de bœuf braisée, filet de sandre au crémant d'Alsace, jambonneau au foin sauce poivrade, baeckeofe le vendredi, porcelet au feu de bois le week-end.

***Accès :*** à une dizaine de kilomètres de Sarre-Union.

## LA VANCELLE 67730

*€€€* **Auberge Frankenbourg***** – *13, rue du Général-de-Gaulle ☎ 03-88-57-93-90. • frankenbourg.com • Tlj sauf mer-jeu. Congés : 15 fév-mars, 27 juin-7 juil et 12-16 nov. Menus 40 € sauf sam soir et dim, puis 62-92 €.* Imaginez, au cœur d'un village paisible, une grande maison de famille, sur fond de décor contemporain. Sébastien Buecher fait partie des grands chefs de la région. Du travail soigné, épuré, qui va à l'essentiel, collant au décor, au pays, tout en vous invitant au plus merveilleux des voyages culinaires par-delà les terroirs, loin des habitudes. Service adorable et carte des vins bien sympathique. Cerise sur le gâteau : une dizaine de belles chambres tout confort, pour qui ne voudrait plus repartir. Terrasse en été. Table distinguée Logis.

***Accès :*** par la N59 direction Châtenois, puis la D167.

## MITTELHAUSEN 67170

*€* **Hôtel-restaurant À L'Étoile***** – *12, rue de la Hey ☎ 03-88-51-28-44. • hotel-etoile.fr • Resto tlj sauf dim soir et lun. Congés : 1er-16 janv et 8 juil-1er août pour le resto. Plat du jour 11 € ; formule déj 13 € ; menus 24-48 €. Parking. Café offert sur présentation de ce guide.* La belle *Étoile* que voilà, maintenue au firmament régional du Kochersberg par la famille Bruckmann depuis 1888 ! Côté table, dans la petite salle-taverne ou la grande salle cossue, une belle cuisine traditionnelle revisitée à prix d'ami. Goûter le *presskopf* de lapin, le pot-au-feu de sandre... Service rapide autant qu'agréable. Côté chambres, un cadre confortable et chaleureux. Sauna et solarium. Prêt de vélos.

***Accès :*** à 5 mn à pied de la mairie.

## NATZWILLER 67130

*€* **Auberge Metzger***** – *55, rue Principale ☎ 03-88-97-02-42. Tlj sauf lun (tlj en juil-août). Formule déj 16 € ; menus 23-70 € ; carte 35-45 €.* Du bistrot de village fondé par les grands-parents d'Yves reste le côté humain et convivial. À table, la carte s'appuie sur les bases solides d'une cuisine classique traitée avec modernité. Un travail inattendu dans ce coin perdu où l'on n'atterrit pas par hasard. Les assiettes généreuses évitent les travers des modes culinaires actuelles. Voilà un chef qui a l'art d'aller à l'essentiel pour flatter le produit sans le dénaturer. Terrasse côté vallée aux beaux jours.

***Accès :*** à 10 km au sud de Schirmeck direction Saint-Dié, Struthof, puis Natzwiller.

## OBERHASLACH 67280

*€€* **Lotel** – *24, rue de Molsheim ☎ 03-88-50-99-60. Tlj sauf dim-lun. Menu 25 € ; carte 40 €. Parking. Café offert sur présentation de ce guide.* Faire ses classes au *Crocodile*, ça forge le caractère et garantit une solide expérience. C'est la tête sur les épaules et plein de bonnes idées que Vincent Chartier est retourné chez lui pour ouvrir un établissement intimiste, dont la salle rustico-tendance donne sur un adorable jardin orné des sculptures de ses parents. La carte, courte, à l'ardoise, a tout de la bistronomie de saison : de beaux produits travaillés avec précision, pour des réalisations soignées tout en couleurs et en saveurs. Actuel, mais traditionnel aussi ! À l'étage, 5 chambres d'hôtes gérées par les parents.

***Accès :*** en arrivant par le sud, à gauche, peu après l'entrée du village dans la rue principale.

## OBERNAI 67210

*€€* **Le Freiberg** – *46, rue du Général-Gouraud ☎ 03-88-95-53-77. Tlj sauf mer (tlj en déc). Menus 13,50 € le midi en sem, puis 27-40,50 €.*

Une charmante winstub avec une petite salle typique. Surtout après avoir goûté les bons menus du midi, ou, mieux, les savoureuses spécialités traditionnelles cuisinées dans les règles. À moins d'opter, mais seulement le soir, pour une tarte flambée... L'accueil est bon, on se promet de revenir bientôt !

## DANS LES ENVIRONS

### OTTROTT 67530 (5 km O)

€€ ⅠⅠ **L'Ami Fritz** – *8, rue des Châteaux ☎ 03-88-95-80-81. Tlj sauf mer. Congés : 2 sem en janv. Menus 24 € le midi en sem, puis 32-78 €. Parking. Café offert sur présentation de ce guide.* La maison du XVIIe s a fière allure. Salle à manger élégante, de style rustico-cossu alsacien (parquet et boiseries à l'ancienne) et caveau avec cheminée. Belle ambiance et service efficace. Patrick Fritz concocte une cuisine régionale tour à tour rustique et raffinée, à base de produits bien sélectionnés, qui permet à tous de se faire plaisir. Superbe terrasse sur un semblant de place de village.

**Accès :** par la D426.

### ROSHEIM 67560 (6 km N)

€€€ **Hostellerie-restaurant du Rosenmeer***** – *45, av. de la Gare ☎ 03-88-50-43-29. • le-rosenmeer.com • Resto tlj sauf lun, mer et dim soir. Congés : 2 sem autour de la mi-mars et 2 sem en été. Menus 36 € le midi en sem, vin compris, puis 52-122 €. Côté winstub, plat du jour 9,80 € et formule le soir et w-e 35 €. Parking.* Un hôtel moderne aux chambres classiques et confortables, parfois agrémentées de boiseries blondes chaleureuses. Mais on vient surtout ici, et de tout le pays, pour goûter la cuisine d'un des plus brillants (et discrets) chefs d'Alsace, Hubert Maetz. Formé à l'école Westermann, il rend vie aux terroirs de France en sélectionnant les meilleurs produits de saison pour les transcender avec talent. Dans ce convivial restaurant, cassez votre tirelire au déjeuner pour vous offrir ses propositions originales du moment. Ou profitez de la winstub, une des meilleures du pays.

**Accès :** par la D422 direction Molsheim, puis la D35.

### GRIESHEIM-PRÈS-MOLSHEIM 67870 (6,8 km NE)

€€ **L'Auberge de la Chèvrerie** – *rue des Puits ☎ 03-88-38-83-59. Tlj sauf dim soir, lun-mar. Congés : 2 sem fin fév et 2 sem début août. Menus du marché 17 € le midi sauf dim et j. fériés, puis 32-64 €. Parking.* À 5 mn de la route des Vins, voilà un restaurant qui a tout compris à l'évolution actuelle, puisqu'ici on parle moins terroir que produit, inventivité que sincérité. Yann Eber chouchoute ses producteurs comme ses clients, à qui il propose une carte de saison enthousiasmante. Cuissons justes, assaisonnements pertinents. Belle terrasse fleurie pour les beaux jours.

**Accès :** par la D422 direction Bischoffsheim, puis la D127.

### ITTERSWILLER 67140 (15 km S)

€ **Hôtel-winstub Arnold***** – *98, route des Vins ☎ 03-88-85-50-58. • hotel-arnold.com • Fermé dim soir et lun nov-avr. Congés : 24-25 déc. Formule déj 19 € ; menus 23 € en sem, puis 29,50-37 € ; carte 42 €. Parking. Un verre de muscat d'Alsace offert sur présentation de ce guide.* Cette belle maison, connue de longue date, continue à séduire les gourmands avec une solide cuisine traditionnelle, dont les savoureuses spécialités, comme l'incontournable (et très généreux !) baeckeofe, sont servies dans une winstub pleine de cachet. À deux pas, dans un second bâtiment intimiste et paisible, les chambres douillettes ont du charme à revendre et un balcon qui permet de jouir d'une vue remarquable sur le vignoble environnant. Et un spa pour couronner le tout. Une halte de choix.

**Accès :** par la D422 en direction de Goxwiller, puis l'A35 direction Sélestat (sortie 13), aller jusqu'à Eichhoffen, puis suivre la D35 jusqu'à Itterswiller.

## PFAFFENHOFFEN 67350

€€ **À l'Agneau** – *3, rue de Saverne ☎ 03-88-07-72-38. Tlj sauf dim soir, lun-mar. Congés : 7-15 mars, 19-26 juin et 10-27 sept. Menus le midi en sem 15-20 € ; le soir, menus 31-68 € ; carte env 55 €. Parking. Café offert sur présentation de ce guide.* Anne est la 7e génération aux cuisines de cette vieille maison de famille qui continue d'offrir bonne table et bon gîte aux voyageurs de passage en Alsace du Nord. De la vraie gentillesse et un travail de pro. Sa sœur, au service le soir, crée une atmosphère de réel bien-être, tandis que la chef sort de sa cuisine pour vérifier si tout se passe bien. Saveurs originales sur une base classique, bons produits, bons vins, un régal. Jardin magnifique, l'été, pour les repas qui n'ont pas envie de s'achever. Et chambres très confortables, donnant sur l'arrière (la rue, elle, est très passante).

***Accès :*** à l'entrée de la ville en venant d'Ingwiller.

## RATHSAMHAUSEN 67600

**€€ ⌂ |●| P Hôtel-restaurant À l'Étoile** – *14, rue de Baldenheim ☎ 03-88-92-35-79. ● sites.estvideo.net/hoteletoile ● Tlj sauf lun midi et ven midi. Congés : 3 premières sem de fév et 11-20 nov. Menus 13-16 € le midi en sem, puis 27 € ; carte env 30 €. Parking. ½ pens offerte (pour un séjour d'une seule nuitée) sur présentation de ce guide.* Belle façon de moderniser une vieille maison en lui adjoignant une extension lumineuse. Chaleureuse salle à manger. Agréables chambres et petite carte, de laquelle on retiendra la bonne friture de filets de carpe et celle d'éperlans. En été, terrasse fleurie et baignade naturelle. Un petit hôtel-resto bien sympathique, tenu par une équipe souriante qui soigne ses nombreux habitués.

***Accès :*** par la D21 en direction de Muttersholtz.

## SAVERNE 67700

**€€€ |●| ⛱ Taverne Katz** – *80, Grand-Rue ☎ 03-88-71-16-56. Tlj (hors saison, se renseigner sur le jour de fermeture). Menus 13,50 € le midi en sem, puis 49-56 €.* Cette demeure, l'une des plus belles d'Alsace, fut construite en 1605 pour le receveur général de l'évêché, Katz. Jolie salle avec placages en bois. Plats traditionnels de grande qualité et excellents desserts. Un incontournable depuis plus de 30 ans ! Et malgré un succès qui ne se dément pas, l'équipe garde un sens de l'accueil certain. Terrasse donnant sur la rue piétonne.

***Accès :*** non loin du château des Rohan, à côté de la mairie.

## SCHWEIGHOUSE-SUR-MODER 67590

**€€ |●| ⛱ Aux Berges de la Moder** – *8, rue de la Gare ☎ 03-88-72-01-09. ♿ Tlj sauf dim et le soir lun-mer. Congés : 2e et 3e sem d'août. Menu déj en sem 10,20 €, 16,50 € le sam midi slt ; carte 25 €.* À quelques encablures d'Haguenau, on s'attable avec plaisir dans les 2 belles salles à l'alsacienne de cette gentille auberge. Accueil enjoué. Cuisine traditionnelle semi-gastronomique avec pour spécialité les tartes flambées, sans omettre une médaille d'or pour la bouchée à la reine. Vous passerez à coup sûr un bon moment.

***Accès :*** à 3 km à l'ouest de Haguenau par la D919 ; le resto est fléché.

## STEIGE 67220

**€€€ |●| ⛱ Chez Guth** – *5a, rue du Bas-des-Monts ☎ 03-88-58-12-05. Tlj sauf lun-mar. Résa très conseillée. Formule 26 € le midi en sem ; menus 38-68 €.* Une adresse formidable ouverte par un jeune chef de 27 ans ayant passé déjà pas mal d'années au piano de belles maisons et qui a eu envie de rentrer au pays. Il a repris, avec sa compagne, cette auberge nichée dans un écrin de verdure et, depuis, c'est le bonheur assuré pour qui veut bien monter jusque-là. C'est beau, c'est bon, c'est équilibré, avec la petite touche de folie créatrice qui plaira aux gens des villes. Vins au verre bien choisis, proposés en accompagnement des plats. Terrasse.

## STRASBOURG 67000

**€ |●| ⛱ La Choucrouterie** – *20, rue Saint-Louis (B4-3) ☎ 03-88-36-52-87. ♿ Tlj sauf sam midi, dim midi et lun (fermé slt lun en hte saison). Congés : 1 sem en mars, 1 sem en juin et 3 sem en août. Formule déj 11,50 € en sem ; menu 23 € en sem ; carte env 25 €. Café offert sur présentation de ce guide.* Roger Siffer, le chanteur folk alsacien, a créé ce restaurant-théâtre dans un ancien relais de poste du XVIIIe s, qui fut auparavant le siège de la dernière choucrouterie de Strasbourg. La gaieté, l'humour, la musique et l'érotisme sont de la partie. La cuisine rythme le temps qui passe et coupe les discussions

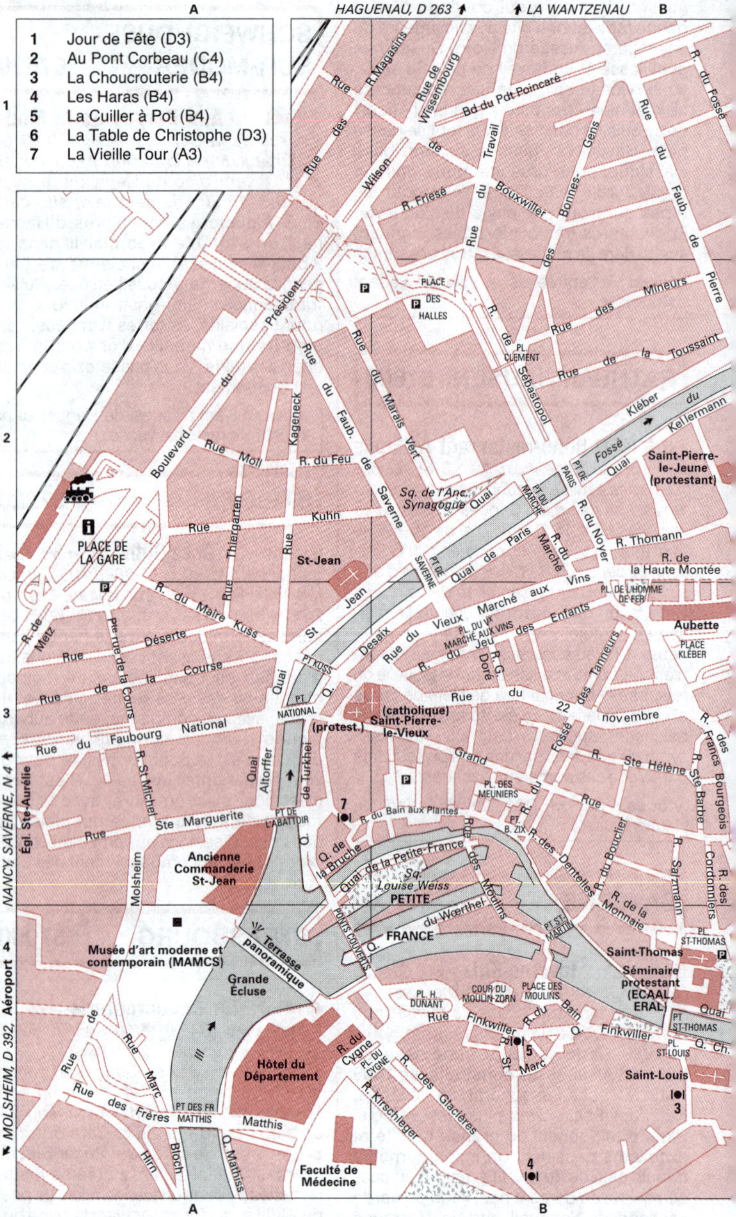


Grand-Est - Bas-Rhin

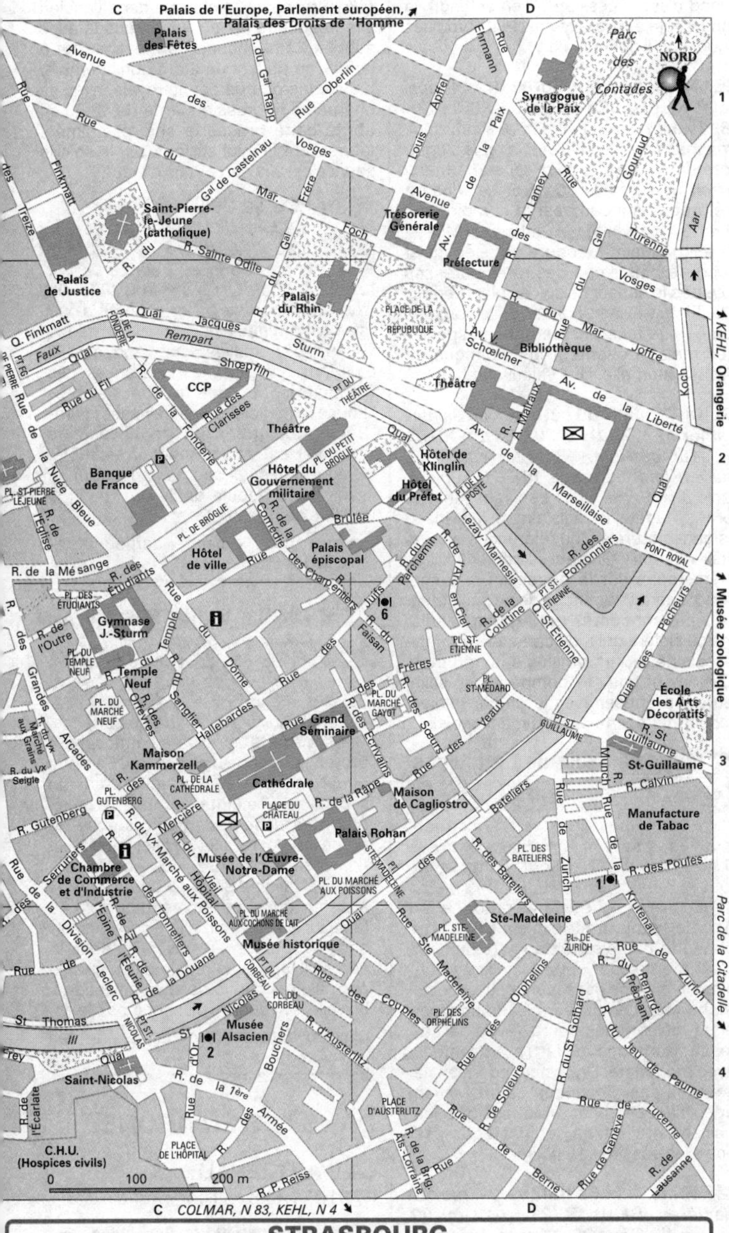
C
D
Palais de l'Europe, Parlement européen, Palais des Droits de l'Homme
Palais des Fêtes
Avenue des Vosges
R. du Gal Rapp
Rue Oberlin
Rue Ehrmann
Parc des Contades
NORD
Synagogue de la Paix
Rue Finkmatt
Rue du Gal de Castelnau
Rue Louis Apffel
Rue de la Paix
R. A. Lamey
Rue Gouraud
Rue des Treize
Saint-Pierre-le-Jeune (catholique)
Rue du Mar. Foch
Rue Gal Frère
Avenue des Vosges
Trésorerie Générale
Préfecture
Av. de la Paix
Gal Turenne
Aar
R. du Gal Rapp
R. Sainte Odile
Palais de Justice
Palais du Rhin
PLACE DE LA RÉPUBLIQUE
R. du Mar. Joffre
Rue du Mar.
Bibliothèque
Q. Finkmatt
PT DE LA FONDERIE
Quai Jacques Sturm
Rempart
Av. V. Schœlcher
Faux Rempart
Quai Shœpflin
PT FG DE PIERRE
PT DU THÉÂTRE
Théâtre
Av. de la Liberté
Koch
R. de la Fonderie
CCP
Rue des Clarisses
Rue du Fil
Rue de la Nuée Bleue
Théâtre
Quai
R. A. Malraux
Av. de la Marseillaise
Hôtel de Klinglin
Hôtel du Gouvernement militaire
PL. DU PETIT BROGLIE
Hôtel du Préfet
Banque de France
PT DE LA POSTE
Quai
PL. ST-PIERRE LE-JEUNE
R. de l'Église
PL. DE BROGLIE
R. de la Comédie
Brûlée
Lezay-Marnesia
Hôtel de ville
Palais épiscopal
R. du Parchemin
R. de l'Arc en Ciel
R. des Pontonniers
PONT ROYAL
R. de la Mésange
R. des Étudiants
Rue des Charpentiers
R. des Juifs
6
PL. DES ÉTUDIANTS
Gymnase J.-Sturm
Rue du Temple Neuf
Rue du Dôme
R. du Faisan
R. de la Courtine
PT ST-ETIENNE
Q. St Étienne
R. des Pêcheurs
R. de l'Outre
PL. DU TEMPLE NEUF
R. Temple Neuf
PL. ST-ETIENNE
R. des Grandes Arcades
R. du Sanglier
Rue des Hallebardes
Rue des Frères
PL. DU MARCHÉ NEUF
R. des Orfèvres
PL. DU MARCHÉ GAYOT
R. des Sœurs
PL. ST-MÉDARD
Quai des Pêcheurs
École des Arts Décoratifs
R. du Vx Marché aux Grains
Rue Grand Séminaire
R. des Écrivains
Rue des Veaux
PT ST-GUILLAUME
R. St Guillaume
Maison Kammerzell
R. Munch
St-Guillaume
R. du Vx Seigle
R. des
PL. DE LA CATHÉDRALE
Cathédrale
R. de la Râpe
Rue des Bateliers
R. Calvin
PL. GUTENBERG
R. Mercière
Maison de Cagliostro
Rue de Zurich
Rue de la Krutenau
Manufacture de Tabac
R. Gutenberg
PLACE DU CHÂTEAU
R. du Vx Marché aux Poissons
Palais Rohan
PT STE-MADELEINE
R. des Serruriers
R. du Vieil Hôpital
Musée de l'Œuvre-Notre-Dame
PL. DES BATELIERS
R. des Poules
Chambre de Commerce et d'Industrie
PL. DU MARCHÉ AUX POISSONS
R. des Bateliers
1
Rue de la Division Leclerc
R. de l'Épine
R. de l'Ail
Rue des Tonneliers
PL. DU MARCHÉ AUX COCHONS DE LAIT
Quai des Bateliers
Ste-Madeleine
PL. STE-MADELEINE
Rue Ste Madeleine
PL. DE ZURICH
R. du Renard Prêchant
Rue de Zurich
Musée historique
R. de l'Écurie
R. de la Douane
PT DU CORBEAU
Rue des Couples
PL. DU CORBEAU
Rue des Orphelins
R. du St Gothard
PL. DES ORPHELINS
Rue du Jeu de Paume
Rue St Thomas
Quai St Nicolas
PT ST. NICOLAS
Ill
Musée Alsacien
2
Rue des Bouchers
R. d'Austerlitz
Rue d'Or
Quai Frey
Saint-Nicolas
R. de la 1ère Armée
Rue des
Rue de Soleure
R. de l'Écarlate
PLACE D'AUSTERLITZ
Rue de Lucerne
Rue de Genève
R. de Lausanne
Rue de Berne
C.H.U. (Hospices civils)
PLACE DE L'HÔPITAL
R. de la Brig. Als-Lorraine
R. P. Reiss
0
100
200 m
C
COLMAR, N 83, KEHL, N 4
D
1
2
3
4
KEHL, Orangerie
Musée zoologique
Parc de la Citadelle

STRASBOURG

quand c'est nécessaire. Bien entendu, la choucroute est de la revue ! Plats typiques sinon, et qui donnent soif.

**€€ Au Pont Corbeau** – *21, quai Saint-Nicolas (C4-2) ☎ 03-88-35-60-68. Tlj sauf sam et dim midi (hors déc). Congés : 1 sem en fév et tt le mois d'août. Formule 13,50 € le midi en sem ; menu terroir 31 € ; carte 30-35 €.* La winstub préférée des locaux est le complément idéal à une visite au délicieux *Musée alsacien* voisin. Le cadre est élégant et c'est, de plus, l'une des rares adresses ouvertes le dimanche soir en plein centre-ville. Et puis le jambonneau grillé pommes sautées (le must) et les bonnes spécialités maison chantent les louanges de l'Alsace éternelle. Une valeur sûre.

**€€ Jour de Fête** – *6, rue Sainte-Catherine (D3-1) ☎ 03-88-21-10-10. Tlj sauf dim-lun, 18h-22h, ainsi que jeu-ven midi. Formule 16-20 € le midi ; carte 33-49 € le soir.* Les fans de Tati seront à la fête, ici, s'ils aiment les vins et les gens naturels (700 références de vins dits « nature »). On peut se contenter d'un apéro-tapas sur le pouce en terrasse. Mais ce serait dommage de ne pas goûter les plats concoctés par Agatha Feluga, une cuisinière qui a du caractère, comme sa cuisine, et qui privilégie les produits du moment que ses compères, en salle, sauront proposer avec le vin qui va bien. Des produits terre-mer joliment choisis.

**€€ La Table de Christophe** – *28, rue des Juifs (D3-6) ☎ 03-88-24-63-27. Tlj sauf dim-lun (ouv lun en déc). Congés : 1 sem fin janv, 1 sem fin avr et 3 sem fin juil-début août. Formule du jour le midi 13,90 € (sauf sam) ; menu 32 € ; carte 35,20 €.* Christophe et Angèle Ischia font le plein dans leur coquette petite salle depuis 13 ans, et c'est mérité. Car cette excellente cuisine de marché est à leur image, elle ne triche pas. Les saveurs s'additionnent et se mêlent sans heurts, avec délicatesse, dans des assiettes présentées avec modernité. Un bonheur dont on ne se lasse pas. Beaucoup de prévention dans l'accueil. Pas étonnant que les parlementaires se refilent l'adresse entre les sessions ! On aime.

**€€€ Les Haras** – *23, rue des Glacières (B4-4) ☎ 03-88-24-00-00. ♿ Ouv tlj. Congés : 1re sem de janv et de début à mi-août. Menus le midi 31 € en sem et 36 € le w-e et j. fériés ; carte 45 €. Le soir, au bar, carte tapas et cocktails.* Brasserie de charme dans l'ancien site des haras de la ville, aménagé avec subtilité et beaucoup de moyens tout à la fois, ce qui est un atout considérable. L'ancienne grande écurie royale, avec sa charpente impressionnante de 13,50 m, abrite cette brasserie chic et animée. Intéressant le midi surtout, car le soir, le service est à la carte uniquement.

**€€€ La Cuiller à Pot** – *18 bis, rue Finkwiller (B4-5) ☎ 03-88-35-56-30. Tlj sauf sam midi, dim et lun. Congés : 3 sem en juil et 2 sem à Noël. Carte slt 40 €.* Voici un restaurant comme on les aime. Si la cuisine est raffinée et inventive (tournedos Rossini de coquilles Saint-Jacques), les portions sont plus que généreuses. Les produits sont d'une fraîcheur exceptionnelle (délicieuses écrevisses, mirabelles du jardin). La gentillesse de l'accueil est absolument irrésistible. Grégory Reich et sa compagne font un sans-faute depuis qu'ils ont remis la cuillère dans le pot !

***Accès :*** dans le centre, derrière la clinique des Diaconesses.

**€€€ La Vieille Tour** – *1, rue Adolphe-Seyboth (A3-7) ☎ 03-88-32-54-30. Fermé dim (sauf midi en déc)-lun. Formule déj 25 € ; menu 39,50 €. Un verre de muscat offert sur présentation de ce guide.* Cette discrète adresse à l'atmosphère provençale cache bien son jeu. Seul aux commandes, ce chef jovial, ancien second de Westermann, connaît la musique. Des piments farcis à la chair de crabe au lièvre à la royale, qualité et rigueur sont au rendez-vous. En toute saison, sa cuisine se pare de savoureux accents basques et méridionaux. Au tableau, la carte journalière colle au marché. Sans esbroufe, avec humour et convivialité, il nous régale d'une cuisine originale qui met le poisson en vedette. En salle, son épouse bichonne les clients.

***Accès :*** dans la Petite-France, près des ponts couverts.

## DANS LES ENVIRONS

### LA WANTZENAU
67610 (12 km NE)

**€€€ Les Semailles** – *10, rue du Petit-Magmod ☎ 03-88-96-38-38. ♿ Tlj sauf mer-jeu et dim soir. Belle formule 29 € le* *midi en sem ; menu 40 € le soir en sem ; carte env 55 €. Parking.* Une des adresses gourmandes les plus recherchées du secteur, cachée dans un petit village chic de l'agglomération strasbourgeoise. La maison ouvre sur une coquette salle agrémentée d'une véranda et d'une terrasse ombragée par une glycine centenaire. La grande baie vitrée permet de surveiller les évolutions de Jean-Michel Loessel et de son équipe, autour de mets qui créent un habile et souriant trait d'union entre tradition et originalité. Une cuisine généreuse et goûteuse faisant la part belle aux produits de saison. Au service, une équipe jeune et dynamique.

***Accès :*** par la D468. Au pont, à droite, à l'entrée du village.

## HANDSCHUHEIM
67117 (13 km O)

€ **Auberge À l'Espérance** – *5, rue Principale ☎ 03-88-69-00-52. Ouv le soir slt, tlj sauf lun-mar. Congés : 2 sem fin juil-début-début août. Menu 8,90 € ; carte env 19 €. Parking.* La maison, à colombages, est des plus accueillantes. L'adresse est très prisée des amateurs de flammekueche : il est vrai qu'elles sont préparées à l'ancienne, avec un vrai feu de bois, ce qui leur donne leur parfum et leur légèreté. Également un bon jambon à l'os cuit au foin. Familles entières, tablées de copains - l'ambiance est chaude. Une valeur sûre.

***Accès :*** par la N4 en direction de Marlenheim.

## WISSEMBOURG 67160

€€€ **Hôtel-restaurant Au Moulin de la Walk***** – *2, rue de la Walk ☎ 03-88-94-06-44. • moulin-walk.com • Resto tlj sauf dim soir-lun et ven midi. Congés : 2-25 janv et 6-20 juil. Menus 38-55 €. Parking. Café offert sur présentation de ce guide.* À l'extérieur des remparts de la ville, dans un agréable cadre de verdure autour des vestiges d'un ancien moulin. Reposant. Chambres classiques, à la déco contemporaine, dans 2 bâtiments annexes. Au restaurant, bonne cuisine traditionnelle servie dans une salle lumineuse. Accueil pro et souriant.

***Accès :*** prendre le boulevard Clemenceau qui longe les remparts jusqu'à la piscine municipale ; direction Centre hospitalier.

# DANS LES ENVIRONS

## CLIMBACH 67510 (6 km SO)

€€ **Restaurant Au Col du Pfaffenschlick** – *col du Pfaffenschlick ☎ 03-88-54-28-84. Tlj sauf lun-mar. Congés : 3 sem en janv et 2 sem fin juin. Formules 16 € en sem ; menus 28-42 € ; carte 35-40 €. Parking.* La famille Séraphin vous accueillera avec le sourire dans sa petite auberge complètement perdue en pleine forêt. Salle en bois, ambiance chaleureuse. Terrasse en été, cheminée en hiver. Pour une assiette de jambon ou de fromages, côtelette gratinée, salades, quiches, tourtes aux oignons... mais aussi poulet fermier farci à l'ancienne, daube de sanglier ou baeckeofe... sur commande. Une bonne adresse à quelques kilomètres du Four-à-Chaux, un important ouvrage de la ligne Maginot.

***Accès :*** par la D3 jusqu'à Climbach et tourner à gauche jusqu'au col (373 m).

## NIEDERSTEINBACH
67510 (23 km O)

€€ **Hôtel-restaurant Au Cheval Blanc***** – *11, rue Principale ☎ 03-88-09-55-31. • hotel-cheval-blanc.fr • Resto tlj sauf jeu (ouv pour les pensionnaires). Congés : fév, 10 j. fin juin et 10 j. début déc. Menus 30-60 €. Parking.* La famille Zinck perpétue la tradition d'accueil depuis 1924 et assure à ses hôtes un grand moment de convivialité. Quel plaisir de loger dans les chambres à la déco très soignée ! Et quel régal à table ! Superbe et riche cuisine régionale, revisitée. Bon point également pour le petit déjeuner copieux et les menus-enfants. Service attentionné et souriant. Gros coup de cœur pour cet excellent rapport qualité-prix.

***Accès :*** par la D3.

## OBERSTEINBACH
67510 (23 km O)

€€ **Hôtel-restaurant Anthon***** – *40, rue Principale ☎ 03-88-09-55-01. • restaurant-anthon.fr • Tlj sauf mar-mer. Congés : 3 sem en janv. Menus 28-56 €. Parking. Café offert sur présentation de ce guide.* Une bien belle adresse et une histoire de famille attachante. Parti faire ses classes à Saulieu et à Saint-Tropez, Georges Flaig dirige désormais l'établissement créé par son arrière-arrière-grand-père. Seul – ou presque – au piano, il réalise une cuisine précise, inventive, respectant les recettes d'origine tout en les retravaillant avec brio. Une carte courte compensée par de grandes idées, à découvrir dans une belle salle à manger en rotonde. Pour mieux profiter de l'occasion, chambres toutes rénovées, de très bon confort, dont deux avec une cheminée, très romantique. Vue sur le château pour la plupart.

***Accès :*** par la D3 en direction de Niedersteinbach.

# Haut-Rhin (68)

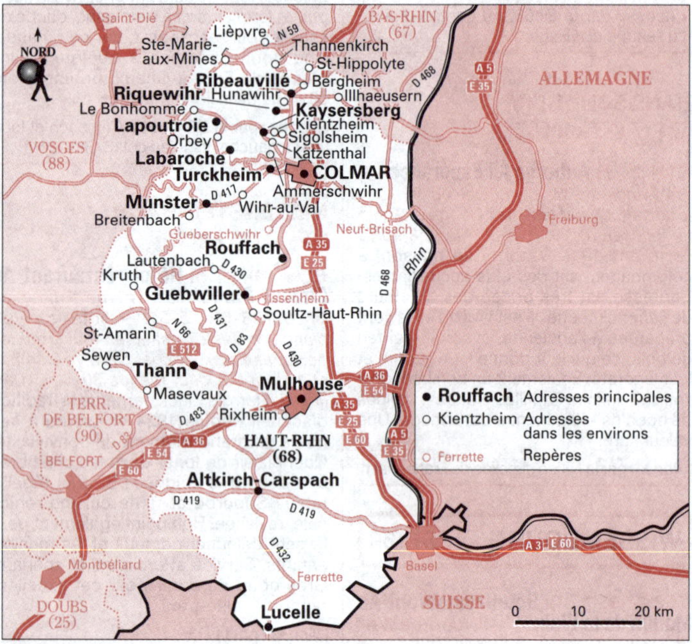


## ALTKIRCH-CARSPACH 68130

**€ 🏠 🍽 ☂ P Auberge Sundgovienne***** – *1, route de Belfort ☎ 03-89-40-97-18. • auberge-sundgovienne.fr • ♿ Hôtel ouv tlj (sur résa dim et lun soir). Resto tlj sauf dim soir, lun, mar midi (ouv dim soir Pâques et Pentecôte). Congés : 21 déc-24 janv et dernière sem de juil. Menu du jour (sauf sam et j. fériés) 17 € ; menus 27-59 €. Parking. 10 % sur le prix de la chambre sur présentation de ce guide.* Cuisine inspirée, sans cesse renouvelée selon le marché et les saisons. Élégante salle boisée, façon chalet de montagne ; une touche de design en plus ! Mon tout flanqué d'une agréable terrasse sur le jardin paysager. Et pour ceux qui veulent prolonger le séjour, une trentaine de chambres modernes, bien tenues et confortables, dont certaines avec balcon. Accueil dynamique et souriant.

**Accès :** à 3 km d'Altkirch par la D419, direction Dannemarie.

## COLMAR 68000

**€ |●| Le Petit Bidon** – *14, rue Étroite ☎ 03-89-24-97-93. Tlj sauf sam-lun midi. Congés : 1re quinzaine d'août. Formules déj en sem 15-19 € ; plats 18-20 €. Café offert sur présentation de ce guide.* On est séduits par cette cuisine de marché inspirée, qui travaille de bons produits frais avec peu d'artifice, pour mieux affirmer leur saveur brute. Juste quelques plats à la carte. Mon tout servi avec gentillesse dans une petite salle contemporaine à la déco très *girly*.

**€ |●| Anadolu** – *31, rue Vauban ☎ 03-89-23-71-71. Fermé dim hors saison et lun. Plats 13-15 €.* Des tapis colorés et autres assiettes pimpantes accrochées aux murs donnent le ton de cet excellent resto turc aux savoureuses spécialités bien fraîches. À la carte, des *mezze*, plats épicés, etc.Sans oublier les desserts au goût original de l'Orient ! Service souriant. Bref, une bonne adresse pour changer un peu du régime alsacien.

**€€ |●| L'Auberge** – *7, pl. de la Gare ☎ 03-89-23-17-57. ♿ Ouv tlj. Formule déj en sem 14,90 € ; carte env 25 €. Café offert sur présentation de ce guide.* Vieille brasserie qui n'a pas eu à se forcer pour jouer au « Monument historique » : boiseries vernies, vieux poêle... Cuisine de tradition, soigneusement réalisée. Plats savoureux, desserts maison classiques, bonne sélection de vins d'Alsace en boureille, en pichet et au verre. Rapport qualité-prix très honorable.

**Accès :** au rez-de-chaussée du *Best Western Hôtel Bristol.*

**€€ ☂ L'Épicurien** – *11, rue de Wickram ☎ 03-89-41-14-50. ♿ Tlj sauf dim-lun. Congés : 3 sem fin juin-début juil, Noël et Jour de l'an. Formule déj en sem 16,50 € ; menus 25-36 € ; carte 47 €. Café offert sur présentation de ce guide.* Restaurant ou bar à vins ? Ici, on ne se pose pas de questions : on profite à midi d'une formule épatante – à prix doux – dans un cadre coloré sympa. Cuisine d'un chef à l'esprit voyageur, amoureux de la vie et des produits, ça se voit, ça se sent ! Service enjoué.

**Accès :** près du marché couvert.

**€€ |●| ☂ La Cocotte de Grand-Mère** – *14, pl. de l'École ☎ 03-89-23-32-49. Ouv tlj sauf sam-dim. Congés : entre Noël et Nouvel an et 2 sem début avr. Formules 9,90-14,90 € le midi ; le soir, suggestions de plats 18-25 € ; carte 45 €.* Un succès fou ! Petit resto ouvert par un chef talentueux qui donne dans la cuisine des familles, autour des bons produits du marché, de belles cuissons, de bons vins. Prix doux à midi, carte réduite le soir.

**Accès :** à 5 mn à pied de la mairie.

**€€€ ☂ L'Atelier du Peintre** – *1, rue Schongauer ☎ 03-89-29-51-57. Tlj sauf dim-lun et mar midi. Congés : 15 j. en fév et 3 sem en août. Formules déj 27-33 € ; menus 47-85 € ; carte env 75 €.* Un repaire du goût ! Le peintre Schongauer, auquel est dédié le nom de ce restaurant, vivait juste en face au XVe s. Mais c'est un art plus contemporain qui se dessine sur les murs et surtout dans les assiettes : celui du chef étoilé, Loïc Lefebvre, revenu au pays après avoir connu les fourneaux de grandes maisons en France et en Écosse. Son crédo : un attachement au produit brut sublimé par des compositions et des juxtapositions de textures créatives, savamment maîtrisées. Service de grande maison. Cet atelier est une fête de tous les sens !

**Accès :** à deux pas de la place de la Cathédrale.

## DANS LES ENVIRONS

### AMMERSCHWIHR
68770 (7 km NO)

**€€€ ☂ P Aux Armes de France** – *1, Grand'Rue ☎ 03-89-47-10-12. Tlj sauf mer-jeu. Menus 19-30 € le midi en sem, puis 49-59 € le w-e. Vins au verre à partir de 6 €. Parking payant. Café offert sur présentation de ce guide.* Le chef, Philippe Gaertner, passionné et créatif, modernise avec subtilité et talent les grands classiques de sa région... et de la maison. Il marie avec finesse tradition alsacienne et grande cuisine française, tout en faisant la part belle aux produits de saison. Très belle carte des vins, dont bien sûr les vins d'Alsace.

**Accès :** de Colmar, prendre la N415 direction Saint-Dié, Nancy, puis la D415 à droite.

## GUEBWILLER 68500

**€ |●| Le Jardin des Sens** – *18, rue du Maréchal-Joffre ☎ 03-89-74-95-75. Tlj sauf les soirs du lun, mar et dim. Formules déj en sem 13,50-18,50 € ; menu 27 €.* Joli cadre propret tirant sur le moderne, pour une cuisine fraîche et goûteuse, qui ose sortir des sentiers battus de la tradition pour le plus grand plaisir de nos papilles ! Excellent rapport qualité-prix-accueil.



## DANS LES ENVIRONS

### LAUTENBACH 68610 (6 km NO)

**€ |●| ⛱ L'Auberg'In** – *1, rue de la Chapelle, lieu-dit Schweighouse ☎ 03-89-81-89-80. ♿ Tlj sauf mer-jeu. Menus déj 9-10,50 € ; menu 13,50 € ; carte 30 €. Café offert sur présentation de ce guide.* On est séduit par ce resto de campagne, perdu dans un hameau jouxtant une chapelle. Dans l'assiette, cuisine originale simple, soignée et pleine de saveurs, mitonnée et servie par des filles sympas. À déguster dans la petite salle basse aux murs épais avec pierre apparente, ou en terrasse aux beaux jours.

**Accès :** par la D430 direction Lautenbach, puis la D40 vers Durrenbach.

## KAYSERSBERG 68240

**€ |●| L'Alchémille** – *53, route de Lapoutroie ☎ 03-89-27-66-41. Tlj sauf lun-mar, plus dim hors saison. Menus 24-79 €.* Cadre moderne, sobre et élégant – sans se la jouer – pour ce resto tenu par un jeune chef talentueux, déjà largement primé dans les concours gastronomiques nationaux. Dans les différents menus, juste quelques suggestions du jour imaginatives et hautes en saveurs, mitonnées avec les bons ingrédients frais du cru, triés sur le volet. Une adresse qui vaut le détour, surtout pour la formule déjeuner abordable.

**€€ ⛱ Flamme&Co** – *4, rue du Général-de-Gaulle ☎ 03-89-47-16-16. ♿ Ouv tlj sauf lun janv-mars ; service continu 19h-24h. Formule déj à volonté 16,50 € ; menu 25,90 € ; carte env 30 €. Digestif maison offert sur présentation de ce guide.* Bienvenue au cœur de la vie nocturne du pays de Kaysersberg et dans un décor contemporain surprenant. On est ici à l'annexe haute saveur du *Chambard,* le resto étoilé d'Olivier Nasti, le MOF (Meilleur Ouvrier de France) le plus étonnant de tout l'Est de la France. La dégustation, quant à elle, est un must, qui permet de passer en revue quelques savoureuses créations maison, des « flammées » aux herbes fraîches ou au foie gras, qui sont de vraies découvertes gourmandes. Service cool, qui colle au concept de ce *Flamme&Co.*

**Accès :** en plein centre, à côté du marché de Noël.

**€€ |●| La Vieille Forge** – *1, rue des Écoles ☎ 03-89-47-17-51. Tlj sauf lun-mar. Menus 31-78 € ; carte env 50 €.* Une salle chaleureuse sous de vieilles poutres customisées à la sauce contemporaine et un bar galbé tout rouge qui ressemble à... une caravane ! Côté fourneaux, cuisine raffinée, à la fois enracinée dans le terroir et débordante de créativité, de surprises et de goûts. Service charmant. On aime !

**Accès :** à 1 km au nord-ouest du vieux bourg.

## DANS LES ENVIRONS

### KIENTZHEIM 68240 (2 km E)

**€€ |●| ⛱ Côté Vigne** – *30, Grand-Rue ☎ 03-89-22-14-13. ♿ Tlj sauf sam midi, dim soir et lun. Formules déj en sem 13-17 € ; menus 29-46 € ; plats 17-28 € ; carte 35-40 €. Café offert sur présentation de ce guide.* On est d'abord séduit par le cadre élégant et chaleureux, associant vieilles poutres, brique, voûtes et pierre apparente. Dans l'assiette, cuisine raffinée, originale et inspirée, qui magnifie les bons produits de saison sélectionnés avec soin dans le terroir local. Bref, une formidable explosion de saveurs à des prix qui sonnent juste. Une adresse incontournable dans le coin. On aime !

### SIGOLSHEIM 68240 (3 km E)

€ |●| ⛱ **Au Boin Coin** – *6, pl. de l'Église ☎ 03-89-78-22-33. Tlj sauf dim soir-lun et jeu soir. Congés : 2 sem fin fév-début mars, 1 sem fin juin-début juil et 1 sem mi-nov. Formules déj en sem 11,50-13 € ; menus 19,50-46,50 € ; plats 17-18 € ; carte env 30 €.* Une salle de bistrot à l'ancienne, avec comptoir en bois, vieux parquet et poêle à bois en céramique, agrémentée de quelques touches de déco moderne colorée. À la carte, juste quelques bons petits plats du marché bien ficelés, dans la pure tradition pour certains, ou à base de viandes goûteuses et de poissons pour d'autres. Copieux et bien présenté, pour un bon rapport qualité-prix-accueil. Agréable terrasse sur la place de l'église romane. C'est sûr, on reviendra !

### KATZENTHAL 68230 (6 km NE)

€€ |●| 🏠 ⛱ P **Hôtel-restaurant À L'Agneau** – *16, Grand-Rue ☎ 03-89-80-90-25. ♿ Tlj sauf mer-jeu (sauf jeu soir de juil à mi-oct et déc). Congés : 18 fév-9 mars, 4-18 juil, 11-22 nov et 24-27 déc. Formules déj en sem 11-21 € ; menus 27-29 € ; plats 17-25 € ; carte 40-45 €. Parking. Café offert sur présentation de ce guide.* Bon accueil – sincère et authentique – dans cette charmante auberge de campagne mijotant une savoureuse cuisine de terroir qui revisite avec talent les recettes traditionnelles, au gré des saisons. Le tout servi dans la winstub, ou dans l'autre salle à manger, plus sérieuse. Une vraie belle adresse à la qualité et aux prix stables. On recommande !

## LABAROCHE 68910

€€ |●| 🏠 ⛱ P **Hôtel-restaurant La Rochette** – *500, lieu-dit La Rochette ☎ 03-89-49-80-40. ♿ Tlj sauf lun-mar. Congés : 3 sem en mars et 9-25 nov. Formule déj en sem 18 € ; menus 32-65 € ; plats 22-25 €. Parking. Café offert sur présentation de ce guide.* Charmante petite auberge de campagne écoresponsable, aménagée confortablement sur une jolie note contemporaine sage. Et côté fourneaux, savoureuse cuisine de terroir, dont le foie gras maison et la matelote à l'alsacienne, qui demeurent les vedettes de la carte. À déguster en terrasse aux beaux jours. Accueil pro et sympa. Une belle adresse, dont la réputation dépasse largement les limites du village. Table distinguée Logis.

## LAPOUTROIE 68650

€ 🏠 |●| ⛱ P **Hôtel-restaurant du Faudé**** – *28, rue du Général-Dufieux ☎ 03-89-47-50-35. • faude.com • Formules déj en sem 10-12 € ; menus 19,80-55 €. Parking. Apéritif maison offert sur présentation de ce guide.* Un hôtel de tradition qui a su évoluer avec son époque. Propose, outre des chambres d'un confort optimum (murs couleurs pastel et meubles peints), une piscine couverte et chauffée, un jacuzzi, un sauna, une salle de remise en forme... Et surtout une cuisine ouverte sur le monde et les saisons, qui puise ses sources dans la tradition. Accueil convivial, à l'image des lieux. Organise des séjours et des repas à thème : séjours terroir, gourmet, gastronomique, etc., ainsi que des cours de cuisine.

***Accès :*** au cœur du village.

## DANS LES ENVIRONS

### ORBEY 68370 (4 km S)

€ 🏠 |●| ⛱ P **Hôtel Les Bruyères – Restaurant Beaulieu***** – *35, rue Charles-de-Gaulle ☎ 03-89-71-20-36. • auxbruyeres.com • ♿ Resto fermé mer midi et jeu midi non fériés en juil-août (fermé lun-jeu midi hors saison sauf j. fériés). Congés : 5 janv-16 fév, 4-30 mars et 21 oct-23 nov. Formule 13,50 € le midi en sem ; menus 20-32 €. Parking. Apéritif maison offert aux clients du resto ou 10 % de remise sur la ½ pens sur présentation de ce guide.* En cuisine, Laurent Beaulieu, qui a repris l'affaire familiale, assure une bonne cuisine traditionnelle de saison, saine et copieuse, servie par madame dans la chaleureuse salle à manger ou sur la terrasse fleurie. Hôtel tranquille et bien tenu, en plein cœur du bourg, face à un parc verdoyant et reposant. Chambres spacieuses, aux couleurs tendres, et bien équipées.

***Accès :*** par la D415, puis la D48.

### LE BONHOMME 68650 (6 km NO)

€€ |●| **Vecchia Roma** – *à l'hôtel La Tête des Faux, 102, rue du 3e-Spahi-Algérien ☎ 03-89-47-51-11. Fermé sam soir, dim et mer soir. Carte env 30 €.* Comme une brèche dans la gastronomie locale, ce VRAI resto italien propose de

Grand-Est - Haut-Rhin

savoureuses spécialités de la Grande Botte, avec quelques plats plus typiquement romains, terroir d'origine du patron. Original et bien ficelé ; on s'est régalé !

## LUCELLE 68480

**€€ 🏠 |●| ☂ 🅿 Le Petit Kohlberg***** – *lieu-dit du Petit-Kohlberg ☎ 03-89-40-85-30. • petitkohlberg.com • ♿ Resto tlj sauf lun-mar (ouv le soir selon l'activité de l'hôtel) ; dim en continu 12h-20h. Congés : 1re sem de janv, vac scol fév et oct, plus Noël. Formule déj en sem 19,50 € ; menus 29-62 € ; carte env 30 €. Parking. Café offert sur présentation de ce guide.* Hôtel-resto coquet – au cœur d'un paradis vert du bout du monde – face à la Suisse. Côté cuisine, de délicieuses spécialités alsaciennes et du Sundgau, bien sûr (carpe frite, cuisses de grenouille...). On se régale dans une salle lumineuse aux allures de chalet, en surplomb du parc. Également des chambres confortables et soignées dans un bâtiment moderne. Accueil familial charmant.

***Accès :*** par la D432.

## MULHOUSE 68100

**€ |●| Wistuwa Zum Saüwadala** – *13, rue de l'Arsenal ☎ 03-89-45-18-19. Tlj sauf lun midi et dim, jusqu'à 1h30 du mat. Formule déj en sem 13,50 € ; menus 22-26 €.* Une winstub typique par sa déco « à l'ancienne » et ses bonnes odeurs de cuisine, où la carte est sensiblement la même depuis des lustres ; réalisée par des cuisiniers qui maîtrisent parfaitement leurs classiques alsaciens : *fleischschnaka*, choucroute, magrets d'oie, etc. Également une palanquée de poissons frais et de viandes grillées. Sans oublier les desserts, aussi typiques que généreux en goût, et parfois arrosés de marc local. Accueil familial sympa.

***Accès :*** dans le centre historique.

**€€ |●| Chez Auguste** – *11, rue Poincaré ☎ 03-89-46-62-71. Tlj sauf dim-lun. Résa impérative ! Menus 25 € ; carte 35 €.* Petite salle à l'ancienne – une vieille épicerie – avec parquet et vieilles pubs sur murs blancs. Côté fourneaux, cuisine de marché – originale et pleine de saveurs – mitonnée par une équipe dynamique et chaleureuse. Excellent rapport qualité-prix.

***Accès :*** à 500 m de la gare.

## DANS LES ENVIRONS

### RIXHEIM 68170 (6 km SO)

**€€€ Le 7e Continent** – *35, av. du Général-de-Gaulle ☎ 03-89-64-24-85. ♿ Ouv tlj sauf sam midi, dim soir et lun. Formule déj en sem 32 € ; menus 58-88 €.* Ancien disciple de Bernard Loiseau en Bourgogne, Laurent Haller – chef étoilé – nous régale d'une cuisine de cœur créative, fusionnant les goûts d'hier et d'aujourd'hui avec une grande sincérité. Peu de choix à la carte, mais des produits de saison d'une fraîcheur absolue, triés sur le volet. S'asseoir à la grande table d'hôtes près de la cuisine décuple encore cette féerie du goût.

***Accès :*** à 5 km à l'est de Mulhouse par la D66.

## MUNSTER 68140

**€€€ |●| À l'Agneau d'Or** – *2, rue Saint-Grégoire ☎ 03-89-77-34-08. Tlj sauf lun-mar. Résa fortement recommandée, surtout le w-e. Carte slt 40 €.* La bonne table de Munster est aussi un resto accueillant, tant le Maître restaurateur, Martin Fache, et sa femme font tout pour que votre halte soit « gourmande et un moment de plaisir ». Les spécialités changent avec les saisons et utilisent les produits du terroir (gratin de choucroute au munster et lard paysan, délicieuse bouchée à la reine), mais il ne faut pas bouder pour autant les escargots gris du Val d'Orbey aux pieds de cochon... et la petite suggestion de vins... alsaciens !

***Accès :*** dans le centre, en face du temple protestant.

## DANS LES ENVIRONS

### BREITENBACH 68380 (7 km S)

**€ |●| ☂ 🅿 Ferme-auberge du Christlesgut** – *162, lieu-dit Christlesgut ☎ 03-89-77-51-11. ♿ Tlj sauf mer midi mai-sept ; tlj sauf lun-mer en avr et oct. Congés : de nov à mi-avr. Résa conseillée. Menu 16 € en sem ; repas marcaire 20 € ; plats 9-11 €. Parking. Café offert sur présentation de ce guide.* Jolie salle montagnarde de bon goût, avec nappes à carreaux et vieilles poutres. On s'y régale des bons produits de la ferme, mijotés dans des recettes traditionnelles pleines de saveurs. Terrasse aux beaux jours, avec vue sur le sommet du Kastelberg. Accueil familial adorable et authentique. C'est sûr, on reviendra !

***Accès :*** dans le centre de Breitenbach, tourner à gauche (panneau vert).

### WIHR-AU-VAL 68230 (7 km NE)

**€€€ La Nouvelle Auberge** – *9, route Nationale ☎ 03-89-71-07-70. Tlj sauf dim soir- lun et mar. Congés : vac scol de fév, 1re sem de juil, vac scol de la Toussaint et autour de Noël. Menu du jour 13,90 € ; menus 41-71 €. Parking. Apéritif maison offert sur présentation de ce guide.* D'avoir travaillé dans quelques grandes maisons n'a pas donné la grosse tête au talentueux Bernard Leray, chef de ce resto vraiment surprenant. Difficile d'imaginer à cette adresse, au rez-de-chaussée, un menu ouvrier d'un tel niveau. Estimez-vous heureux si vous trouvez une place sur le parking ! Les menus suivants, à l'étage, dans la salle gastronomique, offrent un rapport qualité-prix tout aussi séduisant, vu la fraîcheur et la nature des produits, et le joli tour de main de la cuisine ; pensez à la suggestion du jour. Accueil sans façons et gentil tout plein. Un établissement où l'on prône la qualité et l'originalité accessibles pour tous. Ça nous plaît !

***Accès :*** par la D10 direction Colmar.

## RIBEAUVILLÉ 68150

**€ Au Cheval Noir** – *2, av. du Général-de-Gaulle ☎ 03-89-73-37-83. Tlj sauf lun soir-mar. Menus 21,50-22 € ; carte 28-35 €.* Une bonne brasserie de village qui s'ouvre sur une grande salle boisée. Ici, l'essentiel est dans l'assiette : salades, tartes flambées réputées dans tout le village, sans oublier des plats régionaux plus sérieux et autres viandes goûteuses : le tout servi généreusement. Une bonne adresse à dimensions variables, pour tous les budgets. On s'est régalé avec les habitués du coin !

**€€ L'Auberge Au Zahnacker** – *8, rue du Général-de-Gaulle ☎ 03-89-73-60-77. Tlj sauf mer soir et jeu. Congés : janv-fév. Formule déj 12 € ; menu touristique 24,80 € ; carte 36-45 €. De nombreux plats sont proposés en ½ portion.* Quelques mètres à l'écart de la rue principale, une adresse très prisée des habitants depuis un bon quart de siècle. Dès les beaux jours, on s'installe en terrasse, sous une odorante glycine, et on déguste les meilleurs crus de la cave viticole. Carte riche en plats délicieusement préparés ; également suggestions à l'ardoise et plats du marché. Tous valent l'étape.

***Accès :*** à 3 mn du jardin de ville.

## DANS LES ENVIRONS

### HUNAWIHR 68150 (2 km SO)

**€ Winstub Suzel** – *2, rue de l'Église ☎ 03-89-73-30-85. Tlj sauf dim soir-lun. Congés : de Noël à Pâques. Menus 20,40-27 € ; carte env 24 €. Parking.* Située juste à côté d'une petite fontaine, à deux pas de l'église, cette winstub très chaleureuse a fêté ses 25 ans. L'accueil se fait en toute simplicité. En été, une terrasse fleurie et ombragée donne sur le joli clocher de l'église. Cuisine simple et familiale, uniquement à base de produits maison, comme la tarte à l'oignon ou les typiques roulades farcies et pommes de terre rissolées.

***Accès :*** par la rue du Général-de-Gaulle.

### BERGHEIM 68750 (4 km NE)

**€ L'Auberge des Lavandières** – *48, Grand'rue ☎ 03-89-73-69-96. Tlj sauf lun-mar. Menu du jour 18 € le midi sauf dim ; plats 16-20 € ; carte env 30 €.* En descendant la rue principale, on ne peut pas manquer cette belle maison à colombages, couleur lavande, bordée par l'ancien lavoir et le ruisseau qui apporte une touche de fraîcheur. La famille Ancelot propose une cuisine confectionnée avec des produits de saison, comme le civet de biche et *spätzle* maison à l'automne, les asperges d'Alsace au printemps... Mais les fans de choucroute et de tartes flambées ne seront pas déçus. Déco élégante et sobre, qui met en valeur l'adorable maison. Magnifique terrasse ombragée et fleurie, comme il se doit.

***Accès :*** par la D35.

### SAINT-HIPPOLYTE 68590 (7 km NE)

**€ Le Hupsa Pfannala** – *59, route du Vin ☎ 03-89-73-03-65. Tlj sauf lun en janv-mars. Congés : mars et 12-22 nov. Carte slt 21 €. Café offert sur présentation de ce guide.* Ici, la spécialité c'est la « *hupsa pfannala* » : pommes de terre sautées avec des lardons et des oignons, le tout recouvert de fromage alsacien gratiné. Miam ! Également des tartes flambées et quelques classiques alsaciens.

## ILLHAEUSERN 68970 (9 km E)

*€ |●| ⛱ P* **À la Truite** *– 17, rue du 25-Janvier ☎ 03-89-71-83-51. ♿ Tlj sauf mar soir et mer. Congés : de mi-fév à début mars et 1 sem en juin. Menus 14,60 € le midi en sem, puis 21,50-49,50 €. Parking. Café offert sur présentation de ce guide.* Une gentille auberge de campagne prolongée en été par une petite terrasse donnant sur la rivière et ses saules pleureurs. À l'intérieur, des habitués en tous genres sont attablés dans une salle à manger relookée aux couleurs actuelles, où règne une atmosphère familiale. Ici, on sert l'une des meilleures matelotes de poisson de toute l'Alsace (à commander à l'avance). Sinon, truite du vivier au bleu, gibier en saison, foie gras d'oie maison (à emporter également). Service sympa et bon rapport qualité-prix.

***Accès :*** juste à gauche avant le pont au centre du village, en venant de Ribeauvillé par la D106.

## THANNENKIRCH 68590 (11 km NO)

*€ ⌂ |●| ⛱ P* **Auberge La Meunière***** *– 30, rue Sainte-Anne ☎ 03-89-73-10-47. • aubergelameuniere.com • ♿ Congés : 23 déc-25 mars. Formule déj 15,50 € en sem ; menus 19,90 € le midi en sem, puis 21,90-41 €. Parking. Café offert sur présentation de ce guide.* Côté route, c'est une auberge alsacienne pur jus avec géraniums et petits rideaux aux fenêtres. Côté vallée, la vue est irrésistible, surtout depuis la grande terrasse en bois. Salle à manger intime et chaleureuse pour une cuisine fine et inventive (en fonction du marché), à prix raisonnables. Accueil impeccable et service prévenant. Une superbe adresse pour se faire plaisir. Également des chambres spacieuses, confortables et décorées avec goût.

***Accès :*** pour arriver à ce village haut perché (510 m), prendre la D1 direction Bergheim, puis la D42.

*€€ |●| ⌂ P* **Hôtel-restaurant Le Clos des Sources** *– 2, rue Rodern ☎ 03-89-73-10-01. Congés : 7 janv-20 mars. Menus 20-40 € ; carte 26-48 €. Parking. Café offert sur présentation de ce guide.* Dans cette bâtisse de caractère, on se régale de la délicieuse cuisine de terroir qui évolue au gré des saisons, tout en faisant la part belles aux incontournables alsaciens, un brin revisités. Accueil authentique, pro et éco-responsable (chauffage au bois, suivi du tri et du recyclage des déchets...). Une belle adresse de charme pour se faire plaisir.

***Accès :*** au centre du village, en contrebas de la route.

## LIÈPVRE 68660 (18 km NE)

*€ |●| ⌂ ⛱ P* **Auberge Aux Deux Clefs** *– 9, rue de la Gare ☎ 03-89-58-93-29. Tlj sauf lun, sam midi et dim soir. Congés : 1re sem de janv, 1er-18 juil et 21-31 déc. Formules déj en sem 15-17 € ; menus 22-24 € ; carte 33-38 €. Parking. Café offert pour un repas ou digestif « de départ » offert pour un séjour de plus de 2 nuits sur présentation de ce guide.* Bonne surprise que cette cuisine de femme, avec de l'idée à revendre et un réel souci de présentation. Les standards alsaciens empruntent ici des détours originaux, sans perdre le fil des saisons... Intéressante carte des vins, et salle à manger pimpante. Joli jardin. Parfois expo et concerts en soirée. Accueil chaleureux d'une patronne un brin atypique.

***Accès :*** par la D1B, puis la D42 et, enfin, la D48-1.

## SAINTE-MAIRE-AUX-MINES 68160 (19 km NE)

*€ |●|* **Auberge de la Canardière** *– 29, La Petite-Lièpvre ☎ 03-89-58-76-13. Tlj sauf mer-jeu. Menus 11,50-20,80 € ; plats 8-16 € ; carte 20-25 €.* Une coquette auberge isolée à flanc de montagne, entourée de bois et de prairies. Excellente cuisine traditionnelle – copieuse et servie à prix doux – mijotant évidemment du canard, en foie gras, magret fumé, confit... Une bonne adresse.

***Accès :*** à 7 km au sud-ouest de Sainte-Marie, au bord de la route.

# RIQUEWIHR 68340

*€ |●| ⛱ P* **Au Dolder** *– 52, rue du Général-de-Gaulle ☎ 03-89-47-92-56. Tlj sauf mer-jeu. Congés : janv et 10 premiers j. de juil. Menus 23,50-38,50 € ; carte 20-25 €. Parking payant. Digestif maison offert sur présentation de ce guide.* Dans la rue principale, cette maison du XVIe s abrite une belle salle de resto, chaleureuse et cosy, bien dans la tradition, avec

ses nappes à carreaux et son vieux poêle. Dans l'assiette, cuisine régionale gourmande, qui sublime les bons produits saisonniers du terroir. Belle terrasse au soleil. On s'est régalé pour un bon rapport qualité-prix !

**Accès :** près de la porte Dolder.

**€€ Le Grognard** – *12, rue des Écuries-Seigneuriales (2e entrée par les remparts, rue Steckgraben) ☎ 03-89-22-35-75. Tlj sauf lun 17h30-minuit (1h sam). Congés : 2 sem en janv et 2 sem en août. Carte env 30 €. Café offert sur présentation de ce guide.* Dans le vieux mur d'enceinte, une jolie salle avec son bar central et ses pierres apparentes ; rendez-vous des habitués du coin, familles et groupes de copains. Voici de bons burgers, salades, tartes flambées et autres viandes (tartares au couteau...) ; à dévorer jusque tard sans perdre un œil ! Idéal aussi pour boire un rhum arrangé, car le lieu concentre l'animation nocturne locale. Accueil charmant.

## ROUFFACH 68250

**€€ À la Grappe** – *16, pl. de la République ☎ 03-89-49-71-02. Tlj sauf jeu et dim. Congés : 2 sem fin août-début sept. Plat du jour (midi en sem slt) 8,50 € ; plats 15-26 €.* Juste en face de l'église Notre-Dame, derrière sa façade noire, une bien jolie adresse où le bois, la pierre et les coloris des tissus se marient harmonieusement. Ici, toute la famille met la main à la pâte, pour le plus grand plaisir de nos papilles. Cuisine, à la fois traditionnelle et inventive, qui nous plaît ! Service alerte et amical.

## DANS LES ENVIRONS

### SOULTZ-HAUT-RHIN 68360 (13 km SO)

**€€ Le Bellevue** – *28, route de Wuenheim Tlj sauf dim-lun. Congés : mars et août. Formule déj en sem 14,50 €, puis 25-35 € ; carte 49 €. Parking.* Cuisine de marché fraîche et inspirée, mijotée par Éric Paal, un chef talentueux qui était aux fourneaux du palais de l'Élysée avant de regagner son Alsace natale. De belles saveurs, un service soigné et souriant distillé par madame ; mon tout dans une longue salle sobre et vitrée, flanquée d'une agréable terrasse verdoyante.

**Accès :** le long de la D5.

## THANN 68800

**€ Hôtel-restaurant Aux Sapins**** – *3, rue Jeanne-d'Arc ☎ 03-89-37-10-96. • auxsapinshotel.fr • Resto tlj sauf sam. Congés : 4-16 août et vac scol de Noël. Formule déj en sem 12 € ; menus 22-35 € ; carte env 35 €. Parking. Apéritif maison offert sur présentation de ce guide.* Hôtel-resto installé dans un bâtiment moderne quelconque. La cuisine – à prix démocratiques – est un vrai petit régal : foie gras maison, tartes flambées, viandes goûteuses, et aussi quelques classiques alsaciens. À déguster dans un grande salle ou en terrasse ombragée. Également des chambres colorées, fonctionnelles et simples, mais soignées. Accueil charmant.

**Accès :** à 5 mn à pied de la gare.

## DANS LES ENVIRONS

### SAINT-AMARIN 68550 (11 km NO)

**€€ Auberge du Mehrbächel** – *72, Mehrbächel ☎ 03-89-82-60-68. • auberge-mehrbachel.com • Tlj sauf lun soir, jeu soir et ven. Congés : 9-21 mars et vac scol de la Toussaint. Formule déj en sem 16 € ; menus 26,50-35 €. Parking.* Établissement – bien connu des locaux – accroché à flanc de montagne, perdu entre bois et pâturages. Cuisine où les viandes sont à l'honneur, savoureuses et bien mijotées ; sans oublier quelques plats alsaciens pur jus. Le tout accompagné des produits de la ferme d'à côté (fromage, beurre...). Petite terrasse paisible et ambiance conviviale. Également une petite vingtaine de chambres agréables, à la déco élégante et contemporaine-sobre ; avec vue superbe pour la plupart. Sentier de randonnée à côté. Accueil pro et charmant.

**Accès :** à 6 km au nord-ouest de Thann.

### MASEVAUX 68290 (16 km SO)

**€€ L'Invitation** – *7, porte Saint-Martin ☎ 03-89-82-42-30. Tlj sauf dim soir, lun et mer soir. Formule déj en sem 14 € ; menus 29-53 € ; carte env 30 €. Café offert sur présentation de ce guide.* Belle cuisine de marché, goûteuse, généreuse et créative, en prise directe sur le terroir et ses bons produits frais. Présentation soignée, autant que le cadre, dans la salle, dans les tons rouge, et flanquée d'une terrasse aux beaux jours. Bon rapport qualité-prix-gourmandise ! Accueil charmant.

### KRUTH 68820 (17 km NO)

**€ 🏠 🍽 ☂ 🅿 Auberge Les Quatre Saisons** – *3, route du Frenz ☎ 03-89-82-28-61. • hotel4saisons.com • Fermé mar-mer. Congés : 9-15 janv, 1er-7 juil, 12-23 nov et 24-25 déc. Menus 16-39 € ; carte env 35 €. Parking. Café offert sur présentation de ce guide.* Perdue dans la prairie, une maison qui respire le bonheur de vivre ! Derrière ses fourneaux, Christelle Lang-Metzinger, une chef autodidacte qui mijote des classiques alsaciens revisités. Une cuisine de saison qui surprend par une originalité bien ordonnée, digne d'un étoilé ! Également une petite dizaine de chambres bien équipées et décorées avec goût. Excellent rapport qualité-prix, bravo ! Accueil familial gentil.

***Accès :*** à 5 km au sud-ouest de Kruth par la D1381.

### SEWEN 68290 (25 km O)

**€ 🍽 Ferme-Auberge de Baerenbach** – *chemin de Baerenbach ☎ 03-89-82-03-65. De Pâques à mi-déc, tlj sauf mer, et mar soir (hors vac slt) ; fév-Pâques, ouv jeu-dim. Menu 17,50 €. Digestif maison offert sur présentation de ce guide.* Petite ferme de montagne familiale produisant fromages, charcuterie, viandes... Autant d'ingrédients savoureux que les filles de la maison transforment en spécialités rustiques et 100 % typiques ; tartes aux fruits du jour en prime ! À dévorer dans une salle simple, avec son poêle à bois et ses toiles cirées. Accueil jovial et pro. Une adresse dépaysante à tous points de vue !

***Accès :*** par la D1484 via Bourbach-le-Haut et Masevaux, puis la D466.

## TURCKHEIM 68230

**€€ 🍽 ☂ Caveau du Vigneron** – *5, Grand-Rue ☎ 03-89-80-99-59. Tlj sauf dim-lun. Formule déj en sem 13,50 € ; carte 25 €. Café offert sur présentation de ce guide.* Gentille salle rustique sous de vénérables vieilles poutres, avec pierre apparente et jolis radiateurs en fonte ; le tout flanqué d'une agréable terrasse sur la rue piétonne. Dans l'assiette, on se régale d'une cuisine du cru simple, généreuse et soignée. Les suggestions du marché méritent aussi le coup de fourchette ! Tout comme les tartes flambées, pour les fauchés. Service souriant. Une bonne adresse pour toutes les bourses.

**€€ 🏠 🍽 ☂ Auberge du Brand**** – *8, Grand-Rue ☎ 03-89-27-06-10. • aubergedubrand.com • Tlj sauf dim soir-lun. Congés : 15 j. en mars et 15 j. en nov. Formule déj 15,90 € ; menu 29 € ; carte 40 €. Café offert sur présentation de ce guide.* Dans une belle maison à colombages de la rue principale, une poignée de chambres toutes aussi coquettes les unes que les autres, dans un style rétro charmant, avec meubles anciens et même une jolie armoire peinte. Côté cuisine, le patron chef compose une carte qui évolue au fil des saisons : quelques touches alsaciennes aux accents d'ailleurs, un métissage de saveurs et de parfums du monde. Bref, on est ici entre tradition et modernité, entre Alsace et invitation au voyage, et c'est ainsi que Céline et Mehdi, les proprios, aiment recevoir les visiteurs.

***Accès :*** en centre-ville.

# Haute-Marne (52)

## CHAUMONT 52000

**€€€ 🏠 🍽 Hôtel-restaurant des Remparts***** – *72, rue de Verdun ☎ 03-25-32-64-40. • hotel-les-remparts.fr • Tlj sauf dim. Congés : 1er janv, 1er mai, 24 déc au soir, 25 déc et 31 déc au soir. Formules brasserie 21-26 € ; menus 38-48 €. Apéritif maison offert sur présentation de ce guide.* Ce fut un ancien relais de poste, c'est aujourd'hui l'une des meilleures adresses (sinon la meilleure) de la ville. Élégante salle de resto pour une cuisine bien amenée, personnelle et définitivement d'aujourd'hui. Ambiance plus décontractée et prix plus doux côté brasserie. Bar agréable pour prolonger la soirée. Excellent accueil.

***Accès :*** à côté des remparts et à 1 mn à pied de la gare SNCF.

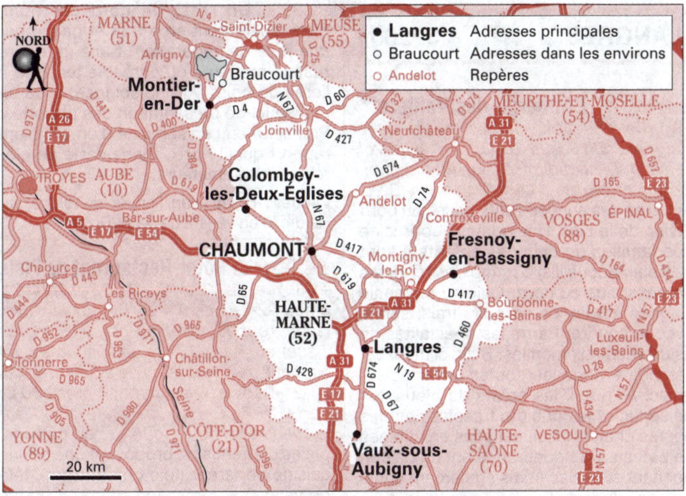


## COLOMBEY-LES-DEUX-ÉGLISES 52330

**€ Hostellerie la Montagne – Restaurant Natali***** – *10, rue Pisseloup ☎ 03-25-01-51-69. • hostellerielamontagne.com • Tlj sauf lun-mar. Congés : 4 sem en janv, 2 j. à Noël. Au resto, menus du marché 28 € déj (mer-sam), 35 € le soir (mer-ven) puis 60-90 €. À la brasserie, menu 22,50 €. Parking.* Avec cette bourgeoise maison de pierre cernée de jardins, Jean-Baptiste Natali, le plus doué des chefs du département, a trouvé un cadre à la hauteur de sa cuisine créative. Une grande et belle cuisine, très actuelle ; des plats très personnels, aventureux parfois, qui brassent produits de terroir et saveurs d'ailleurs. La carte change toutes les semaines. Plusieurs salles, joliment décorées, une agréable terrasse et... une table d'hôtes dans une datcha avec vue sur la cuisine pour voir travailler le chef étoilé et sa brigade ! Quelques chambres rustico-chic rénovées et délicieuses, pour prolonger le plaisir. Et une brasserie, *La Table du Général*, tenue par le père, qui propose des plats simples, appréciés en son temps par le Grand Charles.

***Accès :*** sur la D619.

## FRESNOY-EN-BASSIGNY 52400

**€€ Restaurant du Lac de Morimond** – *Morimond, lac de Morimond ☎ 03-25-90-80-86. Tlj sauf le soir des lun-mer. Congés : oct-mars. Résa plus que conseillée le w-e aux beaux jours. Carte 15-35 € ; menu 30 € le dim et j. fériés. Parking. Apéritif maison ou café offert sur présentation de ce guide.* Petite adresse entre le bistrot de campagne et la guinguette. En pleine nature, idéalement posée au bord d'un de ces vastes étangs creusés au Moyen Âge par les moines (on croise en route les ruines d'une abbaye cistercienne). Terrasse au bord de l'eau et salle bardée de bois, avec une cheminée réconfortante pour les jours où le brouillard noie le lac. Accueil naturellement souriant et cuisine soignée : du poisson (petite friture, filet de sandre aux écrevisses), évidemment, des classiques de la région et des plats de ménage rassurants. Possibilité de louer une barque pour pêcher (vente de carte à la journée).

***Accès :*** par la D139, puis, 2,5 km après Fresnoy-en-Bassigny, prendre la petite route sur la droite (en direction du lac de Morimond).

## LANGRES 52200

**€ 🏠 |●| ⛱ L'Auberge des Voiliers**** – *1, rue des Voiliers, lac de la Liez, Peigney ☎ 03-25-87-05-74. ● lesvoiliers.fr ● Tlj sauf dim soir-lun et mar midi. Congés : 20 déc-14 fév. Carte env 22 €.* Auberge des années 1960, posée au bord du lac de la Liez. Une adresse appréciée des familles du coin (les enfants y sont très bien accueillis) comme des touristes de pays plus au nord. Cuisine régionale soignée à base de produits frais, servie avec le sourire. Parmi les spécialités, le ris de veau aux morilles. Salle climatisée, véranda et terrasse, toutes ouvertes sur le lac. À l'hôtel, les aplats de bleus, les boiseries et les hublots transforment les petites chambres climatisées en cabines de bateau. Quelques-unes ont un balcon donnant sur le lac (mais également sur la terrasse du resto !).

***Accès :*** à 4 km de Langres, par la route de Vesoul.

**€€€ ⛱ 🅿 Hôtel Le Cheval Blanc – Restaurant Diderot***** – *4, rue de l'Estres ☎ 03-25-87-07-00. ● hotel-langres.com ● Resto fermé mer midi. Congés : nov. Formule déj 23 € ; menus 36-50 €. Parking payant.* On peut, pour l'occasion, adresser un grand merci aux révolutionnaires qui, en 1793, ont transformé cette abbaye du IXe s en auberge. Côté resto, le chef Patrick Durdan concocte une cuisine terre-mer de haute volée, créative et savoureuse, au dressage flamboyant. Mention spéciale pour le foie gras de canard chaud au miel d'épices et le croustillant de cabillaud au champagne. Service impeccable dans un cadre tout aussi raffiné, dans l'ancienne grange à foin de l'abbaye ou sur la superbe terrasse face à une petite église médiévale. Jolie formule à prix démocratique le midi. Accueil très pro. Un vrai coup de cœur !

***Accès :*** dans une rue perpendiculaire à la rue Diderot.

## MONTIER-EN-DER 52220

**€ |●| ⛱ Au Joli Bois** – *route de Saint-Dizier ☎ 03-25-04-63-15. ♿ Tlj sauf le soir dim-jeu sept-juin. Congés : vac scol de Noël et 2 sem sur août-sept. Menus 11,90 € le midi en sem, puis 19,20-32,60 €.* Un resto de bord de route, mais légèrement en retrait et caché par une haie de végétation. Salle au cadre rustico-moderne ou agréable terrasse à l'orée du bois. Cuisine soignée, avec un réel souci de présentation des assiettes. Premier menu en semaine d'un excellent rapport qualité-prix. Riche carte de bières pour les amateurs.

***Accès :*** à 1 km avant l'entrée du village, sur la droite en venant de Saint-Dizier.

**€€ 🏠 |●| 🅿 Hôtel-Restaurant de l'Isle** – *28, rue de l'Isle ☎ 03-25-04-94-01. ● hotel-2-lisle.com ● ♿ Tlj sauf sam midi (sauf groupes), dim soir et lun. Congés : 1 sem en mars, 1 sem en juin, 1 sem en sept et 2 dernières sem de déc. Formules 13-20 € (soir et w-e compris) ; menu 30 € ; carte 15-50 €. Parking. Café offert sur présentation de ce guide.* Les patrons, pleins d'attentions, proposent une bonne cuisine de terroir (foie gras maison, tête de veau...) au dressage soigné. Chaque plat est mis en valeur par une présentation détaillée, de la provenance du produit à son mode de préparation. Pas de terrasse mais une salle cosy, décorée de tableaux africains. À l'étage, 7 chambres, vraiment petites mais fraîches, climatisées et de bon confort. Bien que toutes soient insonorisées, préférer celles sur l'arrière. Une bonne petite adresse à proximité du lac de Der, où les hébergements sont plutôt rares.

***Accès :*** à l'entrée du village en venant de Saint-Dizier.

## DANS LES ENVIRONS

### BRAUCOURT 52290 (8 km NE)

**€ |●| ⛱ 🅿 Auberge du Lac** – *D384 (rue du Souvenir) ☎ 03-25-55-96-85. Tlj sauf dim soir et mar, plus lun hors juil-août. Congés : déc-avr. Résa conseillée. Plats 9,50-16 € ; formule déj 13,50 € ; menus 22-30 € ; carte 20 €. Parking. Apéritif, café, thé ou digestif maison offert sur présentation de ce guide.* Une adresse pour le moins incongrue dans le pays du Der : un resto russo-ukrainien tenu par la sémillante Tatiana, dévouée à ses hôtes. L'occasion de se régaler de plats peu connus, comme le *tcheboureki,* le *monastyr,* les *pelmenis,* les *varenikis,* ou d'un excellent *bortsch,* suivi d'un bœuf Strogonoff, plus classique mais tellement bon. Et contrairement aux idées reçues, on découvrira une cuisine raffinée, savoureuse et pas si lourde. Ceux qui ne recherchent pas trop le dépaysement pourront opter pour un plat de cuisine française. Ne pas manquer de goûter aux desserts de Margarita, et notamment à son succulent « Napoléon ». Et pour finir en chansons, large choix de vodkas rares et parfumées. Préférer une table dans la jolie salle à la déco forcément chargée, plutôt que sur la terrasse en bord de route passante. Un vrai coup de cœur, *spaciba* Tatiana !

**Accès :** au carrefour central du village, face à la route de la presqu'île de Champaubert.

## VAUX-SOUS-AUBIGNY 52190

€ 🏠 |●| P **Restaurant Aux Trois Provinces** – *rue de Verdun ☎ 03-25-88-31-98. • levauxois.fr • ♿ Tlj sauf dim soir et lun. Congés : 3 sem en janv et 1 sem fin oct. Formule 18 € ; menus 23-38 €. Parking.* Un décor d'auberge d'autrefois (belle glycine, grandes dalles de pierre, poutres) habillée à la mode d'aujourd'hui. La cuisine suit le même fil : des produits de terroir que le chef travaille avec recherche et créativité. Joli choix terre-mer et quelques spécialités, comme les œufs pochés en meurette et le ris de veau aux morilles. La petite carte des vins recèle une curiosité : des crus du vignoble voisin du Montsaugeonnais, méconnu. Quelques chambres, pimpantes et contemporaines, dans une jolie maison de pierre sur cette même place, à côté de l'église. Une bonne étape accueillante dans un village où l'on ne s'attendait pas vraiment à la trouver.

**Accès :** au sud du département, par la D674 en direction de Dijon.

# Marne (51)

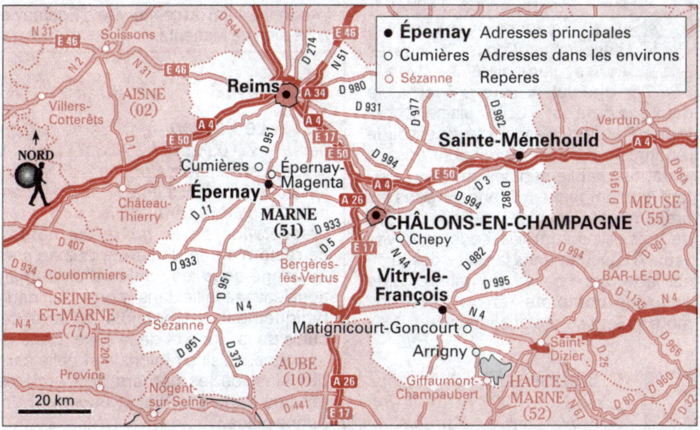


## CHÂLONS-EN-CHAMPAGNE 51000

€ |●| ⛱ **Les Caudalies** – *2, rue de l'Abbé-Lambert ☎ 03-26-65-07-87. Tlj sauf dim 15 juil-15 août. Congés : 22 fév-10 mars, 2e quinzaine d'août et fêtes de fin d'année. Menus brasserie 22-27 € sauf sam soir et j. fériés, puis 40-50 €.* C'est d'abord le cadre extrêmement séduisant d'un hôtel particulier, avec sa magnifique verrière fin XIXe s et des salles et salons luxueusement meublés, au décor raffiné. Vaste véranda protégée, terrasse dans la cour et petite piscine. Cuisine traditionnelle remarquablement maîtrisée. Formules d'un bon rapport qualité-prix avec, en fond sonore, une bande son jazzy bien choisie. Belle carte des vins. Dans l'assiette, escargots champenois et fondue de fromage, quasi de veau... Service efficace. Le petit « plus » étonnant : 2 superbes chambres d'hôtes dans l'élégant pavillon d'angle en brique et pierre avec salon *(115 € pour 2)*. Réserver à temps !

**€€ |●| ⛱ 🅿 Le Petit Pasteur** – *42, rue Pasteur ☎ 03-26-68-24-78. ♿ Tlj sauf mar soir, mer et dim soir. Congés : 1 sem fin déc, 1 sem début janv, 1 sem en avr et 2 sem en août. Menus 16,90 € en sem sauf j. fériés, puis 25-35 € ; carte 35-40 €. Parking.* Dans une plaisante salle tout en longueur et moderne, de style bistrot, le personnel très souriant propose une série de plats traditionnels préparés avec soin. La carte varie au gré des arrivages du marché et des saisons.

**Accès :** à 500 m de la place de la République.



## ÉPERNAY 51200

**€ ⛱ La Grillade Gourmande** – *16, rue de Reims ☎ 03-26-55-44-22. Tlj sauf dim-lun. Congés : 2 sem vac scol de fév, dernières sem d'août et sem de Noël. Menus 21-59 €.* Une valeur sûre à Épernay, à deux pas de la gare. Côté cuisine, Christophe Bernard s'est forgé une solide réputation qu'on ne saurait contredire. Il juxtapose habilement les saveurs, mettant le champagne à l'honneur dans les préparations. Quant aux grillades au feu de bois, elles sont réalisées sous vos yeux. À savourer dans la salle cossue ou sur la terrasse pavée, au calme. Carte des vins complète (et on pèse nos mots !). Service pro et souriant.

**€€ Bistrot Le 7** – *7, rue des Berceaux ☎ 03-26-55-28-84. ♿ Tlj sauf mer-jeu. Formule déj 35 € ; menus 29-32 € ; carte 72 €. Café offert sur présentation de ce guide.* C'est le bistrot du fameux restaurant *Les Berceaux*. Tons chauds, bois clair, coin cheminée avec banquette, dans un décor contemporain chaleureux, la 2e table de l'excellent Patrick Michelon connaît un beau succès justifié. Si la cuisine reste simple, elle n'en demeure pas moins innovante, et nous pourrions presque parler de syncrétisme culinaire tant le chef prend un malin plaisir à jouer avec des métissages gastronomiques. On reconnaît la signature d'un grand chef au grand cœur. Service aimable, efficace et rapide.

**Accès :** en plein centre, à côté de la place de la République.

## DANS LES ENVIRONS

### ÉPERNAY-MAGENTA 51530 (1 km N)

**€ |●| Chez Max** – *13, av. A.-A.-Thévenet ☎ 03-26-55-23-59. Tlj sauf dim soir, lun et mer soir. Congés : 2 sem début janv et 3 sem fin juil-début août. Menus 16,50 € le midi en sem, puis 22,50-54 €. Digestif maison offert sur présentation de ce guide.* C'est une institution populaire et néanmoins gastronomique. En activité depuis 1946 et toujours considérée comme l'une des bonnes tables de la ville, faut le faire ! Les menus (le 1er est impeccable) changent au gré des saisons et du marché, mais n'oublient jamais le terroir (et donc le champagne !). Quant au cadre, il est délicieusement vieillot. Accueil adorable.

**Accès :** à 1 km du centre-ville d'Épernay en direction de Magenta.

### CUMIÈRES 51480 (6 km NO)

**€€ |●| Le Caveau** – *44, rue de la Coopérative ☎ 03-26-54-83-23. Tlj sauf dim soir, lun et mar soir. Congés : vac scol de fév (zone B). Menus 14 € le midi en sem, puis 25-55 €. Apéritif maison offert sur présentation de ce guide.* Le nom de ce resto n'a rien d'usurpé, puisqu'il est aménagé sous les voûtes d'un authentique caveau taillé dans la craie. Un cadre typiquement champenois, décoré des outils de la vigne et de la cave. Dans les assiettes, cuisine régionale et belle carte des vins, où les nectars de Cumières, réputés depuis le XIVe s, occupent une bonne place.

**Accès :** au nord-ouest, par la D951 direction Reims, puis la D1. En face de la coopérative viticole.

## REIMS 51100

**€ |●| Restaurant Chèvre et Menthe** – *63, rue du Barbâtre (C2-12) ☎ 03-26-05-17-03. Tlj sauf dim-lun. Congés : 1 sem à Pâques, 3 sem en août et 1 sem* *entre Noël et le Jour de l'an. Carte 18-19 €.* Dans ce chaleureux resto à la décoration naïve se cache une sympathique cuisine. Oh, certes, rien d'exceptionnel, mais un véritable savoir-faire qui ne se dément pas au fil des ans. Tarte au chèvre et à la menthe, aiguillette de canard au miel et aux airelles... passent comme une lettre à la poste. Accueil doux et excellent rapport qualité-prix.

**€€€ Version Originale** – *25 bis, rue du Temple (B1-14) ☎ 03-26-02-69-32. Fermé dim-lun. Congés : fin déc-début janv. Résa conseillée. Formules déj 21-26 € ; menus soir 36-44 €.* Installé au cœur historique de Reims, dans le quartier du Boulingrin, ce restaurant est le fruit du parcours étoilé d'un gamin de quartier qui n'a pas perdu son âme et qui croit toujours en sa bonne étoile. La déco moderne et raffinée de cette petite adresse reflète l'esprit du chef. La cuisine explore des saveurs culinaires aux parfums d'ici et d'ailleurs (Thaïlande, Antilles, Maghreb) sur des assiettes forcément originales, bercées par les musiques du monde à l'image de la cuisine. Le choix est succinct, mais pas d'erreur de goût ! Sympathique terrasse sur la rue piétonne face aux halles.

**€€ Brasserie Le Jardin des Crayères** – *7, av. du Général-Giraud (hors plan par C3-11) ☎ 03-26-24-90-90. Congés : de mi-déc à mi-janv. Résa conseillée, même le midi. Menus 31-47 € ; carte 60 €. Parking.* L'une des plus fameuses adresses gastronomiques de la Marne, avec au piano Philippe Mille, s'est ouvert au plus grand nombre. Résultat : cette enchanteresse brasserie au cadre zen, son immense terrasse protégée et de grandes baies vitrées donnant sur un parc magnifique. On y retrouve les grands classiques du terroir, souvenirs d'enfance ou plats mijotés, revivifiés, modernisés. Et toute la qualité du grand *Crayères*, sans commettre d'attentat au portefeuille.

**€€€ Le Crypto** – *14, pl. du Forum (B1-13) ☎ 03-26-25-27-81. Tlj sauf dim-lun. Résa recommandée. À midi, menus 19-23 € ; carte env 45 €.* Avec ses murs framboise, ses tables en bois et son zinc, la salle est coquette. Dès les premiers rayons du soleil, on lui préfère néanmoins la terrasse sur la charmante place du forum, gentiment animée. Chapeau bas pour le menu concis qui privilégie les beaux produits et laisse le choix des accompagnements, tous plus réussis les uns que les autres. Dur de se décider... Une cuisine appliquée, qui respecte les produits et les saisons, et qui a tout bon, addition comprise !

**€€€ Le Café du Palais** – *14, pl. Myron-Herrick (B2-10) ☎ 03-26-47-52-54. Tlj sauf dim-lun ; ouv le midi slt mar-sam, plus sam soir. Congés : 3 sem en août. Menus 35-39 € ; carte 35 €. Ratafia de champagne offert sur présentation de ce guide.* Ce vénérable bistrot, dont la fondation remonte à 1930 (même famille), accueille le meilleur monde de la ville (dont les magistrats et les avocats venus en voisins). La superbe du décor rococo, la verrière Art déco, la terrasse devant les voies du tram et le palais de justice... tout concourt à créer une atmosphère élégante et détendue. S'ajoutent à cela un accueil fort courtois et une cuisine de brasserie enjouée. Grandes assiettes gourmandes et desserts délicieux. Terrasse aux beaux jours.

## SAINTE-MÉNEHOULD 51800

**€€ Hôtel-restaurant Le Cheval Rouge**** – *1, rue Chanzy ☎ 03-26-60-81-04. • lechevalrouge.com • Resto fermé dim soir-lun ; brasserie ouv tlj. Congés : vac scol de Noël. Formule brasserie 15 € en sem sauf j. fériés ; menus 25-65 €.* L'excellence du 1er menu en semaine justifie à elle seule que l'on fasse étape dans cet établissement. Brasserie à l'ancienne avec ses banquettes et terrasse. À la carte figure, bien sûr en bonne place, la spécialité locale, le pied de cochon fondant à la Sainte-Ménehould qui se savoure os compris. On peut même en emporter en *take away !* Vous pourrez également opter pour les lasagnes d'écrevisses ou la galette de pied de porc et son jus truffé, des mets de choix qui satisferont vos papilles. Chambres confortables, les plus récentes dans une annexe derrière, et salles de bains impeccables. Double vitrage côté rue et un effort de déco.

***Accès :*** face à la mairie.

## VITRY-LE-FRANÇOIS 51300

**€€ The France** – *5, rue des Sœurs ☎ 03-26-73-21-98. Tlj sauf dim soir-lun et mer soir. Formule 12 € le midi en sem ; carte env 30 €.* À côté de la place de la Halle, une adresse qui bouge et qui

Grand-Est - Marne

**10** Le Café du Palais (B2)
**11** Brasserie Le Jardin des Crayères (hors plan par C3)
**12** Restaurant Chèvre et Menthe (C2)
**13** Le Crypto (B1)
**14** Version Originale (B1)

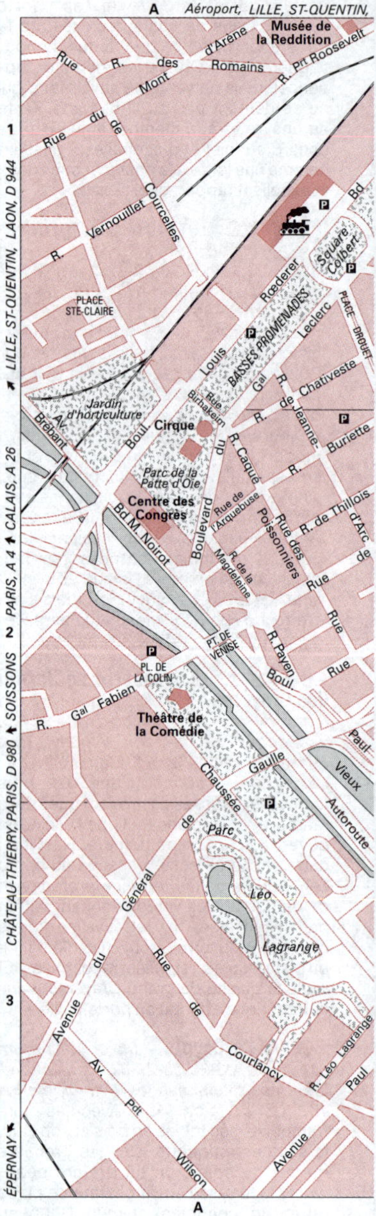

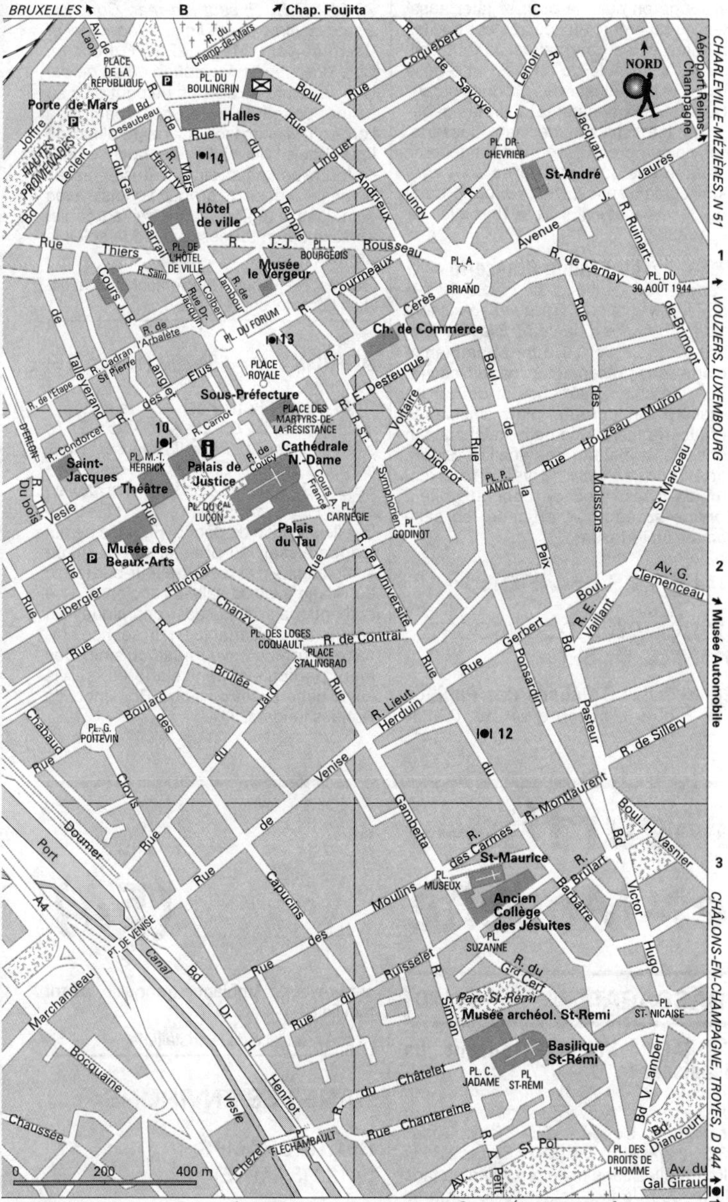
BRUXELLES
B
Chap. Foujita
C
CHARLEVILLE-MÉZIÈRES, N 51
Aéroport Reims-Champagne
NORD
1
VOUZIERS, LUXEMBOURG
2
Musée Automobile
3
CHÂLONS-EN-CHAMPAGNE, TROYES, D 944
11
METZ, A 4
ÉPERNAY, D 951
0
200
400 m
Porte de Mars
PLACE DE LA RÉPUBLIQUE
PL. DU BOULINGRIN
Halles
HAUTES PROMENADES
14
Hôtel de ville
PL. DE L'HÔTEL DE VILLE
Musée le Vergeur
PL. L. BOURGEOIS
PL. A. BRIAND
PL. DU 30 AOÛT 1944
PL. DR CHEVRIER
St-André
PL. DU FORUM
13
PLACE ROYALE
Ch. de Commerce
Sous-Préfecture
PLACE DES MARTYRS-DE-LA-RÉSISTANCE
10
Saint-Jacques
PL. M.-T. HERRICK
Palais de Justice
Théâtre
Cathédrale N.-Dame
PL. DU Cal LUÇON
PL. CARNÉGIE
Palais du Tau
PL. GODINOT
PL. P. JAMOT
Musée des Beaux-Arts
PL. DES LOGES COQUAULT
PLACE STALINGRAD
PL. G. POITEVIN
12
St-Maurice
PL. MUSEUX
Ancien Collège des Jésuites
PL. SUZANNE
Parc St-Rémi
Musée archéol. St-Remi
PL. ST-NICAISE
Basilique St-Rémi
PL. C. JADAME
PL ST-RÉMI
PL. DES DROITS DE L'HOMME
PT. DE VENISE
PT. FLÉCHAMBAULT
Canal
A4
Rue Thiers
Cours J. B. Langlet
Rue de Vesle
R. Carnot
R. Condorcet
Boul. Lundy
Avenue J. Jaurès
R. de Cernay
Rue Coquebert
Boul. de la Paix
Rue Gambetta
Rue de Venise
Rue des Moulins
Rue du Ruisselet
R. du Châtelet
Rue Chantereine
Bd Dr H. Henriot
Bd Victor Hugo
Bd Pasteur
Rue Libergier
Rue Chanzy
Rue Hincmar
R. de Contrai
Rue Gerbert
Rue Houzeau Muiron
Rue des Moissons
R. Montlaurent
R. de Sillery
R. Barbâtre
R. Simon
Av. G. Clemenceau
Boul. R. E. Vaillant
Bd V. Lambert
Bd Diancourt
Av. du Gal Giraud
Rue St Pol
Chaussée Bocquaine
Marchandeau
Rue Chabaud
Rue Boulard
Rue Clovis
Port Doumer

REIMS

se bouge en cuisine pour régaler aussi bien les commerciaux du secteur que les touristes et les gourmands de tout poil. À midi, la formule du jour est une belle affaire, et la fraîcheur des produits garantit une qualité constante. Salades généreuses, frites maison, délicieux desserts. Bref, on comprend l'engouement général, d'autant plus que les 2 salles sont vraiment chaleureuses. Vite, un coup de fil pour réserver et éviter de se retrouver sur le carreau !

€€ |●| ⛱ **La Grande Brasserie** – *22, Grande-Rue-de-Vaux ☎ 03-26-62-19-99. Tlj sauf dim soir. Résa indispensable le w-e. Formules 8,50-14,50 € le midi lun-ven ; carte 25-35 €.* Cadre et ambiance de brasserie présentant un certain cachet pour une cuisine sérieuse et de qualité régulière. Choucroute, plats classiques et fruits de mer d'une belle fraîcheur. On conseille le plateau de l'écailler. Sinon, carte fournie : tête de veau, tartares, moules-frites, pied de cochon grillé... Service agréable et efficace, en salle comme en terrasse.

## DANS LES ENVIRONS

### MATIGNICOURT-GONCOURT 51300 (10 km SE)

€€ |●| ⛱ P **Ô Délices des Papilles** – *11, rue du Château-d'Eau ☎ 03-26-72-51-60. ♿ Tlj sauf lun-mar. Congés : 2 sem en janv, 1 sem fin avr-début mai et 2 sem fin août. Menus 27-65 €. Parking. Café offert sur présentation de ce guide.* Une structure de bois on ne peut plus au calme, posée au milieu des champs, à l'orée d'un bourg isolé. Le genre d'endroit improbable ! Mais jolie récompense pour l'effort avec une cuisine maîtrisée, assez originale, à base de produits choisis avec soin dans la région. Cadre très agréable, en salle ou en terrasse quand le soleil le permet.

***Accès :*** N4 jusqu'à Thiéblemont, puis direction Orconte, puis à droite.

### ARRIGNY 51290 (13 km SE)

€ |●| ⛱ **Au Petit Pari** – *1, rue de Vitry-le-François ☎ 03-26-72-61-95. ♿ Tlj sauf dim soir et lun, plus le soir mar-jeu hors saison. Congés : 1re quinzaine de janv. Formule du jour 13,50 € le midi en sem au bar ; menus au resto 20,50-37 €.* Quelle surprise de découvrir, dans ce qui n'apparaissait au premier abord qu'un sympathique p'tit resto-traiteur-bar-tabac de village avec sa salle à l'ancienne, une authentique adresse gastronomique ! Un accueil naturel, affable, et un service efficace pour une savoureuse cuisine. Des mets particulièrement élaborés, servis en de généreuses portions. Bon choix de viandes tendres.

# Meurthe-et-Moselle (54)

## BACCARAT 54120

€ 🏠 |●| ⛱ **Hôtel-restaurant La Renaissance***** – *31, rue des Cristalleries ☎ 03-83-75-11-31. • hotel-la-renaissance.com • ♿ Tlj sauf lun soir, ven et dim soir. Congés : début janv. Menus 13,50 € en sem, puis 20-25 € ; carte 35 €.* Un 3-étoiles sans histoires, juste en face du musée de la Cristallerie. Chambres confortables, contemporaines et climatisées. Salle à manger néorustique et sympathique petite terrasse pour une cuisine traditionnelle de produits fermiers, qui ne court pas après les étoiles mais vous laissera rêveur... Ambiance tranquille, plutôt familiale.

***Accès :*** en face de la cristallerie.

## DANS LES ENVIRONS

### BERTRICHAMPS 54120 (5 km SE)

€ |●| **La Table du Boulanger** – *51, rue du Général-Leclerc ☎ 03-83-75-42-64. Ouv le midi slt, tlj sauf dim. Congés : 2 sem mi-août et entre Noël et le Jour de l'an. Plat du jour 10 € ; menus 14 € en sem, 19 € le sam.*

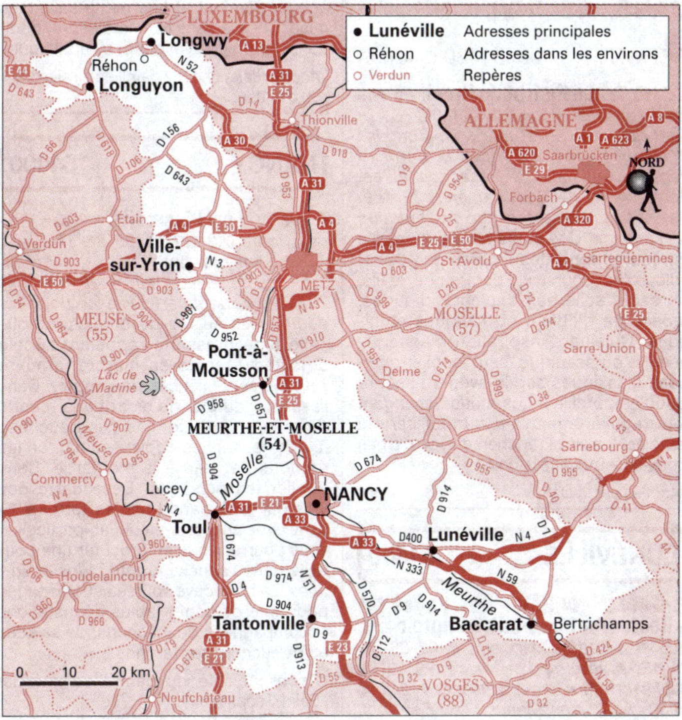




*Apéritif maison ou café offert sur présentation de ce guide.* On se gare à l'ombre du clocher de l'église avant de se poser dans l'ancienne salle de théâtre du village. C'est là que le boulanger a choisi d'installer sa table. Service tout sourire, excellente cuisine de ménage (des gâteaux à s'en lécher les doigts) et bon rapport qualité-prix.

***Accès :*** par la D590.

## LONGUYON 54260

**€€ 🏠 🍽 ☂ P Hôtel de Lorraine *** – Restaurant Fourche et Fourchette** – *65, rue Augistrou ☎ 03-82-26-50-07. • lorraineetmas.com • Tlj sauf dim soir-lun et mar. Congés : début janv-début fév. Formule déj sem 19,90 € ; menus 29,90-34,90 €. Parking. Café offert sur présentation de ce guide.* La maison a de l'allure : une jolie façade, des moulures aux plafonds, quelques meubles anciens ici ou là. Les chambres sont vraiment tranquilles côté jardin (potager !), claires et confortables. En cuisine, beaux plats de tradition à base de bons produits. Addition en conséquence ! Belle terrasse. Et 7 à 8 fois par an, des soirées musicales gourmandes bien balancées.

***Accès :*** proche de la gare.

## LONGWY 54400

**€ 🍽 Tom'Cook & Co** – *5, rue Gambetta ☎ 03-82-23-63-34. ♿ Tlj sauf dim soir-lun et mar soir. Formule déj en sem 17,90 € ; menus 19,90-25,90 €. Café offert sur présentation de ce guide.* Un lieu dans la mouvance actuelle, avec un coin épicerie et une salle aux couleurs chaudes. La mère et le fils sont en cuisine, et les clients ont le sourire, c'est bon signe. Assiettes travaillées, respectant le produit et les cuissons. Et quelques belles spécialités pour le prouver.

***Accès :*** à deux pas de la place Darche, dans la ville haute.

## DANS LES ENVIRONS

### RÉHON 54430 (3 km S)

€€ 🍽 ☂ **Le Bistrot du Breuil** – *6, rue du Breuil ☎ 03-82-24-34-08. ♿ Tlj sauf dim soir-lun et mar soir. Congés : 1er-8 janv, 1 sem à Pâques et dernière sem de juil-15 août. Résa conseillée. Formules 13,90-16,90 € ; menus 32-41 €. Apéritif maison offert sur présentation de ce guide.* Une petite affaire de famille qui tourne rond depuis près de 40 ans, aujourd'hui poursuivie par Patrice, le fils. Agréable salle aux couleurs chaudes, redécorée d'objets et masques ethniques. Cuisine d'inspiration méditerranéenne ou asiatique, sans oublier quelques classiques servis avec un sourire jusqu'aux oreilles. Les menus changent très régulièrement, et le bœuf servi à table est lorrain ! Franchement, on n'a pas trouvé mieux dans le coin.

**Accès :** par la D18.

## LUNÉVILLE 54300

€ 🏠 🍽 ☂ P **Hôtel des Pages *** – Restaurant Le Petit Comptoir** – *5, quai des Petits-Bosquets ☎ 03-83-74-11-42. • hotel-les-pages.com • ♿ Tlj sauf sam midi et dim soir. Congés : 24 déc et 30 déc-1er janv. Menus 17,50 € en sem, puis 24-32 € ; carte env 40 €. Parking. Apéritif maison offert sur présentation de ce guide.* Ensemble de petits bâtiments récents autour d'un parking ; un peu motel américain, vu de l'extérieur. L'intérieur raconte une tout autre histoire. Très jolies chambres, avec autant d'idées qu'il y en aurait dans une pile de magazines de décoration. De l'originalité (jusque dans les salles de bains), du charme contemporain, du design chaleureux. Resto façon néobistrot, au cadre tout aussi réussi pour une goûteuse cuisine de tradition. Et il n'y a que le canal à traverser pour gagner le château et son superbe parc.

**Accès :** en face du château, sur l'autre rive du canal.

€€ 🍽 ☂ **Marie Leszczynska** – *30, rue de Lorraine ☎ 03-83-73-11-85. Tlj sauf dim soir, lun, mar soir et j. fériés. Congés : fin août-début sept et fin déc-début janv. Menus 15,50 € le midi en sem, puis 26-33 €.* La fille de Stanislas a gentiment laissé ses nom et prénom à cette petite table de la vieille ville. Le genre resto de quartier d'ailleurs, avec ses habitués, un accueil souriant et une petite salle bien mise. Cuisine dans le même esprit, traditionnelle, soignée et plutôt sympathique.

**Accès :** dans une rue parallèle à l'aile droite du château.

## NANCY 54000

€ 🍽 ☂ **Les Pissenlits** – *25 bis, rue des Ponts (A3-16) ☎ 03-83-37-43-97. ♿ Tlj sauf dim-lun. Congés : 1re quinzaine d'août. Plat du jour 10,20 € ; menus 22,50-42 €, dont certains avec boissons comprises.* Au rez-de-chaussée, jolie salle type brasserie rappelant l'école de Nancy, tables en marbre, armoire Art nouveau, faïences de Longwy. Dans l'assiette, du plat de bistrot à la recette de grand-mère, comme ces bouchées à la reine, servies copieusement, ou les rognons de veau à la moutarde. Sans oublier les poissons. Belle carte des vins qui tape dans tous les terroirs. Si vous avez apprécié un vin en particulier, vous pourrez vous en procurer une bouteille dans l'annexe à côté : *Vins et Tartines*. La belle cave voûtée est aménagée pour faire de confortables dégustations accompagnées de mâchons, de salades ou de succulentes tartines.

**Accès :** à côté du centre commercial Saint-Sébastien.

€€ 🍽 ☂ **Les Frères Marchand** – *99, Grande-Rue (A1-2-19) ☎ 03-83-32-85-94. ♿ Formule 12,20 € le midi en sem ; menus 26-39 €. Digestif maison offert sur présentation de ce guide.* La 6e génération depuis 1880. Grand resto en 2 salles différentes avec cuisine ouverte et, au centre, le magasin de fromages et de vins. L'occasion de déguster l'ardoise de fromages : chèvre frais au wasabi ou gros lorrain (munster-géromé affiné à l'eau-de-vie de mirabelle). Sinon, belle cuisine régionale pleine d'idées ! Produits de qualité et les invariables classiques, avec d'excellentes grillades. Accueil et service dans la bonne humeur.

**Accès :** à deux pas de la Porte de la Craffe.

€€ 🍽 ☂ **Au Grand Sérieux** – *27, rue Raugraff (A3-18) ☎ 03-83-36-68-87. Ouv le midi mar-sam, plus ven soir. Plat du jour 11 € (12 € sam) ; carte 30-35 €.* Authentique bistrot, dans son jus. Comptoir avec ses habitués, qui se font appeler par leur prénom, banquettes en bois verni patinées par le temps qui courent le long des murs, tables au

NANCY



| | |
|---|---|
| **16** Les Pissenlits (A3) | **19** Les Frères Marchand (A1-2) |
| **17** À la Table du Bon Roi Stanislas (A2) | **21** Brasserie L'Excelsior (A2-3) |
| | **22** Le V Four (A2) |
| **18** Au Grand Sérieux (A3) | **23** La Toq' (A2) |

coude-à-coude, plats à l'ardoise et service pressé qui vous place là où il y en a. Très bonne cuisine, au gré du marché, un cran au-dessus de ce qu'on trouve habituellement dans une adresse « à plat du jour ». Il faut dire que le chef est passé par quelques maisons étoilées.

***Accès :*** à 2 mn à pied du centre commercial *Saint-Sébastien.*

**€€ Le V Four** – *10, rue Saint-Michel (A2-22) ☎ 03-83-32-49-48. Fermé dim soir-lun. Congés : 1 sem début fév et 1 sem début sept. Résa uniquement par tél. Formule déj 22,50 € ; menus 31,50-68 €.* Les conversations deviennent murmures pour partager les émotions devant les œuvres du chef, servies par sa femme. Dans un nouvel écrin coloré à croquer, Bruno Faonio garde l'esprit ouvert sur une cuisine de l'instant. Si les poissons et les épices, travaillés avec parcimonie, occupent une place d'honneur, les viandes ne sont pas en reste et s'accompagnent de garnitures originales. C'est léger, pimpant, voire audacieux dans les alliances sucrées-salées. Voilà un couple nancéen qui, sans faire de bruit, offre une des plus agréables haltes gourmandes de la ville. Solide carte des vins sélective.

**€€ Brasserie L'Excelsior** – *50, rue Henri-Poincaré (A2-3-21) ☎ 03-83-35-24-57. Tlj 8h-0h30 (23h dim). Congés : nov. Menus 28,50-56,90 €. Apéritif maison offert sur présentation de ce guide.* Remarquable salle, d'ailleurs classée Monument historique grâce à son décor entièrement Art nouveau, dû aux plus grands maîtres de l'école de Nancy : mobilier en acajou de Majorelle, verrière de Gruber. Ambiance et cuisine dans le plus pur style brasserie : service efficace, prévenant, tourbillonnant aux heures de pointe, banc d'huîtres, choucroute ou foie gras maison. Clientèle un peu chicos mais pas coincée. Un bon plan pour les couche-tard : 20 % de remise sur l'addition sur présentation de la carte de fidélité (gratuite, à demander en arrivant) après 22h30.

***Accès :*** à deux pas des arrêts de tram « Cathédrale » et « Point-Central ».

**€€ La Toq'** – *1, rue Monseigneur-Trouillet (A2-23) ☎ 03-83-30-17-20. 📱 06-07-80-22-64. Tlj sauf dim soir-lun. Congés : 1 sem en fév, 1 sem en avr et 3 sem en août. Menus 22 € le midi en sem, puis 32-75 €.* Salle de gastro d'aujourd'hui, à la fois intime (juste une poignée de tables) et lumineuse, qui permet de se concentrer uniquement sur son assiette. Superbe cuisine dès le 1er menu. Il y a du métier sous cette toque blanche, de belles idées, le goût des produits et des saveurs nouvelles. À ajouter : une carte des vins qui propose un choix judicieux à des prix adaptés et un service irréprochable qui ne verse pas pour autant dans le compassé.

***Accès :*** au pied de la basilique.

**€€€ À la Table du Bon Roi Stanislas** – *7, rue Gustave-Simon (A2-17) ☎ 03-83-35-36-52. Tlj sauf lun midi, mer midi et dim soir. Congés : fin oct-début nov et début janv. Résa conseillée. Formules 19-25 € le midi en sem ; menu 37 €.* Ce que propose ici une équipe de sémillants jeunes gens est en tout point exemplaire : des plats du XVIIIe s, donc français, polonais ou lorrains, simplement mais joliment amenés ; une carte qui tourne régulièrement au gré des (re) découvertes du chef, un cadre sobrement chic et stylé qui a évité l'écueil de la reconstitution historique. Et un service dynamique qui ne se fait pas prier pour vous expliquer le pourquoi du comment de cette cuisine aromatique et savoureuse.

***Accès :*** derrière le musée des Beaux-Arts.

## PONT-À-MOUSSON 54700

**€ Restaurant Pierre Bonaventure** – *18, pl. Duroc ☎ 03-83-81-23-54. Tlj 12h-15h, 19h15-23h (minuit ven-sam). Congés : fin déc-début janv. Formules 13,80-16,80 € ; carte env 25 €. Apéritif maison ou café offert sur présentation de ce guide.* Niché sous les superbes arcades de cette grande place, sympathique cadre néobistrot pour une salle tout en longueur où règne une permanente bonne humeur. C'est un petit temple élevé à l'amour de la viande. Onglet, côte de veau, pied de porc, andouille du Val d'Ajol, porcelet mariné : meilleurs morceaux et abats, en direct du producteur, sont cuits avec respect au four à bois. Vins au verre et quelques petits plats pour ceux qui ne veulent pas céder au péché de (bonne) chère.

***Accès :*** en plein centre, proche de la Moselle.

## TANTONVILLE 54116

**€€ La Commanderie** – *1, rue Pasteur ☎ 03-83-52-49-83. Tlj sauf dim soir, lun, mar soir, mer soir et jeu soir. Congés : 1re sem de janv et 2e quinzaine d'août. Résa recommandée le w-e. Formules déj 12 € en sem ; menus 15 € le midi en sem, puis 33-55 €. Parking. Café offert sur présentation de ce guide.* La table traditionnelle et gastronomique très prisée de cette petite région. Jolie terrasse côté jardin, jolie salle au cadre plus chic et jolis menus pour mettre en valeur la cuisine de Samuel, qui décline terre et mer avec la même réussite. Plats de fraîcheur, savoureux, voire (très) originaux, mis en scène avec goût. Sa sœur, Céline, veille au service en salle, pour le plaisir de tous les habitués et des clients de passage.

***Accès :*** par l'A330, direction Épinal, puis la N57. Prendre la sortie D913 (Vezelise).

## TOUL 54200

**€ |●| ⛱ La Grande Brasserie du Commerce** – *10, pl. de la République ☎ 03-83-43-00-41. ♿ Tlj sauf dim soir-lun. Formules déj 14-19 € ; menus 22-34 €. Apéritif maison offert sur présentation de ce guide.* Grande salle qui a su conserver son look des années 1900 : banquettes lie-de-vin, boiseries, horloge monumentale et tout aussi monumentale fresque de faïence en l'honneur de Gambrinus, le dieu de la bière. Cuisine de saison généreuse et goûteuse, service efficace et ambiance décontractée, expressive d'une brasserie de toujours.

### DANS LES ENVIRONS

### LUCEY 54200 (9 km NO)

**€€ |●| ⛱ L'Auberge du Pressoir** – *7, rue des Pachenottes ☎ 03-83-63-81-91. ♿ Tlj sauf lun, mar soir, mer soir et dim soir. Congés : 2e quinzaine d'août. Résa conseillée le w-e et à la belle saison. Menus du jour 19 € le midi en sem, puis 26-45 € ; le w-e, à la carte.* Pas de doute, on est bien dans le vignoble avec l'ancien pressoir qui trône devant l'ancienne gare du village. Salle rustico-moderne, entre l'auberge de village et le resto gastro, qui donne le ton d'une cuisine de terroir actuelle, sérieuse et bien tournée. La carte des vins fait une belle place à la production locale. Agréable terrasse au calme en été.

***Accès :*** sur la route des vins et de la mirabelle (D908).

## VILLE-SUR-YRON 54800

**€€ |●| La Toque Lorraine** – *1, rue de l'Yron ☎ 03-82-33-98-13. ♿ Ouv tlj (sauf lun) le midi slt, plus ven-sam soir. Congés : 3 sem en juil et 2e quinzaine de déc. Formules 13,50-26 € le midi en sem ; menus 26-35 € ven soir-dim midi et j. fériés ; carte env 40 €. Café offert sur présentation de ce guide.* Typique village lorrain transformé en écovillage. Dans une maison traditionnelle, plusieurs petites salles, douillettement arrangées. Et l'impression d'être invité chez une lointaine cousine de Lorraine. Une cousine à laquelle, au fil d'épatants plats de terroir (rognon ou ris de veau aux morilles, terrines maison, tête de veau, volailles de ferme...), on découvrirait un solide sens de l'accueil (et de l'humour !). Une cousine chez qui on se sentirait instantanément bien.

***Accès :*** à 25 km de Metz par la D903 et à 13 km de l'A4 (sortie n° 33). Traverser Jarny par la D952 direction Mars-la-Tour, tourner sur la D132 jusqu'au village.



# Meuse (55)

## BAR-LE-DUC 55000

**€€ |●| ⛱ Grill-restaurant de la Tour** – *15, rue du Baile ☎ 03-29-76-14-08. Tlj sauf dim soir-lun. Formule déj 18,50 € en sem ; menus 26-32 €. Café offert sur présentation de ce guide.* Dans une superbe maison du XVIe s. Petite salle où le feu brûle en permanence dans l'âtre, où les andouillettes (AAAAA) et les pièces de bœuf grillent doucement. Cuisine de terroir aussi authentique que le cadre.

***Accès :*** dans la ville haute, par l'avenue du Château.

**€€ |●| ⛱ À La Meuse Gourmande** – *1, rue François-de-Guise ☎ 03-29-79-28-40. ♿ Tlj sauf mar soir, mer, dim soir et soirs des j. fériés. Congés : vac scol fév et 10 j. fin août. Formules 16,90-17,90 € le midi en sem ; menus 29-51 € ; compter 35 € à la carte.* Au fond du petit jardin, derrière la grille, s'ouvre une superbe maison Renaissance. Cuisine classique, mais qui n'hésite pas à se frotter aux idées d'aujourd'hui et aux saveurs d'ail-

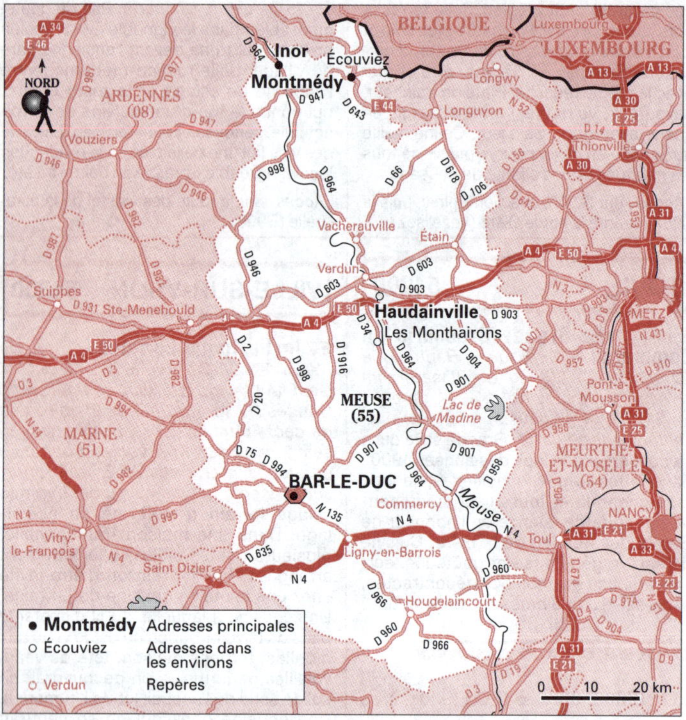




leurs pour faire de cette adresse une des meilleures de la région ! Accueil aussi charmant que le cadre.

***Accès :*** dans la ville haute, au pied de la tour de l'Horloge.

**€€ ✝ Bistro Saint-Jean** – *132, bd de La Rochelle ☎ 03-29-45-40-40. Tlj sauf lun, jeu soir, sam midi et dim soir. Formules 29-36 € ; carte env 40 €.* Avec sa salle résolument dans l'air du temps, du bistrot cette adresse-là n'a plus que l'enseigne. Et les prix. Mini, les prix ! Surtout pour une cuisine aussi aboutie. Le jeune chef s'est formé chez les plus grands (Savoy, Ducasse, Loiseau *and co*...). Il y a donc du métier et de l'idée derrière cette cuisine d'une apparente simplicité. Classiques revisités et desserts à se damner qu'il réussit en bon fils de père chocolatier d'exception qui tient salon près de là.

***Accès :*** à côté du parc de l'hôtel de ville.

## HAUDAINVILLE 55100

**€€€ |●| ✝ P Le Canta** – *route de Metz (pont Belrupt) ☎ 03-29-86-12-27. Ouv mar-dim, sur résa slt. Congés : août. Plat du jour 16 € ; menu gourmand 37 € Parking.* Un établissement en pleine campagne, tenu par Daniel Lorrain, un chef plein de talent qui concocte une cuisine où éclatent les mélanges et les saveurs. Les produits du cru se découvrent une nouvelle vie. Ne manquez pas de vous y arrêter à la saison des truffes. Les amateurs de rhum et de whiskies seront comblés par les nombreux et rares millésimes de la cave.

## DANS LES ENVIRONS

### LES MONTHAIRONS
55320 (11 km S)

**€€€ ⌂ |●| ✝ Hostellerie du Château des Monthairons****** – *26, rue de Verdun,* *lieu-dit Le Petit-Monthairon ☎ 03-29-87-78-55. • chateaudesmonthairons.fr • ♿ Resto fermélunet mar midi, plus dim soir de mi-nov à Pâques. Congés : janv et 1 sem en oct. Formule déj en sem 28 €, menus 48-102 €.* Un élégant château du XIXe s au cœur d'un parc de 14 ha, bordé par la Meuse et clos de murs. Les chambres, de grand confort, sont très stylées. Dans les douillets salons du resto, cuisine fine et élégante, dont l'intéressante formule du déjeuner offre, sans se ruiner, un bon aperçu. Promenade immanquable dans le parc. Accueil familial excellent et attentionné.

***Accès :*** par la D34.

## INOR 55700

**€€ 🏠 🍽 ☂ 🅿 Auberge Le Faisan Doré**** *– 3, rue de l'Écluse ☎ 03-29-80-35-45. • aubergedufaisandore.com • ♿ Tlj sauf dim soir-lun midi oct-avr. Plat du jour 12 € ; menus 25-30 € ; carte 35-40 €. Parking. Café offert sur présentation de ce guide.* Aux confins de la Meuse, derrière de (faux !) colombages, une bonne auberge qui fait aussi, évidemment, bar. Accueil chaleureux. Déco typique avec trophées de chasse et vaisseliers à l'ancienne pour une bonne cuisine « tradition et terroir » entièrement maison. Épatant menu du jour. Fameuses terrines maison. Gibier en saison avec une belle assiette du chasseur. Chambres gentiment décorées et confortables. Calme assuré.

***Accès :*** à 10 petites minutes au nord de Stenay par la D964. Entre l'église et l'écluse.

## MONTMÉDY 55600

**€€ 🍽 ☂ Le Panoramique** *– 9-11, rue du Docteur-Poulain ☎ 03-29-80-11-68. ♿ Fermé le soir (sauf sam et j. fériés) et jeu-ven. Congés : juil. Formule déj en sem 13,50 € ; menus 29-69 €.* Une salle joliment arrangée, qui offre une vue (l'enseigne est évocatrice...) sur la citadelle et des plats de terroir joliment travaillés par un chef exigeant et créatif. Goûter notamment le foie gras à la bière d'Orval. Une des meilleures cuisines de la région, à la fois fine et généreuse et, dès le 1er menu, d'un étonnant rapport qualité-prix.

***Accès :*** au sud du village, dans la continuité de l'avenue de Verdun.

## DANS LES ENVIRONS

### ÉCOUVIEZ 55600 (7 km E)

**€€ ☂ 🅿 Les Épices Curiens** *– 3 bis, pl. de la Gare ☎ 03-29-86-84-58. ♿ Tlj sauf lun-mar soir et mer, plus dim soir hors saison. Congés : 1re sem de janv, 1 sem à Pâques, 2 sem fin août et 1 sem à la Toussaint. Formules déj 23-28 € ; menus 32-52 €. Parking. Café offert sur présentation de ce guide.* À deux tours de roues de la frontière avec la Belgique, pays d'où s'est exilé le jeune couple installé dans ce qui fut une gare. Elle, qui rêvait de théâtre, fait une hôtesse parfaite, drôle et accueillante. Lui, passé par quelques grandes maisons, trousse une cuisine bien de son époque, fraîche et imaginative, avec une place pour les plantes aromatiques du jardin et les épices du monde. La carte des vins met résolument le cap au sud avec de jolis vins de propriétaires. Agréable terrasse, salle sobrement d'aujourd'hui, et 4 chambres dans le même esprit.

***Accès :*** à 7 km à l'est de Montmédy par la D981.



# Moselle (57)

## BITCHE 57230

**€ 🍽 ☂ Restaurant La Tour des saveurs** *– 3, rue de la Gare ☎ 03-87-96-29-25. Ouv tlj au déj slt sauf dim. Congés : vac d'hiver. Formule 16,50 €.* La déco allie Belle Époque et modernisme sobre, en douces nuances. Une bistronomie chic proposée par Marc et David à travers de bons plats de terroirs revisités, généreux. Une cuisine qui peut prendre des notes originales, créatives.

***Accès :*** au pied de la célèbre citadelle Vauban, près de la gare.

**€€€ ☂ 🅿 Le Strasbourg***** *– 24, rue Teyssier ☎ 03-87-96-00-44. • le-strasbourg.fr • ♿ Tlj sauf dim soir-lun et mar*

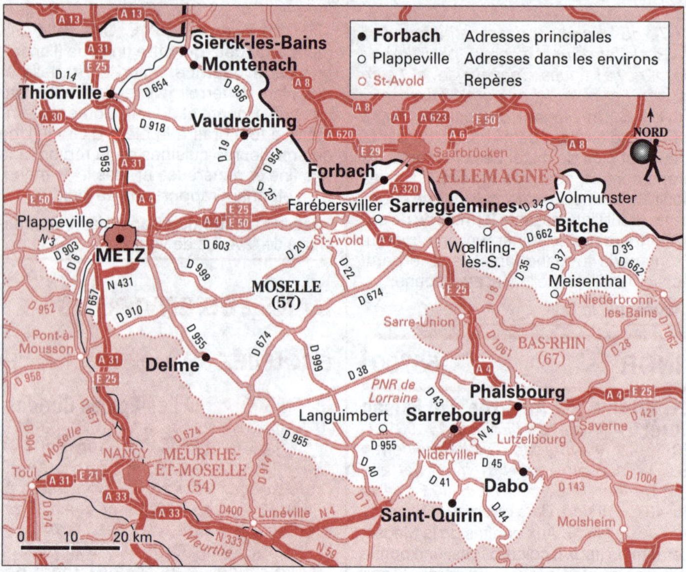




*midi. Congés : 2 sem en janv et 2 sem en oct (Toussaint). Menus 38-75 €. Parking payant.* Vous avez affaire ici à l'une des plus belles adresses de Moselle. Lutz Janisch, véritable autodidacte venu des toundras d'Allemagne de l'Est, a appris le métier patiemment dans les plus grandes tables de l'Est. Il régale, depuis, le pays de Bitche (et au-delà) avec une cuisine élégante d'une fraîcheur et d'une inspiration sans pareilles, à partir de produits du marché soigneusement sélectionnés. En outre, il adore travailler le poisson.

***Accès :*** dans le centre, au bout de la rue de Sarreguemines.

# DANS LES ENVIRONS

## VOLMUNSTER 57720 (11 km NO)

**€€€ I●I L'Argousier** – *1, rue de Sarreguemines ☎ 03-87-96-28-99. Fermé lun soir, mar et mer. Congés : 2 sem fin août. Formules déj 23-28 € ; menus 38-80 €. Apéritif maison offert sur présentation de ce guide.* Jonathan Birkenstock, qui a travaillé pour de grandes tables étoilées, est revenu dans sa ville natale pour proposer une excellente cuisine gastronomique qui allie saveurs du terroir et originalité. On vient de loin pour cette table au cadre élégant et contemporain. Incontournable !

***Accès :*** au centre du village.

## MEISENTHAL 57960 (15 km S)

**€€ I●I 🍸 P Auberge des Mésanges** – *rue des Vergers ☎ 03-87-96-92-28. ♿ Fermé dim soir, lun et mar midi. Congés : 23 déc-3 janv. Formule déj 13 € en sem ; carte 35-40 €. Parking.* Établissement traditionnel au calme, offrant un grand choix de spécialités régionales savoureuses, comme le baeckeofe de poisson ou le pain d'épice glacé. On n'est guère loin de l'Alsace. Tarte flambée tous les soirs. Tenu par un couple sympathique, soucieux de satisfaire sa clientèle. Belle terrasse.

## DABO 57850

**€ I●I 🍸 Restaurant Zollstock** – *11, rue Zollstock, La Hoube ☎ 03-87-08-80-65. ♿ Tlj sauf lun et jeu soir. Congés :*

*fin juin-début juil et de mi-déc à mi-janv. Résa impérative le dim. Menus 11 € le midi en sem, puis 19-26 €.* Cela fait 3 générations que ce sympathique resto de campagne régale une ribambelle d'habitués dans une bonne ambiance conviviale et familiale. Spécialités pleines de saveurs, cochonnailles de mi-octobre à fin février. Sinon, superbe gigot de chevreuil chasseur, jambon cru du pays, mignon de veau aux morilles ou cuisses de grenouilles. Une adresse simple et sincère, qu'on aime beaucoup, et des prix qu'on aime tout autant.

***Accès :*** en surplomb du hameau de La Hoube, à 6 km de Dabo-Village par la D45.

## DELME 57590

€€ 🏠 |●| ⛱ **Restaurant-hôtel À la 12***** – *6, pl. de la République ☎ 03-87-01-30-18. • ala12.fr • ♿ Tlj sauf dim soir-lun et mar soir. Côté Réfectoire, menu du jour 12 € mar-ven. Côté Restaurant, formules 25-40 €, tlj midi et soir ; autres menus 35-60 €. Café offert sur présentation de ce guide.* Dans une grande bâtisse sur la rue principale, un établissement familial très convivial connu pour sa belle table. La 3e génération de la famille François est aujourd'hui aux commandes. Thomas et Laura proposent deux espaces de restauration : le *Côté Réfectoire* sert un bon menu du jour au déjeuner pour les pressés ; le *Côté Restaurant* est un espace réservé aux gourmands qui prennent le temps de se régaler d'une cuisine traditionnelle élégante et savoureuse, puisant bien entendu son inspiration dans le terroir. Belle cave. Service soigné.

***Accès :*** au centre du village, en face de la pharmacie.

## FORBACH 57600

€€ |●| ⛱ 🅿 **Le Schlossberg** – *13, rue du Parc ☎ 03-87-87-88-26. Tlj sauf mar soir, mer et dim soir. Congés : fin juil-début août. Menus 22 € le midi sauf w-e et j. fériés, puis 34-58 €. Parking. Café offert sur présentation de ce guide.* L'adresse gastronomique de Forbach. Dans une salle à la déco contemporaine, une cuisine traditionnelle raffinée et goûteuse, modernisée et bien présentée. Une élégante table qui attire les gastronomes des pays frontaliers. Au déjeuner, en semaine, menu au rapport qualité-prix exceptionnel !

***Accès :*** à l'entrée du château, à côté du Burghof.

## DANS LES ENVIRONS

### FARÉBERSVILLER
57450 (9 km SO)

€ |●| **La Table alsacienne***** – *9, av. Saint-Jean ☎ 03-87-89-12-01. Tlj sauf lun, sam midi et dim soir. Congés : 28 janv-11 fév, 1er-7 mai et 6-27 août. Formules 11,50-14,50 € le midi en sem ; menus 22,70-36,50 €. Ven et sam soir, buffet et flammenkueche à volonté 14,50 €. Café offert sur présentation de ce guide.* Une table alsacienne en pleine Lorraine ? Mais c'est une hérésie ! Eh bien non, vu le succès de l'auberge. Bonne cuisine traditionnelle et recettes de grand-mère que le chef concocte patiemment. Les vedettes de la maison : les bouchées à la reine, délicieuses et servies en format XXL. Bonne sélection de poissons également, à moins de craquer pour les flammekueches cuites au feu de bois... avant de terminer avec le baba au rhum géant. Côté vins, la sélection au verre est soignée (de beaux crus préservés dans un œnomatic). Le tout est servi dans une salle rustico-alsacienne conviviale.

***Accès :*** par la N3 directon Freyming-Merlebach, puis à gauche la D29. En centre-ville.

## METZ 57000

€ |●| **Restaurant Le Dauphiné** – *8, rue du Chanoine-Collin (B1-13) ☎ 03-87-36-03-04. ♿ Ouv le midi lun-sam, le soir mer-sam. Congés : 2e quinzaine d'août. Formule déj 17,90 € ; menus 17-29 €.* Une petite adresse conviviale au cadre rustique à 100 m du musée de La Cour d'Or. Les habitués du quartier savent profiter des bonnes formules proposées au déjeuner. Cuisine de grand-mère simple, fraîche et copieuse, qui privilégie les produits bio et locaux. Spécialités : quiches, souris d'agneau... et vins bio.

***Accès :*** à côté du musée de La Cour d'Or.

€€ |●| ⛱ **Cantino** – *8, rue des Piques (B1-11) ☎ 03-87-36-19-01. Ouv tlj sauf mar, dim et j. fériés. Repas env 25-40 €.* Dans une petite rue calme à quelques

Grand-Est - Moselle

11 Cantino (B1)
12 La Brasserie Christophe Dufossé (A2-3)
13 Restaurant Le Dauphiné (B1)
15 Le Bistrot de G. (A1-2)
16 Restaurant Thierry Saveurs et Cuisine (B1)

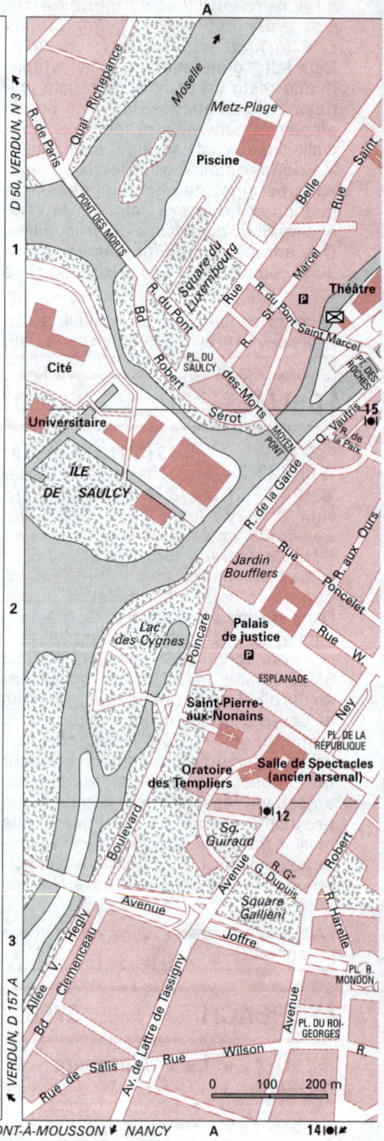

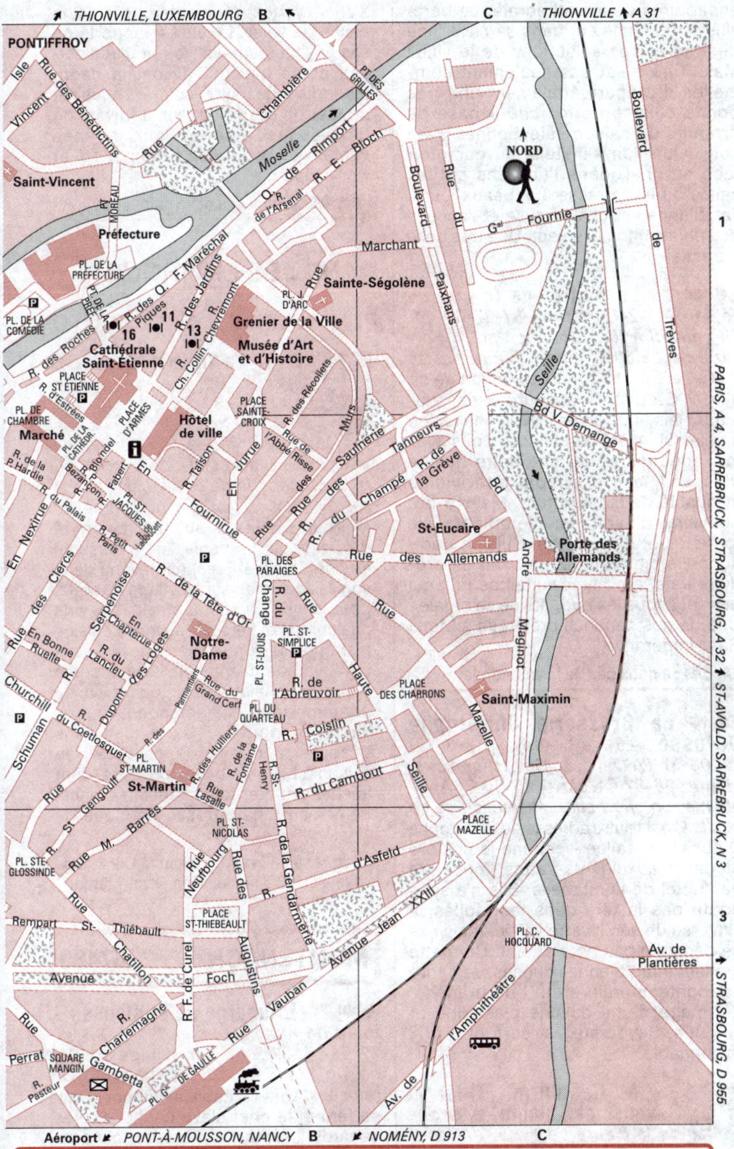

THIONVILLE, LUXEMBOURG
B
C
THIONVILLE A 31
PONTIFFROY
Isle
Vincent
Rue des Bénédictins
Chambière
PT DES GRILLES
Moselle
Q. de Rimport
R. E. Bloch
R. de l'Arsenal
NORD
Boulevard
Rue du
Gal Fournie
Boulevard de Trèves
Saint-Vincent
PT MOREAU
Préfecture
PL. DE LA PRÉFECTURE
PL. DE LA PRÉE
PL. DE LA COMÉDIE
Q. F. Maréchal
R. des Piques
R. des Jardins
R. Chevremont
16
11
13
Marchant
Boulevard Paixhans
Rue
Sainte-Ségolène
PL. J. D'ARC
Grenier de la Ville
Musée d'Art et d'Histoire
R. des Roches
Cathédrale Saint-Étienne
PLACE ST ÉTIENNE
R. d'Estrées
Ch. Collin
R. des Récollets
PLACE SAINTE-CROIX
Murs
Seille
Bd V. Demange
PL. DE CHAMBRE
Marché
PL. DE LA CATHÉDR.
PLACE D'ARMES
Hôtel de ville
R. Blondel
R. Fabert
R. de la Hardie
Bezançon
R. Taison
Jurue
R. de l'Abbé Risse
Rue des Saulnerie
Tanneurs
R. de la Grève
R. du Champé
Bd
R. du Palais
PL. ST-JACQUES
R. du Petit Paris
R. Ladoucette
En Fournirue
En Nexirue
Rue des Allemands
St-Eucaire
Porte des Allemands
André
Rue des Clercs
PL. DES PARAIGES
R. de la Tête d'Or
R. du Change
Rue
Serpenoise
En Chaplerue
Notre-Dame
PL. ST-SIMPLICE
Maginot
Rue En Bonne Ruelle
R. du Lancieu
R. des Loges
Rue du Grand Cerf
Parmentiers
PL. ST-LOUIS
R. de l'Abreuvoir
Haute
PLACE DES CHARRONS
Saint-Maximin
Churchill
R. Dupont
PL. DU QUARTEAU
R. Coislin
Mazelle
R. du Coetlosquet
R. des Huiliers
R. de la Fontaine
R. St-Henry
Schuman
PL. ST-MARTIN
St-Martin
Rue Lasalle
R. du Cambout
Seille
Rue St Gengoulf
Barrès
PL. ST-NICOLAS
PLACE MAZELLE
Rue M.
PL. STE-GLOSSINDE
Rue Neufbourg
Rue des
R. de la Gendarmerie
R. d'Asfeld
Rue
Rempart St-Thiébault
PLACE ST-THIEBAULT
Avenue Jean XXIII
PL. C. HOCQUARD
Av. de Plantières
Chatillon
Augustins
Avenue Foch
R. F. de Curel
Vauban
Rue
R. Charlemagne
l'Amphithéâtre
Perrat
SQUARE MANGIN
R. Pasteur
Gambetta
PL. Gal DE GAULLE
Av. de
1
3
PARIS, A 4, SARREBRUCK, STRASBOURG, A 32 ST-AVOLD, SARREBRUCK, N 3
STRASBOURG, D 955
Aéroport
PONT-À-MOUSSON, NANCY
B
NOMÉNY, D 913
C


# METZ

encablures de la cathédrale, ce bar à vins sur 3 étages a, dans sa cave, une des meilleures sélections de la ville ! Mais Tino n'est pas seulement sommelier, il prépare également une très bonne cuisine de marché à base de produits de saison sélectionnés avec soin. Que l'on s'installe au comptoir face au chef, dans l'une des petites salles ou en terrasse aux beaux jours, l'ambiance est chaleureuse et l'accueil des plus enthousiasmant. Une très belle adresse !

**€€ |●| ⛱ Le Bistrot de G.** – *9, rue Faisan (A1-2-15) ☎ 03-87-37-06-44. Tlj sauf dim-lun. Congés : août. Formule déj 15,50 € ; menu 26,25 € ; carte 35 €. Café offert sur présentation de ce guide.* Ce bistrot chaleureux est toujours plein, il doit bien y avoir une raison à cela. Oh, c'est tout simple, vous avez ici l'adéquation parfaite entre qualité d'accueil, cadre sympa, convivialité et qualité de la nourriture. Melting-pot convivial d'habitués, d'étudiants, de touristes et d'employés. Cuisine traditionnelle bien tournée, à base de produits frais, avec un éventail de prix qui permet à tous les budgets de se régaler. Une de nos cantines préférées à Metz. Résa impérative !

**Accès :** à deux pas de la cathédrale.



**€€ |●| La Brasserie Christophe Dufossé** – *5, av. Ney (A2-3-12) ☎ 03-87-17-17-17. ♿ Ouv ts les soirs. Menus 26-32 € ; carte 25-30 €. Apéritif maison offert sur présentation de ce guide.* C'est l'autre adresse de Christophe Dufossé, installée - comme le célèbre *Magasin aux Vivres*- dans l'enceinte de l'hôtel de la citadelle. Elle n'a sans doute pas la tête dans les étoiles, à l'inverse de son illustre voisin, mais elle ne démérite pas pour autant. Car cette brasserie fait bien les choses : le cadre est contemporain et un brin branché, à l'image d'une cuisine classique et soignée. Savoureux, et surtout à prix raisonnable.

**€€ ⛱ Restaurant Thierry Saveurs et Cuisine** – *Maison de la Fleure de Ly, 5, rue des Piques (B1-16) ☎ 03-87-74-01-23. Tlj sauf dim et mer. Congés : 3 sem début août. Formule 24,50 € et menu 32,50 € (sauf ven soir et sam) ; autre menu 44,50 € (w-e) ; carte 50-60 €.* Dans une ruelle du quartier de la cathédrale. Installée dans la maison de la Fleure de Ly, un hôtel particulier du XVI^e s. Venez découvrir une cuisine pleine de soleil. Le chef a rapporté de ses voyages une valise remplie d'épices et de saveurs. Dans un cadre ethnorustique frais et coloré, il nous fait profiter de ses trouvailles à travers de délicieuses recettes aux bonnes senteurs exotiques, *fusion food* et *world food !*

**Accès :** à deux pas de la cathédrale.

## DANS LES ENVIRONS

### PLAPPEVILLE 57050 (6 km O)

**€€ ⛱ La Vigne d'Adam** – *50, rue du Général-de-Gaulle ☎ 03-87-30-36-68. Tlj sauf dim-lun. Congés : 2^e quinzaine d'août et vac scol de Noël. Menus bistrots 28-36 €, puis menu de saison 65 € (sauf en période de truffes : env 90 €) ; carte env 50 €.* Après avoir écumé les meilleures maisons du Luxembourg et de Belgique, François Adam (associé au chef Mickael Emo) est revenu dans son village natal, sur les hauts de Metz, pour ouvrir un restaurant-bar à vins chaleureux et faire découvrir sa cuisine bistronomique, maîtrisée et inventive, à un noyau de clients vite devenus des inconditionnels. Décor jouant sur le contemporain, l'ambiance zen, les matières douces. Carte des vins découverte, cuisine de marché et de saison à base de beaux produits, dont le chef sait tirer toute la quintessence. Également une terrasse-boutique de vins.

**Accès :** à 6 km de Metz par la D603, puis par la D103 direction Ban-Saint-Martin.

## MONTENACH 57480

**€ |●| ⛱ L'Auberge de la Klauss** – *1, route de Kirschnaumen ☎ 03-82-83-72-38. ♿ Tlj sauf lun. Congés : fêtes de fin d'année. Menus 18-60 €. CB refusées.* Une véritable institution. Dans sa ferme, le chef élève cochons, oies, canards, prépare son propre foie gras, ses terrines, ses saucissons, et n'a pas son pareil pour préparer le gibier venu des forêts proches. Du terroir de grande qualité, à déguster comme de juste dans une belle salle rustique, ou en terrasse. À deux pas, la cave, avec une belle sélection de vins et de bons produits à emporter (de 14h à 21h) et un tout nouvel hôtel spa, le *Domaine de la Klauss,* pour qui voudrait prolonger le séjour dans un écrin de luxe.

**Accès :** par la D956.

## PHALSBOURG 57370

**€ Hôtel-restaurant Erckmann-Chatrian***** – *14, pl. d'Armes ☎ 03-87-24-31-33. • erckmann-chatrian.net • Tlj sauf-dim soir-lun et mar. Menus 15 € le midi en sem, puis 24-46 €. Parking.* L'auberge classique et cossue de la ville, superbement située. On retrouve ce style de province confortable dans la salle à manger. Cuisine traditionnelle à base de produits nobles et bien tournée, à l'image du chevreuil, du blanc de turbot au champagne ou de la cassolette de sole aux girolles.

**Accès :** en plein centre.

## SAINT-QUIRIN 57560

**€€ L'Hostellerie du Prieuré***** – *163, rue du Général-de-Gaulle ☎ 03-87-08-66-52. • saint-quirin.com • Tlj sauf mar soir, mer et sam midi. Menus 14,50 € le midi en sem, puis 32-80 €. Parking. Café offert sur présentation de ce guide.* L'une des meilleures adresses du secteur. Madame accueille ses hôtes avec beaucoup de gentillesse et d'humour dans une salle à manger élégante, tandis qu'en cuisine, le chef élabore des spécialités de terroir et gastronomiques savoureuses. C'est généreux et sincère, à l'image des beaux produits sélectionnés dans les fermes aux alentours, mais aussi de la carte des vins. Et ne ratez pas les délicieux desserts, dont les redoutables macarons !

**Accès :** par la D96.

## SARREBOURG 57400

**€ L'Auberge Maître Pierre** – *24, rue Saint-Martin ☎ 03-87-03-10-16. Tlj sauf lun-mar. Congés : 2 sem fin août et 3 sem fin déc-début janv. Résa conseillée le dim midi. Formule déj 11,20 € en sem ; menus 22,60-35 €.* Une bonne grosse auberge à la joyeuse animation et toute remplie le midi de convives et d'habitués réjouis. Vastes salles pour déguster une cuisine bien lorraine et familiale : rognons, tête de veau, belle sélection de viandes, et les fameuses flammekueches, toujours élaborées en respectant la recette de Marguerite Pierre, la première patronne des lieux au début du XXe s.

**Accès :** traverser le pont de chemin de fer à la sortie de Sarrebourg direction Morhange ; ensuite, suivre le fléchage.

**€€ Les Cèdres** – *15, chemin d'Imling ☎ 03-87-07-52-07. Fermé lun midi, sam midi, dim. Formules déj 12,50-14,50 € en sem ; le soir, carte slt env 35 €.* C'est le restaurant de l'*hôtel Ibis.* Mais rassurez-vous, la cuisine ne fait pas dans le standardisé ! Élégante, dans un registre traditionnel soigné, elle suit les saisons et régale les nombreux habitués dans une belle salle contemporaine, dont les larges baies vitrées ouvrent sur le parc. Une bonne option, surtout le midi.

**Accès :** près de la base de loisirs.

## DANS LES ENVIRONS

### LANGUIMBERT
57810 (20 km O)

**€€€ Chez Michèle** – *57, rue Principale ☎ 03-87-03-92-25. Fermé mar-mer. Congés : quelques j. fin juin. Formule déj 25 € ; menus 45-100 €. Apéritif maison offert sur présentation de ce guide.* Michèle et Serge Poiré ont fait de l'ancien bistrot du village une table gastronomique reconnue étoilée. En cuisine, Bruno, le fils, marche sur les traces de son père avec une créativité et une légèreté accentuées sans déroger à la règle des 3 saveurs. Il prend un malin plaisir à jouer avec les produits locaux, les herbes du potager, l'ail des ours, les champignons. Braisés, confits, les anciens légumes se déclinent à toutes les sauces. L'été, la Méditerranée empreinte d'originalité et de couleurs s'invite à la carte. Encore à ses côtés, Serge fabrique le pain, tandis que Michèle veille discrètement au service dans la petite salle rustique ou la grande véranda. Voilà un trio bien sympathique à la tête d'une maison accueillante, fidèle aux traditions et ouverte sur la modernité.

**Accès :** par la N4, puis la D955.

## SARREGUEMINES 57200

**€ Le Petit Thierry** – *135, rue de France ☎ 03-87-98-22-59. Tlj sauf mer soir et jeu. Formules et menus 24-39 €. Parking.* Thierry Breininger, qui passa par de très grandes maisons, a tout simplement renoncé à son étoile ! Plus de chichis, juste une très bonne ambiance et une cuisine de marché savoureuse, élaborée avec d'excellents produits de terroir. Une adresse conviviale, au décor contemporain agréable et joyeusement coloré. Et une belle terrasse.

***Accès :*** au bord de la Sarre.

## DANS LES ENVIRONS

### WŒLFLING-LÈS-SARREGUEMINES
57200 (12 km E)

**€€ Restaurant Dimofski** – *2, quartier de la Gare ☎ 03-87-02-38-21. Tlj sauf lun, mar, sam midi et dim soir. Congés : 2 sem en fév et 3 sem en août. Menus 30 € en sem, puis 40-90 €. Apéritif maison offert sur présentation de ce guide.* Isolé en bord de route, on a du mal à imaginer qu'on va pénétrer dans l'un des temples de la gastronomie mosellane. Dans une grande salle au chaleureux décor personnalisé, Julien Dimofski (le fils de Pascal) propose une cuisine de terroir au tour de main tout en finesse, très appréciée des fidèles habitués. Goûtez à la pomme de terre grillée farcie aux escargots beurre à l'ail et persil, ou au pigeonneau fermier rôti au jus de persil.

***Accès :*** sur la D662 direction Bitche.

## SIERCK-LES-BAINS 57480

**€€€ Restaurant La Vieille Porte** – *8, pl. Jean-de-Morbach ☎ 03-82-83-22-61. Tlj sauf mar-mer. Congés : 20-30 déc. Résa conseillée, surtout le dim. Formule déj 16 € en sem ; menus 38-67,50 €.* La vieille porte en question date de 1604. Elle se révèle superbe, comme la cuisine classique, de qualité, qui attire notables et touristes des 3 frontières. Cadre élégant. Belle petite terrasse. En semaine, le menu du jour est une aubaine. Une perle !

***Accès :*** proche du quai longeant la Moselle.

## THIONVILLE 57100

**€€ Les Sommeliers** – *23, pl. de la République ☎ 03-82-53-32-20. Tlj sauf sam midi, dim et j. fériés. Congés : entre Noël et le Jour de l'an. Formule déj 18 € (sauf ven-sam) ; carte env 30 €.* Espace un peu insolite (c'est une ancienne banque), avec différentes salles et salons, haut plafond et verrière. Cuisine classique et plats de bistrot bien tournés, qui plaisent beaucoup aux nombreux habitués. Bonne sélection de vins.

***Accès :*** au bout de l'allée Raymond-Poincaré, proche des rives de la Moselle.

**€€€ Aux Poulbots Gourmets** – *9, pl. aux Fleurs ☎ 03-82-88-10-91. Tlj sauf sam midi, dim soir, lun et mer soir. Congés : 15 j. en janv, 1 sem après 1er mai et 3 sem fin août-début sept. Résa conseillée le w-e. Menu 49 €.* Dans une demeure élégante, perdue dans un quartier résidentiel, une salle moderne et lumineuse, souvent pleine d'habitués. Le midi, grosse clientèle d'hommes d'affaires et, le soir, de couples et de familles qui se font plaisir en dégustant une cuisine traditionnelle remarquablement maîtrisée (cuisson, sauces). Viandes tendres à souhait, poissons et crustacés à l'honneur selon les saisons. L'affable sommelier sait prodiguer de judicieux conseils en matière de vins. Parking facile.

***Accès :*** par la route de Guentrauge.

## VAUDRECHING 57320

**€ Le Relais Campagnard** – *33, rue Bernanos ☎ 03-87-78-35-93. Tlj sauf dim soir, lun, mer soir, sam midi et le soir des j. fériés. Menu du marché 17,50 €. Menus 17,50 € en sem, puis 27,50-35 €. Parking.* Le resto de village comme on les aime. Immense salle à manger à l'ancienne pour profiter d'une bonne cuisine traditionnelle, servie fort généreusement. Délicieuses spécialités, comme le croustillant de pied de porc aux morilles. Également de belles planches campagnardes. De septembre à mars, moules-frites et tartes flambées tous les soirs (soirées à thème durant l'année).

**Accès :** près de Bouzonville, sur la D3, en direction de Boulay. Bien indiqué dans le village.

# Vosges (88)

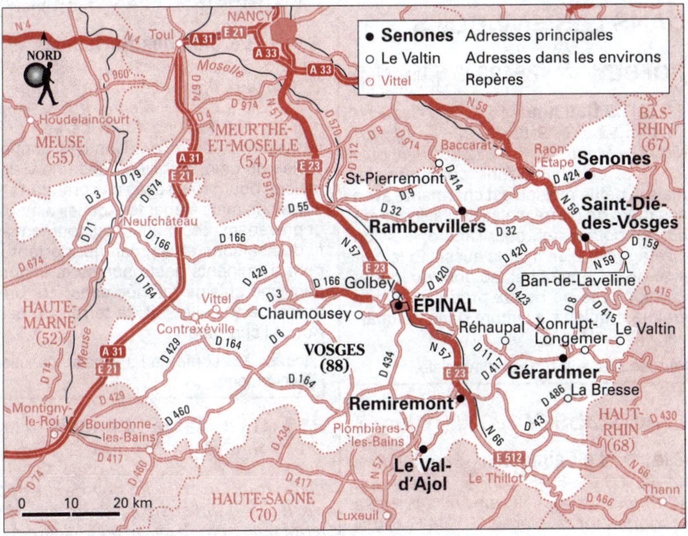




## ÉPINAL 88000

**€ 🍽 ☂ Le Bistrot Gourmand** – *5-7, rue du Chapitre ☎ 03-29-34-20-77. ♿ Tlj sauf dim soir-lun, plus mer soir. Congés : vac scol de Noël. Formule déj mar-ven 16,50 € ; menus 20-28 € ; carte 35 €. Apéritif maison offert sur présentation de ce guide.* Sans hésiter, une de nos meilleures adresses à Épinal. Entre le rez-de-chaussée et l'étage, les petites salles, contemporaines et élégantes, ne désemplissent pas. Quant aux places en terrasse dans cette agréable rue piétonne du quartier du Chapitre, elles s'arrachent. Le chef, d'origine britannique, propose une carte gourmande et éclectique qui revisite joliment les recettes lorraines. Excellent accueil de son épouse.

**Accès :** à deux pas de la basilique.

**€€ 🍽 ☂ L'Arômance** – *18, rue Général-Leclerc ☎ 03-29-38-23-16. Tlj sauf dim-lun. Congés : août. Formule midi 16 € en sem ; menu 27,50 € ; carte 35-40 €. Apéritif maison offert sur présentation de ce guide.* Classique cuisine de belle tradition pour ce chef toujours passionné après plus de 30 ans de piano. Dans une des deux salles (on aime la petite intimiste le soir, à l'arrière), de copieuses assiettes (même en entrées) axées sur la fraîcheur. Une adresse spinalienne réputée.

**Accès :** centre-ville.

**€€ 🍴 In Extremis** – *7, pl. de l'Âtre ☎ 03-29-35-46-41. Tlj sauf lun, mar midi et dim. Menus 23 € le midi en sem, puis 32-49 €.* Une grosse poignée de tables (résa plus que conseillée) dans une ambiance contemporaine et épurée (très design scandinave) pour cette récente adresse ouverte par un jeune chef passé par quelques grandes et belles maisons. Produits d'exception pour une cuisine pleine de créativité, aux étonnantes associations de saveurs. *NOUVEAUTÉ.*

**Accès :** en plein centre.

## DANS LES ENVIRONS

### GOLBEY 88190 (3,5 km NO)

**€€ 🍴 La Canaille** – *65, rue du Général-Leclerc ☎ 03-29-65-32-29. ♿ Tlj sauf dim-lun. Menus 18 € le midi en sem, puis 32-39 €.* En pleine zone commerciale, mais la petite maison est charmante avec ses murs de pierre, sa salle plaisamment contemporaine (et, pour l'apéro, le salon à l'étage est bien sympa aussi). Et la cuisine de ce jeune chef, au goût du jour et au plus près de beaux produits, mérite vraiment qu'on s'aventure dans ce quartier. *NOUVEAUTÉ.*

**Accès :** dans la zone commerciale.

### CHAUMOUSEY 88390 (10 km O)

**€ 🍴 ⛱ Le Calmosien** – *37, rue d'Épinal ☎ 03-29-66-80-77. ♿ Tlj sauf dim soir-lun. Congés : 2 sem en juil. Résa recommandée. Menus 24-64 €. Apéritif maison offert sur présentation de ce guide.* La belle maison a des airs de gare de campagne. À l'intérieur, c'est une autre histoire, avec une salle à manger élégante entièrement redécorée. Derrière, pour les jours de soleil, quelques tables en terrasse. Cuisine classique, carte éclectique et des menus qui évoluent au fil des saisons. Quelques plats mettent à l'honneur le terroir lorrain. Belle cave. Accueil et service irréprochables.

**Accès :** par la D460 vers Darney.

## GÉRARDMER 88400

**€ 🍴 ⛱ L'Assiette du Coq à l'Âne** – *pl. du Tilleul ☎ 03-29-63-06-31. ♿ Ouv tte l'année, tlj. Formule déj 16,50 € ; menus 19,50 € sauf w-e, puis 25-28 €. Apéritif maison offert sur présentation de ce guide.* Vaste bâtiment qui vous transporte dans la campagne vosgienne d'autrefois : ample charpente de bois, dallage au sol, grande cheminée de pierre. Joli. Service aussi pro qu'efficace et jeune (c'est une annexe du *Grand Hôtel*) et plats de terroir dans une ambiance sympathique. De belles créations dans les menus du jour ! À déguster au bord de la piscine quand il fait beau.

**Accès :** même entrée que le *Grand Hôtel.*

## DANS LES ENVIRONS

### LA BRESSE 88250 (13 km S)

**€ 🍴 🅿 Le Clos des Hortensias** – *51, route de Cornimont ☎ 03-29-25-41-08. ♿ Ouv au déj slt, tlj sauf lun. Congés : 2ᵉ quinzaine de nov. Menus 18 € en sem, puis 25-43 €. Parking. Café offert sur présentation de ce guide.* Une des bonnes tables du coin, installée dans une vieille maison bourgeoise avec une grande salle classique mais élégante. Accueil aimable et prévenant. Les menus, qui tournent au fil des saisons et du marché, portent le nom d'éminents gastronomes et annoncent une cuisine raffinée sans être prétentieuse, qu'elle soit de terroir ou pas. Accueil charmant.

**Accès :** à la sortie de La Bresse, direction Remiremont.

**€€€ 🍴 La Table d'Angèle** – *30, Grand-Rue ☎ 03-29-25-41-97. Tlj sauf lun-mar et dim soir. Congés : 15 j. fin juin-début juil, 15 j. fin nov-début déc. Résa quasi indispensable. Menus 18 € le midi en sem, puis 37-55 € ; carte env 35 €. Apéritif maison offert sur présentation de ce guide.* Décor contemporain, très tendance pour une cuisine qui l'est tout autant. Le chef se lâche, expérimente autour de produits très locaux : si vous n'avez jamais goûté de bourgeon de sapin, c'est le moment ! C'est donc parfois un brin osé, mais toujours réussi. Accueil impeccable (d'Angèle, bien sûr). La table la plus enthousiasmante de la station. *NOUVEAUTÉ.*

**Accès :** à 450 m du centre, sur la droite en descendant vers Cornimont.

### LE VALTIN 88230 (13 km E)

**€ ⛱ Auberge du Val Joli***** – *12 bis, Le Village ☎ 03-29-60-91-37. • levaljoli.com • ♿ Tlj sauf dim soir, lun et mar midi hors vac scol, plus lun midi tte l'année. Congés : début janv et nov. Formule*

*18 € et menus 22-55 €. Café offert sur présentation de ce guide.* Dans l'un des plus charmants villages de la région. Calme, détente et superbes balades dans les montagnes qui encerclent ce val (joli !). Une petite auberge de charme qui possède une vaste terrasse et deux belles salles à manger à la déco classique et chic (l'une avec poêle en faïence, plafond avec boiseries). Le chef met un point d'honneur à cuisiner les produits locaux et réinvente, sans jamais le trahir, le terroir vosgien. Chambres superbes.

***Accès :*** sortie Gérardmer, direction Saint-Dié, puis à droite par la D23, direction Colmar ; à Xonrupt, tourner à gauche, direction Le Valtin, par une belle petite route de montagne.

## XONRUPT-LONGEMER
88400 (13,5 km E)

€€ **Le Collet***** – *9937, route de Colmar ☎ 03-29-60-09-57. ♿ Ouv tte l'année, tlj. Menus 18 € le midi en sem, puis 28-58 € ; carte 40 €.* Beau et grand chalet de bois posé depuis 1968 à 1 100 m d'altitude, dans la montée au col de la Schlucht. Ambiance un peu musée d'arts et traditions populaires pour la salle à manger, mais cuisine de terroir d'une vraie modernité, joliment présentée et pleine de bonnes idées. Belles références sur la carte des vins. Excellent accueil et service souriant. Douillettes chambres d'esprit montagne mais revues à la mode d'aujourd'hui, avec balcon pour certaines. *NOUVEAUTÉ.*

***Accès :*** par la D417 en direction de Colmar.

## REHAUPAL 88640 (15 km NO)

€€ **Domaine du Haut Jardin***** – *43 bis, Le Village ☎ 03-29-66-37-06. • domaine-du-haut-jardin.com • ♿ Tlj sauf lun midi, plus mer midi hors vac scol et j. fériés. Congés : 1 sem en janv et nov. Menus 27,90-57 €. Apéritif maison offert sur présentation de ce guide.* Un des plus beaux domaines hôteliers de la région, intelligemment tenu en famille, dans un tranquille petit village. Élégante salle à manger pour une cuisine essentiellement de terroir (mais avec, l'été venu, quelques influences de beaucoup plus au sud !), subtilement novatrice, au gré du marché, à base de bons produits souvent très locaux. Belle sélection de vins. Accueil souriant et plein de petites attentions. Côté hôtel, des chambres coquettes, chacune avec son univers. Et des chalets intimistes dans le verger voisin. Table distinguée Logis.

***Accès :*** par D417 vers le Tholy/Épinal et D30.

## LE VAL-D'AJOL 88340

€€ **La Résidence***** – *5, rue des Mousses ☎ 03-29-30-68-52. • la-residence.com • ♿ Tlj sauf dim soir. Congés : 1er-26 déc et 2 sem en mars. Formule et menu déj en sem 14-18,50 € ; menus 29,50-65 €. Parking. Kir offert sur présentation de ce guide.* Belle maison de maître du XIXe s, au cœur d'un agréable parc de 2 ha. Accueil familial de la 3e génération aux commandes de cette institution locale, ouverte depuis un bon demi-siècle. Belle salle à manger qui se fond presque dans le parc. Et belle cuisine, dans le genre terroir dynamique. Remarquable carte des vins. Chambres plutôt cossues, dans le ton de la maison. Quelques-unes à la déco plus contemporaine (et moins chères) sont réparties dans 2 annexes. Piscine (couverte et chauffée) et tennis.

***Accès :*** à l'église, suivre la D20, direction Hamanxard.

## RAMBERVILLERS 88700

€€ **La Mirabelle** – *6, rue de l'Église ☎ 03-29-65-37-37. Ouv tlj au déj slt, sauf mer. Congés : de Noël à mi-janv et de mi-août à mi-sept. Formule 19 € le midi en sem ; menus 26-40,50 €. Digestif maison offert sur présentation de ce guide.* Dans une vieille maison bourgeoise couverte de verdure, à la déco rustique et charmante. L'équipe sert l'une des meilleures têtes de veau d'une ville qui est, depuis des siècles, la « capitale » de ce plat. Déclinée en 3 versions : entrée, plat et *goubregneux* ou *bâfreur* (c'est tout dire !). Sinon, avec gentillesse et dévotion, les patrons cherchent avant tout à mettre en valeur les produits maison (jardin et verger) et le patrimoine lorrain. Une excellente adresse.

***Accès :*** à 25 km au nord d'Épinal par la D46 ; en centre-ville, au pied de l'église.

## DANS LES ENVIRONS

### SAINT-PIERREMONT
88700 (13 km N)

**€€ Le Relais Vosgien***** – *9, Grand-Rue ☎ 03-29-65-02-46. • relais-vosgien.fr • Tlj sauf dim soir et lun midi. Congés : 31 déc-9 janv. Menus déj en sem 15,50 €, puis 33,50 €. Apéritif maison offert sur présentation de ce guide.* Une excellente table d'un Maître restaurateur au piano, qui peut adapter le menu au gré de vos envies et des vins conseillés par la patronne, passionnée de belles bouteilles ! Les chambres, confortables, voire presque luxueuses pour les plus grandes, et le spa, incitent à prolonger le séjour ! Accueil exquis et attention de tous les instants.

**Accès :** par la D414.

## REMIREMONT 88200

**€€ Poule ou Coq** – *56, rue Charles-de-Gaulle ☎ 03-29-26-54-76. Tlj sauf dim-lun; Menus 16 € le midi en sem, puis 29-39 €.* Très chouette déco contemporaine à base de matériaux bruts (et pleine d'idées à emprunter : rien que la manière de présenter les serviettes...). Mais aussi et surtout une belle cuisine, inventive juste ce qu'il faut, volontiers voyageuse mais au plus près de goûteux produits souvent locaux. Le service est un brin amateur mais charmant. Et le menu du déjeuner s'avère une vraie affaire. *NOUVEAUTÉ.*

**Accès :** en plein centre, dans la rue principale.

**€€ La Quarterelle** – *3, rue de la Carterelle ☎ 03-29-23-98-69. Tlj sauf mer et soir dim-mar. Congés : fin mars-début avr, fin juin-début juil, fin sept-début oct et fin déc-début janv. Formules 21 € le midi en sem, 25-27 € le soir ; menus 31-35 € ; carte env 40 €.* En entrant dans la petite salle coquette et intimiste, vous serez accueilli par madame, très prévenante, qui assure le service. Monsieur, passionné d'épices, est en cuisine et apporte sa touche personnelle et originale aux produits du terroir, avec quelques saveurs exotiques bien senties et bien dosées. La courte carte sait surprendre les papilles au fil des saisons. Un classique réputé. *NOUVEAUTÉ.*

**Accès :** au centre, près de l'église.

## SAINT-DIÉ-DES-VOSGES 88100

**€€ Le Régal***** – *189, rue d'Épinal ☎ 03-29-56-61-41. Tlj sauf sam midi, dim soir et lun midi. Formules déj en sem 17,50 € ; menus 27-48 €. Apéritif maison offert sur présentation de ce guide.* Annonçons-le d'emblée, au cas où la situation en bord de route susciterait quelque inquiétude : une très belle adresse ! Pour sa table d'abord. Jolie salle contemporaine pour une cuisine proche du terroir mais jamais à court d'idées, et bien mise en scène. Pour ses chambres ensuite : modernes, spacieuses et très confortables ; celles de l'annexe ont un balcon ouvert sur le jardin avec un petit étang où s'ébattent cygnes et canards. *NOUVEAUTÉ.*

**Accès :** à 4 km du centre-ville, sur la D420 vers Bruyères/Épinal.

## DANS LES ENVIRONS

### BAN-DE-LAVELINE
88520 (11 km SE)

**€ Auberge Lorraine***** – *5, rue du 8-Mai ☎ 03-29-51-78-17. • auberge-lorraine-bdl.biz • Tlj sauf dim soir-lun, sauf pour les résidents de l'hôtel. Congés : 10 j. en janv et 12 j. fin août-début sept. Formule 15 € le midi en sem, menus 22-45 € ; carte 35-40 €. Parking.* Dans un village hors circuits touristiques, une auberge de campagne qui a su joliment évoluer avec son temps. Salle à manger entre rusticité (la cheminée !) et vraie élégance pour une cuisine dans le même esprit : au fil des saisons, des produits du coin ou d'un peu plus loin (mais frais, toujours), travaillés avec doigté (cuissons parfaitement maîtrisées) et idées d'aujourd'hui. Belle terrasse. Et des chambres confortables et bien équipées.

**Accès :** par la N59, direction Sainte-Marie-aux-Mines.

## SENONES 88210

**€ Au Bon Gîte**** – *3, pl. Vautrin ☎ 03-29-57-92-46. • aubongite.fr • Tlj sauf dim soir et lun. Congés : 26 fév-19 mars et 10-30 sept. Résa conseillée le w-e. Formule déj 14 € ; menus 17-38 €.*

*Café offert sur présentation de ce guide.* Résa impérative pour s'asseoir à cette excellente table (une belle référence) et déguster cette bonne cuisine régionale avec une dose d'imagination, accessible dès le menu du midi. Une poignée de chambres agréables et de bon confort (certaines avec balnéo) si l'envie vous prenait de rester.

***Accès :*** au bout de l'avenue de Salm.

**Avis aux hôteliers et aux restaurateurs**

Chaque année pour y figurer, il faut le mériter !

**Les prix**

En France, les prix des restaurateurs sont libres. Certains peuvent augmenter entre le passage de nos infatigables fureteurs et la parution du guide, environ 6 mois plus tard. Nous comptons sur votre compréhension en cas de différence entre les prix relevés à l'heure où nous bouclons ce guide et ceux que vous constaterez sur place.

La rédaction du Routard

# HAUTS-DE-FRANCE

**Pictos utilisés dans ce guide**

- € Menu à moins de 25 €
- €€ Menu de 25 à 35 €
- €€€ Menu à plus de 35 €
- Hôtel-restaurant
- Restaurant
- Restaurant avec notre toque
- Terrasse
- Parking
- Piscine
- Accessible aux handicapés

## Aisne (02)

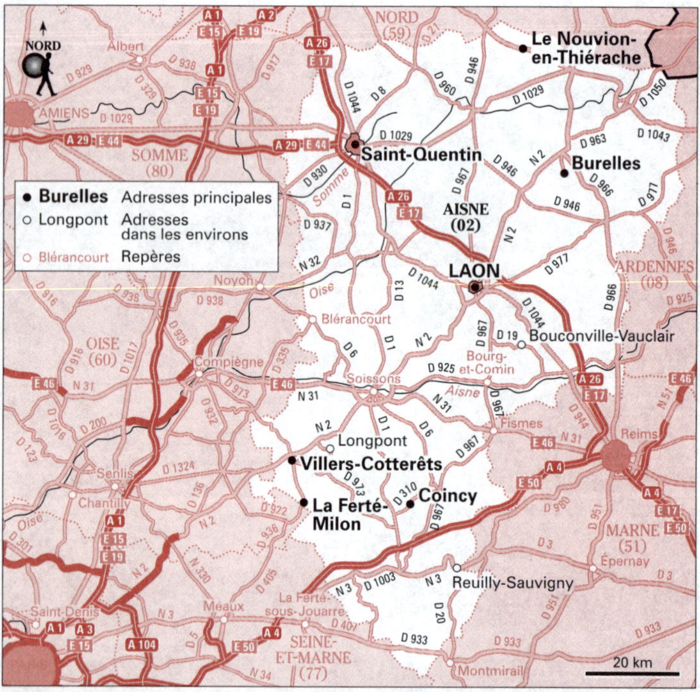

## BURELLES 02140

€€ |●| ☂ **Auberge de la Brune** – *1, rue du Gros-Colas ☎ 03-23-98-17-72. Tlj sauf dim soir-lun, plus le soir des j. fériés ; service midi et soir jusqu'à 21h. Formule déj sem 15 € ; menus 26-38 € ; carte env 40 €.* Une bonne auberge de campagne où l'on s'installe avec plaisir, dans une salle intime et fleurie. On y déguste en toute sérénité une authentique cuisine régionale, pleine de saveurs et de parfums séduisants. L'inspiration du chef suit les saisons, mais en mettant toujours à l'honneur le cidre, et surtout le maroilles !

***Accès :*** par la N2 direction Vervins, puis la D51.

## COINCY 02210

€ |●| ☂ **Auberge de Coincy** – *4, route de Rocourt ☎ 03-23-71-25-34. Tlj sauf lun ; ouv ts les midis ; et le soir ven-sam. Congés : sept. Résa conseillée le soir. Menus 16,80 € (dim midi), puis 23,50-33,80 €.* Une de ces auberges à l'ancienne à la déco désuète que l'on croyait presque disparues. Des prix raisonnables, un accueil affable, des plats de terroir amoureusement mitonnés et servis très généreusement, comme ces rognons de veau ou cette tête de veau sauce gribiche. Les vins se révèlent à l'unisson. Plaisante petite terrasse aux beaux jours.

***Accès :*** depuis Château-Thierry, par la D1, puis la D310.

## DANS LES ENVIRONS

### REUILLY-SAUVIGNY
02850 (21 km SE)

€€€ P **Auberge Le Relais** – *2, rue de Paris ☎ 03-23-70-35-36. • relaisreuilly.com • Tlj sauf mar-mer. Congés : fév et 2de quinzaine d'août. Menus 37 € le midi en sem, puis 59-93 €. Parking.* Découvrez cette élégante cuisine, élaborée avec un savoir-faire parfait et des produits du marché judicieusement sélectionnés. Une cuisine classique et moderne tout à la fois, dressée avec soin et servie dans deux salles contemporaines. Chambres dans l'esprit de la maison.

***Accès :*** par la D1003 et la D3, direction Épernay.

## LA FERTÉ-MILON 02460

€€ |●| ☂ **Les Ruines** – *14, rue du Vieux-Château ☎ 03-23-96-71-56. Ouv ts les midis sauf lun, plus le soir ven-sam. Congés : 2 sem en été et 1 sem en déc. Formules et menus 14-18 € le midi en sem, 29-38 € le soir et w-e.* Une petite auberge accueillante, digne du parcours romantique que vous venez d'effectuer, le long des pentes aux gros pavés de la vieille ville médiévale. Salle agréable, où la chaleureuse patronne régale ses habitués d'une excellente cuisine de saison, élaborée dans le souci de séduire les papilles. Dès que le soleil darde ses rayons, la terrasse est prise d'assaut. Une valeur sûre.

## LAON 02000

€ |●| ☂ **Bar-restaurant Le Rétro** – *18, bd de Lyon ☎ 03-23-23-04-49. ♿ Fermé dim sauf fêtes. Formule 15,90 € le midi en sem ; carte 20-25 €.* Immuable et sans façons, cette brasserie de quartier fait le plein chaque midi pour sa cuisine traditionnelle de marché dans une ambiance conviviale et chaleureuse. Marie-Thérèse, personnage haut en couleur, vous accueillera comme chez elle dans sa salle un tantinet kitsch ou en terrasse. À ne pas manquer, de septembre à mai, ses huîtres de Marennes.

***Accès :*** dans la ville basse, dans la rue principale.

€€ ☂ **La Petite Auberge** – *45, bd Brossolette ☎ 03-23-23-02-38. Tlj sauf sam midi, dim et lun soir. Congés : 1 sem en fév et 2 sem en août. Formule 22 € le midi en sem ; menus env 32-59 € ; carte env 75 €.* Le restaurant gastronomique de Laon. Dans une auberge rustique chic à la déco dans l'air du temps, une cuisine contemporaine, joliment interprétée par le fils de la maison, Willy Marc Zorn. Des plats succulents qui évoluent en fonction des saisons et de l'inspiration. Pour les budgets plus restreints, le *Saint-Amour (☎ 03-23-23-31-01),* situé juste à côté et tenu par les mêmes patrons, propose une cuisine de bistrot soignée dans un décor brasserie, avec une étonnante fresque au plafond, style Michel-Ange. Menus servis, si vous le désirez, en terrasse.

***Accès :*** dans la ville basse, tout près de la gare.

## DANS LES ENVIRONS

### BOUCONVILLE-VAUCLAIR
02860 (23 km SE)

€€ 🏠 |●| ⛱ **L'Auberge de Vauclair** *– 26, Grande-Rue ☎ 03-23-22-99-68. • auberge-de-vauclair.fr • Resto ouv slt le soir. Fermé dim (hôtel et resto). Menus 28-47 € ; carte 25-30 €.* Dans un tranquille village non loin des sublimes ruines de l'abbaye de Vauclair, une vieille auberge de campagne qui semble avoir bu un élixir de jouvence. Cadre design, expos d'art contemporain, musiques actuelles en fond sonore. Dans sa petite cuisine ouverte, le chef a d'ailleurs la dégaine à jouer dans un groupe de rock. Jolis produits et cuisine de saison aboutie, qui se souvient d'hier mais qui a le goût d'aujourd'hui. Cinq chambres plaisantes, à thème (zen, romantico-baroque...).

***Accès :*** au centre du village.

## LE NOUVION-EN-THIÉRACHE 02170

€€ 🏠 |●| ⛱ P **Hôtel-restaurant de la Paix***** *– 37, rue Vimont-Vicary ☎ 03-23-97-04-55. • hotel-la-paix.fr • ♿ Tlj sauf sam midi et dim soir ; lun sur résa. Congés : 23 déc-4 janv, vac scol de fév et 2de quinzaine d'août. Formule déj 21 € ; menus 26 € en sem, puis 31-48 €. Parking.* Un établissement chic et cosy proposant une cuisine qui a su se hisser hors du lot. Salle à manger chaleureuse, aux glaces biseautées et aux tableaux colorés. Une cuisine de terroir joliment revisitée, des spécialités marines et des desserts succulents raviront vos papilles. Chambres plaisantes, rénovées dans un style moderne et coloré. En prime, un accueil souriant et un service impeccable. Notre meilleure adresse dans le coin.

## SAINT-QUENTIN 02100

€€ |●| **Le Rouget Noir** *– 19, rue Victor-Basch ☎ 03-23-62-44-44. Tlj sauf dim soir. Menus 29-39 €.* Dans son décor sobre et moderne quasi stendhalien, ce resto n'est pas qu'un superbe jeu de mots : il se révèle effectivement un lieu privilégié pour déguster notamment du poisson. Cadre et clientèle assez chic mais pas collet monté. Une cuisine classique soignée avec une vraie touche personnelle. Service diligent, prix encore raisonnables.

€€ ⛱ P **Auberge de l'Ermitage** *– 331, rue de Paris ☎ 03-23-62-42-80. ♿ Tlj sauf lun soir, mar soir, mer, sam midi et dim soir. Congés : 1 sem en fév et 15 j. en août. Formule déj 20 € ; menus 31-70 €. Parking.* À la lisière de la ville, cette grosse maison moderne se révèle l'une des meilleures adresses du secteur. Ici, pas de télescopage de goût hasardeux, mais une cuisine de tradition et pro tout à la fois, déclinée à partir de beaux produits. Carte évoluant, bien sûr, au rythme des saisons et de l'inspiration du chef.

***Accès :*** à 2,5 km du centre, direction Ham.

## VILLERS-COTTERÊTS 02600

€€ |●| ⛱ **Aux Menus Plaisirs** *– 1, av. de Compiègne ☎ 03-23-96-30-84. ♿ Tlj sauf dim soir-lun. Formules 17,50-20,50 € ; menu 27 € le w-e.* Ambiance conviviale dans ce restaurant chaleureux, où l'on élabore une cuisine originale, revisitant les standards traditionnels. Carte évoluant au gré des saisons. Excellent accueil.

## DANS LES ENVIRONS

### LONGPONT
02600 (11,5 km NE)

€€ 🏠 |●| ⛱ **Hôtel-restaurant de l'Abbaye***** *– 8, rue des Tourelles ☎ 03-23-96-02-44. • hotel-abbaye-longpont.fr • Fermé le 24 déc au soir. Formule* *déj 19 € ; menus 25-35 €.* L'auberge telle qu'on l'imagine : de la vigne vierge court sur la façade, tandis qu'un bon feu crépite dans la cheminée les jours de frimas. Salle à manger rustique avec ses bois de cerf et la comtoise qui égrène même les quarts d'heure. Cuisine goûteuse, élaborée à base de produits du terroir : en période de chasse, gibier de la forêt de Retz et, en période de fêtes dumasiennes, l'andouillette à la mode de Dumas. Bar chaleureux pour boire un verre ou manger une crêpe. Chambres coquettes, dans un style champêtre cossu (salles de bain parfois riquiqui), donnant sur le charmant village ou sur l'abbaye.

***Accès :*** par la N2, puis bifurquer sur la D2.

# Nord (59)

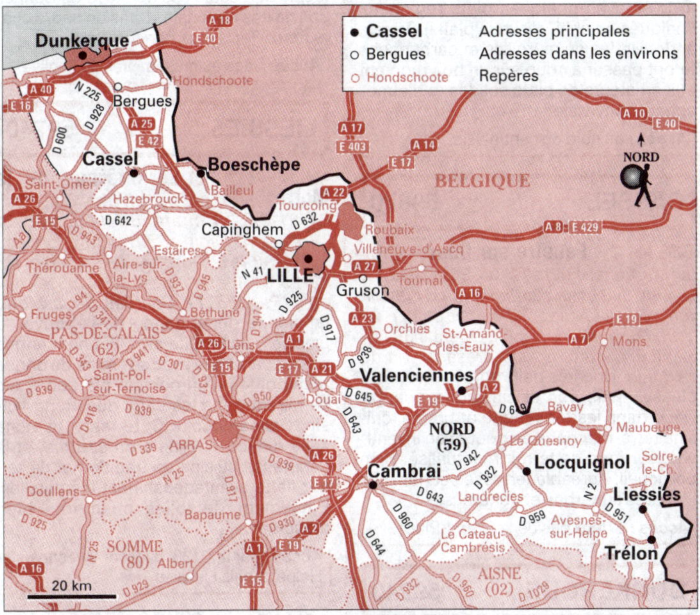




## BOESCHÈPE 59299

**€€€ |●| ⚲ P Auberge du Vert Mont** *– 1318, rue du Mont-Noir ☎ 03-28-49-41-26. Tlj sauf dim-lun. Formule déj 21 € en sem ; menus 40-90 €. Parking.* Cette auberge isolée au cœur d'une jolie campagne, perchée sur une colline surplombant la plaine de Flandres, est un incontournable depuis que le fils de la maison, Florent Ladeyn, passé à *Top Chef,* s'est mis aux fourneau. Il faut réserver plusieurs semaines à l'avance (surtout le samedi) pour goûter à sa cuisine créative, à la fois sauvage et locale. Car si le chef est connu au-delà des frontières du département, il privilégie un approvisionnement local pour des plats pleins d'imagination et de saveurs. Ici, pas de carte, il faut lui faire confiance et se laisser enchanter les papilles au gré du marché et de son inspiration. Quelques plats classiques (waterzoï de poisson, *potjevleesch*) pour rassurer les locaux, mais joliment présentés. Grand choix de bières belges et françaises.

**Accès :** fléché depuis Boeschèpe.

## CAMBRAI 59400

**€€ 🍽 ☂ L'Eau à la Bouche** – *6, rue de Douai ☎ 03-27-37-56-25. ♿ Ouv le midi sauf sam-lun (plus dim midi en hiver), et le soir jeu-sam. Congés : août. Carte 28 €. Apéritif maison offert sur présentation de ce guide.* *L'Eau à la Bouche* a quelques bons arguments qui justifient une halte : le cadre, façon estaminet à l'ancienne, l'accueil, sympa et pas compliqué, et une ardoise avec quelques plats régionaux (indiqués en ch'ti, s'il vous plaît !). Tripes, andouillettes au maroilles et carbonades feront passer à coup sûr un bon moment aux amateurs de plats solides et d'atmosphère conviviale.

**Accès :** au nord du centre-ville.

## CASSEL 59670

**€€€ 🍽 ☂ Fenêtre sur Cour** – *5, rue du Maréchal-Foch ☎ 03-28-42-03-19. ♿ Ouv tlj le midi sauf mer, et ouv le soir ven-sam. Congés : 7 j. en fév et 15 j. en août. Formule déj 23,50 € ; menus 39,50-62,50 €. Café offert sur présentation de ce guide.* Une très belle adresse, sereine, classe, mais pas si classique que ça. Déco dans les tons taupe et crème, cuisine terre-mer riche en goût et en inventivité, sur fond de terroir réactualisé. Bien bel acueil. Agréable terrasse cachée. Les Flandres superbes et généreuses...

**Accès :** à deux pas de la Grand-Place.

## DUNKERQUE 59240

**€€ 🍽 ☂ Les Frangines** – *47, rue de l'Amiral-Ronarc'h ☎ 03-28-66-33-59. ♿ Tlj sauf dim et j. fériés, fermé le soir lun-jeu en hte saison. Congés : 15 j. en juil-août. Grillades 13-21 €. Café offert sur présentation de ce guide.* Dans une ville plutôt tournée vers la mer, voici un resto que les amateurs de bonnes viandes et d'abats, cuits dans la cheminée et accompagnés comme il se doit de frites et d'une béarnaise maison, apprécieront. Les sœurs, qui tiennent le resto, savent y faire côté cuisine et assurent aussi l'ambiance côté salle. Quant à la troisième sœur, on la retrouve aux commandes du resto *Au Waterzoï*, une autre bonne table de la ville.

**Accès :** sur le port.

## DANS LES ENVIRONS

### BERGUES 59380 (10 km SE)

**€ 🏠 🍽 ☂ P Au Tonnelier***** – *4, rue du Mont-de-Piété ☎ 03-28-68-70-05. • autonnelier.com • ♿ Tlj sauf dim soir et soir des j. fériés (plus ven soir en basse saison). Congés : déc-23 janv. Formule déj 18,50 € ; menus 21-28,50 € ; carte env 30 €. Parking payant. Café offert sur présentation de ce guide.* Une institution locale qui régale ses habitués de bonnes spécialités régionales dans un cadre chaleureux. Terrasse intérieure l'été.

**Accès :** face au musée, près de l'église.

## LIESSIES 59740

**€€ 🏠 🍽 ☂ P Le Château de la Motte**** – *14, rue de la Motte ☎ 03-27-61-81-94. • chateaudelamotte.fr • Tlj sauf dim soir et lun midi. Congés : 18 déc-8 fév. Formules déj en sem 20-25 € ; menus 28-66 € ; carte env 40 €. Parking.* *Le Château de la Motte* (ancienne dépendance de l'abbaye de Liessies, construite en 1725) ne manque pas de caractère avec ses murs de brique rose coiffés d'un comble d'ardoise, qui se mirent dans les eaux de l'étang voisin. Calme absolu. Côté resto, la vaste salle rustico-cossue a du charme, et la généreuse cuisine de tradition et de terroir flatte avantageusement les papilles. Également de jolies chambres bien meublées.

**Accès :** par la D133, direction Avesnes-sur-Helpe depuis Liessies.

**€€ 🍽 ☂ Le Carillon** – *1, rue Roger-Salengro ☎ 03-27-61-80-21. Ouv ts les midis sauf mer, plus ven soir et sam soir. Congés : 21 fév-14 mars, 22-29 août et 14-28 nov. Menus et formules 29-49,50 € ; carte env 60 €.* Belle demeure avesnoise, restaurée avec beaucoup de goût. En fonction de la météo, on s'attable en terrasse ou dans la salle toute mignonne en surplomb de la rue. Un cadre idéal pour déguster de la vraie cuisine, sans esbroufe, du sérieux, du régulier. Plats au fil des saisons et du marché, le plus souvent dans la tradition régionale : millefeuille de maroilles au beurre de fines herbes, sandre rôti à la bière de garde, etc. Et pour ceux qui envisageraient de poursuivre la fête, la maison possède une boutique de produits du terroir et une cave bien approvisionnée.

**Accès :** dans le centre, face à l'église.

## LILLE 59000

€ |●| ⛱ **Estaminet Chez la Vieille** – *60, rue de Gand (C1-17)* ☎ *03-28-36-40-06.* ♿ *Tlj sauf dim-lun midi. Congés : Noël et le Jour de l'an. Menu 12,90 € le midi en sem ; carte 20-25 €. Digestif maison offert sur présentation de ce guide.* Un bistrot bonhomme, avec d'anciens jeux traditionnels flamands, des gravures et des plaques émaillées donnant l'illusion d'un lieu retrouvé. Planche paysanne à la bière, soupe au maroilles, *potjevleesch,* carbonade flamande, crêpe à la confiture de rhubarbe et mousse aux spéculoos s'accompagnent joyeusement de blonde de Saint-Landelin, de cidre brut d'Artois ou de sirop de la limonaderie *La Gosse* à Hardinghem. L'addition est douce, l'ambiance heureuse.

**Accès :** à 500 m de la cathédrale.

€€ |●| ⛱ **La Ducasse** – *95, rue Solférino (B3-18)* ☎ *03-20-57-34-10.* Ⓜ *République.* ♿ *Tlj sauf dim. Formule déj en sem 23 € ; carte 26 €. Apéritif maison ou café offert sur présentation de ce guide.* Une vieille institution lilloise, tenue par une jeune équipe qui n'a pas bradé l'héritage. Bien au contraire, tout est bien resté en place, la longue banquette de bois gravée, les tables traditionnelles et le fort beau comptoir. Vous reconnaissez ? On y a tourné une scène de *Bienvenue chez les Ch'tis* ! Dans un coin, l'orchestrion mécanique de 1910 (qu'on fait fonctionner un court instant de temps à autre). Atmosphère vraiment chaleureuse, cuisine de bistrot classique et convenable. Quelques fleurons de toutes les spécialités de la cuisine régionale (rognons au *Wambrechies, potjevleesch,* tripes au muscadet...), bières flamandes artisanales à la pression.

**Accès :** à côté des anciennes halles.

€€ ⛱ **The Sylmar** – *2, pl. Sébastopol (C3-16)* ☎ *03-20-57-14-39. Fermé dim-lun. Congés : 2 sem en août et 10 j. à Noël. Le midi en sem, menu 21 € ; carte env 35 €. Café offert sur présentation de ce guide.* Après avoir régalé les gourmands dans quelques belles maisons, Yann Piton s'installe définitivement à Lille, face au théâtre Sébastopol, dans cette grande salle, dont les murs sont égayés par une expo de peinture. On y retrouve sa cuisine de saison toute de fraîcheur, qui s'affiche à l'ardoise au gré du marché. Les légumes, céréales, poissons et crustacés sont à l'honneur (pas de viande !), les plats présentés sans afféteries inutiles. Preuve que qualité peut rimer avec simplicité et convivialité. Et en dessert, belle assiette de fromages *british,* histoire de rendre hommage à son épouse anglaise.

€€€ |●| ⛱ **Bloempot** – *22, rue des Bouchers (B2-15)* ☎ *Pas de tél.* ♿ *Tlj sauf dim-lun et mar soir. Congés : 3 sem en juil-août et Noël-Nouvel An. Résa sur Internet obligatoire. En sem, formules déj 19,50-25 € ; menus 40-60 € ; carte env 40 €.* Voici Florent, le jeune chef médiatisé, installé dans la capitale nordiste sans délaisser pour autant sa Flandre natale (où il tient un hôtel-restaurant étoilé). Florent s'active aux fourneaux, entouré d'une brigade dynamique. Cette cantine flamande (ex-menuiserie) offre des assiettes créatives et de qualité avec d'excellents produits locaux. Certes, sa cuisine peut surprendre mais *in fine,* elle remporte toujours l'unanimité ! Laissez-vous tenter par les menus « Les Yeux fermés », véritables petits grains de folie de ces « menuisiers » culinaires !

## DANS LES ENVIRONS

### CAPINGHEM 59160 (8 km O)

€€ |●| ⛱ 🅿 **La Marmite de Pierrot** – *93, rue Poincaré, ancienne route nationale Lille-Armentières* ☎ *03-20-92-12-41.* ♿ *Ouv ts les midis sauf lun, plus le soir ven-sam. Menus-carte 29-36 €. Parking. Digestif maison offert sur présentation de ce guide.* Pas possible, cet homme-là est tombé dans une marmite tout petit, pour avoir eu la force de tout faire à la fois : des livres, des émissions, et même de la cuisine ! C'est ici, dans ce bistrot campagnard décoré de vieux outils, que les habitués viennent s'encanailler autour d'une marmite de tripes et autres cochonnailles portant la marque de cet homme très médiatique, Pierrot de Lille. Autant prévenir, on ne vient pas chez lui pour grignoter du bout des dents en buvant de l'eau ; on vient là pour ripailler. Et pour le spectacle de ce « Pierrot-à-bretelles » qui connaît la musique, secondé

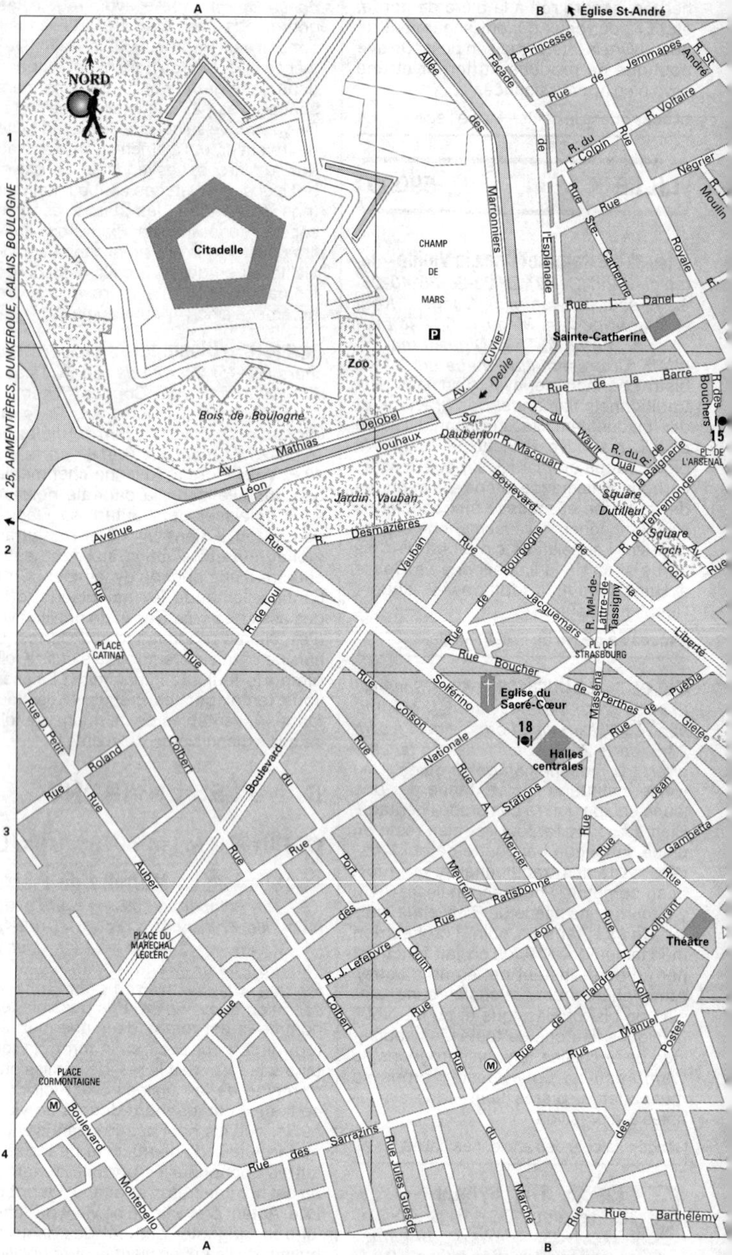
A
B
Église St-André
NORD
1
2
3
4
A 25, ARMENTIÈRES, DUNKERQUE, CALAIS, BOULOGNE
Citadelle
CHAMP DE MARS
Zoo
Bois de Boulogne
Jardin Vauban
Allée des Marronniers
Av. Cuvier
Deûle
Sq. Daubenton
Av. Mathias Delobel
Av. Léon Jouhaux
Avenue
R. Desmazières
R. Princesse
Façade de l'Esplanade
Rue de Jemmapes
R. St André
R. Voltaire
R. du Lt. Colpin
Rue Négrier
R. J. Moulin
Rue Ste-Catherine
Rue Royale
Rue L. Danel
Sainte-Catherine
Rue de la Barre
R. des Bouchers
15
Q. du Wault
R. du Quai
R. de la Baignerie
PL. DE L'ARSENAL
R. Macquart
Boulevard Vauban
Square Dutilleul
R. de Tenremonde
Square Foch
Av. Foch
Rue de Bourgogne
Rue de la Liberté
Rue de Jacquemars
R. Mal-de-Lattre-de-Tassigny
PL. DE STRASBOURG
Rue Boucher de Perthes
Rue de Puébla
Rue Gisèle
Rue de Solférino
Eglise du Sacré-Cœur
18
Halles centrales
Rue Masséna
Rue Colson
Rue Nationale
Rue de Toul
PLACE CATINAT
Rue D. Petit
Rue Roland
Rue Colbert
Boulevard du Port
Rue A. Mercier
Rue des Stations
Rue Jean
Rue Gambetta
Rue Meurein
Rue Ratisbonne
Rue Léon
R. C. Quint
R. J. Lefebvre
Rue Auber
PLACE DU MARECHAL LECLERC
R. Colbrant
Théâtre
Rue H. Kolb
Rue de Flandre
Rue Manuel
Rue des Postes
PLACE CORMONTAIGNE
Boulevard Montebello
Rue des Sarrazins
Rue Jules Guesde
Rue du Marché
Rue Barthélémy
Rue

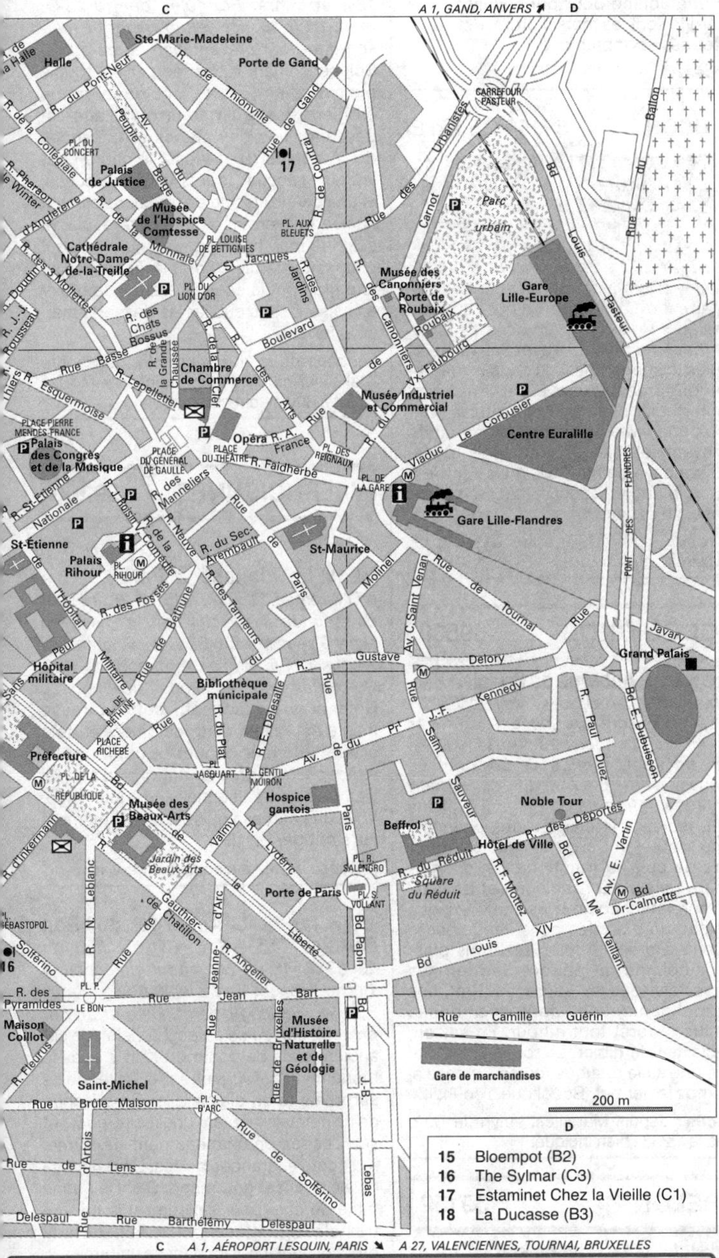
C
A 1, GAND, ANVERS
D
Ste-Marie-Madeleine
Halle
Porte de Gand
R. du Pont-Neuf
R. de Thionville
Rue de Gand
R. de la Collégiale
PL. DU CONCERT
Palais de Justice
17
R. de Courtrai
CARREFOUR PASTEUR
Rue des Urbanistes
Bd Carnot
Parc urbain
Bd Louis Pasteur
Rue du Ballon
R. Pharaon de Winter
Musée de l'Hospice Comtesse
R. de la Monnaie
PL. AUX BLEUETS
PL. LOUISE DE BETTIGNIES
R. St Jacques
R. des Jardins
Cathédrale Notre-Dame-de-la-Treille
R. des 3 Mollettes
PL. DU LION D'OR
Musée des Canonniers
Porte de Roubaix
Gare Lille-Europe
R. des Chats Bossus
R. de la Clef
Boulevard
R. des Canonniers
R. de Roubaix
Rue Basse
R. de la Grande Chaussée
Chambre de Commerce
R. des Arts
Faubourg
R. Lepelletier
Rue Esquermoise
Musée Industriel et Commercial
Le Corbusier
Centre Euralille
PLACE PIERRE MENDÈS-FRANCE
Palais des Congrès et de la Musique
Opéra
R. A. France
PL. DES REIGNAUX
Viaduc
PONT DES FLANDRES
PLACE DU GÉNÉRAL DE GAULLE
PLACE DU THÉÂTRE
R. Faidherbe
R. des Manneliers
PL. DE LA GARE
Gare Lille-Flandres
R. St-Étienne
Nationale
R. J. Roisin
R. de la Comédie
R. Neuve
Rue de Paris
St-Étienne
Palais Rihour
PL. RIHOUR
R. du Sec-Arembault
St-Maurice
R. du Molinel
Av. C. Saint Venant
Rue de Tournai
R. de l'Hôpital
R. des Fossés
R. de Béthune
R. des Tanneurs
Rue Javary
Grand Palais
Hôpital militaire
R. Gustave Delory
Bibliothèque municipale
Rue Kennedy
R. Paul Duez
Bd E. Dubuisson
R. de Béthune
Rue Militaire
PL. DE BÉTHUNE
R. E. Delesalle
Av. du Prt J.-F. Kennedy
Rue Saint Sauveur
PLACE RICHEBÉ
R. du Plat
Préfecture
PL. JACQUART
PL. GENTIL MUIRON
PL. DE LA RÉPUBLIQUE
Hospice gantois
Noble Tour
Musée des Beaux-Arts
Beffroi
R. des Déportés
Av. E. Vartin
R. Valmy
Hôtel de Ville
R. Lydéric
Jardin des Beaux-Arts
PL. R. SALENGRO
R. du Réduit
Square du Réduit
R. F. Mottez
Bd du Mal Vaillant
R. d'Inkermann
R. N. Leblanc
Porte de Paris
PL. S. VOLLANT
Bd Dr-Calmette
Bd Louis XIV
Gauthier-de-Châtillon
R. Jeanne-d'Arc
Rue de la Liberté
Bd Papin
PL. SÉBASTOPOL
Rue de Solférino
R. Angellier
16
R. des Pyramides
PL. P. LE BON
Rue Jean Bart
Rue Camille Guérin
Maison Coillot
Musée d'Histoire Naturelle et de Géologie
Rue de Bruxelles
Bd J.-B. Lebas
R. Fleurus
Saint-Michel
Gare de marchandises
200 m
Rue Brûle Maison
PL. J. D'ARC
Rue de Solférino
Rue d'Artois
Rue de Lens
Rue Delespaul
Rue Barthélémy Delespaul
15 Bloempot (B2)
16 The Sylmar (C3)
17 Estaminet Chez la Vieille (C1)
18 La Ducasse (B3)
C
A 1, AÉROPORT LESQUIN, PARIS
A 27, VALENCIENNES, TOURNAI, BRUXELLES
1
2
3
4

**LILLE**

par une équipe pour qui convivialité et fraternité sont les mots d'ordre. Petit bout de terrasse sympathique.

***Accès :*** par la D652.

## GRUSON 59152 (15 km E)

€€€ **Le Restaurant de l'Arbre** – *1, pavé Jean-Marie-Leblanc ☎ 03-20-79-55-33. Tlj sauf dim soir-lun. Congés : 3 sem en août et 1 sem en janv. Formules déj 27-50 € en sem ; menus 50-87 €. Parking.* Dans une autre vie, c'était un estaminet. C'est aujourd'hui l'un des meilleurs restos des environs de Lille. Un lieu accueillant, avec terrasses, tables joliment dressées dans un cadre complètement rénové, épuré mais confortable, où l'on peut s'offrir à prix doux une vraie cuisine de grand chef, innovante et rassurante à la fois. De la gastronomie de haut vol, mais sans les gants blancs. Conviviale et chaleureuse, en somme.

***Accès :*** sur la D90, entre Cysoing et Baisieux.

## LOCQUIGNOL 59530

€€€ **Auberge du Croisil** – *route de Maroilles, lieu-dit Le Croisil ☎ 03-27-34-20-14. Tlj sauf dim soir, lun non-fériés et mar soir. Congés : 19 déc-11 janv. Le midi en sem, menus 24,50-33,50 € ; menus w-e 40-51 €. Apéritif maison offert sur présentation de ce guide.* En pleine forêt, isolée à la croisée des chemins, cette petite auberge ravira les amateurs de cuisine traditionnelle, d'atmosphère paisible à l'ancienne et de lieux qui ronronnent comme les chats. Ici, que des habitués ou des gens venus par le bouche-à-oreille goûter aux bons plats de campagne du patron. Ses terrines remportent tous les suffrages. Bref, une cuisine généreuse, goûteuse, dense comme la forêt tout autour. En saison, spécialités de gibier. Le tout se déguste dans une salle rustique, ou en terrasse si le temps le permet. Bucolique à souhait.

***Accès :*** depuis Maroilles, suivre la D32, puis la D233 ; bien indiqué.

## TRÉLON 59132

€€ **Le Framboisier** – *1, rue F.-Ansieau ☎ 03-27-59-73-34. Tlj sauf dim soir, lun et mar soir non-fériés. Congés : 12 j. en mars. Formules déj 18-25 € ; menus 25-45 €. Parking. Apéritif maison offert sur présentation de ce guide.* Soigneusement restaurée par un couple plein d'allant, cette ancienne ferme en pierre bleue au cœur du village est devenue l'une des étapes gourmandes de l'Avesnois. Tout y est : le cadre chaleureux, l'accueil tout sourire et efficace, et une bonne cuisine de tradition, joliment ficelée et bien inspirée. Carte évoluant selon le marché, bien sûr, mais on peut plébisciter le filet d'omble-chevalier au foie gras poêlé sauce caramel, le gibier en saison, sans oublier les desserts maison. Terrasse.

***Accès :*** de la rue principale, descendre celle qui part du monument aux Morts ; c'est à 300 m, direction Val Joly.

## VALENCIENNES 59300

€€ **La Planche à Pain** – *1, rue d'Oultreman ☎ 03-27-46-18-28. Tlj sauf dim soir-lun et jeu soir. Congés : 1 sem en avr et 3 sem en août. Résa recommandée. Menus 16 € le midi en sem, puis 26-40 €. Café offert sur présentation de ce guide.* Romantique à souhait, cette adresse intime est idéale pour les dîners en tête à tête. Intérieur coquet et confortable, atmosphère feutrée comme il sied à un tel lieu. Cuisine traditionnelle de haute volée. Voilà une adresse qui rallie unanimement les suffrages en ville.

***Accès :*** à 2 mn à pied du centre-ville.

€€ **Auberge du Bon Fermier****** – *64, rue de Famars ☎ 03-27-46-68-25. • bonfermier.com • Tlj, tte l'année. Formule 19,50 € ; menus 35-55 €. Parking payant. Café offert sur présentation de ce guide.* La vision de cet ancien relais de poste du XVIIe s (classé Monument historique) est pour le moins surprenante en pleine ville. On s'étonne de ne point voir devant une malle-poste et son cocher, en chapeau haut-de-forme, redingote et grandes bottes. L'intérieur se révèle vivant et gourmand. C'est la bonne table du coin pour savourer une cuisine très classique (cochon de lait rôti à la broche) dans un cadre assez unique.

***Accès :*** dans le centre-ville.

Hauts-de-France - Nord

# Oise (60)

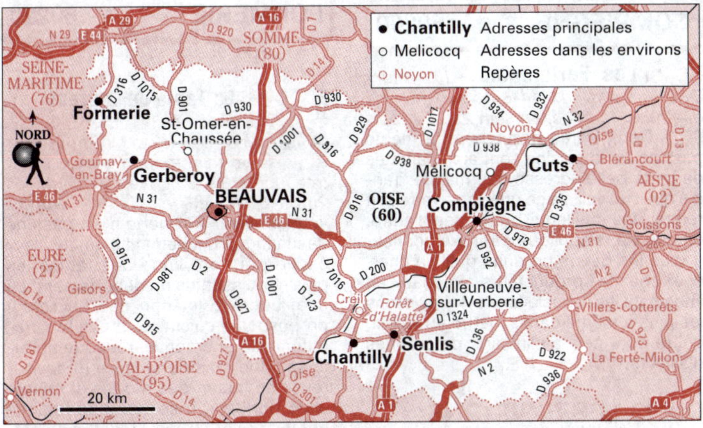


## BEAUVAIS 60000

€€€ |●| **Senso** – *25, rue d'Agincourt ☎ 03-64-19-69-06. Fermé dim et lun. Résa indispensable. Menus déj (aussi sam) 18-25 €, puis 44-65 €.* On évolue là dans la sphère du semi-gastronomique : le chef sélectionne soigneusement ses produits, maîtrise parfaitement ses cuissons et tire de sa toque de belles associations de saveurs. De l'entrée au dessert (en passant par la mise en bouche et le « pré-dessert » qui prépare votre palais à passer du salé au sucré), les papilles se délectent tandis que l'esprit s'amuse à identifier les goûts en bouche. Le tout dans un décor sobre, mais plutôt élégant, sans être compassé, à l'image de la clientèle, assez variée malgré les prix. *NOUVEAUTÉ.*

## DANS LES ENVIRONS

### SAINT-OMER-EN-CHAUSSÉE
60860 (15 km NO)

€€ |●| **L'Auberge de Monceaux** – *1, rue du Maréchal-Leclerc, hameau de Monceaux ☎ 03-44-84-50-32. Fermé mer et le soir dim et mar. Résa conseillée. Menus 28-46 € ; carte 45-50 €.* Cette longue bâtisse tapie au bord de la D901 a tout de l'auberge traditionnelle (le cadre, les menus), sans être pour autant figée dans le passé ou les habitudes. La cuisine, à base de produits de qualité, y évolue au gré des saisons. Certains « standard », cependant, squattent la carte à l'année, pour le plus grand plaisir des gourmets, tel le fameux paris-brest au pralin à l'ancienne. Et pour que le plaisir soit total, l'accueil et le service sont eux aussi exquis. *NOUVEAUTÉ.*

***Accès :*** au bord de la D901, en direction de Marseille-en-Beauvaisis.

## CHANTILLY 60500

€ |●| ⛱ **Aux Goûters Champêtres** – *hameau du Parc-du-Château BP 80411 ☎ 03-44-57-46-21. Ouv de mars à mi-nov, tlj 12h-18h. Résa indispensable le w-e. Menus 22-45 €.* On y déguste, à l'ombre des parasols, dans de charmants jardinets, d'excellents confits ou magrets, des salades et une inoubliable crème Chantilly. Demandez à voir le salon de thé du prince de Condé (fresques murales). Accueil et service aimables.

**Accès :** à l'intérieur du parc du château (entrée payante), dans le hameau.

## COMPIÈGNE 60200

€€ |●| **Les Ferlempins** – *13, cours Guynemer ☎ 03-44-89-53-31. Fermé dim-lun. Menu déj en sem 22,90 €, puis 35 €.* Deux frères partageant la même passion de la cuisine sont aux manettes de cette belle adresse gourmande. Tandis que l'un veille à ce que votre verre soit rempli des meilleurs breuvages, l'autre, en cuisine, s'applique à rendre honneur à tous les beaux produits qu'il va chercher chez les producteurs régionaux en imaginant les associations et les cuissons les plus à même de les mettre en valeur, quitte pour cela à s'inspirer de cuisines d'ailleurs. *NOUVEAUTÉ.*

## DANS LES ENVIRONS

### MÉLICOCQ 60150 (8 km NE)

€ |●| **Auberge des Chiens Rouges** – *10, rue Emersan-White ☎ 03-44-96-08-44. Tlj sauf dim soir, lun, mar soir et mer soir. Congés : 3 sem en août. Menu unique 22 €. Pas de carte.* Ça vaut le coup de faire un petit effort et de rendre visite à ce sympathique village et à ces étranges *Chiens Rouges*. On est fort bien reçu dans cette accueillante auberge. Patron ouvert et chaleureux, qui connaît son métier sur le bout des ongles. Produits du marché choisis avec passion. Surtout, surtout, ne ratez pas cette andouillette d'anthologie. Goûteuse à souhait, suave, parfumée. Portions généreuses et beaux desserts, que souhaiter de plus ?

**Accès :** par la D1032, par Thourotte.

## CUTS 60400

€ |●| ☂ **Auberge Le Bois Doré** – *5, rue de la Ramée ☎ 03-44-09-77-66. ♿ Tlj sauf dim soir-lun et mar soir. Congés : 25 fév-6 mars et 26 août-3 sept. Formule déj en sem 16,90 € ; menus 22-39 € ; carte 35-40 €.* Une auberge de campagne au cadre chaleureux comme on les adore. Découvrez une cuisine de terroir de haute volée et un service attentif et plein de petites attentions pour les clients (délicieux amuse-bouches). Quelques belles propositions de viande ou de poisson, et de jolis desserts. À signaler, la riche sélection de vins.

**Accès :** par la D934, direction Noyon.

## FORMERIE 60220

€€ **La Table de Laurent** – *21, rue de la Paix ☎ 03-44-48-13-10. ♿ Ouv ts les midis (sam) et le soir ven-sam. Formules bistrot 14,90-18 € le midi en sem ; menus 26,50-63 € ; carte 25-50 €.* Autant vous prévenir, *Formerie* n'est pas une destination franchement glamour. Il s'y cache pourtant l'une des tables les plus réjouissantes du département. Le chef Ludovic (et non pas Laurent !) propose une cuisine tout à la fois traditionnelle et créative, rustique et raffinée. Une cuisine sincère et savoureuse se jouant des modes et mêlant avec bonheur, inspiration et talent – hommage au terroir – recettes intemporelles et produits nobles. Le cadre, assez banal, ne se prête pas aux belles déclarations d'amour... Raison de plus pour laisser parler sa gourmandise !

**Accès :** dans le centre, en face de la caserne des pompiers.

## GERBEROY 60380

€€ |●| ☂ **If** – *3, impasse du Vidame 📱 06-43-01-19-95. Fermé dim soir, lun et mar. Carte 30-35 €.* Une « bistronomie de campagne », en voilà une idée séduisante. D'autant plus quand on vous ouvre les portes d'une superbe maison de famille du XVII^e s et de son jardin remarquable, ainsi que de son potager dont l'extraordinaire variété de plantes aromatiques parfume avec bonheur les assiettes. La carte est simple (3 entrées, 3 plats, 3 desserts). La cuisine aussi, mais sans tomber dans la facilité, ni transiger sur la qualité des produits (de saison, évidemment, et des environs de préférence). Les belles assiettes, volontiers fleuries, font la part belle aux végétaux. Le tout à savourer dans une ambiance conviviale et bucolique. Et quand le temps ne permet pas de manger dans le jardin, la table est dressée dans les salons pleins de caractère. *NOUVEAUTÉ.*

## SENLIS 60300

€€€ **Hostellerie-restaurant de la Porte Bellon*** ** – *51, rue Bellon ☎ 03-44-53-03-05. • porte bellon.fr • Congés : 2 sem début janv. Formule 26 € ; menus 35-65 € ; carte env 45 €.* Ancien relais de poste disposant d'une belle cave du XIIIe s (visite sur demande). Excellente cuisine de saison, entièrement maison, utilisant les meilleurs produits des régions de France. Agréable jardin ombragé pour déjeuner ou dîner par beau temps (conseillé de réserver). Cette superbe maison propose également des chambres spacieuses, restaurées au goût du jour mais dans un style qui respecte le charme de l'ancien. Vraiment une belle adresse.

***Accès :*** la rue Bellon donne dans la rue de la République.

€€€ **Julianon** – *5, pl. Gérard-de-Nerval ☎ 03-44-32-12-05. Tlj sauf sam midi, dim et lun. Congés : 3 sem en juil ou août. Menus midi en sem 25 €, puis 36-56 €. Digestif maison offert sur présentation de ce guide.* Mignonne maison d'époque en angle et petite salle accueillante, à la déco contemporaine, épurée. Peu de tables aussi, parti pris du chef. Richard Baima concocte une cuisine très personnelle, fougueuse, n'utilisant que de beaux produits, les associant subtilement, télescopant les goûts, créant des alliances sucrés-salés improbables et réussies... Les cuissons sont parfaites, les desserts et le pain faits maison.

***Accès :*** à 5 mn à pied du centre-ville.

### DANS LES ENVIRONS

### VILLENEUVE-SUR-VERBERIE 60410 (11 km NE)

€€ **Chez Jako – L'Auberge du Clocher** – *30, rue des Flandres ☎ 03-44-54-70-13. Tlj sauf mar soir-mer. Congés : 3 sem en août. Menus déj en sem 18 €, puis 28-35 €.* Sympathique auberge, rustique à souhait avec ses poutres, son pressoir, ses toiles cirées à carreaux et son vieux buffet. Agnès, la patronne, sert en salle une cuisine populaire et roborative. Sourire et gentillesse sont au rendez-vous pour une halte agréable et conviviale. Quelques spécialités : la tête de veau ravigote, le pied de cochon béarnaise.

***Accès :*** par l'A1, sortie Senlis, direction Compiègne par la D932A.

# Pas-de-Calais (62)

## ARRAS 62000

€ **Le Petit Rat Porteur** – *11, rue de la Taillerie ☎ 03-21-51-29-70. Tlj sauf dim soir-lun. Congés : 2 sem après les fêtes de fin d'année, 1 sem en mars-avr et 3 sem en été. Formule 14 € ; plats 10-16 €.* Un cadre sympa comme tout, façon café à l'ancienne (quelques vieilles pubs et enseignes à l'effigie... du rat), un service impeccable et, dans l'assiette, une bien bonne cuisine de brasserie locale : spécialité de *welsh,* carbonades, parmentier d'andouillette (d'Arras, bien sûr !)... Convivial, surtout si l'on opte pour une table dans la jolie cave voûtée.

***Accès :*** dans le centre-ville.

## BERCK-SUR-MER 62600

€€ **L'Auberge du Bois** – *149, av. Quettier ☎ 03-21-09-03-43. Tlj sauf dim soir-lun hors saison. Congés : 15 janv-2 fév. Formule déj 15 € ; menu 25 €. Parking. Café offert sur présentation de ce guide.* À Berck, tout le monde connaît *L'Auberge du Bois,* mais on dit plus volontiers « chez Ben », puisque le patron compte ici tout autant, voire davantage, que les murs ou l'assiette. C'est chez Ben, donc, qu'on se rend, dans ce bar-restaurant à la grande salle à manger agréable, aux tons chauds. Sur commande uniquement, de très beaux plateaux de fruits de mer pour 2 personnes. Bonnes spécialités de choucroute de

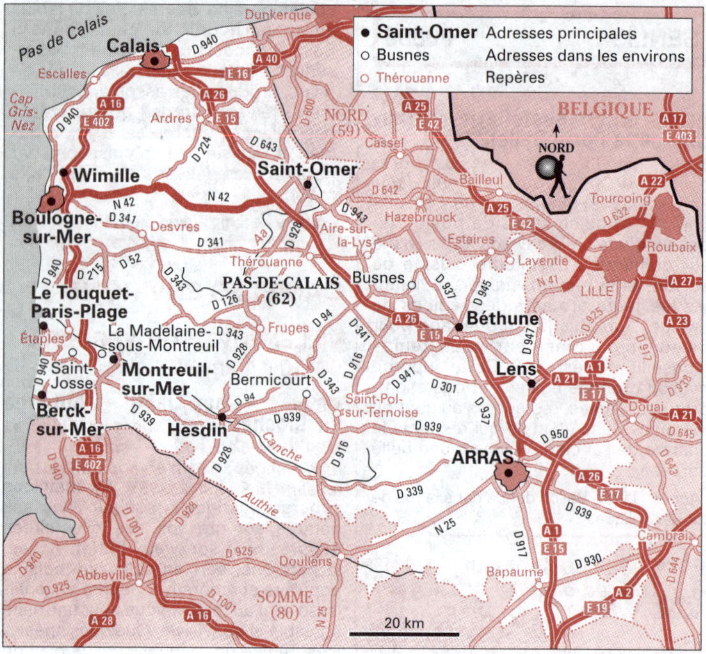


la mer, franche et copieuse, de tajine de lotte à la marocaine, ou de bouillabaisse. Service fort gentil. Bref, la petite adresse sympa, parfaite pour une soirée entre amis.

***Accès :*** en venant de Paris, Lille ou Montreuil-sur-Mer, 1re à droite, puis 2e à gauche.

## BÉTHUNE 62400

**€€ |●| ⛱ L'O à la Bouche** – *7, rue du Docteur-Dhénin ☎ 03-21-64-37-94. ♿ Tlj sauf lun soir et sam midi. Congés : 1 sem en janv et 3 sem en août. Résa plus que conseillée. Formule déj en sem 18 € ; menus 25-30 € ; carte env 32 €. Café offert sur présentation de ce guide.* Une très bonne adresse un peu excentrée et pourtant bien connue des Béthunois. Les fidèles ne s'y trompent pas en venant déguster de bon petits plats traditionnels : filet de bœuf flambé, filet mignon de porc aux figues, pêche du jour. L'agrandissement du lieu n'a rien gâté : les plats sont toujours aussi bons, et l'accueil excellent. Service aux petits soins.

## DANS LES ENVIRONS

### BUSNES 62350 (13 km NO)

**€€ ⛱ P Le Jardin d'Alice et le Château de Beaulieu** – *1098, rue de Lillers ☎ 03-21-68-88-88. ♿ Formules déj en sem 24-33 € ; menus 33-70 € ; carte 30 €. Parking.* Marc Meurin, le chef étoilé de Béthune, a choisi de mener une vie de château contemporaine loin du centre-ville, conservant ses recettes étoilées pour sa grande table, mais ouvrant, pas bien loin, un restaurant lounge dans l'air du temps. Fauteuils zébrés, service zélé, cuisine très terroir revisité. Alice, la petite-fille du chef, a un beau jardin, et une belle maison à l'image de son temps, aux chambres soignées et tout confort. Pour se détendre, 5 ha, tout autour.

***Accès :*** prendre l'A 26 Calais-Béthune, sortie no 5, puis la D 916.

## BOULOGNE-SUR-MER 62200

€ |●| ⛱ **Le Châtillon** – *6, rue Charles-Tellier ☎ 03-21-31-43-95. Ouv le midi lun-ven (bar slt le sam), ainsi que le 1er dim de chaque mois. Menu 23 € le midi en sem ; carte 23 €. Café offert sur présentation de ce guide.* Coincé entre de vastes hangars métalliques, au cœur de la zone portuaire, face à une rue large comme une piste d'atterrissage où tournent en noria les semi-remorques. Ambiance... Il faut s'arrêter dans la salle du rez-de-chaussée au cadre nautique authentique (même si le 1er étage est plus calme) pour saisir l'âme de cette ville. Au comptoir et autour des tables serrées, c'est du 100 % boulonnais : marins pêcheurs, capitaines et fileyeurs, parfois encore en bottes et ciré de tempête. Les tournées s'enchaînent, le verbe se porte haut. Et personne ne se fait prier pour faire un sort à des poissons cuisinés comme à la maison.

***Accès :*** dans la zone portuaire.

€€ |●| ⛱ **L'Îlot Vert** – *36, rue de Lille ☎ 03-21-92-01-62. ♿ Tlj sauf mer et dim. Congés : fêtes de fin d'année. Formules déj 19-23 € ; menus-carte 32-49 €. Café offert sur présentation de ce guide. L'Îlot Vert* porte bien son nom, car c'est la bonne adresse qui a réconcilié les locaux avec le secteur hautement touristique (et toc) de la ville haute. Il faut dire que l'accueil est exemplaire, à la fois pro et adorable, avec le petit mot juste pour chacun. L'opération de séduction se poursuit avec un cadre tendance et contemporain plein de coquetterie, mais c'est la cuisine vive et moderne (avec, ici ou là, quelques influences d'ailleurs) qui fidélise définitivement le gourmand. Les produits sont de saison, le talent du chef est indéniable, en bref, on se régale !

***Accès :*** entre la mairie et la château-musée.

## CALAIS 62100

€ |●| **Au Côte d'Argent** – *1, digue Gaston-Berthe ☎ 03-21-34-68-07. Tlj sauf dim soir-lun. Congés : 22 août-4 sept. Formule déj 18 € en sem ; menus 22-42 €.* C'est une valeur sûre au sein de l'armada des restos de poisson. Décor intérieur soigné de bateau en croisière : cuivre, bois, filets et vivier. Grandes baies vitrées pour profiter du trafic du port. Et surtout une cuisine de la mer parfaitement maîtrisée, à laquelle s'ajoutent quelques plats de terroir pour l'équilibre et des menus d'un joli rapport qualité-prix. Autant dire qu'on ne regrette pas la traversée !

***Accès :*** tout de suite à droite quand on arrive à la plage.

€€ |●| **Histoire ancienne** – *20, rue Royale ☎ 03-21-34-11-20. Tlj sauf dim soir et lun soir, plus lun midi en juil-août. Formules déj en sem 19-22 € le midi (sauf sam) ; menu 32 € ; carte env 35 €. Un kir vin blanc offert sur présentation de ce guide.* Joli bistrot au cadre Art déco très soigné : fresques, lustres et vieux comptoir, tout y est. Chacun devrait trouver motif à s'y attabler : poisson et viande grillés, classiques de brasserie, incontournables de terroir et quelques appétissants petits plats bien dans l'air du temps. Et les végétariens ne sont pas oubliés. Service d'une belle efficacité. Menus d'un excellent rapport qualité-prix, carte un peu plus onéreuse. Sinon, les « jeudis de l'Histoire ancienne » permettent de déguster des plats authentiques, tels que le cassoulet gratiné, l'assiette tout cochon ou la tête de veau ravigote.

***Accès :*** dans la rue principale, en plein centre.

## HESDIN 62140

€ |●| **La Bretèche** – *19, rue du Général-Daullé ☎ 03-21-86-80-87. Tlj sauf dim soir et mer. Congés : 2e sem des vac scol de fév et 10 premiers j. de sept. Formule 17 € le midi en sem ; menus 23-32 €. Vins au verre à partir de 4 €.* Une des bonnes tables d'Hesdin. Cuisine classique et régionale revisitée par un amoureux du sucré-salé : foie gras à l'hydromel, jambonneau de cochon rôti aux épices. Très agréable, comme la déco de la jolie salle précédée par un beau comptoir. Accueil et service très pros.

***Accès :*** à deux pas de la place d'Armes.

## DANS LES ENVIRONS

### BERMICOURT 62130 (17 km E)

€€ 🅿 **La Cour de Rémi** – *1, rue Baillet ☎ 03-21-03-33-33. ♿ Tlj sauf sam midi, dim soir et* *lun ; 1er avr-20 sept, ouv ts les soirs sur résa. Menus 18 € le midi en sem, puis 32 €. Brunch 25 € le dim. Parking.* Sébastien de La Borde a tout plaqué pour sauver le château de famille. Dans l'ancienne ferme, dont le gars Rémi fut le dernier exploitant (d'où le nom, vous suivez ?), il a créé ce lieu chaleureux, auberge pour voyageurs d'aujourd'hui. Le résultat, c'est de la gentillesse dans le service, du goût dans chaque plat, et des vins naturels pour les accompagner.

***Accès :*** sur la N39, à hauteur de Humières, prendre à droite direction Bermicourt.

## LE TOUQUET 62520

€€ **Le Café des Arts** – *80, rue de Paris ☎ 03-21-05-21-55. Fermé lun-mer hors saison (slt le midi mar-mer en juil-août). Congés : 20 j. début janv et 10 j. fin juin. Formules 24 € sauf sam soir et j. fériés, puis 30,50-47,50 €. 5 % de remise sur l'addition sur présentation de ce guide.* Le Café des Arts affiche d'entrée ses couleurs et ses goûts artistiques sur les murs, mais garde toujours le meilleur pour l'assiette, gourmande, équilibrée, faisant de cette table discrète l'une des meilleures de la ville. Menus sympathiques, surtout le plus cher, avec ses propositions terre-mer qui vous mettent d'entrée l'eau à la bouche. Du sérieux, jusque dans l'accueil.

€€€ **Côté Sud** – *187, bd Jules-Pouget ☎ 03-21-05-41-24. Tlj sauf dim soir-lun midi et mer (tlj sauf dim soir et lun en saison). Congés : 15 j. en fév-mars, 7 j. en juin et 15 j. en déc. Formules 20-26 € en sem ; menus 36-55 € ; carte.* Sébastien et Églantine Desrousseaux ont trouvé la formule qui gagne. Lui en cuisine, elle en salle, jouant la carte d'une cuisine actuelle et la carte terroir en la magnifiant, en lui donnant d'autres saveurs, d'autres couleurs. Ne vous fiez pas à l'enseigne, qui était là avant leur arrivée : le chef se sent l'esprit côtier, mais sa cuisine terre-mer n'a rien de méditerranéen.

***Accès :*** sur la digue en face de la base de char à voile.

€€€ **Les 2 Moineaux** – *12, rue Saint-Jean ☎ 03-21-05-09-67. Tlj sauf lun et mar midi. Congés : 2 sem en janv, 1 sem fin juin et 2 sem en nov. Formule déj 23 € ; menus 36-60 €.* Une vieille enseigne du Touquet, dépoussiérée par une jeune équipe, qui surprend dans cette station balnéaire. Située en étage, à l'abri des regards. Cuisine de marché, fraîche, légère et inventive, parfaitement maîtrisée et d'un remarquable rapport qualité-prix. Subtile tarte fine de sardines au pistou et sorbet tomate basilic, originale tartelette à la bière des Trois-Monts et sa glace à la vergeoise. Accueil chaleureux. Longue vie à ces *2 Moineaux,* qui s'envolent déjà bien haut.

***Accès :*** dans la rue principale, à 50 m de la mer.

## DANS LES ENVIRONS

### SAINT-JOSSE
62170 (10 km SE)

€€ **L'Auberge du Moulinel** – *116, chaussée de l'Avant-Pays, hameau du Moulinel ☎ 03-21-94-79-03. Tlj sauf dim soir, plus lun-mar hors vac scol. Congés : 20 j. en janv. Résa recommandée. Menus 31-63 €. Parking. Café offert sur présentation de ce guide.* L'une des bonnes tables de la Côte d'Opale. Cuisine adroite et réjouissante, donnant la priorité aux saveurs fortes et à d'inhabituels mais heureux mariages. Vins abordables. Bel intérieur cosy de fermette restaurée, perdue dans la riante campagne entre Le Touquet et Montreuil-sur-Mer. Service attentif. Attention, il n'y a pas beaucoup de tables, et l'adresse plaît.

***Accès :*** route de Montreuil, passer sous l'autoroute, puis tourner à droite à 2 km (indiqué).

## LENS 62300

€ **Le Pain de la Bouche** – *41 bis, rue de la Gare ☎ 03-21-67-68-68. Tlj sauf dim soir (hors fêtes et événements). Formule 14,50 € le midi en sem ; carte env 22 €. Apéritif maison offert sur présentation de ce guide.* Un pur estaminet reconstitué à côté de la gare. Cet endroit évoque quantité de souvenirs avec ses vieilles cafetières, jouets anciens, plaques publicitaires émaillées. Le patron s'est fait plaisir, ça se voit. Et c'est avec le même plaisir qu'il reçoit. Jeux traditionnels, soirées chansons et contes pour parfaire cette belle atmosphère. La cuisine trace le même sillon : faluches gratinées, soupe au lard, coq à la bière...

***Accès :*** en face de la gare.

€€ **L'Atelier de Marc Meurin** – *97, rue Paul-Bert ☎ 03-21-18-24-90. Fermé mar tte la journée et dim soir. Plat du jour 18 € ; menus sem midi et soir 33-62 €, et w-e 40-70 € ; carte env 50 €. Parking.* Après avoir découvert les œuvres exposées au musée, il faut aller vous attabler chez Marc Meurin pour que tous vos sens soient véritablement rassasiés. À l'image du Louvre-Lens, c'est dans cette grande verrière ronde et transparente que le chef étoilé de la région a installé ses fourneaux, au centre d'une grande salle lumineuse tout en sobriété et minéralité dans les tons gris bleuté. La carte, assez courte, s'appuie sur une cuisine de marché qui met à l'honneur les produits régionaux, mais elle propose aussi certains plats avec des échappées plus ensoleillées.

## MONTREUIL-SUR-MER 62170

€ **Le Clos des Capucins** – *46, pl. du Général-de-Gaulle ☎ 03-21-06-08-65. Tlj sauf dim soir-lun (tlj sauf lun midi en juil-août). Congés : vac scol de fév et 10-30 nov. Formules déj en sem 16-19 € ; menus 22-27 €. Kir offert sur présentation de ce guide.* La salle agréable et le service attentionné mettent tout de suite à l'aise. La cuisine, en phase avec son terroir, est pleine de bonnes idées avec des envolées méditerranéennes. Les habitants de la région aiment y venir, à quelques kilomètres des plages, tout comme les touristes de passage.

***Accès :*** à 500 m de l'hôtel de ville.

€ **Froggy's Tavern** – *51 bis, pl. du Général-de-Gaulle ☎ 03-21-86-72-32. Tlj midi et soir jusqu'à 22h (23h w-e). Congés : janv. Formules 19 € le midi en sem, puis 22,50-29,50 €.* Pierre, poutres, brique, pour rassurer d'entrée, mais sol en béton et musique techno pour dépayser. L'ancien silo à grains abrite désormais une table tendance, née de l'imagination du plus bouillonnant des jeunes chefs du pays, Alexandre Gauthier, associé à un autre étoilé, William Elliott. Tables en stratifié noir, lumières et service sympathiques, ou terrasse dans la cour pavée. Pour patienter, pot de rillettes à partager (succulentes, pas grasses), le temps de découvrir les plats du jour : os à moelle, travers de porc, coquelet de Licques, accompagnés de pommes de terre revenues dans le jus de la cuisson... Du bon, du sain, du savoureux. Vins peu connus, tarifés au verre au prix fort, dommage.

***Accès :*** à 500 m de l'hôtel de ville.

## DANS LES ENVIRONS

### LA MADELAINE-SOUS-MONTREUIL 62170 (2 km NO)

€ **Auberge du Vieux Logis** – *7, rue de Montreuil ☎ 03-21-06-10-92. Tlj sauf lun soir, mar soir, mer, jeu soir et dim soir. Congés : vac scol de fév et 30 juin-12 juil. Menus 21,50-32 €.* Une auberge qui sent bon la campagne, dans l'un de ces petits villages paisibles où le temps semble s'être arrêté. Des plats de toujours (cassoulet maison à la graisse d'oie, rognons de veau...), qui changent régulièrement, au gré du marché. Cadre de toute évidence rustique. Accueil nature et tout de gentillesse. On sort sur la petite terrasse aux beaux jours.

***Accès :*** par la D139 ou la D917. Au pied des remparts.

## SAINT-OMER 62500

€ **L'Histoire de** – *1, rue Henri-Dupuis ☎ 03-21-98-14-38. Tlj sauf mer et soir dim-lun. Formule déj 13 € ; menus 15-28 €. Café offert sur présentation de ce guide.* Toute petite (mais agréable) salle où quelques bibelots trahissent les origines polonaises d'un chef qui renoue, parfois, avec ses racines le temps de quelques plats. Mais son quotidien est fait d'une jolie cuisine au plus près de (bons) produits, avec des menus d'un remarquable rapport qualité-prix. Accueil et service simplement sympathiques.

**Accès :** en plein centre.

**€ 🍽 Chez Tante Fauvette** – *10, rue Sainte-Croix ☎ 03-21-11-26-08. Fermé dim-mar. Résa souhaitée. Carte 20-25 €.* Le plus petit restaurant de la ville, au rez-de-chaussée d'une maison typique, avec ses vieilles pubs, ses tables avec des nappes à carreaux et ses bonnes odeurs en provenance de la cuisine. Chaque matin, le chef s'approvisionne directement chez les maraîchers du coin. C'est donc la grand-tante d'Olivier Sowinski qui lui a donné envie d'ouvrir ce lieu rare. Une adresse maligne, où l'on déjeune et dîne, à la carte, d'un potage maison ou d'une terrine, d'un saumon grillé ou d'un plat à l'ancienne.

**Accès :** à 3 mn à pied de la cathédrale.

## WIMILLE 62126

**€€ 🍽 La Petite Brocante** – *2, rue de Ledinghen ☎ 03-21-32-87-65. ♿ Tlj sauf dim soir-lun et mer. Congés : début janv-début fév. Formule déj 16 € ; menu 28 € ; carte env 40 €. Café offert sur présentation de ce guide.* La Petite Brocante cache bien son jeu. Si l'enseigne comme le cadre font dans le rustique (2 salles charmantes en pierres apparentes, avec poutres et poêle à bois de rigueur), la cuisine, proche du marché et des saisons, est à l'inverse plus contemporaine. Il y a bien ici ou là quelques spécialités de facture très classique, mais dans l'ensemble, on se régale de plats ludiques et présentés avec art. Avec un tel rapport qualité-prix, on ne s'étonnera pas de voir les rangs des habitués grossir à vue d'œil !

**Accès :** à côté de l'église.



# Somme (80)

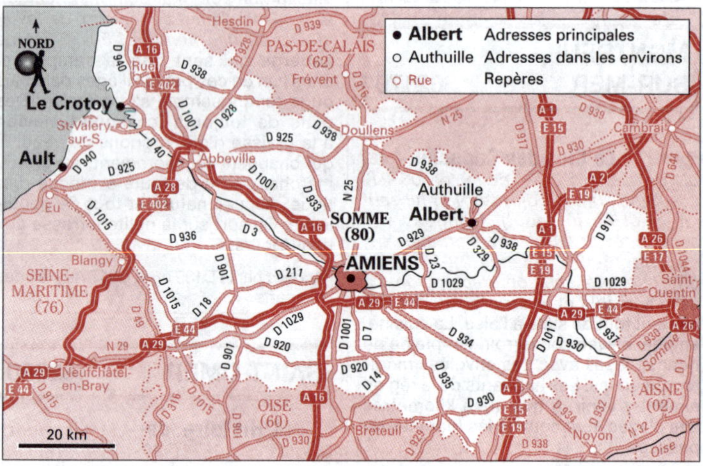


## ALBERT 80300

**€ 🏠 🍽 ☂ Hôtel-restaurant de la Basilique**** – *3-5, rue Gambetta ☎ 03-22-75-04-71. • hoteldelabasilique.fr • Tlj sauf dim soir et lun. Congés : 3 sem en août et 2 sem à Noël. Formule déj 16 € ; menu 20 €, et carte. Café offert sur présentation de ce guide.* Un hôtel familial et central, abritant des chambres classiques mais bien rénovées et tenues avec soin. Au restaurant, goûteuse cuisine, traditionnelle et inspirée du terroir : ficelle picarde ou goujonnettes d'anguille fumée à la crème de rollot. Pour accompagner le tout, de bonnes bières locales comme la *Poppy*, brassée en hommage aux « poilus » anglais. Accueil très chaleureux. Une excellente adresse pour rayonner sur le circuit du Souvenir.

***Accès :*** en face de la basilique.

## DANS LES ENVIRONS

### AUTHUILLE 80300 (5 km N)

€€ |●| ⛱ 🅿 **Auberge de la Vallée d'Ancre** – *6, rue du Moulin ☎ 03-22-75-15-18. Tlj sauf lun, mer soir et dim soir. Congés : 2 sem en fév et 2 sem en sept. Menus 25-29,50 €. Parking.* Adorable petite maison en brique, toute fleurie, nichée dans un minuscule village. Salle à manger à la décoration bourgeoise et chaleureuse. Cuisine savoureuse et soignée, d'inspiration traditionnelle mais d'exécution habile et personnelle : terrine du bord de l'étang, ficelle picarde, fricassée de lapereau, grenadin de veau au maroilles... Belle carte des vins. Accueil avenant.

***Accès :*** par la D151.

## AMIENS 80000

€ |●| ⛱ **Restaurant Le Quai** – *quai Bélu (C1-1) ☎ 03-22-72-10-80. Tlj midi et soir. Congés : 1re quinzaine de janv. Le midi (sauf dim), formules 15-19 € et menus 20-40 €. Apéritif maison offert sur présentation de ce guide.* Avec sa belle terrasse au bord de l'eau et ses airs d'attendre le touriste, on est tenté de se méfier. Mais quelle belle surprise ! La carte propose de savoureuses spécialités picardes, généralement cuisinées à la bière, ainsi que des viandes de qualité, des poissons, des moules fraîches, etc. Accueil pro, service efficace souriant (quand l'affluence le permet !)... Une excellente adresse.

€ |●| ⛱ **Restaurant Les Marissons** – *rue de la Dodane (C1-2) ☎ 03-22-92-96-66. Tlj sauf mer midi, sam midi et dim. Menus 20,50-48 €.* Nichée entre 2 canaux depuis l'époque où les berges n'étaient encore que de petits marais – des *marissons*, justement –, cette demeure fut longtemps un atelier de bateaux, avant de devenir un restaurant. Cuisine fine, goûteuse et précise, dont les qualités se retrouvent déjà dans le 1er menu. Jolie cuisine de marché, préparée avec légèreté et élégance, et qui suit le fil des saisons. Vins pas donnés, en revanche. Évidemment, aux beaux jours, la terrasse au cœur du jardin fleuri séduit. Pour nous contenter, il ne nous en faut pas plus avec, en prime, un sourire qui agit comme un rayon de soleil.

€€ |●| ⛱ **Big Ben** – *12, rue Cormont (B1-3) ☎ 03-22-52-98-49. Fermé dim-lun. Carte 25-50 €.* Au pied de la cathédrale, une jolie adresse adepte de la bistronomie. Ici, tout est fait maison et la carte, courte mais éclectique et évolutive, permet de se faire plaisir à tous les prix : terrine maison, burger, joues de cochon à la bière, entrecôte d'Aubrac ou sole meunière. Service jeune et souriant. *NOUVEAUTÉ.*

€€€ **L'Ail des Ours** – *11, rue Sire Firmin-Leroux (B2-4) ☎ 03-22-48-35-40. Fermé dim-lun. Résa obligatoire. Le midi, formule 19 € et menu 26 € ; le soir menu unique 36 €.* Au fond d'une salle cosy, toute en longueur et à la dominante bleu canard, une cuisine grande ouverte où s'activent les deux chefs. Quatre mains donc pour penser et confectionner cette cuisine en tout point éblouissante. On peut se sentir brimé par la carte au choix limité le midi et le menu imposé le soir. Mais on peut aussi se laisser porter et accepter le défilé d'assiettes, toutes plus belles et gourmandes les unes que les autres. Un sans-faute, tout en couleurs et en saveurs. Un coup de cœur, et (finalement) un remarquable rapport qualité-prix. *NOUVEAUTÉ.*

## LE CROTOY 80550

€€ |●| **Le Carré Gourmand** – *53, rue de la Porte-du-Pont ☎ 03-22-27-46-72. Fermé mar soir, mer et dim soir. Résa quasi obligatoire. Menu-carte 29,50 € avec quelques (rares) suppléments.* On compte plusieurs excellentes tables au Crotoy, toutes ayant à cœur de défendre les paysans et le terroir picard. De ces restos gourmands et locavores, le *Carré Gourmand* est celui qui offre le rapport qualité-prix le plus bluffant. Chaque produit sourcé (avec le petit nom de son producteur) est sublimé par un chef généreux et inspiré. La carte, courte comme il se doit,

1 Restaurant Le Quai (C1)
2 Restaurant Les Marissons (C1)
3 Big Ben (B1)
4 L'Ail des Ours (B2)

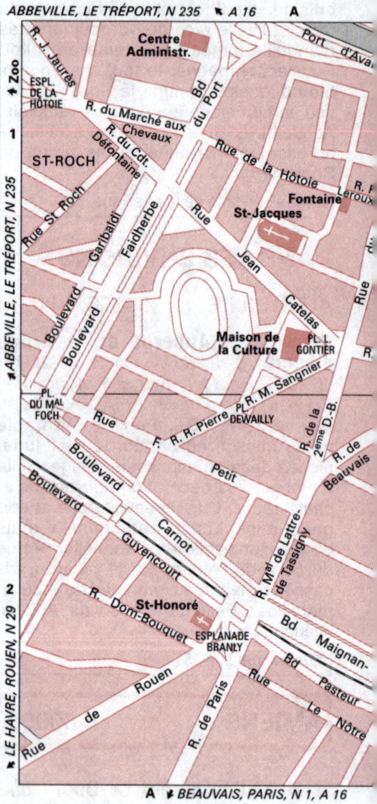


change régulièrement afin de servir ce que la baie de Somme a de meilleur à offrir. Service adorable. Un coup de cœur ! *NOUVEAUTÉ.*

**Accès :** en plein centre, dans la rue qui mène à l'office de tourisme.

## AULT 80460

**€ |●| Restaurant L'Horizon** – *31, rue de Saint-Valery ☎ 03-22-60-43-21. Tlj en été ; fermé mer soir-jeu le reste de l'année. Congés : 3 sem en janv et 1 sem en déc. Formule déj en sem 12,10 € ; menus 17,20-36,80 €.* Petit resto perché au haut de la falaise, avec une déco désuète très agréable. Les grandes baies vitrées de la salle du fond offrent une vue plongeante sur la mer (réservation impérative pour ces quelques tables !). Cuisine fraîche à prix sages : moules de bouchot, agneau de pré salé, sole du Crotoy, « chaudrée » de la baie de Somme... Adresse réputée pour son accueil charmant et sa belle régularité.

**Accès :** à l'aplomb de la falaise.

Hauts-de-France - Somme

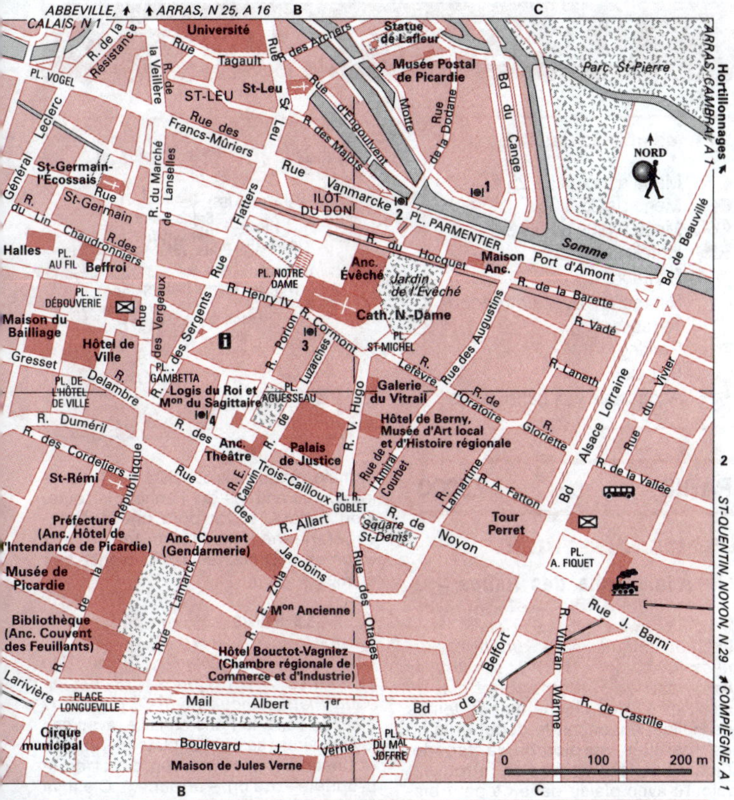


# AMIENS



**Avis aux hôteliers et aux restaurateurs**

Chaque année pour y figurer, il faut le mériter !

**Les prix**

En France, les prix des restaurateurs sont libres. Certains peuvent augmenter entre le passage de nos infatigables fureteurs et la parution du guide, environ 6 mois plus tard. Nous comptons sur votre compréhension en cas de différence entre les prix relevés à l'heure où nous bouclons ce guide et ceux que vous constaterez sur place.

La rédaction du Routard

# ÎLE-DE-FRANCE

**Pictos utilisés dans ce guide**

- € Menu à moins de 25 €
- €€ Menu de 25 à 35 €
- €€€ Menu à plus de 35 €
- Hôtel-restaurant
- Restaurant
- Restaurant avec notre toque
- Terrasse
- Parking
- Piscine
- Accessible aux handicapés

## PARIS 75000

### 1er arrondissement

**€ À la Cloche des Halles** – *28, rue Coquillière ☎ 01-42-36-93-89. Ⓜ Louvre-Rivoli ou Les Halles. Lun-ven 7h30-minuit, sam 10h-16h. Formules déj en sem 17-21 € ; assiette de charcuterie ou de fromages et plat du jour 12-16 €.* Une cloche qui, du temps des Halles, annonçait le début et la fin des marchés surplombe la façade. Aujourd'hui, les habitués se retrouvent toujours avec plaisir dans ce petit bistrot à l'ancienne pour profiter, dans une ambiance sans chichis, d'honnêtes menus du jour ou de solides assiettes de charcuterie, accompagnés d'un petit verre de derrière les fagots.

**€ La Fresque** – *100, rue Rambuteau ☎ 01-42-33-17-56. Ⓜ Étienne-Marcel ou Les Halles. Tlj sauf dim ; service 12h-15h30, 19h-minuit. Congés : 2 sem autour du 15 août. Formule déj 16 € ; carte env 20 €. Apéritif maison offert sur présentation de ce guide.* Un bistrot de quartier sympa, avec terrasse le long des halles, installé dans la boutique d'un ancien marchand d'escargots : antiques carreaux de faïence blancs et luminaires Art déco, fresques colorées, longues tables en bois, etc. Le midi, une formule rapide mais consistante. Tous les jours, des entrées qui tiennent la route, 4 ou 5 plats, et toujours une assiette végétarienne (excellente tourte aux légumes en l'occurrence). Ambiance très animée.

**€€ Le Rubis** – *10, rue du Marché-Saint-Honoré ☎ 01-42-61-03-34. Ⓜ Pyramides ou Tuileries. Tlj sauf dim et j. fériés 7h-2h. Congés : 3 sem en août. Plats du jour 15-18 € ; carte env 30 €.* Le voilà, le Paris canaille, avec ses joyeux sires, ses petits plats bien tradis et costauds, ses vins « en direct de la propriété » qu'on s'arrache... C'est la vie, la vraie, celle qu'on croyait disparue à jamais dans ce quartier huppé. En été, il y a tant de monde entassé sur les vieilles banquettes qu'on déguste dehors, accoudé aux tonneaux.

**€€ À la Tour de Montlhéry, Chez Denise** – *5, rue des Prouvaires ☎ 01-42-36-21-82. Ⓜ Louvre-Rivoli, Châtelet ou Les Halles. Tlj sauf sam-dim ; service 12h-15h, 19h30-5h. Congés : de mi-juil à mi-août. Plats 23-28 €.* L'un des plus anciens restos de nuit de Paris, bondé à toute heure. Même si le train n'apporte plus les légumes depuis Montlhéry, l'endroit a conservé de cette époque son beau zinc à l'entrée, sa caisse hors d'âge, son perco qui en a vu d'autres et sa salle patinée. Atmosphère !

Sur présentation de ce guide,
nombreuses offres et réductions en 2018.

Habitués de toujours, touristes et noctambules s'y restaurent dans un joyeux brouhaha. Les plats de tradition sont servis en quantités plus que généreuses, qu'il s'agisse des rognons de veau ou de l'andouillette AAAAA, le tout accompagné de frites maison - de préférence aux petits légumes. Du solide, quoi ! L'accueil est du même tonneau, franc et direct. Aux murs, nombreux dessins et affiches de Raymond Moretti, dont on retrouve le trait jusque sur les sets de table. Ça vaut le coup d'œil !

**€€€ La Régalade Saint-Honoré** – *106, rue Saint-Honoré ☎ 01-42-21-92-66 et 01-42-21-92-40. Ⓜ Louvre-Rivoli. Tlj 12h-14h30, 19h-22h30. Menu 39 €.* Pas évident d'y dégotter une table au débotté ! Il faut dire que la salle en longueur n'est pas bien grande, avec ses banquettes colorées qui tranchent sur les murs bruts (décorés quand même du bœuf en costard !), et que le menu-carte a ses adeptes. Bien équilibré, très court, il ne s'encombre pas d'une litanie de plats et préfère donner l'avantage aux produits de saison. Et les grands classiques qui ont fait le succès de la maison campagnarde (terrine, riz au lait) côtoient de belles assiettes, généreuses et inventives, et des plats de rôtisserie. Service tout sourire.

**€€€ Champeaux** – *la Canopée, Forum des Halles ☎ 01-53-45-84-50. Ⓜ Les Halles. Tlj 11h30-minuit. Carte 40-50 €.* Alain Ducasse a installé sa brasserie à l'entrée de la Canopée ondoyante, face à l'église Saint-Eustache. Son architecture adopte le même credo que le centre commercial métamorphosé : l'ouverture ! Larges vitres en arrondi pour jouir de l'extérieur, volumes imposants, long bar, déco et mobilier design... Le cadre est réussi, l'animation continue sans cacophonie, et les plats, à défaut d'être copieux, tiennent toutes les promesses d'une brasserie très parisienne : enlevés mais chers. Le soufflé, qui tient le haut du pavé, est aussi décliné en version sucrée. En zieutant le monumental tableau d'affichage (oui, le même que dans les gares !) qui annonce les sorties du four à la minute, vous éviterez peut-être les 20 mn d'attente réglementaires pour ce plat irrésistible.

**€€€ I●I Zébulon** – *10, rue de Richelieu ☎ 01-42-36-49-44. Ⓜ Palais-Royal-Musée-du-Louvre. ♿ Tlj sauf dim. Formules déj 20-25 € ; le soir, menu-carte 45 €.* Derrière la *Comédie-Française,* ce lumineux Zébulon déploie son ample salle entre les rues de Richelieu et Montpensier. Carrelage ancien d'un côté, plancher aux larges lattes de l'autre, piano à la disposition des clients : le cadre est chouette ! La formule déjeuner laisse déjà transparaître l'inventivité du chef pour un prix fort sage. Avec tact et mesure, il apporte un brin d'exotisme à sa cuisine. De ses passages chez les ténors de la gastronomie, à Paris comme à Osaka, il a tiré de fort belles leçons !

## 2e arrondissement

**€ I●I ☂ La Grille Montorgueil** – *50, rue Montorgueil ☎ 01-42-33-21-21. Ⓜ Les Halles ou Étienne-Marcel. Lun-mer 12h-15h, 19h-minuit ; jeu-dim service continu jusqu'à minuit. Fermé à Noël. Formule déj en sem 16,90 € ; plats 15-17 €.* Ce bougnat plus que centenaire, joliment rénové à l'identique, propose une honnête cuisine classique de bistrot. Le comptoir en zinc, qui ondule gentiment depuis 1904, fut le décor de scènes de *Gueule d'amour,* avec Jean Gabin. Aux beaux jours, agréable petite terrasse ensoleillée.

**€€ I●I Le Mesturet** – *77, rue de Richelieu ☎ 01-42-97-40-68. Ⓜ Bourse ou Quatre-Septembre. ♿ Tlj 12h-23h non-stop. Formules 11-12 € au bar, 26-31,50 € au restaurant. Apéritif maison offert sur présentation de ce guide.* Ce bistrot au cadre classique et chaleureux a calé ses horaires d'ouverture sur ceux du palais Brongniart ! Dès le matin, il mouline avec des formules petit déj, il frôle la surchauffe le midi, il continue de servir jusqu'au soir les estomacs décalés et il ferme ses portes vers minuit pour refaire sereinement les stocks. Une affaire qui roule, où l'on travaille en famille dans la bonne humeur : en salle, la mère et le fils veillent au grain, tandis qu'aux fourneaux le père cuisine des plats traditionnels goûteux avec de bons produits du terroir. Belle carte des vins et desserts irrésistibles ! Plus cosy le soir. Super accueil.

**€€ I●I ☂ Le Bougainville** – *5, rue de la Banque ☎ 01-42-60-05-19. Ⓜ Bourse. ♿ Tlj sauf dim et lun soir ; service 12h-15h, 19h-22h30. Plat du jour env 15 € ; formule déj 18,50 € ; carte env 30 €.* Le long de la célèbre galerie Vivienne, découvrez ce bistrot hors du temps, offrant dans un cadre sans chichis une solide cuisine de terroir aux accents aveyronnais. Beaucoup de monde le midi.

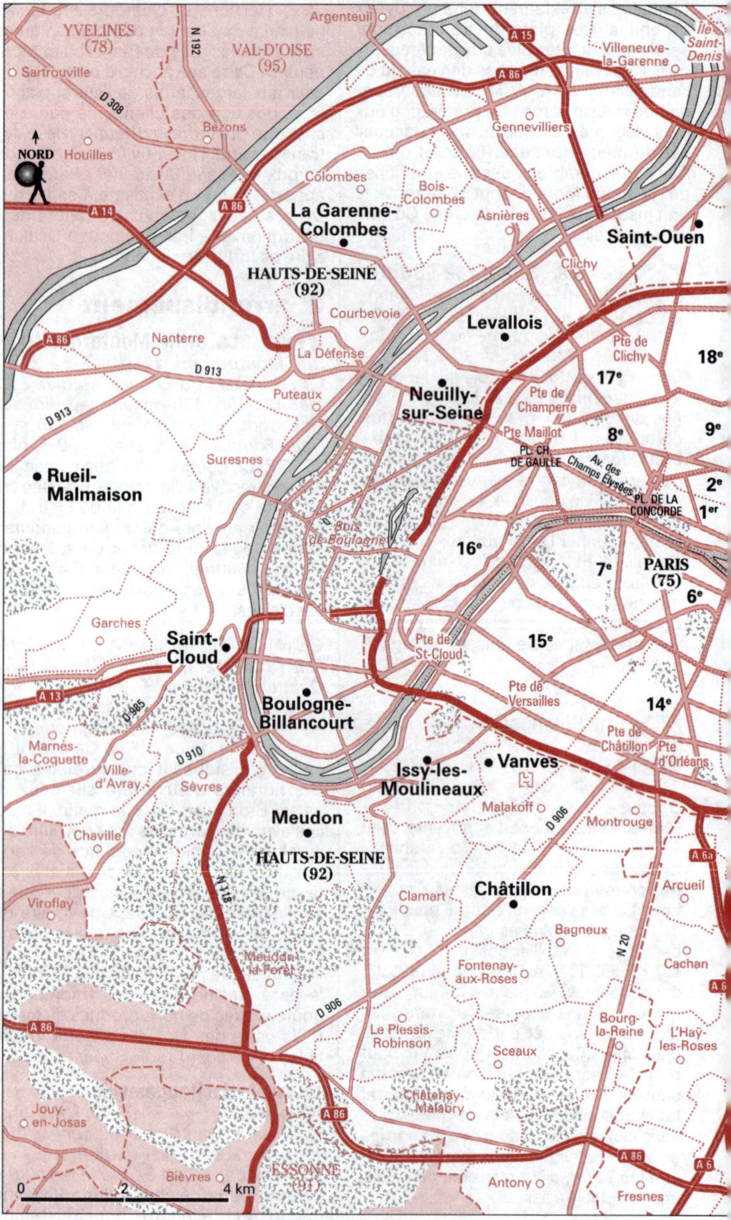
YVELINES
(78)
VAL-D'OISE
(95)
N 192
Argenteuil
Île Saint-Denis
A 15
Villeneuve-la-Garenne
Sartrouville
A 86
D 308
Gennevilliers
Bezons
NORD
Houilles
Colombes
Bois-Colombes
A 14
A 86
La Garenne-Colombes
Asnières
Saint-Ouen
Clichy
HAUTS-DE-SEINE
(92)
Courbevoie
Levallois
A 86
Nanterre
La Défense
Pte de Clichy
18e
D 913
17e
Puteaux
Neuilly-sur-Seine
Pte de Champerre
D 913
Pte Maillot
8e
9e
PL. CH. DE GAULLE
Av. des Champs Élysées
Suresnes
2e
Rueil-Malmaison
PL. DE LA CONCORDE
1er
Bois de Boulogne
16e
7e
PARIS
(75)
6e
Garches
Saint-Cloud
Pte de St-Cloud
15e
Pte de Versailles
A 13
D 985
Boulogne-Billancourt
14e
Marnes-la-Coquette
Pte de Châtillon
Pte d'Orléans
D 910
Ville-d'Avray
Issy-les-Moulineaux
Vanves
Sèvres
Malakoff
D 906
Montrouge
Meudon
Chaville
HAUTS-DE-SEINE
(92)
A 6a
N 118
Arcueil
Clamart
Châtillon
Viroflay
Bagneux
N 20
Fontenay-aux-Roses
Cachan
Meudon-la-Forêt
A 6
D 906
A 86
Le Plessis-Robinson
Bourg-la-Reine
L'Haÿ-les-Roses
Sceaux
Châtenay-Malabry
Jouy-en-Josas
A 86
A 86
A 6
ESSONNE
(91)
Bièvres
Antony
Fresnes
0
2
4 km

D 29
Saint-Denis
A 1
Le Bourget
Le Blanc-Mesnil
A 3
E 15
Sevran
Aulnay-sous-Bois
D 115
La Courneuve
Drancy
A 86
Aubervilliers
N 2
SEINE-SAINT-DENIS
(93)
A 86
N 3
Les Pavillons-sous-Bois
Bobigny
Bondy
Le Raincy
Porte de Clignancourt
Pantin
D 115
N 3
Pte de la Chapelle
Pte de la Villette
Noisy-le-Sec
Pte de Pantin
Le Pré-St-Gervais
Romainville
A 103
Villemomble
N 302
19e
Les Lilas
A 3
Rosny-sous-Bois
10e
A 86
Bagnolet
N 302
PL. DE LA RÉPUBLIQUE
20e
Pte de Bagnolet
Neuilly-Plaisance
Neuilly-sur-Marne
3e
11e
4e
Montreuil
Seine
PL. DE LA BASTILLE
Pte de Montreuil
Fontenay-sous-Bois
PL. DE LA NATION
Saint-Mandé
Vincennes
Le Perreux-sur-Marne
5e
Pte de Vincennes
12e
Porte Dorée
N 34
Marne
A 86
Pte de Bercy
Nogent-sur-Marne
Bry-sur-Marne
PL. D'ITALIE
13e
Bois de Vincennes
A 4
Pte d'Italie
Pte de Choisy
Charenton
Saint-Maurice
N 303
A 4
A 4
Joinville-le-Pont
Champigny-sur-Marne
N 4
Gentilly
Ivry-sur-Seine
Le Kremlin-Bicêtre
A 6b
Maisons-Alfort
Saint-Maur-des-Fossés
N 186
N 7
Alfortville
N 19
D 30
N 305
A 86
Villejuif
N 6
Vitry-sur-Seine
Marne
VAL DE MARNE
(94)
Créteil
Bonneuil-sur-Marne
A 86
D 185
Choisy-le-Roi
Sucy-en-Brie
Chevilly-Larue
Thiais
Vanves Adresses principales
Malakoff Repères
N 186
Seine
N 6

Préférez la salle du fond, avec ses banquettes de moleskine, moins bruyante que celle du comptoir où les fidèles prennent l'apéro. Bon choix de plats (blanquette, bœuf gros sel, poulet fermier rôti, tendre rôti de cochon fermier...), le tout servi généreusement ; viandes grillées et recettes plus légères en été. Ici, pas de tralala, pas besoin d'épater la galerie (Vivienne), service souriant et alerte. Un vrai bistrot comme on les aime !

**€€ Restaurant Circonstances** – *174, rue Montmartre ☎ 01-42-36-17-05. Ⓜ Grands-Boulevards. Tlj sauf sam-dim et le soir lun-mar ; service 12h-14h30, 19h-23h15. Congés : 3 sem en août. Formule déj 22 € (plat + verre de vin + café) ; le soir, menus 30-45 €.* Une belle adresse à deux pas des Grands Boulevards. Pour rejoindre sa table dans la salle chic et sobre, on passe d'abord devant le comptoir derrière lequel le chef et son équipe s'activent en cuisine. Ça donne envie ! Cet ancien de chez Guy Savoy et Alain Dutournier a quitté le monde des gastros pour créer ce lieu où une vraie terrine à l'ancienne fait patienter avant les ravioles de crevettes à la menthe et à la coriandre, ou l'osso buco mijoté. Pas mal de costumes-cravates le midi, qui cèdent la place aux amoureux en soirée.

**€€€ Vivre** – *3, rue de la Michodière ☎ 01-58-22-89-90. Ⓜ Quatre-Septembre. Tlj sauf dim-lun 12h-14h30, 19h-23h30 (à partir de 22h, plateaux de dégustation slt). Résa conseillée. Formules déj 22-29 € ; menus 39-89 €.* Vivre ? Prenons le temps, en effet, de goûter, de savourer, car ici tout est bon. La cuisine, moderne et soignée, est élaborée avec des ingrédients de petits producteurs (et amis) triés sur le volet. Délicieux ! Quant au vin, il est sélectionné avec précision et conseillé avec passion. Alors on se détend, et on profite d'un beau moment dans un cadre chaleureux, dans la petite salle du rez-de-chaussée ou dans la jolie cave colorée prolongée par un salon cosy, avec ses bouquins et son tourne-disque. *NOUVEAUTÉ.*

**€€€ Brasserie Gallopin** – *40, rue Notre-Dame-des-Victoires ☎ 01-42-36-45-38. Ⓜ Bourse ou Grands-Boulevards. ♿ Tlj ; service 12h-15h, 19h-23h. Résa impérative. Formules 22-29 € ; carte 45-60 €.* Un des piliers de la Bourse depuis 1876. Quatre familles se sont succédé pour développer et préserver ce magnifique patrimoine de la vie parisienne, avec son bar en acajou, ses lambris et ses lustres fin XIXe s, ses cuivres bien astiqués et sa grande verrière fleurie. Les serveurs virevoltent sanglés dans leur tablier façon Belle Époque, les soupières en argent sont rutilantes. Cuisine classique de brasserie, donc, d'une belle qualité et pleine de goût. Seul bémol : le niveau sonore. Une curiosité : le galopin, chope de bière en argent contenant 20 cl, qui est toujours en service.

**€€€ A Noste** – *6 bis, rue du Quatre-Septembre ☎ 01-47-03-91-91. Ⓜ Bourse ou Opéra. ♿ Bar à tapas tlj 12h-23h (22h dim); resto tlj sauf dim 12h-14h, 19h-22h. Tapas de 6 à... 19 € à la truffe ! Au resto gastro à l'étage, menus 29-38 € le midi, 49-60 € le soir ; brunch dim 39 €. Digestif maison offert sur présentation de ce guide.* Bienvenue « chez nous » *(a noste)* ! Le nom traduit bien la convivialité des lieux. À commencer par l'assiette, constituée au déjeuner d'un choix de généreuses tapas landaises à partager (ou pas !) entre amis sur de hautes tables d'hôtes. Le canard est le produit star (nems, cœurs, tartare, foie gras et de délicieux croustillants de polenta au magret fumé), mais le cochon, les chipirons grillés ou le croquant *fish and chips* assurent tout autant. Formidables planches de desserts servis, là encore, sous forme de tapas. À l'étage, au gastro, la cuisine ne renie pas ses origines, mais elle se veut plus raffinée, les présentations à l'assiette soignées, dans un élégant décor épuré et aux tables bien espacées. Service parfait.

## 3e arrondissement

**€ Le Progrès** – *1, rue de Bretagne ☎ 01-42-72-01-44. Ⓜ Saint-Sébastien-Froissart ou Filles-du-Calvaire. Tlj sauf dim ; service 12h-minuit. Congés : 2 sem en août et 1 sem pdt les fêtes de fin d'année. Plats 12-18 €.* Une institution dans le quartier ! Bistrot authentique, avec ses vieilles chaises, son lustre seventies et son horloge de grand-mère. Un conseil : commandez dès l'arrivée ! Cuisine de saison généreuse, bonnes viandes et, surtout, accompagnements très réussis : le patron a fait ses classes chez Robuchon ! Huîtres selon l'arrivage. Carte des vins variée et abordable. Bons desserts maison. Salle à l'étage, terrasse aux beaux jours. Service sympa. Une adresse branchée, mais dont les prix restent raisonnables, et la qualité au top.

**€€ Les Bonnes Sœurs** – *8, rue du Pas-de-la-Mule ☎ 01-42-74-55-80. Ⓜ Bastille ou Chemin-Vert. Tlj 12h (11h* *dim)-15h (17h sam-dim, 16h j. fériés), 19h-23h30. Fermé Noël et Jour de l'an. Formules déj en sem 16-20 € ; plats 13-22 € ; carte 25-30 € ; brunchs sam-dim 24-28 €.* Découvrez une cuisine élaborée et généreusement servie, avec cette sympathique touche personnelle exotique qu'on aime bien. On peut déjeuner rapidement et presque à toute heure le week-end, ou encore bruncher, selon l'envie, dans une salle moderne et chaleureuse.

€€ |●| **L'Aller-retour** – *5, rue Charles-François-Dupuis ☎ 01-42-78-01-21. Ⓜ République ou Temple. Tlj sauf le midi sam-dim ; service 12h-14h30, 19h30-23h. Formule déj 11,40 € ; plats 16-24 € ; carte env 30 €.* Une petite adresse cosy le soir, avec ses lumières douces et son fond de musique jazzy. Attention, végétariens, passez votre chemin, car ici, c'est un repaire de viandards ! La bidoche, sélectionnée et travaillée avec soin, est servie, si on le désire, avec de vraies frites maison. On s'est régalés !

€€€ |●| **Au Bascou** – *38, rue Réaumur ☎ 01-42-72-69-25. Ⓜ Arts-et-Métiers. Tlj sauf sam-dim ; service 12h-14h, 19h45-22h30. Congés : août et 1 sem à Noël. Résa conseillée. Formules déj 18-30 € ; menus 36-60 €.* Petite adresse discrète, dans une longue et élégante salle voûtée. Ici, la cuisine arbore avec résolution l'identité basque, pour le plus grand plaisir de nos papilles. Prix un peu élevés pour la quantité, mais non pour la qualité. Accueil affable.

€€€ |●| **Les Enfants Rouges** – *9, rue de Beauce ☎ 01-48-87-80-61. Ⓜ Filles-du-Calvaire ou Temple. Tlj sauf mar-mer et jeu midi ; service 12h-14h, 19h-22h. Résa conseillée. Formules déj 33-38 € ; menu 48 € le soir.* Un petit bistrot tenu par un chef japonais talentueux, tout droit sorti du *Comptoir du Relais,* du chef Yves Camdeborde. Celui-ci élabore une cuisine de marché créative mixant astucieusement les traditions culinaires françaises et japonaises. Très bons points pour la cuisson des poissons et le rapport qualité-prix. Pensez à réserver, la salle n'est pas bien grande. *NOUVEAUTÉ.*

€€€ |●| **Elmer** – *30, rue Notre-Dame-de-Nazareth ☎ 01-43-56-22-95. Ⓜ Arts-et-Métiers ou Temple. ♿ Tlj sauf sam midi et dim-lun 12h15-14h15, 19h30-22h45. Congés : août. Formules déj 24-28 € ; le soir, carte 50-60 €.* Une salle façon Art déco, avec de grandes tables d'hôtes en chêne et chaises assorties, un carrelage polychrome et une vue imprenable sur la cuisine ouverte : le décor est planté ! Le chef, Simon Horwitz, a travaillé chez les grands (Gagnaire, Grébaut), avant de voguer vers l'Australie, l'Asie et le Pérou. Sa cuisine, créative et ambitieuse, reflète tous ces apprentissages. Il sublime le produit en le travaillant sans le dénaturer, et il innove, comme avec cette poire de terre, qu'il a découverte au Pérou. En cuisine, la brigade s'active et reste concentrée, tandis qu'en salle Sébastien Perrot, également sommelier, accueille avec enthousiasme. *NOUVEAUTÉ.*

## 4e arrondissement

€ |●| **La Mangerie** – *7, rue de Jarente ☎ 01-42-77-49-35. Ⓜ Saint-Paul. Lun-sam 18h-1h. Tapas du moment 9-16 €, à partager 12-20 €.* Un fond de décor réjouissant, avec des objets de récup détournés de leur utilisation pour faire place à l'humour. Voir notamment l'accès à la nouvelle petite salle. Et un accueil chaleureux, qui devient vite familier si on se laisse prendre au jeu. Belle carte de tapas aussi savoureuses qu'originales. Profitez des jours de match (il y a moins de monde !) pour vous faufiler dans ce lieu qui cartonne, à la tombée de la nuit.

€€ |●| **Brasserie Bofinger** - *5-7, rue de la Bastille ☎ 01-42-72-87-82. Ⓜ Bastille. ♿ Lun-sam 12h-15h (15h30 sam), 18h30-minuit ; dim service continu 12h-23h. Formule déj sauf dim 22,90 € ; menus 33-54 € ; choucroutes à partir de 25 € ; plateaux de fruits de mer 29-125 €.* Cette célèbre brasserie est un mythe. Inaugurée en 1864 et transformée en 1919, elle offre un décor qu'apprécient les nombreux touristes et les Parisiens, tous sensibles à l'esthétique de la belle verrière et du salon du 1er étage, décoré par Hansi. Et c'est vrai qu'on en a plein la vue. En revanche, c'est moins évident pour la cuisine, inégale. Mais que l'on soit d'ici ou d'ailleurs, on sacrifie à la sacro-sainte choucroute paysanne, la Spéciale, et aux plateaux de fruits de mer.

€€€ |●| **Le Métropolitain** – *8, rue de Jouy ☎ 09-81-20-37-38. Ⓜ Pont-Marie ou Saint-Paul. Tlj sauf dim-lun 12h-14h15, 19h30-22h15. Congés : 2e et 3e sem d'août. Formule déj en sem 26 € ; menu 36 € ; menu dégustation 49 €. Vins au verre à partir de 6 €.* Dans un décor métro-rétro aux murs de céramique blanche et banquettes de bois, donnant sur un petit bout de jardin à l'arrière, vous dégusterez une fine cuisine de saison à la présentation festive et inventive. Une explosion de couleurs et de saveurs qui ravit autant les yeux que le palais. Service jeune et adorable, par une équipe bien rodée qui a ouvert une belle annexe dans le 7e arrondissement *(L'Escudella)*.

## 5e arrondissement

**€€ |●| ⚲ Le Pré Verre** – *8, rue Thénard ☎ 01-43-54-59-47. Ⓜ Maubert-Mutualité ou Cluny-La Sorbonne. Tlj sauf dim-lun ; service 12h-14h, 19h30-22h30. Fermé Noël-Jour de l'an. Formule déj 14,90 €, verre de vin et café compris ; menus 27-33 €.* Un chef vif et créatif, l'efficacité du service, les bons produits, les vins nature et l'intéressant menu au déjeuner drainent toujours les foules... On y déguste de bons petits plats élaborés (comme le cochon de lait fondant, choux croquants et épices) et les prix savent rester sages... On regrettera cependant les suppléments aux menus et les tables un peu serrées. Bonne sélection de vins du mois au tableau noir.

**€€ |●| ⚲ ChantAirelle** – *17, rue Laplace ☎ 01-46-33-18-59. Ⓜ Cardinal-Lemoine ou Maubert-Mutualité ; RER B : Luxembourg. Tlj sauf sam midi, dim et lun soir ; service 12h-14h, 19h-22h. Congés : 1er-21 août. Formules déj (2 ou 3 plats) 20-26 €, avec un verre de vin ; menu 29 € ; carte env 35 €.* Une ambassade de la Haute-Loire tenue par un défenseur pur et dur des produits de son terroir. Des spécialités rustiques qui font chaud au cœur : chou farci Yssingeaux à l'ancienne, *pounti* auvergnat... Cuisine copieuse et roborative. Excellent pain, carte des eaux d'Auvergne et petits vins locaux. Cadre agréable et montagnard. Belle et reposante terrasse de jardin.

**€€€ |●| ⚲ Les Papilles** – *30, rue Gay-Lussac ☎ 01-43-25-20-79. Ⓜ Cluny-La Sorbonne ; RER B : Luxembourg. Tlj sauf dim-lun 12h-14h, 19h-22h30. Congés : fin juil-début août et dernière sem de déc. Formule déj en sem 25 € ; menu 38 € ; carte env 35 €.* La vedette, ici, c'est le vin, même si ce n'est pas à proprement parler un bar à vins. Plutôt un bistrot-épicerie, avec un mur recouvert de casiers où l'on peut choisir sa bouteille et la boire à table, moyennant un droit de bouchon de 7 €. Côté assiettes, optez pour le menu du jour, voire pour une planche de charcuterie, car les produits sont nickel, et oubliez la carte, qui fait vite grimper l'addition. Seul regret : le plat unique du menu, qui peut tout à fait ne pas plaire à tout le monde ! Accueil authentique et chaleureux.

**€€€ |●| ⚲ Grains Nobles** – *8, rue Boutebrie ☎ 01-75-57-89-07. 📱 06-65-58-39-05. Ⓜ Saint-Michel ou Cluny-La Sorbonne. Mar-sam 18h30-22h ; le midi sur résa. Assiette gourmande 20 € ; menus 39-44 €. Vins au verre.* Bar à vins au cadre ravissant alliant sans complexe vieilles pierres, mobilier contemporain et expos de tableaux modernes (et au sous-sol, beau caveau voûté pour les dégustations). Formules astucieuses : vins au verre servis en 4, 8 et 12 cl, respectivement à partir de 1, 2 et 3 € (bien plus, bien sûr, pour les grands crus). Cela permet de goûter un certain nombre de vins sans attenter au portefeuille. Pour accompagner, de très bons plats élaborés. Périodiquement, de grandes dégustations de très grands vins (résa obligatoire). Possibilité d'acheter son coup de cœur sur place de 15h à 23h (sans droit de bouchon). Une adresse exceptionnelle !

**€€€ ⚲ Kitchen ter(re)** – *26, bd Saint-Germain ☎ 01-42-39-47-48. Ⓜ Cardinal-Lemoine et Maubert-Mutualité. Ouv mar-sam. Congés : 3 premières sem d'août. Menus déj mar-ven 26-30 € ; le soir et sam, entrée 16 €, plat 21 € et dessert 10 €.* Troisième adresse parisienne pour William Ledueil, un chef influencé par les saveurs asiatiques. Dans ce nouveau lieu clair, décoré d'œuvres d'art des années 1950 et d'un mobilier coloré, brut et chaleureux, le chef invente la « trattoria asiatique ». Il met ici en valeur les pâtes, fabriquées de mille et une manières en France, à Cucugnan, grâce à des céréales connues ou oubliées. Il n'oublie pas l'Asie pour autant, qui rythme viandes, poissons et fruits de mer avec ses condiments et autres bouillons bien relevés. Assiettes terriblement graphiques et savoureuses. Accueil souriant et enjoué. *NOUVEAUTÉ.*

## 6e arrondissement

**€ |●| ⚲ Le Petit Vatel** – *5, rue Lobineau ☎ 01-43-54-28-49. Ⓜ Mabillon ou Odéon. Tlj sauf dim-lun 12h-14h30, 19h-22h30. Congés : 22 déc-6 janv. Formule déj en sem 16 € ; menus 18-21 € ; carte env 30 €. Verre de vin du mois 3,50 €.* Cette adresse de poche est tenue par une sympahique chef qui a égayé l'ensemble tout en conservant des prix cléments.

Essayez la terrine maison, les farcis ou les plats mijotés ; le bon rapport qualité-prix vous semblera encore plus évident. Attention, peu de tables. Certaines en terrasse aux beaux jours.

**€ |●| ⛱ Le Bistrot Buci Mazarine** – *82, rue Mazarine ☎ 01-43-54-02-11. Ⓜ Odéon. Tlj sauf dim-lun 12h-14h, 19h-22h. Congés : août. Menus 19-28 € ; carte 37-48 €. Vins au verre à partir de 3,50 €.* Alain Dutournier, chef du *Carré des Feuillants* (entre autres !), a mis en place une jeune équipe efficace et dynamique, qui propose une carte courte aux accents du Sud-Ouest. Rapport qualité-prix imbattable, excellente carte des vins, goûteuse cuisine landaise et personnel serviable font de ce lieu un endroit diablement agréable. Bon point pour le vin, servi au verre.

**€€ |●| ⛱ Breizh Café** – *1, rue de l'Odéon ☎ 01-42-49-34-73. Ⓜ Odéon. Tlj 11h30-23h. Résa préférable. Formule déj 19,80 € ; le soir, carte 20-40 € selon appétit !* Le Breton Olivier Larcher, venu de Cancale où se trouve la maison mère, déjà installé dans le Marais... et au Japon, plante sa nouvelle maison au décor contemporain, au cœur du quartier étudiant. Ingrédients de haute qualité (jambon blanc artisanal, ou italien à la truffe, beurre Bordier, œufs et saumon bio irlandais...), créativité et savoir-faire constituent la recette du succès de ses crêpes, certaines présentées en rolls, façon sushi, sur des planches en ardoise. La sélection du marché met en avant les produits de saison comme les langoustines fraîches en provenance directe du Guilvinec. Service sympathique et empressé, assiettes généreuses et enthousiasmantes. Cette crêperie d'un nouveau genre fait déjà le plein, malgré des prix qui dépassent le budget des étudiants du quartier. *NOUVEAUTÉ.*

**€€€ ⛱ Caméléon d'Arabian** – *6, rue de Chevreuse ☎ 01-43-27-43-27. Ⓜ Vavin. Tlj sauf sam midi et dim ; service 12h-14h15, 19h-22h30. Congés : sem du 15 août. Le midi, formules et menus 25-29 € ; le soir, menus 35-49 € ; carte env 50 €. Digestif maison offert sur présentation de ce guide.* Dans cet élégant bistrot au décor cossu et aux confortables chaises de velours rouge, on goûte une fine cuisine d'obédience bistrotière (produits de qualité avec, entre autres, un excellent foie de veau) d'inspiration italienne, sous la houlette du nouveau chef italien. Service rapide, souriant, orchestré par Jean-Paul Arabian, soucieux du bien-être de ses clients, des habitués pour beaucoup !

**€€€ |●| La Cantine du Troquet** – *79, rue du Cherche-Midi ☎ 01-43-27-70-06. Ⓜ Vaneau ou Placide. Tlj sauf sam-dim ; service 12h-14h30, 19h-22h45. Congés : août. Plats 17-21 € ; carte env 36 €.* Et de quatre ! Le pétulant Christian Etchebest vient de planter le décor de sa 4e cantine dans une salle aux murs de pierre, tout en longueur, à l'atmosphère très chaleureuse. À l'entrée, les recalés *(pas de résa possible)* prennent l'apéro en attendant qu'une table se libère. Au bout, une cuisine de poche d'où sortent les plats qui ont fait la renommée du chef bistronomique. Sur l'ardoise, qui change régulièrement, on retrouvera toujours les classiques : terrine de boudin, oreilles de cochon grillées, cabillaud croûte de chorizo et haricots blancs, échine de cochon Ibaïona... accompagnés de grosses frites maison, pour finir par l'inénarrable riz au lait ! Simple et efficace. Service adorable.

**€€€ |●| Le Christine** – *1, rue Christine ☎ 01-40-51-71-64. Ⓜ Saint-Michel ou Odéon. Tlj sauf le midi sam-dim, 12h-14h30, 18h30-23h. Fermé le 25 déc. Formules déj 22-28 € ; le soir, menus 37-49 € ; carte env 40 €. Menu 4 plats au prix du menu 3 plats sur présentation de ce guide.* Un resto au cadre contemporain chaleureux, tenu par un tandem parfait : un chef talentueux au piano et son adjointe, une jeune fille elle aussi douée. Cuisine française traditionnelle qui s'autorise quelques clins d'œil amusants et parfaitement maîtrisés. Ici, on ne rigole pas sur les cuissons et la qualité des produits. La salle du fond est plus calme. Service bien attentionné. *NOUVEAUTÉ.*

**€€€ |●| Le Bon Saint-Pourçain** – *10 bis, rue Servandoni ☎ 01-42-01-78-24. Ⓜ Saint-Sulpice ou Saint-Placide. Tlj sauf dim-lun ; service 12h-14h15, 19h30-22h15. Résa indispensable. Carte slt, env 50 € ; plats 25-30 €.* Le nom de cette vieille institution de quartier respire la tradition. Tradition dans l'assiette, où les classiques bistrotiers alimentent une ardoise en perpétuel renouvellement (pas rare que les plats changent en milieu de service) ; tradition dans le service, charmant, blagueur, sans jamais oublier d'être pro ! On adore. Aux fourneaux, devant vous, officie un jeune chef bourré de talent qui maîtrise ses cuissons et ses assaisonnements à merveille. Ris de veau aux champignons, blanc de turbot recouvert d'une viennoise aux noisettes et souris d'agneau sauce au thym sont honorés par une carte des vins aussi pointue que bien vue. Extra ! Bref, une pépite qu'on a envie de se refiler sous le manteau. Trop tard, elle est déjà très courue. Vu le peu de tables, résa indispensable, vous l'aurez compris.

**€€€ KGB** – *25, rue des Grands-Augustins ☎ 01-46-33-00-85. Ⓜ Saint-Michel ou Odéon. Tlj sauf dim-lun ; service 12h15-14h, 19h15-22h. Congés : 2 sem en août, Noël et Jour de l'an. Formule déj en sem 36 € ; menus découverte 55-66 € ; carte (en sem slt) 43-59 €.* KGB, pour *Kitchen Galerie Bis.* Le célèbre restaurant de William Ledeuil est, à l'image de Saint-Germain, un rendez-vous d'artistes. Cuisine de partage, pour revenir aux sources, ouverte sur (tout) le monde, et sur l'Asie en particulier. On joue avec les « Zors-d'œuvre », avant de s'intéresser à ce qui se passe dans les marmites : respirez, en saison, la blanquette de joue de veau, girolles et jus thaï, humez les crevettes et les moules de bouchot, coco et citronnelle, avant de piquer avec la fourchette et de goûter à l'air du temps.

**€€€ ⊤ Le Comptoir** – *9, carrefour de l'Odéon ☎ 01-44-27-07-97. Ⓜ Odéon. Lun-ven 12h-17h45, 20h30-22h ; w-e 12h-23h en continu. Résa obligatoire le soir en sem. Carte, le midi slt, env 40 € ; le soir, menu unique 60 €.* Star incontestée de la bistronomie pour en être le chef de file, et star des écrans de télé dans le rôle de juré de *MasterChef,* Yves Camdeborde anime avec passion ses fourneaux. Le midi, il sert une cuisine de brasserie améliorée avec quelques entrées, de bons plats à base de produits de première qualité : souris d'agneau, brandade de morue, boudin blanc... Le soir, changement de décor : les nappes blanches sont de la fête (mais les tables restent à touche-touche), et les plats plus élaborés. Le menu unique, sans le vin, change tous les jours et prend des allures gastronomiques, tout en conservant l'accent béarnais qui fit le succès de *La Régalade,* son 1er bistrot.

## 7e arrondissement

**€ IоI Le 20** – *20, rue de Bellechasse ☎ 01-47-05-11-11. Ⓜ Solférino. Tlj 12h-15h30, 19h-23h (23h30 jeu-sam). Congés : à priori 15 j. en août. Formule déj 19 €, verre de vin ou café compris ; carte env 25 €.* Néobistrot revu à l'ancienne. Caricatures au-dessus des banquettes en moleskine rouge. Formule du jour d'un bon rapport qualité-prix. Dans les assiettes, de la bonne cuisine française : filet de bœuf et frites maison, terrine de foie gras et confiture d'oignons, moelleux au chocolat...

**€€ Les Cocottes** – *135, rue Saint-Dominique Ⓜ École-Militaire. Tlj ; service continu 12h-23h. Résa possible slt sur le site • maisonconstant.com • Formules déj en sem 23-28 € ; plat du jour 16 €, cocottes 14-29 € ; carte env 30 €. Sélection de vins au verre 4-6 €.* Déco très contemporaine – avec son long bar en Inox brossé et ses tables et tabourets hauts – mais très chaleureuse pour ce 3e resto de la galaxie Constant dans la même rue. Les plats sont servis dans des cocottes individuelles. Des cocottes à la fois simples et délicieuses, teintées de ce qu'il faut de créativité pour ne pas s'en lasser. Les aficionados seront ravis d'apprendre que *Les Cocottes* ont pondu une annexe rive droite *(2, av. Bertie-Albrecht, 75008 ; ☎ 01-53-89-50-53).*

**€€€ IоI Le Café de Mars** – *11, rue Augereau ☎ 01-45-50-10-90. Ⓜ École-Militaire. Tlj sauf dim-lun 12h-14h30, 19h30-23h. Congés : 3 sem en août et 10 j. à Noël. Formule déj en sem 22 € ; carte env 36 €.* Cette bonne vieille enseigne de quartier a repris du service sous la houlette d'une jeune équipe dynamique et expérimentée, dans un décor de bistrot fraîchement relooké. Idéal au déjeuner pour qui traîne ses guêtres dans le quartier ; plutôt réservé à la clientèle locale le soir. Sur l'ardoise, une poignée de suggestions revisite astucieusement la tradition. Parmi les outsiders, on apprécie le cheeseburger suivi d'une bonne part de gâteau au chocolat (aérien en bouche bien que concentré en calories). Plats végétariens, vins au verre, délicieux pain de chez *Poujauran,* et avec ça, service gentil tout plein. Jazz le samedi midi.

**€€€ IоI L'Affriolé** – *17, rue Malar ☎ 01-44-18-31-33. Ⓜ et RER C : Invalides. Tlj sauf dim-lun 12h-14h30, 19h30-22h30. Congés : 3 sem en août. Menu-carte le soir 39 €.* Thierry Vérola propose une cuisine délicieuse et innovante, avec une préférence pour le poisson. Les menus changent tous les 2 mois, l'ardoise plus souvent. En dessert, les gourmands seront comblés. Quelques petites attentions fort sympathiques dès le 1er menu. Accueil très prévenant.

**€€€ Bistrot Belhara** – *23, rue Duvivier ☎ 01-45-51-41-77. Ⓜ École-Militaire. Tlj sauf dim-lun 12h-14h30, 19h-22h30. Congés : 3 sem en août. Résa indispensable. Formules 24-35 € le midi, 38 € le soir ; menu dégustation 52 €.* Quelle surprise que ce bistrot de poche, au charme rétro ! Du fond de la salle, derrière ses fourneaux, Thierry Dufroux, formé à grande école, élabore une cuisine bistrotière maligne, aux présentations soignées. Les plats déclinés sur ardoise suivent les tendances du marché, avec une forte connotation basque, comme pour rappeler les origines du chef. Un travail impeccable, raffiné, presque haute couture (ris de veau incroyables, riz au lait aux fruits secs formidable), qui fait le bonheur de la clientèle bourgeoise du quartier, toujours fidèle. Service attentionné.

**€€€ Racines des Prés** – *1, rue Gribeauval ☎ 01-42-60-77-34. Ⓜ Rue-du-Bac. Tlj sauf sam midi et dim ; service 12h-14h, 19h30-22h30. Congés : 2 sem en août et quelques j. en déc. Formules déj 29-35 € ; menu 55 € ; plats 29-30 € ; carte env 60 €.* Ce dernier né de David Lanher (voir *Le Bon Saint-Pourçain* dans le 6e, et le *Panache* dans le 9e) joue l'atout séduction avec son élégante déco Rive gauche, en même temps qu'il sert une partition bistrotière de haute volée, sous la houlette d'un chef sorti tout droit de cuisines étoilées. Pas d'esbroufe, ni de tralala : la carte concise traduit un savoir-faire évident en faisant la part belle aux traditionnelles recettes de terroir concoctées avec brio, et aux produits de saison, cela va de soi ! La présentation soignée met en appétit, tandis que l'excellence des produits fait le reste. À accompagner d'une bonne petite sélection de vins au verre. Quoi d'autre ? À ce prix-là, on y retourne ! *NOUVEAUTÉ.*

## 8e arrondissement

**€ Chez Léon** – *5, rue de l'Isly ☎ 01-43-87-42-77. Ⓜ Saint-Lazare ou Havre-Caumartin. Tlj sauf dim ; service continu 6h-21h15 (pas de dîner sam). Congés : août. Entrée env 5,50 €, plat env 14 € ; carte env 25 €. CB refusées.* À quelques encablures de Saint-Lazare, voilà un routier figé dans les années 1950 ! Avis aux réfractaires à la cuisine modeuse, des plats intemporels (terrine, hors-d'œuvre, tripes, boudin) sont ici servis sur des tables en formica, recouvertes (côté resto) par des nappes à carreaux rouges et blancs. Pour la petite histoire, cet unique « routier » parisien doit son panonceau à la Fédération des transports routiers, qui avait jadis son siège en face et dont *Léon* était l'annexe.

**€€€ Le Bœuf sur le Toit** – *34, rue du Colisée ☎ 01-53-93-65-55. Ⓜ Franklin-D.-Roosevelt ou Saint-Philippe-du-Roule. ♿ Tlj 12h-15h, 19h-23h (minuit ven-sam). Piano-bar jeu soir. Formules 2 ou 3 plats 29,90-38 € ; carte env 45 €. Apéritif maison offert sur présentation de ce guide.* On est loin du temps où Cocteau, Picasso, Poulenc, Milhaud et les autres s'y retrouvaient... Reconstituée dans les années 1940 (à quelques pas de la 1re enseigne, comme pour *L'Olympia*), cette brasserie de style Art déco reste un bel hommage aux années de l'entre-deux-guerres avec son superbe décor d'époque. Carte de brasserie et bonnes spécialités de fruits de mer, qui régalent la clientèle d'affaires. Service pro et sympathique.

**€€€ Lazare** – *parvis de la gare Saint-Lazare, rue Intérieure ☎ 01-44-90-80-80. Ⓜ Saint-Lazare. ♿ Tlj 7h30-minuit ; service 12h-15h, 19h-23h. Résa indispensable. Plat du jour 19 € ; menu dim midi 39 € ; carte 50-60 €.* Dans la gare Saint-Lazare, monument historique relooké, le *Lazare*, tout naturellement, est un superbe bistrot chic avec boiseries, mobilier noir et blanc, et jolies mosaïques au sol. Prenez place et saisissez donc la gazette (la carte) : quelle que soit l'heure, du lever du soleil au bout de la nuit, les cuisines tournent à plein régime. Mais on appréciera surtout l'authenticité des recettes de toujours, gourmandes et généreuses, réalisées par Thierry Colas sous la houlette d'Éric Frechon, chef triplement étoilé du *Bristol*. En dessert, ne pas manquer la création maison, le paris-deauville... avant de filer vers la Normandie !

**€€€ La Fermette Marbeuf** – *5, rue Marbeuf ☎ 01-53-23-08-00. Ⓜ Alma-Marceau ou Franklin-D.-Roosevelt. Tlj 12h-23h30. Formules déj 29,50-36 € ; menu dégustation 55 € ; carte env 65 €.* La salle à manger est un chef-d'œuvre de l'Art nouveau, redécouvert par hasard en 1978 lors de travaux de rénovation et inscrit à l'inventaire des Monuments historiques. Un resto-musée où l'on se doit de dîner une fois dans sa vie. Demandez absolument une table dans cette salle. Plats de brasserie traditionnels et classiques qui prennent une autre dimension dans ce lieu magique. Et un soufflé au Grand Marnier à hurler de bonheur ! Très bon accueil.

## 9e arrondissement

€ |●| P **Hugo** – *12, rue Papillon ☎ 01-40-22-01-91. Ⓜ Cadet ou Poissonnière. Tlj sauf le midi sam-lun 12h-15h, 19h-22h30. Formule déj en sem 16 € ; menus 22-39 €. Parking payant. Apéritif maison offert sur présentation de ce guide.* Cadre classique et bon accueil. Petits plats bien tournés aux accents du Midi, colorés, parfumés et joliment présentés. Produits bio rigoureusement sélectionnés. Desserts maison frais et goûteux. Et pour couronner le tout, bons petits crus de récoltants à prix démocratiques et service irréprochable.

€€ **Les Canailles** – *25, rue La Bruyère ☎ 01-48-74-10-48. Ⓜ Saint-Georges. Tlj sauf sam-dim et j. fériés ; service 12h-14h30, 19h-22h30. Congés : 3 sem en août. Formules 28-56 € ; carte env 35 €.* Deux compères ont délaissé les tables de renom pour proposer chez eux une cuisine plus simple et plus authentique, dans un cadre convivial. Les exigences de Sébastien Guillo sont avant tout les produits de saison et leur qualité. Dans l'assiette, c'est une cuisine généreuse à partir de recettes du terroir subtilement réinterprétées. Pour les vins, Yann Le Pevedic privilégie les naturels sur une carte qui pioche dans toutes les régions de France.

€€ |●| **J'Go Restaurant** – *4, rue Drouot ☎ 01-40-22-09-09. Ⓜ Richelieu-Drouot. ♿ Tlj, sauf dim, 12h-2h. Formules 16,50-22 € le midi, 30-47 € le soir ; carte 35-45 €.* Pas de doute, à voir la déco des salles, on est bien dans le Sud-Ouest. Ça se sent aussi dans l'assiette et jusque dans la paluche du patron, originaire de Vic-Fezensac, ou dans celle de son associé, le célèbre rugbyman Fabien Galthié. Les spécialités : gigot à la broche et ses haricots tarbais, agneau du Quercy ou le Lou Pastifret, un pâté maison de porc noir de Bigorre servi avec sa salade. La carte décline, selon les saisons, son lot de produits frais et de desserts maison. Jolie sélection de vins du Grand Sud. Essai transformé !

€€ |●| **Au Petit Riche** – *25, rue Le Peletier ☎ 01-47-70-68-68. Ⓜ Richelieu-Drouot ou Le Peletier. ♿ Tlj sauf sam-dim 17 juil-22 août ; service 12h-14h30, 19h-minuit (22h30 dim). Fermé 1er janv, 1er mai, 14 juil, 24 déc au soir et 25 déc. Formule déj 26 € ; menus 31-37 € ; carte env 40 €.* Fondé en 1854, ce *Petit Riche* a conservé son ambiance et, surtout, son allure parisienne d'antan, avec son enfilade de salons Belle Époque, ses miroirs gravés, ses nappes blanches bien mises et ses banquettes de velours rouge. Un resto d'atmosphère, que fréquentent les assidus des théâtres des alentours et les hommes d'affaires. À table, une cuisine principalement axée sur le Val de Loire, qui respecte et remet à l'honneur les recettes d'autrefois.

€€ |●| **La Tute 2, Chez Manu** – *7, rue Rossini ☎ 01-40-15-65-65. Ⓜ Richelieu-Drouot. Tlj sauf sam midi et dim ; service continu 12h-22h. Congés : août et 23 déc-3 janv. Plats du jour 20-25 € ; carte env 35 €. Digestif maison offert sur présentation de ce guide.* Rustiques et généreuses, telles sont l'ambiance et la cuisine chez ce Pyrénéen qui accueille sans chichis les amateurs de terroir entre Bigorre et Navarre. Ici, quand on noue sa serviette, c'est pour attaquer avec entrain une planche de charcuterie de Bigorre ou une friture de poulpe, un rognon de veau entier ou un plat de tripes à l'armagnac. À l'atterrissage, les blancs-mangers arrosés de pousse-rapière vous inciteront, le soir, à pousser vous-même la chansonnette. Côté nectars : un pacherenc du vic-bilh pas piqué des hannetons. La transhumance faisant partie des traditions locales, nul doute que vous y reviendrez.

€€€ **Mamou** – *42, rue Taitbout ☎ 01-44-63-09-25. Ⓜ Opéra. Tlj sauf sam-dim et le midi lun-mar 12h-14h, 19h30-22h. Congés : 1er-22 août. Résa indispensable, surtout le midi. Formule déj 19 € ; carte 35-40 €.* C'est en souvenir de sa grand-mère, qu'il appelait « Mamou », que le chef Romain Lalu a baptisé son restaurant. Mais la nostalgie de l'enfance prend ici un sérieux coup de jeune, avec une cuisine inventive, fraîche et pleine de peps. Le tartare de bœuf – grand classique – est ainsi superbement revisité avec œuf poché, sauce au sésame. Quant aux desserts, qui font la part belle aux fruits de saison, ils sont remarquables.

€€€ |●| **Le Pantruche** – *3, rue Victor-Massé ☎ 01-48-78-55-60. Ⓜ Pigalle. Tlj sauf sam-dim 12h30-14h30, 19h30-22h30. Congés : avr, 3 premières sem* *d'août et Noël. Formule déj 19 € ; le soir, menu 36 € ; carte 30-45 €.* Une sympathique petite adresse du bas Pigalle, un brin canaille, qui propose des plats de bistrot tradi-cool dans une ambiance assez animée. Franck Baranger aime mettre en valeur les beaux produits (de saison) et enchante les papilles avec des compositions bien maîtrisées. La carte change régulièrement. Service très attentionné et belle sélection de flacons pas trop ruineux. Pour ceux que ça intrigue, « Pantruche » désigne Paris en argot... *NOUVEAUTÉ.*

€€€ **La Régalade Conservatoire** – *Hôtel de Nell, 7-9, rue du Conservatoire ☎ 01-44-83-83-60. Ⓜ Bonne-Nouvelle. ♿ Tlj 12h-14h, 19h-22h30. Menu-carte 39 €. Parking payant.* Jamais deux sans trois. Bruno Doucet a été choisi pour créer un bistrot façon *Régalade* au rez-de-chaussée du nouvel *Hôtel de Nell,* griffé Wilmotte. Sol en damier, carte bistronomique et ambiance détendue pour ce 3e opus, où l'on retrouve la terrine en amuse-gueule et le soufflé au dessert. Carte courte mais intéressante, avec des plats qui donnent tout à la fois faim et le sourire, tel le risotto à l'encre de seiche et aux gambas rôties, ail et piment d'Espelette, avec une émulsion de Vache qui rit : drôle, simple, savoureux surtout. Généreux, aussi.

€€€ **Les Diables au Thym** – *35, rue Bergère ☎ 01-47-70-77-09. Ⓜ Grands-Boulevards. Tlj sauf sam midi et dim 12h-14h, 19h-22h30. Congés : 3 sem en août. Formule déj 25 € ; menus 30 € (midi)-40 €.* Éric Lassauce, formé auprès de grands cuisiniers, élabore, dans ce petit resto de quartier bien sympathique, une cuisine du moment composée de produits frais. La carte est courte et bien maîtrisée : épaule d'agneau de lait de Quercy, cochon de lait et sa compote de dattes et purée de patate douce... à déguster sur l'une des tables nappées de blanc. Service attentif et souriant.

€€€ **Le Panache** – *1, rue Geoffroy-Marie ☎ 01-53-34-03-91. Ⓜ Grands-Boulevards. Tlj sauf dim soir 12h-14h, 19h30-22h30. Résa conseillée. Formules déj 24-29 € ; le soir, carte 40-50 € ; brunchs dim (à la carte) 30-35 €.* Pour le resto de son hôtel, Adrien Gloaguen a fait appel à l'un des restaurateurs les plus doués de sa génération, David Lanher. Après *Racines 1* et 2, le *Caffé Stern* et le *Bon Saint-Pourçain,* aux identités bien marquées, il propose ici une cuisine bistrotière bien dans son temps, finement réalisée avec les produits du marché. Les plats changent selon l'arrivage et l'humeur des chefs, mais la qualité, elle, est constante ! Décor intimiste (38 places seulement !) à l'atmosphère bostonienne.

€€€ **Bouillon** – *47, rue de Rochechouart ☎ 09-51-18-66-59. Ⓜ Poissonnière ou Cadet. ♿ Tlj sauf dim-lun 12h-14h, 19h30-22h30. Congés : 1 sem en mai et 3 sem en août. Formules déj en sem 21-28 € ; plat du jour 14 € ; carte env 50 €.* Un jeune chef aux manettes, ancien élève de J.-F. Piège, et son épouse, à l'accent chantant du Sud, tout sourire, accueillent dans cette salle sobre et design, avec sa table d'hôtes centrale pour 6 (pensez à réserver) ou dans les fauteuils confortables. Carte joliment garnie, avec plats à picorer et à partager. Cuisine de tradition et de saison, le tout très bien tourné, sans esbroufe mais avec gourmandise, et bouillons, naturellement, qu'on a envie de saucer sans aucun remord ! Les fromages de la *Ferme Saint-Hubert,* juste en face, vous tendent les bras. Super accueil et bonne ambiance.

## 10e arrondissement

€€ **Chez Michel** – *10, rue de Belzunce ☎ 01-44-53-06-20. Ⓜ Gare-du-Nord ou Poissonière. Tlj sauf sam-dim. Menus 29-35 €.* Thierry Breton, chef talentueux et propriétaire de ce restaurant, a imprimé la carte de sa patte, celle qui assume pleinement ses origines bretonnes ! Alors, même s'il partage davantage son temps entre ses deux autres adresses voisines (*La Pointe du Groin* et *Chez Casimir*), l'esprit correspond bien à ses exigences : un produit de qualité qui colle aux saisons et offre le meilleur de sa région : saint-jacques, ormeaux exceptionnels et rares, légumes « oubliés », pêche de petits bateaux, gibier (sa grande spécialité !)... Ici, le terroir devient subtil et prend ses lettres de noblesse. Le cadre aux tons bleus et aux toiles marines nous porte à l'Ouest. On sort d'ici heureux, ravi, rassasié, jamais déçu. En dessert, paris-brest et kouign-aman du pays, servi tiède, valent bien leur pesant de beurre.

€€ **La Cantine de Quentin** – *52, rue Bichat ☎ 01-42-02-40-32. Ⓜ République ou Jacques-Bonsergent. ♿ Tlj* *sauf lun, le midi slt (12h-15h30) ; boutique tlj sauf lun 10h-19h (17h dim). Congés : 2de sem des vac scol de fév (zone C) et août. Formules déj 17 € en sem, 19 € sam-dim ; carte env 30 €.* On y déguste de bons plats du terroir accompagnés d'une sélection de vins très abordables à consommer en salle ou au comptoir. Desserts maison à se damner, notamment le cheese-cake. Petit salon à l'éclairage tamisé, bien agréable pour prendre le café en fin de repas, et terrasse au calme et au soleil. À l'épicerie, on peut acheter vins, foies gras, pâtés, terrines, plats cuisinés... Lauréat du label Maître restaurateur. Un concept qui sent bon la gastronomie française !

**€€ |●| ⛱ La Marine** – *55 bis, quai de Valmy ☎ 01-42-39-69-81. Ⓜ Jacques-Bonsergent ou République. Tlj 12h-minuit. Formule déj 18 € ; le soir, carte env 30 €.* Ce resto a une vraie gueule d'atmosphère, sorte de *Flore* de l'Est parisien, avec la gouaille en plus. Souvent bondé. Tables et chaises sont prises d'assaut dans la salle aux moulures emplafonnées enfumées. Cuisine de bistrot de bon aloi. Une petite sélection de bons vins au pichet et quelques desserts maison pour accompagner le tout. Belle terrasse au bord du canal. Accueil agréable et service efficace.

**€€ |●| ⛱ Le Chansonnier** – *14, rue Eugène-Varlin ☎ 01-42-09-40-58. Ⓜ Château-Landon. Tlj midi et soir. Formules 12,20 € (midi en sem)-26 € ; carte env 30 €.* « Buvons, buvons à l'indépendance du monde ! » C'est au coin de la rue Pierre-Dupont (chansonnier et auteur de ces mémorables paroles) et de la rue Eugène-Varlin (chapeau bas : la Commune n'est pas morte !) que Jean-Claude Lamouroux nous fait partager un vrai moment de bonheur. L'atmosphère chaleureuse, dans un cadre préservé, le service efficace, les plats traditionnels, les pichets de vins sélectionnés par le patron, tout inciterait à monter sur la table, le verre à la main... Bon, on se calme ! Mais c'est vraiment bien.

**€€ |●| ⛱ Chez Casimir** – *6, rue de Belzunce ☎ 01-48-78-28-80. Ⓜ Poissonnière ou Gare-du-Nord. ♿ Tlj sauf le soir sam-dim 11h30-14h30, 18h30-23h30 (en continu le w-e). Congés: 2 sem autour du 15 août. Résa vivement conseillée le w-e. En sem, formules déj 24-32 €, menu le soir 32 € ; w-e, brunch 30 €.* Dans un cadre bistrotier tout simple, une cuisine franche, de tradition, entièrement préparée maison avec de bons produits du marché, et des prix fort raisonnables. Comme ceux des vins, d'ailleurs, sélectionnés chez de petits propriétaires-récoltants. Le week-end, incroyable brunch casse-croûte à volonté, avec une dizaine de salades accompagnées de charcuterie et autres pâtés en croûte, souvent du civet de lapin en plat principal et un buffet de desserts gargantuesque. Une institution, ce bout de Finistère échoué dans le 10e !

**€€€ |●| ⛱ Flo** – *7, cour des Petites-Écuries (entrée par le 63, rue du Faubourg-Saint-Denis) ☎ 01-47-70-13-59. Ⓜ Château-d'Eau. ♿ Tlj midi et soir. Menus 25-29 € le midi, 35,50 € le soir ; carte env 50 €.* Un grand classique de la nuit pour la choucroute. La vieille brasserie de l'Allemand Flœderer, qui date de 1886, n'a pas pris une ride. Les acteurs des théâtres des Grands Boulevards tout proches se faisaient livrer des plats dans leur loge, notamment Sarah Bernhardt quand elle jouait à *La Renaissance*. Superbe déco 1900, vitraux séparant les pièces, plafonds richement décorés, banquettes de cuir, piano mécanique, porte-chapeaux en cuivre. Clientèle jeune, moins jeune, toujours gaie.

**€€€ |●| Le Mordant** – *61, rue de Chabrol ☎ 09-83-40-60-04. Ⓜ Poissonnière, Gare-du-Nord ou Gare-de-l'Est. Mar-ven midi et soir, plus sam soir. Résa nécessaire le soir. Formules déj 20-24 € ; carte 35-45 €.* Le credo de la maison : du frais et des producteurs de choix, une carte courte et éphémère qui emprunte à la cuisine française son savoir-faire, mais qui n'hésite pas à se balader du côté des poivres précis ou des zestes exotiques. Audacieux, donc, mais sans excès déstabilisant, un peu à l'image de la belle salle aérée qui marie vieux parquets, murs bruts et voûtes cubistes en bois. Les meutes de copains y trouveront même un salon semi-privé à la tapisserie fleurie pour se retrouver à l'écart. Très belle carte des vins (un peu chère, mais quelques choix au verre). Bien à l'image du quartier, une adresse décontractée, dont on vire vite mordu !

**€€€ |●| ⛱ Les Vinaigriers** – *42, rue des Vinaigriers ☎ 01-46-07-97-12. Ⓜ Gare-de-l'Est ou Jacques-Bonsergent. Tlj sauf lun (et dim soir hors saison) ; service 12h-14h30 (12h30-15h sam), 19h30-22h30. Le midi, menus 19-24 € ; carte env 40 €.* Un vieux bistrot de quartier, relooké sans excès. En cuisine, le chef s'affaire à offrir le meilleur au meilleur prix, et c'est plutôt réussi. Le menu du midi est déjà une

Île-de-France (Paris)

belle invitation avec, entre autres, un ceviche de daurade, radis et grenades et sa vinaigrette aux agrumes... hmm ! Des plats créatifs, goûteux et bien équilibrés qui changent au gré du marché et des saisons. Accueil sympathique de Frédérique, la maîtresse des lieux, qui officie en salle et qui saura vous conseiller sa belle sélection de vins au verre.

**€€€ Le Galopin** – *34, rue Sainte-Marthe (sur la place) ☎ 01-42-06-05-03. Ⓜ Belleville ou Colonel-Fabien. Ouv le soir lun-ven, plus le midi jeu-ven. Congés : 24 déc-3 janv. Menus 32 € le midi, 54 € le soir.* Romain Tischenko, formé par des chefs en vogue dont le talentueux William Ledeuil *(Ze Kitchen Galerie)*, est tombé dans la marmite très jeune. Dans ce joli bistrot de quartier, il est épaulé par son frère Maxime en salle : vous êtes ici chez eux ! Un décor à la fois simple et chaleureux, aux murs de pierre et vieux carrelages, sert d'écrin à une cuisine de l'instant, créative et ambitieuse. Et toujours à base de produits de choix. Cuissons extras, associations judicieuses. Un bistrot-gastro en somme. Et un vrai coup de cœur !

## 11e arrondissement

**€ 🍽 ☂ La Ravigote** – *41, rue de Montreuil ☎ 01-43-72-96-22. Ⓜ Faidherbe-Chaligny ou Rue-des-Boulets. Tlj sauf dim et j. fériés 12h (11h sam)-14h30, 19h-22h30 (en continu mer-ven). Menus 13,50-15,50 € le midi, 18-22 € le soir.* Une trentaine de places dans un petit resto de quartier bourré d'habitués réjouis, qui se délectent de son incontournable menu à l'ardoise. Pas de chichis : laissez-vous tenter par une tête de veau ravigote, un confit de canard maison ou une cassolette de poisson. Ambiance parigote.

**€€ 🍽 ☂ La Vache Acrobate** – *77, rue Amelot ☎ 01-47-00-49-42. Ⓜ Saint-Sébastien-Froissart ou Chemin-Vert. Tlj sauf dim 8h30-minuit. Formules déj 16-19 € ; carte 25-30 €.* Un petit troquet coloré, où les habitués aiment se retrouver pour une soirée conviviale, autour de petits plats bien troussés. Le cadre est chaleureux, mais mieux vaut savoir se faufiler et aimer le coude-à-coude ! La carte des vins privilégie petits crus et vignobles méconnus. Accueil très sympa.

**€€ 🍽 Cantine de l'Embuscade** – *10, rue du Grand-Prieuré ☎ 01-71-24-58-44. Ⓜ Oberkampf. Tlj sauf sam midi, dim et lun. Plats 20-25 € ; formules le midi 17-21 €.* Un bistrot comme on les aime, et bien caché. Ça mijote dans la cuisine ouverte, ça papote autour des tables en bois et ça patiente un verre à la main au comptoir. Plats gourmands, copieux et bien tournés, français avec des touches colorées, où les textures et les saveurs se complètent avec surprise. Service souriant au rythme de la musique du monde qui s'invite aussi dans les assiettes. Une cantine où on aimerait bien laisser son rond de serviette !

**€€€ Restaurant Pierre Sang in Oberkampf** – *55, rue Oberkampf ☎ 09-67-31-96-80. Ⓜ Oberkampf ou Parmentier. ♿ Tlj ; service 12h-15h, 19h-23h. Congés : vac scol de Noël. Fomules déj 20-35 € ; menu 39 € le soir.* Ici, pas de carte, pas de stress. Et c'est justement ce qui contribue en fin de compte au plaisir. Surtout que le service est souriant, attentif, rassurant. Dans un décor minéral blanc et noir (assez austère), on savoure l'unique formule : 6 plats en version dégustation, de l'entrée au dessert en passant par le fromage (fameux). Surprise toujours de mise ! Quant au chef, c'est un ancien finaliste de *Top Chef* (saison 2), qui, depuis, a tracé son chemin. Il a depuis ouvert une autre adresse : *Pierre Sang on Gambey*.

**€€€ 🍽 Scaria** – *88, av. Parmentier ☎ 09-83-47-62-66. Ⓜ Parmentier. Ouv tlj : lun-sam 8h30 (9h30 sam)-23h, dim 9h30-18h30. Sandwichs 7,20-12 €. À midi, menus 22-26 € ; carte env 40 €.* À l'image du quartier, *Scaria* est une adresse vivante, qui met les clients à l'aise. Il suffit de les prendre par la gourmandise, nous direz-vous... On se régale à toute heure dans cette jolie salle à la déco design, ouverte sur la cuisine. La carte est concise, mais que c'est beau, et diablement bon ! Les plats, méticuleusement travaillés, trahissent la patte d'un chef passé chez quelques pointures. Une option végétarienne redonne leurs lettres de noblesse aux légumes, bios le plus souvent. Et à midi, on tient là un menu gastronomique à prix serré ! Pour un grignotage rapide, sandwichs (notamment au pastrami) et plats à emporter. Coin épicerie fine pour ceux qui regrettent de partir. *NOUVEAUTÉ.*

**€€€ ☂ Square Gardette** – *24, rue Saint-Ambroise ☎ 01-43-55-63-07. Ⓜ Rue-Saint-Maur. Tlj 11h-14h30, 19h-22h30 (23h ven-sam, 22h dim). Formule déj 29 € ;*

*carte env 40 € ; brunch dim 28 €.* Le décor, volontairement vieillot et chaleureux, dégage une véritable atmosphère. Mais la vraie surprise est dans l'assiette ! Au piano, le chef élabore une cuisine mi-classique, mi-revisitée, fraîche et goûteuse. Des cuissons parfaites, une carte originale qui change régulièrement, des produits de saison, pour un résultat qui flatte très largement vos papilles ! Aux beaux jours, les tables s'étalent le long du trottoir, ce n'est pas désagréable. Un peu plus de simplicité dans l'accueil, et tout serait parfait !

**€€€ Bistrot Paul-Bert** – *18, rue Paul-Bert ☎ 01-43-72-24-01. M Faidherbe-Chaligny. Tlj sauf dim-lun ; service 12h-4h, 19h30-23h. Fermé 24-25 déc. Menus 19 € le midi, 41 € le soir.* Dans la catégorie « tronche de vie », on vote toujours *Paul-Bert.* Un vrai et beau troquet baignant dans son jus. À côté de la carte des vins - qui vaut largement le détour - celle des mets, comme on dit, ne pourra que vous donner envie d'aimer. La carte change constamment. Dans le genre terroir revisité, il n'y a pratiquement rien à redire du tartare de thon ou de la maga entrecôte. En plus, la maison fait ses propres glaces : ne sautez pas le dessert ! Accueil très parisien, là aussi.

**€€€ Vantre** – *19, rue de la Fontaine-au-Roi ☎ 01-48-06-16-96. M Goncourt ou République. Lun-ven 12h-14h, 20h-22h. Formules déj 17-21 € ; carte 40-45 €. Vins au verre à partir de 5 €.* Une déco de bistrot, tables en marbre, parquet et ardoise. Iacopo Chomel (ex de chez *Saturne*) et Marco Pelletier (ex-sommelier au *Bristol*) ont réuni leurs talents ici pour allier une cuisine de marché et de grands vins. Dans l'assiette, le chef promet des plats instinctifs, sans chichis de présentation et sans se prendre la tête, tout simplement bons. La carte des vins, impressionnante, est à faire pâlir d'envie les plus grands amateurs. Marco Pelletier y a transféré sa cave personnelle ! Attention tout de même au choix des vins, l'addition peut vite grimper. Service pro et attentionné. *NOUVEAUTÉ.*

**€€€ Le Villaret** – *13, rue Ternaux ☎ 01-43-57-89-76. M Parmentier ou Oberkampf. Tlj sauf sam midi et dim ; service 12h15-14h15, 19h30-23h30 (minuit ven-sam). Congés : 2 sem mi-août. Formules déj 22-27 € ; menu du marché 35 € ; le soir, menu dégustation 55 € ; carte env 45 €.* Les plats élaborés selon le marché et une fabuleuse carte de grands crus font de ce resto une table épatante. Un grand bravo à Olivier, qui tient avec constance les rênes de la cuisine depuis 20 ans ! Bonne cuisine bistrotière, soignée et savoureuse, servie dans un cadre accueillant.

**€€€ Septime** – *80, rue de Charonne ☎ 01-43-67-38-29. M Charonne, Voltaire ou Ledru-Rollin. Tlj sauf sam-dim et lun midi ; service 12h15-14h, 19h30-22h. Le midi, menus 30-60 € ; le soir, menu carte blanche 65 €.* Septime, le tyrannique et caractériel patron du *Grand Restaurant,* a donné son nom à pas mal d'enseignes, ici ou là. Celui-ci ne fait pas de cinéma. Service élégant et souriant, menu très court, livré dans sa plus simple expression et dans un énoncé télégraphique : du style saint-pierre artichaut jus de jambon. 2 suggestions de plats à midi, dans un menu en 4 étapes. Le soir, le menu carte blanche en 7 étapes ne laisse pas le choix. Mais la surprise vient du travail des fruits et légumes, résultat (heureux) du passage du chef, Bertrand Grébaut, chez *Passard.* Jolis assemblages, assiettes légères et colorées, compositions fondantes. La même équipe tient *Clamato* juste à côté, entièrement dédié aux poissons et fruits de mer.

## 12e arrondissement

**€ Les Bombis** – *22, rue Chaligny ☎ 01-43-45-36-32. M Reuilly-Diderot. Tlj sauf dim et j. fériés ; service 12h-15h, 19h-22h30. Formules et menus 15,50-17,50 € le midi, 23-29 € le soir ; carte env 30 €. Apéritif maison offert sur présentation de ce guide.* Charmant, ce bistrot, avec ses éléments anciens conservés (comptoir en bois, carrelage géométrique gris et noir), sa belle hauteur sous plafond et ses éclairages tamisés. La carte est bistrotière comme il se doit, plutôt classique mais variant au gré des saisons, et les vins sont à prix doux. Accueil discret mais prévenant.

**€€ Pouzenc** – *67, rue de Charenton ☎ 09-53-52-32-90. M Ledru-Rollin. Lun-ven 12h-15h, 18h-23h. Congés : août. Résa obligatoire, ce joli petit bistrot ne comptant que 14 couverts ! Le midi, menu 24 € ; le soir, carte 26-29 €.* Du bon fait maison, de saison... et à prix tout doux, la formule est assurément gagnante ! La carte, courte comme il se doit, change (très) régulièrement et mêle allègrement les terroirs français au gré du marché.

Chose rare, le chef excelle aussi bien dans le salé que dans le sucré : macédoine de légumes d'hiver, thon fumé, saucisse de Molène fumée au goémon, lentilles vertes du Puy au gingembre, clafoutis sarrasin aux poires et sauce caramel (sublime)... On en ferait bien sa cantine.

**€€ |●| Les Zygomates** – *7, rue de Capri ☎ 01-40-19-93-04. Ⓜ Michel-Bizot ou Daumesnil. Tlj sauf dim-lun ; service 12h-14h, 19h30-22h30. Congés : août. Résa conseillée. Formule 16 € ; le midi, menu 19 € (café compris) ; menus-carte 27-34 €.* Rien n'a changé dans cette charcuterie début XXe s, reconvertie depuis en bistrot traditionnel plébiscité par les habitués du quartier, qui se précipitent sur le menu du déjeuner. Eh oui, la clientèle est satisfaite, ne s'en cache pas, et cette jovialité communicative a parfois des conséquences fâcheuses sur le niveau sonore !

**€€ |●| ☂ À la Biche au Bois** – *45, av. Ledru-Rollin ☎ 01-43-43-34-38. Ⓜ Gare-de-Lyon. ♿ Tlj sauf sam midi, dim et lun midi ; service 12h-14h30, 19h-22h45. Congés : de mi-juil à mi-août et 23 déc-2 janv. Résa conseillée. Menus 19-24,50 € (midi), puis 32,80 € ; carte env 25 €.* Cette bonne halte, à deux rues de la gare de Lyon, est la providence des voyageurs. D'ailleurs, ça ne désemplit pas. Certes, le décor est franchement quelconque et les tables, trop rapprochées, n'invitent pas aux confidences amoureuses, mais la carte bistrotière est un vrai bonheur : fameux coq au vin (servi toute l'année), gibier en saison (dont la *famous grouse* !). Beau plateau de fromages bien affinés, pâtisseries maison et vins à prix raisonnables. On en sort repu !

**€€ |●| ☂ L'Ébauchoir** – *43-45, rue de Cîteaux ☎ 01-43-42-49-31. Ⓜ Faidherbe-Chaligny. Tlj sauf dim et lun midi 12h-14h30, 20h (19h30 ven-sam)-23h. Congés : 11-18 août. Le midi, menus 13,50-15,50 € (mar-ven), puis 25-28 € (mar-sam) ; le soir, carte slt, env 35 €. Belle carte des vins démarrant à 19 €, avec des conseils pros ; vin au verre ou au compteur.* La cantine des artisans, cols blancs et bobos du coin. Cuisine traditionnelle fort honnête. Le midi, c'est plein comme un œuf. Atmosphère bourdonnante, voire rugissante. Les serveurs virevoltent entre les tables et livrent de copieux plats du jour, comme le carré d'agneau irlandais aux épices ou le mignon de cochon sauce au miel.

**€€€ L'Amarante** – *4, rue Biscornet ☎ 09-50-80-93-80. Ⓜ Bastille ou Ledru-Rollin. Tlj sauf mer-jeu. Résa obligatoire. Le midi, formule 19 € et menu 22 € ; carte 45-50 €. Vin au verre.* Le genre d'adresse bistronomique qui ferait oublier toutes les autres et où l'on prendrait bien pension à vie, pour découvrir chaque midi l'humeur gourmande du chef et revenir le soir se régaler de ses classiques. Ah, que c'est bio ! Ah, que c'est beau ! Dieu que c'est bon ! Ici, d'ailleurs, les convives, souriants, n'ont d'yeux que pour leur assiette, qu'ils font éventuellement goûter à leur voisin, pour mieux goûter la leur en retour. Si les assiettes sont riches en légumes (de saison, cela va sans dire), les carnivores sont à la fête avec des viandes haut de gamme, savamment cuisinées. Pour parfaire le tableau, une sole « petit bateau », une mousse au chocolat à damner un saint et une belle sélection de vins nature à prix doux. Un coup de cœur !

**€€€ |●| Will** – *75, rue Crozatier ☎ 01-53-17-02-44. Ⓜ Ledru-Rollin. Tlj sauf dim-lun 12h-14h30, 19h30-22h30. Formule déj 21 € ; menu dégustation 49 € (69 € avec les vins) ; carte env 47 €.* Dans un cadre assez sobre, venez donc déguster la cuisine de William Pradeleix, qui seconda Hélène Darroze et qui se révèle ici un chef hyper doué (et jeune !). Créations inspirées où des mets français traditionnels, parfaitement exécutés, fusionnent harmonieusement avec des senteurs et parfums exotiques étonnants. C'est d'une subtilité confondante et, en outre, présenté de façon très artistique... Seule suggestion : les petites entrées de la formule seraient un poil plus copieuses, tiens, on mettrait quasi la note maximale !

**€€€ |●| ☂ Le Cotte Rôti** – *1, rue de Cotte ☎ 01-43-45-06-37. Ⓜ Ledru-Rollin. Tlj sauf sam midi et dim-lun ; service 12h-14h30, 20h-22h30 (23h ven-sam). Congés : 1 sem en mai, 3 sem en août et Noël-Jour de l'an. Formules déj 22-26 € ; le soir, carte env 50 €. Café offert sur présentation de ce guide.* Le marché d'Aligre tout proche alimente sans doute, au gré des saisons, l'inspiration de ce jeune chef doué et créatif. La carte est volontairement courte, mais les propositions sont toutes plus alléchantes les unes que les autres. Le midi, le rapport qualité-prix laisse littéralement pantois, tant par la qualité de la sélection que par la générosité des assiettes. Belle petite sélection de vins. Il a la cote, ce resto !

## 13e arrondissement

**€ Chinatown Olympiades** – *44, av. d'Ivry ☎ 01-45-84-72-21. Ⓜ Porte-d'Ivry. Tlj ; service 11h40-15h, 18h40-23h. Repas 20-30 €.* Un incontournable du quartier asiatique, pour s'initier aux subtilités de la cuisine cantonaise, en pointant sur l'interminable carte les numéros des *dim sum* fondants ou la salade de méduse, les pinces de crabe farcies et le délicat canard laqué accompagné de liserons d'eau. On y vient aussi pour une vraie séquence dépaysement avec le karaoké en semaine et l'orchestre le week-end, qui fait danser l'assistance en rangs d'oignons sur des airs de crooner chinois. Service bien rodé et diligent.

***Accès :*** à l'étage, dans le centre commercial ; plusieurs salles accessibles par un escalier depuis la rue.

**€ Basilic & Spice** – *88, av. de Choisy ☎ 01-45-85-19-30. Ⓜ Tolbiac ou Maison-Blanche. Tlj sauf lun 12h-15h, 19h-23h. Congés : 29 juil-19 août. Menus 13,90 € (midi en sem), puis 21,90-48 € ; carte 30-35 €. Cocktail sans alcool offert sur présentation de ce guide.* Cadre contemporain, élégant et chaleureux tout à la fois, à découvrir le soir de préférence. D'origine cambodgienne, la propriétaire propose ici une cuisine d'aujourd'hui qui plonge ses racines dans les plats khmers d'antan (le côté basilic) tout autant que thaïs (gare au piment !). Des alliances harmonieuses d'herbes et de saveurs, à tester avec le beau plateau découverte (pour 2) en entrée et une des 100 façons d'accommoder le poisson du chef, à la vapeur ou non. Excellent accueil.

**€ Au Petit Marguery** – *9, bd de Port-Royal ☎ 01-43-31-58-59. Ⓜ Les Gobelins. Tlj 12h-14h15, 19h-22h15. Menus 24-41,50 € ; carte env 42 €. Voiturier. Apéritif maison offert sur présentation de ce guide.* Institution des Gobelins. Le décor 1900 n'a pas changé, le service brasserie parisienne maintient la tradition, et la cuisine bourgeoise est toujours à l'honneur. Gibier en saison (lièvre à la royale, entre autres), sans oublier la vedette incontournable de la maison : le soufflé au Grand Marnier. À côté, *Le Comptoir* affiche une ardoise bistrotière. Et, en sortant, jetez donc un œil à *L'Escurial*, un de nos cinémas parisiens préférés.

**€€ Lao Lane Xang** – *102, av. d'Ivry ☎ 01-58-89-00-00. Ⓜ Tolbiac. Tlj sauf mer et jeu midi ; service 12h-15h, 19h-23h. Plateau-repas 12,80 € le midi en sem, avec verre de vin, café ou eau ; carte env 25 €.* Les spécialités laotiennes servies ici sont réputées bien au-delà du 13e ! Laissez-vous charmer par cette cuisine parfumée et subtile, où les herbes apportent toute leur fraîcheur. Le bœuf séché, la saucisse laotienne, mais aussi le canard au basilic ou les brochettes à la citronnelle figurent parmi les musts. Le cadre moderne distingue l'adresse des cantines du quartier, tandis que les prix, eux, restent ultra-raisonnables.

**€€ Chez Trassoudaine** – *3, pl. Nationale ☎ 01-45-83-06-45. Ⓜ Nationale. Tlj sauf sam midi, dim et j. fériés ; service 12h-15h, 19h30-22h30 (dernière commande). Entrées 8-12 € ; poissons, crustacés ou viandes à partir de 18 € ; dessert 7 €.* Arakel et Haigo, deux frères mariés l'un à une Mexicaine et l'autre à une Hollandaise, tiennent ce resto spacieux avec la bonne humeur de ceux qui ont vu d'autres horizons... Les entrées changent selon l'inspiration du chef. Mais, ici, on vient pour les superbes viandes qui débarquent d'Argentine, d'Écosse ou des grandes plaines des USA. Petit clin d'œil hommage aux origines de maman Astrig avec l'assiette arménienne proposée en entrée. Une qualité dans les produits et une gentillesse dans l'accueil toujours de mise. Parfois, une belle fête thématique le samedi soir. *Rock is still alive !*

**€€ Le Cam40** – *40, bd Arago ☎ 01-47-07-33-57. Ⓜ Les Gobelins. Ouv mar-sam 12h-14h, 19h-22h. Fermé dim-lun. Menus 28-35 €. Carte 35-45 €. Vin au verre 6 €.* Une déco épurée, avec des tables espacées pour le confort, presque scandinave pour le mobilier en contraste avec ses azulejos en trompe l'œil. Le chef, formé chez Alain Ducasse, ancien chef du *Spoon*, a plus d'un tour dans son fait-tout, qu'il partage avec bonheur. Des plats contemporains inventifs et savoureux, réalisés avec de bons produits de saison et des cuissons justes. Une équipe jeune et sympathique en salle. On a un faible pour la grande terrasse aux beaux jours. *NOUVEAUTÉ.*

**€€ L'Ourcine** – *92, rue Broca ☎ 01-47-07-13-65. Ⓜ Les Gobelins ou Glacière. Tlj sauf dim-lun ; service 12h-14h30, 19h-22h30. Congés : 3 sem en août. Le midi, plat 18 € ; menus 28-38 €.* La couleur est annoncée sur la vitrine : « Une cuisine de cuisinier, des vins de vignerons. » Un programme simple mais rigoureux ! Poussez la porte, et vous

vous sentirez vite à l'aise dans ce joli petit troquet. Amusante armoire percée qui fait office de passe-plat. Sylvain Danière, le chef, interprète avec talent des leçons bien apprises auprès de Camdeborde, et ce avec un goût très prononcé pour les produits du marché. La carte change tous les jours. Épatant et généreux.

€€€ **Etchegorry** – *41, rue Croulebarbe ☎ 01-44-08-83-51. Ⓜ Corvisart ou Les Gobelins. Tlj sauf dim-lun ; service 12h-14h, 19h30-22h15. Formule déj 20 € ; menu 36 € ; carte env 40 €. Parking payant. Digestif maison offert sur présentation de ce guide.* Sous la jolie façade fleurie, juste à côté de l'*Hôtel Le Vert Galant,* on lit une vieille inscription : « Cabaret de Mme Grégoire ». Il y a près de deux siècles se restauraient ici Victor Hugo, Béranger, Chateaubriand, et bien d'autres. Depuis plus de 30 ans, l'*Etchegorry* (« maison rouge » en basque) régale une clientèle fidèle, dans la grande tradition du Sud-Ouest. Et depuis peu sous la houlette de Philippe Tredgeu, un chef béarnais plein d'idées. Chipirons à l'encre de seiche, poitrine de cochon braisée, confit de canard pommes sarladaises... La tradition perdure avec l'art et la précision qu'on connaît à ce chef. Accueil très agréable. Une adresse attachante !

€€€ **L'Avant-Goût** – *26, rue Bobillot ☎ 01-53-80-24-00. Ⓜ Place-d'Italie. Tlj sauf dim 12h-14h, 19h30-22h. Fermé 1er janv, 1er mai et 25 déc. Résa indispensable. Formule déj autour d'une soupe 16 € ; menu-carte 38 € ; carte env 45 €.* La spécialité de *L'Avant-Goût,* le pot-au-feu de cochon, allie rusticité et finesse. Un plat épatant ! Autre option, le menu-carte, renouvelé tous les mois, qui offre le choix entre 5 entrées, 6 plats et 5 desserts. Savant, brillant, gourmand. Le midi, également une formule autour d'une soupe. Rayon flacons, le vouvray pétillant de Champalou ou le fiefs-vendéens sont de bons compagnons de table ; sans oublier le vin du mois.

## 14e arrondissement

€ **Crêperie de Quiberon** – *53, rue du Montparnasse ☎ 01-43-20-23-13. Ⓜ Edgar-Quinet ou Montparnasse-Bienvenüe. Tlj sauf dim et lun midi 11h45-14h30, 18h45-23h. Formules 9,40 € le midi, 12,90 € le soir ; menu découverte 17,90 € ; spécialités de galettes autour de 9 € ; carte 18-20 €, cidre compris.* Il est possible de faire son Tro Breizh sur cette microportion de rue tant il y a de crêperies bretonnes. Pont-Aven, Quimper, Saint-Malo, Josselin, Plougastel... notre dévolu s'est jeté sur Quiberon ! Derrière sa pimpante devanture rouge estampillée de l'hermine, et dans une petite salle coquette, on sert de généreuses crêpes garnies de produits frais. Les grands classiques illustrent la carte, doublés de suggestions du jour mettant davantage à l'honneur les produits de saison. La pâte des galettes, plutôt dentelles, est onctueuse ; celle des froments est fondante. Une bonne pioche !

€ **Le Smoke** – *29, rue Delambre ☎ 01-43-20-61-73. Ⓜ Vavin ou Edgar-Quinet. Tlj sauf dim 11h (15h sam)-2h. Formule déj 13,50 € ; plats 8-15 €.* Au cœur du Montparnasse artistique et littéraire cher à Hemingway, dans une rue où ont vécu tant de génies (Paul Gauguin, André Breton, Henry Miller...), *Le Smoke* est une rareté. La carte est courte, mais il n'y a que du bon. Dans ce secteur dominé par les crêperies, voici enfin un beau bar jazzy (déco sur ce thème, photos et musique jazz), avec banquette moelleuses, tables en bois et grosses poutres, et une cuisine française de qualité à prix imbattables. *Le Smoke* est parrainé aujourd'hui par l'écrivain américain Paul Auster, qui est aussi le scénariste du fim *Smoke* (avec Harvey Keitel). Ce dernier a inspiré le patron Lazhar et ses jeunes fils (Moes et Talal), qui maintiennent cet esprit « brooklynien » à Montparnasse. Ambiance conviviale. Service aimable et attentionné de Noï et Kim. Une excellente adresse pour boire un verre, manger ou jouer aux échecs...

€€ **La Cerisaie** – *70, bd Edgar-Quinet ☎ 01-43-20-98-98. Ⓜ Montparnasse-Bienvenüe. Tlj sauf sam-dim 12h-14h, 19h-22h30. Congés : 14 juil-15 août. Résa conseillée. Menus 25-42 € ; carte env 34 €.* Un bistrot de poche vraiment étriqué pour une cuisine du Sud-Ouest qui, elle, a de l'ampleur. Les plats sont préparés avec minutie et servis avec gentillesse. Magret d'oie des Landes et poires rôties aux épices, cassoulet longuement mijoté, palombe (en saison) : que c'est bon ! Les accompagnements supplémentaires proposés (facturés en plus !) viennent souligner une petite frustration côté quantité... On préfère opter pour les desserts, franchement gourmands. Belle sélection de vins.

**€€ |●| ⛱ Le Daudet** – *16, rue Alphonse-Daudet ☎ 01-45-40-82-33. Ⓜ Alésia. ♿ Tlj sauf dim 12h-15h, plus jeu-ven 19h-23h. Congés : août. Plat du jour 15 €, sandwichs 3,60-5,50 €, salade env 10,50 €, tarte salée env 10 € ; carte env 28 €.* Le midi, beaucoup de monde – travailleurs du quartier pour l'essentiel – dans cette brasserie aveyronnaise bruissante et bourdonnante. Un comptoir pour s'envoyer un canon, et des tables pour se requinquer d'une solide cuisine ; choux farcis, saucisse d'Auvergne, andouillette. Excellent tartare maison avec frites bien craquantes, et desserts maison. Les jeudi et vendredi soir, repas autour d'une carte d'un jour. Belle carte de vins de propriétaires.

**€€ |●| L'Essentiel** – *168, rue d'Alésia ☎ 01-45-42-64-80. Ⓜ Plaisance. Tlj. Congés : Noël-Jour de l'an. Formule déj 17,50 € ; carte 30-35 €.* Ouvert dès potron-minet pour avaler un petit noir serré, ce néobistrot aux murs de brique nue est une véritable ode au « bien manger pour pas cher », si rare de nos jours. Les habitués s'y pressent au déjeuner en tables serrées ou au fond, sur les bancs autour de la table commune, pour décrypter les offres du jour sur tableau noir. Cuisine de brasserie typique : que du frais, garanti fait maison, du simple et revigorant, servi sans délai et dans la bonne humeur. Honnêtes vins au verre ou en pichet.

**€€ |●| La Coupole** – *102, bd du Montparnasse ☎ 01-43-20-14-20. Ⓜ Vavin. Tlj 8h-11h pour le petit déj ; pour la brasserie, commande à la carte 12h-14h30, 18h30-minuit (23h dim-lun ; en continu sam-dim). Formule déj sauf dim 25 € ; menus 31 € (entrée + plat ou plat + dessert)-59 € (coupe de champagne + entrée + plat + dessert) ; carte 50-60 €. 2h de parking offertes le midi + service voiturier gratuit.* C'est l'un des derniers dinosaures de Montparnasse. Gigantesque « hall de gare » : c'est le plus grand resto, en surface, de France. *La Coupole* a vu le jour en 1927 dans un dépôt de bois et de charbon. Dès sa naissance, l'endroit était fréquenté par les artistes : Chagall, Man Ray, Soutine, Joséphine Baker et son guépard. C'est là qu'Aragon rencontra Elsa, que le modèle Youki quitta Foujita pour Robert Desnos, lui-même en rupture avec Breton sur le surréalisme... Impossible d'établir une liste exhaustive de tous ceux qui fréquentèrent *La Coupole* : Hemingway, Lawrence Durrell, Henry Miller, Buñuel, Dalí, Picasso, Artaud, Colette, Simone de Beauvoir, Sartre, Giacometti... Un lieu mythique donc, qui a plus de 80 ans d'existence, mais le décor, lui, bien que rénové, n'a pas changé : style Art déco original, colonnes surmontées de fresques et d'une superbe coupole, carrelage cubiste. En cuisine, continuité et innovation avec le savoir-faire du groupe *Flo,* et les recettes d'un bon chef, sans compter l'emblématique curry d'agneau servi traditionnellement par un Indien en tenue. Huîtres et crustacés en direct du banc à huîtres. Très bon accueil.

**€€ |●| ⛱ Les Petites Assiettes** – *147, av. du Maine ☎ 01-40-44-00-87. Ⓜ Gaîté. Tlj sauf sam midi et dim ; service 12h-14h30, 19h30-22h30. Congés : pont du 15 août. Formules 17,50-21,90 € (4 ou 5 petites assiettes) le midi, 32 € (5 petites assiettes) le soir. Vins de petits proprios à partir de 27 €.* Cadre frais et coloré pour de sympathiques formules. Petites assiettes qui permettent de goûter à 4 ou 5 mets d'une belle cuisine créative, aux bons effluves de Provence et du Sud-Ouest. Ici, garantie permanente de recettes inspirées et d'associations habiles de saveurs, de produits frais et de beaux légumes. Et toujours présent : un tartare d'anthologie...

**€€ |●| La Cantine du Troquet Daguerre** – *89, rue Daguerre ☎ 01-43-20-20-09. Ⓜ Gaîté. Tlj sauf sam midi et dim. Pas de résa. Plat du jour 16,50 € ; carte env 33 €.* Rebelote pour Christian Etchebest, qui signe là sa 3e cantine. Même concept bistrotier et grands classiques du Sud-Ouest affichés sur l'ardoise (cochonnailles de « son » ami Ospital, pièces de cochon et de veau formidables, indétrônables frites maison), belle déclinaison de flacons servis également au verre, et service bien rodé. Sauf que là, Nicolas Gras, ex-chef pâtissier chez *Ledoyen*, s'est invité (plus que ça, il gère le resto) et ajoute son grain de... sucre dans la carte des desserts. À ne pas manquer, du coup !

**€€€ |●| ⛱ À Mi-Chemin** – *31, rue Boulard ☎ 01-45-39-56-45. Ⓜ Denfert-Rochereau ou Mouton-Duvernet. Tlj sauf dim-lun ; service 12h-14h30, 19h30-23h30. Congés : août. Menus 18-26 € le midi en sem, 36 € le soir ; carte 35-40 €.* Cadre simple de bistrot pour une cuisine pleine d'une réjouissante créativité : millefeuille à la mousse de chèvre et figue au coulis de thé vert, pastilla de canard à l'orange. La carte évolue sans cesse au gré du marché et des saisons. Viande tendre, poisson cuit parfaitement. Service diligent. Resto à la hauteur de son excellente réputation ! Terrasse aux beaux jours.

**€€€ |●| L'Auberge de Venise** – *10, rue Delambre ☎ 01-43-35-43-09. Ⓜ Vavin. Tlj 12h-15h, 18h-23h30 (service continu dim). Menus 14,90 € (midi sauf dim et j. fériés)-39,90 € (vin compris) ; carte env 39 €.* Ici autrefois siégeait le *Dingo's Bar,* le bistrot préféré d'Hemingway à Montparnasse. Les cinémas du quartier ainsi qu'une poignée de bonnes tables font qu'on peut encore, avec plaisir, s'amuser à y jouer les Montparnos d'un soir. Parmi ces tables, cette auberge italienne où règne Enzo, bonhomme jovial, plein de malice, qui a l'art et la manière de vous mettre immédiatement à l'aise, sans oublier Massimo, son fiston. Éditeurs et gens du spectacle y viennent en amis plus qu'en voisins. Également une annexe dans le 4e arrondissement *(2, rue de la Bastille). NOUVEAUTÉ.*

**€€€ |●| ⛱ Bistrot du Dôme** – *1, rue Delambre ☎ 01-43-35-32-00. Ⓜ Vavin. Tlj 12h-14h15, 19h-22h30 (23h ven-sam). Carte slt : repas complet à partir de 50 €.* L'annexe bistrotière de la célèbre brasserie de Montparnasse. La marée y est en pleine forme, la carte des vins sans houle. Le service, qui ne sort pas de la flibuste, vous laisse le temps de respirer avant de monter à l'abordage, carte en main. Au fil des arrivages, poissons et fruits de mer expriment la même franchise savoureuse que celle qui nous émeut tant à la table d'un cabanon des bords de mer. Assiettes généreuses et très bons desserts. *NOUVEAUTÉ.*

## 15e arrondissement

**€ |●| Aux Artistes** – *63, rue Falguière ☎ 01-43-22-05-39. Ⓜ Pasteur ou Falguière. Tlj sauf sam midi et dim ; service 12h-14h30, 19h30-minuit. Congés : août et fêtes de fin d'année. Formule déj 12 € ; menu 15 € le soir. Café offert sur présentation de ce guide.* Ce resto est un cas ! Modigliani et Foujita y venaient au temps de la Cité des artistes. L'atmosphère et le décor hétéroclite n'ont pas bougé d'un pouce. Affiches et objets colorés partout. Clientèle mélangée et bruyante mangeant au coude-à-coude des plats bien franchouillards et de bonne facture, du genre bourguignon, tartare ou tripes à la mode de Caen. Et à des prix d'avant guerre ! Les soirs de week-end, aux heures cruciales, pas mal d'attente, mais le kir au comptoir est bien bon. Service efficace et à la bonne franquette.

**€ |●| ⛱ Le Volant Basque** – *13, rue Béatrix-Dussane ☎ 01-45-75-27-67. Ⓜ Dupleix. Tlj sauf lun midi et dim ; service 12h-14h30, 19h-22h30 (23h ven-sam). Congés : août, Noël et Nouvel An. Menus 24-32 € ; plats 19-25 € ; carte env 45 €.* Ce bistrot de quartier a conservé son nom, donné par son précédent propriétaire, ancien pilote automobile. Il a aussi conservé sa déco, son ambiance cosy, sa cuisine et ses habitués ! C'est donc au coude-à-coude, voire pare-chocs contre pare-chocs (!), qu'on goûte à une sérieuse cuisine bistrotière familiale, ancrée dans le Sud-Ouest. Beaux morceaux de viande et accompagnements généreux. Service naturel enjoué.

**€€ |●| La Table d'Hubert** – *148, av. Félix-Faure ☎ 01-45-54-12-26. Ⓜ Balard. Lun-ven 12h-14h30, 19h30-22h. Congés : nov. Formules déj 16-18 € ; carte env 25 €.* À proximité de la place Balard, Hubert, le frère de Philippe Gloaguen, cofondateur du *Routard,* propose des plats du terroir authentiques et de saison, accompagnés de vins d'artisans vignerons. Ici, pas de plats gastronomiques, mais des spécialités traditionnelles cuisinées dans les règles. Une adresse conviviale et d'un excellent rapport qualité-prix.

**€€ |●| L'Intuition Gourmande** – *4, rue Pétel☎ 01-45-32-58-76. Ⓜ Vaugirard. Tlj sauf dim-lun 12h-14h, 19h30-22h. Congés : 3 sem en août. Formule déj en sem 18 € ; menus 27,50-35 €.* On aime bien ce petit bistrot de quartier au cadre de bois simple, chaleureux, et assez intime en soirée. Au menu, cuisine bistrotière revisitée par Mathieu Sebban, un tout jeune chef talentueux qui a fait ses armes chez Pierre Gagnaire. Son secret : de bons produits frais travaillés avec passion, en saupoudrant quelques saveurs inattendues. On s'est régalés ! Belle carte des vins à prix copains. Accueil familial gentil.

**€€ ⛱ Le Grand Pan** – *20, rue Rosenwald ☎ 01-42-50-02-50. Ⓜ Plaisance ou Convention. Tlj sauf sam-dim 12h-14h, 19h30-23h. Congés : 1 sem en mai, 3 sem en août et 1 sem fin déc. Le midi, menus 22-30 € ; carte à partir de 30 €.* « Du temps que régnait le Grand Pan, les dieux protégeaient les ivrognes » : Georges Brassens. C'est la devise accrochée aux murs de ce bistrot. Le chef, Benoît Gauthier, excelle dans l'art de la bistronomie, avec juste ce qu'il faut de créativité. Sa cuisine du

Sud-Ouest est élaborée à partir de produits frais de saison. Magnifiques côtes de veau ou de bœuf de Mauléon ou Limousine, les vedettes de la carte. Belle sélection de vins... Et pour prendre l'apéro, *Le Petit Pan* est juste en face !

**€€ Le Casse-Noix** – *56, rue de la Fédération ☎ 01-45-66-09-01. Ⓜ Dupleix ou Bir-Hakeim. Lun-ven 12h-14h30, 19h-22h30. Congés : 3 sem en août et Noël-Jour de l'an. Formules déj 22-27 € ; menu 34 € ; carte env 40 €.* Juste quelques choix d'entrées, plats et desserts dans le menu, une poignée de suggestions du jour avec supplément sur l'ardoise. Au moins, on ne se casse pas la noix pour choisir... Les grands classiques bistrotiers sont travaillés avec malice par Pierre-Olivier Lenormand, un chef doué, également auteur de livres pour enfants ! Pour arroser la fine cuisine de saison, quelques bons flacons issus du Beaujolais. Cadre bistrot d'antan assez bruyant et pas hyper confort que fait vite oublier le contenu des assiettes !

**€€ |●| La Cantine du Troquet Dupleix** – *53, bd de Grenelle ☎ 01-45-75-98-00. Ⓜ Dupleix. Tlj 7h-22h45 ; service 12h-15h (carte réduite 15h-16h45), 19h-22h45. Fermé 1er janv et 24, 25 et 31 déc. Attention, pas de résa ; certains soirs en fin de sem, attente un peu longue ! Une astuce : venir tôt, ou carrément très tard. Carte env 35 €.* Christian Etchebest a planté là sa 2e cantine, au décor de bistrot chic parisien. Ambiance animée, et clientèle d'ici et d'ailleurs, qui vient surtout pour le contenu de l'assiette : de savoureuses recettes du Sud-Ouest, généreuses et servies avec le sourire... qui font oublier l'attente d'une table. Frites maison taillées au couteau, absolument divines ! Un troquet moderne et bien racé, comme certains flacons de la carte des vins. Belle terrasse sur rue.

**€€ |●| Le Café du Commerce** – *51, rue du Commerce ☎ 01-45-75-03-27. Ⓜ Avenue-Émile-Zola ou Commerce. ♿ Tlj 12h-15h, 19h-minuit. Fermé 1er mai et 24 déc. Formule déj en sem 17,50 € ; carte env 35 €.* Ce *Café du Commerce*, contemporain des bouillons du XIXe s, a de nombreux atouts ; à commencer par son spectaculaire intérieur sur plusieurs niveaux, avec sa déco fleurie et son toit ouvrant aux beaux jours. Bref, une brasserie historique, qui propose des plats tradis, de bonnes viandes à prix démocratiques et un tartare qui se défend bien. L'ambiance est là, bourdonnante le midi, conviviale le soir.

**€€ |●| Le Radis Beurre** – *51, bd Garibaldi ☎ 01-40-33-99-26. Ⓜ Sèvres-Lecourbe. Tlj sauf sam-dim ; service 12h-14h30, 19h30-22h30. Congés : 3 sem en août. Formule déj 27 € ; menu 35 € ; carte env 45 €.* Ce récent bistrot, à l'ombre de la ligne de métro aérien, s'est discrètement taillé une belle place dans le cœur des habitants du quartier et des touristes qui ont trouvé refuge non loin de la tour Eiffel. Le chef, tout aussi discret mais bien expérimenté, élabore une savoureuse cuisine de tradition, rythmée par les saisons, rehaussée d'une pointe de créativité. Autrement dit, une réjouissante cuisine bistronomique aux associations fines et honorée par une carte des vins futée. Service très attentionné, qui sait rester simple, comme ces croquants radis-beurre posés sur la table en guise de bienvenue. Une adresse qui semble avoir de beaux jours devant elle... *NOUVEAUTÉ.*

**€€€ Le Beurre Noisette** – *68, rue Vasco-de-Gama ☎ 01-48-56-82-49. Ⓜ Lourmel, Balard ou Porte-de-Versailles. Tlj sauf dim-lun ; service 12h-14h15, 19h-22h30. Congés : 3-7 mai et 16-19 août. Résa indispensable. Formules déj 23-32 € ; le soir, menus 36-55 € ; carte env 45 €.* Thierry Blanqui, chef auvergnat formé notamment chez *Ledoyen*, concocte une cuisine assez classique et raffinée, qu'il revisite au gré du marché et de son inspiration. Pas de fausse note, ni dans l'assiette ni dans l'addition. Il n'y a qu'à voir la mine réjouie des habitués qui aiment savourer au coude-à-coude cette cuisine dans les salles bistrotières ou entre potes sur la grande table d'hôtes. Très belle sélection de vins. Une maison qui tient sa bonne réputation... C'est sûr, on reviendra !

**€€€ |●| Le Gastroquet** – *10, rue Desnouettes ☎ 01-48-28-60-91. Ⓜ Convention. Tlj sauf dim. Congés : août et 24-27 déc. Formule et menu 17-21 € au déj ; carte env 40 €. Digestif maison offert sur présentation de ce guide.* Voilà une salle spacieuse où le savoir-vivre est cultivé ! Vous êtes chez le neveu de Jacques Cagna, qui a lui aussi la passion des beaux produits. Du frais donc, exclusivement, dans un registre traditionnel qui ne demande qu'à se dévergonder. Lièvre à la royale, cassoulet d'anthologie, salade de crabe divine... C'est excellent ! Accueil pro et sympathique.

**€€€ L'Os à Moelle** – *3, rue Vasco-de-Gamma ☎ 01-45-57-27-27. Ⓜ Lourmel. Tlj sauf sam midi et dim-lun. Congés : 1 mois l'été et 1 sem l'hiver. Menu 20 € le midi ; carte env 40 € le soir.* On revient toujours à ses premières amours, c'est bien connu ! Thierry Faucher en est le parfait exemple, lui qui a fondé cette maison, l'a quittée un temps pour vivre l'aventure « banlieusarde », avant d'y revenir. À la grande joie des habitants du quartier, à nouveau fidèles ! Ancien du *Crillon,* il joue à merveille une partition bistrotière façon grand chef. L'ardoise, qui varie en fonction du marché et de l'inspiration du chef, est enrichie d'une carte de vins bien pensée, à des prix qui ne surchauffent pas l'addition. Côté dessert, les amateurs ne manqueront pas le baba au rhum, une valeur sûre.

## 16e arrondissement

**€€ La Causerie** – *31, rue Vital ☎ 01-45-20-33-00. Ⓜ La Muette ou Passy. Ouv lun-ven midi et soir. Fermé sam-dim. Menus-carte 2 ou 3 plats, 29 et 36 €.* Dans un quartier plutôt dévolu aux boutiques qu'aux bons restos, on est content de croiser Gabriel et Arnaud, l'un en cuisine et l'autre en salle, dans ce bistrot chic à l'ambiance légèrement canaille. Et on n'est pas déçus ! Gabriel (étoilé au *Royal Monceau*) œuvre ici, dans sa cuisine, pour le bonheur de nos papilles. Des plats issus d'un terroir revisité, avec des spécialités comme les ris de veau croustillants, le lapin farci ou encore la cocotte de légumes et, pour finir, un fameux baba au rhum et le soufflé au chocolat... une tuerie ! Les produits viennent en direct de petits producteurs. En saison, le gibier est à l'honneur. *NOUVEAUTÉ.*

**€€ |●| ⛱ Les Marches** – *5, rue de la Manutention ☎ 01-47-23-52-80. Ⓜ Iéna ou Alma-Marceau. ♿ Tlj ; service 12h-14h30, 19h30-22h30. Formule déj en sem 18 € ; carte env 30 €.* Dans une petite rue qui longe le palais de Tokyo en descendant vers la Seine (au pied d'une longue volée d'escaliers, donc), un bistrot plutôt décalé dans cet arrondissement huppé. Les sets de table à carreaux, le miroir au mur, les banquettes et les tables qui débordent sur la rue aux beaux jours appuient l'ambiance bonne franquette. Dans l'assiette, des classiques bon teint, comme le steak-frites au poivre ou les quenelles, à des prix contenus. Quelques valeurs sûres côté vins, servis aussi au verre et en carafe. *NOUVEAUTÉ.*

**€€ |●| Le Petit Rétro** – *5, rue Mesnil ☎ 01-44-05-06-05. Ⓜ Victor-Hugo. Tlj sauf dim. Congés : 3 sem en août et 1 sem à Noël. Menus 26-30 € le midi, 31-36 € le soir ; carte 30-40 €.* Un superbe bistrot classé des années 1900, à la belle faïence fleurie, aux grands miroirs et aux lampes globes. La clientèle gentiment bourgeoise ou d'affaires vient y savourer une cuisine de produits frais déclinée en de courtes suggestions. Pour le reste, carte classique. Bon accueil.

**€€ |●| Les Petits Insolents** – *2, pl. Léon-Deubel ☎ 01-42-88-88-93. Ⓜ Porte-de-Saint-Cloud. Lun-ven ; service 12h-14h30, 19h-22h30. Congés : août et 1 sem à Noël. Carte env 35 €.* Avec ses casiers à bouteilles qui occupent une grande partie de l'espace disponible, on se sent tout de suite à l'aise dans ce petit lieu convivial, à mi-chemin entre la cave de quartier et le bistrot des amis. Les habitués sont d'ailleurs légion à se partager les quelques tables pour se régaler d'une cuisine de terroir toute simple et généreuse, faisant la part belle aux charcuteries du Sancy et aux fromages affinés servis avec du pain maison. Dans les verres, des vins de vignerons indépendants, pour ajouter un zeste de bonne humeur à une ambiance déjà bon enfant et sans chichis.

**€€ |●| ⛱ Le Bistrot 31** – *31, av. Théophile-Gautier ☎ 01-42-24-52-31. Ⓜ Église-d'Auteuil ou Mirabeau. Tlj sauf dim ; service 12h-14h30, 19h30-22h30. Fermé 1er janv, 24, 25 et 31 déc. Résa conseillée le soir. Formule déj en sem 18,90 € ; carte env 35 €.* Un restaurant à l'éclairage tamisé où règne une atmosphère décontractée et amicale. Ici, une clientèle d'amis et du voisinage aime se faire plaisir sans trop se ruiner. La carte mise sur une bonne cuisine franco-italienne, faite de produits frais et de qualité, où se croisent de copieuses assiettes de jambon San Daniele (24 mois), un tartare de bœuf à l'italienne, des poissons frais grillés, un tiramisù maison... et de bons expressos ! À noter, des pâtes originales, un vrai repas à elles seules.

**€€€ |●| ⛱ A&M** – *136, bd Murat ☎ 01-45-27-39-60. Ⓜ Porte-de-Saint-Cloud. Tlj sauf sam midi et dim 12h-14h30, 19h30-22h30. Congés : août.*

*Menu 38 €.* Dans ce quartier peu aguichant, *A&M*, restaurant lumineux et aéré, tranche par sa déco de bistrot discrètement contemporaine. La cuisine, plutôt sage, propose quelques embardées gustatives avec, par exemple, des sauces aux agrumes qui apportent parfois aux plats un zeste de fantaisie. Le menu, entre terre et mer et d'un bon rapport qualité-prix, ne se réduit pas à portion congrue. Présentation soignée. En dessert, ne pas manquer la mousse glacée au fenouil et coulis d'ananas à la cardamome. Épatant !

**€€€ |●| Le Vieux Crapaud** – *16, rue Lauriston ☎ 01-73-75-70-10. Ⓜ Charles-de-Gaulle-Étoile ou Kleber. Tlj sauf w-e. Congés : 3 premières sem d'août. Formules midi 25-29 € ; carte env 40 €.* En voilà un drôle de nom pour un bistrot qui fait un carton, midi et soir. Ce *Vieux Crapaud* est une ode à la cuisine traditionnelle, consistante, agrémentée de sauces onctueuses qu'on finit par absorber avec du pain. Les classiques bistrotiers de saison sont déclinés chaque jour sur ardoise ; la carte, elle, recèle quelques spécialités bien franchouillardes, comme les oreilles de cochon, les cuisses de grenouille ou les escargots en persillade, l'incontournable gibier en saison et de merveilleuses terrines maison. Une table authentique tenue par le chef Thomas Boutin et sa femme.

## 17e arrondissement

**€ |●| ☂ Irène et Bernard** – *58, rue Gauthey ☎ 01-42-29-56-16. Ⓜ Guy-Môquet. Tlj 8h (9h dim)-2h. Plats du jour 10-14 €, tarte du jour 8,30 € ; brunch sam-dim 14 €.* Chez *Irène et Bernard*, c'est la version jeune et décontractée du *Café des Amis*. Les habitués sont nombreux à fréquenter ce bistrot convivial au papier peint à l'anglaise, où il n'est pas rare de boire un verre au vieux comptoir central en attendant sa table. Car la carte courte à prix minis est un autre argument de poids : rien de compliqué ici, des plats tout simples et honnêtes, très aimablement servis. Un vrai bon rapport qualité-prix. Tables en terrasse l'été, prisées aussi pour lézarder au soleil autour d'une mousse ou d'un cocktail.

**€ |●| La Franche-Croquée** – *12, rue de Chéroy ☎ 01-77-17-20-04. Ⓜ Rome ou Villiers. Tlj sauf sam-dim ; service 12h-14h, 19h-22h. Formule déj 13,50 € ; menu 17 € ; carte 30 €. Café offert sur présentation de ce guide.* On n'a pas trouvé de concurrence à ce resto franc-comtois, le seul de la capitale aux dires du patron. Une jeune existence, une salle sans fioritures, et, dès l'entrée, de délicieux effluves de morbier gratiné qui nous font saliver. Le suprême de poulet sauce morilles et vin jaune est la vedette, sans pour autant faire d'ombre aux autres produits du terroir franc-comtois, tout aussi généreusement servis : saucisse de Morteau, truite, charcuteries fumées qu'on retrouve parfois servies avec le risotto dans le menu du jour. Pas de lézard sur la qualité, au diapason avec l'accueil : excellent ! *NOUVEAUTÉ.*

**€ |●| ☂ Chez Maxence** – *52, rue Legendre ☎ 01-47-54-04-91. Ⓜ Rome ou Villiers. Tlj 12h-14h30, 19h-22h30. Congés : 2 sem en août. Formules déj 13,90 € (en sem)-17,90 € ; carte 20-25 €.* Des Batignolles à la Bretagne, il n'y a qu'un pas depuis que la rue Legendre abrite cette excellente crêperie ! Rien de surjoué dans la déco, sobre et fraîche. Tout est dans les galettes, gourmandes, au bon goût de sarrasin (farine bio moulue à la meule de pierre). La carte offre un large choix de salées : des plus classiques aux spéciales terroir ou mer (hmm, la « Capitaine et son haddock » !). Toutes sont généreuses, croustillantes et fondantes à la fois, garnies de produits frais et bien travaillés. En dessert, les « sarrasins » sucrées (la caramel au beurre salé est un régal) ou les « froments » tiennent également leurs promesses. Merci Maxence ! *NOUVEAUTÉ.*

**€€ Le Café d'Angel** – *16, rue Brey ☎ 01-47-54-03-33. Ⓜ Charles-de-Gaulle-Étoile. Tlj sauf sam-dim et j. fériés ; service 12h-14h, 19h30-22h. Congés : 4 sem en août et Noël-Jour de l'an. Menus 27-33 € ; carte env 50 €.* Le cadre rétro cache un élégant bistrot réputé parmi les gens du quartier. Une salle chaleureuse avec, en toile de fond, les fourneaux visibles derrière le bar, et une délicieuse cuisine qui revisite le terroir comme chez les grands (normal, le chef, Jean-Marc Gorsy, est un ancien du *Jules Verne*), avec un zeste de fantaisie en sus. Menus d'un remarquable rapport qualité-prix.

**€€ |●| ☂ Le Relais de Venise – L'Entrecôte** – *271, bd Pereire ☎ 01-45-74-27-97. Ⓜ Porte-Maillot. Tlj ; service 12h-14h30, 19h-23h45. Congés : juil. Pas de résa. Formule unique 27,50 € avec entrée + plat, servie midi et soir ; dessert env 7 €. Chèques refusés.* L'entrée est facile à repérer, c'est là qu'il y a, le midi comme le soir, une file d'attente. Depuis plus de 50 ans, ce resto traditionnel, au décor de brasserie mâtiné de touches vénitiennes, propose la même formule : une salade aux noix servie d'office, suivie d'un contre-filet « Porte-Maillot » accompagné de frites fines et croustillantes et d'une sauce, dont la recette est toujours tenue secrète. Et comme à la maison, on vous ressert. Ne demandez pas autre chose, il n'y a pas ! Desserts très classiques pour conclure. Service efficace, voire expéditif.

**€€ |●| La Cantine de Quentin** – *11, rue Fourcroy ☎ 01-73-73-23-41. Ⓜ Ternes ou Péreire. Tlj sauf w-e. Congés : août. Formule midi 17 € ; carte env 30 €.* On y déguste de bons plats terroir de style bistronomique, accompagnés d'une sélection de vins très abordables. Desserts maison à se damner, notamment le cheese-cake et le croustillant praliné chocolat. Dans un style bistrot boutique, avec une petite terrasse au calme pour prendre le café en fin de repas. À l'épicerie, on peut acheter vins, champagnes, foie gras, charcuteries, plats cuisinés, condiments... Un concept qui sent bon la France qu'on aime.

**€€€ |●| Graindorge** – *15, rue de l'Arc-de-Triomphe ☎ 01-47-54-00-28. Ⓜ Charles-de-Gaulle-Étoile. Tlj sauf sam midi et dim ; service 12h-13h30, 19h30-21h30. Congés : 1er-15 août. Résa conseillée en fin de sem. Menus 28-32 € le midi, 36-55 € le soir ; carte env 45 €.* Décor néo-1930 assez classe. Bernard Broux est un chef inspiré. Son savoir-faire, il l'a mis au service de sa Flandre natale, dont il revisite les trésors. Waterzoï de homard aux crevettes grises d'Ostende, *potjevleesch* en terrine, voilà ce que vous pourrez, entre autres, déguster. Tout est parfaitement maîtrisé, d'une fraîcheur exceptionnelle et préparé à la commande. À la carte des vins, préférer celle des bières de Flandre, tant françaises que belges, qui, brunes, blondes ou ambrées, sont en parfaite osmose avec les plats.

**€€€ |●| Le 975** – *25, rue Guy-Môquet ☎ 09-53-75-67-71. Ⓜ Brochant. Tlj sauf sam-dim ; service 12h-14h30, 19h30-22h30. Congés : 8-28 août. Formule déj (sauf j. fériés) 16 € ; menu découverte 5 plats 38 € ; carte env 40 €.* À la proue de 2 rues, tout en baies vitrées ponctuées par une palissade. Le cadre s'apprécie en toute transparence dès l'extérieur. Petite cuisine ouverte précédée d'une poignée de places au comptoir (un peu dans le passage) et décor dépouillé et industriel bien dans l'air du temps. La formule déjeuner est une aubaine et laisse entrevoir le talent du chef Taiki, qui distille quelques touches nippones dans sa cuisine. Des plats délicieux et raffinés, soigneusement présentés, sans préciosité pour autant. Accueil et service pros et charmants. Jolie sélection de whiskies et de vins au verre. *NOUVEAUTÉ.*

**€€€ Gare au Gorille** – *68, rue des Dames ☎ 01-42-94-24-02. Ⓜ Rome ou Place-de-Clichy. Tlj sauf sam-dim. Congés : 3 sem en août. Résa vivement conseillée. Menu le midi en sem 27 € ; carte env 40 € (le soir, quelques petits plats à prix modérés et de gros plats de viande, compter alors 50-60 €).* Déjà, cadre fort sobre et pas d'enseigne, c'est donc qu'on mise sur la notoriété avant tout... Puis on apprend que le chef fut un élève de Passard et qu'il passa par *Septime*. Bingo, ça se révèle ainsi une cuisine de fines associations de saveurs et de cuissons parfaites, servie sans façon sur de vieilles tables en bois patinées. En outre, pas de titres ronflants pour les plats (seulement le nom des produits !). Tout cela plaît beaucoup aux hipsters, « startupeurs » et gens du quartier, qui composent la clientèle volubile et réjouie. Bon choix de vins « nature » et grande table conviviale au fond, dans la partie la plus lumineuse.

## 18e arrondissement

**€€ |●| Fichon** – *98, rue Marcadet ☎ 09-70-94-52-14. Ⓜ Jules-Joffrin ou Marcadet-Poissonniers. Ouv mar-sam. Formule déj 17 €... carte le soir 25-35 €.* Fichtre ! Pêchons du *fish* chez *Fichon* ! La carte, qui change tous les mois, décline les saveurs de la mer en version crue (tartare ou carpaccio), en marinades (ceviche) ou en cuisson instantanée (au bouillon, au chalumeau, etc). Une cuisine fraîche, légère et moderne, aux produits bien mis en valeur en général. Et toujours une proposition carnée et une autre végétarienne. Joli choix de vins bio ou naturels, bières artisanales et cocktails colorés : les trentenaires du coin sont en passe d'en faire leur étal, ne serait-ce que pour s'y faire un banc d'huîtres ou un bouquet de crevettes.

**€€ |●| Bijou** – *10, rue Dancourt ☎ 01-42-57-47-29. Ⓜ Anvers. Tlj 12h-15h, 19h (19h30 jeu-ven)-23h. Plats 14-30 €.* Four à pizza doré, lustres rococo et mosaïques chic, ce resto a tout d'une boîte à bijoux. Il faut dire que derrière cette porte se cache une petite merveille. À la carte, des pizzas revisitées à la pâte travaillée d'une main de maître, celle du chef napolitain, *ovviamente !* Légumes, jambons et fromages méritent des éloges, mention spéciale à la *buratta* qui nous a fait fondre, littéralement. Accueil souriant, tout en accent chantant. Bref, une adresse précieuse ! *NOUVEAUTÉ.*

**€€ Vava** – *42, rue de Véron ☎ 01-53-41-15-40. Ⓜ Blanche. Ouv mar-sam. Réserver. Formules déj 18 ou 23 € ; plats 15-28 €.* Une belle escale nichée dans une discrète petite rue du quartier des Abbesses. En poussant la porte, le regard est d'emblée attiré par la luminosité de la cuisine ouverte, en contraste avec l'éclairage tamisé et l'atmosphère cosy – et assez sonore – du côté tables le soir. Les propositions sont comptées sur les doigts d'une main, avec juste ce qu'il faut de surprise dans les associations de saveurs, plutôt méditerranéennes. Du bien bon, servi par une présentation soignée. Accueil et service enjoués, pros et sympas. *NOUVEAUTÉ.*

**€€ Le Grand 8** – *8, rue Lamarck ☎ 01-42-55-04-55. Ⓜ Lamarck-Caulaincourt ou Abbesses. ♿ Tlj sauf lun-mar et mer midi ; service 12h-14h, 19h-minuit. Congés : août. Entrées 9-14 €, plats 18-26 €.* Derrière le Sacré-Cœur, dans un des coins les moins tapageurs de Montmartre. Cadre bistrot d'une certaine sobriété, comme pour mieux mettre en valeur une cuisine de terroir subtilement revisitée. Au tableau noir, de savoureux petits plats suivant strictement marché et saisons, mitonnés avec cœur et parfois une pointe d'exotisme. Très belle carte des vins avec uniquement des vignerons produisant des vins naturels (et avec parfois des étiquettes franchement décalées). Tout ce qu'on aime ! Accueil hors pair.

**€€ L'Atelier Ramey** – *23, rue Ramey ☎ 01-42-51-04-78. Ⓜ Château-Rouge ou Jules-Joffrin. ♿ Tlj ; service 12h-15h, 19h-23h. Formule déj en sem env 20 € ; le soir, menu dégustation 35 € ; carte env 40 €.* Murs blancs, brique rouge, longues banquettes et chaises en zinc, un cadre tendance juste ce qu'il faut pour ce néobistrot. Cuisine ouverte et vue plongeante sur la cave à vins. C'est moderne et chaleureux à la fois, à l'image de la cuisine du chef. On se régale avec le menu dégustation, qui fleure bon les produits de terroir et de saison, finement travaillés. Également une formule déjeuner d'un excellent rapport qualité-prix. À côté, *Le Petit Atelier Ramey* propose une sélection de vins, des planches de charcuterie et de fromages.

**€€€ La Vache et le Cuisinier** – *18, rue des Trois-Frères ☎ 01-42-62-22-15. Ⓜ Anvers. Tlj 19h-22h30 (parfois plus tard). Plat env 20 € ; carte 35-40 €.* Les murs de ce charmant petit resto évoquent évidemment le célèbre film avec Fernandel, et on retrouve ce sympathique esprit dans les assiettes. Une cuisine française simple et parfaitement exécutée pour les plats, et des entrées plus créatives, plus risquées même, mais de haute volée, le tout évoluant au gré du marché et des saisons. On termine par de remarquables profiteroles, phare de la partie desserts. Une adresse de qualité, de bout en bout, qui a posé son empreinte néobistrotière dans le quartier, sourire compris. *NOUVEAUTÉ.*

**€€€ Montcalm** – *21, rue Montcalm ☎ 01-42-58-71-35. Ⓜ Jules-Joffrin ou Lamarck-Caulaincourt. Tlj sauf sam midi et dim-lun. Congés : 2 sem en août et 10 j. aux fêtes de fin d'année. Formules le midi en sem 16-21 € ; carte 38-40 €.* Si la déco lorgne sur les années 1950, la cuisine pointe définitivement son viseur vers le futur. Les bobos trentenaires ne s'y trompent pas, qui se pressent ici pour profiter de la très courte carte, offrant des plats créatifs (3, pas un de plus !), travaillés avec soin. Alliances de textures et de goût parfois déroutantes, mais le résultat est là. Alors on déguste et on s'incline, satisfait. Le chef fait tourner sa carte fréquemment, avec le souci de réinventer sa cuisine en permanence. Une prise de risque qu'on apprécie.

## 19e arrondissement

**€ Le Bellerive** – *71, quai de Seine ☎ 01-40-36-56-77. Ⓜ Riquet ou Stalingrad. Tlj 9h-2h. Résa conseillée le midi. Formule déj 12,50 € ; repas env 20 €.* Ancien bistrot des années 1950 dans son jus, pour une authentique cuisine de bistrot, réalisée avec talent et générosité. Excellents produits, viandes sélectionnées (ah, le délicieux rosbif de charolais, et de vrais hamburgers maison), frites croustillantes, petits hors-d'œuvre inspirés (carpaccio de légumes extra). Le tout délivré avec gentillesse et sourire.

Clientèle branchouille sympa 25-50 ans, atmosphère déliée... Terrasse aux beaux jours.

**€€ |●| L'Escargot Bar** – *50, rue de la Villette ☎ 01-42-06-03-96. Ⓜ Jourdain. Tlj sauf dim-lun ; service 16h-2h. Congés : août et Noël-Jour de l'an. Carte 25-30 €.* Cet *Escargot*-là sort bel et bien de sa coquille, dès la devanture en bois qu'il domine de ses antennes rigolotes. Un look de bistrot de quartier à l'ancienne, réinvesti par une clientèle bobo mais pas trop, avec une déco dans le même ton : mi-récup, mi-sophistiquée. Une belle carte alléchante, où les produits du terroir de saison sont finement relevés par le gingembre, la grenade, le wasabi ou l'anis... au gré des inspirations du chef. En plus d'être délicieux et plutôt inventifs, les plats et les desserts sont vraiment copieux.

**€€ |●| ⛱ Au Rendez-vous de la Marine** – *14, quai de la Loire ☎ 01-42-49-33-40. Ⓜ Jaurès. Tlj sauf dim-lun ; service 12h-14h, 19h30-22h30. Congés : 1 sem à Noël. Résa conseillée. Plat du jour 14 € ; carte env 30 €.* On se presse dans ce charmant bistrot, un ancien bougnat de plus d'un siècle. Affiches de cinéma et photos de vedettes, et hop, ça emballe tout le monde ! Ambiance bruyante, surtout le midi. Aux beaux jours, tables en terrasse, avec vue sur le bassin de la Villette. Plats copieux et abordables, d'honnête facture.

**€€€ |●| Quedubon** – *22, rue du Plateau ☎ 01-42-38-18-65. Ⓜ Buttes-Chaumont. Tlj sauf dim-lun 19h30-22h30, plus mar-ven 12h-14h. Menus 15-17,50 € le midi ; carte 35-40 €. Quedubon...* avec un nom pareil, il faut tenir ses promesses ! Pari réussi pour ce petit néobistrot-cave à vins, ouvert tout près des Buttes-Chaumont. Sur l'ardoise, une poignée de petits plats bistrotiers et saisonniers, sans esbroufe et bien troussés, ainsi que des assiettes de fromages. Côté vins, tous naturels, on a le choix (environ 150 références). Laissez-vous guider par le sommelier, vous ferez des découvertes parmi les appellations moins connues. On a aussi apprécié l'accueil souriant et décontracté, la déco contemporaine (sans être trop étudiée) et l'addition raisonnable. Que du bon, on vous dit !

**€€€ |●| Mensae** – *23, rue Mélingue ☎ 01-53-19-80-98. Ⓜ Pyrénées. Mar-sam 12h15-15h, 19h15-22h30. Congés : 3 dernières sem d'août. Formules 20 € le midi, 36 € le soir ; carte env 45 €.* C'est l'histoire de deux jeunes chefs au top, Thibault Sombardier et Kevin d'Andréa, qui ont fait le show sur M6 avant de conjuguer leurs talents. Le résultat : une belle table (*mensa* en latin) installée dans une rue calme du bouillonnant Belleville. Le cadre est résolument bistrot, en adéquation avec la carte. Courte, celle-ci propose une cuisine gourmande à base de produits de saison de belle qualité. Les légumes sont bio, les viandes goûteuses et les poissons moelleux grâce à une cuisson à basse température. Les desserts raffinés concluent le repas en beauté. Une adresse pleine d'avenir !

## 20e arrondissement

**€ |●| ⛱ Le Zéphyr** – *1, rue du Jourdain ☎ 01-46-36-65-81. Ⓜ Jourdain. ♿ Tlj 8h30-2h. Plats du jour 11-13 € ; carte env 20 €.* Dans son décor Art déco de 1928 superbement conservé, *Le Zéphyr* brille d'une flamme naturelle mais modeste, dans ce quartier populaire connaissant des « faims de mois » parfois difficiles. Que les gourmets se rassurent, midi et soir on y propose en service continu une ardoise de plats maison, une sélection de vins de producteurs à prix doux et de jolis desserts. En résumé, on a rarement vu un lieu qui allie aussi bien une cuisine légère et une bonne gouaille de quartier dans un décor de cette classe !

**€ |●| Le Bistrot du Poinçonneur** – *229, av. Gambetta ☎ 01-43-61-38-47. Ⓜ Porte-des-Lilas. Tlj sauf dim ; service 12h-15h, 17h-22h. Congés : août. Plat du jour 10,90 € ; formules déj en sem 13,50-15,90 € ; carte 20-25 €.* Ce charmant bistrot parisien aurait bien plu au regretté Gainsbourg quand il chantait « des p'tits trous, des p'tits trous, toujours des p'tits trous ». D'ailleurs, on y retrouve des plaques de métro et des carreaux blancs biseautés. Mais le meilleur est dans l'assiette, où une cuisine traditionnelle fait honneur à notre belle gastronomie. Ne manquez pas, le lundi soir, l'incroyable côte de bœuf de 1 kg ! Plein de vins bio ou naturels. Une adresse qui fleure bon Paris.

**€€ |●| Monsieur Culbuto** – *294, rue des Pyrénées ☎ 01-47-97-32-02. Ⓜ Pyrénées ou Jourdain. Ouv tlj 7h-2h. Formule midi en sem 13,50 € ; plats 14-23 €. Monsieur Culbuto,* c'est plein de lieux en un : un coin boudoir tamisé pour les amoureux, des grandes tablées pour les bandes de potes affamés, un comptoir pour les soiffards ; on ajoute une déco vintage, un babyfoot et un accueil gentil comme tout... bref, un beau toquet de quartier où tout ce beau monde se mélange, dans la bonne humeur ! À la carte, des traditionnels plats de bistrot, parfois piqués d'une touche d'exotisme : burger, entrecôte, *ceviche*, et tartines évoluent au fil du marché et des saisons. Un conseil : gardez un petit creux pour les desserts hyper gourmands ! Une adresse chaleureuse et généreuse, bien à l'image de son quartier. *NOUVEAUTÉ.*

**€€ |●| ⚑ Bistro Chantefable** – *93, av. Gambetta ☎ 01-46-36-81-76. Ⓜ Gambetta. Tlj midi et soir. Carte env 30 €.* Dans une grande salle Empire couverte d'immenses miroirs et de reproductions de tableaux du début du XXe s s'affairent des serveurs habillés dans la plus pure tradition. Mais sous ses airs de grand bistrot de gare se cache un restaurant où l'on se régale d'excellents plats de viande ou d'assiettes de fruits de mer. Les produits sont frais, les plats copieux, et l'ardoise change tous les jours. La grande terrasse, chauffée en hiver, est prise d'assaut aux premiers rayons du soleil.

**€€ |●| Lou Tíap** – *81, rue de Bagnolet ☎ 01-43-70-77-93. Ⓜ Porte-de-Bagnolet ou Alexandre-Dumas. ♿ Tlj sauf dim-lun et mer midi. Le midi, menu du jour 20,50 € ; autres menus 34-36 € ; carte env 48 €.* *Lou Tíap*, en gascon, c'est le repas, mais aussi le moment convivial que l'on partage à table. Ce sympathique resto fait honneur à son nom. Dans une salle rustico-contemporaine avec cuisine ouverte et bénédiction de la croix occitane, on « tíape » une cuisine maison préparée avec des produits frais et l'accent du Sud-Ouest. En vedette, le cassoulet aux 4 viandes (un monument !), le cochon noir de Bigorre et le canard sous toutes ses formes. Excellent accueil. Le menu du midi est une réelle affaire. Chouette carte des vins genre « copains-paysans », servis à prix d'amis.

**Accès :** à l'angle de la rue de Lesseps.

**€€€ Le Baratin** – *3, rue Jouye-Rouve ☎ 01-43-49-39-70. Ⓜ Belleville. Tlj sauf sam midi et dim-lun ; service 12h-14h30, 19h30-23h. Congés : 2 sem en fév, 2 sem en août et 2 sem en sept. Résa conseillée. Menu 19 € le midi ; carte env 38 €.* Un vrai bistrot de quartier, où Raquel cuisine la simplicité et les saveurs comme personne, et en fonction du marché. Pas d'école, un art spontané, acquis par le plaisir de procurer du bonheur aux autres. Résultat, des cuissons d'une grande justesse et sans chichis, une maîtrise parfaite des jus et des produits. Pour les vins, Philippe Pinoteau, « Pinuche » pour les intimes, s'occupe de tout : ses choix sont excellents et à prix corrects.

# Essonne (91)

## BOUTERVILLIERS 91150

**€€€ |●| ⚑ P Le Bouche à Oreille** – *11, rue de la Chapelle ☎ 01-64-95-69-50. ♿ Tlj sauf dim soir, lun soir et mar. Congés : 3 sem en août et 1 sem à Noël. Formule déj 26 € en sem ; menus 36-48 € ; carte env 65 €. Parking.* Après avoir fait ses gammes dans de prestigieuses adresses parisiennes, le chef, Aymeric Dreux, originaire de ce village, a ouvert ce resto gastronomique où il met les formes et sort le grand jeu ! Cuisine raffinée très appliquée, avec un grand souci du détail et quelques belles pointes d'originalité. Les plats sont généreux, élaborés avec des produits frais soigneusement sélectionnés, et les cuissons justes. Service attentionné.

**Accès :** à 8 km à l'ouest d'Étampes, par la D191, juste à l'entrée du village.

## DOURDAN 91410

**€ |●| ⚑ Les Gens** – *12, rue d'Étampes ☎ 01-60-81-08-22. Fermé dim-lun. Ouv le midi ainsi que le soir ven-sam. Menus 17,50-22 €, puis 28 € ; plat env 14,50 €. Café offert sur présentation de ce guide.* On aime ce gentil resto-

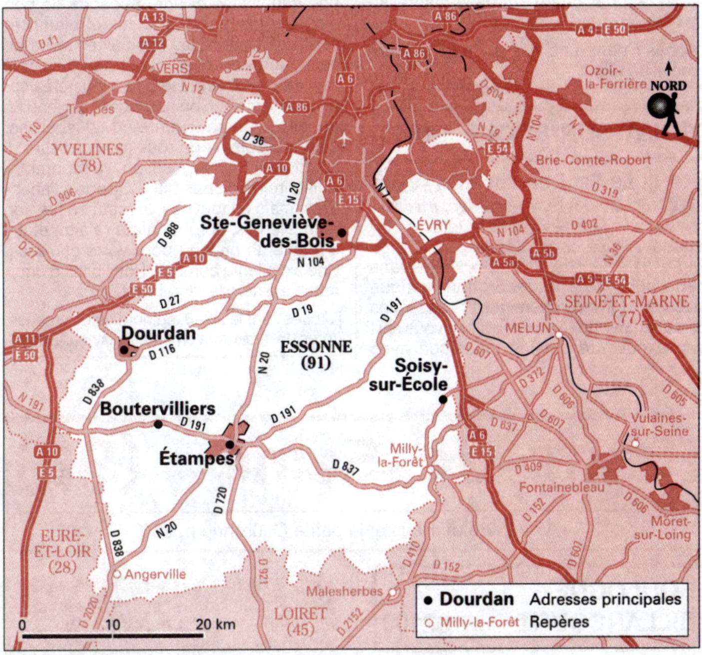


salon de thé, en fait 2 petites salles donnant sur une charmante courette ; le tout décoré de mobilier vintage dépareillé, pour une ambiance chaleureuse et cosy à souhait. Sur l'ardoise, juste quelques suggestions du jour, originales et pleines de goûts, façon cuisine du monde. Idéal aussi à l'heure du thé, que l'on accompagne volontiers des délicieuses pâtisseries maison. C'est sûr, on reviendra !

## ÉTAMPES 91150

**€ |●| ☂ Le Rendez-vous des Amis** – *41, rue Sainte-Croix ☎ 01-69-78-05-97. ♿ Tlj sauf dim-lun. Formules déj 12,80-14,80 € ; menus 22,50-33 €.* On s'est régalé d'une cuisine traditionnelle de bistrot, bien ficelée et mitonnée avec des produits frais et goûtus. Carte simple et variée, pour une présentation soignée. Bon rapport qualité-prix. Agréable terrasse aux beaux jours. On recommande !

***Accès :*** en centre-ville.

## SAINTE-GENEVIÈVE-DES-BOIS 91700

**€€ |●| La Table d'Antan** – *38, av. de la Grande-Charmille-du-Parc ☎ 01-60-15-71-53. RER C : Sainte-Geneviève-des-Bois. Tlj sauf dim soir, lun, mar soir et mer soir (sauf résa à partir de 12 pers) ; service 12h-13h15, 19h30-21h. Congés : 3 sem en août. Résa préférable, surtout le w-e. Formule 26 € le midi en sem ; menu tradition 32 € et menu foie gras 51 € ; carte.* Un quartier pavillonnaire tranquille, une grande maison banale mais qui crée la surprise à l'intérieur, avec le beau restaurant aux murs tendus de tissu, où l'on se sent bien. Le chef est le spécialiste du canard, et plus particulièrement du foie gras, décliné de différentes manières. Les volatiles arrivent en rang serré, chaque semaine, à leur dernier domicile. On y trouve aussi du poisson et de la viande. Tout cela est accommodé avec talent. Les produits sont frais, mais vous l'auriez deviné... Aux beaux jours, apéro ou café servi dans le jardin. Accueil charmant de la maîtresse de maison.

***Accès :*** dans une rue qui part derrière l'hôtel de ville.

## SOISY-SUR-ÉCOLE 91840

**€ Le Saut du Postillon** – *D948 ☎ 01-64-98-08-12. Tlj sauf lun, mer soir et dim soir. Congés : août et fêtes de fin d'année. Résa conseillée le w-e. Menus 24,50-31 € ; carte 35 €. Parking.* Dans cette auberge à la décoration rustique classique (grande cheminée et casseroles de cuivre pendues aux murs), on vous sert une excellente cuisine classique avec une gentillesse et une efficacité de bon aloi. Les plats sont goûteux et bien présentés. Et parmi les spécialités : tête de veau façon du chef, confit aux 5 épices, magret de canard. De plus, vous êtes sur un site historique où notre bon roi Henri IV, qui allait voir sa favorite à Malesherbes, eut un problème de roue (de carrosse) ; il aurait dit « Saute, postillon, va réparer ! ». L'histoire ne dit pas qui a rapporté l'anecdote, mais en tout cas, le resto en tire son nom. Depuis, la route a été refaite, et il y a même un parking pour votre carrosse. Une excellente adresse. Possibilité d'équitation derrière le restaurant.

***Accès :*** sur la D948, au nord de Courances, près de la bifurcation pour Soisy-sur-École.

# Hauts-de-Seine (92)

• Voir carte de Paris et la petite Couronne p. 250

## BOULOGNE-BILLANCOURT 92100

**€€ Mon Bistrot** – *33, rue Marcel-Dassault ☎ 01-47-61-90-10. Ⓜ Porte-de-Saint-Cloud. Tlj sauf sam-dim. Formule midi et soir 29-37 € ; carte 50 €.* C'est derrière la porte de Saint-Cloud que le chef Yann Roncier régale un monde averti. Pour venir s'encanailler dans son bistrot décontracté et chaleureux, mieux vaut réserver plusieurs jours à l'avance. Il faut dire que sa cuisine innovante et (ré)créative fait l'unanimité ! Il suffit de goûter son filet de bœuf d'Argentine cuit bleu à l'unilatéral, son carpaccio de bar ou son tartare de thon rouge au parfum thaï pour aussitôt reprendre rendez-vous et continuer le traitement. On n'oubliera pas de vous prescrire un dessert au goût gentiment régressif pour terminer au top. Service plein d'entrain et attentionné.

## CHÂTILLON 92320

**€€ Le Barbezingue** – *14, bd de la Liberté ☎ 01-49-85-83-50. Ⓜ Châtillon-Montrouge. Ⓣ Châtillon-Centre. Bus nos 195 et 295, arrêt Paul-Bert ou nos 194 et 394, arrêt Châtillon-Centre. Tlj sauf dim soir et lun ; service 12h-14h30, 19h-22h30. Congés : août et Noël. Résa indispensable. Menu déj 25 € ; formule table d'hôtes midi et soir 25 € ; menu dégustation 42 € ; carte env 37 €.* Le propriétaire de *L'Os à Moelle* à Paris, Thierry Faucher, tient cette adresse atypique qu'il a conçue comme un vrai lieu de vie. À l'étage du *Barbezingue,* on s'assoit devant de grandes tablées où l'on partage avec les voisins des entrées et des desserts à volonté, en plus des bons petits plats de résistance concoctés en bas, dans la cuisine visible depuis l'autre salle de resto. Là, on se tape la cloche avec le menu dégustation dans une atmosphère qui n'est pas guindée. Dans l'assiette, une excellente cuisine de terroir, assez élaborée, avec des associations savoureuses de bons produits. Et après le festin, on file dans le jardin faire une petite pétanque ! À moins que vous ne préfériez rôder autour des bouteilles de la cave à vins...

## ISSY-LES-MOULINEAUX 92130

**€€ Restaurant Manufacture** – *20, esplanade de la Manufacture ☎ 01-40-93-08-98. Ⓜ Corentin-Celton. Tlj sauf sam-dim ; service 12h-14h30, 19h30-22h30. Congés : 15 j. en août. Résa* *vivement conseillée. Formules 31-39 €.* C'est une forte personnalité que ce chef qui s'est formé chez quelques ténors de la gastronomie, avant d'investir le rez-de-chaussée de l'ancienne *Manufacture des tabacs* relooké aux allures de loft contemporain. Beaux volumes, décoration contemporaine, et un menu-carte consensuel qui égrène les classiques revus au goût du jour ou les plats de saison préparés avec une touche de modernité. Les nombreux jeunes cadres dynamiques qui s'y échappent volontiers au déjeuner apprécient, comme nous, l'ampleur du décor, la terrasse et le service pro.

**Accès :** en voiture, par la porte de Versailles.

**€€€ La Poudrière** – *58, promenade du Verger ☎ 01-46-45-87-29. Ⓜ Mairie-d'Issy. Ouv tlj : lun-ven 12h-14h30 et 18h-23h, sam-dim 10h-23h. Formule midi sem 18 € ; menu 36 € le soir ; carte env 27 € ; sam et dim midi, formule déj 21 € et brunch 25 €.* Au fort d'Issy, le coup de canon de cette adresse nichée dans les vestiges d'une poudrière a résonné jusqu'à la capitale ! Bistrot, cave à vins, un endroit comme on en rêve pour laisser les heures s'étirer depuis l'apéro, sur la vaste terrasse au calme, jusqu'au repas, sous les pierres voûtées. Des plats malins, qui mettent en avant le terroir, mâtiné de touches plus exotiques. Les légumes viennent du potager et les viandes, en direct des producteurs, sont triées sur le volet. Côté cave, c'est informel avec tapas et petits vins de producteurs. Très bon accueil. *NOUVEAUTÉ.*

**Accès :** depuis le métro Mairie-d'Issy, bus gratuit (TUVIM), arrêt : Parc-Henri-Barbusse ; ou 15 mn de marche.

## LA GARENNE-COLOMBES 92250

**€€ Le Saint Joseph** – *100, bd de la République ☎ 01-42-42-64-49. Tram T2 : Charlebourg. Fermé lun soir, sam midi et dim. Menu 34 € et suggestions du jour à l'ardoise env 22 €.* Coup de cœur de l'entrée au dessert pour ce bistrot repris par Benoit Bordier et sa femme, Catherine. Dans l'assiette, de la créativité et des idées, sans superflu et sans chichis. Les saveurs sont franches, les plats généreux, et on redécouvre avec plaisir les classiques rafraîchis, allégés, éveillés par un légume, un condiment ou une sauce originale, judicieusement choisis. La carte des vins, élaborée avec soin, propose de beaux flacons, mais aussi des vins plus modestes d'excellente tenue, avec une attention particulière pour les productions de femmes vigneronnes. Une adresse bistronomique d'un excellent et goûteux rapport qualité/prix, sans oublier l'accueil pro et souriant. On a déjà envie d'y retourner ! *NOUVEAUTÉ.*

## LEVALLOIS-PERRET 92300

**€€ Le Petit Poucet** – *4, rond-point Claude-Monet 01-47-38-61-85. Ⓜ Pont-de-Levallois. Tlj (sauf dim soir en hiver) jusqu'à 22h30. Fermé 24-26 déc et 31 déc-4 janv. Formules 26 € (midi en sem ; entrée + plat ou plat + dessert)-34 € (entrée + plat + dessert) ; carte env 50 €. Animations pour enfants dim 14h-15h ; résa obligatoire.* Une adresse presque centenaire où, au début du XXe s, les prolétaires en goguette venaient avec leurs gigolettes se taper une friture en buvant du guinguet dans ce caboulot champêtre. Devenu l'un des restos bobos de l'île de la Jatte, ce *Petit Poucet,* avec sa belle déco où le bois domine, offre une ambiance chaleureuse et chic. Trois belles terrasses, dont l'une en bord de Seine, vraiment romantique dès les premiers rayons du soleil. Bonne cuisine française classique remise au goût du jour, et parfois quelques fantaisies du chef. Service jeune, efficace et ultrarapide.

**Accès :** sur l'île de la Jatte, dans le virage de la rue qui en fait le tour, extrémité est.

## MEUDON 92190

**€ Restaurant La Mare aux Canards** – *carrefour de la Mare-Adam, Meudon-la-Forêt ☎ 01-46-32-07-16. Tlj sauf dim-lun. Ouv dim midi en juin-juil. Congés : août et vac de fév. Menus 14,90-20,10 € ; carte env 30 €.* Loin de tout, isolé, le restaurant idéal pour déjeuner après une longue marche dans la forêt de Meudon, un jour de soleil ou de brume. Une grande salle familiale, assez conviviale, où les canards sont rois. Les volailles rôtissent dans une belle cheminée. L'accueil est chaleureux, le service rapide. Aux beaux jours, une très agréable terrasse. Une adresse solide qui traverse les ans sans encombre.

***Accès :*** à la sortie Meudon-Chaville, de la N118, prendre la 1re à gauche à la tour hertzienne, puis « La Mare-Adam » ; pas facile à trouver, mais les bonnes adresses se cachent.

## NEUILLY-SUR-SEINE 92200

€€ |●| **Bistrot Quai** – *6, bd du Général-Leclerc ☎ 01-47-45-24-57. Ⓜ Pont-de-Neuilly ; RER A : La Défense. Ouv le midi lun-ven. Formule 24 € ; menu 37 €.* Les vieilles tables chinées, les assiettes dépareillées et le mélange de chaises d'école et d'autres provenant de chez la grande-tante donnent du style à ce lieu fréquenté par des trentenaires moulés dans le même costard-cravate. La Défense est à deux pas, mais ici on déboutonne la chemise pour profiter d'une jolie cuisine française sur le fond, simple et copieuse, joyeuse et sans chichis. À chaque jour son plat de bonne femme. Service pro et souriant.

€€ |●| **Chez Papinou** – *26, rue du Château ☎ 01-55-24-90-40. Ⓜ Pont-de-Neuilly. Tlj sauf sam midi et dim. Congés : 2 sem en août. Plats du jour 12-17 € ; ardoise env 35 €.* Avec son côté canaille, cette ancienne institution neuilléenne a été reprise avec brio. Toujours ce décor chaleureux de briques et de broc agrémenté de photos de vedettes, dans lequel on se sent bien. Terrine maison, cochonnailles, harengs en entrée ; côte de bœuf pour 2, foie de veau à la vigneronne, confit : du simple, du rustique, mais du bon, et même du très bon. Les desserts sont du même tonneau, un tantinet régressifs avec du riz au lait et du pain perdu. Quant aux divins flacons, on va les chercher soi-même à la cave : les prix sont affichés, et on ne tombe pas à la renverse. Accueil tout sourire, bien en accord avec l'atmosphère du lieu. Vive Papinou !

## RUEIL-MALMAISON 92500

€€€ |●| 🌂 🅿 **Le Jardin Clos** – *17, rue Eugène-Labiche ☎ 01-47-08-03-11. RER A : Rueil-Malmaison. Tlj sauf dim-lun. Congés : 3 premières sem d'août. Résa conseillée. Menus 36-45 € (le dernier avec apéritif, vin et café). Parking payant.* À quelques encablures seulement du centre-ville, et déjà à la campagne. On ne soupçonne rien de l'extérieur. Paisible et charmant jardin avec un bassin à poissons, où manger en terrasse ou dans l'élégante véranda se révèle un vrai bonheur. L'hiver au coin du feu, ce n'est pas mal non plus... Cuisine sérieuse et copieuse. Accueil affable. À la carte : entrecôte d'Argentine, filet de bœuf Rossini, ou encore carpaccio de saint-jacques et foie gras...

***Accès :*** depuis la place de l'Église, prendre la rue du Château, puis la 2e à droite, rue Massena, et la 1re à gauche.

## SAINT-CLOUD 92210

€€€ |●| 🌂 **Le Garde Manger** – *21, rue d'Orléans ☎ 01-46-02-03-66. ♿ Tlj sauf dim. Résa indispensable le midi (sert jusqu'à 14h30). Menus 17-20 € le midi en sem (entrée + plat ou plat + dessert) ; carte env 40 €.* Cuisine traditionnelle innovante et copieuse, à déguster dans une salle à l'ambiance bistrot moderne, avec petite mezzanine et grande baie vitrée. Une bien bonne petite table qui fait le buzz à Saint-Cloud ! C'est complet tous les midis grâce à la séduisante formule à prix doux. Convaincante cuisine du marché, fraîche et franche comme un couteau de boucher, qui incitent à revenir le soir se régaler de plats plus élaborés. Service jeune et efficace.

## VANVES 92170

€€€ |●| 🌂 **Au Petit Vanves** – *34, av. Victor-Hugo ☎ 01-46-42-13-46. Ⓜ Vanves-Malakoff. Tlj sauf sam midi, dim et lun soir. Congés : 3 sem en août. Formule déj 19,50 € ; repas complet à l'ardoise env 40 € avec verre de vin. Apéritif maison offert sur présentation de ce guide.* Dans un cadre bistrotier tendance Art déco, un resto d'habitués mené de main de maître par Jean-Pierre Anselem, un patron fort accueillant. Et on les comprend, ces fidèles clients venus se faire bichonner avec un os à moelle rôti en entrée, une enthousiasmante joue de bœuf confite aux épices ou une poêlée de calamars à la basque ! Et l'ardoise, variant au fil des saisons, réserve de belles surprises. Produits de qualité, cuissons sans fausse note, service efficace, cadre agréable... que désirer de plus ?

# Seine-et-Marne (77)

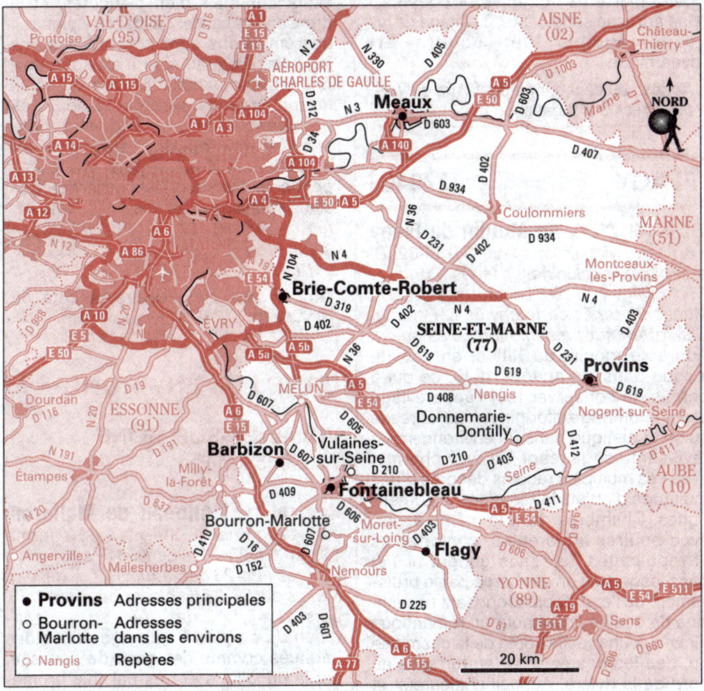


## BARBIZON 77630

**€€€ |●| ⛱ 🅿 Le Relais de Barbizon** – *2, av. Charles-de-Gaulle ☎ 01-60-66-40-28. Tlj sauf mar-mer. Congés : 3 sem en août et 2 sem à Noël-Jour de l'an. Plats 13-50 € ; carte env 60 €. Parking.* Une cuisine semi-gastronomique raffinée, élaborée par un chef talentueux qui ne transige pas avec la qualité de ses produits. La carte est essentiellement tournée vers la mer : ravioles de homard, bar rôti en croûte de sel (ouverte devant vous), mais la copieuse tête de veau sauce gribiche n'est pas en reste. Bref, tout est excellent ! Grande terrasse agréable sous des marronniers. L'un des meilleurs restos de Barbizon.

***Accès :*** c'est le 1er resto quand on arrive à Barbizon, en bas de la Grande-Rue.

## BRIE-COMTE-ROBERT 77170

**€€€ 🅿 La Fabrique** – *1 bis, rue du Coq-Gaulois ☎ 01-60-02-10-10. ♿ Ouv le midi mar-ven, le soir jeu-sam. Congés : 1re sem de mars et de mai, août et Noël-Jour de l'an. Formules et menus 31-38 € le midi ; menu dégustation 75 € le soir ; carte env 60 €. Parking.* C'est une ancienne tuilerie. Il y a bien la hauteur sous plafond et la charpente gris métallisé, mais les toiles contemporaines et le mobilier évoquent plutôt l'atelier branché. Un cadre soigné donc, qui annonce la cuisine : de saison, colorée et savoureuse, elle ne laisse pas indifférent qu'il s'agisse du moelleux de veau caramélisé ou de la fricassée de pluma ibérique. Mais la palme du ludique revient aux desserts, servis par 3, ou carrément par 7 pour les (grands) gourmands ! Le soir, on monte en gamme et en saveurs pour le plus grand plaisir des gourmets exigeants. Une adresse séduisante, à l'image de la jeune équipe tout sourire et dynamique.

***Accès :*** du centre, prendre la rue de Verdun, c'est la 2e à gauche.

## FLAGY 77940

€€ **Au Moulin de Flagy** – *2, rue du Moulin ☎ 01-60-96-67-89. Tlj sauf dim soir et lun hors j. fériés. Congés : 15 j. en janv et 3 sem fin août-début sept. Menus 29-39 € ; carte env 56 €. Parking. Café offert sur présentation de ce guide.* Adorable moulin du XIIIe s, en activité jusque dans les années 1940, ce qui a permis de conserver tout l'appareillage et le colombage d'origine. Une adresse au style rustique dans un environnement ravissant, dégageant un vrai charme, avec ses multiples recoins décorés d'une multitude d'objets hétéroclites et authentiques. Chambres dans le même esprit, avec poutres apparentes, confortables et reposantes (car sans gadget ni TV) dans lesquelles on est bercé par le bruissement de l'eau. Table proposant une cuisine de qualité. Idéal pour un romantique dîner aux chandelles près de la cheminée ou, dès les beaux jours, en terrasse au bord de la rivière. Accueil chaleureux et détendu.

***Accès :*** au sud de Montereau par la D120.

## FONTAINEBLEAU 77300

€€ **La Petite Ardoise** – *16, rue Montebello ☎ 01-64-24-08-66. Tlj sauf dim-lun. Formule déj en sem 18 € ; menu 32 € ; carte 30-35 €.* Dans la rue des restos, une petite adresse de qualité, une valeur sûre, tenue par une jeune équipe fort sympathique. Elle propose une cuisine fraîcheur, goûteuse et inspirée. Certains plats sont proposés en entrée et en plus petite portion. Une bonne idée pour les petits appétits. Service efficace et souriant. Quelques tables en terrasse.

€€€ **L'Axel** – *43, rue de France ☎ 01-64-22-01-57. Tlj sauf lun, mar et mer midi. Congés : 3 sem en août et 2 sem début janv. Menus le midi en sem 35 €, puis 55-98 €.* Le chef officie dans un cadre contemporain sobre dans les tons crème. Dans l'assiette, textures et saveurs sont associées mais bien distinctes, et le dressage est aussi délicat que pictural. Les émulsions sont nombreuses, les légumes croquants, et il s'inspire parfois d'un soupçon d'Empire du soleil levant : huile de sésame, sisho... Des préparations de grande qualité, raffinées et goûteuses. Le chef vient d'ouvrir une annexe plus abordable pour ceux qui voudraient goûter sa cuisine, japonaise cette fois (***Le Fuùmi**, 39, rue de France ; ☎ 01-60-72-10-32 ; tlj sauf sam midi, dim-lun midi ; formule déj 19,50 € ; menus 44-85 €*).

***Accès :*** en plein centre, à côté du château.

## DANS LES ENVIRONS

### VULAINES-SUR-SEINE
77870 (5 km E)

€€€ **L'Anneau de Mallarmé** – *8, promenade Stéphane-Mallarmé ☎ 01-64-23-71-61. Tlj sauf mer. Congés : 24-26 déc (plus 15 j. à définir). Menus déj 25-28 € en sem (sauf ven soir), puis 41-47 €. Café offert sur présentation de ce guide.* Auberge prisée des habitués comme des gens de passage, sur la bucolique et très paisible promenade Stéphane-Mallarmé. À l'étage, une poignée de chambres simples, colorées, fonctionnelles. Resto semi-gastronomique de bonne tenue, à découvrir dans une salle moderne, ou mieux, sur l'adorable terrasse ombragée en bord de Seine. Accueil convivial et dynamique.

***Accès :*** à côté du musée Mallarmé.

### BOURRON-MARLOTTE
77780 (9 km S)

€ **Le Martingo** – *59, rue du Général-de-Gaulle ☎ 01-64-78-31-28. Ouv tlj et fermé le soir dim-mer. Plat du jour 10 € ; menu 15,50 € le midi en sem.* La maison est bien jolie, et le patron a su tirer le maximum des espaces intérieurs, habillés dans un style bistrotier chic. La salle du fond rend hommage à tous les artistes passés à Bourron-Marlotte. La terrasse aux beaux jours a du charme, à l'ombre des marronniers. On y fait halte pour profiter d'une cuisine familiale équilibrée, essentiellement à base de produits locaux. Du classique à prix raisonnables. Le petit menu du midi contente bien son petit monde, locaux et touristes.

**€€ |●| ☂ Le Bistrot du Broc** – *5-7, rue Murger ☎ 01-64-45-64-43. ♿ Tlj sauf dim soir et lun. Plats 15-30 €.* Le cadre est à l'image de l'assiette : traditionnels l'un comme l'autre, saupoudrés d'une touche un peu théâtrale. Une petite sélection de plats gourmands à prix contenus permet de se rassasier largement, les viandes et poissons étant, eux, plus chers. Très belle carte des vins mais, là encore, les prix s'envolent (petit choix au verre). Terrasse bien accueillante aux beaux jours.

***Accès :*** dans la rue principale, à proximité de l'office de tourisme.

## MEAUX 77100

**€€€ |●| La Grignotière** – *36, rue Sablonnière ☎ 01-64-34-21-48. ♿ Tlj sauf mar-mer, plus sam midi. Congés : août. Formule 29 € le midi en sem ; menus 39-57 €. Apéritif maison offert sur présentation de ce guide.* C'est le resto de gastronomie traditionnelle de Meaux. Depuis plusieurs décennies, Joël Verguin dirige cette chaleureuse auberge à colombages, au décor quelque peu désuet mais cosy, et régale ses convives d'une vraie cuisine de tradition élaborée avec des produits de saison. Une adresse que beaucoup suivent depuis des années, sans déception. Seul bémol(il en faut bien un) : le service un peu long. Mais les plats sont réalisés à la demande, et, ici, on prend son temps, alors...

***Accès :*** dans une rue à droite du faubourg Saint-Nicolas (en sens unique).

## PROVINS 77160

**€€ |●| L'Appart** – *37, rue du Val ☎ 01-64-08-32-91. Tlj sauf mar-mer. Congés : 3 sem après le 15 août et 2 sem pdt les fêtes de fin d'année. Formule déj en sem 13,90 € ; plats à partir de 14,80 € ; carte 25-30 €.* Délicieuse et copieuse cuisine de bistrot concoctée avec soin selon le marché, et servie dans une petite salle moderne ou en terrasse. Les savoureux produits frais du terroir sont sublimés dans les assiettes, et honorés par une belle carte des vins, triés sur le volet. Une excellente adresse plébiscitée par les gens du cru. On recommande !

***Accès :*** dans la ville basse.

## DANS LES ENVIRONS

### DONNEMARIE-DONTILLY
77520 (20 km SO)

**€€€ |●| La Croix Blanche** – *2, pl. du Marché ☎ 01-64-60-67-86. Tlj sauf lun soir, mar soir, mer et dim soir. Congés : 15 j. en fév, 15 j. en août et 1 sem en nov. Formules déj en sem 25,50-28,50 € ; menus 41-63 €.* Ne vous laissez pas abuser par un nom vieille France et une façade d'auberge de campagne. Car c'est, à l'inverse, une adresse jeune et actuelle, dotée d'une déco tout en sobriété qui s'accommode à merveille des pierres apparentes. À l'image du cadre, cuisine alerte et présentée avec art, qui puise son inspiration dans le terroir et les saisons en sublimant ses produits. Accueil sympa. Pour beaucoup, c'est la meilleure adresse du coin pour se faire plaisir. Foncez !

***Accès :*** à l'ouest par la D403 ; au centre du bourg.



# Seine-Saint-Denis (93)

• Voir carte de Paris et la petite Couronne p. 250

## LE PRÉ-SAINT-GERVAIS 93310

**€€ |●| Le Pouilly-Reuilly** – *68, rue André-Joineau ☎ 01-48-45-14-59. Ⓜ Hoche. ♿ Tlj sauf sam midi, dim et lun soir. Congés : août et Noël-Jour de l'an. Midi et soir, formule 25 € ; menu 32 € ; carte env 45 €.* Ce n'est pas exactement donné, et il y a intérêt à rester raisonnable sur le vin (ce ne sont pas les tentations qui manquent), mais il faut reconnaître que la cuisine est à la hauteur, le service à l'ancienne, et que le cadre de vieux bistrot dans son jus (zinc, banquettes et garde-manger d'origine) n'a décidément rien perdu de son charme... Une très bonne adresse, où François Mitterrand avait eu, un temps, son rond de serviette. Son plat fétiche ? Les rognons à la moutarde...

## MONTREUIL 93100

**€€ |●| ⛱ La Cave** – *45, rue de Paris ☎ 01-42-87-09-48. Ⓜ Croix-de-Chavaux. ♿ Tlj sauf dim ; service 12h-14h, 19h30-23h. Fermé Jour de l'an, 1er mai et 25 déc. Résa conseillée. Carte env 30 €.* Géographiquement montreuillois mais d'esprit parigot, ce caviste cache au fond de son échoppe une salle de resto brute de décoffrage prolongée par une terrasse (abritée et chauffée en hiver) et joyeusement animée de tableaux et de photos sur des murs colorés. Une ambiance de franche camaraderie pour des plats plutôt inventifs, des mélanges malins, canailles et exotiques à la fois. Tout cela passe allègrement, accompagné par de bien jolies bouteilles sorties tout droit des casiers magiques du patron. Et la maison fait fureur depuis qu'elle a investi l'arbre voisin pour une terrasse perchée (10-12 personnes). De quoi prendre réellement de la hauteur !

**€€€ |●| ⛱ L'Amourette** – *54, rue Robespierre ☎ 01-48-59-99-94. Ⓜ Robespierre. ♿ Tlj sauf sam-dim 12h-14h30, 19h-22h30. Congés : 1er-8 mai et 24 déc-1er janv. Le midi, formule 15 € et menu 19 € ; carte 35-40 €.* Au cœur de ce quartier un tantinet branchouille et bobo, ce bistrot chic a bien trouvé sa place. Un bel espace, repensé de manière moderne et épurée, accueille une clientèle d'habitués ravie de trouver, à prix honnêtes, une alternative aux restos exotiques et sans âme qui pullulent dans le coin. Dans une atmosphère à la fois chic et décontractée s'inscrivent à l'ardoise, au gré du marché, des plats de bistrot revisités plutôt réjouissants. Nombreux vins au verre. Belle cheminée à l'étage, dans une salle plus tranquille, avec poutres apparentes.

**€€€ ⛱ La Villa 9Trois** – *28, rue Colbert ☎ 01-48-58-17-37. Ⓜ Croix-de-Chavaux. Tlj sauf dim soir. Menu unique 39 € (48 € avec 2 plats) ; carte env 60 €.* Cette maison de maître, couleur corail, construite sur les hauteurs de Montreuil, vous emmènera bien loin de Paris. Aux beaux jours, la terrasse sur l'arrière est un havre de paix. En hiver, un beau feu crépite dans la grande salle contemporaine habillée de noir. Le genre d'adresse où l'on se sent bien en toute saison ! La cuisine est à l'unisson, se jouant des modes mais sachant jouer avec les arrivages, proposant des recettes fines et créatives qui côtoient de bons petits plats de toujours. Le proprio n'est autre que Stéphane Reynaud, l'auteur du génialissime best-seller *Cochons & Fils,* un solide ouvrage consacré au cochon dans tous ses états. On découvre ici une cuisine qui lui ressemble, généreuse et volontiers canaille, à base de produits labellisés et de saison. Jolie carte des vins, dont certains servis au verre. Pas donné, mais le lieu est vraiment hors du commun.

***Accès :*** par le 71, rue Hoche (pour le parking).

## PANTIN 93500

**€ |●| Le Bistrot du marché** – *37, rue Hoche ☎ 01-85-15-24-90. Ⓜ Hoche. Lun-ven. Le midi, formule 15,50 € et menu à 18 € ; carte 20-25 €.* Cette brasserie chaleureuse, au décor de bistrot parisien, s'est installée en plein cœur du nouveau Pantin. Face aux rutilants bureaux *d'Hermès,* elle propose une cuisine de marché vivante, réalisée avec de bons produits frais. Au premier rayon de soleil, on s'installe en terrasse sur la place et on prend le pouls de cette banlieue qui change à vue d'œil.

**€€ |●| ⛱ Le Relais** – *61, rue Victor-Hugo ☎ 01-48-91-31-97. Ⓜ Église-de-Pantin. ♿ Tlj sauf dim. Menus 16 € (midi lun-ven)-25 € ; carte env 32 €.* Une de nos adresses préférées à Pantin. C'est un *Relais* à 2 niveaux. Pour vous, c'est l'occasion de faire une pause en dégustant une cuisine gentiment sophistiquée, bien présentée et servie fort classiquement par de jeunes gens. Pour eux et leurs camarades qui œuvrent en cuisine, c'est un passage vers la vie active. En effet, le restaurant est une entreprise d'insertion qui travaille avec un organisme de formation pour offrir à des personnes en situation professionnelle délicate une chance d'apprendre les métiers de bouche. Noble cause et bonne chère font bon ménage dans cette ancienne fonderie chaleureusement réhabilitée, dont les murs en brique et les toiles qui les animent constituent un cadre fort sympathique. Carte française sur le fond, mais qui s'évade vers l'Afrique du Nord ou l'Asie de temps en temps. Un excellent rapport qualité-prix et un accueil tout en gentillesse. Délicieuse terrasse aux beaux jours.

€€ |●| **Les Pantins** – *6, rue Victor-Hugo ☎ 01-57-14-38-74. Ⓜ Hoche. Tlj 12h-14h30 et 19h30-22h30, sauf lun soir. Formules déj : 18-21 €. Le soir, carte 30-35 €.* Face au Centre national de la danse, à quelques pas du canal de l'Ourcq, une adresse animée devenue rapidement la coqueluche des Pantinois. Cuisine de bistrot moderne, fraîche et de saison, qui cultive un goût pour les légumes et les compositions colorées. Produits de première qualité, à l'image de la charcuterie ibérique ou des viandes de Salers, ultrafondantes. Également quelques touches maritimes bienvenues, en provenance des criées de Bretagne ou du Pays basque. Pour accompagner, une bonne sélection de vins nature, qui peuvent aussi s'emporter. Une chouette adresse, qui aimante les gourmands de tout le nord-est parisien. *NOUVEAUTÉ.*

### SAINT-OUEN 93400

€ |●| **La Péricole** – *2, rue Jules-Vallès ☎ 01-40-12-44-80. Ⓜ Porte-de-Clignancourt ou Garibaldi. ♿ Tlj, le midi slt (jusqu'à au moins 15h). Résa conseillée dim. Formule en sem 14,90 € ; menu 18 € (entrée + plat + fromage ou dessert + café) ; carte env 22 €. Apéritif maison offert sur présentation de ce guide.* Bonne ambiance dans un cadre à l'esprit rustique mais soigné. Accueil sympathique comme tout. Ça fuse entre le personnel et les clients, puciers, habitués ou acheteurs étrangers en négociation dès 6h du mat autour du petit déj ! Bonne petite cuisine classique, sans prétention mais bien ficelée et sans déception. Une des adresses préférées des puciers, qui se laissent rarement rouler dans la farine.

€€ |●| 🅿 **Ma Cocotte** – *marché Serpette, 106, rue des Rosiers ☎ 01-49-51-70-00. Ⓜ Porte-de-Clignancourt. ♿ Voiturier. Ouv tlj, midi et soir. Pas de résa le w-e. En sem, midi et soir, formule 26 € et menu 31 € (verre de vin compris) ; carte 30-40 €. Parking payant.* À l'entrée du marché Serpette, le plus beau des puces, un bistrot branché, dessiné par le célèbre designer Philippe Starck, dont on repère vite la patte. Ambiance moderne et chic, avec carreaux de céramique d'autrefois, mobilier chiné et meubles ultra-design joyeusement mélangés. Plats traditionnels, du hachis parmentier au *fish & chips,* clin d'œil aux puces anglaises de Portobello, en passant par le poulet fermier rôti à la broche derrière les cuisines, grandes ouvertes. Toilettes à ne pas louper. Terrasses aux beaux jours. Le dimanche il y a foule ! Prévoir de l'attente.

# Val-d'Oise (95)

### AUVERS-SUR-OISE 95430

€€ |●| **Le Chemin des Peintres** – *3 bis, rue de Paris ☎ 01-30-36-14-15. Ouv mer-dim 11h-18h. Fermé le soir. Congés : 2 sem en été. Formule en sem 20 € ; menu 26 €.* Cette bonne table exploite à fond la thématique de la peinture impressionniste : cadre d'atelier décoré de chevalets, plats au dressage pensé comme une palette de peintre... Comme Vincent et Théo Van Gogh, deux frères au piano, qui fourmillent de bonnes idées et proposent une cuisine élaborée, avec de belles surprises, notamment moléculaires, qui rendent l'assiette savoureuse et ludique. Le rapport qualité-prix est exceptionnel ! Petite terrasse sur rue aux beaux jours.

***Accès :*** au pied de l'église, après la gare en venant du centre-ville.

€€ |●| **Auberge Ravoux – Maison de Van Gogh** – *pl. de la Mairie ☎ 01-30-36-60-60. ♿ Ouv le midi mer-dim et j. fériés, plus le soir ven-sam. Congés : déc-fév. Résa conseillée. Menus 29-39 € ; carte env 55 €.* Il s'agit de la fameuse auberge dans laquelle Vincent van Gogh séjourna et mourut en 1890. Elle a été entièrement restaurée et son décor a été reconstitué avec soin à l'identique, telle que son illustre hôte l'a connue. On peut

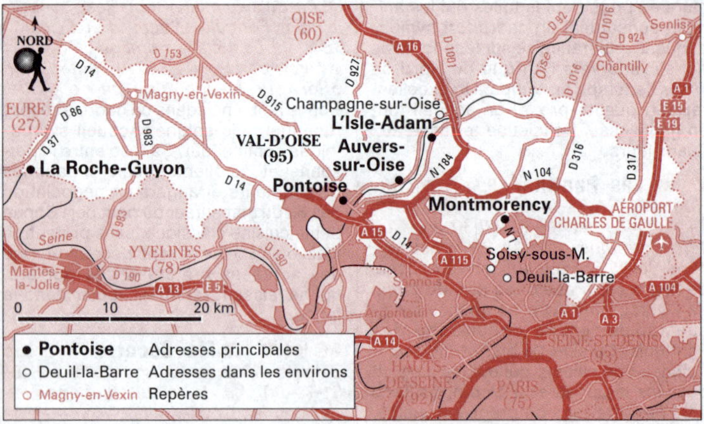


d'ailleurs visiter sa chambre dans la journée. Cuisine plus que correcte, servie copieusement, s'inspirant de recettes anciennes. Pas donné peut-être, mais au final rapport qualité-prix excellent et service souriant. Sachez, enfin, que le service de table provient de la fameuse maison *Villeroy et Boch,* et ce n'est pas un hasard : c'est dans cette auberge que Van Gogh apprit qu'on avait, enfin, vendu une de ses toiles. Son acquéreur se nommait Anne Boch !

***Accès :*** à 5 mn de la gare à pied, en face de la mairie.

## L'ISLE-ADAM 95290

**€€ 🍽 ⛱ Au Relais Fleuri** – *61, rue Saint-Lazare ☎ 01-34-69-01-85. ♿ Ouv le midi tlj sauf mar, plus le soir ven-sam. Congés : 3 premières sem d'août. Menus 28-38 €.* On aime l'accueil courtois des frères Roland, leur cuisine de saison, fraîche et raffinée. Rapport qualité-prix intéressant pour une ville où les restos restent un tantinet onéreux. Pour les fines bouches en quête de plaisir, une carte gastronomique et la spécialité de la maison : bouillabaisse de poisson (sur commande)... Sans oublier une vaste terrasse ombragée et son patio, où il fait bon manger si le temps le permet.

***Accès :*** passer l'église et continuer sur 300 m.

**€€€ ☕ 🍽 ⛱ Le Cabouillet** – *5, quai de l'Oise ☎ 01-34-69-00-90. • lecabouillet.com • ♿ Tlj sauf dim soir-lun, et mar soir. Formule déj 26 € en sem ; menu 39 € ; carte env 60 €.* Grande et belle maison bourgeoise rustique, avec vue sur l'Oise. Certainement l'une des meilleures adresses de L'Isle-Adam. Une cuisine raffinée et goûteuse, qui suit le marché et les saisons. Agréable terrasse dans le style pont de bateau.

***Accès :*** à côté du pont, le long de l'Oise.

## DANS LES ENVIRONS

### CHAMPAGNE-SUR-OISE
95660 4 km NE

**€€€ 🍽 Les Épis d'Or** – *12, pl. du Général-de-Gaulle ☎ 01-30-34-08-21. Tlj sauf lun, sam midi et dim soir. Plat 23 € ; menu 39 €.* Une table de haut vol, fraîchement reprise par un jeune chef créatif qui concocte une cuisine gastronomique raffinée. Des plats au dressage flamboyant, des produits terre-mer de grande qualité, variant au fil des saisons, et des associations de saveurs harmonieuses. Cadre un brin classique, avec quelques touches contemporaines et des tables bien espacées pour assurer un repas dans l'intimité. Service impeccable avec une présentation précise des plats. L'une des meilleures tables du département, c'est dit.

***Accès :*** passé le pont de L'Isle-Adam (en venant du centre), tourner à droite et continuer tout droit sur 4 km, le resto est sur la place de l'église.

## LA ROCHE-GUYON 95780

€€ 🏠 |●| ⛱ **Restaurant Les Bords de Seine** – *21, rue du Docteur-Duval ☎ 01-30-98-32-52. • bords-de-seine.fr • Tlj. Mieux vaut réserver aux beaux jours. Congés : 2 sem à Noël. Formule 17 € le midi en sem ; menu 25,50 €. Café offert sur présentation de ce guide.* Idéalement situé en bords de Seine (comme son nom l'indique !), ce bon petit resto propose une cuisine copieuse et variée pour tous budgets. Quelques belles trouvailles côté mer, notamment la morue à l'aïoli, de solides plats de viande, ainsi qu'un cheeseburger brioché au brie de Meaux qui en satisfera plus d'un. Agréable terrasse aux beaux jours où les tables sont très prisées.

***Accès :*** par la D913. Dans le centre, par une rue qui descend du château.

## MONTMORENCY 95160

€€€ |●| ⛱ **Au Cœur de la Forêt** – *av. du Repos-de-Diane ☎ 01-39-64-99-19. Tlj sauf lun, jeu soir et dim soir. Congés : vac scol de fév et août. Résa recommandée, surtout le w-e. Menu-carte 49 €.* Une adresse qui porte bien son nom ! C'est par un chemin forestier et ses nids-de-poule que l'on accède au restaurant, complètement perdu au milieu des arbres ; si l'on y va de nuit la première fois, mieux vaut être prévenu. Un décor à l'ancienne, aux boiseries blondes, deux cheminées conviviales, qui ronronnent dès les premiers frimas, et une cuisine qui se respecte, à base de produits qui font leurs preuves : bœuf de l'Aubrac, pigeonneau de Vendée, saint-pierre aux épices douces et escalope de foie gras du Périgord grillée aux girolles... Ici, tout est fait maison : du pain à la pâtisserie. Et tout est bon. Les vins, débusqués par le patron, grand connaisseur, sont proposés par région sur une riche carte manuscrite, mais ils alourdissent vite l'addition. Une belle terrasse aux beaux jours, et des jeux extérieurs pour les enfants. Une adresse assez onéreuse, qui se mérite ! Et après le repas, pourquoi ne pas poursuivre par une petite balade en forêt ?

***Accès :*** tout en haut du plateau par la route de Domont ; suivre les panneaux ; c'est au bout du chemin.

## DANS LES ENVIRONS

### DEUIL-LA-BARRE
95170 (3 km S)

€€€ |●| ⛱ 🅿 **Verre Chez Moi** – *75, av. de la Division-Leclerc ☎ 01-39-64-04-34. Tlj sauf sam midi, dim et lun soir. Congés : 1 sem en fév, 2 sem en avr et 3 sem en août. Résa conseillée. Le midi en sem 32-36 € ; carte env 55 € hors vins. Parking.* Une villa centenaire avec jardin fleuri à l'arrière et une salle aux allures d'appartement. Le bouchon, Victor Da Cunha - le proprio plein d'humour - connaît bien ! Également sommelier, il propose une carte impressionnante de 350 vins, dont une belle sélection au verre. Il sait conseiller le nectar qui accompagne au mieux sa carte renouvelée régulièrement. Ambiance décontractée pour une cuisine roborative et bien tournée. Une adresse surprenante pour passer un bon moment.

***Accès :*** prendre la D144, puis la D311.

### SOISY-SOUS-MONTMORENCY
95230 (3 km O)

€€ |●| **La Bonne Auberge** – *14, av. de Paris ☎ 01-39-34-41-03. Tlj sauf dim soir, lun et mer soir. Congés : 2 sem en août. Formules 15,30-19,80 € le midi sauf dim ; menu 32 €.* Dans un ancien relais de poste recouvert de lierre, cette bien nommée *Bonne Auberge* est un resto gastronomique de solide réputation. Dans un cadre agréable, intime, de pierre et de poutres apparentes, les tables, bien espacées, sont réparties sur 2 niveaux avec une belle cheminée. Le menu propose une palette limitée, mais tout est bon, raffiné et élégamment présenté. Une cuisine moderne qui ravit les papilles, ce que ne contredira pas la clientèle d'habitués.

***Accès :*** à l'entrée de Soisy-sous-Montmorency et d'Enghien, sur la route de Paris-Saint-Denis.

## PONTOISE 95300

€€€ |●| ⛱ **Au Pavé de la Roche** – *30, rue de la Roche ☎ 01-34-43-14-05. Tlj sauf dim-lun. Congés : quelques sem en été et autour de Noël. Formule 22,50 € le midi en sem, plat 26 € ; carte env 60 €. Café offert sur présentation de ce guide.* Niché au creux d'une rue pentue qui domine l'Oise, à l'écart du centre, ce petit resto mérite d'être débusqué. Dans un cadre rustique, une excellente cuisine fine et goûteuse, principalement axée sur le poisson. Les menus changent en fonction des saisons et de la pêche. Sublime poêlée de couteaux à la crème d'ail et de basilic. Desserts inventifs : soupe de fruits au raz-el-hanout, millefeuille de chèvre frais et fruits rouges au miel... Agréable terrasse aux beaux jours, avec une cour tranquille.

**Accès :** de la place de l'Hôtel-de-Ville *(parking gratuit entre 12h et 14h)*, descendre la rue de la Roche.

# Val-de-Marne (94)

• Voir carte de Paris et la petite Couronne p. 250

## CHAMPIGNY-SUR-MARNE 94500

€€ 🍽 ☂ **La Guinguette de l'Île du Martin-Pêcheur** – *41, quai Victor-Hugo ☎ 01-49-83-03-02. RER A : Champigny. ♿ Ouv juin-juil, ven soir, sam soir, dim midi ; mars-mai et août-oct, sam soir et dim midi. Soirée salsa ts les dim mars-oct. Congés : fév. Menus 26,50-31,50 € le soir, avec la musique en prime. Menu-enfants 15 €.* Ne cherchez pas le resto le long du quai, vous ne le trouverez pas ! Il occupe une petite île privée accessible par une passerelle piétonne en fer (normes de sécurité obligent : à l'époque épique du bac, certains guincheurs passaient par-dessus bord !). Car le *Martin-Pêcheur,* c'est LA guinguette des bords de Marne par excellence. On vient s'y sustenter d'une cuisine traditionnelle sans prétention mais convenable : petite friture, tête de veau, moules-frites, à accompagner d'un p'tit vin blanc, forcément... Et ce qu'il y a de vraiment sympa, c'est qu'on peut y manger dehors, aux beaux jours, dans un cadre de verdure paisible. Offrir un cornet de glace ou une crêpe aux enfants. Écouter la musique qui s'échappe de la piste de danse du restaurant. Se déhancher au gré des valses musettes, javas, tangos et cha-cha-cha, voire des soirées salsa le dimanche (où la clientèle est considérablement plus jeune !). Un endroit joyeux comme on les aime !

## JOINVILLE-LE-PONT 94340

€€€ 🍽 ☂ **Le Petit Pont** – *40, av. Jean-d'Estienne-d'Orves ☎ 01-55-97-47-61. Tlj sauf dim-lun. Carte 35-40 €.* Incontournable, sutout s'il fait beau ! Car la terrasse, planquée en contrebas de la rue, est alors un must. À l'ombre des frondaisons, un œil sur cette adorable section de la Marne qui s'écoule paisiblement, on s'y régale d'une cuisine de saison réalisée avec soin dans un esprit bistronomique. Tout y est : de bons ingrédients, des cuissons justes, et de l'idée. Et s'il pleut, pas de panique, les salles, toutes mignonnes, sont accueillantes. Service efficace et souriant. *NOUVEAUTÉ.*

## LE KREMLIN-BICÊTRE 94270

€€ 🍽 ☂ **Giallo Limone** – *5, av. du Repos 📱 06-87-22-37-76. Ⓜ Kremlin-Bicêtre. ♿ Tlj sauf sam midi, dim et lun soir. Carte 25-30 €.* Juste de l'autre côté du périph', au bout d'une impasse tranquille, voici un italien qui sort du lot, spécialisé dans la cuisine du sud de la Botte. Ici, on privilégie la qualité à la quantité : courte sélection de pizzas chaque jour et recettes de famille revisitées et travaillées avec des produits de la région. La salle a son petit charme, mais c'est la terrasse qui remporte tous les suffrages (penser à réserver, bien sûr).

***Accès :*** à 100 m du métro.

## LE PERREUX-SUR-MARNE 94170

€€ 🍽 **L'Ardoise** – *22, bd de la Liberté ☎ 01-43-24-18-31. RER E : Nogent-le-Perreux. Tlj sauf dim-lun et j. fériés. Congés : août. Résa souhaitée. Formules déj à partir de 17 € (avec suppléments) ; le soir, carte 25-35 €. Apéritif maison offert sur présentation de ce guide. L'Ardoise,* à cheval entre le bar à vins et le resto, et le genre d'adresse où l'on se sent aussitôt à l'aise. La déco flatte la chose viticole, façon bistrot vintage (parquet, comptoir, caisses de vins...) et chaleureux garantit une ambiance conviviale. Pas de surprise, on mange très bien et à bon prix des plats traditionnels puisant leur inspiration dans le Sud-Ouest et le Pays basque. Les assiettes savent se tenir, les morceaux de viande sont généreux, les accompagnements ne se contentent pas de décorer, et les petits vins « gouleyent » en douceur. Papilles, gosier, estomac, enfin, s'en trouvent ravis. Et nous aussi.

## SAINT-MAUR-DES-FOSSÉS 94100

€ **Bagatelle** – *1, av. Carnot 06-10-45-60-80. RER A : Le Parc-de-Saint-Maur. Ouv mar-mer 10h-19h, jeu-sam 10h-22h, dim 9h-14h. Congés : fin août. Formules 19-26 € ; tartines complètes 13-14 €. Brunch le w-e 22 €.* D'emblée, on est saisi par le côté brocante chic, la déco florale et les jolis objets en vitrine. Car, *Bagatelle* est un concept original de boutique de charme-salon de thé-resto où tout est à vendre : linge, vaisselle, objets décoratifs. Délicieuse cuisine de filles, composée de soupes originales, tartes et quiches, salades et plats du jour fins et frais. Le rendez-vous privilégié des habitants du quartier qui se sont vite refilé le tuyau. En sortant, ne manquez pas de faire un tour au nº 11 à *L'Art et Création,* une adorable boutique de fournitures et atelier de cartonnage.

€€ **Le Gourmet** – *150, bd du Général-Giraud ☎ 01-48-86-86-96. RER A : La Varenne-Chennevières. Tlj sauf dim-lun. Congés : août. Résa indispensable (surtout le w-e). Menus 34-38 € ; carte env 60 €.* *Le Gourmet* porte bien son nom. Sa cuisine traditionnelle gourmande, joliment travaillée et présentée avec soin fait le bonheur des amateurs. Le cadre contemporain plaît aussi beaucoup, avec ses tables bien espacées et sa véranda ouverte sur une terrasse-jardin envahie par les bambous. Service efficace et accueil attentif. Incontestablement la belle adresse de Saint-Maur, mais pas donnée quand même.

## VINCENNES 94300

€€ **Olympe Sport Café** – *46, av. du Général-de-Gaulle ☎ 01-43-28-05-27. Ⓜ Bérault ou Château-de-Vincennes. Tlj sauf lun soir, sam midi et dim. Congés : 3 sem en août. Formules déj 16,50-21 € ; carte 25-30 €.* Avec la perche de Galfione au plafond et les murs envahis de souvenirs prestigieux, comme le maillot de Ronaldo ou encore le ballon dédicacé par Aimé Jacquet, on a presque l'impression de mettre les pieds dans un musée. Presque ! Car l'ambiance est bien vivante, grâce à une équipe dynamique, un patron hors norme (médaillé de bronze de judo aux JO de Barcelone en 1992), et une ribambelle de joyeux habitués. Mais la surprise, c'est que *l'Olympe* est plus qu'un bar de copains. Il rassemble sportifs de l'Insep, cols blancs, mamies en goguette, couples amoureux ; tous viennent profiter des plats de brasserie bien faits et très copieux. Le soir, pensez à réserver, car y'a du sport !

€€ **La Rigadelle** – *23, rue de Montreuil ☎ 01-43-28-04-23. Ⓜ Château-de-Vincennes ; RER A : Vincennes. Tlj sauf dim soir, lun et mar. Congés : fin août-début sept. Résa conseillée. Formule déj 26 € ; menus 28-58 € ; carte env 60 €.* La belle adresse bourgeoise de la ville est toujours dans la course, entraînant dans son sillage une clientèle de gourmands réjouis par sa cuisine de la mer classique, sérieuse, préparée avec des produits d'une fraîcheur absolue (poissons sauvages essentiellement). Déco élégante, toute de sobriété, et accueil soigné.

€€ **L'Hédoniste** – *26, rue de Montreuil ☎ 01-43-74-98-62. Ⓜ Bérault ou Château-de-Vincennes. Tlj sauf dim-lun. Congés : 3 sem en juil-août et vac scol Noël. Formules déj en sem 19-23 € ; menu 32 € ; carte 35-40 €.* Un coup de cœur pour ce néobistrot si bien nommé, à quelques enjambées du château. La carte, saisonnière et archi-courte, revisite le terroir avec malice et légèreté. Recettes traditionnelles, produits régionaux et légumes anciens sont « twistés » par les techniques d'aujourd'hui et autres associations hardies. Une belle adresse pour gastronomes, dans une salle très sobre ouverte sur la rue par de larges baies vitrées.

€€ **CO2** – *2, rue de l'Église ☎ 01-49-57-09-96. Château-de-Vincennes. Tlj sauf dim soir et lun. Congés : 2 sem en août. Formule déj 19 € ; menu 33 € ; carte env 35 €.* De l'ancienne caserne de pompiers qui occupait les lieux, les propriétaires

Île-de-France (Val-de-Marne)

n'ont gardé que l'escalier de la cour (transformée en terrasse intérieure) et le rouge des camions pour habiller la salle contemporaine et cosy de leur bistrot, en plein cœur de la cité royale. Le chef, qui a fait ses classes dans de grandes maisons, maîtrise son affaire : associations pleines d'idées, dressage soigné des assiettes, desserts de haute volée. Service pro mais tout en discrétion.

## VITRY-SUR-SEINE 94400

€€ |●| ⛱ **Le Casanova** – *57, av. Danielle-Casanova ☎ 01-71-36-57-16. Tlj sauf dim et lun soir ; service 12h-14h30, 19h-22h30. Congés : 3 premières sem d'août. Formules déj en sem 14-17,50 € ; carte env 28 € ; menu-enfants 8,50 € (une miniportion des plats de la carte).* À deux pas de la place de l'église, pas loin du *MacVal* non plus, dans un vieux bar-épicerie qui a conservé moulures et peintures murales délicieusement désuètes. On y sert une cuisine de marché inspirée, avec toujours un petit vin bien choisi pour accompagner son plat. Véritable lieu de vie sociale du quartier (expos, soirées musicales, lectures...), rendez-vous des copains et des familles, c'est le bistrot gourmet et chaleureux comme on les aime.

# Yvelines (78)

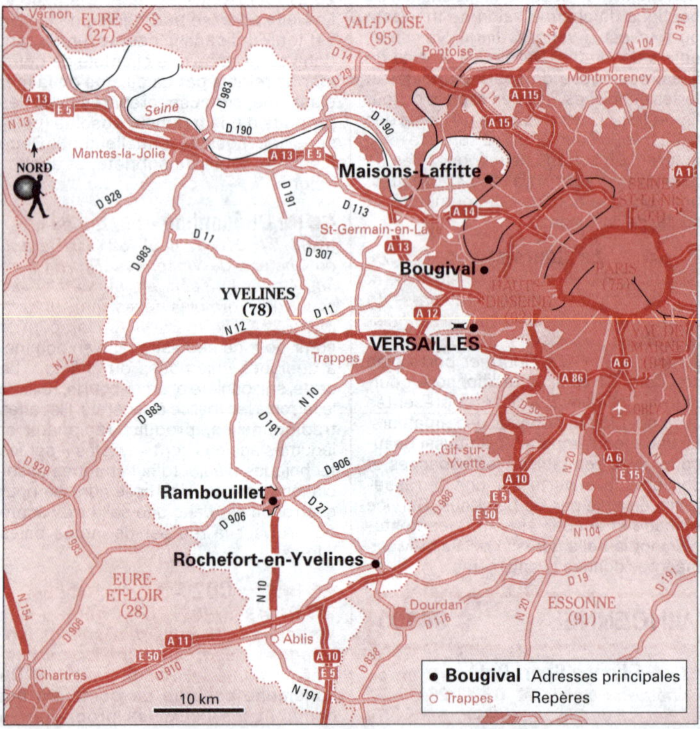

## BOUGIVAL 78380

**€€ 🍽 ☂ P Chez Clément** – *15 bis, quai Rennequin-Sualem ☎ 01-30-78-20-00. ♿ Service tlj 12h-15h et 19h-22h30. Menu 29 € ; carte env 35 €. Parking.* Difficile d'imaginer cadre plus champêtre que dans cette maison accueillante. La célèbre enseigne s'est installée dans l'ancien restaurant gastronomique *Le Coq Hardy* et a conservé sa déco : grande verrière, ustensiles en bois suspendus, coin bibliothèque avec cheminée, clapiers à lapins (les enfants adorent). Le tout dans un parc boisé et classé. Dès les beaux jours, on peut d'ailleurs déjeuner sur l'une des terrasses. Vous l'aurez compris, on vient autant pour la cuisine, simple mais de bonne tenue, proposant des produits de saison, que pour le cadre et l'ambiance conviviale. Une adresse parfaite pour les familles.

***Accès :*** sur la D113, sur les bords de Seine, dans le prolongement du quai Boissy-d'Anglas.

## MAISONS-LAFFITTE 78600

**€€€ 🍽 ☂ P Les Jardins de la Vieille Fontaine** – *8, av. Grétry ☎ 01-39-62-01-78. Ouv mer-dim midi. Formules 26 € le midi en sem, puis 54 € (une bouteille de vin comprise pour 2 pers). Parking.* Dans une belle et vaste demeure Second Empire, ce restaurant fondé en 1926 jouit d'une solide réputation. Superbe terrasse donnant sur un grand parc (résa recommandée aux beaux jours) et cuisine savoureuse qui suit au plus près le cours des saisons, avec ce petit quelque chose de créatif qui en fait toute l'originalité. Même si le chef a changé depuis, Rita Hayworth, Jean Cocteau, Catherine Deneuve et Gérard Depardieu ont apprécié le lieu.

***Accès :*** près de la place Wagram, à l'orée de la forêt.

## RAMBOUILLET 78120

**€ 🍽 ☂ Restaurant Bisson** – *1, pl. de la Libération ☎ 01-34-83-04-21. Tlj sauf dim soir, lun et jeu soir. Menu 24 € ; carte env 40 €.* En se dirigeant vers le château et le parc, impossible de ne pas remarquer cette vaste terrasse ensoleillée. La volupté annoncée se prolonge dans l'assiette : une cuisine bourgeoise de qualité, traditionnelle sans être empesée, copieusement servie. À déguster, si la météo vous y contraint, dans la salle à la déco contemporaine option « sobre et de bon goût », tout à fait dans le ton de Rambouillet. Le menu présente un excellent rapport qualité-prix. Une adresse gagnante, et pour cause : son chef, André Bisson, nourrissait l'équipe de France de football entre 1990 et 2004, à la grande époque où elle état championne d'Europe (2000) et championne du monde (1998) ! *NOUVEAUTÉ.*

***Accès :*** à l'entrée du château.

## ROCHEFORT-EN-YVELINES 78730

**€€ 🍽 ☂ Brigandville** – *1, rue de l'Église ☎ 01-30-41-48-31. Tlj midi et soir. Congés : 25 déc-10 janv. Le midi, assiette 13 € et plat 19 € ; le soir, menus 25-29 €. Apéritif maison offert sur présentation de ce guide.* Sans conteste le meilleur restaurant du secteur. Des plats riches et généreux, un savoir-faire bien français mis au service de plat vagabonds qui explorent les continents avec délice et réussite. On s'y sent comme chez soi, aussi bien dans la salle aérée que sur la grande terrasse-jardin aux beaux jours.

## VERSAILLES 78000

**€ 🍽 Monument Café** – *1, rue Maréchal-Joffre ☎ 01-39-66-07-12. Tlj au déj (11h30-15h en sem), sam-dim pour le brunch et le déj ; le soir, ven-sam slt, et goûter le dim 15h30-18h30. Formules variées 13-26 € ; buffet 21-26 €. Café offert sur présentation de ce guide.* Voici un self revisité, où, dans une salle lumineuse vous est proposé un choix varié de produits de saison (et maison) alléchants, qu'on va piocher librement au buffet. Des verrines ou des petites cocottes chaudes, qui permettent de composer son repas à sa guise, au fur et à mesure de celui-ci. Les légumes viennent en (petite) partie du potager du Roi, situé en face.

***Accès :*** près de la place d'Armes et de l'entrée du château.

**€€€ 🍽 La Table du 11** – *8, rue de la Chancellerie ☎ 09-83-34-76-00. Tlj* *sauf dim-lun. Congés : août. Formules déj 44-55 € ; le soir, menus dégustation 75-95 €.* LA table de Versailles, dont l'excellent chef a eu la bonne idée de proposer un menu à prix démocratiques au déjeuner, histoire que tout le monde puisse profiter de son talent. La salle est petite, et il faudra réserver pour s'attabler dans ce bel écrin. Les énoncés de la carte, particulièrement simples (c'est déjà bon signe), cachent une cuisine d'une grande intelligence, raffinée mais sans snobisme, qui s'appuie sur des produits parfaits et va à l'essentiel : le plaisir d'un moment de grande qualité. Service discret et impeccable.

***Accès :*** derrière la place d'Armes (entrée du château), juste à côté du palais des Congrès.

**Avis aux hôteliers et aux restaurateurs**

Chaque année pour y figurer, il faut le mériter !

**Les prix**

En France, les prix des restaurateurs sont libres. Certains peuvent augmenter entre le passage de nos infatigables fureteurs et la parution du guide, environ 6 mois plus tard. Nous comptons sur votre compréhension en cas de différence entre les prix relevés à l'heure où nous bouclons ce guide et ceux que vous constaterez sur place.

La rédaction du Routard

# NORMANDIE

**Pictos utilisés dans ce guide**

- € Menu à moins de 25 €
- €€ Menu de 25 à 35 €
- €€€ Menu à plus de 35 €
- Hôtel-restaurant
- Restaurant
- Restaurant avec notre toque
- Terrasse
- Parking
- Piscine
- Accessible aux handicapés

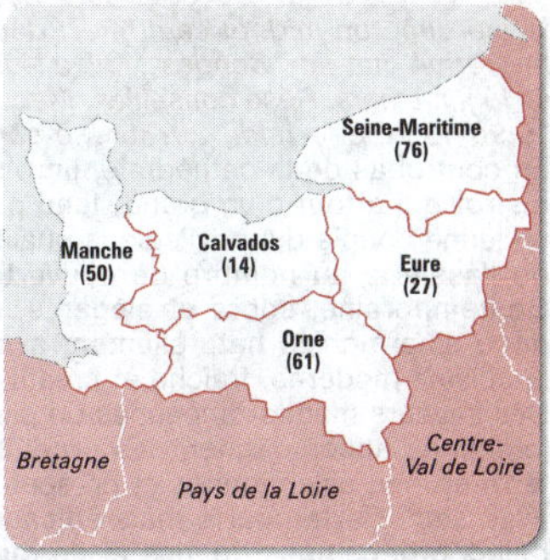


# Calvados (14)

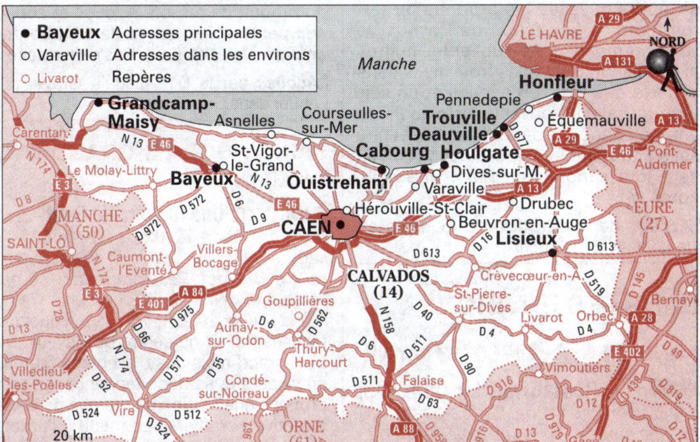


Sur présentation de ce guide, nombreuses offres et réductions en 2018.

## BAYEUX 14400

**€€ |●| Au Ptit Bistrot** – *31, rue Larcher ☎ 02-31-92-30-08. Mars-nov, fermé dim, lun midi et sam midi ; déc-fév, fermé dim-lun. Congés : 15 j. à Noël et 15 j. fin mars. Résa conseillée. Menus 16,90-19,90 € le midi, 29-35 € le soir.* En contrebas de la cathédrale, un p'tit bistrot qui a tout d'un grand, tenu par un jeune couple qui privilégie la qualité de l'assiette au nombre de couverts. Contemporaine, sobre et élégante, la déco s'harmonise naturellement avec la cuisine moderne, fraîche et créative. Des saveurs méditerranéennes ou plus lointaines accompagnent les produits terre et mer, sélectionnés et présentés avec soin. Carte courte mais efficace, belles propositions de vins et un rapport qualité-prix convaincant pour un succès bien mérité ! Accueil charmant. *NOUVEAUTÉ.*

**€€ |●| L'Angle Saint-Laurent** – *4, rue des Bouchers ☎ 02-31-92-03-01. Tlj sauf sam midi, dim et lun. Congés : 15 j. en nov et 15 j. en fév. Formule déj 16 € en sem ; menus 33-51 €.* Jolie cuisine d'époque qui accompagne de saveurs nouvelles les produits du terroir, comme le cochon de Bayeux, le veau normand, sans oublier les huîtres ni le poisson. De belles trouvailles dans la carte des vins, un accueil et un service qui savent trouver le juste équilibre entre élégance et décontraction, et une salle entre hier et aujourd'hui où l'on se sent tout simplement bien. Une belle adresse !

***Accès :*** derrière l'office de tourisme en remontant la rue Foch.

## DANS LES ENVIRONS

### ASNELLES 14960 (13 km NE)

**€€ |●| ⛱ Restaurant La Cale** – *28, rue de Southampton ☎ 02-31-21-48-78. Fermé lun en demi-saison et dim soir-mar en hiver ; tlj en saison. Congés : janv. Formule déj en sem 12,50 € ; menus 29-42,50 €. Café offert sur présentation de ce guide.* « Cuisine d'hier et d'aujourd'hui », dit la carte, c'est bien vu. Moderne et décontractée, voici une vraie réussite culinaire d'un resto que le bouche-à-oreille suffit à remplir. Inutile de jouer sur la présentation, les goûts sont dans les plats, et les saveurs dans la bouche. Que du bon, servi avec le sourire. Bon, ben nous, on y'retourne, à fond de cale !

***Accès :*** direction Saint-Vigor-le-Grand, continuer jusqu'à Sommervieu par la D12, puis la 205 jusqu'à Asnelles via Ryes.

### COURSEULLES-SUR-MER 14470 (22 km E)

**€€ |●| Le Bistrot du Port** – *12, quai Ouest ☎ 02-31-97-26-02. Fermé mar-mer. Congés : 10 j. en janv, 1 sem fin juin et 1 sem en sept. Mieux vaut réserver. Menus 27-34 €.* Après avoir connu de prestigieuses maisons, les charmants Véronique et Marcel ont débarqué en Normandie, aux commandes d'un petit bistrot d'une poignée de tables, où ils proposent une cuisine de marché. La courte carte change toutes les semaines. En guise de mise en bouche, un plat de cochonnailles ou un pâté de tête qu'on débite à l'envi, puis viennent, par exemple, l'os à moelle embeurrée de légumes, et la compotée de pommes crue-cuite au cidre et au miel. Beau plateau de fromages sélectionné par un M.O.F. L'exiguë cuisine est ouverte sur la salle, et le chef n'hésite pas à en sortir pour donner des précisions. Ici, pas d'effet de manche, mais du savoir-faire et l'amour du travail bien fait mis au service du produit de saison. Accueil et service aux petits soins, ça va de soi ! Vente à emporter (plat du jour). Pas de terrasse.

***Accès :*** par la D12 jusqu'à Graye, puis entrer dans Courseulles.

### SAINT-VIGOR-LE-GRAND 14400 (2 km E)

**€ |●| ⛱ 🅿 Une Histoire de Goût** – *3, rue du Pont-Trubert ☎ 02-31-22-11-58. ♿ Tlj sauf dim soir-lun. Congés : 1re sem d'avr et 1re sem d'oct. Résa conseillée. Le midi en sem, formule 12,50 € et menu 17 € ; le soir et le w-e, 20-25 €. Parking.* À quelques minutes à pied du centre de Bayeux. Pas bien grand mais cosy, avec ses fauteuils en velours et sa déco tendance, ce resto propose une cuisine de marché moderne, inventive et raffinée. Le menu à l'ardoise change quasiment tous les jours et offre, à chaque étape, le choix entre 2 suggestions. Jolie carte des vins. Service pro, et même une petite terrasse quand le soleil se montre. Mmmh, on reviendra ! *NOUVEAUTÉ.*

## CABOURG 14390

**€€ |●| ⛱ Le Baligan** – *8, av. Alfred-Piat ☎ 02-31-24-10-92. Tlj sauf mer hors saison. Congés : 13 nov-26 déc. Menus*

*18,90 € le midi en sem, puis 25,50-31,50 € ; carte 35-40 €.* Les produits de la mer sont traités avec amour et doigté, et l'établissement est réputé proposer le meilleur rapport qualité-prix pour le poisson, et ce, dès le 1er menu. Et de fait, les amoureux de la chose maritime pourront choisir dans le grand panier d'osier, qu'on apportera à leur table, la belle pêche du jour : saint-pierre, sole, raie... On vous les prépare à votre convenance, et vous payez au poids. Salle bistrot chic avec fresque sépia terre-mer. Fraîcheur des produits, professionnalisme dans le travail réalisé, bonne humeur dans le service.

***Accès :*** depuis l'office de tourisme, descendre l'avenue de la Mer et prendre la 2e à droite.

## DANS LES ENVIRONS

### DIVES-SUR-MER
14160 (2 km E)

**€ |●| Restaurant Chez le Bougnat** – *27, rue Gaston-Manneville ☎ 02-31-91-06-13. Avr-sept, tlj midi et soir ; le reste de l'année, fermé le soir (sauf jeu-sam et j. fériés). Menus 17,90 € en sem, puis 28,90 € ; carte 25-35 €.* Pas un bibelot n'a bougé depuis des années dans cet invraisemblable bric-à-brac qui occupe les 2 étages de cette ancienne quincaillerie. Cuisine solidement ancrée dans la tradition. Les viandes du *Bougnat* (pot-au-feu, rognons ou tête de veau) valent le détour. Pour ceux que la viande ne tente pas, la maison propose tous les jours du poisson.

***Accès :*** par la D513.

### VARAVILLE 14390 (2 km O)

**€€€ |●| Au Pied des Marais** – *26, av. du Président-René-Coty, Le Home ☎ 02-31-91-27-55. Fermé mar-mer (ouv le soir en juil-août). Congés : 15 j. fin janv-début fév, 20-30 juin et 12-26 déc. Formule déj 21 € sauf dim ; menus 39-59 € ; carte env 50 €.* Le chef est bonhomme, tout comme sa cuisine (spécialité de pieds de cochon à la broche), qui exprime la douceur et l'amour du travail bien fait. Il choisit ses produits, élabore des recettes pour en dégager le meilleur et les présente avec beaucoup de soin. Et l'homme est aussi à l'aise pour travailler la plume, l'écaille et le poil ! Vraiment une belle adresse !

***Accès :*** sur la D514.

### BEUVRON-EN-AUGE
14430 (15 km S)

**€€€ |●| ☂ Le Pavé d'Auge** – *Le Bourg ☎ 02-31-79-26-71. ♿ Tlj sauf lun (plus mar hors saison). Menus 42-70 €.* Une des meilleures tables du département ! Le chef a les pieds ancrés dans le terroir normand et, du produit le plus rustique, il fait une merveille de délicatesse. Son « petit » menu, avec sa farandole de mises en bouche et de mignardises, est un véritable enchantement. Atmosphère un peu bourgeoise et compassée. Propose également des chambres d'hôtes.

***Accès :*** par la D400, puis la D49.

## CAEN 14000

**€ |●| La Table de JF** – *87, rue de l'Oratoire (B2-3-6) ☎ 09-41-03-37-68. Lun-mer 7h30-20h30 et jeu-ven jusqu'à minuit. Formules 13-16 €.* Après avoir joué les globe-trotters, JF, en bon Normand, est revenu se poser chez lui, ou du moins au centre de Caen, à deux pas du théâtre. Déco vintage, service jeune, cuisine fraîcheur, les néo-Normands adorent, les traditionnalistes se demanderont comment avaler les croquettes de boudin noir. Une cantine d'habitués où l'on peut venir en solo ou même à deux pour profiter des objets et des plats détournés qui font tout le charme du lieu. *NOUVEAUTÉ.*

**€ |●| L'Avalou** – *21, rue Caponière (A2-3) ☎ 02-31-86-40-45. Fermé dim, lun midi, ainsi que mer hors saison. Formules déj en sem 10-12,90 € ; repas 15-20 €.* Une adresse d'habitués. L'art de la galette est ici parfaitement maîtrisé, raison de plus pour sortir des sentiers battus dans le domaine et proposer des compositions maison originales, à base de bons produits. Évidemment, la crêpière est seule dans sa minuscule cuisine et, comme tout est préparé minute, il faut parfois s'armer d'un peu de patience. Mais qu'importe quand l'ambiance est aussi décontractée et conviviale.

**€ |●| ☂ La Véranda** – *30, rue du Général-Giraud (B2-4) ☎ 02-31-23-83-89. Tlj sauf dim-lun et j. fériés. Congés : 10-31 août. Menus déj 10-19 € ; le soir, 15-22 €.* En plein centre-ville, mais niché là où personne ne penserait à venir le chercher, ce bistrot aux longues banquettes de moleskine rouge vous propose une carte qui change toutes les semaines. Sous son apparente simplicité, la cuisine maison et de saison, bien d'aujourd'hui,

1 L'Embroche (B1)
2 Café Mancel (B1)
3 L'Avalou (A2)
4 La Véranda (B2)
5 La Courtine (A2)
6 La Table de JF (B2-3)

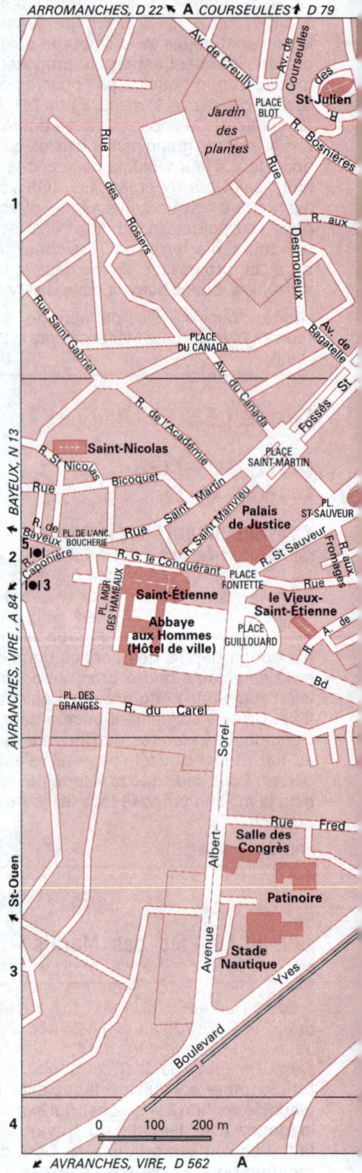

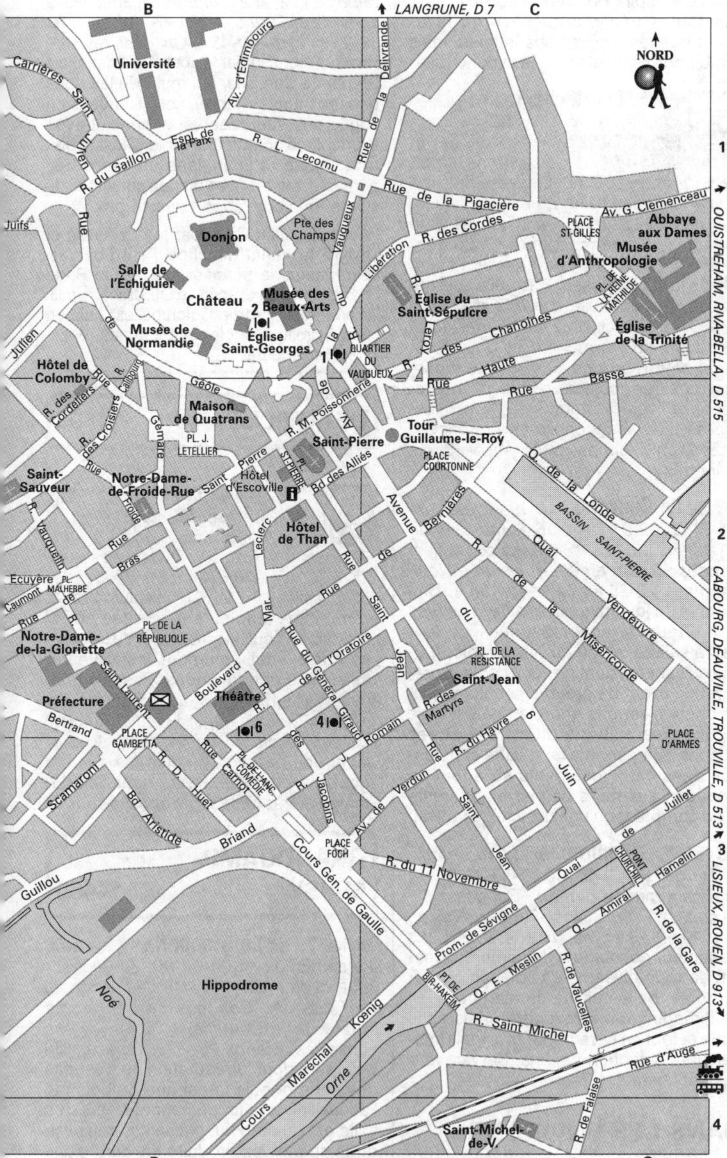
B
LANGRUNE, D 7
C
NORD
1
2
3
4
OUISTREHAM, RIVA-BELLA, D 515
CABOURG, DEAUVILLE, TROUVILLE, D 513
LISIEUX, ROUEN, D 913
ALENÇON, LE MANS, N 158
Université
Av. d'Edimbourg
Rue de la Délivrande
Carrières Saint Julien
Espl. de la Paix
R. L. Lecornu
R. du Gaillon
Rue de la Pigacière
Av. G. Clemenceau
PLACE ST-GILLES
Abbaye aux Dames
Musée d'Anthropologie
Juifs
Rue
Donjon
Pte des Champs
Vaugueux
R. des Cordes
Libération
Salle de l'Échiquier
Château
Musée des Beaux-Arts
Église du Saint-Sépulcre
PL. DE LA REINE MATHILDE
2
Église Saint-Georges
Musée de Normandie
R. Leroy
des Chanoines
Église de la Trinité
1
QUARTIER DU VAUGUEUX
Hôtel de Colomby
R. Calibourg
Géôle
Rue Haute
Rue Basse
R. des Cordeliers
R. des Croisiers
Maison de Quatrans
R. M. Poissonnerie
Av. de la
Tour Guillaume-le-Roy
Saint-Pierre
Gémare
PL. J. LETELLIER
PL. ST-PIERRE
PLACE COURTONNE
Q. de la Londe
Saint-Sauveur
Notre-Dame-de-Froide-Rue
Saint Pierre
Hôtel d'Escoville
Bd des Alliés
BASSIN SAINT-PIERRE
R. Vauquelin
Froide
Hôtel de Than
Avenue
Bernières
R. de la Miséricorde
Quai Vendeuvre
Rue
Bras
Leclerc
Rue Saint Jean
Rue de
Écuyère
PL. MALHERBE
Caumont
R. de
Mar.
Rue du
Rue
Notre-Dame-de-la-Gloriette
PL. DE LA RÉPUBLIQUE
de l'Oratoire
Rue du Général Giraud
PL. DE LA RÉSISTANCE
Saint Laurent
Boulevard
Saint-Jean
Préfecture
Théâtre
R. des Martyrs
6
4
Bertrand
PLACE GAMBETTA
R. J. Romain
R. du Havre
PLACE D'ARMES
R. D. Huet
Rue Carnot
PL. DE L'ANC. COMÉDIE
R. des Jacobins
Av. de Verdun
Rue Saint Jean
Juin
Scamaroni
Bd Aristide Briand
Juillet
de
PONT CHURCHILL
PLACE FOCH
Cours Gén. de Gaulle
R. du 11 Novembre
Quai Amiral Hamelin
Guillou
Prom. de Sévigné
Q. E. Meslin
R. de Vaucelles
R. de la Gare
PT DE BIR-HAKEIM
Hippodrome
Noé
Cours Maréchal Kœnig
R. Saint Michel
Orne
Rue d'Auge
R. de Falaise
Saint-Michel-de-V.
B
C

# CAEN

se révèle inspirée et préparée avec doigté. Les tables très rapprochées ne favorisent pas les discussions intimes, mais l'ambiance se révèle simple et conviviale.

€ **Café Mancel** – *Le château ducal-musée des Beaux-Arts (B1-2) ☎ 02-31-86-63-64. Tlj sauf dim soir-lun. Formule déj 18 € ; menus 25-36 €.* Le cadre design, illuminé par les baies vitrées pendant la journée, distille le soir, à la lumière des bougies, une atmosphère beaucoup plus intime. En été, on préférera sans doute la jolie terrasse. Très belle cuisine de saison, actuelle, créative et parfumée, mettant en scène les meilleurs produits de Normandie et d'ailleurs. Seul petit reproche : les assiettes pas toujours très copieuses. Pour un en-cas léger et rapide, chaque jour, quelques belles tartines au choix. Dîner-concert jazz 2 ou 3 fois par mois (septembre-décembre).

€€ **La Courtine** – *16, rue Caponière (A2-5) ☎ 02-31-79-19-16. Fermé dim-lun et j. fériés, plus jeu soir. Résa conseillée. Congés : 3 sem en été et 2 sem à Noël. Formules 22-25 € ; carte env 38 €.* Une formule du jour, des tartes salées légères et goûteuses, accompagnées de leur petite salade... Une cuisine simple, fraîche et inspirée, dont on vous conte la préparation avant de prendre la commande. Le choix n'est pas énorme, mais il varie régulièrement au gré du marché et des saisons. Atmosphère reposante et détendue dans cette jolie petite salle tout en longueur, aux murs de pierre apparente et ne comptant qu'une dizaine de tables.

€€ **L'Embroche** – *17, rue Porte-au-Berger (B1-1) ☎ 02-31-93-71-31. Tlj sauf sam midi et dim-lun. Congés : 15 j. en sept et 2 sem à Noël. Formules déj en sem 19,50-23 € ; menu-carte 26 €.* Dans ce secteur qui compte de nombreux restos de tous niveaux, en voici un bon. À l'ardoise, belle cuisine de marché, avec de l'imagination à revendre, mais sans frime et tout en saveurs. Courte mais intéressante sélection de vins. Service efficace et charmant. Terrasse en plus.

## DANS LES ENVIRONS

### HÉROUVILLE-SAINT-CLAIR
14200 (2 km N)

€€ **L'Espérance** – *512, rue de l'Abbé-Alix ☎ 02-31-44-97-10. Tlj sauf lun et le soir mar et dim. Congés : 1re quinzaine de janv et 2e quinzaine d'août. Résa conseillée. Formules déj 17-23 € ; menus 32-45 € ; carte 40-45 €. Chèques refusés. Parking.* Reprise par le chef étoilé caennais Stéphane Carbone, qui multiplie les bons papiers (humour facile), voilà l'adresse en vogue où il faut réserver si on veut avoir la chance d'obtenir une table. Cuisine bistronomique raffinée,dans un cadre très agréable, sur les rives un peu sauvages de l'Orne. Très bon rapport qualité-prix.

***Accès :*** quitter Caen par la rue Basse et suivre le canal direction Petit Lourdes. Ou, depuis le périphérique, sortie Porte d'Angleterre en direction d'Ouistreham, puis prendre la 3e sortie Colombelles, puis en bas à droite avant le pont tournant, direction Petit Lourdes.

## DEAUVILLE 14800

€€€ **L'Essentiel** – *29-31, rue Mirabeau ☎ 02-31-87-22-11. Tlj sauf mar-mer hors juil-août. Formules déj en sem 25-30 €, w-e 30 € ; menu découverte 65 € ; carte 50-55 €.* Un restaurant à la réputation amplement méritée. Très inventive, la cuisine fraîche et de saison, combine intelligemment les saveurs asiatiques et normandes. Passé par la case William Ledeuil (au restaurant *Ze Kitchen Galery*à Paris), le chef a su tirer l'essentiel de cet enseignement pour livrer une partition précise et riche en goûts surprenants. Décor dans l'air du temps et très belle terrasse côté cour.

## GRANDCAMP-MAISY 14450

€€ **La Trinquette** – *7, route du Joncal ☎ 02-31-22-64-90. Pâques-août, tlj sauf lun ; le reste de l'année, tlj sauf lun-mar. Congés : de déc (après la fête de la Coquille) à mi-janv. Résa conseillée. Menus 26-40 €. Parking.* Un p'tit resto dont la réputation ne s'est pas démentie depuis la cabane de bois qui l'accueillait à la fin des années 1960. La salle est aujourd'hui plaisante, dans l'air du temps, et les produits toujours d'une éclatante fraîcheur. La mer, évidemment, est à l'honneur. Quelques tables en terrasse aux beaux jours. Accueil sympathique. *NOUVEAUTÉ.*

***Accès :*** en allant vers le camping, juste à côté du port.

## HONFLEUR 14600

**€ |●| ☂ Le Bouillon Normand** – *7, rue de la Ville ☎ 02-31-89-02-41. Tlj sauf dim soir, mer ; plus jeu hors saison. Résa conseillée. Formule sauf dim 16,50 € ; menus 22-30 € ; carte env 25 €.* Une terrasse et une petite salle façon vieux bistrot, jaune et bois. Pas de carte, juste 2 menus à prix réfléchis pour une cuisine qui revivifie la tradition et offre un bon rapport qualité-prix. En revanche, il n'est pas rare de devoir attendre un peu (c'est ce qu'on appelle la rançon du succès).

***Accès :*** sur la place Arthur-Boudin, derrière le quai Saint-Étienne.

**€€ |●| L'Endroit** – *3, rue P.-et-Ch.-Bréard ☎ 02-31-88-08-43. Ouv tlj. Menu déj 25,50 € ; le soir, 32 €.* Un loft esprit bistrot ou un bistrot esprit loft, au choix, où la table avec nappe à carreaux côtoie la grande table en verre et ses fauteuils Chesterfield, ou encore le comptoir en tôle ondulée. Un mélange des genres mis en valeur par un éclairage étudié. Dans l'assiette, une cuisine aussi belle que savoureuse et bien d'aujourd'hui, où les légumes ne sont en rien négligés. Le choix du menu, intéressant, n'est pas très étoffé, mais les plats à la carte sont généreux et d'un excellent rapport qualité-prix. *NOUVEAUTÉ.*

**€€ ☂ Le Bréard** – *7, rue du Puits ☎ 02-31-89-53-40. Fermé le midi lun-jeu en saison ; plus lun soir hors saison. Congés : 3 sem en janv. Menus 32-63 € ; carte env 60 €.* Fabrice Sébire a travaillé au *Grand Véfour*, à *La Tour d'Argent* ou encore chez *Lucas-Carton*. Voilà qui marque un chef. Il a également rapporté de ses voyages de nombreuses épices et dissidences de goût qui font le plaisir de nos palais. C'est imaginatif, inventif, toujours renouvelé et inspiré. Plats toujours bien présentés, service souriant et agréable jardin d'hiver.

**€€€ |●| Au P'tit Mareyeur** – *4, rue Haute ☎ 02-31-98-84-23. ♿ Tlj sauf mar-mer (slt mer en août). Congés : janv. Résa conseillée en saison. Formule plat du jour 19 € ; menus 29 € le midi et 39 € le soir ; carte env 42 €.* Bonne cuisine, fine et recherchée. Le chef met un point d'honneur à soigner la préparation et la présentation de ses plats. Carte régulièrement renouvelée, mais gare aux suppléments ! Endroit chaleureux, à la déco chic et stylée, mais pas trop pompeuse. Service rapide et souriant.

## DANS LES ENVIRONS

### ÉQUEMAUVILLE

14600 (2 km SO)

**€€ |●| ☂ 🅿 L'Assiette des Mondes** – *39, chemin de la Croix-Rouge ☎ 02-31-81-52-11. ♿ Tlj sauf mer, plus mar soir hors saison. Résa conseillée le soir. Formule 19 € le midi en sem ; menus 30-40 €. Parking.* Il suffit de faire 2 km pour trouver ce lieu aéré et zen, entouré de verdure, aux tables espacées, à la cuisine libre, mélangeant allègrement les saveurs d'ici et d'ailleurs, aussi bien normandes que marocaines, avec parfois quelques détours vers l'Asie. Des assiettes bien tournées, pleines de saveurs, copieuses, appuyées par un service cool. Un petit établissement simple, convivial, humain, comme dirait Fatima, la créatrice du lieu.

## HOULGATE 14510

**€€ |●| Les Halles-Chez Franck** – *34, rue du Général-Leclerc ☎ 02-31-24-82-25. Tlj, tte l'année. Formule déj en sem 13,50 €, menu du jour 18,90 € ; le soir, 28,90 €.* Une adresse sûre à Houlgate, face au marché couvert. Personnel qui se démène, cadre chaleureux. Les menus et les ardoises suivent la pêche et les saisons. C'est bon, c'est sain, et la vinothèque est bien fournie. *NOUVEAUTÉ.*

## LISIEUX 14100

**€ |●| ☂ Les Sœurs Pinard** – *4, av. Sainte-Thérèse ☎ 02-31-61-18-49. Tlj sauf lun-mar 12h-1h. Formules déj 14,50-17,50 € ; planches 12,50 €.* Le midi, petite carte proposant des plats maison, type brasserie, simples mais efficaces. On s'installe soit dans l'espace bar avec ses tables en hauteur, soit au salon dans les vieux canapés confortables. À moins qu'il ne fasse beau et que la sympathique terrasse à l'arrière soit ouverte (plage tout au fond avec transats, en été). L'après-midi, c'est salon de thé, le soir plutôt bar à vins, avec planches de charcuterie, de fromage, de desserts, etc. Un espace vraiment convivial, de bonne taille, à l'ambiance détendue. Concerts réguliers. *NOUVEAUTÉ.*

**€ Restaurant Aux Acacias** – *13, rue de la Résistance ☎ 02-31-62-10-95. Tlj sauf dim soir-lun, plus jeu soir. Menus 15,50-42 € ; carte 35 €. Calvados offert en fin de repas sur présentation de ce guide.* Bonne petite adresse du centre de Lisieux, à la déco très sobre. Ce cadre frais tranche agréablement avec le gris qui domine en ville. Les 1ers menus offrent un bon rapport qualité-prix et permettent de goûter à une cuisine de terroir revisitée, joliment allégée, avec quelques connotations asiatiques.

***Accès :*** à 100 m de la médiathèque.

## DANS LES ENVIRONS

### DRUBEC 14130 (17 km NO)

**€€ La Haie Tondue** – *lieu-dit La-Haie-Tondue ☎ 02-31-64-85-00. Fermé le soir et mar, plus lun midi et mer soir hors saison. Congés : 2 sem en janv, 1 sem en juin et 1 sem en nov. Formule 18,50 € lun-sam ; menus 29,50-44 €. Parking.* Belle maison ancienne couverte de vigne vierge et très bonne table à prix relativement démocratiques. Cadre traditionnel, raffiné et agréable, avec ses murs en colombages et ses poutres. Service impeccable, bonne cave et plats bien exécutés.

***Accès :*** quitter Lisieux par la rue Guizot, à suivre jusqu'à Manerbe, puis D45, un peu avant Valseme, prendre la D16 jusqu'à Drubec.

## OUISTREHAM-RIVA-BELLA 14150

**€€ La Table d'Hôtes** – *10, av. du Général-Leclerc ☎ 02-31-97-18-44. Fermé mar soir, mer et dim soir. Formule déj en sem 20 € ; menus 32-47 €.* Derrière une longue baie vitrée, la table d'hôtes est une salle zen aux teintes claires. La carte est courte et bien équilibrée terre-mer, et le chef, passé dans de belles cuisines, propose quelques associations audacieuses (poisson du jour et rhubarbe, ou l'avocat qui vient escorter une mousse au chocolat blanc), mais sans que le chef en fasse une religion. Goûteux et raffiné, et une présentation d'une grande délicatesse. Service pro et discret. Une belle surprise !

## TROUVILLE-SUR-MER 14360

**€ Restaurant Les Mouettes** – *11, rue des Bains ☎ 02-31-98-06-97. Tlj jusqu'à 23h ; fermé 24 déc au soir et 25 déc. Menu 14,80 € ; formule 30,80 € ; carte env 28 €. Digestif maison (Le Pointu) offert sur présentation de ce guide.* C'est une annexe, en plus intime, de la brasserie *Le Central*. Accueil cordial, déco genre bistrot parisien, et aux beaux jours, agréable terrasse sur une rue piétonne. Les produits de la mer sont de rigueur et de toute fraîcheur. Marguerite Duras aimait fréquenter l'endroit.

***Accès :*** dans la rue piétonne en face du marché aux poissons.

**€ Les Affiches** – *6, rue de Paris ☎ 02-31-98-31-94. Ouv tlj sauf lun, plus mar hors juil-août. Congés : janv, 1 sem en juin et 1 sem en nov. Carte 25-30 €.* Un sympathique bistrot de poche, à cuisine ouverte, prolongé d'une terrasse d'où l'on aperçoit la plage, à quelques mètres. À l'ardoise, un tout petit choix de produits de la mer (surtout) au gré du marché et des arrivages, travaillés avec simplicité mais aussi avec doigté. Accueil d'une gentillesse hors pair. *NOUVEAUTÉ.*

**€€ La Table du Marché** – *16, rue des Bains ☎ 02-31-87-54-84. Ouv tlj jusqu'à 23h. Menus déj 16 €, puis 28-42 €.* Le nom n'a rien d'original, mais c'est la belle surprise du moment. L'établissement revient de loin, puisque l'ancien resto chinois, à la carte longue comme le bras et aux miroirs multiples, est devenu cette table sympathique où la fraîcheur ne doit rien, cette fois, aux surgelés. Carte courte, avec une ardoise pour les suggestions, qu'on vous conseille de suivre, et bons plats du jour. Service enlevé et sympa, avec un personnel aux petits soins. Grande terrasse côté rue. *NOUVEAUTÉ.*

**€€€ Les Vapeurs et Les Voiles** – *160-162, bd Fernand-Moureaux ☎ 02-31-88-15-24. Tlj (sauf 25 déc) 12h-1h. Résa indispensable le w-e. Carte 35-40 €.* *Les Vapeurs*, c'est sans conteste la brasserie la plus connue de Trouville, fondée en 1927. *Les Voiles*, à côté, c'est l'annexe ! Aujourd'hui, il n'est pas un acteur américain venant au festival de la ville d'en face qui ne s'arrête ici. Et la salle ne désemplit pas, même si le rapport qualité-prix est loin d'être toujours évident. Les spécialités maison : les moules crème normande et les crevettes cuites. Tout est frais : normal, les chalutiers sont à 10 m. Les tripes valent également le coup, surtout avec un petit verre de saumur.

***Accès :*** à côté de l'hôtel de ville, en face du marché aux poissons.

**€€€ |●| La Petite Auberge** – *7, rue Carnot ☎ 02-31-88-11-07. Tlj sauf mar-mer (ouv tlj en août). Congés : 2e quinzaine de juin. Formule déj 30 € ; menu 41 € ; carte env 65 €.* La meilleure adresse de Trouville est aussi l'une des plus discrètes. On ne va pas à *La Petite Auberge* pour se faire voir, mais pour savourer une vraie cuisine normande, comme à la maison. Si les produits sont excellents, on note également un réel travail sur les assiettes, à la fois simples et joliment inventives. Originales, les sauces sont précises et percutantes. Le chef réinvente subtilement son terroir.

***Accès :*** dans une petite rue qui part de la place du Maréchal-Foch, devant le casino.

**€€€ |●| Bistrot Les Quatre Chats** – *8, rue d'Orléans ☎ 02-31-88-94-94. ♿ Ouv du jeu soir au dim soir. Congés : 2 sem en janv et 2 sem en déc. Carte 40-45 €. Brunch dominical 29 €.* Derrière la façade aux tons crème et vert qui se repère de loin, se trouve une adresse qui a toujours autant la cote, depuis un quart de siècle ! Salle au décor vieux rose usé, remplie de bouquins, de cartes postales, de photos et de journaux... On y sert des plats classiques auxquels le chef ajoute une ou deux saveurs étonnantes qui bouleversent les repères. Grands crus servis au verre.

## DANS LES ENVIRONS

### PENNEDEPIE 14600 (11 km S)

**€€ |●| ☂ Le Moulin Saint-Georges** – *chemin de la Mer, route de Trouvile ☎ 02-31-81-48-48. Fermé lun-mar (hors juil-août). Formule déj en sem 19 € ; menus 28-35 €.* Dans une maison que vient presque frôler la route. Salles accueillantes où se mêlent murs de brique et colombages, avec le bar à l'entrée et la terrasse sur l'arrière aux beaux jours. À la carte, belle sélection d'huîtres de la région, et des plats aussi simples que l'entrecôte normande ou les moules (en saison) accompagnées de leurs (bonnes) frites maison. La tradition, oui, mais l'ambiance et l'équipe, elles, ne sont en rien figées dans le terroir et le passé. Service attentif et tout sourire.

***Accès :*** sur la route de Honfleur par la côte.



# Eure (27)

## BEAUMONT-LE-ROGER 27170

**€ |●| Restaurant La Calèche** – *54, rue Saint-Nicolas ☎ 02-32-45-25-99. Tlj sauf lun soir, mar-mer, plus dim soir. Congés : 2 sem en janv et en juil. Menus 19 € le midi en sem, puis 25-35 €. Apéritif maison ou café offert sur présentation de ce guide.* Une salle à la déco chaleureuse et une cuisine gastronomique revisitée qui sort des sentiers battus, avec de fabuleux desserts (fondant au chocolat, soufflé aux fruits de saison, etc.). Accueil souriant, ambiance conviviale.

***Accès :*** par la D133. Dans la rue principale.

## DANS LES ENVIRONS

### SAINT-AUBIN-LE-VERTUEUX 27300 (16 km SO)

**€€€ ☂ 🅿 L'Hostellerie du Moulin Fouret** – *2, route du Moulin-Fouret ☎ 02-32-43-19-95. Tlj sauf dim soir et lun non fériés, plus mar oct-mars. Menus*

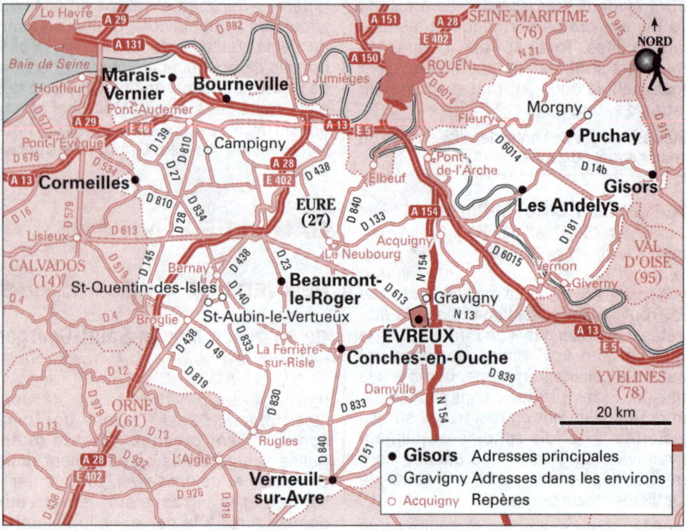


*27 € le midi en sem, puis 47 € ; carte 67-70 €. Parking.* Dans ce vieux moulin à aubes du XVIe s, blotti au fond d'un vallon en bordure de la Charentonne, une salle au décor exquis, plus intime près de la cheminée. On apprécie la cuisine généreuse de François Déduit, à la fois simple et élaborée. Parmi les spécialités : foie gras chaud, ris de veau... Terrasse aux beaux jours devant le superbe parc.

***Accès :*** par la D33 et la D42.

## SAINT-QUENTIN-DES-ISLES
27270 (19 km SO)

**€ |●| ⛱ Restaurant La Pommeraie** – *38, route de l'Allée-des-Dames ☎ 02-32-45-28-88. ♿ Tlj sauf dim soir-lun. Congés : 23 juil-30 août. Formule et menus 13-25 € en sem, puis 28-59 €. Café offert sur présentation de ce guide.* Au bord d'une route et entourée d'un jardin s'étire la longue façade de cet établissement au cadre chic et paisible. Vaste salle claire, donnant sur le jardin et son plan d'eau où barbotent des canards. Une adresse paisible. Cuisine de terroir, avec quelques accents exotiques.

***Accès :*** au bord de la D438 en direction de Broglie.

## BOURNEVILLE 27500

**€ |●| Restaurant Risle-Seine** – *5, pl. de la Mairie ☎ 02-32-42-30-22. Tlj sauf mar-mer. Congés : vac scol de la Toussaint. Résa conseillée le w-e. Formule déj en sem 14 € ; menus 19-34 €.* La façade est avenante. On s'est laissé tenter. Bonne pioche ! La cuisine est bien, comme annoncée, « de tradition, aux accents du terroir normand ». Croustillant chaud de camembert, pressé de rognons de veau et andouille... Service discret et attentionné.

***Accès :*** par la D139, à côté de l'office de tourisme, dans le centre.

## DANS LES ENVIRONS

## CAMPIGNY 27500 (19 km S)

**€€€ 🏠 |●| ⛱ P Hôtel Le Petit Coq aux Champs – Restaurant L'Andrien** – *400, chemin du Petit-Coq ☎ 02-32-41-04-19. • lepetitcoqauxchamps.fr • ♿ Tlj (sauf dim soir-lun oct-mars). Congés : déc-janv. Menu 38 €. Parking.* En pleine campagne, voici une authentique chaumière normande, avec une table délicieuse, accueillante et décontractée tout en étant raffinée. Le chef, Jean-Marie Huard, brille d'inventivité pour associer plaisirs des yeux et du palais. La carte change au fil des saisons, en privilégiant le terroir et les produits de la mer. Terrasse dans le jardin paysager, piscine de plein air chauffée et cheminée pour les soirées d'hiver.

**Accès :** suivre la D675, puis la D810 à gauche à Pont-Audemer et, enfin, la D29 à la sortie de Pincheloup.

## CONCHES-EN-OUCHE 27190

**€€ |●| ⛱ Restaurant La Grand'Mare** – *13, av. de la Croix-de-Fer ☎ 02-32-30-23-30. Tlj sauf lun, mar soir et dim soir. Congés : 2 sem en août et 2 sem fin déc. Formules déj en sem 13-15 € ; menus 25-45 €.* Face à la grande mare et ses jets d'eaux, cet hôtel à la façade rouge à colombages recèle une grande table qui propose dès son 1er menu une cuisine créative de haut vol. Des plats savoureux, au dressage élégant, servis dans une salle tout en boiserie ou dans une cour intérieure aux beaux jours. Notre coup de cœur dans ce calme coin normand.

**Accès :** dans le centre-ville.

## CORMEILLES 27260

**€€€ 🏠 |●| Gourmandises** – *29, rue de l'Abbaye ☎ 02-32-20-63-42. Tlj sauf lun,mar et mer midi. Congés : 1 sem en janv, juin et oct. Formules déj en sem 17-21 € ; menus à l'aveugle 35-39 € ; carte 40-45 €.* C'est dans ce resto discret à la façade à colombages que s'est installé le jeune et talentueux chef Alexis Osmont, pour exprimer sa grande créativité dans une ambiance de franche camaraderie. Un cadre bistrotier avec cuisine ouverte et de belles propositions à la carte, mais foncez sur le menu à l'aveugle pour de très belles surprises en 4-5 plats. Pour accompagner, faites encore confiance au chef pour ses bons vins de petits producteurs, proposés au verre à prix démocratiques. Une table devenue, en quelques années, une référence dans le département. À ne pas manquer !

**Accès :** en plein centre-ville.

## ÉVREUX 27000

**€ |●| ⛱ Côté Rôtisserie** – *3, rue Saint-Louis ☎ 02-32-39-62-63. Tlj sauf dim, lun soir et j. fériés. Congés : Noël-Jour de l'an. Menus déj en sem 15,90 €, puis 19,90 € (sauf w-e) et 27-35 €.* Dans une grande salle à la déco contemporaine ou dans une véranda sur l'arrière, on se régale d'énormes entrecôtes grillées, de cochon de lait à la broche et autres plats de boucher, plus à même d'assouvir les grosses faims carnivores que les appétits d'oiseau ! L'assiette est joliment dressée, et le personnel accueillant. Les proprios ont un second resto à Évreux *(Côté Terre et Mer)* ; même gamme de prix mais davantage orienté mer.

**Accès :** en plein centre, près de la place de l'Hôtel-de-Ville.

**€ |●| La Gazette** – *7, rue Saint-Sauveur ☎ 02-32-33-43-40. ♿ Tlj sauf sam midi, dim, lun et j. fériés. Congés : 3 premières sem d'août. Résa vivement conseillée le w-e. Menus déj 21 €, puis 24-39 €.* Dans un cadre moderne et agréable, on déguste une cuisine délicate, à base de produits frais du terroir, qui s'éloigne avec brio des grands standards régionaux. Une pointe d'originalité, un zeste de touche personnelle, une bonne dose de gentillesse dans l'accueil, et le tour est joué. On tient là l'une des meilleures tables d'Évreux !

**Accès :** pas très loin de la poste centrale.

## DANS LES ENVIRONS

### GRAVIGNY 27930 (3 km N)

**€€ |●| ⛱ 🅿 Le Saint-Nicolas** – *38 ter, av. Aristide-Briand ☎ 02-32-38-35-15. Tlj sauf dim soir-lun et mer soir. Congés : 2 sem fin août et 1re sem de nov. Formules 19-24 € en sem (sauf j. fériés) ; menus 25-47 €. Parking.* Derrière la façade discrète qui borde la D155 se cachent de petites salles au décor sobre, et, aux beaux jours, l'agréable salle-terrasse en bordure de jardin. Claude Sauvant, le chef, met un point d'honneur à utiliser des produits de première qualité, au gré du marché : la carte change donc à chaque saison. Très belle carte des vins.

**Accès :** depuis Évreux, sur le côté droit de la D155 en direction de Louviers.

## GISORS 27140

**€€ |●| Le Cappeville** – *17, rue Cappeville ☎ 02-32-55-11-08. ♿ Tlj sauf mer-jeu. Congés : 15 j. en août. Formules déj 14,50-16,50 € en sem ; menus 30,50-52 €. Apéritif maison offert sur présentation de ce guide.* Très bonne étape dans cette petite ville pour un repas de qualité dans la ligne droite de la tradition régionale. Il faut dire que le chef, Pierre Potel, a travaillé avec les plus grands ! Intérieur à la déco classique et soignée, comme la cuisine. Accueil souriant.

## LES ANDELYS 27700

**€€€ 🏠 |●| ☂ P Hôtel-restaurant de la Chaîne d'Or***** *– 25-27, rue Grande, Le Petit-Andely ☎ 02-32-54-00-31. • hotel-lachainedor.com • ♿ Fermé mar-mer, plus dim soir de mi-avr à mi-oct. Congés : janv, vac scol fév et 1 sem à Noël. Résa conseillée le w-e. Menus 23-30 € le midi en sem, puis 49-65 €. Parking.* Dans une belle maison de maître normande fondée en 1751 et qui abritait jadis les bureaux de péage pour traverser la Seine. La gigantesque chaîne qui marquait l'octroi situé à cet endroit rapportait tant d'argent qu'on l'appela la « Chaîne d'Or », d'où le nom de l'hôtel. La savoureuse et inventive cuisine du jeune chef est servie dans la belle salle à manger avec baies vitrées offrant une vue plongeante sur les péniches.

**Accès :** en face de l'église, au bord de la Seine, au bout de la rue Grande.

## MARAIS-VERNIER 27680

**€ |●| ☂ Auberge de l'Étampage** *– Le Bourg, 82, quartier de l'Église ☎ 02-32-57-61-51. Mai-août, tlj sauf lun (plus mar hors saison). Congés : janv. Menus 22-31 €. Café offert sur présentation de ce guide.* Un gros coup de cœur pour cette auberge de village pleine d'authenticité, tenue par Cécile, une Biterroise au caractère bien trempé. Un bar bien dans son jus, une salle à la déco un brin kitsch tout en baies vitrées, et surtout une terrasse offrant une vue panoramique d'exception sur le marais Vernier. Choix à l'ardoise de plats très copieux du genre tartare d'andouille, joue de porc confite, souris d'agneau... Une cuisine franche et sincère à base de très bons produits, travaillés avec un grand savoir-faire. On est ressorti repu et heureux. Une adresse incontournable !

## PUCHAY 27150

**€ |●| ☂ P American Grill** *– Centre équestre de la Forêt, route de Defens ☎ 02-32-27-96-35. ♿ Tlj sauf lun-mar. Congés : 1er-15 janv et 1er-15 sept. Formules déj en sem 11-14,50 € ; menu 22 €. Parking.* Installer un resto-grill à l'américaine en pleine campagne normande, il fallait oser ! Et avec le club équestre que l'on voit depuis le resto, on pourrait presque se croire dans le Grand Ouest américain ! Intérieur tout en bois, sympathique, avec, en fond, l'écran diffusant de vieux westerns (sans le son). Dans l'assiette, de la viande, de la viande et, aussi, une belle sélection de hamburgers... à la viande ! Également des salades, un poisson et des burgers au poisson. Belle carte de cocktails. Bières américaines.

**Accès :** par la D6 (direction Étrepagny), puis suivre le fléchage dans Puchay.

## DANS LES ENVIRONS

### MORGNY 27150 (6 km NE)

**€€ |●| ☂ P Auberge de la Forêt** *– 55, rue Saint-Adrien ☎ 02-32-27-27-37. ♿ Tlj sauf dim soir-lun et mar. Congés : 2 premières sem de juil et 3 sem pdt les fêtes de fin d'année. Formule 21 € le midi en sem ; menus 32,50-43,50 €. Parking. Café offert sur présentation de ce guide.* Une belle adresse qui mérite le détour. Ici défilent allègrement les plats copieux et goûteux, entrecoupés, dans le menu, d'un trou normand (normal !). Un bon rapport qualité-prix-convivialité.

**Accès :** par la D316. À la sortie du village, sur la D15.

## VERNEUIL-SUR-AVRE 27130

**€ |●| ☂ Le Collectionneur Gourmand** *– ruelle de l'Abreuvoir ☎ 02-32-60-11-11. Tlj mai-sept ; fermé dim soir et lun hors saison. Menu 16 € (sauf sam soir, dim midi et j. fériés) ; sinon, plats 14-23 € à la carte.* Il fallait la trouver, cette adresse originale, cachée dans un charmant recoin du vieux Verneuil ! Le patron est un collectionneur invétéré de figurines en plomb (pas seulement les petits soldats), et il y en a partout, méticuleusement rangées dans les vitrines qui tapissent les murs, jusqu'aux toilettes. Mais il y a aussi des maquettes d'avions, suspendues aux poutres de la chaleureuse salle de resto, et de bateaux. En cuisine, le chef concocte des plats simples, mais inventifs et pleins de fraîcheur. Très belle terrasse aux beaux jours et coin cheminée en hiver.

# Manche (50)

## BARENTON 50720

**€ 🍽 Restaurant Le Relais du Parc** – *46, rue Pierre-Crestey ☎ 02-33-59-51-38. ♿ Tlj le midi slt (sauf lun en août), plus le sam soir ; le w-e, sur résa. Congés : Noël-Jour de l'an. Menus express 11 € en sem, puis 14,50-28 € ; menu dégustation (sur résa slt) 42 €.* Petit resto de village au cadre un peu Années folles. On est entre de bonnes mains : le chef fait partie de la Confrérie des Vikings du Bocage normand. Fichtre ! Dès le très avantageux 1er menu, on s'offre des produits du terroir cuisinés avec imagination (tels les œufs pochés au camembert). Un bon repas entre la cheminée et l'horloge de grand-mère.

***Accès :*** sur la D907.

## CHERBOURG 50100

**€€ 🍽 ⛱ Le Faitout** – *25, rue Tour-Carrée ☎ 02-33-04-25-04. Tlj sauf dim. Congés : 1re sem de janv. Plats traditionnels 21-29 €. Menu 28,50 € ; menu homard et bœuf 45 €, selon l'humeur du jovial chef.* L'âme du *Faitout*, une cuisine traditionnelle. Une cuisine que Fred fait évoluer à travers 7 plats classiques (blanquette, foie gras poêlé...). Ses ris de veau sont à se damner ! Le menu Saint-Jacques aussi (en saison, bien sûr). *Le Faitout* mijote sa belle cuisine, légère, tendance « fusion » avec ses notes d'épices bien dosées. Le 1er menu change plusieurs fois par semaine ! Deux salles, dont une au sous-sol. Également une terrasse. Service gentil, aimable et sans chichis.

***Accès :*** centre-ville ; près du port.

## COUTANCES 50200

**€ |●| Restaurant Côté Saint-Pierre** – *55, rue Geoffroy-de-Montbray ☎ 02-33-47-94-78. Tlj sauf dim-lun. Formules déj 15-18 € ; menus 25-35 €. Café offert sur présentation de ce guide.* Dans une toute petite salle basse de plafond aux lourdes poutres de bois, une poignée de tables seulement. Le midi comme le soir, les menus se réduisent à 2 ou 3 propositions. Le chef s'approvisionne auprès des producteurs locaux, et sa carte change tous les mois. Grand soin apporté à la présentation, sans pour autant négliger les saveurs (fines et parfumées) et la quantité.

***Accès :*** en centre-ville.

## DANS LES ENVIRONS

### REGNÉVILLE-SUR-MER
50590 (10 km SO)

**€ |●| ⛱ Le Jules Gommès, pub-restaurant** – *34, rue du Vaudredoux ☎ 02-33-45-32-04. Tlj sauf lun-mar ; 1er nov-31 mars fermé lun-mer. Congés : 15 j. en janv et-15 j. en déc. Menus 15 € le midi en sem hors été, puis 20-30 € ; carte 25-30 €. Café offert sur présentation de ce guide.* Un endroit chaleureux, à mi-chemin entre le restaurant et le pub irlandais. Une déco aux petits oignons, des meubles au quart de poil et des murs chargés d'aquarelles inspirées par la beauté de la région, ainsi qu'une belle terrasse à la végétation généreuse. Ce que vous avez dans l'assiette est tout aussi agréable. De bons petits plats concoctés avec des produits locaux : huîtres farcies, jambon braisé sauce au cidre, demi-camembert rôti au miel de romarin...

***Accès :*** prendre la D20 vers Granville, puis, après 7 km, la D49 direction Regnéville.

### SAINT-DENIS-LE-VÊTU
50219 (10 km S)

**€€ |●| ⛱ La Baratte** – *Le Bourg ☎ 02-33-45-45-49. ♿ Tlj sauf mar soir, mer et dim soir. Congés : vac de fév et vac de la Toussaint. Formules déj 15,50-18,50 € ; menus 25,50-37,50 €.* Les environs regorgent de délicieux produits, et ce sont ces derniers que le chef travaille avec brio en cuisine. On aime ce type d'endroit où l'on sent le sérieux, une réelle recherche de la qualité, mais sans faire dans le tape-à-l'œil. Et le service y est à la fois très pro et tellement gentil, qu'on ne peut s'y sentir que bien accueilli. Pour parfaire le tout, une jolie terrasse aux beaux jours.

***Accès :*** par la D7 (direction Avranches), puis la D76.

## GRANVILLE 50400

**€ |●| ⛱ La Citadelle** – *34, rue du Port ☎ 02-33-50-34-10. Tlj sauf mer. Menus 23-80 €. Café offert sur présentation de ce guide.* Le grand classique de Granville, et pour cause. La cuisine de la mer (surtout) y est bonne et soignée, tant dans la présentation que dans le travail des produits. Et le service autant que le cadre sont très agréables... Que demander de plus ?

## DANS LES ENVIRONS

### BRICQUEVILLE-SUR-MER
50290 (15 km N)

**€ Couleurs Saveurs** – *2, route de la Bretonnière ☎ 02-33-61-65-62. ♿ Tlj sauf dim soir, lun soir et mer. Congés : 3 sem début janv. Formule déj 15 € ; menus 23-44 €. Kir offert sur présentation de ce guide.* Dans une élégante maison de maître un peu perdue en rase campagne, un restaurant où la cuisine de monsieur s'inspire du terroir et de la mer toute proche, tout en restant diablement personnalisée et créative. Quant au décor, il est contemporain, discret et élégant, comme le service de madame. Une belle adresse dans le bocage normand !

***Accès :*** au bord de la D20, au croisement avec la D125.

## JOBOURG 50440

**€ |●| ⛱ La Gravelette** – *hameau Dannery ☎ 02-33-01-25-77. ♿ Ouv mars-sept 12h-21h ; sept-nov 12h-14h30, ven-sam 19h-21h, dim 12h-18h, et tlj midi jusqu'au soir en continu pdt vac scol. Fermé mar soir et mer. Menus 15-30 €. Café offert sur présentation de*

Normandie - Manche

*ce guide.* On s'installe dans une salle aux pierres apparentes et bois clair. Pour commencer, pourquoi ne pas commander un apéritif local accompagné de quelques huîtres, bulots ou du jambon de pays. Ensuite, bonne crêpes et galettes couleur locale (andouille...). Mais pas seulement : également une poignée de planches bien balancées, entre terre et mer. Tout ça à base de produits maison ou locaux. Une fois votre commande passée, faites donc un tour à l'étage où sont vendus quelques produits du coin, de jolies cartes postales et une poignée de bouquins. Très bon accueil.

***Accès :*** à deux pas du nez de Jobourg.

## SAINT-LÔ 50000

**€€ |●| ⛱ Brasserie Les Capucines** – *1, rue Alsace-Lorraine ☎ 02-33-05-15-36. ♿ Tlj sauf dim. Formules déj 13-18 € ; menus 22-28 € ; carte 30-50 €.* Un vrai cadre de brasserie, réveillé par des murs orange vif et les fleurs fraîches posées sur chaque table. La carte est, elle aussi, celle d'une brasserie, mais ici les produits - de première qualité - viennent de producteurs locaux et sont finement travaillés. Pour grimper encore en gamme et en prix, vous pouvez monter à l'étage, au restaurant *Intuition (formule déj en sem 25 €, puis 38-65 €).*

***Accès :*** en face du parking de l'office de tourisme.

## TANIS 50170

**€ |●| Le Sillon de Bretagne** – *14, RN 175, Brée ☎ 02-33-60-13-04. Tlj sauf dim soir, mar soir et mer ; en saison, ouv tlj. Congés : vac scol de fév. Menus 21,50-31,50 €.* Certes, l'emplacement n'est pas très glamour, mais au resto c'est l'assiette qui compte, non ? La maison s'approvisionne chez les producteurs locaux, volontiers bio, et la chef n'hésite pas à « retoucher » avec succès des produits bien du terroir en y ajoutant une pointe « d'ailleurs ».

***Accès :*** au bord de la nationale, au carrefour avec la D80.

## VILLEDIEU-LES-POÊLES 50800

**€ 🏠 |●| ⛱ P Hôtel Le Fruitier-restaurant L'Atelier***** – *pl. des Costils ☎ 02-33-90-51-00. • le-fruitier.com • ♿ Congés : vac de Noël. Formules déj en sem 13,10-34,60 € ; le soir et le w-e, 20-37 €. Parking payant. Digestif maison offert sur présentation de ce guide.* *L'Atelier* propose, le midi en semaine, une carte de type bistrot et, le soir et le week-end, une carte de cuisine traditionnelle revisitée et soignée (belle carte de poissons notamment). La carte courte met en avant les produits locaux. L'endroit est aussi un bar-lounge où l'on peut boire un café, un cocktail, picorer une assiette de tapas... L'établissement propose également 3 types de chambres joliment arrangées, et dont le prix varie selon la déco (contemporaine ou un peu plus ancienne) et la taille (les plus chères sont des duplex). Pour les rêves de luxe, la maison dispose aussi, à quelques rues de là, d'une superbe annexe de 3 suites (niveau 4 étoiles) avec vue sur la campagne, piscine, sauna et hammam (***Le Domaine des Chevaliers de Malte*** ; *doubles 90-255 €).*

***Accès :*** en plein centre-ville, face à l'office de tourisme.



# Orne (61)

## ALENÇON 61000

**€€ |●| ⛱ Rive Droite** – *31-33, rue du Pont-Neuf ☎ 02-33-27-79-73. ♿ Tlj sauf dim-lun. Le midi en sem, formule 20,50 € et menu 24,50 € ; le soir, 28,50 € et 33,50 €.* Resto-salon de thé installé dans l'ancien QG du général Leclerc, qui ne reconnaîtrait probablement pas les lieux ! Ambiance plutôt chic et feutrée, mais pas guindée, dans les salles mêlant meubles anciens et déco design. Charmant salon rose aux couleurs qui décollent la rétine, ambiance sage et cosy dans la bibliothèque, ou plus lumineuse

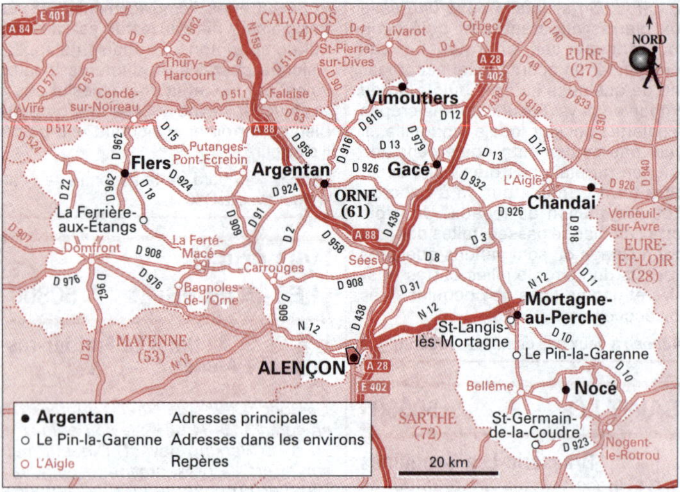


et aérée dans l'orangerie qui ouvre sur la terrasse entourée de beaux arbres. Au menu, une cuisine légère et fine suivant les saisons et l'humeur du chef.

## ARGENTAN 61200

**€ |●| ⚲ Bistrot de l'Abbaye** – *25, rue Saint-Martin ☎ 02-33-39-37-42. ♿ Fermé lun soir, mar soir et dim. Congés : vac scol de fév (zone A) et 3 premières sem d'août. Menu 18 €. Sam soir, menu unique 21,50 €.* Un petit bistrot sympa comme tout, avec ses nombreux habitués le midi. On y goûte des spécialités classiques, simples et bonnes, servies avec efficacité.

***Accès :*** dans le logis d'une abbaye de sœurs bénédictines ; entrée par la rue de la République.

## CHANDAI 61300

**€€ |●| Auberge L'Écuyer Normand** – *23, route de Paris ☎ 02-33-24-08-54. ♿ Tlj sauf dim soir-lun et mer soir. Menu déj 21 € en sem ; puis autres menus 31-45 €.* Tapie sous son lierre et ses jardinières de géraniums, une salle feutrée et agréable, aux vieilles poutres sombres. Chef très doué, proposant une cuisine personnelle et moderne tout en restant ancrée dans la tradition. Porc fermier et poissons de la côte normande sont particulièrement bien traités. Accueil chaleureux et attentionné.

***Accès :*** au bord de la D926, sur la route de Verneuil ; au carrefour, tourner à droite pour se garer 50 m plus loin.

## FLERS 61100

**€ |●| Au Bout de la Rue** – *60, rue de la Gare ☎ 02-33-65-31-53. ♿ Tlj sauf mer soir, sam midi, dim et j. fériés. Congés : 1re sem de mai et 3 premières sem d'août. Formules et menus en sem 19,40-24,50 € ; 49 € les ven et sam soirs.* On s'y aventure avec plaisir, au bout de cette rue. Car derrière la charmante devanture rétro, on découvre une jeune équipe tout sourire, très préoccupée par l'idée de bien faire. Et elle s'en sort largement avec les honneurs : plats joliment ficelés, entre le bistrot chic et la table gourmande. Une vraie bonne table.

***Accès :*** au bout de la rue (évidemment !) qui mène du centre-ville à la gare.

**€ |●| ⚲ P Auberge des Vieilles Pierres** – *Le Buisson-Corblin ☎ 02-33-65-06-96. ♿ Tlj sauf dim soir-lun et mar soir. Congés : vac scol de fév et 3 sem en août. Formules (sauf w-e) 17,50-23 € ; menu 28 € ; menu-carte 39,50 € ; menu homard 67 €. Parking.* Salles à manger agréables et élégantes (comme la terrasse aux beaux jours), égayées ici et là de touches plus personnelles ou colorées, avec des tables suffisamment espacées pour profiter pleinement de la délicate cuisine de la maison. Le chef a un penchant pour les poissons et les crustacés (comme en atteste le vivier), mais pas seulement : les fruits, eux aussi, s'invitent régulièrement dans les salades ou aux côtés des poissons et des viandes. Une bonne table.

**Accès :** à 3 km du centre, sur la route d'Argentan.

## DANS LES ENVIRONS

### LA FERRIÈRE-AUX-ÉTANGS 61450 (10 km S)

**€€€ Auberge de la Mine** – *Le Gué-Plat ☎ 02-33-66-91-10. ♿ Tlj sauf dim soir et lun-mar. Congés : 3 sem en janv et 11-31 juil. Formule déj 21 € ; menus 41-101 €.* Partout dans le coin, le souvenir des mines est encore présent, et cette grande maison en brique, couverte de lierre, était autrefois la cantine des mineurs. Les temps ont changé, radicalement même : c'est devenu une adresse chic, et l'une des meilleures du département. Grande qualité des produits du terroir, sélectionnés chaque jour en fonction du marché, puis traités avec finesse et créativité. Pas de doute, le chef est un artiste, et les plats flattent tout autant l'œil que le palais. Accueil aux petits oignons.

**Accès :** à mi-chemin entre Flers et La Ferté-Macé, à l'extrémité nord-ouest de la forêt des Andaines ; de Flers, gagner La Ferrière ; puis, route de Domfront, tourner à gauche env 1,5 km plus loin ; bien indiqué.

## GACÉ 61230

**€ 🍽 Le 23 Grande-Rue** – *23, Grande-Rue ☎ 02-33-67-14-28. Tlj sauf mar-mer. Congés : 3 sem en janv et 3 sem en sept. Le midi, formule 13,50 € et menu 15 € (sauf dim) ; autre menu 23 € ; carte env 25 €. Kir offert sur présentation de ce guide.* La carte n'est pas bien longue : des galettes, des crêpes et quelques plats, genre tête de veau sauce gribiche, cuisses de grenouille ou pièce de bœuf. Très simple, donc, mais du très simple qui se tient ! En plus, le cadre est agréable : les livres y font littéralement tapisserie, en alternance avec les murs de pierre. *NOUVEAUTÉ.*

**Accès :** en plein centre.

## MORTAGNE-AU-PERCHE 61400

**€€ 🏠 🍽 Hôtel du Tribunal** – *4, pl. du Palais ☎ 02-33-25-04-77. ♿ Tlj, midi et soir. Congés : 23 déc-12 janv. Menus déj en sem 15 € (café compris), puis 31-55 €. Kir normand offert sur présentation de ce guide.* Une belle maison percheronne du XVIe s, près d'une petite place qui vous donne presque l'impression d'être de retour au XIXe s. La façade semble d'ailleurs n'avoir pas changé depuis l'époque où cette auberge était à l'enseigne « Jean qui rit, Jean qui pleure », parce que située à la sortie du tribunal. Dans la chaleureuse salle à manger bourgeoise, les menus proposent une cuisine de terroir élaborée et délicieusement revisitée : escargots du Perche, boudin noir et mémorable teurgoule. On adore la formule du déjeuner, assortiment de plats et véritable bonheur pour les papilles. Accueil d'une rare gentillesse. *NOUVEAUTÉ.*

**Accès :** en plein centre.

## DANS LES ENVIRONS

### LE PIN-LA-GARENNE 61400 (9,5 km S)

**€€ 🍽 ⛱ 🅿 La Croix d'Or** – *6, rue de la Herse ☎ 02-33-83-80-33. Tlj sauf mar et mer. Congés : Toussaint et fév. Formule déj 16,50 € en sem ; menus 27-46,50 €. Parking. Café offert sur présentation de ce guide.* Lui est chef, elle sommelière. Ensemble, ils tiennent d'une main de maître cette petite adresse vraiment sérieuse, qui offre un beau rapport qualité-prix, et ce, dès les 1[ers] menus. Cuisine plutôt fine, bien de son époque, à partir de bons produits du terroir joliment travaillés et de légumes de saison.

**Accès :** sur la D938, en direction de Bellême.

### SAINT-LANGIS-LÈS-MORTAGNE 61400 (1,4 km E)

**€ 🍽 ⛱ 🅿 Les Pieds dans l'Eau** – *28, chemin de la Folle-Entreprise ☎ 02-33-25-31-44. ♿ Tlj sauf dim* *soir-lun. Congés : 15 nov-1er déc. Résa très fortement conseillée. Formule déj en sem 16 € ; menus 24-34 €. Carte env 40 €. Parking.* Un lieu à l'adresse et à la situation assez improbables, et pourtant on se presse dans cette belle salle de resto aux 2 cheminées quasi côte à côte. Toutes les 5 semaines, le chef sort un nouveau menu de sa casquette et vous propose une cuisine pêchue qui ne demande qu'à être réinventée tout en restant simple. Les produits sont dûment choisis, travaillés avec talent et recherche. La carte ne cherche pas à impressionner : les choses y sont fort sobrement nommées. En revanche, en bouche, il y a l'épice qu'il faut pour relever, et la cuisson est parfaite. Et quel plaisir aussi de sentir les patrons (tous formés dans des grandes maisons) tellement heureux de vous accueillir chez eux, dans une ambiance mêlant élégance, savoir-faire et décontraction.

***Accès :*** à la sortie de Mortagne par la D912.

## NOCÉ 61340

**€€ |●| Auberge des 3J** – *1, pl. du Docteur-Gireaux ☎ 02-33-73-41-03. Fermé dim soir-mer sauf juil-août. Congés: 15 j. début janv, 15 j. en sept et 1 sem en oct. Menus 28-40 € ; pas de carte.* Au cœur d'un joli village, dans un ancien relais de poste joliment décoré, Stéphan Joly (un ancien de *La Tour d'Argent*) et ses acolytes en cuisine s'amusent des codes gourmands du terroir normand et s'en échappent pour voyager au loin à travers les plats qu'ils inventent. Cuisine magnifiquement présentée et pleine de surprises gustatives. Propose aussi des cours de cuisine.

***Accès :*** au cœur du village.

## DANS LES ENVIRONS

### SAINT-GERMAIN-DE-LA-COUDRE 61130 (16,5 km SO)

**€€ |●| La Tête Noire** – *7, rue de la Coudre ☎ 02-33-25-01-77. Ouv jeu-dim. Résa conseillée. Menu-carte 29 €.* La cuisine de cette auberge de village d'apparence modeste a été confiée au chef japonais Munetaka Igawa, qui revisite avec finesse et brio le terroir percheron. Les produits, fermiers et locaux, dans la mesure du possible, alimentent une carte volontairement courte. Cette exigence de qualité se retrouve dans les cuissons, précises, et les recettes, simples et délicates. Une adresse qui a su séduire locaux et touristes. *NOUVEAUTÉ.*

***Accès :*** par la D9, puis la D277.

## VIMOUTIERS 61120

**€ |●| ☂ Le Hérisson** – *3, rue du 14-Juin ☎ 02-33-12-93-44. Tlj sauf dim-lun. Menu 21 € ; carte env 25 €.* Un endroit tout simple, tout frais, comme la cuisine ! Les petits plats, cuisinés au feu de bois, et les « Crousti'fllam », leur spécialité, sont tous confectionnés sur place, à base de produits bio de qualité et de saison provenant des fermes alentours. Et ça se goûte : lasagnes au poulet fermier et calva, tripes artisanales... *NOUVEAUTÉ.*

***Accès :*** en plein centre.

# Seine-Maritime (76)

## CROIX-MARE 76190

**€€€ ⌂ |●| ☂ P Auberge du Val au Cesne***** – *140, route départementale 5 ☎ 02-35-56-63-06. • valaucesne.fr • ♿ Menus 29 € (déj en sem)-60 € ; carte env 55 €. Parking.* Vieilles maisons normandes en bord de route, mais paumées dans la campagne. D'un côté, le restaurant où est servie une excellente cuisine régionale, et de l'autre, dans une petite maison à colombages, les 5 jolies chambres à l'ancienne, confortables et parfaitement tenues. Certes, on entend un peu les voitures, mais cette adresse de qualité a vraiment de la personnalité. Atmosphère détendue.

## DIEPPE 76200

**€ |●| ☂ La Cale** – *34, rue Jean-Antoine-Belle-Teste ☎ 02-35-84-14-93. Fermé le soir dim et lun. Formule et menu déj en*

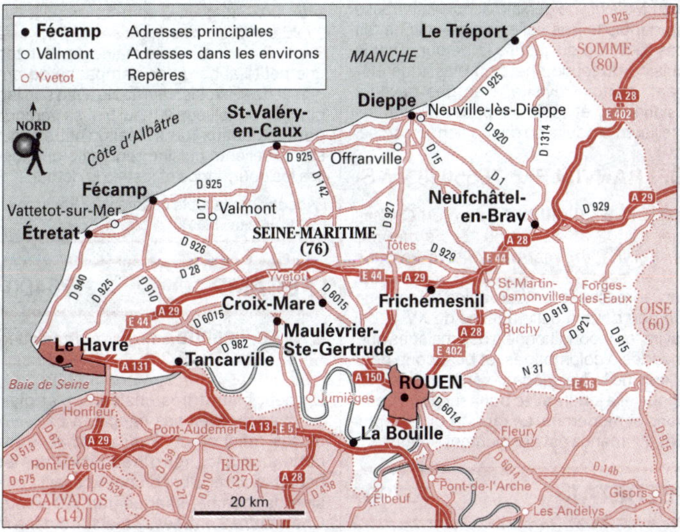


*sem 15-18 € ; autre menu 25 €.* Le lieu se revendique de « l'esprit bistrot ». C'est vrai pour la déco de la (jolie) petite salle. Mais côté cuisine, on a affaire à un vrai chef qui, au gré du marché et de la pêche locale, propose des plats souvent pleins d'idées derrière leur apparente simplicité. Accueil et service impeccables. Terrasse quand la météo le décide. *NOUVEAUTÉ.*

***Accès :*** sur l'île du Pollet.

**€€ |●| ⛱ Bistrot des Barrières** – *5-7, arcades de la Poissonnerie ☎ 02-35-40-46-83. Fermé dim, lun soir et mar soir. Congés : 2e quinzaine de juin. Menu déj 16,50 € en sem ; le soir, à la carte slt env 30 €. Café offert sur présentation de ce guide.* Un vrai bistrot pour les gourmands-gourmets, proposant une cuisine de saison et de marché à la fois simple, très goûteuse et pas radine ! À la carte, des classiques comme l'entrecôte ou l'andouillette, mais aussi de savoureux poissons selon l'arrivage, car le chef sait comment traiter la bête pour séduire les palais. Pour ne rien gâcher, le cadre est charmant et convivial.

**€€ |●| Le Bistrot du Pollet** – *23, rue Tête-de-Bœuf ☎ 02-35-84-68-57. Tlj sauf dim-lun. Menus 23 € le midi en sem, puis 30 € ; carte env 35 €.* Dans la catégorie bistrot marin, c'est une référence. Cuisine de marché soignée et savoureuse, axée sur la mer. Spécialités de poisson grillé (sardine, bar, daurade, turbot...).

***Accès :*** sur le port, entre le pont Ango et le pont Colbert, en face de la poste du Pollet.

**€€€ |●| Le Turbot** – *12-14, quai de la Cale ☎ 02-35-82-63-44. Tlj sauf dim-lun. Formule déj 15,90 € ; compter 40-45 € à la carte.* Une adresse conviviale qui tourne à guichet fermé, surtout le midi, grâce à son fameux buffet d'entrées bien fraîches qui aligne bulots, crevettes et autres harengs. Ajoutez un excellent plat du jour (du genre aile de raie et purée maison, ou une viande pour les amateurs) et un bon dessert, et vous obtenez l'un des meilleurs rapport qualité-prix du coin ! Le soir, c'est plus cher, mais les poissons sont plus nobles, et toujours issus de la pêche locale.

## DANS LES ENVIRONS

### NEUVILLE-LÈS-DIEPPE
76370 (1 km E)

**€€ |●| ⛱ Auberge du Vieux Puits** – *15, av. Alexandre-Dumas ☎ 02-35-84-47-35. ♿ Fermé mar-mer du 15 oct au 1er avr. Congés : 15 janv-12 fév. Menus 29-46,50 €. Café offert sur présentation de ce guide.* Tout proche de Dieppe, cette auberge coquette et conviviale profite d'un environnement remarquable, en surplomb de la mer. Mais la vue géniale depuis la terrasse ou depuis la jolie salle rustico-chic ne fait pas tout ! Ce qui justifie le détour, c'est la cuisine du jeune chef : du classique élégant, parfois revisité avec des saveurs asiatiques, et toujours préparé avec les meilleurs produits du coin, selon le marché.

### OFFRANVILLE 76550 (8 km S)

**€€ |●| Le Colombier** – *parc du Colombier ☎ 02-35-85-48-50. ♿ Fermé mar (sauf juil-août), mer et dim soir. Formule déj en sem 25 € ; menus 31-58 €.* L'une des adresses incontournables du secteur. Un peu pour la belle bâtisse du XV^e s, qui ravira les inconditionnels des maisons normandes à colombages, et beaucoup pour la cuisine ! Vive, élégante et pleine de fraîcheur, elle jongle avec bonheur entre traditions et modernité. Le rapport qualité-prix des 1^ers menus est absolument épatant !

## ÉTRETAT 76790

**€ |●| Le Bistretatais** – *17, rue Adolphe-Boissaye ☎ 02-35-28-89-43. Tlj sauf mer, plus mar hors saison. Congés : 8-21 janv. Formules 14,90 € (déj)-17 € ; menus 24,50-29,90 €. Café offert sur présentation de ce guide.* À deux pas du front de mer, une petite brasserie contemporaine qui s'efforce de bien faire : le cadre est agréable, le service est efficace et sympathique, et surtout la cuisine est élaborée avec des produits frais, au maximum locaux. C'est sans complication (moules-frites, andouillettes, délicieuses rillettes de poisson maison...), mais d'un bon rapport qualité-prix.

**€€ |●| ⛱ La Marie-Antoinette** – *12, rue Alphonse-Karr 📱 06-09-40-57-66. Ouv tlj. Carte 25-35 €.* L'enseigne comme le décor un peu baroque des très jolies salles de ce bistrot marin rendent hommage à madame Louis XVI qui avait son parc à huîtres perso à Étretat. À la carte, des huîtres normandes donc, des plateaux de fruits de mer, du poisson (en carpaccio souvent)... le tout d'une évidente fraîcheur, puisqu'il n'y a que la rue à traverser jusqu'à la poissonnerie des proprios. Accueil et service décontracté. Petit bout de terrasse (mais sur la rue). *NOUVEAUTÉ.*

### DANS LES ENVIRONS

### VATTETOT-SUR-MER
76111 (7 km NE)

**€€ |●| ⛱ Auberge du Puits Fleuri** – *route d'Yport ☎ 02-35-28-31-02. ♿ Tlj sauf lun. Congés : 3 sem en oct. Menus 15,90 € le midi en sem, puis 25-34 € ; carte 30-35 €.* Face à la jolie mairie de Vattetot, une petite auberge de campagne de brique et de silex, bien agréable avec son jardin, son puits fleuri (eh oui !) et sa véranda pour les beaux jours. Mais c'est surtout son excellente cuisine régionale qui fidélise les gourmands et justifie le détour...

***Accès :*** par la route côtière vers Fécamp (la D11, puis la D211).

## FÉCAMP 76400

**€ |●| Le Vicomté** – *4, rue du Président-René-Coty ☎ 02-35-28-47-63. Tlj sauf mer, dim et j. fériés. Menu unique 21 €.* Un petit bistrot très chaleureux et plein de charme, avec ses nappes à carreaux et ses affiches du *Petit Journal.* Dans cette ambiance rétro très plaisante, les habitués se régalent d'une excellente cuisine de marché, chaque jour différente. Choix entre 2 entrées, 2 plats, fromage et dessert. Un excellent rapport qualité-prix et un service impeccable.

***Accès :*** à 50 m du port.

**€€ |●| ⛱ Le Mêle-Anges** – *7, rue de la Vicomté ☎ 09-82-25-20-09. Fermé lun. Menus 15,50 € le midi en sem, puis 27,90-38,50 €.* Il y a une paire d'ailes d'ange accrochée au mur de cette plaisante petite salle (avec terrasse, l'été). Mais il faut aussi tenir compte du jeu de mot de l'enseigne parce que le chef aime effectivement mélanger épices (ou recettes) d'ailleurs et produits d'ici. Et il le fait fort joliment ! Service aussi discret que charmant. *NOUVEAUTÉ.*

***Accès :*** sur la placette vers le port.

### DANS LES ENVIRONS

### VALMONT 76540 (11 km E)

**€€€ P Le Bec au Cauchois-Restaurant Pierre Caillet** – *22, rue André-Fiquet ☎ 02-35-29-77-56. • lebecaucauchois.com • ♿ Fermé mar-mer (plus dim soir hors saison). Congés : 25 déc-25 janv. Formule déj en sem 35 € ; menus 48,50-88 € ; carte 60-70 €. Parking. Café offert sur présentation de ce guide.* L'étoilé Pierre Caillet s'est finalement installé dans cette tranquille bâtisse du XIX^e s joliment restaurée et un brin cossue, avec étang et jardin, où il cultive herbes aromatiques, fruits et légumes qu'on retrouve évidemment dans l'assiette ! C'est d'ailleurs le péché mignon de ce jeune chef talentueux qui ose des mélanges détonants dès le 1er menu. Une vraie fête des sens ! Pour ceux qui ne voudraient plus repartir, 5 chambres impeccables.

***Accès :*** à 1,5 km de Valmont par la D150, direction Fécamp.

## FRICHEMESNIL 76690

€€€ **Au Souper Fin** – *1, route de Clères ☎ 02-35-33-33-88. • souperfin.com • Fermé dim soir, mer et jeu. Formule déj en sem 30 € ; menus 36 € en sem sauf ven soir, puis 50-59 €.* Située à l'écart des circuits touristiques, cette belle auberge en briquette rouge, recouverte de lierre, est une excellente adresse qui mérite un petit détour pour une pause gastronomique. Dans une élégante salle au ton moderne ou sur la belle terrasse donnant sur un jardin fleuri, le chef soigne ses hôtes d'une cuisine raffinée et élaborée. La carte change régulièrement et, à chaque saison, on vient de loin pour découvrir ses nouvelles idées ou son menu-surprise. Possibilité de dormir dans l'une des 2 chambres d'hôtes de la maison.

***Accès :*** par la E44.

## LA BOUILLE 76530

€ **La Maison Blanche** – *1, quai Hector-Malot ☎ 02-35-18-01-90. Tlj sauf dim soir, lun et mar (hors j. fériés). Menus 18,50 € le midi en sem, 24,50 € (sauf dim et j. fériés), puis 33-44 €.* En bord de Seine, une jolie salle fraîche à l'étage pour admirer les bateaux qui passent. Les meilleures tables sont donc près de la fenêtre ! Le chef ne travaille que des produits frais de producteurs locaux, agrémentés de touches subtiles d'épices. Service impeccable.

***Accès :*** en bord de Seine.

## LE HAVRE 76600

€ **Le Garde-Manger** – *40, rue de l'Alma (A2-1) ☎ 02-35-47-39-72. Fermé mer midi, sam midi et dim. Formules déj 12,50-15,50 € ; menus 18,50-30 €.* Une petite cuisine simple, fraîche, joliment ficelée. Le tout à des prix vraiment contenus ! Le menu, très restreint (2 entrées et autant de plats et de desserts), change tous les jours selon ce que le patron trouve sur le marché. Pour couronner le tout, le cadre (quelques murs en brique, des banquettes, le bar au fond... et un vélo suspendu !) est à l'image de la cuisine et de l'accueil : sans effet de manche, généreux et convivial.

€ **Chez André** – *9-11, rue Louis-Philippe (A2-2) ☎ 02-35-21-88-07. Fermé dim-lun et soir mar-mer. Formule déj 15,80 € ; menu 19,90 € ; carte un peu moins de 30 €. Digestif maison offert sur présentation de ce guide.* Chez André, c'est une petite enclave gourmande discrète et fière de l'être, un repaire d'œnophiles avertis, un rendez-vous de copains qui se régalent, dans une jolie salle de bistrot, d'une bonne cuisine du jour et d'un vin au verre bien choisi. Terrines maison, entrecôtes, escargots... tout est savoureux et servi dans la bonne humeur. D'ailleurs, le vendredi soir, André fait table d'hôtes (buffet d'entrées, et 3 plats au choix), et il n'est pas rare que la soirée se termine par un bœuf avec les amis musiciens !

€ **La Taverne Paillette** – *22, rue Georges-Braque (B2-5) ☎ 02-35-41-31-50. Tlj (sauf 25 déc au soir) ; service midi-minuit. Résa recommandée. Formule déj 15 € en sem ; menus 20,50-30,90 €.* C'est la brasserie incontournable de la ville, fondée en 1596 et réaménagée en 1956 par l'architecte Wilfried Baker. Une belle brasserie bavaroise avec beaucoup de bois, quelques dorures et des boxes. Son nom vient de la *Brasserie Paillette,* démolie dans les années 1980, qui se trouvait en face. La jolie salle du fond, avec ses photos et ses souvenirs, était d'ailleurs réservée au staff de l'usine. Aujourd'hui, on s'y retrouve au coude-à-coude pour se sustenter d'un plat de brasserie classique (tartare, moules, andouillettes...), d'une bonne choucroute ou de fruits de mer. Du débit, de l'animation, bref, une affaire qui roule.

€ **À Deux Pas d'Ici** – *69, rue Dauphiné (C3-3) ☎ 02-35-43-44-81. Fermé sam midi, dim soir et lun. Congés : 1 sem en avr, 3 sem fin juil et 1 sem en hiver. Formule déj 19 € en sem ; menus 25-35 € ; carte env 35 €. Apéritif maison offert sur présentation de ce guide.* Dans le quartier Saint-François, un resto discret proposant de savoureuses spécialités normandes présentées avec soin (du genre filet de bœuf au livarot), dont certaines cuisinées à base de cidre et de

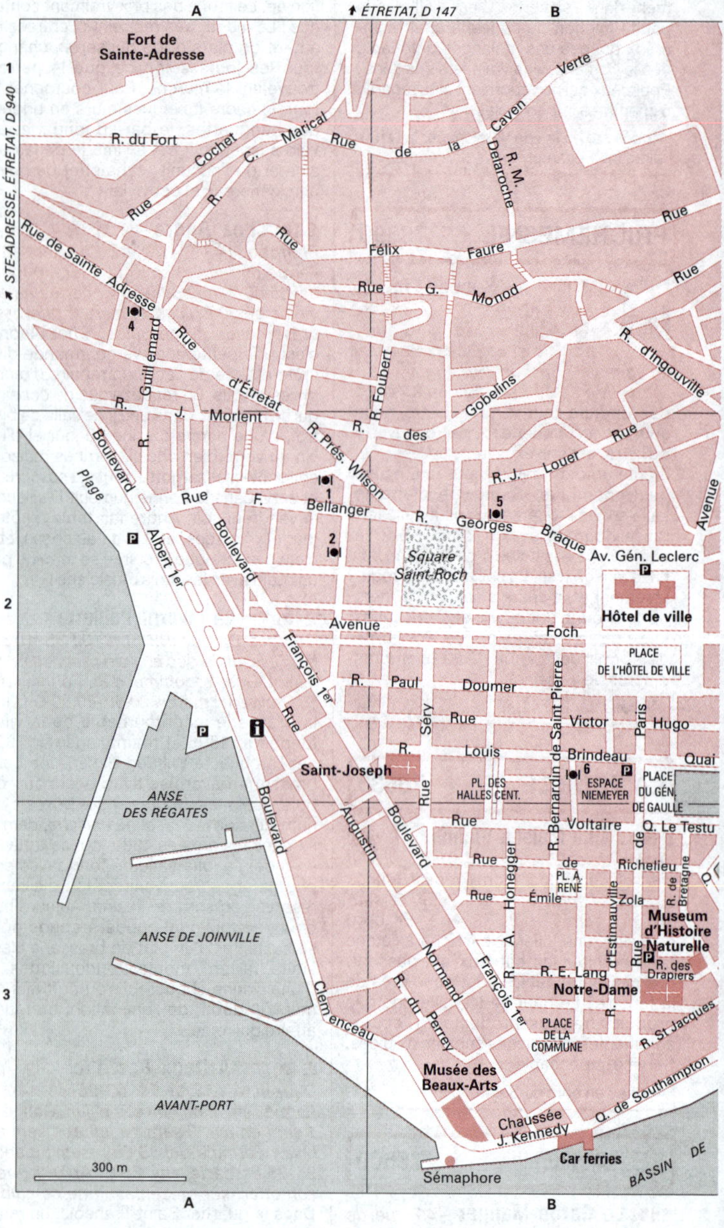
A
B
ÉTRETAT, D 147
STE-ADRESSE, ÉTRETAT, D 940
1
2
3
Fort de Sainte-Adresse
R. du Fort
Rue Cochet
R. C. Marical
Rue de la Caven
Verte
R. M. Delaroche
Rue Félix Faure
Rue G. Monod
Rue
R. d'Ingouville
Rue de Sainte Adresse
R. Guillemard
Rue d'Étretat
R. J. Morlent
R. Foubert
R. des Gobelins
R. Prés. Wilson
Rue J. Louer
Avenue
Boulevard Albert 1er
Plage
Rue F. Bellanger
R. Georges Braque
Boulevard François 1er
Square Saint-Roch
Av. Gén. Leclerc
Hôtel de ville
Avenue Foch
PLACE DE L'HÔTEL DE VILLE
R. Paul Doumer
Rue Victor Hugo
R. Séry
R. Bernardin de Saint Pierre
Paris
Rue Louis Brindeau
Quai
Saint-Joseph
PL. DES HALLES CENT.
ESPACE NIEMEYER
PLACE DU GÉN. DE GAULLE
Rue Voltaire
Q. Le Testu
Rue de Richelieu
ANSE DES RÉGATES
Boulevard
Rue Augustin Normand
Rue Émile Zola
PL. A. RENÉ
R. A. Honegger
R. d'Estimauville
R. de Bretagne
Museum d'Histoire Naturelle
R. des Drapiers
R. E. Lang
Notre-Dame
ANSE DE JOINVILLE
Clemenceau
R. du Perrey
PLACE DE LA COMMUNE
R. St Jacques
Musée des Beaux-Arts
Q. de Southampton
AVANT-PORT
Chaussée J. Kennedy
Car ferries
300 m
Sémaphore
BASSIN DE
1
2
4
5
6

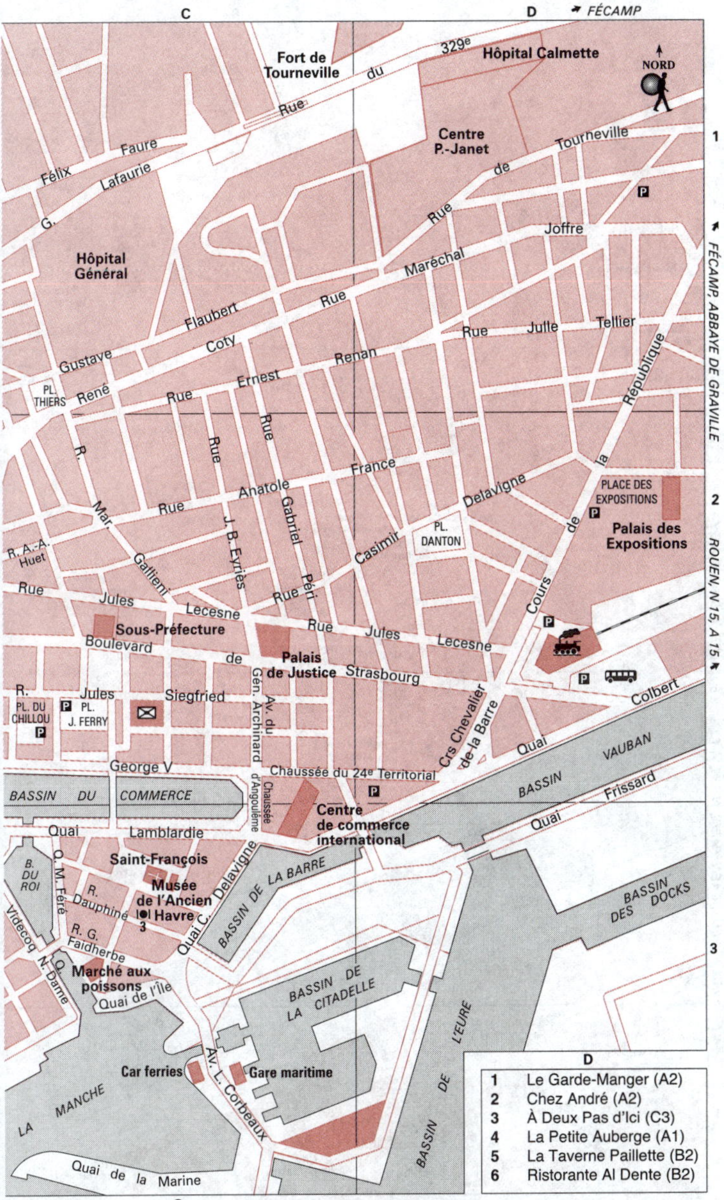
C
D
FÉCAMP
NORD
Fort de Tourneville
Hôpital Calmette
Rue du 329e
Centre P.-Janet
Rue de Tourneville
Félix Faure
G. Lafaurie
Hôpital Général
Rue Maréchal Joffre
Rue Flaubert
Gustave Coty
René
PL. THIERS
Rue Ernest Renan
Rue Jules Tellier
République
FÉCAMP, ABBAYE DE GRAVILLE
Rue France
Rue Anatole
Rue Gabriel Péri
Rue J. B. Eyriès
R. Mar. Gallieni
R. A.-A. Huet
Casimir Delavigne
PL. DANTON
PLACE DES EXPOSITIONS
Palais des Expositions
Cours de la République
ROUEN, N 15, A 15
Rue Jules Lecesne
Sous-Préfecture
Boulevard de Strasbourg
Palais de Justice
R. Jules Siegfried
PL. DU CHILLOU
PL. J. FERRY
Gén. Archinard
Av. du
Crs Chevalier de la Barre
Quai Colbert
George V
Chaussée du 24e Territorial
BASSIN VAUBAN
BASSIN DU COMMERCE
Chaussée d'Angoulême
Centre de commerce international
Quai Frissard
Quai Lamblardie
B. DU ROI
O. M. Féré
Saint-François
Musée de l'Ancien Havre
R. Dauphine
R. G. Faidherbe
Quai C. Delavigne
BASSIN DE LA BARRE
BASSIN DES DOCKS
Videcoq
N. Dame
Marché aux poissons
Quai de l'Île
BASSIN DE LA CITADELLE
BASSIN DE L'EURE
Car ferries
Gare maritime
Av. L. Corbeaux
LA MANCHE
Quai de la Marine
1
2
3
1 Le Garde-Manger (A2)
2 Chez André (A2)
3 À Deux Pas d'Ici (C3)
4 La Petite Auberge (A1)
5 La Taverne Paillette (B2)
6 Ristorante Al Dente (B2)

LE HAVRE

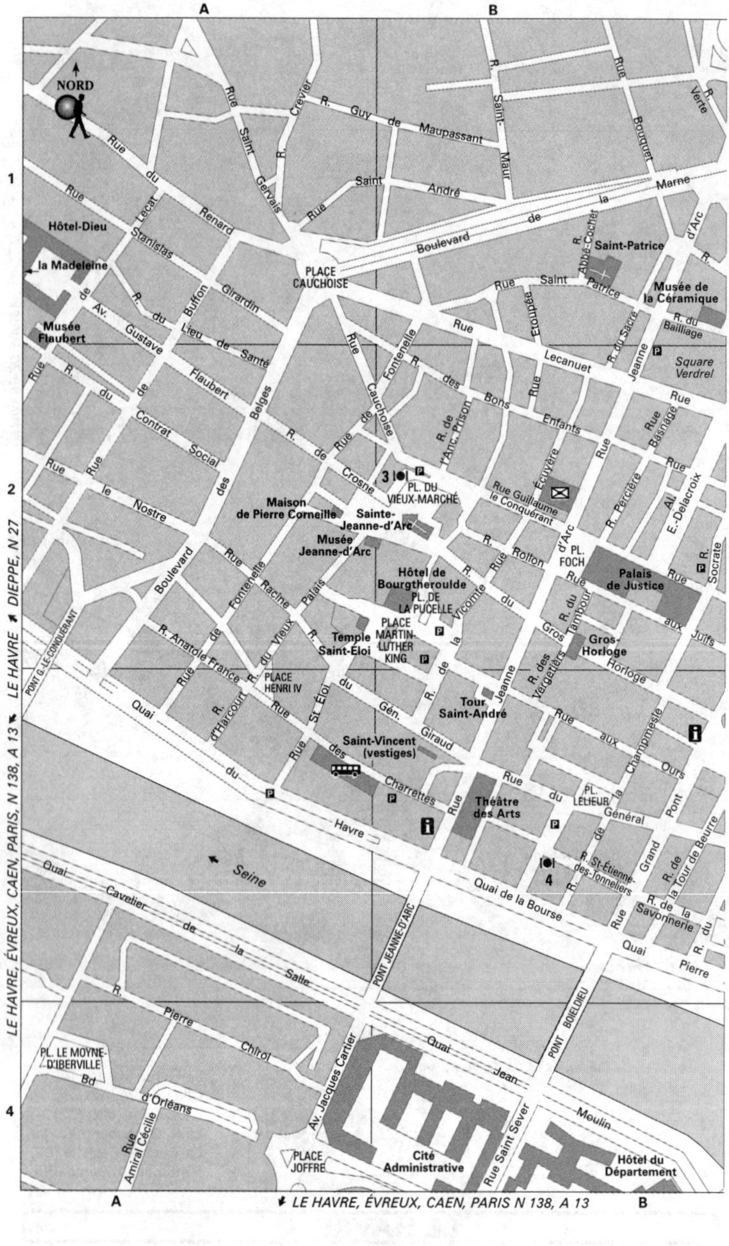
A
B
A
B
1
2
4
NORD
LE HAVRE, ÉVREUX, CAEN, PARIS, N 138, A 13
LE HAVRE, DIEPPE, N 27
LE HAVRE, ÉVREUX, CAEN, PARIS N 138, A 13
Hôtel-Dieu
la Madeleine
Musée Flaubert
PLACE CAUCHOISE
Saint-Patrice
Musée de la Céramique
Square Verdrel
Maison de Pierre Corneille
Sainte-Jeanne-d'Arc
Musée Jeanne-d'Arc
PL. DU VIEUX-MARCHÉ
Hôtel de Bourgtheroulde
PL. DE LA PUCELLE
PLACE MARTIN-LUTHER KING
Temple Saint-Éloi
PLACE HENRI IV
PL. FOCH
Palais de Justice
Gros-Horloge
Tour Saint-André
Saint-Vincent (vestiges)
Théâtre des Arts
PL. LIEUR
Seine
PONT G.-LE-CONQUÉRANT
PONT JEANNE-D'ARC
PONT BOIELDIEU
PL. LE MOYNE-D'IBERVILLE
PLACE JOFFRE
Cité Administrative
Hôtel du Département
Rue Saint-Gervais
R. Crevier
R. Guy de Maupassant
R. Saint-Maur
Rue Bouquet
R. Verte
Rue Saint André
Boulevard de la Marne
Rue du Renard
Rue Lecat
Rue Stanislas Girardin
R. Buffon
Av. Gustave Flaubert
R. du Lieu de Santé
Rue Cauchoise
Rue Fontenelle
R. des Bons Enfants
Rue Lecanuet
Rue Saint Patrice
R. Abbé-Cochet
Rue Étoupée
R. du Sacre
R. du Bailliage
Rue Jeanne d'Arc
Rue Basnage
R. de l'Arc. Prison
Rue Écuyère
Rue Guillaume le Conquérant
R. Percière
Al. E.-Delacroix
R. Socrate
R. du Contrat Social
Rue le Nostre
Rue des Belges
R. de Crosne
Rue de la Vicomte
R. Rollon
Rue du Gros Horloge
R. du Tambour
R. des Vergetiers
Rue aux Juifs
Boulevard
Rue Racine
Rue du Vieux Palais
R. Anatole France
R. du Vieux
R. d'Harcourt
Rue St Éloi
R. du Gén. Giraud
Rue aux Ours
Rue de la Champmeslé
Rue du Général
Rue des Charrettes
Quai du Havre
Quai de la Bourse
R. St-Étienne-des-Tonneliers
Rue Grand Pont
R. de la Tour de Beurre
R. de la Savonnerie
Quai Pierre
Quai Cavelier de la Salle
R. Pierre Chirol
Bd d'Orléans
Rue Amiral Cécille
Av. Jacques Cartier
Quai Jean Moulin
Rue Saint Sever

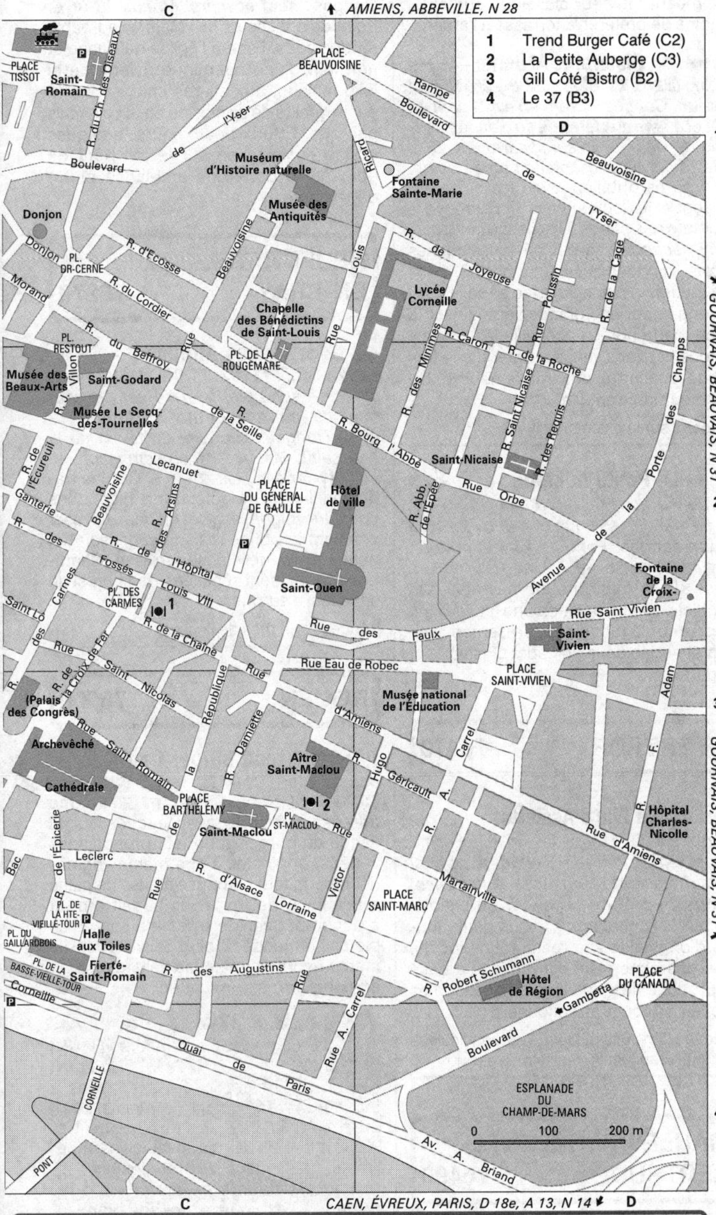

AMIENS, ABBEVILLE, N 28
1 Trend Burger Café (C2)
2 La Petite Auberge (C3)
3 Gill Côté Bistro (B2)
4 Le 37 (B3)
C
D
1
2
3
4
PLACE TISSOT
Saint-Romain
R. du Ch. des Oiseaux
PLACE BEAUVOISINE
Rampe
Boulevard
Boulevard de l'Yser
Beauvoisine
de
l'Yser
Ricard
Muséum d'Histoire naturelle
Fontaine Sainte-Marie
Musée des Antiquités
Donjon
Donjon
PL. DR-CERNE
R. d'Ecosse
Beauvoisine
Louis
R. de Joyeuse
Morand
R. du Cordier
Chapelle des Bénédictins de Saint-Louis
Lycée Corneille
R. de la Cage
Poussin
PL. RESTOUT
R. du Beffroy
Rue
PL. DE LA ROUGEMARE
Rue
R. des Minimes
R. Caron
R. de la Roche
Rue Saint Nicaise
Musée des Beaux-Arts
R. J. Villon
Saint-Godard
Musée Le Secq-des-Tournelles
R. de la Seille
R. Bourg l'Abbé
R. des Requis
Champs
des
Saint-Nicaise
R. de l'Écureuil
Lecanuet
R. Beauvoisine
R. des Arsins
PLACE DU GÉNÉRAL DE GAULLE
Hôtel de ville
R. Abb. de l'Epée
Rue Orbe
Porte
la
de
Ganterie
R. des Fossés
R. de l'Hôpital
Avenue
Fontaine de la Croix-
Carmes
PL. DES CARMES
Louis VIII
1
Saint-Ouen
Saint Lô
des
R. de la Chaîne
Rue des Faulx
Rue Saint Vivien
Saint-Vivien
Rue
R. de la Croix de Fer
Rue Saint Nicolas
République
Rue
Rue Eau de Robec
PLACE SAINT-VIVIEN
Adam
R.
(Palais des Congrès)
Musée national de l'Éducation
Damiette
d'Amiens
Carrel
Archevêché
Rue Saint Romain
la
R.
Aître Saint-Maclou
R. Géricault
Hugo
A.
R. F.
Cathédrale
PLACE BARTHÉLÉMY
2
PL. ST-MACLOU
Saint-Maclou
Rue
R. A.
R.
Hôpital Charles-Nicolle
de l'Épicerie
de
Rue d'Amiens
Bac
Leclerc
R. d'Alsace
Lorraine
Victor
Martainville
Rue
PLACE SAINT-MARC
PL. DE LA HTE-VIEILLE-TOUR
Halle aux Toiles
PL. DU GAILLARDBOIS
PL. DE LA BASSE-VIEILLE-TOUR
Fierté-Saint-Romain
R. des Augustins
Rue
R. Robert Schumann
Hôtel de Région
PLACE DU CANADA
Gambetta
Corneille
Boulevard
Quai de Paris
Rue A. Carrel
CORNEILLE
ESPLANADE DU CHAMP-DE-MARS
0 100 200 m
Av. A. Briand
PONT
GOURNAIS, BEAUVAIS, N 31
GOURNAIS, BEAUVAIS, N 31
CAEN, ÉVREUX, PARIS, D 18e, A 13, N 14


# ROUEN

pommeau. Intérieur classique agréable, à moins de préférer la terrasse à l'arrière.

**€€ |●| ⛱ Ristorante Al Dente** – *41, rue Racine (B2-6) ☎ 02-35-22-84-96. Tlj sauf dim-lun. Congés : 1 sem en avr, 1 sem en août et 1 sem aux fêtes de fin d'année. Formule déj 14,50 € en sem ; carte env 25 €. Café offert sur présentation de ce guide.* Un vrai resto italien, avec les couleurs, l'accent et le goût du pays. On retrouve la structure des cartes à l'italienne *(antipasti, primi, secondi)* ainsi que quelques bonnes pizzas (vendues aussi à emporter). Sous des atours un peu chic, avec sa salle cosy prolongée par une grande véranda sur la place, cette adrese accueille les Havrais de tous horizons venus profiter d'une très bonne cuisine à prix raisonnables. Un incontournable en ville.

***Accès :*** sur la place principale.

**€€ |●| La Petite Auberge** – *32, rue de Sainte-Adresse (A1-4) ☎ 02-35-46-27-32. Fermé dim soir, lun et mer midi. Résa recommandée. Formule 25 € le midi en sem ; menus 35-43 €.* Une des valeurs sûres de la gastronomie havraise. On vient ici pour se régaler d'une fine cuisine empreinte de modernité, présentée avec soin et servie dans un cadre classique et élégant.

## LE TRÉPORT 76470

**€ |●| ⛱ La Pile d'Assiettes** – *1-3, rue Gambetta ☎ 02-35-84-65-61. Fermé mer et le soir dim-jeu. Congés : vac scol de la Toussaint et de Noël. À l'ardoise, menus 25 €.* Dans un décor de bistrot-brocante, le chef apporte une petite touche d'originalité à la restauration locale, avec des plats plein d'inventivité à base de produits des plus locaux, de légumes oubliés... Accueil attentionné.

***Accès :*** dans une petite rue perpendiculaire au quai François-Ier, pas loin du casino.

## MAULÉVRIER-SAINTE-GERTRUDE 76490

**€€ |●| ⛱ Au Rendez-Vous des Chasseurs** – *1040, route de Sainte-Gertrude ☎ 02-35-96-20-30. Tlj sauf lun et mer. Congés : sept et mars. Menus 26-36 €.* Point de chasseurs ici ! Mais un agréable rendez-vous. Face à l'église du village et non loin d'une bucolique rivière, cette jolie maison, aux allures chic, surprend par la qualité de sa cuisine de terroir, mais pas que. Et aux beaux jours, quelques tables en terrasse sur le joli bout de pelouse et dans une ambiance plutôt dépaysante !

## NEUFCHÂTEL-EN-BRAY 76270

**€€ 🏠 |●| ⛱ Les Airelles**** – *2, passage Michu ☎ 02-35-93-14-60. • les-airelles-neufchatel.com • Resto tlj sauf dim soir, lun midi et mar midi hors juil-août. Congés : vac scol de fév et de la Toussaint. Menus 17 € en sem (sauf ven soir et j. fériés), puis 26-36 €.* Cuisine traditionnelle qui se défend fort bien, dans un cadre soigné, sage et élégant. On sent vraiment la bonne maison sérieuse. Aux beaux jours, délicieuse terrasse. Chambres doucement rénovées dans un style sans réelle surprise.

***Accès :*** tout près de l'église.

## ROUEN 76000

**€ |●| ⛱ Trend Burger Café** – *28, pl. des Carmes (C2-1) ☎ 02-35-63-93-82. Tlj sauf dim-lun. Carte env 20 €.* Une adresse qui surfe avec succès sur la vague du burger gourmet : propositions variées, originales, voire même végétariennes ; le tout composé à base de pains artisanaux, de fromages au lait cru, et à accompagner de frites maison et de bières normandes. Jolies salades dans le même esprit. Lumineuse salle design et agréable terrasse (chauffée).

**€€ Le 37** – *37, rue Saint-Étienne-des-Tonneliers (B3-4) ☎ 02-35-70-56-65. Tlj sauf dim-lun et j. fériés. Congés : août. Résa recommandée. Menus (sauf sam soir) 21-27 € ; carte 40-45 €.* Ne vous attendez pas à trouver ici, dans ce bistrot à la déco zen et design, les grands standards de la cuisine normande ! On vous propose, bien au contraire, une cuisine moderne, pleine de saveurs, tantôt sage, tantôt audacieuse, qui varie suivant les saisons et l'humeur du chef.

**€ Gill Côté Bistro** – *14, pl. du Vieux-Marché (B2-3) ☎ 02-35-89-88-72. Menus 22,50-29,50 €.* Le chef étoilé rouennais Gilles Tournadre (*Gill,* quai de la Bourse) supervise ici une cuisine de bistrot revue dans un cadre moderne, dominé par le bois et le noir des banquettes. Rien de bouleversant, mais dans l'ensemble, c'est bon, et le service est souriant et efficace.

**€ |●| ⛱ La Petite Auberge** – *164, rue Martainville (C3-2) ☎ 02-35-70-80-18. Tlj sauf lun. Formule déj en sem 14,50 € ; menus 24-37,50 €.* Une toute petite salle, à l'intérieur bas de plafond, décoré de tableaux impressionnistes. Une cuisine traditionnelle dans le meilleur sens du terme : on retrouve la saveur et l'excellence de plats tels que la tête de veau ravigote, l'entrecôte sauce camembert, et un vaste choix d'escargots. Service impeccable et sans chichis.

## SAINT-VALÉRY-EN-CAUX 76460

**€€ |●| ⛱ La Passerelle** – *1, promenade Jacques-Couture ☎ 02-35-57-84-11. ♿ Ouv tlj. Résa conseillée. Formule déj en sem 19 € ; menus 24-38 € ; carte 35-40 €.* C'est le resto du casino, avec sa grande baie qui s'avance vers le large. Plats classiques, joliment présentés et agrémentés, ici et là, de saveurs qui font traverser les océans. Évidemment, cuisine très axée sur la mer et le poisson (acheté chez les pêcheurs du coin), mais les amateurs de viande y trouveront aussi leur compte.

**Accès :** dans le casino, en front de mer.

## TANCARVILLE 76430

**€€ 🏠 |●| ⛱ P La Marine**** – *10, route du Havre ☎ 02-35-39-77-15. • lamarine-tancarville.com • Resto fermé sam midi, dim soir et lun. Formule 18 € en salle (mar-ven) ; menus 25-52 €. Parking.* Certes, cette maison au bord de la route n'attire pas au premier abord ! Mais il serait dommage de passer à côté du resto, un vrai bonheur ! Les produits régionaux de la meilleure qualité, associés à des épices exotiques ou à des saveurs plus méditerranéennes, y sont diablement bien travaillés et mis en valeur, dès le 1er menu. Salle en véranda et terrasse dans le jardinet aux beaux jours, en bord de Seine, avec un superbe point de vue sur le fleuve et le pont de Tancarville. Les chambres, bien que confortables et parfaitement tenues, sont un peu moins enthousiasmantes. Accueil charmant.

**Accès :** au bord de la D982, dans le bas de Tancarville.

**Avis aux hôteliers et aux restaurateurs**

Chaque année pour y figurer, il faut le mériter !

**Les prix**

En France, les prix des restaurateurs sont libres. Certains peuvent augmenter entre le passage de nos infatigables fureteurs et la parution du guide, environ 6 mois plus tard. Nous comptons sur votre compréhension en cas de différence entre les prix relevés à l'heure où nous bouclons ce guide et ceux que vous constaterez sur place.

La rédaction du Routard

# NOUVELLE-AQUITAINE

**Pictos utilisés dans ce guide**

- € Menu à moins de 25 €
- €€ Menu de 25 à 35 €
- €€€ Menu à plus de 35 €
- Hôtel-restaurant
- Restaurant
- Restaurant avec notre toque
- Terrasse
- Parking
- Piscine
- Accessible aux handicapés

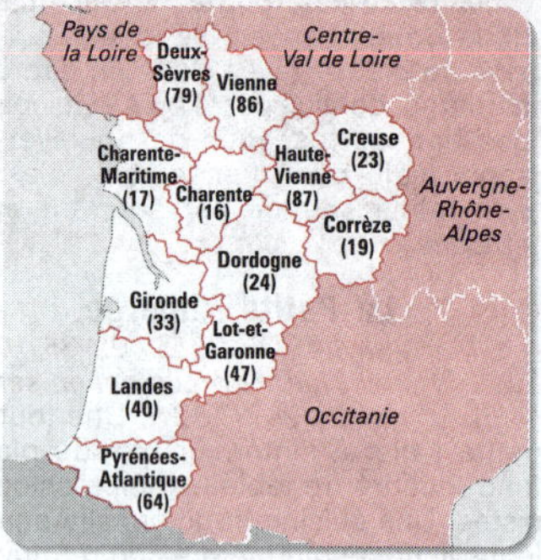


# Charente (16)

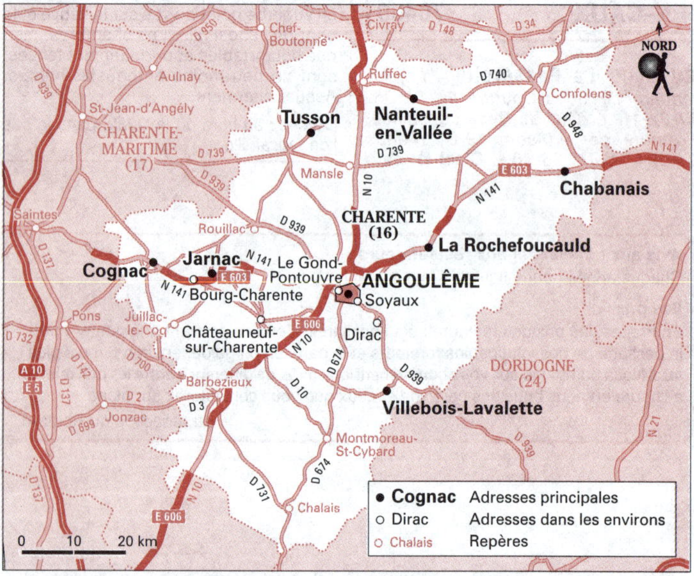


Sur présentation de ce guide, nombreuses offres et réductions en 2018.

## ANGOULÊME 16000

€€ |●| ⛱ **Le Saint-André** – *6, rue Saint-André ☎ 05-45-92-25-85. Tlj sauf dim-lun, plus le soir mer-sam (tlj sauf dim-lun en période de festival). Formule et menu déj en sem 12,90-19,50 € ; carte 25-30 €.* Une terrasse qui s'éparpille agréablement dans un petit square au chevet de l'église (Saint-André, évidemment), face à un des murs peints de la ville. Et une salle de bistrot contemporain. La cuisine est dans le même esprit : bistrotière (s'il faut lui coller une étiquette), mais avec le goût de l'époque. Les assiettes font donc rimer simplicité et inventivité, et l'accueil comme le service sont sans reproches.

***Accès :*** dans le vieil Angoulême.

€€ |●| ⛱ **Bistrot 41** – *41, bd René-Chabasse ☎ 05-45-92-93-91. Tlj sauf sam midi, dim et lun, plus le soir mer-sam. Formules et menus déj en sem 13,90-15,90 € ; soir 26-34 €.* Adresse un chouïa excentrée et dans un quartier sans supplément d'âme. La maison n'en a pas beaucoup plus, mais la salle – d'un design un peu *seventies* – est franchement réussie, et il y a une poignée de tables dans une petite cour sur l'arrière. Et surtout une jolie cuisine, créative, dans l'air du temps et à prix plus que sages. De surcroît, le service donne quasiment l'impression d'être invité chez des amis.

***Accès :*** à 1 km à l'est du Champ-de-Mars.

€€ |●| ⛱ **Le Terminus** – *3, pl. de la Gare ☎ 05-45-95-27-13. Tlj sauf dim. Congés : 2-5 janv. Formule et menu déj 15,50-21,90 € le midi en sem ; menus 28-35 € ; carte env 50 €. Le Terminus* fait partie des références dans le coin, pour son élégante salle sobrement contemporaine (prolongée d'une terrasse), son accueil et son service impeccables, et pour sa cuisine gastronomique sans fausse note. Quitte à choisir, les spécialités de poisson font partie des bons souvenirs ! Il faut dire que le chef travaille avec talent les meilleurs produits (bars, turbots ou maigres, par exemple, proviennent du fameux port de la Côtinière).

***Accès :*** en face de la gare.

€€ **La Ruelle** – *6, rue de Trois-Notre-Dame ☎ 05-45-95-15-19. Tlj sauf sam midi, dim et lun. Formule déj 23 € ; menu 32 € (le soir en sem), puis 45-55 € ; carte env 60 €.* Préparations et cuissons étudiées, présentations soignées, juxtapositions audacieuses de textures et de saveurs, qui se télescopent mais ne s'annulent jamais. C'est tout l'art du chef, dont le travail consiste à sublimer le produit de saison. Le velouté de potiron est agrémenté d'une glace aux cèpes, et le tournedos de lotte est cuit à basse température pour conserver une texture fondante. Autrement dit, de la simplicité en apparence, mais beaucoup de recherche derrière, pour un résultat toujours surprenant. Quel talent !

# DANS LES ENVIRONS

## SOYAUX 16800 (3,5 km SE)

€€ |●| ⛱ **La Cigogne** – *5, impasse de la Cabane-Bambou ☎ 05-45-95-89-23. Tlj sauf dim soir, lun, mer soir et j. fériés. Formule déj 25 € en sem ; menus 30-55 €. La Cigogne* a l'estime des notables du coin et des amoureux en quête d'une adresse romantique. Pour sa cuisine traditionnelle délicatement revisitée, avec une prédilection pour les saveurs japonaises, mais également pour son cadre atypique ! En traversant le boyau obscur de cette ancienne carrière de pierre transformée en champignonnière, on ne s'attend pas à découvrir soudainement, comme au théâtre, cette superbe terrasse ombragée offrant une vue panoramique sur la vallée de l'Anguienne (si le temps n'est pas au beau fixe, la vue depuis l'élégante véranda n'est pas mal non plus). Une belle escapade gourmande.

***Accès :*** au sud-est d'Angoulême, à 10 mn du centre.

## LE GOND-PONTOUVRE 16160 (5 km N)

€€ |●| ⛱ **Le Moulin Neuf** – *34, rue du Moulin-Neuf ☎ 05-45-94-50-29. Tlj sauf dim soir et lun. Congés : 1re sem de janv, 2e quinzaine d'août et 1re sem des vac de la Toussaint. Formule déj 18,50 € en sem ; menus 27-66 €. Café offert sur présentation de ce guide.* Une adresse qui vaut le détour ! À environ 10 mn d'Angoulême, cet hôtel-resto jouit d'un emplacement privilégié, au bord de la Touvre. De la salle avec baies vitrées s'ouvrant sur la rivière, ou en terrasse à fleur d'eau, le cadre est enchanteur. La déco intérieure n'est pas en reste : murs en vieilles pierres, couleurs chaudes et quelques notes design. Dans l'assiette, une cuisine de marché terre et mer de belle qualité, aux cuissons parfaites, arômes recherchés et présentations soignées.

***Accès :*** à 5 km au nord d'Angoulême.

## DIRAC 16410 (8 km SE)

**€€€ Le Châtelard (Domaine du)** – *1079, route de Châtelard ☎ 05-45-70-76-76. Fermé dim soir-lun (slt lun midi en saison). Congés : 3 sem en janv et vac de Toussaint. Formule déj 26 € ; menus 42-62 €. Parking. Café offert sur présentation de ce guide.* Une impression de bout du monde ! Cette ancienne ferme du XIXe s, à la façade tapissée de vigne vierge, est tenue par un couple suisse, qui l'a lentement (et soigneusement) restaurée. Les chambres deviennent plus contemporaines, à la déco personnalisée. Double vitrage. Côté loisirs, piscine, tennis, barque, canoës, vélos et promenades à pied. Côté resto, une salle cosy avec feu de cheminée et, aux beaux jours, la superbe terrasse surplombant le lac (de 10 ha !). La cuisine est inventive et raffinée, à base de produits de saison, du terroir et d'ailleurs, avec notamment des accents italiens. La carte est courte, mais les suggestions variées, du classique au plus curieux : déclinaison de foie gras, purée de cresson du domaine, fondant betterave-chocolat... Accueil plein de gentillesse. Une adresse aux charmes multiples !

***Accès :*** par la D939, avant Dignac.

## CHABANAIS 16150

**€€ Le Vieux Moulin** – *étang du Bouchaud, route de Limoges ☎ 05-45-84-24-97. Tlj sauf lun soir-mer. Congés : 3 sem en janv et 2 sem en oct. Formule déj 16 € en sem, puis menus 34 € (sauf dim)-45 €. Parking.* Un peu cachés en contrebas de la route d'Étagnac, les bâtiments joliment rénovés sont entourés de fleurs et bordés par l'ancien bief. L'intérieur est tout aussi agréable, dans un style à la fois élégant et rustique. De quoi se mettre en (bonne) condition pour goûter la cuisine joliment ciselée de la maison, du traditionnel recherché, de très bon goût. Une halte gourmande comme on les aime.

***Accès :*** à la sortie de Chabanais en direction d'Étagnac.

## COGNAC 16100

**€ L'Atelier des Quais** – *2, quai Saint-Jacques ☎ 05-45-36-31-03. Tlj sauf dim oct-mars. Congés : 24 déc, 31 déc et 1er janv. Formule déj en sem 17,50 € ; menus 23-29 €. Apéritif maison offert sur présentation de ce guide.* Une position stratégique avec sa grande terrasse face à la Charente. Les mauvais jours, la grande salle décorée à la manière d'un loft, avec ses tables orientées côté baies vitrées, s'avère aussi bien agréable. Voilà pourquoi *L'Atelier* fait le plein à chaque service ! Pour le reste, une cuisine de brasserie qui tient bien ses promesses fraîcheur-quantités-cuissons : planchas, tartare et salades. Et surtout, ne pas faire l'impasse sur les desserts ! Service bien rodé.

***Accès :*** juste après le Pont-Neuf, sur la gauche.

**€€ Poulpette** – *46, av. de-Lattre-de-Tassigny ☎ 05-45-82-22-08. Ouv lun-ven midi, et mer-ven soir. Menu déj 26 € ; carte 30-35 €.* *Poulpette* peut rimer avec chouette. Chouette comme la petite salle, dans le genre postindustriel, avec cuisine ouverte au long du comptoir, comme l'ambiance très relax. *Poulpette* peut rimer avec courgettes (fumées, s'il vous plaît) ou bavette (maturée et limousine d'origine), parmi bien d'autres très jolis produits, au gré du marché, travaillés avec juste ce qu'il faut d'inventivité par un tout jeune chef, aussi passionné que passionnant. Voire avec pompette : enthousiasmante carte des vins (naturels) ! Oublions les rimes : un coup de cœur !

***Accès :*** dans le quartier Saint-Jacques, de l'autre côté du pont.

**€€ Le Bistro de Claude** – *35, rue Grande ☎ 05-45-82-60-32. Tlj sauf w-e. Menus 20-25 € le midi, 35 € le soir (verre de vin compris).* Un bistrot, peut-être, mais dans la version chic : beau mobilier, à la fois ancien et moderne, quelques lustres et jolis luminaires, tables élégamment dressées. Mais au final, c'est cosy, et on s'y sent tout de suite à l'aise, notamment grâce à la gouaille bienveillante du maître des lieux. Très sympa, il prend le temps d'expliquer l'ardoise du jour, où l'on a bien du mal à choisir entre les plats alléchants, tous préparés avec les meilleurs produits. Pas donné, certes, mais vraiment très bon.

**Accès :** dans la vieille ville.

## JARNAC 16200

**€€€ |●| ⛱ Le Restaurant du Château** – *15, pl. du Château ☎ 05-45-81-07-17. ♿ Tlj sauf dim soir-lun et mer soir. Formule déj 23,50 € en sem ; menus 44-59 €.* La façade élégante annonce la couleur : belles salles sobres et contemporaines (avec ce qu'il faut de couleur vive pour dynamiser le tout), service souriant et discret, et surtout une cuisine qui ne laisse pas indifférent. Le choix des produits de première qualité (locaux de préférence) y est bien sûr pour quelque chose, mais c'est le doigté du chef et sa créativité qui font de chaque repas une belle expérience gustative. Les fans pourront même profiter de ses cours de cuisine !

**Accès :** sur la place principale, face à la maison Courvoisier.

## DANS LES ENVIRONS

### BOURG-CHARENTE
16200 (5 km SO)

**€€€ ⛱ La Ribaudière** – *pl. du Port ☎ 05-45-81-30-54. ♿ Fermé dim soir, lun et mar midi. Congés : vac scol de fév et de la Toussaint. Formule déj 29 € en sem au bistrot ; menus 49-71 €. Digestif maison offert sur présentation de ce guide.* L'étape incontournable du circuit gastronomique charentais. Cuisine de terroir revue et corrigée, dotée d'une vraie personnalité et jamais en panne d'imagination : saveurs délicates, mariage subtil des produits locaux et des senteurs méridionales, c'est du grand art. Comme la carte des vins, carrément hallucinante avec ses 1 200 bouteilles ! Et une déco design hypersophistiquée, avec des meubles contemporains qui feraient bien la une d'un magazine spécialisé. Bon, si on n'adhère pas, on peut toujours choisir une table sur la magnifique terrasse.

**Accès :** par la D157, puis la D158.

### CHÂTEAUNEUF-SUR-CHARENTE
16120 (16 km SE)

**€€€ |●| ⛱ Graines et Garenne** – *9, route de Roullet ☎ 05-45-62-06-48. Tlj sauf mer et le soir dim-mar. Congés : 2e quinzaine d'août. Formule et menu déj en sem 18-20 € ; menus 36-40 €.* Le chef a travaillé dans pas mal de belles adresses, de Strasbourg à Singapour (et on en oublie), avant de se poser dans ce faubourg de Châteauneuf. Un parcours qui se retrouve dans ses assiettes, entre produits d'ici et saveurs d'ailleurs. Jolie cuisine donc, au gré du marché, inventive mais sans en faire des tonnes et à prix d'ami, au déjeuner. Accueil aussi impeccable que le service. Charmantes salles au goût d'aujourd'hui entre de bons vieux murs de pierre et plus qu'agréable terrasse-jardin.

**Accès :** à env 1 km au sud-est du centre (c'est fléché).

## LA ROCHEFOUCAULD 16110

**€€ |●| ⛱ Chez Steph** – *48, rue des Halles ☎ 05-45-62-09-11. Tlj sauf lun-mar de mi-juil à fin août ; hors saison, tlj sauf dim soir, lun, mar soir et mer soir. Congés : 1 sem fin mars, 1 sem fin juin, 1 sem en oct et 10 j. nov. Carte 25-30 €.* L'adresse conviviale et chaleureuse, à la carte bien fournie, qui s'adresse à tous les budgets et à toutes les envies : pizzas, salades, tartines, mais aussi de bonnes viandes – exclusivement limousines – accompagnées de frites maison croustillantes. Bref, de 7 à 77 ans, tout le monde est content, d'autant que les portions sont généreuses, servies avec célérité (et avec le sourire), et en terrasse face au château, si le temps le permet. Royal ! Sinon, la salle façon bistrot d'antan (avec vue sur le gril) n'est pas mal non plus.

**Accès :** en contrebas du château, sur la place du Champ-de-Foire.

## NANTEUIL-EN-VALLÉE 16700

**€€ |●| ⛱ Auberge de l'Argentor** – *17, rue Guillaume-le-Noble ☎ 05-45-31-85-20. ♿ Tlj sauf lun (plus mar hors saison). Formule 13 € le midi en sem ; menus 26,50-35 € ; carte env 30 €. Café* *offert sur présentation de ce guide.* *L'Argentor* fait l'unanimité. Pour son cadre, une agréable auberge rustique au centre du village, pour son accueil chaleureux et efficace, et pour sa cuisine de qualité. Qu'il s'agisse du petit menu du midi (servi côté bar), simple et bon, ou des plats plus élaborés (servis au resto), on n'est jamais déçu. Une valeur sûre. Agréable terrasse sur la place de ce village de charme.

***Accès :*** à 10 km de Ruffec par la D740 ; au cœur du village.

## TUSSON 16140

**€€€ |●| ⛱ Le Compostelle** – ☎ *05-64-28-58-41. Tlj sauf dim soir et lun en juil-août ; sinon, ouv le midi tlj sauf lun, plus le soir ven-sam. Menus 16 € le midi en sem, puis 39 €.* On vient de loin pour *Le Compostelle,* et cela n'a rien à voir avec un quelconque pèlerinage ! Le secret : un menu du marché d'un bon rapport qualité-prix, et surtout une cuisine de terroir personnalisée qui mérite nos louanges. Cadre rustique cossu. Accueil et service charmants. La bonne adresse que méritait ce village de charme.

***Accès :*** au centre du bourg, sur la place principale.

## VILLEBOIS-LAVALETTE 16320

**€€ |●| ⛱ Le Lavalette** – *pl. des Halles* ☎ *05-45-61-71-37. Tlj sauf lun, plus dim soir et mer soir sept-juin. Formule et menu déj 13,50-16,50 € ; menus 25-30 €. Café offert sur présentation de ce guide.* Une façade charmante, un intérieur chaleureux (mur en pierre, poutres, parquet et tomettes, sièges en cuir ou en rotin) et des tables en terrasse sous les halles multicentenaires, voilà déjà de quoi se réjouir. Et l'assiette ne déçoit pas, bien au contraire. À base de produits de saison, traditionnelle ou plus innovante, la cuisine est savoureuse, parfumée d'épices et d'herbes, et soigneusement présentée. Une raison de plus de faire une halte dans ce joli village !

***Accès :*** à deux pas de l'office de tourisme.

# Charente-Maritime (17)



## ARS-EN-RÉ 17590

**€€€ |●| ⛱ P La Cabane du Fier** – *lieu-dit Le Martray* ☎ *05-46-29-64-84.* ♿ *Tlj sauf mar soir-mer (tlj en juil-août). Congés : de mi-nov à fin mars. Résa conseillée. Carte slt 40 €. Parking.* Une baraque de planches évoquant les cabanes d'ostréiculteurs, en nettement plus smart toutefois ! La cabane s'est muée en resto très fréquenté. Chouette déco de bistrot d'antan et vastes fenêtres offrant une vue imprenable sur le marais salant, somptueuse au coucher du soleil. Avenante cuisine marine à l'aise dans le décor et qui change souvent : salade de fruits de mer, langoustines, bar grillé, chaudrée charentaise... Tout cela est conduit par une équipe décontractée et accueillante. Une adresse qui jouit d'une réputation plus que méritée.

***Accès :*** à 3 km au sud d'Ars, sur la D735.

## CHÂTELAILLON-PLAGE 17340

**€€ Les Flots** – *52, bd de la Mer* ☎ *05-46-56-23-42.* ♿ *Tlj sauf mar. Formule 24 € ; menu 30 € ; carte 40-45 €.* Un resto au charme discret, avec beau parquet, tables et chaises en bois. Il y règne un parfum de bistrot gastronomique tourné vers le large, avec sa grand-voile et son mât posés sur fond de mer houleuse. Cuisine marine qui s'inspire de recettes traditionnelles, dont la fraîcheur est assurée par une sélection rigoureuse de produits régionaux. Pâtisseries maison et bon choix de vins servis au verre. Une adresse dont la réputation dépasse largement les limites de Châtelaillon. Service un peu débordé quand le resto affiche complet.

## ÎLE D'OLÉRON 17000

***Liste des villes de l'île d'Oléron*** Voir : Le Château-d'Oléron – Le Grand-Village-Plage – Saint-Pierre-d'Oléron

## ÎLE DE RÉ 17000

***Liste des villes de l'Île de Ré*** Voir : Ars-en-Ré – Le Bois-Plage-en-Ré – Saint-Martin-de-Ré

## LA ROCHELLE 17000

€ |●| ⛱ **Le Soleil Brille pour Tout le Monde** – *13, rue des Cloutiers (C1-10) ☎ 05-46-41-11-42. Tlj sauf dim-lun (ouv les lun fériés mais fermé mar suivant). Congés : 2 sem mi-mai et 2 sem fin déc. Formules 15-16 € ; env 19-20 € à la carte. CB refusées.* Trois ou quatre tables en terrasse quand le soleil brille (pour tous !). Sinon, les initiés se serrent dans la mignonne petite salle aux murs constellés de mosaïques, autour de la cuisine ouverte, à la mode méditerranéenne. Tout ici, bien sûr, est fait maison, à base de produits d'une irréprochable fraîcheur et à dominante bio. Les plats, inscrits au tableau noir, changent suivant les saisons et l'humeur du patron. Ils sont pleins de saveurs et d'épices sympathiques, et très généreusement servis. Intéressante formule avec entrée, plat du jour et légumes frais. En prime, délicieux desserts. Très fréquenté le soir... donc mieux vaut réserver.

***Accès :*** en plein centre-ville.

€ |●| ⛱ **Les Quatre Sergents** – *49, rue Saint-Jean-du-Pérot (A3-12) ☎ 05-46-41-35-80. ♿ Ouv tlj. Résa conseillée. Formule déj 16 € en sem ; menus 21-65 € ; carte 60 €. Pineau-des-charentes offert sur présentation de ce guide.* Installé dans un hôtel particulier du XIXe s et aménagé dans un ancien (et superbe) jardin d'hiver

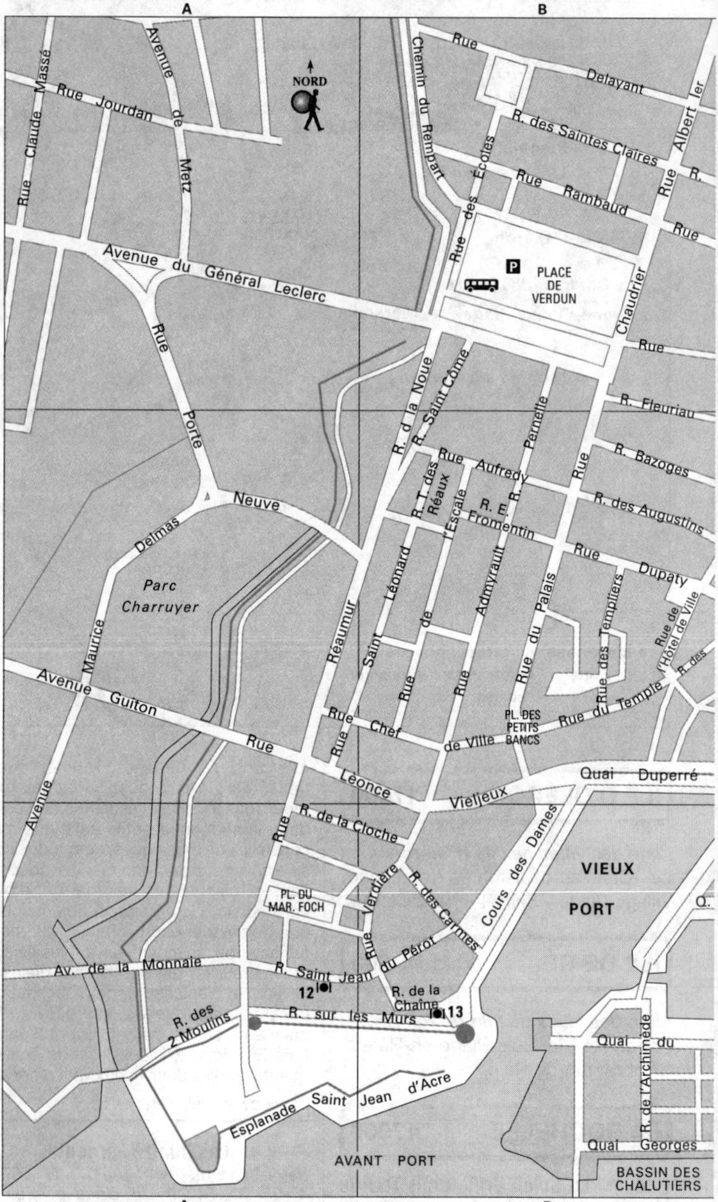


Nouvelle-Aquitaine - Charente-Maritime

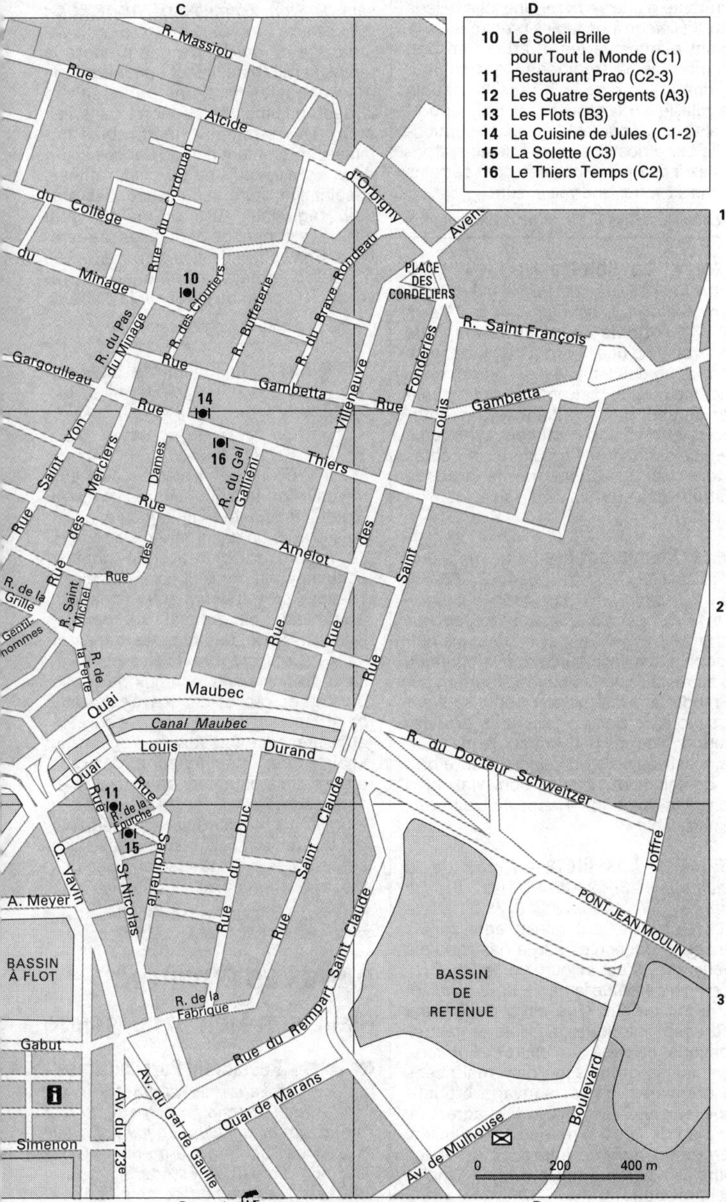
10 Le Soleil Brille pour Tout le Monde (C1)
11 Restaurant Prao (C2-3)
12 Les Quatre Sergents (A3)
13 Les Flots (B3)
14 La Cuisine de Jules (C1-2)
15 La Solette (C3)
16 Le Thiers Temps (C2)
C
D
1
2
3
R. Massiou
Rue Alcide d'Orbigny
Rue du Collège
Rue du Minage
Rue du Cordouan
R. des Cloutiers
R. du Pas du Minage
R. Bufferterie
R. du Brave Rondeau
PLACE DES CORDELIERS
Aven
R. Saint François
Rue Gargoulleau
Rue Gambetta
Rue Gambetta
Rue Fonderies
Louis
Rue Thiers
R. du Gal Galliéni
Rue Saint Yon
Rue des Merciers
Rue des Dames
Rue Amelot
Villeneuve
Rue des Saint
R. de la Grille
R. Saint Michel
Gentil-hommes
R. de la Ferté
Quai Maubec
Canal Maubec
Louis Durand
R. du Docteur Schweitzer
Quai
Rue de la Fourche
Sardinerie
Rue du Duc
Rue Saint Claude
Rue du Rempart Saint Claude
Q. Vavin
St Nicolas
A. Meyer
BASSIN À FLOT
R. de la Fabrique
Gabut
Simenon
Av. du 123e
Av. du Gal de Gaulle
Quai de Marans
Av. de Mulhouse
Boulevard Joffre
PONT JEAN MOULIN
BASSIN DE RETENUE
0
200
400 m

LA ROCHELLE

surmonté d'une verrière. Une jolie galerie court à l'étage (nos tables préférées), survolant plantes vertes et arbres en pot. Bonne cuisine traditionnelle d'humeur marine (travers de sole persillé, boudin de volaille aux langoustines). Bon rapport qualité-prix pour le 1er menu. Exceptionnelle carte des vins (avec quelques trouvailles à prix raisonnables), dont certains servis au verre. Une valeur sûre.

***Accès :*** juste à côté de la tour de la Lanterne.

€ | ● | **La Solette** – *11, rue de la Fourche (C3-15) ☎ 05-46-41-06-33. Fermé dim-lun, sauf en saison. Carte 27-37 €.* Attablé sous l'arbre *magique* en terrasse d'une charmante placette ou dans l'une des 2 minisalles, on apprécie une fine cuisine bistronomique préparée par un chef créatif. Clientèle très hétéroclite et ambiance vraiment sympa. Le service souriant mêle humour et petites attentions. La bonne petite adresse bistrot-resto que l'on se glisse au coin de l'oreille.

€€ | ● | **Restaurant Prao** – *10, rue Saint-Nicolas (C2-3-11) ☎ 05-46-37-85-46. Ouv lun-sam, plus dim pour le brunch 11h-14h30. Le midi, formule 16 € ; menu-carte 28 €. Prao,* c'est avant tout une philosophie, déclinée au café, à la boutique et au restaurant. Un concept surfant sur la mode du « fait maison » et misant sur le simple, le bon, le frais. Les producteurs ont leur nom inscrit sur le menu et, ça, c'est toujours bon signe ! Cadre brut et design, industriel et convivial, bien dans l'air du temps. Rapport qualité-prix remarquable.

€€ | ● | **Les Flots** – *1, rue de la Chaîne (B3-13) ☎ 05-46-41-32-51. Tte l'année, tlj. Menus 30,50-78 € ; carte 65 €.* La famille Coutanceau règne depuis quelques décennies sur la gastronomie rochelaise. C'est aujourd'hui le fils, Grégory, qui perpétue la tradition, avec talent et esprit créatif. Que ce soit ici, dans l'adresse historique, familiale et gastronomique, ou dans son bistrot *L'Entracte.* Spécialités de poisson bien maîtrisées et originales (turbot sauvage crousti-moelleux...). Cadre marin très agréable, au pied de la célèbre tour de la Chaîne. Terrasse avec vue imprenable sur les tours et le port. Le soir, c'est tout simplement magique !

***Accès :*** sur le port (piéton).

€€ | ● | **Le Thiers Temps** – *26, rue Thiers (C2-16) ☎ 05-46-34-31-81. ♿ Tlj sauf dim-lun. Formules déj 16-18,50 € ; menu-carte 31 €. Café offert sur présentation de ce guide.* Ne pas prendre le temps serait triste. Il faut un temps plein pour déguster dans une petite salle à la déco minimaliste et sobre, dans l'air du... « Thiers-temps ». Incroyables formules, notamment à midi. L'accès à l'art de la « vraie » cuisine du chef, raffinée, imaginative, voire audacieuse. Les produits régionaux au fil du marché sont mis en valeur par de goûteuses préparations. Beau choix de vins au verre *(4-8 €).* Accueil charmant, attentionné et prévenant. Un coup de cœur sur la place...

***Accès :*** à côté de l'église réformée.

€€ **La Cuisine de Jules** – *5, rue Thiers (C1-2-14) ☎ 05-46-41-50-91. ♿ Tlj sauf dim-lun. Résa fortement conseillée. Formule déj 28 € ; menu 33 € ; carte 50-55 €.* L'adresse qui monte, côté vieux marché. D'autant que l'endroit se révèle plutôt intime, vite rempli (même la terrasse), avec un décor mi-bois mi-pierre se mariant fort bien avec le mobilier contemporain. Accueil convivial, clientèle tendance et gourmet tout à la fois. Au tableau noir, les plats du marché. Dans l'assiette, des recettes traditionnelles subtilement revisitées par Giuliano di Giovanni, amoureux des bons produits et manifestant une réjouissante créativité dans les alliances de saveurs et la présentation. Tartare, rognon de veau entier, déclinaisons diverses d'agneau se parent ici de nouvelles et séduisantes effluves. Il faut goûter à tout, au rythme des saisons et terminer par le tiramisù maison au marsala. Une adresse très prometteuse et à des prix tout à fait abordables... Profitez-en !

***Accès :*** à côté de l'église réformée.

## DANS LES ENVIRONS

### NIEUL-SUR-MER 17137 (9 km N)

€€ | ● | **Restaurant Port Lauzières** – *rue du Port, Lauzières ☎ 05-46-37-45-44. ♿ De mi-mars à fin oct, ouv du mar soir au dim midi inclus. En juil-août, ouv tlj. Congés : de fin oct à mi-mars. Carte 30-35 € ; plateau 25 €. Apéritif maison offert sur présentation de ce guide.* Cet ancien cabanon de pêcheurs transformé en bar-restaurant de produits régionaux plaira aux amateurs d'authenticité. D'un côté, le bar à l'ancienne avec son zinc, où l'on sert des verres aux ostréiculteurs du coin ; de l'autre, une agréable salle lambrissée avec vue sur la mer (et cheminée pour les soirs d'hiver) pour goûter une cuisine plus élaborée. En prime, une terrasse où sont servies par beau temps moules, langoustines, sardines grillées, huîtres, soupe de poisson, etc. Les proprios sont musiciens de jazz. De loin, notre adresse préférée dans le coin, qui ne manque pourtant pas de petits stands de dégustation.

**Accès :** par la D104. En bord de mer, face à l'île de Ré.

## LE BOIS-PLAGE-EN-RÉ 17580

€€€ 🏠 🍽 ⛱ **Hôtel-restaurant L'Océan***** – *172, rue Saint-Martin ☎ 05-46-09-23-07. • re-hotel-ocean.com • ♿ Resto fermé mer et jeu midi oct-mars, slt mer midi avr-sept. Congés : début janv-début mars et de mi-nov à fin déc. Formule déj 20,50 € ; menu 40 € ; carte 42 €.* Une enfilade d'exquis petits salons conduit à un vaste patio fleuri où pousse benoîtement un pin centenaire. Un ravissant hôtel 3 étoiles et une salle de resto aux tons harmonieux avec quelques toiles marines accrochées au mur. Cuisine savoureuse dans sa simplicité et le respect des produits du terroir... Saveurs justes, poissons et crustacés de premier choix, sans négliger les desserts très gourmands (gardez une place !). Accueil très décontracté-chic, comme on sait l'être sur l'île.

**Accès :** à 50 m de l'église.

## DANS LES ENVIRONS

### LA COUARDE-SUR-MER 17670 (3 km O)

€€ 🍽 ⛱ **Restaurant La Salicorne** – *16, rue de l'Olivette ☎ 05-46-29-82-37. Tlj saufmar-mer. Congés : 15 j. début oct et janv. Formules 16,90 € le midi et 29 € le soir ; carte 33-54 €. Apéro-huîtres-tapas à partir de 11h et 18h. Digestif maison offert sur présentation de ce guide.* Pas de vue mer, mais le plaisir est ailleurs, dans l'assiette... Midi et soir, le chef régale ses clients, fidèles ou de passage, d'une belle cuisine bistronomique, servie à prix tout doux. Le rapport qualité-prix est même assez bluffant. Carte et menus sont volontairement succints et privilégient les produits frais et de saison, joliment travaillés, qu'ils soient légumes, poissons, viandes ou desserts - pour une fois, pas de jaloux ! Tout est bon, délicieux même... Petite terrasse dans la rue peu passante.

**Accès :** près de la rue principale.

### LA FLOTTE 17630 (6 km E)

€€€ 🍽 ⛱ **La Poissonnerie** – *4, quai de Sénac ☎ 05-46-09-04-14. Tlj sauf mer en saison (ouv le mer soir de juil à mi-sept). Congés : de mi-nov à début mars. Formule en sem 26 €, assiettes et plateaux de fruits de mer 34-44 € ; 45-50 € pour un repas complet à la carte. Digestif maison offert sur présentation de ce guide.* La belle terrasse sur le port est déjà une invitation en soi. Les prix sont élevés ; pourtant, à bien y regarder, on trouve des plats plus abordables, comme les huîtres ou les belles assiettes de fruits de mer. Et puis, il n'y a pas de secret : la pêche provient exclusivement de petits bateaux privilégiant les poissons nobles (saint-pierre, lotte, sole...). Et franchement, rien à redire sur les portions : de 400 à 600 g ! Et encore moins sur les cuissons *a la plancha,* parfaites à la seconde près, sans fioritures.

**Accès :** sur le port.

## LE CHÂTEAU-D'OLÉRON 17480

€€€ 🏠 🍽 ⛱ **Les Jardins d'Aliénor** – *7 et 11, rue du Maréchal-Foch ☎ 05-46-76-48-30. • lesjardinsdalienor.com • Juil-août, ouv tlj, le soir slt. Le reste de l'année, tlj sauf lun-mar (ouv mar soir Pâques-Toussaint). Résa conseillée. Formule déj 25 € ; menu-carte 49 € ; menu homard 95 €.* Dans un ancien relais de poste, voici la plus belle adresse chic et charme d'Oléron, avec seulement 8 chambres luxueuses et de très bon goût, à l'image du reste. Contemporaines (avec des touches design et vintage) ou classiques, elles ont chacune leur personnalité, certaines donnant sur les toits paysagers, d'autres avec terrasse. Quant au restaurant, c'est LA table gastronomique de l'île. Parmi les spécialités du chef Marc Le Reun (qui a fait ses classes chez les plus grands, dont Alain Passard), le poisson cru ou mariné, le maigre et le mille-feuilles, servis dans une salle aux murs de pierres brutes ou blanchies, prolongée par un adorable patio fleuri, où l'on peut prendre le petit déj. Accueil au diapason, classe et décontracté.

**Accès :** dans une rue adjacente à la grande place.

## LE GRAND-VILLAGE-PLAGE 17370

**€€ |●| ☂ Le Relais des Salines** – *port des Salines ☎ 05-46-75-82-42. ♿ Début fév-fin nov, tlj sauf dim soir et lun hors saison et hors vac scol. Compter 35 € à la carte. Café offert sur présentation de ce guide.* Au cœur du marais salant, ce sympathique resto planté au bord d'un canal, dans une pittoresque baraque de planches colorées sur pilotis, est un incontournable de l'île. Tant pour son décor de carte postale que pour sa cuisine marine franche et enjouée, revisitant les classiques oléronais avec malice et même quelques épices venues d'ailleurs, une des passions du patron. Il y a plus de 20 ans déjà, cet enfant du pays fut l'un des premiers sur l'île à remettre au goût du jour les recettes locales (héritées de sa grand-mère) et les produits du coin, vin compris. Mention spéciale pour les huîtres chaudes à la fondue de poireaux ! Si le temps le permet, réservez une table dehors, sur le ponton de bois, et terminez par une promenade digestive : le coin est superbe.

**Accès :** depuis Grand-Village (D126), suive fléchage « Port-des-Salines ».

## MARANS 17230

**€ |●| ☂ La Porte Verte** – *20, quai Foch ☎ 05-46-01-09-45. Tlj sauf dim soir-mar. Congés : fév. Menus 21,90-53 €.* Dans le quartier le plus pittoresque de Marans, un adorable jardin de poche où il fait bon dîner le soir, à la fraîche, face à l'écluse du Carreau d'Or. Passé la porte, 2 salles cosy en diable où ronronne une cheminée l'hiver venu. La cuisine est à la hauteur du lieu : spécialités du terroir (persillade d'anguilles...) tirant toutes leurs saveurs de produits de saison et du marché, soigneusement sélectionnés. Belle carte des vins.

**Accès :** par la N137, rue Principale et rue de la Maréchaussée.

## MARENNES 17320

**€ |●| ☂ Le Cayenne** – *19, rue des Martyrs ☎ 05-46-85-01-06. Menus 23-30 € ; carte 20-50 €.* Cette gargote populaire et rustique cache bien son jeu. Avec ses grandes tablées, l'ambiance est avant tout conviviale, et les portions sont relativement copieuses, mais ça n'empêche en rien un certain raffinement. Le beurre est AOC, et la fraîcheur des produits irréprochable. On y trouve tous les classiques du bassin de Marennes : huîtres, bien sûr, mais aussi anguilles, moules (servies au kilo), plus des poissons joliment cuisinés, comme la brandade de loup sur fondue de poireaux ou le turbot au four... Plateaux de fruits de mer gargantuesques ! Seul bémol, le lieu est devenu très touristique (les bus s'y arrêtent).

**Accès :** le long du chenal de Marennes.

## MORNAC-SUR-SEUDRE 17113

**€ |●| ☂ La Cambuse** – *sur le port ☎ 09-83-27-62-24. Tlj sauf mar-mer hors juil-août. Congés : de nov à mi-fév. Menus 19-23 € ; carte 30 €. Café offert sur présentation de ce guide.* Un petit coup de cœur, niché dans l'un des Plus Beaux Villages de France... La terrasse sur le petit port est déjà une invitation en soi, et l'on pourrait se contenter d'y boire un verre. Mais les jeunes patrons, accueillants et militants, ont réussi à créer un lieu gourmand et convivial où l'on se régale d'une cuisine toute simple à base de produits sains, locaux et de saison. Producteurs et vignerons sont fièrement mentionnés, associés au succès de la maison. On adore !

## PONS 17800

**€ ☂ 🅿 Restaurant de Bordeaux** – *1, av. Gambetta ☎ 05-46-91-31-12. Fermé sam midi et dim hors saison. Congés : sem de Noël. Formule déj 15 € ; menus 20-55 €. Parking.* Si l'hôtel est assez basique, le restaurant est bien connu des gourmands. La grande salle reste certes classieuse, presque solennelle malgré ses murs colorés, le service très « école hôtelière », mais l'accueil est nature. Au déjeuner, menu du jour avec quelques produits tout simples, tout frais. Une cuisine uniquement de terroir et de saison, inventive mais pas frimeuse, pleine de jeunesse et de vivacité. Nos papilles en frémissent encore... Une adresse qui a tout d'une grande. Un coup de cœur, quoi ! Également un hôtel, dont la complète rénovation vient de s'achever.

**Accès :** en centre-ville.

## ROCHEFORT 17300

**€ |●| ⛱ O'Gabier** – *25, av. Marcel-Dassault ☎ 05-46-87-56-24. ♿ Tlj sauf dim soir et lun (plus jeu soir hors saison). Congés : vac scol Toussaint, Noël et fév (zone B). Formule et menu déj en sem 14,80-17,80 € ; menus 23,30-37,80 €. Café offert sur présentation de ce guide.* Une belle salle à la déco forcément marine et une terrasse face aux bateaux de plaisance. À la carte, poissons à la cuisson précise ou crustacés et fruits de mer. On apprécie également ces copieuses planches « tout saint-jacques, tout saumon ou tout canard », dressées avec soin. Chef affable qui aime faire un brin de causette avec ses clients, dont beaucoup reviennent régulièrement.

***Accès :*** face au bassin nº 2 du port de plaisance.

## ROYAN 17200

**€ |●| ⛱ L'Avocette** – *100, bd De-Lattre-de-Tassigny ☎ 05-46-02-15-30. ♿ Fermé mer et dim midi en juil-août ; mar soir, mer et dim soir le reste de l'année. Formule déj 17 € ; menus 24-44 € ; carte env 50 €. Café offert sur présentation de ce guide.* Une table à la réputation méritée. Il faut avouer que dès le 1er menu, on est sous le charme de cette cuisine créative, à la cuisson précise, pleine de saveurs et de couleurs. Des produits de saison, s'harmonisant à merveille, dressés avec panache, et des desserts qui s'envolent vers un monde de joyeuse délicatesse. On se retrouve sur le trottoir en se disant que « *c'est beau Royan la nuit !* » Cadre agréable, service impeccable et sans chichis, prix justes (on reconnaît même un rapport qualité-prix-plaisir qui explose le buzzomètre). Un sans-faute. Pourvu que ça dure...

***Accès :*** à 2 mn à pied de la gare.

### DANS LES ENVIRONS

**L'ÉGUILLE** 17600 (11,5 km N)

**€ |●| ⛱ La Cabane** – *sur le Port (rive droite) ☎ 05-46-22-83-07. ♿ Tlj sauf lun 15 avr-30 sept, plus mar 1er oct-14 avr. Congés : 8 janv-15 fév. Menus 18 € (sauf dim et j. fériés), puis 23,50-32,50 €. Kir offert sur présentation de ce guide.* D'abord, on aime bien ce port de poche, en dehors des sentiers battus et, surtout, cette très belle adresse. Pour l'accueil déjà (patronne délicieuse) et pour la qualité de la cuisine, réalisée avec un brio et un sérieux confondants. Cadre bois et poutres chaleureux, tables espacées. Terrasse protégée pour des fruits de mer d'une belle fraîcheur (copieuse assiette) et des petits plats particulièrement élaborés : huîtres chaudes à la duxelle de champignons et béchamel d'eau de mer gratinées aux amandes, bouillabaisse façon cabane à l'œuf poché, sans oublier les éclades de moules (en été, sur résa)... Mmmm !

***Accès :*** sur la route Royan-Rochefort (la D733).

## SAINT-MARTIN-DE-RÉ 17410

**€€€ ⛱ La Baleine Bleue** – *quai Launay-Razilly ☎ 05-46-09-03-30. ♿ Tlj sauf lun soir et mar (tlj en juil-août). Congés : 15 nov-15 déc. Le midi, formule 28 € et menu 34 € ; le soir, menu 45 € ; carte env 50 €. Café offert sur présentation de ce guide.* Sur l'îlot, avec ses 3 terrasses donnant sur le port, la *Baleine Bleue* est un des *hot spots* rhétais, l'un des lieux les plus délicieusement branchés pour boire un verre. L'atmosphère y est chic, mais conviviale et décontractée. On retrouve ce bel esprit au restaurant où le chef propose une savoureuse cuisine, tout à la fois évidente et sophistiquée. En misant sur des produits nobles, en leur apportant une petite touche exotique et personnelle, il a su s'imposer comme l'un des meileurs chefs de l'île. Certains plats sont proposés en demi-portion ; quelle bonne idée !

***Accès :*** sur l'îlot.

## SAINT-PIERRE-D'OLÉRON 17310

**€€ |●| ⛱ De l'Île aux Papilles** – *pl. Camille-Mémain ♿ Ouv midi et soir : tlj sauf mer -jeu avr-oct (fermé mar slt de mi-juil à fin août), tlj sauf mar-jeu nov-mars. Congés : janv. Formule déj 19 € en sem :*

*carte 25-35 €. Café offert sur présentation de ce guide.* Juste en retrait de la rue principale, cette petite affaire rondement menée par un jeune couple plein d'idées a conquis en un rien de temps insulaires et touristes. Il faut dire que tout ici est séduisant. Le cadre, une charmante maisonnette en pierre à la déco épurée esprit scandinave, et sa terrasse de poche dans la ruelle. Le concept : une cuisine locavore de haute volée mettant en valeur les beaux produits de l'île (75 % de bio). Un sans-faute, car l'accueil est à l'image du reste, impeccable.

***Accès :*** en plein centre, dans une ruelle reliant la rue de la République à la place Camille-Mémain.

## SAINTES 17100

**€€ La Caillebotte** – *10, pl. Bair ☎ 05-46-74-16-38. Tlj sauf sam soir-dim. Congés : 1 sem fin janv et 1 sem fin juin. Formule déj 19 € ; menu 31 €. Café offert sur présentation de ce guide.* Une adresse qui apporte un vent de fraîcheur sur la gastronomie locale. Marion Monnier, ex-second de Régis Marcon, adopte ici une démarche de développement durable, avec priorité aux produits bio, vins inclus. Derrière leur discrète devanture, le chef et Sonia, son épouse, opèrent en duo et se limitent à 20 couverts à peine pour tout maîtriser. Créatif, le chef nous fait voyager avec une cuisine de saison, sans nous dérouter (bar sauvage avec son andouillette et pâte de dattes). Rien n'est statique, le marché ou la marée décident.

***Accès :*** en centre-ville, le long de la Charente.

**€€ Le Parvis** – *12 bis, quai de l'Yser ☎ 05-46-97-78-12. Tlj sauf dim-lun. Le midi, formule et menu 17,90-19,90 € ; autres menus 33-57 € ; carte 50 €. Café offert sur présentation de ce guide.* Demeure particulière précédée d'un charmant jardin qui vous fait immédiatement oublier la ville. Salle au cadre contemporain d'une sobre élégance. Joli décor de carreaux peints. Là encore, une authentique cuisine de pro. Pascal Yenk ne travaille que les produits frais, possède une maîtrise absolue des cuissons, joue habilement des déclinaisons sur un produit et sait concocter des plats solides et inspirés tout à la fois. Madame est experte en vins, et la carte change toutes les 6 semaines. Que demander de plus ? Terrasse protégée sur le jardin, très recherchée aux beaux jours.

## DANS LES ENVIRONS

### TAILLEBOURG 17350 (12 km N)

**€ Auberge Les Glycines** – *4, quai des Gabariers ☎ 05-46-91-81-40. Tlj sauf dim soir-lun. Résa recommandée (surtout le w-e). Menus 23,40-29,90 €.* Vénérable et coquette demeure en bord de Charente, dans un environnement de charme. Salle lumineuse aux tonalités jaune d'or sur pierre sèche. Solide réputation pour ses plats de terroir bien ficelés, à base de produits régionaux. Accueil jeune et souriant. Tables bien séparées. Goûtez à la montgolfière de cagouilles flambée au cognac, à la selle d'agneau farcie à la tomate confite et aux desserts gourmands (vacherin). Agréable terrasse intérieure sous les glycines, dans la cour.

***Accès :*** par la D128 ; à l'entrée du bourg, peu après la gare, le long de la Charente.

# Corrèze (19)



## ARGENTAT 19400

**€ L'Auberge des Gabariers** – *15, quai Lestourgie ☎ 05-55-28-05-87. Tlj sauf mar soir-mer hors juil-août. Congés : 15 nov-30 mars. Résa fortement conseillée l'été. Menus 16-36 €. Parking.* L'une des terrasses les plus recherchées de la ville, avec ses tables face à la Dordogne, super animée aux beaux jours. Ça tombe bien parce qu'on y sert fort généreusement (ce n'est pas un hasard) une belle cuisine régionale. Poisson à l'honneur, Dordogne oblige. Grand choix à la carte : friture de petits poissons et jus de citron, fricassée de ris de veau aux cèpes... Et à toute heure de la journée, possibilité de caler une petite fringale avec des assiettes de charcuterie, fromages de

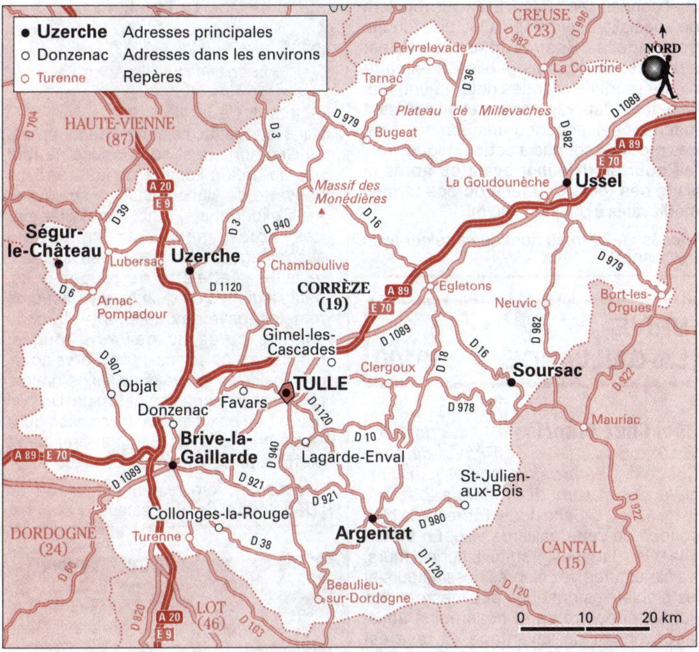


pays, salades... Le patron, volubile et aux moustaches conquérantes à la Dalí, vient volontiers causer avec les clients.

***Accès :*** sur la D1120.

**€ 🏠 |●| ☂ Hôtel-restaurant Fouillade**** – *11, pl. Gambetta ☎ 05-55-28-10-17. ♿ Resto fermé dim soir-lun sauf juil-août (slt le lun en été). Congés : 3 sem fin déc-début janv. Menus 17 € (sauf dim), puis 28-40 €.* Voilà une maison séculaire qui est entrée, avec le nouveau millénaire, dans son deuxième siècle d'existence. La cuisine pourra donc séduire encore quelques générations de gourmands qui vont venir découvrir le confit de canard aux châtaignes ou le ris de veau à la limousine. Belle salle à manger avec sa grande cheminée.

***Accès :*** au croisement de la rue de la Franconnie et de la place Gambetta.

**€ |●| ☂ Le Saint-Jacques** – *39, av. Foch ☎ 05-55-28-89-87. Tlj sauf lun. Congés : 3 sem en mars et 3 sem en oct. Le midi en sem, formule 15 € et menu 20 € (en sem, midi et soir) ; autres menus 35-65 €.* Entièrement rénové, le resto gastro de la ville est une bonne étape pour les pèlerins gourmands. Petite salle colorée, belle terrasse abritée du vent et des regards côté cour. Ici, l'ambiance reste à la décontraction, et le service est d'une vraie gentillesse. Et l'on y vient d'abord pour manger. Et bien ! Dans son registre – classique –, le chef-patron Patrick Ceaux travaille avec une belle précision des produits soigneusement choisis. Et, de par sa formation, il adore les desserts. Formule du déjeuner d'un bon rapport qualité-prix.

***Accès :*** au centre.

## DANS LES ENVIRONS

### SAINT-JULIEN-AUX-BOIS

19220 (22 km NE)

**€ 🏠 |●| ☂ Auberge de Saint-Julien-aux-Bois** – *D111 ☎ 05-55-28-41-94. ● auberge-saint-julien.com ● Tlj sauf ven, sam midi et dim soir sept-juin. Congés : vac scol de Noël. Formule déj 16 € ; menus 18 € le midi en sem, puis 24-43 €. Apéritif maison offert sur présentation de ce guide.* Adresse discrète dans une maison particulière, dans une rue secrète... mais bien connue des habitués. Car madame le chef connaît son affaire. Elle vous régalera de spécialités revisitées avec une touche personnelle. Beaucoup de céréales, d'herbes, de légumes oubliés, une majorité de produits (viandes notamment) bio. Quelques plats végétariens et un amusant menu médiéval conçu uniquement avec des produits connus à cette époque. Parfait pour un déjeuner avant ou après la visite des tours de Merle ou des fermes médiévales à quelque 100 m.

**Accès :** à 30 m au nord du carrefour avec la D980.

## BRIVE-LA-GAILLARDE 19100

€ |●| **Chez Francis** – *61, av. de Paris ☎ 05-55-74-41-72. ♿ Tlj sauf dim-lun. Congés : 1 sem début janv et juin. Formule déj en sem 19 € ; menus 22-29 € ; carte 55-60 €.* Sans doute l'adresse la plus connue de cette gaillarde ville. En témoignent les flatteries graffitées sur les murs, les caricatures de célèbres dessinateurs et les élogieuses critiques publiées par des guides concurrents et néanmoins amis. Inconvénient de l'avantage, la résa est obligatoire si vous voulez pénétrer dans cette belle maison qui se donne des allures de brasserie d'avant-guerre. Cela dit, voici de la cuisine bien pensée, parfaitement exécutée et joliment présentée. Viandes fabuleuses labellisées du Limousin.

**Accès :** à proximité du marché Georges-Brassens (ou de la Guierle).

€€ **En Cuisine** – *39, av. Édouard-Herriot ☎ 05-55-74-97-53. Tlj sauf dim-lun. Congés : 1 sem en juil. Résa conseillée le soir et le w-e. Formule plat-dessert 25 € ; menus 32-43 €.* Nicolas Eche fait partie de ces jeunes chefs un peu fous qui quittent un jour l'univers des grandes tables pour ouvrir leur propre établissement, à l'écart des foules. Retour au pays et au plaisir de cuisiner, sans tricher. Goûtez sa rouelle de pied de cochon, un mélange de moelleux et de croustillant, clin d'œil au passé et en même temps plat dans l'air du temps. Cuisine du goût, du moment, réalisée par un amoureux des produits et du travail bien fait. Cadre et atmosphère encore un peu trop sérieux, mais faut dire qu'ici personne ne chôme. Terrasse cachée pour prendre le temps et le soleil.

**Accès :** pas bien loin de la gare.

€€ **La Toupine** – *27, av. Pasteur ☎ 05-55-23-71-58. Tlj sauf dim-lun. Congés : 1 sem en fév, 1 sem fin mai, 2 sem en août et 1 sem en nov. Formules déj 15-22 € ; menus-carte 30-43 € ; carte env 40 €.* Dans leur petite maison au décor épuré, ce Clermontois et son épouse ne font pas de bruit à l'ombre de leur terrasse couverte de vignes. Cuisine sereine et sans excentricité, mais ensoleillée par des notes méditerranéennes qui accompagnent des classiques finement revisités. Tartelette de rouget grillé, petits légumes croquants, gaspacho de tomates, pavé de dos de lotte farci au chorizo, purée de poivrons rouges, mousseline de céleris, huile d'olive noire, l'originalité se trouve dans les garnitures et dans la présentation des mets. Un bon plan à bon prix. Une petite terrasse qui a le mérite d'exister, même si on l'aurait préférée un peu en retrait de la rue.

**Accès :** au croisement de la rue du Dr-Bardon et de l'av. Pasteur.

€€ **Le Bistrot Chambon** – *8, rue des Échevins ☎ 05-55-22-36-83. ♿ Tlj sauf dim-lun. Congés : 3 sem en août. Résa conseillée. Formules déj 13,50-20 € ; le soir menu 31 € ; carte env 40 €.* Une brasserie gastro dans l'air du temps. Cuisine traditionnelle sur fond de décor d'une modernité sans prétention, réalisée par l'équipe du *Pont de l'Ouysse*, une des plus belles adresses gastronomiques que l'on puisse trouver dans le Lot (qui n'est pas si loin). Toute la famille Chambon se relaie pour diriger les cuisines du bistrot, qui propose chaque jour un vrai bon plat du jour et s'amuse à remettre à la carte les pieds de porc farcis ou le foie de veau.

**Accès :** à l'angle de la rue Capitaine-Galinat.

€€€ **La Table d'Olivier** – *3, rue Saint-Ambroise ☎ 05-55-18-95-95. Tlj sauf lun-mer midi. Résa obligatoire. Menus déj 28 € (sauf w-e), puis 45-69 €.* Ne cherchez pas Olivier : le chef s'appelle Pierre Neveu, et sa discrète épouse, Fanny, chef pâtissière à l'origine de tous les desserts (siouplaît !), œuvre au service. Jolie petite salle aux murs de pierre et poutres, et des tables bien espacées. Excellente cuisine de saison, raffinée et personnelle, soigneusement présentée, avec une nette prédilection pour les produits locaux. La formule déjeuner donne déjà un excellent aperçu du savoir-faire indéniable du chef, récompensé par une étoile ! À juste titre.

**Accès :** en plein centre-ville.

## DANS LES ENVIRONS

### DONZENAC 19270 (10 km N)

€ **Le Périgord** – *9, av. de Paris ☎ 05-55-85-72-34. Tlj sauf mer et dim soir, plus les midis des lun-mer, midi et soir jusqu'à 21h. Ouv tlj en juil-août. Congés : vac scol de fév et de la Toussaint. Résa conseillée. Formule déj en sem 17 € ; menus 22,50-40 € ; carte 40 €.* C'est une grande salle chaleureuse, dominée par le traditionnel *cantou,* où les gourmands se retrouvent pour savourer une cuisine aux élans créatifs, élaborée à partir de bons produits locaux. Des recettes classiques mais rajeunies, subtilement revisitées. Belle carte de vins.

**Accès :** sur la D920. Depuis l'A20, sortie 48.

### COLLONGES-LA-ROUGE 19500 (19 km SE)

€€ **Le Relais-Saint-Jacques** – *rue de la Barrière ☎ 05-55-25-41-02. • hotel-stjacques.com • Tlj sauf mer. Congés : 15 nov-15 mars. Formule déj 19,90 € (sauf dim et j. fériés) ; menus 27-42 €. Menu végétalien sans gluten 27 €. Parking.* Dans une bâtisse ancienne joliment rénovée, un petit établissement discret de 10 chambres simples mais vastes, lumineuses et impeccables. Le restaurant est composé de 2 élégantes salles à manger en enfilade, avec tables nappées, lumignons et meubles anciens. Cuisine de bonne réputation et de qualité qui met l'accent sur les produits du cru, tout en lorgnant du côté du Périgord voisin : terrine de campagne aux châtaignes, pièce de bœuf Limousin à la moutarde violette de Turenne, confit de canard, foie gras ou gigolette de poulet au Bergerac. Intéressante sélection de vins au verre à prix abordables. Agréable terrasse aux beaux jours. Bon accueil. Une bien bonne surprise, en somme.

**Accès :** par la D38.

### OBJAT 19130 (20 km NO)

€ **La Tête de l'Art** – *53, av. Jean-Lascaux ☎ 05-55-25-50-42. Tlj sauf dim soir, lun et mer soir. Congés : 2 sem fin juin. Formule 15 € le midi en sem ; menus 23-28 €. Café offert sur présentation de ce guide.* Voici une escale que l'on ne regrette pas. La salle est moderne et sobrement décorée, en harmonie avec des plats inventifs juste ce qu'il faut, fins, copieux et soignés jusque dans la présentation. Le chef n'abuse pas des sauces pour ne pas altérer le goût des produits. La courte carte varie au gré du marché et des saisons. Très bons conseils pour les vins, et service très pro. Excellent rapport qualité-prix, vous l'avez compris.

**Accès :** en parallèle de la place Jean-Lagarde.

## SÉGUR-LE-CHÂTEAU 19230

€€ **La Part des Anges** – *4, rue des Claux ☎ 05-55-73-35-27. Tlj sauf mer en juin et sept. Congés : oct-mai. Plats 14-22 €.* Ça vaut la peine de pousser jusqu'à Ségur. D'abord, parce que le village est adorable, ensuite, parce que cette adresse a tout pour plaire : l'accueil est charmant, le cadre rustique est chaleureux (piano, poutres, parquet, fauteuils devant la cheminée), les terrasses qui dégringolent jusqu'aux berges de l'Auvézère sont géniales, et la cuisine est fraîche et goûteuse (dans le registre terroir, réalisé avec des produits locaux comme le boudin aux châtaignes fermier, ou la truite bio de la pisciculture voisine). Vraiment top… jusqu'aux toilettes dans une tourelle au bout du jardin, qui valent la photo !

## SOURSAC 19550

€ **Le Souraçois** – *22, Grand'Rue ☎ 05-87-49-65-16. Tlj sauf dim soir, lun et mar. Congés : dernière sem de juil, 1re sem d'oct et 3 sem en janv. Formule déj en sem 14 € (vin compris) ; menus 22-35 €.* À la barre de cette adresse gourmande, un jeune couple plein de talent. Il s'occupe du salé, elle du sucré. Plats et desserts divins, mêlant tradition et modernité. Truite poêlée, foie gras, pavé de bœuf du Limousin, autant de spécialités revisitées par le chef. Ils sont, en plus, aux petits soins. Réservation préférable. Si besoin, la maison dispose également de quelques chambres toutes simples.

## TULLE 19000

€€ **Restaurant Les 7** – *32, quai Baluze ☎ 05-44-40-94-89. Fermé lun, mer soir et dim soir. Résa indispensable* *(une vingtaine de couverts slt). Formules déj en sem 14,50-19 € ; le soir, menus 29-39 €.* Le nom de cet établissement intimiste fait référence aux 7 collines autour de Tulle, ainsi qu'aux dates de naissance des propriétaires nés en juillet. Cyril Auboiroux, disciple d'Alain Ducasse, propose une excellente cuisine à base de produits frais, tandis que sa compagne, Julie, gère la salle avec gentillesse et efficacité. Dès le 1er menu du midi, on se régale de plats du marché parfaitement maîtrisés et servis avec la manière. Et le soir, on monte en gamme et on met les petits plats dans les grands. Un rapport qualité-prix du tonnerre !

**Accès :** prendre la D940.

**€€ IOI Le Bouche à Oreille** *- 39-43, av. de-Gaulle ☎ 05-44-40-40-30. ♿ Tlj sauf le soir dim, lun et mar, plus le dim midi 11 juin-10 sept. Formules déj en sem 14,90-25 € ; menus 25 € le midi (sauf w-e), puis 35 €. Café offert sur présentation de ce guide.* Le bouche-à-oreille fonctionnant à plein régime, la réservation s'impose si l'on veut s'attabler dans ce restaurant au cadre contemporain sobre et élégant. Il faut dire que le chef a du talent et réalise une excellente cuisine de saison gourmande et soignée, élaborée avec les meilleurs ingrédients sélectionnés chez des producteurs locaux. Du beau travail.

**Accès :** en plein centre.

## DANS LES ENVIRONS

### FAVARS 19330 (11 km O)

**€ 🏠 IOI P Hôtel-restaurant Vernat** *- 2, av. des Lilas ☎ 05-55-29-30-14. • hotel-restaurantvernat.fr • ♿ Fermé le soir. Ouv le midi en sem ; et le w-e, sur résa slt. Menu du jour 17,30 €, puis 24,50-35 €. Parking.* Un modeste établissement de village à la jolie façade de pierre. Mais la maison est surtout connue pour la qualité de sa table, qui propose une cuisine traditionnelle régionale. Il est même chaudement recommandé de réserver sa place les jeudi, samedi ou dimanche midis, jours de la farcidure (octobre-avril). Pour les recalés, vente à emporter. Accueil discret et gentil comme tout.

**Accès :** par la D940, puis la D9. Au centre du village.

### GIMEL-LES-CASCADES 19800 (12 km NE)

**€€ 🏠 IOI ⛱ L'Hostellerie de la Vallée** *- Le Bourg ☎ 05-55-21-40-60. • hotel-restaurant-gimel.fr • Resto tlj sauf dim soir-lun midi avr-oct ; hors saison, ouv slt le soir en sem pour la clientèle de l'hôtel. Congés : de mi-déc à début janv. Menus 27-35 € ; carte env 45 €.* En été, il vaut mieux réserver, car il y a du monde pour voir les cascades de Gimel. Central, cet établissement est une halte de charme, grâce au village d'abord, adorable, à la salle à manger ensoleillée, qui surplombe les gorges, et à la terrasse où il fait bon dîner les soirs d'été. Les produits frais et du terroir sont à l'honneur (viande du Limousin, tête de veau).

**Accès :** par la D1089, puis la D53.

### LAGARDE-ENVAL 19150 (14 km SE)

**€€ 🏠 IOI ⛱ Auberge Pays de Mestre** *- route de l'Étang ☎ 05-55-27-16-12. ♿ Fermé dim soir. Congés : 15 août-15 sept. Formule déj en sem 17 € ; menus 26-35 €. Apéritif maison offert sur présentation de ce guide.* Face à l'église et au coquet manoir du village, la même famille règne sur cette grosse maison depuis des lustres. Et comme on ne change pas une équipe qui gagne, on y trouve la même cuisine régionale et gastronomique, avec omelette aux cèpes de Corrèze, confit de canard, escalope limousine. Attention, il faut avoir jeûné avant de s'y attaquer. Ça tient au corps ! Une adresse simple, avec quelques chambres propres et confortables pour faire la pause. Pas mal d'activités possibles alentour et un étang de pêche à proximité avec parcours santé.

**Accès :** par la D940 jusqu'à La Chapeloune, puis à gauche par la D1 ou par la D1120 ; au carrefour Les Jordes, prendre la D10 ; à 3 km.

## USSEL 19200

**€€ 🏠 IOI ⛱ L'Auberge de l'Empereur** *- lieu-dit La Goudounèche ☎ 05-55-46-04-30. • aubergedelempereur.com • Ouv tte l'année tlj sauf dim soir et lun. Formule déj 26 € ; menus 33-60 € ; carte 45 €. Café offert sur présentation de ce guide.* Une adresse presque secrète, perdue dans un séduisant hameau. Salle à manger de charme aménagée dans une immense grange du XVIIIe s. Pierre sèche et voûte en forme de carène de navire. Cadre raffiné pour une cuisine inventive savoureuse. Aux beaux jours, terrasse ombragée. Pour dormir, 4 chambres au rez-de-chaussée, côté rue du village (mais trafic inexistant), avec entrée autonome. Cadre simple, décor sobre, salles de bains impeccables (w-c indépendants).

***Accès :*** à la sortie de Julle, dans la zone de l'Empereur.

## UZERCHE 19140

€ 🍽 **Chez Denise** – *8, rue Gabriel-Furnestin (ex-porte Barachaude)* ☎ *05-55-73-22-12. Ouv tlj le midi. Congés : Noël-25 fév. Menus 13-29 €. CB refusées. Apéritif maison offert (pour les menus à partir de 18 €) sur présentation de ce guide.* Denise tient depuis des lustres son bistrot à l'ancienne, assistée par l'irremplaçable Francine. Ça ne paie pas de mine, mais la vue que l'on a de l'étroit balcon qui domine la Vézère est de toute beauté. Et puis on y mange fort bien dès le 1er menu. Cuisine familiale proposant assiette limousine (foie gras, magret, gésiers, noix, châtaignes et salade), confit, viande du jour, etc. Ou alors une simple et délicieuse omelette aux cèpes (à la carte), avec son saladier. Accueil franc et sympathique.

***Accès :*** par la place Marie-Collein (porte Barachaude). Dans une ruelle de la vieille ville.

# Creuse (23)

## AUBUSSON 23200

€ 🏠 🍽 ⛱ **Hôtel-restaurant de France***** – *6, rue des Déportés* ☎ *05-55-66-10-22.* ● *aubussonlefrance.com* ● ♿ *Tlj sauf dim soir hors saison. Congés : autour de Noël. Formule déj 16 € en sem ; menus 22-43 €.* Dans cet ancien relais de poste du XVIIIe s, à l'atmosphère chic et classique, on se régale de spécialités traditionnelles de bonne tenue, élaborées avec des produits made in Limousin.

***Accès :*** à côté de la poste.

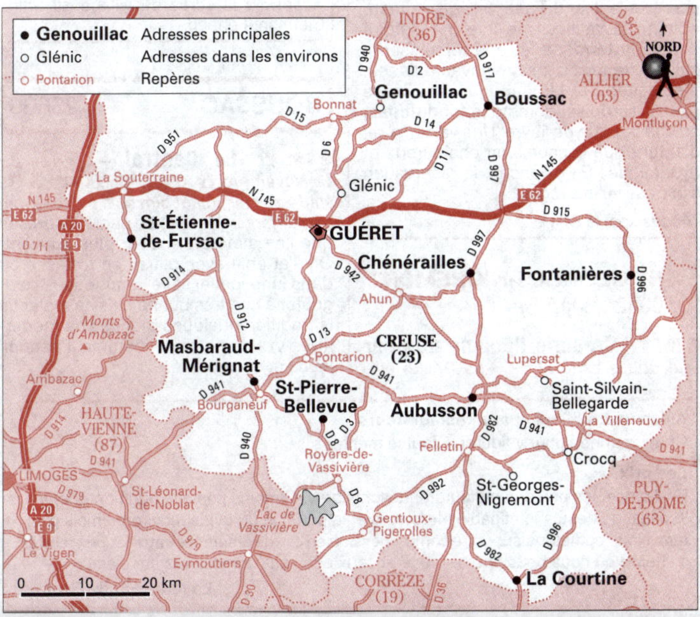

**€€ Les Maisons du Pont – Bistrot À la Terrade** – *rue Alfred-Assolant ☎ 05-55-67-72-20. Fermé lun-mar, sauf en juil-août. Formules déj 16,50-22 € ; menus 32-56 € ; carte env 35 €. Café offert sur présentation de ce guide.* C'est la belle adresse de la ville. Au cœur de l'adorable quartier de la Terrade, les sympathiques propriétaires ont métamorphosé 2 maisons anciennes en établissement de grand charme. Il y a d'un côté un hôtel cosy, et de l'autre un bistrot gourmand où la carte courte privilégie les produits de qualité. En terrasse en surplomb de la Creuse, ou dans l'une des belles salles où les vieilles pierres s'accommodent à merveille du design contemporain, on se régale de rillettes maison, d'une pièce de veau à la crème de morilles, ou d'un dos de cabillaud au pesto d'ail des ours. Vraiment bien, comme l'accueil.

## DANS LES ENVIRONS

### SAINT-SILVAIN-BELLEGARDE 23190 (12 km E)

**€€ La Vallée Gourmande** – *le Bourg ☎ 05-55-83-09-75. Ouv ts les midis sauf sam, ainsi que ven soir. Congés : 3 sem à partir de mi-août. Formule déj 13,50 € ; menu 25 €.* Tapi derrière l'église du petit village, le resto domine la vallée. Une vue magnifique depuis la terrasse, et une réjouissante cuisine de terroir, plus innovante le soir, plébiscitée par les habitués. Quelques plats à l'ardoise, comme le fondu/frites, ou une cocotte de lièvre. Une valeur sûre, d'autant que l'accueil est chaleureux et dynamique ! En revanche, la réservation s'impose vu le succès.

***Accès :*** par la D941.

### SAINT-GEORGES-NIGREMONT 23500 (20,5 km S)

**€ Crêperie l'Écume du Jour** – *Le Bourg ☎ 05-55-66-55-07. En été, tlj sauf lun ; en hiver, jeu midi-dim midi. Repas 15-25 €.* Qu'on les déguste sur l'agréable petite terrasse ou dans la non moins agréable salle, galettes et crêpes valent le détour. Chloé vous reprend gentiment : on ne dit pas galette mais *pescajoux* chez elle (en Auvergne). N'empêche que ces *pescajoux* sont excellents garnis de chèvre, de poire, de miel, de noisettes et bien d'autres merveilles de goût généralement bio et choisies de préférence chez des producteurs locaux. Il y en a autant pour les becs sucrés que salés... et la note ne grimpe pas trop. Alors... champagne ? Non, plutôt du cidre, et de Royère-de-Vassivière, s'il vous plaît ! *NOUVEAUTÉ.*

***Accès :*** par la D23, direction La Courtine.

### CROCQ 23260 (26 km SE)

**€€ Auberge du Pays Saint-Éloi** – *17, route de Clermont ☎ 05-55-67-40-14. Tlj midi et soir en saison ; hors saison, ts les midis et le soir sur résa. Menus 14,50 € (le midi)-34 €.* Une auberge de pays en bordure de route, bien sympathique : bonne cuisine familiale copieuse, à base de produits frais et de recettes du terroir. Service à l'étage, dans la salle rustique, ou dans le jardin, en terrasse. Excellent accueil, disponible et souriant.

***Accès :*** à la sortie du village, direction Clermont-Ferrand.

## BOUSSAC 23600

**€ Le Central** – *4, rue du 11-Novembre ☎ 05-55-65-00-11. ♿ Tlj sauf lun, mar soir et dim soir. Formule déj 15 € ; menus 24-43 €.* Le genre d'adresse que l'on aimerait trouver plus souvent. On s'attable avec plaisir en terrasse ou dans une belle salle lumineuse, pour goûter à une très bonne cuisine mêlant à la tradition quelques touches de modernité. Vraiment bien, comme l'accueil jeune et dynamique.

**Avis aux hôteliers et aux restaurateurs**
Chaque année pour y figurer, il faut le mériter !

**Les prix**
En France, les prix des restaurateurs sont libres. Certains peuvent augmenter entre le passage de nos infatigables fureteurs et la parution du guide, environ 6 mois plus tard. Nous comptons sur votre compréhension en cas de différence entre les prix relevés à l'heure où nous bouclons ce guide et ceux que vous constaterez sur place.

La rédaction du Routard

## CHÉNÉRAILLES 23130

€ 🍽 **Le Coq d'Or**** – *7, pl. du Champ-de-Foire ☎ 05-55-62-30-83. ♿ Tlj sauf dim soir, lun et mer soir (plus mar soir hors saison). Congés : 3 sem début janv, 10 j. fin juin et 10 j. fin sept. Formule 15 € le midi en sem ; menus 24-28 € (sauf dim et j. fériés), puis 35-53 €.* Le *Coq d'Or* est bel et bien le roi du village ! Dans l'assiette, ses menus de saison mêlant tradition et modernité remportent tous les suffrages. C'est beau, net et savoureux, de quoi justifier le détour. Quant à la déco, elle fait dans le co(q)asse, avec une ribambelle de coqs glanés un peu partout !

**Accès :** face à la place du Champ-de-Foire.

## FONTANIÈRES 23110

€ 🍽 ⛱ **Le Damier** – *Le Bourg ☎ 05-55-82-35-91. Tlj sauf lun soir, mar soir et mer ; hors saison, le soir jeu et dim. Congés : fin fév-début mars, 1 sem fin juin et fin sept-début oct. Résa conseillée. Menus 13,50 € le midi en sem, puis 22,50-43 € ; carte env 35 €.* On aime bien cette auberge de pays, dans le centre du village, qui se cache dans une adorable maison de poupée tout en pierre. Atmosphère élégante et feutrée, cuisine de tradition proprement réalisée : terrine de foie gras de canard maison, pièces de bœuf du pays cuisinées selon la saison... Et *Damier,* on comprendra pourquoi en regardant le sol ! Une adresse bien agréable.

**Accès :** par la D996. Dans le bourg, à gauche après l'église.

## GENOUILLAC 23350

€€ 🏠 🍽 ⛱ P **La Table de mon Grand-Père** – *lieu-dit Montfargeaud ☎ 05-55-80-85-60. • tablegrandpere.com • ♿ Fermé sam midi et le soir des dim, lun et mar. Formule déj 14,90 € ; menus 27,50-37 €. Parking. Apéritif maison offert sur présentation de ce guide.* Cette auberge de pays a conservé une ambiance toute montagnarde et décontractée. Que ce soit dans la salle aux airs de chalet savoyard avec cheminée ou dans les cabines de téléphérique aménagées, le chef, propose des spécialités qui fleurent bon les sommets : outre les magrets et les confits, on déguste raclettes, fondues... pas banal en plein cœur de la Creuse ! L'été, une jolie terrasse fleurie vous accueille.

**Accès :** à 2 km de Genouillac-Centre.

## GUÉRET 23000

€€ 🍽 ⛱ P **Le Coq en Pâte** – *2, rue de Pommeil ☎ 05-55-41-43-43. ♿ Tlj sauf dim soir et lun soir. Menus 18 € le midi en sem, puis 28-60 € ; carte env 60 €. Parking.* Posée en haut d'un jardin, cette maison de maître en impose, mais le visiteur s'y sent vite comme un... coq en pâte. Il faut dire que Jean-François Rodallec maîtrise le sujet : son savoir-faire et sa connaissance des produits régionaux garantissent la qualité d'une cuisine classique de saison, savoureuse et raffinée. Terrasse sur jardin, avec vue sur la fontaine, aux beaux jours.

**Accès :** au bas de la place Bonnyaud.

## DANS LES ENVIRONS

### GLÉNIC 23380 (8 km NE)

€€ 🏠 🍽 ⛱ P **Le Moulin Noyé** – *3, route de La Châtre ☎ 05-55-52-81-44. • moulin-noye.com • Tlj sauf dim soir hors saison. Congés : sem de Noël. Formule midi en sem 13,50 € ; menus 27-62 € ; carte 30 €. Parking.* Ah ! qu'on est bien au *Moulin Noyé,* dans cette grande salle qui surplombe une gorge de la Creuse. Le site, bucolique à souhait, laisse rêveur. Les chambres, fraîches et propres, donnent sur le parc pour certaines. N'oubliez pas de demander une table avec vue pour apprécier au mieux la cuisine de terroir ! Également une terrasse et une piscine.

**Accès :** par la D940, puis la D63.

## LA COURTINE 23100

€ 🏠 🍽 ⛱ P **Au Petit Breuil**** – *route de Felletin ☎ 05-55-66-76-67. ♿ Tlj sauf lun et dim soir, plus ven soir de mi-sept à mi-avr. Congés : 20 déc-15 janv. Menus 14 € le midi en sem, puis 22-46 €. Parking.* Une auberge de campagne typique, dans la même famille depuis plusieurs générations. Une excellente cuisine traditionnelle goûteuse et copieuse. Terrine de foie gras, aiguillettes de canard aux girolles et à la crème de citron, ou cuisinées aux myrtilles, pavé limousin aux cèpes, soufflé glacé aux noix. Que du bon et du frais ! Une bonne escale sur la route de la Corrèze.

Une dizaine de chambres pour prolonger l'étape, et même une piscine chauffée.

**Accès :** par la D982. Dans le centre du village.

## MASBARAUD-MÉRIGNAT 23400

**€ Chez Nous** – *Les Gouttes ☎ 05-55-64-18-83. Ouv le midi lun-sam. Fermé le dim et le soir. Congés : 15 j. en sept. Menu du jour 12,50 €, autres menus 20-30 €. Parking. Apéritif maison offert sur présentation de ce guide.* Un bâtiment imposant et plein de caractère ceinture une jolie cour avec, en son centre, une haute fontaine. Aux beaux jours, c'est donc en terrasse, avec le bruit de l'eau, que vous vous régalerez d'une solide cuisine de terroir : viande limousine, ris de veau aux cèpes, confit de canard, mais aussi salades composées...

**Accès :** entre Bourganeuf et Saint-Dizier-Leyrenne. À l'entrée du village, tourner à droite.

## SAINT-ÉTIENNE-DE-FURSAC 23290

**€€ Hôtel-restaurant Stéphane Nougier***** – *2, pl. de l'Église ☎ 05-55-63-60-56. • hotelnougier.fr • Tlj sauf lun et mar midi, plus dim soir hors saison. Congés : de déc à mi-mars. Formule déj en sem 16 € ; menus 28-59 €. Parking payant.* Une des meilleures tables du département, au cœur du village. Le chef, Stéphane Nougier, nous régale d'une cuisine de terroir revisitée et inventive, très gourmande, qui suit les saisons et combine habilement épices, viandes et poissons. Service au diapason, élégant sans être intimidant. Jolie terrasse fleurie. Table distinguée Logis.

**Accès :** sur la D1 direction Fursac. Dans le bourg.

## SAINT-PIERRE-BELLEVUE 23460

**€ Auberge du Compeix** – *Le Compeix ☎ 05-55-64-24-67. Ouv ts les midis, plus ven-sam soir sur résa. Menus déj 13,50 € ; puis 19,50-28 €.* Les animaux de ferme finissent en beauté leur carrière ici, tout en réjouissant les papilles des initiés : foie de porc en terrine et aux figues, volaille en ballottine et aux dattes, canard en magret et à l'orange... on continue ? Les desserts ? Le coup de grâce ! Bavarois aux pistaches ou *cheesecake* aux spéculos. L'ensemble est bien troussé, joliment présenté, servi par une sympathique équipée et vaut le déplacement dans ce coin de campagne où les portables ne captent presque pas (chouette !). *NOUVEAUTÉ.*

**Accès :** à env 4 km du village, par la D34 direction le lac de Vassivière, puis la D58 (vers Bourganeuf).



# Deux-Sèvres (79)

## BRESSUIRE 79300

**€€ La Table Notre-Dame** – *14, pl Notre-Dame ☎ 05-49-65-03-31. Tlj sauf dim soir, lun, mar soir et mer soir et j. fériés. Congés : 2 sem fin août. Formules11,50-15,50 € le midi, 26,50 € le soir.* En face de la cathédrale, un tout petit resto qui ne paie pas de mine, avec une salle sobre et moderne. Ne pas s'arrêter à ce détail, on y déguste une cuisine de grande qualité, pleine de créativité et utilisant de beaux produits locaux de saison. Accueil jeune et sympa. Une valeur sûre.

**Accès :** en plein centre.

## NIORT 79000

**€€ Le P'tit Rouquin** – *92, rue de la Gare ☎ 05-49-24-05-34. Tlj sauf ven-dim. Résa conseillée. Congés : 15 j. en août. Formule 14,90-16,90 € le midi, 27 € le soir.* Dans le genre bistrot à vins des copains, c'est la référence ! Faut dire que tout concourt au succès : le cadre vintage soigné (zinc, carrelage à damier...) et l'accueil chaleureux, l'excellence des produits de saison (le plus souvent locaux),

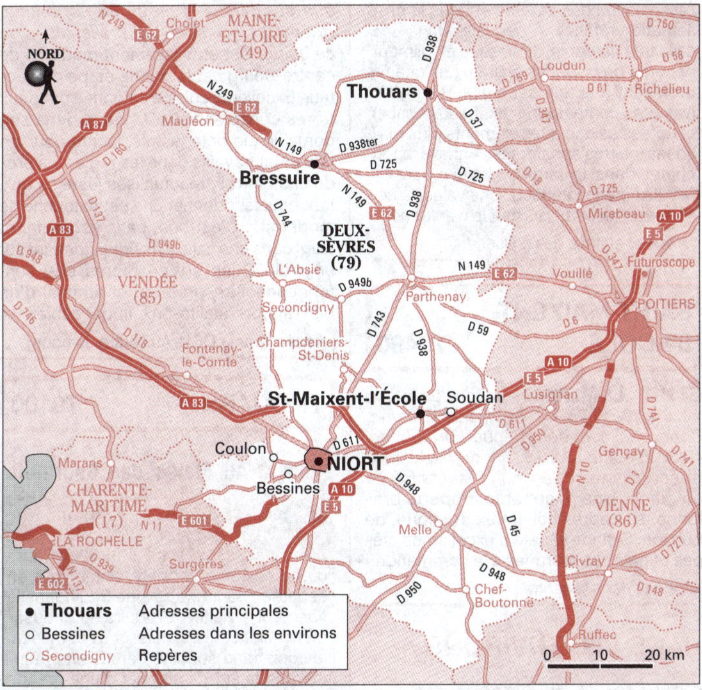


les gouleyants vins naturels (à emporter à prix caviste si affinité), les p'tits plats de ménage savoureux... On ne s'en lasse pas, surtout si l'on obtient une table sur la jolie terrasse.

## DANS LES ENVIRONS

### BESSINES 79000 (4 km SO)

**€€€ ⛱ P L'Adress** – *1, rue des Iris ☎ 05-49-79-41-06. ♿ Tlj sauf dim-lun et j. fériés. Congés : 2 sem en août. Menus 20 € (le midi), puis 35-70 €. Parking.* L'adresse est improbable, mais la meilleure table du secteur mérite le détour. Ils sont d'ailleurs nombreux à rallier cette grande maison moderne aux allures de villa, et à s'installer dans la salle élégante et design, dont les baies vitrées donnent sur le jardin. Un seul mot d'ordre : « Le produit, rien que le produit ! » Cuisine inventive, fraîche, pleine de couleurs, de saveurs subtiles qui se télescopent : on se régale. Délicieuses mises en bouche, mignardises et merveilleux desserts viendront compléter votre bonheur. Service pro. Un grand, donc, à prix abordables...

***Accès :*** en arrivant de Niort par la D811, au rond-point pour Bessines, ne pas entrer dans le village mais prendre à gauche.

### COULON 79510 (10 km O)

**€ ⛱ P Hôtel-restaurant Le Central***** – *4, rue d'Autremont ☎ 05-49-35-90-20. • hotel-lecentral-coulon.com • ♿ Resto tlj sauf dim soir-lun. Congés : 2 sem en oct et 3 sem en fév. Formule 18 € (sauf w-e) ; menus 21,50-45,50 €. Parking. 5 % de remise sur le prix de la chambre (hors juil-août) sur présentation de ce guide.* La table incontournable du Marais : service sérieux et qualité irréprochable des plats. Ça sent bon la France éternelle dans l'assiette : fricassée d'anguilles, carré d'agneau du Poitou. Le chef respecte à la lettre les grands classiques, mais il n'hésite pas pour autant à ajouter à l'occasion une pointe d'originalité dans l'association des saveurs et dans la présentation raffinée. À déguster dans une salle très agréable, lumineuse et joliment décorée de boiseries claires. Les chambres sont à la fois décorées avec goût (vasques contemporaines, beaux tissus) et dotées de quelques éléments plus rustiques (pierres apparentes). Annexe façon chalet dans le jardin, idéale pour les familles (patio intérieur). Une valeur sûre. Pensez à réserver (surtout le week-end).

**Accès :** en face de l'église.

## SAINT-MAIXENT-L'ÉCOLE 79400

€ |●| **La Marmite** – *33, pl. du Marché ☎ 05-49-05-75-74. Tlj sauf dim-lun. Congés : 2 sem début août. Formule déj 10,50 €, menu 13,90 € le midi ; carte 18 €. Apéritif maison offert sur présentation de ce guide.* Une charmante crêperie bretonne, au cadre chaleureux, rustique, de bon ton. Grande variété d'excellentes crêpes et galettes tournées à la commande.

**Accès :** dans le centre.

### DANS LES ENVIRONS

**SOUDAN** 79800 (7 km E)

€ |●| **L'Orangerie***** – *10, route de l'Atlantique ☎ 05-49-06-56-06. ● lorangerie79.com ● Tlj sauf dim soir-lun. Congés : janv et 1 sem en oct. Formule déj en sem 15 € ; menus 18 € (sauf sam soir, dim et j. fériés), puis 28-38 €. Parking. Apéritif maison offert sur présentation de ce guide.* Cet établissement moderne de centre-bourg est la bonne étape du secteur. Excellente cuisine mitonnée par deux frères consciencieux. Chacun dans son domaine (un pour le salé, l'autre pour les desserts) travaille dans les règles les produits du terroir, réactualisés juste ce qu'il faut pour leur donner une petite touche de modernité. C'est bon, sans esbroufe, et servi dans une salle classique donnant sur un jardin. Quant aux chambres, elles sont fonctionnelles, propres, et au final d'un bon rapport qualité-prix. Impeccable.

**Accès :** par la D611. Au centre du bourg.

## THOUARS 79100

€ **Au Plaisir des Gourmets** – *21, av. Émile-Zola ☎ 05-49-66-48-99. Tlj sauf dim, lun, mar soir. Formules 17,50 € en sem ; menus 22 € (sauf w-e)-32 €.* Cadre d'une certaine sobriété et tables bien séparées pour une cuisine traditionnelle finement revisitée. Produits rigoureusement sélectionnés, cuissons maîtrisées, associations subtiles de saveurs résument le talent de ce chef d'une grande générosité. Hors-d'œuvre d'une belle fraîcheur et exquis, jolies présentations, desserts maison à se damner. Accueil affable et service jeune complètent cette adresse promise à un très bel avenir.

**Accès :** centre-ville.

# Dordogne (24)



## BERGERAC 24100

€€€ |●| **La Table du Marché** – *21, pl. Louis-de-La-Bardonnie ☎ 05-53-22-49-46. Fermé dim (et lun hors saison). Congés : de mi-fév à fin mars et 15 j. fin juin-début juil. Formule déj en sem 26 € ; menus 39-44 € ; carte env 39 €.* Depuis son piano, disposé à même la salle, Stéphane Cuzin convoque son imagination pour surprendre sa clientèle, et les plats sont concoctés avec des produits de saison. Quant aux desserts, ils rivalisent d'originalité. Tout cela, dans une déco contemporaine, arrive à la table juste face au marché... gage de fraîcheur des mets. Autant réserver, car les Bergeracois connaissent bien l'adresse.

### DANS LES ENVIRONS

**ISSIGEAC** 24560 (19 km SE)

€€ |●| **La Brucelière** – *pl. de La Capelle ☎ 05-53-73-89-61. Tlj sauf mar-mer. Congés : 15 j. en janv et 1 sem fin*

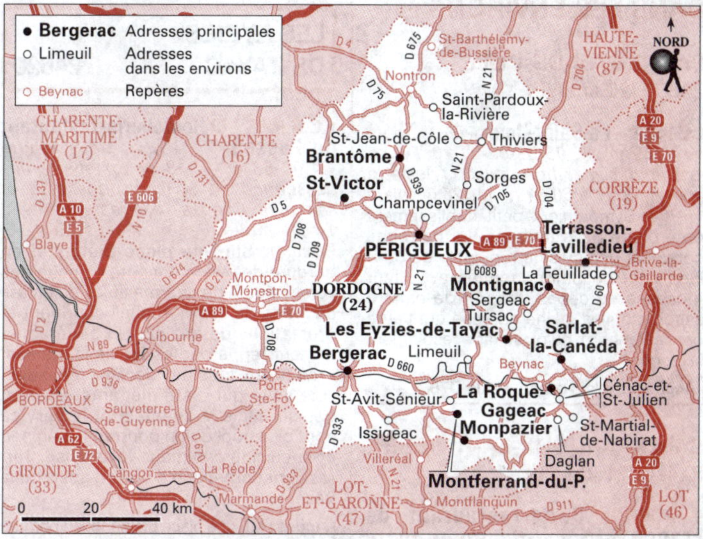


*sept. Formule déj 20 € en sem ; menus 29-33 €.* Dans cet ancien relais de poste au décor Vieille France (pierres apparentes, nappes dressées comme chez grand-mère), le chef David Douet nous régale avec une cuisine (re)créative ! Ajoutez l'accueil souriant, le service décontracté – malgré l'atmosphère endimanchée –, et le plaisir est au rendez-vous. Également 4 chambres d'hôtes très agréables.

## BRANTÔME 24310

**€€ |●| La Récré Gourmande** *– Domaine de La Roseraie, lieu-dit Les Courrières ☎ 05-53-45-77-04. Tlj sauf lun, jeu et sam midi (slt lun en saison). Formule déj (hors vac scol) 19,50 € ; carte 25-30 €.* Yann et Colette Chauvineau ont investi une ancienne chartreuse pour en faire un lieu récréatif et surtout re-créatif. Belle maison, bel accueil, décor cosy, avec feu dans la cheminée aux jours gris. Sinon, terrasse fort sympathique, et surtout bien bonne cuisine, simple et généreuse, à l'image des propriétaires. Goûteux burgers, fraîches salades ou plats sucrés-salés pour rêver d'ailleurs (alors qu'on est si bien ici !).

**€€ |●| Les Jardins de Brantôme** *– 33, rue Pierre-de-Mareuil ☎ 05-53-05-88-16. ● lesjardinsdebrantome.com ● ♿ Hors saison, fermé le midi (sauf dim) et mer-jeu ; en saison, fermé le midi lun-ven et mer soir. Congés : janv. Résa conseillée. Menus 31,50-39,50 € ; carte 45 €.* Une jolie maison, légèrement à l'écart du centre-ville. Accueil enjoué et service motivé. Tout le monde en salle est fier de ce qui se passe en cuisine et, franchement, il y a de quoi : salade de lapin confit, croustillant d'agneau, magret de canard et sa peau miellée aux épices. Cadre ravissant avec coin cheminée, mais aussi un jardin fleuri bien protégé de la rue. La partie hôtel mise sur un confort moderne et de belles matières (parquet, pierre, fer, lin...). Petite piscine pour parfaire le séjour.

***Accès :*** proche du centre et de l'av. des Martyrs.

**€€ |●| Les Saveurs** *– 6, rue Georges-Saumande ☎ 05-53-05-54-23. Tlj sauf jeu en été (lun-mar hors saison). Congés : 1 sem début nov et 4 sem à partir du 22 déc. Menus 19,50-24 € le midi en sem, puis 32-64 €.* Ce petit resto caché est redevenu l'une des bonnes tables de Brantôme. Saveurs délicates, présentation originale, beau choix de produits cuisinés avec amour et intelligence, conseils avisés pour les vins. Même le service est ici à la hauteur. Petites salles à l'ambiance intimiste et, pour les beaux jours, une grande terrasse à l'arrière.

## DANS LES ENVIRONS

### SAINT-JEAN-DE-CÔLE
24800 (20 km NE)

€€ 🍽 ☂ **Le Saint-Jean** – *D707 (route de Nontron) ☎ 05-53-52-23-20. Fermé le soir dim-mer hors saison. Assiette gourmande 19,50 € ; menu 25 € ; plats 11-20 €.* Sympathique petit établissement doté d'une belle terrasse. La patronne concocte une cuisine régionale de qualité : noix de Saint-Jacques avec leur fricassée de cèpes, magret de canard sauce morilles... Une adresse qui fleure bon le Périgord, où on se tape résolument la cloche.

*Accès :* en plein centre, par la D78.

### SAINT-PARDOUX-LA-RIVIÈRE
24470 (21 km NE)

€ 🏠 🍽 ☂ **Hôtel-restaurant de France** – *Grand-Rue-de-la-Barre ☎ 05-53-56-70-15. • hotel-de-france-cibot.com • Resto tlj sauf sam hors saison. Menus 13,50 € en sem, puis 33-40 € ; menu 40 € le dim.* Chez les Cibot, l'hôtellerie et la restauration sont une affaire de famille. Les chambres sont simples, mais d'un rapport qualité-prix très honorable. Excellente table où les produits du cru sont à l'honneur : écrevisses, cabécou, canard évidemment (magret remarquable). Impressionnantes assiettes de pays. C'est bon et copieux, et les habitués ne s'y trompent pas : la salle est souvent bondée. Pour déborder au grand air, belle terrasse à l'arrière en été.

*Accès :* en plein centre, entre la mairie et le pont.

### THIVIERS 24800 (27 km NE)

€€ 🍽 🏠 ☂ **L'Escapade des Sens** – *51, rue du Gal-Lamy ♿ Tlj sauf dim soir, lun et jeu soir. Formules 16-21 € le midi ; menus 28-44 € le soir.* Les nouveaux acquéreurs anglais de l'*Hôtel de France et de Russie* ont eu la bonne idée d'accueillir dans leurs murs Nicolas Cousinou. Un jeune chef formé à bonne école, qui mise sur le local, la saison, le goût du produit, l'assaisonnement juste. À la carte, des « confidentiels », limités dans le temps, utilisant les saisons et jouant sur la nostalgie, comme le ragoût de morilles farcies ou le paris-brest. Salle dans l'esprit maison et terrasse bien agréable en été. *NOUVEAUTÉ.*

## LES EYZIES-DE-TAYAC 24620

€€ 🏠 🍽 ☂ 🅿 **Hostellerie-restaurant du Passeur***** – *1, pl. de la Mairie ☎ 05-53-06-97-13. • hostellerie-du-passeur.com • ♿ Tlj sauf mar midi et sam midi. Congés : nov-mars. Formule 17 € le midi en sem ; menus 29-42 €. Parking.* Sur une place piétonne, en bordure de rivière. La note blanche des volets ajoute du charme aux vieux murs couverts de lierre. Accueil charmant et prestations de qualité. Un bel établissement repris par les fils de la maison, Franck en cuisine, Jérôme en salle. Une salle qui reste élégante et bourgeoise, mais la clientèle et le service sont plus cool qu'on pourrait l'imaginer, et la cuisine d'humeur voyageuse. Terrasse panoramique d'où l'on aperçoit la Vézère.

*Accès :* sur une place piétonne, en bordure de rivière.

## DANS LES ENVIRONS

### TURSAC 24620 (4 km NE)

€€ 🍽 **Auberge de Layotte** – *Layotte En juil-août, tlj sauf dim soir-lun ; en basse saison, ouv mer soir-dim midi. Congés : janv-fév. Résa indispensable. Menu unique 35 €, apéro, café et vin compris. Pour les moins de 10 ans, même menu à 10 €.* Un lieu pas comme les autres, niché au fond d'un sous-bois. On gare la voiture et l'on fait une centaine de mètres à pied. On découvre alors le potager, puis la petite maison champêtre qui vous accueille, précédée par une terrasse couverte et, enfin, la salle éminemment campagnarde. Là commencent les agapes : ratafia de pissenlit, soupe aux orties, terrine, jambon fumé, salade aux plantes sauvages, confit de canard, sauté de bœuf, pommes sarladaises, fromages, gâteau aux noix... Gentillesse de l'accueil, authenticité de la cuisine de Régis et générosité, puisque tous les légumes, fleurs, pâtés et viandes fumées sont cultivés et confectionnés sur place. *NOUVEAUTÉ.*

*Accès :* Des Eyzies, prendre la D47 direction Périgueux, et après 3 km tourner à droite (auberge indiquée, juste avant l'arrivée au village de Manaurie).

### LIMEUIL 24510 (16,5 km SO)

**€ ● ⛱ Au Bon Accueil** – ☎ *05-53-63-30-97. Congés : 1er nov-Pâques. Menu du jour 16 € ; autres menus 21-29 €.* La belle surprise du pays. Des chambres colorées pour qui veut prendre le temps de se poser et profiter de la table, mais aussi des vins ou des bières (très bonnes) du pays. Bien bonne cuisine à base de produits locaux : confit de poule, fricassée de porc à la bière de Limeuil, glaces artisanales. Surtout une magnifique terrasse, au cœur du village, sous la glycine centenaire.

***Accès :*** dans la partie haute du village.

## MONPAZIER 24540

**€€ ● Le Bistrot 2** – *Foirail-Nord ☎ 05-53-22-60-64. ♿ Ouv tlj midi et soir. Fermé ven hors saison. Le midi en sem, formule 19,75 € ; menus 22,50-28 €.* Face aux deux entrées principales de l'enceinte, ce *Bistrot 2* est une heureuse surprise pour le voyageur. Sous l'ombre bienfaitrice d'une superbe glycine, à même une esplanade pavée, on se régale chaque midi d'un menu d'une rafraîchissante inspiration. Les menus du soir et la carte, pas excessifs, piochent dans des préparations plus conventionnelles. Personnel aux petits oignons. On peut aussi venir boire tout simplement un petit vin blanc sous la tonnelle.

***Accès :*** hors les murs, près de la porte Nord.

## MONTFERRAND-DU-PÉRIGORD 24440

**€ 🏠 ● ⛱ P Auberge Lou Peyrol** – *La Barrière ☎ 05-53-63-24-45. ● hotel-loupeyrol-dordogne.com ● Ouv ts les soirs ; le midi, ouv slt sur résa. Congés : 1er oct-Pâques. Menus 21-39 €. Parking. Apéritif maison offert sur présentation de ce guide.* Joli petit hôtel-resto de campagne posé au bord d'une route très peu fréquentée la nuit. Tenu par Sarah et Thierry, un très accueillant couple corso-anglais. C'est en tout cas une très bonne table où l'on vous servira, par exemple, une goûteuse omelette aux girolles, une canette de Barbarie rôtie et, au dessert, un gâteau au chocolat et aux noix. Et aussi quelques chambres simples parfaitement rénovées.

***Accès :*** par la D703, puis la D660 direction Beaumont et ensuite la D25. En bas de Montferrand, sur la D26.

## DANS LES ENVIRONS

### SAINT-AVIT-SÉNIEUR 24440 (7 km NO)

**€€ ● ⛱ La Table de Léo** – *le Bourg ☎ 05-53-57-89-15. Tlj sauf dim soir et lun, plus mer hors saison. Menu du marcheur le midi 20 € ; menu Plaisir 32 €.* Florent Reversat, après un joli parcours chez des étoilés de la région, a eu envie, avec sa femme Servane, de reprendre cette belle maison périgourdine. Leur fils Léo pourra tester, en grandissant, les petits plats joliment présentés, qui sortent de la cuisine paternelle. Pas seulement le savoureux hamburger qui porte son nom, mais aussi les tartares, les poissons, les produits locaux servis avec de vrais légumes de saison. Du terre-mer plein d'imagination, qui donne faim... et soif. Terrasse bien agréable.

***Accès :*** dans le bourg.

## MONTIGNAC 24290

**€€ ● ⛱ Aux Berges de la Vézère** – *pl. Tourny ☎ 05-53-50-56-31. Tlj juil-août (sinon, fermeture dim soir-lun et mar soir). Formules 15-19 € (sauf juin-août) ; pizzas 8,90-15,90 € ; carte env 30 €. Café offert sur présentation de ce guide.* Bienvenue chez les Lascaud (avec un D !). Une adresse qui trompe son monde, mais dans le bon sens, car ici on mange bien, sain et local. Les pizzas ? Pour les Anglais, mais vous pouvez les tester, elles sont très bonnes. On préfère quand même la cuisine du chef, qui joue la carte des producteurs et des artisans régionaux. Bières du Périgord, jus de fruits locaux. On en oubliait la vue sur la rivière et l'autre rive, depuis la terrasse ou depuis la grande salle où le bois et le béton ciré font bon ménage, sur fond de décor gris et blanc.

## DANS LES ENVIRONS

### SERGEAC 24290 (9 km SO)

**€ ● ⛱ P Restaurant L'Auberge du Peyrol** – *D65 ☎ 05-53-50-72-91. ♿ Ts les midis sauf lun, plus le soir mar-jeu et dim(en juil-août, tlj sauf lun). Congés : janv-fév. Résa conseillée. Menus 19-38 €. CB refusées. Parking.* Auberge à l'ancienne, en belle pierre du pays. Selon le temps, vous profiterez du jardin et de la vue, ou de la grande cheminée où sont fumés les magrets. Sur la table, des nappes à carreaux et des serviettes en coton.

Voilà planté le décor. Côté cuisine, c'est rustique, copieux, et surtout goûteux ! Au menu, de bons plats de la campagne. Un Périgord comme on l'aime.

**Accès :** prendre la D65.

## TERRASSON-LAVILLEDIEU 24120

**€€ La Mandragore** – *Belvédère des Remparts, pl. de l'Abbaye ☎ 05-53-51-34-17. Fermé mar soir et mer, résa fortement conseillée hors saison. Formule déj 15 € ; menus 25-35 € ; carte env 35 €.* Situé en ville haute, le resto domine Terrasson et offre une vue remarquable depuis sa terrasse. Le cadre très moderne cherche à mettre tout le monde à l'aise, tandis que la carte affiche des prix franchement démocratiques. On y déguste une cuisine toujours plus fine et savoureuse, mais plus ou moins sage, plus ou moins voyageuse, en fonction de l'humeur d'un chef bourré de talent, qui déteste la routine.

**Accès :** longer la Vézère en direction de Condat.

## DANS LES ENVIRONS

### LA FEUILLADE 24120 (9 km E)

**€€ L'Art des Mets** – *2, route de Périgueux. Tlj sauf dim soir, lun et mer soir. Congés : 10 j. fin août. Menus 20 € le midi et 29 € ; carte env 32 €.* Aux confins du Périgord noir, dans une ancienne grange restaurée, une table rassurante, traditionnelle dans l'esprit, un poil créative dans la forme, où il fait toujours bon s'arrêter, au croisement des routes menant vers trois départements. Duo de foies gras, côte de veau aux morilles... et tartine de pied de cochon Rossini, mmh ! Très bon rapport qualité-prix pour le menu du midi. Terrasse couverte. *NOUVEAUTÉ.*

**Accès :** par la D6089, direction Larche.

## PÉRIGUEUX 24000

**€€ L'Épicurien** – *1, rue du Conseil ☎ 05-53-09-88-04. Tlj sauf dim soir et j. fériés, plus mar soir et mer hors saison. À midi, formules 17,50-19,50 € ; le soir, menus 29-36 € et carte 50 €.* Ici on fait dans l'intimisme, côté salle, et la sincérité, côté cuisine. Pas d'esbroufe, juste du travail précis dans l'assiette et de la sympathie pendant le service. Ne vous fiez pas au nom du resto, qu'on retrouve un peu partout en France, sous des couleurs diverses. Ici, c'est du jeune, du terre-mer frais et savoureux, réalisé par un Breton désormais marié au Périgord. Aux beaux jours, service dans un agréable patio.

**€€ Chez Nico** – *4, rue Judaïque (pl. de la Vertu) ☎ 05-53-54-93-21. Tlj sauf sam midi, dim et lun. Formules 15-18 € le midi en sem ; carte 30 €.* Sièges rouges, tableaux colorés, serveuse qui a du caractère, comme la cuisine que Nico prépare en coulisses, genre pavé de cabillaud au lard et haricots coco, du sérieux, du savoureux. On peut s'offrir une tête de veau, si on est dans le trip, ou un bon tataki de thon, si on aime les voyages. La terrasse est accueillante, l'ambiance est plus Sud-Ouest que gastro ; on aime.

## DANS LES ENVIRONS

### CHAMPCEVINEL 24750 (5 km N)

**€€€ La Table du Pouyaud** – *route de Paris ☎ 05-53-09-53-32. Tlj sauf dim soir-lun. Formule déj 28 € ; menus 34-60 €. Café offert sur présentation de ce guide.* Gilles Gourvat, un enfant du pays, est revenu au bercail après avoir tourné chez les plus grands. Il vient en personne vous détailler le menu, prendre la commande quand il n'assure pas lui-même le service. Son resto est à son image – beau, simple et raffiné – le genre de table pas crâneuse qui vous met la tête à l'envers et les papilles en émoi : bouillabaisse de homard, ris de veau aux truffes... Une excellente adresse. Terrasse aux beaux jours.

**Accès :** à 5 km du centre de Périgueux, par l'av. Pompidou (la D8).

### SORGES 24420 (19 km NE)

**€€€ Auberge de la Truffe***** – *Le Bourg ☎ 05-53-05-02-05. • auberge-de-la-truffe.com • Tlj sauf lun midi et mer midi, plus dim soir de nov aux Rameaux. Le midi en sem, formules 15-19,50 € et menus 42-66 € ; menu truffes 115 €. Café offert sur présentation de ce guide.* Voici une table de tradition, célèbre pour ses spécialités de foie gras et de truffe depuis 30 ans, que ses nouveaux propriétaires entendent bien conforter comme ambassade du Périgord gourmand. Côté resto, classique cuisine de terroir, fort bien tournée, et une large carte des vins. Cadre soigné avec un petit côté Vieille France, pas désagréable.

**Accès :** par la D8, puis à droite la D106 et encore à droite la D68.

## SAINT-VICTOR 24350

**€€ |●| ⛱ Restaurant Le Saint-Victor** – *pl. de l'Église ☎ 05-53-90-04-59. ♿ Tlj sauf dim soir-lun. Menu du jour le midi 12-14 € ; formule 22 € ; menu 28,50 €.* Au centre du village, une adresse qui revit. Petite salle chaleureuse, avec ses chaises en paille. Profitez de la terrasse sur la place, aux beaux jours, pour goûter à la cuisine de Lisa, qui n'a pas que le Périgord en tête (l'escalope de foie gras poêlé est servie avec des pois cassés) et qui donne du terroir une vision savoureuse et actuelle. Dorothée accueille les visiteurs, qui se sentent vite chez eux. La formule proposée au déjeuner est déjà remarquable pour le pays.

## SARLAT-LA-CANÉDA 24200

**€ |●| ⛱ Le Bistrot** – *14, pl. du Peyrou Tlj sauf dim-lun hors saison. Menus 18-29 €.* Au pied de la cathédrale, cette terrasse qui donne sur la rue piétonne, avec ses nappes à carreau, n'est pas un piège à touristes. Cette cuisine de bistrot, simple et généreuse, à base de produits frais, est une aubaine pour les visiteurs comme pour les locaux. Ambiance chaleureuse côté salle autour des tables en bois, où se retrouve une clientèle de tous âges. Bruyant, sympa. Service pro. Résa conseillée. *NOUVEAUTÉ.*

**€ 🏠 |●| ⛱ La Couleuvrine** – *1, pl. de la Bouquerie ☎ 05-53-59-27-80. ● lacouleuvrine.com ● Formule déj 13 € ; menus 24-32 € ; carte 40 €.* Une maison dirigée de mère en filles de main de maîtresses femmes. Marion réalise une cuisine actuelle, mélange de terroir et d'inventivité. Goûtez aux nems de foie gras, sauce thaï. Très bonnes viandes, accompagnées de frites maison ou de pommes sarladaises. La salle à manger, avec sa cheminée en pierre du XVe s, a été relookée, et la terrasse pour se lover au soleil s'est agrandie. Et toujours un excellent rapport qualité-prix-charme.

**Accès :** dans la vieille ville.

**€€ |●| ⛱ L'Adresse** – *10, rue Fénélon Tlj sauf dim-lun midi (slt dim en été). Congés : janv-mars. Menus 25-35 €.* Efficacité, côté service, simplicité et inventivité bien maîtrisée côté assiette. Du tataki de thon, qui donne des envies de voyage, au magret roulé à la coriandre, en passant par le foie gras mi-cuit, on reste dans le registre bistronomique. Déco de bistrot, elle aussi dans l'air du temps, murs blancs et tables en bois, verrière qui permet de voir l'équipe en cuisine travailler. Attention, c'est vite complet, pensez à réserver. Terrasse pour prendre l'air de Sarlat. *NOUVEAUTÉ.*

**€€ |●| ⛱ Les Jardins d'Harmonie** – *pl. André-Malraux ☎ 05-53-31-06-69. Fermé mar tte l'année ; plus ven midi juil-sept. Fermé mar et mer hors saison. Congés : de mi-janv à mi-mars. Formule 22 € ; menus 27-49 €.* Cette adresse discrète, divisée en 2 salles aux murs de pierre et aux assises élégantes, à l'atmosphère bourgeoise et feutrée, mais sans excès, est l'une des tables les plus réjouissantes de la ville. Une cuisine de qualité, aux accents inventifs, n'écartant pas quelques audacieuses alliances, comme ce magret de canard grillé aux feuilles de thé... Service attentionné. Petite terrasse.

## LA ROQUE-GAGEAC 24250

**€€ 🏠 |●| ⛱ La Belle Étoile** – *D703 ☎ 05-53-29-51-44. ● belleetoile.fr ● Resto tlj sauf lun et mer midi. Congés : 2 nov-début avr. Menus 29-50 €.* Cet hôtel de charme possède une élégante salle à manger et une terrasse abritée sous une treille, en surplomb de la rivière. Cuisine d'excellent niveau, réalisée avec une grande maîtrise, et ce dès le « petit » menu. Produits soigneusement sélectionnés, et terroirs revisités, un vrai régal, ce qui explique le taux de remplissage élevé (pensez à réserver)... Accueil chaleureux et attentionné.

## DANS LES ENVIRONS

### CÉNAC-ET-SAINT-JULIEN 24250 (7 km S)

**€ |●| La Traverse – Chez les Filles** – *le bourg Tlj en saison ; resto fermé lun-mer hors saison. Congés : de début janv à mi-fév. Menu 23 € ; carte 32 €.* Une petite adresse, en face de la mairie, qui cartonne depuis sa reprise par deux femmes qui connaissent leur métier. Frais, savoureux, original, de l'entrée au dessert. Menu avec 3 choix d'entrées, de plats et de desserts. Un rapport qualité-prix remarquable pour le pays. Terrasse. Quelques chambres toutes simples sur place. *NOUVEAUTÉ.*

## SAINT-MARTIAL-DE-NABIRAT 24250 (11 km S)

**€€€ IOI ☂ Le Saint-Martial** – *Le Bourg ☎ 05-53-29-18-34. ♿ Tlj sauf lun-mar hors saison ; fermé le midi lun-mer en haute saison. Congés : Noël (ouv le 25 et le 31). Résa conseillée. Menus 36-70 € ; carte env 70 €.* Dans la coquette petite salle en contrebas de l'accueil, quelques tables dans un cadre élégant, zen et sans ostentation. On vient ici déguster une cuisine de terroir et de saison, tout en finesse, en pleins et déliés, inventive sans être désarçonnante. Des plats qui tournent régulièrement, toujours précis et exquis. Une adresse gourmande, discrète et soignée. Excellent service. Petit bout de terrasse pour prendre l'apéro ou pour dîner aux beaux jours.

***Accès :*** au cœur du village.

## DAGLAN 24250 (14 km S)

**€€ IOI ☂ Le Petit Paris** – *D57 ☎ 05-53-28-41-10. Tlj sauf lun et sam midi, plus mar et dim soir hors saison. Congés : 12 nov-13 fév. Formules 23-36 € ; menus 29-32 €. Apéritif maison offert sur présentation de ce guide.* Une cuisine soignée, inventive et goûteuse, que l'on déguste dans un joli petit écrin, ancien bar-tabac du village transformé en resto moderne et élégant, dans des tons pleins de douceur. Dans l'assiette, on se régale d'une cuisine créative et originale, à des prix très raisonnables, réalisée par Sylvain Guilbot, un ancien élève de Blanc et Verger. À déguster en terrasse aux beaux jours. Service agréable.

***Accès :*** sur la place du village.

# Gironde (33)

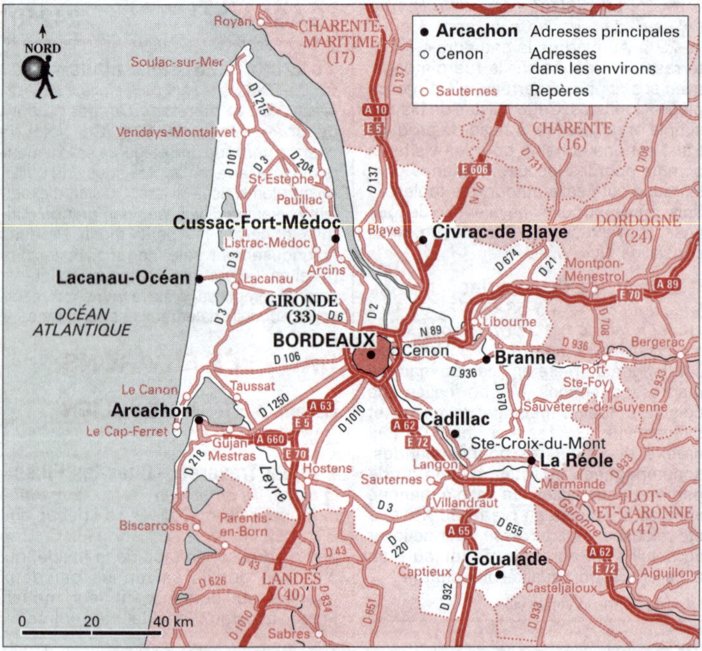

## ARCACHON 33120

**€€€ Le Patio – Thierry Renou** – *10, bd de la Plage ☎ 05-56-83-02-72. Tlj sauf dim soir, lun et mar midi. Congés : 1res quinzaines de mars et de nov. Menu affaires 46 € en sem ; autres menus 75-115 €.* Thierry Renou fait partie des grands chefs de la région. De ceux qui ne friment pas en public, mais qui peuvent vous offrir dans l'assiette un mélange réussi de savoir-faire, d'amour des produits, de parfums d'ici et d'ailleurs, créant la surprise et du plaisir jusqu'au bout des doigts... qu'on peut lécher discrètement. Carte terre et mer réjouissante et surprenante à la fois, car ce chef, qui n'aime pas faire comme les autres, ne délaisse ni la crème ni le beurre. Belle salle moderne aux couleurs chaudes, mais on lui préfère l'agréable cour intérieure.

## BORDEAUX 33000

**€ Le Scopitone** – *5, rue de la Vieille-Tour (B2-4) ☎ 05-56-81-75-01. Tlj sauf dim et j. fériés. Menus 16-30 € ; carte 35 €.* Le succès n'a jamais fait défaut à ce resto depuis son ouverture, au début des années 1980. La salle bonne franquette est prolongée par une agréable petite terrasse installée dans la rue piétonne. Laissez-vous tenter par la tête de veau ou la canette rôtie poire et miel. Côté boissons, une sélection de vins du monde. L'une des bonnes adresses du quartier Gambetta.

**€ Chez Dupont** – *45, rue Notre-Dame (hors plan par B1-5) ☎ 05-56-81-49-59. Tlj sauf dim-lun hors fêtes particulières. Menus du jour en sem 20-22 € ; carte env 40 €. Digestif maison offert sur présentation de ce guide.* Une institution du quartier des Chartrons. Cadre bistrot réussi, et plats de toujours (quasi de veau, agneau des Pyrénées) inscrits au tableau noir et préparés avec de bons produits. Accueil efficace et sympathique : ici, la bonne humeur et l'humour règnent en maîtres. La maison propose aussi, en face, une poignée de chambres d'hôtes de prestige (vastes, soignées et tout confort).

**€ La Brasserie du Sud-Ouest** – *275, cours de la Somme (hors plan par C3-6) ☎ 05-56-92-03-06. Tlj sauf dim et lun. Congés : 1re quinzaine de janv et 2 premières sem d'août. Menu 20 € ; carte 30 €.* La salle est belle, avec son haut plafond ouvragé 1900, et très claire, avec ses deux façades de baies vitrées anciennes et ses grands miroirs. La cuisine est à la hauteur, pour des prix sages. Les bases de la gastronomie bordelaise sont bien là : tricandilles persillade ou foie gras frais poêlé. On vous recommande, comme dessert, le pain perdu aux pruneaux. Les habitués sont nombreux et fidèles. La bonne adresse du quartier Nansouty.

> ***Accès :*** place Nansouty, à l'écart des Capucins, par le cours de l'Yser.

**€ Le Palatium** – *22, cours Pasteur (C3-7) ☎ 05-56-91-47-47. Tlj 8h30-1h30 ; service 12h-15h 19h30-23h (service continu midi-minuit mer-dim). Congés : 24 déc au soir. Formules 8,90-12,90 € ; carte 20-25 €.* L'une des brasseries les plus prisées de Bordeaux. La salle est animée, la clientèle mélangée, les serveurs relèvent chaque jour un défi type 24 Heures du Mans, la cuisine est classique et les tarifs attractifs. L'andouillette grillée ne trahira pas les amateurs, les frites maison sont délicieuses, le tartare de bœuf rallie les *aficionados*.

**€€ Le Mampuku** – *9, rue Ausone (C2-14) Tlj sauf dim-lun. Menus 25-38 €.* La sémillante équipe du *Miles* remet le couvert avec autant de brio dans cette jeune adresse *punchy* et informelle. Un nom japonais (« ventre plein ») pour une cuisine du monde, mais pas pour autant fusion. À la carte, des plats à la personnalité bien marquée à partager (selon la formule, on en choisit de 4 à 8), complétés par un dessert : voilà la belle idée. Issus de la *street food,* mais revisités avec espièglerie, comme le *« Cha ca »*, une spécialité de Hanoï qui marie lotte marinée et grillée, citron vert, curcuma, aneth, cacahuète et vermicelle ou le *« Shaksuka yeruka »* israélien. Ne vous acharnez pas à retrouver ces plats, la carte change souvent ! Bois et pierre, le cadre intime et informel invite à la rencontre sur de grandes tablées ou autour du comptoir, aux 1res loges face à ces joyeux cuistots affairés. *NOUVEAUTÉ.*

**€€ Racines** – *59, rue Georges-Bonnac (A2-3) ☎ 05-56-98-43-08. Fermé dim et lun. Menu déj 19 € (25 € sam) et 29 € le soir ; menu complet 45 €. Pas de carte.* On vous le dit tout de

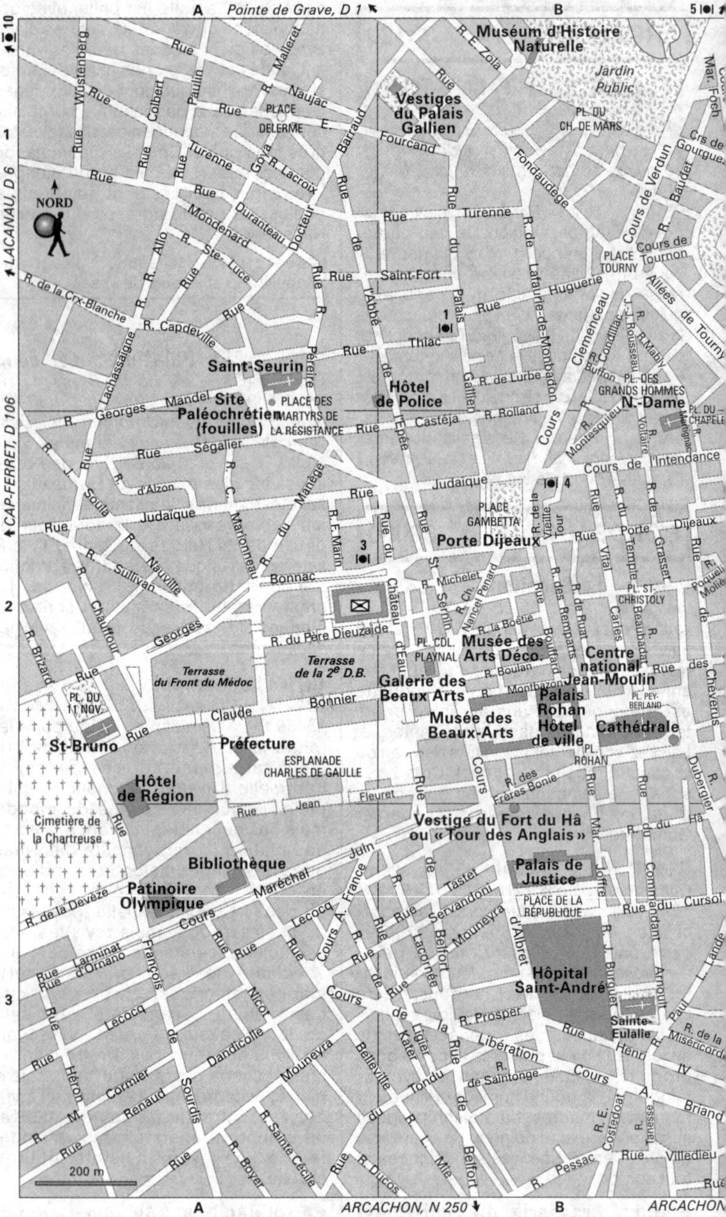
Pointe de Grave, D 1
LACANAU, D 6
CAP-FERRET, D 106
ARCACHON, N 250
ARCACHON
NORD
200 m
Muséum d'Histoire Naturelle
Jardin Public
PL. DU CH. DE MARS
Vestiges du Palais Gallien
PLACE DELERME
PLACE TOURNY
Allées de Tourny
Cours de Verdun
Cours de Tournon
Cours Clemenceau
PL. DES GRANDS HOMMES
N.-Dame
Saint-Seurin
Site Paléochrétien (fouilles)
PLACE DES MARTYRS DE LA RÉSISTANCE
Hôtel de Police
Cours de l'Intendance
PLACE GAMBETTA
Porte Dijeaux
PL. ST-CHRISTOLY
Musée des Arts Déco.
Centre national Jean-Moulin
PL. CDL. PLAYNAL
Terrasse du Front du Médoc
Terrasse de la 2e D.B.
Galerie des Beaux Arts
Palais Rohan Hôtel de ville
Musée des Beaux-Arts
PL. PEY-BERLAND
Cathédrale
PL. ROHAN
PL. DU 11 NOV.
St-Bruno
Préfecture
ESPLANADE CHARLES DE GAULLE
Hôtel de Région
Cimetière de la Chartreuse
Vestige du Fort du Hâ ou « Tour des Anglais »
Bibliothèque
Patinoire Olympique
Palais de Justice
PLACE DE LA RÉPUBLIQUE
Hôpital Saint-André
Sainte-Eulalie
Cours Maréchal Juin
Cours de la Libération
Cours A. Briand
Rue Judaïque
Rue Georges Mandel
Rue Fondaudège
Rue Huguerie
Rue du Palais Gallien
Rue de l'Abbé de l'Épée
R. de Lafaurie-de-Montbadon

C
Cité Mondiale du Vin et des Spiritueux
1 Une Cuisine en Ville (B1)
2 Miles (C2)
3 Racines (A2)
4 Le Scopitone (B2)
5 Chez Dupont (hors plan par B1)
6 La Brasserie du Sud-Ouest (hors plan par C3)
7 Le Palatium (C3)
9 La Belle Époque (C1)
10 Julien Cruège (hors plan par A1)
11 Le C'Yusha (C2)
12 Le Petit Commerce (C2)
13 L'Oiseau Bleu (hors plan par D2)
14 Le Mampuku (C2)
D
1
2
3
Entrepôts C.A.P.C.
Lainé
PLACE LAINÉ
Allées de Chartres
Allées de Bristol
ESPLANADE DES QUINCONCES
Monument aux Girondins
Allées de Munich
Maison du vin de Bordeaux
Allées d'Orléans
Quai Louis XVIII
Grand Théâtre
PLACE DE LA COMÉDIE
PL. JEAN JAURÈS
Cours du Chapeau-Rouge
Palais de la Bourse
PLACE DE LA BOURSE
Hôtel des Fermes
Saint-Pierre
Porte Cailhau
PL. DU PALAIS
Q. de la Douane
Quai Richelieu
Garonne
PONT DE PIERRE
Rue G. Garde
Rue des Queyries
Q. Deschamps
PLACE DE BIR-HAKEIM
Porte des Salinières
Saint-Paul
Musée d'Aquitaine
Saint-Éloi
PL. DE LA FERME RICHEMONT
Cours Victor Hugo
Tour
Saint-Michel
PLACE CANTELOUP
PL. DUBURG
Q. de la Monnaie
Q. Sainte-Croix
Porte d'Aquitaine
Faculté de Médecine
PL. DE LA VICTOIRE
Cours de la Marne
PL. DES CAPUCINS
Sainte-Croix
LIBOURNE, PÉRIGUEUX, N 10
13, BERGERAC, D 936
TOULOUSE, A 62
BAYONNE, 6
TOULOUSE C
D


BORDEAUX

go : on a eu un coup de cœur pour ces *Racines*-là. Le très court menu change quotidiennement et affiche des plats créatifs mais sans esbroufe, et une belle carte des vins pour ne pas déparer. Simplement délicieux. Une bien belle escale, et un rapport qualité-prix imbattable. Service très pro, moins guindé qu'il n'y paraît.

**€€ |●| ☂ La Belle Époque** – *quai Louis-XVIII, ou 2, allée d'Orléans (C1-9) ☎ 05-56-79-14-58. Tlj sauf dim. Congés : 2 sem en août et certains ponts. Résa conseillée. Formules déj en sem 16-21 € ; menus 30-38 € ; carte env 40 €. Apéritif maison offert sur présentation de ce guide.* La plus belle brasserie de Bordeaux. Carte simple et courte, axée sur des plats traditionnels et une cuisine de marché. Jolies portions, service rapide, et on peut admirer, au passage, les carreaux de Vieillard et Carranza. Qui c'est ? Jules Vieillard, patron de la faïencerie de Bordeaux, débauche vers 1870 Amedeo de Carranza, directeur de la faïencerie de Longwy. Et leur première collaboration, c'est la déco de *La Belle Époque*. Resto climatisé, agréable terrasse sur le large trottoir.

**€€ |●| ☂ Julien Cruège** – *245, rue Turenne (hors plan par A1-10) ☎ 05-56-81-97-86. ♿ Ouv lun-ven midi et soir. Congés : 1 sem en fév, 3 sem en août et 1 sem pdt fêtes de fin d'année. Menus 21 € le midi en sem, puis 32-53 €.* Belle salle dans l'air du temps, en adéquation avec une cuisine de chef inventive, contemporaine, cherchant à surprendre. Mentionnons encore la gentillesse et la discrétion de l'équipe, et la cour-jardin de cette maison de ville toute débordante de verdure, pour qui rêve d'un déjeuner au soleil.

***Accès :*** un peu à l'écart des places Gambetta et Tourny, dans le haut de la rue Turenne, près des boulevards.

**€€ Le C'Yusha** – *12, rue Ausone (C2-11) ☎ 05-56-69-89-70. Tlj sauf ven midi, sam midi, dim et lun. Congés : 1 sem en avr, 3 sem en août et 1 sem à Noël. Formule déj 19 € en sem ; menus 34-45 € ; carte 55 €.* Un cadre majestueux : celui d'une ancienne écurie royale aves ses voûtes en pierre et sa cuisine ouverte à la japonaise, pêché mignon du chef Pierrick Célibert formé chez les grands. Le nom du resto est la contraction de son initiale et des premières syllabes des prénoms de ses filles, ça fait jap. Carte courte, car Pierrick travaille les produits de saison et revisite les musts au gré du marché. Grâce à des associations originales, il joue avec les sens, les parfums, les textures et les saveurs. Une belle expérience.

**€€€ |●| Une Cuisine en Ville** – *77, rue du Palais-Gallien (B1-1) ☎ 05-56-44-70-93. Fermé dim-lun. Formules déj 17-19 € ; menus 38 € (sem)-65 € ; carte 45-50 €.* Le cadre contemporain et minimaliste peut surprendre, mais sans doute permet-il de mieux se concentrer sur le contenu de l'assiette. Philipe Lagraula s'inspire du terroir tout en jouant des textures et des saveurs pour composer des assiettes « architecturales ». Et ce, dès le 1er menu. Mais c'est le menu dégustation qui permet de mieux mesurer sa créativité, puisqu'il comprend un assortiment de petites portions façon *pintxos*. Très ludique. On adore les associations surprenantes, les cuissons justes, les assaisonnements qui pétillent. Charmante terrasse. Une adresse très prisée.

**€€ |●| ☂ Le Petit Commerce** – *22, rue du Parlement-Saint-Pierre (C2-12) ☎ 05-56-79-76-58. ♿ Tlj, service continu midi-minuit. Résa recommandée le soir. Formule déj 16 € (hors juil-août) ; carte 45 € env.* Ce resto réputé draine une large clientèle de Bordelais et de touristes envoyés par les hôtels. Résultat, une salle comble et animée tous les soirs ou presque. À la carte, poissons et fruits de mer selon la marée, plus une purée maison arrosée d'un trait d'huile d'olive. Et le patron s'y entend : il possède une pêcherie à Arcachon. Terrasse qui s'étend le long du mur, comme un chat au soleil. Si c'est complet, tentez votre chance dans l'une des annexes : la *Pêcherie* et le *Chai*, toutes en face les unes des autres et qui trustent la rue.

**€€€ ☂ L'Oiseau Bleu** – *127, av. Thiers (hors plan par D2-13) ☎ 05-56-81-09-39. Ⓣ Jardin-Botanique. ♿ Tlj sauf dim-lun et j. fériés. Congés : 1 sem au printemps, 3 sem en août et 1 sem à Noël. Formule 25 € le midi ; menus 45-65 €.* Des présentations réjouissantes et une cuisine enlevée, moderne, raffinée, sans cesse renouvelée. On a la délicieuse sensation que le chef nous fait partager le plaisir de ses découvertes du marché. Quant à son épouse, elle nous fait profiter de ses compétences de sommelière et de ses coups de cœur du moment. Pas de vue sur la Garonne, mais assurément une belle adresse qui vaut le coup de s'éloigner des berges. Surtout si le temps permet de profiter de la terrasse.

**€€€ |●| Miles** – *33, rue du Cancèra (C2-2) ☎ 05-56-81-18-24. ♿ Fermé sam midi, dim et lun. Résa obligatoire. Formules déj 27-32 € ; menu 48 € le soir. Pas de carte. Miles,* comme la distance parcourue par ces 2 couples de cuisiniers représentant 4 nationalités et des horizons lointains. Très peu de tables, et un beau comptoir sinueux devant lequel on s'attable avec curiosité pour observer le ballet des mains qui se déroule sous nos yeux en cuisine. Créativité et saveurs métissées sont à découvrir au menu du jour – presque entièrement surprise – délicieux ! Cadre convivial et atmosphère décontractée.

## DANS LES ENVIRONS

### CENON 33150 (7 km NE)

**€€€ 🌂 La Cape** – *9, allée de la Morlette ☎ 05-57-80-24-25. ♿ Tlj sauf sam-dim et j. fériés. Formule 28 € le midi ; menus 47-59 €.* Nicolas Magie avait réussi un pari fou en déplaçant les foules du centre-ville dans son « pavillon de banlieue », situé dans une zone commerciale pas franchement réjouissante. Aujourd'hui, bien qu'il soit parti à Bouliac, la magie n'est pas rompue. Son successeur et ancien second, Thomas Brasleret, a repris les cuisines avec un savoir-faire bien maîtrisé et une volonté de démocratiser la gastronomie. Dans un décor moderne et épuré, le marché dicte la carte pour des plats raffinés et ancrés dans le terroir, parfois rehaussés d'une pointe d'exotisme. Le menu en semaine est une aubaine à ne pas manquer.

***Accès :*** rocade Cenon-Artigues. Derrière le centre commercial de *La Morlette*.

## BRANNE 33420

**€€ |●| 🌂 Caffe Cuisine** – *7, pl. du Marché ☎ 05-57-24-19-67. ♿ Tlj sauf dim soir-lun. Menu déj en sem 17 €, le w-e 30 € ; carte env 45 €.* Pierres, poutres, carrelage noir et blanc, immenses tablées, cheminée XXL et fauteuils en cuir dépareillés se côtoient dans un exquis mélange des styles. Tout aussi élégante, la grande terrasse ombragée fait le plein en été. La carte change tous les jours, en fonction du marché, pour une cuisine de saison raffinée et joliment travaillée, qui conviendra aux fins gourmets.

***Accès :*** à 10 km au sud-ouest de Saint-Émilion.

## CADILLAC 33410

**€€ |●| 🌂 🅿 L'Entrée Jardin** – *27, av. du Pont ☎ 05-56-76-96-96. ♿ Tlj sauf dim soir, lun et mer soir. Congés : 9-23 août, à Noël et le 31 déc. Formules déj 13,50-15,50 € (slt le midi) ; menus 27 € en sem, puis 34-46 € ; carte 45 €. Parking.* Agréable terrasse au calme et un intérieur clair et coloré, tout aussi plaisant. Cuisine simple et copieuse pour les 1ers menus, plus sophistiquée ensuite avec des produits de qualité, des jus bien travaillés et des sauces au vin (loupiac, cadillac, sauternes ou xérès). Mélange réussi des saveurs et des couleurs.

## DANS LES ENVIRONS

### SAINTE-CROIX-DU-MONT 33410 (7 km SE)

**€€ |●| 🌂 L'Auberge Girondine** – *1, Le Peyrat ☎ 05-56-27-00-72. ♿ Ouv jeudim et j. fériés. Formule et menu déj en sem 13-15 €, puis menus 25-35 €. Café offert sur présentation de ce guide.* Après l'Élysée, sous Mitterrand, et l'*Oiseau Bleu* de Bordeaux, le chef Vincent Poussard s'est installé aux fourneaux de cette auberge de village. À l'ardoise, produits frais, plats gourmands aux saveurs du Sud-Ouest et desserts revisités. Ambiance troquet, cantine ou auberge selon les salles, on se régale de légumes farcis, de taboulé acidulé ou d'un simple steak, accompagné de frites à tomber. Une belle adresse, à l'excellent rapport qualité-prix, qui mérite à elle seule un détour à travers les vignes.

## CIVRAC-DE-BLAYE 33920

**€€ |●| 🌂 Le Philéas Fogg** – *33, Le Bourg ☎ 05-57-68-29-20. ♿ Tlj sauf dim-lun. Formules déj 12,50-16,50 €*

*en sem ; formule dégustation 30 € ; carte 40 €. Digestif maison offert sur présentation de ce guide.* Dans son *Tour du monde en quatre-vingts jours,* Jules Verne a fait de Phileas Fogg son héros voyageur. C'est donc tout naturellement que le cuistot nous emmène aux quatre coins de la planète avec ses recettes colorées, épicées et originales. On aime bien la formule avec les 3 entrées, dont on ne perd pas une miette, et comme ça, on ne pique pas dans l'assiette du voisin ! Après les plats savoureux et riches en saveurs, on plane côté desserts, entre senteurs de rhum, pots d'épices et fruits en mélange tropical. Un parcours stimulant et toujours satisfaisant, où Jérémy et Émilie mènent leurs hôtes à bon port.

## CUSSAC-FORT-MÉDOC 33460

**€€€ Le Bontemps** – *2, pl. du Général-de-Gaulle ☎ 09-83-02-14-16. Tlj 10h-17h sauf sam-dim. Menu du jour 19 € ; menu-carte 38 € ; assiettes 12-24 €.* Ne ratez pas cette belle adresse où, effectivement, on prend du bon temps en savourant la cuisine de saison d'un jeune chef talentueux. La carte est courte, les produits bien sélectionnés, et l'on se régale d'un poisson du jour bien cuit et joliment présenté, d'un carré d'agneau délicieux ou d'un ris de veau façon vol-au-vent. Simple, mais parfaitement exécuté. Bref, on prend son temps, n'importe quand (service continu), d'autant que l'accueil de madame est charmant et que la salle lumineuse est agréable, avec ses douelles en déco et ses couvercles de fûts en guise d'ardoise. Possibilité de se contenter d'une assiette de charcuterie ou de fromages.

***Accès :*** en plein centre.

## GOUALADE 33840

**€ L'Auberge Gasconne** – *D125 ☎ 05-56-65-81-77. Tlj sauf lun ; slt le midi. Congés : 2 dernières sem d'août. Menus 14 € sauf dim, puis 23-39 € ; carte env 30 €.* Dans cette toundra sylvestre, on s'attend à une auberge un peu rustique. Si la vieille église est fort belle avec sa tourelle, l'auberge située en face se révèle pimpante, confortable et... climatisée. Heureuse clientèle d'habitués qui s'est approprié cette adresse pour sa cuisine locale et ses prix d'avant-guerre. Bonnes vieilles recettes, robustes et copieuses, une cuisine de bonne femme sans fard ni apprêt : grosses tranches de jambon de pays, salmis de palombe, confit de dindon, canard, porc, civet de marcassin servis sur des nappes en tissu, égayées par des fleurs fraîches. Bon accueil en prime.

***Accès :*** par la D12. Dans la rue principale.

## LA RÉOLE 33190

**€€ Aux Fontaines** – *8, rue de Verdun ☎ 05-56-61-15-25. Tlj sauf dim soir-lun, plus mer soir hors saison. Congés : 1 sem en oct et 2 sem fin nov. Formule déj 18 € en sem ; menus 28-40 € ; carte env 55 €.* Un resto qui fait l'unanimité dans la région. Normal, c'est l'un des meilleurs ! Dans une jolie maison bourgeoise, deux grandes salles claires, à la déco fraîche, élégante, avec une touche contemporaine discrète. Excellent rapport qualité-prix des menus où canard, pigeonneau et ris d'agneau rendent hommage à un terroir riche de saveurs. Les assiettes, colorées et joliment dressées, titillent nos sens.

## LACANAU-OCÉAN 33680

**€€ Le Bistrot des Cochons** – *1, rue du Docteur-Darrigan ☎ 05-56-03-15-61. Vac scol, ouv ts les soirs, plus le midi dim ; le reste de l'année, jeu soir, ven soir, dim et j. fériés. Congés : de mi-nov à mi-fév. Formule bistrot 26 € ; carte 30 €. Apéritif maison offert sur présentation de ce guide.* Un vrai bistrot de copains (comme cochons !), où le cadre est chaleureux et convivial, à mi-chemin entre la cabane en bois de pêcheur et le bistrot. Une déco originale, amusante et joyeuse, faite d'un bric-à-brac réussi. La cuisine est logée à la même enseigne : des plats à base de produits régionaux traditionnels avec des astuces dans les sauces et des rapprochements étonnants de goûts ibérico-asiatiques. Agréable terrasse ombragée.

***Accès :*** proche de la place du Général-de-Gaulle, à 5 mn de la plage.

# Haute-Vienne (87)

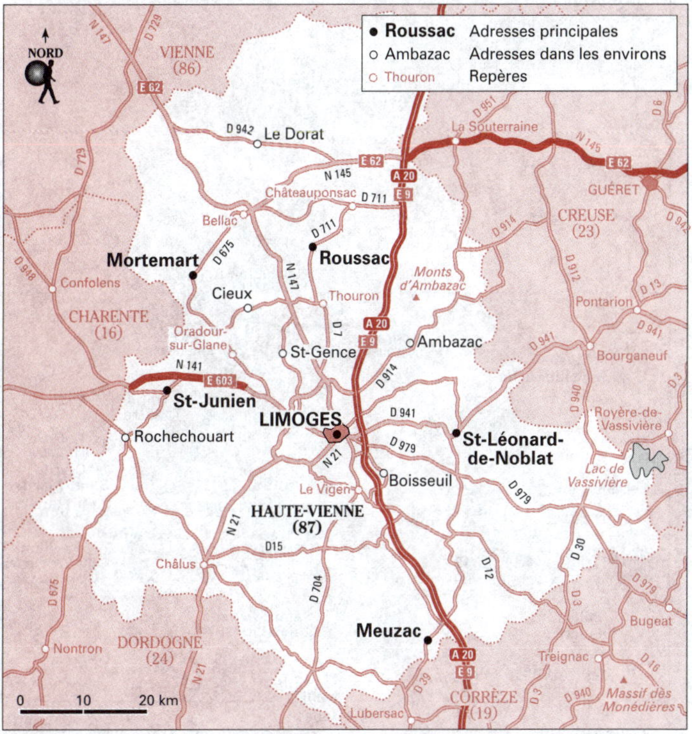


## LIMOGES 87000

**€ |●| Le Versailles** – *20, pl. d'Aine (A2-13) ☎ 05-55-34-13-39. Congés : 1er mai. Formule déj 18,50 € ; menus 24,50-29,90 €. Apéritif maison ou café offert sur présentation de ce guide.* La plus ancienne brasserie de la ville qui, depuis 1932, régale les Limougeauds (avocats et autres hommes de loi notamment, le tribunal est à deux pas). Élégant décor à l'ancienne et bonne cuisine classique préparée avec soin à base de produits locaux, joliment présentée, et servie par une équipe sympathique. Gros avantage (pour Limoges), c'est ouvert 364 jours par an !

**€€ |●| Chez Alphonse** – *5, pl. de la Motte (A3-16) ☎ 05-55-34-34-14. Tlj sauf dim. Résa conseillée. En sem, formule déj env 16 € ; à l'ardoise, plats env 15-25 € ; carte 25-30 €.* Il faut inverser les syllabes du prénom de l'enseigne : Alphonse... fonce aux halles ! Eh oui, c'est que notre gaillard se fournit, en face, de bons produits frais qui viennent garnir votre assiette avec une cuisine 100 % made in Limousin. Ambiance bistrot à l'ancienne avec nappes à carreaux et vieilles pubs. Ici, y a d'la vie ! Y a d'la joie ! Et si on ne veut qu'un plat, le patron ne se froissera pas.

***Accès :*** à côté des Halles.

**€€ |●| Les Petits Ventres** – *20, rue de la Boucherie (B3-11) ☎ 05-55-*

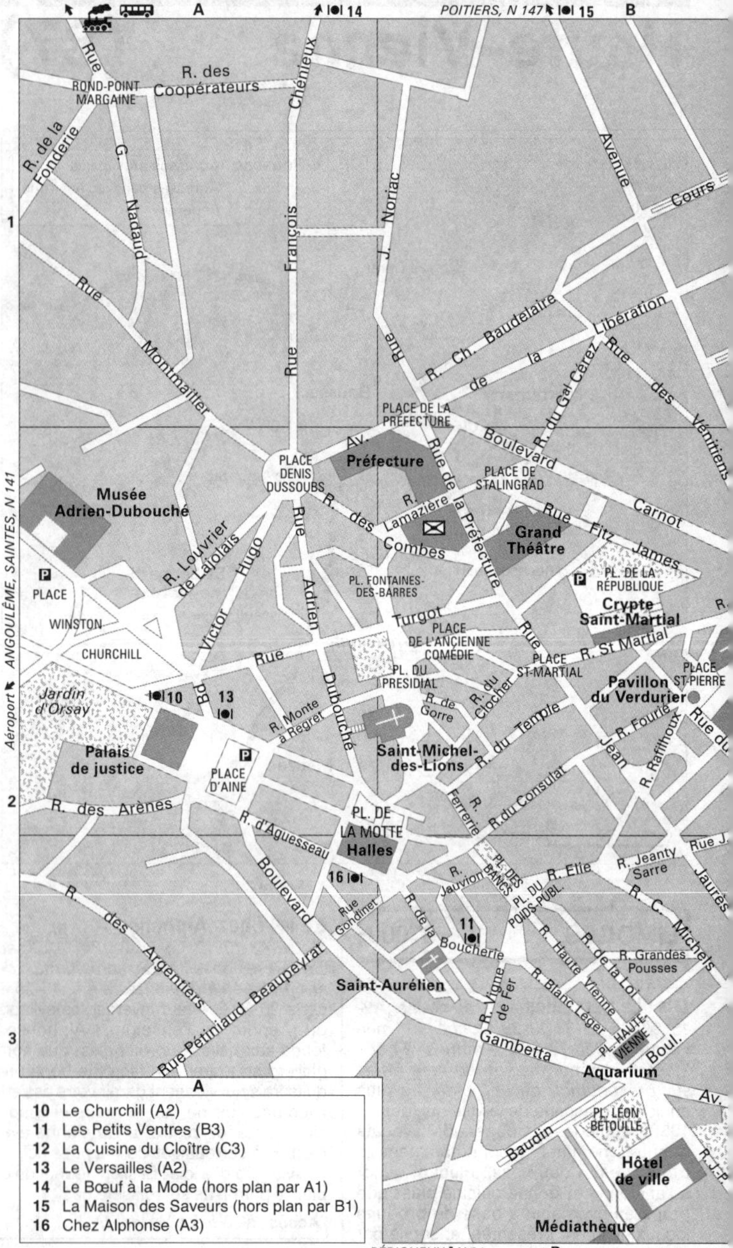


**10** Le Churchill (A2)
**11** Les Petits Ventres (B3)
**12** La Cuisine du Cloître (C3)
**13** Le Versailles (A2)
**14** Le Bœuf à la Mode (hors plan par A1)
**15** La Maison des Saveurs (hors plan par B1)
**16** Chez Alphonse (A3)

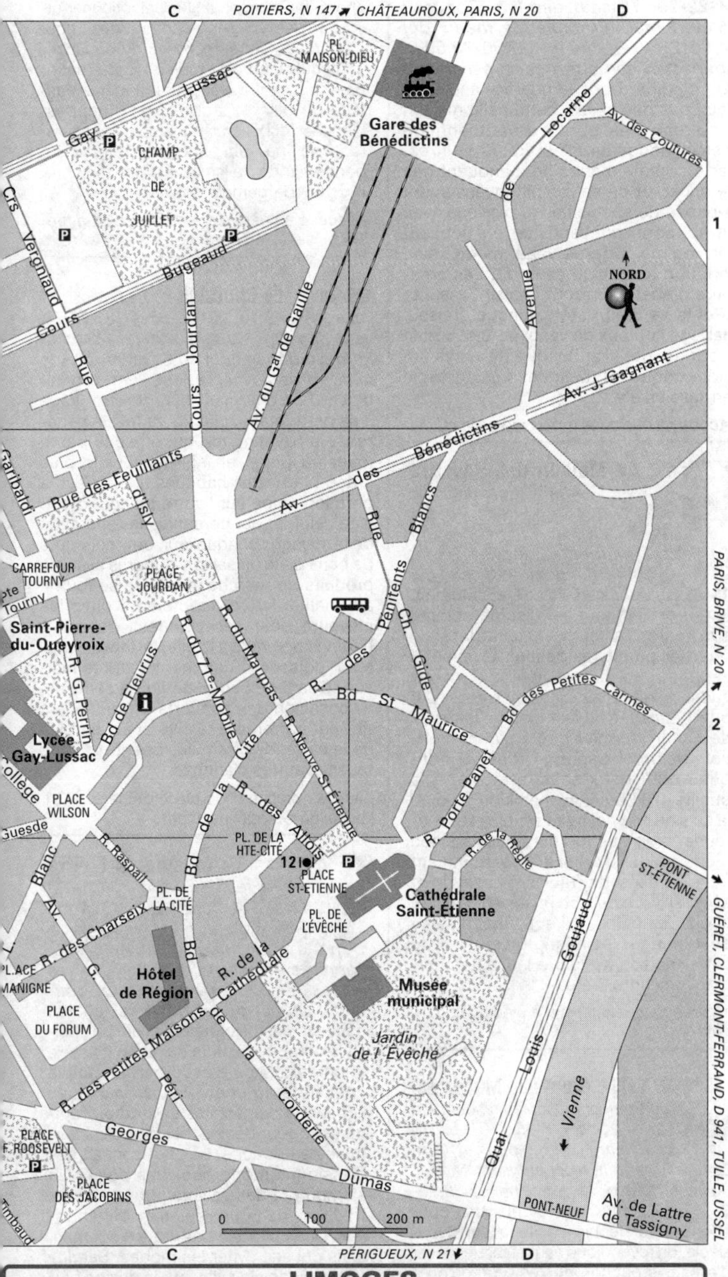


Nouvelle-Aquitaine - Haute-Vienne

# LIMOGES

*34-22-90. Tlj sauf dim-lun. Congés : 15 avr-2 mai. Formule et menu déj 14,50-21,50 € ; menus 27,50-33,50 €. Apéritif maison offert sur présentation de ce guide.* Dans le quartier ancien, à deux pas des halles, cette belle maison à colombages abrite un authentique resto limougeaud. Aux *Petits Ventres,* carte comme menus ne manquent pas de choix, et on se remplit joyeusement la panse de spécialités (travaillées avec un soupçon d'inventivité) en oubliant son régime. Tête de veau, ris de veau, variation autour du canard... Les amateurs d'abats pourront choisir l'assiette « Petits Ventres » : tête, langue, fraise... mariage copieux de veau, porc et bœuf ! Produits de grande qualité dans un cadre coquet et rustique. Très agréable terrasse en été.

***Accès :*** à quelques mn à pied de la mairie.

**€€ La Maison des Saveurs** – *74, av. Garibaldi (hors plan par B1-15) ☎ 05-55-79-30-74. ♿ Tlj sauf lun, sam midi et dim soir (hors j. fériés). Congés : 2 sem fin juil-début août. Formule et menu déj 16-21 € ; menus 28-45 €.* Alain Moreau, le patron, est un chef discret, comme son resto d'ailleurs, installé dans un quartier plutôt résidentiel. Comme si l'adage « Pour vivre heureux, vivons cachés » reprenait ici tout son sens. Car quel bonheur à table, face à un foie gras de canard fermier poêlé ou une belle côte de bœuf limousine ! Pas sophistiquée pour deux sous, attachée à la qualité et à l'essence même du produit, la cuisine du chef reste simple et savoureuse, bien que toujours assaisonnée d'une pointe d'originalité, notamment dans les desserts. Tables joliment dressées, service délicat, mises en bouche, choix des pains, exceptionnel plateau de fromages et mignardises font de cette maison au cadre intimiste charmant un endroit rare.

***Accès :*** à quelques mn à pied du centre-ville.

**€€ |●| Le Bœuf à la Mode** – *60, rue François-Chénieux (hors plan par A1-14) ☎ 05-55-77-73-95. Tlj sauf sam midi, dim et lun. Congés : sem de Noël et 1 sem en mai. Formule 17,90 € le midi ; menus 29,90-39,90 €.* Rare : un resto dans une boucherie ! Ici et depuis maintenant un demi-siècle, on revendique haut et fort le métier d'artisan-boucher. Et c'est vrai qu'on a affaire à des pros de la viande, qui savent choisir les morceaux, les sélectionner et vous les servir bien accommodés : dos d'aloyau au cidre, morceau du boucher, chateaubriand à la moelle. Côté resto, pas de panique, vous ne mangerez pas face au billot ! Cadre soigné, nappes blanches et belles photos de cette chère race bovine. On paie le prix, mais la bonne viande n'a jamais été bon marché, et on en a largement pour ses sous.

***Accès :*** entre la rue Aigueperse et la rue François-Chenieux.

**€€ |●| Le Churchill** – *13, pl. Winston-Churchill (A2-10) ☎ 05-55-71-81-76. Tlj sauf dim-lun. Congés : 30 juil-22 août. Formule déj en sem 16 € ; menu 20 € le midi en sem ; carte 30 €.* On connaît d'abord ce charmant bistrot rétro grâce à sa propriétaire, une figure locale généreuse et dynamique qui n'hésite pas à jouer du piano en soirée pour le plus grand plaisir des habitués. Mais c'est la partition jouée sur l'autre piano, en cuisine celui-là, qui pérennise la réputation de la maison : chaque jour, on y concocte de bons plats de saison élaborés avec les produits du marché (madame se fournit aux halles, voire directement chez les éleveurs pour ses viandes), du genre harengs pommes à l'huile, tartare au couteau, poisson du moment et frites maison. Quant aux soirs de fin de semaine, à l'occasion des concerts, l'atmosphère devient carrément festive avec, en plus de la carte, des formules apéritives avec tapas et autres planchas.

***Accès :*** proche de la place d'Aine et du tribunal de Grande Instance.

**€€ La Cuisine du Cloître** – *6, rue des Allois (C3-12) ☎ 05-55-10-28-29. ♿ Fermé dim soir, lun et mar midi. Congés : 24 déc au soir-25 déc. Formules et menus déj 15-26 € ; autres menus 35-55 €. Café offert sur présentation de ce guide.* Dans cet ancien couvent, pas de carte détaillée, on choisit le nombre de plats du menu mystère et on est obligé d'accorder une totale confiance au chef. Pas de panique : l'absence de repères s'estompe rapidement pour déclencher de belles surprises en bouche. Le chef connaît ses classiques sur le bout des doigts, et sait, au gré des saisons, transposer la tradition dans un registre contemporain. Une cuisine d'une vraie modernité, mais qui sait éviter les modes. Service très pro dans la salle, où un design plutôt épuré fait bon ménage avec les vieilles pierres, ou sur la tranquille terrasse.

**Accès :** vers la cathédrale et le musée des Beaux-Arts.

## DANS LES ENVIRONS

### BOISSEUIL 87220 (14 km SE)

€ 🍴 ☂ **Le Lanaud** – *Pôle de Lanaud ☎ 05-55-06-46-08. ♿ Ouv ts les midis, plus ven et sam soirs. Formule et menu déj en sem 14-17 € ; autres menus 22-48 €. Apéritif maison ou café offert sur présentation de ce guide.* Vaste espace signé Jean Nouvel comme l'ensemble des bâtiments de ce pôle de promotion de la race Limousine (avec un intéressant agro-park à visiter). La terrasse, avec vue, fait également quelques mètres carrés ! Et les longues tables de bois brut évoquent celles des fermes d'autrefois. Dans la cuisine ouverte s'active la brigade du chef (très médiatique) pour des plats joliment créatifs, à base, naturellement, de viande limousine (entre autres produits du terroir). Addition très légère (vu la qualité) au déjeuner.

**Accès :** par l'A20 (sortie 38).

### SAINT-GENCE 87510 (18 km NO)

€€ 🍴 ☂ **Le Moulin de Chevillou** – *☎ 05-55-75-86-13. ♿ Tlj sauf dim soir-lun (plus soir mar-ven hors saison). Congés : janv-fév. Résa recommandée. Menus 19,50 € sauf dim, puis 26,50-42 €. Apéritif maison offert sur présentation de ce guide.* Un vrai coin de paradis que ce *Moulin de Chevillou.* Au creux de son vallon et au bord de la Glane, c'est d'abord un parc adorable, d'accès gratuit et peuplé de gentils animaux : ânes, chèvres, poneys... Les enfants font de la balançoire, du toboggan. Ensuite, on prend une crêpe, une bolée de cidre, tandis que la roue du moulin bat l'eau et vous berce délicieusement. C'est aussi un bon restaurant : viandes, spécialités de truites et de cochonnailles... Service à l'unisson, charmant et aimable. L'adresse est de celles que tout le monde connaît. Pas fous, les Limousins !

**Accès :** par la N147, puis la D39 et la D28. Bien indiqué à l'entrée du village.

### AMBAZAC 87240 (23 km NE)

€ 🏠 🍴 ☂ 🅿 **Hôtel-restaurant des Voyageurs** – *27, av. du Général-de-Gaulle ☎ 05-55-56-60-31. • hotel-ambazac.fr • Tlj sauf dim soir-lun. Congés : vac scol de fév et de la Toussaint (zone A). Formules déj 12,50-16 € en sem ; menus 20-39 €. Parking.* Impeccable pour une étape, cet établissement à l'ancienne avec son lot d'habitués, dès le comptoir du bistrot, recèle de bonnes surprises côté restaurant. Une cuisine de tradition, joliment tournée, à base de bons produits et à prix d'ami. Salle plutôt conventionnelle, et sur l'arrière, selon le temps, véranda ou terrasse, face au jardin. Chambres entièrement rénovées.

**Accès :** par la D914 et la D44.

## MEUZAC 87380

€€€ 🏠 🍴 ☂ 🅿 **L'Escala dau Lemosi** – *Forgeneuve ☎ 05-55-09-25-54. • lescaladaulemosi.fr • Tlj sauf le soir dim-lun, plus lun midi hors saison. Congés : janv. Formule 12,50 € le midi en sem ; menu 35,50 €. Parking. Apéritif maison offert sur présentation de ce guide.* Surplombant le calme plan d'eau, la bonne auberge limousine, pittoresque et chaleureuse. Des chambres coquettes et confortables, refaites avec goût, certaines avec vue sur l'étang. Mais surtout, une table d'exception, proposant des plats 100 % terroir autour du bœuf limousin, du cochon Cul noir, de la truffe et des cèpes en saison. Les pâtisseries sont faites maison, à côté, dans le fournil. Service dans une salle à la déco tendance ou sur l'une des 3 terrasses ouvertes sur le plan d'eau. Accueil enjoué et plein d'attentions. Idéal pour une halte gourmande et reposante.

**Accès :** sortie 42 de l'autoroute A20, puis par la D7 bis jusqu'au plan d'eau.

## MORTEMART 87330

€€ 🏠 🍴 ☂ **Hôtel Le Relais**** – *1, pl. Royale ☎ 05-55-68-12-09. Tlj sauf mar et dim. Menus déj en sem 13 € (vin inclus), puis 34-50 €. Café offert sur présentation de ce guide.* Une hostellerie à l'ancienne mais coquette, à l'image de ce village, classé parmi les Plus Beaux Villages de France. Quelques petites chambres classiques et mignonnes, mais c'est surtout la cuisine qui nous intéresse ici. La chef travaille avec une certaine créativité de jolis produits du terroir, s'autorisant parfois quelques surprenantes associations. Service décontracté mais attentionné dans une salle aux pierres apparentes, à la déco un peu bourgeoise. Côté halles et château, une autre salle et une gentille terrasse pour une convaincante formule du jour, très économique.

**Accès :** par la D675.

## DANS LES ENVIRONS

### CIEUX 87520 (13 km SE)

€€ 🏠 🍽 ☂ P **Auberge La Source** – *1, av. du Lac ☎ 05-55-03-33-23. • auberge-la-source.fr • ♿ Resto fermé dim soir-mar midi. Congés : de mi-janv à mi-fév. Menu du jour 17 € le midi en sem ; autres menus 27-65 €. Parking. Apéritif maison offert sur présentation de ce guide.* Un ancien relais de poste à l'entrée du village. Des patrons charmants, qui vous accueillent et sont aux petits soins pour vous faire passer un bon moment. À table, dans la grande salle lumineuse ou sur la belle terrasse, on déguste une cuisine de tradition sûre et soignée, avec des produits ultrafrais... Côté chambres, à la déco classique, de l'espace, du calme, un bon entretien et surtout une belle vue pour celles sur l'arrière.

**Accès :** de Bellac, prendre la D3 directement jusqu'à Cieux.

### LE DORAT 87210 (25 km N)

€ 🍽 ☂ **La Marmite** – *29, av. de la Gare ☎ 05-55-60-66-94. Tlj sauf mar-mer. Congés : 22 sept-3 oct et 25-30 déc. Menus 13,80 € sauf j. fériés, puis 19,50-38 €.* De l'extérieur, on ne soupçonne pas la coquetterie des jolies salles à la déco champêtre. Alors poussez la porte, vous ne serez déçu ni par l'accueil tout sourire et dynamique, ni par la cuisine fraîche et ludique du chef. Pour les pressés, les grandes assiettes composées (avec entrée, plat, fromage et dessert disposés en même temps) sont d'un rapport qualité-prix indéniable. Pour les gourmets, les menus fleurant bon le terroir et élaborés avec des produits locaux garantissent un bon moment, avec des plats savoureux présentés avec soin. Une adresse réjouissante.

**Accès :** en contrebas de la vieille ville, au rond-point pour Bellac.

## ROUSSAC 87140

€ 🍽 ☂ **La Fontaine Saint-Martial** – *12, rue de la Fontaine ☎ 05-55-60-27-42. ♿ Ouv tlj au déj. Menus 12,50-21 €.* Un bar-restaurant-épicerie et débit de tabac tenu par un sympathique patron-cuistot qui se défend rudement bien. Dans la petite salle proprette jouxtant le bar ou en terrasse, il vous sert une cuisine conviviale, à des prix plus qu'honnêtes, avec quart de vin et café compris dès le 1er menu. Alors, pour un plat familial tout simple, pour une mousse de carpe à l'oseille, on n'hésite pas, car jusqu'aux pâtisseries maison, tout est bon ! Le chef est aussi un fan de football. Son bar est d'ailleurs le rendez-vous des footeux du pays et vit fiévreusement les soirs de match. Une adresse qui fait plaisir et qui redonne vie à nos campagnes.

**Accès :** dans le bourg.

## SAINT-JUNIEN 87200

€ 🏠 🍽 ☂ P **Le Relais de Comodoliac**** – *22, av. Sadi-Carnot ☎ 05-55-02-27-26. • comodoliac.fr • ♿ Resto tlj sauf dim soir. Formules au déj en sem 14-18 € ; menus 19 € (sauf w-e)-41 €. Parking.* Un bâtiment moderne, entièrement rénové dans un sobre esprit contemporain. Précédé par un beau jardin fleuri et très arboré, c'est une halte bien plaisante si l'on veut flâner dans le secteur. Côté resto, on a le choix entre les formules simples et efficaces servies au bistrot (intéressant buffet d'entrées le midi), ou les belles spécialités de cuisine traditionnelle proposées dans la grande salle faisant face au jardin, aux tables joliment décorées. Dans les deux cas, du travail bien fait, à l'image du service diligent. Les plats suivent la saison ou les produits frais du moment : prix raisonnables et qualité supérieure à la moyenne régionale. Quelques tables en terrasse aux beaux jours. Côté hébergement, chambres tout confort à la déco moderne et de bon goût. Une très bonne adresse.

**Accès :** à quelques mn à pied du centre-ville.

€€€ 🍽 ☂ P **L'Auberge du Lauryvan** – *Le Bois-au-Bœuf ☎ 05-55-02-26-04. ♿ Tlj sauf lun, mer soir, dim soir et le soir des j. fériés. Congés : 1 sem en janv. Côté auberge, formule et menu déj 13,90-15,90 € ; menus 35 €. Côté resto, menus 41-75 €. Parking.* Si le *Lauryvan* est d'abord réputé pour la cuisine gastronomique de son restaurant, nous, on a craqué pour la formule « auberge ». D'abord pour ses prix tout doux, mais surtout parce que le chef colle plus au terroir. Le décor est presque le même, le service aussi (irréprochable). La cuisine est plus simple, plus rustique, mais cela n'empêche en rien un certain raffinement. À déguster sur la terrasse en pleine verdure. Deux chambres d'hôtes, vraiment confortables et résolument contemporaines pour profiter plus longtemps de ce petit coin de campagne.

***Accès :*** à 2,5 km du centre ; traverser la Vienne en direction de Rochechouart, puis suivre le fléchage.

## DANS LES ENVIRONS

### ROCHECHOUART
87600 (12 km SO)

**€€ ‖●‖ ⛱ P Le Roc du Bœuf** – *Le Moulin de la Côte, route de Babaudus ☎ 05-55-03-61-75. ♿ Tlj sauf lun, mer soir et dim soir (plus mar soir hors saison). Congés : 1 sem mi-fév, fin août et vac de la Toussaint. Formule déj 21 € ; menus 29,50-39,50 €. Parking. Café offert sur présentation de ce guide.* Une adresse pleine de charme et de fantaisie florale, car ici, l'accueil comme la cuisine se conjuguent au féminin. On ne reste pas insensible à la déco soignée de l'adorable salle rustique, ou à la présentation élaborée et ludique des plats de saison. Les bonnes spécialités aux influences d'ici et d'ailleurs sont toujours agrémentées de quelques fleurs provenant du jardin.

***Accès :*** à 1,5 km du centre-ville par la D10 vers La Rochefoucauld, puis à droite la D38 direction Babaudus.

## SAINT-LÉONARD-DE-NOBLAT 87400

**€€ ‖●‖ 🏠 ⛱ P Le Relais Saint-Jacques**** – *6, bd Adrien-Pressemane ☎ 05-55-56-00-25. ♿ Tlj sauf dim soir, lun et ven soir oct-mai. Congés : vac scol de Noël et de fév (zone B). Menus 25-50 €. Parking payant.* Carton plein pour cette dynamique adresse à deux pas du centre historique, tenue par une équipe efficace et sympathique. Très jolie déco contemporaine, de la salle à manger aux chambres tout confort dotées de salles de bains très actuelles (douches à l'italienne et w-c séparés). Côté table, on se régale d'une cuisine de région, légèrement revisitée et joliment mise en scène. Une belle et bonne étape.

# Landes (40)

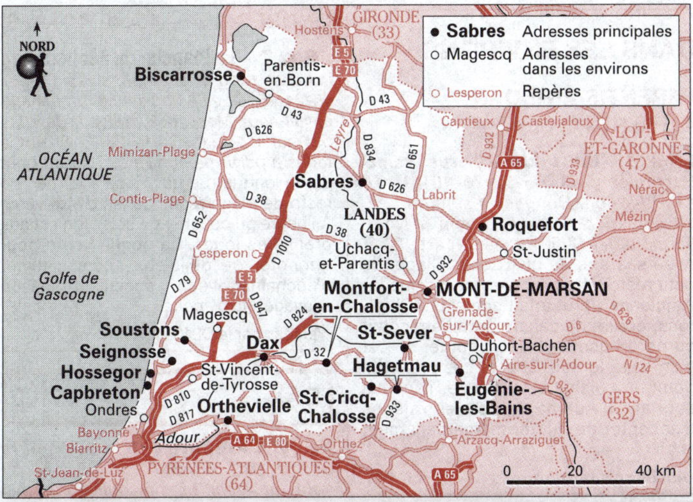

## BISCARROSSE 40600

**€ |●| ⛱ Restaurant Chez Camette** – *532, av. P.-G.-Latécoère ☎ 05-58-78-12-78. Tlj sauf mer et dim soir hors saison. Menu ouvrier en sem 12,50 €, puis autre menu 23 € ; carte env 25 €. CB refusées. Apéritif maison offert sur présentation de ce guide.* Oh ! la bonne petite auberge populaire et authentique, ouverte depuis 1943. C'est là que les ouvriers, les VRP et les gens de passage se ruent le midi. C'est simple, sans autre prétention que celle de vous faire plaisir. Idéal en été, sur la terrasse extérieure ombragée, à l'arrière du restaurant.

***Accès :*** au bourg, à 500 m du centre-ville, vers le musée de l'Hydraviation.

**€ ⌂ |●| ⛱ Hôtel-restaurant La Caravelle** – *5314, route des Lacs ☎ 05-58-09-82-67. • lacaravelle.fr • Resto tlj saufmidi lun et mar. Congés : 1er nov-1er mars. Formule déj 19 € ; menus 24-40 € ; carte env 35 €. Apéritif maison offert sur présentation de ce guide.* Au bord de l'eau, un resto à la situation privilégiée. Cuisine à base de beaux produits régionaux ; délicieuse soupe de poissons maison. Quelques tables vite prises près de la baie vitrée, au bord de l'eau. Aux beaux jours, service en terrasse, côté lac. Fait aussi hôtel.

***Accès :*** sur la baie d'Ispe, au bord du lac de Cazaux, en direction du golf.

### DANS LES ENVIRONS

#### PARENTIS-EN-BORN 40160 (10 km SE)

**€ |●| ⛱ Chez Flo** – *9, rue Saint-Barthélémy ☎ 05-58-78-40-21. Tlj sauf dim-lun. Congés : 1 sem en juin, fin sept-début oct et 2 sem à Noël. Formule déj 12,50 € ; menu-carte 23 €.* Avec ses airs de bistrot de village, ce petit resto rétro propose une cuisine « à l'ancienne » tout à fait actuelle... Chipirons, cœurs de canard, gambas, confit ou porc basque, pas de doute, on est bien dans le Sud-Ouest ! Les prix sont doux, la cuisine savoureuse, l'accueil souriant... Autant de bonnes raisons d'accepter de quitter momentanément la côte.

***Accès :*** par la D652.

## CAPBRETON 40130

**€ |●| Chez Margot** – *77, av. Georges-Pompidou ☎ 05-58-41-00-42. Fermé mer oct-mars. Menus 14,90 € le midi, puis 22-28 € ; carte 35 €. Sangria offerte sur présentation de ce guide.* Sur le port de pêche, face à la criée, un resto tout naturellement spécialisé dans les poissons, admirablement cuits, parfaitement cuisinés. Cartes et menus offrent quelques alternatives aux viandards, avec toujours le même souci du produit. Parce que le bon fait maison, y'a que ça de bon !

**€€€ ⛱ MB** – *17, av. Georges-Pompidou ☎ 05-58-72-12-02. Tlj sauf dim-lun. Formules déj 18-30 € en sem ; menu découverte 55 € ; carte 35-45 €.* MB, alias Marc Buffet, fait partie des jeunes chefs formés à l'école des grands (Guy Martin au *Grand Véfour*) qui ont choisi un jour de laisser tomber les grandes brigades pour ouvrir leur propre resto. Une belle maison Art déco, au bord du canal, avec une jolie terrasse à l'arrière. La carte, courte, est renouvelée régulièrement pour permettre au chef de réaliser une cuisine goûteuse qui a aussi de la gueule, tout comme la présentation, précise et soignée.

### DANS LES ENVIRONS

#### ONDRES 40440 (10 km S)

**€€ |●| ⛱ La Plancha du Pêcheur** – *37, impasse Nicolas-Brémontier ☎ 05-59-45-24-06. Ouv tlj, tte l'année, en continu en juil-août. Menu 32 €, plateaux de fruits de mer 22-45 €. Carte 28-72 €. Bar à tapas à partir de 18h l'été.* Tout au bout d'une longue rue qui mène à la mer, ce resto de plage récompense d'être venu. À l'heure du coucher de soleil, on est aux premières loges. La bonne heure pour grignoter de délicieux anchois avant d'enchaîner avec un succulent poisson sauvage *a la plancha*.

***Accès :*** par la D810.

## DAX 40100

**€€ |●| L'Amphitryon** – *56, cours Joffre ☎ 05-58-74-58-05. ♿ Tlj sauf lun, mar et dim soir. Congés :*

*20 août-5 sept et janv. Menus 32-42 €. Apéritif maison offert sur présentation de ce guide.* De la pierre, du bois, du calme, qui tranchent avec l'environnement du cours, plutôt gris. Éric Pujos continue de jouer les hôtes parfaits dans sa petite salle au décor moderne et sobre, véritable refuge contre la déprime ambiante. Des plats de terroir réinventés, comme la salade de gambas au foie gras ou le magret à l'ananas. Service prompt et souriant sous la houlette de madame.

***Accès :*** en plein centre.

## DANS LES ENVIRONS

### MAGESCQ 40140 (10 km NO)

**€€ Côté Quillier** – *26, av. de Maremne ☎ 05-58-47-79-50. ♿ Congés : 10 j. début janv et de mi-nov à mi-déc. Menus 25-35 €. Café offert sur présentation de ce guide.* *Côté Quillier* est la petite table de la célèbre *Auberge de la Poste*. Le parc est commun aux 2 établissements. Située dans l'ancienne maison des parents, joliment restaurée, l'auberge ne ferait peut-être pas tant parler d'elle s'il n'y avait la griffe de Jean Cousseau ! Bonne cuisine bourgeoise avec une pointe de modernité. Quant au quillier, c'est un jeu qu'on trouvait autrefois dans toutes les auberges landaises : son nom, comme les plats savoureux de la carte, apporte une note de nostalgie... Terrasse aux beaux jours.

## EUGÉNIE-LES-BAINS 40320

**€€€ La Ferme aux Grives** – *rue des Thermes ☎ 05-58-05-05-06. ♿ Tlj sauf mar-mer hors saison (slt mar midi 11 juil-27 août). Menu 52 €.* Une adresse moins sophistiquée que le reste de l'empire Guérard, où vous dégusterez des saveurs d'antan, apprécierez la simplicité des produits sans craindre de n'être pas à la hauteur du look chic-décontracté maison. Solide table paysanne sur laquelle s'étalent les légumes frais que vous retrouverez dans votre assiette. Les jambons sèchent au plafond, le cochon de lait tourne doucement sur la broche de la cheminée, les barriques qui l'entourent ont le parfum d'autrefois. On est heureux, dès que l'on s'assied ici entre amis, avec cette cuisine simple et élégante à la fois.

***Accès :*** dans le bourg.

## DANS LES ENVIRONS

### DUHORT-BACHEN 40800 (7 km NE)

**€ Les Arcades** – *232, pl. de la Mairie ☎ 05-58-71-85-59. ♿ Tlj sauf dim soir-mar. Résa conseillée (nov-mars 24h avt). Formule 13,50 € le midi en sem ; menus 22,50-32 €. Café offert sur présentation de ce guide.* Après 15 années passées à Tahiti, le patron et sa femme ont repris cette petite affaire familiale. Pour réconcilier les tenants du terroir et les amoureux d'une cuisine plus inventive, il joue sur les 2 tableaux. Large carte de vins régionaux. Terrasse couverte sous les arcades. Intérieur vieillot mais chaleureux ; les pierres apparentes que vous voyez aux murs sont en fait des galets de l'Adour.

***Accès :*** par la D65, puis à droite la D39.

## HAGETMAU 40700

**€€ Chez Jambon** – *245, av. Carnot ☎ 05-58-79-32-02. Tlj sauf dim soir-lun. Formule 16 € sauf dim ; menus 29-40 €. Apéritif maison offert sur présentation de ce guide.* Derrière une façade rose et blanc se cache la belle maison locale, réputée pour la qualité de ses mets et qui fleure bon la France éternelle. La table de Philippe Labadie mérite vraiment des éloges. Fait aussi hôtel.

***Accès :*** en centre-ville, face au marché couvert.

## HOSSEGOR 40150

**€€ P Restaurant La Tétrade – Côté Lac** – *1187, av. du Touring-Club ☎ 05-58-43-51-48. ♿ Congés : 24-25 déc. Menus 17-23 € au déj, puis 29,90-44 € ; fruits de mer à volonté ven soir 40 €. Parking. Apéritif maison offert sur présentation de ce guide.* Une salle pimpante qui rajeunit avec les années, la veinarde, et un emplacement au bord du lac qui laisse rêveur, surtout au crépuscule. Pas de doute, les fruits de mer sont d'une fraîcheur constante, et on en abuse volontiers le vendredi soir quand le plateau est servi à volonté : des crevettes au tourteau en passant par les palourdes et les huîtres (d'Hossegor, mais pas seulement), on a l'océan dans l'assiette, dans un cadre très reposant. Belle terrasse aux beaux jours.

**Accès :** au bord du lac, route de Seignosse.

**€€€ Jean-des-Sables** – *121, bd de la Dune ☎ 05-58-72-29-82. Fermé le midi lun, mer et ven en saison, sinon lun-mar. Congés : 1er janv-11 fév. Menu le midi 33 €, vin et café compris ; puis 49-60 €. Carte 75-99 €.* Voici la table marine de Jean Coussau, confiée aux bons soins de son poulain, Patrice Lubet. Quelle vue ! Au cœur des dunes, dans un décor moderne et épuré, ou sur la terrasse soumise aux caprices du vent, on se prépare à un véritable festin. Lubet est un magicien, un artiste. Sa cuisine, que l'on pourrait juger déroutante car trop conceptuelle, s'avère particulièrement créative : surprenante, certes, mais toujours savoureuse et respectueuse. À la carte, pêche de petits bateaux et produits nobles ou rustiques, mais toujours de premier choix. Une très belle adresse pour une soirée gastronomique...

## MONT-DE-MARSAN 40000

**€ Le Bistrot de Marcel** – *1, rue du Pont-du-Commerce ☎ 05-58-75-09-71. Tlj sauf sam midi, dim et j. fériés (sauf fête de la Madeleine). Formule 12 € le midi en sem ; menus 19-29,90 €.* N'allez pas vous imaginer un vieux bistrot à la mode d'autrefois, vous seriez surpris. C'est un vrai décor d'aujourd'hui, mêlant vieilles pierres et mobilier contemporain, sans oublier l'une des plus belles terrasses de la ville avec vue sur la Midouze. À la carte, une cuisine du terroir à base de bons produits maison, avec des spécialités qui ont le goût du pays et de l'époque (salade landaise, escalope de foie gras frais). Bon accueil, mais service un peu dilettante.

**Accès :** au bord de la Midouze.

**€€ Le Richelieu** – *3, rue Robert-Wlérick ☎ 05-58-06-10-20. Tlj sauf sam, dim soir et soir des j. fériés, plus ven soir en hte saison. Congés : 1re sem de janv. Formule 21 € le midi ; menus 25 € en sem, 36 € dim, puis 35-48 €. Café offert sur présentation de ce guide.* L'une des meilleures et des plus élégantes tables de la ville. Cuisine traditionnelle goûteuse et copieuse. Bon accueil du patron. Fait aussi hôtel.

**Accès :** juste derrière le théâtre.

**€€ Un Air de Campagne** – *3, rue Thérèse-Clavé ☎ 05-58-06-05-41. Tlj sauf lun, mar soir, sam midi et dim soir. Congés : 1re sem de janv et dernière sem de juil. Formule du jour 18 € le midi en sem ; menus 29-49 € ; carte 50-56 €.* Décor décalé, chaleureux, pour découvrir une cuisine jouant la carte terroir avec tout autant de fantaisie. L'accueil est tonique, l'atmosphère cordiale. Le midi, c'est la ruée sur le menu du jour (venez tôt). Le soir, on prend le temps de déguster un poisson à l'ardoise, genre lotte en croûte de chorizo, le regard attendri par les bures de lait et la malle aux cocottes, tout en surveillant les plats des voisins. François Duchet, le jeune chef, est un amoureux de la cuisine espagnole.

**Accès :** près de la place Joseph-Pancaut.

## DANS LES ENVIRONS

### UCHACQ-ET-PARENTIS 40090 (7 km NO)

**€€ Restaurant Didier Garbage** – *N134 ☎ 05-58-75-33-66. Tlj sauf dim soir, lun et mar soir ; hors saison, ouv les autres soirs sur résa slt. Menus 12,90-20 € au bistrot ; au resto, menu 40 € et carte 26-50 €.* On a le choix ici entre le resto et le bistrot, et c'est un vrai bonheur dans un cas comme dans l'autre. On s'installe dans la salle cossue ou en terrasse pour un moment délicieux de la première à la dernière bouchée. Ici, pas de plat direct, non... car l'entrée et le dessert sont offerts ! Bref, on fraternise autour d'une escalope de foie de canard au coulis de figues, ou d'une tête de veau sauce gribiche, concoctées par un chef haut en couleur et à la bonhomie sympathique.

**Accès :** par la D932, puis à droite la N134 et encore à droite la D651a.

### SAINT-JUSTIN 40240 (25 km NE)

**€€ Hôtel de France** – *pl. des Tilleuls ☎ 05-58-44-83-61. Tlj sauf dim soir-lun midi. Congés : en fin d'année. Formule 19 € ; menu 39 € ; carte env 26 €. Café offert sur présentation de ce guide.* Sous les arcades et fleurie à souhait, une adresse récemment reprise qui fait le plein tous les midis. Le soir, on savoure le calme

Nouvelle-Aquitaine - Landes

et le charme du lieu. Cuisine d'une jolie constance, préparée avec des produits frais. Attention au monde en été : venez tôt (ou en fin de service). Fait aussi hôtel.

**Accès :** par la D932 et la D933N. Sur la place principale.

## MONTFORT-EN-CHALOSSE 40380

€€ Ⓘ **Aux Tauzins** – *547, route Raphaël-Lonné (sur la D2) ☎ 05-58-98-60-22. Tlj sauf dim soir-lun (slt lun midi en été). Menus 26-46 €.* Clientèle d'habitués depuis 4 générations. Cuisine du terroir servie, au resto, dans une salle dominant la vallée. Foie frais aux raisins, tournedos landais, fricassée de lotte et saint-jacques... Idéal pour goûter à la Chalosse en toute quiétude. Fait aussi hôtel.

**Accès :** à 1 km à la sortie du village, direction Hagetmau.

## ORTHEVIELLE 40300

€ Ⓘ **La Ferme d'Orthe** – *9, rue de la Fontaine ☎ 05-58-73-01-03. Tlj sauf dim soir-lun, plus mar soir et mer soir hors saison. Congés : 15 j. en déc, 15 j. en avr et 15 j. en sept. Formule déj en sem 12 € ; menu 24 € ; carte env 37 €. Sangria offerte sur présentation de ce guide.* Michel et Mylène tiennent l'affaire familiale achetée par les arrière-grands-parents en 1948 et vous régalent à leur tour de produits du terroir cuisinés dans la tradition, simplement. Pour goûter une vraie entrecôte-frites, un confit de canard ou une assiette de la mer digne de ce nom, selon la saison. Copieux menu du jour, sinon, pour un prix incroyablement doux. Desserts maison. Jolie salle et agréable terrasse en été.

**Accès :** au cœur du village.

## ROQUEFORT 40120

€ Ⓘ **Le Saint-Vincent** – *76, rue Laubaner ☎ 05-58-45-75-36. Fermé dim soir et jeu sauf juin-août. Menus 24-42 €.* Une superbe bâtisse en pierre, mais surtout une table à conseiller pour son originalité, la fraîcheur de ses produits locaux et le savoir-faire du chef. De la salle, on l'aperçoit s'affairer en cuisine, dressant minutieusement chaque assiette que son épouse apporte fièrement en salle. Un souvenir qui donne envie d'y retourner... Fait aussi hôtel.

**Accès :** en centre-ville.

## SABRES 40630

€€€ Ⓘ **L'Auberge des Pins** – *70, route de Luglon ☎ 05-58-08-30-00. Tlj sauf dim soir-lun hors saison ; tlj sauf lun midi en saison. Congés : 3 sem en janv. Formules 17-25 € le midi en sem ; menus 36-50 € le soir ; carte env 50 €.* Grosse maison landaise à pans de bois, au balcon fleuri et au large toit. Certes, les chambres sont assez conventionnelles, mais que vous logiez dans la demeure principale ou dans l'annexe, vous bénéficierez du parc, planté de pins. Au fil des ans, la famille Lesclauze a fait de cette auberge une référence régionale, et la table est à la hauteur du cadre. Tout est attirant sur cette carte proposant à la fois les produits traditionnels du pays et les dernières trouvailles du chef, subtiles et goûteuses. Également une formule au bar, moins chère et forte en goût.

**Accès :** prendre la route à droite dans le centre en venant de Bordeaux ou de Bayonne.

## SAINT-CRICQ-CHALOSSE 40700

€€ Ⓘ **L'Auberge du Laurier** – *1459, route d'Amou ☎ 05-58-75-08-05. Tlj sauf mar. Formule déj 24 € (sauf w-e et j. fériés) ; menu 31 €.* Dans l'ancien hôtel-resto de la gare du village que les trains ont depuis longtemps désertée. Une jolie adresse au cœur de la Chalosse... La déco est ravissante, en salle comme en terrasse. Surtout, les produits sont du cru, en provenance des meilleures fermes, des meilleurs élevages... Rajouter à cela un accueil souriant, une cuisine raffinée, un service impeccable (et une cheminée !), et on n'est pas loin du coup de cœur.

## SAINT-SEVER 40500

€€ Ⓘ **L'Art des Mets** – *1, chemin de Prouyan ☎ 05-47-87-90-41. Ouv ts les midis plus ven et sam soirs. Menus 13,50 € le midi en sem, puis 30 € ; carte env 30 €.* Un coup de cœur ! Dès le 1er menu. Dans sa cuisine grande ouverte sur la salle, le chef et sa brigade s'en donnent à cœur joie et proposent une cuisine de terroir créative, hautement réjouissante et à prix doux. Parmi les spécialités phare, le tataki de blonde d'Aquitaine et les préparations autour du canard. Le petit menu, quant à lui, change tous les jours. Service en terrasse.

## SEIGNOSSE 40510

**€ |●| ⛱ Les Roseaux** – *4, route Louis-de-Bourmont ☎ 05-58-72-80-30. ♿ Hors saison, ouv slt le midi sauf mar, plus sam soir ; en juil-août, ouv tlj midi et soir sauf mar. Congés : 2 sem en fév et nov. Résa obligatoire en saison (1 sem à l'avance !). Menu 22 € ; carte 35-40 €. Café offert sur présentation de ce guide.* Une adresse depuis longtemps dans le cœur des habitués de la côte sud. Il y a toujours la vue sur le lac, sauvage et superbe, mais Christophe Lesbats, formé à bonne école, est venu prendre la succession de son père et propose une savoureuse cuisine rustique revisitée à sa façon : (remarquable) poêlée d'anguilles en persillade, foie frais aux raisins, salmis de palombe aux pruneaux... Sans oublier l'assiette de pays. Un coup de cœur !

**Accès :** au bord de l'étang Blanc.

**€€ |●| ⛱ La Table de Florence** – *6-8, pl. de Castille ☎ 05-58-43-13-61. ♿ Tlj sauf dim soir, plus mar soir et mer hors saison. Congés : de mi-nov à mi-fév. Formules 13,90-16,90 € le midi en sem ; menu 28 € ; carte 20-40 €.* La jolie surprise que ce petit resto perdu au milieu des boutiques en tout genre de cette station à priori peu portée sur la bonne chère. Poussez la porte du bar PMU, tenu par le père, un Basque authentique qui est là pour protéger « ses femmes », la sienne étant au service, tandis que sa fille, Florence, s'active aux fourneaux. La belle équipe parvient à satisfaire sa clientèle de fidèles venus tout d'abord côté bistrot, en terrasse ou au bar, et qui osent désormais le resto, plus intime, avec une carte commune. Rien de trop olé-olé, malgré l'origine familiale. Bons produits joliment cuisinés.

**€€€ ⛱ La Villa de l'Étang Blanc** – *2265, route de l'Étang-Blanc ☎ 05-58-72-80-15. ♿ Tlj fév-nov (sauf midi lun, mer et ven en juil-août) ; hors saison, fermé dim soir-mar. Congés : de mi-nov à début fév. Formule déj (sauf dim) 19 € ; menu dégustation 55 € ; carte env 45 €.* Dans une station balnéaire où les regards convergent le plus souvent vers l'océan, on lui tourne cette fois-ci le dos, tout en gardant les pieds dans l'eau (douce, cette fois-ci) ! Imaginez une belle villa dans un environnement naturel sauvage et apaisant. Une adresse de charme pour amoureux gourmets. L'été, on profite de la magnifique terrasse et de la vue sur le lac. Formé à bonne école chez les grands chefs du pays, David Sulpice joue la fraîcheur, le marché, les producteurs, les saisons, privilégiant une carte courte et une assiette allant à l'essentiel. C'est net, précis, goûteux. Fait aussi hôtel.

**Accès :** de Seignosse-Bourg, direction Seignosse-Océan (D432), suivre les panneaux.

## DANS LES ENVIRONS

### SAINT-VINCENT-DE-TYROSSE 40230 (8 km SE)

**€€€ |●| ⛱ 🅿 Le Hittau** – *av. du Hittau ☎ 05-58-77-11-85. ♿ Tlj sauf mer, plus mar hors saison. Congés : 1re sem de juil, pdt les vac scol de fév et les vac scol de la Toussaint. Menus 26 € le midi en sem, puis 60-82 €. Parking. Apéritif maison offert sur présentation de ce guide.* Cette belle ferme landaise, située à quelques encablures de la côte, est une des adresses les plus gourmandes des Landes. Le chef Yannick Duc se fournit auprès de producteurs locaux et revisite le terroir avec sincérité et talent, sans esbroufe. En hiver, au coin du feu, ou aux beaux jours, dans le jardin en fleur, on se sent bien dans ce lieu authentique. Le service souriant et attentionné n'est pas étranger à l'affaire. Un coup de cœur !

## SOUSTONS 40140

**€€ |●| 🏠 ⛱ Auberge Dehiou** – *quartier Costemale, route de Magescq ☎ 05-58-41-57-02. Juin-sept, tlj midi et soir ; fermé sam hors saison. Congés : 15 j. en fév et 1 sem en oct. Menu 14 € le midi en sem ; carte 27,50-38,50 €. Café offert sur présentation de ce guide.* La petite auberge de campagne comme on les aime... Un petit bout du monde avec une maison posée sur l'airial, proposant une salle proprette et des spécialités bien locales. Petit menu du jour pour les budgets un peu courts ou, mieux, assiette landaise, magret et confit pour les autres, ce qui ne les ruinera pas non plus. Excellent canard, pas gras du tout et accompagné d'un délicieux gratin dauphinois ou de courgettes. Une crème caramel ou un nougat glacé en dessert, et le tour est joué ! Une bonne maison, comme on dit.

***Accès :*** à environ 5 km sur la route de Magescq, puis à gauche sur 1 km.

**€€ |●| Auberge Batby** – *63, av. Galleben ☎ 05-58-41-18-80. ♿ Tlj sauf le midi lun et mar en saison, sinon fermé dim soir-lun. Formule en sem 18 € ; menus 29-42 € ; carte 45-60 €.* Bien bonne cuisine, finement préparée et mettant les produits du cru de saison à l'honneur : asperges, cèpes, jambon, canard, cacahuète ou les poissons de la côte toute proche. Salle élégante et moderne avec une belle véranda donnant sur le lac. Fait aussi hôtel.

***Accès :*** au bord du lac, face au parc.

# Lot-et-Garonne (47)

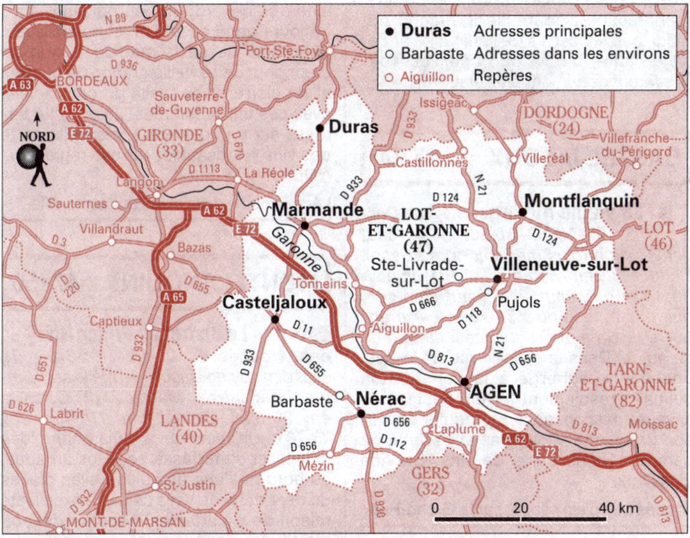


## AGEN 47000

**€ |●| ⛱ L'Atelier** – *14, rue du Jeu-de-Paume ☎ 05-53-87-89-22. Tlj sauf sam midi et dim. Formules 15-17 € le midi ; menus 21-27 € le soir ; carte 30-36 €.* Dans une grande salle aux teintes douces et tables espacées, on mise sur une atmosphère intimiste. En cuisine, madame s'applique à élaborer une cuisine de marché et des plats qui mettent en appétit. Entre autres, salades et « *big* assiettes ». Ou menu sympa, selon l'humeur du chef. En salle, monsieur dispense un accueil et un service fort aimables. Carte des vins assez fournie et conseils avertis parmi de belles découvertes régionales. Terrasse. Une adresse discrète et méritante.

***Accès :*** dans le centre-ville.

**€€ |●| ⛱ Bistrot Voltaire** – *45, rue Voltaire ☎ 05-53-47-62-42. ♿ Tlj sauf sam midi, dim-lun et j. fériés. Congés : 15 août et sem de Noël. Formules déj 14-17 € ; menus 22-33 € ; carte 25-35 €.* Bistrot un rien chic et sans choc, au cadre élégant dans l'air du temps. Ambiance détendue, service féminin cool et souriant. « Cuisine, fromages et vins » ! Tout est dit. Cuisine fraîche du marché tout proche, simple, avec un brin de fantaisie. Les formules de midi sont remarquables. Beau coup de cœur...

**Accès :** centre-ville.

€ **La Table de Michel Dussau** – *1350, av. du Midi ☎ 05-53-96-15-15. Fermé dim-lun et j. fériés. Congés : 1 sem fin août. Formule et menu déj en sem 18-23 €. Menus 23-68 €. Carte env 50-55 €. Parking.* Au rez-de-chaussée de la *Résidence Astoria.* Dans cette grande salle relookée dans un esprit design, Michel Dussau est à son aise. Ses produits sont extra-frais, sa cuisine généreuse et goûteuse. Le menu du midi joue les cartes de l'efficacité et de la rapidité, tandis que ceux du soir s'avèrent nettement plus élaborés.

## CASTELJALOUX 47700

€ **La Vieille Auberge** – *11, rue Posterne ☎ 05-53-93-01-36. Tlj sauf dim soir-lun (plus mer soir hors saison). Congés : 2 sem-début juil et 10 j. fin nov-début déc. Menus 24 € (sauf sam soir, dim et j. fériés), puis 34-70 € ; carte env 50-70 €. Café offert sur présentation de ce guide.* Dans une vieille rue de la ville, une bonne auberge à la connotation culinaire résolument terroir. Festival de saveurs gasconnes aux produits de saison (traditionnel foie gras et assiette de canard). Riche carte de vins. Service classieux.

**Accès :** en plein centre, par la Grand-Rue.

## DURAS 47120

€ **L'Hostellerie-restaurant des Ducs***** – *bd Jean-Brisseau ☎ 05-53-83-74-58. • hostellerieducs-duras.com • Tlj sauf sam midi et lun midi, plus dim soir et lun soir en basse saison. Résa quasi obligatoire en saison. Menus 17 € (sauf dim et j. fériés), puis 25-53 €. Parking.* Deux belles demeures mitoyennes, dont un ancien couvent du XIXe, abritent l'institution hôtelière de la région. Terrasses agréables, piscine et grand jardin fleuri, spa et sauna. Cuisine bourgeoise raffinée, de haute volée, où le chef exprime sa passion pour le terroir local, avec quelques échappées. Côté vins, côtes-de-duras à l'honneur. Personnel attentionné.

**Accès :** à côté de l'office de tourisme.

## MARMANDE 47200

€€ **La Grange** – *13, rue de l'Hirondelle ☎ 05-53-20-81-88. Tlj sauf dim et lun soir, plus lun midi, mar soir, mer soir et j. fériés hors saison. Congés : 1 sem fin août et 1 sem fin déc. Menu 15 € ; carte 25-30 €.* Plaisirs gourmands à prix sages. Des plats originaux avec « l'acceng » du terroir. Cuisine très canard, un peu poisson, mais toujours généreuse, fine et savoureuse. Véritables desserts maison ! Coup de cœur pour cette vieille grange de poutres et de pierre d'une ruelle du centre-ville, avec ses toiles colorées. Jolie petite terrasse sur une placette ; très belle carte des vins valorisant les terroirs régionaux. *NOUVEAUTÉ.*

**Accès :** près de la place au centre-ville.

## MONTFLANQUIN 47150

€ **Le Bistrot du Prince Noir** – *pl. des Arcades ☎ 05-53-36-63-00. Tlj sauf dim soir en saison ; fermé le soir dim-mer hors saison. Menus 24-27 € ; carte env 25-30 €. Brunch dim 11h-15h, env 15-18 €.* Un resto qui a eu la bonne idée d'installer sa terrasse sous les arcades, au bord de l'une des plus belles places du département. Voilà déjà une excellente raison de s'y attabler ! Mais au-delà du plaisir des yeux, on soigne aussi celui des papilles. On y savoure une cuisine séduisante qui met en valeur les produits des collines du Sud-Ouest, aussi bien de manière classique que ludique (hamburgers maison revisités, nems de canard avec chutney de figues, camembert pané et confiture de cerise, etc.). Le résultat est probant. *NOUVEAUTÉ.*

**Accès :** au centre du village.

## NÉRAC 47600

€€ **L'Art de Vivre** – *7, rue du Château ☎ 05-53-65-69-43. Tlj sauf lun-mar, plus dim hors saison. Résa conseillée.*

*Congés : vac scol de déc. Menus 14,50 € le midi en sem, puis 26 € ; menu-carte 33 € servi le soir et w-e slt.* Derrière ses fourneaux, Grégory mitonne une cuisine qui réussit le pari d'être à la fois simple, fine, pleine d'idées, de saveurs, et généreuse (pressée de foie gras au sirop d'érable). Une cuisine juste, surtout terroir. Pour accompagner les plats, large choix de vins, la plupart issus de la biodynamie (le chef est aussi sommelier !). Dommage qu'il n'y ait pas de terrasse pour les beaux jours. À noter que pour le menu-carte, il peut y avoir parfois un peu d'attente, car tout est fait minute.

## DANS LES ENVIRONS

### BARBASTE 47230 (6 km NO)

**€€ |●| ⛱ Le Moulin des Saveurs** – *Moulin des tours ☎ 05-53-97-06-60. Tlj sauf dim soir-lun (hors lun fériés). Formule et menu midi sauf dim et j. fériés 15,50-17,50 € ; menus 28-48 € ; carte 35-40 €.* Un cadre improbable, qui respire l'histoire du moulin. Un lieu et une cuisine, élégante, fine, savoureuse. Des associations terroir-créativité. Excellent rapport qualité-prix sur les formules du midi. À déguster dans la grande salle, la petite salle voûtée de l'ancienne machine à vapeur ou en terrasse. Excellent accueil, prévenant et souriant. Une belle table.

***Accès :*** par la D930.

## VILLENEUVE-SUR-LOT 47300

**€€ |●| ⛱ La Galerie** – *38, bd de la Marine ☎ 05-53-71-52-12. Tlj sauf dim soir, lun et mar ; service jusqu'à 21h. Formule et menus 16-17 € le midi sauf dim et j. fériés ; menu 26-35 € ; carte env 40 €.* Juste en face du cinéma, une grande salle coquette, avec des tableaux aux murs. Cuisine régionale, agrémentée des petites touches personnelles du chef. Bon choix de vins, à prix accessibles. Terrasse paisible aux beaux jours et accueil agréable.

**€€€ La Table des Sens** – *8, rue Penne ☎ 05-53-36-97-04. ♿ Tlj sauf dim soir, lun et mar. Résa vivement conseillée. Formule déj en sem 26 € ; menus 46-75 € ; carte 70-80 €.* Voilà une table à la solide réputation, qui va bien au-delà des murs de la ville. Il faut dire qu'ici, on a le sens et la passion des choses bien faites. Le cadre, de bon augure, a été soigneusement pensé dans un esprit sobre, moderne et zen. La cuisine tient toutes ses promesses. Raffinée, goûteuse, renouvelée et juste, sans jamais en mettre plein la vue. Pour finir, l'accueil n'est pas en reste. Aucune fausse note. LA référence gastronomique à Villeneuve.

***Accès :*** dans le centre-ville.

## DANS LES ENVIRONS

### PUJOLS 47300 (4 km SO)

**€ |●| ⛱ La Villa Smeralda** – *Le Bourg ☎ 05-53-36-72-12. Tlj sauf dim soir-mar hors saison ; tlj en hte saison. Congés : 10 j. en oct. En sem, menus 14,50 € le midi, 16 € le soir ; autres menus 27-36 € ; carte 30-35 €. Apéritif maison offert sur présentation de ce guide.* Bonne cuisine à tendance méditerranéenne. Jolie déco, chaises élégantes habillées de tissu et grandes tables en bois blond. Belle et grande terrasse sous une pergola végétale, très agréable en été. Petit menu de midi très sympa.

***Accès :*** dans le centre du bourg, face à la charmante petite place du village.

### SAINTE-LIVRADE-SUR-LOT 47110 (11 km O)

**€€€ |●| ⛱ Au Bord de la Source** – *lieu-dit Larrive ☎ 05-53-01-36-84. Tlj sauf dim soir-mar. Formule et menu 20-30 € le midi en sem, puis menus 35-50 € et carte.* Avec sa véranda en surplomb du Lot qui dessine un doux méandre, le lieu est romantique (surtout au coucher du soleil, lorsque le cours d'eau glisse à travers les arbres dans sa splendeur irisée). En salle, les nappes blanches et les chaises en fer forgé sont fidèles à l'esprit du lieu. La belle cuisine de Véronique Melloul parachève le tableau. On apprécie ses préparations d'inspiration régionale, aux touches créatives qui rappellent son âme voyageuse. *NOUVEAUTÉ.*

***Accès :*** par la D911 ; à environ 1,5 km de Sainte-Livrade en direction du Temple-sur-Lot.

# Pyrénées-Atlantiques (64)

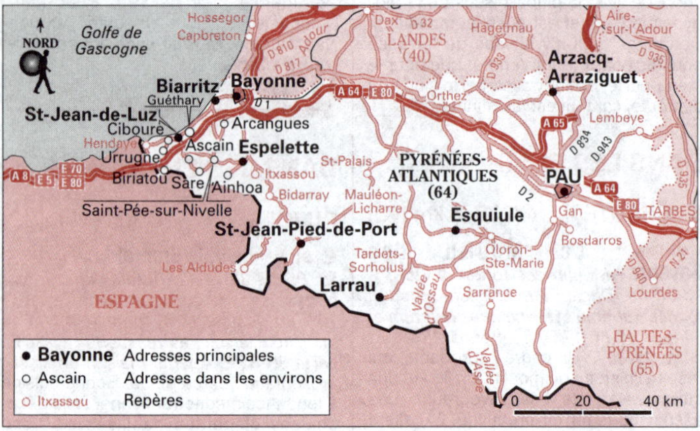


## ARZACQ-ARRAZIGUET 64410

**€ 🍽 ⛱ Café des Sports** – *pl. de la République ☎ 05-59-04-40-67. Tlj sauf mar soir-mer soir ; plutôt sur résa le soir. Congés : 15 j. en sept. Menus 14 € le midi en sem (vin compris), puis 18-26 €.* C'est de notoriété publique, vous êtes ici chez Gaby, le roi de la garbure ! Cette épaisse soupe de légumes parfumée au jambon (de Bayonne, naturellement) débute tous les menus. Ensuite, c'est du généreux, du produit de terroir, de la tradition. Foie gras, magret, tournedos aux cèpes défilent dans la salle sans façons de ce bistrot de village ou en terrasse, sous les vieilles arcades de la place du marché. Réservation fortement conseillée : les habitués viennent et reviennent, parfois de très loin (pour ne pas, par exemple, manquer la tête de veau du 1er vendredi du mois).

## BAYONNE 64100

**€ 🍽 ⛱ Le Chistera** – *42, rue Port-Neuf ☎ 05-59-59-25-93. Tlj sauf lun, plus mar soir et mer soir hors saison. Menu 17 € ; carte 28 €. Digestif maison offert sur présentation de ce guide.* Le nom, le décor, tout indique que l'on est ici chez des passionnés de pelote. Cuisine typiquement bayonnaise, à base de produits d'une belle fraîcheur et provenant des meilleurs producteurs locaux. Des recettes classiques joliment revisitées. Cuisine d'une grande sincérité, accueil authentique et prix raisonnables. C'est bien simple, c'est la cantine de très nombreux Bayonnais et des amis de *Slow Food* (une référence !).

***Accès :*** dans le vieux Bayonne, entre la place Jacques-Portes et l'hôtel de ville.

**€ 🍽 ⛱ Le Bayonnais** – *38, quai des Corsaires ☎ 05-59-25-61-19. ♿ Tlj sauf dim-lun. Congés : 3 sem en juin et 2 sem à Noël. Menu 21 € en sem ; carte env 40 €.* Christophe Pascal est passé chez les plus grands et propose, en toute modestie, une cuisine de terroir qui ne manque pas de personnalité. Les produits sont parfaitement choisis, frais, goûteux. Surtout, les portions sont plus que généreuses et le menu du jour est une bonne affaire... La carte des vins décline de bonnes appellations régionales à bon prix. Accueil très sympa. Terrasse au bord de l'eau.

**Accès :** dans le petit Bayonne, à deux pas du Musée basque.

**€€ Auberge du Cheval Blanc** – *68, rue Bourgneuf ☎ 05-59-59-01-33. Tlj sauf sam midi, dim soir et lun. Congés : 1re sem de juil. Menus 25 € en sem, puis 45-84 € ; carte 45 €. Café offert sur présentation de ce guide.* Plutôt que de choisir les menus, laissez-vous guider par l'inspiration du chef, car il invente sans cesse, tout en gardant de grands plats classiques. Il travaille aussi les produits populaires, comme le *xamango* (os de jambon), qu'il sert en parmentier, mais avec du jus de veau truffé. Les desserts sont sublimissimes : il manie comme personne le chocolat et les fruits frais. Une cuisine à découvrir en terrasse ou dans l'une des 3 salles thématiques, où domine le rouge, basque bien sûr.

**Accès :** à deux pas du Musée basque et du musée Bonnat.

**€€€ La Table de Pottoka** – *21, quai Amiral-Dubourdieu ☎ 05-59-46-14-94. Tlj sauf dim-lun. Congés : 3 sem en août. Formules déj 21-26 € en sem ; menu-carte 37 €. Dégustation pour toute la table 48 €/pers.* Sébastien Gravé est un chef doué, non seulement d'ubiquié car il réussit à faire le grand écart entre son resto parisien et celui de Bayonne, où il a mis en place une équipe du tonnerre, mais aussi parce qu'il offre du frais, du savoureux, du créatif à prix doux, avec une touche de folie et de couleur bienvenue par ici. Un lieu chaleureux, où l'on ne s'entend plus mastiquer quand la salle se remplit (tous les jours complet, réservez !), qui fait bouger la ville. Un vrai bonheur.

**Accès :** entre l'hôtel de ville et les halles, au nord de la Nive, en face du Musée basque.

## BIARRITZ 64200

**€ Crampotte no 30** – *30, allée Port-des-Pêcheurs ☎ 05-35-46-91-22. D'avr à mi-nov, tlj sauf lun hors saison et bien sûr s'il pleut. Compter 15 €.* Les bars à tapas du port offrent une belle atmosphère les jours de grande foule (le port est quasiment inaccessible en été !), surtout quand surgit une guitare, tandis que coule le rosé... Si le temps le permet, attablez-vous à la sypathique terrasse de la *Crampotte n° 30,* du nom de ces cahutes de pêcheurs qui s'alignent sur le quai. Jolies verrines et tapas à piquer sur des *palas* (des raquettes de pelote basque) disposées sur le comptoir. Un ileu typique, unique en son genre.

**€€ Cidrerie Hernani** – *27-29, av. du Maréchal-Joffre ☎ 05-59-23-01-01. Ouv tlj, slt le soir. Congés : 3 sem entre mi-juin et mi-juil. Carte traditionnelle des cidreries 30 €, boisson en sus. Apéritif maison offert sur présentation de ce guide.* Ambiance espagnole typique dans ce resto aménagé comme une cidrerie du Gipuzkoa, avec ses tonneaux le long du mur et ses grandes tables de bois. Cuisine basco-espagnole de qualité, avec omelette à la morue et d'excellentes grillades. Service jusque tard le soir, toujours souriant et très efficace, ce qui contribue à la bonne ambiance générale.

**€€€ Restaurant Philippe** – *30, av. du Lac-Marion ☎ 05-59-23-13-12. Ouv le soir slt ; tlj sauf lun-mar (tlj en août). Congés : 15 j. en mars, 1 sem en juin et 15 j. en nov. Menus 35-85 €.* Juste une petite maison biarrote, un peu bohème mais d'allure contemporaine et décalée. Une table confidentielle qui séduit une clientèle d'initiés. Passé chez les plus grands (Ducasse, Chilbois...), Philippe Lafargue donne à sa cuisine au four à bois une note terriblement inventive, saisonnière et recherchée. La carte des vins n'est pas triste non plus.

**Accès :** au sud de la ville, près de la gare, à côté du lac Marion.

**€€€ L'Entre-deux** – *5, av. du Maréchal-Foch ☎ 05-59-22-51-50. Tlj sauf dim-lun. Congés : 1 sem janv, mars et sept et 2 sem en juin. Résa très conseillée. Formules déj en sem 21-26 € ; menus le soir 40-52 €.* L'une des meilleures tables de la ville, tenue par 2 amis d'enfance qui font des étincelles depuis qu'ils ont allié leurs compétences. Une salle sobre ouverte sur la cuisine, une carte courte, des produits frais joliment travaillés et une addition qui ne s'emballe pas trop le midi, il y a de quoi faire mouche. Le chef, Rémy Escale, qui avait déjà brillé à Saint-Jean-de-Luz (au *Zoko Moko*), connaît son affaire, comme la pâtissière, excellente, qui convaincra les plus réticents à finir sur une note sucrée. Le must : jouer les berniques accrochées au bar. On est ainsi aux premières loges pour s'offrir un cours de cuisine gratis. Attention, à la carte, les prix grimpent.

## DANS LES ENVIRONS

### ARCANGUES 64200 (8 km SE)

**€€ Le Trinquet d'Arcangues** – *Le Bourg ☎ 05-59-43-09-64. Tlj sauf lun, plus mar hors saison. Congés : fév. Formule déj en sem 12-20 €. Menu 26,50 €, carte env 35 €.* Le bâtiment, tout neuf, est sans grand charme, mais la cuisine traditionnelle, à base de produits locaux, est saine et solide. La salle à manger aux longues tables donne sur le trinquet où l'on voit les joueurs à l'œuvre : quel plaisir de prendre les calories que les autres perdent ! Cheminée pour les soirs de frimas, et terrasse sous les mûriers platanes aux beaux jours.

***Accès :*** près de la mairie.

### GUÉTHARY 64210 (10 km SO)

**€€€ Briketenia** – *142, rue de l'Église ☎ 05-59-26-51-34. Tlj sauf mar ; tlj de mi-juil à fin août. Congés : 3 sem en nov. Menu 35 € (midi sauf dim et j. fériés), puis 58-64 € ; au bistrot (ouv mer-dim en saison slt), compter 32 €.* Nous sommes ici dans la maison de famille et à la table de Martin Ibarboure, l'un des grands chefs étoilés de la côte, qui cède peu à peu le relais à son fils David, formé dans de grandes maisons à Mandelieu, Londres et Hong-Kong. Ce prestigieux établissement s'avère une adresse parfaite pour un déjeuner plus que parfait. Le « petit » menu du midi permet déjà de mettre les petits plats dans les grands. Côté bistrot, on se régale sans faire exploser l'addition. Accueil et service attentionnés.

***Accès :*** dans la ville haute.

## ESPELETTE 64250

**€ Hôtel-restaurant Euzkadi**** – *285, Karrika-Nagusia ☎ 05-59-93-91-88. • hotel-restaurant-euzkadi.com • Tlj sauf lun, plus mar oct-juin. Congés : 15 fév-15 mars et 12 nov-12 déc. Menus 21-37 €. Parking. Apéritif maison offert sur présentation de ce guide.* Dans l'une des plus belles maisons d'Espelette. Ça fait 5 générations que les Darraïdou dénichent de vieilles recettes campagnardes et les remettent au goût du jour, comme le *tripoxa* (boudin de veau servi avec une sauce tomate au piment), l'*eltzekaria* (soupe de légumes) ou même l'*axoa*. Derrière le resto, agréable jardin, tennis et piscine. Chambres coquettes, très confortables. Ascenseur.

***Accès :*** prendre la D307 jusqu'à Saint-Pée-sur-Nivelle, puis la D918.

## DANS LES ENVIRONS

### AINHOA 64250 (6 km SO)

**€€€ Oppoca***** – *☎ 05-59-29-90-72. • oppoca.com • Bistrot fermé jeu soir, plus ven midi et dim soir en basse saison. Resto fermé jeu et dim soir, plus ven midi en basse saison. Congés : 5 janv-20 mars. Menus 25-68 € ; au bistrot, carte. Parking. Apéritif maison offert sur présentation de ce guide.* Une jolie demeure traditionnelle qui fut un relais pour les pèlerins de Saint-Jacques-de-Compostelle au XVIIe s. Chambres dans l'air du temps. On mitonne ici une cuisine légère et savoureuse, entre tradition et inventivité, s'appuyant sur les meilleurs producteurs du Pays basque. Gibier en saison. Jardin et terrasse agréables, avec vue sur les Pyrénées.

***Accès :*** en face du fronton, sur la place principale.

**€€€ Ithurria****** – *rue Principale ☎ 05-59-29-92-11. • ithurria.com • Tlj sauf mer et jeu midi hors juil-août. Congés : 5 nov-13 avr. Résa indispensable en été. Menus 45-90 € (env 30 € au bistrot). Parking.* Grande maison labourdine du XVIIe s, chic et confortable, ancien relais sur la route de Saint-Jacques-de-Compostelle. Chambres climatisées, certaines avec loggia ou balcon, mais la salle à manger reste la pièce à vivre (belles tomettes, cheminée à l'ancienne) où tous les pèlerins du monde moderne se retrouvent pour goûter cochon, palombes et gibier en saison... À moins que l'on ne préfère la partie bistrot, le midi, aux tarifs plus accessibles. Derrière, beau jardin, piscine et sauna pour perdre les calories gagnées à table.

***Accès :*** par la D20. À l'entrée nord du village.

## ESQUIULE 64400

**€€ Chez Château** – *pl. du Fronton ☎ 05-59-39-23-03. Tlj sauf dim soir et lun-mar. Menus 26-49 €.* Jean-Bernard Hourçourigaray sert la fameuse garbure à sa façon, et une cuisine béarnaise tellement remixée et revigorée qu'elle n'a plus rien à voir avec la popote des grands-mères. Charcuterie, pains, glaces, quel que soit votre plat, tout est fait maison. Signature de ce chef multiple champion du monde et de France de pelote : le jambon de pays présent dans la plupart des recettes. Les vins, superbement choisis, restent à des prix plus que raisonnables.

**Accès :** à côté de l'église.

## LARRAU 64560

**€ 🍴 P Etchemaïté**** – *dans le bourg ☎ 05-59-28-61-45. ♿ Tlj sauf dim soir-lun. Congés : de début janv à mi-fév. Menu 20 € sauf w-e et j. fériés, puis 26-56 €. Parking. Café offert sur présentation de ce guide.* Que c'est beau, la Soule vue de la salle à manger de la ferme *Barnetchia* ! Quoiqu'on regarde plutôt ce qu'il y a dans l'assiette. Une auberge de famille, un apprentissage auprès de grands noms de la restauration, le retour dans les montagnes, il n'en faut pas plus pour faire une belle adresse. En s'appuyant sur la trilogie souletine (agneau, cochon et cèpes), Pierre Etchemaïté invente une cuisine simple et sophistiquée à la fois. *Etchemaïté,* c'est un endroit où l'on vous accueille, vous réconforte et vous apprend le pays.

**Accès :** au pied du pic d'Orhy dans les Pyrénées, sur la D26.

## PAU 64000

**€€ |●| Le Bistrot d'à côté** – *1, pl. Gramont ☎ 05-59-27-98-08. Tlj sauf sam midi, dim-lun. Formule et menu déj en sem 15-17 €, le soir 28-36 €.* Un cadre traditionnel et classique de brasserie chic, avec banquettes en cuir et miroirs, pour une cuisine qui ne l'est pas ! Stéphanie Cunin, jeune chef talentueux et inspiré, revisite avec brio des plats connus de tous que l'on redécouvre sous un jour nouveau. On adore sa terrine maison accompagnée de piments doux marinés offerte en guise d'amuse-bouche en début de repas, prémices au festival de saveurs à venir. Les bouches sucrées se garderont une place pour les goûteux desserts.

**Accès :** entre la pl. de Verdun et le château.

**€€€ |●| Les Pipelettes** – *3, rue Valéry-Meunier ☎ 05-59-98-88-06. Ouv du mer au sam soir. Résa conseillée le soir. Menus déj 18-20 €, le soir 38 €.* Une cantine de poche avec cuisine ouverte, dans une ruelle piétonne. C'est ici que Laetitia Sarthou, seule au piano, concocte une cuisine bristronomique de haut vol, agrémentée de plantes aromatiques et de fleurs comestibles de son potager. Son menu unique du midi est déjà une surprise totale ; quant à celui du soir, en 5 dégustations, on est resté baba. Une table qui rend pipelette pour alerter la galaxie des gourmets.

**Accès :** près de la pl. Clémenceau.

**€€€ |●| Le Bistro R** – *pl. Royale ☎ 05-59-81-32-89. Tlj sauf dim-lun. Formule et menu déj en sem 15,50-19,50 €, puis menu 41 €.* Parmi les bonnes tables qui étalent leur terrasse sur la place Royale, on a eu un coup de cœur pour ce nouveau resto ouvert par Emmanuel Cochet et sa femme Isabelle. Après un parcours brillant, le chef a posé ses couteaux ici pour développer sa créativité et faire découvrir ses trouvailles gastronomiques. On apprécie autant sa cuisine que le personnage lui-même qui, à l'évidence, prend un malin plaisir à surprendre sa clientèle. Toujours à l'affût de bons produits, il associe avec maestria leurs saveurs et leurs textures. Au final, sa passion est communicative... et on s'est régalés !

**Accès :** face à la Mairie.

## SAINT-JEAN-DE-LUZ 64500

**€€€ |●| 🍴 Zoko Moko** – *6, rue Mazarin ☎ 05-59-08-01-23. ♿ Tlj sauf lun, plus dim soir sept-juin. Congés : 15 j. en mars et 10 j. début déc. Résa recommandée. Le midi en sem, formule 26 € ; menu-carte 45 € ; menus dégustation 57-77 €. Apéritif maison offert sur présentation de ce guide.* Lumière douce, pierre apparente, sièges très tendance ou banquettes rouges. *Zoko Moko,* « Le Coin tranquille » en v.f., se démarque de ses voisins dans la déco comme dans l'assiette. Un succès mérité pour cette belle cuisine du moment, aux couleurs et aux parfums du pays, réalisée par une équipe connaissant son métier. Petit bout de terrasse bien appréciable en été.

**Accès :** près de la maison de l'Infante et du port.

## DANS LES ENVIRONS

### CIBOURE 64500 (1 km S)

**€€€ |●| Chez Mattin** – *63, rue A.-Baignol ☎ 05-59-47-19-52. Tlj sauf dim-lun. Congés : mars, 10 j. fin juin et 10 j. en nov. Résa recommandée en été. Carte 46 €. Apéritif maison offert sur présentation de ce guide.* L'un des restos de poisson les plus connus. Agréable salle d'auberge toute blanche avec quelques beaux tableaux régionaux. Le point fort de la maison, c'est le *ttoro,* soupe de poisson suffisamment copieuse pour faire office de repas. Poissons grillés, frais et excellents. Naturellement, tous les poissons du port défilent sur la carte qui change selon l'inspiration, mais on peut aussi se laisser tenter par les abats.

***Accès :*** dans le bourg, par l'av. du Docteur-Speraber.

### URRUGNE 64122 (6 km S)

**€€€ |●| La Ferme Lizarraga** – *550, chemin Lissaraga ☎ 05-59-47-03-76. Tlj sauf lun l'été (plus mar hors saison). Menu déj 19 € ; menu-carte 37 € et menu gastro 49 €.* À deux pas du château d'Urtubie, faire halte ici après sa visite semble tout naturel. Cette ferme traditionnelle cache un joli resto dont la cuisine, précise et goûteuse, attire les fines gueules de la région. Toutes les formules, même les plus modestes, profitent du savoir-faire du chef. Aux beaux jours, on profite, depuis l'élégante terrasse, d'une délicieuse vue sur la campagne et la Rhune en toile de fond, à admirer entre les plats, avant de replonger le nez dans son assiette. *NOUVEAUTÉ.*

### ASCAIN 64310 (7,5 km SE)

**€ |●| Moments Gourmands** – *pl Pierre-Loti ☎ 05-59-54-46-82. Tlj en hte saison ; fermé lun hors saison. Menus 16-22 € ; carte 30 €.* Coloré et décontracté, ce joli resto offre une cuisine franche et moderne, sans complexes, qui ratisse large, mais ratisse bien : on a adoré la parrillada de poissons, les grosses salades (servies en 2 tailles), mais les burgers maison, plein de personnalité, ne déméritent pas. Terrasse ou courette dans le fond, agréable et pleine de plantes. *NOUVEAUTÉ.*

***Accès :*** par la D918.

### BIRIATOU 64700 (12 km S)

**€€ |●| Les Jardins de Bakea** – *1134, chemin Herri-Alde ☎ 05-59-20-02-01. ● bakea.fr ● Tlj sauf lun midi et mar midi avr-oct ; lun-mar nov-fin mars. Congés : 10 janv-3 fév et 22 nov-9 déc. Menus 29 € (sauf dim et j. fériés), puis 38-74 € ; carte env 56 €. Parking.* Voilà un vrai petit coin de paradis où l'on goûte, loin de tout, au repos absolu. Les chambres, très agréables avec vue sur la vallée, sont tout à fait dans l'air du temps. L'excellent resto profite d'une terrasse de rêve dominant la vallée de la Bidassoa et propose une cuisine actuelle, style terroir revisité. Chaises longues dans le parc, pour buller le regard perdu dans les montagnes. Accueil prévenant, service raffiné.

***Accès :*** par la D258 ; suivre le fléchage.

### SAINT-PÉE-SUR-NIVELLE 64310 (12 km E)

**€ Ttotta** – *espace Ibarron-doan ☎ 05-59-47-03-55. Tlj sauf mer, plus mar soir hors saison. Congés : 2 sem en nov et 2 sem en fév. Formule déj 13 € ; menus 19-26 € ; carte 35 €.* Laurent s'est d'abord nourri auprès des grands, avant d'ouvrir ce petit bistrot d'aujourd'hui, cette table impeccable où déguster une cuisine de marché, fraîche et enlevée, de celles qui donnent un coup de jeune au terroir sans plomber l'addition. Produits comme vins proviennent des environs. Terrasse aux beaux jours et salle simple et moderne.

***Accès :*** à la sortie du village, direction Saint-Jean-de-Luz.

### SARE 64310 (14 km SE)

**€€ |●| Hôtel-restaurant Arraya***** – *Le Bourg ☎ 05-59-54-20-46. ● arraya.com ● Tlj sauf lun et jeu midi hors saison. Congés : 4 nov-27 mars. Résa recommandée. Le midi, formules 19-21 €. Menus 28-39 € ; carte env 50 €.* Ancien relais sur le chemin de Saint-Jacques-de-Compostelle, presbytère au XIXe s, puis maison privée de la famille Fagoaga, l'hôtel accueille sa clientèle dans des chambres au chic champêtre, toutes décorées plus joliment les unes que les autres, certaines spacieuses, d'autres en rez-de-jardin, d'autres encore avec balcon donnant sur les montagnes. Superbes meubles anciens, linge entièrement cousu main, au motif du fameux flammé basque. Très bonne table, rassemblant de nombreux habitués autour d'une gourmande et goûteuse cuisine de terroir.

***Accès :*** sur la place du village.

## SAINT-JEAN-PIED-DE-PORT 64220

**€€€ 🏠 |●| ⛱ 🅿 Les Pyrénées****** *– 19, pl. du Général-de-Gaulle ☎ 05-59-37-01-01. • hotel-les-pyrenees.com • Tlj sauf lun soir nov-mars, plus mar 20 sept-30 juin. Congés : 4 janv-5 fév. Menus 42-110 €. Parking payant.* Une adresse familiale, puisque les Arrambide travaillent tous ensembles (frères, sœurs, mère...). C'est aussi et avant tout l'une des tables les plus réputées du Pays basque. Vous serez l'hôte de Philippe Arrambide, un des noms basques qui ont fait le plus rêver ces dernières années. Cuisine très fine, pleine de saveurs accrochées au terroir mais s'envolant souvent vers le large, concoctée selon la saison, l'humeur, les rêves et les goûts du moment. Goûter à la délicieuse piperade, aux non moins délicieux petits poivrons farcis à la morue, lasagnes au foie gras et aux truffes, rougets et chipirons *a la plancha.* Belles et grandes assiettes de desserts. Chambres plutôt chères mais impeccables. Piscine très agréable et joli jardin intérieur. Clientèle chic.

# Vienne (86)

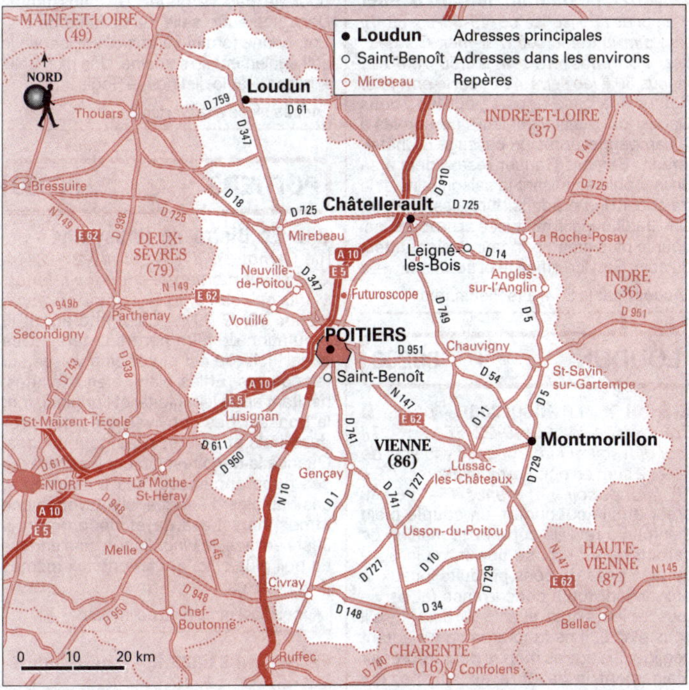

## CHÂTELLERAULT 86100

**€€ |●| ☂ 🅿 Auberge du Lac** – *53, av. Camille-Pagé ☎ 05-49-21-59-54. ♿ Resto tlj sauf dim soir, lun et jeu soir. Congés : 2 sem en janv, 3 sem en août. Formules déj 15,50-18 € ; menus 27-42 €. Parking.* Au premier abord, cette petite maison située dans une zone excentrée ne paie pas de mine. Elle renferme pourtant une salle de resto agréable et colorée, prolongée en saison par une terrasse donnant sur un jardin. Cuisine traditionnelle terre-mer, soignée et copieuse. Bon accueil.

***Accès :*** un peu en dehors du centre, par la route de Poitiers.

## DANS LES ENVIRONS

### LEIGNÉ-LES-BOIS
86450 (16 km SO)

**€€ |●| ☂ Restaurant Bernard Gautier** – *28, pl de l'Église ☎ 05-49-86-53-82. Tlj sauf dim-lun et le soir mar-mer. Congés : oct. Formules en sem 16,50-18,50 € ; menus 30 € (en sem)-42 € ; carte env 45 €.* Retour à la case départ pour les époux Gautier qui réinstallent leurs casseroles à la campagne, après un passage à Châtellerault. Bernard Gautier reste fidèle à sa philosophie en misant la saisonnalité et la fraîcheur des produits. Il réalise une cuisine traditionnelle maîtrisée et savoureuse, pour le plus grand bonheur des gourmets du coin. Service efficace et souriant..

***Accès :*** par la D14 vers Pleumartin.

## LOUDUN 86200

**€ 🏠 |●| ☂ Le Ricordeau** – *pl. de la Bœuffeterie ☎ 05-49-22-67-27. ♿ Tlj sauf dim soir et lun. Congés : vac scol de fév et 2 sem en oct. Formule express 12 € (tlj, midi et soir !) et menus 16-35 €.* Au cœur du vieux Loudun, un couple plein d'entrain a réveillé cette belle maison de caractère. Il propose une formule épatante, à base de bons produits locaux, à prix défiant toute concurrence (et servie tous les jours, midi et soir, vin compris s'il vous plaît !). Il ne faudra pas pour autant négliger les autres menus pour apprécier pleinement la savoureuse cuisine, qui revisite avec originalité et audace de bons plats de notre terroir. Cadre élégant et contemporain, avec un mur végétal. À l'étage, 3 chambres seulement, vastes, guillerettes et confortables.

***Accès :*** près de l'église Saint-Pierre.

## MONTMORILLON 86500

**€ 🏠 |●| Hôtel de France - Restaurant Le Lucullus** – *4, bd de Strasbourg ☎ 05-49-84-09-09. • hoteldefrance-lelucullus.fr • ♿ Bistrot fermé ven soir-dim midi ; gastro fermé lun-mar et dim soir. Formule brasserie (midi et soir en sem) 13,90 € ; gastro 27 €.* Passé la surprenante déco africaine de l'accueil (les propriétaires ont longtemps tenu un resto au Cameroun), on découvre des chambres modernes, pimpantes, lumineuses et bien équipées. Côté resto, une formidable surprise vous attend. *Le Lucullus* est une table gourmande de haut vol, proposant une cuisine créative de saison, pleine d'originalité, au dressage flamboyant. Service impeccable dans un cadre élégant et chaleureux, avec des tables bien séparées pour ne pas se gêner. Un sans-faute ! Dans une autre salle, aux allures de bistrot, bonne formule à prix d'ami, servie le soir également en semaine. Une bien belle adresse ! Table distinguée Logis.

***Accès :*** face à la Gartempe.

## POITIERS 86000

**€ |●| Le Bistro de l'Absynthe** – *36, rue Carnot (B2-11) ☎ 05-49-37-28-44. ♿ Tlj sauf dim-lun et midi des j. fériés. Menu du jour 9,80 € le midi en sem ; menus 13,50-20 €.* L'absinthe aurait la réputation de faire perdre la tête ? Que nenni ! Ici, elle est plutôt bien vissée sur les épaules. Et les plats, bien exécutés, hésitant entre le régional et l'original, font le bonheur des convives avec des produits frais et des recettes gourmandes. Quant à la déco résolument bistrot, avec ses pubs anciennes, ses macarons et ses babioles d'époque, elle favorise une atmosphère bavarde et décontractée. Juste en face, le *Vingélinque,* une annexe un poil plus chic, appartient aux mêmes propriétaires.

***Accès :*** à 2 mn à pied de la mairie.

**€€ |●| ☂ La Gazette** – *1, rue Gambetta (B2-13) ☎ 05-49-61-49-21. ♿ Ouv tlj. Congés : 25 déc et 1er janv. Formule déj 11,20 € ; plats à la carte 13,50-21 € ;*

Nouvelle-Aquitaine - Vienne

*brunch w-e 19,50 €.* La *Gazette* du palais, et pas seulement du palais de justice tout proche. La cuisine sait se défendre aussi avec les avocats à table midi ou soir. Bar-brasserie en vogue, tenu par les patrons de *La Serrurerie* et au cadre, là aussi, très réussi. On hésite entre l'accueillante terrasse et l'intérieur plus intime avec ses murs de pierre, son carrelage à l'ancienne, l'incontournable zinc et la verrière qui coiffe l'arrière-salle. Aussi sympa pour boire un verre accompagné d'une planche de jambon San Daniele que pour bruncher ou tailler une bavette autour de plats bien vus, parfois créatifs sans trop prendre de risques. Service jeune et branché aussi. Coup de cœur au centre-ville.

***Accès :*** à côté du palais de justice.

**€€ Antipodes** – *65, rue Théophraste-Renaudot (A3-16) ☎ 05-49-42-02-93. Tlj sauf sam midi, dim et lun midi. Formule déj 15,50 € ; autres menus 28 € en sem, puis 33-42 €. Digestif maison offert sur présentation de ce guide.* « Antipodes », en référence aux multiples voyages effectués par le chef ainsi qu'à l'inspiration qu'il a puisée aux quatre coins du globe. Un voyage gourmand dans une salle voûtée du XII<sup>e</sup> s, insoupçonnée de l'extérieur ! Il s'agit du cellier de l'ancienne chantrerie Saint-Hilaire, classé Monument historique. Évidemment, mieux vaut ne pas être claustro ni allergique à l'encens... Le chef s'amuse en faisant des alliances originales, en jouant avec les épices et les saveurs, ce qui n'est pas pour nous déplaire. Soirée jazz le jeudi.

**€€ Vingélique** – *37, rue Carnot (B2-3-15) ☎ 05-49-55-07-03. ♿ Tlj sauf dim-lun et j. fériés. Formule déj 12,90 € ; menus 27-44 € ; menu découverte 52 €.* Vous êtes ici dans l'annexe gastronomique du célèbre *Bistro de l'Absynthe.* Car c'est bien au bistrot que les jeunes propriétaires ont fait leurs armes. Depuis, le chef a pris de l'assurance, et, dans une salle chic et moderne ouvrant sur la terrasse, il s'adonne à un art culinaire plus enlevé. La carte évolue régulièrement au fil du marché et des saisons. La terrasse à l'arrière est à réserver d'urgence aux beaux jours !

***Accès :*** face au parking de l'hôtel de ville.

**€€ Le Déjeuner sur l'Herbe** – *14, pl Charles-VII (B2-14) ☎ 05-49-55-39-30. Tlj sauf dim-lun. Résa vivement conseillée. Formule déj 14,90 € ; menus 28,80-33,80 €. Café offert sur présentation de ce guide.* Un bistrot moderne aux allures d'atelier d'artiste avec pinceaux, tubes de couleurs... et des toiles vierges. Le tableau, le vrai, est dans l'assiette ! Et pas des moindres, une œuvre d'art ! Des plats créatifs et audacieux, au dressage flamboyant, à base de produits nobles et de saison. Cochon de lait à la faisselle, rencontre de lieu jaune et de lomo ibérique... des associations inédites et savoureuses, qui exaltent les sens. Et pour vernir l'ensemble, un accueil des plus attentifs et chaleureux. Chapeau l'artiste !

***Accès :*** à côté de l'église Notre-Dame-la-Grande.

## DANS LES ENVIRONS

### SAINT-BENOÎT 86280 (2 km S)

**€€€ Passions et Gourmandises** – *6, rue du Square ☎ 05-94-61-03-99. ♿ Tlj sauf dim soir, lun et mar midi. Congés : 1<sup>re</sup> sem janv. Menus 33 € le midi en sem, puis 59-98 €. Parking.* Du *Champ de Foire* de Lencloître à Saint-Benoît, Richard Toix a pris une étoile. Une étoile qui brille dès le 1<sup>er</sup> menu, ouvrant le monde culinaire de ce chef autodidacte. Un monde exquis de saveurs en harmonies subtiles et délicates, symbiose aromatique agrémentée d'une petite touche moléculaire. Les meilleurs produits (poisson, agneau du Poitou, viande labellisée Vienne...) pour une cuisine « simple » et une carte qui se renouvelle tous les mois. La carte des vins est à la hauteur : innovante, originale. Laissez-vous guider par Richard Toix, grand fan de petits viticulteurs, et par son épouse qui vous accueille avec le sourire dans ce cadre contemporain clair et sobre, ouvert sur la terrasse et la nature. Service exquis et généreux.

***Accès :*** par la D741 direction La Villedieu.

11 Le Bistro de l'Absynthe (B2)
13 La Gazette (B2)
14 Le Déjeuner sur l'Herbe (B2)
15 Vingélique (B2-3)
16 Antipodes (A3)

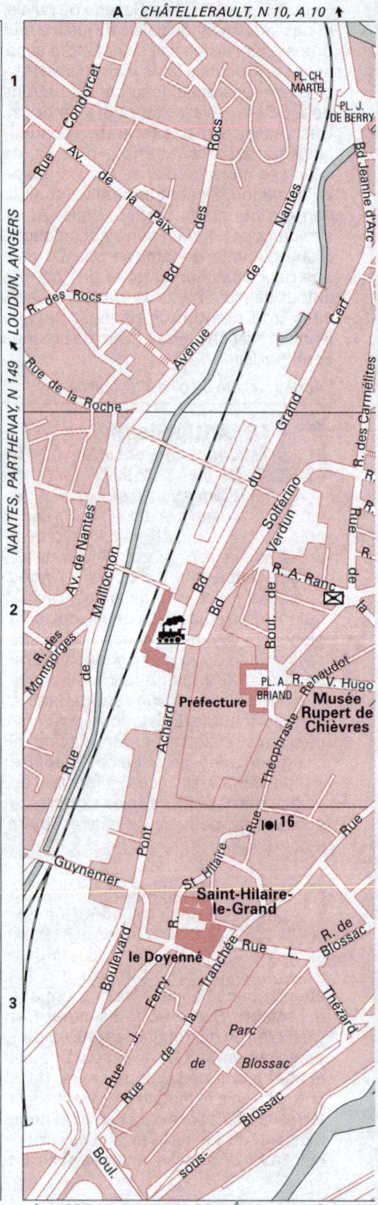

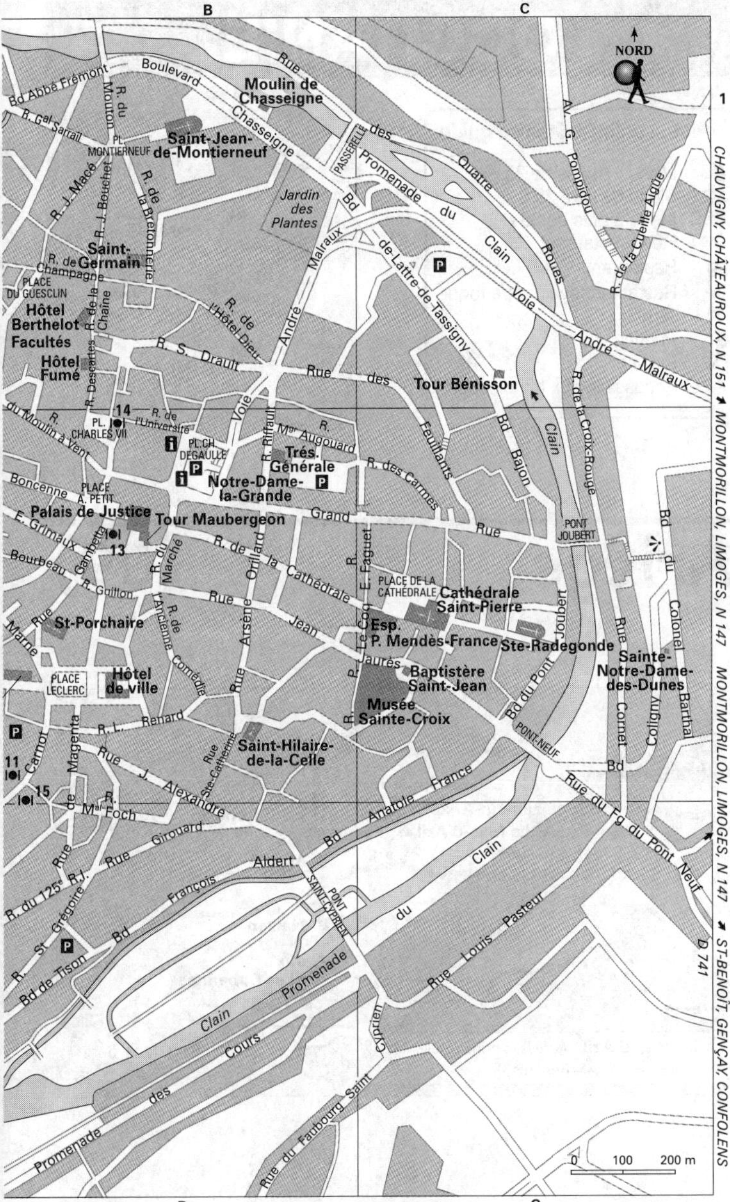
B
C
NORD
1
Bd Abbé Frémont
Boulevard
Rue
Moulin de Chasseigne
R. du Mouton
R. Gal Sarrail
PL. MONTIERNEUF
Saint-Jean-de-Montierneuf
Chasseigne
PASSERELLE
des
Promenade
Quatre
R. J. Macé
R. J. Bouchet
R. de la Bretonnerie
Jardin des Plantes
Bd
du
Av. G. Pompidou
R. de la Cueille Aigüe
Saint-Germain
R. de Champagne
PLACE DU GUESCLIN
Malraux
de Lattre de Tassigny
Clain
Roues
Hôtel Berthelot
Facultés
R. de la Chaîne
R. de l'Hôtel Dieu
André
Voie
André
Malraux
Hôtel Fumé
R. Descartes
R. S. Drault
Rue
des
Tour Bénisson
R. de la Croix-Rouge
14
R. de l'Université
R. du Moulin à Vent
PL. CHARLES VII
Voie
R. Riffault
Mgr Augouard
R.
Feuillants
Bd Bajon
Clain
PL.CH. DEGAULLE
Trés. Générale
R. des Carmes
Boncenne
PLACE A. PETIT
Notre-Dame-la-Grande
Palais de Justice
Tour Maubergeon
Grand
Rue
PONT JOUBERT
E. Grimaux
13
Gambetta
R. du Marché
R. de la Cathédrale
R. E. Faguet
PLACE DE LA CATHÉDRALE
Cathédrale Saint-Pierre
Bd du Colonel Barthal
Bourbeau
R. Guillon
Rue
Orillard
Rue Jean Jaurès
Joubert
Rue Marne
St-Porchaire
R. de l'Ancienne Comédie
Arsène
R. Le Coq
Esp. P. Mendès-France
Ste-Radegonde
Sainte-Notre-Dame-des-Dunes
PLACE LECLERC
Hôtel de ville
Rue
Baptistère Saint-Jean
Bd du Pont
Rue Cornet
Coligny
Musée Sainte-Croix
R.
R. L. Renard
Saint-Hilaire-de-la-Celle
PONT-NEUF
Rue Ste-Catherine
Carnot
11
Magenta
Rue J. Alexandre
Bd
France
Rue du Fg du Pont Neuf
15
R. Mal Foch
de
Bd Anatole
Rue Girouard
Rue
Aldert
Clain
R. du 125e R.I.
Rue St Grégoire
François
PONT SAINT-CYPRIEN
du
Bd
Bd de Tison
Rue Louis Pasteur
Promenade
Clain
Cours
Cyprien
des
Promenade
Rue du Faubourg Saint
0
100
200 m
D 741
CHAUVIGNY, CHÂTEAUROUX, N 151
MONTMORILLON, LIMOGES, N 147
MONTMORILLON, LIMOGES, N 147
ST-BENOÎT, GENÇAY, CONFOLENS

**POITIERS**

# OCCITANIE

**Pictos utilisés dans ce guide**

- € Menu à moins de 25 €
- €€ Menu de 25 à 35 €
- €€€ Menu à plus de 35 €
- Hôtel-restaurant
- Restaurant
- Restaurant avec notre toque
- Terrasse
- Parking
- Piscine
- Accessible aux handicapés

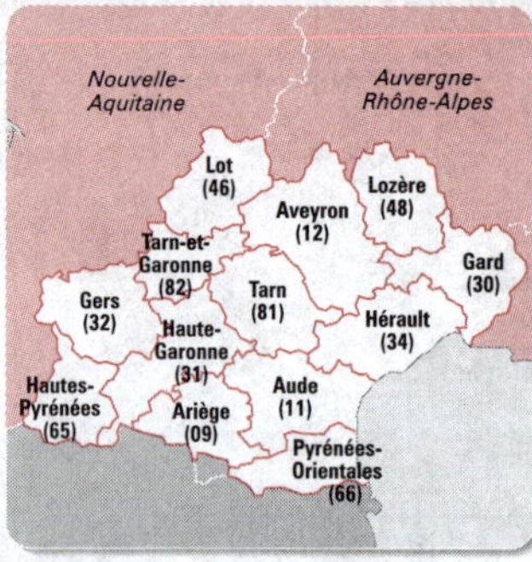


## Ariège (09)

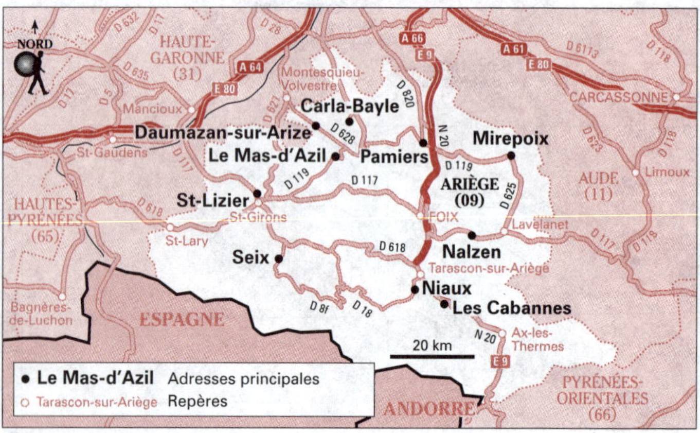


Sur présentation de ce guide, nombreuses offres et réductions en 2018.

## CARLA-BAYLE 09130

€€ |●| ⛱ **Auberge Pierre Bayle** – *rue Principale ☎ 05-61-60-63-95. ♿ Tlj sauf lun de juin à mi-sept ; le reste de l'année, fermé dim soir, lun, mar soir et mer soir. Congés : janv. Formule et menu le midi en sem 14-16 € ; puis 27-44 € ; carte 40-45 €.* Une table gourmande, réputée dans toute l'Ariège. Entre les mains habiles du chef, les produits locaux se parent d'épices et de saveurs lointaines : encornets farcis et *piquillos,* bouillon de cocos de Pamiers ou côte de veau fermier à la badiane et jus de réglisse, entre autres. À déguster dans une salle des plus classiques située sous le toit, ou sur la terrasse panoramique.

***Accès :*** dans le centre.

## DAUMAZAN-SUR-ARIZE 09350

€€ ⛱ **La Tomate du Jardin** – *1, pl. de l'Église ☎ 05-81-30-40-03. ♿ De fin mars à avr, ouv le midi jeu-dim, plus ven soir et sam soir ; mai-juin et de sept à mi-nov, jeu-dim ; juil-août, tlj sauf mer. Fermé de mi-nov à fin mars. Résa nécessaire. Formule et menu 14-16 € le midi en sem ; ardoise 30-70 €.* À deux pas de l'église, dans l'ancien presbytère, un joli resto, aussi bio que bon. Les patrons (elle en cuisine et lui en salle) ont eu vite fait de séduire la clientèle locale, et, on vient de loin pour goûter à cette cuisine fraîche et créative. Ils mettent un malin plaisir à ne proposer que des produits du cru et de saison ; des produits paysans ! Et la carte se déroule ainsi sur l'ardoise en toute amitié : chèvre frais (de chez Sélina) en millefeuille, miel (du voisin) et piment d'Espelette (qui vient d'un peu plus loin), salade du jardin ; le porc (de chez Renate) aux petits pois, cannelle et poivre vert... Et pourquoi ne pas arroser tout cela d'un petit chardonnay bien frais de Carla-Bayle, la bastide voisine ? À déguster dans le jardin, si le temps est clément ! Un rapport qualité-prix remarquable, un vrai coup de cœur...

## LE MAS-D'AZIL 09290

€ |●| **Le Kiwi** – *5, pl. du Bout-de-la-Ville ☎ 05-61-69-55-82. ♿ Ouv le midi lun-ven et ven soir. Congés : 2 sem pour les fêtes de fin d'année. Formule et menu déj en sem 12-18 € ; le ven soir menus 24-29 €. Apéritif maison offert sur présentation de ce guide.* De ses années passées à bosser dans les cuisines de restos australiens, asiatiques ou sous le soleil méditerranéen, Mark a conservé la passion de l'aventure, le goût du métissage et la recherche de l'inattendu. Derrière son piano ouvert sur la salle, il concocte une cuisine ludique et gourmande, agrémentée de saveurs lointaines, sans perdre de vue une petite touche de fantaisie anglaise. Sans cesse renouvelée, et, bien sûr, dans le respect des produits régionaux qu'il travaille. Au fait, pourquoi le *Kiwi* ? N'est-ce pas un fruit exotique qui s'est parfaitement adapté à nos contrées ?

***Accès :*** à 200 m du centre.

## LES CABANNES 09310

€ |●| ⛱ **La Maison Lacube** – *3, rue des Platanes ☎ 05-34-09-09-09. ♿ Tlj sauf le soir dim-mar hors vac scol. Congés : de mi-nov à mi-déc. Formule le midi sauf dim 14,50 € ; menus 20-32 €. Café offert sur présentation de ce guide.* Philippe Lacube est un éleveur de vaches gasconnes, engagé dans la défense du pastoralisme et amoureux de bonne bouffe. Il a démontré son sens de l'humour en vendant ses propres hamburgers *Mac'Arel* devant le McDo. Pour valoriser son métier et les produits régionaux en circuit ultracourt, rien de mieux que d'ouvrir un resto dans l'ancienne maison familiale. Direct du producteur au consommateur ! Magalie, son épouse, vous expliquera avec un enthousiasme communicatif leur engagement, et tout ce que vous voulez savoir sur les produits de la carte. Propose des sorties en estive avec repas *(23 €).* Boutique de produits locaux.

## MIREPOIX 09500

€€ |●| ⛱ **L'Autre Jardin** – *28, cours du Colonel-Petitpied ☎ 05-34-02-15-37. ♿ Tlj sauf mer, plus le midi mar-sam hors saison. Congés : de mi-fév à début mars et 2 sem fin oct-début nov. Formule le midi en sem 15 € ; menu 17 € le midi, puis menus-carte 26-34 €.* N'hésitez pas à vous engouffrer sous le porche pour vous attabler dans ce resto situé au bord d'un jardin fleuri, difficile à soupçonner depuis la rue. C'est en toute discrétion que Sébastien, autodidacte et passionné de cuisine, est passé derrière les fourneaux après avoir quitté son ancien boulot dans la ville rose. Son point fort ? Proposer une cuisine de saison et de saveurs, élaborée à partir de produits qui l'inspirent. Dans la salle au cadre épuré, accueil charmant et service tout sourire d'Emmanuelle. Terrasse.

**Accès :** derrière la place centrale.

## NALZEN 09300

€€ 🍴 ☂ **Les Sapins** – *lieu-dit Conte ☎ 05-61-03-03-85. ♿ Tlj sauf dim soir, lun hors j. fériés, plus mar hors saison. Menus 16 € le midi en sem, puis 25-52 € ; carte 35-40 €. Café offert sur présentation de ce guide.* Une excellente adresse revenue dans le giron familial, également étape gourmande de l'Ariège. Idéale pour déguster une cuisine créative et raffinée, à base de produits frais et régionaux, toujours présentés avec goût. Terrasse aux beaux jours.

**Accès :** par la D618 direction Foix, puis à droite la D117 vers Lavelanet.

## NIAUX 09400

€€ 🍴 ☂ P **La Petite Auberge de Niaux** – *41, route du Montcalm ☎ 05-61-05-79-79. ♿ En saison, tlj sauf dim soir-lun ; le reste de l'année, téléphoner avt. Congés : de déc jusqu'aux vac scol d'hiver. Formule 15,50 € et menu 19,50 € le midi en sem ; autres menus 25-50 € ; carte env 45 €. Parking.* Si vous voulez du terroir ariégeois pur et dur, vous êtes au bon endroit ! Difficile de faire plus local : agneau tarasconnais, tourte ariégeoise... Et des recettes anciennes, rares ailleurs : quenelles de truite, civet des grands-mères, millas à l'hypocras... Une bonne cuisine de terroir et des prix démocratiques, à déguster dans une salle aux jolis murs de pierre ou en terrasse. Accueil et service pleins de charme. Propose également 5 chambres d'hôtes.

**Accès :** par la N8, non loin de la grotte de Niaux.

## PAMIERS 09100

€€ 🍴 ☂ **Restaurant Deymier** – *1, rue Bernard-Saisset ☎ 05-61-60-08-11. ♿ Tlj sauf dim-lun et j. fériés. Congés : août et 1 sem pour les fêtes de fin d'année. Menus déj en sem 18-28 € ; le soir et w-e, menus-surprise 34-54 € (possibilité d'accord mets et vins) et carte. Café offert sur présentation de ce guide.* Avec sa casquette solidement vissée, François Bassas a le tempérament de ces chefs discrets, dont le talent a vite été remarqué. Son crédo : une cuisine de territoire, intuitive, où c'est le produit qui décide. Chaque assiette, travaillée, est un joli festival de saveurs et met en scène des produits locaux qu'il achète lui-même sur le marché de Pamiers le samedi matin. Les légumes sont bio (même si ce n'est pas spécifié sur la carte). Une adresse qui tombe à point nommé dans un coin qui compte peu de tables dignes de ce nom.

**Accès :** sur la D119, en direction de Mirepoix.

## SAINT-LIZIER 09190

€€ ☂ **Le Carré de l'Ange** – *palais des Évêques ☎ 05-61-65-65-65. Ouv tlj sauf dim soir-lun. Congés : en janv et en nov. Formule et menu 19 et 21 € le midi en sem ; menus 31-54 €.* Paul Fontvieille ne pouvait rêver plus beau décor ! Le célèbre chef ariégeois a investi le palais des Évêques, nouvellement restauré, l'un des plus beaux monuments de la région. De la terrasse, vue spectaculaire sur la vieille ville et les Pyrénées. La salle, résolument contemporaine, inspire quant à elle plus de recueillement. Le vrai spectacle est pourtant dans l'assiette ! Le chef, le cœur écartelé entre l'Ariège, la Catalogne et le Pays basque, marie tout son monde en cuisine, célébrant les Pyrénées de la plus belle manière. Un coup de cœur ! Et ce, dès les 1ers menus...

## SEIX 09140

€ 🍴 ☂ **La Gourmandine** – *pl. de l'Allée ☎ 05-61-66-71-19. Tlj sauf lun, plus mar hors saison. Congés : de mi-nov à fin janv. Résa conseillée. Formule et menu déj en sem 14 et 17 € (19-23 € le w-e et j. fériés) ; menus 24-30 €.* La charmante Alexandrine, dont la grand-mère tenait déjà un resto au village, a repris ce petit resto rétro tout simple et en a fait la table à la mode à Seix (voilà qui fait rêver !). Habitués et touristes se battent pour décrocher une table (surtout en terrasse), et tous se réjouissent de cette cuisine maison résolument personnelle. Elle crée, invente des recettes et métisse le terroir ariégeois. C'est frais, original, savoureux et généreux. Le tout à bon prix et servi avec le sourire.

# Aude (11)

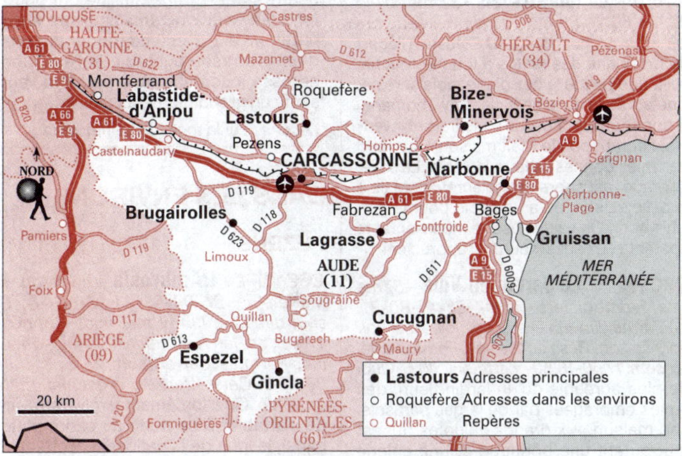


## BIZE-MINERVOIS 11120

€€ |●| ⛱ P **La Grange** – *La Bouillette ☎ 04-68-48-18-90. ♿ Ouv le soir mar-dim, plus le midi le w-e. Fermé lun (et mar hors saison). Assiette repas env 22 € ; menus 26-35 €. Parking.* Il y a des lieux comme ça, improbables et réussis. Noyée dans le terroir profond du Minervois, petit bout d'hacienda mexicaine à l'extérieur, cette *Grange* se fait occitano-contestatrice à l'intérieur (avec de jolies nappes, tout de même !). La cuisine aussi décoiffe et conteste la pensée unique : des lentilles, mais en terrine ; du cassoulet, mais de lotte ; un tournedos Rossini, mais façon hamburger ; un vacherin, mais au caramel salé. Bon et copieux à l'arrivée. Et puis l'ambiance est extra, de l'accueil à la musique de fond, qui se fait même parfois concert le vendredi soir.

***Accès :*** sur la D26 à 1 km de Bize-Minervois.

## BRUGAIROLLES 11300

€€ |●| ⛱ **Domaine Gayda** – *☎ 04-68-20-65-87. ♿ Tlj sauf lun-mar. Résa impérative. Menus 28 € (sauf dim), puis 46-65 € ; carte env 45-50 €.* Tout ici en impose : depuis la grande allée qui conduit à l'immense bâtisse jaune jusqu'au hall d'entrée aux volumes impressionnants. Vous serez tout aussi bluffé par le resto à l'étage, par sa jolie salle, mais surtout par sa vaste terrasse qui ouvre sur un paysage de vignobles, champ de tournesols et, au loin, les Pyrénées. Un apéritif dans de confortables fauteuils face à ce panorama, le temps qu'on prépare votre table, et vous irez de surprise en surprise : des plats d'une extrême finesse, des alliances de textures et de saveurs subtiles. Et des vins qui s'accordent parfaitement avec cette cuisine moderne basée sur des produits frais et de terroir. Le déjeuner joue avec l'alliance des mets et des vins... vous êtes sur un domaine viticole, et une visite de la cave après le repas peut être une bonne idée.

**Accès :** à 10 km de Limoux par la D118, puis la D123. C'est à 800 m du village sur la D19.

## CARCASSONNE 11000

**€ |●| ⛱ La Table d'Alaïs** – *32, rue du Plô ☎ 04-68-71-60-63. Tlj sauf mer-jeu hors juil-août. Menus 19,90-48 €.* Juste à l'écart du brouhaha des restos à touche-touche, voilà que pointe le nez d'une table sereine. Une adresse où le chef, Jeremy Thomann, propose un joli choix de plats frais et inventifs, fleurant bon le « fait maison » sur fond de vraies bonnes saveurs du coin. La salle, à l'étage, est sobre et chaleureuse. Mais à la belle saison, on a un faible pour la paisible cour. On salue aussi le menu-enfants épatant : eux aussi sauront l'apprécier !

**€€€ |●| ⛱ Le Jardin en Ville** – *5, rue des Framboisiers ☎ 04-68-47-80-91. ♿ Fermé dim-lun et mar soir, plus mer soir hors saison. Résa conseillée. Formules déj en sem 17,50-18,50 ; carte env 40 €.* Quoi de plus agréable qu'un jardin fleuri, des tables ombragées par de larges parasols, une maison aux grands volumes qui est tout autant une boutique et une galerie d'art qu'un resto ? On a été séduits par cet endroit chaleureux et décalé, qui cultive le bon goût sur ses murs et étalages, comme dans les assiettes. Les fruits et les légumes viennent du potager du propriétaire, les viandes et les fromages sont sélectionnés avec soin, et on peut même repartir avec son panier du jardin ou avec sa tarte salée !

**Accès :** dans un lotissement au-dessus de la rue de Montpellier.

**€€€ |●| ⛱ Le Comte Roger** – *14, rue Saint-Louis ☎ 04-68-11-93-40. Tlj sauf dim-lun hors saison et hors j. fériés. Congés : fév. Formule déj 24 € en sem ; menus 30 € le midi et 42 € le soir ; menu vegan 35 € le soir ; carte 50 € env. Apéritif carcassonnais offert ou 20 % de remise sur le bocal de cassoulet à emporter (soit 16 €) sur présentation de ce guide.* À l'intérieur, le cadre contemporain est très agréable, mais l'été, on le boude volontiers pour la jolie terrasse ombragée qui incite à la flânerie. Une cuisine fraîche et inventive qui fait la part belle aux produits locaux, aux recettes du terroir et aux vins du pays. Accueil chaleureux et sincère.

**Accès :** dans la cité médiévale.

**€€€ ⛱ 🅿 Le Parc** – *80, chemin des Anglais ☎ 04-68-71-80-80. ♿ Tlj sauf dim-lun (hors j. fériés). Formules 48-55 € le midi en sem ; menus 85-165 €. Parking.* Installé aux pieds des remparts de la cité, Franck Putelat a créé l'évènement gastronomique. Un bel espace lumineux et moderne, percé de meurtrières pour rappeler l'autre forteresse qui se dresse, à quelques minutes de là, en contre-haut. Et une cuisine qui pourfend les traditions en s'amusant à les restituer à travers d'étonnants clins d'œil. Terrasse agréable en été. Une adresse incontournable pour qui veut s'offrir un grand moment culinaire.

**Accès :** sur la route de Saint-Hilaire.

## DANS LES ENVIRONS

### PEZENS 11170 (15 km NO)

**€€€ |●| ⛱ L'Ambrosia** – *carrefour la Madeleine ☎ 04-68-24-92-53. ♿ Tlj sauf dim soir, lun et mer midi. Congés : 1 sem en janv et 2 sem fin juin-début juil. Formule déj en sem 25 € ; menus 39-50 €. Café offert sur présentation de ce guide.* On a forcément tergiversé avant de s'attabler à ce resto au cadre plutôt banal, le long de la nationale. Flottement très fugace, avant de se laisser emporter par des découvertes gastronomiques que Daniel Minet réalise avec précision et brio. Difficile d'être avare en superlatifs pour cette cuisine de haute volée, servie avec gentillesse et fierté par le père de ce jeune prodige. Les mises en bouche ou les pré-desserts sont des interludes réjouissants et ludiques entre des créations joliment maîtrisées.

**Accès :** au bord de la D6113, en direction de Castelnaudary.

## CUCUGNAN 11350

**€€ 🏠 |●| ⛱ L'Auberge du Vigneron**** – *2, rue Achille-Mir ☎ 04-68-45-03-00. • auberge-vigneron.com • Tlj sauf lun. Congés : de mi-nov à fév. Résa conseillée. Menus 26 € (sauf dim et j. fériés)-44 € ; carte 40 €.* Voilà une belle escale dans un ancien chai du vigneron, charmant et rustique avec ses solides tonneaux géants, sa cheminée pour les journées d'hiver et, aux beaux jours, une terrasse qui offre une vue exceptionnelle sur Quéribus. On profite d'une cuisine régionale de caractère, à l'image du patron, qui ne s'en laisse pas conter. Le choix reste limité mais les produits sont toujours frais.

***Accès :*** face au théâtre *Achille-Mir.*

## ESPEZEL 11340

**€€ |●| ⛱ Le Relais du Pays de Sault** – *3, pl. du Calcat ☎ 04-68-20-72-89. ♿ Tlj sauf lun. Menus 25-35 € (apéro et vin compris).* On connaît bien l'adresse dans la région, pour son bon rapport qualité-quantité-prix. Deux salles rustiques, tablées de 4 ou 6 places, ambiance bonne franquette. Louis, ancien rugbyman, est une figure, une véritable institution dans tout le département. On retrouve parfois ici ses ex-coéquipiers et amis à table pour partager ses charcuteries maison et sa généreuse cuisine gastronomico-pantagruelo-savoureuse. Agréable terrasse couverte (réserver).

***Accès :*** au centre du village.

## GINCLA 11140

**€€ 🏠 |●| ⛱ P Hostellerie du Grand Duc***** – *2, route de Boucheville ☎ 04-68-20-55-02. • hostelleriedugrandduc.com • ♿ Tlj sauf mer midi hors juil-août. Congés : fin oct-fin mars. Formule déj en sem 27 € ; menus 32-86 €. Parking.* Ancienne maison de maître agréable et pleine de charme, dans un joli jardin agrémenté d'un bassin. Table créative et raffinée, qui joue une partition inventive au fil des saisons. Les épices sont subtilement dosées, les desserts savoureusement mitonnés. Une belle adresse cosy. Une étape reposante avec le service attentionné de Mme Bruchet et les conseils avisés de Jérémie pour le choix des vins régionaux.

***Accès :*** par la D117 vers Axat et Puilaurens, puis à droite, par la D22, vers Gincla ; à 5 km du château de Puilaurens.

## GRUISSAN 11430

**€€ |●| ⛱ La Cambuse du Saunier** – *route de l'Ayrolle ; salin de l'île Saint-Martin ☎ 04-84-25-13-24. Avr-oct, tlj 10h30-18h (22h mai-sept) ; le reste de l'année, ven et w-e. Congés : 18 déc-12 fév. Assiettes 7-16 € ; carte env 35 €.* Imaginez une cahute en bois, aux larges baies vitrées, dotée d'une terrasse au bord du salin, dans un silence à peine distrait par le cri des goélands. Vous en rêviez ? On l'a trouvée ! On peut y manger ou simplement déguster une assiette d'huîtres affinées sur place, palourdes, crevettes, bulots...

***Accès :*** à 1 km de Gruissan-Village en direction de l'île Saint-Martin.

## LABASTIDE-D'ANJOU 11320

**€ |●| ⛱ Hostellerie Étienne** – *1, rue Saint-James ☎ 04-68-60-10-08. ♿ Ouv le midi tlj sauf lun ; téléphoner avt pour le soir. Congés : de fin déc à mi-janv. Menus 14 € le midi en sem, puis 16 € (sauf w-e)-28 €.* Au milieu d'un parc peuplé d'oiseaux, le cadre est bien sympathique. Quant à la cuisine, elle est toujours aussi mémorable, servie par les rois du cassoulet, baptisé « impérial ». Celui-ci a fait la renommée du père, aux innombrables diplômes, et maintenant du fils. Terrasse en été.

***Accès :*** fléché sur la D6113 à 10 km à l'ouest de Castelnaudary.

## DANS LES ENVIRONS

### MONTFERRAND
### 11320 (4 km NO)

**€ |●| ⛱ Le Pas de Naurouze** – *80, route de Ségala ☎ 04-68-23-31-15. ♿ Tlj sauf dim soir et lun. Résa conseillée. Menus 15 € le midi en sem, puis 21-29 €.* Pour ceux qui seraient en quête d'une cuisine autre que le traditionnel cassoulet, voilà l'adresse qu'il vous faut ! À deux pas du seuil de Naurouze, ce restaurant au cadre sobre et actuel propose une cuisine renouvelée, des plats légers (Alléluia !), des mariages de saveurs enchanteurs et toujours bien sentis. Les légumes proviennent du grand potager, non traité. Terrasse ombragée par des cannisses. C'est frais et bienvenu, vraiment.

***Accès :*** à 100 m en retrait de la D6113, en direction de Toulouse.

## LAGRASSE 11220

**€ |●| ⛱ La Petite Maison** – *12, bd de la Promenade ☎ 04-68-91-34-09. 14 fév-14 déc, tlj sauf mer 9h-18h. Formule et menu 16-18 €.* Un p'tit resto à la déco pleine de fraîcheur récemment repris. Rien qu'en parcourant le tableau noir qui énumère les préparations du jour, les papilles commencent sérieusement à s'agiter : savoureuses tartes accompagnées d'une salade colorée, originales lasagnes comme on en a rarement mangé, desserts auxquels on ne peut résister. Les produits viennent du coin. Bar à vins, bières, mais aussi salon de thé.

**Accès :** dans le village.

## DANS LES ENVIRONS

### FABREZAN 11200 (10 km NE)

€ |●| ☂ **Les Calicots** – *17, rue du Commerce ☎ 04-68-49-18-54. ♿ Tlj sauf mar. Congés : de mi-oct au 1er avr. Résa vivement conseillée. Formule déj 15 € ; menus 21-35 € ; carte 37 €. Café offert sur présentation de ce guide.* À deux pas de l'église, bien caché dans une petite rue, ce restaurant est connu par les gourmets. Ils viennent nombreux déguster des grands classiques régionaux, comme le foie gras aux cèpes ou les supions aux aromates, mais aussi des créations plus folles : nems au confit de canard ou tajine de seiches... Beaucoup d'originalité pour un résultat haut en saveur et absolument délicieux. Les assiettes-déjeuner sont copieuses, le service souriant et efficace, et la salle, lumineuse grâce à son patio fleuri au fond, a du cachet avec ses vieux murs en pierre, ses tons paille et ses étagères où s'alignent de vieilles boîtes en fer de bouillon KUB, rappelant qu'autrefois, c'était un commerce. Une petite merveille à découvrir...

**Accès :** à 10 km au nord-est de Lagrasse par la D611, route de Lézignan. Au centre du vieux village.

## LASTOURS 11600

€ ☂ **Le Puits du Trésor** – *21, route des Quatre-Châteaux ☎ 04-68-77-50-24. ♿ Tlj sauf lun-mar, plus dim soir hors saison. Congés : vac scol d'hiver. Côté bistrot, menus 18-27 € ; env 30 € à l'ardoise. Côté gastro, menus 47-93 € ; carte 47 €.* Les 160 âmes du village se sont trouvé un chef, et pas n'importe lequel. Passé chez des toqués de grand renom, Jean-Marc Boyer a dressé ses nappes dans cette ancienne usine textile, à l'entrée des célèbres châteaux. Soucieux de n'oublier personne, il a coupé sa cuisine en deux. D'un côté, le bistrot, avec sa terrasse et ses menus intéressants ; de l'autre, le grand jeu avec la haute gastronomie et quelques tables en salle réservées aux privilégiés, où le vrai trésor est incontestablement dans les assiettes. Service pro et avenant.

**Accès :** dans le village.

## DANS LES ENVIRONS

### ROQUEFÈRE 11380 (7 km N)

€ |●| ☂ **Auberge Sire de Cabaret** – *D9 ☎ 04-68-26-31-89. Tlj sauf mer, plus le soir dim-jeu hors saison. Congés : en début d'année. Menus 15-40 €. Vin blanc châtaigne offert sur présentation de ce guide.* Au pied de l'église, une belle maison dans un joli village perdu au milieu de la montagne Noire et du Cabardès. Quelques tables dans le jardin aux beaux jours. La salle en pierre et bois, avec son imposante cheminée pour les grillades, annonce tout de suite la couleur. Alors, sans trop hésiter, on s'assoit et on commande une assiette de charcuterie, un petit plat genre côte, navarin d'agneau... C'est copieux, c'est bon, c'est sympa.

**Accès :** dans le village.

## NARBONNE 11100

€€ |●| ☂ **Le Petit Comptoir** – *4, bd du Maréchal-Joffre ☎ 04-68-42-30-35. Tlj sauf dim-lun. Résa conseillée. Menus 17-21 € le midi en sem, puis 28-38 €.* Un resto-bistrot couru pour son cadre plaisant et l'accueil enjoué du patron toujours attentif au choix de ses produits. La carte change tous les mois, et la cuisine créative évolue en fonction des arrivages et de l'humeur du chef. C'est ce qu'il appelle « la cuisine spontanée ». Une bonne adresse et, surtout, un excellent rapport qualité-prix le midi.

**Accès :** depuis l'office de tourisme, remonter la rue Jean-Jaurès (dos au centre-ville) et prendre le 2e pont à gauche.

€€€ ☂ P **La Table Saint-Crescent** – *68, av. du Général-Leclerc, rond-point de la Liberté ☎ 04-68-41-37-37. Tlj* *sauf dim soir-lun, plus mar hors saison. Congés : 2-3 sem en mai-juin et 2 sem en oct. Formule déj 35 € en sem ; menus 60-90 € ; carte 90 €. Parking.* Belle maison toute de pierre brute ancienne. La salle, à la déco très contemporaine, design et épurée, a été aménagée dans un ancien oratoire, ce qui renforce le sentiment de décalage avec l'extérieur (on est en pleine zone commerciale). Le chef, Lionel Giraud, a travaillé chez les plus grands (aux *Ambassadeurs,* au *Ritz*...). Il nous a bluffés avec sa formule du midi, goûteuse et équilibrée, à prix doux ! Cuisine créative, faite de saveurs et de sensations gustatives. Côté vins, c'est le moment de découvrir ceux des Corbières si vous ne les connaissez pas.

***Accès :*** aux portes de Narbonne, sur la route de Perpignan. À côté du *Palais du vin.*

## DANS LES ENVIRONS

### BAGES 11100 (8 km S)

**€ 🍽 ⛱ Le Portanel** – *La Placette ☎ 04-68-42-81-66 et 06-88-95-70-32. Tlj sauf dim soir-lun. Congés : dernière quinzaine de nov. Menus 21 € en sem, puis 31-42 € ; carte 50 €. Verre de vin offert sur présentation de ce guide.* Le Portanel, c'est d'abord une table avec une vue panoramique ! Une référence régionale réputée pour la qualité des produits : les poissons de Bages et d'ailleurs, frais pêchés de l'étang. La spécialité : l'anguille. Sous toutes ses formes (sauf le dessert) dans le menu spécial anguilles *(42 €).* À la maraîchine (au vert), au fitou (en civet)... Si vous avez réservé assez tôt, vous serez installés dans la véranda qui domine le village et l'étang. Sinon, dans la belle salle pour bénéficier d'un service très pro. La carte des vins (belle palette) suit les normes de réputation de la table, à prix corrects.

***Accès :*** au centre de Bages (port).

# Aveyron (12)

## BOZOULS 12340

**€€ 🏨 🍽 P Hôtel-restaurant À la Route d'Argent***** – *route d'Espalion ☎ 05-65-44-92-27. • laroutedargent.com • ♿ Tlj sauf dim soir, lun et mar midi (lun midi et mar midi slt en juil-août). Congés : janv-fév. Résa très conseillée dim midi. Menu déj en sem 21 €, autres menus 34-58 € en sem. Parking.* Une adresse fort agréable sur la route de l'Aubrac. Le restaurant dévoile une belle carte pleine de produits frais, préparés avec un savoir-faire certain. Du solide, du pro servi généreusement et d'un excellent rapport qualité-prix. Service efficace et souriant. Le dimanche midi, c'est le rendez-vous des familles aux mines réjouies, qui emplissent joyeusement cette chaleureuse salle à manger, ornée de tableaux. Des chambres modernes et bien équipées, ainsi qu'une piscine, complètent le tout. On est moins fans de l'annexe, mais les chambres y sont confortables.

***Accès :*** à 150 m de la mairie.

**€€€ 🏨 🍽 ⛱ Hôtel-restaurant Le Belvédère**** – *11, route du Maquis-Jean-Pierre ☎ 05-65-44-92-66. • belvedere-bozouls.com • Tlj sauf dim soir, lun et mar midi. Congés : 3 sem en mars et 3 sem fin nov. Formule déj en sem 33 € ; menus 41 €, sauf dim et j. fériés, puis 67-101 €.* Surplombant le fameux trou de Bozouls (une des curiosités géologiques les plus étranges de la région), ce gentil hôtel-resto de campagne a connu une belle mutation. Guillaume Viala est passé chez Michel Bras, où il a appris la modestie et le respect du produit. Il propose une cuisine de terroir, raffinée et savoureuse ; personnelle mais authentique. Il est évidemment très vigilant sur la qualité des produits ; c'est ainsi que vous pourrez déguster ici le rare agneau Allaiton, réservé aux meilleures tables. Son envie de faire plaisir se manifeste par quantité de petits détails : un accueil particulièrement enjoué et chaleureux, et un petit déj digne d'un palace. Les chambres ont été rénovées, et les literies sont neuves. Table distinguée Logis.

***Accès :*** sur la route de Saint-Julien.

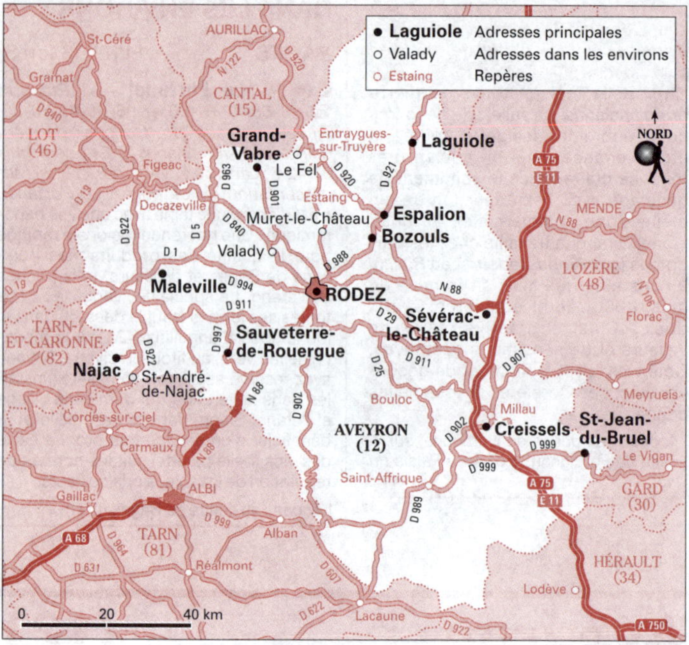


## CREISSELS 12100

€ ⌂ |●| ⛱ 🅿 **Le Château de Creissels***** *– pl. du Prieur ☎ 05-65-60-16-59. ● chateau-de-creissels.com ● ♿ Tlj sauf lun midi, plus dim soir oct-avr. Congés : janv-début mars. Menus 19-55 €. Parking.* Qui n'a jamais rêvé de dîner aux chandelles, au calme, dans un château, en extérieur mais à l'abri d'un chemin de ronde voûté, avec vue sur Millau et le cours du Tarn ? Tout est dit et, en plus, c'est délicieux, les chambres sont impeccables, et certaines sont refaites de façon très contemporaine. Accueil attentionné. Cuisine savoureuse, qui fait la part belle aux recettes régionales. Belle salle voûtée en pierre et petite terrasse qui surplombe les toits.

***Accès :*** par la D992 vers le viaduc de Millau. Dans le bourg, face à l'église.

## ESPALION 12500

€€ |●| **Le Méjane** *– 8, rue Méjane ☎ 05-65-48-22-37. Tlj sauf dim soir, lun et mer (en juil-août ouv mer). Congés : janv et 7-13 juin. Formule déj 22 € en sem ; menus 31-65 €.* Excellente adresse, qui propose une cuisine savoureuse, imaginative et subtile, toutefois bien ancrée dans son terroir, comme le précisent les menus intitulés « Goûts d'ici et d'ailleurs » : croustillant de pieds de cochon et sablé au boudin noir, ris d'agneau au citron confit et légumes du marché. Et un joli choix de desserts. La formule déj, avec amuse-bouche, est d'un rapport qualité-prix épatant, et l'accueil d'une rare gentillesse. Faute de terrasse, la salle est climatisée.

***Accès :*** entre le pont médiéval et le musée du Scaphandre.

## GRAND-VABRE 12320

€ |●| ⛱ 🅿 **Chez Marie** *– D901 ☎ 05-65-69-84-55. Tlj sauf le soir dim-jeu hors juil-août. Congés : 1 sem en août, 2 sem fin oct et de mi-déc à début fév. Résa conseillée. Formule déj 11,50 € en sem, puis menus 16-26 €. Parking.* Marie concocte des petits plats de terroir aux prix imbattables, et on n'est pas déçu. Le décor est simple, rustique, et la terrasse couverte permet de manger dans la verdure. Accueil aimable, plein d'attention. Dans les – copieuses – assiettes, *estofinado* en saison, aligot – sur commande –, gâteaux maison... Les amateurs se laisseront tenter par un verre de Saint-Hervé, l'apéro du coin à la fleur de sureau. Une bonne adresse de village, au service rapide.

***Accès :*** à la sortie du village, vers le lieu-dit Les Cazelles.

## DANS LES ENVIRONS

### LE FEL 12140 (22 km E)

**€ 🏠 🍽 ☂ 🅿 Auberge du Fel**** – *D573E ☎ 05-65-44-52-30. • auberge-du-fel.com • ♿ Ouv le soir slt. Congés : janv-6 avr et 5 nov-31 déc. Résa vivement conseillée. Menus 23 € en sem, puis 27 €. Parking. Café offert sur présentation de ce guide.* Auberge pleine de charme, hors des sentiers battus et ouverte sur la nature environnante. Calme garanti. Propose de coquettes chambres (aux noms des cépages des vins du Sud-Ouest) aux fraîches couleurs, arrangées avec goût et refaites, offrant, pour certaines, une vue (balcon) sur la vallée. Et, surtout, une cuisine familiale traditionnelle, à base d'herbes, de fruits et d'épices. Démarche intéressante, la majorité des produits viennent de producteurs voisins et sont issus de l'agriculture biologique.

***Accès :*** longer le Lot vers l'est, en direction (et au-delà) de Vieillevie, jusqu'à la D573, à suivre jusqu'à Le Fel.

## LAGUIOLE 12210

**€€ 🏠 🍽 ☂ 🅿 Hôtel-Restaurant Gilles Moreau***** – *2, allée de l'Amicale ☎ 05-65-44-31-11. • gilles-moreau.fr • Tlj sauf mar-mer (slt mar midi en juil-août). Congés : nov-fin mars et 10 j. fin juin. Formule déj 18 € ; menus 26 € le midi, puis 32-59 €. Parking payant. Apéritif maison offert sur présentation de ce guide.* Le restaurant est une table bien réputée, où un personnel adorable et pro vous régale avec la cuisine gastronomique de Gilles Moreau, un chef sincère qui porte un soin tout particulier au choix de ses produits. Cuisine généreuse, inventive juste ce qu'il faut pour surprendre, et un aligot à vider la marmite ! Superbe carte des vins, et une très belle sélection servie au verre. Un établissement sérieux et assez chic, aux chambres impeccables, modernes et fonctionnelles. Celles aux boiseries cérusées, « grand confort », sont un peu plus chères mais vraiment belles. À l'arrière, élégante terrasse en teck et piscine chauffée. Table distinguée Logis.

***Accès :*** dans le centre, près de la place du Foirail.

## MALEVILLE 12350

**€ 🍽 🅿 La Pastorale** – *Les Rives (D1) ☎ 05-65-29-34-24. ♿ Tlj sauf sam et dim soir. Congés : 2-21 janv et 30 juin-15 juil. Formules déj 11-14,30 € ; menus 16,50-32 €. Parking.* Il suffit de trouver une place pour sa voiture (l'adresse a sa réputation) pour profiter de l'accueil enjoué de ce resto mi-routier, mi-ouvrier. Ce qui n'est pas « mi », ce sont les généreuses portions de plats et de desserts bien du coin. Le chef maîtrise très bien son sujet côté sel, côté sucre, côté terre et côté mer : saveurs, présentation, tout y est. Et à quel prix ! Une adresse sans chichis, où on se démène pour que vous ne regrettiez pas le détour.

***Accès :*** à 9 km au nord-est de Villefranche-de-Rouergue, par la D1.

## NAJAC 12270

**€€€ 🏠 🍽 ☂ L'Oustal del Barry**** – *2, pl. Sol-del-Barry ☎ 05-65-29-74-32. • oustaldelbarry.com • ♿ Fermé le soir mer-dim 11 nov-31 déc. Congés : janv-20 mars. Formule déj 22 € en sem ; menus 44,50-61 €. Café offert sur présentation de ce guide.* Établissement plaisant par son accueil pro et chaleureux, son site, la qualité de sa cuisine et de son hôtellerie. Pour les repas, salle au cadre soigné, avec vue sur le château illuminé, ou bien, en été, tables installées en terrasse à l'arrière. Dans l'assiette, une cuisine d'inspiration rouergate, travaillée, pour un résultat particulièrement réussi. Un excellent souvenir culinaire, que ne gâchera pas le service très attentionné. Pour toutes ces raisons, une étape quasi incontournable dans le secteur ! Chambres récentes, impeccables et climatisées, et un excellent petit déj, avec vue panoramique sur la vallée.

***Accès :*** à l'entrée du bourg.

## DANS LES ENVIRONS

### SAINT-ANDRÉ-DE-NAJAC 12270 (7 km SE)

**€ 🏠 🍽 ☂ 🅿 Relais Mont Le Viaur**** – *La Croix-Grande, D922 ☎ 05-65-65-08-08. • montleviaur.fr • ♿ Tlj sauf dim soir, lun et mar soir. Congés : de mi-déc à mi-janv. Formules déj en sem 14-25 € ; menus*

*22-42 €. Parking. Café offert sur présentation de ce guide.* Hôtel, restaurant, supérette multiservice, le *Relais Mont Le Viaur* est un lieu de vie et de passage ouvert à tous du matin au soir. D'où qu'on vienne, impossible de louper cette imposante bâtisse en pierre claire du pays, rehaussée de volets vert tilleul. Grande salle de restaurant de style rustique, aux teintes claires. Belle cuisine régionale réputée, assortie d'une carte des vins soignée (monsieur était sommelier). Accueil chaleureux et familial. Côté hébergement, 7 chambres impeccables et climatisées, donnant sur la vallée et agrémentées de terrasse privative. Au lever du soleil, ce n'est pas mal. Au soleil couchant, avec un apéro, c'est top !

***Accès :*** par la D239.

## RODEZ 12000

**€ IOI ⛱ La Gargouille** – *1, pl. d'Estaing ☎ 05-65-68-87-16. ♿ Ouv le midi slt, tlj sauf dim-lun. Formule déj 20 € ; menu 16 € ; carte 20 €.* Le genre d'adresse idéale en centre-ville, pour profiter, après une bonne visite de la cathédrale, d'une généreuse assiette ibérique, océanique ou aveyronnaise (et tant d'autres sur la carte !), agrémentée d'un petit verre de vin (sélection courte mais judicieuse). Succès mérité.

**€ IOI Les Arômes** – *5, rue Sainte-Catherine ☎ 05-65-87-24-41. Tlj sauf dim soir-mar. Congés : 1re quinzaine de fév et 1re quinzaine de sept. Formule et menu déj 11,50-13,50 € en sem ; menus 21-35 €. Café offert sur présentation de ce guide.* Tenu par une jeune équipe qu'on a envie de soutenir, tant ils mettent de cœur à l'ouvrage : accueil attentionné et service efficace dans une petite salle contemporaine entre des murs du XVIe s, et dans les assiettes une savoureuse cuisine de marché à des prix plus que serrés.

**€€ ⛱ P Les Jardins d'Acropolis** – *1, rue d'Athènes, rond-point de Bourran ☎ 05-65-68-40-07. ♿ Tlj sauf dim soir et lun soir. Congés : 15 j. début août. Formules 18,90-22,50 € le midi en sem ; menus 32-57 €. Parking. Café offert sur présentation de ce guide.* Trois grandes salles fort plaisantes, aérées et confortables. Tables bien séparées, avec fleurs fraîches. Accueil affable, service sans reproche. Surprenant rapport qualité-prix de la formule du midi. Dominique Panis nous propose ici une cuisine personnelle et assez inspirée, à l'abri cependant d'innovations trop intempestives, s'appuyant avant tout sur une solide tradition. Carte des vins bien fournie.

***Accès :*** dans le quartier de Bourran-Lagineste, par le viaduc de Bourran depuis la N88.

## DANS LES ENVIRONS

### VALADY 12330 (12 km NO)

**€€ Auberge de l'Ady** – *1, av. du Pont-de-Malakoff ☎ 05-65-72-70-24. Mai-sept, fermé dim soir, lun et mar soir ; le reste de l'année, fermé également mer soir. Résa conseillée. Congés : 3 sem en janv, 1re sem vac scol juil et 1 sem à la Toussaint. Formule déj 19 € ; menus 30-72 €.* Derrière la façade de vieille auberge de pays se cache l'une des tables les plus en vue du moment en Aveyron. Cadre chic contemporain, tables nappées, jolies verreries, couverts design, fleurs fraîches, peintures d'artistes aux murs... qui sied bien à la clientèle d'affaires, nombreuse au déjeuner. Et le service attentionné sait rester naturel et sympathique. Quant au 1er menu servi le midi, c'est déjà une explosion de saveurs à prix bien pacifique, le tout servi en 45 mn chrono ! Élaboré selon le marché du jour, il donne un aperçu du talent de Cédric Gaston, le chef. Du terroir savamment remis au goût du jour. Mises en bouche, mignardises généreuses complètent des menus déjà bien servis. Superbe carte des vins et quelques belles références locales. Mais ce qu'on apprécie, ce sont les menus servis en accord mets et vins. Une bonne surprise. Pour compléter le tableau, on pourra cocooner dans l'une des belles chambres modernes proposées à quelques pas du restaurant.

***Accès :*** dans le bourg, parking sur la place de l'Église.

### MURET-LE-CHÂTEAU 12330 (17 km N)

**€€€ ⌂ IOI ⛱ L'Auberge du Château** – *Le Bourg ☎ 05-65-47-71-57. • laubergeduchateau.com • Ouv jeu-dim, midi et soir (sauf dim). Congés : de mi-déc à fév. En été, formules en été 28-35 € le midi en sem ; menus 43-65 €.* Petit bourg tranquille, d'une belle homogénéité architecturale, tout en pierres blondes, sons de cloches, chants d'oiseaux (et du coq !)... Le temps s'est arrêté au-dessus de Muret-le-Château, et le même esprit de tranquillité règne dans les murs de cette petite auberge. Un hôtel à taille humaine, de 7 chambres entièrement refaites, décorées et personnalisées. Bien bonne table également : salades « fraîcheur », menu végétarien et menu plus gastronomique à base de produits locaux. Le saumon et le foie gras sont, eux, élaborés par le chef, ancien traiteur. Et puis, un beau menu pour faire découvrir aux enfants la gastronomie. Accueil familial adorable...

## SÉVÉRAC-LE-CHÂTEAU 12150

€ **L'Atelier du Goût** – *RN 88, Le Four-à-Chaux ☎ 05-65-67-06-59. Juil-sept, tlj sauf lun ; pdt vac scol, mar-dim midi et soir ; le reste de l'année, mar-dim, et ven-sam soir. Congés : janv. Menus 14 € le midi en sem, puis 19-29 €.* Une bonne étape pour qui veut changer de l'aligot, ou tout simplement goûter à une bonne cuisine inventive : velouté de lentilles, travers de porc au caramel d'agrumes, côte de veau de lait aux girolles... Des préparations très réussies, dont on hésite à déranger le bel ordonnancement, mais qu'on ne regrette finalement pas d'avoir croquées ! Cadre sobre et contemporain, dont le vert acidulé fait oublier l'environnement immédiat, sans grand intérêt. Service diligent et sympa.

***Accès :*** dans le quartier de la gare.

## SAINT-JEAN-DU-BRUEL 12230

€ **Hôtel-restaurant du Midi-Papillon**** – *pl. du Manège ☎ 05-65-62-26-04. • hoteldumidipapillon.fr • Congés : 12 nov-1er avr. Résa souhaitée (parfois plusieurs sem avt). Menus 14,50 € en sem, puis 20-37 €.* Ouverte en 1850, voilà l'institution du coin, à l'accueil et à la qualité immuables depuis maintenant 6 générations de Papillon. Au restaurant, réputé dans toute la région, la fine équipe s'attache à utiliser des produits frais, quitte à les cultiver. Les volailles sont élevées sur place, la charcuterie faite maison en hiver... Tradition et créativité sont les maîtres mots de cette maison. Assiettes élégantes et petit bouquet de fleurs sur les tables. Grand choix de vins à prix modérés. Belle terrasse donnant sur la rivière, souvent complète. Accueil avenant, service dévoué, discret et efficace. Une vingtaine de chambres très agréables, de taille variable, et régulièrement rafraîchies. Au petit déj, viennoiseries et confitures maison. Jolie piscine et jacuzzi. Une super adresse, disons-le !

## SAUVETERRE-DE-ROUERGUE 12800

€€ **Le Sénéchal****** – *☎ et fax : 05-65-71-29-00. • hotel-senechal.fr • En juil-août, tlj sauf lun, mar midi et j. fériés ; le reste de l'année, fermé aussi dim soir. Congés : de janv à mi-mars. Menus 33 € (sauf w-e), puis 55-120 € (dégustation 7 services et vin inclus). Parking.* Côté cuisine (qui se dit « vagabonde »), Michel Truchon, le chef, maîtrise bien son sujet. Une table élégante et recherchée, qui laisse la tête et le corps en fête. Dommage que la salle manque un peu de chaleur. Atmosphère classique, et de belles chambres au sol en terre cuite et à la déco design, certaines avec terrasse. Grand jardin arboré. Piscine et équipements de détente.

***Accès :*** à l'extérieur de la bastide, vers le nord.



# Gard (30)

## AIGUES-MORTES 30220

€€ **L'Atelier de Nicolas** – *28, rue Alsace-Lorraine ☎ 04-34-28-04-84. Tlj sauf mer-jeu. Réserver. Formules déj 18,90 € (lun-ven) et 22,90 € (lun-sam) ; le soir et w-e, menus 29-34 €.* Le néo-bristrot dans le vent, avec un « militant du goût » qui a tout compris en offrant (façon de parler, mais les prix sont justes !) de bons produits et de la créativité, tout en respectant les envies de terroir de ses clients (taureau de Camargue AOP toute

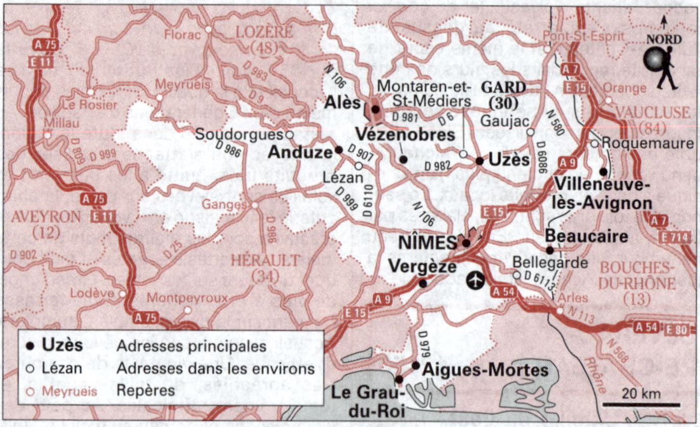


l'année). Petite salle contemporaine avec cuisine ouverte. L'accueil est speed et efficace, la résa indispensable.

## ALÈS 30100

**€ 🍽 Le Mandajors** – *17, rue Mandajors ☎ 04-66-52-62-98. Tlj sauf sam midi et dim ; service 12h-13h30, 19h30-21h30. Congés : sem de l'Ascension, 1re quinzaine d'août et 1 sem autour de Noël. Formule déj 13 € ; menus 17-26,50 €. CB refusées. Digestif maison offert sur présentation de ce guide.* L'ambiance n'a guère changé depuis un quart de siècle. La petite salle climatisée est décorée de billets de banque. Tous les matins, le patron rapporte ses produits du marché. Il concocte une cuisine de grand-mère à forte empreinte cévenole. Il n'hésitera pas à vous refouler si vous arrivez en dehors des horaires ! Et puis la carte ressemble à un programme électoral pour la *slow-food ;* d'ailleurs, ne venez pas pressé : vous repartiriez déçu.

***Accès :*** en plein centre-ville, à côté des cinémas.

## ANDUZE 30140

**€ 🍽 L'O à la Bouche** – *11, rue Notarié ☎ 04-15-13-73-19. Tlj sauf dim soir-lun, plus mar et le soir mer-ven hors saison. Congés : janv-fév. Formule déj 19 € ; menus 16-23 €.* Après le marché couvert, un lieu culte chez les Anduziens et pour tous les amateurs de légumes et de produits de saison. Sylvain a l'art et la manière de les cuisiner tout simplement, et ses multiples accompagnements permettent de « piocher » et de voyager dans l'assiette du voisin. Carte courte mais juste, tout comme le prix d'ailleurs ! Excellente adresse.

**€€ 🍽 ⛱ Saveurs du Sud** – *11, rue Bouquerie 📱 06-75-83-50-92. Tlj sauf lun (à priori) en juil-août ; le reste de l'année, fermé aussi dim soir. Congés : janv-fév et nov. Formule déj 22 € ; menu 25 € ; carte 25 €. CB refusées. Café offert sur présentation de ce guide.* Un resto de femme, et de femme seule en cuisine - comme on en trouve beaucoup dans le pays aujourd'hui - qui sauve la restauration de l'ennui et du sous-vide, car la carte, courte, éclate de fraîcheur. Patricia Koskas a « gratté la terre pendant 10 ans », et cette militante du goût aime le bon, le beau, le bio si possible. Plein de surprises, de l'entrée au dessert. Une cuisine généreuse, pleine de saveurs, ça tombe bien. Terrasse.

## DANS LES ENVIRONS

### LÉZAN 30350 (8 km SE)

**€€€ ⛱ Les Secrets de Céline** – *1, pl. du Portail-d'Alès ☎ 04-66-83-03-52. ♿ Normalement, tlj sauf mer en été, plus mar hors saison. Formule déj en sem 28 € ; menus 36-48 €.* Salle chaleureuse récemment rénovée. Tables honorablement espacées, musique d'ambiance, service avenant. Trois formules au choix, selon le nombre de plats. Des plats aux noms prometteurs, largement inspirés par l'Asie. Le gingembre joue les stars, apprêté avec brio par Céline, une virtuose du piano et du sucré-salé, qui ne fut l'apprentie d'aucun grand chef, mais a rejoint le peloton de tête.

***Accès :*** à 8 km au sud-est d'Anduze.

### SOUDORGUES
30460 (22 km O)

**€€ |●| ☂ La Balade Gourmande** *– Le Bourg ☎ 04-66-85-43-94. Début mars-fin nov ; tlj sauf mar en été, fermé lun-mer hors saison. Menu 26 € (avec quelques suppléments).* Il faut la dénicher, cette balade gourmande ! Un peu paumée, mais on ne regrette pas le détour, d'autant que le coin est vraiment propice aux balades, justement. On s'assied avec plaisir sous l'auvent de ce joli mas de pierre, en se disant qu'ici, on a bien le temps de le prendre, le temps. Accueil tout en douceur pour une cuisine qui ravira les palais des grands, tandis que les petits tournicoteront autour des tables. Produits du terroir et carte de saison, du genre millefeuille à la crème de châtaigne. Une adresse relax, comme un dimanche en famille.

***Accès :*** prendre la D57 direction Lasalle, puis la D39 et la D271.

## BEAUCAIRE 30300

**€ |●| ☂ L'Épicerie de Cécile** *– pl. de la République 📱 06-80-04-09-04. ♿ Tlj sauf dim soir-lun, le midi slt (le soir sur résa, même pour 2 pers). Assiette env 13 € ; menu (kir compris) 16,50 €.* « Bonjour, madame Cécile », le voisin pose son pain et fait un bout de conversation pendant que vous regardez les rayons de l'épicerie, agrandie et embellie, afin de dénicher l'huile d'olive, le confit de fleur, le jus de fruits, le vinaigre de petit producteur que vous n'auriez pas trouvés ailleurs. Coquette salle pour se poser ou terrasse sur la belle place. Tout simple, tout bon. Soirées musicales.

### DANS LES ENVIRONS

### BELLEGARDE 30127 (10 km SO)

**€€ |●| ☂ 🅿 La Halte Nautique** *– quai Paul-Riquet, port de plaisance ☎ 04-66-20-61-69. ♿ Tlj sauf lun-mar midi. Congés : 1re sem de janv et dernière sem d'août. Formules 14,90-18,90 € le midi ; menus 25-32 € le soir ; carte 45 €. Parking.* Face au canal, l'adresse secrète qu'on murmure à l'oreille des visiteurs intéressés par le vrai goût des produits. Ici, dans cette maison où l'on écluse toujours de bons vins, on goûte aussi à des produits d'un terroir sans frontière : vraie brandade maison, divine bouillabaisse. Terrasse en été, près du quai, cheminée en hiver. Originalité, fraternité, liberté. La France qu'on aime.

***Accès :*** sur la D6113, entre Nîmes et Arles.

## LE GRAU-DU-ROI 30240

**€ |●| ☂ Le Petit Nice** *– 36, quai Général-de-Gaulle ☎ 04-66-80-00-04. En saison, tlj (sauf mer juin et sept) ; oct-mai, tlj le midi (sauf mer), plus ven-sam soirs. Formule déj en sem 15 €, menus 19,90-27 €. Limoncello ou manzana offert(e) sur présentation de ce guide.* Sur le quai ensoleillé, « coquillages et crustacés » : on a l'air dans la tête sur cette terrasse pourtant à l'abri du vent et au soleil, d'où le nom du resto. Tenu par une famille de pêcheurs, dont le bateau est amarré devant (s'il n'est pas en mer). Spécialités : poulpe de roc, thon rouge en tartare ou *a la plancha,* plus escargots murex et soupe de poissons. Énormes salades-repas. Vin des sables bio. Accueil zen de Laurent et son équipe.

## NÎMES 30000

**€ |●| ☂ L'Imprévu** *– 6, pl. d'Assas (B2-11) ☎ 04-66-38-99-59. Tlj sauf mar-mer. Congés : en fév et autour des vac de fin d'année. Menus 18-21 € (24 € dim et j. fériés) et 32 € ; carte 24 €.* Sur cette place contemporaine très solennelle qui prend tout de même, l'été, des airs de fête, la terrasse et le patio invitent à la pause gourmande. Des plats du moment, qui jouent la carte du terroir et qui surprennent par la qualité des produits, la justesse des cuissons. L'accueil est tonique, le service agréable.

**€ |●| L'Ancien Théâtre** *– 4, rue Racine (B2-10) ☎ 04-66-21-30-75. Tlj sauf sam midi et dim-lun. Congés : vac scol de fév et 3 premières sem d'août. Menus 20-35 € ; carte env 35 €. Café offert sur présentation de ce guide.* On dit qu'à la place du *Carré-d'Art* tout proche, il y eut un théâtre qui fut incendié par une cantatrice folle de rage, car son fils n'y avait

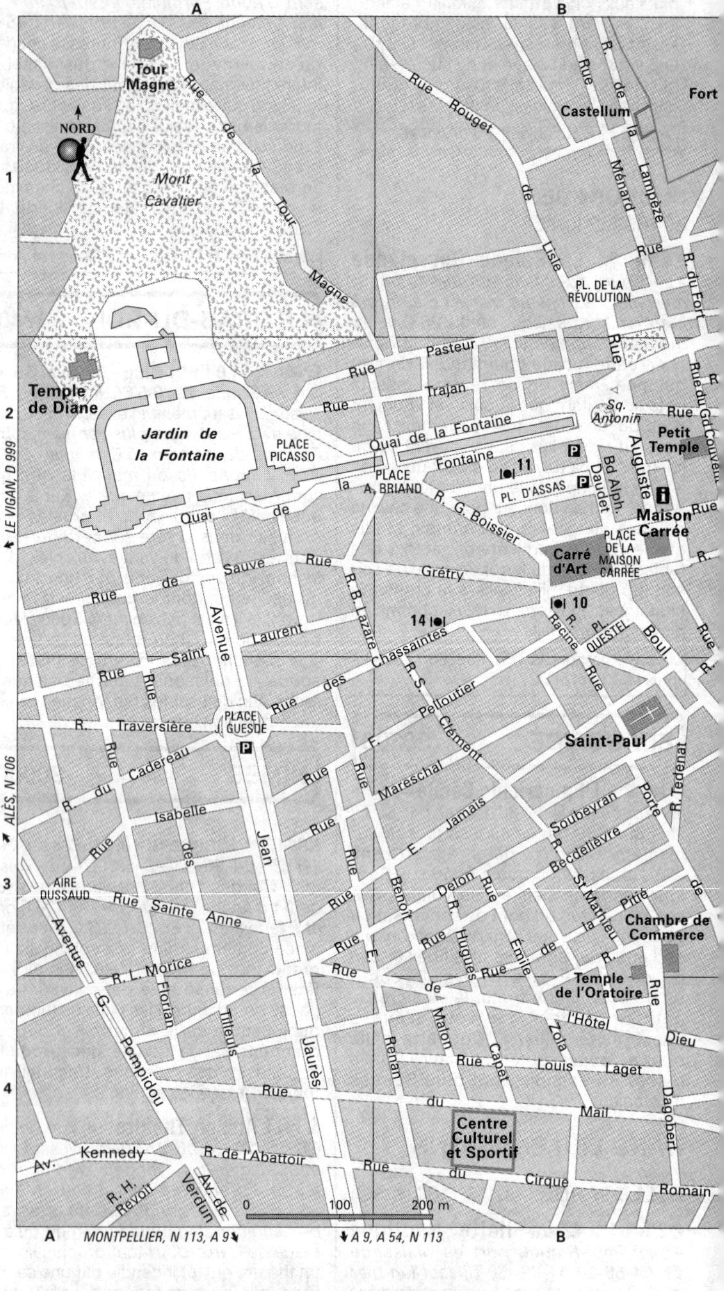


Occitanie - Gard

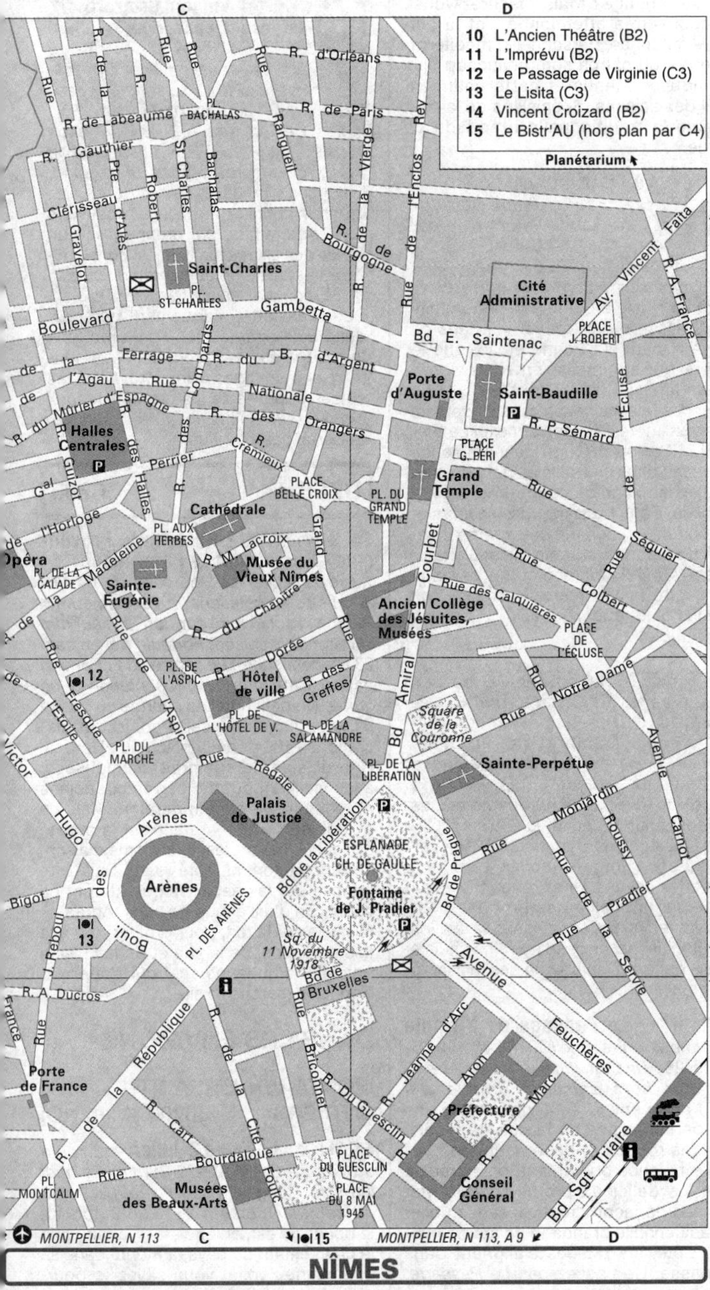
10 L'Ancien Théâtre (B2)
11 L'Imprévu (B2)
12 Le Passage de Virginie (C3)
13 Le Lisita (C3)
14 Vincent Croizard (B2)
15 Le Bistr'AU (hors plan par C4)
Planétarium
UZÈS, D 979
ORANGE, AVIGNON, N 86, A9
MONTPELLIER, N 113
MONTPELLIER, N 113, A 9
Saint-Charles
PL. ST-CHARLES
PL. BACHALAS
Cité Administrative
PLACE J. ROBERT
Boulevard Gambetta
Bd E. Saintenac
Porte d'Auguste
Saint-Baudille
R. P. Sémard
PLACE G. PERI
Halles Centrales
Grand Temple
PLACE BELLE CROIX
PL. DU GRAND TEMPLE
Cathédrale
PL. AUX HERBES
Musée du Vieux Nîmes
Opéra
PL. DE LA CALADE
Sainte-Eugénie
Ancien Collège des Jésuites, Musées
PLACE DE L'ÉCLUSE
PL. DE L'ASPIC
Hôtel de ville
PL. DE L'HÔTEL DE V.
PL. DE LA SALAMANDRE
Square de la Couronne
PL. DU MARCHÉ
PL. DE LA LIBÉRATION
Sainte-Perpétue
Palais de Justice
ESPLANADE CH. DE GAULLE
Fontaine de J. Pradier
Arènes
PL. DES ARÈNES
Sq. du 11 Novembre 1918
Avenue Feuchères
Porte de France
Préfecture
Conseil Général
PLACE DU GUESCLIN
PLACE DU 8 MAI 1945
PL. MONTCALM
Musées des Beaux-Arts
Bd Sgt Triaire
C
D
1
2
3
4

NÎMES

pas été engagé ! Mais rassurez-vous : l'accueil – très attentionné – et la cuisine – mitonnée, personnelle, méditerranéenne – du patron sont beaucoup plus pacifiques ! Menus et carte changent au fil des saisons. Spécialités de la mer, comme la traditionnelle brandade de morue.

€ **Le Bistr'AU** – *parc Georges-Besse, 351, chemin Bas-du-Mas-de-Boudan (hors plan par C4-15) ☎ 04-66-40-60-75. Tlj sauf dim. Formule 19 € et menu 23 € (32 € boisson comprise) ; carte 29 €.* Jérôme Nutile a quitté son resto étoilé de Collias pour retrouver ici, dans ce curieux parc, sa bonne étoile, que le poète qui sommeille en nous aurait volontiers intitulé « L'Inutile »... Mais pour des raisons pécuniaires évidentes, on s'est intéressé à son annexe, *Le Bistr'AU.* Et on n'a pas été déçu. Ambiance de ruche dans une salle au goût du jour, où l'expatriation du centre-ville est vite oubliée. Dans l'assiette, des saveurs et des couleurs, comme ce superbe *ceviche* de dorade, véritable tableau champêtre. Au fil du marché et des saisons, du gastro-bistrot réjouissant avec des menus d'un rapport qualité-prix-plaisir imbattable.

€€ **Le Lisita** – *2, bd des Arènes (C3-13) ☎ 04-66-67-29-15. ♿ Tlj sauf dim-lun hors juil-août. Menus-carte 26-32 € ; carte 47 €. Café offert sur présentation de ce guide.* Grande terrasse sous la marquise, avec vue imprenable sur les arènes, pour découvrir la cuisine d'Olivier Douet, au nom prédestiné. À l'intérieur, déco jouant sur les bois, les assiettes peintes. Une grande table, qui mise sur la qualité des produits pour réinventer, au fil des saisons, de suaves combinaisons, arrosées de vins choisis par Stéphane Debaille, un des meilleurs sommeliers de France.

€€€ **Le Passage de Virginie** – *15, impasse Fresque (C3-12) ☎ 04-66-38-29-26. Tlj sauf dim-lun, plus le soir mar-mer hors saison. Formule déj 15 € ; carte env 40 €.* Virginie reste une des personnalités de la cuisine locale. Arcades rouges et déco haute en couleur, ambiance bon enfant, on se régale avec les délicieux produits de la mer cuisinés de façon créative, sans oublier la traditionnelle brandade de morue maison. L'été, les tablées s'alignent dans l'impasse. Ne passez pas *Le Passage,* vous le regretteriez.

€€€ **Vincent Croizard** – *17, rue des Chassaintes (B2-14) ☎ 04-66-67-04-99. ♿ Tlj sauf dim-lun en été ; tlj sauf dim soir, lun et mar midi hors saison. Congés : 1 sem avr, 2 sem sept et déc-janv. Formules déj en sem 23-28 € ; menus 48-80 € ; carte 65 €. Apéritif maison ou café offert sur présentation de ce guide.* L'une des plus belles tables de la ville : un jardin abrité et une salle aux couleurs contemporaines, qui prennent la nuit venue des allures festives. Vincent Croizard fait partie de ces chefs discrets à qui la reconnaissance tardive va si bien. Dans l'assiette, uniquement des produits qu'il aime et que l'on aime, une fois préparés à sa façon. Car cet amoureux des voyages adore travailler les épices et privilégie les produits locaux bio ou issus de l'agriculture raisonnée. Superbe carte de vins.

## UZÈS 30700

€€ **L'Hostellerie Provençale – Restaurant La Parenthèse***** – *1, rue de la Grande-Bourgade ☎ 04-66-22-11-06. • hostellerieprovencale.com • Resto tlj sauf le midi dim-lun ; tlj sauf dim soir-lun hors saison. Formule déj en sem 23 € ; menus 32-47 € ; carte 48 €. Parking payant. Café offert sur présentation de ce guide.* Un petit hôtel de charme au centre d'Uzès, qui joue la carte confort et discrétion, à 100 m de la place aux Herbes. Une dizaine de chambres climatisées, avec vieilles poutres, carreaux anciens et technologie contemporaine. Mais ce qui fait son vrai charme, c'est la qualité de l'accueil, le professionnalisme maison, côté hôtel comme côté resto. Salle vite remplie par les habitués qui adorent ce cadre clin d'œil à tous les suds. Agréable terrasse sur le toit, pour profiter tout à la fois du calme, de la vue et de la cuisine fraîcheur d'un jeune chef qui s'approvisionne au marché voisin.

# DANS LES ENVIRONS

## MONTAREN-ET-SAINT-MÉDIERS 30700 (4 km NO)

€€ **La Table 2 Julien** – *12, route d'Uzès ☎ 04-66-03-75-38. Ouv le midi lun-sam. Congés : 1 sem fin août et 1 sem à Noël. Menu bistrot 26 €.* La 2e fois fut la bonne : c'est, en effet, la 2e affaire que le chef, enfant du pays, a monté dans sa campagne : voilà, vous savez le pourquoi du nom. Cela dit, vous avez intérêt à réserver, car maintenant le succès est là ! L'ambiance est bon enfant, certes, mais pas question de venir avec des tongs, quand même. La terrasse sur 2 niveaux est belle, et l'été se prolonge dans l'assiette, méditerranéenne, au sens le plus large du terme, avec des touches asiatiques. Une très bonne table.

***Accès :*** à 4 km au nord-ouest d'Uzès par la D981.

## GAUJAC 30330 (19 km NE)

€€ 🍽 ☂ **La Maison** – *rue du Presbytère ☎ 04-66-39-33-08. Tlj le soir sauf dim, plus le midi lun et ven. Menu unique 35 €.* On dîne dans une maison vigneronne du XVIIe s, encastrée dans les remparts, avec salle voûtée et patio. Pensez à réserver la tour pour une soirée en amoureux. Cette noble maison vise assez haut, avec son menu unique et hebdomadaire, mais il faut reconnaître qu'elle s'y hisse avec créativité ! Une cuisine de terroir, qui fusionne avec des influences voyageuses, osées et assumées. Ici, on n'hésite pas à mélanger melon, glace au chèvre, speck et crumble de chorizo. Un délice et de l'originalité pas superficielle ! Ça donne déjà envie de revenir à *La Maison.*

***Accès :*** par la D219 direction Bagnols-sur-Cèze.

## VERGÈZE 30310

€ 🏠 🍽 ☂ **La Passiflore**** – *1, rue Neuve ☎ 04-66-35-00-00. • lapassiflore.com • Le soir slt, tlj sauf dim. Congés : 8-15 janv. Menus 20-25 € ; carte 25 €. Apéritif maison offert sur présentation de ce guide.* Un hôtel bien discret, qui ne manque pas de charme : celui d'un mas du XVIIIe s, bien retapé et confortable, situé dans un de ces villages ensoleillés que rien ne semble déranger. Chambres climatisées, donnant sur le jardin ou la cour. Cuisine familiale de bonne facture.

## VÉZENOBRES 30360

€ 🏠 🍽 ☂ 🅿 **Le Relais Sarrasin**** – *chemin de Bercaude, D 936 ☎ 04-66-83-55-55. • le-relais-sarrasin.com • Tlj sauf dim-lun midi. Congés : Toussaint et 3-12 janv. Formule 15 € le midi en sem ; menus 23-37 €. Parking. Apéritif maison offert sur présentation de ce guide.* Chambres à thème, aimables et contemporaines. Dans la salle à manger, qui ravira les amateurs de vieilles pierres et de fer forgé, vous sera servie une cuisine parfumée qui joue sur tous les tableaux au meilleur sens du terme. Goûtez le maki de pélardon courgettes jaunes et coppa ou le duo de tomates et myrtilles. Accueil efficace. Piscine et jacuzzi.

***Accès :*** sous les remparts, sur l'ancienne route de Nîmes.

€€ 🍽 ☂ **Au Grenier d'Aladin** – *pl. de la Mairie ☎ 04-66-83-50-24. En saison, tlj sauf lun midi, mer midi et sam midi ; hors saison, fermé lun-mer plus sam midi et dim soir. Congés : 1re quinzaine de fév et 1 sem fin nov. Assiette-repas ou menu déj en sem 11-15 € ; le soir, menu-carte de saison 30 €.* Salle ornée d'une belle cheminée et décorée avec justesse. Belle terrasse accoudée à la margelle d'un puits, sous un bienfaiteur érable. La formule et le menu du midi ne sont pas chiches : avec mise en bouche et café, s'il vous plaît ! Quant aux marcheurs, il pourront commander l'une des omelettes du Routard ! Au-delà, les menus taquinent la figue *(of course !)*, les saveurs locales et les produits frais.

***Accès :*** au cœur du village.

## VILLENEUVE-LÈS-AVIGNON 30400

€€ 🍽 ☂ **Le Bistrot du Moulin à Huile de la Chartreuse** – *74, rue de la République ☎ 04-90-25-45-59. ♿ Congés : Noël. Carte 25-35 €.* À côté de la Chartreuse, un espace aménagé avec malice dans l'ancienne grange du moulin, où l'on peut déjeuner et surtout dîner en terrasse, près des oliviers, comme en salle, près de la cheminée, d'une cuisine dans l'air du temps.

## DANS LES ENVIRONS

### ROQUEMAURE 30150 (12 km N)

€€ 🍽 **L'École Buissonnière** – *32, rue de la Liberté ☎ 04-66-79-20-28. ♿ Tlj le midi sauf mer et j. fériés, et le soir ven-sam. Congés : 1 sem entre Noël et Jour de l'an. Menu du jour en sem 15 €, formule soir et w-e 25 €.* Coup de cœur pour ce petit restaurant un peu à l'écart de tout, tenu par un jeune couple sympathique, heureux de recevoir et de faire partager une cuisine à base de produits simples mais de qualité. Goût, originalité, fraîcheur des produits, petits prix. Un rapport accueil-qualité-prix imbattable par ici.

*Accès :* derrière la place du Marché.

# Gers (32)

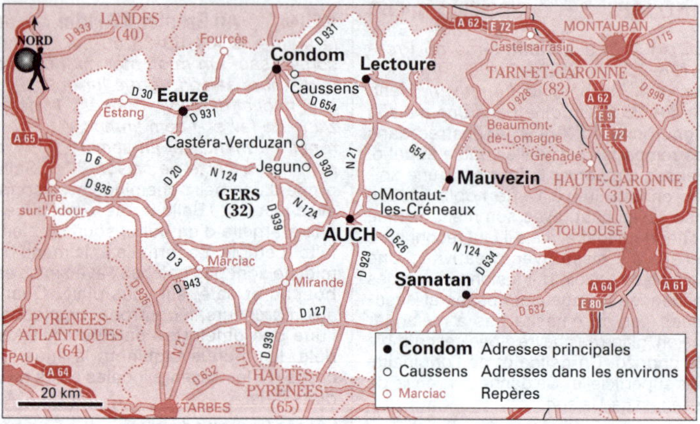


## AUCH 32000

**€ 🍽 Thé Comédie** – *12, rue Louis-Aucoin ☎ 05-62-05-81-13. Ouv lun-ven au déj slt. Congés : août et 2 sem pour les fêtes de fin d'année. Résa conseillée. Formule 14,50 €, différente chaque jour.* Plus qu'un salon de thé (formule proposée en fin de service), ce bistrot de quartier est investi sur les coups de midi par tous les cols blancs du coin, venus se régaler au coude à coude et dans une joyeuse ambiance de divines assiettes gourmandes et tartes maison, concoctées au gré du marché. Les propositions changent quotidiennement. L'ardoise des douceurs est, quant à elle, quasi immuable : tarte au citron meringuée, crumble... des grands classiques *home made* tellement bons qu'il faut quasiment les réserver en arrivant !

*Accès :* au centre-ville.

**€ 🏠 🍽 ⛱ Hôtel de France *** – Brasserie le 9e et Restaurant La Grande Salle** – *1, pl. de la Libération ☎ 05-62-61-71-71. • hoteldefrance-auch.com • Resto ouv le soir mer-sam et dim midi ; brasserie tlj. À la brasserie, formule déj sauf dim 15-18 €, puis menus 20-23 € ; au resto, menus 30-60 €.* L'hôtel mythique d'Auch propose 2 tables et 2 styles de cuisine. Côté brasserie, le chef s'appuie sur des produits frais pour une cuisine du cru modernisée, servie dans un cadre contemporain ou dans la lumineuse véranda. Côté resto, cuisine régionale plus élaborée, d'inspiration gastronomique, que l'on déguste dans une grande salle aux fastueux décors moulurés et peints. Côté hôtel, la trentaine de chambres gardent une déco à l'ancienne, mais acquièrent peu à peu le confort moderne. Accueil professionnel.

*Accès :* au centre-ville.

**€€ 🍽 Le Bartok** – *1, rue Gambetta ☎ 05-62-05-87-82. Tlj sauf dim-lun. Congés : 2e quinzaine d'août et 1 sem début janv. Résa conseillée. Formule 14 € le midi en sem ; le soir, menus 26-43 € ; carte env 42 €.* Dans une ancienne

Occitanie - Gers

demeure aux robustes murs de pierre joliment restaurée, Julien Guichard compose une cuisine enjouée, créative et artistique, avec les produits du moment et le sens du perfectionnisme. Le tout à des prix fort raisonnables. L'une des meilleures tables d'Auch.

**Accès :** au centre-ville.

€€€ **Jeff Envoie du Bois !!!** – *12, pl. de la Libération ☎ 05-62-61-24-00. Ouv ts les midis, et le soir mer-dim. Formule déj en sem 16,90 € (18,90 € pour le menu végétarien, confectionné à la demande) ; le soir, menu 38,90 € ; carte env 40 €.* Une minuscule salle furieusement tendance, noir design et lignes Art déco, prolongée d'une chouette terrasse sur la place principale d'Auch. Une cuisine de saison légère et créative, qui donne un coup de frais au terroir gascon et s'accompagne de vins choisis. Oui, Jeff envoie du Bois, surtout avec son formidable menu « retour du marché » le midi en semaine, plus que compétitif ! Le soir, le bistro se fait gastro, et l'addition suit. Service impeccable. *NOUVEAUTÉ.*

**Accès :** au centre-ville.

## DANS LES ENVIRONS

### MONTAUT-LES-CRÉNEAUX
32810 (8 km N)

€€ **Le Papillon** – *lieu-dit Au Petit-Guilhem ☎ 05-62-65-51-29. Tlj sauf dim soir-lun. Menus 15,90 € le midi sauf dim et j. fériés, puis 28,50-52 €.* En bord de route, dans une maison moderne au classicisme soigné, avec mezzanine et belle terrasse ombragée, Michel Arsuffi cuisine la viande de façon rigoureuse et traditionnelle. Il est surtout l'un des rares du coin à travailler les produits de la mer. Alors, on peut se laisser tenter par une fricassée de ris d'agneau, mais on profitera plutôt de la sole fourrée au foie gras. Traditionalistes et réformateurs communieront donc à la même table. Excellent accueil. Une valeur sûre !

**Accès :** à 8 km du centre-ville d'Auch, direction Agen ; bifurquer à droite direction Montaut ; c'est à 100 m. Sur la D515 (angle N21).

### JEGUN 32360 (18 km NO)

€€ **La Halle** – *7, rue Traversière ☎ 05-62-05-85-37. Tlj sauf lun, plus dim soir sept-juin. Formule déj en sem 14,50 € ; menu 29 € ; carte 45-50 €. Café offert sur présentation de ce guide.* Resto au cadre un peu chic, avec quelques tables dressées sous la halle à la belle saison. La carte propose un choix limité, mais c'est pour mieux profiter des produits du moment et de la région, préparés avec sincérité. Le chef connaît ses classiques mais s'amuse aussi à concocter de jolies escapades culinaires hors des horizons gascons. Une cuisine généreuse, qui sonne juste, dans l'assiette et sous le palais, de l'entrée au dessert. Belle carte des vins. Service discret et courtois.

**Accès :** en face de la halle.

## CONDOM 32100

€ **Hôtel Continental *** – Restaurant Les Jardins de la Baïse** – *20, rue du Maréchal-Foch ☎ 05-62-68-37-00. • lecontinental.net • Ouv tlj sauf quelques exceptions hors saison. Menus 14 € le midi sauf w-e, puis 22-34 €.* Construit au XIXe s au bord de la Baïse, cet hôtel de charme propose, côté restaurant, une cuisine régionale bien faite, complétée de quelques envolées insolites et d'un rare menu végétarien. Salle à la déco un brin élégante et, aux beaux jours, grande terrasse fleurie et ombragée, dans le jardin intérieur que l'on ne soupçonne pas depuis la rue. Service impeccable. Dans les étages, belles chambres modernes et soignées, donnant sur le jardin ou sur la rue, avec vue sur la Baïse et la cathédrale. Également un espace bien-être, avec sauna et bassin. Bon accueil.

**Accès :** sur les quais, face à la Baïse.

€ **La Table des Cordeliers** – *1, rue des Cordeliers ☎ 05-62-68-43-82. Tlj sauf dim-lun. Congés : janv. Résa indispensable. Côté bistrot, menu 24 € midi et soir ; côté gastro, menus 60-110 €.* Éric Sampietro, ce Gascon à l'allure romantique, a littéralement ressuscité cette adresse mythique des années 1970 et métamorphosé le cloître et la chapelle du XIIIe s qui abritent le restaurant. Pas toujours académique, le chef aime les mélanges, les contrastes et le changement. Léger et précis, son coup de patte sublime les produits de saison avant de nous plonger dans l'univers coloré et acidulé des desserts, où le chocolat est roi. Notons que la formule bistrot, servie aussi le soir, est d'un excellent rapport qualité-prix. Terrasse pour l'apéritif, ou pour prolonger la soirée.

***Accès :*** par l'avenue Général-de-Gaulle.

## DANS LES ENVIRONS

### CAUSSENS 32100 (11 km E)

**€ Au Vieux Pressoir** – ☎ *05-62-68-21-32.* • *auvieuxpressoir.com* • *Tlj en juil-août ; du jeu soir au dim midi sept-juin. Congés : 15 j. en fév. Résa indispensable. Menus 17-26 €. 2 apéritifs maison offerts sur présentation de ce guide.* On vient de loin pour s'attabler dans cette auberge de solide réputation paumée dans la campagne, et proposant une cuisine principalement axée autour du canard - du mulard élevé dans les fermes voisines. La terrasse jouit d'un panorama exceptionnel sur de douces collines. À l'étage, 3 chambres vraiment mignonnes avec meubles anciens, de bon confort, et une suite familiale. Piscine pour les résidents, à l'écart du resto. Excellent accueil.

***Accès :*** prendre la D7 vers Lectoure ; à 3 km après le bourg de Caussens, prendre la route de campagne à droite et suivre le fléchage.

### CASTÉRA-VERDUZAN 32410 (20 km S)

**€€ Le Florida** – *2, rue du Lac* ☎ *05-62-68-13-22. Tlj sauf lun, plus dim en basse saison. Congés : fin janv, début mars, fin juin et début oct. Formule déj 16 € sauf dim et j. fériés ; menus 32-65 € ; carte 40-50 €. Café offert sur présentation de ce guide.* Très vieille maison (Angèle, l'arrière-grand-mère, y officiait déjà) proposant une cuisine réputée. Aujourd'hui, Baptiste a repris le flambeau, mais Bernard Ramouneda veille toujours sur le patrimoine familial. Agréable cadre relooké dans un esprit sobre et moderne, pour une cuisine renouvelée qui met à l'honneur de beaux produits de terroir et de saison, préparés avec respect et précision, servis avec gentillesse et efficacité. Tout là-haut, grand-mère Angèle peut être fière ! Terrasse en été. Pour prolonger le séjour, 2 suites de grand confort, dont une avec jacuzzi.

## EAUZE 32800

**€ La Vie en Rose** – *22, rue Saint-July* ☎ *05-62-09-83-29. Tlj sauf mar soir et mer. Menus 15 € en sem (sauf ven soir) et sam midi, puis 29-45 € ; carte env 35 €.* Des menus pour toutes les bourses, une terrasse ombragée sur une placette de l'autre côté de la rue, ou un intérieur rustique et coquet mais pas guindé. Cuisine aux accents régionaux joliment exécutée, qui s'autorise d'agréables escapades culinaires. On y mange fort bien à prix raisonnables avec le menu du jour, ou on s'attable plus longtemps pour un repas plus gastronomique. Une adresse appréciée dans le coin.

***Accès :*** au cœur de la ville, pas très loin de l'office de tourisme.

## LECTOURE 32700

**€€ Auberge des Bouviers** – *8, rue Montebello* ☎ *05-62-68-95-13. Tlj sauf sam midi, dim soir et lun midi (plus lun soir hors saison). Congés : dernière sem de juin, 1re sem de sept et 3 sem en déc. Formule et menu déj en sem 17-21 € (sauf juil-août), puis 32 €. Café offert sur présentation de ce guide.* De l'extérieur, cette ancienne demeure en pierre, située au cœur de Lectoure, donne le ton. En entrant dans la jolie salle rustique, on se dit que c'est probablement du solide, et que ça fleure la bonne adresse. Les plats qui passent devant notre nez en apportent vite la preuve. Le chef se plaît à exécuter avec talent et finesse une courte carte de cuisine « bistronomique » de tradition et d'inventions, délicate et généreuse, appuyée sur des produits de la région. Petite terrasse au bord de la rue. La meilleure table de Lectoure.

***Accès :*** au centre-ville.

## MAUVEZIN 32120

**€€ La Grande Ourse** – *2, rue des Justices* ☎ *05-62-59-54-01.* ♿ *Tlj sauf mer (tte l'année), plus mar soir de mi-sept à mi-juin. L'hiver, sur résa slt les dim et lun soirs. Congés : 2 sem en fév et 2 sem en oct. Formule midi 15 €, ou assiettes gourmandes autour de 20 € ; menus 29-49 € ; également des pizzas, moins chères. Apéritif maison offert sur présentation de ce guide.* Qui sait si Yakan A. Ghany est né sous une bonne étoile ? Toujours est-il que ce chef, originaire du Caire, a le panache des grands ! Ses années passées auprès de prestigieuses adresses à Paris et à Oslo l'ont révélé. Mais c'est loin des projecteurs, dans ce terroir de parfums et de soleil, qu'il s'est réalisé. Sa cuisine, voyageuse et créative, ne perd jamais de vue les meilleurs produits des collines gasconnes. En salle, Dominique, son épouse, assure un accueil professionnel et tout en douceur. Lorsqu'il fait beau, déguster les mets au bord du jardin, à l'ombre des figuiers, est un pur moment de bonheur (en plus, les enfants peuvent gambader en toute liberté). À l'intérieur, murs de pierre, cadre modernisé, élégant et chaleureux. L'une des plus belles tables du coin.

### SAMATAN 32130

**€€ 🏠 |●| ⛱ Au Canard Gourmand *** – Les Logis du Canard** – *La Rente ☎ 05-62-62-49-81. • hotelcharmegers.com • ♿ Tlj sauf lun soir-mar. Résa vivement conseillée. Congés : 1 sem en fév, 1 sem en juin, 1 sem en oct et pour les fêtes de fin d'année. Menus 16 € le midi en sem, puis 30-41 €. 10 % sur le prix de la chambre (mar-ven sauf Saint-Valentin et 31 déc) ou apéritif maison offert sur présentation de ce guide.* L'une des meilleures tables du Gers pour sa cuisine inventive, audacieuse, savoureuse, à déguster dans une atmosphère décontractée. Les recettes varient au rythme des saisons et du marché : attendez-vous donc à une surprise. Déco moderne et colorée, très tendance, et belle terrasse verdoyante. Service efficace et attentionné. Xavier au piano et Nicolas en salle ont le sens de la perfection ! Pour prolonger le plaisir, 5 chambres contemporaines et une suite en duplex. Jacuzzis.

***Accès :*** sur la route de Lombez/L'Isle-Jourdain (D632), à la sortie du bourg de Samatan.

**€€€ |●| ⛱ La Table d'Olivier** – *1 bis, pl. de la Fontaine ☎ 05-62-62-63-29. ♿ Fermé dim, mer et le soir sauf jeu-sam (ven-sam hors saison). Formule déj 17,50 € ; menus 27 € (le midi slt)-37 €. Apéritif maison ou café offert sur présentation de ce guide.* Belle cuisine élaborée à partir de produits frais locaux et parfois conjuguée aux accents méditerranéens. Des plats réjouissants, préparés avec légèreté et une pointe d'originalité. Côté déco, c'est tradition et modernité. Tables en terrasse ombragée par un mûrier-platane dès que le temps le permet. Excellent rapport qualité-prix pour le menu du jour. Inutile de préciser que le resto fait le plein le lundi midi, jour de marché.

***Accès :*** au centre-ville.

# Haute-Garonne (31)

### BAGNÈRES-DE-LUCHON 31110

**€€ |●| ⛱ Le Baluchon** – *12, av. du Maréchal-Foch ☎ 05-61-88-91-28. Tlj sauf lun soir et mar, plus dim soir et lun midi hors saison. Menu unique le midi (sauf dim) 18 € ; le soir, formule et menus 27-33 € ; carte 35-40 €. Café offert sur présentation de ce guide.* Après avoir travaillé quelques années dans une bonne adresse de la région, le jeune chef qui officie derrière les fourneaux a posé son baluchon et s'est mis à son compte. Bonne idée ! Il concocte une cuisine de nos jours à base de produits de saison, en signant chaque préparation d'une petite touche personnelle réussie. Le cadre joue dans un registre contemporain, sobre et plaisant. Petite terrasse.

***Accès :*** non loin de la gare.

## DANS LES ENVIRONS

### ARTIGUE 31110 (10 km N)

**€ |●| ⛱ Les Hauts Pâturages** – *au village ☎ 05-61-79-10-47. ♿ Ouv mer-dim et j. fériés, plus le mar en août. Congés : oct-mars. Résa conseillée. Menus 17,50-36 €. Digestif maison offert sur présentation de ce guide.* Perché au sommet d'un versant, voilà un petit resto que l'on est bien content

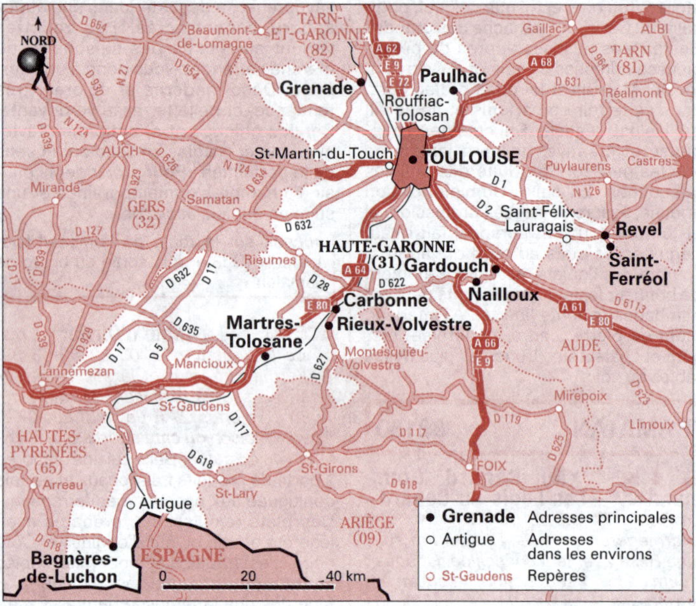


d'avoir déniché ! Un cadre superbe avec une vue imprenable sur les Pyrénées (lorsqu'il n'y a pas de nuages !), une bonne et franche cuisine campagnarde au four à bois, qui viendra à bout des faims les plus tenaces, une présentation des plats soignée, une atmosphère conviviale, des prix plus que raisonnables. Une adresse assez exceptionnelle.

***Accès :*** prendre la direction Juzet, Sode, puis Artigue par la D46.

## CARBONNE 31390

**€ 🍴 ☂ Domaine de la Terrasse** – *6, av. Aristide-Briand ☎ 05-62-01-61-70. Ouv tlj au déj, plus ven et sam soirs. Également les jeu et dim soirs de mi-mai à mi-nov. Fermé le 1er mai. Formule déj 14,20 € ; menus 22-29 € ; carte env 40 €.* Les dépendances du château de la Terrasse, aujourd'hui disparu, ont été réhabilitées et réaffectées. L'ancienne manufacture de draps accueille, par exemple, ce beau restaurant. Pierre, galets et brique dominent dans l'architecture et donnent beaucoup de cachet à l'ensemble. À table, en salle ou en terrasse, de belles assiettes aux saveurs régionales, généreusement servies, et accompagnées de légumes de saison.

***Accès :*** de l'A64 (sortie 26), suivre la D626B, puis la D10, à 2,6 km du centre-ville.

## GARDOUCH 31290

**€€ 🍴 ☂ L'Envie des Mets** – *2, rue Marengo ☎ 05-61-27-19-46. ♿ Tlj sauf dim soir, lun, mar soir et mer soir. Résa conseillée. Congés : 2 sem fin juil-début août. Formule et menu déj en sem 15-17,50 €, puis menu 30 € ; 35-42 € à la carte.* Le restaurant de Sébastien Dufraisse s'est vite forgé une petite renommée méritée dans le coin. Il est vrai que sa cuisine d'inspiration régionale soignée et joliment travaillée donne envie, foi de routard. Les produits ? Il va les chercher lui-même au marché de Toulouse. Si l'on ajoute une salle coquette, un pied dans la tradition, l'autre dans la modernité, sans oublier la terrasse paisible et fleurie pour les beaux jours, c'est parfait.

***Accès :*** à 4 km à l'ouest de Villefranche.

## GRENADE 31330

**€€ |●| La Croisée des Saveurs** – *54, rue de la République ☎ 05-61-82-84-70. Fermé dim soir, lun et mar soir, plus mer midi en été et mer soir hors saison. Résa conseillée. Congés : dernière quinzaine d'août. Formule 13,50 € et menu 18 € le midi en sem ; autres menus 27-37 € ; carte env 35 €. Apéritif maison offert sur présentation de ce guide.* Dans une salle à la déco fraîche ou au sein d'une courette aux beaux jours, on déguste une cuisine qui jongle adroitement entre tradition et originalité. Le chef, aussi à l'aise avec la viande qu'avec le poisson, joue, ici et là, avec des saveurs venues d'ailleurs. Des plats joliment présentés, un accueil aimable et une riche carte des vins assurent le reste.

***Accès :*** à environ 150 m de la halle.

## MARTRES-TOLOSANE 31220

**€€ |●| Hôtel-restaurant Castet** – *av. de la Gare ☎ 05-61-98-80-20. Tlj sauf lun et le soir des dim et j. fériés, plus mer soir hors saison. Menus 19 € le midi en sem, puis 32-75 € ; carte env 50 €. Apéritif maison offert sur présentation de ce guide.* Côté cadre, salle à manger relookée dans un esprit sobre et contemporain. Parti pris réussi ! On a été également séduit par l'agréable terrasse ombragée aux beaux jours. Côté cuisine, des classiques à base de produits du terroir, finement préparés et qui varient au gré des saisons. Une très belle adresse à la solide réputation et dans la grande tradition française.

***Accès :*** face à la gare.

## NAILLOUX 31560

**€€ |●| Ma Table** – *domaine de Montgay 06-07-18-16-20. Ouv le midi mer-ven et dim, plus le soir ven-sam. Formule déj en sem 14,50 € ; menu 30 € (soir et w-e) ; carte 30-35 €.* Véronique a l'amour des chevaux, mais c'était sans compter sur sa passion pour la cuisine. À côté du centre équestre, dans sa ferme rustique en brique, aux poutres solides et aux tommettes patinées, elle a ouvert sa table. Tant mieux, car Véronique à la patte des chefs. Après avoir fait son marché, elle remplit son tableau noir à la craie. On apprécie sa cuisine personnelle, parsemée de touches originales et gastronomiques, qui n'oublie jamais l'authenticité du terroir. Terrasse face aux collines du Lauragais. Soirées à thème et repas concert. Une réussite, entre tradition et modernité. *NOUVEAUTÉ.*

***Accès :*** à 3,5 km de Nailloux, par la D622 direction Villefranche, puis, à 2,8 km, tourner à gauche.

## PAULHAC 31380

**€€ |●| P La Métairie** – *30, route de la Forêt ☎ 05-61-99-64-59. Tlj sauf sam midi, dim soir, lun et mar soir, plus mer soir oct-avr. Congés : 3 sem de mi-août à début sept et vac scol de Noël. Résa conseillée le w-e. Formule et menu déj en sem 13-15,50 € ; autres menus 27-37 € ; carte 35-40 €. Parking.* N'hésitez pas à prendre la clé des champs pour vous attabler à ce resto installé au sein d'une ancienne ferme joliment retapée. On a aimé son cadre de caractère (murs en terre, sol recouvert d'anciennes briques, vénérables poutres, vieille cheminée) et le charme bucolique de son jardin. Sa cuisine d'inspiration régionale, soignée, goûteuse et généreuse, est séduisante. Le midi, pas mal de repas d'affaires. En soirée, l'adresse est très bien pour un repas en famille ou en tête à tête.

***Accès :*** à 30 km au nord-est deToulouse. Fléché depuis le village.

## REVEL 31250

**€ |●| Atelier M Restaurant** – *2, rue André-Charles-Boulle ☎ 05-34-43-15-91. Fermé dim-lun. Menu déj en sem 14 € ; le soir, formules et menu 20,90-25,90 €.* Un resto tenu par Manu et Manu, deux d'jeuns associés efficaces, qui en veulent et qui ont vite appris les codes du métier, sans prendre la grosse tête. Les plats s'écrivent au jour le jour sur le tableau noir et sont préparés avec fougue et audace. Il y a de l'idée, c'est juste, bien vu. Les desserts sont très sympas. L'été, il est plus agréable de s'installer en terrasse que dans la salle à l'atmosphère quelque peu dépouillée. *NOUVEAUTÉ.*

***Accès :*** à la sortie de Revel, en direction de Saint-Ferréol, au niveau de la sculpture de Riquet.

## RIEUX-VOLVESTRE 31310

**€ 🍽 ☂ Le Resto de la Halle** – *2, pl. de la Halle ☎ 05-61-87-62-81. ♿ Ouv le midi sauf mer hors saison, plus ven et sam soirs ; en été, ouv aussi dim soir, voire jeu soir en fonction du monde. Congés : 24 déc-5 janv. Menus 15 € le midi en sem, puis 18-35 €.* Excellent resto de terroir, avec une belle terrasse sous la halle du XVe s. Au menu – fameux – cassoulet (avec saucisse maison), tête de veau, tripes, confit, etc.

## SAINT-FERRÉOL 31250

**€€ 🍽 ☂ 🅿 Hôtellerie du Lac** – *22, av. Pierre-Paul-de-Riquet ☎ 05-62-18-70-80. ♿ Ouv tlj en été ; fermé dim soir (plus ven soir oct-mars) le reste de l'année. Congés : vac scol de Noël. Formule déj (sauf dim et j. fériés) 16 € ; menus 18 € (sauf dim et j. fériés), puis 29-38 €. Parking.* À l'écart de la route, un établissement réputé, avec un certain raffinement. Salle à manger, salon et bar cossus. Produits frais et de saison pour une cuisine soignée. Belle verrière au charme rétro et terrasse face à un jardin.

## DANS LES ENVIRONS

### SAINT-FÉLIX-LAURAGAIS
31540 (15 km E)

**€€€ Auberge du Poids Public** – *route de Toulouse ☎ 05-62-18-85-00. Fermé dim soir sauf juil-août. Congés : 3 sem en janv-fév. Formule déj en sem 27 € ; menus 48-82 €. Café offert sur présentation de ce guide (à préciser à la résa ou en début de repas).* Grande salle à manger au décor distingué, avec une terrasse splendide donnant sur la campagne. Atmosphère inévitablement chic, mais ce n'est pas un défaut. Produits de qualité au service d'une cuisine inventive : foie gras d'oie ou de canard, gigotin d'agneau de lait des Pyrénées, pigeonneau du Lauragais... Le millas fait maison est réputé ! À signaler pour les végétariens, un menu « Tout légumes ». La balance municipale près de la façade explique le nom. Fait aussi hôtel.

| ***Accès :*** à l'entrée du village.

## TOULOUSE 31000

**€ 🍽 ☂ L'Accessoire** – *34 rue des Teinturiers (A-B3-4) ☎ 05-61-42-79-05. Ⓜ Saint-Cyprien-République. ♿ Ouv le midi lun-ven et jeu soir. Résa conseillée. Congés : 22 déc-2 janv, 17-25 fév, 5-13 mai et 1er-4 nov. Formule et menu 16-18 € ; chaque 20 du mois, soirée dégustation de 3 vins, compter env 25-30 € avec un plat. Café ou digestif maison offert sur présentation de ce guide.* La cinquantaine passée, Pascale et Henriette ont changé de vie et se sont lancés dans la restauration. Pari osé, pari gagné ! Rien de plus normal, lorsqu'on y met du cœur et de l'énergie. Chaque jour, le tableau noir propose 3 entrées, 3 plats et 3 desserts. On profite d'une cuisine de marché, fraîche, réjouissante, ça et là relevée de saveurs méditerranéennes. Le resto est situé un peu à l'écart ; malgré tout, il attire foule le midi... Quelques tables en terrasse.

**€ 🍽 ☂ La Madeleine de Proust** – *11, rue Riquet (D2-1) ☎ 05-61-63-80-88. Ⓜ François-Verdier. Tlj sauf sam midi, dim soir-lun. Congés : 1 sem en avril, 2 dernières sem d'août et dernière sem de déc. Formules déj en sem 15,50-17,50 € ; menus 19,50-29,50 € ; carte 40 €. Apéritif maison offert sur présentation de ce guide.* Il flotte ici comme un doux parfum de nostalgie car tout, du décor au contenu de l'assiette, rappelle notre enfance, à commencer par le mobilier chiné et l'incroyable collection de jouets d'autrefois, joliment mis en scène (on dit même que certains habitants du quartier, se piquant au jeu, auraient contribué au décor !). Le chef affectionne les légumes anciens et revisite les classiques de nos grands-mères : foie gras et son pain d'épice, joue de porc de Bigorre mijoté et son écrasé de patates douces, moelleux à la patate douce, riz au lait façon « mémé ». Une belle adressse, tout à la fois authentique et originale.

**€ 🍽 Le Genty Magre** – *3, rue Genty-Magre (C2-7) ☎ 05-61-21-38-60. Tlj sauf dim-lun et mer midi et 1er mai. Congés : 3 sem en août et pour les fêtes de fin d'année. Formule 17,50 € ; menus 22,50-40 € ; carte 45-50 €.* Une cuisine d'aujourd'hui, dans une ambiance agréable. Avant de revenir au pays natal, Romain Brard a travaillé à New York, puis à Tokyo où il a rencontré sa femme et d'où il a rapporté une conception nouvelle de la cuisine. Recettes fines et subtiles. Une des adresses appelées à redonner du fumet à une cuisine toulousaine trop longtemps endormie sur son cassoulet, dans un cadre classique et moderne à la fois.

**€€ |●| Oh Bon Peuple – Chez Navarre** – *49, Grande-Rue-Nazareth (C3-6) ☎ 05-62-26-43-06. Tlj sauf dim. Menus-buffet 16 € le midi, 25 € le soir. Café offert sur présentation de ce guide.* Dans cette vénérable demeure du XVIe s aux murs de brique et vieilles poutres, Pantagruel aurait certainement été à son aise. L'originalité du lieu, c'est l'esprit « table d'hôtes ». On s'assied autour de grandes tablées, et on se met aussitôt à bavarder avec ses voisins, tout en ripaillant dans des assiettes d'autrefois. À volonté, buffet d'entrée, plat du jour et desserts à piocher dans des plats émaillés. Du simple, de l'efficace pour une franche cuisine traditionnelle (lapin à la provençale, boudin aux pommes, riz au lait, etc.). Sympa et convivial.

**€€ ☂ P Le Mas de Dardagna** – *1, chemin de Dardagna (hors plan par C3-10) ☎ 05-61-14-09-80. ♿ Tlj sauf w-e et certains j. fériés. Congés : 3 sem en août et 1 sem en fin d'année. Formule déj 22 € ; menus 31,50 € (lun-ven), puis 39,50-53 €. Parking.* Cela vaut vraiment le coup de s'éloigner du bourdonnement de la ville et de venir se perdre en banlieue... Entre CHU et faculté, une vieille ferme en brique et galet, aux jolis volets pastel. Une belle adresse pour déjeuner ou dîner en terrasse, sous la glycine... Quel calme ! Quel silence ! Quel régal aussi ! Le chef, passionné de bons produits (et d'épices), ne cuisine que le meilleur, au meilleur de la saison. Le petit menu du midi est une véritable aubaine. Le soir, la table se fait plus gourmande encore et pas aussi sage qu'il n'y paraît.

***Accès :*** près du centre hospitalier de Rangueil.

**€€ ☂ Le Bibent** – *5, pl. du Capitole (C2-9) ☎ 05-34-30-18-37. Formules et menu le midi en sem 19-25 € ; menu 32 € ; carte env 48 €.* Christian Constant, le chef multiétoilé, a exhumé cette brasserie mythique et lui a offert une nouvelle vie. Le décor Belle Époque brille à nouveau de mille feux, marié pour le meilleur à un aménagement design et contemporain. Dans l'assiette, une cuisine de bistrot améliorée où le produit tient la vedette. Carte courte et de saison associant plats de grand-mère et saveurs nouvelles. Pas donné, certes, mais délicieux ! *Le Bibent* (qui signifie le « bien-boire » en occitan) propose, en outre, petits déj, goûters et apéros.

**€€ |●| Le Colombier** – *14, rue Bayard (C1-3) ☎ 05-61-62-40-05. Tlj sauf sam midi, dim, lun midi et j. fériés. Congés : 2 ou 3 sem en août et pour les fêtes de fin d'année. Formule 19 € et menu 23 € le midi en sem ; puis menus 32-39 € ; carte 40-45 €.* L'endroit fut tour à tour écuries des capitouls au XVIIIe s, puis relais de poste à la Révolution. Resto depuis 1873, il doit son nom à un certain M. Colombier, qui ouvrit après-guerre une « Pension bourgeoise : au Véritable Cassoulet de Castelnaudary ». Aujourd'hui, le cadre reste agréable avec ses murs en mosaïque de galets gris et de briques rouges, et sa grande fresque rendant hommage au gourmand Gargantua. On y perpétue la tradition en proposant une bonne cuisine bourgeoise traditionnelle. En vedette, le véritable cassoulet du *Colombier* au confit d'oie, régulièrement primé. Excellent, avec lingots du Lauragais, confit d'oie, saucisse de Toulouse et andouillette de couennes. Service courtois, attentif et efficace.

**€€ |●| ☂ Monsieur Marius** – *40, rue des Filatiers (C2-2) ☎ 05-61-25-07-07. Tlj sauf dim-lun. Congés : 2 sem fin août-début sept. Résa conseillée. Formules déj en sem 16-20 €, le soir 32-47 € et carte.* Forts de leur beau parcours auprès de plusieurs tables étoilées, Nicolas et Margaux se sont lancés avec quelques beaux arguments en poche. Ils incarnent une jeunesse audacieuse qui fait souffler un vent de fraîcheur. Sur la carte, pas de formulation alambiquée. Chaque plat est juste désigné par 3 mots comme autant d'indices qui donnent une tonalité, tout en maintenant une part de mystère. Amusant ! Nicolas imagine une cuisine très singulière, avec des mélanges de sucré-salé. Le baba au rhum nous a bluffés ! Le tout se déguste dans une salle sobre, sur fond de musique jazzy ou électro-lounge. Quelques tables en terrasse.

**€€€ |●| Le Saint-Sauvage** – *20, rue des Salenques (B1-5) ☎ 05-61-23-56-86. Tlj sauf sam midi, dim et lun. Congés : 2 sem en août. Formule et menu le midi 17-20 €, puis le soir slt, menu 39 € ; carte 40-45 €.* Les rideaux prune, les banquettes de moleskine, les sièges design et les fauteuils « calèche » constituent un décor *cocoon*, assez chargé (genre bonbonnière), chaleureux et tout à fait hors du

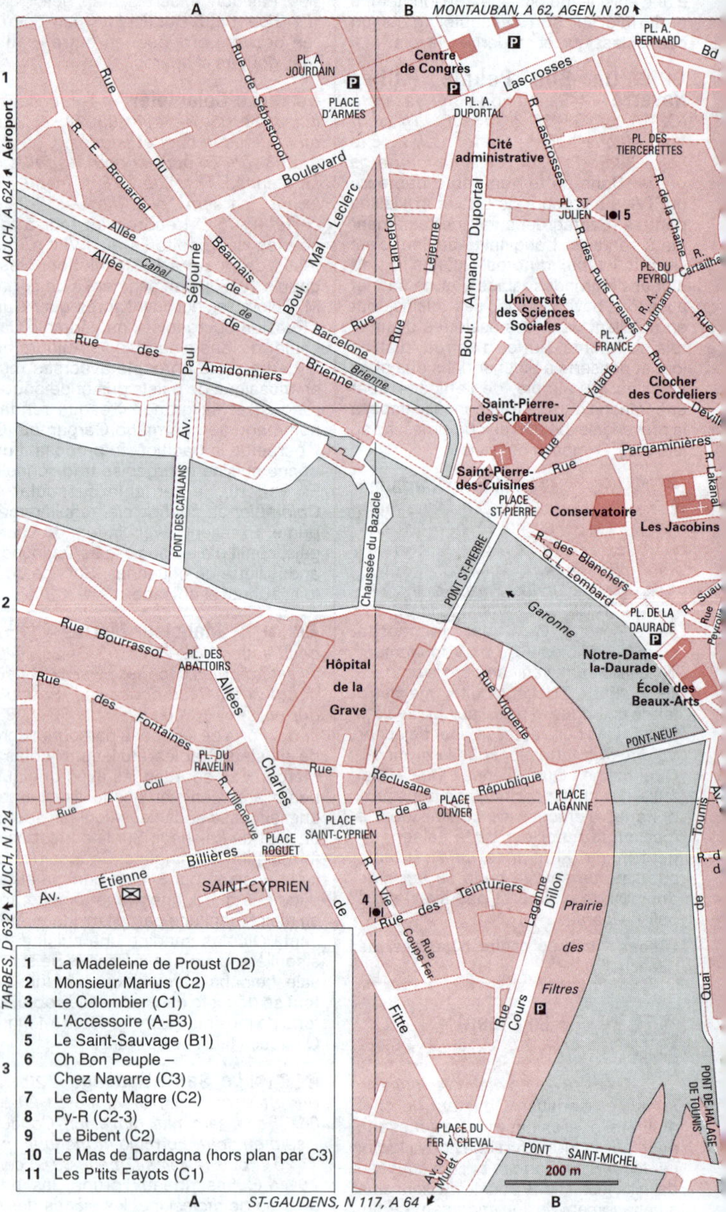


1 La Madeleine de Proust (D2)
2 Monsieur Marius (C2)
3 Le Colombier (C1)
4 L'Accessoire (A-B3)
5 Le Saint-Sauvage (B1)
6 Oh Bon Peuple – Chez Navarre (C3)
7 Le Genty Magre (C2)
8 Py-R (C2-3)
9 Le Bibent (C2)
10 Le Mas de Dardagna (hors plan par C3)
11 Les P'tits Fayots (C1)

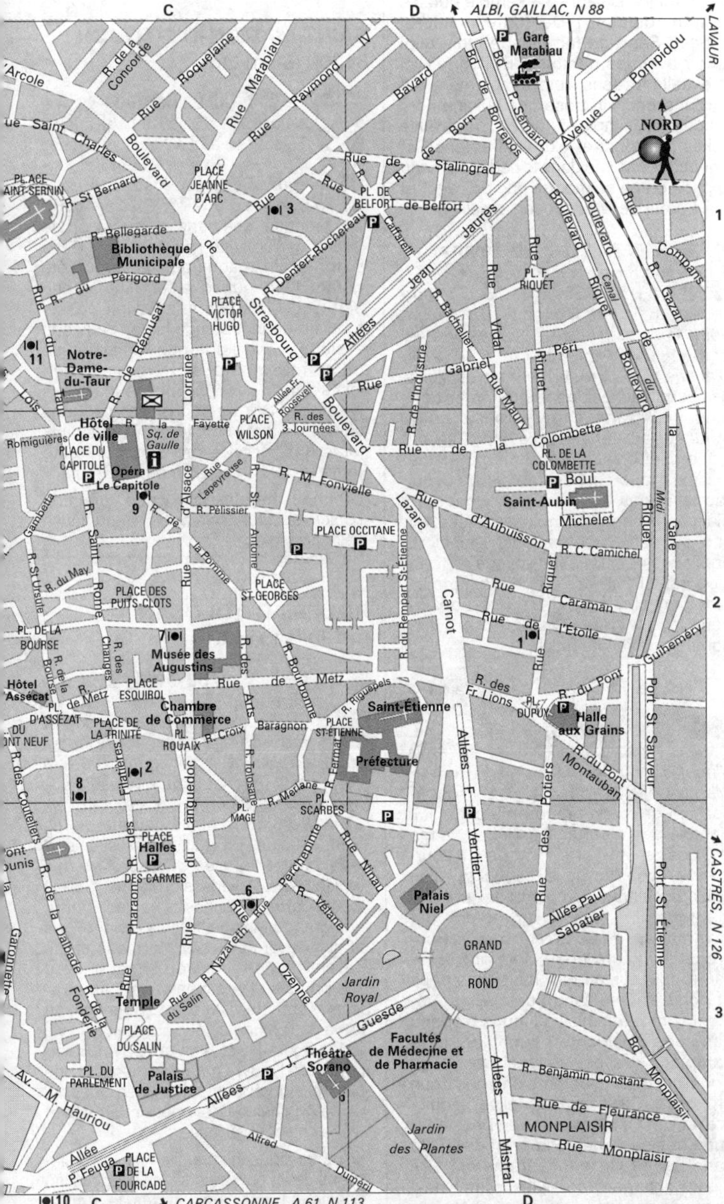

C
D
ALBI, GAILLAC, N 88
LAVAUR
NORD
CASTRES, N 126
CARCASSONNE, A 61, N 113
1
2
3
Gare Matabiau
Bibliothèque Municipale
Notre-Dame-du-Taur
Hôtel de ville
PLACE DU CAPITOLE
Opéra Le Capitole
Sq. de Gaulle
PLACE WILSON
PLACE JEANNE D'ARC
PLACE VICTOR HUGO
PL. DE BELFORT
PL. F. RIQUET
PL. DE LA COLOMBETTE
Saint-Aubin
PLACE OCCITANE
PLACE ST-GEORGES
PLACE DES PUITS-CLOTS
PL. DE LA BOURSE
Musée des Augustins
Hôtel Assécat
PLACE ESQUIROL
Chambre de Commerce
PLACE DE LA TRINITÉ
PL. ROUAIX
PLACE ST-ÉTIENNE
Saint-Étienne
Préfecture
PL. DUPUY
Halle aux Grains
PL. SCARBES
PL. MAGE
PLACE DES CARMES
Palais Niel
GRAND ROND
Jardin Royal
Temple
PLACE DU SALIN
PL. DU PARLEMENT
Palais de Justice
Théâtre Sorano
Facultés de Médecine et de Pharmacie
Jardin des Plantes
MONPLAISIR
PLACE DE LA FOURCADE
PL. ACE SAINT-SERNIN
Boulevard de Strasbourg
Boulevard Lazare Carnot
Allées Jean Jaurès
Avenue G. Pompidou
Boulevard de Bonrepos
Bd P. Sémard
Boulevard Riquet
Canal du Midi
Rue Bayard
Rue Matabiau
Rue Raymond IV
Rue Roquelaine
R. de la Concorde
Rue Saint Charles
R. St Bernard
R. Bellegarde
R. du Périgord
Rue du Taur
R. de Rémusat
Rue de Stalingrad
R. de Belfort
R. Denfert-Rochereau
R. Caffarelli
Rue Vidal
R. Bachelier
Rue Gabriel Péri
Rue Maury
R. de l'Industrie
Rue de la Colombette
R. M. Fonvielle
Rue d'Aubuisson
Boul. Michelet
R. C. Camichel
Rue Caraman
Rue de l'Étoile
Rue d'Alsace Lorraine
R. Pélissier
Rue Lapeyrouse
R. de la Pomme
R. du Rempart St-Étienne
R. des Arts
R. Bourbonne
Rue de Metz
R. des Fr. Lions
R. du Pont Guilhemery
R. du Pont Montauban
Port St Sauveur
Port St Étienne
Rue des Potiers
Allées F. Verdier
Allée Paul Sabatier
R. Benjamin Constant
Rue de Fleurance
Rue Monplaisir
Bd Monplaisir
Allées F. Mistral
Allées J. Guesde
Alfred Duméril
Rue Ozenne
Rue Ninau
R. Vélane
Perchepinte
R. Merlane
Rue du Languedoc
R. Nazareth
Rue Pharaon
R. des Filatiers
Rue du Salin
R. de la Fonderie
R. de la Dalbade
Av. M. Hauriou
Allée P. Feuga
R. des Couteliers
R. des Changes
R. Saint Rome
R. St Ursule
R. du May
R. Gambetta
R. Romiguières
Lois
Rue Compans
R. Gazan
Rue de la Gare
R. Croix Baragnon
R. Riguepels
R. Fermat
R. Tolosane
Fayette
R. des 3 Journées
Allée Fr. Roosevelt
St-Antoine


TOULOUSE

temps et des modes. C'est fort bien ainsi, et tant mieux si l'adresse semble oubliée du tout-Toulouse ! De toute manière, *Le Saint-Sauvage* fait déjà le plein midi et soir avec les habitués. Et l'on fait ici un excellent repas, tout simplement. La patronne-chef propose une cuisine hors du commun, simple et franche, généreuse (belles portions) et exquise, soignée et impeccable. Même dans le cadre du menu du midi, on ne se moque pas du client et on a à cœur de lui proposer le meilleur.

**€€€ Les P'tits Fayots** – *8, rue de l'Esquile (C1-11) ☎ 05-61-23-20-71. Tlj sauf sam-dim. Congés : 2 sem en août. Résa conseillée. Le midi, formule et menu 20-24 € ; le soir, menus carte blanche 46-53 €.* Aziz Mokhtari est l'une des coqueluches des gastronomes toulousains. Dans son resto de taille modeste, aux tonalités d'aujourd'hui, ce jeune chef brillant réussit le pari d'une cuisine à la fois stylée, fantaisiste et qui rappelle, dès la première bouchée, le plaisir des choses simples et justes. Le soir, il a carte blanche. Faites-lui alors confiance pour un beau voyage en terre inconnue. Peut-être un peu comme lui l'a fait un jour, lorsqu'il a quitté, adolescent, son Algérie natale. Et croyez-nous, on ne fayote pas !

**€€€ Py-R** – *19, descente de la Halle-aux-Poissons (C2-3-8) ☎ 05-61-25-51-52. Fermé w-e, lun midi et j. fériés. Congés : mois d'août et pour les fêtes de fin d'année. Menus déj 34 €, puis 58-78 €.* Prononcez « Pi-erre », le prénom du chef ! Ici, l'intitulé des recettes s'énonce comme une poésie, une sorte d'invocation gourmande, et se lit avec le respect que l'on doit aux philtres d'amour et aux potions magiques... Chaque ingrédient est savamment dosé et apporte, selon, croustillant, craquant, fondant, exotisme, douceur, parfum (mais aussi peps et pchitt !). Une symphonie apparemment complexe, mais où tout se répond dans une troublante harmonie. Pierre Lambinon (passé, entre autres, chez Ducasse) cuisine comme on conduit un orchestre. C'est exquis, délicat, équilibré, et c'est à regret que l'on brise chacune des superbes compositions... Un sans-faute ! Un enchantement... Les menus changent toutes les 3 semaines, une bonne excuse pour revenir ! Atmosphère chic et décontractée ; accueil et service à l'unisson. Joli décor qui plus est : blanc loft et vieilles briques.

# DANS LES ENVIRONS

## SAINT-MARTIN-DU-TOUCH
31300 (6 km O)

**€€€ Le Cantou** – *98, rue Vélasquez ☎ 05-61-49-20-21. Tlj sauf w-e et j. fériés. Congés : 3 sem en août et 2 sem fin déc-début janv. Résa impérative. Menus 35-65 € ; carte env 55-65 €. Parking.* Un lieu étonnant que cette belle maison de village, carrément en bout de piste. Beau parc, jardin magnifique et spectacle garanti l'été, quand la terrasse affiche complet. Mais une fois l'avion passé, tout le monde replonge le nez dans son assiette, car c'est là que l'essentiel se passe, rassurez-vous. Une des plus belles tables du pays, qui joue tout à la fois le respect des traditions et l'envol des saveurs, situation oblige. Très cosy aux jours gris. Service pro et décontracté tout à la fois. Un grand moment.

***Accès :*** prendre la rocade direction Colomiers, sortie Saint-Martin-du-Touch Airbus.

## ROUFFIAC-TOLOSAN
31180 (11 km NE)

**€€€ Ô Saveurs** – *8, pl. des Ormeaux ☎ 05-34-27-10-11. Tlj sauf sam midi, dim soir et lun. Congés : 1 sem en fév (après la Saint-Valentin), 1 sem en mai et 3 sem de mi-août à début sept. Menus 28 € le midi en sem (36 € vin et café compris), puis 48-98 €.* Un étoilé comme on les aime, avec des prix raisonnables, un service chaleureux et efficace, et des tablées plutôt joyeuses où la bourgeoisie locale côtoie la jeunesse voulant s'offrir une grande maison. Intérieur blanc, gris et argent, et jolie petite terrasse sur le devant de cette maison typique, avec ses briques et ses galets, qui fut autrefois un café de village. Pour une fois, on ne va pas pleurer sa disparition, car la vie est toujours là, et bien là ! David Biasibetti est à l'œuvre pour des menus d'une progression époustouflante en bouche, d'une originalité totalement maîtrisée et d'une cuisson parfaite.

***Accès :*** après la gare, filer sur Toulouse-Saint-Jean, puis prendre la N88 direction Castelmaurou, Albi ; après le *centre Leclerc*, prendre sur la droite direction Rouffiac Tolosan. Sur la place de la mairie, au centre du vieux village.

# Hautes-Pyrénées (65)

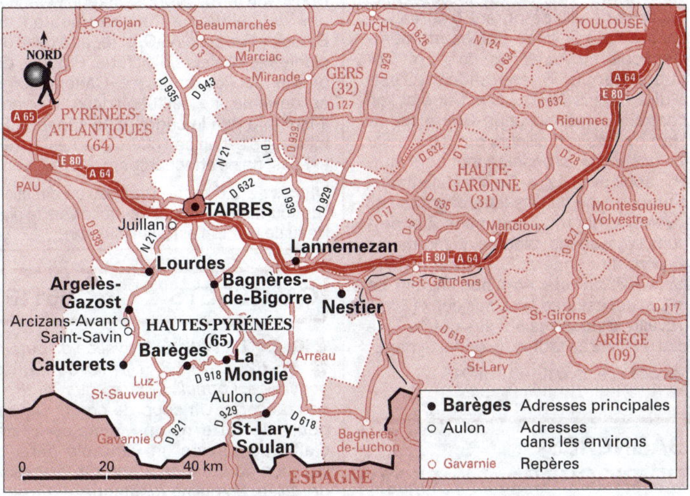


## ARGELÈS-GAZOST 65400

**€€ |●| ⛱ L'Arrieulat, Auberge des Pyrénées**** – *28, av. des Pyrénées ☎ 05-62-97-14-48. ♿ Tlj sauf dim, lun midi, sam midi, plus lun soir hors saison. Résa vivement conseillée. Formules et menus 16,50-22,50 € le midi en sem, puis 32-40 €.* Stéphane Cano, qui a longtemps travaillé pour des chefs étoilés, a ouvert son propre resto pour pouvoir exprimer pleinement sa créativité. Et de la créativité, il en a à revendre ! Sa cuisine, ouverte sur la salle, est préparée devant les convives (quel show de le voir à l'œuvre !). L'assiette est gastronomique et haute en saveur. Son foie gras et sa truite sont une référence, mais chaque jour il concocte avec succès une entrée et un plat nouveaux, au gré de son inspiration et des produits de saison des petits producteurs locaux. Car sa démarche est avant tout bio, tout comme la déco moderne de son établissement, faite à base d'éléments naturels (bois et schiste). Service impeccable et attentionné de Cécile, sa femme. La maison fait aussi hôtel, les chambres – réparties de part et d'autre du resto – sont spacieuses et rénovées. Spa chauffé dans le jardin. Un véritable coup de cœur !

## DANS LES ENVIRONS

### ARCIZANS-AVANT 65400 (4 km S)

**€€ |●| 🏠 ⛱ Auberge Le Cabaliros**** – *16, rue de l'Église ☎ 05-62-97-04-31. ♿ Tlj sauf mar-mer (slt mar midi en saison). Congés : début nov-début fév. Menus 25-36 € ; carte 40-45 €.* Gentille auberge avec terrasse fleurie et une superbe vue panoramique sur la vallée. Sept chambres, dont quatre mansardées, confortables, entièrement refaites et avec vue sur la montagne ou sur le village. Cuisine régionale traditionnelle, fraîche et savoureuse, une belle carte avec, notamment sur commande, le vendredi soir, une garbure bigourdane avec confits et chou farci. À déguster sous la tonnelle aux beaux jours. Service agréable. Une bonne adresse.

***Accès :*** par la D101 et la D13 à droite.

## SAINT-SAVIN 65400 (4 km S)

**€€** **Le Viscos***** – *1, rue Lamarque ☎ 05-62-97-02-28. Tlj sauf dim soir-lun. Congés : 3 sem en janv. Formule déj 17 € sauf dim ; menus 32-85 €.* Belle auberge de village offrant d'agréables chambres à la déco fraîche et sobrement colorée. Au *Viscos*, on est restaurateur depuis 7 générations ! C'est-à-dire depuis 1840... C'est dire si l'on connaît le métier. Jean-Pierre Saint-Martin n'hésite d'ailleurs pas à traverser les océans pour enseigner et pour enrichir son savoir-faire. Ce chef talentueux concocte une cuisine légère, goûteuse, inventive, qui rend hommage aux produits bigourdans, plantes de montagne et porc noir en tête. Et la belle histoire ne va pas s'arrêter en si bon chemin. La relève est assurée avec ses deux fils qui travaillent désormais à ses côtés ! Une des meilleures tables du département.

***Accès :*** par la D101. Sur la D13.

## BAGNÈRES-DE-BIGORRE 65200

**€€** **Le Jardin des Brouches** – *1, bd de l'Hypéron ☎ 05-62-91-07-95. Tlj sauf dim soir et lun (lun midi slt en été). Menus 21 € le midi en sem, puis 31-65 € : carte 50-65 €. Café offert sur présentation de ce guide.* Face au casino, l'une des meilleures tables de Bagnères. Côté cadre, c'est chaleureux, élégant et soigné. Mais la table est connue, avant tout, pour la belle cuisine gastronomique de Benoît Croizard, un chef talentueux qui met un point d'honneur à travailler avec les meilleurs producteurs locaux. Une cuisine réjouissante, goûteuse et qui ne s'endort jamais.

***Accès :*** face au casino.

## BARÈGES 65120

**€€** **Auberge du Lienz, Chez Louisette** – *Le Lienz ☎ 05-62-92-67-17. Tlj sauf dim soir-lun et soir des j. fériés hors saison. Congés : de mi-oct à début déc. Résa conseillée. Menu montagnard gourmet 27 €, puis autres menus 30-40 € ; carte 30-45 €. Apéritif maison offert sur présentation de ce guide.* Au milieu des arbres et au départ de la route des lacs de la Glère et du Néouvielle. En hiver, les pistes descendent jusque-là. On se croirait un peu dans une guinguette de montagne, grâce à cette terrasse aux beaux jours. Bonne cuisine du dimanche avec une touche montagnarde, du style garbure au jambonneau, échine de porc noir de Bigorre, pieds de cochon désossés aux morilles... le tout proposé sur de belles ardoises. Bon menu terroir proposant régulièrement une dégustation autour du mouton de Barèges-Gavarnie AOC, et repas à base de plantes et de fleurs d'altitude. Produits de qualité. Service empressé. Cette auberge est devenue une institution dans la région ; il faut dire que le cadre reste superbe. Et même si c'est un peu chérot, l'adresse n'en est pas moins attachante.

***Accès :*** à 2,5 km de Barèges en direction du Tourmalet, bifurquer à droite vers le plateau de Lienz, c'est 2 km plus loin.

## CAUTERETS 65110

**€** **La Fruitière** – *vallée du Lutour ☎ 05-62-42-13-53. Tlj mai-oct. Résa conseillée. Formule 17 € ; menus 22-28 € ; pas de carte.* Un coup de cœur ! Ce qui pourrait n'être qu'un « simple » resto d'altitude s'avère un véritable paradis pour les gourmands. L'endroit, en creux de vallée, en pleine montagne, est assez idyllique. Surtout, l'on y sert, avec le sourire, une savoureuse cuisine pyrénéenne, revisitée et soignée : truite fumée de Lau-Balagnas, truite fraîche du vivier (que l'on peut voir pêcher), agneau de lait du pays Toy, soupe de myrtilles au génépi... Sept chambres pour prolonger le séjour, très simples, la plupart sans sanitaires.

***Accès :*** à 6,5 km du centre-ville, accès facile et fléché (parking sur place).

## LA MONGIE 65200

**€** **L'Étape du Berger** – *col du Tourmalet ☎ 05-62-91-95-44. Ouv tlj le midi et certains soirs fin mai-fin sept (repas avec soirées pastorales, soirées à thème) et de fin nov à mi-avr (après 18h, retour en dameuse ou ratrack, ou descente aux flambeaux après le repas du soir). Résa très conseillée. En été, menu 20 € (26 € ven soir) ; carte 20-25 €. En hiver, menus 25-38 € ; carte 20-22 €.* On ferait bien l'ascension du Tourmalet à vélo rien que pour aller se régaler dans cette bergerie posée sur le col. Agneau de Campan, vache gasconne et porc noir de Bigorre sont élevés dans les environs par le maître des lieux, et il les bichonne tout autant dans le pré que sur le grill. Vous l'avez compris, vous êtes dans une

Occitanie - Hautes-Pyrénées

adresse de viandards ! Et quelles viandes ! Juteuses, savoureuses... à accompagner de quelques charcuteries maison. Vue exceptionnelle, cela va sans dire, tout comme l'accueil ! Un pur coup de cœur.

***Accès :*** par la D935, puis la D918. Traverser le parking et continuer quelques dizaines de mètres (mal fléché). En hiver, accessible par le télésiège du Béarnais (au départ de La Mongie).

## LANNEMEZAN 65300

**€ Chez Maurette** – *10, rue des Pyrénées ☎ 05-62-98-06-34. Tlj sauf mar soir, jeu soir, sam soir, dim et soir des j. fériés. Congés : 1 sem début sept. En sem, formule 12,70 € et menus 14,70-25 € ; carte 26-28 €. Parking. Café offert sur présentation de ce guide.* On ne s'arrêterait sans doute pas devant cette façade rosâtre en plein cœur de ce Lannemezan sans charme... Oui mais voilà, le mercredi, c'est jour de marché (aux moutons) et le jour de la famille Maurette, qui s'est fait une spécialité des tripes (médaillées au championnat de France), mais aussi de cet excellent bœuf en daube et d'une tête de veau merveilleusement accommodée ; ces 3 plats n'étant proposés que le mercredi. Plein d'habitués, comme dans toutes les vraies adresses goûteuses et populos. Service littéralement adorable de la patronne et des jeunesfemmes de la maison, issues d'une famille de restaurateurs depuis 1653 !

## LOURDES 65100

**€ Hôtel-restaurant La Régence**** – *11, rue Baron-Duprat ☎ 05-62-94-27-11. Congés : nov-janv. Résa conseillée. Menu unique 13 €. Un verre de jurançon offert sur présentation de ce guide.* Idéalement situé dans une ruelle calme au pied du château médiéval, un resto proposant une cuisine créative et surprenante à des prix défiant toute concurrence : garbure et confit maison... mais le menu change tous les jours. En prime, un accueil familial et chaleureux.

**€ Le Magret** – *10, rue des Quatre-Frères-Soulas ☎ 05-62-94-20-55. Tlj sauf mer juil-nov, plus mar soir le reste de l'année. Congés : dernière sem de juin et 1 sem à Noël. Menus 11,50-14 € le midi sauf dim et j. fériés, puis 19-27 € ; carte.* Derrière une façade des plus classiques se cachent une salle à la déco sobre, un poil moderne, et une agréable terrasse fleurie à l'étage, où l'on déguste une cuisine du Sud-Ouest bien faite. Duo de foie gras poêlé aux girolles, confit aux cèpes, porc noir, agneau, sandre... Le chef sait cuisiner ces bons produits du terroir. Quant à la farandole de desserts, on vous laisse la surprise ! Pour parfaire le tout, l'accueil est attentif et plein de gentillesse. Un resto qui fait l'unanimité à Lourdes.

***Accès :*** face à l'office de tourisme.

**€ Alexandra** – *3, rue du Fort ☎ 05-62-94-31-43. Tlj sauf dim soir-lun. Menu 14,50 € le midi en sem, puis 21 € ; carte env 25 €.* Aux portes de la ville basse, blotti dans une ancienne maison bigourdane repeinte en gris, rouge et vert, un resto qui sort du lot, et les habitués ne s'y trompent pas. De robustes murs teintés de rouge, de sympathiques touches contemporaines, sur 2 niveaux, et Alexandra au service, d'une redoutable efficacité. L'œil sur tout, un petit mot attentionné pour chacun des convives, « chaud devant », mais *no stress !* Belle et bonne cuisine régionale à base de produits frais et de qualité. Quelques tables en terrasse au bord de la rue.

## NESTIER 65150

**€€ Le Relais de Castéra**** – *pl. du Calvaire ☎ 05-62-39-77-37. Fermé dim soir-lun et le soir des j. fériés (plus mar midi hors saison). Congés : janv. Résa conseillée. Formule déj en sem 20 € ; menus 32-56 €. Café offert sur présentation de ce guide.* Vous voilà à la table de Serge Latour, l'un des grands chefs cuisiniers des Hautes-Pyrénées. Le chef travaille avec une touche personnelle et avec brio les produits régionaux (foie gras, haricots tarbais, truite des Pyrénées, porc noir, etc.). La présentation des plats est recherchée, et le service parfait. Terrasse paisible en été. Un excellent rapport qualité-prix et une occasion unique de découvrir une savoureuse cuisine de terroir revisitée. À l'étage, quelques chambres simples et accueillantes.

## SAINT-LARY-SOULAN 65170

**€€ Restaurant La Grange** – *quartier d'Autun ☎ 05-62-40-07-14. Fermé mar-mer hors saison (slt midi en été). Congés : fin avr-début mai et nov. Résa conseillée. Formules déj en sem 15-18 € ; menus 26-45 € ; carte 45-50 €. Café offert sur présentation de ce guide.* Un petit coup de cœur pour cette ancienne grange restaurée, à l'atmosphère montagnarde, intime et cossue. Du parquet, des poutres et des couleurs chaudes. On est tout de suite séduit et mis en confiance. Aux commandes, un chef qui a fait ses classes dans de grandes maisons, et sa cuisine tient toutes ses promesses. Elle est joliment travaillée à base principalement de produits régionaux (agneau de pays d'Ôo, porc noir de Bigorre...). Service à la hauteur. Terrasse en été. Une belle table, dans tous les sens du terme, à des prix qui n'ont rien d'exagéré. On ressort réjoui.

***Accès :*** à l'entrée de Saint-Lary.

## DANS LES ENVIRONS

### AULON 65440 (12 km NO)

**€€ Auberge des Aryelets** – *D30 ☎ 05-62-39-95-59. Tlj sauf lun, plus dim soir et mar hors saison. Congés : de mi-nov à mi-déc. Résa conseillée. Formule déj en sem 19 € ; menus 25-39,50 € ; carte env 45 €. Apéritif maison offert sur présentation de ce guide.* Salle à manger typiquement montagnarde, avec charpente et poutres apparentes, mezzanine, cheminée flanquée d'une paire de skis première génération. Cuisine de terroir de forte tradition : filet mignon de porc noir, garbure... Service aimable et rapide. Quelques tables en terrasse pour les beaux jours. Une valeur sûre.

***Accès :*** suivre la D929 jusqu'à Guchen, puis prendre la D113 à gauche, et enfin la D30 à droite.

### TARBES 65000

**€ Le Fil à la Patte** – *30, rue Georges-Lassalle ☎ 05-62-93-39-23. Tlj sauf dim-lun. Résa recommandée. Congés : 1re quinzaine d'août. Formules déj 13,40-15,40 € ; menus 20,40-32,20 €.* Tout petit resto genre bistrot, un poil chic. Cuisine nouvelle, inventive, qui n'utilise que des produits frais (le chef fait son marché tous les matins !). Beaucoup de poisson, et des plats qui revisitent souvent avec brio le terroir (viande de pays et poisson du Pays basque). Service poli, accueil personnalisé.

***Accès :*** dans l'une des rues principales de la ville, presque à l'angle de la rue Victor-Hugo.

**€€ L'Empreinte** – *2, rue Gaston-Manent ☎ 05-62-44-97-48. Tlj sauf dim soir-mar midi. Résa très conseillée. Le midi en sem, formule et menus 14,50-24 € ; le soir et le w-e, menu 28,50 € ; carte 45-50 €.* Manuel Godet, jeune chef et enfant du pays, privilégie les produits du terroir et les circuits courts. Résultat, son restaurant, à peine ouvert fait le plein et l'unanimité. L'ambiance est détendue, agréable, et la cuisine franchement réjouissante : épaule d'agneau des Pyrénées au chorizo de noir de Bigorre, haricots tarbais et russe maison à la pistache.

## DANS LES ENVIRONS

### JUILLAN 65290 (6 km SO)

**€ L'Aragon** – *2 ter, route de Lourdes ☎ 05-62-32-07-07. Bistrot tlj sauf dim soir ; resto gastro fermé sam midi, dim soir et lun. Congés : 2 sem en août. Au bistrot, formules 15-17 € et menu 20 € (sauf w-e et j. fériés), carte 30-45 € : au resto, menus 29 € (sauf w-e et j fériés), puis 39-59 € ; carte 55-80 €. Parking.* Pourquoi, diable, aller dans cet hôtel-resto placé en bord de route, nous direz-vous ? Réponse : pour y manger une excellente cuisine ! Deux salles, chacune avec une terrasse toute pimpante aux beaux jours. À table, on revisite les terroirs français et basque, sans dépenser trop, tout en savourant une délicieuse cuisine de bistrot ou en dégustant une cuisine nettement plus gastronomique au restaurant. Service impeccable. Une bien belle adresse pour les gastronomes. Quelques chambres ont vue sur les Pyrénées. Bon accueil.

***Accès :*** par la D921A.

# Hérault (34)

### AGDE 34300

**€ L'Ardoise du Marché** – *3, rue Lambert-Maurel ☎ 04-30-72-47-11. Tlj sauf le midi lun-mar juin-sept, plus dim soir-mar hors saison. Formule 16 € ; menus 23-49 €.* D'accord, l'immeuble est sans âme et de la salle (sobrement contemporaine) comme de la terrasse,

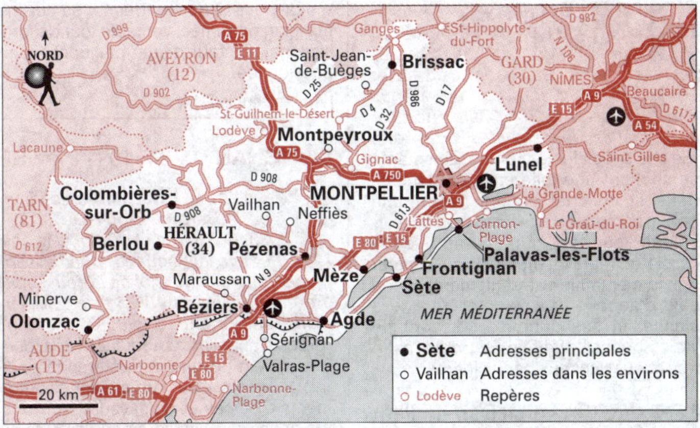


nulle vue sur les flots. Mais cette adresse tient toutes les promesses de son enseigne avec une courte carte de plats inscrits à l'ardoise et au gré du marché (évidemment !), simplement mais joliment cuisinés. Accueil et service impeccables. *NOUVEAUTÉ.*

***Accès :*** au Grau d'Agde, à 5 km au sud-ouest ; dans une rue perpendiculaire à la plage.

**€€ |●| ⛱ Ô Grain de Sel** – *21, quai Commandant-Méric ☎ 04-67-62-34-97. Tlj sauf mar-mer. Résa conseillée. Menus 19 € (déj en sem)-27 €.* Parmi la pléthore de restos qui s'entassent sur ce quai, cette table récente emmenée par une jeune équipe fait la différence avec de bons produits locaux bien travaillés, un service enjoué et des prix qui savent se tenir. Agréable terrasse au bord de l'Hérault. *NOUVEAUTÉ.*

***Accès :*** à 5 km au sud-ouest, sur le port du Grau d'Agde.

## BERLOU 34360

**€ |●| ⛱ Le Faitout** – *pl. du Pont ☎ 04-67-24-16-99. ♿ Mai-sept, tlj sauf dim soir-lun ; oct-avr, ouv le midi mar-dim et le soir jeu-sam. Formule déj en sem 18 € ; menus 23-64 € ; carte 40-45 €. Café offert sur présentation de ce guide.* Sous les lampions de la terrasse en surplomb du ruisseau comme dans la salle aux couleurs du temps, on se régale d'une cuisine enjouée, bien sentie et qui s'éloigne sans complexe des classiques régionaux. C'est parfois surprenant, toujours fin et goûteux. Frédéric Revilla sait aussi varier les plaisirs : soirées pique-nique chez les vignerons, soirées œnologie avec conteur, etc.

***Accès :*** dans le village.

## BÉZIERS 34500

**€ |●| ⛱ Le Patio** – *21, rue Française ☎ 04-67-49-09-45. ♿ Tlj sauf dim-lun (tlj sauf le midi dim-lun en juil-août). Menus 22,50-28,50 €. Apéritif maison offert sur présentation de ce guide.* Mobilier en fer forgé pour un repas chaleureux autour de l'olivier, dans la cour rafraîchie par une fontaine, ou dans la salle, aménagée dans un esprit très sobre. Dans l'assiette, une cuisine inventive, piochant dans des produits d'ici et de plus loin. La recette d'un succès (mérité) qui perdure.

***Accès :*** par la rue de la République.

**€€ |●| L'Ambassade** – *22, bd de Verdun ☎ 04-67-76-06-24. ♿ Tlj sauf dim-lun. Menus 30 € en sem sauf j. fériés, puis 45-75 € ; carte env 65 €.* Le chef propose une carte évolutive, qui respecte les saisons et les produits de la région. Sa cuisine vous en met plein la vue, plein le nez mais pas plein la bouche, ce qui est plutôt bon signe. Desserts à la hauteur, c'est-à-dire au sommet. Bravo ! Avec ça, un service en costard croisé noir, pas guindé pour autant, au contraire, et de bons conseils en vin. Bref, à *L'Ambassade,* on a tout aimé.

***Accès :*** face à la gare.

**€€ Octopus** – *12, rue Boïeldieu ☎ 04-67-49-90-00. Tlj sauf dim-lun. Congés : 2e quinzaine d'août-1re sem de sept et entre Noël et le Jour de l'an. Menus 33-90 € ; carte env 70 €. Café offert sur présentation de ce guide.* Dans cette rue pas spécialement enthousiasmante se cachent une jolie salle contemporaine et un chef brillant qui affiche bonne humeur et couleurs vives ou revivifiées, sur les murs comme dans l'assiette. Plats du moment, qui sentent bon la mer (mais pas seulement) et son pays d'adoption. La sommelière a de la classe, et ses découvertes sont de vraies bonnes affaires. En prime, patio très accueillant aux beaux jours.

**€€€ La Maison de Petit Pierre** – *22, av. Pierre-Verdier ☎ 04-67-30-91-85. Tlj sauf dim. Ouv le midi slt lun-mer ; midi et soir jeu-sam. Congés : 2 sem après Noël, 1 sem à Pâques et 3 sem après le 15 août. Résa conseillée. Formule et menus 15-23 € le midi, puis menus 40-70 €. Café offert sur présentation de ce guide.* Il aura suffi d'une émission télévisée pour rendre *Petit Pierre* célèbre dans tout le Midi et lui donner envie de reprendre l'ex-*Maison de Campagne* où il travaillait jusqu'alors aux côtés de son père, Pierre Augé, premier du nom ; figure bien connue des Biterrois qu'il « traitait » depuis quelques décennies. On se régale ici dès le 1er menu, en laissant le chef libre de choisir les plats, ceux d'une cuisine du Sud, voguant entre terre et mer. Déco moderne et belle terrasse colorée côté jardin.

***Accès :*** à deux pas des arènes.

## DANS LES ENVIRONS

### MARAUSSAN 34370 (8 km NO)

**€€ Parfums de Garrigues** – *37, rue de l'Ancienne-Poste ☎ 04-67-90-33-76. Tlj sauf lun midi, plus mer soir hors saison. Congés : vac scol de fév et de la Toussaint. Formule 22 € le midi en sem ; menus 30-65 €. Parking. Digestif maison offert sur présentation de ce guide.* Le chef (qui a œuvré chez quelques grands) reçoit avec plaisir ses fidèles dans une jolie maison de pays aux notes contemporaines, prolongée par une terrasse coquette aménagée dans une cour intérieure paisible et ombragée l'été. Un lieu où tout le monde se sent bien - idéal pour se concentrer sur sa cuisine, maligne, parfumée, véritable tour de force régional. Le tout animé par une équipe passionnée.

***Accès :*** sur la D14.

### SÉRIGNAN 34410 (11 km SE)

**€€ L'Harmonie** – *chemin de la Barque ☎ 04-67-32-39-30. Tlj sauf sam midi, dim soir et lun ; juil-août, lun-mar et sam midi. Congés : vac scol de la Toussaint. Formule et menu 18-25 € le midi en sem, puis menus 32-85 €. Parking.* Bruno Cappellari, autodidacte des fourneaux, est devenu une référence pour les gourmets, jouant les mélanges détonants d'épices et de saveurs, sur fond de bons produits. Il façonne sa cuisine au gré de ses rencontres, de ses découvertes, et c'est un vrai bonheur de passer un moment à (sa) table, dans cette belle maison ouverte sur un parc. L'été, on profite de la terrasse, le service est bon enfant, la clientèle éclectique. On peut aussi opter pour le bar à tapas, dans le jardin.

***Accès :*** sortir de Béziers par la D612 B direction A9 Sète/Béziers-Vias ; traverser Villeneuve-lès-Béziers, puis suivre la D37.

### VALRAS-PLAGE 34350 (16 km SE)

**€ Le Sépia** – *28, rue Frédéric-Mistral ☎ 04-67-31-14-46. Tlj sauf mer, jeu midi et dim soir. Formule déj 19 € : menus 22-34 €.* Petite salle sobrement contemporaine (avec quelques jolies idées de déco) pour une vraie cuisine de chef (avec, là encore, quelques jolies idées !). Une adresse récente qui devrait faire du chemin. *NOUVEAUTÉ.*

***Accès :*** dans une rue perpendiculaire au front de mer.

## BRISSAC 34190

**€€€ Le Jardin aux Sources** – *30, av. du Parc ☎ 04-67-73-31-16. • lejardinauxsources.com • Tlj sauf dim soir-lun (plus mer hors saison). Congés : 3 sem en janv et 3 sem à la Toussaint. Résa nécessaire (le nombre de couverts est limité). Formule et menu 23-33 € le midi en sem sauf j. fériés, puis menus 39-75 € ; carte 45 € env. Parking. Café offert sur présentation de ce* *guide.* Jérôme Billod-Morel est un chef voyageur qui a su multiplier ses sources d'inspiration. Chaque assiette est une petite œuvre d'art, qui prend du temps. Gentillesse et savoir-faire sont là pour pallier l'attente, et on passe un agréable moment, en terrasse, côté jardin, ou dans la petite salle, ouverte sur la cuisine. Les 3 chambres-suites, fraîches, spacieuses, très confortables, ainsi que la piscine d'été avec balnéo (réservée aux résidents) vous assurent une étape propice à la détente.

## DANS LES ENVIRONS

### SAINT-JEAN-DE-BUÈGES 34380 (10 km SO)

€ |●| ⛱ **Bar du Château** – *quai du Garrel ☎ 04-67-73-13-73. Tlj sauf lun hors saison. Carte 15-25 €.* Avec sa délicieuse terrasse ombragée surplombant le ruisseau au cœur du village, la halte est ressourçante. Plantureuses salades-repas, burger à la viande d'Aubrac, truite de la Buèges... Rien de compliqué, mais que des bons produits de la vallée ! Et le fondant à l'orange mérite une petite incartade sucrée. Accueil franchement sympa.

## COLOMBIÈRES-SUR-ORB 34390

€€ |●| 🏠 ⛱ **La Mécanique des Frères Bonano** – *La Mécanique-Sainte-Colombe ☎ 04-67-97-30-52. Tlj sauf mar-mer. Côté bistrot, menu déj en sem 20 € et carte 25-30 € ; côté resto, menus 37-87 €.* Dès la vieille 4L qui assure le fléchage, le lieu s'annonce différent. Il l'est ! Vieille manufacture d'uniformes militaires superbement réhabilitée dans un esprit très contemporain avec matières brutes et meubles design. À droite, le *Trou du Kru*(sic !), un bar à vins avec planches de charcuteries ou de fromages et un excellent menu du jour. À gauche, le *Granit,* un resto avec cuisine ouverte, où prendre son temps autour des plats d'un frère Bonano passé chez quelques grands et de vins soigneusement choisis par l'autre frère Bonano. Au-dessus, quelques chambres, quasi luxueuses. Et une belle nature, tout autour. *NOUVEAUTÉ.*

***Accès :*** à 2 km au sud-est du village, fléché depuis la D908.

## FRONTIGNAN 34110

€€ |●| ⛱ **Le Poisson rouge** – *32, rue Paul-Riquet ☎ 04-99-04-05-53. Tlj en saison ; tlj sauf le soir mer-dim hors saison. Menus 19 € (déj en sem)-29 € ; carte 35-40 €.* Murs blancs, bois brut et fauteuils de rotin : la salle a le goût de l'époque et s'ouvre largement sur une jolie plage privée avec transats et tapas en été. La cuisine suit le même chemin : largement tournée vers la mer donc (huîtres gratinées, encornets au basilic, lotte *a la plancha...*), toute simple, toute bonne et gentiment facturée si l'on se limite aux menus : celui du déjeuner est d'ailleurs une vraie affaire. *NOUVEAUTÉ.*

***Accès :*** à Frontignan-Plage (sur la... plage !).

## LUNEL 34400

€€ |●| ⛱ **Le Bistrot de Caro** – *129, cours Gabriel-Péri ☎ 04-67-15-14-55. Ouv ts les midis sauf mer, et ven soir en saison. Formule 15 € ; carte env 25 €.* Un bistrot, un vrai, jusqu'au mobilier et aux serveurs en tablier, qui pioche sur les étals du marché voisin de quoi concocter une cuisine traditionnelle et faite maison, des frites au dessert. Les recettes de toujours se bousculent à l'ardoise, avant d'être dévorées sous la tonnelle de la grande cour mangée par le lierre, ou dans la sympathique salle colorée. Bon, frais, efficace. Pas étonnant que *Caro* ait du succès.

***Accès :*** en plein centre, près des halles.

## MÈZE 34140

€€ |●| ⛱ **Le Coquillou** – *14, quai Augustin-Descournut ☎ 04-67-18-87-50. Tlj sauf lun (midi slt en juil-août) et le midi mar-mer. Formule et menu déj sem 19-21 € ; autres menus 32-44 €.* Salle sobrement contemporaine d'un gastro aujourd'hui où l'assiette est presque plus importante que le décor. Terrasse sur le quai. Le papa est au service et le fiston dans sa cuisine (il a fréquenté celles de quelques prestigieuses tables auparavant). Beaux produits du pays pour des plats au goût de l'époque et à des prix sans exagération. *NOUVEAUTÉ.*

## MONTPELLIER 34000

**€ Pimpon Restaurant** – *4, pl. des Beaux-Arts (C1-11) ☎ 04-34-00-66-02. Ouv lun-ven 10h30-14h30, plus le soir mer-ven. Formules 16-20 € le midi. Le soir, carte 30 €.* Un resto-épicerie de poche où il fait bon se réfugier le midi, pour manger sain, bon et original. Ce qui, finalement, n'est pas si courant. Plats mitonnés, tout simplement délicieux. Bons crumbles en dessert, réellement du jour, comme vous le verrez si vous arrivez en fin de matinée, quand le chef est dans le jus, car rien n'est prêt. Sauf la terrasse, où vous pouvez vous installer, pour profiter du spectacle de la rue (à l'ombre le midi, mais en plein été, on apprécie).

**€ Bistrot d'Alco** – *4, rue Bonnier-d'Alco (B2-10) ☎ 04-67-63-12-89. T 1 : Comédie ou Louis-Blanc. Tlj sauf dim-lun. Midi du Bistrot 12 € ; menus 21,50-24,90 €. Apéritif maison offert sur présentation de ce guide.* Qu'est-ce qui explique le succès de ce petit bistrot de quartier, isolé à l'angle d'une rue calme et peu touristique ? Ses tarifs ? Pas seulement. Car les habitués connaissent bien la qualité régulière de ses menus, et surtout ce petit quelque chose en plus pour faire d'un plat traditionnel tout simple une agréable spécialité bien ficelée. C'est bon, copieux, et souvent pris d'assaut (surtout la petite terrasse). Accueil très gentil.

***Accès :*** derrière la préfecture.

**€ La Table d'Ott** – *4, rue du Puits-des-Esquilles (B2-14) ☎ 04-67-58-97-42. T Comédie (lignes 1 et 2). Tlj sauf lun, slt le midi sam-dim. Formules le midi 17-21 € ; menus 24,50-50 €.* Petite maison, petite carte, mais grande table.Cuisine franche, précise, pleine de subtilité et de saveurs, réalisée par un passionné que l'on voit travailler pendant qu'on surveille l'arrivée des plats de ses voisins. Chaque menu va à l'essentiel (2 entrées, 2 plats, 2 desserts), mais c'est du frais, du local, avec des produits plus ou moins nobles selon celui qu'on choisit, forcément. Lorsqu'il a fini le service, Nicolas Ott (mais si !) passe en salle raconter son parcours et ses plats, ça aussi c'est pas mal.

**€€ Le Ban des Gourmands** – *5, pl. Carnot (C3-12) ☎ 04-67-65-00-85. T 3 : Place-Carnot. Tlj sauf dim-lun (ouv dim sur résa à partir de 10 pers). Congés : 2 sem en août et 1 sem à Noël. Résa conseillée. Formules 17 € le midi et 19 € le soir ; carte env 35 €. Café offert sur présentation de ce guide.* Un ban pour ce petit resto qui propose une cuisine créative aux accents méditerranéens, évoluant au gré du marché, des saisons et de l'inspiration du moment, celle de Jacques Delépine, chef consciencieux. Comme le coin n'est pas franchement touristique, on n'y rencontre, ça va de soi, que des gourmands, et de plus en plus de gourmets... ce qui n'a pas pour autant modifié l'ambiance, toujours cordiale et sans fioritures, de cet estaminet aux couleurs du Sud.

**€€ Anga** – *19, rue du Palais-des-Guilhem (B2-15) ☎ 04-67-60-61-65. T Louis-Blanc (ligne 1 et 2). Tlj le midi sauf dim, plus le soir mer-ven. Menus 21 € le midi, 29 € le soir.* Une adresse improbable, avec juste quelques tables pour 2 et une grande table d'hôtes pour les autres. Il y a tellement peu de place pour circuler qu'il faut se lever de table pour faire entrer les poussettes quand de jeunes mères en goguette se rencontrent ici. C'est l'association de trois fous de cuisine et de vin qui ont réussi le pari de reprendre un lieu dans la mouvance actuelle. Cuisine ouverte sur la salle et sur le monde, car on retrouve dans l'assiette des parfums d'Asie. Une cuisine qui éclate en bouche, qui réveille les sens. Bout de terrasse, heureusement.

**€€€ La Réserve Rimbaud** – *820, av. Saint-Maur (hors plan par D1-13) ☎ 04-67-72-52-53. T 2 : Les Aubes. Fermé sam midi, dim soir et lun. Service jusqu'à 23h. Formule 32 € et menu 40 € ; autre menu env 75 €.* Voici le plus vieux restaurant de la ville, qui revit sous la direction d'un chef ayant tout compris de la cuisine d'aujourd'hui. La guinguette au bord du Lez, qui ouvrit ses volets en 1835, est aujourd'hui un espace où il fait bon, à la fraîche, s'offrir un coup de folie pour une cuisine légère, intelligente, passionnée. Côté cadre, une terrasse immense sous les platanes, pour profiter du calme et de la vue plongeante sur la rivière, ou une salle lumineuse à la déco épurée : à chaque saison ses plaisirs. Le luxe montpelliérain dans toute sa simplicité.

**€€€ Restaurant Cellier & Morel – La Maison de la Lozère** – *27, rue de l'Aiguillerie (B2-17) ☎ 04-67-66-46-36. T 1 : Comédie ou Louis-Blanc (ligne 1). Fermé au déj lun et mer, plus dim et j. fériés. Congés : 1re quinzaine d'août. Menus 38 € le midi en sem, puis 45-77 €. Apéritif maison offert sur présentation* *de ce guide.* Un classique qui a du peps, un lieu classe où l'on se sent bien, c'est rare. Éric Cellier, l'un des meilleurs chefs de l'Hérault, continue de revisiter avec un sens étonnant des nuances et des parfums un terroir qui fait le grand écart entre les Causses (il est originaire de Lozère) et les rivages de la Méditerranée. Service très agréable dans une salle design nichée sous des voûtes du XIIIe s, ou dans la cour aux beaux jours. Belle carte des vins avec, notamment, de savoureux crus du Languedoc, sélectionnés par Pierre Morel, grande figure montpelliéraine qui parle vin avec autant d'amour que d'humour.

## OLONZAC 34210

€ |●| ⛱ **Restaurant du Minervois – Bel** – *2, rue des Écoles ☎ 04-68-91-20-73. ♿ Tlj sauf ven et sam midi. Menus 15 € le midi en sem, puis 23-40 €.* Vaste salle d'un classicisme bon teint, terrasse dans une jolie cour arborée et, surtout, bonne cuisine traditionnelle autour des produits du terroir. Des plats bien ancrés dans la terre, pas vraiment pour les petites faims. Riche carte de vins régionaux à bons prix. Accueil pro et sympathique.

## DANS LES ENVIRONS

### MINERVE 34210 (10 km N)

€€ 🏠 |●| ⛱ **Relais Chantovent** – *17, Grand-Rue ☎ 04-68-91-14-18. • relaischantovent-minerve.fr • ♿ Resto tlj sauf dim soir, mar soir et mer. Congés : janv. Résa conseillée. Menus 22 € le midi en sem, puis 32-45 €. Apéritif maison offert sur présentation de ce guide.* Une situation de rêve en plein cœur du superbe village médiéval de Minerve, une citadelle du vertige perchée sur un éperon rocheux au confluent de deux canyons. Suspendue au-dessus du vide, la terrasse du resto, formidable, surplombe les gorges du Brian et, s'il fait trop frais, on ne quitte pas la vue des yeux grâce à la baie vitrée. Et de toute façon la salle, contemporaine et joliment aménagée en ces vieux murs, est très agréable aussi. Dans l'assiette, la cuisine – rafraîchissante, semi-gastronomique – donne sans le trahir un coup de jeune au terroir, et le tout au prix d'un bistrot ! Inutile de préciser que le rapport qualité-prix est excellent...

***Accès :*** dans le village. Parking payant obligatoire 200 m avant le village.

## PALAVAS-LES-FLOTS 34250

€€ |●| ⛱ **La Rôtisserie Palavasienne** – *rue de l'Église ☎ 04-67-68-52-12. Tlj le soir slt en saison ; hors saison, midi et soir mer-sam et dim midi. Résa obligatoire. Congés : janv-fév. Menu 25 € ; carte env 40 €. Apéritif maison offert sur présentation de ce guide.* Une institution qui a assis sa réputation sur la chaleur du lieu, la qualité s'alliant au folklore pour donner vie à une table d'hôtes à la mode du pays. Le patron, une institution lui aussi, tient cette cantine coquette, proposant chaque jour depuis 1978 des plats typiques qui varient selon la pêche du jour et l'humeur du chef.

***Accès :*** dans le centre-ville.

€€ |●| **La Grange** – *14, av. de la Gare-Albert-Dubout ☎ 04-67-68-25-01. Juil-août, ouv ts les soirs ; sept-juin, le midi jeu-dim et ts les soirs sauf mar. Formule déj en sem 22 € ; menus 27-40 €. Apéritif maison ou café ou digestif maison offert sur présentation de ce guide.* Un resto installé dans une ancienne maison de pêcheurs. Les murs bardés de bois blanc créent un décor balnéaire chic et décontracté. Pour un peu, une fois à l'intérieur, on se croirait dans le Massachusets ! Le chef propose une cuisine méridionale et authentique : soupe de poissons, cuisses de grenouilles, encornets farcis... La chaleur du lieu, l'ambiance détendue et festive et la jolie sélection de vins de producteurs contrebalancent largement l'emplacement du resto, dans une rue excentrée.

€€€ |●| **L'Artimon** – *port de Plaisance ☎ 04-67-68-45-02. ♿ Ouv tlj, tte l'année. Menus 35 € (déj en sem)-105 €.* Une des adresses où se retrouvent les amateurs de bouillabaisse à la marseillaise (sur commande) et de poissons grillés ou cuisinés en général. Chef amoureux des produits, d'une fraîcheur réjouissante ! Il n'y a pas à tortiller, on vient autant pour la cuisine constante que pour la jolie salle qui surplombe le port.

## PÉZENAS 34120

€€ ⛱ **L'Entre-Pots** – *8, av. Louis-Montagne ☎ 04-67-90-00-00. ♿ Tlj sauf dim (hors juil-août) et lun. Formule 25 € le midi ; menus 32-38 € le soir ; carte env*

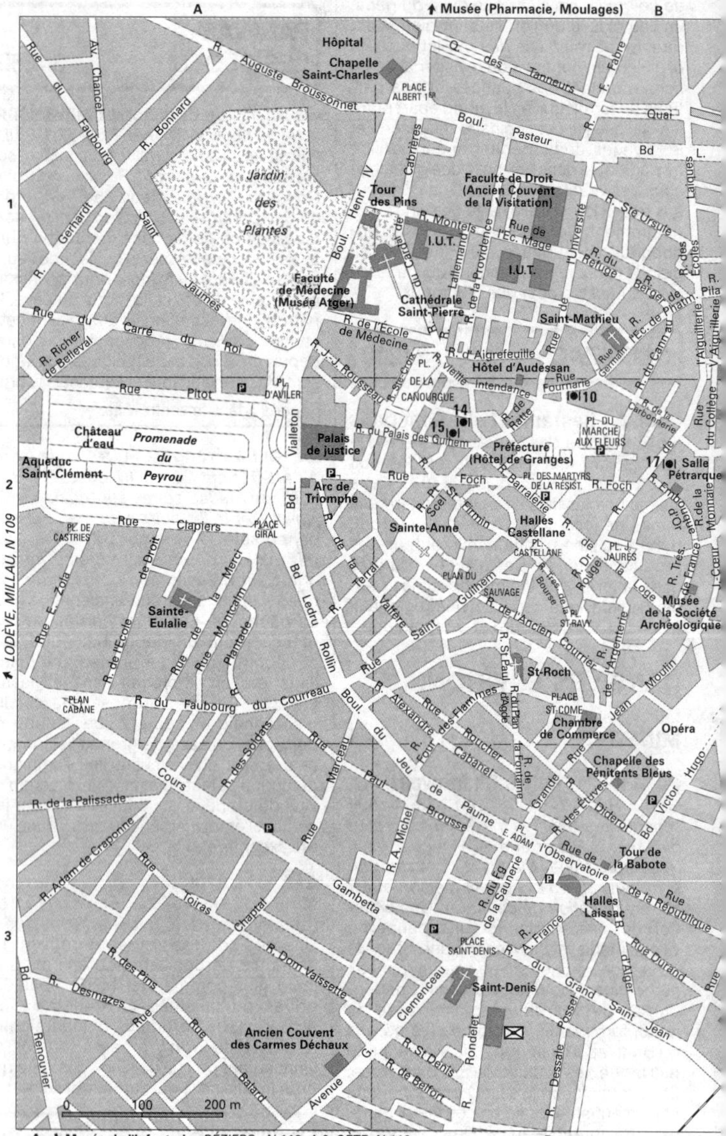


| | |
|---|---|
| **10** Bistrot d'Alco (B2) | **12** Le Ban des Gourmands (C3) |
| **11** Pimpon Restaurant (C1) | **13** La Réserve Rimbaud (hors plan par D1) |

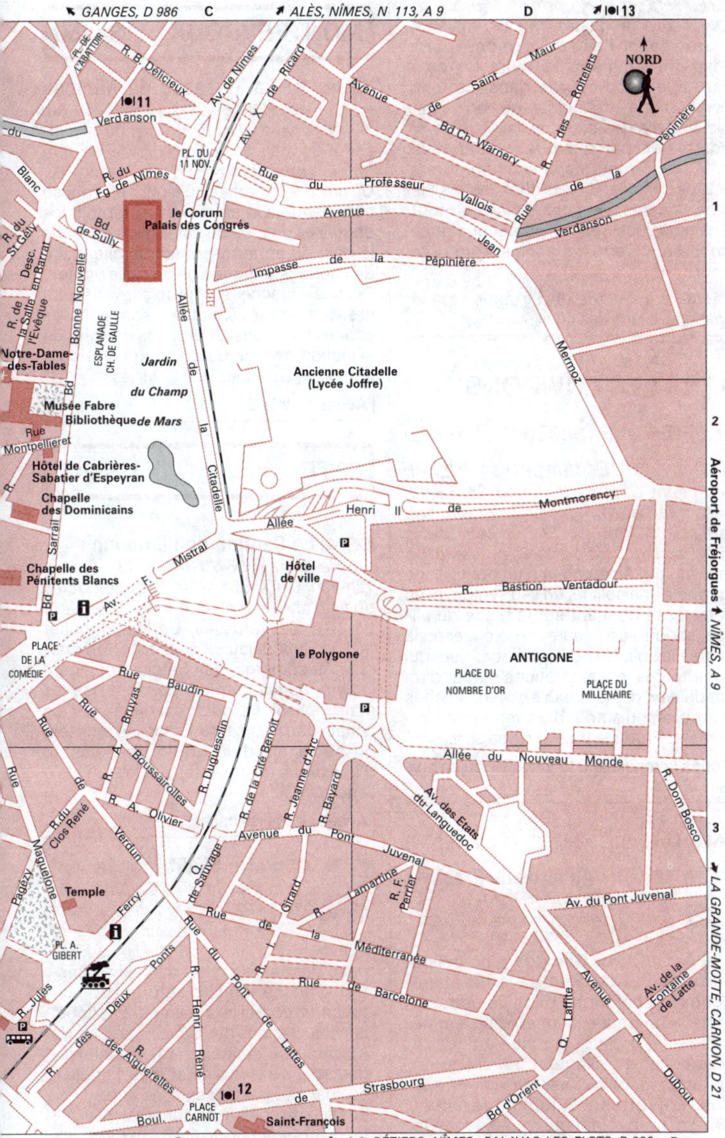


# MONTPELLIER

**14** La Table d'Ott (B2)
**15** Anga (B2)
**17** Restaurant Cellier & Morel – La Maison de la Lozère (B2)

*50 €. Café offert sur présentation de ce guide.* Pas un gastro de plus, mais un resto dans l'air du temps, dans l'assiette comme sur les murs. Un resto zen, à la déco épurée dans les tons beige, taupe et chocolat, où l'on se fait plaisir avec des plats de l'arrière-pays, complétés par quelques escapades côté mer, le tout servi sans fioritures. Philippe Mouls, un des chefs sétois les plus sincères, tient cet ancien entrepôt à vins où vous pourrez goûter quelques bons crus. Terrasse accueillante côté cour.

**Accès :** à l'entrée de Pézenas ; grand parking le long des quais.

## DANS LES ENVIRONS

### NEFFIÈS 34320 (14 km NO)

**€ IOI ⛱ P L'Escampette** – *12, pl. Lieutenant-Gauffre ☎ 04-67-24-83-99. Tlj sauf lun et sam, plus mar et dim soir hors saison. Formule 13 € en sem ; carte 25 €. Parking. Café offert sur présentation de ce guide.* Au sommet d'un petit village agrippé à une colline, un lieu sympa, avec sa terrasse donnant sur la place du village, endormie à l'heure du déjeuner mais animée le soir. Un petit café atypique, qui réunit toutes les générations autour d'un plat du jour, d'une viandre grillée, piochés à l'ardoise, ou autour d'un verre tout simplement. Produits frais et de saison.

**Accès :** prendre la D13 jusqu'à Roujan puis la D15.

### VAILHAN 34320 (17 km NO)

**€€€ ⛱ Auberge du Presbytère** – *☎ 04-67-24-76-49. ♿ Tlj sauf lun soir-mer. Résa conseillée. Congés : janv. Menus 39-50 €.* Une des plus belles surprises de l'arrière-pays. Baptiste Fournier, chef formé dans de grandes et belles brigades, tient avec sa femme cette jolie auberge cachée à l'ombre du clocher du village et dominant, de sa terrasse, le lac inférieur du barrage des Olivettes. Quel panorama ! L'important, c'est ce qui se passe aussi dans l'assiette, une cuisine élaborée, précise, sans esbroufe, s'appuyant sur les produits de saison et des environs.

**Accès :** par la D13 direction Roujan ; au rond-point, poursuivre sur D125, en contrebas du village, vers l'église.

## MONTPEYROUX 34150

**€€ IOI ⛱ La Terrasse du Mimosa** – *23, pl. de l'Horloge ☎ 04-67-44-49-80. ♿ Tte l'année, tlj sauf mar-mer (tlj en juin-sept). Congés : janv. Formule déj en sem 17,90 € ; menu le soir 31 € ; carte env 40 €.* Un caviste-bistrotier, où s'offrir une pause gourmande. On se cale au comptoir, les bouteilles de crus du soleil alignées dans le dos, ou en terrasse, sur la jolie place de l'horloge flanquée de sa halle voûtée. Cuisine à piocher sur l'ardoise, variant au gré du marché. Quant au sommelier, il connaît son métier et propose une grande sélection de vins du coin, au verre ou à emporter. De vraies découvertes.

**Accès :** par la D141.

## SÈTE 34200

**€€ IOI La Cantine de l'Entonnoir** – *6, rue de Metz 📱 06-73-14-91-43. ♿ Ouv 12h-13h30 tlj sauf lun-mar. Congés : fêtes de fin d'année. Plat autour de 19 € ; carte 25-30 €. CB refusées.* Un lieu singulier où l'on vient déjeuner à la fin de son marché. Au comptoir, des Sétois prolongent l'apéro, panier au pied, pendant que les étals replient. L'ardoise est dictée par les achats dans les halles. Selon les arrivées, on se régale d'un gratin de poisson, d'une friture de crevettes ou de supions à l'encre.

**Accès :** dans les halles.

**€€ Paris Méditerranée** – *47, rue Pierre-Sémard ☎ 04-67-74-97-73. Tlj sauf sam midi, dim et lun. Congés : 2 sem en fév et 1 sem en juin. Menus 28-50 €.* Si la déco donne gentiment dans le néobistrot branché, un brin rétro, avec cuir rouge et corbeille à pain en plastique, enrichie d'expos des copains artistes, la cuisine est éminemment méditerranéenne : plats malins et bien fignolés, évoluant au gré des saisons et de l'inspiration du chef. Atmosphère conviviale façon grande famille avec tables en alignement, et service assuré par une équipe jeune et souriante. Agréable terrasse dans le patio ombragé.

**€€€ IOI Halles et Manger** – *6, rue de Metz 📱 06-62-82-55-22. ♿ Tlj sauf lun, 8h-16h. Possibilité de faire cuisiner sa viande achetée chez les bouchers des* *halles (compter env 8 €), sinon carte env 35-40 €.* Le chef fait chaque matin le tour du marché avant de s'installer dans sa cuisine ouverte pour des plats d'une évidente fraîcheur et souvent pleins d'inventivité. La maison organise d'ailleurs des cours de cuisine, avec Joe le Cooker : ces gens-là, en plus d'être des plus accueillants, sont les champions du monde du jeu de mots ! Très chouette carte des vins, strictement régionale. Et même des concerts de temps en temps. *NOUVEAUTÉ.*

***Accès :*** dans les halles.

# Lot (46)

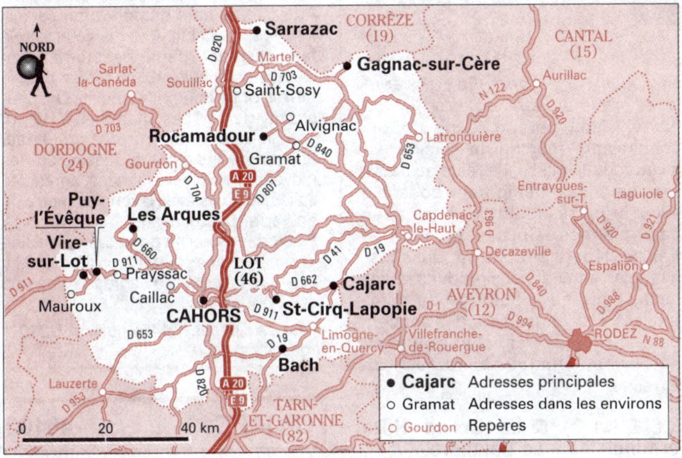


## BACH 46230

**€€ 🍽 ⛱ Auberge Lou Bourdié** – *Le Bourg ☎ 05-65-31-77-46. Ouv le midi tlj sauf mer et sam. Congés : 15 j. fin août-début sept et 20 déc-6 janv. Formule déj 18 € en sem ; menus 14 € le midi en sem, puis 29-50 €. CB refusées. Café offert sur présentation de ce guide.* La bonne auberge de campagne, tenue par Monique Valette, avec sa pure cuisine traditionnelle, son cadre rustique et ses menus bien consistants (potage, entrée, plat, fromage ou dessert !). Ici, toute la famille met la main à la pâte ! Un endroit où bonne chère et générosité ont un sens. Accueil adorable.

## CAHORS 46000

**€ 🍽 ⛱ Au Fil des Douceurs** – *32, av. André-Breton ☎ 05-65-22-13-04. ♿ Tlj sauf dim-lun. Formule déj en sem 16 € ; menus 20 € sauf w-e, puis 26-37 € ; carte 35 €. Apéritif maison offert sur présentation de ce guide.* L'un de ses principaux atouts est son agréable terrasse idéalement déployée face au pont Valentré. Cela dit, on ne vient pas que pour ça, loin s'en faut ! La cuisine de terroir, certes classique, témoigne d'une bonne maîtrise. Et surtout, le chef, ex-pâtissier, mitonne chaque jour une sélection de douceurs qui valent à elles seules le déplacement : baba au rhum, chantilly et oranges confites, gâteau meringué, espuma menthe et glace menthe-chocolat...

**€€ ⛱ L'Ô à la Bouche** – *56, allée Fénelon ☎ 05-65-35-65-69. ♿ Tlj sauf dim-lun. Congés : vac de Pâques et à la Toussaint. Formules déj 21,50-40 € en sem ; menus 28-42 €.* Un resto qui porte bien son nom tant la carte est appétissante. Celle-ci mise sur une sélection de produits locaux, sérieusement sélectionnés et cuisinés avec créativité. Bref, l'occasion de goûter un terroir habilement revisité. Accueil sympathique et service efficace dans une salle très contemporaine, un brin élégante, avec cuisine ouverte. Vaste terrasse ouverte, quant à elle, sur l'allée piétonne. Une jolie adresse dans l'air du temps.

**Accès :** au-dessus du parking de l'amphithéâtre, sur la place de l'office de tourisme.

€€€ **Le Marché** – *27, pl. Jean-Jacques-Chapou ☎ 05-65-35-27-27. ♿ Tlj sauf dim-lun. Congés : 1 sem début avr et 2e quinzaine d'oct. Formule déj (sauf dim) 18 € ; menu 36 €. Apéritif local offert sur présentation de ce guide.* Tenu par un jeune couple accueillant, pour qui la cuisine est avant tout un plaisir, ce resto au cadre résolument contemporain bouscule avec brio les habitudes culinaires cadurciennes. Cuisine de marché fraîche, légère et créative, qui s'inspire, bien entendu, des produits régionaux, mais qui s'autorise de nombreuses escapades hors des sentiers battus. Ardoise très intéressante au déjeuner. Quelques tables en terrasse.

€€€ **Le Grand Hôtel Terminus *** – Le Balandre** – *5, av. Charles-Freycinet ☎ 05-65-53-32-00. • balandre.com • Congés : 2 sem fin nov. Formule déj 23 € le midi en sem, puis 48-65 € ; carte env 50 €. Parking.* Un bel établissement début XXe s, au charme désuet. C'est toujours la même famille qui, depuis sa création, perpétue de génération en génération une certaine idée de la tradition hôtelière, et l'accueil y est sincèrement dévoué et efficace. Les chambres, vastes et cossues, toutes différentes, font oublier l'environnement un peu triste de la gare voisine. Une bonne raison pour ne pas sortir et rester dîner au *Balandre*. La salle a du charme avec ses beaux vitraux Art déco et ses tables espacées, élégamment dressées. On sert ici une cuisine maison traditionnelle et raffinée, qui picore dans tous les terroirs et témoigne d'un réel savoir-faire. Service classique et attentionné. Une valeur sûre qu'apprécie la clientèle d'affaires au déjeuner. Petite terrasse l'été.

**Accès :** non loin de la gare.

## DANS LES ENVIRONS

### CAILLAC 46140 (12 km NO)

€€ **Le Vinois***** – *dans le bourg ☎ 05-65-30-53-60. • levinois.com • ♿ Tlj sauf sam midi et dim soir-mar midi. Congés : 3 sem en janv et 15 j. en oct. Menus 23-26 € le midi, puis 32-42 €. Apéritif maison offert sur présentation de ce guide.* La terrasse et la déco branchée *black and white* tranchent avec l'épicerie-bureau de poste voisine. Au resto, le chef démontre un savoir-faire irréprochable. À sa manière, il nous fait partager deux passions : son Quercy et sa cuisine, qui redécouvre le terroir pour mieux l'embellir. On peut aussi y dormir. Les chambres à l'esprit contemporain offrent un confort parfait, et les proprios n'ont pas lésiné sur les moyens : meubles asiatiques, agréables salles de bains avec lavabo en pierre ou en verre, beaux tissus, TV écran plat. Piscine. Possibilité de cours de cuisine et de massages à tarifs préférentiels à l'institut d'à côté. Une adresse élégante et détendue à la fois.

**Accès :** par la D145, puis la D240 à gauche.

## CAJARC 46160

€€ **Le Jeu de Quilles** – *7, bd du Tour-de-Ville ☎ 05-65-33-71-40. Ouv tlj sauf dim-lun. Résa indispensable. Congés : 2 sem en janv et 1 sem en juil. Carte env 30 €.* Une halte gourmande que ce bistrot-bar à vins qui joue à fond la carte du bistronomique. Sur l'ardoise, une cuisine du moment, à partir de produits de saison, essentiellement locaux et bio. Un résultat convaincant avec des assiettes simples mais raffinées, et d'intéressantes associations qui changent des traditions locales. Belle carte des vins. Le patron tient sa bonne réputation du temps où il œuvrait à Limogne, et l'on constate vite que les fidèles n'ont pas hésité à le suivre. Service alerte et agréable terrasse.

€€ **L'Allée des Vignes** – *32, bd du Tour-de-Ville ☎ 05-65-11-61-87. ♿ Tlj sauf dim soir, lun-mar (plus mer en basse saison). Congés : 20 déc-20 janv. Formules déj en sem 19-35 € ; menus 22 € le midi, puis 34-72 €. Apéritif maison offert sur présentation de ce guide.* Pour rompre avec les codes traditionnels du gros repas lotois, un jeune chef plein de talent et de créativité bouscule le terroir sans perdre de vue l'incontournable canard. Une cuisine gastro-récréative servie en 3 formats : dégustation, plats ou demi-plats, dans une salle cosy ou en terrasse dans la jolie cour. La vinothèque offre une sélection de 120 références de vins.

## LES ARQUES 46250

€€€ **La Récréation** – *D150 ☎ 05-65-22-88-08. Tlj sauf mer, plus jeu hors juil-août. Congés : de mi-nov à mi-fév. Menus 26 € le midi sauf w-e (en été slt), puis 38-49 €. Apéritif maison offert sur présentation de ce guide.* Dans un merveilleux petit village perché au-dessus d'un vallon entouré de taillis et de forêts de chênes. Après ou avant la visite de sa fameuse église et de son musée Zadkine, réservez une table, s'il fait beau, pour manger sur la petite terrasse ombragée, dans l'ancienne cour de récréation du village. À moins que le temps ne vous incite à devancer la rentrée des classes et à vous installer à l'intérieur de l'ancienne école au cadre contemporain. Quoi qu'il en soit, c'est une vraie cuisine plaisir qui vous attend dans ce lieu marrant, auquel un jeune couple sympathique a redonné vie. Spécialités de poisson, mais aussi excellente viande, le bonheur. Accueil très sympa.

## PUY-L'ÉVÊQUE 46700

€€ **Hôtel Bellevue *** – Restaurant Côté Lot** – *pl. de la Truffière ☎ 05-65-36-06-60. • hotelbellevue-puyleveque.com • Tlj sauf lun, mar midi, plus dim soir et mer soir hors saison. Congés : nov-fév. Menus 19,50 € le midi en sem, puis 34 € le soir.* Sur les hauteurs de la ville, le réputé hôtel *Bellevue* embrasse, de ses salles arrière, le Lot et les plaines avoisinantes. La vue est saisissante, le soir surtout au coucher du soleil. Une vue dont disposent certaines chambres avec balcon. Déco contemporaine différente dans chacune. Les plus chères sont particulièrement spacieuses. Au resto, délicieuse cuisine du moment, légère et parfumée, à juste titre très réputée. La grande salle panoramique fait heureusement oublier le mobilier de cantine d'entreprise. Service également sous l'élégante véranda, côté place. Accueil exceptionnel.

# DANS LES ENVIRONS

## PRAYSSAC 46220 (5 km E)

€ **Restaurant Le 14** – *14, pl. d'Istrie ☎ 05-65-36-04-86. Tlj sauf dim-lun et jeu soir ; ouv le midi slt hors saison. Formule déj 14 €, menu 23,90 €.* Un resto-salon de thé installé au cœur d'un magasin de déco ! Le cadre est gai comme le chant du rossignol et coloré comme un tableau de Vasarely. La cuisine est fraîche et simple (salades, assiettes gourmandes, grillades), avec quelques propositions originales, comme la pastilla au confit de canard. Assiettes composées originales, réussies et suffisamment copieuses pour un repas. En été, joli patio ombragé. Très bon accueil.

**Accès :** par la D911 en direction de Cahors. Face à l'hôtel de ville.

## MAUROUX 46700 (13 km SO)

€€ **Hostellerie Le Vert** – *D5 ☎ 05-65-36-51-36. • hotellevert.com • Ouv ts les soirs, sauf jeu hors saison. Congés : nov-mars. Résa conseillée. Menu 32 €. Parking.* Un vrai coup de cœur pour cette superbe demeure quercynoise en pleine campagne, dans un cocon de verdure joliment paysager et magnifiquement entretenu. Et quel calme ! Vastes chambres de style rustique-chic réparties entre la bâtisse principale et l'annexe. Excellent confort. Table réputée où l'on sert une cuisine de marché légèrement créative. L'été, petits déj (excellents) et repas servis en terrasse ; du pur bonheur ! Accueil pro, tout à fait charmant.

**Accès :** sur la route de Puy-l'Évêque.

## ROCAMADOUR 46500

€ **Roc du Berger** – *route de Padirac (D673) Belveyre ☎ 05-65-33-19-99. Ouv tlj fin mars-fin sept ; oct ouv sam soir et dim midi. Résa conseillée. Formule 14 € ; menus 19,50-28 € ; carte 20 €.* Ce gros chalet installé à quelques encablures de Rocamadour est assurément l'adresse la plus sympa du coin. Entre le resto et la ferme-auberge, on y déguste des produits du terroir. Agneau du Quercy, cabécous, charcuterie... tout provient des producteurs voisins et copains. On s'installe sur la grande terrasse, au milieu des chênes, et on se régale de grillades saisies d'une main de maître. Les amateurs choisiront directement l'assortiment de viandes grillées. Aire de jeux pour les enfants et enclos de biquettes. Vraiment une bonne adresse !

**Accès :** à 1,5 km du centre de Rocamadour, par la D673 en direction de Padirac.

€€ **Hôtel-restaurant Beau Site***** – *cité médiévale ☎ 05-65-33-63-08. • bestwestern-beausite.com • Congés : de mi-nov à début fév. Menus 19,50 € le midi, puis 27-39 € ; carte env 45 €. Parking. Digestif maison offert sur présentation de ce guide.* Le *Beau Site* porte un nom de circonstance : de certaines chambres, vue enivrante sur le sanctuaire accroché à sa falaise. Cet hôtel-restaurant, qui appartient à la famille Menot depuis 5 générations, fournit des prestations d'excellente qualité. Réception et salons meublés à l'ancienne. Quelques chambres sont décorées avec des meubles de style. Toutes sont très bien tenues. Certaines sont mansardées, et il y a aussi des familiales (avec mezzanine). Au resto, considéré par beaucoup comme l'une des meilleures tables de la cité, cuisine goûteuse, délicate et parfumée, proposée par des serveurs compétents, discrets et souriants. Une excellente adresse dans sa catégorie. Terrasse joliment aménagée sous les tilleuls en été, avec une vue imprenable.

**Accès :** dans l'unique rue de Rocamadour, sur la droite.

## DANS LES ENVIRONS

### ALVIGNAC 46500 (6 km NE)

€ **Chez Ernestine** – *Grand-Rue ☎ 05-65-10-89-12. Tlj sauf lun en juin. Congés : de mi-nov à mi-mars. Menus 19,50-28 €. Café offert sur présentation de ce guide.* Y'a d'la joie chez Ernestine ! Dans la sympathique salle avec ses nappes vichy, en terrasse (sur la rue), dans les assiettes et sur les visages ! Depuis que des jeunes ont fait revivre l'affaire, ils mettent tout leur talent dans leur cuisine, pour régaler leurs clients de plats de terroir, en y apportant un saupoudrage de fantaisie et de légèreté. Vite, à quand le prochain repas !

**Accès :** sur la route Rocamadour-Padirac.

### GRAMAT 46500 (11 km E)

€€ **Hôtel du Centre***** – *pl. de la République ☎ 05-65-38-73-37. • lecentre.fr • Tlj sauf ven soir, sam et dim midi de mi-nov à début fév. Formules 15,90-20,90 € le midi en sem ; menu 27,90 €.* Un très bon hôtel à la façade *seventies*, qui propose des chambres dans un style contemporain zen. Depuis celles du 2e étage, vue sympathique sur les toits depuis le vélux. Un excellent rapport qualité-prix et aucune impasse sur le confort. Cuisine également convaincante à base de bons produits locaux. En prime, accueil des plus enthousiasmants.

**Accès :** par la D36, puis la D840 à droite.

### SAINT-SOSY 46200 (16 km NO)

€ **Hôtel-restaurant Grangier**** – *Le Bourg ☎ 05-65-32-20-14. • hotel-grangier.com • Tlj sauf lun-mar midi et mer midi. Congés : fév. Resto fermé de mi-nov à mi-mars. Menus 19,50-23,50 €. Parking.* La bonne affaire familiale qui propose des chambres confortables, sobres et refaites à neuf pour certaines, à bon prix. Également des suites spacieuses, dont une avec terrasse privative. Mais la surprise la plus agréable se trouve dans les assiettes, avec une cuisine à base de produits régionaux, là encore à des prix fort raisonnables. La carte est succinte, mais tout est fait maison. En été, tables installées au cœur d'un jardin fleuri. Piscine à débordement.

**Accès :** au cœur du village.

## GAGNAC-SUR-CÈRE 46130

€€ **Hostellerie Belle Rive**** – *Port-de-Gagnac ☎ 05-65-38-50-04. • bellerive-dordogne-lot.com • Fermé sam midi en juil-août ; ven soir, sam midi et dim soir de Pâques à mi-juil et de fin août à mi-oct. Congés : vac de Noël. Formule déj 15 € ; menus 17 € le midi en sem, puis 27 € ; carte 38 €. Café offert sur présentation de ce guide.* Face à la rivière, le site est on ne peut plus agréable. Les chambres sont ravissantes et, pour la plupart, entièrement rénovées. Toutes sont différentes, toutes donnent sur la Cère. Murs et meubles peints au pochoir donnent à l'ensemble une touche fraîche et champêtre. Côté resto, cuisine traditionnelle de bon aloi (foie de canard poêlé aux fruits de saison, rognons de veau, ris de veau en cocotte...), à déguster sur la terrasse aux beaux jours.

***Accès :*** sur la D14, entre Biars-sur-Cère et Gagnac-sur-Cère.

## SAINT-CIRQ-LAPOPIE 46330

€ **Le Cantou** – *rue de la Pelissaria ☎ 05-65-35-59-03. En principe, tlj. Congés : nov-mars. Formules 14,80-15,80 € ; menus 19-28 € ; carte 25-30 €.* Ancienne demeure aux robustes murs de pierre, dissimulant une petite salle rustique doublée de 2 terrasses, l'une suspendue au-dessus de la ruelle, l'autre, plus intime, lovée dans une cour à l'arrière. On y sert sans se prendre la tête une sympathique cuisine d'aujourd'hui, de celles qui connaissent leur terroir mais savent aussi lui donner un coup de frais, oser de nouvelles associations de goûts. Le tout à un prix vraiment raisonnable, surtout si l'on opte pour la formule à l'ardoise. Jolis desserts, enfin, et glaces artisanales.

***Accès :*** dans le bas du village, après l'église.

## SARRAZAC 46600

€ **La Bonne Famille**** – *au bourg ☎ 05-65-37-70-38. • labonnefamille.fr • Tlj sauf sam midi et dim soir. Menus 14 € le midi en sem, puis 21-33,50 €. Parking. Café offert ou 10 % de remise sur le prix des chambres (2 janv-30 mars) sur présentation de ce guide.* Une bien bonne adresse pour se reposer, entre Martel et Brive. Ici, on se transmet le fil rouge et on est cordon-bleu depuis 4 générations. C'est Jean-Baptiste, agrégé de mathématiques, et Stéphane, qui ont repris le flambeau. On y déguste une cuisine traditionnelle améliorée, inventive, joliment amenée. La tartine de pied de cochon, le pastis quercyrois sont excellents, et les desserts ne sont pas en reste. Piscine chauffée, tennis à 500 m dans les bois. Chambres simples.

***Accès :*** en direction des Quatre-Routes (fléché sur la gauche).

## VIRE-SUR-LOT 46700

€€ **Le Caillau** – *lieu-dit Le Caillau ☎ 05-65-23-78-04. Tlj sauf dim soir, lun soir et mar hors saison. Résa préférable. Formule déj 14,50 € sauf dim ; carte 30 €. Parking.* Dans un ancien domaine viticole entouré de vignes, *Le Caillau* surprend autant par la déco *countryside* (les propriétaires sont Anglais et ont aménagé la grange ouverte sur l'extérieur de façon très cosy) que par la créativité de la cuisine. Produits de saison et du terroir sont revisités avec ingéniosité par un chef qui ne manque pas de ressources et bouscule ainsi les codes de la gastronomie lotoise ! Burger d'agneau extra. Un rapport qualité-prix épatant, ce, d'autant que les plats sont généreusement servis. Service parfait. Un sans-faute qui mérite largement le détour.

***Accès :*** par la D5, direction Mauroux.



# Lozère (48)

## AUMONT-AUBRAC 48130

€ **Chez Camillou – Restaurant Cyril Attrazic La Gabale***** – *10, route du Languedoc ☎ 04-66-42-80-22 et 04-66-42-88-14. • camillou.com • La Gabale, tlj sauf lun, mar midi et mer soir. Resto fermé lun-mer. Congés : 27 nov-16 mars. À La Gabale, formule 16 € le midi en sem et menus 18-28 €. Au resto, menus 38 € le midi en sem, puis 58-110 €.* La cuisine de Cyril Attrazic est une merveille de justesse, de saveurs, d'équilibre et d'inventivité. Suivez vos envies et les conseils de madame, laissez-vous aller au plaisir de la découverte, vous ne le regretterez pas. Quelques tables sur la

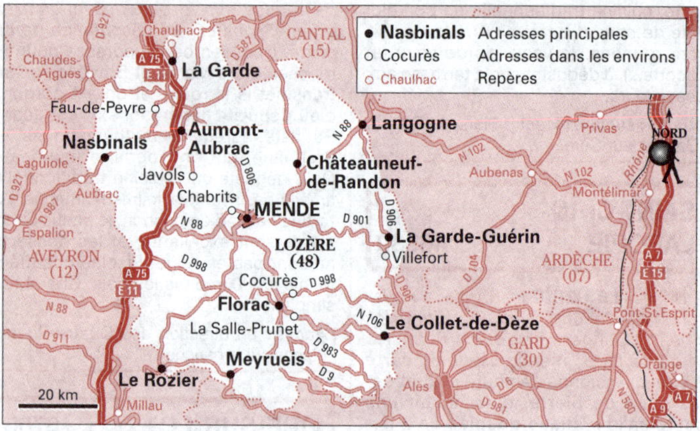


petite terrasse qui court le long du bâtiment. Au rez-de-chaussée, la « table bis » *La Gabale* propose également une terrasse et un joli cadre contemporain avec baies vitrées d'un côté, photos panoramiques de l'Aubrac de l'autre. Très jolie cuisine également, plus sagement tarifée dans une ambiance largement plus décontractée.

# DANS LES ENVIRONS

## JAVOLS 48130 (6 km SE)

€€ 🏠 🍽 ⛱ P **Hôtel Le Regimbal**** – ☎ *04-66-42-89-87. • hotel-le-regimbal.com • ♿ Tlj sauf lun soir. Congés : 23 déc-15 mars. Formules 22 € le midi en sem, et 27 € le soir ; carte env 27 €. Parking.* Dominant ce qui fut l'ancienne capitale gallo-romaine du Gévaudan pendant 8 siècles, l'hôtel est doté de 9 chambres impeccables, modernes et de bon confort, où l'on dort du sommeil du juste. Toutes donnent sur le village de Javols, l'ancien forum gallo-romain et les collines qui les entourent. Au resto, bonne cuisine de terroir servie dans la salle à manger, près de la cheminée en granit. Agneau de Lozère Elovel, sorbets maison. Le matin, brioche, viennoiseries ou kouglof sortent du four. À partir de mi-octobre, cuisine alsacienne (sur résa). Accueil très aimable.

***Accès :*** par la D50.

## FAU-DE-PEYRE 48130 (9 km NO)

€ 🏠 🍽 ⛱ P **Hôtel-restaurant Del Faou**** – ☎ *04-66-31-11-00. ♿ Tlj sauf dim soir. Congés : 20 déc-20 janv. Menus 17-34 €. Parking.* L'auberge de village dans toute sa splendeur ! Cuisine familiale et très copieuse, d'un rapport qualité-prix assez étonnant. Une valeur sûre dans ce bout du monde, où l'on se bouscule littéralement pour goûter les cuisses de grenouilles ou les *manouls* (tripes et ventre d'agneau en paquets). Accueil spontané et chaleureux. À proximité, un bâtiment abrite des chambres ; pratique, si l'on ne veut pas reprendre la route.

***Accès :*** prendre la D50, puis la D10.

# CHÂTEAUNEUF-DE-RANDON 48170

€ 🏠 🍽 P **Hôtel de la Poste***** – *L'Habitarelle* ☎ *04-66-47-90-05. • hoteldelaposte48.com • ♿ Tlj sauf dim soir et lun ; en été, tlj sauf lun midi. Congés : 23 déc-15 fév, 1er-7 juil et 6-15 nov. Formule déj 13 € en sem ; menus 22-47 €. Parking.* L'emplacement de cette bonne adresse familiale (devant un gros carrefour) n'est pas idéal, mais la circulation nocturne n'est pas des plus forcenées. C'est surtout la table qui mérite l'arrêt. Généreuse cuisine dans la tradition lozérienne, mais avec des idées d'aujourd'hui, rehaussée par une jolie carte des vins. La salle de restaurant, aménagée dans ce qui était la grange de cet ancien relais de poste, est presque spectaculaire. Rapport qualité-prix remarquable et service aux petits soins.

**Accès :** sur la N88, au carrefour de L'Habitarelle.

## FLORAC 48400

**€€ Hôtel des Gorges du Tarn – Restaurant l'Adonis******* – *48, rue du Pêcher ☎ 04-66-45-00-63. • hotel-gorgesdutarn.com • Tlj sauf mer, jeu midi et sam midi. Congés : Toussaint-Pâques. Formule déj 23 € ; menus 28-56 €. Parking.* Ne fantasmez surtout pas sur l'enseigne. Point de Tarn ici, encore moins d'Adonis. Juste 2 bâtiments sans grâce. Ceci dit, si vous cherchez un endroit pour vous poser, un restaurant où vous régaler, choisissez cette maison impeccablement tenue, où l'accueil est aussi sérieux que l'assiette, où la qualité des produits et la maîtrise du chef garantissent une étape agréable. Salle du petit déjeuner lumineuse et moderne. Chambres plus ou moins classiques, mais toutes confortables ; certaines avec kitchenette. Table distinguée Logis.

## DANS LES ENVIRONS

### LA SALLE-PRUNET
48400 (3 km SE)

**€ L'Auberge Cévenole**** *– N106 ☎ 04-66-45-11-80. • auberge-cevenole.fr • Tlj sauf dim soir et lun non fériés hors saison. Congés : de mi-nov à mi-mars. Résa souhaitée. Formule 14,80 € ; menus 22-30 € env. Parking.* Une vieille maison en pierre du pays, nichée au fond de la vallée de la Mimente et noyée sous la végétation. Cette adorable auberge, légèrement en retrait de la route, offre une poignée de chambres, petites mais propres et bien tenues. La cuisine du terroir fait la part belle à la charcuterie du pays et aux champignons... Idéal donc pour une étape ! L'auberge ne manque d'ailleurs pas de faire le plein chaque dimanche pour les traditionnels repas en famille. Excellent accueil. Jolie terrasse sous sa treille pour l'été.

**Accès :** par la route d'Alès.

### COCURÈS 48400 (5 km NE)

**€ La Lozerette**** *– D998 ☎ 04-66-45-06-04. • lalozerette.com • Tlj sauf le midi mar-mer, plus lun midi hors saison (mais ouv pour les clients de l'hôtel). Congés : Toussaint-Rameaux. Menus 21,50-55,50 € ; carte env 38 €. Paking gratuit et garage payant.* Une affaire de famille depuis 1926, mais qui est d'abord et avant tout une affaire de femmes. Des spécialités du pays traitées avec imagination et bon goût, et de superbes propositions de menus à composer soi-même, en choisissant les plats à la carte. Belle carte de vins riche en Languedoc, cela va de soi. Service pro. Côté hébergement, des chambres décorées avec le même raffinement que la salle.

**Accès :** par la N106, puis à droite la D998.

## LA GARDE 48200

**€€ Hôtel Brunel – Le Rocher Blanc****** – *route du Gévaudan ☎ 04-66-31-90-09. • lerocherblanc.com • Menus 25 € déj slt w-e, puis 32-42 €. Parking.* La salle à manger est celle d'une auberge de campagne, mais sérieusement revue et corrigée. Déco très personnelle donc, pour une cuisine qui l'est tout autant, entre terroir et franche créativité, et d'un épatant rapport qualité-prix. L'hôtel partage le même esprit avec sa petite dizaine de chambres, dont les plus chères offrent une superbe déco thématique (assortie d'un confort optimum !). Non moins superbe espace bien-être avec piscine, sauna, jacuzzi, et même massage sur résa ! Également un tennis et une piscine découverte (juin-septembre). Vraiment une bonne adresse.

**Accès :** à 1 km de la sortie 32 de l'A75. Le long de la rue principale.

## LA GARDE-GUÉRIN 48800

**€€ L'Auberge Régordane**** *– ☎ 04-66-46-82-88. • regordane.com • Congés : du 30 sept à mi-avr. Formule déj 16 € ; menus 25-36 € ; carte env 42 €.* Dans un des plus beaux villages de France et entre les murs épais d'un vieux manoir du XVIe s, l'une des bonnes tables de Lozère où l'on sert truites, bœuf de l'Aubrac, agneau des causses. Jolie salle voûtée ou terrasse dans la cour intérieure. Le cadre et l'accueil impeccable de Pierre et Philippe Nogier, deux frères qui ont travaillé dur pour remettre d'aplomb ces bâtiments, en font une belle étape sur le chemin de Régordane. Pour ceux qui voudraient profiter plus longtemps du village, quelques chambres, sobrement mais joliment arrangées.

***Accès :*** par la D901, puis la D906.

## DANS LES ENVIRONS

### VILLEFORT 48800 (8 km S)

**€ La Clède – Hôtel Balme**** – *2, pl. du Portalet ☎ 04-66-46-80-14. Tlj sauf mar. Menu 21 €.* Une institution du bourg, menée pendant près d'un demi-siècle par un chef qui l'avait fait connaître bien au-delà des Cévennes. C'est une toute jeune femme qui a pris la relève (et qui gère un peu tout, toute seule). Et si la vieille maison a conservé son charme suranné, la cuisine est bien d'aujourd'hui : superbes produits locaux pour des plats pleins d'idées sous leurs airs de ne pas y toucher. Chambres toutes simples, à l'ancienne également mais d'un honnête confort pour le prix. Accueil comme chez des amis.

***Accès :*** par la D906, puis la D51 ; au centre du bourg.

## LANGOGNE 48300

**€ Le Boulodrome** – *7, rue du Boulodrome ☎ 04-66-69-06-49. Tlj sauf le soir mar-mer, plus jeu soir hors saison. Congés : 2 sem fin juin-début juil et vac de Noël. Formules 11-13,50 € le midi sauf dim et j. fériés ; menu 19 € ; carte 21 €. Parking.* La bonne adresse populaire avec son zinc à l'entrée, sa salle généreusement vitrée ouverte sur un boulodrome privé (si une partie vous tente...) et sa terrasse à deux pas de la petite rivière. Généreuse et goûteuse cuisine familiale servie dans la bonne humeur. Du traditionnel pur jus : tête de veau ravigote, gras-double, manouls (dont le chef est un fervent défenseur)... On a bien aimé.

***Accès :*** en contrebas du bourg (c'est fléché).

## LE COLLET-DE-DÈZE 48160

**€ La Source** – *La Devèze ☎ 04-66-45-42-34. Tlj sauf le soir dim-mar, plus le soir mer-jeu hors saison. Congés : 15 nov-15 mars. Formule 15,50 € ; menus 17,50-29 €. Parking.* Un resto qui pourrait passer inaperçu derrière cette aire de repos de la nationale, mais qui mérite vraiment l'arrêt ! Dans l'assiette, de beaux produits du pays simplement mais joliment travailllés, pour une addition sans excès. Accueil et service d'une charmante discrétion. Petite salle toute simple mais plaisante (avec cheminée), prolongée en été d'une terrasse de poche. Et pas loin, un robinet d'où coule la fameuse source, qui permet d'alimenter les carafes.

***Accès :*** à 3 km du Collet-de-Dèze, sur la N106 direction Alès.

## LE ROZIER 48150

**€ L'Alicanta – Hôtel Doussière**** – *rue Principale ☎ 05-65-62-60-25. Resto tlj sauf lun midi. Congés : du 1er nov à mi-mars. Menu-carte 22-37 €. Parking. Apéritif maison offert sur présentation de ce guide.* Dans une jolie salle au goût d'aujourd'hui ou en terrasse en surplomb de la rivière, belle cuisine contemporaine qui parfume les produits d'ici aux saveurs d'ailleurs (épaule d'agneau de 7 heures aux épices cajun, pour ne citer qu'un plat). Prix plus que raisonnables. Accueil et service à la fois pros et décontractés (un équilibre toujours difficile !). À l'*Hôtel Doussière,* chambres plutôt classiques mais qui offrent une sympathique vue sur la rivière dans le bâtiment principal comme dans l'annexe, sur l'autre rive.

## MENDE 48000

**€ La Cantine** – *8, rue Saint-Privat ☎ 04-66-32-86-12. Tlj sauf dim soir et lun, plus mar soir hors saison. Congés : 1 sem en avr, 2 sem en sept et 1 sem à Noël. Formules 16-17 € ; menus 18-23 € le midi en sem, puis 19-26 € le soir et sam.* Un néobistrot de poche, avec cuisine ouverte. Difficile d'y trouver une place sans avoir réservé ; même quand les quelques tables de la terrasse s'installent dans cette ruelle tranquille. Parce que ce petit endroit est devenu la cantine (évidemment !) de Mende. Et pour cause : service souriant, jolis plats simplement créatifs et à prix gentils. Et si la cuisine regarde parfois ailleurs, les produits sont bien d'ici et majoritairement bio.

***Accès :*** dans le centre ancien.

€€ **Hôtel de France***** – *9, bd Lucien-Arnault ☎ 04-66-65-00-04. • hoteldefrance-mende.com • Tlj sauf sam midi, plus lun midi hors saison. Congés : fin déc-janv. Formule déj en sem 28 € ; menus 32-59 €. Parking. Apéritif maison offert sur présentation de ce guide.* Un ancien relais de poste restauré avec goût. Au resto, une grande salle lumineuse et une agréable terrasse pour profiter des beaux jours. Service stylé, vaisselle soignée, argenterie et fleurs fraîches sur la table. Un cadre feutré – mais pas guindé – qui sied bien à la cuisine gastronomique concoctée avec talent, à base de produits frais du marché et du terroir lozérien. Belle carte des vins et desserts à faire frétiller vos papilles de plaisir... Dans le bâtiment principal ou en annexe, chambres d'un excellent confort, très agréables, dans un style contemporain mêlant vieilles pierres, teintes douces et mobilier de choix.

***Accès :*** à 3 mn du centre-ville, entre l'hôtel de ville et le cinéma.

## DANS LES ENVIRONS

### CHABRITS 48000 (5 km NO)

€€ **La Safranière** – *☎ 04-66-49-31-54. Tlj sauf dim soir-lun, plus mer midi hors saison. Congés : 4 sem en fév-mars et 1 sem en sept. Résa très recommandée. Formules 20,50-24,50 € en sem ; menus 30-49 €. Café offert sur présentation de ce guide.* C'est la table gastro des environs de Mende. Dans cette ancienne bâtisse joliment restaurée, à la salle élégante et claire, on savoure une cuisine légère et délicate, finement relevée d'herbes, d'épices et d'aromates parfois exotiques. Une cuisine de saison aux accents méditerranéens avec quelques échappées vers l'Asie.

***Accès :*** par la N88, prendre le pont Roupt, puis tout droit par la D42.

## MEYRUEIS 48150

€€ **Hôtel du Mont Aigoual***** – *34, quai de la Barrière ☎ 04-66-45-65-61. • hotel-mont-aigoual.fr • Tlj sauf le midi mar et jeu hors saison. Congés : début nov-fin mars. Formule déj 20 € ; menus 28-32 €. Parking.* L'accueil (vraiment aux petits soins) donne le ton, et la belle piscine derrière l'hôtel, le grand jardin, les chambres confortables – certaines avec balcon sur le jardin –, spacieuses, calmes, confirment la bonne impression. Côté resto, cuisine soignée comme on dit, avec des produits et des recettes du terroir, juste rehaussée d'une touche de modernité.

## NASBINALS 48260

€ **Hôtel-restaurant La Route d'Argent** – *route d'Argent ☎ 04-66-32-50-03. • bastide-nasbinals.com • Ouv tlj, tte l'année. Menus 21-35 €.* En Aubrac, le restaurant est une institution, et c'est souvent l'affluence. La cuisine est robuste et des plus copieuse : truffade, aligot, pièce de bœuf de l'Aubrac, ris d'agneau aux cèpes... Pour prolonger la soirée, le bar reste ouvert jusqu'à 1h. Tout ça dans une ambiance villageoise, chaleureuse et familiale. Également des chambres toutes simples.

***Accès :*** pas difficile à trouver, c'est la grande maison derrière l'église et au centre du village.

€€ **Le Buron du Ché** – *Le Cher ☎ 04-66-32-55-72. Tlj sauf lun soir, plus lun midi et dim soir hors saison. En réalité, mieux vaut réserver, car souvent fermé le soir hors saison et complet le reste du temps. Menus 28-49 €. Café offert sur présentation de ce guide.* Une savoureuse cuisine de terroir concoctée avec les meilleurs produits du pays et soigneusement présentée. Viandes locales (merveilleuse entrecôte !) et aligot au feu de bois, touillé à bout de bras par le jovial patron qui se détend en enfilant son accordéon à l'heure du dessert ! On déguste le tout dans une toute petite salle à manger rustique et chaleureuse ou dans la salle récente, vaste et assez moderne, dotée d'une véranda avec (superbe) vue panoramique sur l'Aubrac.

***Accès :*** à 3,2 km de Nasbinals, par la D987 ; très bien fléché.

# Pyrénées-Orientales (66)

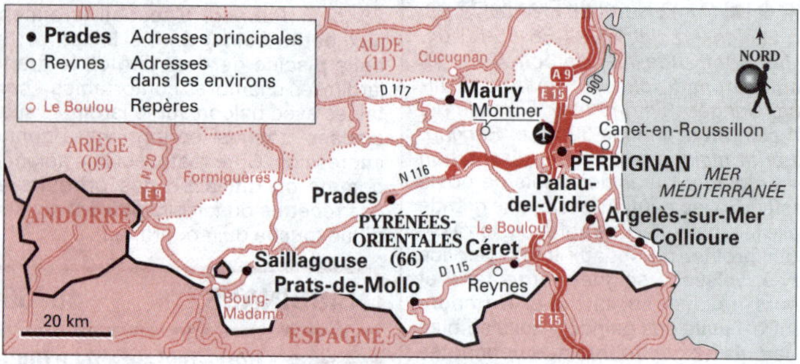


## ARGELÈS-SUR-MER 66700

**€€€ 🍽 Le Coup de Fourchette du Cayrou** – *18, rue du 14-Juillet ☎ 04-68-81-34-08. Tlj sauf dim. Menus 25-28 € le midi ; 35-42 € le soir.* Sans doute l'une des plus belles suprises de la région. Dans une vieille maison de village, vaste salle aux tables espacées, joliment dressées dans un cadre relooké contemporain qui tranche avec un nom plutôt terroir. Or, le chef, s'il s'en inspire, s'émancipe largement en l'agrémentant d'une belle pointe de créativité, et ce dès l'épatant 1er menu. Généreux, équilibré (poisson et viande en demi-portions, mais largement suffisantes). Un sans-faute de l'entrée au dessert... Accueil adorable et professionnel.

***Accès :*** au cœur du village.

## CÉRET 66400

**€€ 🏠 🍽 ⛱ 🅿 Hôtel Vidal – Restaurant del Bisbe** – *4, pl. Soutine ☎ 04-68-87-00-85. • hotelceret.com • Tlj sauf lun-mar. Congés : nov-mars. Formule déj 15 € en sem ; menu 30 € ; carte env 35 €. Parking payant.* Ancienne résidence épiscopale datant de 1735. Un charme fou avec sa belle façade ouvragée. Chambres assez spacieuses, simples et agréables, sans TV. Les propriétaires sont du village, dont ils connaissent bien les secrets. Un restaurant pour faire bombance dans la salle à manger de l'évêque, ou en terrasse sous une tonnelle ombragée par une jolie treille de vigne. La carte change chaque saison (même l'emblématique escalibade est déclinée selon les produits du marché) et peut compter sur une belle sélection de breuvages du cru. Une très bonne table de Céret.

***Accès :*** dans le centre.

## DANS LES ENVIRONS

### REYNES 66400 (6 km O)

**€€ 🍽 ⛱ Le Chat qui Rit** – *1, route de Céret, La Cabanasse-de-Reynès ☎ 04-68-87-02-22. ♿ Tlj sauf mer, plus mar et dim hors saison. Formules déj en sem 15-18 € ; menus 30-44 €. Café offert sur présentation de ce guide.* Salle bourgeoise et grande terrasse – un peu perturbée par la proximité de la route, dommage –, le décor classique d'une table intemporelle, de celles qui savent piocher ce qu'il faut de modernité tout en restant solides sur les traditions. Résultat, une cuisine de saison qui sent bon le Sud et ne jure que par le terroir, qui aime le bio, les légumes et la charcuterie. Sincère en somme, comme l'accueil.

***Accès :*** au bord de la D115 direction Amélie-les-Bains.

## COLLIOURE 66190

€€ |●| ☂ P **Le Jardin de Collioure** – *4, route de Port-Vendres ☎ 04-68-82-01-39. ♿ Tlj sauf mer hors saison. Formule 19,90 € ; menus 29,90-39,90 €. Parking.* Des recettes de cuisine locale (tapas, viandes et poissons grillés, fruits de mer), des portions plus que généreuses et un service de brasserie qui tourne vite tout en restant bien sympathique : là réside le succès de la formule ! Rajoutons à cela un cadre particulièrement romantique dans ce grand jardin et des espaces salons avec larges fauteuils pour savourer d'excellents cocktails. Les ingrédients sont réunis pour passer un excellent moment.

***Accès :*** sur les hauteurs, au pied du couvent des Dominicains.

€€€ **Le 5e Péché** – *16, rue de la Fraternité ☎ 04-68-98-09-76. Tlj sauf dim-lun. Congés : 2 sem en fév et 2 sem en nov. Résa obligatoire. Formules le midi en sem 19-25 € ; le soir, menus 39-62 € (ce dernier sur résa slt). Pas de carte.* Étonnante fusion que cette cuisine gastronomique catalane, revisitée avec un léger accent d'Asie, celui de Masashi Iijima. En plein centre du vieux Collioure, dans une petite salle à la déco sobre, c'est presque inespéré de s'offrir un aussi subtil mariage des saveurs. Intitulés des menus très sobres et plats de poissons (extra-frais) préparés selon l'inspiration du chef.

***Accès :*** dans la vieille ville.

## MAURY 66460

€€ |●| ☂ **L'Auberge de Quéribus** – *93, av. Jean-Jaurès ☎ 04-68-59-10-26. Fermé le soir nov-avr. Carte env 30 €. Café offert sur présentation de ce guide.* Simplicité et convivialité sont les maîtres mots de cette auberge. Pendant que Robert mitonne avec cœur de solides spécialités catalanes, sa femme Patricia s'active de la salle à la terrasse du 1er étage, avec vue sur les coteaux. Boles de Picolat très goûteuses servies avec des mojettes, poissons frais, civet de sanglier en saison. Le cuistot, saucier confirmé, plaisante volontiers avec les clients, pas avec la qualité des produits ! Et les desserts ne sont pas en reste.

***Accès :*** dans le centre du village.

## DANS LES ENVIRONS

### MONTNER 66720 (12 km SE)

€€€ ☂ **Auberge du Cellier** – *1, rue Sainte-Eugénie ☎ 04-68-29-09-78. • aubergeducellier.com • ♿ Tlj sauf mar-mer mai-sept, lun-mer oct-avr. Congés : 3 sem à partir de la Toussaint et 1 sem mi-mars. Menus 23 € le midi en sem, puis 39-76 €.* Homme-orchestre jeune et détendu, le talentueux Pierre-Louis Marin est tour à tour sommelier et maître d'hôtel, tout en restant aux commandes de sa cuisine. La déco de la salle a su rester simple, mais les tables sont dressées avec la précision d'un grand restaurant. En direct des filets du pêcheur, des poissons habilement préparés côtoient des viandes locales et des produits de saisons qui ne viennent jamais de loin, eux non plus ! Chambres de bon confort et non dénuées de charme. Petit déj d'anthologie !

***Accès :*** par la D117 direction Estagel, puis la D612.

## PERPIGNAN 66000

€€ |●| ☂ P **Le Sud** – *12, rue Louis-Bausil ☎ 04-68-34-55-71. ♿ Tlj sauf dim, le soir slt ; hors saison, fermé aussi lun. Congés : nov-fév. Menu 30 € ; carte env 35 €. Parking. Digestif maison offert sur présentation de ce guide.* Dans une sorte d'hacienda, on entre dans un monde entre Provence, Mexique, Moyen-Orient, Grèce et Catalogne. Les tables sont diposées dans le patio, où trône un vieux figuier. Cuisine parfumée, service souriant. Certains soirs, les guitaristes du quartier viennent souffler le *duende,* comme dans le quartier de Triana, à Séville. Dépaysement garanti !

***Accès :*** au bout de la rue F.-Rabelais, après le couvent des Minimes.

€€ |●| ☂ **Le Saint-Jean** – *1, cité Bartissol ☎ 04-68-51-22-25. Tlj sauf dim (fermé le soir dim-mer hors saison). Congés : 2 sem début janv. Formules 15-19 € le midi en sem (hors période estivale) ; menu 31 € le soir et le w-e. Un verre de vin maison offert sur présentation de ce guide.* Du gastro à prix bistrot. Travaillant d'abord des produits de saison, du cru principalement, Yann Auger revisite en finesse le terroir catalan, et même au-delà les classiques de la cuisine hexagonale. De la belle ouvrage, jusqu'aux jolis desserts, frais et créatifs, à découvrir dans une petite salle feutrée un rien compassée ou, mieux, aux beaux jours, sur la délicieuse terrasse étendue au pied de la cathédrale.

***Accès :*** sur le côté gauche de la cathédrale Saint-Jean.

**€€€ La Rencontre** – *16-18, rue des Cardeurs ☎ 04-68-34-42-73. Fermé dim-lun, le midi des j. fériés et le soir hors saison. Congés : fin déc-début janv, 2 sem en juin et 1 sem en nov. Formule déj 19 € ; menus 30 € (sam midi)-45 € ; carte 55 €.* Dans une étroite ruelle, une rencontre gastronomique qui ne doit rien au hasard. Guillem, aux commandes de ce resto de haute volée, a une idée fixe : régaler ses clients. Il s'en donne les moyens en piochant le meilleur chez les producteurs locaux pour composer une cuisine inventive ne boudant pas le terroir. Une aubaine au menu du déjeuner !

## DANS LES ENVIRONS

### CANET-EN-ROUSSILLON
66140 (11 km E)

**€€ |●| ⛱ Vigatane** – *2, rue des Remparts ☎ 04-68-73-16-30. ♿ Hors saison, ouv tlj sauf lun-mar ; en été, ouv ts les soirs, plus le midi sam-dim et j. fériés. Résa conseillée (même en hiver). Formules déj 14-18 € ; menus 25-39 € ; carte env 30 €. Digestif maison offert sur présentation de ce guide.* Quelle adresse ! Un lieu, vieille maison aux épais murs de pierre et sa terrasse. Un décor, exubérant, avec un petit train jaune miniature qui fait le tour des plafonds, une *torera* blonde au balcon, une sandale géante (la fameuse *vigatane*). Le poisson saute à la *planxa*, la viande grille sous vos yeux, dans l'immense cheminée aux côtés de laquelle trônent d'énormes miches à l'ancienne. Une auberge rigolarde et atypique pour gueuleton de copains, que l'on pourrait qualifier de « théâtre gastronomique ».

***Accès :*** au centre de Canet-Village.

**€€€ |●| ⛱ Le Bouchon Catalan** – *18, av. de la Méditerranée ☎ 04-68-73-37-16. ♿ Tlj sauf lun en été ; tlj sauf mar-mer en hiver. Congés : fin déc-début fév. Formules déj 14-19 € ; carte 40 €.* Joli cadre coloré et aéré, avec ses toiles bayadère en guise de chemins de table et sa grande terrasse sur la rue. Mais on vient surtout pour la pêche du jour et la cuisine typiquement catalane, délicatement rehaussée d'une pointe de créativité. Goûter la parillade de poissons, spécialité de la maison. Un incontournable.

***Accès :*** sur l'une des grosses avenues qui mènent à la place Méditerranée (centre de Canet-Plage).

## PRADES 66500

**€€€ |●| ⛱ Le Galie** – *3, av. du Général-de-Gaulle ☎ 04-68-05-53-76. ♿ Tlj sauf le soir lun-mer et mer midi. Congés : 1 sem en fév, juin, oct et déc. Formule déj 19-23 € sauf dim ; menus 39-73 €. Café offert sur présentation de ce guide.* Déco claire et sobre en bois et fer forgé. Accueil discret et charmant, au service d'un jeune chef qui travaille des produits frais, de préférence locaux et bio. Formule du midi impeccable. C'est goûteux, souvent imaginatif, et en plus il y a une terrasse. Bref, on est conquis.

***Accès :*** près de la gare routière.

## PRATS-DE-MOLLO 66230

**€€ 🏠 |●| ⛱ P Hôtel Le Bellevue – Restaurant Bellavista***** – *pl. du Foiral ☎ 04-68-39-72-48. • hotel-le-bellevue.fr • ♿ Tlj sauf mar-mer en hors saison. Congés : déc-janv et du 1er au 9 fév. Menus 20 € (sauf w-e et j. fériés), puis 33-57 € ; carte 45-50 €. Parking. Apéritif maison offert sur présentation de ce guide.* Des chambres élégantes et impeccables, certaines avec terrasse. Au restaurant, une cuisine régionale de haute qualité. Il faut dire que Denis Visellach a reçu la Casserole d'Or des établissements *Logis de France* des Pyrénées, une sacrée référence ! Sa spécialité : l'agneau catalan cuit dans le foin. Table distinguée Logis.

## SAILLAGOUSE 66800

**€ 🏠 |●| Hôtel-Restaurant Chez Planes***** – *6, pl. de Cerdagne ☎ 04-68-04-72-08. • chezplanes.com • ♿ Tlj sauf dim soir-lun hors saison. Congés : 12 nov-1er déc et 15-30 avr pour le resto. Brasserie, formules 12,50-13 € et menu 16 € ; resto, menus 24-45 € ; carte.* Faites arrêter le cocher à cet ancien relais de diligences. Les Planes vous accueilleront dans leur honorable maison comme leurs ancêtres l'ont fait depuis un siècle. Aigles, renards, faisans, ours sont de la noce... ou presque, aux murs d'une immense salle chic et lumineuse, où les piliers de pierre portent une haute et belle charpente. Tables biens dressées et nappées de blanc, comme la Cerdagne en hiver. La gastronomie y est régionale, de qualité constante et très bien présentée. Et pour ne rien gâcher, le service est efficacement mené par un personnel tiré à quatre épingles et serviable. Également de belles chambres rénovées pour certaines, afin de prolonger le séjour dans cette jolie région.

## PALAU-DEL-VIDRE 66690

**€€€ 🍴 ⛱ P L'Ancienne École** – *10, av. Joliot-Curie ☎ 04-68-22-34-09. ♿ Tlj sauf dim soir-lun (tlj sauf lun en juil-août). Congés : Noël-début fév. Formule déj en sem 20 € ; menu 40 € ; carte 40 €. Parking. Café offert sur présentation de ce guide.* Belle cuisine du marché, fraîche, délicate et colorée aux saveurs du Sud, servie avec soin entre les murs en pierre brute de l'ancienne école du village, ou sur la grande terrasse ombragée. Si l'atmosphère n'a rien d'empesé, chaque détail est étudié, jusqu'au café que l'on sélectionne à la carte.

***Accès :*** dans la rue principale.

# Tarn (81)

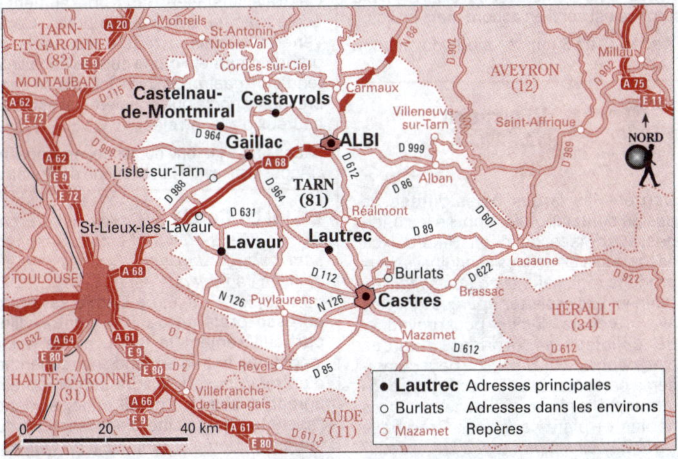


## ALBI 81000

**€ 🍴 ⛱ Le Clos Sainte-Cécile** – *3, rue du Castelviel ☎ 05-63-38-19-74. ♿ Tlj sauf mar-mer. Congés : nov-fév. Menus 20-27 €.* Dans cette ancienne école, qui a fermé ses portes dans les années 1990, ne résonnent plus les cris des écoliers en culottes courtes, mais bien ceux des coups de fourchettes. Un resto au cadre sobre pour une cuisine fraîche, bien amenée et agrémentée d'un brin de fantaisie. En été, avec ses lauriers-roses, ses tilleuls et ses guirlandes de loupiotes multicolores, l'ancienne cour de récréation offre un cadre délicieusement champêtre pour s'attabler.

***Accès :*** à deux pas de la cathédrale.

**€€ 🍴 ⛱ Le Lautrec** – *13, rue Henri-de-Toulouse-Lautrec ☎ 05-63-54-86-55. Tlj sauf dim soir-lun, plus dim midi en juil-août. Congés : 1re sem des vac scol d'hiver, 2 sem fin août-début sept et 1re sem des vac scol de la Toussaint.*

*Formules déj en sem 16-18 € ; menus 25-36 €.* En face de la maison natale de Toulouse-Lautrec, un resto fort plaisant, tant par son cadre rustique que par sa cuisine. Décor alliant harmonieusement brique et couleurs tendres. En été, petit patio calme, sous la tonnelle de glycine, qui réserve une certaine intimité. Plats régionaux fort réussis, d'autres s'inspirant de saveurs méditerranéennes.

***Accès :*** au cœur historique du vieil Albi.

€€ **La Table du Sommelier** – *20, rue Porta ☎ 05-63-46-20-10. Tlj sauf dim-lun. Formules déj en sem 16-18 € ; menus 28-55 €. Le 1er verre de vin facturé, le 2e verre offert sur présentation de ce guide.* Daniel Pestre a été consacré Meilleur Sommelier de France en 2004 ! Le décor de briques et poutres est autour des étiquettes et des bouchons. Deux belles terrasses, dont une magnifique couverte, à l'arrière. Belle cuisine de marché aux menus régulièrement renouvelés. Le menu surprise est servi en accord mets et vins.

***Accès :*** à 5 mn à pied du musée Lapérouse.

€€ **L'Épicurien** – *42, pl. Jean-Jaurès ☎ 05-63-53-10-70. Tlj sauf dim-lun. Formules déj 18,50-21 € ; menus 32-45 €.* Derrière les larges baies vitrées, le design contemporain rappelle les origines suédoises du chef. Rikard Hult associe ses influences scandinaves aux produits régionaux avec une simplicité raffinée. Les assiettes épurées ignorent les « lourdeurs » locales pour provoquer de délicieuses surprises, sources d'émotions. Midi et soir, on peut combiner la carte bistrot et la carte gastronomique, alternant à l'envie recettes nobles et plats canailles... Très belle carte des vins à prix tout à fait abordables, une bonne surprise dans un resto que l'on a vite fait de qualifier de chic.

## CASTELNAU-DE-MONTMIRAIL 81140

€€€ **Le Ménagier** – *pl des Arcades ☎ 05-63-42-08-35. Tlj sauf lun-mar ; fermé mer oct-mai. Résa conseillée. Menus déj en sem 24 €, puis 36 €.* C'est dans ce tranquille village que Gérard Garrigues a posé ses couteaux, après avoir dirigé sa brigade à Toulouse où il fut étoilé. À partir de produits de grande qualité, il concocte une cuisine toujours aussi savoureuse, raffinée et inventive. Le concept de menu à choix unique (proposé parfois en déclinaison d'un produit de saison) est une réussite totale. Le menu du midi est d'ailleurs d'un rapport qualité-prix formidable ! En terrasse sous les arcades de cette superbe place ou dans l'élégante salle, Valérie, son épouse, assure un service efficace, ponctué d'attentions touchantes. La meilleure table du coin ! *NOUVEAUTÉ.*

***Accès :*** sur la place centrale du village.

## CASTRES 81100

€ **Les Mets d'Adélaïde** – *36, av. Georges-Alquier ☎ 05-63-35-78-42. Ouv mer-dim midi. Congés : 1 sem début janv et 2 sem début sept. Menus 20 € le midi (sauf dim et j. fériés), puis 23,50-58 €.* Une institution, connue de tous les Castrais, installée dans une ancienne école avec terrasse sous le préau. Cette vénérable maison régale les petits et grands gourmets d'une cuisine canaille à tendance gastronomique. Ici, pas de cancre, pas d'école buissonnière, on est tous heureux d'aller en classe ! *NOUVEAUTÉ.*

***Accès :*** à 5 km env du centre, en longeant l'Agout,juste avant la commune de Burlats.

€€ **Le Cercle** – *52, rue Émile-Zola ☎ 09-80-78-10-44. Fermé mar-mer, sam midi et dim soir. Congés : Noël-Jour de l'an. Menus déj en sem 15,90 €, puis 25,50-35,50 €.* *Le Cercle* est notre adresse préférée dans le centre-ville, particulièrement le lundi, après avoir longtemps tourné en rond à la recherche d'un resto ouvert ! Cadre contemporain agréable, avec un gentil patio, et dans l'assiette une cuisine bien dans l'air du temps, élaborée et raffinée, à prix justes. Ravioles, crépinettes d'agneau, fondant au chocolat et caramel au beurre salé... on s'est régalé. *NOUVEAUTÉ.*

***Accès :*** dans le centre-ville.

€€ **Le Pescadou** – *20, rue des Trois-Rois ☎ 05-63-72-32-22. Tlj sauf dim, lun et j. fériés. Congés : 3 sem en août. Formules 13,90-19,90 € le midi en sem ; menus 27-33 €.* Quand le resto est plein, on dresse des tables dans la poissonnerie située juste à côté. Parce que le patron, issu d'une famille de pêcheurs de Sète, est d'abord poissonnier et ouvre son magasin tous les matins très tôt pour réceptionner la marée du jour. Le seul plat fixe, c'est la bouillabaisse ou la soupe de poisson (pour le reste, peuchère ! ça dépend des arrivages). C'est bon, frais, copieux, et servi avec bonne humeur. Terrasse en été.

***Accès :*** à deux pas de la place Jean-Jaurès, en plein centre.

*€€€* **Bistrot Saveurs** – *5, rue Sainte-Foy ☎ 05-63-50-11-45. ♿ Ouv lun-ven midi et soir. Congés : 3 sem en août. Formules déj 19-25 € en sem ; menus 35-80 €.* Simon Scott s'est affranchi du corset doré des grandes tables londoniennes où il a officié, préférant rencontrer les petits producteurs locaux à la recherche du meilleur produit, bio à fortiori. Il sublime les saveurs par un subtil jeu d'équilibre avec les épices, mêlant salé et sucré. Ça, c'est son côté anglais, assure-t-il ! *Final touch :* la déco contemporaine qui reflète au mieux sa créativité (le menu change quasi tous les jours). « Agitateur de goût » à n'en pas douter, il s'inscrit bel et bien dans la dynamique des jeunes chefs tarnais.

## DANS LES ENVIRONS

### BURLATS 81100 (5 km NE)

*€€€ |●| ☂* **Louis** – *27, av. du Sidobre ☎ 05-63-35-05-98. Ouv mer-dim midi. Congés : 1re quinzaine de janv et 1 sem mi-sept. Menus 23 € le midi (sauf dim et j. fériés), puis 32-55 €.* L'extérieur peut surprendre : un bâtiment industriel tout en longueur, une ancienne laiterie. Mais après avoir poussé la porte, on découvre une salle à la déco très contemporaine, un brin design, tout en baies vitrées ouvertes sur une grande terrasse bordée par la rivière. C'est ici que Fabien Billières, jeune chef créatif et talentueux, a ouvert son restaurant gastronomique. Sa cuisine, créative en diable, joue sur les harmonies de saveurs, de textures et de couleurs. Dès le 1er menu du midi, à prix très abordable, on est bluffé. Service attentionné mais détendu de son épouse. *NOUVEAUTÉ.*

***Accès :*** à 5 km environ du centre-ville de Castres, en bordure de l'Agout, un peu avant le village de Burlats.

## CESTAYROLS 81150

*€€ |●| ☂* **Lou Cantoun** – *4, route d'Albi ☎ 05-63-53-28-39. ♿ Tlj sauf mar-mer. Formule déj en sem 20 € ; menus 29-39 € ; carte 40 €.* Un nom occitan des plus traditionnels pour une cuisine de chef qui ne l'est pourtant pas ! Bernard Gisquet a du talent ! Certes, dans les assiettes, on retrouve des produits du terroir, mais ils sont préparés avec une touche très personnelle et imaginative. On approche l'excellence en matière de desserts... Aux beaux jours, agréable terrasse donnant sur un jardin et sur le clocher de l'église. Une belle trouvaille !

***Accès :*** dans le centre du village.

## GAILLAC 81600

*€€ |●| ☂* **Vigne en Foule** – *80, pl. de la Libération ☎ 05-63-41-79-08. ♿ Tlj sauf dim-lun. Congés : 2 sem fin juin-début juil et 1 sem mi-oct. Le midi, formule 17 € ; le soir, menu 29 € ; carte 30-45 €.* Un resto-bar à tapas des temps modernes, dans un cadre sobre et épuré. Belle cuisine qui célèbre les produits régionaux avec une touche sympathique dans la présentation des plats. C'est aussi une cave et un bar à vins qui propose plus de 250 références (à 90 % bio). Parmi elles, les valeurs sûres du vignoble gaillacois commes les étoiles montantes, mais aussi des vins de tout l'Hexagone. Organise des soirées gastronomiques à thème.

## DANS LES ENVIRONS

### LISLE-SUR-TARN 81310 (10 km SO)

*€€ |●| ☂* **Le Romuald** – *6, rue du Port ☎ 05-63-33-38-85. Tlj sauf dim soir, lun et mar soir. Congés : vac scol de la Toussaint. Formule 14 € le midi ; menus 21-36 €. Café offert sur présentation de ce guide.* Dans une petite rue cachée, une belle maison où le chef régale son monde en toute discrétion. Tout maison, tout bon, la formule est imparable et le rapport qualité-prix est excellent. Cuisine du marché, soignée, comme on aime, qui plus est, servie avec le sourire. En été, on se battra pour les quelques places installées dans le patio, tandis que les jours moins cléments, on se rapprochera du feu de cheminée où grillent de belles pièces de viande, la spécialité maison.

***Accès :*** entre l'office et la rivière du Tarn.

## LAUTREC 81440

**€ I●I ⛱ Le Clos d'Adèle** – *6, pl. du Monument ☎ 05-81-43-61-91. Tlj sauf dim soir en saison, plus mer et jeu midi hors saison. Congés : 15 janv-7 fév et 22-30 déc. Menus 19-36 €.* Au cœur de Lautrec, un resto au cadre ravissant, tant en salle qu'en terrasse. Excellente cuisine de terroir et de marché mettant, c'est bien la moindre des choses, l'ail de Lautrec à l'honneur. Bons produits (notamment l'onglet de veau du Ségala), bons vins, prix doux et bon accueil. Bonne pioche !

## LAVAUR 81500

**€ I●I La Gourmandine** – *35, av.Charles-de-Gaulle ☎ 05-63-41-83-77. Fermé mar, mer et jeu midi. Formules déj 10,80-14,80 € (sauf dim) ; menus 23,80-27,80 €.* Les gourmands se pressent pour s'attabler dans ce petit resto. Pour un repas économique du midi, on recommande les copieuses « salades du moment », qui varient selon l'humeur et l'inspiration du chef Sébastien Bénozet. Sinon, les menus proposent de savoureux plats qui revisitent la cuisine du terroir, avec des suggestions terre-mer fort bien réalisées. Quant aux desserts, ils sont formidables ! Ne pas y goûter serait un péché. *NOUVEAUTÉ.*

***Accès :*** dans le centre-ville.

## DANS LES ENVIRONS

### SAINT-LIEUX-LÈS-LAVAUR

81500 11 km NO

**€€ I●I ⛱ Le Colvert** – *En Boyer ☎ 05-63-41-32-47. ♿ Tlj sauf sam midi, dim soir et lun midi. Congés : vac scol de la Toussaint. Formules déj 12-14,50 € (en sem) ; menus 26-32 €.* Un resto au cadre très agréable tant à l'intérieur, avec ses poutres et ses murs de brique, qu'à l'extérieur, avec sa terrasse ombragée par un vénérable marronnier et ses quelques arbres fruitiers. En parcourant la carte, on imagine une cuisine régionale de saison jouant dans un registre assez classique. Pourtant, dans les assiettes, on découvre de belles trouvailles, aux touches d'originalité réussies. Et en saison de chasse, du colvert bien sûr. Une adresse qui bénéficie d'une réputation méritée.

# Tarn-et-Garonne (82)

## AUVILLAR 82340

**€ I●I ⛱ Le Petit Palais** – *7, pl. de l'Horloge ☎ 05-63-29-13-17. Tlj sauf jeu, plus mer oct-mai. Résa conseillée. Menus 13 € le midi en sem, puis 20 € ; carte 32-38 €.* Un sympathique resto qui tombe à point nommé pour profiter au mieux de ce si beau village. La carte, à l'aise dans le registre régional (assiette du coin-coin, parmentier de confit de canard), n'est pas très longue, mais c'est un gage de qualité et de produits frais. Et Christophe, le maître des lieux, qui s'active en cuisine et au service, y tient ! Les plats ont de la saveur, les portions sont généreuses. Une belle cuisine de caractère. La carte des vins fait honneur aux crus du coin (Gascogne, Brulhois, Cahors), logique. Dans la petite salle aux tons gris ou en terrasse au bord de la rue, on s'régale et on s'en va, repu. *NOUVEAUTÉ.*

## DANS LES ENVIRONS

### BARDIGUES 82340 (5 km S)

**€€ I●I ⛱ Auberge de Bardigues** – *dans le village ☎ 05-63-39-05-58. ♿ Tlj sauf dim soir et lun (tte l'année), plus mer soir sept-juin. Congés : 2 sem fin août-début sept, 1 sem début nov et 2 sem fin janv-début fév. Formule et menu 17-22 € sauf sam soir, dim midi et j. fériés ; menus 33-69 € ; carte 35-50 €.* Voilà le genre d'adresse qu'on est content d'avoir déniché ! Camille et Cyril, deux routards, se sont installés dans ce minuscule et charmant village. Ils ont aménagé une salle lumineuse (grandes baies vitrées) à la tonalité contemporaine, sans oublier une terrasse ombragée pour la belle saison. Ici, pas d'esbroufe, mais une cuisine spontanée, pleine de fraîcheur et de saveurs, au diapason avec son époque. Les produits régionaux sont joliment

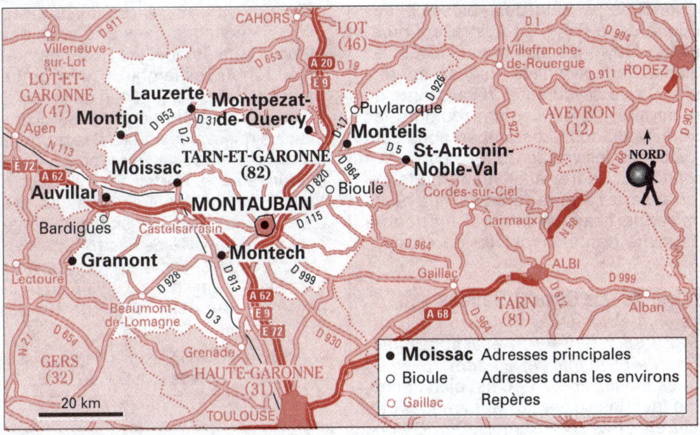


mis en scène. En prime, le vin est à prix sages. Une adresse qui fait l'unanimité.

***Accès :*** par la D11.

## GRAMONT 82120

€ |●| ☂ **Auberge Le Petit Feuillant** – ☎ *05-63-94-00-08. ♿ Tlj sauf dim soir et mer. Résa indispensable. Congés : fév et nov. Menus 19-38 €. Trou gascon offert sur présentation de ce guide.* Intérieur aux murs de pierre ornés d'anciens outils agraires ou salle aux teintes rosées. Depuis belle lurette, l'adresse est connue pour sa solide cuisine de terroir (menu cassoulet et menu poule farcie à commander 24h à l'avance, à partir de 4 personnes). Terrasse devant le château.

***Accès :*** dans le village, à côté du château.

## LAUZERTE 82110

€ ⌂ |●| ☂ **Hôtel-restaurant du Quercy** – *faubourg d'Auriac* ☎ *05-63-94-66-36. • hotel-du-quercy.fr • Resto fermé dim soir-lun (tte l'année), plus mer soir hors saison. Congés : vac scol de la Toussaint et d'hiver. Formule déj en sem 14 € ; menus 20-34 €. Apéritif maison offert sur présentation de ce guide.* Cuisine de belle tenue, aux accents gastros et faisant preuve d'originalité. Frédéric Bacou se fait un honneur de travailler les produits et change la carte à chaque saison. Paisible terrasse le long de la rue. À l'intérieur, salle aux couleurs ensoleillées. Du sérieux.

## MOISSAC 82200

€ |●| ☂ **Restaurant Le Florentin** – *8, pl. Roger-Delthil* ☎ *05-63-04-19-18. Tlj sauf mar hors saison. Congés : déc-fév. Formule et menus en sem 17-23 € ; le w-e env 23-28 € et carte. Apéritif maison offert sur présentation de ce guide.* Avec sa terrasse qui s'étale au pied de l'abbatiale, on ne peut envier meilleure situation à Moissac ! Les produits frais du terroir, joliment travaillés, sont à la fête (magret de canard, agneau du Quercy, foie gras maison avec sa confiture de chasselas, etc.). C'est aussi une bonne adresse pour déguster des glaces artisanales, dont un sorbet au chasselas préparé par un artisan réputé.

***Accès :*** au centre, à proximité du cloître.

## MONTAUBAN 82000

€ |●| ☂ **Restaurant Nous** – *7, rue Bessières* ☎ *05-63-91-97-03. ♿ Ouv le midi lun-ven, plus jeu soir et ven soir. Congés : 1 sem pour les fêtes de fin d'année. Formule et menu servis midi et soir 19-36 €.* Eux, c'est Élise et Raphaël, elle en salle, lui en cuisine, tous deux fraîchement débarqués à Montauban. Ils sont jeunes, mais leur parcours déjà bien rempli les a conduits au sein de tables étoilées à Londres, à Paris, en Australie. Forcément, côtoyer les plus grands révèle les talents. Perfectionniste, Raphaël apprête une cuisine savoureuse, réjouissante de modernité, en privilégiant toujours les produits du coin. Les préparations sont goûteuses, les viandes fondantes. Du pur bonheur... Cadre résolument moderne. Terrasse à l'arrière lorsqu'il fait beau. Un rapport qualité-prix qui ne souffre d'aucune contestation, foi de routard. *NOUVEAUTÉ.*

€€ 🍽 ☂ **La Cave Ô Délices** – *10, pl. Franklin-Roosevelt ☎ 05-63-63-69-69. Tlj sauf dim-lun. Résa conseillée. Formule et menu déj en sem 16-20 € ; autres menus 26-42 €.* C'est bien connu, il ne faut pas se fier aux apparences ! En voilà encore un bel exemple. Derrière une façade des plus quelconque, se cache une table méritante. En coulisses, le chef s'évertue à préparer une cuisine d'inspiration régionale, travaillée de manière juste, bien fichue. Des plats qui mettent l'eau à la bouche et que l'on savoure, presque en catimini, dans la jolie cave voûtée en brique comme Montauban en a le secret. Les beaux jours, quelques tables s'échappent sur la terrasse du *Georges Hôtel. NOUVEAUTÉ.*

***Accès :*** en face de la cathédrale.

€€€ 🍽 **Au Fil de l'Eau** – *14, quai du Docteur-Lafforgue ☎ 05-63-66-11-85. ♿ Tlj sauf dim-lun et j. fériés. Formules déj en sem 15-17 € ; menus 37-58 € ; carte.* Une des bonnes tables de Montauban, sur les bords du Tarn. Cadre à la tonalité contemporaine, sobre, élégant et égayé par quelques touches de couleurs chatoyantes. Au raffinement de la cuisine, ajoutez un service efficace et vous aurez compris qu'un détour par le *Fil de l'Eau* s'impose. Le cassoulet fait partie des spécialités de la maison. Dommage qu'il n'y ait pas de terrasse près du Tarn malgré la proximité de la berge. *NOUVEAUTÉ.*

***Accès :*** au bord du Tarn.

## DANS LES ENVIRONS

### BIOULE 82800 (18 km NE)

€€ **Les Boissières** – *708, route de Caussade ☎ 05-63-24-50-02. ♿ Tlj sauf sam midi, dim soir et lun. Menus 19,50-22,60 € le midi en sem, puis 33-60 € ; carte. Apéritif maison offert sur présentation de ce guide.* Aménagée dans une ancienne grange, la table de Cyril Rosenberg et Sissi Tchou ressemble à une petite perle cachée dans un écrin de verdure. Fraîcheur garantie pour cette cuisine intuitive qui évolue au gré des produits du marché et de l'inspiration de Cyril, chef insatiable. Parfois un peu déroutantes, mais toujours séduisantes, ses créations sont imprévisibles et chassent toute banalité de la carte. La précision des cuissons laisse aux saveurs tout leur dynamisme qui éclate en bouche avec une belle longueur. Un pur plaisir !

***Accès :*** par la D115 jusqu'à Nègrepelisse, puis la D64 à droite et la D95 à droite.

## MONTECH 82700

€€ 🍽 ☂ **Bistrot Constant** – *26, rue de l'Usine ☎ 05-63-24-63-02. Ouv tlj. Formule et menu déj en sem 19-23 €, puis 32 € ; carte env 40 €.* À la sortie du village, vers Montauban. Le grand chef Christian Constant *is back home !* Après Paris et Toulouse, il a repris la maison de l'éclusier à Montech. On y savoure une cuisine méridionale à prix démocratiques. Produits locaux choisis parmi les meilleurs. Et il s'y connaît, le bougre ! Agréable terrasse au bord du canal.

## MONTEILS 82300

€€ 🍽 ☂ 🅿 **Le Clos Monteils** – *7, chemin du Moulin ☎ 05-63-93-03-51. Tlj sauf lun-mar et le soir des dim et j. fériés. Congés : de mi-janv à mi-fév et 10 j. en nov. Menus 19 € le midi en sem, 32-47 € le soir et menu surprise 57 € servi pour l'ensemble de la table. Parking.* Un petit détour gastronomique que vous ne regretterez pas. Bernard Bordaries, après avoir régné dans les plus grands restaurants, s'est installé dans ce joli prieuré tout habillé de pierre et de vigne vierge. Avec l'aide de sa charmante épouse, il a créé un lieu empreint de délicatesse et de raffinement. Pressés, stressés, passez votre chemin... la bonne cuisine demande du temps. Courte carte, produits frais et menus de saison : velouté de girolles et châtaignes à l'huile citronnée, aile de pintade en croûte de sel, desserts somptueux, etc. Terrasse pour les beaux jours.

***Accès :*** à 3 km de Caussade, en direction de Puylaroque.

# DANS LES ENVIRONS

## PUYLAROQUE
82240 (11 km NE)

*€€€* **Les Sens** – *2, pl. de la Libération ☎ 05-63-02-82-25. Tlj sauf dim soir-lun, plus mar hors saison. Formule et menu le midi en sem 23-29 €, puis 42-61 €.* Thierry Pszonka a l'étoffe des grands chefs, nourri par ses périples gastronomiques à la tête de grandes tables en France, aux USA et en Amérique du Sud. Fouineur et dénicheur de sens, créateur d'accords subtils, il révèle les produits du terroir en travaillant des associations inédites, les sublime avec des saveurs venues d'ailleurs et des fleurs qui ont poussé dans son potager. De la haute voltige, on vous dit ! Sa spécialité : la truffe qu'il cuisine sans pareil. L'or noir du Quercy a trouvé sa pépite ! Et si vous voulez apprendre certains de ses secrets, Thierry Pszonka donne des cours. *NOUVEAUTÉ.*

***Accès :*** par la D17.

## MONTJOI 82400

*€€* **La Cage aux Oiseaux** – *pl. de la République ☎ 05-63-29-29-29. Pâques-Toussaint, ouv tlj sauf lun midi et mar ; le reste de l'année, ouv slt ven soir, sam-dim, sinon sur résa. Congés : 1 sem avt les vac scol de Pâques, 1 sem après les vac scol de Toussaint et à Noël. Menu 29 € midi et soir ; sinon carte 30-35 €.* Tout, tout, tout, vous saurez tout sur le resto ! Du vrai, du beau, du bon, des produits frais, des plats soignés, et un chef qui a du doigté. Une cuisine bien vue, parfois hors des sentiers battus, des serveuses au joli minois pour un service qui met en joie. Terrasse pour profiter des oiseaux qui piaillent en liberté.

***Accès :*** dans le village.

## MONTPEZAT-DE-QUERCY 82270

*€€* **La Table du Cardinal** – *13, rue de la République ☎ 05-63-64-47-50. Tlj sauf lun-mar. Menus 15,50 € sauf sam soir et dim, puis 26-33 €.* C'est à deux pas de la belle place à couvert, qu'Alexandre et Stéphanie Bogaert, un couple originaire du Nord, ont choisi de démarrer leur nouvelle vie. On les en remercie ! Au-delà de quelques concessions faites aux standards culinaires régionaux (foie gras...), Alexandre propose un joli voyage culinaire parsemé de saveurs aux horizons parfois lointains. Une cuisine qui conjugue originalité et simplicité. Le 1er menu offre un rapport qualité-prix qui ne souffre d'aucune contestation. Salle plaisante et patio agrémenté d'un olivier pour les jours d'été. *NOUVEAUTÉ.*

***Accès :*** dans le centre.

## SAINT-ANTONIN-NOBLE-VAL 82140

*€* **L'Auberge des Sens** – *6, bd des Thermes ☎ 05-63-31-27-41. Tlj sauf lun, plus dim soir hors saison. Résa conseillée. Formule et menu déj 12-15 € ; autres menus 24-29 € ; carte env 30-35 €.* Une adresse tenue par un couple qui aime son travail et qui a le sens des choses bien faites. En salle ou sous l'impressionnante treille qui couvre la terrasse, Laurence est aux petits soins avec les clients. Quant à Stéphane, son truc, ce sont ses casseroles, ses fourneaux et le respect des produits frais locaux. Le résultat est réjouissant, dès les 1ers menus du midi. *NOUVEAUTÉ.*

*€€* **Le Carré des Gourmets** – *13, bd des Thermes ☎ 05-63-30-65-49. Tlj sauf mer, plus mar soir et dim soir hors saison. Congés : de mi-déc à mi-fév. Menus 20-23,50 € le midi en sem, puis 30-39 €.* Frédéric et Véronique Raffi ont solidement amarré leur resto aux berges de l'Aveyron, face à la falaise du roc d'Anglars. Ils aiment leur région, et ça se sent ! Priorité aux producteurs locaux et aux produits de saison. Dans cet esprit, la carte des vins met l'accent sur des crus du coin, souvent méconnus du grand public. La personnalité et la créativité du chef s'expriment avant tout à travers une recherche permanente des contrastes. Au gré des plats, le moelleux jongle avec le croustillant, le chaud côtoie le froid, le sucré tutoie le salé... Gourmets et gourmands sont à la fête ! Intérieur moderne et sobre, ou terrasse au bord des flots pour profiter du cadre paisible. Service parfois un peu long tout de même certains jours de fêtes.

# PAYS DE LA LOIRE

**Pictos utilisés dans ce guide**

- € Menu à moins de 25 €
- €€ Menu de 25 à 35 €
- €€€ Menu à plus de 35 €
- Hôtel-restaurant
- Restaurant
- Restaurant avec notre toque
- Terrasse
- Parking
- Piscine
- Accessible aux handicapés

## Loire-Atlantique (44)

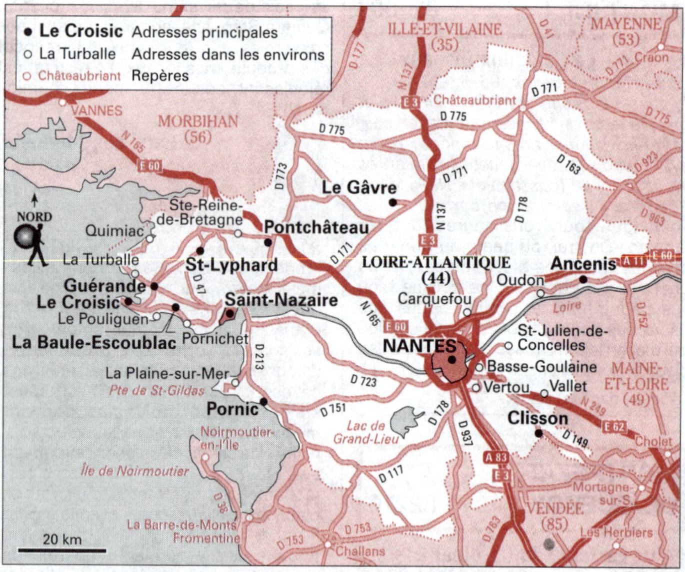


Sur présentation de ce guide, nombreuses offres et réductions en 2018.

## ANCENIS 44150

**€€ La Toile à Beurre** – *82, rue Saint-Pierre ☎ 02-40-98-89-64. Tlj sauf dim soir, lun, mar soir et mer soir. Formule déj en sem 17,50 € ; menus 28-55 €. Café offert sur présentation de ce guide.* Dans une superbe salle de tuffeau dotée d'une cuisinière rétro et agrémentée de cochonailles suspendues, les sympathiques patrons proposent une délicieuse et délicate cuisine de saison à base de produits frais, avec quelques spécialités nantaises ou de Loire bien travaillées. Belle carte de vins locaux.

***Accès :*** en plein centre, juste à côté de l'église.

## DANS LES ENVIRONS

### OUDON 44521 (10 km O)

**€€ Villa Saint-Germain** – *170, rue Alphonse-Fouschard ☎ 02-51-14-10-04. Tlj sauf dim soir-mar. Résa indispensable. Formules 16-24 € le midi en sem ; le soir, menu 32 €. Parking.* On vient de Nantes pour découvrir la surprenante cuisine de Marie Le Calvez ! En perpétuelle invention, inspirée par ses (grands) maîtres autant que par ses voyages en Asie, elle cuisine d'instinct et étonne à chaque plat. On sort de ce lieu unique, à l'ambiance cosy et détendue, en se promettant d'y revenir pour de nouvelles découvertes culinaires. Un coup de cœur, vous l'aurez compris !

***Accès :*** au pied du petit pont, dans le centre-ville.

## CLISSON 44190

**€ Villa Saint-Antoine***** – *8, rue Saint-Antoine ☎ 02-40-85-46-46. • hotel-villa-saint-antoine.com • Formules déj en sem 15,50-21,50 € et menus 24,50-42 €. Parking.* Installée dans les anciennes tanneries au bord de la Sèvre, la *Villa Saint-Antoine* joue la carte du modernisme en ce lieu historique. La table est à la hauteur avec une cuisine de saison inventive, osant des alliances de saveurs audacieuses. Belle terrasse avec piscine chauffée offrant la meilleure vue possible sur le château et spa accessible aux clients du restaurant. Une grande réussite !

***Accès :*** au pied du pont dans la ville basse.

**€€ Restaurant de la Vallée** – *1, rue de la Vallée ☎ 02-40-54-36-23. En hte saison, tlj sauf dim-lun ; en basse saison, fermé lun, plus le soir mar-jeu et dim. Congés : vac scol de la Toussaint et de Noël. Résa conseillée. Menus 23,50-28,50 € le midi en sem, puis 32,50-38,50 €.* Bonne cuisine de marché améliorée, travaillée avec soin et ponctuée çà et là de petites touches épicées et exotiques. Belles assiettes gourmandes autour de la mer ou du canard à prix raisonnables. En prime, une terrasse abritée géniale surplombant la Sèvre, avec une vue imprenable sur le château et la ville. Tout nous plaît, à la fois le cadre, l'accueil et l'assiette.

***Accès :*** en centre-ville, au croisement de la rue des Cordeliers et de la rue Saint-Antoine.

## DANS LES ENVIRONS

### VALLET 44330 (10 km N)

**€€ Au Fil des Saisons** – *20, pl. Charles-de-Gaulle ☎ 02-40-36-30-05. Fermé dim soir, lun et mer soir. Congés: 1 sem en janv et 3 sem en août-sept. Formules déj 12,50-16,50 € ; menus 23 € (de marché) et 32-40 €. Apéritif maison offert sur présentation de ce guide.* Une salle classique avec ses poutres au plafond, voilà de quoi mettre en confiance. Ici, on sert une cuisine traditionnelle maison, de saison et sans flonflon. Accueil délicat de surcroît. Pour ceux qui aiment les produits locaux travaillés avec soin par un chef aimant son métier. Tables & Auberges de France.

***Accès :*** sur la place de l'église.

## LA BAULE-ESCOUBLAC 44500

**€€ Le Nossy Be** – *bd Darlu, plage de La Baule ☎ 02-40-60-42-25. Tlj sauf lun-mar hors vac scol et j. fériés. Formules déj 18-22 € ; menus autour de 27 € et carte env 30-35 €.* Un resto de plage connu de longue date pour ses spécialités de fruits de mer et de poisson. Il faut dire qu'on a les pieds dans le sable. Sinon, salades Caesar, tartare et autres cabillauds laqués satisfont tous les appétits. Grande salle-véranda type *lounge* tournée vers la mer, lumières tamisées le soir. Clientèle d'habitués, chic et branchée, voire très jet-set.

***Accès :*** face à l'allée des Sylphes.

**€€ Le Carpe Diem** – *29, av. Jean-Bautroux ☎ 02-40-24-13-14. Fermé* *mer, plus mar soir et dim soir hors vac scol. Congés : vac scol fév. Formules déj en sem 17-22,50 € ; menus-carte 33-57 €. Apéritif maison offert sur présentation de ce guide.* Assez excentrée, à quelques kilomètres de la côte, ce n'est pas le genre d'adresse où l'on passe par hasard. Mais pour les gourmands, c'est un passage obligé : dans la belle salle contemporaine, on se régale d'une cuisine de saison inventive, finement travaillée à partir de produits régionaux (fournisseurs triés sur le volet). Des menus pour tous, superbes dès les 1ers prix.

**Accès :** à 5 km du centre ; au-delà de la 4-voies, en direction d'Avrillac.

€€€ 🍽 ☂ **14 Avenue** – *14, av. Pavie ☎ 02-40-60-09-21. Tlj sauf lun, mar et dim soir (tlj vac scol zone C). Congés : 3 sem en déc. Formules 18-24 € le midi en sem ; menu 41 € ; carte env 40-50 €.* Pour un bon poisson en ville, c'est ici que cela se passe. D'ailleurs, on fait carrément son choix en zieutant la pêche du jour présentée à table et commentée avec précision ! Extra frais donc et surtout cuisiné avec justesse. Le tout loin des foules, dans une salle moderne ou en terrasse dans un quartier tranquille. *NOUVEAUTÉ.*

**Accès :** dans le centre.

## DANS LES ENVIRONS

### LE POULIGUEN 44510 (4 km O)

€ 🍽 ☂ **L'Opéra de la Mer** – *promenade du Port ☎ 02-40-62-31-03. ♿ Tlj sauf mer hors saison. Congés : de mi-nov à début déc. Menu 23 € ; carte env 25 €. Apéritif maison offert sur présentation de ce guide.* Sur la plaisante terrasse, face au port et à la baie, ou à l'intérieur dans une déco et une ambiance tout aussi marine, goûtez aux spécialités de moules, fruits de mer ou à la cassolette Opéra. C'est bon, et servi avec le sourire.

**Accès :** quasi sur la plage.

€€ 🍽 ☂ **QG Beach** – *plage du Nau ☎ 02-40-53-29-09. Tlj sauf mar hors saison. Congés : de mi-nov à mi-fév. Plats env 13-15 € au déj, env 19-25 € le soir.* Un resto de plage hors norme tenu par une équipe jeune et sympa. Évidemment, l'ambiance est relax et le cadre génial (petite salle conviviale prolongée par des transats dans le sable face au large), mais ce qui fait la différence, c'est la cuisine. Le midi, la carte fait simple en proposant des salades, des tartares (excellente version asiatique), ou des sandwichs club, tandis que le soir, on monte en gamme en se régalant principalement de poissons proposés en fonction de l'arrivage. Dans tous les cas, c'est frais, joliment dressé, et vraiment savoureux. Bravo ! *NOUVEAUTÉ.*

**Accès :** au bout de la promenade du port.

### PORNICHET 44380 (6 km SE)

€€ 🏠 🍽 ☂ **Le Régent** – *150, bd des Océanides ☎ 02-40-61-04-04. • le-regent.fr • ♿ Resto tlj sauf dim soir hors saison. Congés : 3 sem en janv. Formule déj 17 € en sem ; menus 26-44 €.* Sur le front de mer, à la limite de La Baule, un bel hôtel, dans la même famille depuis 1956. Au resto *Grain de Folie,* cuisine moderne, fine, originale et surprenante par sa variété et par le renouveau de ses plats, qu'on découvrira dans la salle au décor contemporain, face à la mer.

**Accès :** en front de mer, à 300 m du casino.

## LE CROISIC 44490

€€ 🍽 ☂ **L'Estacade** – *4, quai du Lénigo ☎ 02-40-23-03-77. Tlj sauf lun midi en saison (en principe), sinon fermé mer-jeu. Congés : de mi-nov à début fév (ouv vac de Noël). Formule déj en sem 18 € ; menus 30-60 € ; carte 45 €.* La salle est engageante, chaleureuse et confortable, face au quai. La cuisine ne l'est pas moins : des plats régionaux, des produits locaux, des poissons en direct de la criée, jusqu'aux desserts raffinés. Le genre de table où l'on remet volontiers le couvert le lendemain.

**Accès :** à l'extrémité du quai, côté Océarium.

## LE GÂVRE 44130

€€ 🏠 🍽 ☂ 🅿 **Auberge de la Forêt***** – *La Maillardais ☎ 02-40-51-20-26. • auberge-delaforet.fr • ♿ Resto, tlj sauf dim soir, lun et mar (mais ouv pour les clients de l'hôtel). Formule déj en sem 18 € ; menus 28,50-39,50 €. Parking.* Cuisine inventive et surprenante qui s'adapte aux produits locaux de saison (gibier, champignons, poisson du marché...). Une belle adresse un peu loin de tout, au calme, en bordure de forêt. L'hôtel est franchement moderne, à l'image de la cuisine, au design (d)étonnant pour la région. Chambres confortables, spacieuses pour les plus chères et très colorées (c'est le moins qu'on puisse dire).

**Accès :** sur la D35, un peu à l'écart du Gavre (accès fléché).

## GUÉRANDE 44350

**€€ |●| ⛱ L'Agapé** – *11, faubourg Saint-Michel ☎ 02-40-11-78-78. Ouv le midi lun-sam, le soir mer-sam (plus lun soir l'été). Formule déj en sem 15 €, puis 25-30 €.* *L'Agapé* fait vraiment bien les choses. Dans un registre bistronomique, la carte courte privilégie une cuisine de saison fraîche, colorée et pleine de goût, qui se découvre au gré de belles assiettes graphiques. Le cadre contemporain est à la hauteur, en salle ou dans le joli patio, et le service est aux petits soins. Un rapport qualité-prix au top ! *NOUVEAUTÉ.*

## DANS LES ENVIRONS

### LA TURBALLE 44420 (8 km NO)

**€€ |●| ⛱ Les Sarments** – *10, rue Saint-François ☎ 02-40-62-84-25. ♿ Tlj sauf dim soir, lun et jeu soir hors juil-août. Formule déj en sem 14 € (nov-avr slt), puis 17-20,90 € ; menu 30,90 €.* Juste à l'écart du port, cette adresse guillerette et fleurie propose une cuisine régionale bien tournée. Spécialités de grillades (andouillettes et saucisses maison, mais aussi de belles entrecôtes cuites dans la cheminée), ainsi que des produits de la mer (en direct de la criée). Terrasse agréable, à l'écart du passage.

***Accès :*** par la D99.

### QUIMIAC 44420 (11 km N)

**€€ 🏠 |●| ⛱ Hôtel Relais Marine**** – *276, rue Centrale ☎ 02-40-42-51-09. • relais-marine.fr • Resto ouv ts les soirs plus le midi dim et j. fériés ; hors saison, fermé dim soir-lun. Congés : nov-mars. Menus 26-35 €.* À 300 m de la plage, cet hôtel-restaurant est la bonne option du secteur. En cuisine, un vent marin souffle sur les assiettes avec une belle cuisine de saison, servie aux beaux jours dans le jardin intérieur. Une adresse pleine de bon goût.

***Accès :*** par la D252 direction Mesquer.

## NANTES 44000

**€ |●| ⛱ Crêperie Heb-Ken** – *5, rue de Guérande (B2-10) ☎ 02-40-48-79-03. Tlj sauf dim. Résa préférable le soir. Carte 10-15 €.* Deux salles sans chichis dans des tons sombres mais chaleureux, un accueil direct, et surtout des crêpes goûteuses et copieusement garnies. On tient là l'une des meilleures crêperies nantaises, qui a fêté ses 40 ans. Prévoir du temps pour faire son choix, la carte est longue, avec plus d'une centaine de combinaisons.

**€ |●| ⛱ La Cigale** – *4, pl. Graslin (B2-11) ☎ 02-51-84-94-94. ♿ Ouv tte l'année, tlj 7h30-0h30. Formules 16-27 € le midi en sem ; menus 19-28 € le soir.* L'adresse incontournable, un classique du circuit culinaire nantais, une sorte de pélerinage obligatoire, immortalisée par Jacques Demy et Anouk Aimé dans *Lola*. Inauguré en 1895, c'est un pur chef-d'œuvre de l'Art nouveau, classé aux Monuments historiques. Bois dorés et sculptés, céramiques et mosaïques colorées, grands miroirs, le décor vaut assurément le détour. La cuisine, savoureuse et généreuse, met en valeur les produits et les recettes régionales. Le service est virevoltant et charmant. En été, terrasse très agréable donnant sur la place Graslin entièrement refaite et désormais piétonne.

***Accès :*** face au théâtre Graslin.

**€€ |●| Maison Baron Lefèvre** – *33, rue de Rieux (D2-15) ☎ 02-40-89-20-20. ♿ Tlj sauf dim-lun et j. fériés. Congés : 2 premières sem d'août. Formule 15,50 € et menu complet 18,50 € le midi en sem ; menu Tradition le soir 26 € ; carte env 40 €. Kir au muscadet offert sur présentation de ce guide.* Un ancien entrepôt de maraîchers et un commerce de luminaires ont donné naissance à ce bon et chaleureux resto à l'espace généreux et élégamment décoré : plancher large, vieux casiers, cave à vins sous grille, batterie de casseroles et vieille gazinière constituent un décor rustique et élégant à la fois (tables nappées). La plupart des plats changent tous les jours, et la majeure partie des légumes proviennent du jardin. Une cuisine somme toute classique, sans souci d'inventions culinaires, mais où l'on sert ce que l'on sait faire, en dépit d'un service parfois hésitant. La qualité des desserts n'est pas à la traîne. Pour ceux qui veulent prolonger le plaisir, l'épicerie à l'entrée du resto propose moult produits de qualité.

**€€ Les Chants d'Avril** – *2, rue Laënnec (D2-18) ☎ 02-40-89-34-76. Tlj sauf lun-mer soir ; fermé w-e. Congés : 3 premières sem d'août et fêtes de fin d'année. Formules 15-22,50 € le midi ; le soir, menu 27,50 €.* Comme nous l'a gentiment expliqué le chef, souvent présent en salle : « Quand vous êtes invités chez des amis, vous ne savez pas ce que vous

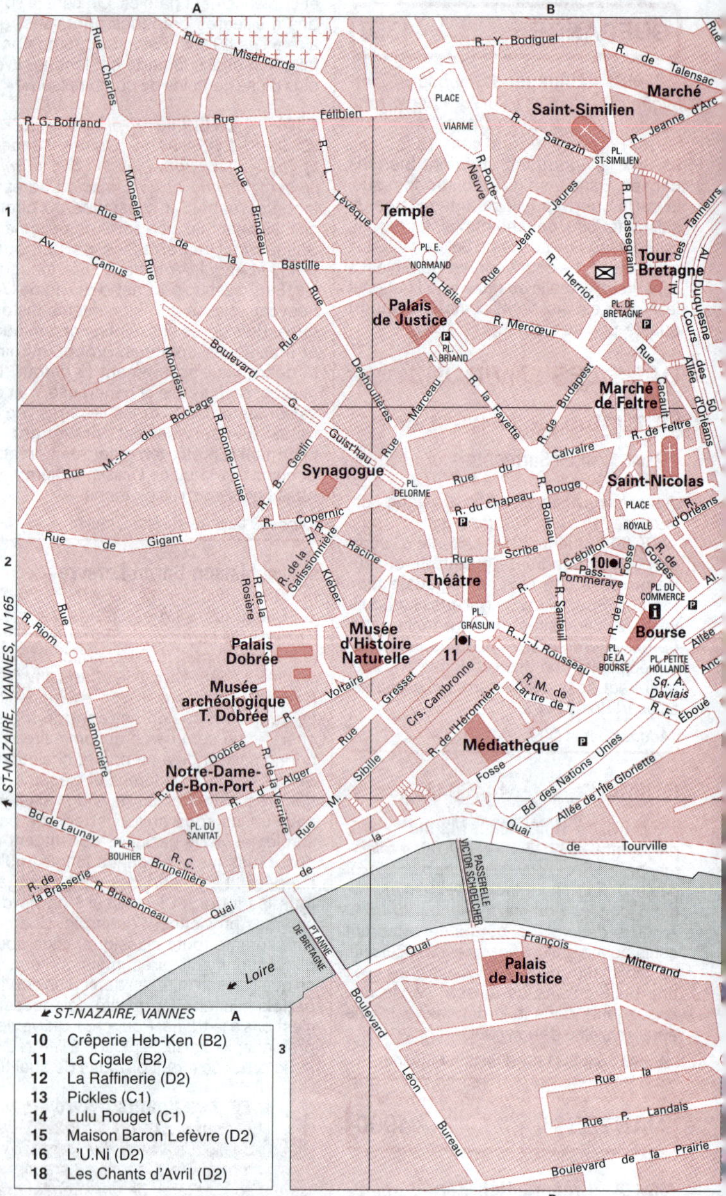


| | |
|---|---|
| 10 | Crêperie Heb-Ken (B2) |
| 11 | La Cigale (B2) |
| 12 | La Raffinerie (D2) |
| 13 | Pickles (C1) |
| 14 | Lulu Rouget (C1) |
| 15 | Maison Baron Lefèvre (D2) |
| 16 | L'U.Ni (D2) |
| 18 | Les Chants d'Avril (D2) |

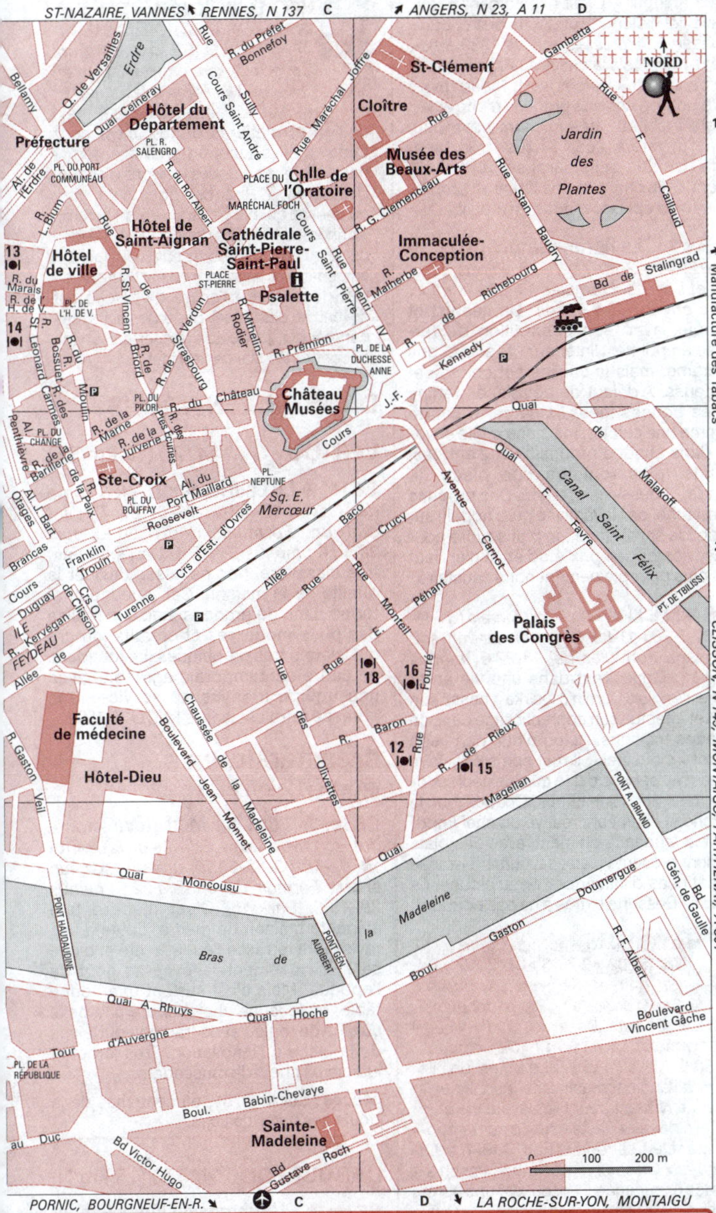
ST-NAZAIRE, VANNES
RENNES, N 137
C
ANGERS, N 23, A 11
D
NORD
1
2
3
St-Clément
Cloître
Musée des Beaux-Arts
Jardin des Plantes
Préfecture
Hôtel du Département
Chlle de l'Oratoire
Hôtel de Saint-Aignan
Cathédrale Saint-Pierre-Saint-Paul
Immaculée-Conception
Hôtel de ville
Psalette
Château Musées
Ste-Croix
Sq. E. Mercœur
Canal Saint Félix
Palais des Congrès
Faculté de médecine
Hôtel-Dieu
Bras de la Madeleine
Sainte-Madeleine
Manufacture des Tabacs
CLISSON, N 149, MONTAIGU, PARTHENAY, A 801
Erdre
Q. de Versailles
Quai Ceineray
Bellamy
PL. R. SALENGRO
PL. DU PORT COMMUNEAU
Al. de l'Erdre
R. L. Blum
PLACE DU MARÉCHAL FOCH
PLACE ST-PIERRE
PL. DE L'H. DE V.
PL. DE LA DUCHESSE ANNE
PL. DU PILORI
PL. DU CHANGE
PL. DU BOUFFAY
PL. NEPTUNE
PL. DE TBILISSI
PL. DE LA RÉPUBLIQUE
PONT A. BRIAND
PONT HAUDAUDINE
PONT GÉN. AUDIBERT
Cours Saint André
R. du Préfet Bonnefoy
Rue Maréchal Joffre
R. G. Clemenceau
Rue Stan. Baudry
Rue F. Caillaud
Gambetta
Bd de Stalingrad
Richebourg
Kennedy
J.-F.
Cours Saint Pierre
Rue Henri IV
R. Malherbe
R. Prémion
R. Mthelin-Rodier
Château
Cours
Quai de Malakoff
Quai F. Favre
Avenue Carnot
Allée Baco
Crucy
Rue Monteil
Pénant
Rue E. Fourré
R. Baron
R. de Rieux
Magellan
Quai Moncousu
Quai de la Madeleine
Boul. Gaston Doumergue
Bd Gén. de Gaulle
R. F. Albert
Boulevard Vincent Gâche
Quai A. Rhuys
Quai Hoche
Tour d'Auvergne
Boul. Babin-Chevaye
au Duc
Bd Victor Hugo
Bd Gustave Roch
Rue des Olivettes
Chaussée de la Madeleine
Boulevard Jean Monnet
Allée de l'Ile Feydeau
R. Gaston Veil
R. Kervégan
Cours Duguay Trouin
Crs O. de Clisson
Turenne
Brancas
Franklin
Roosevelt
Port Maillard
Crs d'Est. d'Orves
Al. J. Bart
Otages
R. de la Paix
R. de la Barillerie
Al. Penthièvre
R. des Carmes
R. de la Marne
R. de la Juiverie
R. des Ptes Écuries
R. du Moulin
R. Bossuet
St Léonard
R. du Marais
R. de Briord
R. St Vincent
R. de Strasbourg
Verdun
R. du Roi Albert
Sully
13
14
12
15
16
18
0
100
200 m
PORNIC, BOURGNEUF-EN-R.
LA ROCHE-SUR-YON, MONTAIGU

## NANTES

allez manger ». C'est exactement pareil dans cet historique décor de bistrot qui a conservé, depuis les années 1950, fresques murales à la gloire du Pays nantais et banquettes de cuir vert. Menu mystère donc, à base de produits d'une éclatante fraîcheur, très joliment travaillés. Vins (mystère aussi !) très, très bien choisis. Une belle surprise, effectivement. Et le chef a même lancé sa propre gamme d'épices, vendue en moulins.

**€€ La Raffinerie** – *54, rue Fouré (D2-12) ☎ 02-40-74-81-05. Fermé sam-dim et j. fériés. Formules 19-29 € le midi ; carte env 30-35 € le soir.* Un néobistrot d'angle, avec son échantillon de terrasse en pointe. L'intérieur est sobre, gris et crème, mais la cuisine est colorée et goûteuse. À défaut de pétrole, on raffine ici les bonnes idées ! Une carte courte comme une culotte, mais une réelle envolée dans chaque proposition : 2 entrées, 2 plats (plus toujours une pièce de viande), 2 desserts et basta. Des produits du marché, de l'inventivité qui s'appuie sur un solide savoir-faire, un p'tit sourire pour le service et des prix étudiés, il n'en faut pas plus pour pleinement nous satisfaire.

**€€€ Pickles** – *2, rue du Marais (C1-13) ☎ 02-51-84-11-89. Ouv midi mar-ven, soir mer-sam. Formules déj 18-22 € ; menus 40-46 €.* Consultant dans une vie antérieure, l'Anglais Dominic Quirke a passé son CAP et effectué son apprentissage dans de grandes maisons. Aujourd'hui, dans son bistrot « industriel », il met son savoir-faire évident au service d'une cuisine néobistrotière, bien dans son temps. Chaque jour, le marché et l'humeur créative du chef impriment la tendance du menu avec des plats joliment présentés, aux saveurs métissées et mâtinées d'influences britanniques. *Of course !* Desserts extras à ne pas bouder.

**€€€ L'U.Ni** – *36, rue Fouré (D2-16) ☎ 02-40-75-53-05. ♿ Tlj sauf lun-mar et dim midi. Congés : 2 sem début janv, 2 sem début mai et 3 sem en août. Résa plus que conseillée. Formules déj en sem 19-22 € ; menus 41-50 € ; carte env 60 €.* Le *LU* est un clin d'œil à l'ancienne usine de biscuits voisine. Le *Ni* c'est pour Nicolas, jeune chef installé dans ce vaste espace contemporain, ancien second d'Éric Guérin à *La Mare aux Oiseaux,* entre autres enrichissantes expériences. Le tout est une abréviation de l'« Univers de Nicolas ». Un univers riche de légumes rares (ce chef leur voue un amour immodéré) et de fulgurantes idées de plats. À des prix encore accessibles, une référence à Nantes.

**€€€ Lulu Rouget** – *1, rue du Cheval-Blanc (C1-14) ☎ 02-40-47-47-98. ♿ Tlj sauf dim-lun. Congés : 1 sem en mai, 3 sem en août et 1 sem à Noël. Formules 20-28 € ; menus 45-65 €.* Cet espace qui mêle design et matières brutes, c'est chez Ludovic alias Lulu, un chef d'ici formé dans quelques grandes maisons d'ailleurs (Troisgros à Roanne, pour n'en citer qu'une) et qui n'a pas traîné à se faire un (sur)nom. L'enseigne donne aussi une idée de ce qu'on mange chez *Lulu* : du poisson en général et du rouget en particulier (son filet de rouget à l'encre de seiche est devenu un classique). Superbes plats, très personnels, jusqu'aux desserts. Service décontracté juste ce qu'il faut.

## DANS LES ENVIRONS

### VERTOU 44120 (10 km SE)

**€€ Le Laurier fleuri** – *460, route de Clisson ☎ 02-51-79-01-01. Tlj sauf dim-lun. Formules déj 17,50 €, puis 20,50 € ; menus 31-45 €.* De l'extérieur, très classique, rien ne laisse deviner la qualité de la maison. Car le jeune chef formé dans de grandes maisons réalise des plats modernes et créatifs, au gré d'assiettes très graphiques. Le tout dans un cadre contemporain agréable, avec une équipe motivée au service. Une adresse rafraîchissante ! *NOUVEAUTÉ.*

### BASSE-GOULAINE 44115 (12 km E)

**€€ Villa Mon Rêve** – *route des Bords-de-Loire, 2, levée de la Divatte ☎ 02-40-03-55-50. Tlj sauf dim soir, lun et mar. Formule déj en sem 22 € ; menus 29-43 €. Parking.* C'est d'abord une élégante maison de maître, dotée d'une ravissante terrasse fleurie en été et d'une salle joyeusement renovée au goût de l'époque. Mais c'est surtout une bonne table, où le jeune chef élabore une belle cuisine de région et de tradition qui laisse de la place à l'innovation. Très large (et judicieux) choix de muscadets.

***Accès :*** sur la D751, en contrebas de la route des bords de Loire.

### CARQUEFOU 44470 (15 km N)

**€€ L'Auberge du Vieux Gachet** – *Le Vieux-Gachet ☎ 02-40-25-10-92. ♿ Tlj sauf dim soir-lun. Formule 21 € le midi en sem ; menus 31 €, puis 39-59 €.* Une belle adresse, avec une véranda et une très agréable terrasse donnant sur l'Erdre et le château de la Gascherie. À la carte, poissons et volailles élégamment servis. Amuse-bouches délicieux. Pour les plus courageux, promenade digestive sur le sentier qui longe l'Erdre jusqu'à Nantes (compter 2h).

**Accès :** par la D37.

### SAINT-JULIEN-DE-CONCELLES 44450 (18 km NE)

€€ 🍽 **Restaurant Clémence** – *91, levée de la Divatte, La Chebuette ☎ 02-40-36-03-18 et 06-15-75-70-59. ♿ Tlj sauf dim soir, lun tte la journée et mer soir. Congés : 2 sem en août et 24 déc-2 janv. Formules 15-21 € le midi en sem ; menus 33-56 €. Café offert sur présentation de ce guide.* Une prestigieuse enseigne qui doit sa notoriété à Clémence Lefeuvre, créatrice du beurre blanc, cette sauce qui accompagne merveilleusement bien le poisson. Décor épuré, ambiance feutrée et élégante pour une cuisine traditionnelle, avec une touche de modernité et d'inventivité. Sandre au beurre blanc, bien sûr, mais aussi ravioles d'écrevisses, duo d'anguilles et de grenouilles... un régal ! Excellent accueil.

**Accès :** en bordure de la Loire.

## PONTCHÂTEAU 44160

€€ 🍽 **Bistrot Gourmand Le 11** – *11, rue de Verdun ☎ 02-40-42-23-28. ♿ Tlj sauf lun soir, mer soir et dim. Formules 19 € (déj)-26 € ; menu 32 € ; carte env 35 €.* Ce joli bistrot aux couleurs lie-de-vin et taupe mérite une halte à plus d'un titre. Gilles Charpy, ancien chef d'un restaurant gastronomique, propose une cuisine de saison, à base de produits locaux, parfumée et inspirée. La formule déj (en 2 ou 3 plats) est déjà gourmande et épatante. Plus cher le soir, mais plus créatif aussi. Présentations particulièrement soignées. Une belle table.

**Accès :** au centre-ville.

## DANS LES ENVIRONS

### SAINTE-REINE-DE-BRETAGNE 44160 (9 km O)

€ 🍽 ☂ 🅿 **Auberge du Chaland** – *49, La Tennière ☎ 02-40-01-05-28. Ts les midis, plus sam soir. Congés : 2 sem sur août-début sept et période de Noël. Résa vivement conseillée. Formule 12 € le midi en sem ; menus 13,50-28,50 €. Parking.* Le cadre tout d'abord : une belle chaumière en pleine campagne, toute fleurie et tranquille à souhait. Une vraie carte postale ! La cuisine ensuite, traditionnelle et familiale (assiette de charcuterie, anguille, sandre...). Une adresse qui plaît en Brière, à juste titre.

**Accès :** par la D33 (route d'Herbignac), puis à droite direction la Poitevinière.

## PORNIC 44210

€€ 🍽 **Le Jardin de l'Olivier** – *23, rue des Sables ☎ 02-51-74-69-30. Tlj sauf lun-mar midi, hors saison dim-lun. Menus-carte à l'ardoise 25-28 €.* Le resto des bons copains tenu par Denis, personnage haut en couleur qui sait d'un mot mettre ses hôtes à l'aise. Cet ancien sommelier s'est offert les services d'un excellent cuistot, dont la petite cuisine est ouverte sur la salle à la déco toute simple. Le foie gras est fait maison, et le tartare de pétoncles et d'écrevisses, accompagné d'un vin recommandé par le chef, est une merveille. Un lieu convivial où l'on se régale à petits prix.

**Accès :** dans une ruelle parallèle au port principal.

## DANS LES ENVIRONS

### LA PLAINE-SUR-MER 44770 (8 km NO)

€€€ 🏠 🍽 ☂ 🅿 **Hôtel-restaurant Anne de Bretagne***** – *port de la Gravette, 163, bd de la Tara ☎ 02-40-21-54-72. • annedebretagne.com • ♿ Tlj sauf lun-mar (fermé mar soir sept-mars), plus dim soir sept-juin. Congés : 3 sem en janv et 1 sem en nov. Menus du marché 39 € le midi en sem, puis 77-155 €. Parking.* Dans une bâtisse contemporaine à taille humaine et superbement située, du raffinement au menu : cuisine subtile, inventive et « iodée », tournée vers les produits de la mer. Impressionnante cave de plus de 1 000 références. Salle à manger au style design, lumineuse avec sa baie vitrée donnant sur l'océan et, au loin, le point de Saint-Nazaire. Une adresse pour se faire plaisir !

**Accès :** par la D13.

## SAINT-LYPHARD 44410

€€€ 🍽 ☂ **Auberge du Nézil** – *D47, Le Nézil ☎ 02-40-91-41-41. Fermé dim soir et lun, plus mer soir hors saison. Formules 20-32 € ; menu 39 €.* La modernité de la déco épouse à merveille la rusticité de cette chaumière briéronne bien typique. Véranda à l'arrière donnant sur un jardin bien calme. Cuisine dans le ton, créative et pleine de couleurs, à base de produits du coin. La carte évolue au gré des saisons, mais pas la clientèle d'habitués ! L'un de ces restos où l'on ne sait que choisir sur le menu. Tout nous plaît !

***Accès :*** à 3,5 km au sud de Saint-Lyphard par la D47 direction Saint-André-des-Eaux.

## SAINT-NAZAIRE 44600

€ 🍽 ☂ **L'Atelier** – *6, pl. du Commando 📱 06-08-57-99-37. ♿ Fermé dim-lun et le soir mar-mer. Menus 10,90 € le midi, puis 16,90 €.* Le pimpant bâtiment cubique et moderne a de quoi surprendre sur cette place ouverte sur la plage. Le 1er étage abrite un cabinet d'architectes tandis qu'au rez-de-chaussée, on trouve ce resto-bistrot bien dans le ton, dynamique et osé. Carte sans cesse renouvelée et inventive, d'inspiration exotique ou régionale, privilégiant le fait maison. Véranda à l'arrière donnant sur la verdure. On lui décerne la palme des petits prix !

€ 🍽 **Le Sabayon** – *7, rue de la Paix-et-des-Arts ☎ 02-40-01-88-21. Tlj sauf dim-lun. Congés : 1 sem vac scol de fév et 3 sem en août. Résa conseillée. Menus 20,90-50 €.* Petit resto discret au cadre chaleureux et élégant, qui régale le palais d'une cuisine recherchée et élaborée avec soin. Ici, la mer est dans l'assiette (beaux poissons frais de la criée !), mais les amateurs de viande ne seront pas en reste. Impossible d'échapper au dessert, vrai dilemme pour les amateurs de chocolat (*Valrhona,* s'il vous plaît) ! Le tout avec un accueil pro, aux petits oignons. Et si vous êtes plus de 6 personnes, demandez le salon, très agréable.

***Accès :*** en centre-ville, à 5 mn de la base sous-marine.

# Maine-et-Loire (49)

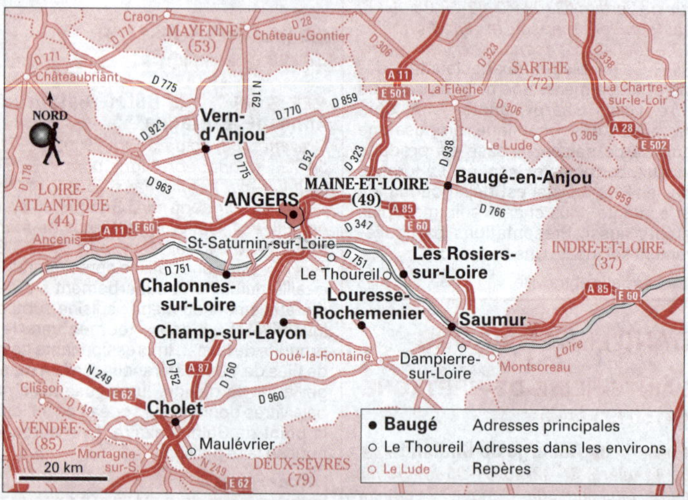

## ANGERS 49000

**€ Le Bistrot des Ducs** – *6, rue des Deux-Haies (B2-14) ☎ 02-41-86-88-68. Fermé dim-lun. Formule déj en sem 13,90 € ; menus 19,90-24,90 €.* Pas mal de place entre les salles chic dans les tons crème, la terrasse et l'étage, mais mieux vaut réserver. La carte traditionnelle revisitée connaît un vrai succès à l'image de l'émincé de bœuf fondant, la spécialité de la maison. Service attentif et une petite liqueur de cerise en fin de repas qui clôt le tout avec délicatesse. *NOUVEAUTÉ.*

**€€ Le Petit Comptoir** – *40, rue David-d'Angers (C2-11) ☎ 02-41-43-32-00. Fermé dim-lun. Formules déj en sem 13,90-16,90 € (à la carte) ; menus-carte (soir) 27-31 €. Café offert sur présentation de ce guide.* Dans une rue calme, cette élégante façade, rouge comme un rideau de théâtre, a vu naître derrière ses murs le sculpteur de génie David d'Angers. Déco de bistrot avec banquettes, mezzanine accessible par un étroit escalier en colimaçon, bon accueil. Cuisine « bistronomique » pleine d'allant, presque artistique, et qui sort le grand jeu sans les gants blancs. Les produits sont frais, et l'alliance des saveurs subtile.

**€€ La Salamandre** – *1, bd du Maréchal-Foch (C3-13) ☎ 02-41-88-99-55. T Foch ou Maison-Bleue. Fermé dim soir. Menus 31-44 €. Coupe de crémant maison offerte sur présentation de ce guide.* L'une des références de la gastronomie angevine où les grands classiques de la cuisine française sont revisités avec raffinement par le chef. Le tout s'accorde parfaitement au décor cossu et néogothique de la salle, préservée depuis 1857 et décorée des emblèmes de François I^er.

**Accès :** dans l'*Hôtel d'Anjou,* près du jardin du Mail.

**€€ Chez Rémi** – *5, rue des Deux-Haies (B2-12) ☎ 02-41-24-95-44. T Ralliement. Tlj sauf sam midi et dim-lun. Congés : quelques sem en été. Résa indispensable. Le midi, formules env 19-23 € ; le soir, menu unique 32 €.* Ambiance cosy chez Rémi, avec des salles sur différents niveaux et une déco de récup' bien vue. Ancien de chez Paul Bocuse, ce jeune et sympathique chef élabore avec imagination une belle cuisine du marché, avec des produits venant du potager bio qu'il entretient amoureusement. Judicieux choix de vins régionaux et service décontracté.

## DANS LES ENVIRONS

### SAINT-SATURNIN-SUR-LOIRE 49320 (18 km SE)

**€€ Auberge de La Caillotte** – *2, rue de la Loire ☎ 02-41-54-63-74. Fermé dim soir, lun et mar midi en saison ; ouv slt jeu soir-dim midi hors saison. Congés : fêtes de fin d'année. Menu 28 € et supplément env 3-5 € ; carte env 30 €. Parking.* Vieille auberge recouverte de plantes grimpantes et salle à manger rustique et chaleureuse. Terrasse délicieusement ombragée. Accueil fort sympathique, teinté d'un humour discret et familier. Cuisine goûteuse à base de produits locaux, avec une cave à vins attrayante et des plats qui changent selon les produits de la pêche, de la chasse... On y sert notamment un ris de veau populaire et le crémet d'Anjou, un dessert régional à découvrir.

**Accès :** par la D751. Dans le bourg, bien indiqué.

## BAUGÉ-EN-ANJOU 49150

**€€ Ô Prestige***** – *4, rue du Cygne ☎ 02-41-89-82-12. • oprestige.com • Tlj sauf sam midi, dim soir et lun. Menus 18 € le midi mar-ven, puis 29-85 €. Parking.* Le chef formé dans les grandes maisons délivre une cuisine gastronomique, fine et parfois relevée, souvent inventive. Parmi les spécialités, les rognons à la beaugeoise. Le menu du marché, le midi en semaine, s'avère une belle affaire. Chambres quant à elles modernes, chacune avec son thème : pop, romantique, baroque...

**Accès :** derrière le château.

## CHALONNES-SUR-LOIRE 49290

**€ Le Bistrot des Quais** – *19, quai Gambetta ☎ 02-41-78-25-21. Tlj sauf mar soir hors juil-août. Congés : 24-25 déc et 1^er janv. Formules 12,95-15,95 € le midi en sem ; menus 15,95-28,95 € ; carte 33 €. Café offert sur présentation de ce guide.* Ce bar à vins, installé directement sur les quais, a tout compris : une sélection serrée de producteurs locaux, et une cuisine simple mais très bien faite (foie gras, poissons de Loire, salade de rillaud...), où les produits priment sur le tralala. Soirée gourmande garantie, comme

11 Le Petit Comptoir (C2)
12 Chez Rémi (B2)
13 La Salamandre (C3)
14 Le Bistrot des Ducs (B2)

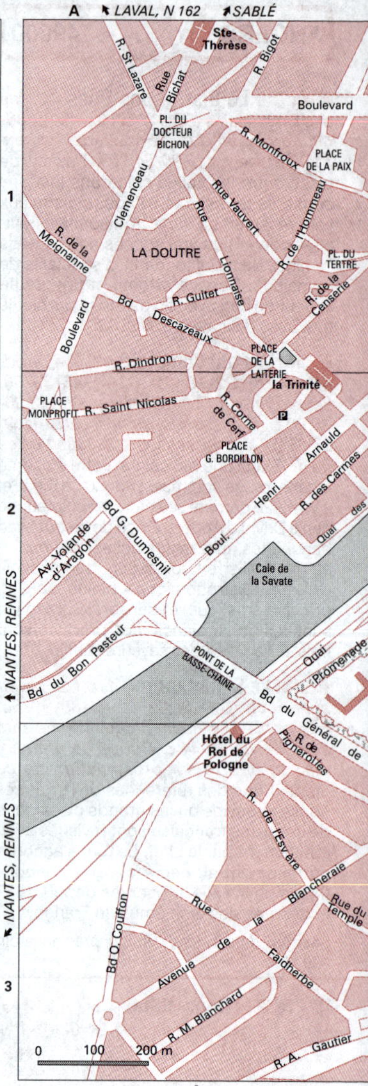

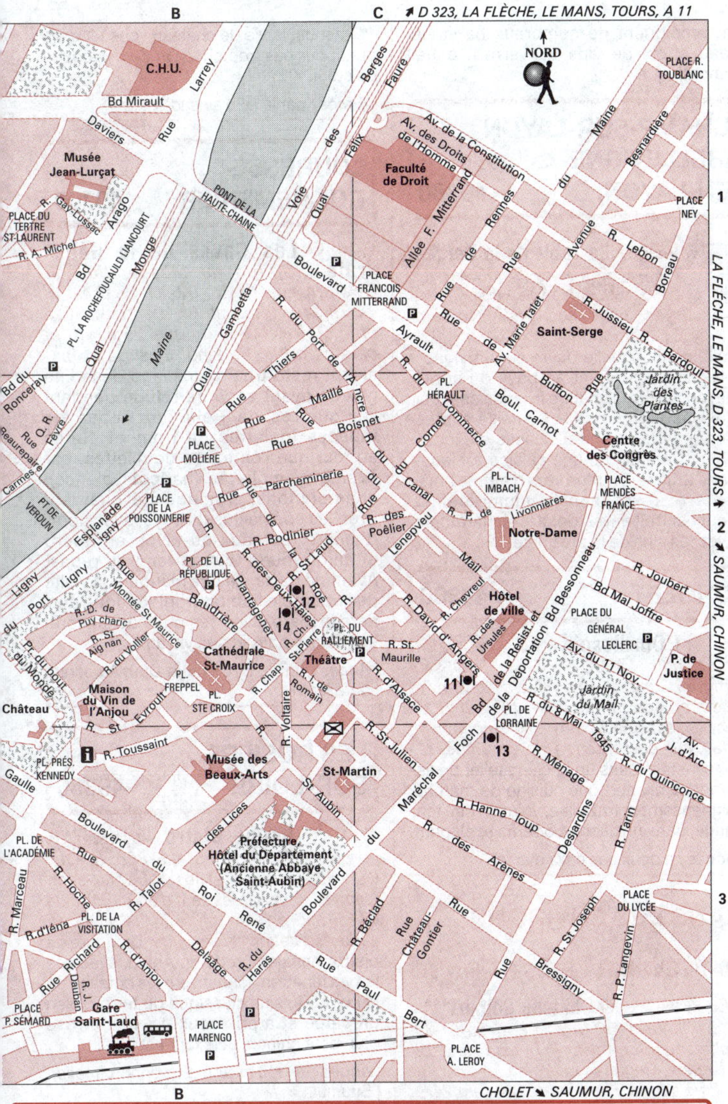

B
C
D 323, LA FLÈCHE, LE MANS, TOURS, A 11
NORD
C.H.U.
Bd Mirault
Rue Larrey
Daviers
Musée Jean-Lurçat
PLACE DU TERTRE ST-LAURENT
R. Gay-Lussac
R. A. Michel
Arago
Bd
PL. LA ROCHEFOUCAULD LIANCOURT
Monge
Quai
Maine
PONT DE LA HAUTE-CHAÎNE
Voie des Berges
Quai Félix Faure
Av. de la Constitution
Av. des Droits de l'Homme
Faculté de Droit
Allée F. Mitterrand
Rue de Rennes
PLACE R. TOUBLANC
du Maine
Besnardière
Avenue
PLACE NEY
R. Lebon
Boreau
Boulevard Ayrault
PLACE FRANCOIS MITTERRAND
Gambetta
R. du Port de l'Ancre
Rue de
Av. Marie Talet
R. Jussieu
Saint-Serge
R. Bardoul
Jardin des Plantes
Rue Thiers
Rue Maillé
R. du Commerce
PL. HÉRAULT
Boul. Carnot
Buffon
Rue
Centre des Congrès
Bd du Ronceray
R. O. R. Fèvre
Rue Beaurepaire
Carmes
PT DE VERDUN
Quai
PLACE MOLIÈRE
Rue Boisnet
R. du Cornet
Rue Parcheminerie
R. du Canal
PL. L. IMBACH
PLACE MENDÈS FRANCE
PLACE DE LA POISSONNERIE
Esplanade
Ligny
Rue de la Roë
R. Bodinier
R. St Laud
Rue Lenepveu
R. des Poëlier
R. P. de Livonnières
Notre-Dame
LA FLÈCHE, LE MANS, D 323, TOURS
2
SAUMUR, CHINON
Ligny
Port Ligny
du
Rue Montée St Maurice
PL. DE LA RÉPUBLIQUE
R. des Deux-Haies
Plantagenet
Baudrière
12
14
R.
Mail
R. Chevreul
Hôtel de ville
Bd Bessonneau
R. Joubert
Bd Mal Joffre
R.-D. de Puy charic
R. St Aignan
R. du Vollier
Pr. du bout du Monde
Cathédrale St-Maurice
R. Ch.
St-Pierre
PL. DU RALLIEMENT
R. St. Maurille
R. David d'Angers
R. des Ursules
de la Résist. et de la Déportation
PLACE DU GÉNÉRAL LECLERC
Av. du 11 Nov.
P. de Justice
Château
Maison du Vin de l'Anjou
PL. FREPPEL
PL. STE CROIX
R. Chap.
Théâtre
R. I. de Romain
R. d'Alsace
11
Bd
Jardin du Mail
R. du 8 Mai 1945
R. St Evroult
R. Toussaint
R. Voltaire
R.
PL. DE LORRAINE
Foch
13
Av. J. d'Arc
R. du Quinconce
R. St Julien
R. Ménage
PL. PRÉS. KENNEDY
Gaulle
Musée des Beaux-Arts
St-Martin
St Aubin
Maréchal
R. Hanne loup
Desjardins
R. Tarin
Boulevard
PL. DE L'ACADÉMIE
Rue du
R. des Lices
Préfecture, Hôtel du Département (Ancienne Abbaye Saint-Aubin)
du
R. des Arènes
R. Marceau
R. Hoche
R. Talot
Roi
Boulevard
Rue
PLACE DU LYCÉE
3
R. d'Iéna
PL. DE LA VISITATION
René
R. Béclad
Rue Château-Gontier
R. St Joseph
Rue Richard
R. d'Anjou
Delaâge
R. du Haras
Rue Paul Bert
Rue
Bressigny
R. P. Langevin
R. J. Daubant
PLACE P. SÉMARD
Gare Saint-Laud
PLACE MARENGO
PL.ACE A. LEROY
1
B
CHOLET
SAUMUR, CHINON


ANGERS

en témoignent de nombreux habitués. Beau choix de vins au verre. Accueil sympathique.

## CHAMP-SUR-LAYON (BELLEVIGNE-EN-LAYON) 49380

**€€€ P La Table de la Bergerie** – *La Bergerie ☎ 02-41-78-30-62. ♿ Fermé dim soir, lun et mar. Formules midi en sem 19-23 € ; menus 36-45 €. Parking.* La salle confidentielle ouvre sur un vignoble familial : on est au pays du noble Layon. Le terroir inspire le jeune chef qui a voyagé et pris de la bouteille auprès des grands comme Ducasse et Robuchon. Cela donne une cuisine tonique, sans artifice, tournée vers d'autres horizons et résolument contemporaine. Tout est traité avec doigté, en harmonie avec les vins de la propriété.

## CHOLET 49300

**€€ l●l L'Ourdissoir** – *40, rue Saint-Bonaventure ☎ 02-41-58-55-18. Tlj sauf dim-lun. Congés : 10 premiers j. de janv et 3 sem en août. Menus 17-21 € le midi en sem, puis 32-59 € ; carte. Apéritif maison offert sur présentation de ce guide.* Un resto installé dans un ancien atelier de tisserand. On y sert une cuisine de marché, soigneusement travaillée, voire un peu tendance, dans un cadre moderne et élégant.

**Accès :** à deux pas de la mairie.

## DANS LES ENVIRONS

### MAULÉVRIER 49360 (15 km SE)

**€€€ 🏠 l●l ⛱ P Château Colbert***** – *pl. du Château, BP 19 ☎ 02-41-55-51-33. • chateaucolbert.com • Tlj sauf dim soir et j. fériés. Congés : 2 sem en fév-mars et en fin d'année. Formule déj en sem 24 € ; menus 32 € le midi en sem, puis 44-80 €. Parking.* Superbe château du XVIIe s, ayant appartenu au frère de Colbert. On y loge dans de somptueuses chambres de princesse, avec baldaquin, fresques et haut plafond. Toutes donnent sur la cour ou sur le parc. Côté restaurant, on reste dans le ton : cuisine raffinée (essayez le pigeonneau de Maulévrier), servie dans des salles royales ou en terrasse. Grâce aux 1ers menus, la vie de château vous tend les bras pour pas trop cher. Un de nos coups de cœur.

**Accès :** par la D20 au sud-est.

## LOURESSE-ROCHEMENIER 49700

**€ l●l P Les Caves de la Genevraie** – *13, rue du Musée, lieu-dit Rochemenier ☎ 02-41-59-34-22. ♿ Tlj sauf fêtes de fin d'année. Résa obligatoire. Menu unique 25 €, vin et café compris. Parking.* Étrange et fascinant resto troglo aménagé dans une galerie ayant servi de refuge pendant les guerres de Religion. Repas de fouaces (galettes de froment cuites au four que l'on fourre de rillettes, par exemple), mojettes (haricots blancs), champignons, fromage de chèvre… Bref, les spécialités du pays, avec hors-d'œuvre, coteaux-du-layon en apéro et anjou rouge tout au long du repas. Avant de partir, ne pas manquer la visite de l'adorable habitat troglodytique derrière le resto, avec ses puits de lumière, son four à pain et ses vitraux.

**Accès :** par la D761 ou la D69. Au centre du village.

## LES ROSIERS-SUR-LOIRE 49350

**€ l●l ⛱ Rouge Bistro** – *2, quai de la Loire ☎ 02-41-51-28-86. ♿ Ouv les midis lun-ven et les soirs jeu-sam. Congés : 3 dernières sem d'août. Formule 13 € le midi en sem ; carte 25 €. Café offert sur présentation de ce guide.* Un genre de bistrot parisien greffé en Anjou, avec ses larges fenêtres donnant sur les coteaux de la Loire. Cuisine classique du terroir, bien préparée et à prix doux. Le tout arrosé d'un petit chinon, et le tour est joué.

**Accès :** à 300 m après le pont, direction Saumur.

## DANS LES ENVIRONS

### LE THOUREIL 49350 (5 km O)

**€€ l●l ⛱ La Route du Sel** – *55, quai des Mariniers ☎ 02-41-45-75-31. ♿ Tlj sauf dim soir, lun, mar soir et mer soir en oct-mai ; tlj sauf le soir lun-mar* *en juin-sept. Congés : Noël et 1er janv-12 fév. Résa conseillée. Formules midi lun-ven 17,50-21,50 € ; sinon menu 33,50 € et carte 35 €. Café offert sur présentation de ce guide.* Charmante maison en tuffeau, en surplomb de la Loire, avec une bien agréable terrasse dans le jardin, pour les soirées estivales. Marie règne sur les fourneaux où elle concocte une savoureuse cuisine, basée sur les produits locaux, et retravaillée avec soin. Daniel supervise la salle et le service et conseille pour le vin. Petite friture, anguilles de Loire, chou farci, excellents desserts...

**Accès :** à 5 km de Gennes, sur la rive sud de la Loire.

## SAUMUR 49400

**€ |●| ⛱ Bistrot de la Place** – *16, pl. Saint-Pierre ☎ 02-41-51-13-27. Tlj sauf dim. Menus 16,90-21,90 €. Café offert sur présentation de ce guide.* Bistrot gourmand, également bar à vins. Très intéressant pour qui veut découvrir les vignobles du coin (une quarantaine de vins au verre). Cuisine à base de produits frais et de saison dans une ambiance conviviale, à l'image des soirées dégustation et des concerts organisés régulièrement.

**€ ⛱ L'Alchimiste** – *6, rue de Lorraine ☎ 02-41-67-65-18. Tlj sauf dim-lun et j. fériés. Congés : 1 sem en fév et vac scol de la Toussaint. Menus 20-22 €. Apéritif maison offert sur présentation de ce guide.* *L'Alchimiste* est assurément un grand sorcier. Le chef talentueux compose des plats qui sont un véritable spectacle, autant pour les yeux que pour les papilles. Il choisit avec intelligence des produits simples, pour servir une cuisine élaborée et savoureuse. Un vrai plaisir, renforcé par l'accueil attentionné de Madame et le joli cadre contemporain tout à fait dans l'air du temps. Petite terrasse.

**€€ |●| ⛱ L'Escargot** – *30, rue du Maréchal-Leclerc ☎ 02-41-51-20-88. ♿ Tlj sauf mar-mer et sam midi. Congés : vac scol de fév et 15 derniers j. d'août. Menus 20 € le midi en sem, puis 32-40 €.* Un tantinet excentré, mais souvent complet ! Pas de miracle à cela : le jeune chef, très sérieux, ne fait pas d'esbroufe et travaille ses beaux produits dans les règles de l'art. Au final, on se régale d'une cuisine traditionnelle de haute volée – dont les escargots, évidemment, que les habitués plébiscitent. Accueil tout sourire.

**€€ |●| Les Ménestrels** – *11-13, rue Raspail ☎ 02-41-67-71-10. Tlj sauf dim-lun. Formules déj en sem 18-25 € ; carte env 30-36 €.* Cadre rustique, charpente originale et tuffeau apparent au fond d'une jolie cour fleurie, voici un joli décor pour savourer une cuisine de marché, à base de produits sélectionnés avec attention. La carte évolue selon les saisons.

**Accès :** au pied du château, dans l'*Hôtel Anne-d'Anjou*.

**€€€ Le Gambetta** – *12, rue Gambetta ☎ 02-41-67-66-66. Fermé dim soir, lun et mer. Formules déj 29-36 € ; menus de 36 à env 100 €.* La porte cochère franchie, on arrive dans une salle moderne. Dans un décor sobre, le jeune chef Mickaël Pihours s'amuse et met en scène les produits qu'il décline en préparations multiples, pour une dégustation des plus sensorielle. L'œil, le nez sont aiguisés, et le plaisir se poursuit en bouche. La cuisine est créative, la cuisson précise, la technique maîtrisée. Un pur délice ! Et la fête continue en desserts, ravivant quelques souvenirs d'enfance.

## DANS LES ENVIRONS

### DAMPIERRE-SUR-LOIRE
49400 (7 km SE)

**€€ |●| ⛱ L'Amuse-Bouche** – *512, route de Saumur ☎ 02-41-67-79-63. ♿ Tlj sauf mar-mer (ouv mar soir l'été). L'été, à l'ardoise slt, plats 16-21 €. Sinon, menus 17,50 € le midi en sem ; puis env 30-40 €.* Sur la rue principale, cette maison ancienne réserve une jolie surprise gastronomique. Sucré-salé, saveurs exotiques et poissons de Loire revisités (sauf pour l'authentique friture de Loire !). Les produits sont soigneusement sélectionnés, et la cuisine est artistique jusque dans l'assiette. À déguster dans une salle aux accents contemporains ou en terrasse dotée d'une pergola.

**Accès :** par la D145.

## VERN-D'ANJOU 49220

**€€ ⛱ P Le Pigeon Blanc** – *13, rue de l'Église ☎ 02-41-61-41-25. Fermé dim soir, mar et mer. Congés : de mi-janv à mi-fév et*

*2 sem en juil-août. Menus env 16-22 € le midi en sem, puis 32-70 €. Parking.* Pigeon voyageur, le jeune chef a côtoyé les étoiles avant de revenir au pays et de redonner du peps à cet établissement familial, au cœur du Segréen. Il fallait oser ! Là où l'on venait au bal dans les années 1960, on s'installe désormais dans une salle moderne et lumineuse qui détonne par rapport au reste du bâtiment. La cuisine traditionnelle est revue au gré des expériences du monde du chef, avec un attrait pour les saveurs orientales et un goût poussé du détail. À déguster accompagné des vins adéquats, conseillés par sa femme sommelière.

***Accès :*** entrée par le parking (rue de l'Église).



# Mayenne (53)

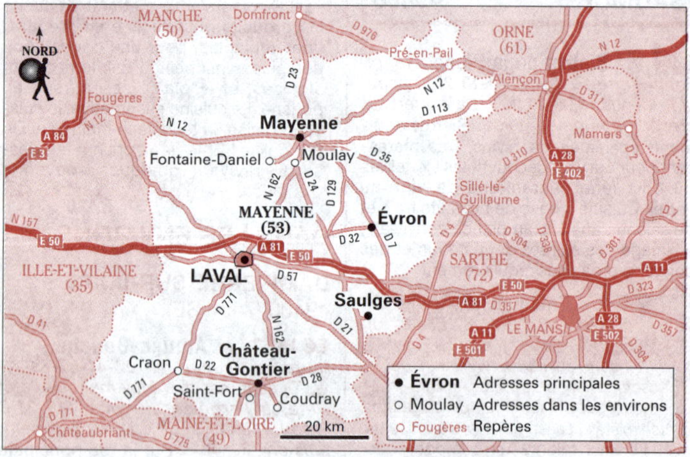


## CHÂTEAU-GONTIER 53200

**€€ |●| ⛱ Le Sofa** – *33, rue Jean-Bourré ☎ 02-43-06-28-40. ♿ Ouv le midi mer-dim et le soir mer-sam. Formules midi en sem 12,60-15,70 € ; menu 25,50 € ; carte env 30 €.* Pour une soirée semi-gastronomique, on aime bien cette adresse discrète mais fréquentée par les locaux connaisseurs. Une cuisine finement travaillée et des plats joliment présentés, en fonction des saisons. Le tout servi dans un cadre sobre et moderne, chic et relax à la fois, aux couleurs apaisantes. Un très bon rapport qualité-prix.

***Accès :*** à côté de la poste.

## DANS LES ENVIRONS

### SAINT-FORT 53200 (1 km SE)

**€ |●| ⛱ P L'Aquarelle** – *2, rue Félix-Marchand, village de Pendu ☎ 02-43-70-15-44. Tlj sauf lun, sam midi et dim soir. Congés : 1 sem courant janv et oct. Formules 12-14,50 € le midi en sem ; menus 24-50 €. Parking. Café offert sur présentation de ce guide.* Un peu en dehors de la ville, sur les bords de la Mayenne, un nom et un lieu qui prêtent à la rêverie. Cuisine travaillée et inventive, parfois vraiment originale... Vue splendide sur la rivière depuis la salle panoramique.

**Accès :** à 500 m du centre ; suivre la route qui longe la rive droite de la Mayenne, en direction de Sablé ; au rond-point, prendre la route de Ménil.

## COUDRAY 53200 (8 km SE)

**€€ Hôtel-restaurant L'Amphitryon** – *2, rue de Daon ☎ 02-43-70-46-46. • lamphitryon53.fr • Resto ouv mar soir-dim midi (fermé lun, plus dim midi oct-mars). Appeler avt. Formule déj 24 € ; menus 32-58 €. Parking.* Face à l'église remarquablement fleurie du village, dans son angle de rue, une maison de village dont on tombe sous le charme une fois la porte poussée. La cuisine, comme le décor, a quelque chose de revigorant et revisite le terroir. On peut même profiter de la terrasse extérieure dans un jardin clos. Peu de place, alors mieux va ut réserver. Également 6 chambres à la déco personnalisée.

**Accès :** par la D22. Face à l'église.

## CRAON 53400 (15 km O)

**€€ Le Quatre Épices** – *2, rue Alain-Gerbault ☎ 02-43-06-05-25. Lun-sam le midi, ven-sam le soir. Formules déj en sem 14-17,50 € ; menus 27-40 €. Apéritif maison offert sur présentation de ce guide.* La salle donne le ton, agréable et lumineuse, avec une terrasse, le tout au bord d'un plan d'eau. L'accueil tout à fait charmant et la carte gastronomique transforment l'essai. Cuisine fine et inventive, à base de produits régionaux, pleine de gaieté et de saveurs. Ajoutez à cela des prix abordables et une belle sélection de vins au verre : on tient là une excellente adresse, aux accents bucoliques.

**Accès :** sur la D22, au bord du plan d'eau.

## ÉVRON 53600

**€€ Relais et Bistrot du Gué de Selle***** – *lieu-dit Gué-de-Selle ☎ 02-43-91-20-00. • relais-du-gue-de-selle.com • Tlj sauf dim soir et lun midi ; hors saison, tlj sauf lun, ven soir et dim soir. Congés : 19 déc-11 janv et 23 fév-1er mars. Formules déj en sem 12,50-25,50 € ; menus 25,50-48 €. Parking. Réduc de 10 % sur le prix de la chambre sur présentation de ce guide.* Cette ancienne ferme transformée en hostellerie accueille aussi bien les familles que les séminaristes ou les sportifs venus se dégourdir les jambes autour de l'étang. Tous ces amoureux de la table se retrouvent dans un salon privé, sous la véranda ou en terrasse, pour déguster une cuisine classique, souvent de terroir, généreuse et parfaitement réalisée. On aime bien la formule bistrot en semaine. Heureusement, les chambres climatisées ne sont pas loin : couleurs clinquantes pour les unes, grand espace pour les duplex qui accueillent jusqu'à 5 personnes. Mais également une cabane dans un arbre, tout confort, et des chambres labellisées pour tous les handicaps. L'accueil très cordial concourt à faire de cette adresse un merveilleux lieu de détente.

**Accès :** au nord-ouest d'Évron par la D7.

## LAVAL 53000

**€€ L'Antiquaire** – *64, rue de Vaufleury ☎ 02-43-53-66-76. Tlj sauf sam midi, dim soir et lun. Congés : 1 sem en janv, 2 sem en avr et 3 sem en juil. Formules déj en sem 14,50-19 € ; menus 28-52 € ; carte env 45 €. Café offert sur présentation de ce guide.* Produits du terroir et de la mer. Ici, on aime le beau, le travail bien fait, entre gens de bonne compagnie, avec juste ce qu'il faut de créativité. Une affaire dès le 1er menu, à apprécier dans 3 salles assez intimes ou en terrasse.

**Accès :** en face de la poste.

**€€ La Braise** – *6, rue de la Trinité ☎ 02-43-53-21-87. Fermé sam midi et dim-lun. Formules à partir de 20 € ; carte 30-40 €.* Mignon tout plein. Il y a suffisamment de vieux pots, de beaux meubles, de coins de cheminée, de poutres au plafond et de tomettes au sol pour que l'on se sente bien d'emblée. La cuisine est simple, soignée et authentique, cuite à la chaleur de la braise. Spécialités, vous l'avez deviné, de poisson et de viande grillés. Miniterrasse aux beaux jours.

**Accès :** dans les vieux quartiers, près de la cathédrale.

**€€ L'Esprit Cuisine** – *8, rue Mazagran ☎ 02-43-56-78-51. Fermé dim-lun. Congés : 1re sem de janv, 2 sem* *en mai et 3 sem en août. Menus 19 € le midi en sem, puis 32-48 € ; carte 45 €.* Une adresse au premier abord sérieuse avec sa déco design dans les tons noirs, jusque dans la tenue des cuistots. Mais on se déride rapidement devant la carte maîtrisée avec doigté, inspirée par les producteurs locaux. Et on s'habitue vite à la cuisine ouverte. On papote pendant que ça mijote, pas de stress au piano, on frémit quand les plats arrivent ! Mention spéciale pour la carte des vins futée, ordonnée par gamme de prix.

## MAYENNE 53100

€ 🏠 |●| ⛱ P **Le Grand Hôtel***** – *2, rue Ambroise-de-Loré ☎ 02-43-00-96-00. ● grandhotelmayenne.com ● ♿ Hôtel et resto, tlj sauf sam-dim nov-avr ; resto, tlj sauf sam midi. Congés : 2 sem autour du Jour de l'an et 3 dernières sem d'août. Menus 14,90-17,90 € le midi en sem, puis 19,90-31 €. Parking. Café offert sur présentation de ce guide.* Bel établissement aux chambres conventionnelles, pimpantes et rénovées régulièrement. On y déguste avec bonheur une cuisine de terroir, gourmande et raffinée, à l'image du filet de bar aux fines herbes ou des ravioles d'ananas au citron, dans une ambiance contemporaine et intime. On peut finir la soirée au bar, devant un bon whisky (plus de 100 marques !). Terrasse pour prendre son repas quand le temps le permet.

**Accès :** face à la Mayenne.

€€€ **L'Éveil des Sens** – *429, bd Paul-Lintier ☎ 02-43-30-42-17. Tlj sauf dim soir-mar midi. Congés : 3 sem courant août et fêtes de fin d'année. Formules 22-25 € le midi en sem ; menus 40-73 €.* Cadre moderne, dans les tons café crème, et formes résolument carrées, à l'image de la véranda, lumineuse et intimiste, posée en bordure de la nationale (parfois un peu bruyante). Le cadre contraste subtilement avec une cuisine tout en arrondis, inventive, moderne et légère, où l'on devine un attrait pour les sauces. Et des saveurs fortes qui se télescopent avec habileté, mettant souvent les papilles sens dessus-dessous. Service tout en douceur pour enrober le tout.

**Accès :** à la sortie de la ville, sur la N12, direction Pré-en-Pail.

# DANS LES ENVIRONS

## FONTAINE-DANIEL
## 53100 (5 km SO)

€€ |●| ⛱ **Restaurant La Forge** – *Le Bourg ☎ 02-43-00-34-85. ♿ Tlj sauf dim soir-lun, plus mar hors saison. Congés : 3 sem en janv-fév. Formule 15 € le midi en sem ; menus 25-40 €. Apéritif maison offert sur présentation de ce guide.* Dans cette jolie maison toute en pierre de taille, les couleurs sont résolument dans l'assiette et les saveurs sous le palais. Le chef fait plus que cuisiner, il crée, s'amuse, détourne les produits et les recettes. Il aime travailler le poisson. Ça tombe bien, on aime le déguster ! Une cuisine pleine de saveurs et peu conventionnelle qui sied bien au cadre, un village atypique, fief des « Toiles de Mayenne ». Agréable terrasse en été, face à l'étang.

**Accès :** au sud-ouest par la D104, sur la place du village.

## MOULAY 53100 (5 km S)

€ 🏠 |●| ⛱ P **Hôtel-restaurant Beau Rivage***** – *route de Saint-Baudelle ☎ 02-43-00-49-13. ● restaurantbeaurivage.com ● ♿ Tlj sauf dim soir et lun. Formule 15 € le midi en sem ; menus 18,50 € (sauf dim)-41,80 €. Parking. Kir et canapés offerts sur présentation de ce guide.* En bordure de la rivière, avec sa terrasse quasiment les pieds dans l'eau et sa salle panoramique qui donne sur la Mayenne, une adresse qui fait plaisir à voir. Viande et poisson rôtissent sous vos yeux, et toutes sortes de spécialités sont proposées. Pour se reposer, 8 chambres confortables et calmes.

**Accès :** entre Mayenne et Moulay (vers le sud), sur la N162 ; descendre sur la Mayenne (panneau).

€€ 🏠 |●| ⛱ P **La Marjolaine***** – *Le Bas-Mont ☎ 02-43-00-48-42. ● lamarjolaine.fr ● ♿ Tlj sauf ven soir, sam midi et dim soir oct-avr. Congés : pdt les vac scol de fév (zone B) et 1 sem à Noël. Menus 17,80-21 € le midi en sem, puis 32,50-47,50 €. Parking.* Dans un lieu enchanteur où tout est « luxe, calme et volupté », une quarantaine de chambres de grand confort, élégantes, sobres et reposantes, notamment dans la partie manoir, récemment rénovée. Sauna, VTT, piscine extérieure, hammam... Au restaurant, une cuisine gastronomique de qualité et de fraîcheur exemplaires. Goûtez, par exemple, le poisson du marché. Très belle adresse en bord de Mayenne, pour les amateurs de randonnée notamment.

***Accès :*** à la sortie de Moulay, direction Laval, sur la droite.

## SAULGES 53340

€€ 🏠 |●| ☂ 🅿 **Hôtel-restaurant L'Ermitage***** – *rue des Deux-Églises ☎ 02-43-64-66-00. ● hotel-ermitage.fr ● ♿ Resto fermé sam midi, plus ven soir et dim soir oct-avr. Congés : 1 sem en fév, 1 sem en août, 1 sem à la Toussaint et 3 sem à Noël. Formule déj env 16 € le midi en sem ; menus 27-58 €. Parking. Apéritif maison offert sur présentation de ce guide.* Le chef conjugue tout au long de l'année tradition et modernisme. Carte alléchante, proposant une cuisine fine et originale, servie dans une très jolie salle. L'idéal pour une retraite... gourmande et touristique. Mais pas de cellule monacale à *L'Ermitage*, un établissement bien de notre temps avec des chambres confortables, claires et spacieuses, donnant sur le parc, la piscine (chauffée) et la campagne environnante pour les « Privilèges ». Table distinguée Logis.

***Accès :*** au cœur du village, près de l'église carolingienne.



# Sarthe (72)

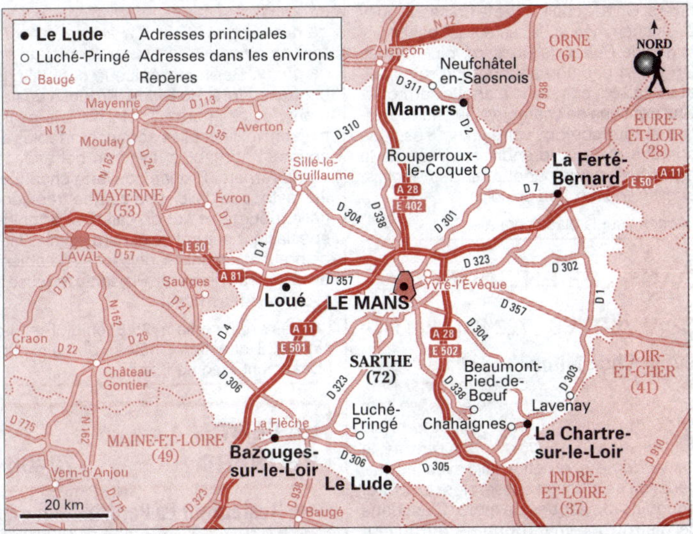


## BAZOUGES-SUR-LE-LOIR 72200

€ |●| ☂ 🅿 **Au Garde-Manger** – *79, rue du Maine ☎ 02-43-45-49-12. ♿ Ouv le midi sauf mar (plus sam hors saison), ainsi que le soir ven-sam. Résa conseillée. Congés : fêtes de fin d'année, 1 sem en avr et 1re quinzaine d'août. Formules déj en sem 12,50-14,30 € ; menus 22-28 € le soir et dim midi. Parking.* La façade sans esbroufe à l'entrée du village cache un intérieur vivifiant de bistrot gastronomique. La chef, Maître restaurateur, choisit ses produits au plus près, et il est vrai que ce serait dommage d'aller voir ailleurs ! Au menu : foie gras maison, tête de veau, souris d'agneau... et des prix imbattables. Pour accompagner tout cela, un jasnière fait très bien l'affaire. Service jovial.

**Accès :** 6 km à l'ouest par la D323.

## LA CHARTRE-SUR-LE-LOIR 72340

€ 🏠 |●| **Hôtel de France** – *20, pl. de la République ☎ 02-43-44-40-16. • hoteldefrance.fr • ♿ Bar-brasserie, ts les midis sauf dim, plus dim soir et lun soir ; resto tlj sauf dim soir et lun. Bar-brasserie, formules env 13-17 €, carte 15-20 € ; resto, menus env 27,50-39 € et carte.* Un des établissements les plus connus de la vallée du Loir. Longtemps le chouchou des pilotes des 24 Heures, il a vu défiler Jacky Ickx, Steve McQueen... Ils garaient autrefois leurs véhicules dans la cour. Le bar est presque un petit musée de la fameuse course : portraits des pilotes, autographes, souvenirs divers. On a le choix entre la brasserie cosy et sa cheminée ou le restaurant gastronomique, le *Relais de Ronsard,* plus formel. On y sert une agréable cuisine régionale et de saison, comme la marmite sarthoise. Une trentaine de chambres, au charme raffiné et tout confort, voire luxueuses. Une adresse qui a su prendre le virage de la modernité, tenue par et pour des Anglais. *English spoken,* il va de soi !

**Accès :** sur la place centrale.

## DANS LES ENVIRONS

### CHAHAIGNES 72340 (7 km NO)

€€ |●| **Chez Miton** – *15, pl. de l'Église ☎ 02-43-44-62-62. Ouv le midi mar-dim, plus le soir ven-sam. Formules déj en sem 15-20 € ; menu 31 € (w-e slt). Café offert sur présentation de ce guide.* À l'entrée, le bar, et derrière, la petite salle avec les étagères où se côtoient casseroles de cuivre, bouquins et casques de moto. C'est dans ce bistrot gourmand que se retrouvent tous les environs pour apprécier une cuisine qui s'annonce populaire et sans prétention, mais bien exécutée. La maison affiche quotidiennement au tableau des plats du jour maison et de saison, à base de bons produits, traités avec respect et sérieux. Sélection pointue de vins locaux. Pour parfaire le tout, une bonne ambiance et un accueil convivial.

**Accès :** au nord-ouest par la D304 puis la D64 bis.

### LAVENAY 72310 (13 km NE)

€€ |●| 🅿 **Au Jardin des Saveurs** – *3, rue du Val-de-Braye, Pont-de-Braye ☎ 02-43-44-45-55. Ouv les midis mar-dim, et les soirs ven-sam. Formules déj en sem 13-15 € ; menus 25-35 €. Parking.* L'une de nos tables favorites dans ce secteur de la vallée du Loir. Dans une salle toute en baie vitrée ou en terrasse, on goûte à une cuisine traditionnelle non moins lumineuse, de saison. Sympa la cheminée en hiver. Service pro. Quant au chef, il donne même des cours de cuisine certains jours. *NOUVEAUTÉ.*

**Accès :** par la D305.

### BEAUMONT-PIED-DE-BŒUF 72500 (20 km NO)

€ 🏠 |●| ⛱ 🅿 **Le Relais du Cheval Blanc** – *22, rue de la Tour ☎ 02-43-44-84-59. • aubergechevalblanc72.com • ♿ Tlj sauf lun et dim soir sept-15 juin. Congés : 2 sem en mars, 2 sem en oct et dernière sem de déc. Repas 15-30 €. Parking. Apéritif maison ou café offert sur présentation de ce guide.* Bar-resto-épicerie d'un village central en forêt de Bercé. Propose également des chambres d'hôtel dans la petite maison voisine. Elles sont confortables et vraiment agréables, avec un bel espace vert à l'arrière. Piscine couverte chauffée. Au resto, une délicieuse cuisine traditionnelle, bourgeoise et de saison. Parmi les spécialités : magret de canard au miel, filet de bœuf aux morilles, poissons également et savoureux desserts. Plaisante terrasse à la croisée des routes.

**Accès :** A28 sortie n° 25 Écomoy. Prendre la D338 direction Château-du-Loir, puis Beaumont-Pied-de-Bœuf.

## LA FERTÉ-BERNARD 72400

€ |●| **Restaurant La Perdrix** – *2, rue de Paris ☎ 02-43-93-00-44. ♿ Tlj sauf dim soir, lun soir et mar. Congés : 2 sem mi-janv. Menus 18-22 € en sem, puis 29,90-39,90 €. Café offert sur présentation de ce guide.* À un croisement passant, mais qu'importe. Intérieur sobre où Serge Thibaut propose une cuisine gastronomique et régale avec sérieux et générosité, toujours soucieux de surprendre... La cave à vins mérite une mention spéciale (près de 400 bouteilles).

**Accès :** à 400 m du centre-ville (fléché).

**€ 🍴 ☂ Le Dauphin** – *3, rue d'Huisne ☎ 02-43-93-00-39. ♿ Tlj sauf dim soir, lun et jeu soir. Congés : 1 sem à Pâques, 3 sem en août, 24-25 déc et 1er janv. Formule 18 € et menu 22 € sauf sam soir, dim et j. fériés ; puis menus 32-60 €.* Dans une maison pleine de charme et d'histoire où les poutres, la cheminée et les pierres apparentes ajoutent un peu de chaleur à la déco contemporaine. Le chef, lui, entretient un souffle créatif à chaque nouvelle carte. Cuisine maison, à base de produits frais travaillés selon les saisons. Beaucoup d'habitués qui apprécient le très bon rapport qualité-prix.

***Accès :*** par la rue piétonne, à la porte Saint-Julien.

## LE LUDE 72800

**€ 🍴 ☂ Au Bistrot Ronsard** – *6, rue Champ-de-Foire ☎ 02-43-94-83-33. ♿ Ouv le midi mar-ven et j. fériés. Congés : début août-début sept. Sur résa le w-e. Formules 16,50-22,50 €. Apéritif maison offert sur présentation de ce guide.* La table où l'on peut revenir tous les jours sans jamais manger la même chose. Le chef, en bon épicurien du palais, s'approvisionne au marché. Cadre simple et aéré à l'intérieur, dans 3 salles façon bistrot ou en terrasse avec jardin aux beaux jours quand « les roses ont éclose leur robe ». Cuisine goûtée, soignée, et un service rapide, qui plaisent aux habitués.

***Accès :*** près de la Poste.

**€€ 🍴 ☂ La Renaissance** – *2, av. de la Libération ☎ 02-43-94-63-10. Formules déj en sem 13-19 € ; menus 31-42 €.* Un établissement posé aux 3 coins d'un carrefour ! Un *Logis de France* à la fois classique et modernisé comme il se doit. Les chambres sont fonctionnelles et tout à fait confortables. Quant à la table gastronomique, à prix tirés le midi en semaine, elle fait l'unanimité parmi les Ludois. Viandes ou poissons, les plats sont tous mitonnés avec savoir-faire par un Maître restaurateur. *NOUVEAUTÉ.*

***Accès :*** au croisement des routes pour la Flèche et Château-du-Loir (D307).

## DANS LES ENVIRONS

### LUCHÉ-PRINGÉ

72800 (13 km NO)

**€€ 🏠 🍴 ☂ P Auberge du Port-des-Roches** – *lieu-dit Le Port-des-Roches ☎ 02-43-45-44-48. Tlj sauf dim soir, lun et mar midi. Congés : courant fév-mars. Menus 30-60 €. Parking. Apéritif maison offert sur présentation de ce guide.* Un sympathique établissement en bord du Loir, dans un environnement bucolique. Au restaurant, une cuisine de marché bien ficelée. Jolies petites chambres, toutes personnalisées, aux couleurs gaies. Superbe terrasse fleurie sous l'if bicentenaire donnant, comme certaines chambres, sur la rivière. Excellent accueil.

***Accès :*** au nord-ouest, à la sortie de Luché-Pringé, prendre la direction Pontvallain et tourner à droite à 2 km.

## LE MANS 72000

**€€€ 🍴 ☂ Le Tablier de Jaurès** – *138, av. Jean-Jaurès ☎ 02-43-78-93-81. Ⓣ Jean-Jaurès-Pavillon. ♿ Tlj sauf mer et le soir dim et mar. Le midi en sem, formule 20 € et menu 25 € (verre de vin compris) ; puis menus 39-55 €. Apéritif maison offert pour une personne sur présentation de ce guide.* Une adresse un peu excentrée, mais qu'importe, prenez le tram et poussez sans hésiter la porte de cette banale façade qui cache tout un intérieur inattendu, moderne et judicieusement pensé. Rez-de-chaussée et étage lumineux donnent sur un jardinet et une terrasse en bois. La cuisine ne dénote pas, finement travaillée, un brin originale, d'inspiration française plutôt tournée vers la mer et joliment présentée. Service souriant pour une escapade culinaire pleine de raffinement.

***Accès :*** à 1 km du centre-ville.

**€€€ L'Auberge de Bagatelle** – *489, av. Bollée ☎ 02-43-85-25-73. Tlj sauf lun-mar. Le midi, formule 27 € et menu 33 € ; le soir, menus 45-60 €.* Dès l'ouverture, les gourmands se sont vite passé le mot. Un nouveau (jeune) chef officie à Bagatelle et il fait des merveilles ! Dans une salle toute en baie vitrée et baignée de lumière, la formule déjeuner fait mouche avec un rapport qualité-prix assez bluffant. Des beaux produits, issus des meilleurs terroirs et parfaitement mis en valeur. À vouloir trop bien faire, le service est encore un peu guindé, mais nul doute que tout devrait très vite trouver son rythme de croisière pour un moment de pur plaisir. *NOUVEAUTÉ.*

***Accès :*** à env 4 km du centre par la D314 (en direction du Parc Popéa et de l'abbaye de l'Épau).

## LOUÉ 72540

€€€ **Hôtel-Restaurant Ricordeau** – *11, rue de la Libération ☎ 02-43-88-40-03. • hotel-ricordeau.fr • Tlj sauf dim soir, lun et mar. Congés : 1 sem en fév et 1 sem en nov. Formules déj en sem 32,50-36,50 € ; menus 43,50-59 €.* Cet ancien relais de diligences abrite une bien bellle adresse, pas donnée certes, mais accueillante et sérieuse sans pour autant prendre des airs importants. Déco des chambres sobre, mais ensemble élégant et très confortable. Et puis comment ne pas fondre pour le délicieux jardin à l'arrière (et sa jolie piscine tapie dans son coin) sur lequel donnent les baies vitrées du resto. On y déguste une cuisine sans ostentation mais inspirée et délicate, utilisant au maximum des produits locaux. Poulet (fermier) de Loué en tête ! Juste à côté, *La Table du Coq (☎ 02-43-88-31-14. Ouv le midi lun-sam, plus le soir lun-mar et ven. Formules 14 € déj en sem-23 €).* C'est la petite annexe de l'hôtel voisin, et l'occasion pour les budgets plus réduits de goûter une cuisine du terroir fine et fraîche, joliment concoctée par le chef du *Ricordeau.* Deux coups de cœur.

## MAMERS 72600

€ **La Terrasse** – *2, rue Paul-Bert ☎ 02-43-34-40-46. Ouv lun-ven 9h-15h30, plus ven soir. Congés : 26 déc-2 janv. Formule midi 11,20 € ; repas 15-30 €. Apéritif maison offert sur présentation de ce guide.* Des couleurs pimpantes orange-marron sur les murs, en bas, en haut ou dans la cour. Et une carte variée de galettes, salades, pâtes... sans parler du tiramisu sous toutes les formes. Service parfois débordé, mais on aime bien cette *Terrasse* qui réveille Mamers. Soirées à thème un vendredi par mois.

**Accès :** quasiment sur la place de la République.

## DANS LES ENVIRONS

### NEUFCHÂTEL-EN-SAOSNOIS
72600 (11 km NO)

€€€ **Relais des Étangs de Guibert** – *☎ 02-43-97-15-38. • les etangsdeguibert.com • Tlj sauf dim soir, plus lun sept-mars. Formule 18 € et menus 23 € le midi en sem, puis 37-55 €. Parking.* À la lisière de la forêt de Perseigne, au bord d'un étang. Jolie salle donnant sur ce dernier, cuisine exquise et traditionnelle avec, parfois, quelques touches exotiques. Belles balades à faire à cheval, en barque ou simplement à pied, pour la digestion. Le cadre bucolique à souhait explique pourquoi il est difficile de trouver une chambre le week-end. Parmi la clientèle, beaucoup d'étrangers qui ne s'y trompent pas !

**Accès :** au nord-ouest de Mamers par la D311. Dans le village, prendre à droite à l'église direction « Belvédère Perseigne ».

### ROUPERROUX-LE-COQUET
72110 (17 km S)

€€ **Le Petit Campagnard** – *31, rue Principale ☎ 02-43-29-79-74. Ouv ts les midis sauf lun, plus ven et sam soirs. Menus 13 € (midi en sem), puis 26,50-32,50 €. Parking. Le Petit Campagnard* a une bonne bouille, qui donne envie de s'arrêter. Le dimanche, surtout, on se rend compte qu'on n'est pas les seuls à avoir eu cette idée ! Cuisine de terroir qui sort de l'ordinaire avec, par exemple, du cerf ou du daguet de la ferme de Villaines.

**Accès :** au sud par la D2, puis la D301.

# Vendée (85)

## BEAUVOIR-SUR-MER 85230

€ **L'Auberge des Etiers** – *L'Ampan, route de Fromentine ☎ 02-51-68-75-41. Tlj sauf lun, jeu soir et dim soir. Résa fortement conseillée. Menu du midi en sem 15,90 € ; 23-33 € le soir. Parking.* Créée à l'initiative d'un ancien libraire passionné de bonne chère, cette petite adresse (25 couverts) revisite la cuisine du terroir dans des assemblages pétillants de saveurs. Ainsi navigue-t-on entre le tar-

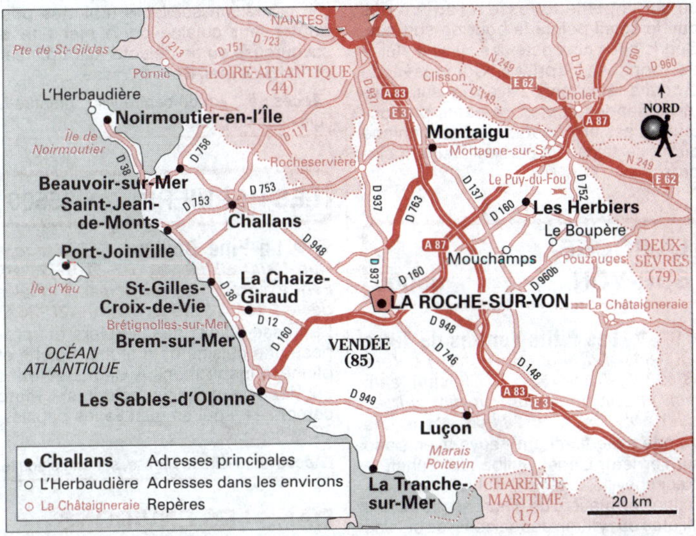


tare de bœuf aux huîtres, l'escalope de maigre au citron confit ou les mogettes au chorizo. Une table qui met à l'honneur les producteurs locaux. On s'est régalé. *NOUVEAUTÉ.*

***Accès :*** à mi-chemin entre Beauvoir-sur-Mer et La Barre-de-Monts.

## BREM-SUR-MER 85470

€€€ |●| **Les Genêts** – *21 bis, rue de l'Océan ☎ 02-51-96-81-59. ♿ Hors saison, tlj sauf dim soir-mar ; en saison, tlj sauf dim soir-lun midi. Résa fortement conseillée. Le midi, 21-25 € ; sinon 45-59 €.* À deux pas du bureau d'information touristique, cette ancienne maison de maître accueillle aujourd'hui un étoilé de retour au pays. Dans leur petit resto (28 couverts) à la déco tout en rondeur, Amélie et Nicolas Coutand soignent leurs hôtes. Après avoir transpiré sous sa charlotte chez Trois-Gros et affûté ses lames chez ses – désormais – confrères étoilés, Nicolas met aujourd'hui un point d'honneur à travailler les produits qualifiés de peu nobles pour en sublimer les saveurs. Un chef qui préfère une carte courte qui en dit long, pourvu qu'elle suive les saisons. *NOUVEAUTÉ.*

***Accès :*** parc des Genêts, à deux pas de l'office de tourisme.

## CHALLANS 85300

€ ⛱ P **Le Gourmandin** – *41, rue Pierre-Gilles-de-Gennes ☎ 02-51-35-39-09. ♿ Tlj sauf mar soir, mer et dim soir. Formule 15,40 € le midi en sem ; menu 24,60 € ; carte env 30 €. Parking.* Bâtiment moderne aux formes cubiques dans une zone d'activités sans charme. On vient de loin pour découvrir la cuisine raffinée, savoureuse, détournée avec humour par un jeune chef breton et fan de Rœllinger, qui « aime le soleil, la couleur ». Sa femme, sommelière, accueille habitués comme visiteurs d'un soir avec la même générosité.

***Accès :*** sur la route de Soullans, vers le sud, au niveau du rond-point des Tuileries.

## LA CHAIZE-GIRAUD 85220

€€ |●| ⛱ P **La Chaize gourmande** – *2, pl. du Marché ☎ 02-51-22-75-33. Tlj sauf mer, plus le soir mar, jeu et dim. Résa fortement conseillée. À l'ardoise au déj pour 14 € (menu fixe) ou 17 € (2 ou 3 plats au choix) ; sinon 25-31 €. Parking.* Une vraie affaire que cette ardoise du midi ! En salle, façon bistrot à l'ancienne, ou sur la petite terrasse à l'arrière dès que le soleil pointe le bout de son nez, Cédric nous concocte une cuisine pleine de (bonnes) surprises. Composée de produits sélectionnés avec rigueur (légumes, viandes et vins de petits producteurs) l'assiette, quoiqu'un peu chiche diront certains, est particulièrement élaborée. *NOUVEAUTÉ.*

## LA ROCHE-SUR-YON 85000

**€ 🍽 ☂ Les P'tits Ventres de Terre** – *87-89, bd du Maréchal-Leclerc ☎ 02-51-62-50-55. ♿ Tlj sauf sam midi et dim en saison (slt dim soir en hiver). Menus 11,50-23,90 €.* Dans une grande salle flambant neuve avec patio sur l'arrière, Lionel Guilbaud, le chef, le cœur chevillé au terroir, multiplie les innovations en matière de gastronomie locale. Mijotée au rythme des saisons, sa cuisine servie dans des petits pots de terre coiffés d'un authentique préfou rencontre un succès fou ! Incontournable !

***Accès :*** derrière la gare ferroviaire.

**€ 🍽 L'Atable** – *20, rue Raymond-Poincaré ☎ 02-51-36-21-35. ♿ Fermé mer, plus le soir dim-lun. Congés : 1re quinzaine de janv et d'août. Résa quasi indispensable. Formules déj en sem 14-19 € ; menus 22-47 € ; menu blanc 47 €.* Cadre contemporain et chaleureux pour une cuisine créative, subtile et raffinée, tout en harmonie de saveurs. La carte change à chaque service, mais vous retrouverez toujours la spécialité de la maison : le crabe farci. À tomber ! Assurément l'une des meilleures tables de la ville.

***Accès :*** à 5 mn à pied de la gare.

## LA TRANCHE-SUR-MER 85360

**€ 🍽 ☂ 🅿 Le Nautile** – *103, rue du Phare ☎ 02-51-30-32-18. Tlj sauf dim soir et lun hors juil-août. Congés : de fév à mi-mars et 1 sem à Noël. Formule déj 16,50 € ; menus 21-30,50 €. Parking.* On imagine mal un restaurant au cœur d'un quartier résidentiel. Et pourtant, *Le Nautile* n'est jamais esseulé. Car les gourmands ont depuis longtemps inscrit la maison sur leurs tablettes pour goûter leur cuisine de la mer fine et savoureuse,ou se délecter d'un plateau de fruits de mer. Belle terrasse.

***Accès :*** à 1 km du centre-ville ; prendre la direction du phare.

## LES HERBIERS 85500

**€ 🍽 La Fine Bouche** – *27, Grande-Rue-Saint-Blaise ☎ 02-51-67-21-14. Fermé dim soir, lun soir et mar. Formules déj en sem 12-15 € ; menus 20-26 €.* L'adresse bistrot des Herbiers qui propose une cuisine de marché, fraîche et pleine d'inspiration. À déguster dans un décor aux verts acidulés – moto comprise ! – qui émoustille les papilles. *NOUVEAUTÉ.*

***Accès :*** pas loin de l'église, sur une placette.

## DANS LES ENVIRONS

### MOUCHAMPS 85640 (13 km S)

**€ 🍽 ☂ Le Canotier** – *5, pl. Clemenceau ☎ 02-51-66-28-49. Fermé lun, plus le soir mar-jeu et dim hors saison. Formules déj 12,90-16,70 € en sem ; menus 24,50-55 €.* C'est dans cet attachant village que Stéphane Gil a posé ses valises. On vient d'abord chez lui pour s'attabler le midi, en semaine, et partager le buffet du jour en toute convivialité. Mais on peut aussi opter pour la carte plus élaborée ou pour l'option *kota grill*. Il y a la terrasse, aussi, donnant sur la belle place fleurie. Et le service, gentil comme tout. Chapeau bas ! *NOUVEAUTÉ.*

***Accès :*** par la D48.

### LE BOUPÈRE 85510 (14 km S)

**€ 🍽 Les 3 Piliers** – *1, rue Général-de-Gaulle ☎ 02-51-91-41-87. Fermé mer, plus dim soir oct-mars. Formules déj en sem 10-13,50 € ; menus 19-32 €.* Trois copains Maîtres restaurateurs et sommelier ont monté cette belle affaire où l'on vient en connaissance de cause. Dans un cadre plutôt moderne aux côtés d'un joli patio, la carte change régulièrement en fonction de l'inspiration et des produits locaux. C'est LA référence gastronomique du secteur. Fait aussi hôtel. *NOUVEAUTÉ.*

***Accès :*** à 7 km à l'ouest de Pouzauges. Par la D755.

## LES SABLES-D'OLONNE 85100

**€€€ |●| Le Quai des Saveurs** – *10, quai Guiné ☎ 02-51-23-84-91. Tlj sauf mer, jeu et dim soir. Menus déj sauf dim 20-25 €, puis 49-67 € le soir et dim midi.* Sur ce quai qui aligne les belles tables, en voici une discrète et classe, bien connue des gastronomes. Un parti pris de l'intime, du beau et du bon en résumé. La carte est courte, inventive, artistique et prend toujours par surprise. Ambiance pas hyper festive et service parfois longuet, mais on vient là pour prendre le temps, en épicuriens.

***Accès :*** sur les quais.

## LUÇON 85400

**€€ |●| L'Ardoise Gourmande** – *52, rue Georges-Clemenceau ☎ 02-51-56-35-10. ♿ Tlj sauf dim-lun, plus mar et mer soir. Congés : dernière sem d'août et de déc. Formule 14 € le midi en sem ; à la carte, plats 14-21 €. Café offert sur présentation de ce guide.* Une vraie ambiance animée de bistrot. En cuisine, le couple s'active pour concocter des petits plats gourmands, volontiers italiens, à base de produits de saison. En salle, le beau-frère assure un service décontracté et souriant, d'excellent conseil. Carte maligne côté vins (le cru du mois au verre est une bonne affaire).

***Accès :*** à 5 mn à pied de la cathédrale, par la rue Clémenceau.

## MONTAIGU 85600

**€€ |●| ☂ Restaurant de la Digue** – *9, rue des Abreuvoirs ☎ 02-51-06-34-48. Tlj sauf dim, lun soir et mar soir. Congés : 1re quinzaine d'août et vac scol de Noël. Menus 15-25 € (déj en sem), sinon compter dans les 30 €.* On s'installe au choix dans l'une des 4 salles à la déco marocaine ou sur la terrasse surplombant la rivière. Et c'est parti pour un festival de saveurs et de convivialité ! Des plats gourmands et délicieux, inspirés de la cuisine du Sud-Est, avec des audaces parfois surprenantes. Le patron, aussi généreux que sa cuisine, vient tailler la bavette avec chacun de ses convives. Un coup de cœur !

***Accès :*** par la D763, au bord de la Maine, sur la gauche en descendant vers le pont.

## NOIRMOUTIER-EN-L'ÎLE 85330

**€ |●| ☂ L'Her du Temps** – *18, Grande-Rue ☎ 02-51-39-09-28. Fermé lun hors saison, plus le soir mar-jeu d'oct à mars. Congés : de janv à mi-fév. Résa conseillée. Menu galette le midi (sauf dim) 10,90 € ; carte 15-20 €.* Cette grande crêperie,qui sert de cantine aux gens du coin en dehors de la période touristique, propose de bonnes galettes traditionnelles, des spécialités renouvelées au gré des saisons et de l'inspiration du chef. Une vraie surprise, à déguster dans le vaste et agréable patio.

***Accès :*** dans le centre.

**€€ ⌂ |●| ☂ P Hôtel-restaurant Fleur de Sel** – *10, rue des Saulniers, BP 207 ☎ 02-51-39-09-07. ● fleurdesel.fr ● ♿ Fermé oct-mars, ainsi que les lun-mar en avr-juin et en sept, plus les midis sur la même période sauf les w-e. Formule 22 € le midi en sem ; menus 29-44 €. Parking. Apéritif maison offert sur présentation de ce guide.* Cet hôtel de charme contemporain a été construit dans le style de l'île, au calme, en lisière du bourg. Il possède un resto qui compte parmi les meilleures tables de l'île mariant avec élégance la cuisine de terre ou de mer, voire d'outremer...

***Accès :*** suivre le fléchage à partir du château, à 500 m derrière l'église.

**€€€ ☂ Le Grand Four** – *1, rue de la Cure ☎ 02-51-39-61-97. ♿ Fermé lun, plus jeu midi et dim soir hors saison. Congés : 2 sem en janv et 1 sem en nov. Menus déj en sem 33 € ; puis 45-84 €.* Cette charmante maison bourgeoise, à la façade couverte de vigne vierge, abrite une table gourmande et raffinée. En cuisine, Henrick Garriga, formé dans de prestigieuses maisons, propose des recettes savoureuses à base de produits locaux de saison, exécutées avec finesse et originalité. Même les petits gourmets ne sont pas oubliés ! Terrasse au pied du château aux beaux jours.

***Accès :*** derrière le château.

## DANS LES ENVIRONS

### L'HERBAUDIÈRE 85330 (5 km O)

**€€ ☂ La Table d'Élise** – *5, rue Marie-Lemonnier ☎ 02-28-10-68-35. ♿ Tlj sauf mer, plus dim soir et mar hors saison. Congés : déc-janv. Menus 22 € le midi en sem, puis 32 €.* Alexandre Couillon, chef réputé du resto doublement étoilé *La Marine*, élu chef de l'année en 2017, a eu la bonne idée de transformer l'adresse familiale voisine en un vrai bistrot à son image. La cuisine est commune aux 2 établissements, avec des plats d'hier servis par une cuisine d'aujourd'hui, mais ça reste un bistrot, pas un gastro ! Salle marine avec vue sur le port ou terrasse dans le jardin de curé.

***Accès :*** à gauche en arrivant sur le port.

**€€€ 🍽 La Maison des Toqués** – *32, rue du Port ☎ 02-28-10-15-12. Tlj sauf mer. Résa indispensable. Formule déj 25 € ; menus uniques 3 à 6 plats 39-69 €.* Après avoir bourlingué de maisons étoilées en relais-châteaux, Aurore et Sébastien ont fini par se poser. Dans leur tout petit resto (une quinzaine de couverts, pas davantage) au décor rétro-chicos un poil *glossy*, ils offrent une fin heureuse aux produits bio glanés sur les marchés ou tout juste sortis du vivier. Le tout accompagné d'une carte des vins 100 % bio elle aussi. *NOUVEAUTÉ.*

***Accès :*** dans la rue qui descend vers le port.

## PORT-JOINVILLE (ÎLE D'YEU) 85350

**€ 🍽 ☂ Chez Martin** – *18, rue de la République ☎ 02-51-58-52-68. Ouv Pâques-sept, plus vac de la Toussaint, tlj sauf mar (hors juil-août). Carte 15-25 €. Café offert sur présentation de ce guide.* Cette brasserie bonne franquette, au cadre tout simple d'auberge marine, est une petite référence locale. Midi et soir, on se bouscule pour déguster les patagos fraîchement pêchés, ces coquillages cousins de la palourde, dont la maison s'est fait une spécialité. À moins de se laisser tenter par un bon plat de moules, avec frites ou cuisinées. Et pour terminer comblé, craquez pour une crêpe caramel au beurre salé.

***Accès :*** à côté de la Maison de la presse.

**€ 🍽 ☂ La Plancha du Pêcheur** – *13, pl. de la Norvège ☎ 02-51-59-11-15. Fermé lun. Ne prend pas de résa. Formule déj 12,50 € (avec verre de vin), plats 12-17 €.* L'enseigne dit tout : les amateurs de poissons ont fait de cette adresse leur QG. Filets de sardines ou de maquereaux, *fish & chips*, thon grillé... Tout est ultra-frais, préparé sous vos yeux et cuisiné avec doigté. Le tout dans un décor dans le vent, à des tarifs tenant largement la marée et servi avec le sourire. *NOUVEAUTÉ.*

**€€€ 🍽 ☂ Les Bafouettes** – *8, rue Gabriel-Guist'hau ☎ 02-51-59-38-38. Tlj sauf lun, plus dim et le soir mar-jeu hors saison. Résa fortement conseillée. Formule déj 26,50 € ; menus 35-45 € le soir ; carte env 50 €. Café offert sur présentation de ce guide.* Cette adresse au cadre anodin, située dans une ruelle tranquille de Port-Joinville, arrive en tête de liste des bonnes tables de l'Île d'Yeu. À la carte, le meilleur de la marée (choucroute de la mer notamment) et une cuisine gourmande et généreuse. Signe qui ne trompe pas, l'endroit est très fréquenté par les Islais, qui prennent le temps de vivre et de bien vivre !

***Accès :*** près du port.

## SAINT-GILLES-CROIX-DE-VIE 85800

**€ 🍽 ☂ Le Casier** – *pl. du Vieux-Port ☎ 02-51-55-01-08. ♿ Congés : de mi-déc à fin fév. Formule déj 14,50 € en sem ; menu 18,90 €.* L'intérieur en cale de bateau donne le ton. Cuisine entièrement consacrée à la mer, selon les arrivages : pot au feu marin, brandade de morue, sardines bien sûr... Les plats sont toujours frais et de qualité.

***Accès :*** près de l'église Saint-Gilles.

**€€ 🍽 ☂ Grain de Sable** – *60, av. de la Plage ☎ 02-51-55-30-97. ♿ Tlj sauf lun-mar. Formules déj lun-sam 14,90-19,90 € ; menus 27-37 €.* Cadre contemporain avec vue sur mer, belle terrasse offerte au vent du large, idéale pour un plateau de fruits de mer au soleil couchant (à réserver). C'est l'écrin qu'ont choisi Andrei et Amandine pour leur petit bijou de cuisine inventive. Après avoir bourlingué en Australie et en Écosse, le chef mélange harmonieusement émulsions et croustillants pour une cuisine de produits frais locaux pas grasse pour un sou. Si votre moitié est mannequin, allez-y sans crainte, elle ne risquera pas la faute professionnelle ! *NOUVEAUTÉ.*

***Accès :*** face à la grande plage.

**€€ 🍽 ⛱ OSE** – *18, av. de la Plage ☎ 02-51-26-98-49. ♿ Fermé lun en saison, mar-mer hors saison. Congés : 20 déc-20 janv. Formule déj 12,50 € le midi en sem ; menu 28 € ; carte 30-40 €. Café offert sur présentation de ce guide.* On ne vient pas ici par hasard mais bien pour titiller son goût pour l'anticonformisme et l'art du sucré-salé, sans tabous, avec des goûts qui rappellent l'enfance et des mariages improbables, comme ces glaces aux saveurs décalées, pas toujours sucrées, qui accompagnent les plats. Salle branchée, aux tons fuschia, gris et rose pour rester dans le ton. Petite terrasse sur la rue.

***Accès :*** dans la rue qui mène à la grande plage.

## SAINT-JEAN-DE-MONTS 85160

**€ 🍽 🅿 Le Petit Saint-Jean** – *128, rue de Notre-Dame ☎ 02-51-59-78-50. Tlj sauf dim soir-lun. Menus 15-29 €. Parking. Café offert sur présentation de ce guide.* Oublions la proximité de la route passante et poussons la porte : la vaste salle accueillante et lumineuse réjouit d'emblée. L'impression ne se dément pas dans l'assiette avec une cuisine de terroir inventive et des plats déclinés en de subtiles saveurs. Le chef privilégie le bœuf, l'anguille, les cuisses de grenouilles, le foie gras, le canard challandais... que du bon, que du frais. Sans négliger les desserts, car il est avant tout pâtissier. Service attentionné.

***Accès :*** à la sortie de Saint-Jean, vers le nord.

**€ 🍽 🏠 🅿 Le Robinson** – *28, bd Leclerc ☎ 02-51-59-20-20. ♿ Fermé déc-janv. Formule déj en sem 15,50 € ; menus 18,60-33 €. Parking. Café offert sur présentation de ce guide.* Une des adresses les plus cotées de Saint-Jean menée tambour battant par Nicolas Izard et son équipe. Tables dressées avec joliesse, bien dans la tradition hôtelière et service aux petits oignons. Dans l'assiette, une cuisine maraîchine ou océane exclusivement concoctée avec des produits du terroir, avec cependant quelques notes voyageuses et une pointe de créativité. Menu végétarien ou sans gluten, aussi. Une robinsonnade à découvrir en amoureux. *NOUVEAUTÉ.*

***Accès :*** du front de mer, remonter l'avenue de la Forêt jusqu'au rond-point.

## YEU (ÎLE D') 85350

**Liste des villes de l'Île d'Yeu** – Voir : Port-Joinville.

**Avis aux hôteliers et aux restaurateurs**

Chaque année pour y figurer, il faut le mériter !

**Les prix**

En France, les prix des restaurateurs sont libres. Certains peuvent augmenter entre le passage de nos infatigables fureteurs et la parution du guide, environ 6 mois plus tard. Nous comptons sur votre compréhension en cas de différence entre les prix relevés à l'heure où nous bouclons ce guide et ceux que vous constaterez sur place.

La rédaction du Routard

# PROVENCE-ALPES-CÔTE D'AZUR

**Pictos utilisés dans ce guide**

- € Menu à moins de 25 €
- €€ Menu de 25 à 35 €
- €€€ Menu à plus de 35 €
- Hôtel-restaurant
- Restaurant
- Restaurant avec notre toque
- Terrasse
- Parking
- Piscine
- Accessible aux handicapés

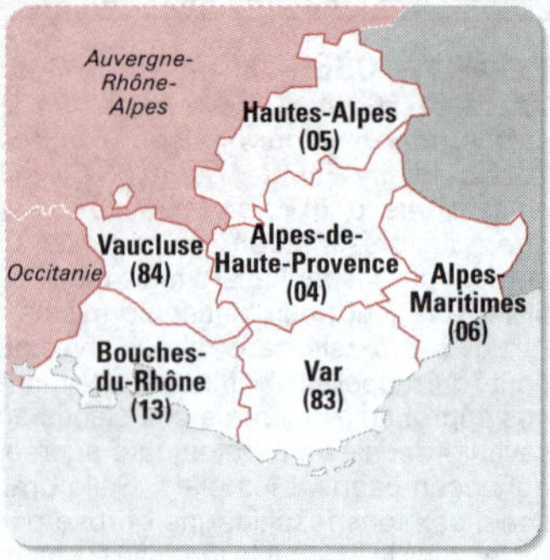


# Alpes-de-Haute-Provence (04)

## DIGNE-LES-BAINS 04000

**€€€ Hôtel-restaurant Le Grand Paris****** – *19, bd Thiers ☎ 04-92-31-11-15. • hotel-grand-paris.com • Tlj sauf lun-mer midi hors saison. Congés : 1er déc-1er avr. Formule déj 28 € ; menus 38-75 €.* Lorsque les pensionnaires du couvent sont partis, le bâtiment, du XVIIe s, a été transformé en hôtel chic. Bonne idée ! Les chambres sont belles, confortables et très joliment décorées. Les suites sont même démesurées, avec terrasse et coin salon. Le chef prépare une cuisine dans la tradition provençale, mais qui n'oublie pas que l'on est au XXIe s ; des recettes éprouvées qu'il a su mettre à sa main. Les produits sont beaux, les assiettes tout autant, les saveurs agréables.

***Accès :*** face à la piscine des Eaux-Chaudes.

## MONTCLAR 04140

**€€ Les Alisiers** – *col Saint-Jean ☎ 04-92-35-34-80. • les-alisiers.fr • Ouv tlj sauf lun soir, mar et mer en basse saison ; ouv tlj en juil-août, Noël et vac scol fév (zone B). Congés : Pâques et pdt les vac de la Toussaint. Menus 19 € le midi sauf*

Sur présentation de ce guide,
nombreuses offres et réductions en 2018.

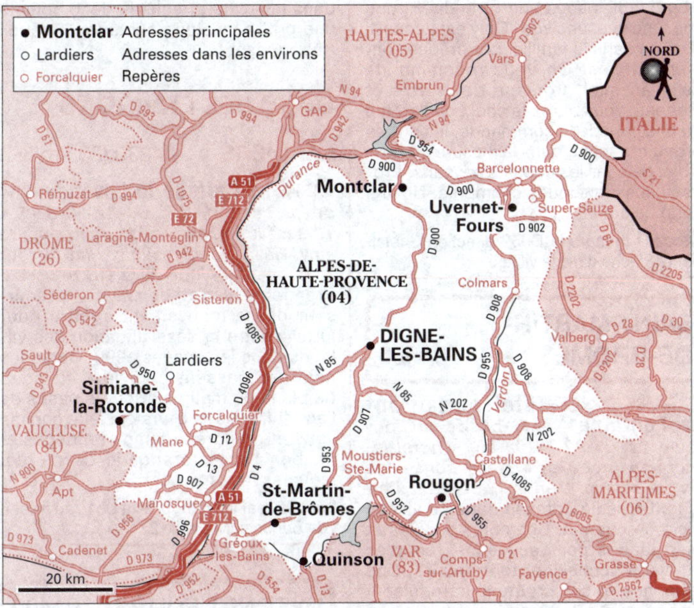


*dim et j. fériés, puis 29 €. Parking. Digestif maison offert sur présentation de ce guide.* Dans une maison récente, genre chalet. Une salle discrètement rustique avec cheminée, une ventarelle (pour séparer les grains de blé de la tige) et une jolie vue pour peu qu'on dégote une table du côté des fenêtres, une grande terrasse aux beaux jours et des recettes de saison à base de produits du terroir, déjà plus montagnardes que provençales, servie avec le sourire. Également 5 appartements au 1er étage et au calme pour tous. Une grande pelouse fleurie à l'arrière pour faire la sieste sur les chaises longues après un bon repas. Atmosphère familiale.

## QUINSON 04500

€ 🏠 🍽 ☂ P **Relais Notre-Dame*****
*– D11 ☎ 04-92-74-40-01. • relaisnotredame-04.com • ♿ Tlj sauf lun soir et mar, plus lun midi hors saison Congés : 15 nov-début avr pour l'hôtel ; 15 déc-25 fév pour le resto. Formules 22-28 € ; menus 20-31 €. Parking.* L'adresse familiale du village. Chambres rénovées, coquettes et bien tenues, certaines côté jardin. Celles côté rue disposent du double-vitrage, et une chambre possède la clim. À table, des pieds-paquets, un gratin d'écrevisses, des plats accompagnés de truffes de Valensole, d'aïoli ou de ratatouille, des pâtisseries maison - servis en salle ou en terrasse sous les platanes. Piscine, balançoire, jardin bien agréable pour les clients de l'hôtel.

***Accès :*** depuis l'autoroute ou la N7, Saint-Maximin, puis Barjols, Taverne et Montmeyan. Près du musée de la Préhistoire, vers le pont.

## ROUGON 04120

€ 🍽 ☂ **Crêperie Le Mur d'Abeilles**
*– le village ☎ 04-92-83-76-33. ♿ Congés : nov-mars. Menu 12,50 € ; carte 18 €. Hydromel (4 cl) ou café offert sur présentation de ce guide.* Dans ce sublime village en nid d'aigle, qui domine les gorges, un étonnant mur d'abeilles (une enfilade de ruches dans un muret en pierre sèche), une adorable terrasse posée sur un jardinet et

4 ou 5 tables sous une véranda. Et une vue, une vue, une vue ! On y est accueilli comme dans la famille. Les crêpes sont bien bonnes. On vous recommande celle au miel, fromage de chèvre et pignons, vous aurez le choix de l'arôme du miel lors de la commande, les autres produits venant, dans la mesure du possible, de chez les copains paysans. Propose aussi quelques chambres. Un vrai coup de cœur !

***Accès :*** prendre la D952 direction Castellane. Fléché dans le village.

## SAINT-MARTIN-DE-BRÔMES 04800

**€ 🏠 🍽 ☂ 🅿 Hôtel-restaurant La Fontaine**** – *5, pl. de la Fontaine ☎ 04-92-78-02-05. • hotel-la-fontaine-greoux.fr • Résa conseillée en hte saison. Menus 18,50-35 €. Parking.* La seule adresse dans ce village plein de charme. Chambres simples et bien tenues par deux jeunes couples qui vous accueillent tout sourire. Une tapenade et ses croûtons introduisent de bons plats du coin au gré du marché et d'appétissantes pâtisseries. L'apéro maison au citron, à la vanille et à la cannelle n'est pas mal non plus. De surcroît, les prix sont gentils. Petite terrasse par l'entrée, côté village, près d'une fraîche fontaine.

***Accès :*** sur la D952, à l'entrée du village quand on arrive de Gréoux.

## SIMIANE-LA-ROTONDE 04150

**€€ 🍽 ☂ 🅿 Restaurant Le Chapeau Rouge** – *carrefour Les Granges ☎ 04-92-74-22-86. ♿ Tlj le midi sauf mar en hiver ; tlj sauf lun soir et mar en été. Congés : 15 j. en mars et 15 j. en nov. Formules déj en sem 19,50-25 € ; menus le soir et le dim midi 33-39 € ; carte 35 €. Parking. Apéritif maison offert sur présentation de ce guide.* Bonne cuisine de terroir, uniquement à base de produits locaux, à déguster sur la grande et très agréable terrasse ombragée. Délicieux fromages de chèvre (production locale), omelette aux truffes en saison, tapas. Chaque mois, soirée découverte autour de vins sélectionnés par Christian, le sommelier. Soirées jazz ou salsa certains soirs de juin à septembre. On sent d'ailleurs dans les plats et dans la déco comme une petite musique cubaine... Accueil très souriant.

# DANS LES ENVIRONS

## LARDIERS 04230 (23 km NE)

**€€ 🍽 Le Café de la Lavande** – *pl. de la Lavande ☎ 04-92-73-31-52. Tlj sauf lun. Congés : 1re quinzaine de janv. Résa indispensable. Plat du jour 12 € ; menu unique 28 €. CB refusées.* Premier « bistrot de pays », précurseur de ce mouvement apparu pour lutter contre la désertification des villages dans les années 1990. Quelques habitués passent pour le petit coup de blanc du matin ou pour le pastis de l'apéritif. Mais ils devraient faire comme vous et prendre le temps de déguster un bon repas (brandade de morue, légumes farcis...).

***Accès :*** par la D701, puis la D51 ; au niveau de Banon suivre la D12.

## UVERNET-FOURS 04400

**€ 🍽 ☂ 🅿 Le Passe-Montagne** – *route du Col-de-la-Cayolle ☎ 04-92-81-08-58. Tlj pdt les vac scol, sauf lun-mer le reste de l'année. Congés : courant juin et de mi-nov au 20 déc. Menus 24-34 € ; carte env 40 €. Parking. Café offert sur présentation de ce guide.* La bonne table du coin, dans un gros chalet de bois récent, à la mode montagnarde. De la terrasse, qui donne dans les pins, on peut admirer les pics du Pain de Sucre et du Chapeau de Gendarme. L'hiver, une immense cheminée réchauffe l'atmosphère paisible. Le chef a redécouvert la cuisine mi-provençale mi-alpine de sa grand-mère en l'adaptant à sa patte : estouffade d'épaule d'agneau aux olives, filet de bœuf de Simenthal aux morilles... Mais ce qu'il aime particulièrement cuisiner, ce sont les escargots de Digne, qu'il accommode de plein de façons, selon l'humeur. Le chef travaille avec une dame qui ramasse morilles, sanguins, mâche sauvage, pissenlits... et il utilise des viandes, légumes et fromages bien du coin aussi. Chouette terrasse.

***Accès :*** prendre la D902 direction Pra-Loup ; tourner à gauche en direction du col de la Cayolle ; c'est à 50 m à droite.

# Alpes-Maritimes (06)

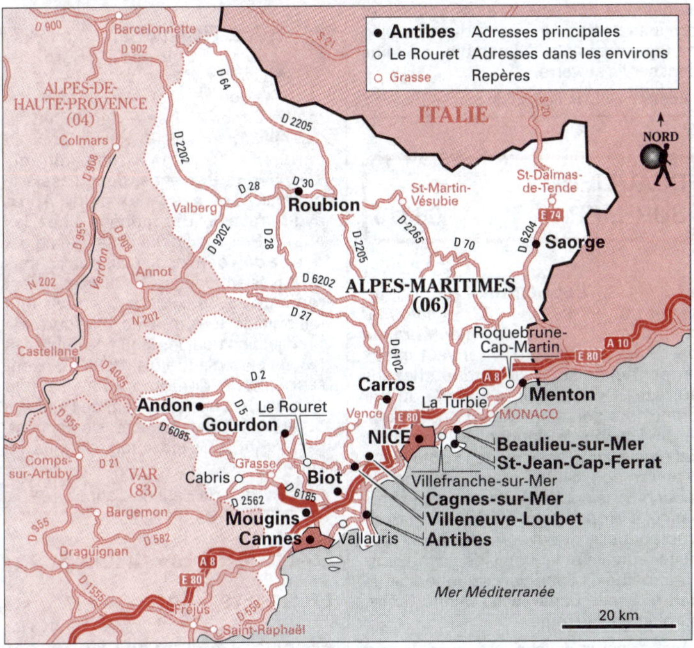


## ANDON 06750

€€ |●| ⛱ P **Le Christiana – Chez Huguette** – *218, pl. de l'Audibergue ☎ 04-93-60-45-41. Ouv slt le midi, mar-dim. Fermé le soir. Résa très conseillée les w-e et j. fériés. Plat du jour 16 € ; menu 26 €. CB refusées. Parking. Café offert sur présentation de ce guide.* Huguette, la patronne du *Christiana,* attire depuis plus de 50 ans, dans son chalet de montagne, bon nombre de fidèles. Et les simples clients de passage semblent tout autant ravis. Menu fort copieux, avec pas moins de 5 entrées à volonté, plats de saison, plateau de fromages et desserts maison.

***Accès :*** par la D12, puis la D5.

## ANTIBES 06600

€ |●| ⛱ **La Badiane** – *3, traverse du 24-Août ☎ 04-93-34-45-41. Tlj sauf dim (plus sam hors saison) slt à midi. Congés : pdt les fêtes de fin d'année. Formules 17,50-20 € ; carte env 25 €. Apéritif maison offert sur présentation de ce guide.* Dans la vieille ville, une petite adresse qui fait vite le plein le midi. Vingt places en salle, vingt en terrasse, pas une de plus. Sophie est seule pour tout préparer, et ça sent si bon qu'on aurait envie de se mettre à table avant l'heure du déjeuner. Sardines farcies, tourtes aux épinards, tous les plats sont un délice, et l'accueil est chaleureux. Une jolie adresse. Également une assiette et un plat végétariens tous les jours. L'endroit est couru, pensez à réserver.

***Accès :*** à 200 m à l'est de l'office de tourisme ; en limite de zone piétonne.

€€ |●| **Le Comptoir de la Tourraque** – *1, rue de la Tourraque ☎ 04-93-95-24-86. Ouv le soir slt, tlj sauf mer. Menus 29-34 € ; carte 40 €.* Le joli endroit que voilà ! Avec le mariage réussi de vieux murs d'une antique demeure et une déco très actuelle. Avec aussi les compositions florales, innombrables bougies et tables joliment dressées. Tout concourt à créer une atmosphère zen et romantique. La cuisine se veut à la fois de bistrot et gastronomique. La carte change chaque semaine et combine saveurs simples et produits nobles. Une carte des vins bien pensée complète l'ensemble, certains sont servis au verre.

**Accès :** à 150 m au sud du musée Picasso.

## BEAULIEU-SUR-MER 06310

€€€ |●| ☂ **L'eSCentiel** – *26, bd Mal-Leclerc ☎ 04-93-01-17-33. Tlj sauf mar soir, mer soir, jeu et dim midi. Formule déj 19 € ; carte 35-40 €.* « Il vaut mieux un petit chez soi qu'un grand chez les autres. » Cette maxime inscrite au bar prend tout son sens quand on sait que le chef a œuvré pendant 30 ans dans les plus grands palaces de la côte avant d'ouvrir son resto, grand comme un mouchoir de poche. Amoureux de la Provence, il propose une cuisine de marché traditionnelle et savoureuse, avec produits fermiers et légumes de pays. Seuls vrais bémols : l'addition salée le soir, le cadre, assez banal, et la miniterrasse, surplombant la route.

**Accès :** sur la gauche juste avant le port de plaisance.

## BIOT 06410

€€ |●| ☂ **La Galerie des Arcades** – *16, pl. des Arcades ☎ 04-93-65-01-04. Tlj sauf dim soir et lun (hors été) ou lun-mar midi (juil-août). Menu unique 35 € (pas de carte).* Cette institution biotoise propose une cuisine familiale qui joue les ambassadrices de la Provence depuis plusieurs générations. Mais dont le prix a parfois la tête plus grande que le chapeau. Le côté ultratouristique pourra en agacer certains, tout comme le service et l'accueil avec sa légère tendance à se prendre au sérieux. Les autres adoreront. La terrasse, avec ses tables dressées sous les arcades, a tout pour séduire le badaud. À moins que l'on ne préfère la salle et ses quelques belles toiles...

**Accès :** dans le centre du village.

## CAGNES-SUR-MER 06800

€€€ **Fleur de Sel** – *85, montée de la Bourgade, Haut-de-Cagnes ☎ 04-93-20-33-33. Tlj, le soir slt, sauf mer, plus jeu oct-mars. Congés : 2 sem début janv et 1 sem autour de Noël. Menus 36-56 € ; carte env 60 €.* Un joli restaurant qui sent bon la Provence, dans l'assiette comme dans ses vieux murs. Après avoir travaillé des années chez les autres, Philippe Loose et sa femme ont décidé de « donner du plaisir aux autres en travaillant pour soi ». Qu'ils en soient remerciés. À eux deux, ils revisitent joliment le terroir, avec une certaine prédilection pour les légumes oubliés et les saveurs d'autrefois, dans un esprit résolument contemporain. Dès le 1er menu, du beau, du bon, de l'authentique, servi sans esbroufe, simplement, gentiment... Grand choix de vins au verre.

**Accès :** dans le Haut-de-Cagnes.

## DANS LES ENVIRONS

### LE ROURET 06650 (15,7 km O)

€€ |●| ☂ **Le Bistro du Clos** – *9, route d'Opio ☎ 04-97-05-08-34. ♿ Fermé dim-lun. Plats 13 € ; menu 26 € ; carte 25-30 €.* Cuisine ouverte sur la salle, grand patio entouré de pierres sèches, carreaux ciment à l'ancienne et plats à l'ancienne aussi. Du « provençal vintage ». Une façon de faire revivre l'ambiance café du village, avec l'église et la place du jeu de boules à côté. La carte est élaborée par Daniel Ettlinger, le chef du restaurant *Le Clos Saint-Pierre,* à 200 mètres, ceci expliquant l'engouement depuis l'ouverture envers ce néobistrot qui ne triche ni sur la qualité ni sur les prix. Desserts très glamour.

**Accès :** par la route de La Colle-sur-Loup (D6) ou la route de Grasse (D2085). À la sortie du village.

## CANNES 06400

€€ |●| ☂ **Le Bistrot Gourmand** – *10, rue Pierre-Gazagnaire ☎ 04-93-68-72-02. Tlj sauf dim soir et lun. Formule 22 €*

*le midi ; menu le soir 32 € ; carte env 45 €. Apéritif maison offert le soir (av 19h30) sur présentation de ce guide.* Une enseigne qui tient ses promesses ! Ça sonne comme une réclame des années 1950, mais ici, c'est vrai. Petite salle au décor bistrotier chaleureux pour une cuisine au gré du marché (Forville est à trois enjambées), fine et pleine de saveur. Des plats classiques, mais qu'on redécouvre d'un autre palais, un service attentionné. Et des prix très, très attrayants.

**Accès :** en plein centre, entre le marché Forville et le boulevard de contournement.

**€€ L'Antidote** – *60, bd d'Alsace ☎ 04-93-43-32-19. Tlj sauf lun midi et dim. Congés : 20 déc-fin fév. Formule déj 29 € ; menus 34-55 €.* C'est d'abord une maison de famille. Le chef, sa femme, sa sœur et son fils bossent tous ensemble : on est loin des grandes brigades que Christophe Ferré a connu à Courchevel ou à Mougins. Il est heureux, ici, dans cette belle villa 1900, un poil excentrée, avec son petit jardin, sa carte aux saveurs et aux couleurs du pays. Prix justes, goûts justes, surtout. *L'Antidote* à la déprime, c'est ici.

**Accès :** sur le boulevard de contournement, à gauche,400 m après la gare.

**€€€ Côté Jardin** – *12, av. Saint-Louis ☎ 04-93-38-60-28. Tlj sauf dim-lun hors saison ; fermé le midi slt dim et lun en juil-août et pdt les congrès. Plat du jour 12 € ; carte env 35 €.* Depuis peu dirigé par Christophe Ferré, le chef de *L'Antidote* (une autre de nos bonnes adresses cannoises), un bistrot-gastro avec une salle design sous une véranda et un jardin clos, qui font voir la vie comme à la campagne. Cuisine dans la grande tradition mais pleine d'idées actuelles et vraiment (vraiment !) bon marché pour la ville. *NOUVEAUTÉ.*

**Accès :** par le boulevard Carno, sur les hauteurs de la ville.

**€€€ La Table du Chef** – *5, rue Jean-Daumas ☎ 04-93-68-27-40. Tlj sauf dim, lun, mar soir et mer soir. Congés : 1 sem à Pâques, 1 sem début juin et 1 sem en oct. Formule et menu déj en sem 26-30 € ; menu le soir 45 €.* Cet ancien de Guy Savoy a quitté depuis belle lurette son resto parisien pour ce petit bistrot cannois chic, et il ne regrette rien. Le midi, la cuisine s'inspire du marché, forcément, mais Bruno Gensdarme s'amuse à n'en faire qu'à sa tête. Le soir, cuisine gastronomique et prix en conséquence. Un petit espace chaleureux avec tables de bistrot revisitées. Terrasse agréable.

**Accès :** à 200 m à l'est de la gare en descenant vers la Croisette.

**€€€ La Toque d'Or** – *11, rue Louis-Blanc ☎ 04-93-39-68-08. Tlj sauf lun (plus mar ainsi que dim soir hors saison). Au déj, formule 19,90 € et menu 29,90 € ; menus 49,90-75 €.* Levé chaque jour à l'aube pour faire le tour du marché et de ses fournisseurs, le chef part y chercher l'inspiration, l'envie... De retour dans sa cuisine, il concocte une cuisine riche en légumes, en couleurs, en saveurs. Créative et respectueuse, celle-ci évolue comme il se doit avec les saisons. Le midi, le petit menu permet de se faire plaisir à moindre coût : le soir, c'est à un véritable enchantement que le chef vous convie.

**Accès :** tout près du marché Forville, à l'opposé de la vieille ville.

## DANS LES ENVIRONS

### VALLAURIS 06220 (8 km NE)

**€€ Café Llorca** – *pl. Paul-Isnard ☎ 04-93-33-11-33. Tlj sauf lun. Congés : de janv à mi-fév. Formule et menu déj 20-26 € ; menu 32 €.* Sur la célèbre place de l'*Homme au mouton* de Picasso, le chef Alain Llorca a eu la bonne idée d'ouvrir ce bistrot-pâtisserie où affluent touristes et habitués. Terrasse sur la place et salle d'un design épuré pour une cuisine méditerranéenne maligne à des prix attractifs, avec des plats qui ont le goût du reviens-y (vous les retrouverez chaque semaine le même jour, ça tombe bien !). Pâtisseries savoureuses et belle carte des vins.

**Accès :** par la D803 dans le centre, sur la place du village.

## CARROS 06510

**€ Crêperie du Moment** – *Escalier du château (vieux village) ☎ 04-93-08-34-24. Fermé lun et mar midi. Congés : 1 sem mi-juin et 3 dernières sem déc. Carte 18-20 €.* Une crêperie sur la Côte d'Azur ? Et alors, on vous a dégoté une adresse occupant un bout de rempart du XIIe s, dans une salle décorée au goût du temps et sur une paisible terrasse sur la rue. Un lieu qui fleure la Bretagne côté pâte à galettes, mais qui joue parfaitement sa partition provençale côté garniture : ratatouille niçoise, pistou, marrons de Collobrières et miel de pays. Des produits principalement régionaux, et souvent bio. Et tout est fait maison, réellement. Quant à la présentation : phénoménale...

**Accès :** bien fléché dans le village.

## GOURDON 06620

**€€€ |●| ⛱ Le Vieux Four** – *rue Basse ☎ 04-93-09-68-60. Tlj le midi sauf mer-jeu, plus ven-sam soir. Au déj (sauf dim), formules et menus 22-28 € ; autres menus 38-42 €.* Stéphane Lucas a fait ses classes dans quelques adresses de renom : *La Chèvre d'Or* à Èze, *Le Grand Véfour* à Paris, avant de venir exprimer son talent par ici. Après un passage à l'*École des Filles* du Bar-sur-Loup, il a repris en main cet endroit, en famille. Il offre une cuisine plutôt teintée par la Provence, agrémentée de produits les plus locaux possibles et concoctée avec un véritable talent. Gardez une place pour les desserts, ils revisitent des recettes qui font un doux clin d'œil à grand-mère.

**Accès :** dans le village.

## MENTON 06500

**€€ |●| ⛱ Trattoria La Mamma** – *1, rue de la Marne ☎ 04-93-78-72-09. ♿ Tlj sauf mar. Formules déj en sem 16-18 € ; carte 25-30 €. Café offert sur présentation de ce guide.* La qualité d'une cuisine familiale, et l'ambiance qui va avec. Ici, on obéit à LA chef et à ses suggestions, genre *sarde in saor,* même si on n'est pas à Venise, spaghetti *al vongole,* pêche locale de petit bateau ou cochon de lait. Tous sont délicieux, mais les prix montent vite si l'on se montre trop gourmand. Service charmant, à l'italienne !

**Accès :** entre mairie et front de mer.

**€€ |●| ⛱ Maison Martin et Fils** – *7, rue des Marins ☎ 04-93-35-74-67. ♿ Tlj sauf dim- lun (ouv lun soir en juil). Le midi en sem, formule 15 € et menu 20 € : menus 25-30 € ; plats 8-31 €. Digestif maison offert sur présentation de ce guide.* Juste derrière les halles de Menton, une « maison » tenue par la famille Martin, qui fait la joie des locaux et des touristes qui se pressent sur la terrasse joyeuse et accueillante. Dans l'assiette, du simple, du bon, du provençal ! Panisses, beignets de fleurs de courgettes, *merda dé can,* et même un socca burger pour les amateurs !

## DANS LES ENVIRONS

### ROQUEBRUNE-CAP-MARTIN 06190 (8 km O)

**€€€ |●| ⛱ Les Deux Frères**** – *pl. des Deux-Frères ☎ 09-52-33-05-84. Resto tlj sauf lun-mar. Congés : 1 sem en mars et mois de nov. Menus 28 € le midi en sem, puis 53 €.* Posée à l'entrée du vieux village, sur un belvédère, voici une adresse où l'on se laisse aller à la rêverie. La vue est extraordinaire. Le patron, néerlandais, a entièrement rénové et redécoré l'ancienne école du village. Le résultat est plein de charme. On goûte ici au bonheur de vivre. Élégant restaurant où la vue panoramique sur la mer est quelque peu facturée. Merveilleux accueil.

**Accès :** par la D6007.

### LA TURBIE 06320 (14 km O)

**€€ |●| ⛱ Le Café de la Fontaine** – *4, av. du Général-de-Gaulle ☎ 04-93-28-52-79. Ouv tlj tte l'année. Menu à l'ardoise variant ts les jours (plats 18-25 €) ; carte 29-35 €.* Bruno Cirino, le chef de la voisine (et plus que chic) *Hostellerie Jérôme,* a voulu recréer l'atmosphère des cafés de village d'autrefois mais sans esbroufe ni nostalgie. L'adresse est on ne peut plus conviviale et a su tout de suite imposer une séduisante mixité sociale. Car ici s'entassent pêle-mêle dans la grande salle l'entrepreneur et ses ouvriers, les routards de passage, les *golden-boys* monégasques et les voisins ravis de casser la graine.

**Accès :** autoroute A8, sortie n° 57 ; prendre ensuite la D45.

## MOUGINS 06250

**€€ |●| ⛱ Resto des Arts** – *20, rue du Maréchal-Foch ☎ 04-93-75-60-03. Tlj sauf dim-lun. Formules 19-22 € le midi* *en sem ; menu 25 € ; carte env 32 €.* Dans un village qui a la réputation d'accueillir le bottin mondain, on vous servira ici sans chichis une cuisine traditionnelle, goûteuse et simple. Denise a le sens des beaux produits, qu'elle achète elle-même le matin pour préparer des daubes provençales, un *stouffi* d'agneau accompagné de polenta, ou une tête de veau sauce gribiche. Et c'est Grégory qui vous servira. Ancien coiffeur de stars, il a posé ses ciseaux à Mougins et garde une faconde et une décontraction vraiment sympathiques.

***Accès :*** dans le village, près de l'église.

## DANS LES ENVIRONS

### CABRIS 06530 (17 km NO)

**€€ |●| ⛱ L'Atelier** – *3, rue Frédéric-Mistral ☎ 04-93-60-63-40. Fermé dim soir-lun (plus dim midi oct-avr). Résa obligatoire en soirée. Formule déj 20 € ; formules et menus 29-35 €.* Arnaud Ronxin fait partie des jeunes chefs qui font parler d'eux dans le pays. Mais lui n'est passé chez aucun grand, ou alors juste pour goûter. Son resto, c'est de la dynamite. Brut et raffiné, le cadre comme le contenu de l'assiette. Carte courte : ici on respecte les produits, la cuisson, le goût, c'est simple et fabuleux à la fois. Cave-entresol qui plaira aux amateurs d'art industriel, grande terrasse côté place, où l'on retrouve du *street art* jusque sur la grande table en bois. Arnaud cuisine à vue, pas de tricherie, tout en direct. Vins bio choisis par lui : laissez-vous surprendre.

***Accès :*** par la D6185 jusqu'à Grasse, puis la D4.

## NICE 06000

**€ |●| ⛱ Restaurant Voyageur Nissart** – *19, rue Alsace-Lorraine (B2-24) ☎ 04-93-82-19-60. Tlj sauf sam midi et lun. Congés : au cours du mois de nov. Formule déj 12,80 € ; menus 17,80-26 €.* Une institution où l'on entend plus souvent parler anglais que niçois. Très touristique. Une bonne occasion pourtant de découvrir une cuisine du pays simple mais bien faite à base de produits du marché et servie généreusement par d'authentiques Niçois. Petite salle toute simple et terrasse côté rue.

**€€ |●| ⛱ Peixes** – *4, rue de l'Opéra (C3-21) ☎ 04-93-85-96-15. ♿ Tlj sauf dim-lun, non-stop midi-22h. Attention pas de résa par téléphone, il faut y passer... Carte 25-35 €.* Comme son enseigne (« poissons » en portugais : le chef est lisboète) l'indique, un bistrot marin avec terrasse, comptoir ouvert sur la cuisine et déco méditerranéenne joliment pensée. Poissons donc (pêchés dans la grande bleue, toute proche, comme dans les rivières des montagnes alentours) et autres fruits de mer, traités en tartare, en ceviche, *a la plancha*... toujours avec imagination. Les portions ne sont, certes, pas gargantuesques, mais les prix sont petits aussi... *NOUVEAUTÉ.*

**€€ |●| ⛱ Le Vingt4** – *24, rue Alphonse-Karr (B3-28) ☎ 04-93-88-45-49. Tlj sauf dim et lun soir et j. fériés. Formules déj en sem 16-18,70 € ; carte 25-30 € le soir.* Un bar à vins malin, pensé par une femme et où les femmes se sentent à l'aise, même si ce sont des mecs qui cuisinent, animent la salle ou la terrasse côté rue. Jacques Rolancy, le neveu de la patronne et chef réputé, participe à l'élaboration de la carte. C'est lui qui a eu l'idée de faire venir sa tantine de Lyon pour créer ce concept qui fonctionne à plein. Les plats sont plaisants, les produits sont frais, bien choisis, comme les vins, sélectionnés par un jury féminin et classés, non par cépages, mais par saveurs.

**€€ |●| Restaurant Acchiardo** – *38, rue Droite (C3-23) ☎ 04-93-85-51-16. Tlj sauf sam-dim et j. fériés. Congés : août. Le midi, plats du jour env 15 € ; carte 25-30 €. Chèques refusés. Café offert sur présentation de ce guide.* Une adresse à recommander à celles et ceux qui veulent connaître le cœur de Nice, le tout dans une ambiance familiale et authentique. Depuis 1927, quatre générations se sont succédé. Et les réparties vont bon train au comptoir où se retrouvent les anciens, tandis que les tripes et la daube partent chaud devant. Sans oublier la merde de chien *(merda dé can)* promis... ce sont des gnocchis. Excellents raviolis à la bolognaise, au pistou, au gorgonzola... On aime bien ce petit coin. En plus, le patron est aimable, alors...

***Accès :*** dans le vieux Nice, dans une rue proche du cours Saleya.

**€€ |●| ⛱ La Cantine de Lulu** – *26, rue Alberti (C3-31) ☎ 04-93-62-15-33. Tlj*

20 L'Auberge de Théo (hors plan par C1)
21 Peixes (C3)
22 Les Garçons (C3)
23 Restaurant Acchiardo (C3)
24 Restaurant Voyageur Nissart (B2)
25 Le Bar des Oiseaux (C3)
26 La Table Alziari (C-D3)
28 Le Vingt4 (B3)
29 L'Âne Rouge (D3)
31 La Cantine de Lulu (C3)
32 La Merenda (C3)
34 Côté Sud (C1)

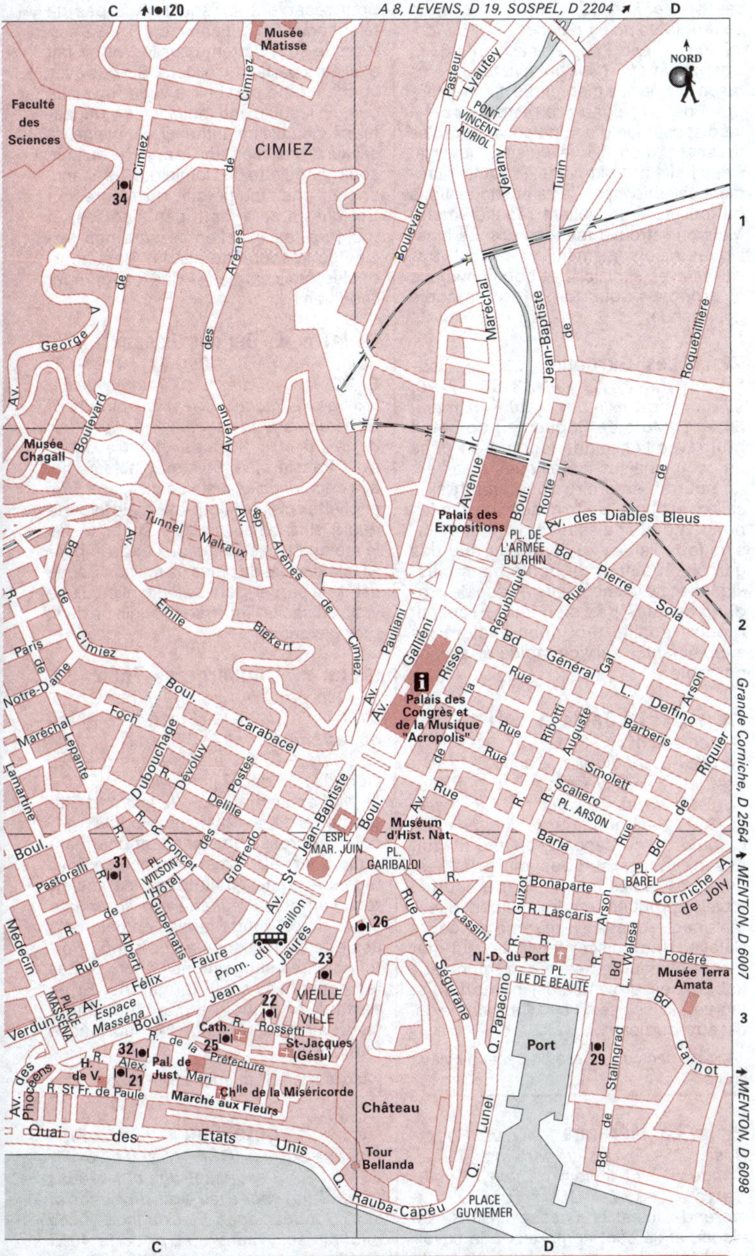
C
20
A 8, LEVENS, D 19, SOSPEL, D 2204
D
NORD
Musée Matisse
Faculté des Sciences
CIMIEZ
34
Musée Chagall
Palais des Expositions
PL. DE L'ARMEE DU RHIN
Av. des Diables Bleus
PONT VINCENT AURIOL
Tunnel Malraux
Palais des Congrès et de la Musique "Acropolis"
Muséum d'Hist. Nat.
ESPL. MAR. JUIN
PL. GARIBALDI
PL. ARSON
PL. BAREL
PL. WILSON
31
26
23
22
25
32
21
29
N.-D. du Port
PL. ILE DE BEAUTE
Musée Terra Amata
VIEILLE VILLE
Cath.
St-Jacques (Gésu)
Pal. de Just.
H. de V.
Chlle de la Miséricorde
Marché aux Fleurs
Château
Tour Bellanda
Port
PLACE GUYNEMER
PLACE MASSENA
Espace Masséna
Quai des Etats Unis
Q. Rauba-Capéu
Grande Corniche, D 2564
MENTON, D 6007
MENTON, D 6098
1
2
3
C
D

# NICE

*sauf w-e et j. fériés. Congés : 3 sem en août et fêtes de fin d'année. Plat du jour 15,50 € ; menu 27,50 € ; carte env 35 €. Limoncello offert sur présentation de ce guide.* Ne pas se méprendre sur le « cantine » de l'enseigne : ce resto de poche ne dispose que d'une poignée de tables dressées face à une cuisine ouverte. Déco fraîche et pimpante. Produits durement sélectionnés. Carte et suggestions du jour se renouvellent régulièrement. Mais on retrouve tous les grands classiques niçois (et méditerranéens), travaillés avec simplicité et bonne humeur, et proposés sous forme de farandole gourmande.

**€€ |●| Les Garçons** – *3, rue Centrale (C3-22) ☎ 04-93-80-87-90. Tlj soir slt. Formule 24,90 € et menu 28,90 €.* Murs de briques ou de béton brut (avec l'enseigne façon graff dans un coin), chaises métalliques d'atelier : on pourrait se croire dans un loft si la salle n'était pas limite minuscule. On fait donc vite connaissance avec ses voisins (et voisines : il n'y a pas que des garçons !) autour de petits plats classiques mais joliment faits à base de produits achetés pas bien loin. Excellent rapport qualité-prix donc (malgré les suppléments), service rapide et accueil adorable.

**€€ |●| La Table Alziari** – *4, rue François-Zanin (C-D3-26) ☎ 04-93-80-34-03. Tlj sauf dim-lun. Congés : 1re sem de juin, 2 sem fin oct et 10 j. autour de Noël. Plats du jour 11-18 € ; carte 30-35 €. Café offert sur présentation de ce guide.* Une déco style Côte d'Azur, des peintures sur des murs jaunes, quelques tables dehors. Carte courte : tous les produits sont fraîchement achetés chaque matin au marché du cours Saleya. Une cuisine familiale, qui met bien en valeur les saveurs régionales : aubergines provençales, petits farcis, morue à la niçoise. Et c'est la *mamma* qui est aux fourneaux...

***Accès :*** dans une ruelle en pente du vieux Nice.

**€€ |●| La Merenda** – *4, rue Raoul-Bosio (C3-32) Tlj sauf certains j. fériés. Congés : 2e et 3e sem de juin et août. Carte 30-35 €. CB refusées.* La *merenda,* c'est le « casse-croûte » en niçois, et ils sont nombreux à le savoir ici. À tel point que la minuscule salle (24 places en tout !) est souvent pleine à craquer. Il faut donc passer avant pour réserver... puisqu'il n'y a pas de téléphone ! Ou patienter, car il y a 2 services le soir. L'attente sur le trottoir fait d'ailleurs partie du folklore. Si vous avez la chance de parvenir à vous frayer un chemin jusqu'à une table, vous y dégusterez une cuisine authentique, pleine de saveurs, réalisée selon le marché du jour, sous la houlette de Dominique Le Stanc, ancien chef multiétoilé du *Negresco.* Un jour ce sera les tripes niçoises, et toujours les excellentes sardines farcies ou la soupe au pistou. Plats abordables, mais entrées et vins font grimper l'addition !

**€€ |●| Le Bar des Oiseaux** – *5, rue Saint-Vincent (C3-25) ☎ 04-93-80-27-33. Tlj sauf dim-lun. Congés : 1 sem aux vac de Pâques, 3 sem en août et pdt les fêtes de fin d'année. Menu déj 20 € ; carte 30-40 €.* Le café-théâtre d'hier s'est transformé en bistrot d'aujourd'hui à la déco décalée juste ce qu'il faut. Très chouette cuisine italo-provençale (niçoise quoi !), simplement créative, épatante dès le menu du déjeuner (à prix cadeau pour Nice). Pas mal de pâtes (la maison Barale est de la partie). Service (en tablier) d'une vraie efficacité. Terrasse à l'angle de deux rues piétonnes.

**€€ |●| L'Auberge de Théo** – *52, av. Cap-de-Croix (hors plan par C1-20) ☎ 04-93-81-26-19. Bus nos 15, 25 ou 36, arrêt Courbet. ♿ Tlj sauf dim-lun (excepté Pâques et Fête des mères). Congés : 23 déc-2 janv. Menus 17,50 € le midi en sem et 31,50 €.* Décor d'étable de ferme avec anciens outils agricoles et grosse cheminée, et charmant patio pour l'été. C'est Florence en Pays niçois et toute l'Italie dans les assiettes : véritables *tagliatta alla fiorentina,* fleurs de courgette farcies en beignets, assiette de poissons *a la plancha* Portofino... Les suggestions varient toutes les semaines, selon le marché. Et en sortant, pourquoi ne pas aller rendre visite au musée Chagall ou au musée Matisse ?

***Accès :*** dans le quartier de Cimiez.

**€€ |●| Côté Sud** – *2, rue Professeur-Sureau (C1-34) ☎ 04-93-01-36-40. ♿ Tlj sauf sam-dim et j. fériés ; le midi lun-mer ; jeu-ven ouv midi et soir. Congés : août. Plat du jour 17 € le midi ; le soir, menu 35 € et carte 40 €. Café offert sur présentation de ce guide.* C'est l'adresse où les chefs étoilés vont déjeuner pour se faire plaisir, autour d'un vrai plat des familles réalisé par l'un des leurs, qui a eu la bonne idée de quitter très tôt les grandes brigades pour se faire plaisir, ici, tout en faisant plaisir, à prix doux. Idéal pour un déjeuner de soleil, côté jardin ou pour un dîner d'un rapport qualité-prix exemplaire. Bon, ne vous pointez pas la mine enfarinée après avoir raté l'arrêt du bus : ici, même ceux qui viennent en grosses bagnoles climatisées demandent l'autorisation avant de venir, non mais !

€€€ |●| ⛱ **L'Âne Rouge** – *7, quai des Deux-Emmanuel (D3-29) ☎ 04-93-89-49-63. Tlj sauf mer et jeu midi. Congés : vac scol fév. Formules déj 22-27 € ; menus 39-68 €.* Une bien belle adresse pour les gourmets. Idéal pour qui rêve d'un menu tout poisson, face au port, en terrasse ou dans une salle colorée. Michel Devillers fait partie des grands messieurs de la cuisine niçoise. Passionné par les produits de la mer, il travaille le poisson à merveille : ça tombe bien, ses amis pêcheurs sont à portée de regard, et ils l'approvisionnent en beaux produits... Saveur, cuisson, température, présentation, tout est là. Au fait, pourquoi *L'Âne Rouge ?* Chagall était un ami de la créatrice du lieu dans les *fifties* - une femme de caractère : il lui a offert un âne rouge (toujours la mascotte du lieu) et a peint pour elle la *Tour Eiffel à l'âne rouge*...

**Accès :** sur le vieux port.

## DANS LES ENVIRONS

### VILLEFRANCHE-SUR-MER

06230 (7 km E)

€€€ |●| ⛱ **La Grignotière** – *3, rue du Poilu ☎ 04-93-76-79-83. Avr-oct, ouv tlj ; nov-mars, dim et ts les soirs sauf mar. Congés : de fin nov à mi-déc. Menu déj 19,50 € ; carte 35-45 €.* Généreuse cuisine provençale qui attire depuis longtemps sa cohorte d'habitués. Produits d'une belle fraîcheur, accueil et service « du pays », sans façons mais souriant. Le tout dans une petite salle cossue dans les tons chaleureux ou sur une table plantée dans la ruelle.

**Accès :** dans la vieille ville.

€€€ |●| ⛱ **Les Garçons** – *18, rue du Poilu 📱 06-11-83-90-41. Tlj sauf mer (plus mar hors saison). Congés : de nov à mi-mars. Formule déj 15 € ; carte 40-60 €.* Cuisine créative, qui s'intéresse au terroir au sens le plus large possible, à déguster un soir d'été sur cette jolie petite place isolée au cœur de la vieille ville. Attention, ce n'est pas parce qu'on parle de « Poilu » et de « Garçons » que le lieu est *gay-friendly* : cette adresse tendance est tenue par deux frangins qui créent une ambiance très cool.

**Accès :** dans la vieille ville.

## ROUBION 06420

€€€ |●| 🏠 **Auberge Quintessence** – *col de la Couillole ☎ 04-93-02-02-60. Tlj sauf mar-mer. Menus 39-65 €.* Un beau chalet de montagne tout de pierre et de bois, plein d'histoire(s). Gîte d'étape il n'y a pas longtemps, il a carrément viré au gastronomique lorsque Christophe Billau, jeune chef habitué des grandes brigades, puis étoile montante du *Robur* à Roubre, l'a repris avec son épouse Pauline. Selon la saison, on se calera au coin du feu ou l'on profitera du splendide panorama depuis la terrasse ensoleillée. À table, on fait bombance d'une cuisine précise, simple et enthousiasmante. Le chef respecte les produits, la cuisson, les clients aussi. Résultat, tout le monde ne jure plus à 50 lieues à la ronde que par cette *Quintessence*-là. Pour éviter de filer à l'anglaise, 7 chambres (point trop n'en faut), toutes avec sanitaires. *NOUVEAUTÉ.*

**Accès :** sur la D30, au col de la Co uillole, à mi-distance entre Roubion et Le Beuil.

## SAINT-JEAN-CAP-FERRAT 06230

€€€ |●| ⛱ **La Cabane de l'Écailler** – *nouveau port de plaisance ☎ 04-93-87-39-31. Tlj 9h-23h. Formule et menu déj en sem 17-22 € ; menu 48 € ; carte 45-50 €.* Avec sa terrasse et sa vue imprenable sur le port, une adresse haut de gamme qui se démarque par la qualité de ses produits. La pêche du jour, sauvage et locale, présentée sur un plateau. Certes, les poissons (grillés ou cuisinés à votre convenance) sont un peu hors budget, mais plusieurs assiettes et ardoises permettent de se régaler à moindre coût. Le service est impeccable et plein de petites attentions, qui font toute la différence...

**Accès :** dans le centre.

## SAORGE 06540

**€ 🍽 Osteria Lou Pountin** – *56, rue Lieutenant-Revelli ☎ 04-93-04-54-90. Tlj sauf mar (plus lun hors saison). Congés : en principe de mi-nov à début déc. Assiette gourmande 14,50 € ; menu 17,50 € ; carte 25-30 €. Digestif maison offert sur présentation de ce guide.* De la vraie belle cuisine italienne réalisée par des amoureux des produits, qui savent généreusement les apprêter dans la grande tradition. Monsieur saura vous donner toutes les explications que vous désirez, en fin de service, sans se forcer (il a été journaliste culinaire) ni forcer la note (prix très doux). Pizzas le soir seulement, quand le feu de bois est allumé. Ici, on vit au rythme des saisons, des journées, des années qui passent.

**Accès :** dans le centre du village.

## VILLENEUVE-LOUBET 06270

**€€ 🍽 ☂ Le Chat-Plume** – *5, rue des Mesures ☎ 04-93-73-40-91. Tlj saufdim-lun (plus mar hors saison). Congés : pdt les vac de fév et pdt les fêtes de fin d'année. Formule et menu déj 15-21 € ; menus 30-35 € ; carte 41-54 €. Apéritif maison offert sur présentation de ce guide.* On vous sent affamé au sortir du musée Escoffier... Aménagé dans l'ancienne boucherie du village, ce *Chat-Plume,* chacrément décoré, propose d'excellents plats de marché, créatifs, chaloupant entre terroir et exotisme. Une cuisine qui a du chien, même si elle est loin de celle que prônait le « roi des cuisiniers ». Dommage que les prix s'enflamment tant à la carte, imposant par là le soir le menu complet...

**Accès :** au début de la rue qui mène au musée Escoffier.

# Bouches-du-Rhône (13)

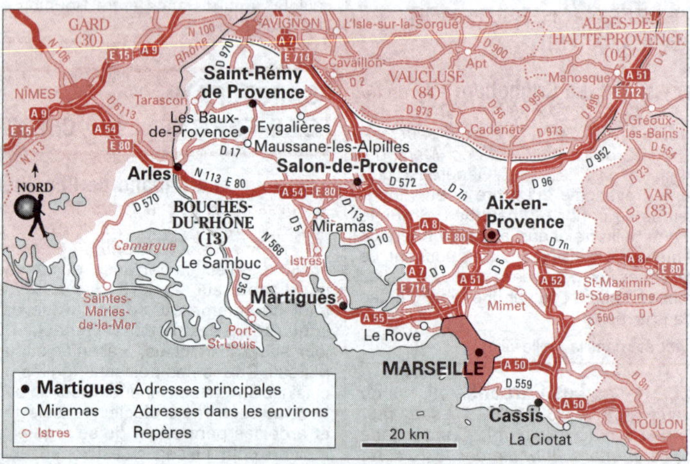

## AIX-EN-PROVENCE 13100

**€ |●| ⛱ Fanny's** – *11, rue Chastel (B1-1) 📱 06-08-60-33-95. Tlj sauf dim et j. fériés, 9h-15h30. Congés : août. Plat du jour 15 €, pan bagnat 8 €.* Un bistrot provençal tirant sur le rouge et une poignée de tables dehors. Ici, tout est fait maison, avec des produits locaux, ça se voit (Fanny travaille devant vous), ça se sent, au point qu'on réserve le crumble ou la tarte salée que le nez a repéré, d'entrée. Son astuce, surtout, ce fut de relancer l'authentique pan bagnat. Aïoli le vendredi et daube de bœuf à la provençale le samedi.

**€ |●| ⛱ L'Ancienne Épicerie** – *12, rue du Cancel (A1-3) ☎ 06-74-40-89-73. Tlj sauf dim-mar. Formules 15 € le midi et 22 € le soir.* On entre par la belle épicerie, un joli décor signé du maître des lieux, Luc, autrefois homme de théâtre. Ici, grâce à l'accueil chaleureux, au calme inouï de la mignonne cour intérieure et surtout à la cuisine préparée avec amour par Luc et servie avec amitié par Laurent, on se sent plutôt à une table d'hôtes. Dans l'assiette à midi et sur un plateau le soir (comme chez mamie), une douce cuisine de voyage à base de légumes, de salades et de petites préparations originales. *NOUVEAUTÉ.*

**€€€ Les Caves Henri IV by Le Formal** – *32, rue Espariat (A2-4) ☎ 04-42-27-08-31. Tlj sauf sam midi, dim-lun. Résa recommandée. Menus 26-37 € le midi en sem, puis*

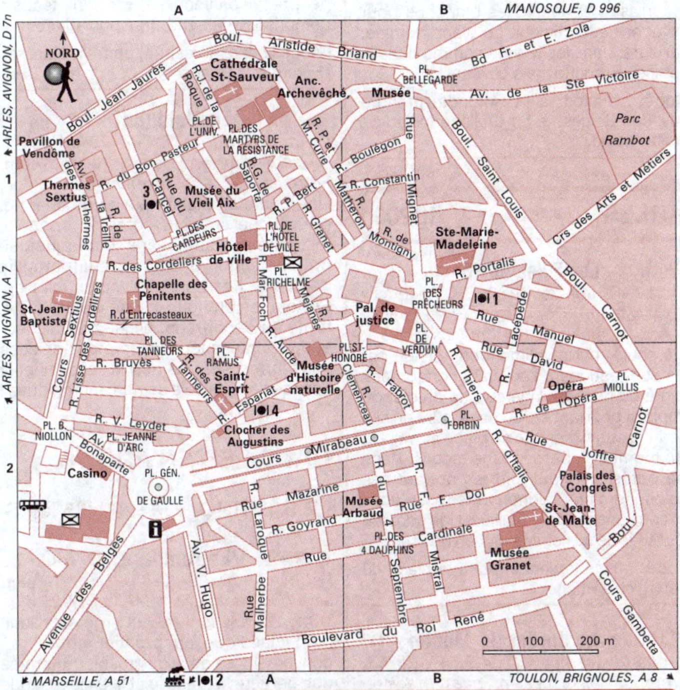


AIX-EN-PROVENCE

1 Fanny's (B1)
2 Les 2 Frères (hors plan par A2)
3 L'Ancienne Épicerie (A1)
4 Les Caves Henri IV by Le Formal (A2)

*43-82 €.* Jean-Luc Formal fait partie des chefs les plus sérieux, les plus inventifs du pays d'Aix. Quoiqu'il affectionne particulièrement la truffe, on ne vient pas chez lui pour rigoler, mais pour se laisser surprendre, même si tout le monde est plutôt grave, voire recueilli, autour de vous. Une cuisine personnelle où chaque ingrédient a sa place, à découvrir au frais, dans ces caves où l'on se sent fort bien, très vite.

***Accès :*** derrière le cours Mirabeau, en remontant vers la place d'Albertas.

**€€€ |●| ⛱ Les 2 Frères** – *4, av. Reine-Astrid (hors plan par A2-2) ☎ 04-42-27-90-32. ♿ Fermé le 24 déc au soir et le 25 déc. Formule 22 € le midi en sem ; carte env 45 €.* Une cuisine maligne qui fusionne et qui fonctionne, sans faire d'éclats inutiles. Il y a des écrans plats dans la salle pour suivre les préparations, des platanes en terrasse et des voiles blanches pour protéger de la chaleur. Le blanc domine, d'ailleurs, dans les tenues comme dans le mobilier. Branché mais plaisant.

***Accès :*** à pied, à la Rotonde, prendre l'av. des Belges, le bd d'Ollone, puis l'av. Reine-Astrid.

## ARLES 13200

**€€ |●| ⛱ Les Filles du 16** – *16, rue du Docteur-Fanton ☎ 04-90-93-77-36. Tlj sauf sam-dim. Congés : 15 j. en janv et en nov. Formule déj 16 € ; menus 23-29 €.* Une courte carte, joliment complétée par des suggestions à l'ardoise, concoctées au gré du marché. Une cuisine de bistrot, simple et pourtant savoureuse, sûre de ses produits et qui ménage sa place au vin. Un bon moment à passer sans façons, dans une petite salle aux pierres apparentes prolongée d'une mignonne terrasse abritée sous une tonnelle feuillue. Une adresse très familiale au service tout en douceur.

***Accès :*** dans le centre, entre la place du Forum et le Rhône.

**€€ |●| ⛱ Le Jardin de Manon** – *14, av. des Alyscamps ☎ 04-90-93-38-68. Fermé mar soir et mer ainsi que dim soir en basse saison. Congés : 3 sem autour de la Toussaint et 3 sem en fév. Formules 21,50-32 € en sem sauf dim ; menus 27-37 €, qui changent au fil des saisons. Apéritif maison offert sur présentation de ce guide.* Un poil excentrée, une sympathique petite salle dans l'esprit du Sud, avec, comme son enseigne l'indique, un petit patio verdoyant où s'installer l'été. Courte carte d'une cuisine au goût du marché, du terroir et du jour. Vaste choix de vins et un agréable rapport qualité-prix.

***Accès :*** un peu à l'écart du centre-ville, en contrebas du boulevard des Lices, après la gendarmerie.

**€€ |●| ⛱ Le Plaza – La Paillotte** – *28, rue du Docteur-Fanton ☎ 04-90-96-33-15. Ouv ven-dim, plus le soir lun-jeu en saison ; fermé mer-jeu hors saison. Congés : de mi-janv à début fév, de mi-oct à début nov et de débutà mi-déc. Formules déj 15,50-18,50 € ; menus 27,50-34,50 € ; carte 30-40 €.* Une institution locale tenue par un chef qui nous régale avec ses entrées fraîches, goûteuses, et des plats de tradition française comme provençale, joliment revisités. Excellente soupe de poissons de roche. Terrasse agréable et ombragée. Service aimable et pro. Prix tenus y compris le week-end. Tout pour plaire.

***Accès :*** dans le centre, entre la place du Forum et le Rhône.

**€€ |●| ⛱ Le Galoubet** – *18, rue du Docteur-Fanton ☎ 04-90-93-18-11. Tlj sauf dim-lun. Résa indispensable. Formule 27 € le midi ; menu 33 € le soir.* Une petite institution pleine de charme, qui affiche souvent complet. Tonnelle fort agréable aux beaux jours (quoique problématique quand il pleut !) et salle de bistrot très animée avec un joli zinc. Surtout, on pratique ici une vraie cuisine, brute de décoffrage, pleine de fraîcheur et de spontanéité. Alors, profitez-en et ne vous formalisez pas trop si l'accueil et le service sont parfois un rien anarchiques ! *NOUVEAUTÉ.*

## DANS LES ENVIRONS

### LE SAMBUC 13200 (25 km S)

**€ |●| ⛱ L'Estrambord** – *7, route de l'Abrivade ☎ 09-70-35-25-51. Tlj sauf sam. Ouv le midi slt. Menus 17-25 € en sem ; 28-30 € le w-e.* Auberge de village bien classique au premier abord, où convergent les gens du cru, bien informés que derrière la tonnelle et la salle rustique campagnarde se cache le meilleur rapport qualité-prix du secteur depuis 1975 ! Rien de chichiteux côté service, mais que de la gentillesse à qui en offre aussi. Pour une brassée de tellines ou de bulots, prendre l'un des menus supérieurs. Sinon, la fondante joue de taureau est souvent dans le 1er menu, avis aux amateurs ! Bouillabaisse et pieds paquets sur commande en hiver. Un vrai moment d'authenticité entre deux vols de flamants rose. *NOUVEAUTÉ.*

**Accès :** par la D570 direction les Saintes-Marie-de-la-Mer, puis la D36.

## CASSIS 13260

**€€ |●| ⛱ Le Grand Bleu** – *12, quai des Baux ☎ 04-42-01-23-23. Tlj sauf mar soir et mer. Résa indispensable. Menus 32-42 €.* C'est la bonne adresse sur le port pour manger poisson et fruits de mer d'une grande fraîcheur. Cadre intérieur empierré et élégant, assez chic, plus une terrasse ombragée. Poissons, sauvages le plus possible, cuisinés avec talent et maîtrise des cuissons. Le tout à arroser d'un bon cassis AOC servi dans des verres refroidis si la chaleur l'exige. Service et accueil de qualité, ce qui n'est pas toujours évident sur le port. *NOUVEAUTÉ.*

**€€ |●| ⛱ La Brasserie du Corton** – *Villa Madie, av. de Revestel ☎ 04-96-18-00-00. Tlj à midi sauf dim (et sam hors saison). Menu déj 32 €.* C'est la brasserie de la très chic Villa Madie (2 étoiles au guide Michelin), dirigée par le chef Dimitri Droisneau. On se dirigera donc d'un pas tranquille et assuré à la brasserie, dont le menu du midi est d'un rapport qualité-prix remarquable. Ou comment bénéficier du savoir-faire d'un gastro à moindre coût. Mais on vous a déjà fait le coup, non ? Superbe vue sur la mer et le Cap Canaille... *NOUVEAUTÉ.*

## DANS LES ENVIRONS

### LA CIOTAT 13600 (11 km SE)

**€€ |●| ⛱ Kitch & Cook** – *4, pl. Esquiros ☎ 04-42-03-91-36. Tlj sauf sam midi et dim (ouv dim soir en saison). Formules du jour 13,50-17,50 € le midi ; menu 30 €. Digestif maison offert sur présentation de ce guide.* Entre deux chapelles de pénitents, un petit resto, intime et coloré, qui a su trouver son style. Une cuisine traditionnelle aux saveurs provençales et exotiques qui change au gré des saisons. Belle terrasse colorée sur la placette.

**Accès :** de Cassis prendre la D559, puis l'A50 (sortie nº 9) ; en plein centre-ville.

**€€€ |●| ⛱ Vin 7** – *27, quai François-Mitterrand ☎ 04-42-03-46-19. Tlj sauf mar en été (dim hors saison), 17h-23h. Congés : nov. Carte env 35-50 €.* Un resto-bar à vins où l'on affiche sa *corsitude* et son tempérament. Charcuterie et fromages qui ont pris le ferry depuis l'île de Beauté. Prenez des ravioli au bruccio et un vin corse de Sartène, et vous serez prêt à prendre le ferry dans l'autre sens.

**Accès :** de Cassis prendre la D559, puis l'A50 (sortie nº 9) ; au sud du port.

## MARSEILLE 13000

### 1er arrondissement

**€€ |●| Le Fémina, chez Kachetel** – *1, rue du Musée (C2-23) ☎ 04-91-54-03-56. Ⓜ Noailles. ♿ Tlj sauf dim soir et lun ; service jusqu'à minuit. Congés : août. Couscous 13-25 € (+ 2 € à l'orge). Digestif maison offert sur présentation de ce guide.* Transmis de « père en fils et de mère en fille depuis 1921 » : voilà une institution marseillaise ! Vaste salle avec pierre apparente et fresques naïves représentant la vie dans la campagne de Kabylie. Le couscous s'y sent chez lui... sous toutes ses formes. Essayez celui à base de semoule d'orge, typiquement kabyle. L'orge est excellente pour la santé, plus digeste que le blé mais plus lourd pour le porte-monnaie !

**€ |●| ⛱ Au Falafel** – *5, rue Lulli (C2-3-26) ☎ 04-91-56-08-55. Ⓜ Vieux-Port/Hôtel-de-Ville. Tlj sauf ven soir et sam. Pitas env 7-9 € ; assiettes 5-12 € ; plats 16-22 €.* Derrière l'Opéra, une adresse discrète qui étire ses tables sur le trottoir aux beaux jours (sinon, salle avec mezzanine). Selon son budget, on se régale d'une pita (*shawarma*, boulettes de bœuf au cumin, merguez) ou d'une assiette plus onéreuse avec falafels, houmous, tehina, foies de volaille, salade marocaine. Kefta et brochettes également. Le tout servi avec caviar d'aubergine et poivrons grillés... Un délice ! *NOUVEAUTÉ.*

**€€ Le Malthazar** – *19, rue Fortia (C3-34) ☎ 04-91-33-42-46. Ⓜ Estrangin. Tlj sauf dim en été. Au déj, formules 19-22 € ; menu-carte 32 € le soir. Café offert sur présentation de ce guide.* Michel Portos, ex-chef doublement étoilé du *Saint-James* à Bouliac (Gironde) est revenu à Marseille, sa ville natale. Là, il a promu son second, Vincent Poette, passé chez Robuchon,

20 Chez Loury – Le Mistral (C2)
21 Le Cafouch aux Saveurs (B1)
22 L'Aromat (C3)
23 Le Fémina, chez Kachetel (C2)
24 Bobolivo (B2)
25 Une Table au Sud (C2)
26 Au Falafel (C2-3)
27 On Dîne (B2)
28 La Bonne Mère (hors plan par B4)
29 L'Oléas (D2)
31 Chez Fonfon (hors plan par A3)
32 Chez Jeannot (hors plan par A3)
34 Le Malthazar (C3)
35 Schilling (B2)
36 Le Baron Perché (A4)
37 O² Pointus (A2-3)

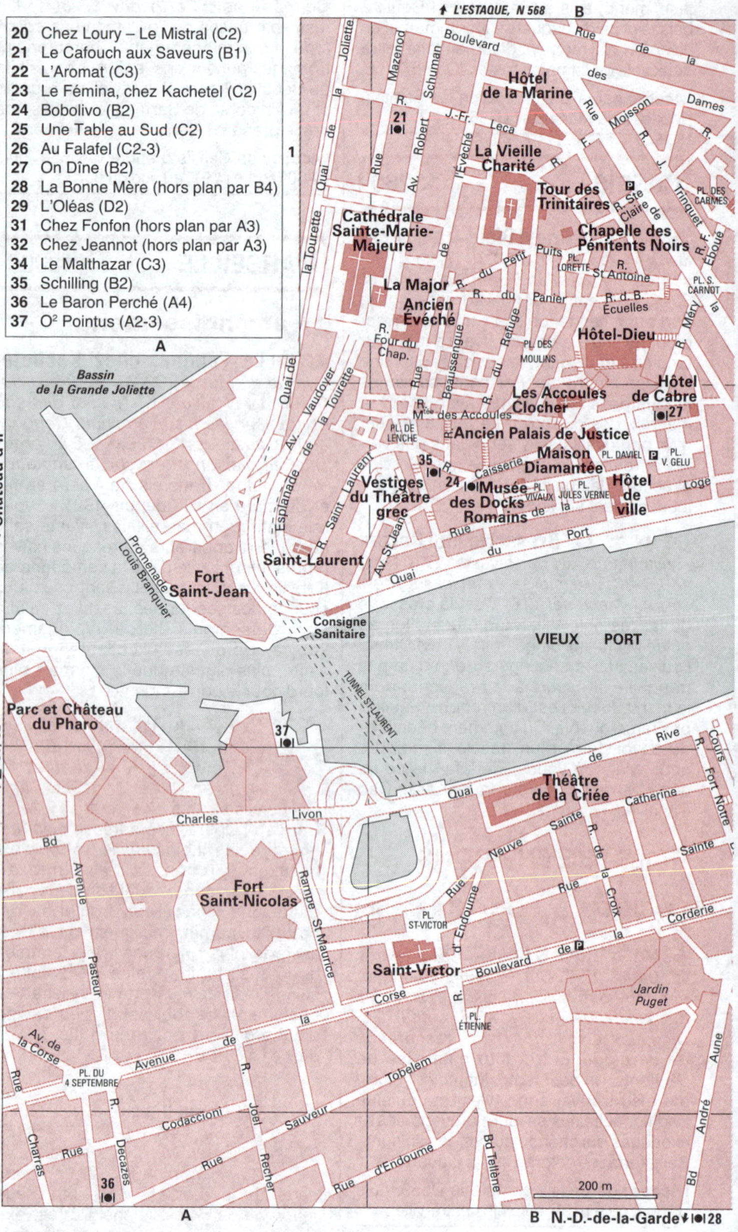

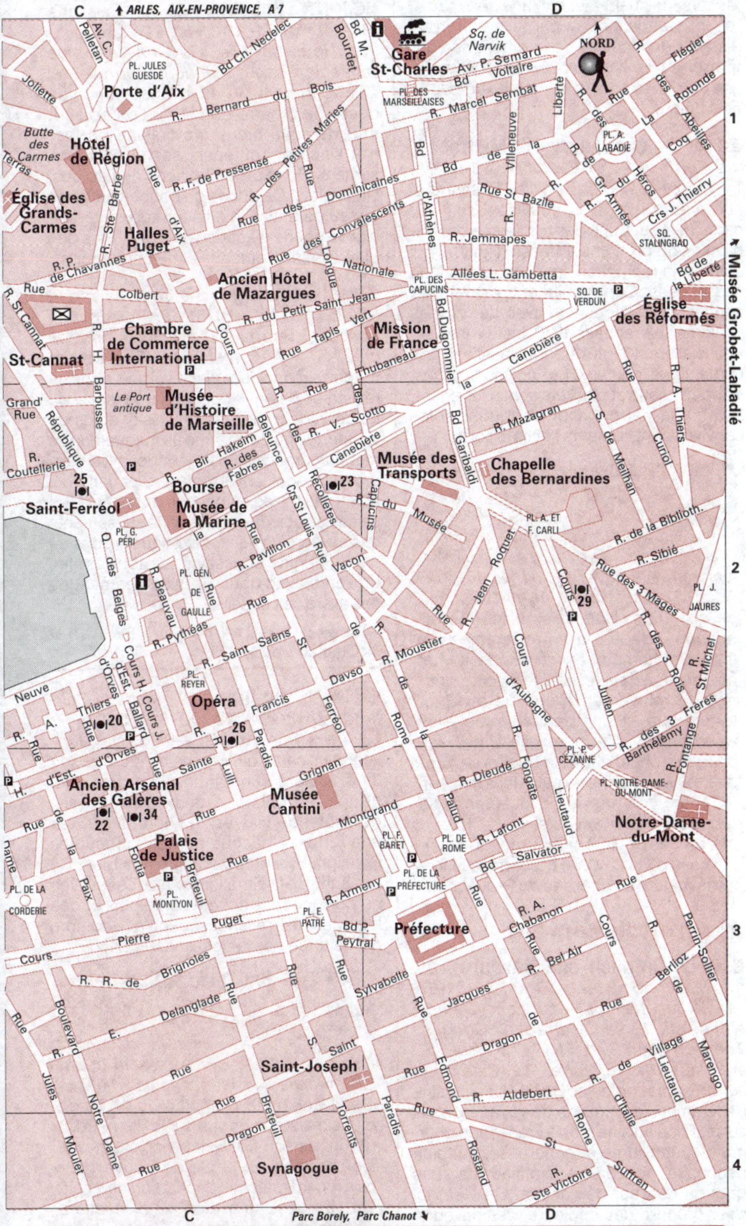
ARLES, AIX-EN-PROVENCE, A 7
Parc Borely, Parc Chanot
Musée Grobet-Labadié
NORD
Gare St-Charles
Porte d'Aix
Hôtel de Région
Église des Grands-Carmes
Halles Puget
Ancien Hôtel de Mazargues
Chambre de Commerce International
St-Cannat
Mission de France
Église des Réformés
Le Port antique
Musée d'Histoire de Marseille
Bourse
Musée de la Marine
Saint-Ferréol
Musée des Transports
Chapelle des Bernardines
Opéra
Ancien Arsenal des Galères
Musée Cantini
Palais de Justice
Préfecture
Notre-Dame-du-Mont
Saint-Joseph
Synagogue
PL. JULES GUESDE
PL. DES MARSEILLAISES
PL. A. LABADIÉ
SQ. STALINGRAD
PL. DES CAPUCINS
SQ. DE VERDUN
PL. G. PÉRI
PL. GÉN. DE GAULLE
PL. REYER
PL. A. ET F. CARLI
PL. J. JAURES
PL. P. CÉZANNE
PL. NOTRE-DAME-DU-MONT
PL. F. BARET
PL. DE ROME
PL. DE LA PRÉFECTURE
PL. E. PATRÉ
PL. MONTYON
PL. DE LA CORDERIE
Sq. de Narvik
Allées L. Gambetta
La Canebière
Bd Dugommier
Bd Garibaldi
Bd d'Athènes
Cours Belsunce
Rue de Rome
Rue Paradis
Cours Lieutaud
Bd de la Liberté
Crs J. Thierry
R. Jemmapes
Bd Ch. Nedelec
Av. P. Semard
Bd Voltaire
R. Marcel Sembat
Rue St Bazile
R. F. de Pressensé
Rue des Dominicaines
Rue des Convalescents
Rue Nationale
Rue Colbert
R. du Petit Saint Jean
Rue Tapis Vert
Rue Thubaneau
R. V. Scotto
R. Mazagran
Rue du Musée
R. de la Biblioth.
R. Sibié
Rue des 3 Mages
R. des 3 Rois
R. St Michel
R. des 3 Frères Barthélemy
R. Fontange
Cours d'Aubagne
Cours Julien
R. Pavillon
R. Pythéas
R. Saint Saëns
R. Moustier
R. Davso
R. Francis
Rue Grignan
Rue Montgrand
R. Dieudé
R. Fongate
R. Lafont
Rue Sainte
R. Armeny
Bd P. Peytral
Rue Sylvabelle
Rue Jacques
Rue Dragon
R. Aldebert
Rue Edmond Rostand
Rue St Suffren
R. Ste Victoire
R. de Village
Rue Perrin-Solliers
R. Berlioz
Rue de Bel Air
R. A. Chabanon
Bd Salvator
Rue Breteuil
Rue Puget
Cours Pierre
R. de Brignoles
R. E. Delanglade
Boulevard Notre Dame
Rue Jules Moulet
Rue de la Paix
Rue Fortia
Cours J. Ballard
Cours H. d'Est. d'Orves
Q. des Belges
Rue Beauvau
Rue Thiers
Rue Neuve
Rue de la République
Grand' Rue
R. Coutellerie
Bir Hakeim
R. des Fabres
Crs St Louis
Rue des Récolletes
R. des Capucins
Rue Vacon
R. Jean Roquer
R. Curiol
R. A. Thiers
R. S. de Meilhan
Bd Longue des Capucins
Rue Sainte Barbe
Rue d'Aix
R. Bernard du Bois
R. des Petites Maries
R. P. de Chavannes
R. H. Barbusse
Rue Joliette
Av. C. Pelletan
Rue de Flégier
Rue des Abeilles
Rue de la Rotonde
R. du Coq
R. des Héros
R. de Gr. Armée
Rue Villeneuve
Rue de la Liberté
Bd M. Bourdet
Butte des Carmes
Terras
25
23
29
20
26
22
34
C
D
1
2
3
4

# MARSEILLE

au rang de chef. Résultat, une belle carte de brasserie aux accents méditerranéens qui bénéficie de la renommée du patron et de l'amour des produits qu'il partage avec son poulain. Patio agréable à la fraîche.

**€€ |●| ☂ Chez Loury – Le Mistral** – *3, rue Fortia (C2-20) ☎ 04-91-33-09-73. Ⓜ Vieux-Port/Hôtel-de-Ville. Tlj sauf dim et j. fériés. Menu 34 € ; bouillabaisse 48 € ; carte 38-45 €.* L'une des meilleures bouillabaisses du port, une adresse discrète, qui a édifié sa réputation sans tapage au long des années. Certes, elle est restée dans son jus, un poil désuète avec de grosses lumières style années 1970. La terrasse sur une ruelle est plutôt tranquille. C'est pro, authentique, goûteux. Les poissons grillés, viandes, pieds et paquets sont à l'avenant. À la fin, le patron vient s'enquérir si les convives sont contents ; et ils le sont...

**€€€ L'Aromat** – *49, rue Sainte (C3-22) ☎ 04-91-54-09-06. Ⓜ Vieux-Port/Hôtel-de-Ville. Tlj sauf sam midi, dim, lun soir et j. fériés au déj. Le midi, formule 17 € et menus 19-22 € ; autres menus 40-60 €. Apéritif maison offert sur présentation de ce guide.* Une cuisine méditerranéenne, adaptée à notre temps avec amour et humour. Sylvain Robert, chef passé par *L'Épuisette* et le *Livon*, continue de réinventer la cuisine du Sud, tandis que sa compagne associe les vins de producteurs qu'elle aime... Ici, on recherche d'abord la qualité du produit, puis la maîtrise totale de la cuisson et, enfin, une passion d'inventer et de proposer de nouvelles saveurs. Exemple, un très original hamburger de bouillabaisse ou le pavé de bœuf dans le filet fumé minute aux herbes de Provence...

## 2e arrondissement

**€ |●| Le Cafouch aux Saveurs** – *20, rue Mazenod (B1-21) ☎ 04-91-31-67-14. Ⓜ Joliette. Ⓣ République-Dames. À midi slt, tlj sauf sam-dim. Congés : 3 sem en août. Plats 11-17 € ; formule déj avec café 16,50 € ; carte 20 €. Café offert sur présentation de ce guide.* Une cuisine de femmes, une cuisine de voyages, mais surtout une cuisine méditerranéenne gourmande, équilibrée et généreuse, qui plaît beaucoup à la clientèle (féminine, mais pas que) du quartier des docks. On vient ici pour prendre des couleurs, des saveurs, du plaisir. Chaque jour, cette équipe dynamique propose des plats différents, comme à la maison, avec des produits simples, frais. Desserts qui font craquer.

**€€ |●| ☂ Bobolivo** – *29, rue Caisserie (B2-24) ☎ 04-91-31-38-21. Ⓜ Vieux-Port/Hôtel-de-Ville. Ouv lun-ven, plus sam soir. Congés : fin août. Formule déj 17 € ; carte env 30-40 €.* Une espèce de décor de théâtre patiné où l'on se sent tout de suite bien, une cuisine de bistrot sincère, goûteuse, servie généreusement. Bons produits, sens des épices, simplicité... Ça donne de bonnes grillades au feu de bois à la cuisson top, une délicieuse souris d'agneau au miel... Plus des planches de fromages et de charcuterie.

**€€ |●| Schilling** – *37, rue Caisserie (B2-35) ☎ 04-91-01-81-39. Tlj sauf mer. Congés : 2 sem mi-août et à Noël. Formules déj 20,50-21,50 € ; menu 31 €.* Si vous résistez aux sirènes de la place voisine, vous ne résisterez pas à l'appel du large lancé ici. La daurade s'y enivre de whisky et jus de viande, le poulpe se fume, le maquereau se met en carpaccio, les médaillons de baudroie s'acoquinent aux gésiers de canard... Même les mises en bouche donnent le ton de ces astucieux et inattendus croisements des saveurs un rien... « exotiques », dus au chef d'origine écossaise. Le tout est fin, présenté avec goût. Service flegmatique pas avare de conseils.

***Accès :*** bus nos 60 ou 82, arrêt « Quai-du-Port ».

**€€ |●| ☂ On Dîne** – *22, rue de la Guirlande (B2-27) ☎ 09-83-53-83-41. Ⓜ Vieux-Port/Hôtel-de-Ville. Ouv lun-ven, plus sam soir. Menus déj 25 € et soir 34 €.* Malgré son joli nom, on dîne midi et soir. Au calme, à deux pas du port, de l'hôtel de ville et de l'hôtel-Dieu, sur une terrasse cachée par les immeubles Pouillon. Et surtout, on dîne très bien. De l'inventif, de la simplicité bien dosée, avec du poisson frais acheté sur le port et des légumes de Provence. Jusqu'à l'addition, qui ne force pas la dose. *NOUVEAUTÉ.*

**€€€ Une Table au Sud** – *2, quai du Port (C2-25) ☎ 04-91-90-63-53. Ⓜ Vieux-Port/Hôtel-de-Ville. Tlj sauf dim soir et lun. Congés : 2 sem en août, à Noël et 2 sem début janv. Menus 34 € le midi, puis 54-115 €.* Table éclatante de soleil au 1er étage d'une maison avec vue sur le Vieux-Port, gardé par son fort Saint-Nicolas, et que Notre-Dame-de-la-Garde couve d'un bon regard maternel depuis son perchoir. Un lieu avec une montée d'escaliers d'anthologie qui déjà « vous fait tourner la tête », un sourire chaleureux à l'accueil, un ballet des serveurs bien réglé et une cuisine assez époustouflante. Formé ici-même par Lionel Lévy, Ludovic Turac est l'un des jeunes chefs les plus remuants et imaginatifs de Marseille. Un chef qui, à tout juste 28 ans, défend le goût, le terroir, mais aussi l'originalité, les légumes méconnus et les plats oubliés.

## 6e arrondissement

**€ La Bonne Mère** – *16, rue du Fort-du-Sanctuaire (hors plan par B4-28) ☎ 04-91-58-22-05. Ⓜ Castellane. Pizzas 10-12 € ; desserts 6 €.* La meilleure pizza de Marseille, quasiment à l'unanimité ! Attention, souvent plein,et ce n'est pas bien grand... Jérémy travaille ses farines bio 24h avant d'enfourner dans son four à bois, voilà l'un de ses secrets. Résultat : une vingtaine de délicieuses pizzas et des estomacs aux anges. Pendant ce temps-là, la charmante Maheva, la bonne mère des lieux, distribue ses sourires aux clients et des bonbons aux enfants. *NOUVEAUTÉ.*

**€€ L'Oléas** – *27, cours Julien (D2-29) ☎ 04-91-47-83-73. Ⓜ Notre-Dame-du-Mont/Cours-Julien. Ouv tlj sauf dim, lun et mer soir. Congés : août. Formule déj 20 € ; menu 30 €. Apéritif maison offert sur présentation de ce guide.* Cadre très sobre comme pour mieux souligner que ce qui compte ici, c'est ce qu'il y a dans l'assiette. Belle cuisine à base d'excellents produits, pleine d'inspiration et d'idées... Cuisine de pro, cuissons exactes, mise en valeur des goûts et des saveurs, on sent une vraie « patte » derrière ! Goûteux filet de daurade *a la plancha* servi avec un risotto au parmesan. En prime, accueil affable et service efficace. Agréable terrasse aux beaux jours. Un remarquable rapport qualité-prix, une de nos plus belles découvertes, c'est dit !

## 7e arrondissement

**€€ Le Baron Perché** – *45, rue Chateaubriand (A4-36) ☎ 09-51-24-89-52. Bus n° 81, arrêt Place-du-4-Septembre. Ouv tlj sauf dim-lun et mar soir. Congés : Noël et 2e quinzaine d'août. Menu 13 € le midi ; carte 30 €.* Pas vraiment perché ce *Baron,* installé dans une rue hypercalme de Marseille, pas très loin de la baie des Catalans. De la rue, on ne soupçonne pas l'adorable petite cour où l'on peut déjeuner ou dîner si tranquillement, ou encore la petite salle au-delà. Dans l'assiette, une bonne petite cuisine plutôt créative, servie avec sympathie, et qui ne déçoit pas. Et pour ne rien gâcher, la mini-addition participe au bonheur d'être venu jusqu'ici.

**€€ Chez Jeannot** – *129, rue du Vallon-des-Auffes (hors plan par A3-32) ☎ 04-91-52-11-28. Bus n° 83 depuis le Vieux-Port, arrêt Vallon-des-Auffes. ♿ Tlj sauf dim soir et lun (ouv dim soir en été). Carte env 30-35 € ; pizzas 12-20 € selon taille.* Une institution reprise par le célèbre Fonfon ! On y vient surtout pour le cadre, absolument idyllique, avec ses bateaux amarrés, son vallon et son viaduc... Agréables terrasses, ensoleillées ou couvertes, et grande salle abritée du vent avec une déco années 1960. Savoureuses pizzas aux anchois, des pâtes fraîches maison, mais aussi de bons poissons grillés et des fruits de mer. Bon accueil familial.

***Accès :*** au fond du vallon.

**€€€ 02 Pointus** – *44, quai Marcel-Pagnol (A2-3-37) ☎ 04-91-33-81-40. Tlj midi et soir. Congés : 25 déc. Carte env 25 € le midi ; 40 € le soir.* Posé à l'entrée du Vieux-Port, bien gardé par les forts Saint-Jean et Saint-Nicolas, ce restaurant du club nautique a le pied marin. On y voit passer les bateaux, et pas seulement en suçant des glaces à l'eau, mais en dégustant d'excellents desserts précédés par une flotille de plats salés pas bateaux du tout. Car ceux qui imaginaient une simple cuisine de cambuse trouvent ici une adresse semi-gastronomique à partager avec une clientèle chic (n'y venez pas en tongs...), dans une salle panoramique joliment dressée ou sur le pont arrière que bénit la Bonne-Mère.

***Accès :*** Bus nos 82 ou 83, arrêt Fort-Saint-Nicolas.

**€€€ Chez Fonfon** – *140, rue du Vallon-des-Auffes (hors plan par A3-31) ☎ 04-91-52-14-38. Bus n° 83 depuis le Vieux-Port, arrêt Vallon-des-Auffes. Tlj. Congés : 23-24 déc. Bouillabaisse 53 € ; carte 45-60 €.* Face au cadre superbe du vallon des Auffes, un lieu chaleureux pour déguster l'une des bouillabaisses les plus réputées de la ville. Elle régale vos narines dès l'entrée dans la salle, et ce n'est pas ici qu'elle est la plus chère. Sinon, craquez pour le poisson en croûte de sel et à l'argile ou flambé au pastis. Accueil et service très prévenants. Un incontournable, aussi bien pour le décor que pour la tradition. Les tables proches de la fenêtre dégustent le spectacle des « pointus » rentrant au port.

***Accès :*** à 10 mn du Vieux-Port, au-delà du Pharo.

## DANS LES ENVIRONS

### LE ROVE 13740 (4 km NO)

**€€ 🏠 |●| ⛱ Auberge du Mérou** – *3, chemin du Port, calanque de Niolon ☎ 04-91-46-98-69. • aubergedumerou.fr • Tlj sauf dim soir et lun hors saison (oct-Pâques). Résa conseillée. Menus 27-38 €. Digestif maison offert sur présentation de ce guide.* On s'enthousiasme tout autant de la vue panoramique sur Marseille et ses îles du Frioul que du poisson frais, grillé juste et bien sous vos yeux, ou d'une jolie cuisine entre terre et mer bien d'aujourd'hui. Quelques chambres dans le style bateau (au sens premier du terme !) pour qui voudrait prolonger le séjour.

***Accès :*** prendre l'A55 direction Martigues, puis la D568 pour rejoindre la D48.

## MARTIGUES 13500

**€€ |●| Bertrand Roy** – *4, av. Louis-Pasteur ☎ 04-42-45-44-32. ♿ Tlj sauf mer midi, sam midi et dim. Congés : 1 sem à Pâques, 2 sem en août et à Noël. Formule déj 14 € ; menus 27-35 €.* Le chef Bertrand Roy, d'origine vietnamienne, est passé par de belles maisons avant de revenir exercer ses talents ici. Il parsème sa cuisine française de quelques touches asiatiques, utilisant gingembre et coriandre. Mention spéciale au filet de daurade à la crème et pistache, réclamé toute l'année par les habitués. Service et accueil adorables.

***Accès :*** au sud du quartier de Jonquières.

**€€€ Le Garage** – *20, av. Frédéric-Mistral ☎ 04-42-44-09-51. ♿ Tlj sauf dim-lun. Congés : 2 sem en janv et 3 sem fin juil-début août. Menu déj 26,50 € ; menus 40-49 €.* Après Londres et Sydney, Fabien Monreale, entre-temps passé chez *Chibois*, à Grasse, et à *L'Épuisette*, à Marseille, a fait le pari d'ouvrir en famille ce petit lieu au design contemporain, avec des plats bien enlevés pour le lunch et des menus plus soignés pour le soir. Jouant sur les textures et les épices tout en respectant le goût des produits de région, il propose une restauration plaisir, bien dans l'air du temps.

***Accès :*** au sud-est du quartier de Jonquières.

## SAINT-RÉMY-DE-PROVENCE 13210

**€€ |●| ⛱ Chez Xa** – *24, bd Mirabeau ☎ 04-90-92-41-23. Tlj sauf mer. Congés : fin oct-fin mars. Formule 26 € ; menus 29-31 €.* On vous reçoit ici – depuis plus de 30 ans – comme dans un appartement d'hier joliment décoré. Atmosphère 1900 revisitée avec intelligence et humour. Terrasse pour qui préfère l'atmosphère de la ville aujourd'hui. On y déguste de bons produits locu-aux, simples et cuisinés avec amour, épicés parfois d'une petite dose d'exotisme...

***Accès :*** sur le boulevard extérieur, au nord-est.

**€€ |●| ⛱ L'Aile ou la Cuisse** – *5, rue de la Commune ☎ 04-32-62-00-25. Tlj sauf lun-mar hors saison. Congés : 2 sem en janv. Formules 19,90-26,90 € le midi ; menus 29,90-37 € le soir.* Un vrai faux bistrot ou un faux vrai bistrot gourmand ? Prenez donc place dans cet ancien couvent qui accueille des religieuses à la carte des desserts uniquement. Le must, c'est de retenir une table côté patio pour profiter du calme. Les saveurs ne trichent ni avec la quantité, ni avec le goût. Le midi, terrine du moment, plat du jour provençal, bons petits légumes. Le soir, des recettes de familles et plats dans l'air du temps.

***Accès :*** au sud du centre.

## DANS LES ENVIRONS

### MAUSSANE-LES-ALPILLES 13520 (8 km S)

**€€ |●| ⛱ Vanille Café** – *53, av. de la Vallée-des-Baux 📱 06-20-63-70-14. Ts les soirs sauf lun-mar. Carte 30-40 €.* En journée, c'est un glacier. Le soir, la salle glamourisée accueille les clients en quête de créativité. Madame excelle dans le salé et monsieur dans le sucré. Belles saveurs et textures qui feront frétiller vos papilles. Tout ça accompagné d'une belle sélection de vins... ce qui ne gâche rien. Service plein de bonnes intentions, qui se démène comme un diable !

***Accès :*** sur la rue principale, à 100 m de la place.

## LES BAUX-DE-PROVENCE
13520 (10 km S)

€€€ **Hostellerie de la Reine Jeanne** – *8, Grand-Rue ☎ 04-90-54-32-06. Fermé le soir et mar tte la journée en hiver ; ouv tlj en saison. Congés : de mi-janv à mi-fév. Carte env 40-45 €. Café offert sur présentation de ce guide.* Quel bonheur, une fois les touristes disparus, de se retrouver dans cette vieille maison rénovée avec malice. Cette institution locale où passa tant de beau monde (Churchill, Brel, et toute la planète !) est très fréquentée pour son restaurant avec terrasse côté village (pas de vue). Cuisine de très bonne tenue, même si l'addition grimpe assez vite. Logique, dans un nid d'aigle pareil ! Également 4 chambres pas chères, dont certaines offrent une vue paradisiaque sur le val d'Enfer... Accueil pro. *NOUVEAUTÉ.*

***Accès :*** dans le village, à droite après l'office de tourisme.

## EYGALIÈRES 13810 (12 km E)

€€ **Sous les Micocouliers** – *traverse Montfort ☎ 04-90-95-94-53. Tlj Pâques-Toussaint ; fermé dim soir-lun hors saison. Congés : janv. Plat du jour 19,50 € ; formule déj en sem 24 € ; menu 33 €.* Petite table décontractée chic. L'idéal est, bien sûr, de s'installer à l'ombre des fameux arbres sur la belle et grande terrasse-jardin. Passé par quelques (très) grandes maisons avant de revenir en Provence, le chef vous propose tout à la fois des plats de saison aux saveurs du monde et du moment, et des classiques provençaux revisités avec talent, le tout à base de produits bio. Service efficace et souriant. *NOUVEAUTÉ.*

## SALON-DE-PROVENCE 13300

€€€ **La Salle à Manger** – *6, rue du Maréchal-Joffre ☎ 04-90-56-28-01. Tlj sauf dim-lun et j. fériés. Résa conseillée. Formules 17 € le midi en sem, puis 33 € (entrée + plat) ; le soir, menu 38 €.* Un décor rococo (une maison de savonnier du XIXe s !) et – depuis 3 générations – l'accueil chaleureux de la famille Miège : vous êtes l'heureux invité d'un spectacle gourmand qui se prolonge l'été, côté petit jardin, sous les étoiles. Et surtout, vous découvrirez le bonheur de savourer, en paix, une cuisine riche en goût, en perpétuelle évolution, volontiers voyageuse. Bonne sélection de vins de pays.

***Accès :*** entre la fontaine Moussue et la mairie.

## DANS LES ENVIRONS

## MIRAMAS 13148 (15 km SO)

€€ **La Toupine** – *rue Mireille ☎ 04-90-58-21-94. Tlj sauf mar-mer. Formule déj 16,50 € ; menus 26,50-33 €.* Vous avez tâté la mémoire des pierres du village ? Vous tâterez ici une cuisine bien du présent. Une brochette de plats créatifs, savoureux et présentés avec goût. La belle vue dégagée sur un bout d'étang, la salle gentiment décorée, l'agréable terrasse à l'ombre des mûriers, le service amical et les prix pondérés (y compris le vin) font de cette *Toupine* un lieu généreux en tout.

***Accès :*** par la D16 depuis Salon. Dans la montée vers le vieux village, c'est à gauche.

# Hautes-Alpes (05)

## BRIANÇON 05100

€€ **Restaurant Le Rustique** – *36, rue du Pont-d'Asfeld ☎ 04-92-21-00-10. Service jusqu'à 22h. Tlj sauf lun-mar. Congés : 1re quinzaine de juin. Formules 16-20 €, menus 29,80-37,80 € ; carte env 40 €. Apéritif maison ou café offert sur présentation de ce guide.* Décor campagnard original et rigolo (on peut même manger dans une charrette !), cuisine traditionnelle de qualité, accueil chaleureux, que voulez-vous de plus ? À table ! Fondue savoyarde aux morilles, truites fraîches accommodées à toutes les sauces (pommes flambées au calvados, au coulis de poireaux, à

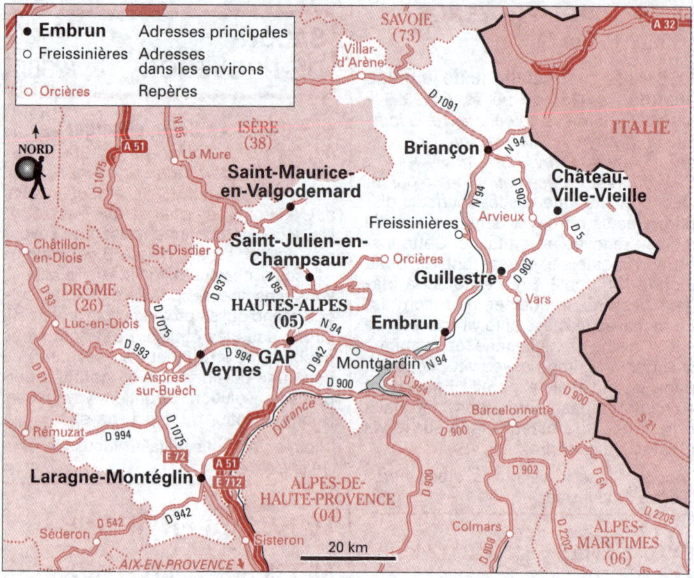


la crème d'ail, au roquefort, à l'orange, etc.), planche du randonneur, brochettes médiévales. Terrasse entourée de verdure et petite école reconstituée dans un coin. Un endroit qui a une âme !

***Accès :*** en descendant la Grande-Gargouille, prendre la 1re à gauche après la fontaine ; le restaurant est à 300 m.

**€€ Au Plaisir Ambré** – *26, Grande-Rue ☎ 04-92-52-63-46. Tlj sauf mer-jeu (fermé slt le mer en juil-août). Attention, le midi ouv sur résa slt. Congés : 1res quinzaines de juin et de déc. Menus 17-23 € le midi, puis 32-43 €.* Voilà la bonne table qui ravit les gourmets de Briançon et de sa région ! Derrière ses fourneaux, Michaël Chassagnieux ne travaille qu'avec des produits frais et, donc, de saison. Il signe une cuisine gastronomique, personnelle et étonnamment généreuse. On apprécie la présentation et la créativité des mets. En salle, Nancy, son épouse, assure le service avec douceur et courtoisie. Le tout, dans un cadre à la fois chaleureux et raffiné. Un vrai moment de plaisir, dont il serait dommage de se priver.

***Accès :*** dans la rue principale de la cité Vauban.

## CHÂTEAU-VILLE-VIEILLE 05350

**€ Le Bar du Village** – *Ville-Vieille ☎ 04-92-46-71-74. Ouv tlj midi et soir en été ; hors saison, fermé le soir dim et lun-mer. Congés : 15 j. en avr et 15 j. en sept. Téléphoner avt. Menus 13,50 € le midi en sem, puis 19,50 € ; carte 20 € ; petite restauration à tte heure. CB refusées.* Au cœur d'un village, un resto-salon de thé bien connu des gens du coin ! On s'installe dans la salle à la déco soignée et chaleureuse, ou, mieux, lorsqu'il fait beau, dans le jardin champêtre, avec l'étendoir à linge dans un coin ! Dans les assiettes, uniquement de bons produits frais de la région. Les spécialités de la montagne sont aussi au rendez-vous (raclette, fondue, etc.). Et pour caler un petit creux en pleine journée, salades et assiettes de charcuterie. Un bon plan pour se sustenter à prix très sages.

***Accès :*** près de la mairie, route de Saint-Véran.

## EMBRUN 05200

**€ |●| P Restaurant Chez Pascal** – *hameau de Caléyère ☎ 04-92-43-00-69. Tlj sauf sam midi et dim soir hors saison. Résa conseillée. Congés : sept. Menu unique 18 €. CB refusées. Parking. Digestif maison offert sur présentation de ce guide.* Bien sûr, on ne vient pas ici pour dîner en amoureux, mais pour s'immerger dans une ambiance familiale et conviviale. La patronne serre la main de tous ses clients. Menu unique et copieux, à base des produits de la ferme : légumes, œufs, viande... L'ambiance est garantie, et on sort repu. D'ailleurs, la patronne ne manque jamais de rappeler en patois le proverbe local : « À Briançon, tout dans la poche ; à Gap, tout sur le dos ; à Embrun, tout dans le ventre ! » En digestif, une petite *vipérine* : cœurs sensibles, s'abstenir !

***Accès :*** à partir d'Embrun, prendre la jolie route qui mène à Caléyère (nombreux lacets). Garer sa voiture sur le parking à l'entrée du village ; c'est à 100 m.

## GAP 05000

**€€ ⌂ |●| ⛱ P Hostellerie Les Olivades***** – *8, route de Malcombe ☎ 04-92-52-66-80. • restaurant-les-olivades.com • ♿ Tlj sauf dim soir oct-avr. Congés : 24-26 déc. Menus déj 26 €, puis 30-55 € ; carte env 40 €. Parking.* Dominant Gap et les montagnes avoisinantes, ce petit domaine verdoyant et paradisiaque, avec sa grande terrasse ombragée par de vieux et hauts arbres, est un régal de repos. En cas de mauvais temps, c'est dans l'ancienne bergerie aux salles voûtées que l'on vous servira une délicieuse cuisine régionale teintée de saveurs provençales : ravioles de fromage au beurre de miel, noisette d'agneau rôtie. Cette cuisine, simple et élégante, n'est ni trop riche ni trop copieuse, mais simplement délectable. Le service est souriant et gentil, et par rapport à la qualité du menu, au prix et – surtout – au cadre, on ne regrette pas d'être venu, d'autant qu'on peut prolonger agréablement son séjour en réservant l'une des chambres. Le genre d'adresse qu'on aime recommander à ses amis.

***Accès :*** à 4 km du centre-ville, direction Veynes-Valence (D994) ; au rond-point (juste après le panneau de fin d'agglomération), suivre « Les Olivades » sur la droite, puis tout de suite à gauche.

**€€ |●| ⛱ Restaurant Le Pasturier** – *18, rue Pérolière-et-la-Placette ☎ 04-92-53-69-29. ♿ Tlj sauf dim soir, lun et mar midi. Congés : 2 sem fin nov-début déc. Suggestions déj en sem 22-24 € selon le marché ; menus 31,50-48 € ; carte env 50 €.* Voici la « grande » adresse en ville. Les menus sont variés et circonstanciels (menus de la Saint-Valentin, menu Gibier...), la carte des vins riche et les plats délicieux pour, malgré tout, des prix parfois un peu élevés. Le décor est très conventionnel et l'ambiance, feutrée et intime, est propice aux dîners à deux. Le chef, Pascal Dorche, réalise une cuisine sans grande surprise mais très satisfaisante : escalope de foie gras de canard, carré d'agneau... L'été, petite terrasse à l'arrière.

***Accès :*** dans la zone piétonne.

## DANS LES ENVIRONS

### MONTGARDIN 05230 (17 km E)

**€€ ⌂ |●| L'Auberge du Moulin** – *La Plaine ☎ 04-92-50-32-98. • auberge-montgardin.fr • Tlj sauf dim soir-lun ; sur résa slt. Menu unique 29 €. CB refusées.* L'Auberge du Moulin, bien connue dans le pays sous le nom « Les Deux Sœurs », est une adresse familiale spécialisée dans tout ce qui se plume ou se dépouille, du pigeon à l'oie en passant par le lapin. Le gâteau de rattes au foie de canard, les pigeons à l'oignon grelot confit et à la tapenade, la fricassée de canette (entière et dodue) façon coq au vin... tout se déguste avec joie. Belle salle à manger rustique et peu de tables (une quinzaine de couverts). Une chambre d'hôtes sur place.

***Accès :*** à 400 m de la N94.

## GUILLESTRE 05600

**€€ |●| ⛱ Dedans-Dehors** – *rue Sani ☎ 04-92-44-29-07. Ouv tlj midi et soir de mi-mai à fin août. Résa vivement conseillée. Formules 12-18 € ; carte 25-30 €. CB refusées. Digestif maison offert sur présentation de ce guide.*

Dedans (rez-de-chaussée) ou dehors (à l'étage) ? Tirez donc à pile ou face... Nous, on a aimé les deux ! Quelques tables posées à l'étage d'une ancienne grange dont les fenêtres sont ouvertes aux quatre vents, et une jolie déco pleine d'humour qui mérite d'être admirée. Au rez-de-chaussée, le cadre est plus contemporain et l'atmosphère plus cosy. Salades, grandes assiettes, spécialités régionales et cuisine *a la plancha*. Les parts sont généreuses, et on en ressort repu. Une adresse originale, pleine de vie et tenue d'une main de maître par Alban, un jeune chef très sympa du village. Pari gagné !

***Accès :*** à 100 m de l'église.

## DANS LES ENVIRONS

### FREISSINIÈRES
05310 (21 km N)

€ 🏠 |●| **Le Relais des Vaudois**** – *Les Ribes ☎ 04-92-20-93-01. • relais-vaudois.com • Ouv tlj, sur résa. Congés : hors saison, téléphoner avt. Menus 22-30 € ; pas de carte. CB refusées. Apéritif maison ou digestif maison offert sur présentation de ce guide.* La voilà donc l'auberge de campagne telle qu'on se l'imaginait. Chaleureuse, familiale, qui a su se rénover sans perdre ses valeurs, son cachet « Douce France » un poil suranné à faire rêver un tonton d'Amérique. Certes, l'insonorisation n'est pas parfaite. Mais que dire de ce balcon de bois (côté sud), qu'on se partage pour savourer montagnes et étoiles, bercé par le glouglou de la fontaine publique. Et de ces confitures maison au petit déj, et de cette cuisine, mitonnée façon grand-mère. Potage, viande en sauce, et le plateau de fromages, et le dessert maison ! Des menus à faire sauter le bouton du pantalon.

***Accès :*** sortir de Guillestre par la D902A, puis prendre la N94, direction Briançon, puis la D38 ; Freissinières est alors indiqué.

## LARAGNE-MONTÉGLIN 05300

€€ |●| **L'Araignée Gourmande** – *8, rue de la Paix ☎ 04-92-65-13-39. ♿ Tlj sauf mar soir, mer et dim soir. Congés : vac scol de fév-mars, dernière sem de juil, dernière quinzaine de nov et à Noël. Menus déj en sem 19-22 €, puis 30-40 € ; carte 60 €.* Cette table constante par excellence, et dont la réputation n'est plus à faire, propose une cuisine traditionnelle avec de belles touches d'originalité. La carte change régulièrement et les herbes aromatiques proviennent du jardin, comme de nombreux légumes. Pain fait maison ; tout est d'ailleurs maison, sauf les glaces.

***Accès :*** en centre-ville, à 100 m de l'office de tourisme.

## SAINT-JULIEN-EN-CHAMPSAUR 05500

€ 🏠 |●| P **Les Chenêts**** – *au village ☎ 04-92-50-03-15. • les-chenets.com • Tlj sauf dim soir et jeu hors saison. Congés : 3 sem en avr et de mi-nov à fin déc. Menus 24-40 € ; carte 45 €. Parking. Apéritif maison offert sur présentation de ce guide.* Grande maison de montagne à l'ambiance chaleureuse et familiale, aux chambres assez simples et traditionnelles. Celles au dernier étage ont toutefois été restaurées. On vous signale surtout l'adresse pour sa table, l'une des plus réputées de la vallée. Au programme, raviolis au fromage de chèvre, Tatin de foie gras, tournedos sauce morilles, etc. Belle carte de vins et desserts maison.

***Accès :*** sur la D243.

## SAINT-MAURICE-EN-VALGODEMARD 05800

€ 🏠 |●| ⛱ P **Hôtel-restaurant Le Val des Sources**** – *Les Barengeards ☎ et fax : 04-92-55-23-75. • levaldessources.com • ♿ Congés : Toussaint-Pâques. Résa conseillée. Formule déj 21 € en sem ; menus 23 € sauf dim et j. fériés, puis 33-38 €. Parking. Apéritif maison offert sur présentation de ce guide.* Dans un environnement boisé et au bord d'un petit cours d'eau, cet établissement propose des chambres plaisantes et de bonne tenue. L'autre point fort de l'adresse, c'est son resto. Des mets ancestraux du pays, savoureux, copieux et concoctés dans les règles de l'art : oreilles d'âne (pâte fourrée aux épinards et aux blettes), ravioles au miel, *flouzou* (tourte de pommes de terre aux lardons et aux échalotes). Il y a même un vivier peuplé de truites sauvages qui bullent dans une eau de qualité. Aussitôt pêchées, aussitôt préparées. *Le Val des*

*Sources* dispose en outre d'un parc, de gîtes, d'un hammam, d'un espace de remise en forme et d'une piscine chauffée couverte. Très bon accueil. Une référence dans la vallée !

**Accès :** avant le village Le Roux, prendre le pont sur la droite, puis tourner encore à droite ; c'est sur la gauche à 800 m environ. Sur la D16.

## VEYNES 05400

**€€€ |●| La Séraphine** – *Les Paroirs ☎ 04-92-58-06-00. Tlj sauf mar, plus mer hors saison. Congés : début janv-début fév. Menus 40-60 € midi et soir ; pas de carte. Café offert sur présentation de ce guide.* Nga, jeune femme au sourire généreux, à la discrétion redoutable, maîtrise son sujet. Loin de son Vietnam natal, mais fidèle à ses origines, elle invente une cuisine pleine de subtilité, de douceur et de caractère à la fois, un métissage bien senti des couleurs et des textures, des plats créatifs et récréatifs, des mélanges de saveurs qui restent délicatement en bouche. Dans la chaleureuse salle aux murs de pierre, ou au bord du jardin en été, Cédric assure le reste. Une adresse méritante.

**Accès :** dans le hameau Les Paroirs, à env 2,5 km de Veynes.



# Var (83)

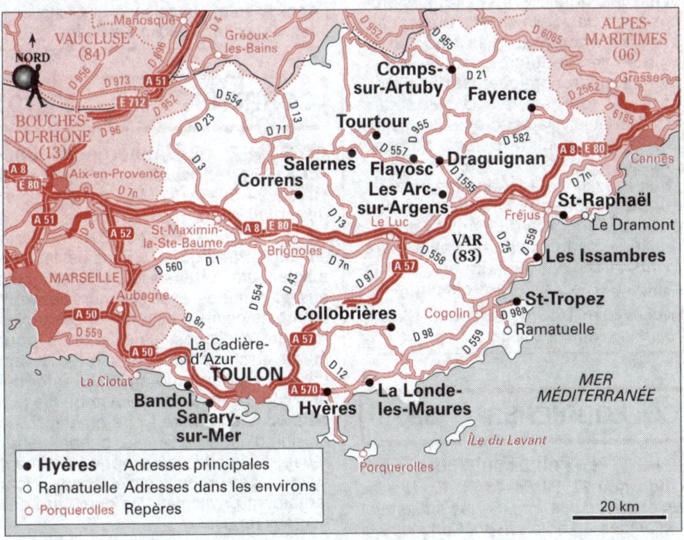


## BANDOL 83150

**€€€ |●| ⛱ L'Atelier du Goût** – *2, rue Pons ☎ 04-89-66-61-37. Tlj sauf mar-mer ; juil-août, ouv ts les soirs plus le midi sam-dim. Le midi, formule 32 € ; le soir, menu 55 €.* Éveil des Sens, Parfums de saison, les intitulés de menus donnent déjà le ton mais ne laissent en aucun cas présager l'explosion de saveurs et le plaisir intense qui attend le dégustateur. Ne travaillant que des produits frais de la région, des viandes, des volailles et des fromages fermiers, le chef pousse le perfectionnisme jusqu'à se fournir en fruits et légumes auprès d'une AMAP, ce qui l'oblige à improviser et à se renouveler sans cesse. Résultat, une cuisine fraîche et aromatique, tout en légèreté et subtilité, sans artifices.

**Accès :** en plein centre.

## DANS LES ENVIRONS

### LA CADIÈRE-D'AZUR
83740 (10 km N)

**€€ ⛱ P Hostellerie Bérard – Le Bistrot de Jef***** – *7, rue Gabriel-Péri ☎ 04-94-90-11-43. • hotel-berard.com • ♿ Resto, tlj sauf lun-mar midi (et mar soir hors saison) ; bistrot, tlj sauf mer-jeu. Congés : 3 janv-3 fév. Côté gastro, formule déj (mer-ven) 36 € ; menus 59-138 €. Au bistrot, formule déj en sem 20 € ; menu 32 €. Parking. Apéritif maison offert sur présentation de ce guide.* À l'intérieur d'un ancien couvent du XIe s, une institution : cette belle dynastie d'hôteliers-restaurateurs propose une très belle cuisine provençale à la fois ancrée dans la tradition et tournée vers le futur. La salle du restaurant gastronomique est panoramiquement tournée vers la campagne alentour et le village perché du Castellet. Quant au bistrot – une adresse presque secrète – on y arrive par un étroit escalier voûté. Adorable véranda qui fait face aux vignes. Cuisine ouverte d'où sortent des plats de terroir témoignant d'un vrai savoir-faire (petits farcis, daube...). En bas dans la campagne se trouve le jardin potager.

**Accès :** par l'A50, direction La Ciotat ; dans le centre du village.

## COLLOBRIÈRES 83610

**€€ |●| ⛱ La Petite Fontaine** – *pl. de la République ☎ 04-94-48-00-12. Tlj sauf lun et le midi ven-dim. Fermé également le midi mer-jeu hors saison. Congés : vac scol de fév (zone B) et 2e quinzaine de sept. Résa indispensable. Menus 26 € en sem et 33 €. Digestif maison offert sur présentation de ce guide.* Non contente d'être la patrie du marron glacé, cette paisible bourgade du massif des Maures abrite un adorable petit resto à l'atmosphère aussi savoureuse que sa cuisine. Très agréable terrasse ombragée aux beaux jours, vieux outils sur les murs, vin de la coopérative locale dans les verres, daube à la provençale ou magret de canard aux cèpes dans l'assiette : difficile de trouver mieux dans le genre à des kilomètres à la ronde...

## COMPS-SUR-ARTUBY 83840

**€ 🏠 |●| ⛱ P Grand Hôtel-restaurant Bain**** – *rue Nationale ☎ 04-94-76-90-06. • grand-hotel-bain.fr • Congés : 11 nov-31 janv. Formule déj en sem 18,50 € ; menus 20,50-42 €. Parking. Café offert sur présentation de ce guide.* Au centre du village, un établissement immanquable avec sa façade pimpante et son enseigne peinte à l'ancienne. Une vraie institution, tenue depuis 1737, de père en fils, par la famille Bain. À l'heure du déjeuner, on grimpe ici de très loin pour manger les pieds-paquets ou le carré d'agneau rôti. Dommage qu'on soit un peu au coude-à-coude. Accueil épatant.

**Accès :** entre Draguignan et Castellane, dans le centre ; à 900 m d'altitude.

## CORRENS 83570

**€€ 🏠 |●| ⛱ P L'Auberge de Correns** – *34, pl. du Général-de-Gaulle ☎ 04-94-59-53-52. Tlj sauf mar-mer (tlj en juil-août). Congés : de mi-déc à mi-fév. Formule et menu 15-19 € ; carte env 35 €. Parking.* Il y a dans ce lieu une magie toute corrensoise... une salle chic aux entournures, avec ses murs couverts de motifs peints à l'ancienne, ses tables joliment dressées, sa cheminée pour mettre du chaud dans les soirées d'hiver ; un vaste jardin ombragé plus informel et bien au calme ; un service qui se plie pour vous en quatre (voire en huit) ; une cuisine d'auberge simple, bonne, généreuse, à l'image des proprios vraiment sympas. Les produits bio et locaux y sont largement privilégiés. De quoi faire des heureux repus.

**Accès :** à 15 km au nord de Brignoles ; dans le centre du village.

## DRAGUIGNAN 83300

**€€ 🏠 |●| ⛱ Le Domino** – *28, av. Carnot ☎ 04-94-67-15-33. • ledomino.fr • Tlj sauf sam midi, dim et lun. Congés : 3e sem d'août et 1re sem de nov. Formule déj 17,50 € ; carte 30-45 €.* Dans un ancien hôtel particulier où règne une atmosphère bon enfant, très décalée... Service d'une vraie gentillesse. Cuisine d'ici et d'ailleurs, savoureuse, colorée, à découvrir, selon le temps, sous la véranda ou en terrasse, dans la cour-jardin.

***Accès :*** au début de l'axe principal la ville quand on vient de l'A8.

## FAYENCE 83440

**€€ ☂ P La Table d'Yves** *– 1357, route de Fréjus ☎ 04-94-76-08-44. ♿ Tlj sauf mer-jeu (ouv jeu soir en été). Menus 32-62 € ; carte 60 €. Parking. Digestif maison offert sur présentation de ce guide.* Une jolie adresse façon maison de campagne, juste au pied du village. Salle chaleureuse et terrasse généreusement ouverte sur les vignes et, au loin, sur le vieux village. Décor idéal pour cette cuisine au gré du marché, spontanée et savoureuse, précise et conviviale à la fois. Le passage d'Yves Merville chez les très grands et ses années à la tête des plus prestigieux palaces l'ont conforté dans sa fidélité à certaines valeurs : amour du produit et simplicité du traitement. Un lieu attachant.

***Accès :*** au pied du village en venant de la D569.

**€€ |●| ☂ Le France** *– 4, Grande-Rue-du-Château ☎ 04-94-76-00-14. Ouv tlj sauf dim-lun (slt lun en juil-août). Congés : 3 sem en mars et 2 sem en nov. Le midi, carte 25-35 € ; le soir, menu-carte 36 €. Apéritif maison offert sur présentation de ce guide.* Dehors, une agréable loggia en encorbellement sur la place de l'hôtel de ville. La carte se veut plutôt traditionnelle en première lecture. Mais que la patte du chef est douce aux papilles ! Une émulsion de-ci, un quasi de veau quasi parfait de-là, une *panacotta* pas banale du tout, qui sublime votre neurone sucré. Sans être cocardiers, on le dit : vive *Le France !*

***Accès :*** dans le vieux centre ; place de la mairie.

## FLAYOSC 83780

**€€ |●| Le Nid** *– 37, bd Jean-Moulin ☎ 04-94-68-09-96. Tlj sauf lun-mar midi, plus mar soir hors saison. Formule déj 17 € ; menus 29-49 € ; carte 35-45 €.* Le couple qui a fait son nid ici, dans une ancienne pizzeria, dont ils ont gardé le four, s'est rencontré chez *Chibois,* à Grasse, après avoir bossé dans de belles et grandes maisons. C'est la jolie table du haut pays, où il faut réserver si l'on veut espérer savourer cette cuisine ensoleillée, maligne, fondante et croustillante selon l'humeur d'un chef qui aime les épices sans exagération et passe du salé au sucré avec la même aisance. Une explosion de goûts et de saveurs qui vous redonne du peps.

## HYÈRES 83400

**€€ |●| Stella Maris** *– 3609, route de l'Almanarre ☎ 04-94-57-63-50. Tlj sauf lun-mar. Formule et menu 29-39 €.* C'est le genre d'adresse, au look paillotte improbable côté route, qu'on n'aurait jamais l'idée de dénicher s'il n'y avait pas autant de monde à se garer devant, peu importe comment d'ailleurs. On vient ici pour les coquillages et les crustacés, la marmite de la mer maison, et on se régale en regardant les *stand up paddle,* les mouettes, les baigneurs plus loin. Vue panoramique depuis la salle. Et si vous arrivez à obtenir une table en contrebas, sur la plage, là, c'est le bonheur complet. Service vraiment sympa.

## LA LONDE-LES-MAURES 83250

**€€ |●| ☂ Le Jardin Provençal** *– 15-18, av. Georges-Clemenceau ☎ 04-94-66-57-34. Tlj sauf lun-mar hors saison ; fermé lun, mar midi et ven midi en été. Congés : 20 déc-20 janv. Menus 33-45 € ; carte env 50 €.* Une petite salle genre « Provence revue par un magazine de déco » avec une cheminée et, nécessairement, une agréable terrasse dans le jardin. Accueil charmant, service à la hauteur et une bien bonne cuisine de région.

***Accès :*** dans le centre.

## LES ARCS-SUR-ARGENS 83460

**€€€ ⌂ |●| ☂ Le Logis du Guetteur***** *– pl. du Château ☎ 04-94-99-51-10. • logisduguetteur.com • Menus 39,50-77 € ; menu truffes 110 €.* Un château du

XIIe s où le temps passe de douce et gourmande façon. Le chef s'en tient à de belles recettes et aux bons produits de saison. De la terrasse accrochée à son rocher, on domine la vallée (et la gare de TGV qui s'arrête au pied du village). Le personnel est aux petits soins, le chef veille lui aussi au bien-être de chacun. Que du bonheur ! En toute élégance et simplicité.

**Accès :** au cœur du village médiéval.

## LES ISSAMBRES 83380

€€€ **La Réserve Gayrard** – *3609, D559 ☎ 04-94-96-35-39. Tlj sauf mar-mer (ouv mar midi en saison). Formule déj en sem 26 € ; menus 47 €. Parking.* Face à pareille vue, comment ne pas sortir de sa réserve ? Depuis une salle chic ou une agréable terrasse, le panorama file jusqu'à Saint-Tropez tel une marine de Signac. L'assiette ne dépare pas, mettant à l'honneur du poisson - et du frais, et du bon - exposé à l'entrée. De grands classiques, sans effet de manche, apportés par un service hôtelier ce qu'il faut, mais pas empesé. Un léger fond musical accompagne le ressac de la mer, qu'on voit danser au fond du golfe clair.

**Accès :** sur la corniche à droite en venant de San-Peyre.

## SAINT-RAPHAËL 83700

€€ **La Table** – *47, rue Thiers ☎ 04-94-53-93-35. Tlj19h30-23h en été ; sauf dim-lun hors saison. Congés : 2 premières sem de janv et juin. Au déj, formule et menu 15,50-19,50 €. Plats à l'ardoise ; compter 30-35 €.* Trente mètres à peine séparent cette *Table* des brochettes de restaurants du port. Et déjà on est dans un autre monde, que les gens du coin connaissent bien, mais vous confient comme un secret. Accueil décontract' mais efficace, immense table façon veillée campagnarde ou mange-debout plus intimes, bibliothèque à vins aux murs (on aime cette littérature-là !). À l'ardoise, les plats ont un avant-goût bistrotier mais laissent au palais un arrière-goût *bistronomique* (les grands mots, tout de suite). Tout est maison, tout est frais, tout est savoureux, tout est copieux : une excellente option, en particulier au déjeuner quand les finances restent à flot.

**Accès :** dans une ruelle en partant du fond du port.

# DANS LES ENVIRONS

## LE DRAMONT 83530 (8 km E)

€ **Le Tiki Plage** – *rue Marie-Louise-Robinson, plage Le Camp-Long ☎ 04-94-82-87-88. Avr-sept, tlj (sauf lun-mar hors été) 9h-minuit. Pizzas 9-15 €, salades 12 €, plats 16-21 € ; carte 25 €. Digestif maison offert sur présentation de ce guide.* D'abord, il y a une salle sexy aux accents de surf. Visez donc celui du jeune patron, accroché au mur. On adore les calandres de combis baba-cool, tous phares allumés, en guise de bar ! Ensuite, il y a la plage, quasi refermée sur elle-même, abritée des vents, on l'adore. Et c'est un plaisir que d'investir l'une des tables qui ont planté les pieds dans le sable. Enfin, il y a une carte qui garde des prix très cool, même le soir, pour de bonnes pizzas et des plats très honorablement préparés et servis avec attention. Sans compter les cocktails ou des rhums arrangés. Une adresse qui surfe avec bonheur sur la vague du bon rapport qualité-prix.

## SAINT-TROPEZ 83990

€€ **La Ramade** – *3, rue du Temple ☎ 04-94-81-58-67. Tlj sauf dim soir-lun en hiver ; tlj sauf dim midi et lun midi en été. Formule déj en sem 17 € ; carte 35 €. Digestif maison offert sur présentation de ce guide.* Derrière la place des Lices, mais c'est déjà un autre monde, plus authentique. Un restaurant familial où l'on vient se cacher sous les mûriers platanes pour se faire plaisir, en dégustant des beignets de fleurs de courgette, un navarin d'agneau, une poêlée de supions au persil... Certains plats baignent un peu dans l'huile, mais c'est de la cuisine de femme généreuse, on ne va pas se plaindre. Opter sinon pour une viande grillée au feu de bois (le beau-père du patron est boucher). Grande salle sympa avec une cheminée, pour les jours de grand vent.

# DANS LES ENVIRONS

## RAMATUELLE 83350 (10 km S)

€€ **La Pomme de Pin** – *route de Tahiti ☎ 04-94-97-73-70. Tlj d'avr à mi-oct. Résa conseillée. Menu 14,90 € le midi en sem ; pizzas et pâtes 10-14,50 € ; carte env 32 €. Parking.* Un jardin au cœur d'une pinède, avec une grande serre. Cadre plus qu'agréable donc pour une gentille cuisine italienne pas chère du tout pour le coin. Service impec' qui plus est, malgré des périodes de rush ; c'est que l'adresse est réputée pour son excellent rapport qualité-prix. Une heureuse surprise.

***Accès :*** plus proche de Saint-Tropez que de Ramatuelle. Sur la route vers la plage de Tahiti.

## SALERNES 83690

**€€ |●| ⚲ Le Food'Amour** – *4, rue Pierre-Blanc ☎ 09-81-93-19-49. Tlj sauf lun, mar midi (et soir hors saison), mer midi et jeu midi. Congés : nov-janv. Formule déj 22 € ; menus 28-51 €.* Du très beau travail, réalisé à quatre mains par un couple de passionnés, lui en salle, elle en cuisine. L'adresse cosy de Salernes, avec sa terrasse cachée à l'ombre de l'église Saint-Pierre, à l'ambiance apaisante. Tout est fait minute : restez zen s'il y a un petit temps d'attente entre les plats.

## SANARY-SUR-MER 83110

**€€ |●| ⚲ Aliette et son Assiette** – *2, pl. Coquillon ☎ 04-94-88-08-94. Tlj (sauf lun hors saison), 9h-1h (17h dim). Congés : janv-fév. Formule déj en sem 15 € ; le soir, menus 29-39 €.* Un petit resto qui ne paie pas de mine sur un coin de place pittoresque. En terrasse, à l'ombre des platanes, on se régale avec un cabillaud au chorizo, une marmite de la mer qui ne triche pas avec les quantités et la fraîcheur ou de simples moules marinière servies avec de vraies frites maison. La carte change très régulièrement. Service sympa.

## TOULON 83000

**€€ |●| ⚲ Le Bistrot des Remparts** – *pl. Armand-Vallé ☎ 04-94-92-25-17. Tlj le midi sauf dim (bar à vins le soir). Carte 30 €. Digestif maison offert sur présentation de ce guide.* On pourrait facilement passer devant sans voir ce petit bistrot. Beaux produits de la mer comme de la terre, et belles assiettes de produits bien frais. Équipe tonique et sympathique. Deux télés fonctionnent en permanence, vous ne pourrez manquer ni les infos ni la météo du jour. Terrasse.

## TOURTOUR 83690

**€€€ ⚲ La Table** – *1, traverse du Jas, Les Ribas ☎ 04-94-70-55-95. Tlj sauf lun-mar hors saison. Résa très conseillée. Menus végétarien 28 €, puis autres menus 36-45 € ; menu truffes 78 € (en hiver).* Beaucoup de touristes passeront sans y prêter attention, préférant s'installer sur les riantes terrasses de la rue du Lavoir ; les gourmets, mis dans la confidence, iront s'attabler à cette *Table* sans plus d'hésitation. Très discret, le chef s'active à ses fourneaux. Un vrai spectacle, qui annonce celui que vous allez vivre en goûtant sa cuisine ! Du dépoussiérage de terroir, de l'invention maîtrisée... Cette table est, sans conteste, la meilleure de Tourtour et alentour. Petite terrasse aux beaux jours.

***Accès :*** dans le centre du village.

# Vaucluse (84)

## APT 84400

**€ |●| ⚲ Au Platane** – *25, pl. Jules-Ferry ☎ 04-90-04-74-26. Tlj sauf dim-lun. Congés : 10 j. fév et 10 j. fin oct. Formules 14-17,50 € le midi ; menus le soir 22-30,50 € ; compter env 40 € à la carte.* On grimpe le petit escalier pour découvrir cette terrasse élégante et ombragée par de beaux mûriers platanes. La belle surprise de la ville où l'on offre une cuisine sans complexes, sans chichis et au diapason des produits du marché. Et que voilà de la fraîcheur, des saveurs et du soleil dans les assiettes ! Une cuisine sincère et légère, mais sans rogner sur les portions. On se sent en confiance dans cette maison où le chef exprime un vrai savoir-faire. Et les prix attractifs attirent bien du monde, midi et soir.

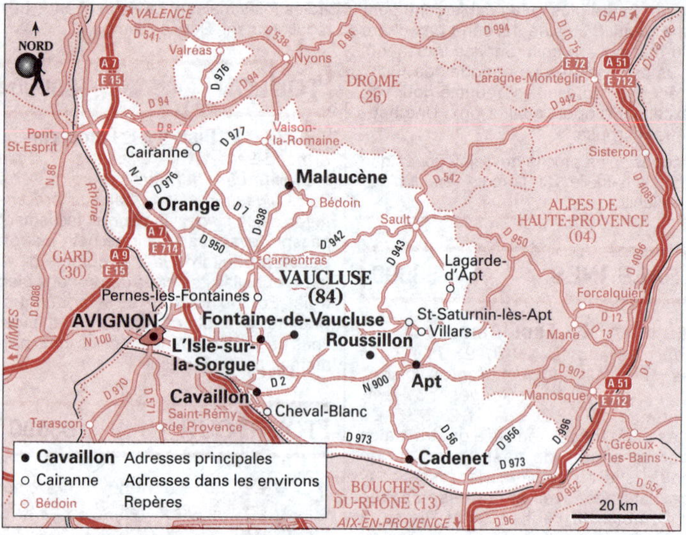


€ 🍽 ☂ **Thym te Voilà** – *59, pl. Saint-Martin ☎ 04-90-74-28-25. ♿ Tlj sauf dim-lun, plus le soir en déc. Congés : janv-fév. Formule déj en sem 19 € ; menus 14,50 € le midi en sem, puis 24-29 €. Café offert sur présentation de ce guide.* Un restaurant sympathique, un peu caché, qui n'en a que plus de mérite d'exister, avec sa terrasse mignonne et sa salle chaleureuse. Cuisine aux saveurs d'ici et d'ailleurs, avec de belles trouvailles pleines d'harmonies subtiles. Le tout concocté dans une cuisine ouverte par un chef talentueux, qui part chaque hiver chercher son inspiration aux quatre coins du monde. Une adresse originale que nous aimons particulièrement, forcément !

***Accès :*** dans le centre historique.

## DANS LES ENVIRONS

### VILLARS 84400 (8 km N)

€€ ☂ P **La Table de Pablo** – *Les Petits-Cléments ☎ 04-90-75-45-18. ♿ Tlj sauf mer, jeu midi et sam midi. Congés : de janv à mi-fév et du 2 au 13 sept. Menus 32-42 €. Parking.* L'un des restos tendance du moment autour d'Apt. Une intelligente cuisine provençale avec un zeste d'originalité et pas mal de savoir-faire. Des plats bien enlevés, réalisés à base de beaux produits du terroir, sélectionnés avec rigueur. Le chef, passionné, va à l'essentiel. Même la déco de la salle est épurée. Le menu du midi est d'un excellent rapport qualité-prix. Aux beaux jours, agréable terrasse.

***Accès :*** par la D943, puis la D11.

### SAINT-SATURNIN-LÈS-APT 84490 (9 km N)

€ 🏠 🍽 ☂ **Hôtel-restaurant des Voyageurs** – *2, pl. Gambetta ☎ 04-90-75-42-08. Tlj sauf mer et jeu midi. Congés : 23 oct-8 nov et 23 janv-12 mars. Formules déj 14,50-15,50 € ; menus 24-33 €.* Un établissement avec une terrasse surplombée d'une tonnelle et de la vigne vierge, et une salle champêtre aux murs blanchis à la chaux et au plafond très provençal. Une adresse qui continue de faire le bonheur des voyageurs au fil des années. Les plats sont simples mais réalisés avec un sacré savoir-faire, pleins d'herbes et d'arômes. Mieux vaut, toutefois, ne pas être pressé en haute saison.

***Accès :*** par la D943.

### LAGARDE-D'APT
84400 (20 km NE)

**€€€ Le Bistrot de Lagarde** – *RD34 ☎ 04-90-74-57-23. Fermé lun-mar. Congés : janv-fév. Menu du jour 30 € le midi en sem ; menus terroir 58-68 € et dégustation (soir et w-e slt) 80 €.* La route n'en finit plus de monter et de tourner depuis Apt, mais au moins vous n'êtes pas gêné par la circulation. Arrivé sur le plateau, vous vous demandez si vous ne rêvez pas en voyant tant de voitures garées devant une petite maison que des dizaines de panneaux solaires semblent prêts à mettre sous les feux de la rampe. Lloyd est passé chez Marcon, en Auvergne. Les locaux trouvent normal qu'il soit venu jusqu'ici, poussé par le vent et par Laëticia, sa compagne, qui vous accueille avec beaucoup de naturel. Variation sur fond de terroir, la cuisine ici est un vrai bonheur : le lapin sort du chapeau du chef en deux façons, l'agneau du pays est préparé avec un risotto d'épeautre aux herbettes. La suite, à vous de la découvrir.

**Accès :** par la D900, puis la D34.

## AVIGNON 84000

**€€ |●| ⛱ Le Caveau du Théâtre** – *16, rue des Trois-Faucons (A3-1) ☎ 04-90-82-60-91. Tlj sauf sam midi et dim hors juil. Congés : 1 sem fin fév et 15 j. fin août. Formule déj 12 € ; menus 25-29 €. Apéritif maison offert sur présentation de ce guide.* Deux salles intimistes et très coquettes, dont l'une sous verrière, avec un grand rideau rouge de théâtre. Terrasse en saison. Une cuisine inventive, à partir de bons produits régionaux, du style selle d'agneau en croûte ou risotto d'épeautre au canard. Du vin, et de l'excellent (c'est une cave à vins) ! Un accueil et un service gentils comme tout.

**€€€ |●| La Fourchette** – *17, rue Racine (A2-3) ☎ 04-90-85-20-93. Tlj sauf sam-dim. Congés : 3 sem en août. Résa indispensable. Formule déj 23 € ; menu 38 €.* Des prix serrés pour un cadre élégant et, surtout, une cuisine bien travaillée, signée Philippe Hiély : filets de daurade à l'encre, daube de bœuf, meringue au pralin, entre autres classiques plébiscités par les Avignonnais de tous âges. Vins à prix raisonnables. Une table familiale (le chef travaille avec femme et enfants) bien installée, depuis six générations.

## CADENET 84160

**€ |●| ⛱ Les Aromates** – *2, pl. du Tambour-d'Arcole ☎ 04-90-68-35-35. Tlj sauf lun et jeu soir, plus dim hors saison. Menus 16 € le midi et 25 € le soir, dim et j. fériés.* Derrière la petite terrasse un peu perchée, une salle pas bien grande non plus, habillée de rouge et de blanc. Accueil souriant, service aux petits soins et surtout, surtout, de beaux produits et une cuisine qui cache un joli tour de main (pour un très jeune chef) derrière son apparente simplicité. Et à des prix qui, dans le coin, font presque se frotter les yeux pour y croire.

## CAVAILLON 84300

**€ |●| ⛱ La Cuisine du Marché** – *27, cours Bournissac ☎ 04-90-71-56-00. ♿ Tlj sauf dim-lun. Formule 16 € le midi en sem ; menus 22-30 €. Apéritif maison offert sur présentation de ce guide.* Aux murs de la salle, un peu façon brasserie, des photos qui se souviennent des grandes heures de cette ville naguère bourgeoise. Dans l'assiette, une sympathique cuisine... de marché, pleine de fraîcheur et toujours les deux pieds (paquets, bien sûr) en Provence.

## DANS LES ENVIRONS

### CHEVAL-BLANC
84460 (5 km SE)

**€€ ⛱ L'Auberge de Cheval-Blanc** – *481, av. de la Canebière ☎ 04-32-50-18-55. ♿ Tlj sauf mer. Formule 20 € le midi en sem ; menus 28-36 €.* Un lieu où l'on prend son temps, notamment aux beaux jours, à la fraîche, côté patio ou côté jardin avec sa petite fontaine. Sinon, belle salle climatisée, avec quelques touches de couleur. Cuisine fine et élaborée, préparée par deux chefs, rencontre de saveurs, de parfums et de terroirs.

**Accès :** sur la D973 en direction de Pertuis.

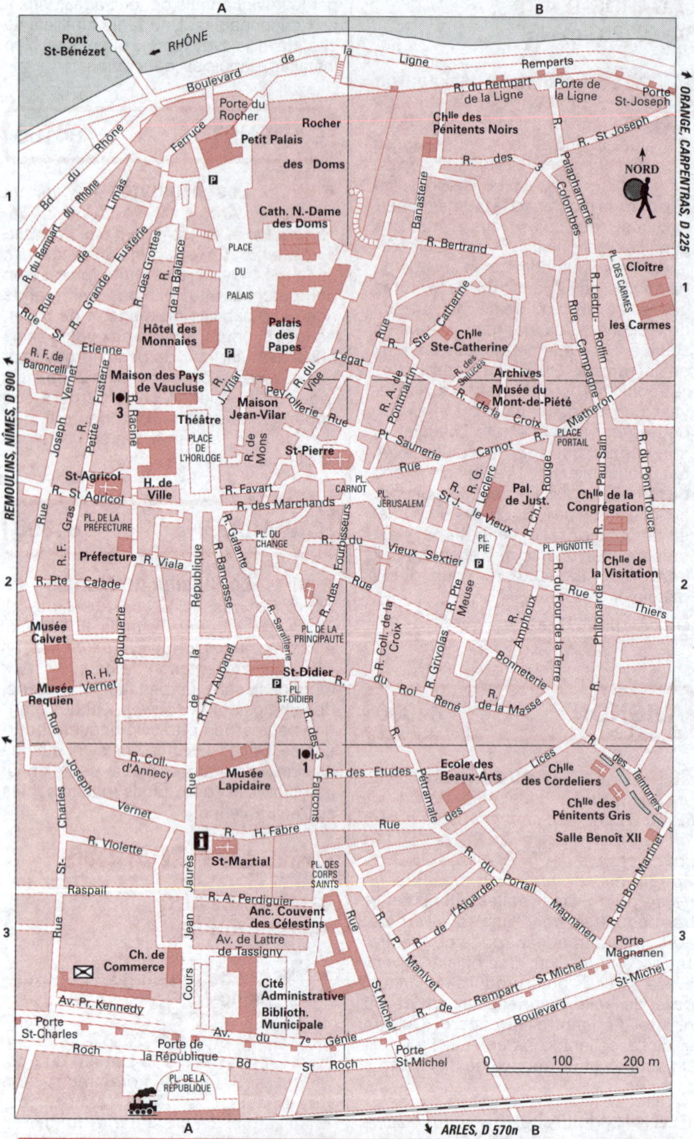


# AVIGNON

| | |
|---|---|
| **1** Le Caveau du Théâtre (A3) | **3** La Fourchette (A2) |

## FONTAINE-DE-VAUCLUSE 84800

€€ |●| ☂ **Restaurant Philip** – *chemin de la Fontaine ☎ 04-90-20-31-81. Tlj le midi avr-sept, plus le soir 15 juin-31 août. Résa impérative, surtout le dim et si vous voulez déjeuner au bord de l'eau. Congés : oct-mars. Menus 31-50 € ; carte 52 €.* C'est le dernier restaurant avant le gouffre, un des plus vieux restos du village, idéalement placé, au point qu'on se méfierait un peu si les anciens ne nous le recommandaient. Eux, malins, y viennent le soir en été, une fois les touristes partis. Terrasse fabuleuse au fil de l'eau. On se régale simplement d'une truite, des écrevisses du vivier ou d'une épaule d'agneau confite. Petite restauration possible côté snack le midi.

## L'ISLE-SUR-LA-SORGUE 84800

€€ |●| **Umami** – *33, rue Carnot ☎ 04-90-20-82-12. Tlj sauf lun-mar. Formules déj 14,50-17,90 € ; menu gourmand 27,90 € ; carte env 35 €. Café offert sur présentation de ce guide.* L'*Umami,* c'est la saveur parfaite pour les Japonais, la 5e après le sucré, le salé, l'amer et l'acide. Et c'est bien la perfection que recherche ce couple franco-québécois de grand talent en proposant le soir une cuisine créative des plus surprenantes ! Des plats d'une orginalité folle, aux saveurs harmonieuses et au dressage stupéfiant, proche d'une œuvre éphémère et que l'on n'ose déconstruire. Ça se passe dans une petite salle discrète, sobre et zen. Et on en est ressorti *baba* !

***Accès :*** au cœur de la vieille ville.

€€€ |●| ☂ **Café Fleurs** – *9, rue Théodore-Aubanel ☎ 04-90-20-66-94. ♿ Tlj sauf mer, plus mar 1er juin-15 sept. Congés : janv. Le midi, formules 21-26 € ; menus 36,50-46,50 €.* Une adorable terrasse inondée de vigne vierge, le long de la Sorgue, à l'orée du quartier des antiquaires. Idéal pour déguster une excellente cuisine semi-gastro, tout ce qu'il y a de plus frais et de saison. Une valeur sûre. Ne manquent plus que Proust et sa madeleine... Quel charme !

€€€ |●| ☂ **Le Vivier** – *800, cours Fernand-de-Peyres ☎ 04-90-38-52-80. ♿ Tlj sauf lun, le midi ven-sam, plus dim soir hors saison. Congés : 1 sem en janv, 3 sem en fév et 1 sem en oct. Menus 26-32 € le midi en sem, puis 58-85 €.* Un resto où le chef excelle dans le mélange de saveurs et de parfums. Un festival d'inventivités. Salle design et petit salon pour boire un verre en attendant d'avoir une table, pourquoi pas, en terrasse au bord de l'eau. Beau choix de vins régionaux à prix convenables.

***Accès :*** à la sortie de la ville, direction Fontaine-de-Vaucluse.

## DANS LES ENVIRONS

### PERNES-LES-FONTAINES
84210 (10 km N)

€€€ |●| ☂ **Le Mas de la Bonoty** – *chemin Bonoty ☎ 04-90-61-61-09. Tlj sauf lun, mar midi et jeu midi ; hors saison, fermé dim soir-mer midi. Formules et menus 20-31 € le midi en sem, puis 37-43 € le soir.* Une petite route mène jusqu'à cette ancienne bergerie de pierre perdue dans la campagne. On vient ici savourer une excellente cuisine de saison. Le chef met en valeur le meilleur du terroir vauclusien. Cadre éminemment rustique et belle terrasse en bordure d'une jolie piscine.

***Accès :*** par la D938, puis la D28. À la sortie de Pernes, sur la route de Saint-Didier.

## MALAUCÈNE 84340

€€ |●| ☂ **La Chevalerie** – *53, pl. de l'Église ☎ 04-90-65-11-19. Tlj sauf dim soir et lun,plus jeu midi hors saison. Congés : 1er-12 déc. Formule 22 € le midi en sem ; menu 32 €.* Philippe Galas tient cet ancien hôtel-restaurant avec une terrasse sur les remparts dans un charmant jardin fleuri, en concentrant son énergie sur une carte courte et saisonnière, faisant la part belle aux produits régionaux. Comme il ne travaille qu'à l'ardoise, ses plats changent souvent, même si certains sont presque devenus des classiques, comme le râble de lapin farci aux escargots, ou le foie gras aux figues séchées.

***Accès :*** à l'entrée du village en venant de Carpentras.

## ORANGE 84100

**€€ |●| ⛱ Le Forum** – *3, rue Mazeau ☎ 04-90-34-01-09. ♿ Tlj, midi et soir, sauf mar. Congés : 2 sem en mars et en nov. Formules déj 15-18 € en sem ; menus 27-35 €.* Une petite salle intime dans les tons violet et gris, et une véritable terrasse au fond de l'impasse. Cuisine d'excellente tenue, basée sur les produits du terroir. Les menus suivent les saisons, comme il se doit, mais vous devriez y retrouver la terrine de fois gras, le gigot d'agneau de 7 heures ou un retour de pêche bien frais. Dressage très soigné et personnel agréable.

**Accès :** à deux pas du théâtre.

**€€ |●| ⛱ L'Arausio** – *9, rue du Mazeau ☎ 04-32-81-13-19. Tlj sauf mar (ou mer) en saison ; fermé mar-mer hors saison. Congés : 2 sem fin août-début sept et dernière sem d'oct. Formule déj sauf dim 18 € ; menus 28,50-39 €. Café offert sur présentation de ce guide.* *L'Arausio* (nom latin d'Orange) est, en peu de temps, devenu la table incontournable de la ville ! Stéphane Andrès, le talentueux chef, concocte une cuisine créative de haut vol au rapport qualité-prix exceptionnel. Des plats à base de produits de grande qualité, aux saveurs raffinées, dressés avec panache. Le service, efficace et élégant, est assuré par sa femme, aux petits soins pour ses hôtes. Salle à la déco actuelle, avec quelques tables dans la ruelle.

## DANS LES ENVIRONS

### CAIRANNE 84290 (16 km NE)

**€€ ⛱ 🅿 Côteaux et Fourchettes** – *croisement de la Couranҫonne ☎ 04-90-66-35-99. ♿ Ouv tlj sauf jeu, plus le soir dim-lun hors juil-août. Formules déj 21-26 € sauf dim ; menus 32-72 €. Parking. Kir offert sur présentation de ce guide.* Perdue au cœur du vignoble, à la croisée des vignes de rasteau, vacqueyras et gigondas, une maison récente sur un rond-point. C'est dans ce lieu isolé que Cyril Glémot a choisi de poser ses couteaux et fourchettes pour proposer une cuisine provençale créative, de haute volée. Dans une salle moderne et épurée, en terrasse ou sous la gloriette, dans le jardin, on se régale de plats raffinés, savoureux, gorgés de soleil, au dressage finement travaillé. Goûtez au duo de rognon et de foie accompagné de risotto provençal du 1er menu du midi : c'est déjà grandiose. Superbe carte des vins, forcément ! Service impeccable et sommelier fin connaisseur. Une grande table !

**Accès :** au croisement des routes D975 et D8, entre Vaison et Orange.

## ROUSSILLON 84220

**€€€ 🏠 |●| ⛱ Le Clos de la Glycine – Restaurant David***** – *pl. de la Poste ☎ 04-90-05-60-13. ♿ Tlj sauf mer midi, plus mer soir, jeu midi et dim soir de mi-oct à mi-avr. Congés : de début janv à mi-fév. Formule déj 26 € (de mi-juin à mi-sept) ; menus 36-47 €. Café offert sur présentation de ce guide.* Cet hôtel-restaurant chic dispense un accueil et un service d'une grande gentillesse, ce qui est bien appréciable dans un village aussi touristique. Pour se restaurer au déjeuner, terrasse intime sous la glycine, où l'on se contente volontiers d'un plat quand le soleil cogne dur. Sinon, resto plus cossu avec une très belle vue sur la vallée et les falaises pour une cuisine semi-gastro de bonne facture.

**Avis aux hôteliers et aux restaurateurs**
Chaque année pour y figurer, il faut le mériter !

**Les prix**
En France, les prix des restaurateurs sont libres. Certains peuvent augmenter entre le passage de nos infatigables fureteurs et la parution du guide, environ 6 mois plus tard. Nous comptons sur votre compréhension en cas de différence entre les prix relevés à l'heure où nous bouclons ce guide et ceux que vous constaterez sur place.

La rédaction du Routard

# les ROUTARDS sur la FRANCE 2018-2019

(dates de parution sur • *routard.com* •)

## Découpage de la FRANCE par le ROUTARD

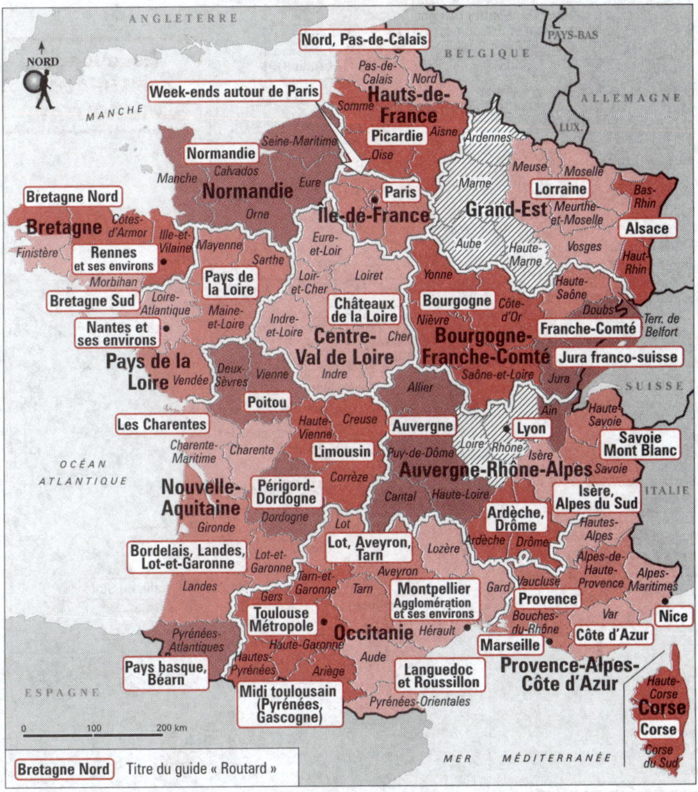


### Autres guides sur la France

- Hébergements insolites en France
- Canal des deux mers à vélo (mars 2018)
- La Loire à Vélo
- Paris – Île-de-France à vélo (juin 2018)
- La Vélodyssée (Roscoff-Hendaye)
- Nos meilleurs campings en France
- Nos meilleures chambres d'hôtes en France
- Nos meilleurs restos en France
- Les visites d'entreprises en France

### Autres guides sur Paris

- Paris
- Paris balades
- Paris exotique (nouveauté)
- Restos et bistrots de Paris
- Le Routard des amoureux à Paris
- Week-ends autour de Paris

# *les ROUTARDS sur l'ÉTRANGER 2018-2019*

(dates de parution sur • ***routard.com*** •)

## Découpage de l'ESPAGNE par le ROUTARD

## Découpage de l'ITALIE par le ROUTARD

## Autres pays européens

- Allemagne
- Angleterre, Pays de Galles
- Autriche
- Belgique
- Bulgarie
- Crète
- Croatie
- Danemark, Suède
- Écosse
- Finlande
- Grèce continentale
- Hongrie
- Îles grecques et Athènes
- Irlande
- Islande
- Madère
- Malte
- Norvège
- Pays baltes : Tallinn, Riga, Vilnius
- Pologne
- Portugal
- République tchèque, Slovaquie
- Roumanie
- Suisse

## Villes européennes

- Amsterdam et ses environs
- Berlin
- Bruxelles
- Budapest (mars 2018)
- Copenhague
- Dublin
- Lisbonne
- Londres
- Moscou
- Naples (nouveauté)
- Porto (nouveauté)
- Prague
- Saint-Pétersbourg
- Stockholm
- Vienne

# les ROUTARDS sur l'ÉTRANGER 2018-2019

(dates de parution sur • **routard.com** •)

## Découpage des ÉTATS-UNIS par le ROUTARD

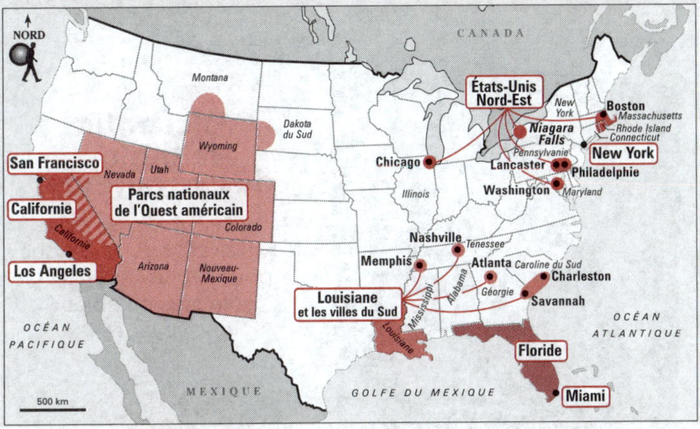


## Autres pays d'Amérique

- Argentine
- Brésil
- Canada Ouest
- Chili et île de Pâques
- Colombie (avril 2018)
- Costa Rica
- Équateur et les îles Galápagos
- Guatemala, Belize
- Mexique
- Montréal
- Pérou, Bolivie
- Québec, Ontario et Provinces maritimes

## Asie et Océanie

- Australie côte est + Red Centre
- Bali, Lombok
- Bangkok
- Birmanie (Myanmar)
- Cambodge, Laos
- Chine
- Hong-Kong, Macao, Canton
- Inde du Nord
- Inde du Sud
- Israël et Palestine
- Istanbul
- Jordanie
- Malaisie, Singapour
- Népal
- Shanghai
- Sri Lanka (Ceylan)
- Thaïlande
- Tokyo, Kyoto et environs
- Turquie
- Vietnam

## Afrique

- Afrique du Sud
- Égypte
- Kenya, Tanzanie et Zanzibar
- Maroc
- Marrakech
- Sénégal
- Tunisie

## Îles Caraïbes et océan Indien

- Cuba
- Guadeloupe, Saint-Martin, Saint-Barth
- Île Maurice, Rodrigues
- Madagascar
- Martinique
- République dominicaine (Saint-Domingue)
- Réunion

## Guides de conversation

- Allemand
- Anglais
- Arabe du Maghreb
- Arabe du Proche-Orient
- Chinois
- Croate
- Espagnol
- Grec
- Italien
- Japonais
- Portugais
- Russe
- G'palémo (conversation par l'image)

## Livres-photos Livres-cadeaux

- Voyages (nouveauté)
- Nos 120 coins secrets en Europe (nouveauté)
- Les 50 voyages à faire dans sa vie
- 1 200 coups de cœur dans le monde
- 1 200 coups de cœur en France
- Nos 52 week-ends dans les plus belles villes d'Europe

# INDEX DES LOCALITÉS

# Liste des cartes et plans

## CARTES DÉPARTEMENTALES

## PLANS DES VILLES

## *Les* **Routards** *parlent aux* **Routards**

Faites-nous part de vos expériences, de vos découvertes, de vos tuyaux et de vos coups de cœur. Aidez-nous à remettre l'ouvrage à jour. Indiquez-nous les renseignements périmés. Faites profiter les autres de vos adresses nouvelles, combines géniales... On adresse un exemplaire gratuit de la prochaine édition à ceux qui nous envoient les meilleurs courriers, pour la qualité et la pertinence des informations.
Quelques conseils cependant:
– Envoyez-nous votre courrier le plus tôt possible afin que l'on puisse insérer vos tuyaux sur la prochaine édition.
– N'oubliez pas de préciser l'ouvrage que vous désirez recevoir, ainsi que votre adresse postale.
– Vérifiez que vos remarques concernent l'édition en cours et notez les pages du guide concernées par vos observations.
– Quand vous indiquez des hôtels ou des restaurants, pensez à signaler leur adresse précise et, pour les grandes villes, les moyens de transport pour y aller. Si vous le pouvez, joignez la carte de visite de l'hôtel ou du resto décrit.
En tout état de cause, merci pour vos nombreux mails.

**122, rue du Moulin-des-Prés, 75013 Paris**

• *guide@routard.com* • *routard.com* •

## **Routard Assurance** *2018*

Enrichie année après année par les retours des lecteurs, *Routard Assurance* est devenue une assurance voyage incontournable. Tout est compris : frais médicaux, assistance rapatriement, bagages, responsabilité civile... Vous avez besoin d'un médecin, d'un conseil médical ou d'une prise en charge dans un hôpital ? Appelez simplement le plateau *AVI Assistance* disponible 24h/24, leur réseau est l'un des plus complets actuellement. Vous avez eu des frais de santé en voyage ? Envoyez les factures à votre retour, *AVI* vous rembourse sous une semaine. Avant votre départ, n'hésitez pas à les appeler pour des conseils personnalisés. Appréciable : pas d'avance à faire, ils s'occupent de tout. Un seul réflexe avant de partir : téléchargez l'appli mobile pour garder le contact avec l'assistance 24h/24 et disposer de l'un des meilleurs réseaux médicaux à travers le monde. *40, rue Washington, 75008 Paris.* ☎ *01-44-63-51-00.* • *avi-international.com* • Ⓜ *George-V.*

Édité par Hachette Livre (58, rue Jean-Bleuzen, CS 70007, 92178 Vanves Cedex, France)
Photocomposé par Jouve (rue de Monbary, 45140 Ormes, France)
Imprimé par Jouve 2 (Quai n° 2, 733, rue Saint-Léonard, BP 3, 53101 Mayenne Cedex, France)
Achevé d'imprimer le 5 février 2018
Collection n° 21 - Édition n° 01
66/6047/9
I.S.B.N. 978-2-01-703365-3
Dépôt légal: février 2018

PAPIER À BASE DE FIBRES CERTIFIÉES